COÛTUMES
GENERALES
DU PAÏS ET DUCHÉ
DE BRETAGNE;
TOME II.

COÛTUMES GÉNÉRALES DU PAÏS ET DUCHÉ DE BRETAGNE,

ET USEMENS LOCAUX DE LA MESME PROVINCE;

AVEC

LES PROCEZ-VERBAUX DES DEUX REFORMATIONS,

LES NOTES DE M. PIERRE HEVIN,
Doïen des Avocats du Parlement.

LES ARRESTS RECUEILLIS PAR LE MESME AUTEUR
ſur les Articles de la Coûtume,

L'AITIOLOGIE DE MESSIRE BERTRAND D'ARGENTRÉ,
Sénéchal de Rennes.

LA TRADUCTION ABREGE'E DE SON COMMENTAIRE
ſur l'Ancienne Coûtume de Bretagne par M. H. E. POULLAIN DE BELAIR,
Doïen des Avocats du même Parlement.

ET LES NOTES DE M. CHARLES DU MOULIN,
ſur la même Coûtume.

Revû, corrigé & augmenté de la Conférence des trois Coûtumes de la Province, des autres Coûtumes du Roïaume, & des Ordonnances des Rois depuis le commencement de la Monarchie Françoiſe, avec des Notes par M. A. M. POULLAIN DUPARC, Avocat au même Parlement, & Profeſſeur Roïal en Droit François des Facultés de Rennes.

TOME II.

A RENNES,
Chez GUILLAUME VATAR, Imprimeur ordinaire du Roi, du Parlement & du Droit, au coin du Palais, à l'Imprimerie Roïale, & à la Palme d'Or.

M. DCC. XLVI.
AVEC PRIVILEGE DU ROI.

TABLE
DE LA CONFERENCE
De la Nouvelle, de l'Ancienne, & de la Très-Ancienne Coûtume.

Nouvelle.	Ancienne.	Tres-Ancienne.
TITRE XIII.		
218	229	247
219	232	
220	233	295
		302
		303
221	234	302
222	235	193
223	236	303
224	237	303
225	238	303
226	239	295
227	240	303
228	241	303
229	243	329
230	244	329
231	245	307
232	246	307
233	247	318
234	261	300
235	262	300
236	263	310
237	264	
TITRE XIV.		
238	248	44
		193
		296
		301
239	249	296

Nouvelle.	Ancienne.	Tres-Ancienne.
240	252	296
241	253	297
		298
242	254	
243	256	304
244	257	304
245	258	
246		
247		304
248	258	304
249		
250		
251	259	304
252	250	296
	251	
253		
254		
255		
256		
257		
258		
259		
260		
261		
262	260	40
		296
263		
264		
265		
266		
267		
268		

TITRE XV.

Nouvelle.	Ancienne.	Tres-Ancienne.
269	265	40
	268	41
		45
		220
270	268	
271	266	134
		220
272	266	220
273	185	39
274	269	39
		41
275	269	41
276		
277		
278		48
		220
		256
279		
280	270	41
281	276	254
282	271	254
	275	
283	267	
284	272	
285	273	256
286		262
287		
288	274	102
		162
289	277	183
		254
290	277	254
291	278	53
		56
292	279	
293	280	64
294	281	252
295	282	41
		326
296		71
297	283	79

TITRE XVI.

Nouvelle.	Ancienne.	Tres-Ancienne.
298	284	46
		47
299	285	
300	286	
301	287	
302	288	46
		50
303	289	50
304	290	46
305	291	46
		220
306	292	46
		226
307	293	47
308	294	51
309	295	51
310	296	51
311	297	51
312	298	220
313	299	220
	301	
314		
315	300	220
316		
317		
318	303	
319	304	41
		216
		219
320	305	217
321	306	217
322	307	
323	308	219
324		
325	309	271
326		
327		

TITRE XVII.

Nouvelle.	Ancienne.	Tres-Ancienne.
328		224
329	310	

NOUVELLE.	ANCIENNE.	TRES-ANCIENNE.
	311	
330	311	
331		
332		
333		222
334		
335	325	225
336	326	223
	317	226
	318	
337	318	223
338	313	243
339	314	243
340	315	243
		244
341	312	
	320	
342		
343	322	223
	323	224
		228
344	319	223
		226
345	321	229
346	324	
347	328	224
348	329	224
349	316	227
		244
350	333	227
351	339	232
352	332	227.
353	335	
354	336	231
	338	
355	337	231
356	340	260
		262
357	343	262
358	344	262
359	345	262
360	85	241
361		
362		223

NOUVELLE.	ANCIENNE.	TRES-ANCIENNE.
363		
364		
365		
366		
367		
368	346	262
369	347	149

TITRE XVIII.

NOUVELLE.	ANCIENNE.	TRES-ANCIENNE.
370	348	248
371	349	248
372	352	250
373	353	250
374	350	249
375	351	250
376	355	251
377	355	251
378	356	251
379	357	252
380	358	253
	360	
381	361	253
382	359	251
		253
383	362	253
384	363	253
385	364	253
386	365	253
387	366	253
388	367	253
389	368	290
390	369	291
391	370	289
392	371	220
		290
393	372	254
394	373	

TITRE XIX.

NOUVELLE.	ANCIENNE.	TRES-ANCIENNE.
395	378	272
396	376	272
		274

NOUVELLE.	ANCIENNE.	TRES-ANCIENNE.	NOUVELLE.	ANCIENNE.	TRES-ANCIENNE.
397	377	272	408	389	282
398	379	272	409	390	283
		281	410	391	
399	380	272	411	392	283
		281	412	393	283
400	381	273	413	394	283
		277	414	395	282
401	382	275	415	396	283
402	383	276	416	397	284
403	384	276	417	398	286
404	385	276	418	399	286
405	386	278	419	400	287
		279	420	401	288
406	387	280	421	402	
407	388	281			

Fin de la Table de la Conférence.

COÛTUMES GÉNÉRALES DU PAÏS ET DUCHÉ DE BRETAGNE.

TITRE TREIZIÉME.

Des Exécutions.

CONFERENCE.

V. sur ce Titre Calais, *T.* 12. & 14. Metz, *T.* 15. Clermont en Argone, *T.* 18. Salle de Lille, *T.* 23. Ville de Lille, *T.* 18. Doüay Ville, *T.* 13. Gorze, *T.* 15. Lorraine, *T.* 17. Espinal *T.* 9. Bueil, *T.* 4. Paris, *T.* 8. Etampes, *T.* 13. Montfort, *T.* 14. Melun, *T.* 23. Auxerre, *T.* 5. Orleans, *T.* 20. Montargis, *T.* 20. Berry, *T.* 9. Blois, *T.* 22. Dunois, *T.* 18. Nivernois, *T.* 32. Bourbonnois, *T.* 13. Poitou, *T.* 20. Labour, *T.* 14. la Rochelle, *T.* 6. Sole, *T.* 29. Bearn, *forma de far incans.* La Marche, *T.* 30. Auvergne, *T.* 24. ORDONN. 1667. *T.* 33.

COMMENTAIRE.

D'ARGENTRE' AITIOLOGIE. HOc titulo ferè nihil immutatum ex veteri Jure.

HEVIN. *Des exécutions*. Langlæus, *lib. 5. Otii Semestris.*

ARTICLE CCXVIII.

Après condamnation ou sentence donnée à l'encontre d'aucun, le condamné a huit jours à païer & satisfaire à icelle. Et le Juge qui a condamné, doit exécuter sa sentence, par lui ou ses Commis, si l'exécution se peut faire au-dedans de son distroit : autrement faudroit exécuter par réquisitoire.

CONFERENCE.

Art. 16.

A. C. *Art.* 229.

T. A. C. *Ch.* 247. Quand condamnation est faite sur aucune personne, soit de meubles ou d'héritaiges paravant que nulle exécution soit faite sur personne, la personne condamnée doit avoir terme de huit jours, si ce n'est de punissement de corps.

Valois 183. 184. Salle de Lille *T.* 23. *x.* Bueil *T.* 4. 1. Etampes 147. Monfort 154. Melun 310. 311. Poitou 426.

ORDONN. Août 1539. *art.* 74. En toutes exécutions où il y a commandement de païer, ne sera besoin, pour la validité de l'exploit de criées, ou autre saisie & main-mise de personnes ou de biens, faire perquisition de biens meubles ; mais suffira dudit commandement dûëment fait à personne ou à domicile.

1534. pour la Bretagne, *art.* 41.

NOTES.

V. Belordeau, *Obs. for. lettre D. art.* 2.

L'on ne commence jamais par exécution ou saisie, si ce n'est en vertu d'un contrat garentigié, jugement ou cause privilégiée. Car voïes de fait sont défenduës. Loisel, *liv.* 6. *tit.* 5. *art.* 1. Desmares, *déc.* 340.

Un créditeur, jaçoit qu'il soit privilégié, ne puet pas procéder, par voïe d'exécution, sur un tiers possesseur non obligié sur les héritages à lui obligiez & hypotequez ; aincois convient, & est nécessité, que il le poursuive par voïe d'action, & que avant que il puît procéder à la vente des héritages à lui hypotequés, il convient que il ait obtenu sentence & adjudication contre icelui tiers possesseur. Desmares, *déc.* 288.

„ Orleans, *art.* 350. Les héritiers du „ créancier peuvent faire exécuter l'obligé : „ mais non au contraire, d'autant que tou„ tes exécutions cessent par la mort de l'obli„ gé, sinon que la succession fût jacente, „ & qu'il n'y eût héritier aparent. Montargis, „ *tit.* 20. *art.* 4. *Porrò hujusmodi sententia* „ *veterum & propositiones latissimè patent ;* „ *itaque studiosè colligenda sunt tanquam Ju*„ *ris regula.* Ragueau aux mots, *le mort exécuse le vif.* V. Loisel, *liv.* 6. *tit.* 5. *art.* 2. la Coût. de Paris, *art.* 166. & 167. & Coquille, *quest.* 191. Desmares, *déc.* 73. 132. 133. 162. Cout. not. *art.* 20.

Se exécution est commenciée à faire sur les biens d'aucune personne, se il muert ou aliene iceux biens, l'exécution se parfera, nonobstant ce que dit est, posé que seulement iceux soient pris & arrêtés du vivant d'icelui detteur. Desmares, *déc.* 160. Coût. not. *art.* 5. 22. 65.

V. Boucheul, *art.* 406.

Distroit. V. Ragueau sur ce mot.

SOMMAIRE.

1. *En cas de surséance, obligation de donner caution.*
2. *Quand la surséance peut être accordée.*
3. *Elle ne doit pas l'être en matiere d'alimens & de vendication d'héritages ou de meubles qui peuvent être détournés.*
4. *Le délai de huit jours n'a pas lieu en matiere d'alimens ou de sentence de provision.*

COMMENTAIRE.

1. D'Argentré' ait. Notandum quoties Judex hoc tempus legale prorogat, quod parcissimè faciendum est, toties præstandam esse cautionem de solvendo in termino . quod Abbas dixit *cap. quoad consultationem extra de re judic.* Quod & Ordin. Aurelian. poscit, & æquum est. Nam corpus necti ex quolibet debito, foro tandem inductum propter calumnias debitorum, nisi quidem ex contractu : quod Bartholus notat, *L. debitori*, & Jason, *L. debitoribus*, *ff. de re judic.*

2. D'Argentré' A. C. *Art.* 229. La matiere de cet Article se trouve dans la Loi 2. & dans la Loi *debitoribus ff. de re judic.* Le Juge, dit le Jurisconsulte, n'observe pas toujours le tems à la rigueur : il le prolonge ou le resserre, suivant les circonstances, la qualité, la cause, la quantité, l'insistance ou la non insistance des personnes. On voit dans ces Loix qu'il y avoit un tems certain & préfix. Mais on n'y voit pas bien clairement quel étoit ce tems. Il n'est parlé qu'historiquement des deux mois : ensuite il y en eut quatre. Tout ce qui paroît, c'est que, chez les Anciens, on ne pouvoit étendre ou restraindre le tems sans cause; & il est encore plus difficile de le restraindre, parce que *indultum à Jure beneficium nemini auferri oportet.* Il y a donc plus de motifs de prolonger le délai, par exemple le revers subit arrivé à la fortune d'un débiteur sans sa faute, le naufrage, l'incendie, les ravages de la guerre.

3. Mais il faut aussi prendre garde de ne pas prolonger le tems dans les causes d'alimens. Cela s'entend des condamnations de payer ou de faire. Car si l'on a vendiqué un héritage, ou reclamé un meuble, & que la restitution soit ordonnée, la chose étant existente, il n'y a point de raison de donner un délai, à moins qu'on allégue & qu'on fasse voir que les meubles ont été transportés ailleurs, & qu'il a été fait de la dépense pour la conservation de la chose. Il y en a qui prétendent que les condamnations par Arrêt ne souffrent aucun délai. Mais la qualité du Jugement ne fait rien ici, ou le tems n'est pas réglé par l'autorité du Juge, mais par la disposition de la Loi.

4. *Le condamné a huit jours.* Ce délai n'a pas lieu sans exception, par exemple pour les alimens, ni pour les sentences de provision en faveur du plaintif qui a été blessé.

ARTICLE CCXIX.

[a] Le Seigneur peut faire exécuter, vendre & exploiter, [b] pour ses amendes, à l'encontre du condamné ou son héritier (intimation de quinzaine préalablement faite audit héritier) pourvu que l'exécution soit faite dedans l'an de la condamnation d'icelle, sinon qu'il y eût obligation pour lesdites amendes : auquel cas l'exécution se pourroit faire après ledit an.

CONFERENCE.

Art. 78. 79. 104. 122. 181. 268. A. C. *Art.* 232. [a] Et pareillement. [b] En la forme susdite. (C'est la forme prescrite par les Art. 230. & 231. de l'A. C. qui sont les 78. & 79. de la N.) Paris 81.

SOMMAIRE.

1. De quelles amendes parle cet Article.
2. De l'action contre l'héritier avant le délai pour délibérer.
3. De la prescription des amendes.

COMMENTAIRE.

HEVIN. *Pour ses amendes.* Confer. Art. 291. infrà & 631. pour la confiscation des meubles : mais le 291. dit an & jour, & les deux autres dans l'année.

1. D'ARGENTRE' A. C. *Art.* 232. *Pour ses amendes.* Cela doit s'entendre des amendes qui viennent immédiatement de la cause du fief. Elles sont au nombre des devoirs féodaux, pour lesquels on peut saisir même les immeubles. Ce seroit autre chose, pour les amendes apliquées par sentence au profit de la Seigneurie, en des cas indépendans de la féodalité, puisque, par l'Article 653. ci-après, on ne peut saisir les héritages.

2. *Ou son héritier.* Comme la Nouvelle Coûtume est entiérement conforme, elle fait cesser les difficultés que propose l'Auteur sur l'Ordonnance de 1549. qui a abrogé la disposition de l'Ordonnance de 1539. * Mais l'exécution ne peut être faite pendant les délais (a) accordés par l'Ordonnance pour délibérer.] Suivant la disposition de cet Article, l'Auteur remarque que si le Seigneur, après l'intimation de quinzaine, avoit fait procéder à exécution, l'exécution ne seroit pas rejettée par la contestation de la qualité d'héritier, s'il se trouvoit en définitive qu'il le fût véritablement.

NOTES.

(a) V. la Note sur l'Art. 218.

Dedans l'an de la condamnation. L'Auteur ne fait que dire ici ce que porte le texte de l'Article, sur la différence de la sentence de condamnation à cet égard, & celles des obligations qui ont toujours leur exécution parée, lorsqu'il n'y a point de changement de personnes.

3. Les amendes ajugées au Fisc se prescrivent par un an, si elles ne sont exigées. Elles se prescrivent également à l'égard des Parties. Mais quand elles leur sont ajugées, elles sont de la durée des actions personnelles.

ARTICLE CCXX.

Exécution se doit faire jusqu'à la somme dûë, & pour les frais qu'on fait à l'exécution : sinon que l'exécution fût faite sur chose qui ne se pût diviser : auquel cas si le prix est plus grand, l'outre plus sera rendu au detteur. Et s'il y a biens pris par exécution, le Sergent, ou Ministre de Justice qui exécute, doit assigner jour au detteur à huitaine, pour voir vendre iceux biens, pourvû que ce ne soient bêtes prises en la possession du detteur, qui se peuvent vendre [a] *de jour en autre* pour éviter à frais, en baillant, par l'exécuteur, assignation au detteur, pour les voir vendre. Et en cas d'oposition & débat, ne laisseront lesd. bêtes d'être venduës, & le prix mis ès mains du créancier, en se constituant acheteur de biens, & baillant caution de rendre ledit prix si faire se doit, & ainsi est dit par l'issuë du procès de l'exécution. Toutefois où ledit tiers oposant voudroit vérifier sommairement lesdites bêtes lui apartenir, ne sera procédé à la vendition desdites bêtes.

NOTES.

S'aucuns biens, d'aucun obligié sont pris & levés à la requête d'aucun sien créancier, & mis & baillez en garde de par le Roi, en faisant exécution de ses Lettres, & depuis iceux Arrêts & Exploits faits, une tierce personne les fait lever par Justice, icelle personne est tenuë de les rétablir & de réintegrer la main du Roi d'iceux. Et se icelle personne tierce le faisoit de son autorité seulement, elle sçachant iceux arrêts & main mise esdits biens, elle paieroit amende au Roi & son fait seroit nul. Coût. not. *Art.* 76.

CONFERENCE.

Art. 123. 223.

A. C. *Art.* 233. a Dedans huitaine.

T. A. C. *Ch.* 295. Exécution doit être premiérement faite sur les choses que l'en a jugées, si elles sont trouvées, & au cas que ce sera en quantité de meubles, ou de terre, ou autre chose immeuble non divisé, comme cent livres ou dix livres de rente, ou autre chose, celui qui vait pour la justice doit requerre celui sur qui le jugié doit être exécuté, s'il le trouve, ou celui qui auroit de lui pouvoir : & la requête faite s'il est en refus ou absent, & l'exécuteur ne trouve à qui faire la requête, il doit faire l'exécution, prestment & sans délai, selon que nous deviserons en après. Et quand il convient que exécution soit faite, par vertu de jugié, contre aucun débiteur, pour quantité de meubles, l'exécution doit premiérement être faite sur les meubles à celui detteur.

Meubles au detteur. Facit textus in *L.* 15. *à Divo Pio rescriptum est. ff. de re judicata §. in venditione.*

Ch. 302. Quand exécution est requise à justice, celui qui vait pour la justice doit bailler les meubles & les immeubles du detteur à garder au créancier, ô jugement jusqu'au prix de sa dette, & pour les maux, les dépens & les dommaiges, sous la main de la justice ; & les doit juger à vendre & à être vendu à huitiéme jour, s'il n'y a debat, *vel* si plus n'y a ; pour ce que ce ne soient bêtes, qui ne doivent être gardées plus de huit jours, s'il n'y a debat après qu'ils sont prises, ou les prisaiger comme prisaige doit être fait ; & le doit le créancier faire à sçavoir à son detteur, & lui mettre terme en avant.

Selon la pratique, le Sergent est cru de l'intimation de la vente des biens seulement, & non de la vente qui se fait publiquement.

Ch. 303. Depuis que les gaiges sont expletez, si doivent-ils être gardés par huit jours après l'espletement à desgage, & specialement ceux gaiges qui ne seroient vendus pour devoirs à Seigneurs. . . . .

. . . .

Et pour les autres coûtaiges qui seroient éclardis, & n'en vendre plus, si ce n'étoient telles choses qui ne pussent être départies, comme une bête, ou autres telles choses. Et s'ils étoient vendus, & ils valissent plus qu'il ne seroit dû ou qu'il n'en devroit tourner au créancier & à Justice, la Justice & le créancier seroient tenus à rendre le surplus de ce que les choses seroient venduës, & que ne seroit dû le rendre au detteur.

Eclardies. V. *cap. supra* 296. *in fine.*

Et s'ils étoient venduës. Adde quod, quando creditor vendit rem pignoratam, potest habere fidem de pretio : ita quod si res excedit creditum, tenetur debitor expectare reliquum summæ usque ad tempus. Textus singularis in *L.* 24. *Eleganter apud me quæsitum est §. si vendiderit*, & ibi Bartholus *ff. de pignoratitiâ actione*, ita tenet Jason in *L.* 1. *col. penult. ff. de officio Procur. Cæs. & rat.*

Poitou 431. 432.

SOMMAIRE.

1. *De la peine des plus petitions.*
2. *De l'exécution pour les frais & interêts.*
3. *Avantages de la possession; & présomption qui en resulte.*
4. *Question singuliere entre deux créanciers qui avoient eu sur l'anteriorité d'hypotéque une contestation pendant laquelle le Sergent qui avoit exécuté étoit devenu insolvable.*

COMMENTAIRE.

1. D'ARGENTRE' A. C. *Art.* 233. Dans les exécutions, on ne doit faire

de sommation que pour ce qui est dû, à peine de nullité; & l'on prétend qu'en ce cas *qui cadit à syllabâ, cadit à toto.* L'Auteur trouve cependant cela trop subtil; car à moins qu'il y ait des offres réelles de ce qui est dû, au préjudice desquelles on ait executé, l'exécution doit valoir. * Il a raison: car les plus pétitions n'ont point de lieu en France.] (*a*)

2. *Et pour les frais.* En quoi il faut également comprendre les frais de l'exécution. Si le dû porte interêts, on peut aussi exécuter pour les interêts. Mais pour les frais, autres que ceux de l'exécution, il faut qu'ils soient liquidés (*b*) auparavant à peine de nullité. Quand la chose exécutée excéde de beaucoup le dû, l'excédent du prix doit être rendu au débiteur. Mais quand on a exécuté plusieurs choses, dont une seule peut suffire pour païer le dû qui est modique, il est difficile qu'il n'y ait pas de l'affectation & de la fraude. Il y en auroit aussi d'avoir exécuté par petites parties: car c'est grever le débiteur par de nouveaux frais.

3. *Toutefois où ledit tiers voudroit vérifier.* Si ce tiers est en possession de la chose, la possession est une présomption de proprieté, qui rejette la preuve sur l'autre partie.

4. Arrest. Un créancier, trouvé en définitive postérieur, fait exécuter sur un detteur. Autre créancier antérieur arrête les deniers de l'exécution entre les mains du Sergent. Celui qui avoit fait exécuter demande à toucher par provision, avec offre de bailler caution, ce qui est empêché. Le procès de la préférence est jugé au profit de l'Arrêteur, pendant lequel le Sergent, qui étoit demeuré saisi des deniers, devient insolvable; ce qui donne cause à autre procès, qui se forme de la part du créancier antérieur, qui prétend rendre l'autre responsable de l'insolvabilité du Sergent, par dire qu'il y avoit donné cause au moïen de sa contestation de la préférence. L'autre dit que lorsqu'il fit exécuter, il n'avoit connoissance de l'antériorité, & que si la partie apellante n'eût insisté à la provision requise sous caution, les deniers ne seroient pas perdus, & qu'il se doit imputer cette perte. (*c*) Il est ainsi jugé par sentence, confirmée par Arrêt du 13. Août 1629. plaidant Durand & Chappel.

NOTES.

(*a*) V. Bugnion des Loix abrogées *l.* 1. *n.* 258. & *l.* 4. *n.* 54.

(*b*) Ord. de 1667. *tit.* 33. *art.* 2.

(*c*) V. Boucheul *art.* 431. *n.* 21.

ARTICLE CCXXI.

Si le detteur s'oblige à être exécuté comme à gages tous jugés, les biens qui seront pris sur lui par exécution, pourront être vendus promptement de jour en jour, sans attendre ladite huitaine, le detteur intimé à ladite vente.

NOTES.

V. Belordeau, *lettre* E. *contr.* 59. & 60. & la Note sur l'Art. 218.

CONFERENCE.

A. C. *Art.* 234.

T. A. C. *Ch.* 302. Si celui ne avoait que le sien fût obligé à être expleté comme gaiges tous jugés à vendre, ou que ce fût pour les devoirs au Seigneur. Car en ces cas ne feroit nul métier de les juger.

COMMENTAIRE.

D'ARGENTRE' A. C. *Art.* 234. L'Ecriture privée ne peut servir pour procéder à exécution. Il faut la forme publique de l'acte.

ARTICLE CCXXII.

Toute obligation, ou autre fait clair, doit être promptement exécuté, en tout ou partie, par autant qu'il s'en trouve de clair.

CONFERENCE.

Art. 237.

A. C. *Art.* 235.

T. A. C. *Ch.* 193. Justice est tenuë ung fait cler mettre à exécution prestement & dûëment sans délai; & ne doit point le cler demourer pour l'obscur.

V. l'Ordonnance du Duc François du 14. Juin 1462. *art.* 30.

Paris 166. Berry, *T.* 9. 1.

ORDONN. 1667. *T.* 33. 2. Novembre 1384. 1443. *art.* 54. 1534. pour la Bretagne, *art.* 40. 1539. *art.* 65. *& suiv.*

SOMMAIRE.

Quelles obligations peuvent opérer l'exécution parée.

COMMENTAIRE.

D'ARGENTRE' A. C. *Art.* 235. *Toute obligation.* En forme autentique, c'est à-dire raportée de Notaires entre des personnes habiles sujettes à leur Jurisdiction. Il faut aussi qu'elles soient d'une chose qui tombe en commerce, & de personnes habiles à contracter. On pourroit cependant exécuter en vertu d'obligation passée par les personnes incapables, & cela provisoirement, à moins qu'incessamment on prouvât l'incapacité.

Autre fait clair. Cela n'emporte pas cependant d'exécution, mais donne lieu à la Sentence qui doit être renduë en conséquence incessamment.

NOTES.

V. M. du Fail, l. 2. *ch.* 381. le Grand Coûtum, *p.* 123. *&* 128.

ARTICLE CCXXIII.

ARTICLE CCXXIII.

Quand un tiers prétend les biens pris par exécution être siens, iceux biens lui seront rendus, si le detteur confesse que lesd. biens lui apartiennent, & icelui tiers jure lesdits biens être siens, en montrant par ledit tiers que ledit detteur est solvable, & qu'il a meubles suffisans pour faire ladite exécution : *si mieux ledit tiers ne veut vérifier; par autre voïe, lesdits biens être siens :* sauf à l'acheteur ses dommages & interêts à l'encontre du créancier, & au créancier ses dommages & interêts sur le detteur.

CONFERENCE.

Art. 141. 220.

A. C. *Art.* 236.

T. A. C. *Ch.* 303. Nonobstant esplétement, prisaige ou autre esplétement, si les choses étoient à autres personnes qui seroient ainsi esplétées sur le detteur, il ne leur devroit pas porter préjudice. Et aussi longue tenuë ne les devroit défendre, au cas qu'il n'y auroit autre titre; & les devroit avoir celui à qui ils seroient à son deresne: si le detteur, sur qui seroient prinses ou venduës les choses, est personne solvable de dédommaiger le vendeur & le créancier, & l'acheteur; & s'il confessoit qu'ils fussent à celui qui les voudroit faire à siennes, pource qu'il fût personne solvable, & qui pût & dût faire serment & en autres cas, il devroit informer par autres; & l'information faite, comme dit est, il devroit avoir le sien, sauf au créancier à se faire dédommaiger sur le detteur, & l'acheteur sur le créancier. Car l'acheteur devroit requerre le vendeur, sans autre plet en faire. Car si le plet s'en faisoit, sans le commandement du vendeur ou de celui qui le devroit garentir, celui qui le devroit garentir, ne seroit pas tenu de dédommaiger si ce n'est depuis la requête faite; & pour ce ne doit nul plaidoïer, ne mettre autre débat delà où il peut & doit avoir garent, fors clamer garent, & puis requerre son garent, si ce n'est envers celui garent.

Et nonobstant. Que biens exécutés ne soient au detteur, comment celui à qui sont, les peut avoir, nonobstant esplétement ne longue tenuë. Utrum venditor qui certus est de evictione debet amplius ab emptore certiorari? Videtur quod non, *per cap. eum qui certus est certiorari ulterius non opportet de regulis Juris in Sext.* & ibi Dionisius. Sed contrarium dicit Bartholus *in L. 1. post perfectam venditionem, cod. de periculo & commodo rei venditæ*, ubi dicit dignum non intellexisse illud verbum *certus* : & facit Bartholus distinctionem inter denuntiandum solum, & certificandum; & denunciare ad incitandum, ut hîc, quia tunc opportet quod notificetur ei ut veniat ad deffendendum.

Tenu à dédommaiger. V. *L. si & L. si rem ff. de evictionibus & duplæ stipulationibus.*

Ville de Lille, *T.* 8. 25. Ville de Doüay, *T.* 5. 11. Lorraine, *T.* 17. 11. Espinal, *T.* 9. 18. Etampes 167. Melun 325. Berry, *T.* 9. 29. 30. Orleans 456. Bourbonnois 129.

Le créancier est reçu à vérifier le contraire. Lorraine, *T.* 17. 11. Espinal, *T.* 9. 18. Berry, *T.* 9. 30. Orleans 456. Bourbonnois 129.

SOMMAIRE.

1. *Diverses questions sur le droit d'intervenir & de s'oposer. De l'intervention de la tierce personne avec qui la question n'a point été jugée.*
2. *De l'oposition sur les biens vacans : question entre les contendans pourvûs d'un Bénéfice.*
3. *De l'oposition de celui qui se prétend plus proche héritier contre celui qui a obtenu la main-levée.*
4. *De l'oposition du tiers à l'exécution des jugemens sur la possession, distinction entre le posseßeur maintenu & celui qui est condamné de restituer la possession.*
5. *Du possessoire en matière Bénéficiale.*
6. *Du tiers poßeßeur comme étant aux droits d'un des contendans.*
7. *Des opositions en matière purement personnelle.*
8. *Distinction entre ceux qui n'ont que la simple exécution & ceux qui l'ont avec connoißance de cause.*
9. *Motifs de l'indication d'autres biens non débatus.*

COMMENTAIRE.

1. D'ARGENTRE' A. C. *Art.* 236. Il s'agit ici *de jure intercessionum* ; surquoi il y a deux questions, la premiére est de sçavoir quand & de quelle maniere les tierces personnes peuvent être reçûës à intervenir, lorsque la question a été jugée avec d'autres. La seconde quelle est la puissance des Juges ordinaires, délegués ou Commissaires à cet égard.

Sur la premiére, on pose pour regle que toute tierce personne, avec qui la chose n'a point été jugée, peut être admise à intervenir pour son interêt, & à s'oposer à l'exécution de ce qui a été jugé. Les Docteurs établissent des régles qui ne sont point d'usage, par raport à ceux qui ont laissé agir & poursuivre par un autre : car pendant qu'on n'a point été partie, on peut toujours intervenir & s'oposer, à moins qu'on eût été apellé auparavant en assistance de cause. * Il y a sur cela beaucoup d'observations qui ne s'accordent pas avec l'usage & la pratique d'aujourd'hui.]

2. Il y a quatre cas en matiere réelle, que l'Auteur se propose d'examiner. Le premier est lorsqu'on s'opose à l'exécution sur des biens qu'aucun des collitigans ne possede, & qui sont vacans. Tout oposant est reçû à deduire son interêt ; & l'exécution doit être nécessairement sursise. C'est le sentiment des Docteurs ; & les Canonistes proposent cet exemple. Le Pape confere un Bénéfice vacant, & donne commission pour mettre en possession. Un tiers, qui prétend être pourvû, s'opose. Les Docteurs décident que cela suspend l'exécution, & qu'il ne seroit pas juste que cet oposant fût réduit à se rendre demandeur & à venir par action contre un possesseur, dans le tems qu'il peut avoir des droits qui empêchent l'entrée en possession.

3. Il y a un autre exemple qui peut être plus d'usage. Une succession est ouverte & les héritiers sont quelque tems sans paroître. Les héritages sont dans la main du Seigneur. Un héritier se présente, obtient la main-levée &

lorsqu'on veut le mettre en possession, il en vient un autre qui se dit plus proche & qui l'exclurroit par conséquent. Il est sans difficulté que cet héritier doit être entendu avant toutes choses, & que son oposition suspend la possession.

4. Le second cas est lorsque l'un des collitigans est en possession, & que par l'évenement du procès, où il y est maintenu, où il est ordonné qu'il cedera la possession: une tierce personne s'opose à l'exécution du jugement. Si c'est un jugement de maintenuë, la chose ne doit pas faire de difficulté. Car le jugement en ce cas s'exécute par lui-même, n'étant qu'une déclaration que la possession est valable & légitime. Ainsi l'intervention ou oposition est inutile. Si le jugement condamne le possesseur de ceder la possession, l'oposition ne suspend point l'exécution. Car l'oposant étant toujours obligé de venir par action contre un possesseur, il n'a pas d'interêt que la possession soit plûtôt à l'un qu'à l'autre.

5. Le troisiéme cas est très-fréquent, principalement en matiere Bénéficiale. C'est lorsque l'oposant allégue le titre & la possession. Comme la possession est alors en doute de toutes parts, il faut suspendre l'exécution du jugement, pour ne pas priver du possessoire celui qui le prétend & qui n'a point été entendu.

6. Le quatriéme cas est lorsque le tiers se trouve en possession, mais par la tradition que lui en a faite l'un des deux contendans *pendente lite*. Les sentimens sont partagés; & l'Auteur garde un milieu. Si c'est depuis la Sentence & au préjudice de celui au profit duquel elle a été renduë, qu'on a mis le tiers en possession, cela ne peut jamais rien valoir. Mais quoique toute innovation soit défenduë *pendente lite*, on ne peut pas toujours, de plein droit, déposseder celui qui a été mis en possession avant la Sentence. Car il se peut faire que ce soit pour une cause antérieure, par exemple pour partage; & à moins qu'on ait dénoncé la contestation à ce possesseur, il ne doit pas être ôté de la possession sans l'entendre.

7. Voilà les cas qui regardent l'exécution des Sentences dans les choses réelles & immobiliaires. Mais dans les condamnations personnelles & pécuniaires, en vertu desquelles on saisit les biens du débiteur (car on a aboli les entrées en possession *ex primo aut secundo Decreto*) tout oposant doit être entendu, soit qu'il s'opose par vendication, soit afin de distraire ou d'hypotéque, le jugement n'aïant rien décidé sur la cause de propriété ou de possession. Ainsi dans les saisies réelles voici l'ordre que l'on doit suivre. On Juge d'abord les opositions afin de distraire, & en dernier lieu l'ordre des hypotéques.

8. L'Auteur parle ensuite de la différence du pouvoir de ceux qui sont chargés de l'exécution des jugemens. Car il y en a qui ont la simple exécution, & d'autres qui l'ont avec connoissance de cause Ceux qui n'ont point de caractére de Judicature, comme les Huissiers & Sergens n'ont aucune connoissance; & il ne peut y avoir d'équivoque dans leur commission. Mais si un Commissaire est nommé, comme cela se fait tous les jours, quand la Cour nomme un Conseiller, ou qu'elle commet un Juge, *mandatâ executione, id quoque mandatum videtur ut de pertinentibus ad executionem cognoscant.*

Mais il faut qu'ils gardent ce temperamment de ne pas s'attirer, sous ce prétexte, des connoissances qui ne sont pas de leur Jurisdiction ordinaire. Au reste tout dépend des termes de la commission.

Etre siens. La preuve lui en incombe, parce qu'il est demandeur. Mais cette preuve est remplie par la possession qui fait une présomption suffisante pour le demandeur, à l'effet d'empêcher que l'on vende la chose ; au lieu que si le débiteur, sur lequel l'exécution a été faite, l'a dans ses possessions, celui qui s'opose & qui en prétend la propriété, doit la prouver.

9. *Iceux biens lui seront rendus.* Ce temperamment de l'indication d'autres biens non débatus, est fondé sur ce qu'il ne convient pas à un créancier poursuivant, & qui a fait exécuter, de retarder son exécution, sous prétexte de la contestation sur la chose exécutée. Car au surplus pendant que l'oposant ne prouve point la propriété, les discussions d'autres biens se font à ses périls & fortunes. Ainsi la seule reconnoissance du débiteur exécuté que les biens apartiennent à l'oposant n'est pas suffisante, parce qu'il peut y avoir fraude & collusion.

Et qu'il a meubles. Il falloit mettre en général & qu'il a d'autres biens. Car il suffit qu'il y ait de quoi assurer le dû. * Cependant la Nouvelle Coûtume, en conservant les mêmes termes de l'Ancienne, n'a pas admis cette extension.] (a)

NOTES.

(a) Et cela est juste : car il est fort intéressant pour un créancier de trouver des meubles, dont la discussion est prompte & coûte peu de frais, au lieu que les frais d'une saisie réelle, les chicannes & les éloignemens du débiteur, peuvent causer la perte de ce qui est dû, & même la ruine du créancier & de celui aux périls & fortunes duquel se fait la discussion.

ARTICLE CCXXIV.

Le detteur peut recouvrer les biens, sur lui pris & vendus par exécution, dedans la huitaine après la vente, en rendant par lui à l'acheteur, le prix des choses venduës, avec un denier pour chacun sol au-dessous de la livre: & au-dessus de la livre douze deniers par livre, & les frais & mises; & la huitaine passée, le detteur ne les pourra plus retirer.

CONFERENCE.

Art. 231. 232. 580.
A. C. *Art.* 237.
T. A. C. *Ch.* 303. Et est de usaige que les choses qui sont esplétées quant celles sont sous le nombre de vingt sols, au cas que le vendeur, ne autre pour lui, ne retiendra ses

gaiges, ou ne fera gré vers le créancier, ou vers celui qui auroit cause de lui, comme l'acheteur au jour de l'esplétement, s'il les veut avoir depuis, il païera un denier, en nom de peine, pour chacun sol, jusqu'au nombre de dix, *vel* de vingt sols, & au surplus de vingt sols douze deniers, en nom de de peine, pour chacun vingt sols, & les coûtaiges qu'ils coûteroient à garder, ou les dépens que ceux gaiges dépendroient, comme chevaux ou autres bêtes; lesquels coûtaiges ou dépens seroient rendus au regard de Justice, o le conseil des prudes gens, au cas que les Parties ne seroient d'ung gré; & si le detteur laissoit passer les huit jours, en outre ce que les gaiges seroient exploités, le detteur les perdroit, si celui qui auroit eu par expletement les gages, ne lui faisoit grace.

Etampes 162. Dourdan 150. Labour, T. 14. 22. Bearn, *deus recébédors* 8.

COMMENTAIRE.

Hevin. Cette proportion du sol à la livre & du denier au sol n'est pas exacte. Quid enim si la somme est v. g. de 3. liv. 19. s. aura-t'il plus que si elle étoit de 4. liv. 5. sols? Ita olim in L. fusiâ caniniâ ad quam vide Hotom. *in instit.* & ita in dinumerando tempore ad excusationem proponendam tutoribus concesso.

D'Argentré A. C. *Art.* 237. *Le detteur.* Cela est contre la disposition du Droit, qui veut que le gage vendu demeure au créancier, s'il n'y a pas de convention au contraire. Mais ceci est par raport à l'acheteur, ce qui est encore moins juste.

Peut recouvrer les biens. Les Jurisconsultes sont en contestation sur le point de sçavoir si, *post missionem in possessionem* pour une dette personnelle *ex sententiâ vel secundo decreto*, le débiteur peut rentrer en païant le dû. L'Auteur répond qu'après la vente faite c'est en quelque sorte *datio in solutum* de la part du débiteur, & contre laquelle il ne peut revenir. Mais comme cette disposition le permet pour les meubles, il y en a qui prétendent qu'à plus forte raison cela doit avoir lieu pour les immeubles, à cause de la conséquence & du plus grand préjudice. Mais les dispositions extraordinaires ne doivent point souffrir d'extension.

Rendant. Il faut païer effectivement, ou consigner en cas de refus ou d'absence.

La huitaine passée. Mais il faut que l'exécution & la vente aïent été valablement faites. Ce seroit autre chose si cela n'avoit pas été fait valablement. Cependant par raport à un tiers acheteur de bonne foi, il faudroit que le débiteur eût notifié une oposition.

Arrest I. Jugé le 10. Mai 1643. que cette disposition ne s'étendoit pas au fils du detteur, entre un nommé Rezé detteur, & un Greffier de Fougeres.

Arrest II. Que si la vente des biens meubles a été faite estrouffement du consentement du detteur, le privilege de l'Article cesse; jugé contre un nommé Coüarde, le 10. de Mars 1610.

ARTICLE CCXXV.

Après que les biens pris par exécution ont été vendus, le créancier doit faire intimer au detteur la vente & le prix, & à qui lesdits biens ont été vendus.

CONFERENCE.

A. C. *Art.* 238.

T. A. C. *Ch.* 303. Et est tenu celui qui a fait vendre les gaiges, le faire asçavoir au detteur, ou à celui qui représente sa personne, qu'ils seroient vendus, & combien, & à qui, afin que le detteur ou autre pour lui, les puisse dégaiger.

COMMENTAIRE.

D'ARGENTRE' AIT. *Doit faire intimer.* Hæc denunciatio omissa venditionem semel rite factam non irritaret, sed creditorem vendentem adstringeret ad interesse ob rem non recuperatam, ex sententiâ Bartoli, *L. ult. ff. de distract. pign.* Neque enim hæc denunciatio emptori incumbit, sed creditori distrahenti.

ARTICLE CCXXVI.

En exécution on ne doit prendre bêtes de charruë, & de labeur, quand on trouve autres biens meubles, sur lesquels on puisse faire exécution : *& en nul cas* ne *seront exécutés* les vêtemens à usage quotidien, ni le lit, *& coüette* où reposent, ni le pain & la pâte de ceux sur lesquels on exécute.

CONFERENCE.

Art. 119.

A. C. *Art.* 239.

T. A. C. *Ch.* 295. Ne doit l'en prendre nulles bêtes de charruë, tant comme l'en trouve autres meubles mouvables à celui detteur, pour ce que les labouraiges des terres ne demoureigent à faire, espécialement au tems de labouraige, Car les labouraiges sont faits pour le profit commun, & non doit l'en sur leurs draps qu'ils vestent chacun jour, ne sur le lit où ils gissent, ne sur leur pain en pâte, ne cuit, ne peuvent pour nulle obligation être exécutés, car ils ne pourroient vivre sans icelles choses, & l'en ne

NOTES.

V. Bouteiller, *liv.* 1. *tit.* 102. Assises de Jerusalem, *ch.* 121. Belordeau, *lettre E. contr.* 56. *& observ. for. lettre B. art.* 12.

Si les Avocats, les Juges & les Ecoliers peuvent être exécutés en leurs livres, V. la Taumassiere, *quest. sur la Coût. de Berry, cent.* 1. *ch.* 87. Devolant, *lettre L. ch.* 14. Belordeau *hic.* M. de Perchambault, *art.* 119.

doit à nul ôter sa vie, s'il ne l'a desservi par sa mauvaisetié.

Nulles bêtes. Ad hoc *Auth. Agricultores circà rem rusticam occupati, C. quæ res pign. oblig. poss. vel non.* Nec potest aliquis pro debito capi, donec laboret agrum, aliàs incurrit infamiam ipso jure & mulctatur ut ibi textus.

Gorze, *T.* 15. 35. 36. Lorraine, *T.* 17. 20. Bayonne, *T.* 8. 2. Labour, *T.* 14. 3. 4. Bragerac, 2. *partie* 26. 28. Bearn, *deus recébedors*, 2. *de sententias* 6. 19.

ORDONN. Décembre 1351. *Art.* 5. Au Tome 4. des Ordonnances. Moulins 1490. *art.* 36.

Décembre 1540. *Art.* 29. Orleans 1560. *art.* 28. 8. Octobre 1571. Blois 1579. *art.* 57. Les personnes constituées ès Ordres ne pourront, en vertu de l'Ordonnance de Moulins, être contrains par emprisonnement de leurs personnes, ni pareillement, pour le païement de leurs dettes, être exécutés en leurs meubles destinés au Service divin, ou pour leur usage nécessaire & domestique, ni en leurs livres.

16. Mars 1595. Décembre 1606. *art.* 23. Arrêt du Conseil du 17. Décembre 1643. 1667. *T.* 33. *art.* 14. 15. & 16. Ord. de la Marine, *liv.* 4. *tit.* 6. *art.* 7. 19. Août 1704. Voulons qu'il ne puisse à l'avenir être procédé par saisie, exécution, ni vente forcée en Justice, des moulins, métiers, outils, & ustenciles servans pour la préparation, moulinage & filage de la soïe, de la laine, du cotton, du chanvre, du lin & des autres matieres propres pour la fabrication de toutes sortes d'étoffes de soïe, de laine, de poil, ou mêlées d'or ou d'argent, avec de la soïe, de la laine ou quelques autres matieres que ce soit; comme aussi qu'il ne puisse être procédé par saisie, exécution, ni vente forcée en Justice, des métiers, instrumens, outils & ustenciles servans à la fabrication desd. étoffes d'or, de soïe, de laine ou de poil, ou mêlées de quelque matiere que ce soit, de futaines, bazins, bombazins & des toiles tant de chanvre, que de lin de toutes sortes, & à l'aprêt & teinture de toutes lesdites marchandises, pour quelques dettes, causes & occasions que ce puisse être, si ce n'est pour les loïers des maisons que les Maîtres Ouvriers & Façonniers occuperont, ou pour le prix desdits moulins, métiers, outils, ustenciles & instrumens, qui se trouveroient encore dûs à ceux qui les auroient faits ou fournis. Voulons & entendons que lesdits moulins, métiers, instrumens, outils & ustenciles ne puissent être saisis pour les deniers à nous dûs, pour quelque cause que ce soit, ni même pour la taille & impôt du sel. Défendons à tous Huissiers & Sergens de faire lesdites saisies & ventes, à peine d'interdiction de leurs charges, cent cinquante livres d'amende, & de tous dépens, dommages & interêts envers les Parties saisies.

COMMENTAIRE.

HEVIN. Vid. Cujac. *observ.* 4. *cap.* 20.

D'ARGENTRE' A. C. *Art.* 239. *Les vêtemens à l'usage quotidien.* On ne les ôte pas même à ceux qui font cession de biens. Mais les habits de garde pour le plus grand ornement ne tombent pas sous cette disposition; *non enim luxuriæ, sed necessitati mos gerendus est.*

ARTICLE CCXXVII.

Le créancier doit faire vendre les choses prises par exécution le plus [a] *loïalement* que faire se peut. Et pourra le detteur avoir le serment du créancier que la vente est véritable & sans dol, ou prouver la fraude.

CONFERENCE.

A. C. *Art.* 240. 1. Légalement.

T. A. C. *Ch.* 303. Sont tenus ceux qui vont pour la Justice, & le créancier ou celui qui est pour lui, les vendre le plus profitablement qu'ils pourroient être vendus, & en aura le detteur le serment, s'il voit qu'ils ne soient vendus suffisamment, s'il le requiert ; & s'ils étoient vendus frauduleusement, & il vouleist prouver, il y devroit être oüi.

SOMMAIRE.

1. *Si la forme manque, l'action a lieu contre le créancier & non contre l'acheteur.*
2. *Si l'un des Sergens peut faire valoir.*

COMMENTAIRE.

D'ARGENTRE' AIT. *Et pourra le detteur avoir le serment.* Ex L. *ult.* §. *fin autem dubitati C. de jur. dom. impetr.*

D'ARGENTRE' A. C. *Art.* 240. *Légalement. Hoc est secundùm formam à Lege & Consuetudine præscriptam.* * L'Auteur pouvoit ajoûter que cela signifie aussi *fidélement.*]

1. Si la forme a été omise, le débiteur a action contre le créancier, & non contre l'acheteur, *qui palam & publicè emit.*

Ou prouver la fraude. C'est une alternative quand on ne veut pas s'en raporter au serment.

2. On demande si l'un des Sergens peut faire valoir à la vente. La Loi derniere au Code *de rescind. vendit.* semble décider la négative; mais Balde dit que cela se peut, quand c'est publiquement (*a*) & de bonne foi; & l'on entend mal la Loi ci-dessus, *cùm Palatini omnis generis Comitum Apparitores dicantur.*

NOTES.

(a) Cette opinion est contraire à l'équité & aux principes. Le Sergent fait lui-même la vente dont la sincerité & la publicité ne sont constatées que par son Procès-verbal Il est évident qu'il ne peut pas être témoin pour lui-même, & que s'il étoit autorisé à être adjudicataire des biens qu'il vend, il lui seroit facile de les retenir au plus vil prix. L'art. 18. du tit 33. de l'Ordonnance oblige les Sergens de faire mention du nom & du domicile des adjudicataires ; & Bornier observe que cette précaution est pour empêcher les fraudes des Sergens qui par leur intelligence avec les encherisseurs pourroient se rendre eux-mémes acheteurs à vil prix des meubles qu'ils exposent en ventes.

Aussi par l'art. 66. des Coûtumes notoires & par la décision 180. de Desmares, „ le Sergent commis à exécuter & vendre „ ne peut achater ne pour lui ne pour autre, „ les biens dont est exécuteur.

La décision 179. de Desmares porte même que le Sergent ne peut valablement exécuter & vendre les biens de celui dont il est créancier.

ARTICLE CCXXVIII.

La vente des biens pris par exécution, qui se peuvent

vent commodément déplacer, se fera ès lieux publics & accoûtumés. Et quant aux biens qui ne se peuvent commodément déplacer, seront vendus sur le lieu, intimation préalablement faite du jour & heure de ladite vente, publiquement aux lieux accoûtumés.

CONFERENCE.

A. C. *Art.* 241.

T. A. C. *Ch.* 103. Si ce sont gaiges qui puissent être portés ou menés à profit, l'en les doit mener au lieu où l'en les pourroit vendre au plus profitable, comme à la Paroisse, au jour du marché *vel* du Dimanche, après *vel* à l'issüe de la Messe, ou à la maîtresse Ville de la Châtelenie, si le créancier ne les vouloit prendre par prisage de bonnes gens, ou que le créarcier & le detteur ne fussent d'un gré du prix des choses. Et si ce n'étoient choses que l'en pust déplacer à profit, si devroient le créancier & le Sergent mener de la gent à qui les choses auroient mêtier, & les vendre, s'ils pouvoient trouver à qui les vendre, jusqu'au prix de la dette & du salaire au Sergent.

Mante 199. Dunois 100. Poitou 428. 429.

Ordonn. Juillet 1319. *Art.* 10. 1667. T. 33. *Art.* 11.

COMMENTAIRE.

D'Argentré A. C. *Art.* 241. *Es lieux publics.* Dans le Marché, & à la campagne, aux portes des Eglises, ou à l'entrée des Cimétieres.

Qui ne se peuvent déplacer. Comme les navires, les merreins, les pierres, *quorum possessio apprehenditur per tactum.*

Intimation préalablement faite. Parce que la vente ne se fait pas aux lieux accoûtumés. * L'Auteur devoit dire que cela s'entend d'une bannie par les mots *publiquement aux lieux accoûtumés.*]

ARTICLE CCXXIX.

Les Mercénaires, pour leur service & loïer, par marché fait ou autrement, peuvent dedans le jour ou le lendemain de l'accomplissement de l'œuvre ou de leurs journées, *après avoir requis & demandé être païés en présence de deux témoins*, prendre biens de leur autorité, pour leursdits loïer & service (apellant *aussi* deux témoins quand ils prendront lesdits biens) lesquels ils pourront vendre & exploiter [a] *au prochain lieu accoûtumé à faire exploits de justice*, où lesdits biens [b] *seront* pris. [c] Et qui empêcheroit lesdits Mercénaires en ladite prise de biens, celui qui les auroit empêchés, devroit[d] *l'amende* comme d'écousse faite à Sergent.

CONFERENCE.

A. C. *Art.* 243. [a] En la Châtelenie. ou Baronie. [b] Sont. [c] En la forme que dessus. [d] L'amender.

T. A. C. *Ch.* 329. Ceux peuvent prendre & nommaïer, de leur volonté, ou de leur autorité, sur ceux qui leur seroient tenus ou obligés pour service, comme nous dirons de ceux qui font service par feur nommé, par ferme ou par journée, quand la ferme ou la journée est achevée, ils se peuvent faire poïer, ou prendre de leur autorité sur ceux à qui ils ont fait la besogne, ou sur celui qui la leur fit faire & l'esplétement en la Châtelenie ou en la Baronnie, comme autres gaiges; pour ce qu'ils fassent la prise le jour ou le lendemain de l'accomplissement de l'œuvre ou de leur journée; & qui les y empêcheroit, leur devroit amender, comme d'écousse faite au Sergent du Seigneur.

SOMMAIRE.

Différence entre le Maître d'œuvre & le Mercénaire: motif de l'Article.

COMMENTAIRE.

HEVIN. Contra L. *negantes* C. *de obligationibus.*

D'ARGENTRE' A. C. *Art.* 243. Comme le pouvoir d'exécuter par soimême est extraordinaire, cela doit être fort resserré. Car on estime qu'un Maître d'œuvre ne pourroit exécuter pour un marché qu'il auroit fait. La raison d'équité l'a permis aux Mercénaires qui vivent de leur travail journalier. Cependant il semble que le texte ne supose pas seulement ce travail journalier, puisqu'il parle de marché & d'accomplissement de l'œuvre.

Dedans le jour. Non retinebis mercedem Mercenarii tui usque mane, dit l'Ecriture. On a limité cette faculté au lendemain, pour ne pas autoriser une trop grande licence dans un cas extraordinaire.

De l'accomplissement de l'œuvre. Il y a de la différence entre un marché pour tout l'ouvrage, & un marché à proportion du travail. Ces mots s'entendent du premier cas; car les journées ne souffrent point de retardement.

NOTES.

V. Belordeau, *obs. for. lettre G. art.* 2. *& lettre S. art.* 2.

Ecousse. V. Ragueau, au mot *Recousse.*

ARTICLE CCXXX.

Gens qui ont bois en vente, pourront faire exécuter dedans l'an de la vente ceux qui auroient pris desdits bois, par Sergens ou Forestiers à ce commis, s'il n'y a autre obligation par lettres : auquel cas, après l'an, pourront faire procéder par exécution, comme pour autres dettes.

CONFERENCE.

A. C. *Art.* 244.

T. A. C. *Ch.* 329. Et aussi peuvent prendre ceux qui ont bois en vente ! & ont acoûtumé à en donner, terme jusques à certain tems, par eux ou par autres, pour le dû de l'année, & en autre cas non, pour ce que Partie le débatît, il cherroit en action, au cas que l'en ne auroit jugé apuré ou Seigneurie ; & ce qui chet en action, ne doit pas cheoir en exécution, tant qu'il soit passé de l'action.

SOMMAIRE.

Preuve qui résulte des simples marques dans le commerce de bois.

COMMENTAIRE.

D'ARGENTRÉ A. C. *Art.* 244. Ces sortes de Marchands qui vendent dans les bois ne font d'ordinaire que des marques où ils mettent le nom de l'acheteur. Elles doivent faire (*a*) preuve, parce que c'est la maniere de ce commerce.

NOTES.

(*a*) V. l'Ordonnance des Eaux & Forêts *tit.* 15. *art.* 37. & 38.

ARTICLE CCXXXI.

Si biens pris par exécution, étoient vendus, le premier créancier les pourroit faire arrêter dedans huit jours, après la vente d'iceux biens.

CONFERENCE.

Art. 232.

A. C. *Art.* 245.

T. A. C. *Ch.* 307. Et pour ce les autres raisons doivent être les entetrinences gardées, après l'esplétement sous main de Justice, huit jours & huit nuits. Car ceux à qui ils seroient, si à autres étoient, les pourroient faire arrêter, ou celui à qui le detteur seroit premier obligé, comme dit est, & la première obligation, devroit être premier poiée & exécutée, comme il est dit, nonobstant l'esplétement ; & pour ce qu'il les puisse trouver & arrêter dedans les huit jours avant le déplacement, *vel* ou avant le déplacement.

Mets, *T.* 4. 17. Gorze, *T.* 15. 21. Eu, *Titre dernier* 11. Maine 436. 494. Anjou 490.

NOTES.

V. Belordeau, *lettre M. contr.* 43. 44. & 45. & *obs. for. lettre M. art.* 17.

SOMMAIRE.

1. *Différence des Coûtumes de Paris & de Bretagne.*
2. *De la Régle* meuble n'a suite par hypotéque.
3. *La vendication de meubles par le propriétaire n'est pas sujette au court délai de cet Article.*
4. & 5. *Si la condamnation obtenuë contre le débiteur du débiteur par le subrogé exclut les droits des créanciers du subrogeant.*
6. *Exception pour les contrats de constitution.*
7. *Et pour les lettres de change acceptées.*

COMMENTAIRE.

1. HEVIN. *Le premier.* Contre l'art. 178. de la Coûtume de Paris qui donne la préférence au premier saisissant les meubles. Mais le simple transport ne saisit point par l'art. 108. de la Coûtume de Paris, s'il n'est signifié à la partie.

2. *Arrêter.* Ainsi le meuble a pendant la huitaine suite par hypotéque contre la régle commune, *meuble n'a de suite par hypotéque art.* 170. de la Coûtume de Paris, quand il est hors la possession du débiteur ; mais dans notre article il n est pas censé hors la possession du débiteur pendant la huitaine, pouvant le retirer par l'art. 224. sup.

Après la vente d'iceux biens. D'Argentré *sur l'art.* 245. *de l'Anc.* prétend que les créanciers antérieurs ne sont exclus que par la vente publique après les huit jours, & que la vente conditionnelle des meubles n'excluroit pas les créanciers. Il rejette la régle, *meuble n'a point de suite par hypotéque*, quam usus apud nos ut in toto regno comprobavit.

D'ARGENTRE'. A. C. *Art.* 245. C'est un axiome du Droit François, *meubles n'ont point de suite.* Ainsi les créanciers ne peuvent plus les saisir quand ils sont sortis des mains du débiteur. Parmi nous comme la vente se fait sans bannies pour apeller les prétendans droits & interêt, on donne huit jours. (*a*)

Vendus. Publiquement & par encheres. Car les ventes particuliéres n'empêchent pas la poursuite de l'hypotéque. * On peut prétendre tout le contraire. Car la vente volontaire & la livraison consomment tout.]

3. *Le premier créancier.* Car un postérieur à celui qui a fait vendre n'a pas le même droit. Cependant il pourroit offrir le prix dans la huitaine, de même que le débiteur. Comme ces dispositions ne regardent que le débiteur & les créanciers, la vente n'empêche pas celui à qui les meubles apartiendroient de les vendiquer dans le tems légitime pour la vendication, *quia rerum dominis ex facto alieno præjudicium fieri nequit.*

4. ARREST I. Un particulier, resident en Espagne, étoit detteur à Gou-

NOTES.

(*a*) Actes de Notor. des 11. Février 1681. & 6. Septembre 1713. 76. & 155. Devolant, V. Sauv. sur du Fail, *liv.* 1. *ch.* 19.

let & Poullain, & à Mœvius; il étoit aussi dû audit resident en Espagne par le pere d'un particulier, lequel il avoit tenu en pension. Ledit resident en Espagne baille lettre de change à Mœvius pour se faire païer par le pere du pensionnaire. Mœvius le poursuit & le fait condamner par Sentence: apel de la part de ce pere, la Sentence est confirmée par Arrêt, Mœvius en poursuit l'exécution. Goulet & Poullain font faire arrêt entre les mains dudit pere, comme detteur de leur detteur. Mœvius s'opose audit arrêt, & soutient qu'ils n'y sont pas recevables, qu'il y a eu novation toute entiére, & que meubles n'ont point de suite, ce qui est ainsi jugé par Sentence de Nantes. Apel de la part de Goulet & Poullain. La cause plaidée, & mise au plumitif. Depuis par Arrêt du 5. Janvier 1634. au raport de M. Denyau, la Sentence est réformée.

5. Arrest II. Jugé de même que le transport accepté par le detteur délegué, n'empêchoit pas que les créanciers du délégant n'arrêtassent les deniers avant que ledit detteur s'en fût dessaisi entre les mains du délegataire, par Arrêt du 4. Mai 1649. entre de Marques Marchand à Nantes & les créanciers du sieur de Meaux. Contre la disposition de la Coûtume de Paris *Art.* 108. 170. & 178. qui dit que la signification du transport saisit le délegataire, *& novat debitum*.

6. Ce qui n'a pas lieu à l'égard des contrats de constitut dans lesquels le transport avec la délivrance de la grosse originale suivie de la signification répétée en jugement ou de l'acceptation & attournance volontaire par le débiteur vaut apropriément. Sed quid juris in hac specie? Mœvius vend sa maison à Titius la somme de 3000. liv. laquelle somme il laisse audit Titius à titre de constitution de rente. En 1650. Titius acquereur insinuë & prend possession, & joüit plus de quinze ans. Mœvius vendeur de l'héritage transporte, & cede à Caïa le contrat de constitution qu'il portoit sur Titius. On demande si les créanciers dudit Mœvius antérieurs à la vente de la maison peuvent inquiéter Caïa cessionnaire, nonobstant qu'elle soit saisie de la grosse, & que Titius ait accepté. En ce cas la cession du constitut n'est point parfaite jusqu'à ce que Titius soit aproprié par bannies ou par quinze ans. Car jusqu'alors les créanciers de Mœvius peuvent poursuivre Titius acquereur en déclaration d'hypotéque, si mieux n'aime céder le fonds, & étant inquiété il peut refuser la continuation de ladite rente, laquelle il ne doit qu'en conséquence de possession paisible du fonds acquis : sauf à Caïa cessionnaire de ladite rente son recours vers Mœvius en hypotéque du jour du transport de ladite rente. (*b*)

7. Arrest III. Il y a différence dans les lettres de change, à l'égard

NOTES.

(*b*) Il est de maxime 1°. que malgré le transport d'une obligation pure & simple fait à un créancier ou à une tierce personne, le créancier antérieur du subrogeant peut arrêter l'obligation, & exiger le païement pendant qu'elle subsiste.

2°. Que le même principe a lieu pour les contrats de constitution, jusqu'à ce que le subrogé ait fait déclarer le contrat exécutoire en son nom par jugement, ou que le débiteur du contrat ait accepté la subrogation par acte public & autentique. Actes de Notoriété des 2. Mai, 11. Juillet 1693. & 21. Mars 1705. 4. 6. & 163. Devolant.

desquelles l'acceptation fait novation de la dette; en sorte que l'acceptant est obligé de payer à celui au profit duquel il a accepté, à cause de la nécessité du commerce; jugé le 12. Janvier 1644.

ARTICLE CCXXXII.

Si le Sergent laisse emporter & déplacer les biens par lui pris & vendus par exécution, dedans huit jours après la vendition d'iceux, les créanciers auroient recours [a] *contre* le Sergent.

CONFERENCE.

A. C. *Art.* 246. [a] Sur.

T. A. C. *Ch.* 307. Et si le Sergent les laissoit déplacer paravant les octaves, les créanciers auroient recours sur le Sergent, au cas qu'ils ne trouveroient sur le detteur à eux revanger, si le Sergent ne trouvoit raison peremptoire contre eux; ou autres raisons pourquoi il n'y fût pas tenu.

Berry, *T.* 9. 27. 28.

COMMENTAIRE.

D'ARGENTRE' A. C. *Art.* 246. Cela est tiré d'une ancienne Ordonnance du Duc Pierre de 1451. & le délivrement ne doit être fait qu'après les huit jours accordés par les Articles précédens.

ARTICLE CCXXXIII.

Ceux qui sont condamnés au nom d'autrui, comme Tuteurs, Curateurs, Procureurs & autres Administrateurs, ne doivent être exécutés en leurs personnes ne biens. Mais doit être l'exécution faite sur les biens de celui, ou de ceux pour qui ils s'entremettent, ou se sont entremis. Et aussi les sentences & condamnations données au profit desdits Administrateurs pour autrui, doivent tourner à l'utilité & profit de ceux pour qui ils s'entremettent & se sont entremis.

NOTES.

V. Sauvageau, *liv.* 1. *ch.* 32. 96. & *for. lettre T. art.* 10. & *cont. lettre E. ch.* 225. & Chappel, *ch.* 105. Belordeau, *obs.* 62. Masuer, *tit.* 4. *n.* 17. & 23.

CONFERENCE.

A. C. *Art.* 247.

T. A. C. *Ch.* 318. Quand Procureurs, Tuteurs, Curateurs, Exécuteurs, Administrateurs, Tresoriers, Sergens & Receveurs, ou aucun d'eux, sont condamnés pour le fait de ceux, ou de celui pour qui ils sont condamnés, & de qui ils s'entremettent, l'exécution ne doit pas être faite sur leurs personnes, ne sur leurs biens. Mais elle doit être faite sur les biens à celui ou à ceux pour qui ils s'entremettent. Et au cas qu'ils ne seroient tenus, ne obligés par autre voïe, ou en tant comme ils seroient tenus à celui pour qui ils seroient obligés, condamnés. Et aussi au cas que Partie seroit condamnée, à ceux ou à aucun d'eux de ceux pour qui ils s'entremettent, n'en devroit être le profit leur, ne leur tourner, si ceux ou celles pour qui ils s'entremettent, ne s'y assentoient, & qu'ils le voussissent qu'il fût leur. Car ce que chacun fait au nom d'autrui, ne peut-il, ne le doit avoir à soi, s'il n'y a autre cause.

Ville de Doüay, T. 18. 5.

SOMMAIRE.

Tuteur responsable de ses fautes & de sa négligence.

COMMENTAIRE.

D'Argentré A. C. *Art.* 247. *Ceux qui sont condamnés.* Cela est d'abord certain pour les Tuteurs, contre lesquels on ne peut agir que *tutorio nomine.* On excepte, s'ils ont fait leur fait propre, en entreprenant inconsultément un mauvais procès, s'ils ont abandonné la cause du pupille par contumace, s'ils ont calomnié : car cela devient personnel. Il en est de même s'ils s'étoient obligés en privé nom pour leurs pupilles; ou s'ils avoient fait novation.

Procureurs. Quelque distinction que l'on fasse dans l'Ecole entre la fonction volontaire du Procureur, & la fonction forcée du Tuteur, il n'y a point de différence, vû que celui, qui contracte une obligation *procuratorio nomine*, n'est point tenu autrement qu'en cette qualité, s'il ne s'est obligé en privé nom. Mais si le Procureur n'a pas exprimé sa qualité, celui qui a traité n'a pas été obligé de la deviner; & il est censé avoir suivi la foi du Procureur. Ainsi la distinction des Docteurs, entre ce qui est d'administration volontaire ou nécessaire, est purement illusoire.

Ou autres Administrateurs. Comme Receveurs, Trésoriers, Fabriqueurs, Economes.

Ne doivent être exécutés. Nec finitâ nec pendente administratione, à moins qu'ils fussent contumax, aïant des deniers en main apartenans à ceux pour lesquels ils ont geré, comme on le voit dans les Tuteurs qui doivent faire voir qu'ils n'ont point de deniers en main.

ARTICLE CCXXXIV.

a *Exécution se pourra faire tant de meubles qu'immeubles,*

ſur les detteurs des detteurs, *ſans aucune diſcuſſion*, leſdits detteurs apellés.

CONFERENCE.

Art. 121. 235.

A. C. *Art.* 261. a En exécution quand meubles & immeubles ſont du tout diſcutés, on fait exécution.

T. A. C. *Ch.* 300. Quand meubles mouvables, & terres & autres choſes meubles & non-meubles ſont exécutées, l'en doit exécuter ſur les detteurs à celui detteur, les dettes qui lui ſont dûës, apellés ceux qui ſont à apeller. Car s'il y avoit jugié, il ſeroit exécuté dûëment, comme il eſt dit ailleurs.

A celui detteur. Quando creditor poteſt debitorem ſui deb'toris convenire. V. C. *quando Fiſc. vel priv. debit.* & poſſunt omnia debitorum vendi, etiam debitore invito & ignorante, *L.* 3. *nominis venditio C. de hæred. vel act. vend.* ſecùs in delegatione.

Lorraine, *T.* 17. 9. Berry, *T.* 9. 23. Blois 260. Auvergne, *T.* 24. 54. 55. 56. 57. 58.

COMMENTAIRE.

HEVIN. V. ſuprà *Art.* 121. tiré de l'Ordonnance de 1589. *L. ſi convenerit ff. de pig. act. L. de grege §. 2. ff. de pig. L.* 2. *C. quando Fiſcus vel privatus.*

POULLAIN. On a rejetté à la réformation la néceſſité de diſcuſſion préalable, que l'Ancienne exigeoit pour qu'on pût agir contre le débiteur du débiteur.

NOTES.

V. Bouteiller, *liv.* 1. *tit.* 102. Belordeau, *lett. D. contr.* 21. *& obſ. for. lett. D. art.* 6

ARTICLE CCXXXV.

a *Et ſi* la dette du ſecond detteur b n'eſt liquidée, on c *procédera* par Arrêt ſur icelle, juſqu'à ce qu'elle ſoit liquidée, pour, ce fait, en avoir exécution.

CONFERENCE.

A. C. *Art.* 262. a Quand. b Eſt liquidée par obligation ou jugé, ou autrement, l'exécution ſe fait promptement ſur ladite dette, & quand elle. c Procéde.

T.A.C. *Ch.* 300. Et s'il n'y avoit jugié, ou confeſſion, ou obligation de Cour, l'en devroit aller par voïe d'arrêt, & faire arrêter la dette, juſqu'au prix de la dette, *vel* demande, & faire adjourner celui detteur, devant celui qui le devroit & pourroit juſticier, & informer de ſa dette, & faire finporter du detteur, comme il apartiendroit. Car il ſuffiroit le requerre, au cas que celui detteur n'y mettroit autre débat, & l'information faite, & le finporter du detteur, ce que ſeroit trouvé & apuré, devroit être exécuté, comme exécution doit & peut être faite, & tout auſſi detteur ſur autre detteur.

Faire finporter. Nota que en arrêt il y a finport, ut hîc.

Nota modum executionis, prior reus eſt excutiendus, ſecundò ejus fidejuſſor, tertiò extraneus poſſidens res fidejuſſoris, ut *in auth. hoc ſi debitor poſſideat*

deat C. de Pignoribus & Hypothecis.

Item executio primò debet fieri in mobilibus & moventibus; & debet illa primò, quia minùs noceret debitori, ut tenet ibi glossa; & idem in immobilibus secundùm Bartholum, *in dictâ L. 15. à Divo Pio dict. §. in venditione itaque pignoris.*

Secundò in immobilibus, & ultimò pervenitur ad nomina, ut in *d. L. 15. à Divo Pio §. in vendi, ff. de re judicatâ*, & ibi per Bartholum: & standum est relationi clientis asserentis mobilia non invenisse, & an opus sit sententiâ Judicis ad declarandum executionem esse sufficienter factam, Bartholus *in dictâ L. 15. à Divo Pio §. in venditione* declarat.

COMMENTAIRE.

D'Argentré A. C. *Art.* 262. *L'exécution se fait promptement.* On n'en vient pas là de plein vol. Car le débiteur du débiteur n'est pas personnellement obligé au créancier de celui-ci. On doit venir par voïe d'Arrêt : & il faut que le débiteur principal soit entendu, & qu'on ait jugé le dessaisissement avec lui, sans quoi il demeureroit toujours sous l'obligation vers son créancier.

ARTICLE CCXXXVI.

On peut faire exécution sur bêtes baillées à my croist pour la part & portion apartenante au detteur. Et se fera estimation de ce que vaudra pour lors ladite part & portion, sauf au portionnaire son recours à l'encontre du detteur exécuté, pour ses dommages & interêts.

CONFERENCE.

Art 421.

A. C. *Art.* 263.

T. A. C. *Ch.* 310. Ceux qui baillent leurs avoirs à mi croît, ou autres choses à métairies, nul autre pour le fait du prêneur n'y doit rien prendre, fors le Seignenr ou les Seigneurs en tant comme ils ont pâturé, eu, ou levé des fruits des terres, dont les rentes sont dûes, fors en tant comme ceux prêneurs prendroient sur ceux avoirs; & peult le créancier, suivant l'usement dont l'en use, faire estimer; *vel* assiever les avoirs, ou sur les prêneurs, ou sur les bailleurs qui lui seroient obligés, nonobstant que la prinse fût faite de nouvel, sauf à l'une Partie ou à l'autre à se faire dédommaiger sur celui pour qui le fait seroit. Car il doit être dédommaigé sur celui, si l'en ne trouve de quoi sur l'autre Partie, pour ce que il est de usaige que l'avoir qui est baillé à croît ou à métairie, s'il n'y a autre gré ou conditions entre les Parties, doit être gardé trois ans continuels, paravant que l'ung ne l'autre puisse assiever, *vel* essever, s'ils n'étoient d'un gré de le faire autrement.

Le Seigneur peut saisir pour sa rente ses bêtes pâturantes sur fonds, encore qu'elles n'apartiennent à son Vassal, ains à ceux qui tienent l'héritage à loüage, ou qui ont alloüé lesdites bêtes. Normandie. *art.* 67.

V. la Conférence à la fin de l'Art. 183.

NOTES.

V. Belordeau, *obs. for. lettre B. art.* 12. Raguean & de Lauriere au mot, *Chaptel.*

COMMENTAIRE.

HEVIN. *Dommages.* La Très-Ancienne Coûtume *Art.* 308. dit que de commune uſance le bétail baillé à mi-croît ne ſe devoit partager, qu'après trois ans, ſi ce n'étoit de conſentement commun.

Elle dit que l'un ne l'autre puiſſe *eſſever, id eſt* épuiſer, tarir ou retirer ſa part. *Eſſever* eſt proprement *aquam exhaurire & locum ſiccum reddere.*

Coquille, Coûtume de Nivernois, *art.* 16. *des croîts & chaptels.*

D'ARGENTRE' A. C. *Art.* 263. *A mi croît.* Cette diſpoſition s'entend des corps individus; car s'ils peuvent être diviſés par nombre, comme un troupeau, on doit écouter celui qui intervient, & qui demande la diviſion pour empêcher que ſa portion ſoit venduë.

En matiere d'immeubles, le portionnaire par indivis peut s'opoſer afin de diſtraire.

Eſtimation de ce que vaudra. Il ne ſuffit donc pas d'offrir la moitié du prix provenu de la vente. On doit la juſte eſtimation, parce qu'il n'eſt pas de l'équité, que perſonne ſouffre une diminution de valeur de ce qui lui apartient, par le fait d'autrui.

Sauf au portionnaire ſon recours. Car l'autre portionnaire qui doit la garde de la choſe doit répondre de l'événement. Si c'eſt une choſe ſimplement commune, c'eſt une action, comme d'aſſocié à aſſocié, & comme pour mauvais gouvernement de la choſe commune.

ARTICLE CCXXXVII.

Toute condamnation & jugé doit être exécuté, nonobſtant quelconque exception que voudroit propoſer le detteur, s'il ne la vérifie promptement. [a]

CONFERENCE.

Art. 222. A. C. *Art.* 264. [a] En baillant caution.

COMMENTAIRE.

D'ARGENTRE' A.C. *Art.* 264. On peut excepter contre toute Sentence, à moins que les exceptions n'attaquent le bien jugé. Les exceptions n'empêchent pas l'exécution, ſi elles ne ſont peremptoires & prouvées *in promptu*, comme lorſqu'on fait voir qu'on a païé.

ARTICLE CCXLII.

DE L'ANCIENNE COÛTUME,

Abrogé à la Réformation de 1580.

Quand les biens pris par exécution sont vendus ou autrement exploités, le detteur est tenu de la garentie d'iceux.

COMMENTAIRE.

D'ARGENTRÉ. Il en a été parlé sur les Articles 141. & 223.

TITRE QUATORZIÉME.

Des Prisages & Aprèciations.

CONFERENCE.

V. les Prisages de Bourgogne à la fin de la Coûtume du Duché. Troyes, *T.* 11. Perche 39. Châteauneuf en Thimerais 11. 12. 13. 14. 15. Chartres 11. 12. Dreux 8. 9. Orleans 58. 108. Montargis, *T.* 2. 10. 11. 12. 13. 14. 15. 16. 17. 18. 19. 20. 21. 22. 45. Berry, *T.* 6. 12. 23. 24. Dunois, *T.* 2. Nivernois, *T.* 37. Bourbonnois, *T.* 36. Anjou *d'assiette de rente.* Tours, *T.* 34. Lodunois, *T.* 36. Poitou 190. 191. 192. 199. Xaintonge, *T.* 19. la Marche, *T.* 31. Auvergne, *T.* 31.

COMMENTAIRE.

D'ARGENTRE' AIT. Hæc epigraphe, sive titulus, olim mixtus fuit priori titulo, quem ego seorsim describendum suscepi rogatu ordinum, ad coërcenda licentiosa appreciatorum arbitria, quæ hactenus mortales vexarant, cùm, sine lege aut præscripto, quæque facerent sine regulis homines plerumque corruptissimi. Quare usu, experimentis, & sententiis Jurisconsultorum adjutus, & finitimorum exemplis rem totam conjeci in regulas, & omnes magno consensu sunt adstipulati, & in legem describi voluerunt.

HEVIN. V. la Conférence des Coûtumes, *lib.* 2. *tit.* 2. *in additione num.* 12. *pag.* 354. *& seq.*

NOTES.

Belordeau, *obs. for. lettre P. art.* 23, *& lettre V. art.* 1.

Ce Titre peut se diviser en sept parties.

1°. De la forme générale en matiere de prisage & assiette, *art.* 238. 239. 240. 243. 244. 245. 246. 257. 258. 261. 263.

2° De la qualité des Priseurs, de leurs devoirs & de leurs fautes, *art.* 243. 244. 245. 246. 264. 265.

3°. De la forme particuliere du prisage pour les choses annexées à l'héritage, *art.* 240. Les biens chargés de doüaire, *art.* 241. & 242. Les fonds sans Jurisdiction & obeissance, *art.* 247. Les rentes féodales, suivant les dégrés de Jurisdiction, *art* 248. Le rachat, bail ou autres devoirs dûs par la mort du Vassal, *art.* 249. Le Fief à simple obeissance, *art.* 250. Le Fief de Juveigneurie, *art.* 251. Les édifices, *art.* 253. 254. Les bois, *art.* 255. Les moulins, *art.* 256. Les grains en herbe ou en tuïau, *art.* 252.

4°. De la restitution des fruits, *art.* 259.

5°. De la nature des rentes, *art.* 260.

6°. De la revûë, *art.* 262.

7°. Du païement des rentes par grains, *art.* 266. 267. & 268.

ARTICLE CCXXXVIII.

Quand aucun a contrat ou autre jugé pour avoir assiette en héritage, la partie sur laquelle on doit faire l'exécution sera apellée, pour dire, sur les apréciateurs & apréciation, tout ce que bon lui semblera, & voir faire ladite assiete, qui sera faite à son option, si elle compare, s'il n'y a autre convention ou contrat. Et si la partie apellée défaut à l'assignation, sera l'assiete faite à la discrétion du Commissaire, en ensuivant le contrat ou jugé.

CONFERENCE.

A. C. *Art.* 248.

T. A. C. *Ch.* 44. Vente peut être faite par trois voïes *vel* manieres, sur héritaiges; c'est asçavoir par marché fait cueur à cueur entre Partie, ou par obligation, ou par jugement de Cour, ou par condamnation.

Contractus non redduntur in invitum. *L. invitum C. de contrah. empt. vendit.*

Si tamen contrahitur & actus sit perfectus, contrahens non potest pœnitere, etiam in continenti. *L. non idcircò eod. tit.* quia licet ab initio sint voluntarii, ex post tamen sunt necessarii. *L. sicut C. de act. & oblig.*

Item si in contractu emptionis pretium confertur in arbitrium unius ex contrahentibus, non valet. *L. in vendentis & ibi glossa C. de contrah. empt. vendit.* vel tamen in arbitrium tertii, si ille arbitretur. *L. finali eod. tit.* & si malè arbitretur habetur recursus ad arbitrium boni viri. *Glossa ibidem*: & de istâ materiâ V. Bartholum *in L. si quis arbitratu* 43. *ff. de verb oblig.*

Ch. 193. Si aucun est obligé à faire certaine assiete, si devroit-il être adjourné, ou requis à la faire, ou voir faire selon que mention en seroit faite ou contrat; & si la Partie adverse venoit au terme avant la défaille, & elle queist à voir, au cas que la partie adverse ne montreroit son fait apert où celle Partie seroit obligée, ou posé que la Partie n'eût point de fait apert, il n'y auroit point de montre, ou cas qu'il n'y auroit plus d'ung contrat, ou que les choses fussent devisées. Mais il auroit jour jugié, s'il n'y avoit renoncié, & les autres dilations, comme querre terme de parlier & exoine, qui sont établies par Coûtume ou cas que l'en n'y ait renoncié. Et s'il étoit jugié que les dilations, qui sont dûës de droit & de coûtume, ne lui seissent pas, il devroit répondre; & s'il ne trouvoit bonne peremptoire ou prouve faite en présent, l'en doit faire exécution de ce qu'apert de fait de Cour, ô plege de rendre & restituer, *vel* rétablir, si métier est, & de fournir vers la Cour & vers la Partie, & aussi de ce que seroit confessé par Cour, *vel* ou du surplus, devroit tarder, tant qu'il aparût du jugié, ou du gré fait par cour.

Mais il y auroit jour jugié. Néanmoins rénonciations, l'on ressort de Sentence d'arbitre, s'il y a décepte d'outre moitié de juste prix, ou dol ou fraude. V. apostillas *suprà cap.* 44.

Ou de gré fait par Cour. Et sic per verbum de lettre privée où l'on ne peut aller à exécution, fait constitution *folio* . . . . *in fine*, & hic cum dicit gréer & fait par Cour

Ch. 196. Quand l'en ne trouve meubles mouvables, l'en doit bannir sur les héritaiges *vel* immeubles, & les bannies faites, comme dit est au titre des apropriemens,

NOTES.

Acte de notoriété du 2. Juin 1718. 142. Devolant.

V. Ragueau aux mots, *Assiete* & *Assignat.* & les Coût. not. *art.* 63.

Le créancier ne peut être obligé de prendre des héritages en païement. Devolant, *lettre C. ch.* 92. V. les Arrêts sur cet Article, *n.* 4.

l'en les doit prisaiger par bonnes gens dignes de foi jurés, comme il est dit ailleurs : & doit le detteur être apellé à montrer ses biens & ses piéces, & à dire sur le prisaigeur, s'il sçet qu'il y ait à dire.

Bannir. Il a été jugé à Rennes, qu'en vertu de la bannie faite en une Jurisdiction, faire l'en ne peut advenanter, *vel* avenantes en l'autre jurisdiction. Facit suprà *cap.* 7. que l'une Jurisdiction ne tient rien de l'autre.

Ch. 301. Et quand l'en ne trouve meubles, ne immeubles, ne autres biens, fors que la maison ou maisons au detteur, où il demeure, ou a demeurance, si peut l'en faire exécution sur celle maison ou maisons ; & doit être bannie & prisaigée comme les autres héritaiges & ventes poïées.

Labour, *T.* 14. 14. 15.

ORDONN. Mai 1315. *Art.* 11.

SOMMAIRE.

1. *Etymologie & signification du mot* assiete.
2. *A qui apartient l'option pour l'assiete des propres du mari.*
3. *Les parties ne doivent pas être présentes après la montrée au prisage : il est inutile de les apeller au dépôt du procès-verbal.*
4. *Le débiteur d'une assiete peut-il paier les arrérages par assiete en fonds.*

COMMENTAIRE.

HEVIN. V. mes Annotations sur Frain *pag.* 431. *& suiv.*

1. *Pour avoir assiete. Assiete* est *asseoir*, ab *assidendo.* Un titre de 1270. dans les preuves de l'Histoire de Courtenay *pag.* 70. trecentas libras annui reditûs *assidendas* ipsi domicello &c. dictas trecentas libras *assidebo.* Il n'y a rien de plus commun dans tous les anciens titres de France.

Ils demandent au Parlement de Paris ce que c'est qu'une assiete. Guerin sur l'art. 94. de la Coûtume de Paris le prend pour hypotéque speciale sur un fonds. Ce n'est pas notre sens : il cite la Coûtume d'Anjou *Art.* 492.

La Coûtume d'Anjou *art* 491. & 492. & celle du Maine *art.* 495. & de Troyes *art.* 382. prend assiete comme nous.

La Coûtume d'Anjou a un titre *d'assiete de rente*, & Choppin, *in Consf. And. lib.* 3. *cap.* 3. *T.* 3. *n.* 1. en explique la nature. Prædiaria assignatio debiti reditûs annui sic avocat à debitore fundi possessionem, ut quasi alienato redempturo utrilibet viam patefaciat tùm cognato, tùm patrono debitoris assignantis. §. 500. *Consf. Andeg.* Cela ne convient pas encore assez à notre assiete, qui n'est pas simplement quasi alienatio, mais vera alienatio.

2. *A son option.* Quid ? S'il est dû récompense au mari de ses propres sur les acquêts, les enfans auront-ils l'option ? Ratio dubitandi que c'est la communauté qui est débitrice, dont le mari a la moitié avec des prérogatives, comme de choisir. 2°. Qu'il a pû en acquerant faire sa déclaration. D'autre part les enfans peuvent dire que le mari auroit deux choix. (*a*)

NOTES.

(*a*) La décision peut se tirer de la maxime que l'assiete est au choix du débiteur, suivant cet Article & l'Art. 427. dans l'espéce duquel le mari, comme débiteur, a le choix des acquêts ou des meubles de la communauté sur lesquels l'assiete ou la reprise doit se faire. Dans l'espéce converse pour la reprise des propres du mari, la femme

D'Argentré A. C. *Art.* 248. *Pour avoir assiete.* Comme il s'agit d'assigner un revenu, il faut que l'estimation de ce revenu réponde aux fruits que le fonds doit produire.

3. La premiere régle est que les estimateurs soient choisis respectivement par les parties, & que les parties soient présentes sur les lieux, lorsqu'on fait l'estimation. Cependant nous n'autorisons pas cette présence dans l'usage, parce que les priseurs peuvent être divertis d'une bonne & saine estimation, par autorité, par complaisance, par menaces, & par clameurs. On a donc coûtume d'éloigner les parties, après qu'elles ont fait la montrée & l'indication. On ne les apelle point aussi au dépôt du procès-verbal de raport. Car c'est un acte que les parties ne peuvent empêcher. L'usage de cette estimation est fréquent dans les rescisions pour lésion.

Pour dire sur les apréciateurs. Imo pour en convenir; le demandeur nomme le sien le premier, ensuite le défendeur; & s'ils ne peuvent convenir du tiers, le Juge en nomme un d'office.

Qui sera faite à son option. Semper enim electio est debitoris, quòd solvat, de locis ubi solvat, cùm rerum soli assignatio facienda est.

S'il n'y a autre convention. Provisio enim hominis tollit provisionem Legis.

Sera l'assiete à la discrétion du Commissaire. La régle auroit été de réferer l'option à l'autre partie. Mais on a cru qu'il étoit plus équitable & plus doux de laisser la chose au Juge, qui doit garder la plus juste équité, en ne donnant pas le meilleur, ni le plus infructueux, ni le plus incommode.

4. Arrest. Sçavoir si le débiteur d'une assiete, qui a differé de l'exécuter, est recevable à païer aussi du fonds pour les arrérages? Jugé que non, par Arrêt d'Audience du 22. Août 1679. plaidant Milliere & le Comte, Ecuïer Jean Loysel & Dame Loüise de Montboucher Dame de Cahideuc, parties plaidantes.

Autre Arrêt au Conseil au mois de Decembre au même an 1679. conforme, au profit de Dame Catherine le Gras.

Cependant on a jugé au contraire le 6. Juin 1681. au profit des créanciers de feu M. du Fresnay du Faoüet, contre Mre Nicolas du Fresnay son fils aîné.

J'estime les précédens Arrêts meilleurs. V. mes Annotations sur Frain *pag.* 431. *& suiv.* où j'ai expliqué les art. 238. & 239. de la Coûtume.

NOTES.

ou ses héritiers sont également débiteurs. Ainsi le choix doit leur apartenir.

L'inconvénient du double choix ne paroît pas décisif. Car dans l'espéce de l'Art. 427. le mari à un double choix. 1°. Pour l'assiete ou reprise qui est dûë à la femme 2°. Dans le partage du reste de la communauté.

ARTICLE CCXXXIX.

Et doit le Commissaire [a] *arrêter la* somme de la dette, [b] de la mise des bannies, [c] du prisage, du salaire du Sergent, & des ventes, *pour du tout être fait assiete : sinon que le detteur païât lesdits frais dans huitaine après la liquidation d'iceux.*

CONFERENCE.

Art. 244.
A. C. *Art.* 249. a Faire. b Et. c Et.
T. A. C. *Ch.* 296. Et doit l'en faire somme de la dette, des bans, des ventes & des prisageurs & du salaire au Sergent.
Prisageurs. Id est de leurs salaires.

SOMMAIRE.

1. *Distinction entre les frais de l'assiete & les dépens du procès. Celui qui doit l'assiete la doit à ses frais.*
2. *Si dans l'assiete des propres aliénés de la femme les lods & ventes du contrat d'aliénation doivent être comprises.*

COMMENTAIRE.

D'ARGENTRE' AIT. *Et doit le Commissaire.* Additum me monente, ne quis putaret, ob non refusas impensas, protinus ad assietam veniendum : congruit art. 244. infrà.

HEVIN. *Après la liquidation d'iceux.* Addendum, auquel cas ne sera fait assiete que du principal.

1. D'ARGENTRE A.C. *Art.* 249. La Coûtume parle ici des frais nécessaires pour l'exécution de l'assiete. Car pour les frais faits à l'occasion du crédit, c'est un simple exécutoire personnel dont l'assiete ne se fait point. C'est au surplus une maxime, que *qui doit l'assiete, la doit faire à ses frais.*

De la mise des bannies. Cela doit s'entendre du cas auquel il auroit été fait des bannies pour parvenir à l'assiete, sans quoi il y auroit une absurdité, puisque les bannies pour l'aproprièment ne sont point essentielles au contrat ni à l'assiete. C'est une sureté pour l'acquereur ou le créancier, dont le vendeur ou le débiteur ne doit point les frais.

Et des ventes. Il n'échoit pas toujours des ventes en toutes assietes, mais seulement *pro datione in solutum.* Car la Coûtume dispose que pour assiete de dot ou de partage, il n'est point dû de ventes.

2. ARREST. *Et des ventes.* On demande souvent si lorsque la femme demande assiete de son propre aliené, elle doit aussi avoir assiete des lods & ventes. Elle ne les doit point avoir, cet Article ne regardant que le cas auquel celui qui reçoit l'assiete ne la peut avoir sans païer ventes; c'est-à-dire entre étrangers. Mais entre conjoints qui ne doivent point de ventes, on n'en doit point faire assiete. Jugé le 4. Decembre 1670. au raport de M. de Saliou, entre René Gandon Huissier & Jeanne Richard sa femme. La raison est que la femme a le choix ou de se tenir au prix du contrat, auquel cas on peut présumer qu'il est avantageux; ou de faire estimer son bien aliené : ainsi elle ne peut rien perdre.

ARTICLE CCXL.

ARTICLE CCXL.

Les [a] choses qui seront annexées à l'héritage, qui ne pourront être déplacées à profit, demeureront & seront prisées avec la terre, comme elles se poursuivent, [b] *bonnes ou mauvaises, à vingt* ans quittes, rente, services, & toutes autres charges rabatuës : & *lesdites choses ainsi prisées, seront* baillées au créancier pour sa dette, au cas qu'il ne se trouveroit autre acheteur.

CONFERENCE.

Art. 604.

A. C. *Art.* 252. [a] Autres. [b] Gâtées & vêtuës à douze.

T. A. C. *Ch.* 296. Les autres choses qui seroient annexées à l'héritage, qui ne pourroient être déplacées à profit, devroient être prisaigées avec la terre, comme ils se poursuyvroient, gâtées & vêtuës à douze ans quittes, rabatuës, *vel* abatuës rentes & services, & tous autres triiages, *vel* trehüages, & bailler au créancier pour sa dette. Et si le créancier demandoit autres coûtaiges, dommaiges ou dépens sur le detteur, le detteur devroit être apelié par adjournement à les veoir éclardir, ou bailler ses peremptoires, s'il en avoit à bailler.

A les veoir éclardir. Facit ad hoc infrà *cap.* 303. ibi *éclardies.*

Troyes 196.

Ordonn. 22. Juillet. 1315. *art.* 19.

SOMMAIRE.

1. *Si les statuës & les canons sont meubles ou immeubles.*
2. *Des choses qui ne peuvent être enlevées sans détérioration du fonds.*

COMMENTAIRE.

Hevin. *A vingt ans.* V. Choppin *de Morib. And. lib.* 2. *tit.* 3. *n.* 23.

1. Quid des statuës, des canons? D'Argentré *art.* 408. *gl.* 2. *num.* 7. tient qu'ils sont meubles. On tient le contraire à Paris. V. le Journal des Audiences de Dufresne *liv.* 6. *ch.* 43. Brodeau sur Paris *art.* 90. *nomb.* 6.

Aliud ornamenti causa positum, aliud instrumenti causa, L. *quæsitum* 12. §. *si domus & seq. de fundo instruct. vel instrument. legato.*

D'Argentré A. C. *Art.* 252. * Il faut remarquer d'abord que dans tous les endroits où l'Ancienne Coûtume met à 12. ans quitte, la Nouvelle met à 20. ans, ce qu'il faut supléer ici.]

NOTES.

V. la Conference sur l'Art. 212.

A vingt ans quitte. Dufail, *liv.* 1. *ch.* 452. & 661.

Au cas qu'il ne se trouveroit autre acheteur. Sauvageau, *liv.* 1. *ch.* 255.

2. *Qui ne pourroient être déplacées.* Sans détérioration de la chose, qui en deviendroit moins utile. La régle en cette matiere est que, si en ôtant la chose annexée à l'héritage, il résultoit du dommage & de la perte, on devroit en faire l'estimation par argent, & l'on n'écouteroit pas celui qui malignement voudroit qu'il fût fait une séparation préjudiciable.

D'Argentre' Ait. *Bonnes ou mauvaises.* Id est magis minusve fructuosæ.

D'Argentre' A. C. *A douze ans quitte.* En cela est l'inadvertence des Réformateurs de 1539. qui ont copié à l'aveugle l'estimation portée par un Livre aussi ancien que la vieille Coûtume, sans considérer les changemens arrivés par la longueur des tems. Dans celui des guerres on connoissoit à peine la monnoïe. Mais le tems étant devenu meilleur, depuis les 60. ans qui précédoient celui auquel l'Auteur écrivoit, on n'eût pas dû faire une régle d'une si modique estimation, & la véritable devoit être reguliérement au denier 20.

ARTICLE CCXLI.

Et si les terres étoient chargées de doüaire, ou en bienfaits, ou qu'autres les tinssnet à viage, elles devroient être baillées à mi-prix : c'est à sçavoir à [a] *dix* ans quitte.

CONFERENCE.

A. C. *Art.* 253. a Six.

T. A. C. *Ch.* 297. Et si les terres étoient endoüairées ou en bienfaits, ou que autres les tenissent à viage, *vel* mi-viage, ils devroient être baillés à mi-prix, & est entendu à six ans quittes ; & la propriété qui est entenduë après le viage du bienfaiteur, ou de la doüairiere ou d'autre viage, aussi seroit baillée à mi-prix, comme dit est.

Ch. 298. Et si les héritaiges étoient engagés jusqu'à certain tems, l'en doit regarder combien de tems il y auroit à venir, & seroit rabattu la moitié selon le prix qu'ils seroient prisaigés, & qu'ils devroient valoir au tems de l'héritaige pour ce que l'en use, quand l'en baille terres en gaiges, l'en les baille à mi-acquit, & conviendroit que le créancier à qui l'en bailleroit les héritaiges, attendroit les levées par année : car qui lui feroit le rabat de tout, ce seroit faire préjudice au detteur ; car aussi devroit l'en faire sur les héritaiges que le detteur tiendroit par engaige, l'exécution faire au créancier ; & ne seroit tenu le créancier, si n'est de sa volonté en plus les prendre, pour ce que le sien lui est dû en présent ; & il est métier à chacun que le sien lui vaille & lui porte profit. V. le Ch. 299. dans la Conference sur l'Art. 57.

SOMMAIRE.

1. *Motifs de l'Article.*
2. *Ce que c'est que* bienfait.

NOTES.

V. le Commentaire sur l'Art. suivant, & Boucheul, *art.* 253. *n.* 45. & 46.

COMMENTAIRE.

1. D'ARGENTRÉ AIT. Nihil in toto ſcripto Conſuetudinis utilius, nihil melius, nihil ſanius, his Articulis, qui diſſidioſam, incertam, & nullo jure præciſam pretiorum quantitatem, certo fine & æſtimatione ſiſtit : ita ut quod ultro citrove declinet, ſubjaceat regulæ diffinitæ æſtimationis : ne Jure quidem Romano de eo quidquam fixi conſtitum. Fuit in veteri ſcripto finita indicatio rerum & prædiorum : ſed ea, auctis rerum pretiis & pecuniæ copiâ, diſplicebat omnibus, nec uſus ejus ullus in foro & commerciis. Antiquato publico conſenſu veteri ſcripto, placuit Jus novum edi, ut id eſſet æquum pretium, quod de viginti annorum fructibus reponeretur : de quo fusè in Commentariis.

2. D'ARGENTRÉ A. C. *Art.* 253. *Doüaire ou bienfaits.* Perſonne n'ignore ce que c'eſt que le doüaire. Bienfait étoit le viage ou l'uſufruit donné par l'aîné au Juveigneur; mais cela ſe doit entendre réguliérement de tout uſufruit ou droit annuel.

A mi-prix. On eſtime donc autant l'uſufruit que la propriété. Mais il faut encore remarquer que ce qui eſt dit, à ſix ans quitte, eſt une ſuite de la mauvaiſe eſtimation, à douze ans pour le fonds.

ARTICLE CCXLII.

Et la proprieté qui eſt attenduë après le viage [a] *de celui qui tient à bienfait*, ou de la doüairiere, ou d'autre viage, ſeroit auſſi baillé à mi-prix, comme dit eſt.

CONFERENCE.

A. C. *Art.* 254. [a] Du bienfaiteur.

COMMENTAIRE.

D'ARGENTRÉ A. C. *Art.* 254. On donne ici la même eſtimation à la proprieté toute nuë qu'à l'uſufruit, chacun étant eſtimé à mi-prix. Il y avoit des difficultés par raport à l'âge des uſufruitiers; & l'eſtimation pouvoit dépendre de diverſes circonſtances, de l'âge, de la ſanté, &c. La Coûtume a fait une eſtimation fixe & certaine, & la régle générale eſt de diviſer par moitié la valeur du fonds. L'uſufruit fait une moitié & la nuë proprieté l'autre; mais l'Auteur remarque que comme cette fixation eſt fondée ſur ce que la vie de l'homme le plus jeune n'eſt pas aſſurée d'un ſeul moment, il faut auſſi qu'il n'y ait pas de défaut évident qui abrege indubitablement la vie, comme certaines maladies qui vont droit à la mort. Il pencheroit même à faire des différences par raport à l'âge; & il voudroit que l'on diviſât la vie de l'homme en douze parties en la fixant à 60. ans, & en diminuant de la valeur de l'uſufruit autant de parties qu'il s'en ſeroit écoulé & qu'on ajoûtât cette diminution à la valeur de la proprieté. Mais il convient que l'estimation de la Coûtume a sa raison dans l'incertitude de l'événement, parce que l'usufruit peut aller à 60. ans & au-delà, & peut finir aussi le lendemain. Il observe, comme un exemple des communes estimations, que le rachat est estimé au denier 31. parce que l'ouverture est censée s'en faire ordinairement après les 30. ans, non qu'on y ait borné le cours ordinaire de la vie de l'homme; mais à cause de la concurrence de la vie des peres & de celle des enfans.

ARTICLE CCXLIII.

Apréciation *d'héritage* n'est valable, s'il n'y a trois hommes non suspects, [a] *qui* soient *convenus, ou sur refus, baillés de justice, &* jurés [b] *de* faire bonne & loïale apréciation. [c]

CONFERENCE.

Art. 591.

A. C. *Art.* 256. [a] Et qu'ils. [b] A. [c] Soit sur meubles ou sur héritage.

T. A. C. *Ch.* 304. Nul prisaigé ne suffit, s'il n'y a trois hommes non-suspects, & qui soient jurés à faire bon & loïal prisaige, soit sur meubles, ou sur héritaiges.

SOMMAIRE.

1. *Si le nombre & le serment prescrits par l'Article sont nécessaires dans la convention à l'amiable.*
2. *Quid si les priseurs sont de trois différens avis.*

COMMENTAIRE.

1. D'ARGENTRE' A. C. *Art.* 256. Cet Article s'entend, inter repugnantes & contentiosè experientes. Car quel inconvénient que l'on puisse volontairement s'en raporter seulement à deux & même à un seul? Le motif de la Coûtume a été qu'il peut arriver facilement que deux ne soient pas de même sentiment, & qu'ainsi il faut un tiers pour les concilier.

Qu'ils soient jurés. Cela n'est pas nécessaire lorsque la convention est purement volontaire, néanmoins dans le doute on n'est point censé s'être départi de cette jurée; & il faut qu'on l'ait fait expressément. On demande si le serment doit précéder l'estimation. Cela est plus ordinaire & plus régulier. L'Auteur prétend qu'il peut suivre, même dans les témoins. * Mais cela est insoutenable.]

NOTES.

Acte de notoriété du 14. Décembre 1699. 20. Devolant Dufail, *liv.* 1. *ch.* 46. 141. 226.

Faire loïale apréciation. Rien n'est plus sujet à l'abus & à la corruption que cette matiere.

2. Quid si les priseurs sont de trois différens avis? Il n'y a pas de question lorsqu'il y en a deux de même avis; mais sur celle-ci du Moulin prétend qu'il n'y a rien de fait, & que l'un, par exemple, estimant la chose 15000. liv. l'autre 10000. liv. & l'autre 5000. liv. la moindre estimation n'est pas contenuë dans la plus grande. D'Argentré prétend que cette opinion est hors d'usage. Cependant il suit le sentiment de du Moulin, en disant que si les priseurs sont tous de différens avis, & ne peuvent s'accorder, il faut refaire le prisage par d'autres. (*a*)

POULLAIN. Dupineau dit qu'il y a en cela le même esprit de contradiction qui n'abandonne point d'Argentré; qu'il ne s'embarrasse pas de répondre à l'élégante interprétation de la Loi *si plures*, & de la Loi *diem proferre ff. de recept. & qui arbitr.* que lorsqu'il dit simplement que la chose est hors d'usage, du Moulin allégue aussi l'usage au contraire, ce qui est attesté par Bugnion dans son Traité des Loix abrogées; qu'enfin l'on ne peut pas dire que les priseurs aïent consenti à la moindre estimation.

La Nouvelle Coûtume a retranché le mot de meubles, & l'Auteur avoit remarqué qu'il ne falloit pas à cet égard la même formalité.

ARREST. Ce 14. Août 1651. Présidens MM. de Marbeuf, de Chalain & de la Coquerie, s'est présenté la question de sçavoir si pour faire un prisage valide, il est nécessaire que les priseurs, devant que vaquer, aïent juré conformément à l'Art. 243. Le fait étoit qu'un particulier nommé Mahé, pour procéder au prisage, avoit nommé Deshayes. Les cohéritiers avoient aussi nommé de leur part : un tiers donné d'office; & d'autant que Deshayes ne pouvoit pas vaquer, par autre apointement un autre fut nommé à sa place, & ordonné qu'il seroit procedé au prisage par Deniau, Provost & Cremieu. Les priseurs vaquerent au prisage, sans avoir prêté le serment, & de plus Provost ne vaqua point, mais Deshayes premier nommé. Ils rendent leur prisage; & après la vérification se font décerner exécutoire solidairement, de tout quoi Mahé est apellant. Pour soutenir son apel, Maître Gabriel Bernard soutenoit qu'il avoit juste raison de se plaindre du déréglement de la sentence, qui ordonne un exécutoire solidaire contre l'Apellant pour la vacation des priseurs, & qui étoit d'autant plus injuste que le prisage étoit nul par deux raisons peremptoires. La premiere, que l'Art. 243. de la Coûtume veut expressément, pour la validité d'un prisage, qu'il ait été fait par trois priseurs convenus ou nommés d'office sur le refus, & non suspects;

NOTES.

(*a*) Les sentimens de du Moulin & de d'Argentré sur cette question furent discutés à l'Audience publique de Grande-Chambre, dans la cause entre le sieur de Servigné le Gac, le sieur de Kermorvan Baraser son puîné, & les Priseurs. Les deux Priseurs convenus n'étant point d'accord sur l'estimation, le tiers avoit pris à peu près le milieu entre les deux avis, ce qui rendoit les trois avis absolument différens. Il fut jugé, en point de Droit que le prisage étoit valable, & que l'avis du tiers servoit de régle; par Arrêt du 17. Mai 1740. plaidant MM. Anneix, Querard, Ronsin & moi.

que dans le prisage Deshayes avoit vaqué, quoique par un second apointement il en eût été nommé à la place; & qu'ainsi n'étant pas convenu, il n'avoit eu aucune qualité pour faire subsister le prisage; qu'il y avoit plus, parce qu'un particulier avoit encore vaqué à ce prisage sans avoir été convenu, ni même priseur, ce qui rendoit du tout l'acte nul. Car quand même on suivroit la disposition du Droit ancien, par lequel il n'y avoit point de priseurs érigés en titre d'office, & un chacun pouvoit choisir un prudhomme pour faire la division des héritages, d'où ils les apelloient arbitres, & leur jugement arbitrage, pour témoigner qu'il n'étoit nécessaire que d'y aporter de la bonne foi, si est-ce qu'il falloit toujours qu'ils fussent convenus par les parties.

L'autre raison est que par le même Article, il est de nécessité, non-seulement que les priseurs soient reçus solemnellement, & aïent fait serment à la Justice; mais encore qu'après l'élection, & devant que procéder au prisage, ils jurent de s'y porter loïaument; & le serment est tellement nécessaire, qu'il semble que leur serment, pris à la renduë & vérification du prisage, ne suffiroit pas, parce que l'Article est conçu en termes annullatifs, *nul prisage n'est réputé valable, &c.* dont la force est que, par le défaut d'une circonstance requise, l'acte demeure nul, sans espoir d'être validé par des solemnités subséquentes : *quod ab initio non valet*, &c. de plus qu'il y a déréglement dans le salaire qui alloüe cinq jours pour un prisage de 30. liv. de rente, & 12. liv. 16. s. à chacun par jour, si bien que toutes les circonstances font voir que dans ce prisage il n'y a rien moins que ce qui y est le plus desiré, *bona fides & boni viri arbitrium*; & ce qui est le plus intolérable, c'est la solidité, &c. Rabeau pour l'Intimé. La cause fut apointée.

ARTICLE CCXLIV.

Si l'héritage est noble, & celui sur qui on fait l'apréciation noble, les Apréciateurs seront nobles [a] *gens de sur les lieux à ce connoissans*, qui feront serment en tel cas requis : & s'enquerront de la valeur, commodité ou incommodité, & des charges qui sont sur les choses qu'on veut aprécier, pour, charges rabatuës, le tout calculer & liquider; & bailler au créancier pour sa dette, & païer [b] *lods & ventes* au Seigneur, & autres frais & mises dudit prisage, à [c] *vingt* ans quitte : *sauf pour le regard desdits frais & mises, si le detteur ne les païoit dedans huitaine, comme il est dit ci-dessus.*

CONFERENCE.

Art. 239.

A. C. *Art.* 257. [a] Et s'ils n'étoient sçavans prendront avec eux gens à ce connoissans pour les conseiller. [b] Baux. [c] Douze.

T. A. C. *Ch.* 304. Si l'héritaige est noble & de foi, & que ceux sur qui le prisaige soit fait, soit gentilhomme, ou gentillefemme, si doit être fait le prisaige par gentilshommes; au cas que les Parties ne seroient d'un gré; & si ceux gentilshommes, qui seroient élus à faire le prisaige, ne fussent sçavans des piéces prisaiger, si leur devroit l en bailler des sçavans du païs non-suspects, pour les conseiller bien & loïaument à leur pouvoir, qui doivent être jurés ô les gentilshommes qui seroient prisaigeurs; & se doivent ceux prisaigeurs conseiller & s'enquerre ô ceux qui leur sont baillés à eux conseiller, combien & que les terres pourroient coûter à se labourer, & combien elles pourroient rendre, & combien il leur échet avoir de séjour, & queux levées y croissent, & combien ils peuvent valoir; & les gentilshommes qui doivent sçavoir les Coûtumes & les Droits doivent affeurer le gât & le vêtu l'un à l'autre, & abbatre les coûtaiges, & regarder queux bleds y croissent, & comment ils sont affeurés au païs par assiete, selon la mesure, *vel* coûtume, & abbatre les Trehuaiges, s'il y en a & les rentes qui en seroient dûës dessus, & bailler au créancier ce que la terre vaudra, en outre les choses rabbatuës au prix de sa dette, pour bans, ventes, salaires de Cour & des prisaigeurs.

D'un gré. Car lors ils le pourroient faire par gens de bas état.

La terre vaudra. Iste textus & cap. 41. suprà ibi. Et n'est pas entendu, veut que les detteurs soient convenus pour ce que doit la terre. Nota hîc que l'acquereur doit païer les ventes.

SOMMAIRE.

1. & 4. *Régles générales pour priser les biens suivant leur véritable valeur.*
2. *Pourquoi la Coûtume a voulu que les priseurs fussent nobles.*
3. *De l'estimation des bois, enfeus & prééminences d'Eglise.*

COMMENTAIRE.

D'ARGENTRÉ AIT. Il faut parler de ceci en langage qui se puisse entendre, & servir à tous; car en toute la Coûtume, il n'y a rien de plus fréquent usage, ni plus nécessaire que ceci, & dont nul possesseur de terre se peut exempter que quelquefois il n'en ait affaire, & plus ceux qui ont plus: étant régle à tous ceux qui jusqu'ici s'en sont fait maîtres, qui sont priseurs, hommes pour la plûpart sans lettres, & pour leur servir il se dira en langage commun.

1. La vraïe régle de priser la valeur des terres, pour vendre & acheter & commercer, se doit prendre de la quantité (a) & valeur des fruits, que toute terre par chacun an porte réguliérement au lieu où elle se trouve située. C'est la juste raison d'estimer & priser les terres & fonds en bonté intrinséque. Car il y a de la valeur extrinséque, qui vient souvent d'autre cause que du fonds en soi, qui n'est pas considérable que ce soit du tout en prisage: comme il advient aux terroirs, où il se trouve habiter de riches Marchands, & opulens païsans, qui encherissent & envient les choses outre les régles, pour leur commodité ou voisiné, qui ne seroient tant venduës à une lieuë de là près d'un tiers, ou une moitié. Cette estimation ne se doit suivre

en faiſant le priſage, *cùm extrà rem ſit, & iſta ſingularis, extraordinaria, & ſine lege æſtimatio, & anomala.* On ſçait la quantité du revenu par enquêtes & teſtifications des voiſins, & laboureurs prochains *art.* 259. pour le regard du prix des eſpéces, il s'en fait raport aux Greffes ſelon l'Ordonnance, (b) leſquels raports ne ſe peuvent altérer par les priſeurs, & y faut eſter par force de Loi : fermes & aprécis faits par les Seigneurs y ſervent, & aïant fait les eſtimations de tous fruits par chacune année à part réduite à deniers, on compte toutes les eſtimations de dix ans continuels, & ce que revient, pour la dixiéme de telle ſomme accumulée, fait & rend la valeur de chacun an, qu'on apelle faire de dix ans une commune : comme ſi toutes les dix années qui réguliérement ne s'entrerépondent pas, & hauſſent & baiſſent, ſe trouvent réduites en une ſomme valoir en tout 1000. liv. l'héritage ſera eſtimé cent livres de revenu; & ſera ſon juſte prix, à raiſon de cent livres par an, la ſomme de deux mille livres. Nos prédéceſſeurs n'avoient pas cette uſance en leurs priſages, & pendoient tous de l'arbitrage des priſeurs; mais nous l'avons reçuë & introduite pour la meilleure & plus certaine; tellement que trouvant le raport du Greffe pour la valeur, & l'enquête pour la quantité, il ne demeure preſqu'aux priſeurs que le calcul.

Et faut noter que ſi les témoins ſe trouvent en diverſité de la quantité, on doit ſuivre la moïenne de chacun an, comme auſſi au raport des Greffes, ſinon qu'il y ait convention pour le tems, quand l'eſtimation ſe doit faire : comme il y a pluſieurs Seigneurs auſquels ſont dûës des avoines, & autres eſpéces à l'apréci, qui eſt à l'Angevine, à la mi-carême, ou à autre certain terme : car là ne ſe peut rien changer venant de convention, *art.* 267.

Hevin. (a) La quantité ſe prouve par les fermes ou les enquêtes : la valeur ſe prouve par les aprécis.

(b) Ces aprécis publics ſont différens des aprécis que font les Seigneurs pour les rentes.

Seront nobles gens de ſur les lieux. Mais les priſeurs nobles eſtiment auſſi les rotures des mêmes ſucceſſions.

2. D'Argentre' A. C. *Art.* 257. *L'héritage eſt noble & celui.* On ſupoſe donc que la nobleſſe de la choſe & la nobleſſe de la perſonne concourent. Mais l'uſage eſt que comme il s'agit toujours de la choſe, (*a*) ſa nobleſſe demande des priſeurs nobles. Cette diſpoſition marque la grande idée qu'on avoit du génie des nobles, *utinam ne falſa ſit!* Il valoit mieux donner à l'eſprit, à l'habileté, & à l'expérience qu'à la naiſſance. *Si nil afferant præter ignorantem & ſtolidam nobilitatem, tàm inepti ad hoc habendi ſunt, quàm ſutores ad picturam æſtimandam.*

De la valeur. Cette valeur s'eſtime ſouvent pour un prix une fois païé, comme dans la reſciſion ultramédiaire; mais le plus ſouvent cette eſtimation ſe fait eu égard au revenu annuel.

NOTES.

(*a*) L'uſage eſt aujourd'hui contraire. Les priſeurs nobles ne ſont point néceſſaires pour le priſage des biens nobles dans les ſucceſſions roturieres.

L'Auteur

L'Auteur parle ici de la différente qualité des fonds pour l'estimation; & après l'avoir parcouruë il en vient aux bois & forêts dont l'estimation est assez incertaine, comme il dit l'avoir vû dans une contestation entre le Sieur de Sevigné, & le Seigneur du Pont pour la forêt du Faou. Il parle aussi de la différente estimation des moulins, des salines, des étangs. Mais tout cela consiste dans l'expérience des estimateurs. Il n'y a point de régles pour l'estimation des enfeus & des prééminences (*b*) d'Église. Mais l'Auteur remarque qu'on les met en considération, quoique ce soient des droits infructueux. Tous les détails qu'il fait ne conduisent à aucune régle.

4. *Commodité.* Id est utilité. On ne considere pas ce qui sera plus utile à une personne qu'à l'autre; & les estimateurs ne doivent point entrer en ces considérations, ni regarder si l'héritage procure, à celui auquel il est donné ou vendu, l'éloignement d'un voisin chicanneur, la commodité de se préparer un passage, l'avantage d'avoir un pré qu'on n'avoit pas à sa maison de campagne, & autres circonstances particulieres & personnelles qui ne doivent point entrer dans l'estimation réelle. On ne doit donc regarder que les commodités générales qui rendent en soi la chose plus utile.

De même si celui à qui l'on fait l'assiete à des montaux sans avoir de moulin, l'on ne doit toujours estimer le moulin que ce qu'il vaut. Spectandæ igitur commoditates à locis, & opportunitatibus, non à singulorum commodis quæ communem non habent causam.

Charges rabatuës. Diminuunt enim onera rem ipsam. Une chose qui en soi est estimée 10. si elle doit 5. ne vaut que 5. On doit par la même raison estimer les servitudes, les rentes foncieres, les rachats, les services féodaux, les sergentises & recettes. *Nil enim capere videtur, cui tantum oneris imponitur quantum capit.*

NOTES.

(*b*) V. la Note sur l'Art. 248.

ARTICLE CCXLV.

Tous prisages & avaluations de fonds, se feront selon la valeur des fruits que lesdits fonds rendent par chacun an, faisant des dix années une commune: commençant à compter du tems des dix ans précédens le tems convenu pour faire l'assiete: & en matiere de rescision, du tems des contrats. Laquelle valeur de fruits se doit prendre de l'estimation commune de chaque espece desdits fruits, qui se vérifie par le raport des Greffes des Jurisdictions esquelles se font lesdites assietes, ou des Cours supérieures, en cas qu'il ne se trouve raport esdites Jurisdictions inférieures. Et au regard des especes dont ne se font raports, l'estimation s'en fera par fermes, lettres & témoins, & déclarations des laboureurs & métaïers.

CONFERENCE.

Art. 259.

A. C. *Art.* 258. Si l'assiete est faite sur certains détenteurs, on doit regarder sur les rentes & devoirs que les détenteurs doivent, & les asséoir selon qu'on a accoûtumé au païs, à douze ans quitte, pourvû que le fief le vaille.

Troyes 186. 187. Anjou 492. Poitou 199.

Quand partage est dû, il se doit faire en tel état que les biens sont, lorsqu'il est demandé. Ville de Lille, *T.* 3. 2.

COMMENTAIRE.

Hevin. Similes Anjou, *art.* 494. Maine, *art.* 495. Troyes, *art.* 186. La Très-Ancienne, *art.* 303. dit afferer le gast & la veste.

Une commune. La Coûtume d'Auvergne, *T. d'assiete de rente* 31. *art.* 33. explique l'année commune, en mettant les neuf années dernieres ensemble & en prendre trois, & desdites trois icelles mises ensemble en prendre le tiers.

L'Ordonnance de 1667. *Tit.* 30. *de la liquidation des fruits art.* 6. & 7. ordonne qu'en toutes Villes & Bourgs où il y a marché, il soit fait raport, chaque semaine, de la valeur des bleds & autres gros fruits, par les mesureurs ou marchands qui doivent nommer deux ou trois d'entr'eux, qui affirmeront devant le Juge du lieu le raport de l'estimation, dont il sera fait registre sans salaire ni estimation.

C'est une répétition de l'Ordonnance de 1539. *art.* 102. & 103.

En matiere de rescision confer. *art.* 439. *infrà.*

D'Argentre' Ait. *Hîc est regula & pronuntiatum universale* De longtems n'a été chose si souhaitée que ceci, pour les grands inconvéniens, qui se sont ensuivis de l'incertitude des arbitrages, arrêtant la juste estimation par Loi écrite, tant pour les rescisions, que pour les assietes de partages & autres conventions.

De fonds. Car autre est l'estimation du meuble.

Selon la valeur des fruits que lesdits fonds rendent. Cela est régulier & de droit commun d'estimer le fonds, par les fruits qu'il raporte. *L. si fundus ff. de reb. cor. L. si quos C. de rescind. vend.*

Précédens le tems convenu pour faire l'assiete. (*a*) Ce ne seroit donc pas du tems du contrat, s'il y a délai pour faire l'assiete.

NOTES.

Actes de notoriété des 4. Avril 1719. & 15. Juillet 1721. 154. & 184. *Devolant.* Du Fail; *liv.* 1. *chap.* 398. 406. 612. & 688. *liv.* 2. *ch.* 393. & 529. Belordeau, *lettre A. contr.* 46. Boucheul, *art.* 199.

(*a*) Et des dix ans précédans l'ouverture des successions, en matiere de partage, suivant l'Acte de notoriété du 15. Juillet 1721. Acte de notoriété conforme du 14. Janvier 1741. ci-après sur l'Art. 248.

Du tems des contrats. (b) *Ex L. si voluntate Cod. de rescind. vend.*

L'estimation commune de chaque année. Le *quanti plurimi* ne se gardera donc pas; & est conforme l'Ordonnance de l'an 1539. dont nous parlerons après.

Qui se vérifie par le raport. Quant à la valeur; & quant à la quantité par enquêtes & fermes, *art.* 259.

Ou des Cours supérieures. Il se faut donner garde de se tromper en ce mot. Car il advient souvent que les Cours supérieures ne répondent, ni en valeur ni en mesure, à l'inférieure. Il ne faut pas venir à Rennes pour y prendre le raport des grains de Lamballe, ou de Dol, ou de Guingamp, à vingt ou trente lieuës loin, combien que Rennes soit la Cour supérieure. Il y auroit trop d'erreur : & faut entendre d'avoir ce recours, au cas qu'il ne se fasse raport en la Cour inférieure, & que la partie ne veüille maintenir, & prouver que de fait ils ont plus ou moins valu au marché des lieux, qui doit y être reçu. Car la faute du Justicier ne doit pas préjudicier à la partie; & faut rechercher la pure vérité. Comme aussi se doit entendre aux fiefs lointains, qui sont enclavés, & tiennent prochainement du Roi en la Cour de Rennes : prenant l'estimation du marché du lieu, ou si marché n'y a, du prochain Siége de Justice du terroir, sans aller jusqu'à Rennes : car en ce cas c'est le lieu qui fait le prix : autrement il y auroit grandes tares.

ARREST. *Le tems convenu.* Ce 3. Mai 1666. plaidant de Montalambert & Sauvageau, entérinant une Requête civile, jugé que l'assiete de certaine somme promise à une fille pour son droit naturel, se feroit eu égard à ce que les choses valoient au tems du contrat, qui étoit de l'an 1629. Il y en a un Arrêt dans du Fail *pag.* 380. 657. *seconde édit. & pag.* 456. 157. & 312. (c)

NOTES.

(b) Du Fail, *liv.* 2. *ch.* 393. Masuer, *tit.* 16. *n.* 15.

(c) V. les citations faites au commencement des Notes.

ARTICLE CCXLVI.

Toutes lesquelles estimations de dix ans accumulées & comptées ensemble, la dixiéme partie est le juste revenu de chacun an.

ARTICLE CCXLVII.

Tout achat de fonds sans jurisdiction ou obéissance, noble ou roturier, fait à vingt ans quitte, est dit & censé fait à juste prix.

CONFERENCE.

T. A. C. *Ch.* 304. C'est asçavoir à douze ans quitte, si l'assiete est faite sur certains teneurs, si doit l'en regarder les rentes & les trehuaiges que les teneurs doivent & les assoir, selon que l'en a accoûtumé aux Païs, à douze ans quitte, pourvû que le fief le vaille.

COMMENTAIRE.

D'ARGENTRE' AIT. Nihil in commerciis potuit excogitari salubrius, & valde gratulandum bonis omnibus, quorum suasu, & autoritate tam desideranda cautio valuit.

HEVIN. La Coûtume d'Auvergne estime le fonds franc & quitte de charges & cens au denier 40. *ch.* 13. *art.* 66.

Coûtume d'Auvergne *tit.* 13. *art.* 8. Coûtume de la Marche *art.* 417. V. Choppin *de Montb. Andeg. lib.* 2. *tit.* 3. *num.* 23. non multùm recedit Andegavensis *art.* 493.

Argent. vocat fundos burgenses. V. Menage *in verbo Bourg.* (*a*)

NOTES.

(*a*) Et du Cange, au mot, *Burgenses.*

ARTICLE CCXLVIII.

Toute assiete de rente en fief de basse Justice, faite à trente ans quitte, est censée faite à juste prix, tant pour le revenu certain que casuel & obéissance, & si l'assiete ou vente se fait en fief de moïenne Justice, le juste prix est au denier 35. & si elle se fait en fief de haute Justice, la juste valeur est à 40. ans quitte, y compris aussi l'obéissance, & denier casuel.

CONFERENCE.

A. C. *Art*, 258. Et de chacun vingt sols de rente que le fief vaudra aux détenteurs, outre les rentes & les devoirs dûs aux Seigneurs, pour les obéissances on doit priser douze deniers de rente.

T. A. C *Ch.* 304. Et aussi de chacun 20. sols de rente que le fief vaudra ès teneurs, en outre les rentes & les devoirs dûs aux Seigneurs, pour les obéissances douze deniers de rente.

Ribemont 63. Troyes 188. 189. 190. Melun 93. Anjou 493. 494. 495. 496. 498.

NOTES.

Acte de notoriété du 17. Novembre 1718. 145. Devolant. V. les Coûtumes notoires, *art.* 138.

L'estimation prescrite par la Coûtume est suivie exactement & à la rigueur, quoiqu'elle soit évidemment sujette à une infinité d'erreurs. Par exemple la haute-Justice est souvent fort onereuse, & ne produit presque jamais d'autres casuels que ceux de la moïenne-Justice. D'ailleurs on fait marcher d'un pas égal les rentes en grains & les rentes en deniers pour les casuels que les mouvances peuvent produire. Cependant il y a une prodigieuse différence, parce que les rentes en grains ont conservé toute leur valeur, au lieu que les anciens fiefs, dont les rentes sont en argent, ne se trouvent pas aujourd'hui à la dixiéme partie de leur premiere valeur. Cela fait que les fiefs de cette derniere qualité sont plus mouvans, & ont de plus forts casuels que les autres; parce que moins les mouvances sont chargées, plus les ventes sont frequentes & avantageuses. Ainsi un fief de 10. sols en haute-Justice peut produire autant ou plus de casuels, qu'un autre fief de pareille étenduë, dont les rentes par grains valent 5. liv. par an. Cependant le casuel du premier n'est prisé que 10. sols de rente, pendant que le casuel de l'autre est prisé 5. liv.

SOMMAIRE.

1. *Du prisage des arrieres-fiefs & des rentes suzétaines.*
2. *Du prisage des terres titrées. Des prééminences & droits de patronage & à la note sur le n. 4.*
3. *Du droit d'étalage.*
4. *Des rentes convenancieres, des corvées & des droits naturels du fief & de la jurisdiction.*

COMMENTAIRE.

D'Argentre' Ait. Articulo superiore disponit de æstimatione fundi, sine jurisdictione & dominii directi retentione, sive nobili, sive paganico. Hîc separatim de fonds avec obéissance, & vassaux, *id est*, du domaine sans obéissance, ou de domaine avec obéissance. Car l'obéissance emporte les profits casuels, comme ventes, rachats, bail, & tels autres qui ne se peuvent estimer, ne faire état au vrai. Mais les Députés furent d'avis, qu'on en fist estimation vraisemblable, dont ils prirent le patron sur l'Ancienne : & de tant que les dégrés de jurisdiction sont plus hauts, & portent plus de profit, aussi haussérent-ils l'estimation.

1. *Revenu certain.* Ce sont les rentes certaines dûës à jour dit, & qui ne faillent point. L'incertain est le revenu de la terre, qui hausse & baisse d'an en an, & du casuel. Il a été oublié de parler du prisage des arrieres fiefs, comme il a été fait en l'art. 251. ci-après, en la tenuë de la Juveigneurie, laquelle estimation & proportion il faut suivre ici, qui est la moitié moins en l'arriere-fief. (*a*)

2. Hevin. On a omis ici la Baronnie, (*b*) Comté, &c. & il ne seroit pas tolérable que les rentes dûës sous tels titres de Seigneuries ne fussent pas plus prisées qu'en simple haute Justice. V. Anjou *art.* 496. Lodunois *art.* 36. *ch.* 10. Item les prééminences & droits de patronage, de quibus Consuetudo Perticensis *tit.* 2. *art.* 39.

3. (*c*) Quid du droit d'étalage? Sera-t'il compris dans le fief?

4. Arrest. (*d*) Par Sentence renduë en la Jurisdiction Roïale de S. Brieuc,

NOTES.

(*a*) L'usage n'est pas de priser les arrieres fiefs. Cependant ce que dit ici d'Argentré pourroit s'apliquer aux rentes suzeraines, qui étant féodales ne doivent pas être prisées comme les simples rentes foncieres, & qui n'étant point en proche fief, ne peuvent être susceptibles du prisage entier de l'Art. 248.

(*b*) V. le Commentaire sur l'Art. 250.

(*c*) Le droit d'étalage est un droit domanial qui s'estime, suivant sa valeur, au denier 20. comme tout ce qui fait partie du domaine de la Seigneurie. On le pratique même à l'égard du Greffe, quoique ce soit un casuel de la Jurisdiction, qui dans l'exacte régle devroit tomber dans l'estimation de l'Art. 248.

(*d*) En prisage afin de partage, on ne doit faire entrer entre cohéritiers que la rente convenanciere, sans y comprendre les bois qui sont sur le convenant. Sauvageau, *liv.* 1. *ch.* 211.

On ne doute plus de la maxime confirmée par l'Arrêt du 7. Décembre 1678. qui porte l'estimation au denier 25. à cause du profit que produisent les commissions au renouvellement des baillées.

entre Guillemette Trenel & Clemence Richard, il fut jugé que l'assiete en rentes de convenant ne devoit se faire que sur le pied du denier 20. Guillemette Trenel, Apellante de cette Sentence, a dit que malgré le silence de la Coûtume sur les rentes de convenant, il est facile, sur les deux principes que la Coûtume établit, l'un pour l'estimation du simple fonds au denier vingt, l'autre pour l'estimation des rentes de fief au denier 30. 35. & 40. selon les dégrés de Justice, de juger que si la rente de convenant doit être moins prisée que celle de fiefs, aussi doit-elle l'être plus que le simple fonds : que le convenant est une espéce de fief anomal, qui emporte même la suite du moulin quand le Seigneur direct ou foncier en a un : que la rente con-

NOTES.

Sauvageau, *ibidem* cite un Arrêt du 25. Octobre 1645. qui jugea que s'agissant d'un prisage ordonné entre étrangers, sur une instance de rescision pour lésion d'outre-moitié, le fonds devoit être prisé.

Mais en prisant les rentes convenancieres, ne devroit-on pas faire entrer en considération l'exercice de Jurisdiction que les usemens donnent aux Seigneurs fonciers sur les convenans? On voit à la fin du Procès-Verbal de la Reformation de 1580. que les Reformateurs n'ont point voulu examiner les questions qui pouvoient naître sur les usemens de Domaine congéablé. Ainsi je crois pouvoir dire que leur intention a été de laisser indécise la question que je propose, & qu'ils n'y ont pas même pensé en reformant le Titre des Prisages.

Un Seigneur de fief peut avoir un très-grand nombre de domaniers étagers; & le droit de Justice sur eux, fera un des plus considérables objets pour l'exercice de sa Jurisdiction. N'estimera t'on les rentes convenancieres, que comme celles d'un autre Seigneur foncier, qui n'a ni Jurisdiction ni fief ? L'Article 248. de la Coûtume, ne paroît-il point contraire à une pareille estimation ?

De plus il est possible que ce Seigneur n'ait point d'autre vassaux que ces domaniers. Cependant il a une Jurisdiction qui doit faire objet dans le prisage. Comment sera-t'elle prisée, si on se borne à faire un prisage des rentes convenancieres au denier 25.

Sur cette difficulté j'ai vû de sçavans Avocats consulter qu'on doit suivre l'Article 250. de la Coûtume, & estimer chaque convenancier étager 2. sols, & le non-étager 12. deniers, outre le prisage ordinaire de la rente convenanciere. Cela paroît juste & entierement conforme à l'esprit de la Coûtume. Cependant il faut convenir que cette évaluation n'est pas en usage pour les domaines congéables.

Il est aussi évident que dans l'usement de Rohan, les frequentes deserences des tenuës produisent un revenu très-considerable au Seigneur. Ce profit est même souvent plus fort que le revenu certain des rentes convenancieres. Ainsi quand dans l'usement de Rohan, les rentes convenancieres seroient prisées au denier 40. au lieu du denier 25. il n'y auroit aucun excès dans ce prisage, qui cependant n'est point en usage.

Outre la rente convenanciere, on estime la valeur des corvées, même dans les usemens où il n'est pas permis de les aprécier, parce qu'elles produisent un profit *réel* au Seigneur foncier. Il en est de même des corvées extraordinaires établies au profit des Seigneurs de fief par des titres particuliers de l'inféodation. Mais pour les corvées ordinaires, & qui sont au nombre des droits naturels du fief, la maxime qu'*en assiete de terre, corvée ou peine de vilain n'est pour rien comptée*, établie par Loisel, *liv. 6. tit. 6. art. 11.* a une véritable aplication; & les corvées de cette espéce ne sont point un objet separé d'évaluation, parce qu'elles sont censées comprises dans l'apréciation des casuels du fief.

Par la même raison on ne prise point les aides coûtumieres, ni les émolumens que peut produire la vente des offices de Juges, Procureurs Fiscaux, Notaires, Procureurs & Sergens des Jurisdictions; & par le même motif, l'acte de notoriété, qu'on va raporter, & qui fut donné dans le grand procès

venanciere eſt accompagnée de pluſieurs utilités & avantages, outre le païement qui ſe fait de la rente; ſçavoir la directité ou rétention de Seigneurie fonciere qui comprend la faculté de congédier le colon & de réunir les édifices au fonds, la faculté de faire de nouveaux baux pour leſquels on a des commiſſions ou deniers d'entrée, & par leſquels on augmente le plus ſouvent la rente convenanciere; de ſorte que l'on ne doit pas l'eſtimer ſur le pied de la ſeule rente, mais aïant auſſi égard aux utilités : que de plus les arbres de certaines eſpéces, ſçavoir de chênes & autres ne tombent pas dans les droits ſuperficiels qu'a le colon, mais apartiennent au Seigneur foncier, ce qui eſt encore une autre utilité, outre la rente & le droit de congédier; & le prix des arbres eſt réduit à fonds en matiere d'aſſiete par l'art. 255. que la pra-

NOTES.

de M. M. de Goesbriand & de Locmaria, décide que les prééminences, dépendantes du fief & de la Juſtice, ſont également compriſes de droit dans le priſage preſcrit par l'Article 248. V. le Commentaire ſur l'Art. 244. *n.* 3.

Les Anciens Avocats, poſtulans au Barreau du Parlement de Bretagne, atteſtent pour valoir & ſervir où il apartiendra.

Premierement que par la diſpoſition expreſſe de l'Article 598. de la Coûtume. l'aîné noble n'eſt point tenu de donner partage à ſes puînés dans les biens qu'il ne poſſede pas, ſi l'empêchement ne vient de ſon fait; & ſuivant cette diſpoſition, il eſt de maxime conſtante en Bretagne que les puînés voulant recharger le grand du bien fourni par l'aîné, il ne leur ſuffit pas de prouver par titre, ou autrement que les auteurs communs aïent poſſédé les biens qui ſont l'objet de la recharge. Il eſt néceſſaire de prouver que ces biens étoient dans les ſucceſſions, lors de leur ouverture, & que l'aîné les a poſſédés, ou que c'eſt par ſa faute qu'il a ceſſé de les poſſeder.

2°. Par la Juriſprudence conſtante, conforme à la diſpoſition de l'Article 550. de la Coûtume, l'aîné ſaiſi de toute la ſucceſſion, avec le droit de deſigner le tiers dans les biens nobles où il lui plaît, peut, avant cette deſignation, diſpoſer comme véritable propriétaire des biens qu'il a intention de reſerver pour ſes deux tiers, & les puînés n'ont que le droit de faire eſtimer tous les biens ſur le pied de leur valeur, lors de l'ouverture de la ſucceſſion, ſans pouvoir demander part dans les aliénations, arrentemens, afféagemens, améliorations ou ventes de bois que l'aîné a faites avant le partage ſur les biens, qui, par l'événement de ce partage, lui ſont demeurés pour ſes deux tiers.

3°. Il eſt d'un uſage conſtant dans tous les priſages de ſucceſſions nobles de ne point faire de priſage ſeparé des émolumens que peut produire la vente des offices de Juges, Procureurs Fiſcaux, Notaires, Procureurs & Sergens des Juriſdictions. Ces émolumens ſont partie du caſuel qui eſt compris dans le priſage preſcrit par l'article 248. de la Coûtume au denier 30. 35. ou 40. ſuivant les différens dégrés de Juſtice.

4°. Le même uſage conſtant a lieu pour les prééminences dépendantes du fief & de la Juſtice, qui ſont également compriſes de droit dans le priſage preſcrit par l'Article 248. Et à l'égard des prééminences qui ne dépendent ni du fief, ni du dégré de Juriſdiction, il n'eſt point d'uſage d'en faire des articles ſeparés dans les priſages.

5°. Il eſt d'uſage conſtant dans les païs de domaine congéable, d'eſtimer au denier 25. les rentes & charges convenancieres, & cette eſtimation a pour motif le profit que peuvent produire les commiſſions pour les renouvellemens de baillées, de ſorte que, ſi après l'eſtimation des rentes & charges de la tenuë au denier 25. on fait encore une eſtimation ſeparée des commiſſions, il en reſulte un double emploi évident contre l'uſage conſtant de la Province.

6°. Dans les païs de domaine congéable, il eſt d'uſage très-commun que la tenuë porte le nom du détenteur, ce qui cauſe de très-frequens changemens dans les noms des tenuës.

7°. Il eſt de maxime en conformité de la Coûtume & de l'Ordonnance de 1667. qu'il

tique y est aussi très-constante dans la Province, non-seulement en matiere d'assiete faite par le débiteur au créancier, dans laquelle toutes choses sont prisées avec exactitude en faveur du débiteur, suivant l'art. 255. allégué : parce que, dit d'Argentré, au même lieu, chacun s'acquitte, *quanti quisque minimo potest*, mais même en partage entre cohéritiers; qu'il n'y a personne au Palais qui chaque année n'en voie des exemples, c'est à-dire des prisages faits de cette sorte, & dans lesquels les rentes convenancieres sont estimées au denier 25. Par Arrêt du 7. Décembre 1678. au raport de M. de Lepinay le Feuvre, jugé que les rentes sont prisées avec le fonds, & en considération du droit de congement & autres droits apartenans aux Seigneurs fonciers, le fonds & rentes joints ensemble au denier vingt-cinq.

NOTES.

Il y a une difference essentielle entre le prisage des fonds pour en fixer la valeur, & celui qui se fait pour la liquidation des fruits, dont le raport est ordonné. Par l'Article 245. le prisage des fonds se régle sur le pied de dix années précédentes, dont on en fait une commune : mais la liquidation des fruits, dont le raport est ordonné, se fait par le prix commun de chaque année du tems de la joüissance; c'est la disposition expresse de l'Article 259. de la Coûtume & de l'Article premier du Titre 30. de l'Ordonnance de 1667.

Délibéré au Parquet à Rennes le 14. Janvier 1741. Signé, Begueret, Querard, Duclos, Glotain, Charpentier, Ronsin, Marion, Gault, Frere-Joüan de la Chapelle, Morin de la Longuimere, Brindejonc du Plessix, Jos. Arot, Basin de la Bintinaye, Barbereau, Brossais, du Parc Poullain, de la Croix, de Boismenez Lescornec, Lucas, Collet, Amette, Mahé, Anneix de Souvenel, Bonamy, le Gentil, Perron, Deschamps, Querard, Beard, Boudoux, de Boblaye le Puillon, Pepin.

ARTICLE CCXLIX.

S'il y a rachat ou bail, ou autres devoirs qui ne soient dûs que par la mort du vassal, le juste prix sera au denier trente-un.

CONFERENCE.

Anjou 494.

SOMMAIRE.

1. *Même estimation pour le droit de recette.*
2. *Des aides coûtumieres.*
3. *Comment se doit faire le dédommagement de l'acquereur d'une terre sujette à rachat, qui a été venduë comme exempte.*

COMMENTAIRE.

D'ARGENTRE' AIT. On fait ici une autre estimation des revenus, qui ne viennent que par mort, comme plus rares.

1. *Ou autres devoirs.* Comme recettes, & autres selon les terroirs. Le rachat est dû de toutes personnes, & le bail, de mineurs seulement tant que la

la minorité dure. Le rachat est d'un an seulement. L'un vient plus souvent; l'autre dure plus long-tems, en sorte que muant de notre tems le bail de Fougeres en rachat, l'on trouvoit par arbitrage de gens connoissans, que l'un revenoit à l'autre; & n'y mît-on qu'un prisage, tel que dit cet Article. Nos prédécesseurs de vrai prisoient un rachat, soit en charge ou décharge de trente ans, un. (*a*)

2. Hevin. On a omis en ce titre le prisage des aides coûtumieres dont parlent les art. 82. & 83. ci-dessus, ce que n'a pas fait la Coûtume de Hesdin *tit. 2. art. 23.* (*b*)

3. *S'il y a rachat.* Lorsqu'une terre a été venduë exempte de rachat, & qu'elle s'en trouve chargée, le vendeur, faute de garentir l'exemption, doit indemniser; & j'ai vû grande diversité d'Arrêts sur la forme : il y en a qui condamnent le vendeur à faire assiete en fond, de la trentiéme (*c*) partie de la valeur sur le prisage eu égard au tems de l'acquêt. D'autres admettent l'indemnité en deniers. J'estime que si l'action est faite incontinent après l'acquêt, le vendeur doit avoir l'option, ou de rendre la trentiéme partie du prix & loïaux-coûts, ce que faisant, il fait une assiete en fonds sur la chose même dont l'acquereur se trouve avoir la trentiéme partie sans la païer, afin de faire le fonds du rachat, ou de faire une assiete sur autre fonds. Mais si c'est long-tems après, le vendeur doit faire raison de la trentiéme soit en deniers ou en fonds, sur le pied de l'estimation de l'acquêt, au tems de l'action ou éviction, afin que l'acquereur ne soit pas privé de l'augmentation du prix dont il profiteroit, s'il eût emploïé ses deniers en autre fonds. En cas d'assiete en fonds, les Arrêts pour Coüetuhan ordonnent que les fonds seront de même nature & qualité. Touchant les rachats échus avant l'éviction & indemnité, encore grande diversité dans les Jugemens. J'estime que le vendeur les doit restituer à l'acquereur, ou du moins compter des fruits de la trentiéme année; car de compter des interêts de la trentiéme partie du prix de l'acquêt depuis un long tems contiendroit de la lésion au préjudice de l'acquereur, & de compter des interêts de la trentiéme du prix & estimation lors de l'assiete & en rétrogradant plusieurs années, contiendroit lésion au préjudice du vendeur. Le plus réglé est ou de compter par les années, ou d'indemniser des rachats échus jusques au tems que le vendeur s'acquitte du fonds de l'indemnité.

NOTES.

(*a*) V. le motif de cette évaluation dans le Commentaire sur l'Article 242. in fine. Les Historiens suivent à peu près la même régle, en comptant trois générations par siécle.

(*b*) V. la derniere Note sur l'Art. 248.

(*c*) M. Hevin fixe ici & dans sa 43. Consultation le rachat à la 30. partie, ce qui me paroît un erreur. Le denier 31. est nécessairement la 31. partie, comme le denier 20. est la 20. partie.

ARTICLE CCL.

En fief où n'est dû que simple obéïssance sans rente ni ra-

chat, sera chacun étager estimé deux sols, quelqu'étenduë de terre qu'il tienne, & s'il n'est étager douze deniers.

COMMENTAIRE.

D'ARGENTRE' AIT. Par l'Art. 248. ci-dessus, la Coûtume mêle le prisage des rentes & des obéissances, les taxant à trente ans quitte. Ici il met le cas, quand il n'est dû qu'obéissance. L'obéissance simple reçoit diverses estimations. Car l'obéissance d'un étager, & mansionnier vaut mieux que d'un autre qui n'est étager, pour les profits des moulins, & de la Jurisdiction. Item l'obéissance de l'étager, qui tient grand nombre d'héritages, vaut mieux que de celui qui en tient peu. Car les ventes en valent mieux, avenant qu'il vende, ou que le Seigneur saisisse pour joüir, qui étoit la cause que l'Ancienne estimoit les obéissances à la valeur du revenu du possesseur en l'art. 258. Mais les Députés ne voulurent faire qu'une seule estimation & prisage, quelque nombre de terre que tînt le sujet; & cela plus par expédient que de rigueur de loi : ains distinguerent entre l'étager, & non étager seulement : & la cause fut que venant à faire une assiete sur une terre, il falloit priser toutes les terres de tous les sujets pour faire prisage de leurs obéissances, & l'emploïer en l'assiete : qu'étoit une dépense & une longueur incroïable, & pour dire le vrai, quelquefois impossible : car il y a tel fief en Bretagne, qui ne vaut à son maître de revenu certain pas 25. sols, qui a pour 30 & 50000. livres d'héritages tenus sous lui, voire 100000. comme l'on dit de la Roche en Nort; & selon l'Ancienne Coûtume, il eût fallu priser tout le revenu des vassaux, pour sçavoir combien de vingt sols de rente chacun tenoit. Mais du jourd'hui toute obéissance de quelque sujet que ce soit, grand ou petit, n'est prisée que deux sols, ni d'une Baronnie même. (*a*)

Quelqu'étenduë de terre qu'il tienne. Ceci est bien exprès, & comme dit est, plus d'expédient, que de rigueur! Car au passé autant de vingt sols de rente, qu'on trouvoit au vassal, on estimoit son obéissance de douze deniers.

HEVIN. *Estager.* (*b*) V. les établissemens de S. Loüis *art.* 53. & du Cange *ibid.* Cette régle & différence du prisage de l'étager & du non étager étoit pratiquée il y a plus de deux siécles, comme il s'aprend de l'estimation des fonds que la Communauté de Rennes acquit pour fortifier la Ville.

Estimé. Sed quid hodie agendum aucto admodum pretio monetarum?

NOTES.

(*a*) V. Art. 248. n. 2.

(*b*) V. Ragueau sur ce mot.

ARTICLE CCLI.

Et si le prisage est fait, & il y ait Juveigneurs, on

doit aprécier le fief que les Juveigneurs auroient, & tiendroient par [a] *partage*, chacun vingt sols [b] six deniers de rente : & du sur-Juveigneur trois deniers de rente, que celui tiers-Juveigneur [c] auroit.

CONFERENCE.

A. C. *Art.* 259. a Parage. b Qu'auroient. c Y.

T. A. C. *Ch.* 304. Si le prisaige est fait, & il y ait Juveigneurs, le fief que les Juveigneurs auroient, & qu'ils tiendroient par paraige, l'en devroit prisaiger chacun vingt sols que ceux Juveigneurs y auroient, six deniers de rente; & du sous-Juveigneur son Juveigneur trois deniers de rente, de chacun vingt sols de rente, que celui tiers-Juveigneur y auroit.

COMMENTAIRE.

D'ARGENTRE' AIT. Cet Article n'a été changé, auquel l'on prise l'obéissance du fief & de l'arriere-fief, sans parler des autres fiefs & arriere-fiefs hors Juveigneurie : ce qu'il faut supléer comme il est dit dans l'art. 248.

HEVIN. *Et tiendroient par partage.* L'original dit *parage*, l'Ancienne aussi. Les manuscrits de la Très-Ancienne disent *par parage* & *par partage*, & une dit *par engage*. Par partage (*a*) me semble meilleur. Car le prisage ne changera pas par la fin du parage.

D'ARGENTRE'. A. C. *Art.* 259. Peu de personnes entendent cet Article; & l'Auteur en donne une explication qui remonte aux différentes tenuës comme Juveigneur d'aîné, (*b*) l'une apellée en parage, l'autre en Juveigneurie simple. Le vrai & formel parage est quand un aîné donne à son puîné son partage, & le reçoit à homme à cet égard. Le mot *parage* vient de la parité de sang & de degré. Il n'est rien dû que l'hommage, s'il n'y a autre convention, de sorte que ce sont de simples déferences personnelles. La Juveigneurie simple est lorsque le parage cesse, ce qui arrive en trois manieres. La premiere quand le dégre descend. La seconde quand l'héritage passe en main étrangere. La troisiéme quand le lignage cesse, ce qui arrive lorsqu'il passe le neuviéme dégré. On tient donc en parage jusqu'à ce dégré. Il peut y avoir des sous-Juveigneuries. * Mais après tout, cela est si peu d'usage, qu'il est inutile de suivre davantage ce que dit l'Auteur à cet égard; & l'on ne voit pas même trop de raison, pour donner une estimation à des droits qui ne sont nullement utiles, & qui ne sont que de simples prérogatives d'honneur & des droits de sang.]

NOTES.

(*a*) Ragueau dit au contraire, au mot *Juveigneur*, qu'il faut lire *par parage*.

(*b*) V. les Art. 330. & 331.

ARTICLE CCLII.

Les grains qui sont ensemencés, & en herbe jusqu'au premier jour du mois de Mai, seront prisés comme semence & labourage. Et ledit jour passé qu'ils commencent à être en tuïau, seront prisés pour ce qu'ils peuvent aporter de grain & paille à l'Août, selon ce qu'ils peuvent rendre par journal, les frais de la semence & labourage deduits & rabatus.

CONFERENCE.

A. C. *Art.* 250. 251.

250. Et s'il y a gaigneries qui ne soient en grain, on doit regarder ce que peut valoir la semence, le labourage, & autres coûts & frais qui ont été environ iceliui labourage, & doivent être aprećiés à part par meubles.

251. Et au cas que les gaigneries seroient en grain, on devroit s'informer qu'ils pourroient valoir en grain & autres choses, rabattant les coûtages qu'ils auroient coûtés à mettre à profit & à bien, & iceux fruits & gaigneries bailler au créancier au prix de sa dette, au cas qu'il n'y auroit autre débat.

T. A. C. *Ch.* 296. Et s'il y a gaigneries qui ne soient pas en grains, l'en doit regarder que peut valoir la semence, le charuaige & les autres choses, & les coûtaiges qui ont été faits & mis environ ceux labouraiges, & doivent prisaiger à part par meubles; & au cas que les gaigneries seroient en grains, l'en devroit voir qu'ils vaudroient par la queuste *vel* par enquête, & qu'ils pourroient valoir que en grain, que en autres choses, rabatus les coûtaiges qu'ils auroient coûtés à mttre à profit & à bien, & bailler au créancier au prix de sa dette, au cas qu'il n'y auroit autre débat.

SOMMAIRE.

1. *Vente de bled en verd prohibée.*

COMMENTAIRE.

D'ARGENTRE' AIT. Istud ego descripsi, & scripto exhibui ordinibus, propter pugnantes opiniones Doctorum Scholasticorum, qui pugnant de æstimatione segetum, cùm sunt in herbâ, aut cùm in spicâ; de quo Baldus *consilio* 182. *l.* 1. *& consil.* 132. *lib.* 5. & la Coûtume Ancienne y mettoit son prisage *art.* 382. Ego veteris scripti autoritatem secutus, suasi duo tempora spectanda, quod Ordines probavêre, Commissarii sanxêre, coarctato tempore ad primam diem Maii, quo tempore adolescunt in spicam.

1. HEVIN. Cet Article n'est que pour le prisage. Mais il n'autoriseroit pas une vente de bled en verd, ou de vendange pendante, prohibée par les Ordonnances en faveur des vendeurs, non des acheteurs. V. un Arrêt au Journal des Audiences *tom.* 2. *liv.* 2. *ch.* 3.

D'ARGENTRE' A. C. *Art.* 250. *Qui ne soient en grain.* *Cùm adhuc seges in herbâ est.* Or il y a des grains qui viennent plus tard en epi; & c'est ce que l'on doit considérer.

On doit regarder. Quand l'assiete se fait en terres ensemencées, tout ce qui est attaché cede au fonds. Mais il est juste que ce soit sur le pied d'une juste estimation.

Le labourage. Impensa cultura, arationis, stercorationis, sepiendi; car cela se compense toujours avec la valeur des fruits, & entre en considération. Lorsque celui qui a fait la culture est condamné au raport, on déduit aussi les frais de récolte & ceux qu'il a fallu faire pour amasser & loger les fruits.

ARTICLE CCLIII.

Quant aux édifices, s'il y a maison Seigneuriale, le prisage sera de la moitié de ce que peut avoir coûté la matiere & manufacture, eu égard au tems qu'elle fut bâtie. Et au regard des granges & logis du métaïer, & autres nécessaires pour la cuëillette & conservation des fruits, seront prisés en entier selon leur valeur, lorsque l'assiete sera faite, ou au cas de vendition, au tems du contrat.

COMMENTAIRE.

Hevin. *Eu égard au tems.* Hæc valdè incogitanter scripta sunt. Pourquoi chercher le tems qu'elle fut bâtie pour régler l'estimation d'aujourd'hui? Il arrivera qu'un fort beau château ne sera pas estimé la moitié d'une simple maison, parce qu'il aura été bâti il y aura trois siécles, & la maison depuis peu. Si l'on vouloit s'arrêter au tems de la construction, il falloit aussi avoir égard à la valeur des monnoïes en ce tems-là: il falloit dire que l'estimation se feroit sur la moitié, tiers ou quart, si l'on vouloit, de la valeur présente, pour ne tomber pas dans des iniquités & contradictions en s'arrêtant au tems de la construction.

La Coûtume d'Auvergne estime les manoirs & châteaux le dixiéme *ch.* 13. *art.* 42. *& suivans.*

D'Argentré' Ait. Utilissimus articulus, & usus frequentissimi, deductus ex rationibus, & autoritate Bartholi, Angeli & Salyceti *L. si quos Cod. de rescind. vend.* Bart. Angel. Alexan. Imol. *L. Imperator ff. ad Trebellian.*

NOTES.

L'acte de notoriété du 4. Avril 1719. 154. *Devolant,* qui atteste que cet Article s'observe exactement, n'a pour objet que la seconde partie de l'Article & ne concerne pas la disposition pour les maisons seigneuriales, qui ne s'observe point dans l'usage, & dont M. Hevin a si évidemment démontré l'absurdité.

Tel bâtiment coûte cent mille francs à bâtir, qui ne vaut pas vingt livres de revenu. S'il étoit estimé au prix qu'il a coûté, il emporteroit quatre mille livres de rente : & pour ce a l'on suivi ce qu'on voit ici ordonné, & fut avec peine qu'on y fit entrer la manufacture. Mais en cette considération il fut avisé de n'en priser que la moitié, & aïant égard au tems de la construction des bâtimens volontaires, prisant le total des nécessaires. La journée du Maçon ne valoit que deux sols y a cent ans.

ARTICLE CCLIV.

Et pour le regard des maisons des Villes, seront estimées selon leur valeur en entier.

COMMENTAIRE.

D'ARGENTRE' AIT. Hæc æstimatio sumitur à quantitate pensionum, secundùm loca in quibus domus sitæ sunt, & frequentationem & celebritatem Urbium. On dit que maison en Ville vaut Baronnie aux champs : mais le feu y est à craindre : multis de causis accidit, ut æstimationes aliæ atque aliæ fieri debeant.

NOTES.

V. mon Journal du Parlement, *Tome* 2. *ch.* 21. sur le prisage des maisons de S. Malo.

ARTICLE CCLV.

Les bois de haute futaïe, forêts, touches, rabines, & autres bois non accoûtumés d'être émondés, en partage d'entre fréres & sœurs & autres parens nobles, ne seront estimés, & n'entrent en partage; mais seront estimés les pasnages, glandées, assens, & autres émolumens accoûtumés, & provenant desdites forêts, le bois demeurant sauf & debout. Mais entre étrangers quand l'assiete est dûë, ou qu'on demande rescision par déception, lesdits grands bois seront estimés à part & séparés, & le fonds à part comme dévestu : & l'estimation desdits bois réduite à fonds.

NOTES.

Actes de notoriété des 20. Juillet 1694. *Q. F. d'Hevin.* 10. *Devolant* & 28. Février 1733. 48. Par ces mots, *n'entrent en partage*, la

CONFERENCE.

Anjou 497.

COMMENTAIRE.

D'Argentré' Ait. Mirandum in modum laudanda ſedulitas bonorum virorum, qui incertiſſimis controverſiis & arbitriis poſuerunt utilem, & valdè neceſſarium modum : de quo pridem fervebant exertè lites, & corruptiſſima arbitria, Priſant les forêts & bois, il falloit que les aînés des nobles rachetaſſent leurs bois, ou les voir tomber honteuſement & dédécorer leurs maiſons; & s'ils les vouloient retirer, il leur falloit bailler à leurs puînés autant d'eſtimation : en quoi couroit ſouvent tout le reſte de l'héritage commun, & demeuroit l'aîné Seigneur du bois ſans maiſon, & le puîné Seigneur de la maiſon ſans bois : on s'aida pour induction de la Coûtume d'Anjou, fort à propos pour la conſervation des maiſons.

Mais entre étrangers. On s'acquitte de l'étranger *quanti quiſque minimò poteſt*, en le païant de ce qu'eſt dû : car les décorations & honneurs ne lui ſont pas dûs, pourvû qu'il ait de la rente aſſez; pourquoi le débiteur peut lever les bois, ou bien qu'on lui mette en priſage, & le fonds, & le bois à part : en ſorte que ſi un chêne eſt eſtimé vingt ſols, on enfoncera douze deniers de rente pour ledit chêne, & ſera le fonds eſtimé à part : & y a des fonds qui valent mieux ſans bois, comme ceux où ſe peuvent faire de bons prés.

Hevin. Tout cet art. 255. eſt *novi juris*. Et l'Auteur de la Conférence des Coûtumes s'eſt trompé dans ſa note marginale *pag.* 362. qui croit qu'il n'y ait que le mot *nobles* ajoûté de nouveau. La cauſe de ſon erreur eſt qu'il a confondu le procès-verbal des Réformateurs avec celui de la publication de cette Coûtume. Coûtume d'Anjou *art.* 497. V. Argent. *ad art.* 257. *gl.* 2. *n.* 7. Troyes, *art.* 198. *tit.* 11. Nivernois *ch.* 37. *art.* 21. Châteauneuf T. 2. *art.* 11. tout ainſi que le pré. Chartres, *ch.* 2. *art.* 12. Dunois, *tit.* 2. *art.* 25. Bourbonnois *art.* 562. Auvergne *ch.* 31. *art.* 37. La Marche *ch.*... *art.* 424. Poitou *tit.* 1. *art.* 190. Xaintonge *tit.* 19. *art.* 128.

Les bois de haute futaïe. Quels autres bois y a-t'il qui ne ſoient compris ſous haute futaïe?

Et autres bois. Veluti les caablis ou bois chablis & verſés, tronches, ſouches dans les Ordonnances des Eaux Bois & Forêts. Similiter le bois mort & mort bois, materia ad lignum & focum : item vinationes. Argent. *ad art.* 257. *vet. gl.* 2. *num.* 3.

Parens. Meliùs *cohéritiers* : nam illa vox æquivoca nimis.

NOTES.

Coûtume a ſeulement voulu dire que ces bois n'y entrent que par eſtimation des pânages, glandées & autres émolumens. Mais ils y entrent ſous cette eſtimation; & ils apartiennent à l'aîné ou puîné dans la lottie duquel les bois ſe rencontrent. *Mêmes actes de notoriété*

Pasnages. (*a*) Spelman in voce *pannagium.* Forsan hinc deducta vox *appanage.*

Assens. Est facultas pecoris pascendi sub certo censu. V. l'inventaire des Chartres *fol.* 152.

Assens. Id est loïer ou prix de fermes; comme de ferme on a fait *affermer*, de *fret affretter*; aussi de *cens* ou *cense* ou a fait *assenser.*

Mais entre étrangers. Hoc etiam potuit aptiùs exprimi.

Quid au regard de la donataire? Elle n'est comprise sous la premiere partie de cet article, mais sous la derniere. (*b*)

ARREST. En personnes de condition commune, partage faisant, les bois se doivent priser & estimer à leur juste valeur, & réduire à fonds. Jugé par Arrêt du 19. Mars 1632. infirmatif de la Sentence des Présidiaux de Nantes, entre les Pelletier, héritiers collateraux de Pristin le Pelletier leur oncle : plaidans Frain pour les Apellans, le Fevre pour l'Intimé, Chappel pour Dame Anne le Pelletier. (*c*) DEVOLLANT.

Jugé de même le 23. Avril 1637. entre Jean Baillery, Mathurin & Françoise Rigolet, qu'au partage de la succession directe, entre personnes de condition commune, les bois de haute futaïe devoient être prisés séparés du fonds, & suivant leur juste valeur & icelle réduite à fonds, réformant une sentence des Présidiaux de Nantes, plaidant Chappel pour l'Apellant & Simon pour les Intimés. CHAPPEL. (*d*)

NOTES.

(*a*) V. Ragueau sur les mots, *pânages, glandées & assens.* Ils sont bien expliqués dans la Consultation 47. de M. Hevin.

(*b*) Mais quelle régle observera-t'on pour la portion du moins prenant dans l'espéce de l'Article 205. de la Coûtume? Prisera-t'on les bois comme pânage, glandée, &c. entre l'aîné noble & ses puînés; & les prisera-t'on suivant leur vraïe valeur entre tous les héritiers & le donataire? Si l'on fait cette double opération, le donataire aura une part plus grande que la portion du moins prenant, puisqu'il peut arriver qu'il n'y ait aucun bois de haute-futaïe dans le tiers des puînés, & que les bois que l'aîné retient soïent même d'une valeur aussi forte que le fonds de toute la succession. Si au contraire on ne prise pas, respectivement au donataire, les bois suivant leur vraïe valeur, il semble que l'on contreviendra à l'article qui, respectivement aux étrangers, du nombre desquels on doit sans doute compter le donataire, décide que le prisage doit se faire suivant la vraïe valeur.

Cette question n'est point décidée par la Jurisprudence, & quoiqu'elle semble assez décidée par la Coûtume dans la fin de l'article, ne peut-on pas dire que la Loi n'a point pensé à l'espéce qu'on vient de raporter, ni à l'inconvenient qui peut en resulter? Ne peut-on pas même ajouter que l'esprit de la Coûtume est de conserver les bois dans leur intégrité en succession noble, & qu'en admettant le donataire à prendre part dans les bois suivant leur véritable valeur, c'est reduire les cohéritiers à morceller des bois & des forêts, ou à ne pouvoir les conserver sans tomber dans l'inconvenient dont d'Argentré parle, & qui a déterminé la premiere partie de l'article 555.

(*c*) Frain, *Plaid.* 108.

(*d*) Chappel, *ch.* 192.

ARTICLE CCLVI.

Les moulins seront prisés & estimés à la raison desdite années

années, en faisant une commune, le tiers du revenu de ceux qui sont sur la mer, rivieres, & grands étangs rabatu, & le quart de ceux qui sont sur ruisseaux & autres étangs; & quant aux moulins à vent, sera rabatu le tiers dudit revenu.

CONFERENCE.

Art. 370. 607.

COMMENTAIRE.

D'Argentré' Ait. Faisant cette réformation on chercha toutes les circonstances qu'on put, pour ne faillir en prévoïance, & ne laisser rien aux priseurs à s'étendre, ni à deviner, & les renclore entre les loix; & pour ce fut ce prisage divisé tel.

NOTES.

Je renvoïe à l'article 607. la discussion de la question sur le prisage du revenu que produisent les moutaux volontaires.

Il faut observer sur cet article que presque toujours on joint quelques terres aux moulins à eau par les fermes. Il est évident qu'en ce cas la diminution du tiers ou du quart pour les réparations ne doit pas être faite sur tout le revenu de la ferme. On doit même faire par le prisage une distinction du revenu que le moulin peut produire & de la valeur des pièces de terre qui y sont jointes.

ARTICLE CCLVII.

Celui qui est tenu faire assiete de rente, doit déclarer les charges réelles & foncieres: autrement s'il se trouve desdites charges non déclarées, il sera tenu en faire assiete sur ses autres héritages.

COMMENTAIRE.

D'Argentré' Ait. *Celui qui est tenu faire assiete.* Théoreme Droit Ecrit: onera diminuunt fundum, & deducenda sunt.

ARTICLE CCLVIII.

En assiete düe par convention, y aura un seul tressaut, si celui qui doit l'assiete le requeroit: s'il n'est dit & convenu, que ladite assiete se fit de prochain en prochain.

NOTES.

Du Fail, *liv.* 1. *ch.* 18.

CONFERENCE.

Art. 551.

COMMENTAIRE.

HEVIN. *Treffaut.* Idem infrà *art.* 551. Coûtume de la Marche *art.* 413.

ARTICLE CCLIX.

En exécution d'obligations, ou ſentences de reſtitutions de fruits, le detteur ſera tenu affirmer par ſerment la quantité des fruits. Et pourra le demandeur informer de plus grande quantité deſdits fruits, par comptes, papiers, baux à ferme, & témoins: & l'eſtimation & valeur en ſera priſe par le raport du greffe & prix commun de chacune année, ſinon qu'après le jugement & condamnation y ait ſommation faite au detteur: auquel cas ſi le debiteur n'y obéit & ſatisfait, ladite eſtimation ſera jugée pour ſa demeure au plus haut prix de chacune année: ſinon qu'en conſidération de minorité, pauvreté, grande cherté, ou autres juſtes cauſes, le Juge dût modérer au commun prix.

CONFERENCE.

Art. 245.

ORDONN. Villers-Cotterêts Août 1539. *art.* 98. *& ſuiv.*

S'il y a condamnation de reſtitution de fruits par Sentence, Jugement ou Arrêt, ceux de la derniere année ſeront délivrés en eſpéces: & quant à ceux des années précédentes, la liquidation en ſera faite, eu égard aux quatre ſaiſons & prix commun de chacune année, ſi ce n'eſt qu'il en ait été autrement ordonné par le Juge, ou convenu entre les Parties. Ord. de 1667. *tit.* 30. *art.* 1.

NOTES.

V. l'acte de notoriété raporté ſur l'Art. 248. Loiſel, *liv.* 4. *tit.* 6. *art.* 18.

Arrêt de 1680 qui juge que le priſage fait pour le partage ne doit pas régler le raport des levées, mais qu'il faut en diſtraire le tiers, à cauſe des logemens qui ne produiſent pas de revenu, des réparations & des autres frais. Sauvageau, *liv.* 1. *ch.* 202.

La quotité de la diſtraction dépend néceſſairement des circonſtances & de la nature des biens.

Prix commun. Du Fail, *liv.* 1. *ch.* 71. 161. 169. 198. 231. 536. *liv.* 3. *ch.* 91.

Plus haut prix. Sauvageau, *liv.* 3, *ch.* 99.

COMMENTAIRE.

D'Argentré' Ait. Sumptus Articulus ex dispositione ordinationis anni 1539. Hîc æstimatio sumitur in præstationibus annuis : nam in semel præstandis à tempore moræ quanti plurimi fuit fruges, reus condemnandus est : alioqui solutionem semper moraretur debitor, frustrando & expectando vilitatem currentis cujuspiam anni, & amitteret creditor utilitatem frugis emptæ.

Sinon qu'en considération. Magnis de causis addendum censui : quia, parum officiosâ patientiâ, sæpe creditores tempora expectant, quibus debitores opprimant caritate anni cujuspiam, insidiantes inopi debitori.

Hevin. *Restitution de fruits.* L'Ordonnance de 1667. *tit. de la liquidation des fruits* 30. *art.* 1. dit que la derniere année sera délivrée en espece, & les précédentes par estimation, eu égard aux quatre saisons & prix commun de chaque année. V. Theveneau sur l'Ordonnance, *T. de la restitution des fruits.*

Et prix commun de chaque année. Ordonn. de 1539. *art.* 94. 98. 99. *&* *seq.* & depuis cette réformation par l'Ordonnance de Henri III. en 1585. confirmative.

Sinon qu'en considération. Nota jus æquum & rationem humanitatis.

Grande cherté. Henrys traite cette question, *tom.* 1. *liv.* 4. *quest.* 42. *&* *tom.* 2. *liv.* 4. *ch.* 6. *quest.* 42. V. & Fab. *in suo Codice tit. si certum petatur.*

ARTICLE CCLX.

Les rentes anciennes, desquelles le païement a été continué par quarante ans, ne seront estimées rachetables, si, par titre ou autrement, il n'apert du contraire.

CONFERENCE.

V. les Ordonnances sur le rachat des rentes, tant foncieres, que constituées soit par argent ou par grains, dans la Conférence de Guenois, *liv.* 4. *tit.* 7. Fontanon, *tom.* 1. *liv.* 4. *tit.* 22. 23. *&* 24. Neron 29. Novembre 1563.

NOTES.

V. Valla, *de reb. dub. ch.* 19, *n.* 4. Boucheul, *art.* 99. 103. *&* 330.

Rentes constituées à deniers sont rachetables à toujours. Loisel, *liv.* 4. *tit.* 1. *art.* 7. V. M. du Fail, *liv.* 1. *ch.* 118. 157. *&* 215.

Mais faculté de rachat de rentes procédans de bail d'héritages se prescrit par 30. ans. Loisel, *liv.* 4. *tit.* 1. *art.* 8.

Toute rente constituée en grain ou autre espéce est reductible à argent selon le prix qu'elle a été venduë par l'Ordonnance de l'année 1565 Loisel, *liv.* 4. *tit.* 1. *art.* 6. V. M du Fail, *liv.* 1. *ch.* 192. 395. 402. 403. 521. *liv.* 2. *ch.* 299. *liv.* 3. *ch.* 147. 411. Sauvageau, *liv.* 3. *ch.* 162. *&* 224. & l'Arrêt 8. du Parlement de 1535.

SOMMAIRE.

1. *Objet de cet Article.*
2. *Des rentes constituées par grains.*
3. *Du tiers-acquereur de l'héritage hypotéqué à la rente constituée par grains.*
4. *Des cas de franchissement de la rente constituée.*

COMMENTAIRE.

1. D'ARGENTRE' AIT. Utilissimus Articulus ad evitanda incerta judicia de præsumptionibus : nam probationes legitimas de verâ origine hic Articulus non excludit. Nam cùm ex pluribus causis reditus debeantur, multum interest nosse, an constituti sint, an fundiarii, an alterius generis : neque enim reliquiæ eodem modo debentur omnium, neque redimi eodem jure possunt, & multi effectus dici possunt cujusque conditionis, aut naturæ reditus cujusque : de quo Molinæus *quæstione* 20. *in usuris.*

HEVIN. De hoc Articulo V. Grimaudet, *liv.* 2. *des usures ch.* 12. *n.* 13.

2. La rente constituée est toties quoties franchissable, ou la rente par grains réductible.

Mais la rente aïant été païée par grains, sans que le débiteur eût demandé réduction par deniers, & le débiteur venant à franchir, peut-il imputer au sort principal, ce que le païement par grains se trouveroit avoir excédé la rente par deniers suivant l'apréci de chaque année? Il y a plusieurs Arrêts qui ont ordonné cette imputation; mais on tient que ç'a toujours été au cas que la constitution de rente eût quelque chose de vicieux en son principe, & que le prix des grains dès-lors du contrat excédât l'interêt légitime au denier 16. (*a*)

3. Quid? si celui qui a chargé son fonds d'une rente par grains, & qui la peut faire réduire, vend son fonds, à charge à l'acquereur de continuer cette rente comme fonciere, l'acquereur pourra-t'il demander la réduction contre la loi de son contrat? Non puto; car ce n'est point lui qui souffre le grief.

4. Il est dela nature de la rente constituée d'être franchissable par le débi-

NOTES.

(*a*) Ne pourroit-on point faire encore une autre distinction sur cette décision? Si la rente non-excessive dans le principe est fort ancienne, & créée dans le tems que l'usage toleroit la constitution des rentes par grains à prix d'argent, on peut dire que le créancier, au profit duquel elle avoit été constituée, étoit dans la bonne foi. Mais si la rente est créée depuis que ces sortes de rentes ont été absolument proscrites, peut-on penser que celui qui a fait un contrat illicite, fût dans la bonne foi? S'il a profité de la circonstance d'une abondante récolte qui a fait diminuer considérablement le prix des grains pour l'année de la constitution de la rente, elle pourra n'être pas excessive pour cette année. Mais ne doit-on pas penser qu'il a envisagé les augmentations de prix sur les grains qui pouvoient arriver dans les années suivantes? Et peut-on méconnoître le vice d'usure qui a déterminé cette création de rente contre la prohibition des Ordonnances & des Arrêts.

teur, quand il lui plaît : sçavoir s'il y peut être forcé faute de païer la rente. Au Parlement de Grenoble on contraint le débiteur de franchir aprés trois ans de cessation : Arrêt dans Expilly. Au Parlement de Bretagne on admet l'obligation d'amortir par cinq ans de cessation. *(b)* Au Parlement de Paris par nul tems. V. Brodeau sur Paris *art.* 94.

NOTES.

(*b*) Mais la condamnation n'est qu'un comminatoire qui peut être levé par le païement des arrérages.

ARTICLE CCLXI.

Ne sera dorénavant usé du prisage appellé franc prix, sans tontefois préjudicier aux droits acquis par les conventions cidevant faites.

COMMENTAIRE.

D'Argentré Ait. Veteris Juris abrogatio : c'étoit une forme de prisage usagée à nos prédécesseurs, par lequel on prisoit les terres, & ce qu'elles pouvoient porter de fruits sans rien y mettre, semer ni labourer : or terre non labourée ne porte que sentiers, &

Neglectis urenda filix innascitur agris.

Il la faut priser en sa valeur, & ce qu'elle raporte la cultivant, selon qu'elle peut être.

NOTES.

Du Fail, L. 1. *ch.* 659.

ARTICLE CCLXII.

En tout partage, apréciation ou [a] *avaluation* d'héritages, *soit en matiere de rescision de contrats fondée en deception de prix ou autre*, l'une ou l'autre des parties peut requerir, *&* *avoir* revûe [b] dedans l'an & jour *du premier prisage* [c] à ses dépens, par autres apréciateurs jurés à faire ladite revûe, *convenus par les parties : ou à faute d'en convenir, nommés d'office par les Juges*, s'il n'y a autre [d] convention entre [e] parties.

NOTES.

V. Sauvageau sur du Fail, *liv.* 1. *ch.* 60. 130. *&* 131. & le Commentaire sur l'Art. *&* 148. Belordeau, *lettre R. contr.* 129, 283.

CONFERENCE.

Art. 142. 283. 591.

A. C. *Art.* 260. a Avaluement. b Par Cour. c Et qui la requiert la doit avoir. d Accord ou. e Les.

T. A. C. *Ch.* 40. Est à sçavoir que en tout partaige ou avaluement, peut l'en requerre revûë par Cour dedans l'an & le jour, & qui la requiert la doit avoir à ses dépens, par autres prisaiges *vel* prisaigeurs, s'il n'y a gré ou autre condition entr'eux.

Par Cour dedans l'an V. L. majoribus C. communia utriusque judicii & ibi glossam & doctores.

Ch. 296. Sauf à avoir revûë à qui elle apartiendroit d'ung côté & d'autre, à qui la demanderoit à ses dépens, comme il apartiendroit de raison.

SOMMAIRE.

1. & 6. *De quel jour l'an de la revûe se compte à l'égard des mineurs & autres.*
2. *A-t'elle lieu pour une portion.*
3. *Elle ne regarde que l'estimation & non la mesure.*
4. 9. & 12. *La revûe se fait sans changer les loties*
5. *A lieu en general en tout prisage, & on n'y peut renoncer.*
7. *Par qui doivent être païés les frais des assietes, des prisages & de la revûe.*
8. Quid *en cas de rescision.*
10. *S'il peut y avoir une seconde revûe.*
11. *Combien dure le jugement qui ordonne la revûe.*

COMMENTAIRE.

D'ARGENTRE' AIT. *Soit en matiere de rescision.* De hoc multum olim pugnabatur, an in materia rescisionis haberet locum revisio: placuit lege constitui, & nos ante id tempus semper judicaveramus, ut ratio dictabat.

NOTES.

La revûë est-elle recevable en matiere de vente? On peut faire une distinction. Si l'héritage a été prisé entre les Parties, avant que de passer contrat, on peut dire qu'il en est de même que de tout autre contrat, qui ne peut être entrepris que par la voïe de la rescision pour lésion d'outre moitié dans le prix dont les Parties sont convenuës, & que le prisage ne doit être regardé alors que comme une précaution prise par les Parties pour convenir du prix avec une plus entiere connoissance de cause. C'est l'espéce de l'Arrêt du 11. Février 1608. raporté par Belordeau, *lettre R. contr.* 133. Mais il y avoit une circonstance qui pourroit tirer cet Arrêt du point de Droit. L'acquereur offroit le resiliment, & cette option fut donnée au vendeur par l'Arrêt. Sauvageau cite aussi cet Arrêt sur du Fail, *L.* 1. *ch.* 376.

Si au contraire la vente a été faite sans fixer le prix; & s'il a été stipulé que ce prix sera fixé par le prisage que feront des Experts convenus, il semble que la généralité des premiers termes de l'Article 262. doit comprendre une vente de cette espéce, les Parties aïant eu intention de contracter suivant la véritable valeur de l'héritage; & alors la revûë aura lieu au profit de l'acquereur comme du vendeur.

Mais ce motif ne peut-il pas aussi s'apliquer à l'espéce même du prisage antérieur à la vente, lorsqu'il a été fait entre le vendeur & l'acquereur? On doit nécessairement penser que leur intention a été respectivement de traiter en conformité de la connoissance que leur donnoit le prisage qu'ils ont fait faire. Or, si l'un ou l'autre a été trompé par un prisage erroné ou frauduleux, il en résulte une erreur de fait ou une fraude, qui mettent en droit de reclamer contre les contrats.

1. HEVIN. *Revûe.* L'année de revûe se compte-t'elle contre les mineurs du jour de la clôture du prisage, ou du jour de leur majorité? Je croi que c'est du jour de la majorité, le tems de la minorité ne pouvant pas être imputé. C'est l'avis de d'Argentré sur l'art. 267. n. 9. *ut in cæteris casibus tempus non currit nisi à majori ætate*, & je l'ai vû tenir ainsi par anciens qui étoient au Barreau.

2. V. infrà art. 591. & 283. at quid? Cette revûe peut-elle être demandée pour quelque corps seulement? Non puto; sed inquirendum.

3. La revûe ne regarde que l'estimation, non mensuram. V. d'Argentré *Ibid. n.* 11. *&* 12. daturque actio intrà 30. annos.

4. La revûe se doit faire sans loties changer. V. du Fail *liv.* 1. *ch.* 572.

5. D'ARGENTRE' A. C. *Art.* 260. Cet article est conforme aux art. 283. & 591. On devoit se servir d'un terme plus général qui est celui de prisage, & de cette disposition il résulte qu'en général, en tout prisage d'héritage, il y a lieu à la revûe, soit pour partage de succession ou de communauté, soit pour division entre associés. On ne peut même renoncer à ce remede, personne n'étant censé vouloir acquiescer à des défauts qui peuvent se trouver dans la suite.

6. *Par Cour.* Il faut donc une assignation en justice, pour interrompre la prescription annale. Ce même tems est réglé par plusieurs Docteurs; & il se compte du jour que les priseurs, parties présentes ou apellées, ont déposé leur raport. (*a*)

7. *La doit avoir à ses dépens.* L'Auteur parle ici en général des frais des prisages & assietes; tout débiteur d'assiete doit les frais. L'Auteur excepte, si l'assiete est dûe pour une cause lucrative. Dans les choses communes, c'est à frais communs. La doüairiere doit faire les loties à ses frais. Si l'héritier les change & les réforme, c'est aux siens; après l'estimation consommée, & les loties faites par les priseurs, celui qui veut la faire réformer par la revûe, doit en faire les frais; parce qu'il n'y a ni faute ni dol de la part du défendeur qui s'est soumis au jugement des priseurs.

8. Si l'on demande la rescision d'un contrat, l'estimation doit se faire aux

NOTES.

(*a*) C'est la disposition de l'Article 262. mais par la Jurisprudence, le délai, en matiere de partage, ne commence à courir que du jour de la choisie, parce que c'est alors que le cohéritier peut commencer à connoître la lésion par la joüissance de sa lotie. Sauvageau sur du Fail, *liv.* 1. *ch.* 60.

Quoique le terme de l'assignation soit hors de l'an & jour, il suffit que l'ajournement soit dans l'an & jour, pour que la demande de revûe soit valable. Arrêt du 23. Août 1622. contre la disposition de l'Arrêt du 20. Septembre 1575. raporté par M. du Fail, *liv.* 1. *ch.* 376. Sauvageau, *ibid. & sur le ch.* 60. *& dans son recueil d'Arrêts, liv.* 3. *ch.* 97

Jugé que quand il y a eu contestation sur l'assiete, le tems pour demander la revûe ne court que du jour de l'Arrêt qui la confirme. Arrêt du mois de Juin 1620. Devolant, *lettre R. ch.* 63.

Sauvageau sur du Fail, *liv.* 1. *ch.* 60. est d'avis contraire, par deux raisons. La premiere, qu'on doit s'imputer d'avoir négligé une juste demande, pour en former une mauvaise; la seconde, qu'on pouvoit subsidiairement demander la revûe, sans déroger aux moïens de nullité contre l'assiete.

frais du demandeur, parce que celui qui propose la lésion, doit la prouver.

Par autres. Cela est juste, puisque l'on se plaint de l'erreur, de la fraude, ou de l'impéritie des premiers.

9. *S'il n'y a autre accord.* On demande souvent si cette revûe doit se faire & s'exécuter, sans changer les loties qui ont été faites, ou si l'on peut seulement donner des suplémens en argent ou en rentes de retour (*b*) de lot. Les Docteurs prétendent qu'il ne doit y avoir lieu qu'à un suplément. D'autres prétendent au contraire que ce seroit obliger celui qui est lesé de changer la nature de son droit réel & de le vendre. Le sentiment de l'Auteur est *neque semper neque nunquam movendas portiones*, & que cela dépend des (*c*) circonstances, lorsqu'il résulte de ce qui a été fait une trop grande inégalité ou incommodité: Par exemple, si cela a opéré qu'on ait été privé d'une habitation que l'on pouvoit avoir y en aïant plusieurs, qu'on n'ait donné qu'un passage très-incommode & autres circonstances; mais s'il n'y a point d'affectation, la simple lésion est reparable par suplément; & quand on dit qu'un cohéritier n'est pas obligé de recevoir de l'argent pour sa portion, cela s'entend avant partage, & non pas lorsqu'il est question d'un simple suplément de valeur. Il arrive souvent qu'une portion ou une considérable partie est évincée. Il n'y a en cela rien de la faute des parties qui perdent également par cette éviction. Si elle est trop considerable, il faut refaire le partage.

10. ARREST. I. Si l'un des consorts a demandé revûë, qu'elle ait été jugée, & le prisage fait suivant les formes, l'autre consort ne peut demander autre prisage. Mais il faut procéder sur le second prisage. Jugé par Arrêt du 23. Septembre 1624. Ibert & Dubois plaidans. (*d*)

11. ARREST II. La revûë est annale; mais lorsqu'elle a été jugée, combien dure le jugement pour en demander l'exécution? Il semble qu'il ne doit aussi durer qu'un an, si ce n'est qu'il y ait eu instance formée, auquel cas elle dure trois ans; & par la discontinuation des trois ans, tout s'abolit. Christophle Monjaret fait action en revûë à Pierre & autres cohéritiers dans l'an du partage. Il en est débouté par sentence de Lannion: sur l'apel Arrêt le 25. Novembre 1678. qui réforme, & ajuge la revûë. En exécution les parties conviennent de priseurs le 27. Avril 1679. & tout demeure en cet état jusqu'au 4. Août 1682. que la veuve de Pierre, l'un des défendeurs, en qualité de tutrice, reprend l'instance, pour assurer, dit-elle, la proprieté de la lotie à ses enfans. Sentence qui, en conséquence du nouveau prisage, condamne les défendeurs en de grands retours. Ladite tutrice releve apel, & prend lettres contre les procédures faites par erreur, au lieu d'avoir allégué la fin de non recevoir. Arrêt le 20. Mars 1685. qui entérine les lettres, met l'apellation & ce dont étoit apel, réfor-

NOTES.

(*b*) V. le n. 12. Du Fail, *liv.* 1. *ch.* 60. & 172. Sauvageau *ibid.*

(*c*) C'est l'esprit de l'Article 172.

(*d*) Sauvageau sur du Fail, *liv.* 1. *ch.* 226. & *dans son recueil d'Arrêts*, *liv.* 3. *ch.* 134.

mant

mant déboute les intimés de l'exécution de l'arrêt du 25. Novembre 1678. *(e)*

12. Arrest III. Jugé au raport de M. de Brays ce 29. Mars 1643. que si par la revûe il se voit que les partages ne soient pas égaux, on ne procéde pas à nouveau partage, ains on récompense celui qui est lésé. *(f)*

NOTES.

(e) Belordeau, *lettre R. contr.* 132. raporte un Arrêt du mois de Décembre 1613. qui réforma une Sentence, par laquelle les Juges de Ploërmel, dix ans après la revûë demandée & jugée, & le prisage fait, avoient ordonné, à la poursuite du même demandeur, qu'il lui seroit fait assiete de 6. liv. de rente suivant le prisage. Belordeau dit que le demandeur fut débouté de l'assiete: parce qu'elle devoit être faite dans l'an après avoir été jugée. Il ajoute que le défendeur offroit de changer de lotie, & que l'option fut donnée au demandeur, mais que sans les offres, la demande étoit non-recevable.

Devolant, *lettre R. ch.* 64. après avoir cité cet Arrêt, dit que le contraire a été jugé par Arrêt du 8. Juin 1624. les Arrêts contraires vûs.

Il seroit à souhaiter que ces deux Auteurs se fussent mieux expliqués. Car 1°. on ne voit pas clairement ce qui fut jugé par l'Arrêt de 1613. Belordeau ne dit point quand le prisage avoit été fait. Il paroît même qu'il avoit suivi de près le jugement qui ordonnoit la revûë, & qu'il n'y eut de retardement, que pour l'assiete en exécution du prisage. En ce cas l'Arrêt ne pourroit se soutenir, que par les offres du défendeur de changer de lotie, & par l'option donnée au demandeur par cet Arrêt qui se trouveroit conforme à celui du 11. Mai 1623. raporté ci-après sur l'Article 297.

Mais raisonnant en point de Droit, indépendemment de ces offres, & suposant qu'il y eût eu un prisage de revûë dans l'an & jour, peut-on dire qu'il y eût fin de non-recevoir, faute d'avoir fait exécuter dans l'an & jour l'assiete en vertu du prisage? Le terme d'un an n'est fixé par la Coûtume que pour la revûë. Or, par le prisage, la revûë est consommée; & ce prisage met en état d'exécuter l'assiete, qui ne paroît devoir se prescrire que comme toute autre action personnelle.

Si c'est la décision de l'Arrêt raporté par Devolant, il est évident qu'on ne pouvoit juger autrement; & il est étonnant qu'il y eût des Arrêts contraires.

Mais si cet Arrêt a décidé que la revûe étant jugée, le delai ne soit pas peremptoire pour l'exécution du prisage; il est difficile d'en justifier la décision, quoique Sauvageau sur du Fail *liv.* 1. *ch.* 60. raporte un autre Arrêt du 7. Avril 1623. qui décida que le Jugement de revûe n'étoit pas annal, & qu'il perpetuoit l'action jusqu'à 30. ans, malgré les augmentations & les dégradations survenues dans les différentes lotties. Ainsi le sentiment d'Hevin confirmé même par l'Arrêt de 1685. qu'il raporte, doit prévaloir.

(f) V. le n. 9.

ARTICLE CCLXIII.

Le journal, soit en terre arable, prés, bois taillis, forêts, herbregemens, vignes, landes, & autres terres, contiendra vingt cordes de long, & quatre de laize: chacune corde de vingt-quatre pieds de Roi, chacun pied de douze pouces, chacun pouce de douze lignes ou grains. Laquelle mesure ci-dessus sera gardée partout ce Païs & Duché.

SOMMAIRE.

Varieté sur l'ancienne mesure du journal & de l'arpent, motifs de cette varieté.

COMMENTAIRE.

[a] D'ARGENTRE' AIT. Suis agris Columella ponit mensuram Romanam jugeri : nobis antehac variabat in solo aratorio, silvâ cæduâ, & pratis : quare una facienda fuit mensura, æstimatio quidem diversa pro diversitate soli, & bonitate agri.

HEVIN. Cela est tiré de l'Ordonnance de 1557. vérifiée en 1561. *pag.* 108. des vieilles Coûtumes *in quarto*.

V. Montargis *tit.* 2. *art.* 22. V. Menage *in verb. arpent.* Le journal contient 80. cordes chacune de 24. pieds en quarré. Chaque corde contient 576. pieds quarrés. Chaque journal contient donc 46080. pieds.

L'ancien arpent, en terre labourable ou prés, contenoit 100. pieds en quarré, qui font 10000. pieds, & en vigne 120. pieds en quarré, qui font 14400. pieds.

L'ancien journal de terre labourable étoit de 16. sillons, chaque sillon contenant six raïes, chacune contenant 360. pieds, lesquelles six raïes font trois cordes trois quarts ou 2160. pieds, & le journal de 16. sillons 60. cordes ou 34560. pieds. Il étoit aussi de 64. cordes & en landes & forêts de 120. cordes.

L'ancien journal dans le Comté Nantois, du moins de la Loire, est de 44. cordes.

La corde de journal est de 24. pieds en quarré; la corde de lieüe est de 120. pieds.

Le pied Roïal contient 12. pouces : chaque pouce 12. lignes, qui font 144. lignes. Le pied Ducal est plus grand de 5. lignes. Dans le Perche le pied a 13. pouces, *tit.* 2. *art.* 39.

M. d'Argentré, sur cet Article, dit *variabat antea mensura in solo aratorio, silvâ cæduâ, &c.* Mais nonobstant cet Article la diversite n'a pas laissé de continuer, ut alibi notavi. C'est un désordre commun presque partout, & même sous la Coûtume de Paris. Du Moulin *sur le §.* 11. *de l'Anc. Coût. de Paris num.* 5. parlant de l'arpent dû pour préciput, « quæro cujus mensuræ debet » esse jugerum? Respondeo propter varietatem *agri parisini* non possum certò » definire : sed debet inspici mensura Domini Jurisdictionis cui subest feu» dum, in quo jugerum istud accipitur &c. Quid si in eodem concurrant » diversæ mensuræ, puta usus mensuræ Regiæ & usus alterius mensuræ &c?

NOTES.

[a] V. Ragueau au mot, *arpent.*

» Respondeo attendendam mensuram Regiam, tanquam præpotentem & no-
» biliorem &c. Quid si concurrunt in Jurisdictione loci duo inferiores Do-
» mini diversas habentes mensuras? Respondeo electionem esse primogeniti.

Cela fait voir une exorbitante varieté de mesure; & il est etonnant que les Réformateurs de la Coûtume de Paris n'y aïent pas aporté quelque remède, que les nôtres avec beaucoup de prudence ont tenté.

Ce qui a fait continuer cette diversité, ont été les rentes qui sont quelquefois dûës par journal, boisselées, sexterées &c. aux fins des anciens aveus; ce qui ne se peut accommoder à une seule mesure, sans péril de lésion pour le débiteur ou le créancier.

La mesure ancienne *jugeri* est expliquée par du Moulin *eod. art. num. 6.* après Rob. Cænalis & Budæum *de Asse lib. 5. & num. 7.* il explique la mesure de l'arpent ou journal de France qui est diverse.

Bois taillis, forêts. Cela semble corrigé par l'Ordonnance des Eaux & Forêts du mois d'Août 1669. *tit. de la Police art.* 14. qui détermine l'arpent en bois & forêts à 100. perches de 22. pieds chacune; ce qui fait 48400. pieds. Mais il semble que cela n'ait lieu que dans les forêts du Roi & autres, & non pour les fonds d'autre qualité.

ARTICLE CCLXIV.

Et où les Arpenteurs & Gauléeurs seroient trouvés avoir fait défaut en l'arpentage & mésurage, & les Priseurs fait faute notable en l'estimation & évaluation desdites terres & autres choses, lesdits Arpenteurs seront condamnés en amendes arbitraires pour la premiere fois : & pour la seconde, privés de leurs états, & les Priseurs de refaire à leurs dépens les prisages, & porter les dommages & intérêts des parties.

COMMENTAIRE.

D'ARGENTRE' AIT. Magnis de causis adjectum, propter frequentes & malignos, aut culposos errores mensorum, & æstimatorum, quibus hodie minus indulgendum est, cum lege expressâ præscriptum habeant, quid sequantur, *ex tit. si mensor falsum modum dixerit.* Il se fit n'a gueres un prisage où les premiers priseurs estimérent un fonds 7000. liv. Les seconds 15000. Les tiers 30000. liv. Omninò ista ferenda non sunt, nec potest culpa excusari, & ignorantia reprehendenda in artificibus talium.

HEVIN. Confer Tit. *Si mensor falsum modum dixerit.*

NOTES.

V. Sauvageau sur du Fail, *liv. 1. ch. 226.*

ARTICLE CCLXV.

Seront lesdits Priseurs & Arpenteurs tenus d'arrêter sur le lieu, & par chacune piéce de terre qu'ils priseront & corderont, la quantité & estimation d'icelle, auparavant entrer au cordage & estimation des autres terres qui seront à priser. Et sera ladite estimation paraphée & signée, tant d'iceux Cordeurs & Priseurs, que du Juge, s'il y a Juge présent, qui ait été requis par les parties d'un commun consentement, lequel autrement n'y pourra être.

CONFERENCE.

Paris 185.

COMMENTAIRE.

D'ARGENTRE' AIT. Additum propterea quòd redempti pretio æstimatores ab uno de litigantibus persæpè dissimulabant subscribere, aut consultò diffidebant, aut aliam atque aliam æstimationem mutabant subinde ad gratiam.

HEVIN. Novi Juris, tiré de la Coûtume de Paris *art.* 185. & l'une & l'autre tirée de l'Ordonnance de Charles IX. de Mars 1567. & de Henri III. de l'an 1577. *art.* 11. Conférence des Ordonnances *tom.* 3. *pag.* 811.

NOTES.

La Jurisprudence, sur l'interprétation de cet Article, est fixée par l'Arrêt du 17. Mai 1740. qui a été cité sur l'Article 243. & par un Arrêt postérieur entre M. de Lambilly & le sieur Trebuchet. Ils ont décidé que les Priseurs & Arpenteurs ne sont pas obligés d'arrêter leur prisage sur le lieu, & par chaque piéce de terre, & qu'il suffit de faire des notes sur lesquelles ils redigent ensuite leur ouvrage. Ainsi l'Article 265. n'est point observé en cette partie. Mais il s'observe à la rigueur sur la nécessité d'emploïer dans le prisage chaque piece de terre, par détail, avec son étenduë & sa valeur.

Quand les Experts ne sçavent point signer, leur raport inseré dans le procès verbal du Commissaire, avec déclaration qu'ils ne sçavent pas signer, a le même effet, que s'ils avoient raporté un procès verbal séparé. Acte de notoriété du 5. Février 1726. 25. Q. *F. d'Hevin.*

S'il n'y a point de Commissaire, le raport des Experts se fait au Greffe ou devant Notaires.

Les héritages doivent être mésurés & prisés par chaque piece de terre séparément. Acte de notoriété du 4. Avril 1719. 154. *Devolant.*

V. Les Arrêts des 9. Avril 1668. & 30. Mai 1732. pour le Réglement des journées des Priseurs & Arpenteurs

Lequel autrement. V. l'Ord. de 1667. *T.* 21. *art.* 1.

ARTICLE CCLXVI.

Les Seigneurs, leurs Châtelains & fermiers, ausquels seront

dûës aucunes rentes par grains, dûës à Grenier, seront tenus assigner leurs greniers, & iceux tenir ouverts aux termes ausquels lesdites rentes se doivent païer, par le tems de quinze jours, & où lesdits greniers ne seroient assignés & ouverts audit tems, & que lesdits Seigneurs, ou leursdits Châtelains & fermiers, feroient refus de recevoir lesdits grains, les Sujets ne seront tenus par après, de porter & païer le surhaussement qui pourroit arriver du prix desdits grains.

CONFERENCE.

Dourdan 51. Normandie 34. Poitou 56. Le Vassal n'est point tenu de porter les rentes hors de la Seigneurie, ni au-delà de deux lieuës dans l'étenduë de la Seigneurie. (*a*) Poitou 100. 101. Angoumois 21.

SOMMAIRE.

1. *Différence entre Seigneur Châtelain & Châtelain de Seigneur.*
2. *Greniers doivent être assignés dans le fief.*

COMMENTAIRE.

HEVIN. *Châtelains.* Sur la différence des Châtelains, le procès-verbal de la Coûtume de Senlis sur l'art. 95. de ladite Coûtume, s'est assez bien expliqué: mais cela ne convient point à notre article.

NOTES.

V. Sauvageau, *liv.* 1. *ch.* 289. 290. & 291. Boucheul, *art.* 56. 100. & 101.

Quand les rentes sont requerables ou rendables & portables. V. Loisel & de Lauriere, *liv.* 4. *tit.* 1. *art.* 21. & *tit.* 2. *art.* 2. Dunod *des prescriptions part.* 3. *ch.* 10. *à la fin.*

V. Ragueau & de Lauriere sur le mot *Châtelain* & les nouv. observ. sur Henris, *liv.* 2. *ch.* 4. *quest.* 29.

„ La Cour ordonne que les Seigneurs, „ ausquels il sera dû des rentes par grains, „ tiendront leurs greniers ouverts, quinze „ jours avant & quinze jours après les termes de les païer, & le feront bannir aux „ Prônes des Grandes-Messes, aux termes „ de la Coûtume; & permet aux Vassaux „ de sommer pendant ledit tems les Seigneurs „ de recevoir leurs rentes: & passé de ladite „ sommation, fait défense ausdits Seigneurs „ de les faire aprécier, ni les autres rentes „ non-apréciables, & à ceux qui n'ont droit „ d'apréci, de les aprécier dans leurs Jurisdictions, mais de se servir des aprécis des „ Jurisdictions supérieures, qui sont en possession dudit droit, lesquels aprécis seront „ faits sur le raport des Minagers, avec défenses aux Juges de les faire excessifs, à „ peine de 500. liv. d'amende au Roi. Fait „ en Parlement à Vannes, Grande-Chambre „ & Tournelle assemblées le 14. Janvier 1678.

(*a*) V. l'Arrêt du 6. Juillet 1736. dans le Journal du Parlement, *tom.* 2. *ch.* 19.

1. Il y a bien de la différence entre Seigneur Châtelain, & Châtelain du Seigneur. Le premier, est celui qui a droit de Châtelenie: le second est le Capitaine ou Concierge du Château; ce qui se trouve fréquemment dans les vieux Auteurs François. V. l'ancienne Chronique de Flandres *chap.* 95. *Le Châtelain du Louvre*, &c.

Castellanus apud Spelman in *castellum*, *pag.* 128. & in *constabulatius*, *pag.* 148. *column.* 1.

V. Cironium *in paratit. Decretalium ad tit. de jure Patron. pag.* 264.

Notre Châtelain dans cet article vient donc de *Castaldus*, qui domini loco prædium servat, *tit.* 2. *lib.* 2. *de feudis*, Guardianus, & custos *cap. generali extr. de electione.*

D'ARGENTRE' AIT. *Rentes dûës à Grenier.* C'est-à-dire, au portage.

2. *Assigner leurs greniers*: en quelque lieu qu'ils voudront dedans le fief, & en un seul lieu.

ARTICLE CCLXVII.

Tous lesdits Seigneurs, leurs Châtelains & fermiers, ne pourront faire faire aucun apréci des grains, qui leur sont dûs par leursdits Sujets, qu'à raison du prix que lesdits grains auront valu communément aux trois derniers marchés subséquens les termes que lesdits grains sont dûs; si ce n'est en rentes de grains, païables par deniers seulement à certain jour, qu'on dit rentes à l'apréci: desquelles l'apréci sera fait sélon les trois marchés, précédens le jour auquel ledit apréci se doit, & est accoûtumé d'être fait; faisant desdits trois marchés un commun prix.

CONFERENCE.

Melun 330.

COMMENTAIRE.

D'ARGENTRE' AIT. Ad frænandum avaritiam & inclementiam receptorum, qui redemptos Judices habent ad faciendam appreciationem; & sæpè unus terminus magnum augmentum adfert. Hic lege constitutum quid faciant; & casus specialis est in frugibus debitis ratione feudi certo die. Nam articulus 259. aliud tempus æstimationum spectat, hoc est, le prix commun de chacune

NOTES.

1. Ragueau aux mots *rentes à l'apréci*, Boucheul, *art.* 56.

année; hîc de certains jours; mais les causes des dettes sont diverses, & ne faut paralogiser de l'un à l'autre.

Qu'on dit rentes à l'apréci. C'est une certaine rente qui est dûë par grains. Mais elle ne se païe que par deniers, à l'apréci qu'en fait le Seigneur selon l'article précédent, qui est contre la disposition de droit, qui dit. Quoties æstimatio in condemnatione est respectu speciei, debitor solvendo speciem liberatur. Hîc contrarium fit: nam omnì modo æstimatio solvitur, nec liberatur debitor præstatione speciei.

ARTICLE CCLXVIII.

En toutes rentes par grains, si les Sujets, qui les doivent, sont en défaut de les païer & délivrer au Receveur ou Sergent, lors de la sommation qui leur sera faite après le terme de païer échû (pourvû qu'auparavant ladite sommation le Seigneur eût fait sçavoir à la Paroisse, qu'à certains jours lesdits Sujets se fussent tenus garnis desdits grains,) le Sergent pourra exécuter lesdits Sujets, pour le prix desdits grains dûs pour l'année seulement, & desdits deniers acheter les grains qui resteront pour ladite année, au prochain marché; & les rendra au Seigneur aux frais communs de tous lesdits Sujets exécutés.

CONFERENCE.

Art. 78. 104. 122. 181. Orleans 133.

COMMENTAIRE.

D'Argentré' Ait. Hîc recruduere certamina, de quibus nos articulo 21. suprà, & iisdem de causis: nec dubium quin nobilitas, & Domini prædiorum jure contenderent, speciem sibi deberi à Vassallis, sive de suo sive de mercatu præstiretur; neque enim quemquam pecuniâ vivere, aut edere, aut bibere, non magis quàm Midam auro. Ideòque frumentum omninò præstandum, & cæteras fruges quàm terra ferat: sed multis compertum erat, inclementer hoc prætextu executiones exerceri, præsertim in foro versantibus. Placuit itaque has denunciationes præmitti, ut Vassalli speciem præstarent, ut ita admonitis excusatio nulla relinqueretur.

NOTES.

V. Boucheul, *art.* 56.

ARTICLE CCLV.

DE L'ANCIENNE COÛTUME,

Abrogé dans ce Titre à la Réformation de 1580.

Et quand on ne trouve meubles ou immeubles, autres que la maison ou maisons du débiteur où il demeure ou a demourance, peut-on faire exécution sur celle maison ou maisons; & doit être bannie & apreciée comme les autres héritages.

COMMENTAIRE.

D'ARGENTRE'. * Cet Article est retranché comme inutile; il regarde la discussion préalable des meubles, laquelle n'a plus de lieu à l'égard des majeurs.] L'Auteur prétend cépendant que cette discussion n'est pas ôtée par l'Ordonnance de 1539. laquelle, dit-il, ne fait que retrancher les subtilités du Droit Romain.

TITRE XV.

TITRE QUINZIÈME.

Des Appropriances, Bannies, & Prescriptions.

CONFERENCE.

Il y a quelque raport entre nos appropriemens & les purges établies par les Coûtumes de la Salle de Lille, *T.* 24. de la Ville de Lille, *T.* 13. & de Tournay, *T.* 7. pour purger tous droits à l'héritage. On trouve aussi des formalités prescrites pour exclure les retraits dans les Coûtumes locales de la Châtelenie de Lille & dans quelques autres Coûtumes, dont il seroit inutile de faire le détail.

PRÉFACE.

SOMMAIRE.

1. Si la bonne foi est requise dans les prescriptions établies par la Loi. Distinction entre les longues prescriptions & celles de dix ans entre présens & de vingt ans entre absens qui exigent un titre. Comparaison entre ces prescriptions & nos appropriemens.

2. A quel dégré de Jurisdiction appartient le droit d'appropriement par bannies.

3. Utilité des appropriemens.

4. Des deux especes d'appropriemens, l'un par bannies, l'autre par quinze ans.

NOTES.

Le Titre 15. a deux objets principaux, les appropriemens & les prescriptions.

La matiere des appropriemens se divise en neuf parties.

1°. De l'appropriement par trois bannies, *art.* 269.

2°. De l'appropriement par une bannie, *art.* 271.

3°. Des effets de la certification sans oposition entre présens & absens, *art.* 270. 274.

4°. De l'appropriement de quinze ans, *art.* 272.

5°. De la forme générale des appropriemens & de leurs effets, *art.* 274. 276. & 280.

6°. Des bannies d'héritages situés en plusieurs Paroisses, *art.* 277.

7°. De la durée & peremption des opositions, *art.* 278. & 279.

8°. De l'appropriement, quand il y a fraude au contrat ou aux bannies, *art.* 275.

9°. De l'action contre l'usurpateur, quand l'acquereur auquel il a vendu, s'est approprié, *art.* 273.

Sur les prescriptions, la Coûtume parle de la prescription,

En matiere réelle, *art.* 282.

En matiere personnelle ou hypotequaire, *art.* 285.

Entre le Seigneur & le Vassal, *art.* 281. & 294.

De l'usement du fief, *art.* 289. & 290.

Entre cohéritiers pour leurs partages, *art.* 283.

De la vendication de meubles, *art.* 284.

De la faculté indéfinie de reméré, *art.* 287.

Des crimes & délits, *art.* 288. 291.

De la prescription d'un an, *art.* 292.

De l'exception de pecune non-nombrée, *art.* 293.

Des restitutions, révocations & redhibitoires, *art.* 295. 296. 297.

Des effets des prescriptions, *art.* 286.

1. D'ARGENTRE' AIT. Hic tu mihi auſculta ἀκροαματικὸν dicturo, de Jure conſuetudinario, quo præjudicatas opinationes ſemidoctorum hominum convellam, qui exigunt in præſcriptionibus ſtatutariis bonam fidem, Canoniſtarum ſententiis abducti, & ſpecie religionis percelluntur. Quod & ſi pridem firmis rationibus refelli, in libro de approprimentis *art.* 269. *verb. dol ou fraude*, & in protheoria ejus libri, tamen prætereà, & quæ ex tempore occurrent, dicam. Cùm duæ præſcriptionum ſpecies in Jure Romano dicantur, earum ſcilicet, quæ cum titulo currunt uſu, & illo Jure vetuſtiſſimæ, quæ ſunt decem annorum inter præſentes, & viginti inter abſentes; & altera ſpecies temporis longiſſimi, id eſt triginta annorum priſtino Juri Romano ignòta & ab Imperatoribus inducta. Priores illæ quæ cum titulo currunt, etiam bonam fidem illo Jure exigunt, longiſſimæ nequaquam. Ad priorum exemplum ſtatutariæ noſtræ compoſitæ ſunt, quindecennales ſcilicet, & breviſſimæ per bannimenta, quæ cum titulo currunt. Sed & quadragenariæ noſtræ & tricennariæ uſitantur. Sed harum nulla bonæ fidei uſquam neceſſitatem exigit : in quo à Jure Romano diſceſſum eſt. Itaque nullo loco Conſuetudo bonæ fidei mentionem intulit. Quin in pleriſque Articulis, etiam data poſitivâ mala fide, præſcriptionem admittit, & Canoniſtarum judicia rejicimus, qui in ſtatutis ſubaudiendam bonam fidem ariolantur, ubi nulla ejus mentio fit : & ſupplendum ex Jure Romano & Canonico, quod ipſum rectè & appoſitè Baldus refellit, & improbat locis infrà ſcriptis. Sic cùm arguit, ſtatutum (inquit) quod (*a*) quindecennariam præſcriptionem inducit (ut hoc noſtrum) venit ad correctionem Juris Romani : idcòque nihil amplius ad id adjiciendum, quàm quod de ſe exprimit & requirit. Nam ſtatutum ad correctionem Juris antiqui inductum, non venit ad ejus interpretationem, quia lex quæ corrigit, non interpretatur legem quam corrigit, de quo nos *art.* 266. *verbo titre Titulo de legalibus præſcriptionibus num.* 14. Id idem expreſſè Baldus repetit *cap. cùm non liceat ex. de præſcriptionibus & cap. debitores extr. de jurejur. & §. ſi quis per* 30. *T. ſi de feud. fuer. controv.* & attendendi ſunt ſoli termini Conſuetudinis ſine ſuppletione ut *art.* 270. 271. 272. 274. & ut magis mireris, & ne dubites, etiam datâ poſitivâ malâ fide, atque adeò in titulatis, præſcriptiones Conſuetudo admittit expreſſè *art.* 275. 287. 297. 282. (*b*) quare faceſſant Semidoctorum ſenſa, & opinationes, neve quiſquam ſapientiorem ſe lege putet, ut requirat de ſuo ſenſu, quod illa non requirit. Plura in Commentariis hujus tituli.

2. Illud quoque, valdè id quidem notandum, monuerim, approprimentorum jus, quod per bannimenta quæritur, (*c*) ad merum imperium pertinere. Id ego cùm ſcripſiſſem priore libro, fuit qui requireret authoritatem dicti, cùm alio jure in ſuis rebus ſe uti diceret. Dixi id jus non eſſe appellandum,

NOTES.

(*a*) V. l'Art. 272. *n.* 1. & 10.

(*b*) V. Art. 269. *n.* 65. *art.* 272. *n.* 1. *art.* 275. *n.* 1. & *art.* 282. *n.* 15.

(*c*) Par Arrêt du 7. Janvier 1694. entre M. le Prince de Guemené & les Seigneurs mouvans de ſa Seigneurie de Montauban, jugé que le droit de bannies & apropriement apartient à la moïenne-Juſtice. V. le Commentaire ſur l'Art. 269. *n.* 5. & 114.

quod ille in rebus suis privatim faceret domi; sed si authoritatem exigert, scrutaretur scripturas, & veterum libros, in his reperiri eos actus omnes, per quos quis non vocatus specialiter & auditus jure suo privaretur edicto, ad merum imperium pertinere, & à potestate majore pendere, quæ à mero imperio decurrit, nec cuivis competere, nec à Consuetudine aliis tribui quàm imperium habentibus per dictum Theorema. Dicti exemplum & authoritatem extare ostendi *art.* 47. *&* 48. in quibus acquisitio rerum repertarum per bannimenta aliter non competere, quàm positâ altâ justitiâ; quod multò magis in acquisitionibus, & contractibus voluntariis habere locum debet, qui, accedentibus bannimentis & solemnibus, omne omnium interesse, & omnes actiones excludunt, etiam si nemo in specie vocetur : ideoque cùm tanti momenti sint, ad actus simplicis aut mediæ Jurisdictionis non pertinent, sed imperio reservantur, quod Doctores tradunt *L. rem quæ nobis ff. de acquir. poss.* (Hevin. *Elle est mal alléguée.*) Nec ignoro à multis prædiorum Dominis ista aliter usurpari, ambitiosè & contra jus, ut pleraque ejus generis, eoque magis licenter, quòd in Britanniâ necdum ulla descriptio extat eorum actuum, qui ad mixtum, merumve imperium pertinent, ex quo fit, ut pro libidine quisque sibi tribuat, quæ cujusque gradûs sunt, sed (quod fatendum sit) sine jure, dissimulantibus Regiis & Fiscalibus Dominorum Procuratoribus, promiscuâ usurpatione; & fore tempus quandoque auguror, quo ista exactius in suos gradus redigantur. Rem gestam narrabo. Cùm de reformandâ Consuetudine ageretur, postularunt à me ordines, ut ego meri mixtique imperii, & simplicis Jurisdictionis notas actusque describerem, cùm illi nusquam descripta lege quidem domesticâ reperirent, & dicerent vulgò talis juris usum ignorari, cùm vicinæ Consuetudines, diligenti curâ, talia in classes suas terminosque redegissent. Parui lubens; & è Jure Romano, & Interpretum Juris Sententiis, tùm externarum Consuetudinum statutis descripsi, qui actus cujusque gradûs proprii viderentur, quemquam in classem redigi oporteret, & scripto exhibui Ordinum Deputatis : ubi legerunt, & domestica sua quisque furta deprehendit, si illa descriptio obtinuisset, conscientiâ perculsi, privatim quisque mussare, & in aurem alter alteri insusurrare cæperunt : omitti ista satius est, quàm curiosiùs exerceri, & his carere possumus. Nam cui non aliquid, cui verò non multùm de usurpatis decedit, si ista obtinent? Nobis nihil movendum, utantur posteri, ut libebit : & de illis quidam, ego (ait) approprimentorum jure semper usus sum, nec unquam merum imperium habui; & alius, ego & Notarios creare soleo, & inventaria scribere, nec unquam mixtum habui : hæc mihi, hæc tibi pereunt, si ista valere sinimus. Denique re sæpiùs communicatâ, & scriptum suppressêre, ac ne referri quidem de eo in cætu Ordinum passi sunt; & mutuum periculum veriti, omnibus errorem indulsere : ex quo ista in Britanniâ in promiscuo usu habentur, nullo jure, ordine nullo, publico errore jus faciente : reverâ quanquam non vocatum, non auditum in specie & sigillatim, per proclamationes excludere jure suo, ad majoris imperii jus pertinet, etiamsi omnes aliter docerent, aut abuterentur.

3. D'Argentré' A. C. Notre Droit particulier n'a rien de plus utile ni

de plus prudemment (*d*) imaginé par nos Ancêtres, que ce qu'ils ont ordonné pour acquerir ou pour conſerver les biens, pour établir le commerce, & pour terminer les conteſtations & les procès. Il n'y a rien auſſi qui ſoit plus expoſé aux cenſures & aux pointilles des étrangers qui jugeant des choſes par leur droit particulier & par leurs uſages, combattent directement ou diſputent les établiſſemens des autres Païs. Cela doit porter davantage ceux qui ont l'autorité en main à maintenir & à garder une invention auſſi ſalutaire de nos anciens, puiſque la moindre atteinte qu'on y donneroit, renverſeroit la ſureté de tout le monde.

Auſſi il faut que ceux qui jugent aïent attention à cette régle de Saint Auguſtin, qu'il ne leur eſt pas permis de cenſurer les loix établies. Car ils ne doivent point juger des loix; ils doivent au contraire juger ſuivant les loix: & c'eſt une audace, & une inſolente témérité dans ceux qui, lorſqu'on leur objecte une Loi ou une Coûtume ancienne, s'élevent contre ces loix reſpectables, & apellent ainſi au Tribunal de leur cenſure les ſages Anciens qu'ils cherchent à condamner. Ce ſont des aveugles, qui décident que les anciens Légiſlateurs ne voïoient pas clair dans ce qu'ils ont établi. L'Auteur étend ſon diſcours à cet égard & raporte pluſieurs autorités. Il parle des motifs que les étrangers aportent pour condamner les aproprïemens, comme ne pouvant concevoir que par de pareilles régles les créanciers & les propriétaires ſoient exclus de leurs actions, ſans conſidérer qu'il n'y a que ceux, qu'il apelle *negligentes aut ſupinè ignorantes*, qui ſouffrent de cette ſage inſtitution. Il y a lieu de s'étonner, qu'étant fondée ſur des exemples qui ſe trouvent dans le Droit & allégués partout dans le Barreau, elle déplaiſe ſi fort à des gens, qui, s'ils vouloient faire attention, qu'il n'y a que les mots & les noms changés, trouveroient une entiere conformité avec les régles dont ils conviennent. Il déclare qu'il eſt forcé de ſe ſervir des termes établis, & qu'il ne pourra uſer des termes du Droit Romain, par leſquels il ne ſe rendroit pas intelligible; qu'il lui doit donc être permis d'uſer des mots *d'aproprïement* & *d'aproprier*, de *bannir* & de *bannies*, ſuivant l'uſage, puiſque le Latin n'expliqueroit la choſe qu'imparfaitement ou d'une maniere équivoque. Il ſe propoſe d'expliquer le deſſein & le motif de l'établiſſement des aproprïemens, & d'en marquer la force & les effets.

Comme tout le Droit Romain en général, & tout Droit particulier, regarde principalement les perſonnes & les choſes, la liberté de la partie de l'univers où nous vivons, a donné lieu au rétranchement d'une infinité de matiéres, dont la connoiſſance ſert plus à embaraſſer qu'à inſtruire. Il eſt reſté une ample matiére de controverſes touchant l'acquiſition & la défenſe du domaine des choſes; & le ſoin des Légiſlateurs a été de les régler, puiſque, ſans cela, il n'y a ni Ville ni ſociété qui puiſſe ſubſiſter; deſorte que la ſureté publique dépend des régles certaines & préciſes qu'on a établies à ce ſujet.

4. Nos ancêtres ont donc trouvé deux différentes formes qui rendent le

NOTES.

(*d*) V. le n. 1. & art 269. n. 8.

Droit parfait & consommé. La premiére est l'appropriement, dont le nom est dérivé de la chose même, qui consiste dans le titre, la possession de l'Auteur, c'est-à-dire, de celui de qui l'on a droit, les bannies suivant la forme & l'usage, & le raport qu'en fait le Sergent en jugement, qu'on apelle *certification*. Cela se voit dans les articles 269. 270. & 271. qui renferment un Droit particulier à notre Coûtume.

La seconde consiste dans la possession de 15. ans; & cela, tout particulier qu'il paroît, dérive, à peu de changement près, du Droit des Prescriptions légales.

La premiére forme est un avertissement exprès, par la force & la puissance des bannies, qui rétranchent toute allégation d'absence, d'ignorance, ou toute autre cause, lorsqu'on ne s'est pas oposé après avoir été publiquement averti; & comme il y a différentes Prescriptions par raport aux differens tems, du cours desquels elles dépendent, il y en a qui dépendent aussi des titres & des appropriemens solemnels, qui sont une voïe plus abrégée par des avertissemens réiterés qui operent le même effet que la longue possession. On peut dire à ceux qui s'étonnent comment dans un aussi petit intervalle de tems toutes les actions & droits de propriété peuvent être exclus (vû que peu entendent les bannies, & qu'il peut se trouver des personnes hors d'état d'agir, comme des femmes ou des mineurs sous la puissance d'autrui) qu'ils ne s'étonnent pas des formalités à peu près semblables dans les ventes & adjudications publiques, qui excluent cependant toutes hypoteques & toutes opositions, même afin de distraire, il n'y a point de François qui ne soit persuadé qu'il ne peut posséder à meilleur titre, qu'en vertu de la saisie mise par un créancier, & de l'adjudication faite au plus offrant & dernier encherisseur. Il n'y a plus de contestation, nul lieu à la dispute, nulle allégation de la vilité du prix: tant la Coûtume a de force & d'autorité. S'il faut remonter au Droit Romain, l'on trouve les dispositions *de remissionibus pignorum*, qui prouvent en termes exprès, que le droit le plus certain se perd, quand on a été publiquement averti par l'autorité du Magistrat, & qu'on ne s'est pas oposé; il y a là-dessus plusieurs autres autorités & des exemples qui ne sont pas d'un abregé. Combien plus favorables sont les formalités de bannies réiterées, par lesquelles un acquereur qui ne pourroit se dispenser de païer au vendeur le prix, en vertu de la loi de son contrat, se trouve à couvert des recherches des oposans trop tardifs, & des discussions qu'il faudroit faire pour son recours contre son vendeur ou absent, ou insolvable, ou chicaneur.

L'Auteur exagere ici beaucoup l'autorité de Balde, comme faite exprès pour établir tous les principes de nos appropriemens: car comme c'est un étranger, notre Droit particulier doit paroître encore moins extraordinaire après une pareille autorité. Il exclut les trois principaux points qu'on opose aux prescriptions, la nécessité du laps de tems & de la bonne foi, la force de l'obligation naturelle, les restes subsistans de domaine & de propriété tant exagerés dans le Droit, & sans quoi il ne peut y avoir de prescription; ce qui cesse dans les appropriemens par bannies, s'il y a eu tradition, & si la possession a duré jusqu'à la certification judiciaire. Car les bannies sont l'interpellation la plus sérieuse & la plus autentique que l'on puisse imaginer, pour obliger toutes perſonnes de faire valoir leurs droits; & de plus l'autorité du Magiſtrat intervient encore dans les tems les plus ſolennels de l'exercice de la Juriſdiction, qui ſont les Aſſiſes. L'Auteur entend par-là les Plaids généraux. S'il eſt donc vrai que la certaine ſcience eſt préſumée par la Coûtume, & eſt par conſéquent *juris & de jure*, *patientiam efficit*, *patientia tacitum conſenſum inducit* : ce qui eſt prouvé par pluſieurs autorités & par un très-grand nombre d'exemples; & quand on ſupoſeroit en fait l'ignorance de la Partie intereſſée, cela ne la rendroit pas de meilleure condition, que celui qui auroit ſçu véritablement & de fait, *quando ſupina nec ferenda talium ignorantia eſt quæ publicè edictis promulgantur & ſatis ſolemnibus*, *ex quibus aut præſumptam ſcientiam lex inducit*, *aut vecordem ignorantiam non recipit*. On raporte ici les propres termes qui renferment toute la ſubſtance de ce qui peut être dit en cette matiere.

Il reſte l'autre eſpéce qui regarde la poſſeſſion continuelle de quinze ans. Comme elle a du raport à la maxime commune du Droit touchant la preſcription de dix ans entre préſens, & de vingt ans entre abſens, elle n'eſt pas ſujette aux mêmes reproches que nos appropriemens par bannies. Ainſi il n'eſt pas beſoin de grandes juſtifications à cet égard. L'utilité des preſcriptions paroît aſſez par ce qui eſt établi dans l'ancien Droit, & l'Auteur combat ici le ſentiment de ceux qui, convaincus par tant de diſpoſitions, prétendent que l'uſucapion eſt contre l'équité naturelle, & qu'elle n'a point d'autre raiſon, ſinon que *jure nititur*. Car l'équité ne perd rien de ſon caractere pour être redigée par écrit, puiſque les motifs de la rédaction viennent de cette même équité. Il ſuffiroit de dire que le bien & l'avantage particulier doit ceder au bien général. *Quid iniquius*, *ſi ſpeciem reſpicis*? *Quid æquius*, *ſi publicum*? Ce que l'Auteur aplique à pluſieurs diſpoſitions qui paroiſſent dures par raport aux particuliers, & qui ſervent au bien général. Il parle en cet endroit des Edits de pacification : & après avoir fait une deſcription des horreurs tolerées & pardonnées par ces Edits, il marque leur néceſſité dans l'état où étoient les choſes. Il ajoute qu'un homme qui doit porter la peine de ſon crime, eſt auſſi bien puni par la perte de la vie de la maniere la plus douce, que par les plus affreux ſuplices; mais que le bien général, & l'utilité des exemples obligent à une plus grande ſévérité. Il conclut que les preſcriptions qui rémédient à l'incertitude des domaines & des droits, ſont avantageuſes & néceſſaires, quoique les particuliers en ſouffrent du préjudice; & il finit par-là ſon préambule.

COMMENTAIRE.

Sur la rubrique & ſur les mots *des appropriances* (a) *par bannies & preſcriptions.*

NOTES.

(a) V. Ragueau & de Lauriere au mot *appropriances*.

SOMMAIRE.

1. *Définition de l'approprîement.*
2. *Ses effets : différence à cet égard entre les contractans & les tierces-personnes.*
3. *Critique des formalités du Droit Romain sur l'acquisition des Domaines.*
4. *Définition & effet des bannies.*
5. *Des prescriptions.*

1. Les mots latins *dominii assertio*, dont se sert l'Auteur, ne répondent pas parfaitement au mot *apropriement*, non plus qu'aucun autre de la même langue. Les termes grecs l'expriment plus heureusement, ἰδιῶν καὶ ἰδ[illegible] & ἰδ[illegible] marquent l'approprîement, & approprier précisément dans le même sens. Nous entendons par-là, quoiqu'il en soit, la forme par laquelle en vertu d'un droit civil, mais tiré du droit des gens, le domaine est transferé d'une personne à une autre, & devient propre à l'acquereur. Mais comme il y a diverses manieres, diverses causes & titres de tradition, la Coûtume régle ici les solemnités, par lesquelles la proprieté est renduë irrévocable en vertu de pareils titres. Si les choses transportées apartenoient certainement à ceux qui en font la tradition, le seul consentement suffiroit avec cette tradition. Mais parce que l'on contracte souvent pour des choses qui apartiennent à autrui, on a établi des solemnités qui assurent la proprieté, comme si l'on avoit acquis des véritables propriétaires, afin que l'ignorance des acquereurs sur la véritable proprieté ne leur fût pas nuisible. En ce cas on procure leur sureté, par les bannies ou par les prescriptions. La différence des unes & des autres, quoiqu'elles opérent le même effet, est en ce qu'il faut un titre pour l'approprîement par bannies, & que les prescriptions, du moins la plûpart, s'accomplissent sans titre. L'approprîement n'est donc pas une prescription *formaliter*, pour user des termes de l'Ecole, parce qu'il n'est point fondé sur le laps de tems, & qu'il tire toute sa force des trois bannies & de la certification en jugement, le tout précédé d'un titre, d'où résulte le consentement tacite de celui qui avoit interêt; & la présomption de mauvaise foi est effacée. Tant d'avertissemens publics éteignent jusqu'à l'obligation naturelle ; & il en résulte une présomption de bonne foi, qui est *juris & de jure*.

2. Cela regarde tous les droits réels, & exclut toutes les vendications. Car les actions personnelles ont leurs tems particuliers de préscriptions, quoiqu'elles aïent pour matiere une chose immeuble, leur substance venant du fait personnel, & de la promesse de donner une chose immeuble & d'en faire la tradition ; ce qui fait cependant l'erreur grossiere de plusieurs, comme on le fera voir dans la suite. Les actions rescisoires, qui s'accordent pour justes causes, (*b*) ne sont pas aussi ôtées pour les appropriemens, nonobstant

NOTES.

(*b*) L'approprîement n'a d'effet que contre les tierces personnes, & ne peut servir contre le vendeur. Mais aussi le vendeur ne peut pas évincer l'acquereur sous prétexte qu'il n'est pas approprié. Actes de notor. des 30. Mai 1701. & 27. Avril 1702. 95. & 170. *Devolant.* V. *art.* 269. *n.* 64. & *art.* 271. *n.* 12. & 66.

lesquels on peut les proposer entre les contractans. Ils n'excluent pas aussi les actions des étrangers contre les contrats frauduleux & simulés.

3. L'Auteur parle ici des anciens domaines du Droit Romain, matiere peu connue. Il en reste des vestiges dans nos Livres. Théophile, sur la fin du titre *de libertorum successione*, dit qu'il y avoit deux manieres pour établir les domaines, l'une étoit légitime ou légale, l'autre *ex nudo jure quiritum*. Ces deux espéces conjointes formoient le droit de domaine. Comme après tout, ce détail est plus curieux que nécessaire, il faut renvoïer au discours de l'Auteur, qui, après l'énumération qu'il a faite, est surpris de ce que l'Etat des Romains, fondé sur de pareilles minucies, a pû s'élever à une si puissante République; & il doute si l'on ne doit pas plûtôt apeller cela *simiorum imitamenta, quàm hominum sapientum placita*. La Jurisprudence qui a suivi a été plus sage & plus simple, en décidant que les domaines étoient transferés par le consentement & la tradition, sans qu'il fût besoin d'un vain son de paroles, ni d'aucune cérémonie mistérieuse, par exemple *per as & libram, dum res & actus contrahentium intelligantur*. Nos aproprie-mens opérent tout ce que faisoient ces scrupuleuses formules, mais avec bien plus de solidité & effet.

PAR BANNIES.

4. Notre Coûtume entend ici par ce mot, les proclamations publiques qui se font, *inter solemnia sacrorum*, du contrat translatif de proprieté & des conditions. Il n'est besoin d'apeller personne en particulier : car cette dénonciation publique avertit tout le monde. Ce mot barbare nous est venu, ainsi que l'on croit, des Italiens, qui l'avoient tiré des Lombards & des anciens Gots; & on l'a toujours entendu, pour la dénonciation publique d'une chose juste ou défenduë. On apelloit proscrire une maison ou un champ quand on la déclaroit vénale, par l'exposition d'une affiche publique. Les différens termes, que l'Auteur tire à cet égard de plusieurs Auteurs, paroissent ici plus curieux qu'utiles.

ET PRESCRIPTIONS. (c)

5. C'est ici la seconde partie du titre, pour l'acquisition & la confirmation de la proprieté. Les prescriptions sont, comme dans le Droit Civil, des exceptions; & ici c'est celle du droit acquis par laps de tems, & par la possession, soit avec titre, soit sans titre. Dans nos usages, il y a celles de dix ans ou de quinze ans avec titre, & de quarante ans sans titre pour les immeubles, ou de trente ans pour les actions personnelles. Notre Coûtume n'en connoit point d'autre, non pas même de cent ans; (d) & ce qui ne se prescrit

NOTES.

(c) V. Bouteiller, *liv.* 1. *tit.* 47.

(d) Il faut excepter la prescription de la noblesse par la possession qui doit être de 100. ans, *art.* 541. Déclarations du Roi de 1714. & 1736.

V. le Commentaire sur les Art. 271. *n.* 68. & 282. *n.* 2. & 30.

pas

pas par ces tems suivant les cas, n'est pas prescriptible. Les prescriptions, qui de droit seroient plus courtes que celles de la Coûtume, doivent être présuposées comme subsistantes. Car son intention n'a pas été d'en prolonger le cours, mais plûtôt de le restraindre, comme étant plus longues qu'il ne convient à la vie de l'homme. * Le sentiment de l'Auteur ne doit pas être pris dans toute son étendue. Car la Coûtume peut étendre ou resserrer le tems des prescriptions, comme on verra qu'elle l'a fait; & ce qu'elle dispose doit faire la régle; de sorte que ce qu'il dit, ne doit s'entendre que des cas dont elle n'auroit pas specifiquement disposé.]

ARTICLE CCLXIX.

On se peut approprier de tout héritage ou autre chose réputée immeuble, soient servitudes ou autres droits réels, par tous contrats & titres reçûs de Droit & de Coûtume habiles à transferer Seigneurie; acquerant lesdits héritages, ou droits, de celui qui est saisi & actuel possesseur, en son nom par lui & ses auteurs, par an & jour : prenant ledit acquereur possession actuelle, en vertu desdits contrats & titres. Et faisant, après ladite possession, trois bannies, tant dudit contrat que de la prise de possession, par trois jours de Dimanches consécutifs, sans intervalle, incontinent après l'issue de la Grand'Messe, en la congregation du peuple, à haute & intelligible voix, aux lieux accoûtumés, en la Paroisse, ou Paroisses, où les choses acquises sont situées. Par lesquelles bannies sera faite expresse déclaration, par quelle Cour, soit prochaine ou supérieure, l'acquereur entend s'approprier. Et faisant ledit acquereur raporter, & certifier lesdites bannies en jugement des prochains plaids généraux subséquent lesdites bannies, devant le Juge du lieu, où sont lesdites choses situées, par le Sergent qui a fait lesdites bannies, & deux Records, ou pardevant le Juge supérieur, selon la déclaration portée par lesdites bannies, en l'endroit de la menée & obéissance du fief dont les choses sont tenues, si obéissance y a. Laquelle certification de bannies se fera en jugement huitaine après la derniere bannie pour le moins : & sera ladite huitaine franche, saus compter le jour de Dimanche de la derniere bannie, ni le premier jour desdits plaids.

CONFERENCE.

Art. 103. 271. *&* 277.

A. C. *Art.* 265. *&* 268.

265. Quand on s'aproprie d'héritage, par achat de celui qui est possesseur & saisi, ou par achat de Justice, quand la chose est baillée au créancier en paiement, il convient que bannie en soit faite par la Cour à qui la Jurisdiction apartient, ou par Cour supérieure, par trois Dimanches, de huitaine en huitaine, sans intervalle, incontinent après l'issuë de la Grande-Messe Parochiale, en la congregation du peuple, à haute & intelligible voix, aux lieux accoûtumés.

268. Et en tous autres contrats d'héritages, on se pourra approprier selon la forme dessus dite ; & en toutes appropriances y aura lieu d'oposition, jusqu'à l'information & certification des bannies, qui ne se pourront faire plûtôt que huitaine après la derniere bannie, en jugement aux prochains plaids subsequens les bannies, en l'endroit de l'obéissance du fief, si obéissance y a.

T. A. C. *Ch.* 40. L'en peut être approprié par quatre titres, du vêtu & du saisi, par an & par jour de tenuë : c'est asçavoir par achat, dont il convient que bannie soit faite par la Cour à qui la Jurisdiction apartient, par trois semaines des ouïctaines en ouïctaines, *vel* par trois Dimanches d'octabe en octabe, si plus n'y a entre les bannies, selon qu'il est accoûtumé ou terroüer, & aussi par prisaige, ou par permutation, ou par donaison, ou par feaige ; & apartient aussi, *vel* & aussi apartiendroit-il que bannie ou certification en fût faite par Cour.

NOTES.

Du Fail, *liv.* 1. *ch.* 149. 151. 259. 268. 330. 391. 410. Belordeau, *lett. A. contr.* 20. *&* 80.

Appropriement fait le Jeudy Saint jugé valable, avec défenses d'assigner à l'avenir les plaids à ce jour. Du Fail, *liv.* 1. *ch.* 278.

Jugé par Arrêt du 7. Octobre 1562. dans du Fail, *liv.* 1. *ch.* 328. que l'acquereur aïant stipulé par le contrat qu'il ne seroit tenu de se dessaisir de la somme de 300. liv. qu'après l'appropriement, le vendeur ne pouvoit exiger que la somme lui fût remise en donnant caution, ou qu'elle fût mise à interêts, ou qu'enfin l'acquereur païât lui-même l'interêt, parce qu'il joüissoit de la maison.

Cette décision, fondée sur les termes du contrat, paroît sans difficulté. Cependant Sauvageau cite des Arrêts contraires. Il donne pour motif les fraudes que les acquereurs pratiquent par des opositions mandiées pour retenir le prix. Mais ce motif seroit sans objet aujourd'hui. L'acquereur aïant stipulé que le prix restera entre ses mains, jusqu'à l'appropriement, il ne peut y avoir aucun prétexte pour contrevenir à cette loi du contrat. Sur les opositions à l'appropriement, l'acquereur est obligé de consigner, si elles ne sont pas levées dans la quinzaine. Ainsi l'on ne peut pas même présumer que, par le seul objet de causer au vendeur des frais & un droit de consignation, un acquereur voulût susciter des opositions. V. Belordeau, *contr. lett. A. ch.* 10.

L'Arrêt de 1562. décide en même tems une question sur laquelle les Auteurs ne sont pas d'accord. Il juge que l'acquereur qui a un terme pour païer, ne doit point l'interêt, lorsqu'il n'a pas été stipulé, quoiqu'il joüisse des héritages. C'est aussi le sentiment de Covarruvias, *liv.* 3. *ch.* 4. *n.* 5. *var. resol.* & de M. de Perchambault, *des oblig.* §. 64. On peut y joindre la décision de M. le Prêtre, *cent.* 4. *ch.* 14. qui n'assujettit l'acquereur au paiement des interêts sans stipulation, que lorsqu'il est en demeure de païer le prix.

CONFERENCE.

Du vêtu. Nota du vêtu & du saisi; quod intellige in corporibus: secùs in incorporibus, quia cessio habetur pro traditione, ut notat Bartholus, *in L. ad eum quem ff. de donat. Text. inst. §. interdum 44. de rerum divisione.*

Sed an requiritur quod ista saisina, seu possessio, praecedat banna. Multi dicunt quod sic: antiquiores Practici dicunt quod sufficit, quòd habeat postea, *art.* 114. 116. 120. ubi dicitur que après les bannies le détriment prisagié & assiete se font. Sed requiritur quòd auctor tenuerit per annum & diem, sicut successor. Aliqui dicunt quòd sic, quod est falsum, ut satis colligitur ex cap. praecedenti & sequenti, & ita fuit conclusum in Parlamento.

Féage & cens. C'est tout un, fors que féage proprement est ès fiefs nobles.

De istis contractibus, V. glossam, *in cap. constitutus extrà de religiosis domibus & cap. potuit ext. de locat. & conduct.*

Chap. 41. Titre de bannies des choses dessus dites & des autres contrats, est de telle maniere, & de telle condition, *vel* est de telle condition & de telle nature, espécialement de vente & d'achat, que après les trois bans faits, ô suffisantes intervalles, & les huit jours accomplis après le derrain ban, après celui qui tiendroit la saisine du saisi, seroit défendu de ceux de la Duché.

Du saisi. Nota qu'il dit du saisi, & ne dit pas du Seigneur; quia non possum habere justam possessionem nisi à possidente. Pro hoc facit *L. traditio ff. de acquir. rerum dominio.* Nec obstat si dicatur idem de dominio, nam banitio in hoc relevat; & fit ad hoc, ut si aliquis se sentiat jus habere in re banitâ se opponat prout juris fuerit. Ut suprà *cap.* 39.

Chap. 45. Quiconque achate terres, ou autres héritaiges, ne doit faire poïement avant que bannie soit faite, qu'il ne soit assigné de la garentir à la Coûtume; pour ce que l'en ne scet si elle est obligée à nul autre, ne s'il en a contracté ô nul autre, ne si l'en le veut débatre, tant que l'acheteur en soit approprié. Car à ung chacun son droit est reservé, selon droit dedans le tems de la Coûtume; & il est de Coûtume que l'en doit poïer tiers à tiers par chacune bannie le poïement, parce que chacun ne se veut laisser desapproprier, sans être poïés; & ne doit l'en passer bannie sans poïement. Mais ou cas que le vendeur ne doma plege de garentir la vente, l'achateur mettra le poïement devers la Cour, & aura sa bannie. Car si le vendeur avoit fait la vendition; & il eût voulu que bannie en fût faite, s'il ne s'oposoit dedans les ouïctaines du derrain ban, ou s'il n'avoit assignement qui fût responsal, l'achateur ne lui en seroit en plus tenus, ne à autre, comme dit est ailleurs au 41. chapitre.

Ne donnera plege Venditor de jure non tenetur dare fidejussores ob evictionem, nisi hoc nominatim dictum sit. *L. illùd quaeritur & L. emptori ff. de evictionibus & L. 1. ff. de usu.*

Si tamen venditor agat ad pretium, vel in limine contractûs appareat evictio, vel de eâ dubitetur, pretium non habebit, nisi det fidejussorem. *L.* 18. *§. ante ff. de peric. & commod. rei vend.*

Chap. 220. Il est de coûtume que nul, ne nulle ne peut, ne ne doit être aproprié d'autrui héritage, par vente, ne par achat, si ce n'est par vertu de bannie, comme dit est au titre des Appropriemens, au 41. ch. ci-dessus, si ce n'est par longue saisine, comme dit est ailleurs ci-dessus au 134. ch.

Chap. 5. des anciennes Ordonnances, *art.* 12.

Ordonnance de Jean III. 1315. *art.* 17. & 18.

V. sur l'indication des plaids généraux & sur leur nombre, l'Ordonnance du Duc Jean V. du 8. Octobre 1420. *art.* 7. 8. 9. & 20. & les Ordonnances, *art.* 676. & 677.

Dimanches. Parce que vraisemblablement en tels jours, les gens se trouvent plus assemblés aux lieux des criées. Marsan, T. 1. 17.

Ordonn. V. l'Edit des Insinuations du mois d'Août 1626. avec tous les Arrêts rendus concernant son enrégistrement, au Tome 2. du Journal du Parlement, *chap.*

CONFERENCE

dernier.

☞ Edit du mois de Juillet 1693. Loüis, &c. Salut. Nous avons eu un soin tout particulier d'assurer, par nos Ordonnances, le repos de nos sujets, & la possession paisible de leurs biens. De toutes celles que nous avons faites, il n'y en a aucune qui ait pourvû aux moïens de nous faire joüir, avec toute sureté, des biens que nous pourrions acquerir, & dans la joüissance desquels nous pourrions être inquiettés, si le respect n'empêchoit nos sujets de nous y troubler : ce qui seroit un effet de notre autorité, contraire à la justice que nous leur avons toujours voulu conserver, dans les affaires dans lesquelles nous avons interêt. Et pour leur en donner de nouveaux témoignages, nous avons resolu d'établir des formalités qui seront observées pour les acquisitions que nous avons faites & ferons à l'avenir; lesquelles tiendront lieu à cet égard des procédures qui se font pour parvenir aux adjudications par decret.

A ces Causes, & autres à ce nous mouvans, & de notre certaine science, pleine puissance & autorité roïale, nous avons, par notre présent Edit perpétuel & irrévocable, statué & ordonné, statuons & ordonnons, que les contrats d'acquisition qui seront faits à notre profit, seront acceptés par les Commissaires aïant charge & pouvoir de nous, & reçus par Notaires en la maniére accoûtumée. Il sera envoïé des expéditions à notre Procureur général au Parlement, dans le ressort duquel les biens seront situés, lequel fera faire des affiches contenant les déclarations en détail, par tenans & aboutissans, des biens qui auront été acquis, leurs situations, les noms de ceux qui les auront vendus, le prix de la vente, les termes & la maniere des païemens, les dates des contrats, les noms des Notaires qui les auront reçus, & les domiciles élus par les vendeurs, lesquelles il fera remettre aux Curés des Paroisses du domicile du vendeur, & de celles où les biens sont situés, pour être publiés aux Prônes des Messes Paroissiales par trois jours de Dimanches consecutifs, de quinzaine en quinzaine : & outre ce, lûës, publiées & affichées par les Sergens ou Huissiers qui en seront chargés, aux principales portes des Eglises des paroisses, & aux foires & marchés de lieux publics d'icelles, lorsqu'il y en aura. Les Curés desdites Paroisses, aïant fait lesdites publications, seront tenus de les renvoïer, avec leurs certificats, à notredit Procureur général huitaine après que la derniere aura été faite. Seront pareillement tenus les Huissiers ou Sergens d'envoïer, dans le même délai, leurs procès verbaux des publications & appositions d'affiches qu'ils auront faites à notredit Procureur général. Nous voulons & entendons qu'outre lesdites publications faites par les Curés desdites Paroisses, & celles des Huissiers ou Sergens, il en soit encore fait une par le Greffier à l'Audience de la Justice ou des Justices roïales dans lesquelles les biens seront situés, & parilles affiches mises & aposées aux portes des Palais & Auditoires, dont il sera dressé des procès verbaux par les Huissiers ou Sergens qui les auront faites. Lesdits Procès verbaux seront envoïés à notre Procureur général, lequel présentera ensuite requête audit Parlement, contenant ce qui aura été fait, sur laquelle il sera rendu Arrêt, portant qu'il sera fait une derniere publication par le Greffier des decrets dudit Parlement, l'Audience tenant, & des affiches mises & aposées aux portes du Palais, afin que ceux qui pourroient prétendre droit de propriété ou d'hypotéque sur les biens à nous vendus, puissent s'oposer dans le mois; lesquelles publications & affiches seront aussi certifiées, tant par ledit Greffier, que par les Huissiers qui les auront publiées & affichées. Si dans le mois après lesdites publications, il n'étoit formé aucune oposition, notre Procureur général présentera une autre requête, à laquelle il attachera les certificats des Greffiers, & exposera que les formalités prescrites par notre présente Déclaration auront été observées; & n'y aïant aucunes opositions subsistantes suivant les certificats, requerera que nous soïons confirmés dans la propriété des biens acquis; sur laquelle requête il sera rendu Arrêt définitif, conforme aux conclusions de notre Procureur général; au moïen duquel les biens par nous acquis seront déchargés de toutes hypotéques, à l'exception seulement pes substitutions & des doüaires.

CONFERENCE.

S'il est formé des opositions, elles seront faites au Greffe du Parlement, dans l'étenduë duquel les biens seront situés, & écrites par les Greffiers sur un registre qui sera destiné à cet effet, sur lequel les oposans, ou ceux qui auront pouvoir d'eux, signeront leurs opositions, lesquelles contiendront les noms, surnoms & demeures des oposans, leur élection de domicile chez un Procureur, & les causes desdites opositions, qui seront libellées en détail, à peine de nullité; ce qu'étant fait, les Greffiers mettront dans la huitaine, après que lesdites opositions auront été formées, ès mains de notre Procureur général, des extraits desdites opositions signés d'eux, à peine des dépens, dommages & interêts des Parties, pour être signifiées aux vendeurs dans la quinzaine, avec sommation de les faire vuider.

Les opositions formées pour deniers ou afin de conserver, demeureront converties de plein droit en saisies & arrêts, & celles pour charges ou distractions seront jugées en la maniere ordinaire, à la diligence des vendeurs; & ne pourra être la derniere publication faite, que lesdites opositions n'aïent été levées & terminées. S'il n'y a point d'opositions formées, mais seulement des délégations du vendeur, le prix des biens vendus sera païé des deniers de notre Tresor roïal, aux créanciers délégués par les vendeurs, suivant les clauses & conditions portées par les contrats; & s'il y a des opositions, nous voulons & entendons que le prix desdites acquisitions soit consigné de nos deniers, & les ordres & diligences faites pour la distribution du prix en la forme & maniere accoûtumée dans les ventes par décret entre particuliers.

Voulons néanmoins que pour tous droits de consignations, les Receveurs & Controleurs ne puissent avoir ni prétendre que trois deniers pour livre; leur défendons d'en prendre ni exiger de plus grands, à peine de concussion; & si les biens que nous acquererons étoient saisis réellement, nous voulons & entendons que les contrats de ventes & acquisitions soient faits & passés avec & du consentement du saisissant poursuivant criées.

Si donnons en mandement, &c.

SOMMAIRE.

1. & 21. *Explication du mot* saisi.
2. & 17. *Motif & nécessité de la régle du saisi.*
3. *De l'appropriement en marche commune.*
4. & 6. *Ce que c'est que plaids génétaux & leur effet.*
5. & 114. *Si l'on peut s'approprier dans la moïenne justice.*
7. *Explication des mots* menée & obéïssance.
8. *Utilité des appropriemens, & explication détaillée de l'article.*
9. *L'appropriement a lieu pour toutes les choses immeubles réelles, quoiqu'incorporelles, comme les servitudes.*
10. *Et les rentes.*
11. *Distinction entre les rentes foncières & les rentes hypotéquaires. V. aussi n. 134.*
12. *De l'antichrese & engage.*
13. *Des dîmes inféodées, péages & autres droits.*
14. *Des Navires, Pressoirs, Boutiques & échopes; de leur qualité mobiliére ou immobiliére, & de la maxime* meubles n'ont suite par hypotéque.
15. *Des bois vendus pour les emporter du lieu.*
16. *Etenduë de la signification du mot* achat.
18. 22. 24. 25. 27. *Possession réelle & notoire,* pro suo, *requise dans les Auteurs. Inutilité de la possession civile du Droit Romain, possession utile etiam* à prædone. *Motifs de cette régle. V. n. 136.*
19. *Aplication de la maxime en matiére de complainte & réintegrande.*
20. *La nécessité d'avoir acquis du saisi par an & jour, n'a pas lieu en matiére*

de prescription. Quid de l'appropriement de 15. ans.

21. Des possessions, & premiérement de la possession naturelle & civile, ch. 1.

23. De la réintegrande obtenuë par violence.

24. Quelle possession est requise dans les Auteurs, ch. 2.

25. 52. & 91. De la régle, le mort saisit le vif: Observation sur la consolidation par la cessation de l'usufruit.

26. & 51. De la continuation de possession par l'héritier de l'usufruitier.

28. Des vices des possessions, réels, personnels ou quasi réels, ch. 3. Observation sur la régle, melius est non ostendere titulum, quàm ostendere vitiosum.

29. Du vol.

30. Du vol commis avec violence.

31. De l'expilation d'hérédité.

32. De la possession violente.

33. Du précaire.

34. Du dol & de la fraude.

35. De la quasi violence.

36. De la clandestinité.

37. Du litige.

38. Critique des distinctions sur les vices dans les possessions.

39. Si les vices des possessions empêchent les longues prescriptions.

40. De l'interversion des possessions, ch. 4.

41. Quelle est la véritable possession, pio suo. Comment se fait l'interversion de possession de la part de ceux qui possédent au nom d'autrui.

42. Ce qui est requis pour opérer l'interversion de possession de la part du fermier. Quelle doit être la dénégation des rédevances.

43. Effet de la tacite réconduction.

44. Le possesseur est celui qui a cueilli les fruits, & non celui qui a seulement labouré ou semé.

45. Effets de la possession donnée à un tiers par le fermier.

46. De l'aveu rendu par le vassal à un autre Seigneur.

47. De la possession des tuteurs & autres administrateurs du bien d'autrui, & de l'interversion faite par eux.

48. De l'Agent ou Procureur, du pere & garde naturel, du mari.

49. De la doüairiere ou autre usufruitier.

50. De l'emphytéose. De la prescription entre le Seigneur & le vassal. Du cas de la saisie féodale du créancier qui joüit à titre de gage.

51. Des héritiers des possesseurs précaires. Exception pour l'héritier de l'usufruitier

52. De la donation faite en fraude de l'héritier.

53. Espéce particuliére sur un bien donné à viage par l'aîné à son puîné.

54. Comment se perd la possession des droits incorporels.

55. La seule intention n'opére point l'interversion.

56. Des possessions ambiguës & douteuses. ch. 5. Et premiérement de la possession du don qu'un des conjoints fait à l'autre par contrat de mariage.

57. De la possession des biens acquis pendant le mariage.

58. De celui, qui aïant procuration pour acquerir, n'a point exprimé sa qualité de Procureur dans le contrat.

59. Du tuteur, du vendeur ou donateur qui a retenu l'usufruit.

60. Régles générales en matiére de possessions douteuses. Possession rélative & déterminée au titre.

61. Si l'on peut accumuler plusieurs titres & causes de possession.

62. La continuation de la possession est présumée rélative à son commencement, s'il n'y a pas de preuve d'interversion. Dans le doute on est présumé posseder suo nomine.

63. De la possession dans la personne de l'acquereur, ch. 6.

64. Des possessions justes, injustes, vicieuses & précaires, sub diverso respectu.

COMMENTAIRE.

HEVIN. Argentr. *art.* 265. *vet. verbo ou par Cour supérieure num.* 3. Lege Solonis cautum est, ut priusquam lex ferretur ad populum, in loco conspicuo conscriberetur ad tertiam concionem. Demosth. *in orat. contra Lepfium*; & apud Romanos in foro affigebatur per trinum diem discutienda.

1. *Saisi.* Saisine. V. Brodeau sur la Coûtume de Paris *art* 82. *num.* 10. & *seqq.*

seqq Est hæc vox mera, puta Gallica, dit du Cange, in *saisire* : quelques-uns la tirent de *sacire*, qui se trouve in *formul.* 29. 30. & 150. Saumaise la fait venir du mot grec σακκίζω in saccum mittere. V. Cangium in *sacire*.

2. Le Notateur de la Très-Ancienne Coûtume rend raison de la régle du saisi; quia nemo potest habere justam possessionem nisi à possidente : *L. traditio ff. de acquir. rerum dominio.* C'est sur l'Art. 41. *vetustiss.* & il ajoûte : nec obstat quòd non sit Dominus; quia bannimentum hoc relevat.

Possession. Cela semble pris de l'Edit des criées, qui mesure l'effet de la saisie, par le bail ou la possession actuelle : & de même l'appropriement ou decret volontaire.

3. *Paroisses.* Quid en marche commune? V. du Fail *l.* 1. *ch.* 297. (*a*)

4. Poullain. *Plaids généraux.* C'est à peu près ce qui est apellé *assise* dans les anciens Coûtumiers de France. Bouteiller *Somme Rural liv.* 1. *tit.* 3. dit que les assises doivent être tenues de trois mois en trois mois, & que les Juges ressortissans doivent y être convoqués dans leur rang. Cela s'applique à la *menée* dont il est parlé en cet Article. Il dit que l'on doit assigner le jour de l'assise qui suivra; & quoiqu'il ne parle que du souverain Baillif de la Province, l'ancien Coûtumier marque que plusieurs Seigneurs ont droit d'assise, lorsqu'ils ont ressort, & à cause de la dignité de leurs Seigneuries.

5. Hevin. On ne peut s'approprier qu'aux plaids généraux, & on ne le peut aussi qu'aux plaids généraux de (*b*) haute Justice; sur quoi on demande si les Seigneuries de basse & moïenne Justice peuvent avoir des plaids généraux. Je crois qu'oüi; mais ils n'y font pas d'appropriemens. V. la Constitution du Duc Jean V. de 1420.

6. La tenue des géneraux plaids faisoit cesser toutes les Jurisdictions inférieures par cette Constitution. Il y avoit une exception pour la Prévôté de Rennes par les lettres de son érection.

7. *Menée.* V. du Fail *en son Epitre liminaire.* Ragueau *in voce menée:* (*c*) Coûtume de Tours, *art.* 169. & 194.

Menée & obéïssance du fief, si obéïssance y a. Menée se dit des personnes : *Obéïssance* est l'évocation des Officiers & des Hommes de la Seigneurie inférieure, qui doit comparution & obéïssance aux plaids généraux de la supérieure : ce qui passe pour privilege & droit honorifique ; si bien que lorsque l'évocation commence par Vitré au premier jour des plaids, c'est la menée

NOTES.

(*a*) Belordeau, *obs. forens. liv.* 1. *part.* 1. *art.* 20. & *controv. lettre A. ch.* 13. & 78. Tiraqueau, *du retrait, gl. derniere n.* 66. Chopin *sur Paris, liv.* 2. *tit.* 6. *n.* 16. Loüet, *lettre R. n.* 51. Ricard sur Paris, *art.* 129. Ferriere, *ibid. gl.* 6. *n.* 7. & *art.* 140. *n.* 46.

(*b*) V. le nombre 114. & la Préface de l'Aitiologie sur ce Titre, *n.* 2.

(*c*) De Lauriere, *aux mots service de Cour,* Du Fail & Sauvageau, *liv.* 3. *ch.* 387. Belordeau, *lettre M. contr.* 49. Hevin, *Quest. Feod. pag.* 155. 156. 161. 162. 357. 358. Le traité des Ménées par Pierre d'Argentré, à la fin du même Volume, & le nombre 131. ci-après.

Hevin à la fin de sa dissertation sur le *ferme droit*, qui est sa Consultation 78. dit que le privilege de se délivrer *à congé de personne & de ménée dans* une Barre du Duc, étoit une marque de tenir *Baroneaument*.

& obéissance de Vitré, & sic de cæteris. Quelquefois on expédie plusieurs obéissances & menées en un jour; & depuis le congé prononcé, on ne peut plus rien évoquer ni faire aux plaids concernant la menée ou obéissance expédiée.

Ainsi *obéissance* est en cet endroit mis au passif; & quelquefois à l'actif, comme quand on dit que le Seigneur retient l'obéissance, *art.* 63.

8. D'ARGENTRÉ AIT. Nihil in toto jure patrio magis momentosum (*d*) hoc articulo, & Articuli dispositione. Totum jus, ait Jurisconsultus, consistit aut in acquirendo, aut in conservando, aut minuendo, *L. ult. ff. de Legibus*. Hæc hujus articuli materia est. Itaque nihil est, quod rixosi pragmatici, aut qui alienæ fortunæ invident, curiosiùs consectentur, & lancinent. Quare magnâ omnium utilitate accidit, quod, decem ante hanc reformationem annos, commentarios, satis quidem illos copiosos, in hoc jus titulumque scripseram, deductos de veterum tribunalium usu & observatione, cùm nemo penè tum superesset de antiquâ Jurisprudentiâ, qui ista aut nosceret, aut rectè calleret: ex quo facem primus obscuræ & ignoratæ materiæ præferre necesse habui. Ut verò hic tutulus occurrit, multum omninò negotium facessiturus erat reformationem aggressis, nisi materia subacta cogitationes cujusque adjuvisset; quod opus doctissimi quique, & in palatiis & scholis, probarunt; ex quo hic articulus sigillatim & κατὰ πόδα, ut loquuntur, compactus est, expensis, veluti ex trutinâ, verbis quibusque, ad scriptas ex libro demonstrationes. Quod ut planum omnibus fiat, locos è scripto indicabimus, quæ Ordines probarunt, Commissarii scivere.

Approprier. Quæ sit vis verbi, dixi *in rubrica ejus tractatûs de approprimentis.*

D'héritage. Dixi *art.* 265. *verb. d'héritage eodem libro.*

Servitudes. Dixi *art.* 271, *verbo sans titre.*

Par tous contrats. Dixi *art.* 265. *verb. par achat, & art.* 266. *verbo par quelque titre.*

Reçus de droit. Hæc verba fuerunt apposita ad præcidendas dubitationes, quas quidam imperitè de titulo *pro* (*e*) *hærede* faciunt, & de titulo (*f*) *pro suo*, qui cùm in jus recepti sunt, Consuetudinis quoque authoritatem relativè addere placuit.

Et de Coûtume. Additum propter domania congedialia, & titulum dimissionis, cùm dominia perpetuò transferunt, & à solo Jure Consuetudinario manant.

De celui qui est saisi. Diximus *art.* 265. *verb. possesseur & saisi.*

En son nom. Diximus *art.* 265. *épigraphe, de interversis possessionibus.*

NOTES.

(*d*) V. la Préface, *n.* 3.

(*e*) V. le nombre 18. *art.* 271. *n.* 37. & *art.* 281. *n.* 34.

D'Argentré prétend que le titre *pro hærede* met l'héritier en état de s'approprier du bien qu'il a recueilli dans la succession. Mais il est évident que le droit de l'héritier n'est point un titre nouveau; & que c'est la simple continuation des droits & de la possession du défunt; que de plus il ne possede les biens qu'à la charge des hypoteques & des autres droits ausquels ils étoient sujets avant l'ouverture de la succession.

(*f*) V. *Art.* 271. *n.* 38.

Par lui & ses auteurs. Diximus *art.* 271. *verb. par il & ses prédécesseurs, & art.* 265.

Par an & jour. Diximus *art.* 265. *verbo de celui qui est poßeßeur.*

Poßession actuelle. Nos *art.* 265.

En vertu des contrats. Nos *art.* 265. *num.* 30. & 31. *verbo & saisi.*

Trois bannies. Nos *art.* 265. *verbo que bannie.*

Par trois Dimanches. Nos *art.* 265.

Sans intervalle. Nos *art.* 265.

Aux lieux accoûtumés. art. 265.

Où les choses sont situées. Dicto *art. verbo ou par Cour.*

Raporter & certifier. Nos *art.* 268. *verb. certification.*

Aux prochains plaids. art. 268.

En l'endroit de l'obéïssance. Dicto art. 268.

Huitaine. Art. 268. Sed hæc tamen descriptio ogdoadis pervicaciâ quorumdam obtinuit, cùm etiam cæcis appareret alium veteris fuisse sensum, cùm ogdoades priores à die ad diem eumdem computarent veteri receptâ, & certissimâ veterum observatione, hoc est, à dominicâ ad aliam dominicam, nec diversa in ultimâ quam prioribus computatio facienda esset; quod si Consuetudinis priscæ Reformatores voluissent, haud dubiè expressissent; & veteris juris Theorema extet, quo apertè refelluntur, quoties unum & idem verbum veniat ad determinationem plurium determinabilium, eadem æqualiter determinare debere. Quare diversi temporis ogdoades nequaquam censendæ erant, sed æqualiter determinari, ut sic insidiæ ex formulis contrahentibus tenderentur, quæ pœnè nimium multæ & onerosæ commerciis hîc sunt conquisitæ.

D'Argentré A. C. *Art.* 265. *Quand on s'approprie.* Ces mots de l'Ancienne Coûtume sont tirez presqu'entiérement de la Très-Ancienne Coûtume, parce que les Réformateurs n'en voïoient pas assez clairement le véritable sens, & que les Praticiens ne se concilioient pas sur le véritable usage. On fera voir dans la suite combien peu heureusement cette rédaction a été faite.

9. *D'héritages.* Il faut remarquer dabord que c'est ici la matiere & le sujet de l'appropriement, qui supose une chose réelle & immeuble, sujette aux sens, & située dans un lieu, ce qui est la propre nature des corps. Il y a cependant des choses qui n'ont pas proprement cette qualité, & qui par la définition & l'autorité du Droit sont réputées telles, & tombent sous la même disposition, étant également acquises & assurées par les bannies & appropriemens.

C'est pourquoi les servitudes des fonds, quoiqu'elles ne soient pas véritablement telles, & qu'elles ne puissent proprement être qualifiées d'héritages, n'étant point corporelles, sont comptées au nombre des immeubles, & considérées *pro rebus soli*, parce qu'elles sont inhérentes au corps, sans lequel elles ne peuvent subsister : de sorte que c'est une extension que l'on fait du mot *héritage*, qui fonde également l'appropriement à cet égard.

10. Il en est de même des revenus annuels. (*g*) Si ce sont des rentes per-

NOTES.

(*g*) V. le nombre 134. & *art.* 280. *n.* 5. & 281. *n.* 7.

M 2

pétuelles avec hypotéque fixe & particuliere, ou qui portent assiete par convention, on peut en assurer le droit par l'appropriement, quoique l'usage & la pratique à cet égard ait été rare. Cette précaution est aprouvée par les personnes habiles dans l'usage du Barreau, lorsque l'on craint les créanciers antérieurs qui pourroient troubler l'assiete & l'hypotéque; ce qui feroit craindre de perdre le prix. Cela s'entend du cas auquel l'assiete n'est point encore exécutée; car si elle l'est, il n'y auroit pas de difficulté que la possession étant donnée pour assignation & païement du revenu, l'appropriement du fonds emporteroit celui de la rente.

11.* Il y a sur cette décision de l'Auteur bien des choses à dire. Car il semble qu'il présupose qu'on peut s'approprier de l'hypotéque de la rente, qui feroit simplement constituée sur un fonds. Or les rentes purement hypotéquaires ne tombent point sous l'appropriement. L'hypotéque n'est qu'une simple sureté accidentelle au fonds qu'on y assujettit; & l'on ne peut véritablement s'approprier que des rentes fonciéres & créées, de la maniére dont elles le doivent être, pour qu'on les puisse qualifier de foncieres. Ce sont celles qui font partie du fonds, & qui en font une rétention, telles que les transports d'héritages à la charge d'une rente, ou les rentes de retour de lot qui y participent. Il est aisé de connoître la différence. Qu'un homme constituë une rente hypotéquaire sur son fonds, cette rente peut se prescrire par 30. ans; aulieu que les rentes réservées dans les transports d'héritages ne se prescrivent que par 40. ans: & de-là vient qu'elles ne se purgent pas par l'appropriement, comme les autres; étant bon d'observer ici que réguliérement l'appropriement ne purge que ce qui se prescrit par 30. ans. Il est vrai qu'il a son effet pour le fonds de l'héritage, lorsqu'il a été vendu par le possesseur en son nom par an & jour, quoique ce possesseur n'eût pû prescrire le fonds que par 40. ans: mais nous parlons ici de la différente qualité des rentes, sur lesquelles il faut encore remarquer que si le contrat de vente de l'héritage originairement sujet à une rente fonciére portoit une expresse exclusion & dénégation de toute rente, & si celui à qui elle feroit dûë n'étoit pas en possession de la recevoir dans l'année précédente le contrat, (*b*) plusieurs estiment que l'appropriement auroit lieu, & font par-là une exception de l'article ci-après, qui porte que nonobstant les appropriemens, les rentes censives & autres fonciéres seront dûës.

12. Cette observation doit servir de modification à ce qu'ajoûte l'Auteur, que dans l'antichrése ou engage, & dans les autres hypotéques, il n'y a point d'inconvénient que les créanciers antérieurs portent la peine de leur négligence à s'oposer aux appropriemens, que l'on fait de pareilles constitutions d'hypotéques; car l'usage est contraire à cette proposition.]

NOTES.

(*b*) Le défaut de païement de l'année anterieure au contrat ne suffiroit pas, la possession de liberté n'étant pas suffisamment établie par le retardement de quelques arrérages. Il faut donc, pour établir cette possession annale de liberté de la part du vendeur, qu'il y ait une dénégation suivie de possession conforme pendant l'an & jour anterieur au contrat.

13. Ce qu'il dit des dîmes inféodées, pour lesquelles l'appropriement a son effet, comme pour tous autres fonds ou droits réels, est hors de toute contestation. Il en est de même des droits de péages & autres droits de cette qualité; car ils sont certainement au nombre des immeubles, étant dûs à cause d'un certain fonds, & par conséquent annéxés à des immeubles. Il ajoûte que la même décision s'aplique à l'usufruit, qui est compté entre les immeubles & que la Coûtume estime à la moitié de la propriété. Il réserve de parler sur l'art. 272. de la prescription des fruits de l'héritage d'autrui.

14. Pour les choses qui peuvent être séparées sans la corruption du sujet, comme les navires, les pressoirs, les boutiques & échopes qui se peuvent transporter, & qui de fait se transportent, elles ne sont attachées à l'immeuble que par la destination du pere de famille; & elles ne peuvent avoir la qualité immobiliaire que pour un tems: ainsi elles conservent leur nature. On les met au nombre des meubles, comme on pratique dans les partages de communautés de meubles: & cela ne tombe pas sous les appropriemens. Il semble cependant que l'Auteur veut induire le contraire, & qu'il en autoriseroit la formalité par raport aux meubles, & principalement par raport aux meubles précieux. Il vient à la maxime que *meubles n'ont point de suite par hypotéque*; & il l'entend par raport aux créanciers. Car le propriétaire peut les vendiquer dans le tems marqué par la Loi, lorsqu'il en a été spolié injustement. Il ajoûte que quand ils ont été vendus par exécution, comme la Coûtume donne huit jours pour les retirer, l'action à cet effet peut être exercée, contre le tiers possesseur même, par le créancier.

15. La derniére observation qu'il fait sur le mot *d'héritages*, est par raport aux bois vendus (*i*) à condition de les enlever du lieu. Il les met au nombre des meubles dont on ne peut s'approprier, qu'autant qu'on le pourroit faire de tout autre meuble.

16. *Par achat.* Si ce mot avoit la même force dans notre langue que celui *d'emptio*, il renfermeroit toutes sortes d'aliénations, comme on le voit dans la Loi (*k*) *statu liberi ff. de stat. liber.* & dans la Loi des 12. tables. Varron, *au livre 2. de re rusticâ*, met *inter emptionis modos* plusieurs maniéres d'acquerir, qui ne sont pas dans l'étroite signification. Mais, dans notre langue, le mot *achat* ne signifie qu'un contrat réduit à la signification spécifique, par lequel la chose, *merx*, est transférée pour un prix fixé, qui consiste en argent, *aut aliâ re fungibili*, ou résoluble en argent. On voit donc l'inattention des Réformateurs de 1539. car voïant que notre ancien Droit n'exigeoit la forme des appropriemens que pour le simple contrat de vente, au lieu que pour les autres, comme d'échange, féage, donation & engage, il suffisoit de la possession par an & jour; & voulant changer cette disposition, pour apliquer la forme des appropriemens à tous les contrats, ils devoient mettre cette disposition générale dans le premier article, sans attendre à le faire par addition

NOTES.

(*i*) Ceci peut s'apliquer à la question du retrait en bois vendus, qui sera discutée au titre des retraits.

(*k*) Quoniam lex duodecim tabularum emptionis verbo omnem alienationem complexa videretur. *L. statu liberi, ff.* 1.

dans l'art. 268. en laissant l'idée de l'ancienne différence qu'ils abolissoient; & ils devoient mettre *en tout contrat d'héritage à quelque titre que ce soit.* * C'est ce que la nouvelle Coûtume a établi avec plus de régle & de méthode.]

17. *De celui qui est possesseur.* Il faut commencer ici par un principe digne d'une grande attention, & qui sert de fondement à toute cette matiére. C'est une régle générale & des premiers principes, *qu'il faut pour s'approprier par bannies,* (*l*) *avoir titre & possession de saisi à saisi.* Tous les Barreaux en rétentissent. On entend assez par là que l'appropriement édictal ne peut avoir lieu, si l'on n'a titre d'un Auteur possesseur, & si l'acquereur n'est fait possesseur par la tradition actuelle & naturelle de la chose. Cela présuposé, nous avons à traiter des qualités des possessions dans la personne des Auteurs, quelles & de quelle maniére elles doivent être, si elles sont empêchées ou anéanties par les vices marqués dans le droit, ensuite des possessions dans les personnes des acquereurs & qui sont nécessaires pour assurer le Domaine.

18. L'ordre naturel demande que l'on traite d'abord des possessions dans les Auteurs; & il faut présuposer & entendre, que dans la matiére des appropriemens, la possession doit être notoire à la vûë de tout le monde, & exercée réellement & par des actes naturels. Car celles qu'on apelle civiles, comme introduites par le Droit Civil, par exemple *per constitutum*, ou par la rétention d'usufruit, ou autres pareilles, sont rejettées bien loin de notre usage. Nous exigeons donc dans la personne de l'Auteur une possession réelle & actuelle, soit par lui, soit par ses Auteurs, pendant l'an entier qui précéde le contrat; & cette possession étant prouvée par des actes effectivement corporels & naturels, nous n'examinons pas si elle est juste, (*m*) clandestine ou violente. Nous n'imposons pas la nécessité aux acquereurs de justifier le titre de leur Auteur: il nous suffit qu'il ait possédé de fait. Il ne nuira pas d'avoir reçu la possession, même *à prædone*, quand le titre de la chose auroit été (*n*) litigieux. Cela paroîtra incroïable à ceux qui ne regardent que les principes du Droit Romain. C'est cependant notre usage, que l'on voit bien prouvé par l'art. 273. d'où l'on conclut invinciblement que le plus injuste Auteur *usucapiendi conditionem tribuit*, & que sa mauvaise foi ne passe point dans celui qui reçoit la possession, quand même il seroit successeur universel. * D'Argentré porte ici la chose trop loin, car généralement parlant, le successeur universel, tel que l'héritier, est tenu jusqu'à la prescription accomplie de justifier le titre légitime de son Auteur.] (*o*)

Si cela paroît surprenant à quelqu'un, il faut se rapeller ce que nous avons dit d'abord, que tous les vices de la possession des Auteurs sont effacés par la

NOTES.

(*l*) Même par quinze ans. V. le nombre 20.

(*m*) Ceci peut facilement se concilier avec ce que l'Auteur vient de dire sur la nécessité de la possession notoire du vendeur dans l'an qui précede le contrat. Il est indifférent que la possession ait été clandestine dans le principe, pourvû qu'elle devienne notoire dans la suite, & qu'elle le soit dans l'année anterieure au contrat.

(*n*) V. les nombres 37. & 79.

(*o*) V. Art. 271. n. 37. & Art. 282. n. 34.

solennité des bannies, & par le consentement tacite de ceux qui ne se sont point oposés; mais il faut aussi présuposer que cette possession doit être dans les Auteurs d'un an entier & continu; & pour en bien juger, il faut qu'elle soit telle que le possesseur puisse vaincre tout adversaire dans l'interdit possessoire.

19. Cela s'entend assez si l'on fait attention aux complaintes & réintégrandes, & aux autres questions si souvent agitées, suivant la maxime qu'il faut juger le possessoire avant le pétitoire. Celui qui a possédé un an entier avant le trouble qui lui a été fait, demeure dans la possession, jusqu'à ce que le droit au principal ait été jugé; & l'on peut exercer la complainte contre celui qui a troublé dans la possession, pourvû qu'elle soit intentée dans l'an. Il faut, en ce cas, juger (p) préalablement la réintégrande, suivant la Loi *spoliatus ante omnia restituendus*. Cela doit avoir sa principale aplication dans le cas où l'on acquiert *à non Domino*. Car quand l'acquisition est faite du légitime propriétaire & possesseur, il suffit, pour la translation de propriété, qu'il y ait une possession même momentanée.

Suivant ces principes, lorsqu'on s'attache à la seule possession & saisine de l'Auteur, on ne peut qualifier de véritable possesseur celui dont l'occupation qu'il fait du fonds est incertaine, & elle l'est, lorsque cette possession peut lui être ôtée dans l'an & jour. Mais après l'an & jour de possession, ceux qui n'ont pas poursuivi leurs droits, doivent s'imputer leur négligence. Il faut ce terme pour cela: un moindre tems de possession ne pourroit être objecté. Car comme l'acquisition doit être de saisi à saisi, & qu'on ne connoît dans les Auteurs que la possession annale, celui qui a droit à la chose n'est pas obligé de s'émouvoir; au lieu qu'en conséquence de la possession annale de l'Auteur, ceux qui prétendent intérêt dans la propriété sont constitués par les bannies dans la nécessité de s'oposer pour la conservation de leurs droits.

20. Tout cela doit s'entendre de l'appropriement par bannies. (q) Car pour les prescriptions, il suffit qu'il y ait tradition de possession, quelque peu de tems que l'Auteur ait possédé, pourvû qu'on ait joüi pendant le tems nécessaire pour la prescription. * On pourroit se servir de cette proposition de l'Auteur pour l'apliquer à l'appropriement de quinze ans, dans lequel suivant les Arrêts raportés par Sauvageau, il n'est pas besoin que celui qui a transporté l'héritage eût été véritable possesseur. Deux raisons font croire que c'est ce que d'Argentré a eu en vûë, la premiere qu'il a dit ci-dessus & répete ailleurs, que cette sorte d'appropriemens doit être mise au rang des prescriptions : la seconde qu'il raisonneroit mal, s'il entendoit parler des longues-prescriptions, qui n'ont besoin d'aucune tradition dans leur principe, puisque ces longues

NOTES.

(p) Ord. de 1667. T. 18.

(q) Sauvageau, *liv.* 1. *ch.* 114. raporte un Arrêt du mois de Juillet 1664. qui juge que l'appropriement de dix ans, exige également la possession annale du vendeur, contre l'opinion du Commentateur de la Coûtume imprimée à Nantes.

prescriptions suposent même qu'on a possedé sans la participation & le consentement du précédent possesseur.] *(r)*

CHAPITRE PREMIER.

Des possessions & de leurs traditions & premiérement de la possession naturelle & civile, pour prouver que la possession naturelle est plus nécessaire pour les appropriemens.

21. *Et saisi.* Ce mot signifie l'actuel & réel possesseur, par une détention physique & corporelle; d'où il s'ensuit qu'il doit y avoir plus de fait que de droit pour être saisi & possesseur, à l'effet de pouvoir donner cause à un appropriement édictal. On dit plus : toutes les possessions civiles & leur effet s'évanoüissent dans cette matiére des appropriemens.

22. On fait dans l'Ecole de longues & ennuïeuses dissertations & des disputes de mots sur la différence des possessions. Ici on n'exige qu'une possession naturelle, par laquelle la chose est occupée par le corps, par les pieds, par les mains, & par d'autres actes visibles & réels; au lieu que la possession civile est celle qui est retenue *mente & animo* dans l'idée de la proprieté. Ce que le corps opére pour la possession naturelle, l'esprit le fait pour la possession civile. Car si le corps occupe localement & est mû réellement, l'esprit, quoiqu'il ne soit pas circonscrit dans un lieu, peut apliquer son intention à ce même lieu. De-là vient cependant que comme la possession naturelle n'a son effet que par le corps, il faut que l'acte corporel soit accompagné de l'intention, d'où il s'ensuit que la possession corporelle doit précéder. Mais après qu'elle est une fois prise, la possession civile est retenue *solo animo*, & ne peut se perdre aussi que *solo animo*.

NOTES.

(r) L'avis de d'Argentré, sur la validité de l'appropriement de quinze ans, quoiqu'on n'ait pas acquis du saisi en son nom par an & jour, n'est plus suivi au Palais. L'Arrêt de la Colombiere cité par Sauvageau sur du Fail, *liv.* 3. *ch.* 437. est conforme à cette opinion. Mais les derniers Arrêts ont jugé, en conformité de l'ancienne Jurisprudence attestée par Sauvageau au même endroit, & du sentiment de M. de Perchambault, §. 15. & *art.* 271. & 272. que pour être approprié par quinze ans, il faut avoir acquis du saisi & paisible possesseur en son nom par an & jour. L'Arrêt du 27. Mai 1732. rendu à la premiere des Enquêtes contre le sieur Thevenin, au profit de Renault, l'a décidé en point de Droit. J'écrivois pour le sieur Thevenin. Il est vrai que dans l'espéce de cet Arrêt, qui est raporté au commencement du chapitre 15. tome 2. du Journal du Parlement, la Dame Pelsaire, qui avoit vendu, n'avoit qu'une possession précaire, & n'avoit pas joüi un seul instant *pro suo*. Mais le motif de l'Arrêt fut la nécessité de la possession annale *pro suo*. En effet, s'il est nécessaire d'avoir acquis du possesseur en son nom, pour s'approprier par quinze ans, il semble qu'une possession de quelques jours ou de quelques mois de la part du vendeur doit être inutile; & que pour régler la qualité de la possession suffisante pour transporter la propriété, il faut recourir au premier article du titre des appropriemens, qui veut qu'elle soit annale. V. Belordeau, *lettre A. cont.* 75.

Quand

Quand ces deux differentes espéces de possessions concourent, il n'y a pas de difficulté. Mais celle qui est agitée par les Docteurs, est dans le cas où l'une réside dans une personne, pendant qu'une autre joüit de l'autre espéce. Ils nient que la possession naturelle *sit ordinata ad usucapiendum*. Ils disent qu'elle n'opére que le gain des fruits, & les autres utilités de la simple joüissance. Ils reconnoissent cependant que, dans les servitudes & autres droits incorporels, la possession naturelle suffit pour les prescrire. Il faut donc dans ce sistême & suivant ces principes, que celui qui a retenu la possession civile, puisse y revenir, après avoir perdu la possession naturelle. Mais comme la possession civile est *solo animo*, on tire la conséquence qu'il l'a perdue aussi, lorsqu'après avoir été réellement dépossedé, il demeure dans l'inaction & abandonne son droit pendant long-tems. Les Docteurs traitent encore la question de sçavoir, si la seule négligence sans un laps de tems emporte la perte de la possession civile. Plusieurs sont pour l'affirmative.

Mais par les Coûtumes & par l'usage les principes sont très-differens. L'effet de la possession civile considérée en elle-même, est très-rare; & dans les appropriemens, la possession naturelle est préferée, & la seule considérable. Elle l'emporte sur l'autre, lorsqu'elles résident en deux differentes personnes; & sans appropriement elle sert à la prescription. Envain celui qui a cessé de posseder naturellement pendant un an, & qui ne s'est point oposé aux bannies de celui qui a acquis du possesseur annal, allégueroit sa possession civile & son intention de la retenir. Il seroit exclus par la force de l'appropriement. Car il ne s'agit plus de raisonner sur la qualité & l'effet de sa négligence, pour sçavoir s'il a véritablement abandonné la possession civile, ces formalités non troublées emportant un véritable abandon de la possession civile. Il faut donc retrancher toutes les longues dissertations des Docteurs sur cette matiere, & même, suivant leurs principes, comme il y a une certaine négligence qui emporte consentement tacite, l'une & l'autre résultent tant de la patience de laisser en possession pendant un an, que de l'inaction après les interpellations faites par les bannies.

23. * On n'entrera point ici dans ce que dit l'Auteur sur le sentiment des Docteurs, que celui qui a la possession civile peut recouvrer *vi armatâ* la possession naturelle dont il a été dépoüillé. C'est ce qu'on n'a garde d'autoriser, toute violence étant défenduë dans nos usages, comme il le remarque très-bien. Mais il en devroit faire principalement l'aplication à celui qui viendroit par cette voïe contre un possesseur annal. Car celui qui n'a pas été privé pendant un an de sa possession naturelle n'est point sujet à la complainte ni à la réintégrande; & il peut être dans le cas de la proposition ordinaire, que *nul n'attente lorsqu'il use de ses droits*.]

CHAPITRE II.

Quelle est la possession qu'on exige dans les Auteurs.

24. De ce qui a été remarqué jusqu'à présent, & des termes de la Coûtume, qui mettent pour fondement aux appropriemens qu'il faut avoir an-

quis du possesseur & saisi, il s'ensuit qu'il faut que la possession soit convenable à la matiere, & qu'il en résulte une présomption qu'on a voulu acquerir du propriétaire, puisque celui qui a fait la tradition étoit possesseur. L'Auteur entre ici en de nouvelles répétitions de ce qu'il a dit jusqu'à présent sur la différence des possessions civiles & des possessions corporelles. Il suffit de mettre avec lui, entre les exemples de ces dernieres, les actes par lesquels on joüit d'un droit honorifique ou autre, comme l'assistance aux élections, la place au Chœur ou au Chapitre, & l'exercice de la Jurisdiction. Au surplus il censure ici les longues dissertations de Tiraqueau, qu'il trouve être plus loüable par sa diligence à faire des Recueils que par son jugement, à l'occasion du Traité que cet Auteur a fait *de constituto* & autres pareilles possessions feintes & artificielles.

D'ARGENTRE' établit ici un principe important qu'il fonde sur la maxime que la chose se résout de la même maniere qu'elle a été contractée. Le contrat aïant eu son effet par la seule volonté des parties, leur volonté contraire qui en fait la résolution, en anéantit tous les effets sans autre formalité; aulieu que quand il y a tradition d'une possession réelle, il faut une rétradition pour l'anéantir.

25. Il (s) n'y a rien de si constant que la régle *le mort saisit le vif son héritier proche & légitime.* Cependant cette saisine de droit ne serviroit pas pour les appropriemens, si l'héritier n'avoit que son droit d'héritier dans la chose, & si au contraire un autre s'étant mis dans la possession réelle étoit en joüissance & possession, lorsque l'héritier a vendu. La même chose arrive dans les consolidations, qui quelquefois se font de plein droit, par exemple dans l'usufruit qui cesse par la mort de l'usufruitier. Véritablement la possession civile, résultante de la proprieté, est toujours conservée; & la réunion se fait de plein droit : de sorte que la chose ne demeure pas vuide par le defaut d'actes corporels.

26. Mais il faut qu'il n'y ait point d'obstacle réel. Car si l'héritier de l'usufruitier continuoit la possession, (t) ou si un autre s'y introduisoit, il ne s'ensuivroit de la consolidation aucune saisine réelle.

27. De-là l'Auteur tire ce principe, que quand un Statut ou une Coûtume, en parlant de possessions, se sert de termes qui désignent une apréhension réelle, on ne peut jamais supposer qu'une possession par des actes réels & naturels : ce qu'il prétend être désigné par ces mots de notre Article, *du possesseur & saisi*, & par ceux de l'Article 272. *tient & possede notoirement.* Il en fait l'aplication aux retraits, dont le délai ne court contre les lignagers que du jour de l'acte autentique, par lequel il est raporté qu'on a pris actuellement & réellement sur les lieux la possession réelle & actuelle. * Il seroit bien difficile d'ajuster aux principes précédens le cas particulier allégué ici, par lequel l'Auteur prétend que si l'on publioit le contrat, avec la clause *constituti aut precarii*, on rendroit notoire que la possession avoit été

NOTES.

(s) V. le nombre 52.

(t) V. le nombre 51.

prise de cette sorte, & elle cesseroit d'être clandestine. Car il est certain que la publication du contrat n'est pas suffisante, & qu'il faut de plus la publication de la prise de possession. Or il faut que cette prise de possession soit valable & de la maniere requise par la Loi; de sorte que sa publication n'en répare pas le vice ou l'insuffisance.]

CHAPITRE III.

Des vices des possessions dans les Auteurs.

28. Les principes généraux ne suffisent pas pour l'instruction & l'usage. Il faut raporter les exemples & les qualités des possessions qui sont requises dans les auteurs & dans les acquereurs. On supose ici deux extrêmes & deux termes, l'un *à quo* dans les auteurs, & l'autre *ad quem* dans les acquereurs: ce qui fait la différence des vices des possessions dans les uns & dans les autres.

Les anciens Jurisconsultes divisoient les vices des possessions, *in materiâ usucapionum*, en réels & personnels. On y a ajoûté pour troisiéme espéce les quasi réels, dont l'effet étoit pareil aux premiers, quoiqu'ils vinssent par la considération de la personne.

Les vices réels sont ceux qui sont inséparables des choses, comme y étant imprimés, & leur imposant le caractere d'imprescriptibilité, jusqu'à ce qu'elles soient rétablies dans la primitive liberté du commerce : ce qui s'entend des prescriptions qui demandent un titre. Car pour les autres, fondées sur le simple laps de tems, elles ne laissent pas d'avoir leur effet. * Ce que l'Auteur dit ici, répond à la régle (*u*) *melius est non ostendere titulum, quàm ostendere vitiosum.*]

Les vices personnels sont ceux qui ne sortent point de la personne, & ne suivent point la chose; de sorte que si elle passe en une autre main, elle peut être prescrite par le nouveau possesseur.

Les vices quasi réels sont ceux qui empêchent la prescription, non par le vice ou la qualité de la chose, mais à cause des personnes à qui elle apartient, comme les biens dotaux, les biens des mineurs, & ceux du public ou de l'Eglise. Car ils sont prescriptibles en soi, & ne peuvent, par conséquent, avoir de vice ou empêchement réel. Mais la considération de la personne opére le même effet, & de là vient qu'il a plu d'apeller quasi réels ces vices de possessions.

29. Le vice de furtivité, s'il est permis d'user de ce terme, est le premier qu'alléguent les Jurisconsultes. Ils suposent que la chose infectée d'un pareil vice n'est point sujette à la prescription de 10. ans ou de 20. ans, & qu'elle peut être vendiquée indépendemment de la bonne foi ou de la mauvaise foi du possesseur. L'Auteur se contente d'observer ici que cela n'a d'apli-

NOTES.

(*u*) V. Art. 272. *n.* 8. & Art. 281. *n.* 18.

cation qu'aux choses mobiliaires, dans lesquelles seulement le larcin peut avoir lieu, suivant sa propre définition. Il réserve à parler dans la suite du peu d'aplication qu'auroit cette sorte de vice à notre matiere & à l'usage. (x)

30. Une circonstance aggrave encore ce vice; c'est lorsque l'on se rend maître du bien d'autrui avec violence.

31. Il y a lieu de s'étonner que les Jurisconsultes n'aïent pas mis le crime d'expilation de l'hérédité entre les vices réels; car il est tout pareil aux précédens. La raison qu'ils aportent est que pendant que la succession est vacante, on ne peut pas dire qu'il ait été fait de vol à personne. * L'Auteur devoit dire que c'est une vaine subtilité. Car par l'événement les successions apartiennent toujours à quelqu'un qui se trouve privé par le vol, même dans les principes de la Jurisprudence Romaine. Il se contente de dire que, dans le Droit Coûtumier, la régle *le mort saisit le vif* opére un vol au préjudice de l'héritier, & que même les successions vacantes apartenant aux Seigneurs, c'est également leur faire un vol.]

32. Ce qui est vol ou rapine, par raport aux meubles, est la possession violente dans les immeubles; & on la met au nombre des vices réels.

33. Le précaire est aussi un vice réel, lorsque celui qui joüit à ce titre intervertit la possession, & ne rend pas, quand celui qui a donné à ce titre redemande son (y) bien. * On revient ici à la possession civile si inutilement exagerée; aulieu que dans les principes établis par l'Auteur, il valoit mieux dire que la possession étant chargée des conditions ausquelles elle a été accordée, elle ne peut avoir d'autre effet. Il est également inutile de parler du cas auquel la possession civile auroit été accordée avec la naturelle, pour en conclure que désormais ce n'est qu'un vice personnel, de sorte que le changement de personne rend la chose prescriptible.]

Dans tous les vices allégués ci-dessus, la bonne foi du successeur seroit inutile *ad usucapionem*, parce que la chose passe avec le vice dont elle est infectée.

On a ci-devant décrit les vices quasi réels. Ils sont attachés aux choses du fisc, aux biens des mineurs, des Eglises, du domaine du Roi. Mais dans notre Droit ce seroit plûtôt des vices absolument réels, à cause de l'imprescriptibilité imprimée à la chose.

34. Le dol ou la fraude est qualifié *vitium personalissimum*. Car comme ces vices donnent cause au contrat, ils le rendent nul; mais le successeur particulier peut prescrire.

35. On passe ici les cas de quasi-violence, lorsque celui qui s'est introduit dans la possession, sans user de violence, repousse le propriétaire qui veut s'y établir, & celui de la violence compulsive, quand on a obligé quelqu'un de contracter par force, ou de remettre son droit.

36. La clandestinité est un vice personnel, qui ne sort point de la per-

NOTES.

(x) L'Art. 288. établit une régle générale sur la prescription des crimes.

(y) V. Art. 285. n. 13.

sonne qui l'a commise, & qui n'empêche point la prescription dans une autre.

37. Le litige est de la même qualité; & lorsqu'il y a contestation sur la propriété, si la chose est aliénée *lite etiam contestatâ*, l'acquereur peut s'aproprier par bannies, (z) s'il n'y a point d'oposition. Car il a acquis du possesseur & saisi par an & jour, ce qu'on doit présuposer: & l'Auteur dit qu'il faut convenir de ce principe & le remarquer, *quia indocta advocatio contra solet respondere*. Le doute que forme Boerius là-dessus, n'en est point un parmi nous, l'appropriement sans oposition étant présuposé.

Si quelques cas n'ont pas été spécifiés dans ce dénombrement des vices des possessions, on peut les apliquer aux cas généraux, tels que le dol dans les vices personnels qui n'empêche pas la prescription par un autre que celui qui a commis le dol.

38. L'Auteur censure ensuite toutes les distinctions ci-dessus, & prétend qu'il n'y a nulle raison dans la dénomination & la qualification que l'on fait en plusieurs cas, plutôt d'un vice réel que d'un vice personnel, *& vice versâ*; de sorte qu'on peut dire que c'est uniquement, parce qu'il a plû ainsi aux Jurisconsultes.

39. Au surplus, tous ces vices (a) n'empêchent que la prescription de 10. & de 20. ans, qui exige un titre, & ne forment point d'obstacle aux plus longues prescriptions qui n'en exigent point. L'Auteur n'omet pas le sentiment d'Alexandre & de Fulgose, qui conviennent en ce cas de la longue prescription, pourvû que celui qui prescrit ne soit pas la personne qui a fait le vol ou la violence. Cela a pour fondement le sentiment des Canonistes, qui posent pour principe la nécessité de la bonne foi, afin de prescrire; mais l'Auteur prétend bien faire voir dans la suite qu'elle n'est nullement nécessaire pour la prescription: & après avoir remarqué que c'est le commencement des possessions qui en détermine la qualité, il parle de toutes les précédentes observations & distinctions, tirées du Droit & des Docteurs, comme d'un voïage fait en des païs étrangers; de sorte que quand nous revenons chez nous, & que nous voïons nos usages & nos principes, nous trouvons que tout cela en est banni comme de vaines subtilités. Deux principes sur cette matiére; le premier, qu'aucuns des vices dans les Auteurs n'empêche les appropriemens, pourvû que les Auteurs aïent la possession annale de la qualité requise. Le second, que s'il paroît dur qu'un propriétaire légitime soit dépoüillé de son bien par l'effet des appropriemens, outre qu'il doit s'imputer sa négligence;

NOTES.

(z) V. les nombres 18. & 79. Cette question est amplement traitée par Loüet & Brodeau, *lettre L. ch.* 19. V. aussi Brodeau sur Paris, *art.* 113.

(a) Il faut excepter le vice de précaire qui infecte absolument la possession, & qui la rend inutile pour la prescription.

(b) V. les nombres 55. & 62. Dunod, *page* 22. Poequet sur Dupineau, *art.* 431. La Taumassiere sur Berry, *tit.* 12. *art.* 1. *n.* 4. Coquille sur Nivernois, *tit.* 5. *art.* 22. *tit.* 11. *art.* 3. & *tit.* 36. *art.* 1. Auzannet sur Paris, *art.* 96. Arrêtés de M. de Lamoignon, *sur la prescript. art.* 2. Decormis, *tom.* 2. *cent.* 4. *ch.* 47.

le vice de l'Auteur n'eſt pas effacé par raport à lui, puiſque celui qui ſe trouve dépoüillé, a ſon action vers le vendeur pour ſe faire dédommager de ſa perte : & de-là d'Argentré tire la conſéquence, que celui qui eſt approprié n'eſt pas obligé de prouver le titre de ſon Auteur, ni la légitimité de ſa poſſeſſion.

CHAPITRE IV.

De l'interverſion des poſſeſſions. (c)

40. Les Auteurs Latins & les Juriſconſultes apellent *intervertir*, l'interception qui ſe fait par quelqu'un de ce qui a été confié à ſa foi, comme prêté ou dépoſé, pour le tourner à ſa propre utilité. Ce mot eſt commun dans les bons Auteurs de la latinité ; & quoique cela opére le vice de furtivité, ce n'eſt pas un ſimple vol qui eſt défini, *Rei alienæ contrectatio invito domino* ; il y a de plus le caractère de perfidie.

41. Pour entrer dans la matiére des interverſions de poſſeſſion, il faut préſupoſer dabord qu'on apelle poſſeſſeur celui qui poſſéde *ſibi, ſuo nomine, & pro ſe.* Car les colons & fermiers, les Procureurs ou Agens, les uſufruitiers & tous les Economes qui agiſſent pour autrui, ne poſſédent ni civilement, ni naturellement. Si on leur attribue quelquefois une poſſeſſion naturelle, il faut l'entendre ſeulement de la détention corporelle qui n'empêche pas la qualité dans laquelle ils ont cette détention. De-là il demeurera pour conſtant que le dépoſitaire, le commodataire, ou autres de pareille qualité, n'ont pas la poſſeſſion, mais une ſimple détention ; & leur refus de rendre la choſe, eſt non-ſeulement une interverſion, mais encore un vol, ſi cela eſt accompagné de contrectation par la deſtination qu'ils en ont faite à leur utilité : car par les Loix civiles, il faut la contrectation pour opérer le vol, qui ne ſe commet jamais par la ſeule penſée que dans la Loi divine. On fait donc interverſion de la choſe dépoſée par la dénégation ; & la contrectation fait le vol ; s'il ne ſurvient une cauſe légitime de preſcrire, comme par la vente ou par la donation de la choſe dépoſée. Si la poſſeſſion dégénére en furtivité, le Droit civil rejette la preſcription de 10. & de 20. ans. S'il y a une ſimple interverſion, il faut en revenir à ce qui a été dit ci-deſſus ſur les vices perſonnels. Par le Droit Coûtumier, la poſſeſſion des Auteurs commence, & elle ſert à l'acquereur, *ad uſucapiendum & preſcribendum.*

On a déja parlé de la poſſeſſion des Tuteurs, Curateurs, Procureurs ou Agens, Syndics, Mandataires, Economes & autres perſonnes chargées de pareils miniſtères. On auſſi parlé de celle du fermier & colon partiaire ou autres, mais pour ces derniers, il y a un peu plus de détail.

42. Car il y a une grande différence entre la ſimple dénégation des redevances paſſées & la dénégation même du Droit. Celui qui reconnoit le titre de la joüiſſance qu'il fait, n'entend preſcrire, & ne preſcrit que pour

NOTES.

(c) V. les citations faites à la note précédente, Dunod, *des Preſcript. chap.* 7. Notes ſur du Pleſſis, *des Preſcr. liv.* 1. *ch.* 2.

le passé. Il y a sur cela des régles, par lesquelles il n'est tenu que d'un certain nombre d'années d'arrérages; & il est bien fondé à refuser les précédentes. Mais lorsqu'il est apellé pour païer les redevances, s'il conteste le droit en vertu duquel on les lui demande, s'il soutient qu'il est libre dans sa possession, & si celui à qui le droit est dû, ou à qui la proprieté apartient, demeure dans le silence, la prescription commence à courir du jour de cette dénégation; & elle s'accomplit dans le Droit Romain par trente ans, & dans le nôtre par quarante ans. Ces sortes de possesseurs ne prescrivent donc point par la simple cessation de païement. Il faut de plus la dénégation & l'assertion de liberté. La simple cessation n'est que le fait du maître, qui n'est attribué qu'à l'inattention ou à l'oubli. Il faut que le fait du colon concoure, par le maintien positif de sa prétention de liberté. Sans cela le titre originaire de sa possession décide toujours contre lui, & fait obstacle à la prescription.

43. De-là on peut encore tirer la décision d'une espece qui est assez ordinaire. Après le tems de la ferme finie, il n'a point été fait de renouvellement; & le fermier ou colon a continué de joüir. Il a cessé de païer alors; & cela a duré pendant long tems, jusqu'à l'action que lui forme le maître. Aura-t'il prescrit? Deux raisons décident la négative. La premiere, qu'il n'y a rien dans la cessation de païement qui emporte changement du titre de la premiere possession, aulieu qu'il faut qu'il y ait quelque chose d'effectif pour opérer le changement. La seconde, que la continuation de joüissance, à la fin de la ferme, a seulement opéré une tacite réconduction qui n'a pas d'autre effet que la premiere ferme. Il faut donc que la cause de la possession soit changée, & que pour cela il en intervienne une extrinséque; sans quoi l'on ne prescriroit pas, *etiam per mille annos*, la cause primitive faisant une interruption perpétuelle. Entre les exemples de la cause qui opére le changement de possession, on met le refus de l'entrée au propriétaire, ou du partage des fruits que le fermier prétendroit détourner particuliérement à son profit. Par le Droit Civil cela ne lui produiroit pas une cause pour prescrire. Mais suivant le Droit Coûtumier, il le pourroit par long tems sans interruption, ou donner lieu à l'appropriement dans la personne de son acquereur.

44. L'Auteur remarque (*d*) en passant, par raport aux biens de campagne, que quand quelqu'un a labouré ou semé, & qu'un autre a perçu les fruits, c'est par cette perception que l'on détermine la véritable possession : car les autres actes ne sont que des préparatoires pour parvenir aux productions de la terre.

45. Cela regarde le fermier ou colon, par raport à lui-même, à la qualité, & aux effets de sa possession. Mais par raport à une tierce personne que le fermier admettroit dans la maison & dans la joüissance, ou à qui il commenceroit à païer les fruits ou les prestations au préjudice du maître, on demande si elle pourroit prescrire. Le doute à cet égard peut venir, de ce que celui

NOTES.

(*d*) V. *art* 282. *n*. 17. & du Pineau, *art*. 426.

qui n'a point de véritable possession, n'en peut donner à un autre. Mais c'est une occupation naturelle de la part de cette tierce personne, qui se met elle-même en possession, & qui peut par conséquent prescrire, comme elle feroit, si aïant trouvé la possession vuide, elle s'y étoit établie; desorte qu'ici, sans qu'il y ait une translation de possession de la part du fermier, il se forme (e) une possession effective de la part de celui qui se met dans la joüissance de tous les droits du propriétaire.

46. Cela arrive même en matiére de fief, lorsque le vassal a servi pendant long-tems, & fait toutes les redevances à un autre qu'au Seigneur: car les vassaux ne possédent point, ils sont eux-mêmes possédés. Cependant celui à

NOTES.

(e) Ce principe est constant en général. Mais si le Fermier a continué de païer le prix de sa ferme au légitime propriétaire, il est certain que sa possession est conservée par la perception du revenu. Quel sera donc l'effet de l'usurpation faite par un tiers de concert avec le Fermier? Il est évident que si tous les biens sont possédés par l'usurpateur, cette possession est inutile, parce qu'il n'est pas possible qu'il y ait deux possesseurs *in solidum* de la même chose; & le propriétaire aïant toujours conservé sa possession en touchant les revenus, on ne peut pas dire qu'il en ait été dépoüillé. Ainsi quand la ferme, ou la joüissance par tacite réconduction finit, le propriétaire rentre dans l'entiere joüissance de ses biens, sans qu'il puisse souffrir d'obstacle par la joüissance de l'usurpateur qui n'est réputé avoir joüi, que comme un soûfermier. Decormis, *tome* 2. *cent.* 4. *ch.* 63.

Il n'y auroit de difficulté que par raport aux portions de l'héritage qui auroient été usurpées par un tiers pendant que le Fermier auroit joüi de tout le reste. S'il n'y avoit aucune preuve de collusion entre le Fermier & l'usurpateur, la possession quadragenaire de cet usurpateur auroit tout son effet, parce que la possession du propriétaire, par la perception des revenus, se trouveroit limitée aux biens dont le Fermier auroit joüi; & ce propriétaire auroit à s'imputer d'avoir négligé de veiller contre les usurpations.

Mais si dans une continuité de fermes, on trouve comprise la piéce de terre qu'un tiers a usurpée, peut-on dire que le propriétaire ait cessé de la posséder? Sa possession n'est-elle point suffisamment conservée par le païement du prix des fermes; & n'a-t'il pas eu un juste motif de regarder la possession de l'usurpateur, comme l'effet d'une soûferme? Est-il même possible de prouver que celui-ci n'ait pas joüi comme soûfermier? Il est vrai que faute de preuve qu'une possession soit précaire, elle est de droit présumée être *pro suo*. Mais n'y a-t'il point de preuve suffisante du précaire, lorsqu'on voit que le légitime propriétaire a toujours employé la piéce de terre dans les fermes, dont le prix lui a été exactement païé? L'usurpateur peut, à la vérité dire, que *nemo sibi ascribit*, & qu'une ferme passée sans sa participation ne peut lui nuire. Mais cette proposition peut-elle avoir quelque force, dans l'espéce d'un propriétaire, dont le droit étoit constant dans le principe, & qui par cette seule raison ne peut être présumé avoir cherché à se ménager des titres par l'expression portée dans les fermes?

Cette question peut s'éclaircir par une derniere observation.

Il est de maxime que pour qu'une possession quadragenaire puisse acquerir la prescription, il faut qu'elle soit de nature à fonder l'action de complainte en cas de trouble après l'an. Or peut-on penser que le propriétaire aïant affermé un bien dont il est en possession, & aïant touché le revenu, un usurpateur qui aura joüi pendant une ou deux années, par la négligence ou la collusion du Fermier, puisse avoir l'action de complainte contre le propriétaire, qu'on ne peut pas regarder comme dépoüillé de sa possession pour la moindre portion, pendant qu'il a toujours perçu le revenu?

Sur tout ce que je viens de proposer, je

qui

qui ils paient, est constitué dans la possession; parce que la possession est acquise (*f*) par le païement, sans considérer par qui il a été fait, *veluti à re rei solutum sit.* On peut faire de cela l'aplication aux rentes qui aïant été païées pendant long tems par les fermiers ou métaïers, constituent celui qui les a reçuës dans la possession.

47. Les mêmes principes regardent les tuteurs & les autres administrateurs du bien d'autrui, qui ne possedent point en leur nom, mais au nom de ceux dont ils ont l'administration, s'ils n'ont interverti pour détourner la possession à leur usage propre & personnel. L'Auteur propose une espece, sur laquelle on lui avoit demandé son avis. Un oncle avoit été institué tuteur de son neveu, & avoit trouvé dans les biens du pupille un fonds qu'il prétendoit lui être échu par le partage fait avec son frere des biens de leur pere commun. Il n'y avoit nulle difficulté au possessoire, puisque le pere du pupille étoit mort en possession, & que cette possession subsistoit au tems de l'institution du tuteur, qui de son côté prétendoit avoir interverti; mais la preuve de l'interversion, c'est-à-dire, de la possession du tuteur *suo nomine*, étoit difficile, puisque la présomption étoit seulement pour une continuation de la possession telle qu'elle étoit au commencement de la tutelle. Ce tuteur avoit vendu & l'acquereur s'étoit approprié. Notre Auteur répondit qu'à moins qu'on fist voir une véritable interversion, ce qui étoit bien difficile, l'acquereur n'étoit pas censé avoir acquis du saisi, que si au contraire il paroissoit une interversion effective l'appropriement auroit lieu, * nonobstant la raison fondée sur ce que l'oposition à l'appropriement résidoit dans le tuteur même comme chargé de la défense des droits de son mineur. C'est ce que j'ajoute ici comme une explication naturelle de ce que l'Auteur dit trop en abregé, & il s'ensuit du même principe que le mineur n'auroit eu d'action que contre son tuteur s'il y avoit eu interversion. Il en faut revenir en ce cas à deux points, l'un que l'interversion est très-difficile du tuteur au mineur, puisque toute la défense du mineur réside dans le tuteur; le second

NOTES.

crois que les circonstances doivent déterminer la décision, & qu'il n'est presque pas possible de se faire une régle sûre & invariable. Les prescriptions ont été établies pour que la propriété des biens ne fût pas perpétuellement incertaine, & pour punir la négligence des propriétaires qui laissent prescrire. Or au moment qu'un propriétaire a eu un juste motif de se regarder comme possesseur par le païement que lui fait le Fermier qui joüit de son bien, peut-on le traiter comme s'il avoit négligé ses droits? Ne seroit-ce pas autoriser un abus contraire à l'esprit & à l'objet de la Loi, que d'admettre la prescription dans une matiere où il se trouve en même tems deux possessions contraires de la même chose, celle du légitime propriétaire par le païement que lui fait son fermier, & celle de l'usurpateur par la négligence ou la fraude du fermier qui le laisse joüir?

Mais ces réflexions ne s'apliquent pas aux servitudes qu'un tiers possede pendant 40. ans sur un bien affermé. Le propriétaire doit veiller pour empêcher la prescription des servitudes sur son fonds; & il ne peut pas dire que le païement du prix de la ferme, opére en sa faveur une possession négative contre la servitude que la possession de 40. ans rend irrévocable.

(*f*) V. la Conférence sur l'Art. 294.

que l'on présupose ici que le tuteur peut intervertir la possession, comme tout autre possesseur au nom d'autrui ; & il résulte de la décision que si elle est bien effective, l'appropriement de l'acquereur est valable, sauf le recours du mineur vers son tuteur. Le Droit Civil seroit directement contraire à cette décision. Mais l'esprit de la Coûtume y est conforme.]

48. Il en seroit de même du cas de l'agent ou du procureur. Car ce sont les mêmes régles, & l'Auteur en fait aplication au pere tuteur naturel de ses enfans, & au mari qui, après l'interversion pour posseder en son nom & une possession annale de cette qualité, auroit vendu à un autre. L'appropriement auroit son effet contre les règles du Droit Civil. Pareille régle pour l'usufruitier : il ne peut *sibi mutare causam possessionis*, s'il ne survient une nouvelle cause extrinséque suivant le Droit Civil. Par le Droit Coûtumier on décideroit comme dans les cas précédens, dans lesquels & dans celui-ci, la preuve de la possession en privé nom est très-difficile. Dans le moindre doute & dans la moindre ambiguité sur la possession, la qualité de simple usufruitier donneroit lieu d'y revenir pour déterminer le doute.

49. Il en est de même de la doüairiere ou du puîné partagé à simple viage, comme on le faisoit avant la réformation de la Coûtume dans les maisons où le partage avantageux étoit établi, & comme on le fait encore par raport aux anciennes Baronnies. La possession dans ces personnes n'est qu'à titre d'usufruit; & l'on revient à cette cause, si elle n'a changé par interversion, quoiqu'on ait vû des doüairieres joüir si long-tems de leur doüaire, qu'on avoit perdu la mémoire du principe de leur possession ; & alors si le principe de l'usufruit n'est pas connu, on est censé posseder *jure suo*.

50. Celui (*g*) qui possede à titre d'emphytéose est aussi dans le même cas, comme on l'a remarqué par raport au Seigneur & au Vassal. Si le Seigneur a saisi (*h*) faute d'hommage, droits & devoirs, il ne peut prescrire non plus que le Commissaire qu'il a fait établir, s'il n'y a interversion. Le (*i*) créancier qui joüit des biens de son débiteur jusqu'au païement de son dû possede au nom du débiteur. Ainsi ce sont les mêmes principes.

51. Ce qu'on a dit de tous ces différens possesseurs, s'entend également

NOTES.

(*g*) V. Art. 271. *n.* 33.

(*h*) V. la Conference sur l'Art. 294. le Grand, *art.* 41. *gl.* 2.

(*i*) V. le Grand *ibid.* & Art. 285. *n.* 13. Dunod, *page* 92. raporte deux Arrêts, qui jugerent qu'un créancier ne possédant point le gage à titre de propriété, il ne pouvoit prescrire contre le droit que le débiteur avoit de retirer le gage en païant. Il ajoute que si le débiteur avoit païé & n'avoit pas retiré le gage, le créancier pourroit le prescrire, comme ne l'aïant plus possédé à titre de gage depuis le païement.

Ces décisions s'apliquent aux contrats d'engage qui empêchent la prescription des héritages engagés, parce qu'ils n'ont point été possédés à titre de propriété : & c'est le motif du fameux Arrêt rendu pour la Reine Catherine de Medicis contre l'Evêque de Clermont.

Le dépositaire ne peut aussi prescrire la chose déposée, tandis qu'elle existe en nature, parce que sa possession n'est que précaire. Mais si elle n'existe plus entre les mains du dépositaire, l'action qui resulte du dépôt se prescrit par 30. ans, comme toutes les autres actions personnelles.

de leurs héritiers, qui succédent dans tous les droits de leurs auteurs, & dans les mêmes conditions de leur possession. Comme le défunt n'auroit pû prescrire, ils ne le peuvent eux-mêmes; & ils ne peuvent donner matiere aux appropriemens. On trouve ici une différence par raport à l'héritier de l'usufruitier. Car si, après la cessation de l'usufruit, il demeure en possession, (*k*) l'on doit venir par action contre lui, & prouver que son auteur possedoit à titre d'usufruit, en cas qu'il le conteste. Il peut d'ailleurs continuer la joüissance jusqu'à ce qu'on lui ait remboursé les grosses réparations que son auteur, qui n'en étoit point tenu, peut avoir faites. Il seroit inutile de discuter ces cas particuliers qui ne sont point de la matiere dont il s'agit, où l'on ne traite que de la qualité des possessions; & ce qu'il y a d'essentiel est ce qu'on remarque ici que, comme l'usufruit, & par conséquent la cause de possession à ce titre, cesse à la mort de l'usufruitier, si son héritier demeure dans la possession pendant plus d'un an, elle ne peut être que *suo nomine*; & elle est sujette aux effets & aux suites des autres possessions véritablement injustes du bien d'autrui, mais qui constituent celui qui a joüi notoirement pendant plus d'un an, véritable possesseur & saisi; de sorte qu'on ne peut venir contre lui qu'au pétitoire, & il a le possessoire : d'où il faut conclure que cette possession opere tous les effets quant à l'appropriement.

52. On raporte ici le sentiment de du Moulin touchant la donation faite en fraude de la légitime. (*l*) Elle est véritablement nulle: mais si la possession a été réellement donnée au donataire, du vivant du donateur; & si le donataire a fait plusieurs actes possessoires & suivis pendant plus d'un an, l'héritier n'a que le pétitoire, & la simple vendication au principal. Conformément à cet avis, l'Auteur répondit sur une autre espece aprochante de celle-là, que celui qui n'avoit eu la chose qu'à titre d'usufruit, l'aïant donnée, & le donataire l'aïant possedée purement & simplement pendant assez longtems, les héritiers ne pouvoient le vaincre au possessoire, & n'avoient d'action que pour le pétitoire. Il observe ici que la régle *le mort saisit le vif*, par laquelle (*m*) l'héritier entre de droit dans la possession de son Auteur, ne s'entend que des biens dont l'Auteur avoit l'actuelle possession à sa mort; & c'est le fondement de sa décision & de celle de du Moulin.

53. On cite aussi en cet endroit une décision du Parlement de Bretagne que M. du Val, qui y avoit été Conseiller, raporte dans son Livre *de rebus dubiis*. (*n*) Un aîné avoit donné à son puîné un héritage à viage, suivant l'usage de ce tems-là entre Nobles de gouvernement avantageux. Les héritiers du puîné avoient possedé pendant plus de trente ans, après un partage qu'ils avoient fait entr'eux, comme d'un bien propre de leur pere. Il fut jugé en faveur des héritiers de l'aîné que l'héritage devoit leur être restitué : M. du Val donne pour motif qu'il auroit fallu une possession de quarante

NOTES.

(*k*) V. le nombre 26. Perchambault, §. 1.
(*l*) V. Art. 271. *n.* 43. *& suiv.*
(*m*) V. le nombre 25.
(*n*) *Ch.* 15. *in fine.* V. sur cet Arrêt Dupineau, *art.* 228.

ans; & notre Commentateur dit qu'il aporte une mauvaise raison pour soutenir une bonne décision. Car, dit-il, s'il n'avoit été question que de prescription, elle auroit suffi par quinze ans, le partage étant un titre avec lequel la possession de quinze ans suffit; mais que la grande raison fut parce que l'héritier universel succede dans la cause primitive & dans les vices qui obligent à la restitution de la possession.

54. On a déja remarqué de quelle maniere & par quels actes on possede les choses incorporelles, comme les servitudes & les droits. La possession s'en perd par des actes contraires ou par l'interversion, lorsque celui qui possedoit pour autrui exerce les actes en son nom.

55. On en revient ici aux principes répandus sur les différentes especes de vices des possessions. La seule intention ne fait point d'interversion, & personne ne peut changer la cause primitive de sa possession, s'il ne survient quelqu'autre acte *(o)* extrinséque; par exemple, si le colon acquiert du propriétaire. Car dans ce moment, la continuation de sa possession qui est à autre titre, est désormais *jure suo*. Il en est de même, lorsque les actes possessoires sont visiblement déterminés à la prétention de la proprieté, par les circonstances de sa joüissance, telles qu'on les a expliquées ci-dessus.

CHAPITRE V.

Des possessions ambiguës & douteuses.

56. Après avoir parlé des possessions vicieuses, & dont l'interversion n'est pas douteuse, étant prouvées par des actes qui ne conviennent qu'aux maîtres & aux propriétaires, il faut parler des possessions ambiguës qui s'exercent par des actes équivoques, & qui conviennent aussi-bien à celui qui agit pour autrui, qu'au propriétaire. Il faut que ce doute soit déterminé par quelque accident, ou par quelque circonstance particuliere; & il faut en donner ici les régles. Le Droit Civil établit dabord que toute preuve équivoque ou indifférente ne sert de rien à celui qui l'aporte; car la preuve doit conclure par ce qui est, & non par ce qui peut être. De-là vient que les possessions ambiguës dépendent des conjectures, *& ab adjunctis circumstantiis*: par exemple, lorsque, mariage faisant, le futur époux fait donation à la future épouse, & qu'on ne prouve pas par écrit la tradition réellement faite, ce que l'on soutient cependant avoir été fait. Car cette tradition peut être faite constant le mariage, n'étant que l'exécution d'une donation faite en tems non prohibé. Si après la dissolution du mariage il y a contestation *(p)* sur le possessoire, elle dépend du fait de sçavoir qui a possedé; car d'une donation même inutile & invalide, le donataire à qui la tradition auroit été faite, seroit constitué en possession, & il y seroit maintenu, sauf la question

NOTES.

(o) V. les nombres 39. & 62.

(p) V. sur l'Art. 105. la Conférence & la Note *(a)* & le nombre 62. ci-après.

de proprieté au pétitoire. C'est le sentiment de du Moulin qui ajoute un exemple; d'où il résulte, ce qu'il est bon d'observer en passant, qu'il n'est pas inutile d'alléguer le titre, quoique, dans cet exemple, on voïe que la nullité du titre a emporté le possessoire; * Mais du Moulin propose deux principes que notre Commentateur ne dévelope pas d'une maniere assez nette, puisqu'il s'ensuivroit de la maniere dont il expose ce sentiment, que le possessoire auroit été jugé en faveur du donataire, (q) ce qui n'est pas.] Il établit dans la suite que quand le titre est valable, il sert beaucoup pour le possessoire; & que quand il ne l'est pas, il faut qu'il ait été fait une tradition réelle, la simple tradition civile n'opérant rien lorsque le titre est vicieux.

Pour revenir à l'espece proposée de la donation faite par le mari, c'est une question de fait, de sçavoir s'il a véritablement fait tradition de possession de la chose donnée. Car si le mari avoit fait l'hommage, & s'étoit fait recevoir dans la foi en son nom, ces actes ne pourroient profiter à la femme, puisque, comme on ne les fait qu'en qualité de propriétaire, le mari seroit censé avoir voulu retenir la possession ou la recouvrer. Il n'en seroit pas de même d'avoir labouré & cultivé la terre. Ces actes seroient équivoques & douteux, le mari pouvant les exercer en qualité de mari, comme joüissant des biens de sa femme & aïant droit de le faire. S'il étoit bien constant que la tradition eût été faite, la provision conventionnelle l'emporteroit sur la légale, c'est-à-dire, le contrat sur la Coûtume, parce qu'en ce cas, l'héritier ne pourroit se servir de la régle *le mort saisit le vif.* Mais quand on doute de la tradition de la possession, & par conséquent de l'exécution du contrat, sans laquelle le domaine n'est point transféré, la grande raison est pour l'héritier, suivant la régle générale *que donation requiert action.* Tous les circuits que fait ici l'Auteur, qui allonge infiniment la matiére, se réduisent à ce point, qu'on ne peut décider au possessoire en faveur de la femme donataire, lorsqu'il ne paroît point de tradition de possession, & qu'il paroît au contraire que le mari a fait des actes de propriété en son nom.

57. Il y a un autre cas du doute de la possession par raport aux choses acquises pendant le mariage. C'est une présomption de Droit que ce que la femme a acquis, l'a été des biens du mari. Car pour les choses dont chacun avoit le titre antérieur au mariage, il n'y a pas de difficulté. Comme dans le Droit Romain il n'y avoit point de communauté, la question étoit douteuse; mais le Droit Coûtumier aïant établi la communauté, les biens acquis pendant le mariage fondent le droit & la possession des héritiers de l'un & de l'autre, s'il ne paroît que l'un des deux eût eu les choses avant le mariage, ou qu'elles lui fussent venuës de succession.

NOTES.

(q) V. du Moulin, *de inoff. testam. donat. & dot. n.* 66. 67. & 68. Il distingue entre la tradition réelle & celle qui, étant faite *per constitutum aut similem actum fictum*, ne prive point le donateur de la possession. Au premier cas, quoique l'acte soit nul, le possesseur ne peut être dépoüillé que par la voïe de l'action. Au contraire le possessoire est jugé au profit des héritiers, quand le défunt donateur n'a pas fait la tradition, *vel facta est per actum civilem tantum qui simul cum contractu corruit.*

58. Quand un Procureur, après avoir accepté la procuration pour acquerir un héritage, fait l'acquisition, mais simplement & sans adjection de la qualité de Procureur, & qu'il est entré en possession de la même maniére, qu'ensuite, après plusieurs années, il prétend avoir acquis & possédé en son nom & avoir païé de ses propres deniers; c'est encore une ambiguité de possession, puisqu'il aime mieux s'exposer au péril d'une action infamante, que de ceder l'héritage. Plusieurs Docteurs prétendent qu'il ne peut prescrire par aucun tems. Pour nous, nous considérons l'actuelle possession telle qu'elle est; & elle peut faire le fondement de l'appropriement. Nous ne considérons point aussi l'action personnelle qui seroit l'action *mandati*; car elle n'empêcheroit pas la prescription par longues années.

59. Il y a ici un cas embroüillé, par raport aux tuteurs qui veulent paroître avoir reçu la possession en leur nom, & non pas au nom du pupille. Comme cela dépend absolument des circonstances, il étoit inutile d'en faire un article. Il en est de même du vendeur & du donateur qui ont retenu l'usufruit, & qui depuis ont fait des actes de propriétaires; car quant à l'appropriement & à la prescription, cela dépend encore des circonstances, & des régles des interversions. * L'auteur devoit ajoûter, suivant ses principes même, que dans le doute on en doit revenir à la vérité du titre.]

60. Il peut y avoir une infinité d'autres cas de possessions douteuses. Quand les questions se présentent, on doit recourir à certaines régles utiles pour la décision, & comme elles sont dispersées dans les ouvrages des Jurisconsultes, il faut les rassembler avec ordre. Ce qui est certain n'a point besoin de preuves ni de conjectures : ainsi lorsqu'il est certain que quelqu'un a possédé *sibi*, il s'ensuit qu'il a acquis le droit pour lui, qu'il a prescrit, & qu'il a agi comme propriétaire. Tous les actes possessoires doivent être déterminés par leurs causes, c'est-à-dire, il faut les raporter au titre, puisque la joüissance est censée faite en vertu de ce titre, & cela non-seulement après la tradition de la possession, mais encore auparavant, si celui qui a le titre, se trouve véritablement en possession. Car l'entrée dans la possession, de la part de celui qui en a la cause par son titre, (*r*) peut se soutenir, quoiqu'il n'ait pas dû y entrer sans le consentement de son auteur. Il faudroit qu'il se fût expressément oposé; & quoique l'on prétende que celui qui ignore est censé contredisant, Salicet remarque que cela ne se peut entendre que lorsque le prix n'auroit pas été païé; car s'il l'avoit été, on ne voit pas comment le vendeur auroit pu contredire.

61. Il y a ici une distinction bien subtile, ou pour mieux dire bien embroüillée, au sujet de l'allégation du titre en vertu duquel on est présumé être en possession. Si l'on est demandeur, on se sert utilement de ce titre, mais il faut s'y fixer. Mais si l'on est défendeur, on n'est point borné à une simple cause de possession, & l'on peut se servir (*s*) de plusieurs titres, & de plusieurs causes, sans être obligé de se fixer à aucune : c'est une maxime de Droit au titre *de regulis juris*. Cependant si l'on n'avoit point eu du tout

NOTES.

(*r*) V. la fin du nombre 65.

(*s*) V. Art. 271. n. 18.

de possession, avant un titre depuis lequel on s'y est introduit, il faudroit que le défendeur même reconnût ce titre comme cause de sa possession, ou s'il en alléguoit un autre, il faudroit qu'il en fist la preuve, parce qu'en ce cas l'intention du demandeur est fondée sur la présomption résultante de la possession au titre allégué.

62. Si quelqu'un est entré en possession *alieno nomine*, la continuation de cette possession est toujours censée être la même; (t) car on ne présume point la perfidie & l'infidélité. Il faut donc qu'il soit arrivé un changement effectif par interversion. Par une raison contraire, quand il est douteux si l'on est entré en possession pour autrui ou pour soi-même, la présomption de Droit est que c'est plûtôt *suo nomine*, qu'au nom d'autrui, *cùm sibi potius quàm alii benè esse ex naturâ præsumptione quisque malit*. Mais cette régle a des exceptions : car dans le doute sur la qualité de la possession, s'il y a eu une obligation de devoir & d'office, ou un mandat précédent, on est censé avoir fait la chose en vertu de cet engagement. Par exemple un tuteur, ou tout autre administrateur, qui s'est servi de son administration, est censé avoir tout fait dans sa qualité, quoiqu'il ne l'ait pas exprimée, & non pas en privé nom. On répéte ici ce qui a été dit ci-dessus touchant le doute sur la possession de la chose donnée avant le mariage : & l'Auteur décide que dans le cas même où il n'y auroit pas de preuve de la tradition réelle en vertu de la donation faite par le mari à sa femme, les actes possessoires faits dans la suite par le mari, seroient néanmoins présumés exercés au nom de la femme, *possessionem pro traditâ haberi debere*, & qu'après la dissolution du mariage la femme devroit être maintenuë dans la possession contre les héritiers du mari, s'ils n'avoient pas des moïens de nullité contre la donation. (u)

L'Auteur parle ensuite de celui qui a retenu l'usufruit, du pere qui a acquis au nom de son fils, & du Procureur qui a acquis peu de tems après le mandement donné pour acquerir, lesquels ne sont censés avoir exercé d'actes de possession, qu'au nom de l'acquereur ou du fils, ou du mandant.

L'autre cas excepté est quand la qualité de procureur, de mari, ou d'administrateur, est exprimée. Car l'acte est présumé fait en cette qualité, à moins qu'elle fût donnée par simple titre d'honneur, comme il arrive en certains cas, lorsqu'un Evêque, un Abbé, prend cette qualité dans un acte. Car il ne s'ensuit pas que ce qu'il fait tourne au profit de ses successeurs, s'il ne stipule expressément pour eux, ou si ce n'est pour chose qui regarde la dignité ou le bénéfice, la qualité sans cela étant prise par honneur. Il en est de même si, sans autre expression, la qualité de l'acte regardoit l'affaire d'autrui, & ne pouvoit regarder en privé nom celui qui agit. Mais si c'étoit pour une affaire commune, la stipulation s'entendroit, comme étant au profit commun.

Tout cela regarde les présomptions qui peuvent se combattre les unes les autres : car si l'on peut prouver clairement l'intention des Parties, on cherche-

NOTES.

(t) V. les nombres 39. & 55.

(u) V. le nombre 56.

roit inutilement des présomptions. Dans le doute, on rassemble & on raproche les différentes conjectures, ainsi que l'on fit dans la fameuse cause de Tancarville, dans laquelle l'espéce étoit que le mari avoit donné à sa femme de grands héritages. Après la mort de l'un & de l'autre, leur fille leur avoit succedé, & étoit morte sans enfans. Les héritiers paternels prétendoient que ce qui avoit été donné, devoit leur apartenir. Les maternels prétendoient le contraire. L'état de la question étoit de sçavoir, si la fille avoit possédé ces héritages, comme biens paternels, ou si en conséquence de la donation, elle les avoit eus comme maternels, & du chef de sa mere. Il falloit recourir aux conjectures & aux preuves, par lesquelles on pût connoître quelle avoit été la volonté de la fille. Car elle avoit pu posséder à l'un & à l'autre titre, ainsi qu'elle l'auroit voulu, puisqu'il s'étoit fait confusion de tous les droits dans sa personne, étant l'agent & le patient pour demander ou contester la donation. La contestation étoit entre Mrs. de Longueville & de Laval. Elle fut décidée en plein possessoire pour le défendeur, qui étoit M. de Longueville, héritier paternel. * Mais le pétitoire étoit indécis, lorsque notre Auteur écrivoit ceci. Il lui suffisoit de raporter la décision du possessoire. Car celle du pétitoire n'auroit pas été de ce lieu; puisqu'il auroit été question ou de la validité de la donation, ou de la reversion à l'estoc du donateur par le décès de la fille sans enfans.]

CHAPITRE VI.

Des Possessions dans la personne de ceux qui acquierent.

63. C'est une maxime générale, qui résulte de tout ce qui a été dit jusqu'à présent, qu'il faut, pour la validité de l'appropriement, qu'il y ait possession de saisi à saisi. Cela supose une possession également réelle dans celui qui acquiert, les possessions artificielles & civiles sont donc inutiles pour les appropriemens. * La Nouvelle Coûtume & les Edits & Reglemens, y ont pourvû & rendent inutile la longue dissertation à cet égard. Car il est dit par l'Art. 269. de la Nouvelle Coûtume, qu'il faut que l'acquereur ait pris possession actuelle, & qu'il fasse bannir le contrat & la prise de possession, de sorte que tout le détail qui est fait ici, ne peut servir que de spéculation pour l'instruction sur la nature des possessions en autre cas.] On ne raportera donc pas ici le long dénombrement des moïens par lesquels, suivant le Droit Civil, le domaine peut être transferé sans aprehension de possession. Car l'acquisition du domaine & de la propriété ne supose pas l'acquisition de la possession, jusques-là même que dans les legs ou donations faites à l'Eglise ou dans les choses dotales, la possession ne retourne pas à la femme sans une nouvelle aprehension.* Ce qu'il faut entendre relativement au Droit Romain, dans lequel il se faisoit une espéce de changement de propriété, comme le mari devenant maître des biens dotaux.]

On passe ici pareillement le dénombrement des possessions artificielles, comme la rétention de l'usufruit, la tradition des clefs, & celle des titres,

&

d'autres pareils exemples, d'où les Jurisconsultes inférent que, par ces moïens & d'autres semblables, il se fait une translation de la possession telle qu'elle résidoit dans celui qui a eu intention de l'accorder. Cela ne peut avoir lieu que dans le Droit Civil, ou à toute extrémité entre les personnes contractantes. Il ne faut à leur égard ni formalité ni réalité, puisque la seule intention suffit. Mais lorsqu'il s'agit de l'interêt d'un tiers, les possessions non réelles sont inutiles, & par conséquent sont rejettées de la matiére des appropriemens. L'Auteur excepte ici le cas où l'on auroit publié les actes qui porteroient une pareille possession artificielle; car elle deviendroit notoire par-là. * Il pouvoit raisonner ainsi sous l'Ancienne Coûtume, qui ne prescrivoit pas la nécessité d'une prise de possession effective.]

64. Il vient ensuite aux possessions justes ou injustes. Il dit que leur validité (x) ou leur invalidité s'entend *sub diverso respectu*, & qu'elles pourroient se soutenir contre celui qui agit comme n'y aïant point d'interêt. Les vices de clandestinité, de violence ou de précaire, qui résultent de cette proposition, qu'il faut qu'une possession ne soit *nec vi*, *nec clam*, *nec precario*, ne regardent donc que ceux qui y sont intéressés, aussi-bien que le vice de mauvaise foi, qui ne regarde pareillement que la personne qui en est blessée, & qui en souffre du préjudice. On tire même la conséquence que ces vices ne sont que respectifs, en ce qu'ils sont purgés lorsque la possession retourne au propriétaire. Il s'ensuit donc qu'il y a deux différentes faces, & que la possession ne peut être dite vicieuse que par celui qui y a un veritable interêt.

65. En traitant des possessions dans la personne des acquereurs, il faut voir si les vices, soit réels soit personnels, nuisent à ces possessions. C'est un principe du Droit Civil qu'aucune des prescriptions qui exigent titre, c'est-à-dire celles de dix & de vingt ans, ne peuvent avoir leur perfection & leur effet, si l'on prouve la mauvaise foi de celui qui possede : & elle consiste dans la connoissance que l'on a, qu'on entre en possession du bien d'autrui; ce qui s'entend à l'égard du véritable propriétaire, & par raport à lui. Cela se confirme à plus forte raison par les Canonistes; mais on ne doit l'entendre que dans les principes de l'un & de l'autre droit. Car la question (y) de la bonne foi est rejettée de la matiere des appropriemens par le Droit Coûtumier. Il ne faut donc parler ici que de la mauvaise foi qui regarde les contractans; & à cet égard on la considére uniquement par raport au tems de l'entrée en possession; car c'est ce qui détermine la qualité des actes postérieurs par continuation. Donc si celui qui a un titre, prend possession malgré son auteur, qui peut avoir des raisons de n'en pas faire la tradition, soit parce que le prix n'a pas été païé, ou par d'autres motifs raisonnables, sa possession peut être vicieuse. Mais elle ne l'est qu'à l'égard du vendeur; & il s'agit de sçavoir si ce vice nuiroit à l'appropriement, par raport à un étranger qui, comme tiers-oposant, allégueroit à celui qui a un titre légi-

NOTES.

(x) V. le Commentaire sur la rubrique, n. 2. & art. 271. n. 11. & 66.

(y) V. la Préface n. 1. l'Art. 275. n. 21 & l'Art. 282. n. 15.

time, que sa possession n'est pas valable, parce qu'elle est de mauvaise foi. C'est un principe ordinaire du Droit que quelque titre que l'on ait, on ne peut entrer dans la possession de la chose venduë, si l'on n'a la tradition du vendeur, ou s'il n'a accordé la liberté d'y entrer, soit expressément, soit en ne l'empêchant pas lorsqu'il en a connoissance. Car il peut avoir ses raisons pour refuser la possession; & quant au préjudice de ce refus on veut y entrer, on est censé le faire *tanquam prædo.* Dans ces principes du Droit on porte la chose si loin, que quand même on le fait en exécution d'un jugement, on ne le peut que par le ministere de ceux qui ont été commis pour cela. Les Auteurs Scholastiques s'intriguent beaucoup sur la question de sçavoir si on le peut *sciente Authore,* & s'il y a un consentement dans celui qui ignore. Il est certain que le consentement, tacite ou exprès, est une permission; & quoique l'investiture faite avec les ceremonies ordinaires, comme *per ensis cinctum*, ou par la présentation de l'étendart ou de la banniere pour les grandes Seigneuries, ne soit pas une tradition, c'est assez pour en induire la permission. Il en est de même, quand le contrat porte qu'on a donné, transporté & assigné. Car cela opere permission; & personne ne doute que cette permission ne puisse être donnée par le contrat. La simple patience opere le même effet; d'où l'on conclut que celui qui entrera par lui-même dans la possession, ne tombera pas dans les vices qui peuvent la rendre nulle. Mais le grand conflit des Docteurs est dans le cas de l'ignorance de l'Auteur; car comme il a été dit plus haut, les uns prétendent que celui qui ignore est censé contredire, les autres que ce n'est seulement que dans le cas où le prix n'a pas été païé. Selon notre Auteur ces deux sentimens ne touchent point au but; & on ne peut dire simplement que quiconque ignore soit censé contredisant, ni que, généralement parlant, on puisse induire la permission du païement du prix. Tout cela doit se mesurer par les motifs légitimes que le vendeur auroit pû avoir de contredire & de refuser la tradition de la possession. S'il n'en avoit aucun qui fût raisonnable, l'ignorance ne serviroit de rien pour le suposer contredisant à la possession en faveur de laquelle est le titre qui précéde; & celui qui auroit païé le prix, pourroit ne pas prendre légitimement la possession, parce qu'il peut y avoir d'autres causes & d'autres motifs pour la différer. Par exemple s'il est dit qu'on ne pourra entrer en possession que dans un certain tems, s'il y a d'autres conditions à exécuter auparavant, ou d'autres pareilles circonstances. A cela près de quel œil pourroit-on regarder un vendeur qui se plaindroit seulement de ce qu'on a pris possession sans son consentement ou son ministére, lui qui étoit obligé de l'accorder, & qui ne pouvoit s'en défendre. (z) Il n'y auroit que le vice de violence qui seroit condamnable, & hors duquel la possession est lé-

NOTES.

(z) V. le nombre 60.

Il n'est pas nécessaire d'apeller le vendeur à la prise de possession. Acte de not. du 16. Mars 1714. 114. *Devolant.* Le motif est que le droit de prendre possession est acquis par le contrat, que l'appropriement ne nuit point au vendeur, & qu'il n'a d'effet que contre les tierces personnes. V. la note sur la rubrique, *n.* 2.

gitime, en vertu d'un titre dont aucun raisonnable motif ne pouvoit empêcher l'exécution.

66. C'est encore ici un détail des opinions des Docteurs, qui varient sur la question de sçavoir si l'on doit païer *præsenti die*, lorsqu'il n'y a point de terme accordé; si la tradition qu'on a faite avant le païement du prix, emporte la conséquence que *fides habita est de pretio*, ou si au contraire la tradition est censée faite pour obliger de païer incessamment, comme le vendeur aïant exécuté de sa part ce qui lui incomboit. Tout ce qu'on peut dire, c'est que réguliérement *pretio non soluto dominium non transit in acquirentem & directa vendicatio datur in rem.* Mais *si fides habita est de pretio*, tacitement ou expressément, (on entend par tacitement les circonstances d'où l'on induit le consentement, par exemple, en matiére mobiliaire, lorsque le vendeur a consenti le transport de la chose, ou qu'en matiêre d'immeubles, le vendeur a souffert l'acquereur pendant quelque tems dans la possession) il n'a plus la vendication, mais l'action *ex vendito*, comme elle compéteroit après une translation effective de la possession. Quand ces circonstances cesseroient, si le vice de la possession ne venoit que du défaut de païement du prix, & que ce fût l'unique motif de la vendication du vendeur, l'acquereur en ce cas pourroit purger le défaut par un prompt païement avant que le vendeur eût formé son action de vendication, ou qu'il eût vendu l'héritage à un autre.

67. Il y a une autre question, qu'il faut traiter ici, comme aïant connéxité avec les précédentes & avec les vices des possessions dans les personnes des acquereurs. Elle regarde celui qui auroit acquis de l'un son titre, & qui auroit reçu d'un autre la tradition. Cette possession pourroit-elle valoir pour la prescription & l'appropriement? Il faut entendre la chose des possessions, qui se prennent sans le consentement du vendeur. Car il n'y auroit aucune difficulté, si la possession avoit été donnée par un autre du consentement de celui qui a vendu, étant certain que c'est la même chose que s'il l'avoit donnée lui-même.

C'est un principe que la possession, quant à l'appropriement, doit être rélative au titre & en conséquence; & la différence de causes & de personnes empêche qu'il se fasse jonction de la possession qu'avoit l'Auteur, à celle dans laquelle est mis l'acquereur (a) pour une autre cause. L'accession de l'une & de l'autre possession est nécessaire, sans quoi l'on ne les peut joindre; & il se fait interruption *propter medium inhabile*, dont on fait ici la comparaison avec les matiéres *quæ ferruminationem non recipiunt.* On fait ici deux exceptions suivant les différens sentimens des Docteurs. La premiére est lorsque l'acquereur possedoit avant son contrat, s'étant mis dans la possession qui étoit vuide. Mais il faut qu'elle précéde le titre, sans quoi elle y doit être rélative. La seconde est lorsque celui qui a mis en possession, est censé l'avoir fait rélativement même au titre, quand il ne paroît rien de contraire.

68. A cette occasion vient la question plus générale de sçavoir, si le titre doit précéder la possession *ad usucapionem aut approprimentum.* Plusieurs Doc-

NOTES.

(a) Sur les accessions de possession, V. Art. 282. n. 25. & suiv.

teurs prétendent que cela sert *ad usucapionem*, & qu'en ce cas il se fait une nouvelle cause de possession par le titre. Salicet y paroît contraire, mais son opinion est détruite par celle des autres Docteurs, avec cette seule exception de la matiére des bénéfices, dans laquelle la possession qui précéde le titre opére intrusion; d'où s'ensuit l'indignité & la déchéance sans retour.

69. Après toutes ces différentes discussions, l'Auteur pose pour principe de notre Droit Coûtumier, que tous les prétendus vices de possession dans l'acquereur soit réels, soit personnels sont purgés par les bannies, si ceux que ces vices intéressent ne se sont point oposés, parce qu'il y a un consentement présumé qui résulte du silence de la partie intéressée.

70. Il reste une question subtile de sçavoir, si pour opérer la prescription, la possession doit être vuide lorsqu'on fait la tradition. On apelle possession vuide celle qui n'est occupée de personne civilement ou naturellement. C'est ici un long tissu de distinctions de celui qui posséde, & de celui qui est seulement *in possessione*, par exemple *si insideat rei conservandæ causâ*. Ces discussions paroissent assez inutiles; & comme il faut posseder véritablement pour pouvoir faire un valable appropriement, il suffit de dire qu'il faut pour cet effet que la possession soit vuide de tout autre détenteur juste ou injuste, & qu'il faut qu'il se fasse une conjonction de la possession du vendeur & de l'acquereur, sans aucun intervalle jusqu'aux bannies & à la certification, pour que l'on puisse dire que la possession est de saisi à saisi. Mais si la détention par un autre n'étoit que *rei servandæ causâ*, elle n'en seroit pas moins censée vuide pour la validité de l'appropriement de l'acquereur qui auroit pris possession.

Voïez ci-après au traité (*b*) des interruptions.

CHAPITRE VII.

Des actes propres à la translation de possession, & de l'effet de la tradition.

71. On se sert de la tradition pour la translation des possessions. C'est un acte de la nature, corporellement exercé, par lequel une chose corporelle est transférée d'une main dans une autre. C'est par là que se forme la possession naturelle, & par des actes sujets aux sens. Les Auteurs ont cependant trouvé d'autres maniéres de transférer les possessions, dont ils se servent en quelques cas. Ils les ont qualifiées de traditions fictives, parce qu'on feint une tradition par l'autorité du Droit, lorsque dans la vérité il n'y en a point eu: par exemple, *in constituto*, dans le précaire, le délivrement des titres & les autres pareils moïens que Balde apelle, avec assez de convenance, traditions artificielles & datives, parce que ce n'est pas par la nature, mais par l'autorité du Droit qu'elles ont été trouvées. Nous les rejettons toutes de l'u-

NOTES.

(*b*) Sur l'Art. 272.

sage & du barreau, comme nous l'avons fait voir en parlant des personnes des Auteurs, & à plus forte raison des acquerurs. Qu'elles demeurent dans le Droit Civil : il nous faut, pour nos appropriemens, des traditions réelles & actuelles, & des possessions de fait. Ce n'est pas que ce qu'on apelle quasi traditions ne soient de quelque usage dans le barreau & dans le commerce. On les nomme telles, par raport aux choses incorporelles qui ne peuvent proprement & réellement être possédées, & qui ne sont point sujettes aux sens, d'où il s'ensuit qu'on n'en peut faire l'apréhension. On a trouvé, pour l'utilité, qu'il falloit pour ces biens des maniéres de possessions & de translations imitatives par certains actes corporels accommodés aux choses, & qu'on apelle, à cause de cela, quasi possessions. Elles ont, à cet égard, le même effet que la possession formelle; ce qui se fait, lorsque par un usage convenable & approprié à la chose, & l'auteur le souffrant, on exerce de tels actes, comme d'aller & venir, regarder par une fenêtre, & l'on apelle cela posséder la servitude de chemin, de passage & de vuë. Comme pareillement, par raport aux magistratures, on exerce la Jurisdiction, on occupe le Tribunal, & on juge; ou par raport aux devoirs féodaux, lorsqu'on fait évoquer les vassaux, & rendre la foi & hommage : dans les canonicats par la séance au Chœur, la présence & la voix délibérative au Chapitre. Il y a d'ailleurs toujours en cela quelque acte corporel, qui tient lieu de tradition. Ainsi le sentiment de Balde n'est pas entierement vrai, lorsqu'il décide que, dans les choses incorporelles, la possession n'est pas nécessaire.

Il y a un autre genre de quasi tradition, lorsque celui qui acquiert le Droit, posséde déja la chose, à l'effet qu'il devienne en même tems acquereur & détenteur, & que par-là il change la cause de sa possession, en commençant d'être détenteur *Jure suo*. Cela se peut de droit, lorsque la cause de ce changement est légitime. La premiére cause de possession s'éteint, & il se commence une nouvelle possession, qui se joint avec la précédente, s'il est besoin, pourvû néanmoins que le vendeur n'ait pas ignoré que l'on possédoit déja la chose, comme dans le dépôt ou le commodat; & il est rare qu'il puisse être censé ignorer cette précédente possession. Quand donc le titre survient, le droit de la possession & de la propriété passe dans le même instant à l'acquereur, quoique, par un ordre de raison, le titre précéde. Par un pareil titre, & dans ces circonstances, l'appropriement édictal peut se faire; & le laps de tems peut avoir le même effet. De-là vient que lorsqu'on a jugé en faveur du défendeur qui est possesseur, il n'est pas besoin qu'il se fasse tradition de possession; & l'on ne dit point que la propriété lui soit transférée. Il en est de même des transactions, dans lesquelles celui qui se demet de son droit en faveur du possesseur, fait la même chose que s'il transferoit la propriété. On répete encore ici qu'il faut présuposer que cette possession ne soit pas ignorée auparavant par celui qui a aliéné.

72. De tout ce qui a été dit jusqu'à présent, il s'ensuit la nécessité de la tradition dans les translations de propriété, pour opérer un appropriement valable; & d'un autre côté cette tradition ne suffiroit pas, s'il n'y avoit titre antécédent ou subséquent. La tradition est donc la derniere perfection du contrat; & nous entendons, par raport aux appropriemens, que la translation

de propriété, par la tradition, est précédée d'une cause de cette même translation, qui est le titre; d'où l'on forme cette régle que, comme les domaines se transferent par la tradition des légitimes propriétaires, ceux qui ne le sont pas donnent, par la tradition des choses dont ils étoient en possession, *usucapiendi conditiones*. Cela fait la difference de deux actions. Si la tradition n'a pas été faite, il compete action *ex empto*. Mais quand elle l'a été, & que le contrat est complet par-là, si l'acquereur est troublé par un tiers, il a l'action *de evictione*. Car avant la tradition, il n'y a qu'une action personnelle *ad tradendum*, l'acquereur n'aïant que *jus ad rem*, & non pas *jus in re*. Il seroit donc inutile de bannir le contrat de vente avant la tradition; & personne ne seroit obligé de s'oposer, puisque la régle *de saisi à saisi* ne se trouveroit pas.

De-là il résulte que, quand la même chose a été venduë à deux différentes personnes par le même ou différens vendeurs, celui qui est le premier en possession (c) est préferé : ce que l'Auteur fonde sur une proposition qu'il établit, que la priorité de date des actes, n'acquiert aucun droit de préférence d'hypotéque, & que plusieurs pareils créanciers ne viennent qu'en concurrence. * Cela n'est pas vrai dans notre usage. Car quand il y a un acte en forme autentique, l'antériorité donne une préférence d'ordre & d'hypotéque de plein droit en vertu de l'acte.]

74. La nécessité de la tradition ne s'entend pas seulement dans les choses particulieres, mais encore dans les universelles, comme dans la vente d'une hérédité, pour laquelle il faut prendre possession de chaque chose en particulier.

75. Si l'on demande les raisons de cette nécessité absoluë de la tradition, Balde en aporte deux : la premiere que, si elle ne se faisoit pas, il s'ensuivroit qu'un contrat, qui est purement personnel, emporteroit la réalité de la tradition, & qu'il n'en résulteroit désormais aucune action pour donner la chose. La seconde que les principes naturels ne peuvent changer par les simples actions des hommes, & que naturellement les domaines ont commencé par les traditions. Or comme cela est essentiel, par les raisons déduites jusqu'à présent, il faut qu'il y ait une preuve légitime de la tradition.

76.* Tant de détails faits jusqu'à présent par l'Auteur & tant de raisons subtilement ráportées, aboutissent à ce seul point qu'aucun Praticien n'ignore, qu'il faut pour l'appropriement qu'il y ait une prise de possession raportée par un acte autentique.] Cela rend inutile la question proposée ici, de sçavoir si, faute de preuve, la tradition peut être présumée. On supose pour cela qu'il y ait prise de possession, bannies & certification, & que tout cela soit disputé par le défaut de preuve de la tradition, soit de la part du vendeur, soit de la part d'un tierce personne. On dit ici que c'est un principe, que ce qui est purement de fait ne se présume point; que c'est d'ailleurs un accident extrinséque qui ne tombe point aussi sous la présomption.

NOTES.

(c) Vraïe, réelle & non feinte, ni précaire. Le Grand, *art.* 144. *gl.* 11. *n.* 9. Belordeau, *lettre A contr.* 19. Devolant, *lettre A ch.* 51.

Mais comme il ne s'agit que de la tradition, & que l'on présupose une prise de possession prouvée, il faut en revenir aux régles & aux décisions expliquées ci-dessus; & y aïant titre suivi de prise possession, on présume la tradition, pourvû que le vendeur ou tout autre auteur n'eût pas un interêt ou un motif raisonnable d'empêcher la prise de possession.

77. Autre difficulté, peut-être trop subtile, qu'on propose ici. On supose qu'il y ait une tradition, mais qu'elle soit simulée. La possession n'en a pas moins d'effet. Car la tradition ne demande point de cause : & elle dépend du simple fait des parties.

Cela s'entend lorsqu'il y a un véritable contrat. Car si le contrat est simulé, *ab antecedente simulato simulata etiam consequentia est*; ce que notre Auteur prétend cependant n'être pas généralement vrai. Car d'un contrat simulé la possession peut être effective & véritable si cela paroît. De-là vient qu'en 1573. on décida l'espéce suivante. Un pere avoit vendu son héritage, & peu après il l'avoit retiré sous le nom de son fils. Il l'avoit vendu ensuite en son propre & privé nom; & l'acquereur s'étoit approprié. Le fils voulut vendiquer l'héritage, prétendant que puisque le retrait avoit été exercé en son nom, l'acquereur n'avoit pas acquis du saisi. Mais on jugea que le retrait étoit simulé, & que le pere n'avoit fait que se servir du nom de son fils, qu'ainsi il avoit vendu valablement. * Cela viendra dans la suite au titre des mineurs, où l'on trouvera une raison plus essentielle dans le texte de la Coûtume, (*d*) qui porte que quand le pere a retiré un héritage au nom d'un ou de plusieurs de ses enfans, cet héritage se partage dans sa succession, comme ses autres biens, s'il n'en a autrement disposé de son vivant.]

78. Vient ensuite la question de sçavoir, si d'un contrat conditionnel, la tradition peut être faite purement & simplement, ou si elle doit être estimée conditionnelle, comme le contrat. [On peut faire la tradition purement & simplement, quoique le contrat soit conditionnel. On peut aussi ne la faire que conditionnellement. Cela dépend des circonstances & du consentement des parties. Dans le doute, la qualité de la tradition est présumée conforme à celle du titre; mais de quelque qualité qu'elle soit, elle est résoluble (*e*) par le défaut de la condition aposée; & l'événement dans les conditions a un effet rétroactif au tems du contrat, comme on le fera voir plus amplement ci-après. * Cela seul pouvoit suffire sans entrer dans la différence de la qualité de la tradition. Car quoiqu'elle soit faite conditionnellement, il semble, nonobstant les discours & les sentimens raportés ici, que si le contrat devient

NOTES.

(*d*) *Art.* 530.

(*e*) Ainsi il est certain qu'on peut s'aproprier d'un acquêt fait à condition de remeré, mais il faut qu'il ne soit pas usuraire. Sauvageau, *liv.* 3. *ch.* 139.

Car si le contrat est pignoratif & usuraire l'appropriement est inutile, parce qu'un contrat de cette nature n'est véritablement qu'un prêt voilé sous le nom de vente pour cacher l'usure. C'est la décision de l'Arrêt du 13. Février 1623. raporté au chapitre 9. de Chappel & par Devolant, *lettre H. ch.* 2. qui en cite un autre conforme du 24. Décembre 1624. *lettre C. ch.* 96. V. *art.* 271. *n.* 56. *& suiv.*

pur & simple par l'événement de la condition, la tradition le devient aussi.]

Cela résulte même de ce qui est dit dans la suite qu'on entend, par les contrats & actes conditionnels, ceux dont la substance & la matiére, qui est le consentement, est fondée sur quelque événement ou cas futur, qui arrivant, le contrat reçoit son entiére perfection, comme si dans le principe il avoit été pur & simple; au contraire, il est considéré comme non avenu, si la condition n'arrive pas. Il y a une suspension de son effet jusques-là, & au dernier cas, il n'est point censé qu'il y ait eu de consentement. Or, sans consentement, il ne se contracte aucune obligation, qu'on dit être la mere de l'action. Il ne se fait donc point de translation de propriété, qu'en vertu de l'événement; de sorte que, *deficiente conditione*, c'est parler improprement de dire que la propriété retourne à sa premiere cause, puisque véritablement cette cause demeure & subsiste.

Ces principes présuposés, (*f*) il faut en venir à ce qu'il s'agit principalement ici d'examiner, sçavoir, si d'un contrat conditionnel consenti *à non domino*, & qui a fait la tradition, il peut s'ensuivre un valable appropriement. Cette question consiste en deux points; le premier regarde les contractans entr'eux: le second regarde les tierces personnes. Il est sans difficulté, sur le premier point, qu'aucune prescription ne peut s'accomplir, que les conditions n'aïent cessé ou reçu leur effet. Cela est certain pour les prescriptions qui demandent un titre; car comme il y sert de fondement, l'annullation, qui résulte de l'événément, annulle la prescription: mais pour celles qui ne demandent point de titre, telles que sont les prescriptions de 30. ans pour les actions personnelles, & de 40. ans pour les choses réelles immobiliaires, elles commencent de courir, au moment du défaut ou de l'événément marqué pour les conditions. De-là vient que celui qui a promis la restitution de la dot, ne peut se servir de la prescription avant la dissolution du mariage, pendant lequel on n'est pas en état d'agir. Mais il faut examiner avec attention les différens cas, pour ne pas tomber dans l'erreur par le défaut d'expérience. Dans les donations qui n'ont pas d'effet présent, & qui se confirment par la mort du donateur, les Jurisconsultes ne fixent la translation de propriété que du jour de la mort, & la prescription ne court que de ce jour-là; mais lorsqu'il est question des appropriemens, l'événement en établit la validité, pourvû qu'on ait pris possession, soit conditionnellement, soit purement & simplement, suivant ce qu'on a déja observé, que l'événement de la condition a son effet rétroactif: de sorte que le contrat est censé avoir été pur & simple dans son principe. On considére en ce cas le tems du contrat, & non pas celui de l'accomplissement de la condition. Il faut s'oposer au contrat conditionnel, parce que les conditions ne sont qu'entre les contractans, & non pas entre les étrangers. Ainsi d'un contrat conditionnel, un appropriement, qui ne regarde que les tierces personnes, ne laisse pas d'être valable, *& habet causam usucapiendi*, quelque résoluble que soit le contrat. Ces principes s'apliquent au retrait lignager pour lequel on doit nécessairement s'oposer, quoique le contrat

NOTES.

(*f*) V. *art.* 271. *n.* 16. *&* *art.* 285. *n.* 2. 14. *&* 20.

soit

ſoit conditionnel; car les conditions ne ſont point ſuſpenſives pour les étrangers. Le ſentiment contraire ne peut avoir d'aplication que dans l'eſpéce où il n'y auroit point eu de tradition ni de priſe de poſſeſſion; car alors tout dépendroit de l'événement de la condition, les choſes demeurant entiéres; mais quand la tradition a été faite, & la poſſeſſion priſe, même conditionnellement, l'événement valide le tout par un effet rétroactif, & l'on doit s'imputer de ne s'être pas opoſé. L'Auteur aſſure ici que ſi une donation eſt à cauſe de mort & par conſéquent révocable par la ſurvie du donateur, cependant ſi elle a été ſuivie de tradition & de priſe de poſſeſſion, l'appropriement eſt valable contre tous étrangers. (g)

79. L'Auteur dit plus; & il ſoutient que quoique les actions, en vertu deſquelles on auroit droit de s'opoſer, dépendent d'un événement ou d'une condition, on eſt obligé de le faire. Il eſt dabord très-certain qu'on le peut; car il y a deux ſortes de plégémens & arrêts: les uns ſont purs & ſimples, les autres conſervatoires. Si, par exemple, il y a procès pour un héritage, & ſi le poſſeſſeur le vend, le prétendant doit s'opoſer, dans la crainte que s'il venoit à gagner ſon procès, il ne ſe trouvât exclus par l'appropriement qui purge tous litiges, & les autres vices dont nous avons parlé dabord. (h)

*80. L'Auteur raporte un autre exemple, dont la déciſion n'eſt pas véritable, & que par cette raiſon même on a intérêt de ſçavoir.] Il dit qu'un mari vendant ſon bien, la femme doit s'opoſer pour ſon doüaire, quoiqu'il dépende de l'événement du prédécès du mari; ſans quoi elle ſeroit excluſe dans la ſuite par l'appropriement. Il renvoïe là-deſſus à ce qu'il a dit ſur l'art. 445. de l'ancienne Coûtume; * mais il eſt certain dans l'uſage que l'aliénation du doüaire ne préjudicie point à la femme.]

Car puiſque par la Coûtume, elle a la ſaiſine de ſon doüaire du jour qu'elle a mis le pied au lit, comme notre Auteur en convient lui-même en cet endroit; il s'enſuit que cette ſaiſine effective, établie par la Loi, empêche que l'appropriement ait effet, ſi ce n'eſt à la charge du doüaire.

81. Ceux qui n'ont que des droits conditionnels, ou non encore échûs,

NOTES.

(g) Cette opinion de M. d'Argentré paroît contraire à tous les principes qu'il a établis ſur le titre des appropriemens. On ne peut s'approprier qu'en conformité du titre; & il faut pour cela que la propriété ſoit transférée par le titre. Or dans l'eſpéce d'une donation à cauſe de mort, la propriété n'eſt point transférée du vivant du donateur, dont la mort ſeule peut établir le droit du donataire. Si la poſſeſſion lui eſt cedée par le donateur, ce ne peut être en vertu du don à cauſe de mort qui réclame même contre cette tranſlation de poſſeſſion. Ainſi la joüiſſance du donataire ne peut être que l'effet d'un conſentement particulier du donateur abſolument différent du titre par lequel la propriété apartiendra au donataire, en cas que le donateur meure ſans avoir révoqué la donation. Peut-on dire que ſur une pareille ceſſion de la poſſeſſion, le donataire puiſſe s'approprier d'un bien dont la propriété ne lui eſt point encore acquiſe? On compareroit mal à propos cette eſpéce aux contrats conditionnels. La différence eſt entiere. Par ces contrats la propriété eſt transférée ſous la condition ſtipulée, & l'acquereur ne s'approprie qu'à la charge de la condition. Mais la donation à cauſe de mort ne donne point au donataire une propriété conditonnelle du vivant du donateur; puiſque la nature de cette liberalité eſt que le donataire ne puiſſe être propriétaire, qu'au moment de la mort du donateur.

(h) V. les nombres 18. & 37.

doivent s'opoſer aux aproprìemens, dont la forme eſt pour apeller tous prétendans droits & intérets. De-là vient que c'eſt une bonne précaution, pour un héritier preſomptif qui voit que ſon pere, ou toute autre perſonne à qui il doit ſucceder, a fait une donation inofficieuſe, de s'opoſer avec proteſtation; car quoiqu'il n'ait encore aucun droit ouvert, cela lui ſert pour diſputer dans la ſuite la donation, lorſqu'il ſera parvenu à la ſucceſſion.

Dans les ventes qui ſe font ſur criées des biens ſaiſis, les créanciers, quoique conditionnels, ſont obligés de s'opoſer; & s'ils ne le font pas, ils ſont exclus, quoique leurs actions ne ſoient pas ouvertes par l'événement de la condition. C'eſt une régle certaine, fondée ſur les principes du Droit & ſur l'autorité des Docteurs.

82. On eſt obligé d'être apellant d'une ſentence conditionnelle dans le tems preſcrit pour l'apel des autres jugemens; & l'on ne doit pas attendre l'échéance de la condition. Le ſentiment contraire eſt une erreur; & il en eſt de même de celui qui cependant eſt aprouvé par de grands Auteurs, lorſqu'une choſe eſt laiſſée conditionnellement par fidéicommis. Si, *pendente conditione*, elle eſt aliénée par l'héritier, les Auteurs prétendent que la choſe ne peut être preſcrite contre le fidéicommiſſaire, & qu'il peut la vendiquer lorſque la condition eſt échuë, par la régle *non valenti agere non currit praeſcriptio*. Il eſt certain au contraire que préſupoſant la poſſeſſion de l'héritier, l'acquereur qui a pris auſſi la poſſeſſion, & qui a fait des bannies & un apropriement, ſera à couvert par la régle de ſaiſi à ſaiſi.

83. Il a été formé depuis quelque tems une opinion encore plus ridicule, par ceux qui ont été établis Juges par le miniſtère d'Hebé & de Mercure. Ils s'étoient imaginés qu'une vente aïant été faite à grace de réméré, les parens n'étoient obligés d'exercer l'action de retrait lignager, que quand le contrat avoit eu ſon effet définitif par le défaut de rembourſement au terme. C'eſt ne pas voir en plein midi, & confondre un contrat dont la ſubſtance eſt miſe dans la condition, & celui qui eſt ſans doute pur & ſimple, mais réſoluble ſous condition, quoique ce ſoient deux choſes diamétralement opoſées. On a fait voir ci deſſus que le domaine ſe tranferoit même pour les contrats conditionnels, lorſqu'ils avoient été ſuivis de poſſeſſion, & qu'ainſi toutes perſonnes doivent s'opoſer ſans quoi elles ſont excluſes par les aproprìemens, parce qu'à l'égard de tous autres que les contractans, le contrat conditionnel *pro puro habetur*, la condition ne s'opoſant pas à la ſubſtance du contrat; & dans le contrat à grace de remeré, c'eſt le ſeul remeré qui eſt en condition, & non pas la vente: le contrat a toute ſa perfection, de même que s'il étoit pur & ſimple: de-là vient que l'acheteur joüit cependant de la choſe, & fait les fruits ſiens. Il peut même revendre comme propriétaire, quoique ſous la même condition de remeré. Ce pacte de reméré ne reſoud pas le contrat de plein droit. Il exige que le fait de l'homme intervienne; & il differe de la vente *ſub pacto legis commiſſoriae & adjectionis in diem*, qui emportent leur réſolution de plein droit. * Ces diſtinctions ne ſervent que pour une notion plus particuliere, puiſque l'Auteur poſe pour principe que les étrangers ſont toujours obligés de s'opoſer; & il ne ſe ſert de la différence que pour raiſonner *à fortiori*.]

84. On vient ensuite aux contrats *sub modo*, dans lesquels l'Auteur trouve encore moins de difficulté, parce qu'il naît incontinent action, en donnant caution *de modo implendo*. Ainsi la translation de propriété n'est point suspenduë; & la chose ne peut être vendiquée *per non implementum modi : condici tantùm potest*. * Ce sont des distinctions subtiles entre le mot de vendication & de répétition.] Il faut donc s'oposer à l'appropriement de pareils contrats, lorsque le *modus* ne regarde que les contractans. Car s'il étoit à l'avantage d'une tierce personne, elle n'auroit pas besoin de s'oposer, le contrat ne pouvant être banni qu'avec cette circonstance qui est à son avantage. Ainsi le contrat en vertu duquel on s'approprie, interrompt pour elle.

85. On finit par une derniere question au sujet d'un contrat par lequel il seroit dit que l'acquereur ne pourroit faire de bannies ni d'appropriement que dans un tems marqué. On fait souvent de pareilles stipulations dans les contrats de remeré, par l'espérance qu'a le vendeur de rembourser & de rentrer dans le tems marqué, ou bien, lorsqu'il ne veut pas que dans cet intervalle la vente soit publique. Il est sans difficulté que l'appropriement ne peut nuire au vendeur en pareil cas. L'Auteur distingue cependant entre la stipulation inserée dans le contrat même, & celle qui est mise dans un acte séparé. Il dit qu'il y auroit de grandes raisons en ce dernier cas pour exclure le vendeur qui ne s'est pas oposé. Il ajoute cependant que quelque force qu'aïent les appropriemens, il faut que les conventions soient exécutées entre les Parties, & que celle-ci, quoiqu'elle soit *ex intervallo*, est toujours censée rélative au contrat, que l'on doit croire n'avoir été passé qu'en cette vûë. A l'égard des étrangers, ils sont obligés de s'oposer : mais l'Auteur prétend qu'il y auroit fraude & vice, si l'on n'avoit pas banni cette condition avec le contrat, lorsqu'elle y est inserée; mais que si elle est séparée, ils seroient obligés de s'oposer. * Dans l'usage la condition de ne se point approprier, que dans un certain tems & pendant le remeré, ne regarde point certainement les étrangers. Elle ne sert que pour empêcher l'acquereur d'emploïer les frais de la prise de possession, bannies & appropriemens, dans les loïaux-coûts, en cas de remboursement.]

CHAPITRE VIII.

De ceux qui peuvent faire la tradition de la possession.

86. A regarder la tradition comme un simple acte de fait & de la nature, toutes personnes en sont capables. Mais à la considérer, comme nous faisons ici, *ad effectum Juris*, & pour la translation des domaines, ou pour les conditions de prescrire, nous disons que ceux-là le peuvent, ausquels il est permis d'aliéner, puisque c'en est une suite & une conséquence. Les mineurs, les prodigues, les insensés, & tous ceux qui sont incapables de consentement, ne peuvent donc faire valablement de pareilles traditions. Les Procureurs *ad negotia* ne le peuvent aussi, quelque général que soit le mandement. Quelques-uns en exceptent ceux dont le pouvoir est *cum liberâ*

Mais notre Auteur soutient que, dans l'usage, on n'a jamais porté la liberté jusques-là, si cela n'est spécialement exprimé.

Du pouvoir d'aliéner résulte celui de faire la tradition, puisque c'est une conséquence du pouvoir de vendre. Ce pouvoir a tant de force, qu'après la mort de celui qui l'a donné, le Procureur peut faire la tradition, *tanquam ex debito antecedentis obligationis.* Celui qu'on apelle simplement *negotiorum gestor*, peut faire une tradition valable, pourvû qu'il y ait ratification. Ce qu'on a dit sur la tradition faite par le Procureur constitué pour vendre, supose que le prix soit paié. Car celui qui n'auroit de mandement que pour cela, ne pourroit *fidem habere de pretio*, c'est-à-dire, vendre à crédit, si cela ne lui étoit permis spécifiquement : du moins il ne pourroit faire la tradition qu'après le prix païé.

CHAPITRE IX.

De ceux à qui la tradition peut être faite ou acquise.

87. Par les principes du Chapitre précédent, ceux qui peuvent acquerir peuvent recevoir la tradition. Il faut dabord que la personne soit capable de connoissance, & de consentement. Ainsi un pupille peut, dans les choses qui lui sont utiles, entrer en possession, *nisi intellectu careat.* Il n'y a nulle difficulté au surplus que son tuteur ne puisse prendre la possession pour lui. Par la même raison un Procureur la peut prendre, celui même qui n'a pas de mandement, *Domino posteà ratum habente* : car on le peut même *ignoranti, sed usucapiendi conditio & principium scienti Domino acquiritur.* * Le mot *Dominus* en tous ces endroits signifie celui pour qui on fait la chose.]

En matiére bénéficiale il faut un mandement exprès pour prendre possession. Une des raisons est que la prise de possession emporte souvent incompatibilité avec d'autres bénéfices que l'on posséde déja. * C'est la seule raison que l'Auteur raporte; mais il y en a encore de plus essentielles.]

Quant à la différence d'intention de celui qui fait la tradition, & de celui qui la reçoit, l'Auteur établit cette régle que la propriété dépend de la volonté de celui qui la donne, & la possession de celui qui reçoit la tradition. * Tout cela est plus subtil que nécessaire; car rarement peut-on imaginer le cas d'un mandataire, qui aïant acquis pour autrui, voudroit se prévaloir de la volonté qu'il auroit euë de recevoir la tradition à son seul profit.]

CHAPITRE X.

Des choses dont on peut faire la tradition.

88. La tradition peut être faite de tout ce qui peut être possédé & tomber dans le commerce. Il faut donc excepter les choses sacrées & religieuses ou publiques, & le Domaine du Roi. On en fera le détail ci-après. La raison en est la cause perpétuelle de prohibition, qui emporte impossibilité d'acquisition.

Nous avons dit ci-dessus, qu'à proprement parler, on ne posséde point les choses incorporelles, & qu'ainsi il ne s'en fait pas de réelle & véritable tradition; mais Balde se trompe lorsqu'il dit que la translation de propriété à cet égard ne demande pas de possession; car pour la translation de propriété, il faut qu'il y ait possession ou quasi possession, par quelque acte corporel convenable & approprié à la chose.

89. On doute s'il peut y avoir tradition & possession d'une chose incertaine, & c'est une régle de droit qu'on ne peut posséder la partie incertaine d'une chose, si cette incertitude est en même tems *ratione loci & ratione quotæ.*

La quotité est incertaine, quand on ne sçait point quelle partie elle fait dans la chose; & par conséquent, lorsqu'il est incertain, ce qui entre dans le contrat. Il y a incertitude à raison du lieu, quand on ne peut montrer au doigt où cette partie est située, ce qui arrive dans toute partie qui échoit d'une chose indivise; car quoique le fonds commun indivis soit sujet aux yeux, cependant la partie indivise ne le peut être, puisque vous ne pouvez dire que telle motte de terre, telle souche, & enfin telle partie vous apartienne, & que vous la possédiez, pendant qu'elle est autant à autrui qu'à vous. Mais on doit ajoûter que puisque la possession doit être locale, il faut en même tems que le lieu & la quotité soient en incertitude; car ce qui est certain *ratione loci*, peut être possédé, quoique la quotité soit incertaine, c'est-à-dire, qu'on ignore si c'est la moitié, le quart ou le tiers &c. & lorsque la quotité est certaine, l'incertitude du lieu n'empêche pas la possession. Ce n'est que la double incertitude (*i*) qui emporte l'impossibilité à sa réalité; d'où il s'ensuit que quand on vend simplement tout & tel droit que l'on a en telle chose ou en tel fonds indivis, la tradition qui en seroit faite, n'attribueroit pas de cause de prescrire ou d'approprier. On donne ici l'exemple de l'incertitude *ratione quotæ*, lorsque le contrat porte, *je vous vends ce qui est depuis cette pierre jusqu'à cette autre.* Car cela désigne bien le lieu, & non pas la quantité; au contraire, *je vous vends un quart, un tiers, &c. qui m'apartient par indivis*: la quantité est certaine, & le lieu est incertain. On raporte ici une consultation de Barthole dans cette espéce. Quelqu'un a vendu trois cordes, ou trois journaux, & telle autre mesure dans un tel fonds, & dans la partie que choisira l'acquereur. Il nie que la possession ait été transférée; parce que, dit-il, l'incertitude est également *ratione quotæ & ratione loci*, ce lieu étant encore au choix de l'acquereur, lequel ne l'a pas consommé lors du contrat, & que d'ailleurs il faut considérer la vente comme conditionnelle, jusqu'à ce que le mésurage ait été fait. Jason n'aprouve pas ce sentiment, quoiqu'aprouvé par

NOTES.

(*i*) Dans le cas même de cette double incertitude, la prise de possession, & l'appropriement peuvent avoir lieu; & tout dépend de l'événement. Par exemple, il est incertain si un héritage fait partie d'une succession; & il est également incertain quelle part celui, qui se dit héritier, doit avoir dans la succession. Il vend son *quidquid juris*; & l'acquereur prend possession de l'héritage pour la part qui doit revenir au vendeur. Il s'approprie: après l'appropriement les discussions sont terminées; l'héritage est déclaré dépendant de la succession; & la part héréditaire du vendeur est fixée. Il paroît certain qu'alors l'appropriement a un effet aussi entier, que si l'incertitude *ratione loci & quotæ* avoit cessé avant la prise de possession.

tous les Jurisconsultes; car la quotité est certaine par la quantité des trois cordes ou journaux: & ce sentiment, quoique contraire à celui de tant d'autres, n'est pas destitué de raison.

90. De ces observations il résulte que la vente qui seroit faite de tout & tel droit qu'on auroit dans un certain fonds, n'opéreroit pas un valable apropriement: car ce qui est vendu de cette sorte, ne peut être possédé. (k) Cela ne s'entend cependant que de la possession, & il n'en faut pas conclure l'inutilité ou l'invalidité du titre; car il est valable, & l'on peut acheter une chose incertaine, puisqu'on achete bien un coup de filet. Le titre consiste dans le droit; mais l'effet d'un pareil contrat dépend de la preuve des droits du vendeur, sans laquelle il devient vain & inutile; & les Docteurs le trouvent périlleux: car outre qu'il ne peut procurer rien qui opére la prescription, le vendeur n'est pas même tenu de l'éviction; & ce qui doit surprendre davantage, il n'est pas obligé à la restitution du prix après l'éviction, s'il ne sçavoit positivement qu'il n'avoit aucun droit, par exemple, s'il avoit vû les actes par lesquels son pere avoit vendu la chose. C'est pourquoi les acheteurs précautionnés exigent que l'on spécifie dans les contrats les fonds & les droits qu'on leur vend, parce qu'on est tenu de l'éviction de tout ce qui est exprimé. Cet intérêt est réciproque; car le vendeur ne doit exprimer que ce qu'il peut fournir & garantir. On ne doit donc laisser sous la Généralité de tout & tel Droit, que les circonstances & dépendances. On aporte ici la comparaison des confirmations de priviléges accordés par les Rois aux Villes & Communautés, dans lesquelles on met la clause de tous droits qu'elles ont, & dont les prédécesseurs ont joüi; car il en faut revenir à ce qui a été primitivement accordé, & aux droits dont on est en possession: cela ne supose aucun nouveau droit, s'il n'y en a une disposition particuliére.

91. Dans les lieux où l'institution d'héritier est permise, le fils ne peut se dire héritier saisi de sa légitime, & ne peut en prendre possession; car il doit la recevoir de l'héritier universel institué: & le lieu & la quotité sont incertains. Si la légitime paroît déterminée eu égard au nombre des enfans, comme elle n'est dûë que *deducto are alieno*, cette diminution la rend incertaine, à cause de l'incertitude de la quantité des dettes. * Il faut se rapeller souvent, sur plusieurs des points qui paroissent singuliers dans ce traité, qu'on n'y raisonne que dans les principes du Droit Civil & des Docteurs.]

92. Aussi notre Auteur trouve mauvaise la raison qu'ils donnent, puisque l'on sçait toujours la quotité, quoiqu'on n'en sçache pas la valeur; & quoique la quotité d'une baronnie soit moindre que celle d'une métairie, on sçait toujours que c'est le tiers ou le quart de l'une ou de l'autre. Il faudroit donc, pour former l'incertitude sur la quotité, que le nombre des héritiers, qui sont fondés dans la légitime, fût incertain.

93. On peut faire aplication de cette espéce à nos usages, par raport aux successions nobles. La maxime y est plus vraie, non par l'incertitude de la quotité, mais parce que la saisine totale réside dans l'aîné, & que par conséquent

NOTES.

(k) V. la note précédente.

elle ne peut résider dans plusieurs. C'est la même chose que si plusieurs prétendoient être assis dans un même lieu spécifique, l'incertitude de la quotité ne peut donc regarder en ce cas que la circonstance dans laquelle on ignoreroit le nombre des enfans. L'Auteur détruit aussi l'autre raison fondée sur l'incertitude de la quantité des dettes; car cela ne fait rien pour la quotité, qui n'en sera pas moins un tiers ou un quart de la succession, sauf la contribution aux dettes à proportion.

On (*l*) conclut ici de la saisine générale de l'aîné. 1°. Que le puîné vendant sa portion, pendant que la saisine de l'aîné subsiste, l'acquereur ne peut s'approprier n'aïant point acquis du saisi. 2°. Que si l'aîné a vendu le tout, & si les puînés ne se sont pas oposés à l'appropriement, ou dans l'an, depuis l'appropriement, en cas qu'ils fussent absens de la Province, ils sont exclus, sauf leur action vers l'aîné. Cela paroît dur; mais l'utilité publique doit prévaloir: & l'Auteur prétend que cela a été jugé tant au Parlement que par lui-même.

94. L'incertitude de ce qui est porté au contrat peut être déterminée rélativement à ce qui y est référé, lorsque l'on parle de ce qu'on a eu par tel acte ou tel moïen. Elle se détermine aussi par l'induction spécifique en possession, ou lorsqu'étant parlé de circonstances & dépendances, on a pris possession d'un fonds déterminé. Il faut excepter de l'incertitude des possessions, les possessions ou saisines légales qui se transférent par le Droit de la Coûtume, par exemple, celle des choses héréditaires entre les héritiers. On établit ici comme un principe autorisé par le Droit, que quand on a vendu en général un fonds, mais fixé à certaines bornes, & qu'on l'a possédé sous des limites plus étendues, la prescription peut avoir lieu. (*m*)

95. Pour donner plus de jour à cette matiére, on demande si quand un château, une maison de campagne, ou autre chose, située à la campagne ou

NOTES.

(*l*) Ce qui a été dit, *art.* 69. sur la question de sçavoir si l'aîné noble donne ouverture au rachat de tous les biens par sa mort, ou s'il n'a lieu que pour les deux tiers, peut servir à décider si, l'aîné aïant vendu le total des biens, l'appropriement est valable. Quelques anciens Arrêts avoient donné atteinte à la maxime que la saisine de l'aîné n'est point une possession en son nom & à titre de propriété de la portion qui apartient aux puînés, qu'ainsi il n'y a point à cet égard d'appropriement, faute d'avoir acquis du saisi en son nom. Cette maxime est constante aujourd'hui; & les puînés sont seulement exclus de s'oposer à l'appropriement, lorsqu'il reste assez de biens nobles non vendus pour asséoir le tiers des puînés, que l'aîné a droit de leur désigner où il lui plaît. On suit en cela l'esprit de la Coûtume dans l'Art. 550. & de la Jurisprudence conforme à cet Article. V. Sauvageau sur du Fail, *liv.* 1. *ch.* 202. *&* 252. & Hevin, *Consult.* 119.

De ce principe il résulte que le puîné vendant sa portion, l'appropriement de l'acquereur est valable.

(*m*) Cela ne souffre pas de difficulté, lorsque l'expression du contrat de vente commence *à corpore* & non *à quantitate vel mensurâ*. V. *art* 283. *n.* 9. & Hevin, *Quest. Feod. pag.* 182. Mais quand même le contrat contiendroit la limitation expresse à une certaine étenduë, l'acquereur, qui ne pourroit pas s'approprier au-delà de cette limitation, pourroit prescrire par 40. ans le reste de l'héritage, puisque, pour cette prescription, il n'est pas besoin de titre ni de bonne foi.

à la ville, consiste en plusieurs dépendances particulieres, il faut prendre une possession specifique de chaque corps particulier pour la validité d'un appropriement. Plusieurs ont traité cette matiére : leur concours dans le même avis est rare ; & aucun n'a écrit d'une maniere accommodée à l'usage qui fait mieux entendre la chose. Les clauses ordinaires des contrats sont, pour les maisons de campagne, *la maison*, *manoir*, *terres*, *seigneuries*, *& apartenances d'un tel lieu*, & pareille spécification s'il y a château que l'on qualifie tel dans le contrat. Dans les villes la dénomination des choses est plus étroite, par les débornemens & les voisins; & quoique nous parlions ici seulement de la tradition des possessions, il en faut faire principalement l'aplication aux titres, afin d'en conclure qu'il n'a point été fait tradition au-delà de ce qui est marqué dans l'aliénation. Car cela seroit contre l'intention des parties, quoiqu'on ne nie pas que cela peut quelquefois arriver. Il n'est pas besoin d'entrer ici dans la différence des corps que l'Auteur aporte suivant les Jurisconsultes. Il suffit d'en venir au principe qu'il établit, que la prise de possession ne se fait pas d'une chose par une autre distincte. Il y a cependant des corps qui sont composés de plusieurs, comme un édifice, un navire qui fait un tout ; ce qui fait la différence dans les possessions. Pendant qu'une chose est, pour ainsi dire, cohérente à une autre, elle en conserve la nature, & reprend la sienne propre quand elle en est séparée. Le principal doute est par raport à ce qui est composé de plusieurs corps singuliers mais séparés & non cohérens, & qui sont compris sous un nom collectif, comme *grex*, *armentum*, ce qui vient à l'objet de notre traité, dans lequel *villa*, *castrum*, *maison de campagne*, renferment l'université d'un certain tenant de piéces de terre, qu'on ne considére point par elles-mêmes, mais par leur tout. Car si on les considéroit séparément, elles auroient leur cause particuliere de possession; aulieu que quand elles sont comprises sous un même nom général, la possession du chef-lieu emporte la possession du reste.

96. Il y a au surplus des observations à faire à cet égard, que l'Auteur prétend n'avoir point encore été faites. Dans le stile de nos Notaires, il y a d'ordinaire. *A ledit* N. *vendu & transporté*, *la maison*, *manoir*, *terres*, *seigneuries*, *droits & apartenances d'un tel lieu*. L'intelligence de chacun de ces termes fera connoitre de quoi il a été fait tradition, & quelle est la possession rélative à un pareil titre. (*n*) Quand donc pour les biens de la campagne, on emploïe le nom de maison, *castrum*, cela comprend plus d'étenduë, que par raport aux maisons de ville dont la spécification est plus limitée. Car on supose qu'une maison de campagne n'est pas bornée à ses seuls édifices & à ses cours; on y supose un territoire attaché, & même les moulins & péages qui en dépendent. L'Auteur fait ici une grande description de toutes ces sortes de dépendances, qui ont leurs dénominations particuliéres, mais renfermées sous le nom général de *castrum*. Il en est de même de *villa*, & de ce que nous apellons *métairie à medietate fructuum*, la condition la plus ordinaire étant le partage des fruits avec le fermier. D'où suit le sentiment

NOTES.

(*n*) Sur ceci & sur ce qui suit, V. Hevin sur Frain, *Pl. 92. p. 444. & suiv.*

commun

commun des Docteurs que ces termes généraux renferment l'universalité de toutes les dépendances, & que *vendito castro & tradito, vendita quoque Jurisdictio, territorium & districtus ei coharens*, que par conséquent tous les droits de fief sont compris avec la subjection & redevance des vassaux, jusques-là même que si l'on a vendu *medietatem castri*, Ludovicus Romanus prétend que cela emporte la moitié de la Jurisdiction, & que si, par exemple, on avoit vendu la moitié de Châteaugiron, quoiqu'on n'ait pas ajoûté *castri vel agrorum*, cela s'interpréteroit contre le vendeur; que si par la même raison l'on avoit vendu telle maison, si elle est à la campagne, cela emporteroit la généralité des terres, car c'est un nom collectif qui comprend l'universalité. (o)

L'expression qui suit de *terres*, leve encore plus le doute. Car quoique la maison de campagne renferme la généralité, cela marque encore davantage les dépendances.

Quant aux mots *de Seigneurie, droits & apartenances*, il semble que cela renferme tout, & même la Jurisdiction. On fera voir dans la suite que quand la vente porte simplement *la maison & terres*, cela ne s'entend que du domaine, & ne renferme pas le fief & la jurisdiction. Celui de *droits* peut être interprété rélativement à ce qui est exprimé auparavant, & à quoi ce mot, tout général qu'il paroît, a sa limitation. On dit la même chose du mot d'*apartenances* qui peut ne regarder aussi que les dépendances de ce qui est exprimé. Il faut donc considérer ce qui est rélatif, & qui vient par conséquence. Ainsi quand on parle de *moulins*, on est censé parler de leur distroit, & du droit d'y assujettir les destreignables. (p)

97. A l'égard des péages, & autres pareils droits qui se levent par le propriétaire d'une terre ou seigneurie, l'Auteur dit ici que ce sont des droits domaniaux & non féodaux, & qu'ainsi le transport qui seroit fait du domaine de la terre, emporteroit ces droits sous le nom de dépendances. Il dit la même chose des corvées qui sont dûës à cause du domaine. * Cela souffre, quoiqu'il puisse dire après les Docteurs, de grandes exceptions, & de grandes difficultés.] Il n'en fait qu'une cependant, qui est par raport à la vente du fonds particulier dans lequel le péage est perçu; & il décide, avec les Docteurs, qu'il faut que tout le domaine soit transferé, parce que ce droit dépend du total du domaine, & que la partie où on le perçoit n'est que le lieu de l'exercice & de la perception, sans qu'il y soit plus spécifiquement attaché qu'à tout le reste.

98. On vient ensuite à ce qui regarde le patronage. Si quelqu'un possede dans un village quelques fonds ou droits, & s'il vend tout & tel droit qu'il y peut avoir, ce n'est point un transport général qui emporte le patronage; non plus que si quelqu'un a un fonds ou un manoir, où il y ait Eglise ou Chapelle, & qu'il vende le fonds, l'Eglise ou la Chapelle n'y est pas comprise: mais s'il vend le manoir ou château d'un tel lieu, c'est un titre universel qui emporte les droits honorifiques.

NOTES.

(o) V. Hevin sur Frain, *Pl. 36. n. 25.* (p) V. la Préface du titre des moulins.

Il reste le mot *d'apartenances & dépendances*, dont il faut sçavoir le sens & l'effet. Selon le chap. *cùm ad sedem extrà de restitut. spoliat.* les apartenances sont ce qui par la Loi, le Statut ou la Coûtume est dédié pour faire l'accessoire & partie de la chose. L'Auteur ajoûte ce qui, par la destination du pere de famille ou par privilege, a la même destination. On entend par privilege ce qui, en vertu de lettres du Prince, fait que plusieurs choses, quoiqu'auparavant séparées, sont unies sous un même titre ou chef-lieu, comme il arrive à l'égard des Duchés, Baronnies ou Comtés que l'on compose de plusieurs terres & seigneuries.

99. La possession en ce cas n'est point nécessaire de chaque corps en particulier. Car la translation qui est faite, par exemple sous la dénomination de Comté, & la prise de possession du chef-lieu, sans aucun détail particulier, est suffisante, comme l'Auteur le remarque, par raport à ce qui étoit arrivé de son tems pour le Duché de Penthievre. Il dit que la prise de possession faite à Lamballe, qui en est le premier Siége, ne demandoit point qu'on la fist à Moncontour ni à Guingamp.

100. Pour la destination du pere de famille, qui met entre les dépendances ce qui n'en étoit pas, elle se prouve par son fait, ou par une déclaration expresse de son intention, ou par la longue possession, lorsqu'il joindra des prés, des vignes, ou des bois qui sont nécessaires à l'usage de sa maison de campagne, ou quelques métairies *finium prorogandorum causâ*. Mais il faut quelque acte de fait, par lequel il paroisse qu'on a voulu faire l'union, & que cet acte de fait ôte la présomption que c'est seulement pour une plus grande commodité ou utilité. Il ne suffiroit pas d'avoir affermé à un seul & même fermier, si ce n'est sous un seul & même titre d'union. On ne peut nier cependant que ce ne soit une grande conjecture : mais elle se fortifie encore si, par exemple, on a fait abatre un fossé ou une haïe de séparation, & si la maison manquant de bois ou de vignes, l'acquisition qu'on en fait a pour objet le service perpétuel de la maison de campagne. Il n'est pas besoin d'entrer dans les autres conjectures aportées ici, ni dans celles qui y sont oposées.

101. L'Auteur dit ici que si celui qui a un manoir de campagne, lequel n'avoit point de Jurisdiction, acquiert dans la suite la Jurisdiction, cette Jurisdiction *non cedet castro, & tradito castro ea Jurisdictio non veniet in universale*. Ausurplus il prétend que la quantité du prix est une conjecture considérable de la destination & de l'union, parce qu'on présume que si telle chose n'étoit pas au nombre des dépendances, il y auroit une grande disproportion.

102. * Il semble que ces détails, sans toutes les répétitions que l'Auteur fait ici, suffiroient pour faire entendre en quels cas la Jurisdiction passe sous la généralité d'un contrat. On sçait bien qu'elle peut subsister séparément du fonds, & que les fiefs & bailliages sont distingués du domaine. Ainsi tout dépend des clauses plus étenduës ou plus limitées, pour l'affirmative ou la négative.]

103. Le mot *Seigneurie* est équivoque : car il peut s'entendre de la proprieté du principal domaine. Ainsi il est nécessaire d'exprimer le fief, bailliage ou obéissance qui renferme le droit de vassalité. Mais de plus il y a des

fiefs détachés, qui ne viennent point dans la vente du domaine principal. Ce sont des fiefs acquis par les Seigneurs, ou qui leur sont venus de succession. On en donne ici les exemples par les dénominations, telles que *Vitré à Rennes*, *Fougeres à Rennes*, *Malestroit à Dol*, *Malestroit à Poligné*, *Beaufort à Dinan*.

104. Il faut parler maintenant de la maniere de la tradition, & de l'exercice de la possession dans les choses de fief ou de Jurisdiction. Lorsqu'il est question de la validité d'un approprïement, la possession se prend de tout le fief & de toute la Jurisdiction par un seul acte comme d'une chose indivisible. Mais lorsqu'il s'agit de la simple prescription, comme elle est *contra nolentem*, elle se borne à ce qui a été possédé spécifiquement, suivant la régle *tantum præscriptum quantum possessum*. Quant aux actes par lesquels on prend la possession du fief & de la Jurisdiction, ils consistent dans l'évocation des Vassaux, la réception des hommages, la création d'officiers, les réceptions d'aveux ou reconnoissances. Mais au surplus quand le fief & la Jurisdiction ont été transportés avec la terre, comme y étant unis véritablement, il suffit de prendre possession du manoir principal, sans qu'il soit besoin de la prendre spécifiquement de toutes les dépendances. Si c'est un bailliage séparé, il suffit de prendre possession d'une des subjections du fief: cela emporte tout le reste, & il n'est plus besoin des attournances & *avirances* des vassaux, & démissions de foi que l'on suposoit autrefois nécessaires pour la prise de possession de fief. Car à l'exception de la révérence personnelle & de l'obéïssance du Vassal au Seigneur, tous les droits féodaux sont dûs *à re rei*; & par conséquent la prise de possession du fief dominant, emporte celle du fief servant. Cela doit cependant s'entendre par raport aux vassaux qui demeurent & qui sont dans la subjection féodale. Car ceux qui ont dénié le droit, & qui se sont acquis la liberté par-là, ne peuvent être compris sous la prise de possession, puisqu'il faut avoir acquis du saisi.

105. * Cette observation de l'Auteur ne seroit-elle point inutile ou mal placée? Inutile, parce qu'on sçait bien que la prescription opére un retranchement des anciens droits, & la réduction à ce qui reste; de sorte que le contrat & la prise de possession ont leur effet limité, sauf la garentie en cas d'expression particuliere de ce qui est prescrit. Mal placée, parce que s'agissant de la possession de saisi à saisi, le vendeur ne peut avoir donné ce qu'il n'avoit plus; & ce seroit même faire naître mal à-propos un doute où il n'y en a point. Un Seigneur vend son fief & sa seigneurie en entier, circonstances & dépendances. Quelques vassaux lui ont dénié les droits, & même la mouvance quelque tems auparavant. Il cesse à cet égard d'être en possession. On pourroit induire du raisonnement de l'Auteur que ces mouvances contestées n'entreroient pas dans le contrat & dans la possession en conséquence. Ce seroit (q) cependant une erreur, puisque pourvû qu'il n'y ait

NOTES.

(q) Car le fief étant vendu avec toutes ses dépendances, la prise de possession comprend tous les droits attachés au fief, & toutes les actions que le propriétaire peut diriger pour la conservation de ses mouvances, & même pour obtenir la commise de la mouvance desavoüée.

point encore de prescription accomplie en conséquence de la dénégation, l'appropriement auroit aussi-bien son effet pour cette partie déniée que pour le reste, & l'acquereur ne feroit exposé à aucune autre contestation qu'à celle qu'il faudroit agiter avec les vassaux qui ont contesté la mouvance, sans qu'aucune tierce personne puisse suposer qu'il n'est pas valablement approprié à cet égard.)

106. On finit ce Chapitre par la question sur le transport des biens présens & futurs. L'appropriement ne pourroit avoir lieu que pour les présens. Car il faut une possession réellement prise de saisi à saisi, ce qui ne peut être pour des biens non encore échus.

CHAPITRE XI.

Dans quel tems la tradition doit être faite.

107. Elle doit être avant les bannies & continuée jusqu'à leur certification, sans quoi l'appropriement est inutile.

CHAPITRE XII.

Comment se fait la tradition.

108. On a déja dit mille & mille fois que c'est par des actes naturels dans les choses corporelles, & dans les incorporelles par des actes appropriés à la nature de la chose.

CHAPITRE XIII.

En quels termes se fait la tradition.

109. Quant aux termes qui font foi de la tradition, il faut observer deux choses. La premiére, que dans une matiére qui dépend absolument du fait, & qui exige des actes réels, il n'est pas besoin de paroles ni d'actes civils. La seconde, que l'expression de tradition portée par le contrat est inutile ou insuffisante, puisqu'elle ne supose autre chose que la cession du droit du vendeur, à moins que la tradition se fist quand ce qui est vendu *est in præsentiâ*, comme il arrive pour les meubles qui se délivrent de la main à la main. Cela ne peut servir tout au plus que pour donner le droit à l'acheteur de se mettre en possession, sans que le vendeur puisse s'en plaindre, quoique dans la vérité un pareil acte ne suffise pas pour constituer l'acquereur Procureur *in rem suam.* * C'est encore ici un rafinement d'érudition, comme beaucoup d'autres qu'on a vûs jusqu'à-present dans ce Traité, & par lesquels l'Auteur y a jetté beaucoup d'embaras. Il falloit se fixer à ce qui viendra dans la suite pour la prise de possession, y aïant des régles certaines établies à cet égard; & pour faire voir l'inutilité des observations qu'on vient de raporter, on supose que

le contrat soit passé dans le lieu même, où la réelle possession pourroit être valablement prise, & par conséquent où la chose seroit en quelque sorte *in præsentiâ*. Cela auroit pû opérer une prise de possession, puisque le vendeur se seroit dévêtu de la chose même entre les mains de l'acquereur; mais tout cela est inutile, puisque la prise de possession doit être aujourd'hui séparée du contrat, étant nécessaire qu'elle soit précédée d'insinuation, formalité postérieure à la derniére réformation de près de 50. ans.]

110. *Par achat de Justice.* Les termes qui précédent dans l'Ancienne Coûtume, parlent des ventes volontaires entre le vendeur & l'acquereur. Il s'agit ici des ventes judiciaires, qui le plus ordinairement sont forcées. Il n'est pas besoin de remonter ici à ce qu'on apelloit dans le Droit Romain *pignora*. On use de ce terme, parce qu'il n'y en a point de François qui l'exprime véritablement en ce sens. Il y en avoit de conventionnels, de prétoriens, & de judiciaires; & l'usage en avoit passé dans la Très Ancienne Coûtume, lors de laquelle on les ajugeoit au créancier pour son dû. On ne connoît plus dans l'usage que ce que l'Auteur apelle *addictio ex licitatione*, & qu'il explique de l'adjudication par décret. On ne parlera point des différentes ventes judiciaires, puisqu'il s'agit ici en général de ce qui est acheté de Justice, pour quelque cause, & en quelque forme qu'il soit vendu, ni de l'envoi en possession *ex primo Decreto*, qui formoit le *pignus Prætorium*, & qui par conséquent n'étoit pas définitif, n'étant que la peine de la contumace; de sorte que celui qui étoit fondé dans ce Décret, *non possidebat sed erat in possessione*. La même chose étoit pour la mission en possession *ex secundo Decreto*. Tout cela est aboli, aussi bien que les autres formalités imaginées par les Praticiens *per instrumenta garentigiata*.

Il faut donc se fixer ici à ce que dit notre texte, qui s'entend de l'adjudication publique pour cause de dettes. Cela a le même effet que les contrats volontaires, pour la translation de possession de saisi à saisi; car si le débiteur étoit véritablement en possession des choses qui ont été venduës sur lui, le Magistrat donne à l'adjudicataire une juste cause de posséder & de s'approprier, & la Sentence vaut titre. * On ne parlera point ici de certains cas que raporte l'Auteur, & qui ne donnent aucun éclaircissement à la matiére. Il faut rapeller ce qui a été dit par raport aux contrats volontaires, dans lesquels celui qui acquiert de l'injuste possesseur par an & jour, peut valablement s'approprier, quand même il sçauroit que son vendeur n'étoit pas possesseur légitime; & l'on doit conclure que c'est la même chose en matiére d'adjudication. Les propositions qui suivent sur différentes circonstances, seroient sujettes à beaucoup de contradiction, & ne sont pas de cette matiére, dans laquelle il faut seulement poser ce principe que, quand l'adjudication est valablement faite, c'est un titre incontestable pour fonder l'appropriement; & la discussion au sujet de la force des choses jugées, & de la différence du pétitoire & du possessoire à cet égard, sont des matiéres étrangéres à ce qui regarde l'effet des appropriemens. Ainsi il faut passer entiérement plusieurs des nombres de cette glose, dont on trouvera la matiére traitée en d'autres endroits.]

111. *Quand la chose est baillée au créancier en païement.* * On ne conçoit parlà aujourd'hui que le transport que fait le débiteur à son créancier pour ce

qu'il lui doit; mais l'Auteur (*r*) l'entend de ce qui étoit en usage autrefois, & qu'on apelloit *detriment & avenante*; sur quoi sont encore fondés quelques articles du titre des apréciations, qui ont passé dans la nouvelle Coûtume par l'inadvertance des réformateurs. On païoit la dette par estimation à dire de priseurs; & il y a une ancienne Ordonnance ou Réglement du Parlement de Bretagne de l'an 1543. qui permet à ceux qui le veulent, d'user de ce moïen qui a été entiérement aboli, le motif de la rareté de l'argent, & de ce que la Province étoit moins peuplée aïant cessé. On a préféré l'usage des saisies, criées & enchéres]

112. *Il convient.* Ce vieux mot emporte une nécessité, & non pas une chose simplement convenable. Il est vrai que la translation de domaine & de propriété est consommée sans retour par l'adjudication judiciaire; mais cette disposition n'est pas inutile, & elle resoud un doute amplement agité par Tiraqueau, qui est de sçavoir si après une adjudication publique, il y a lieu au retrait. Quelques uns ont douté; mais ce doute étoit sans fondement raisonnable, (*s*) puisque l'action de retrait ne naît qu'après l'aliénation & la tradition parfaite. La forme portée par la Loi *dudum C. de contrah. empt.* qui étoit d'apeller les proches pour sçavoir s'ils vouloient acheter avant qu'on vendît à un étranger, est hors d'usage; d'où il résulte que les bannies pour la vente n'empêchent pas que le droit de retrait ne demeure entier, jusques-là même que le lignager qui a été présent, comme créancier à l'adjudication, & qui même a été exclus de ses prétentions, peut dans la suite être admis au retrait. * M. Hevin devoit faire attention à ces principes de notre Auteur; il n'auroit pas fait la différence erronée du contrat judiciaire & du contrat volontaire: & il n'auroit pas aporté le tempéramment singulier d'exclure les lignagers, sans autre appropriement, après un an de l'adjudication. Cela n'est fondé sur aucune autorité, ni sur aucune (*t*) décision.]

113. *Que bannie en soit faite.* C'est une formalité pour rendre notoire l'aliénation; ainsi il faut que la publication se fasse à certains lieux, jour & heure & assemblée publique. La fin d'une pareille solennité, & son effet, est que l'on n'omette pas ce qui est de la substance de chaque chose, & qu'il n'y ait rien de superflu & d'inutile pour embroüiller l'affaire. Tout cela se régle, eu égard à ce que chacun a intérêt de n'avoir pas ignoré. L'Auteur prétend que, si cela est bien rempli, il n'est pas nécessaire de lire tout le

NOTES.

(*r*) V. le Commentaire sur l'Art. 59.

(*s*) V. la Conférence sur l'Art. 298. n. 25.

(*t*) Hevin sur Frain *pag.* 461.

L'opinion de M. Hevin, qui n'admet le retrait que dans l'an de la vente judiciaire, n'a point été suivie, parce qu'elle n'étoit fondée ni sur les termes de la Coûtume ni sur l'usage. Mais elle étoit fondée sur l'équité & sur la décision presque générale du Droit François. Il est même étonnant qu'un droit tel, que le retrait, odieux dans son principe, soit admis pendant trente ans depuis que les lignagers ont été instruits par des bannies & par une adjudication judiciaire Nous voïons plusieurs articles de Coûtume abrogés par le non usage, & d'autres ausquels la Jurisprudence a donné de fortes atteintes. Il n'y avoit point de matière plus susceptible de changement que celle sur laquelle M. Hevin a hasardé un tempéramment équitable & conforme à l'esprit le plus général du Droit Coûtumier de France

contrat, & que l'on peut faire la bannie, *etiam ex breviculo* & sur un mémoire, pourvû que tout ce qu'on a eu intérêt de sçavoir, s'y trouve, personne n'en aïant eu à entendre les liaisons de stile, & les ennuïeuses repétitions des Notaires. De-là il s'ensuivra que, comme le remarque l'Auteur, il y a des intérêts différens par raport aux hypotéques, aux droits réels, aux dettes foncieres, aux retraits & aux vendications; ce qui n'emporteroit que des nullités respectives, par raport à chaques cas différens, selon que les omissions y seroient nuisibles en particulier. Il porte la chose jusqu'à dire que, par exemple, quant à l'hypotéque, si l'on a simplement banni *que par contrat habile à transférer Seigneurie, tel a transporté à tel un tel fonds ou héritage*, il est indifférent qu'on ait spécifié le titre du transport, puisque, quelqu'il soit, le transport purge les hypotéques; que si le transport est d'un fonds que l'on déclare être libre de toutes servitudes, il est indifférent que celui qui prétend la servitude sçache si c'est vente ou donation. C'est la même chose à l'égard de ceux qui prétendent un droit de vendication, puisque le titre suivi d'appropriement, quelqu'il puisse être, exclurroit également. Tout doit donc se déterminer par l'intérêt que chacun peut avoir à ce qui doit être rendu notoire, le tout rélativement aux cas des différens intérêts. Il ajoûte qu'il faut être plus scrupuleux par raport au retrait, parce que la dissimulation de conditions plus ou moins avantageuses peut détourner les prêmes. * Dans l'usage present, on regarde la chose *in apicibus*; & il est nécessaire que le contrat soit lû, & qu'il soit fait mention expresse de sa lecture dans les bannies, à peine de nullité. L'Edit des insinuations de 1626. exige cette lecture spécifique, aussi bien que celle de l'insinuation & de la prise de possession.]

114. *Par la Cour.* C'est-à-dire, par l'autorité du Tribunal d'où relève prochement la chose & sans moïen; mais il n'est pas besoin de commission ou de mandement de Juge pour bannir. Il faut remarquer que cette Jurisdiction doit avoir droit de bannies; car toutes Jurisdictions ne l'ont pas: & ce droit (*u*) est une des marques *meri imperii*, c'est-à-dire, de la haute Justice. * Je suis surpris de l'exemple que raporte ici l'Auteur, & qu'il exagére cependant comme une chose où plusieurs se sont trompés. Il dit que si l'héritage du juveigneur est vendu, l'appropriement ne se pourroit faire par la Jurisdiction de l'aîné, parce que suivant la Coûtume, l'aîné n'a ni haute Justice, ni lods & ventes sur son juveigneur. Comme la Coûtume avoit établi une mouvance singuliére & de simple honneur pour les choses que l'aîné a données en partage à son puîné, la Coûtume a exclus à cet égard toute Jurisdiction & tous droits féodaux, qui demeurent attachés à la ligence; personne n'a donc pû s'y tromper. Il convenoit mieux de dire que l'appropriement ne peut réguliérement être fait par une Jurisdiction qui n'a que moïenne Justice, parce qu'elle n'a point droit de bannies; cela auroit plus instruit que cet exemple de la juveigneurie. Il faut observer ici que le 7. Janvier 1694. il fut rendu Arrêt contre M. le Duc de Montbason, Seigneur de Montauban, au profit de quelques Seigneurs moïens Justiciers relevans de cette Seigneurie,

NOTES.

(*u*) V. le nombre 5. & la Préface de l'Aitiologie sur ce titre *n.* 2.

ausquels le droit de bannies fut accordé. L'Arrêt fut contre l'avis du Raporteur, & ne doit pas (*x*) être tiré à conséquence. Le motif qu'on a pû sçavoir dans une décision si contraire aux régles, est que les Seigneurs particuliers s'étoient inféodés spécifiquement du droit de bannies par leur aveux; mais ce motif ne seroit pas suffisant, y aïant une grande différence entre l'inféodation des droits qui regardent l'intérêt du Seigneur, & de ceux qui regardent la Jurisdiction qui est de droit public. Il y avoit un autre Arrêt rendu précédemment contre le sieur de la Hirlaye-Glet, moïen Justicier.]

A qui la Jurisdiction apartient. C'est-à-dire, la tenure féodale & l'obéissance; car, dit l'Auteur, c'est une expression perpétuelle de notre Coûtume d'user du mot de Jurisdiction pour le lien féodal. * Cela n'est pas généralement vrai, il s'en faut même beaucoup. Il y a des Fiefs sans Jurisdictions, & comme ici l'Auteur convient qu'il faut un caractere superieur de Jurisdiction; comment peut-il faire l'aplication de ce mot à la tenue & obéissance?]

115. *Ou par Cour supérieure.* Il étoit nécessaire que cela fût exprimé positivement; car généralement on n'auroit pû entendre que la Jurisdiction proche & immédiate. La grande raison de cette disposition est qu'il n'en est pas de même en Bretagne qu'ailleurs, où les Tribunaux inférieurs ne sont sujets aux supérieurs qu'en cas de Ressort seulement, c'est-à-dire, par apel; mais en Bretagne les premieres instances même sont de la Jurisdiction supérieure aux jours des obéissances & menées, pendant lesquels le supérieur entre en connoissance des causes des arrieres vassaux qui lui sont portées: ainsi comme on est censé apellé devant le supérieur, comme devant le Juge naturel, sauf le droit de renvoi lorsqu'il est demandé, il ne faut pas être surpris si les bannies peuvent être faites & certifiées par la Jurisdiction supérieure. Cela doit toujours s'entendre rélativement à la supériorité de mouvance féodale, parce qu'il s'agit ici des choses réelles, & que cette réalité fait la régle des appropriemens. Si donc la supériorité étoit de Jurisdiction seulement, la disposition, dont il s'agit, cesseroit. L'Auteur, pour expliquer plus clairement cette distinction, raporte des exemples: le Baron de Vitré est sujet au Sénéchal de Rennes, *ratione feudi*, & par cette raison, y étant apellé en premiére instance, à certains jours, aux plaids & en l'endroit de son obéissance, il obéit pour les héritages tenus prochement de lui; ainsi l'on se peut approprier devant le Sénéchal de Rennes, en l'endroit des plaids tenus pour les sujets de Vitré.

La même chose s'observe également ailleurs, & dans tous les cas où les Jurisdictions sont sujettes *ratione & causâ feudi*; ce qui n'a pas lieu pour les autres. Par exemple, (*y*) lorsque l'on créa des Siéges Présidiaux, on leur attribua les apellations de certains Siéges Roïaux sous les chefs de l'Edit. Pour des héritages mouvans de ces Siéges Roïaux, l'on ne pourroit s'approprier au Présidial, *parce que la supériorité en ce cas n'est point à cause de la tenure féodale, mais en cas de ressort seulement, & par subjection jurisdictionnelle. Par cette raison l'on ne pourroit s'approprier au Siége de Rennes d'une terre située en Goëllo, parce qu'il n'y a qu'une subjection jurisdictionnelle à ce même Siége & en cas d'appel*

NOTES.

(*x*) Cependant l'opinion commune est conforme à cet Arrêt.

(*y*) V. M. du Fail, *liv.* 3. *ch.* 14.

eulement; & les Notaires Roïaux établis à Rennes ne pourroient passer valablement des contrats d'héritages de Goëllo, quoiqu'ils le puissent faire pour tous héritages inférieurs par tenures féodales. (z)

116. Il naît un doute sur cette matiére dans une espéce qui est quelquefois arrivée. Le Sergent qui bannit le contrat, n'exprime point par quelle Jurisdiction l'on entend s'approprier, on demande par quelle Jurisdion la certification des bannies doit être faite? L'Auteur supose que les bannies sont valables, nonobstant ce deffaut d'expression de la Jurisdiction. * Ce sentiment seroit difficile à soutenir.] Mais dans sa présupposition, il a raison de dire qu'on ne pourroit supléer que la Jurisdiction proche, qui seroit seule sous-entenduë, puisque ce suplément viendroit du texte même & de la force de la Coûtume.

Delà vient que le Juge proche (a) est préferé principalement dans les matieres réelles, & que l'on peut demander le renvoi devant lui, étant seul apellé Juge ordinaire. Il y auroit donc nullité à s'approprier par le Tribunal supérieur qui ne seroit pas exprimé. On pourroit excepter le cas auquel les bannies auroient été faites en vertu de commission supérieure. Mais ces sortes de commissions ne sont point nécessaires, & l'on peut bannir de plein droit. Il y a cependant des cas où l'on prend commission du supérieur, lors, par exemple, que les Sergens ordinaires par qui les bannies doivent être faites, sont absens, ou lorsque s'agissant de bannir en plusieurs Paroisses, il faut nécessairement que plusieurs Sergens soient commis; & comme un Juge n'est censé donner de commission, que pour les choses qui sont de sa connoissance, on doit juger que c'est d'autorité du Tribunal supérieur que se font les bannies, & que la certification se doit faire de la même autorité.

* On peut dire que l'Auteur s'embarasse ici en d'inutiles subtilités : & dans la véritable régle on ne suplée point la jurisdiction qui n'est pas exprimée dans les bannies, vû même qu'on n'est pas obligé de sçavoir d'où relevent prochement les héritages. Il en est de même de ce qu'il dit par raport à la jurisdiction par laquelle doivent être formées les opositions. Car cela dépend du Tribunal où l'on fait un appropriement valable, à moins que celui qui a dessein de s'oposer, doutant s'il y a eu des bannies, fist notifier une oposition à l'acquereur à ce qu'il eût à ne se point approprier au préjudice des droits de l'oposant, & s'il connoit le Tribunal d'où releve la chose, il peut faire son oposition d'autorité de ce Tribunal, ou par la Jurisdiction du domicile de l'acquereur.] (b)

117. Il naît une autre question assez ordinaire sur la vente d'un héritage qui

NOTES.

(z) V. les Arrêts & la Note (i) sur l'Art. 177.

(a) Cette décision de d'Argentré prouve que le vassal peut décliner la Jurisdiction supérieure sans retrait de barre de son Seigneur proche.

(b) Mais les procédures sur ces opositions doivent être portées devant les Juges où les appropriemens auront été faits. Déclaration du Roi pour les Consignations du 11. Juin 1709. art. 8.

releve de différens fiefs & jurisdictions, on demande s'il faut bannir dans tous les différens territoires. La décision générale est facile. Il faut bannir en chaque Paroisse; mais si toutes les parties de l'héritage relevent d'une même jurisdiction, il ne faut qu'une certification. Si au contraire l'héritage releve de différentes jurisdictions, il faudra autant de certifications qu'il y a de jurisdictions; & l'appropriement ne vaudra que pour les parties qui sont sous le distroit de celle où l'on aura certifié, & dans les Paroisses où l'on aura banni. Cela décide, par anticipation, la question que l'Auteur dit avoir été agitée, avec de grands doutes de part & d'autre, pour sçavoir si un rétraïant étoit bien fondé à demander le retrait pour le tout du contrat à cause du défaut de bannies dans quelqu'une des Paroisses, ou de certification dans quelqu'une des jurisdictions d'où releve une partie des héritages vendus. Il dit que ceux qui étoient pour la totalité du retrait, se fondoient sur ce que tout contrat est indivisible. Mais il condamne ce sentiment comme une très-mauvaise équivoque. Le contrat est en soi indivisible : car c'est une convention, par laquelle les parties ont traité pour le tout. Le rétraïant peut à la vérité avoir le retrait dans la totalité; mais il faut qu'il ait pour cela toutes les capacités. L'appropriement est une forme extérieure séparée du contrat & accidentelle. Ces deux choses ont leurs effets différens. Le contrat subsiste par lui-même, & n'a point besoin d'appropriement pour son essence. L'appropriement au contraire ne peut subsister sans contrat : mais il peut aussi être annullé par le défaut dans les solemnités, quoique le contrat subsiste. Ce sont donc deux choses toutes séparées quant à leur puissance & à leurs effets. Le contrat n'exclut point les tierces personnes : au contraire il donne ouverture à leur droit, au lieu que l'appropriement les exclut. De-là il s'ensuit que, si un appropriement a été fait à Rennes, & qu'il n'ait pas été fait à Nantes, pour un héritage situé sous ces différens territoires, la partie de Rennes sera appropriée, & l'on n'aura d'action que pour celle de Nantes. Car l'empêchement ne vient pas du contrat qui subsiste, mais de l'appropriement; en quoi la prétendue individuité est une équivoque & une confusion de deux choses toutes différentes.

L'Auteur discute après cela les questions sur l'individuité du contrat. Tout ce que l'on peut conclure à cet égard, c'est que l'une des parties refusant d'exécuter le contrat en partie seulement, il ne peut se résoudre *in parte*. Personne n'en doute : mais quand on conclut de-là qu'en aucun cas un contrat ne peut être résolu par parties, c'est une ignorance & une puérilité. Car c'est confondre les résolutions qui sont contre la convention & ce qu'elle renferme, & celles qui ont été introduites par la Loi & par la Coûtume. Le retrait (*c*) est accordé par la Loi, indépendemment de toute convention,

NOTES.

(*c*) L'exemple du retrait ne doit pas s'appliquer aux questions sur la resolution des contrats, parce que le contrat n'est point resolu par le retrait. Au contraire il subsiste, & le retraïant est subrogé dans les droits de l'acquereur en tout ou en partie, à proportion de ce qu'il retire, ce qui est si vrai, que quoique les parties contractantes ne puissent sans un consentement réciproque résoudre le contrat en partie, le retraïant en vertu de la Loi peut en faire une résolution en partie, comme il paroît par l'art. 308. qui permet au retraïant de ne retirer qu'une partie. Cela paroît encore à l'égard du Seigneur féodal qui ne retire que ce qui est de son fief. C'est une résolution légale qui n'empêche pas le contrat de subsister dans tout le reste en la personne de l'acquereur. Celui qui de plusieurs fonds vendus en reclame quelques-uns, ou se fait juger hypotéque, ne donne atteinte au contrat que pour cette partie. Un lignager qui ne retire que ce qui est de son ramage, & qui ne peut retirer que cela laisse subsister le contrat dans tout le reste. Ces exemples prouvent que si le contrat est indivisible en ce qui concerne la convention ou le fait des parties, la Loi peut cependant le rendre divisible; & la solemnité extérieure exclut la faculté & le pouvoir de retirer les parties à l'égard desquelles l'appropriement a été fait. Car la solemnité extrinséque, apliquée à chaque partie du contrat, a son effet seulement pour ces parties, comme elle l'auroit pour le tout si l'on étoit approprié de tous les biens qui y sont emploïés.

118. C'est encore une équivoque puérile de parler de l'individuité des appropriemens dont on convient en un sens. Car lorsque les Jurisconsultes disent que les solemnités sont indivisibles, ils entendent que s'il y manque quelque chose de ce que la Coûtume requiert, la solemnité tombe toute entiere. Par exemple si les trois bannies n'ont pas été faites avec continuité aux jours & aux lieux prescrits, ou si elles n'ont pas été suivies de certification, au premier cas une bannie faite valablement ne subsistera pas pendant que les autres seront rejettées, & au second cas elles deviendront inutiles. Car l'appropriement doit être composé de bannies & de certification; & il n'y en a plus par le défaut de la moindre partie. Mais quand tout se rencontre par raport à une partie du fonds vendu, il n'y a plus alors d'individuité, & la solemnité peut s'apliquer à chaque partie.

* Il semble que l'Auteur se donne trop de peine à établir un point si certain; on ne doit donc regarder que comme une épisode utile ce qu'il dit par raport aux hypotéques.] Elles sont individues, puisqu'elles sont *tota in toto, & tota in qualibet parte*. Cependant si une partie du fonds a été aliénée & appropriée, ou si elle est prescrite, l'hypotéque ne laisse pas de subsister avec sa même individuité dans tout le reste.

119. Il n'y a rien de si individu que le droit de servitude; mais cependant si une servitude est dûë à plusieurs fonds, un de ces fonds cessant, elle subsistera pour tous les autres.

120. Lorsqu'il est question de la succession d'une personne, il est certain que c'est un seul patrimoine, un seul titre & une seule cause d'hérédité. Cependant il faut prendre main-levée de chaque Seigneurie dont les héritages relevent.

121. Enfin, si cette chimérique individuité avoit lieu, il s'ensuivroit que l'appropriement fait par la Jurisdiction du manoir principal, devroit être valable pour toutes les parties qui en dépendent; ce qui n'est pas véritable lorsqu'elles sont dans différentes Paroisses, ou sous différentes Jurisdictions:

& il faut remarquer ici que l'Auteur raisonne par raport à la qualité plus favorable qu'il donne à l'acquéreur au dessus du rétraïant, dont il traite le droit d'extraordinaire & d'odieux, comme blessant le droit commun & les régles du commerce.

L'Auteur ne peut quitter cette matiére, & il aporte ici le cas de la donation de Châteaubriand faite au Connétable de Mommorency. On fut d'avis qu'il fît les publications dans toutes les Paroisses, suivant l'esprit & la disposition de la Coûtume. Cette Baronnie est composée de plus de 10. Châtellenies. Qu'on imagine un petit coin de terre de ses dépendances situé dans une Paroisse où l'on n'ait point banni, véritablement il n'y auroit pas d'appropriement pour cette petite partie; mais il y auroit de l'extravagance à suposer que ce défaut donnât atteinte à toutes les autres formalités. C'est cependant ce qu'il faudroit conclure du raisonnement d'indivisibilité.* C'est encore ici une longue repétition de la distinction sur la qualité & la composition des différens corps, dont l'Auteur avoit déja parlé avec assez d'étenduë, & peut-être avec une vaine subtilité.] Il suffit, pour terminer toute la dissertation, de raporter ici la régle qu'il établit. *Tantum praescriptum quantum possessum; tantum appropriatum quantum bannitum.*

122. Il naît une question par raport aux bannies, si les limites des Paroisses sont douteuses ou incertaines. La décision dépend du fait & des circonstances. Il y a au surplus quelque chose qui peut faire la détermination. Le païement des dîmes fait une présomption, que le champ sur lequel on les païe est situé dans la Paroisse du Recteur qui les reçoit. Il y a aussi la perception & l'administration des Sacremens, mais cela ne regarde que les habitations; & comme les dîmes ne se païent pas toujours au Pasteur, & que souvent il s'agit de déterminer la Paroisse pour des choses qui ne sont point d'habitation, & où par conséquent l'administration des Sacremens ne fait rien; lorsqu'il reste un doute absolu, il faut bannir dans les deux Paroisses: si une maison est dans les confins de deux Paroisses, on juge de la véritable par la principale entrée.

123. L'Auteur en forme une autre par raport aux servitudes. Le fonds dominant, c'est-à-dire, celui auquel la servitude est dûë, est dans une Paroisse; & le fonds servant est dans une autre. Ce qui forme le doute, est ce que disent Barthole & Imola, que la servitude est dans le fonds dominant, comme un droit positif, & dans l'autre comme privatif; que c'est d'ailleurs un droit actif dans le fonds dominant, & un simple droit passif par raport au fonds servant. Mais l'Auteur décide, avec raison, que les bannies doivent se faire dans la Paroisse du fonds servant; car les bannies ne sont pas pour acquerir un droit, mais pour exclure celui d'autrui: ainsi les bannies doivent se faire dans la Paroisse de l'héritage, qui est grévé par la servitude. La bannie qui se feroit dans la Paroisse du fonds dominant, ne suposeroit que la connoissance de celui qui acquiert, & elle est absolument indifférente & inutile; car il faut celle de la personne qui a intérêt de s'oposer.

124. Il y a ici une comparaison tirée de bien loin. Un homme, qui est hors de la Ville, en blesse un, qui est dans la Ville, d'un coup de fléche; s'il y a des punitions différentes pour les crimes commis dans la Ville ou au

dehors, la peine sera par raport au premier cas, à cause de la consommation, par l'effet du coup.

125. Enfin, l'on demande si un exploit particulier supléeroit au défaut de bannies, par raport à la personne à qui la dénonciation particuliére auroit été faite. Le sentiment de Tiraqueau est juste, que l'on ne suplée point ainsi à une solennité prescrite par la Loi, & qu'il faudroit qu'il fût intervenu un jugement particulier & contradictoire de déboutement par la voïe d'une action & d'une procédure ordinaire; & outre que cela ne regarde point la forme des appropriemens, celui auquel on feroit une dénonciation personnelle, seroit en droit d'attendre un appropriement, qui ne se peut faire qu'en conséquence de bannies.

126. *Par trois jours de Dimanche.* Ce n'est qu'à de pareils jours que l'on peut faire des publications. Il étoit à la vérité défendu de rien faire qui regardât le temporel, aux jours de Dimanche; mais la nécessité du commerce, & celle de la plus grande notoriété, a fixé à ce jour les bannies, qui ne seroient pas également notoires à un jour de marché, où tout le monde n'a pas la nécessité de se rendre comme au service divin, pour lequel il y a une obligation ces jours-là. On verra dans la suite si l'usage de quelques Tribunaux de faire les bannies à un autre jour, & au marché, peut supléer à la forme prescrite.

On supose que l'acquereur ait fait une ou deux bannies, & qu'il vienne à décéder, son héritier, comme successeur à titre universel, peut faire la troisiéme, & faire ensuite la certification; & en un mot, continuer chaque partie de l'appropriement, parce qu'il s'agit toujours du même contrat. * Il falloit ajoûter ici que les cas allégués seroient bien rares; car il faut que les bannies soient faites à trois Dimanches consécutifs sans interruption, & que la certification soit faite aux prochains plaids généraux.]

D'huitaine en huitaine. Ce mot ne s'entend pas ici de la huitaine de procédure, à l'égard de laquelle se forme la question, *an dies à quo & dies ad quem computentur in termino.* * Cette observation étoit assez inutile, les bannies se devant faire de Dimanches en Dimanches,] & cela *sans intervalle*: ce qui est si positivement marqué, que tout ce qu'on feroit seroit inutile, *ne insidiosæ procrastinationes fiant.* L'Ancienne Coûtume donnoit plus de liberté, suivant l'usage des lieux; mais cela ne doit plus s'observer.

127. *Incontinent après l'issuë.* La force de ce mot, *incontinent*, marque la nécessité que le peuple ne se soit pas separé & retiré chacun de son côté. Si l'usage étoit en quelques lieux que cela se fist au Prône, il n'y auroit rien de contraire à l'esprit de la Loi; mais on fait la bannie après cette ancienne prononciation du Prêtre Λαοῖς ἄφεσις, comme *abite Quirites*, dans les assemblées publiques des Romains, à quoi a succedé notre *ite Missa est*.

La Grand' Messe. Peut-on y supléer par équivalent, par exemple, à la sortie du Sermon, dans un lieu où il soit d'usage que l'assemblée du peuple est aussi fréquente? Comme on ne peut suposer la même obligation ni le même devoir, cet équivalent ne pourroit être admis.

En la Congrégation. Non in latebris aut angulo, ou autres circonstances qui diminuent la notoriété.

A haute & intelligible. * Cela ne demandoit pas d'être expliqué; car on voit assez l'esprit de la Loi, par raport à ce cri public & à la prononciation.] Il ne suffiroit pas de faire la bannie par affiche, parce que tous ne sçavent pas lire.

128. *Aux lieux accoûtumés.* Il y a d'ordinaire un certain endroit où l'on fait les bannies, & il faut le suivre. Il y (*d*) avoit des lieux, comme à Lamballe & à Ploërmel, où l'usage étoit de faire les bannies à d'autres jours & lieux, comme au marché; & cela fut autorisé par un Arrêt de 1567. Mais cette variété est d'une trop grande conséquence dans un point si important, & la chose doit être uniforme par-tout.

D'ARGENTRE' A. C. *Art.* 268. *En tous autres contrats.* Cet article n'étoit point placé dans son ordre par l'A. C. il devoit suivre immédiatement l'art. 266. Les premiers mots sont une inutile répétition, puisque la Coûtume avoit dit ci-devant, *à quelque titre que ce soit.*

129. *Selon la forme susdite en tous appropriemens*, qui se font par bannies & certification.

Y aura lieu d'oposition jusqu'à l'information. On entend ici par le mot d'*information*, l'audition des témoins, qui affirment en jugement d'avoir assisté aux bannies. On considére donc cela comme une partie de la certification, parce que les assistans du Sergent doivent affirmer, à l'endroit de l'appropriement, qu'ils ont été presens aux bannies. * L'Auteur devoit ajouter que ces témoins sont seulement les records de l'Huissier ou Sergent; car on ne seroit pas recevable à prouver la bannie par d'autres témoins.]

Certification. Ce mot se voit dans la Très-Ancienne Coûtume, *Ch.* 40. Mais on n'a pratiqué cette formalité généralement dans le Tribunaux de la Province, qu'en conséquence d'une Ordonnance du Duc Jean de l'an 1424. qui ordonna qu'elle seroit observée à l'avenir pour éviter les formes clandestines. C'est la déclaration que fait l'Huissier ou Sergent devant le Juge à l'Audience, avec serment. S'il ne pouvoit pas y comparoître par maladie ou par absence, on vérifieroit la signature de cet Officier; & ceux qui ont assisté rendroient leur témoignage. (*e*) C'est au surplus une chose du seul fait du Sergent ou Huissier; & le Juge ne doit rien prononcer par forme de jugement, puisque, selon l'Auteur, il ne fait qu'interroger sur la vérité, & prendre le serment, sans avoir d'autre fonction, n'y ayant que celle de l'Officier qui déclare & atteste ce qu'il a fait, & du Greffier qui le raporte.

Sur cela l'Auteur s'éleve beaucoup contre ceux qui ont prétendu que, quand on vouloit se pourvoir contre un appropriement, il falloit en être apellant. Il dit que c'est *hominum externorum insipiens sapientia.* * Et l'on peut conjecturer qu'il vouloit désigner par là des Conseillers du Parlement non originaires qui avoient été de cet avis.] Il ne s'arrête pas à l'allégation que le Juge déclare les bannies valablement faites. Car, dit-il, la chose dépend toujours de la vérité du fait; & cela ne tombe point en apel. (*f*)

* Aujourd'hui l'usage est contre son sentiment; & soit que, depuis son tems, les Juges aïent ajoûté aux actes qu'ils décernent de la certification,

NOTES.

(*d*) V l'Art. 276.

(*e*) Du Fail, *liv.* 1. *ch.* 432.

(*f*) V. *art.* 271. *n.* 102. & du Fail, *liv.* 1. *ch.* 149.

qu'en conséquence l'acquereur est déclaré bien & dûëment approprié, ce qui est un stile général; soit qu'on ait estimé que tout acte judiciaire demande la voïe d'apel dans la forme, on est apellant au moment que l'appropriement fait obstacle. Il prétend trouver de la différence du cas des certifications de criées & d'encheres à celui-ci, parce qu'il convient que dans le premier on est en nécessité d'être apellant; mais quoiqu'il s'efforce de trouver de la différence, cela dégénere en une subtilité bien métaphisique.] (*g*)

Des bannies qui ne se pourront faire. Ou bannie en cas d'appropriement de dix ans. Les mots, *qui ne se pourront*, emportent nullité absolue de ce qui se fait au contraire.

130. *En jugement aux prochains plaids.* La chose se doit faire *Judice pro Tribunali sedente*; & les mots, *prochains plaids*, emportent nullité, si l'on avoit attendu d'autres plaids postérieurs pour faire la certification. Quoique le mot de *plaids* paroisse général pour dire l'audience de la jurisdiction, on l'entend ici de ceux qui sont destinés à cette sorte d'affaire & qui regardent les héritages.

131. *En l'endroit de l'obéissance du fief.* Il y a ici quelque chose de particulier & de propre à la Bretagne. Les principaux Juges de la Province, qu'on doit entendre par ces mots, *Rectores Provinciarum*, dont l'Auteur se sert ici, ne vont pas, comme en France, tenir leurs assises dans les Tribunaux inférieurs. Mais chacun en son distroit rend, au tems destiné pour cela, la justice aux inférieurs dans le Siége principal, & cela aux jours qu'on apelle *congés, menées & obéissances.* (*h*) On en voit des vestiges au Parlement de Paris, où il y a des tems marqués pour le rolle de chaque Bailliage. Dans les tems de menée & obéissance, on peut apeller devant le Juge principal & supérieur : mais hors de ces tems-là, on n'est point tenu d'y com-

NOTES.

(*g*) On ne peut relever apel d'un appropriement après 30. ans; & l'on ne peut en ce cas obliger l'acquereur de représenter les piéces sur lesquelles le jugement d'appropriement a été rendu. Acte de notoriété du 6. Avril 1700. 23. *Devolant.*

V. la Coûtume de Nantes, *p.* 282.

Pour faire une juste aplication de cette maxime, je crois qu'il faut distinguer les vices de l'appropriement & ceux du contrat même. Les vices de l'appropriement & des solennités sont entierement couverts par 30. ans; & l'acquereur est même dispensé de prouver qu'il a acquis du saisi en son nom par an & jour.

Mais si le contrat est radicalement nul, en ce qu'on a acquis de celui contre lequel la Loi avoit établi une prohibition absoluë de vendre, par exemple d'un tuteur sans formalités, ou d'un mari sans le consentement de sa femme, je crois que la maxime est sans aplication; parce que la nullité radicale du contrat influë sur l'appropriement & le détruit par le fondement. Il n'est pas même besoin d'attaquer l'appropriement, qui n'a lieu que contre les tierces personnes, & non pas contre la femme & le mineur pour lesquels le mari ou le tuteur a vendu.

Au contraire s'il s'agit seulement de la vente du bien d'autrui usurpé par le vendeur, l'action de vendication qui compétoit au légitime propriétaire est excluse par l'appropriement suivi de 30. ans, parce que la Coûtume autorise l'appropriement du bien vendu par l'usurpateur, lorsque tout ce qu'elle prescrit pour la validité de l'appropriement a été observé. Or, après 30. ans, la forme de l'appropriement ne peut plus être attaquée.

(*h*) V. le nombre 7.

paroître & d'y défendre. La chose sera plus claire par des exemples. Vitré & Fougeres obéissent au Sénéchal de Rennes le premier jour des plaids, Châteaubriand le septiéme, la Guerche le huitiéme, Hedé le neuviéme, Monfort le dixiéme. On demande comment se doit régler la huitaine d'intervalle entre la derniere bannie & les plaids qui sont le terme. L'Auteur estime qu'il ne faut pas considérer la chose par raport au premier jour des plaids en général ; mais par raport au jour de l'obéissance particuliere qui regarde chaque jurisdiction inférieure. Par exemple, le premier jour des plaids de Rennes regarde Vitré ; & quelques-uns ont cru que, si l'appropriement est pour un bien relevant de Châteaubriand, il faut également que la huitaine soit franche entre la derniere bannie & le premier jour des plaids, où il s'agit seulement d'héritages relevans de Vitré. Mais l'Auteur prétend (A) que ce sont autant de plaids, qui ne commencent pour chaque jurisdiction inférieure que par la tenue de l'obéissance particuliere qui la concerne. * Tout cela a été retranché par la nouvelle Coûtume, qui porte absolument que la huitaine doit être franche entre la derniere bannie & le premier jour des plaids, de sorte qu'il n'y a plus de distinction à faire.] (*i*)

(A) HEVIN. Cette interprétation est reprise & rejettée par Arrêt du 12. Mars 1576. raporté par M. du Fail, *liv.* 1. *ch.* 410.

132. *En l'endroit si obéissance y a.* S'il y a plusieurs obéissances expédiées en un matin, & qu'on ait passé à l'expédition d'une autre, on ne peut plus rien expédier par raport à la précédente : ce qui s'entend *summo jure* ; car la raison d'équité admet, par l'usage, les opositions dans la même Audience. (*k*)

133. Toutes les Jurisdictions inférieures n'ont pas droit d'obéissance ; elles sont en ce cas sujettes au droit commun, qui fonde à s'approprier tous les jours des Plaids ; & on apelle ce qui n'est point d'obéissance particuliere, *causes en chef*, ce que l'on connoît mieux par l'usage de chaque Tribunal superieur. Il n'est point parlé dans la Coûtume de ces Sergens particuliers de chaque Jurisdiction, qu'on apelle *Ameneurs*. Ils avoient un droit prohibitif en matiere de bannies : mais cela a été aboli ; & l'on peut se servir de tout Sergent ou Huissier, pourvû qu'il soit compétent. (*l*)

134. ARREST I. Appropriement (*m*) en matiere de rente constituée ne sert de rien. Jugé par Arrêt du 2. Mars 1626. plaidant Berthou & Thomas. DEVOLANT.

La raison est que la rente constituée n'emporte qu'hypoteque, & non translation de Seigneurie ou propriété du fonds ; & le constituant ne cessant point de posséder, l'acquereur ne peut entrer en possession. M. d'Argentré sur l'art. 265. de l'ancienne, *in verb. d'héritages num.* 3. avoit voulu persuader que l'on s'en pourroit approprier ; mais pour le condamner, les Réformateurs ont ajouté les termes *droits réels par titre translatif de Seigneurie, prenant l'acquereur possession actuelle.* (*n*)

NOTES.

(*i*) V. le nombre 141.

(*k*) V. l'Arrêt premier sur l'Art. 270.

(*l*) Sur les droits des Sergens ameneurs, V. Devolant, *lettre* N, *ch.* 17. Du Fail, *l.* 1, *ch.* 25. 205. & 207.

(*m*) V. le nombre 10. & *art.* 280. *n.* 5. & 281. *n.* 7.

(*n*) Chapel *ch.* 143.

ARREST II.

Arrest II. Par autre Arrêt du 13. Juillet 1629. au raport de M. de Coniac, jugé de même, en corrigeant la Sentence des Juges de Saint Malo du 15. Novembre 1628. qu'on ne se pouvoit approprier d'une rente constituée; & fut dit que, sans avoir égard à l'appropriement, les parties, en l'instance de peremption d'oposition, étoient envoïées hors procès. François Gravé apellant, Marc Pommerel Intimé. Gravé avoit formé oposition; & l'avoit discontinuée plus de trois ans : mais il disoit que n'y aïant point lieu à l'appropriement, il n'y avoit point lieu à la peremption.

135. Arrest III. Il a été jugé aux Enquêtes par Arrêt du 24. Novembre 1633. que la servitude constituée sur un fonds par constitution, se purge par appropriement fait sans oposition de celui auquel ladite servitude étoit dûe. Monsieur Dubot étoit présent à l'Arrêt. (o)

136. Arrest IV. *Du saisi par an & jour.* On demande si cette saisine doit être civile, ou si la naturelle suffit *in hac specie.* Un frere est condamné par Arrêt du Parlement de Paris en 1622. sur contumace d'avoir la tête tranchée pour crime commis en 1617. Avant que par la prescription il fût garenti de l'effet de l'Arrêt, & étant encore mort civilement, son pere meurt en 1633. il accepte la succession pour sa part en cette Province, où il étoit demeuré depuis l'Arrêt de condamnation du Parlement de Paris. Il est reconnu par ses cohéritiers dans la même succession; & il vend en 1633. sa part à l'un de ses freres son cohéritier qui s'en approprie. Après sa mort naturelle arrivée en 1642. L'un des autres freres dispute le contrat, & prétend une partie de la terre vendue, comme de la succession paternelle qui n'a pu être acquise à son frere mort civilement, que l'appropriement par conséquent est nul, puisqu'il n'a jamais été saisi : car un mort *non possidet.* On disoit qu'une mort civile n'empêchoit pas les effets naturels, qu'il avoit possedé réellement & corporellement, & par conséquent qu'il avoit pu transferer la faculté de s'approprier, l'acquereur demandeur en requête civile fut maintenu par Arrêt du Lundi 26. Mai 1653. prononçant M. de Cucé, plaidans Maîtres Gilles le Ribaut pour le demandeur en requête civile, Rabeau pour un intervenant, qui se joignoit au demandeur, & qui avoit même interêt, & Gabriel Bernard pour le défendeur. (p) Ce qui ôtoit toute la difficulté, est la reconnoissance que le défendeur avoit faite du vendeur en qua-

NOTES.

(o) Pour concilier cet Arrêt avec les principes, il faut supofer qu'il n'y avoit qu'une stipulation de servitude, & que celui au profit duquel elle étoit constituée n'étoit point entré en possession. Car si l'héritage est chargé d'un droit réel avant le contrat, & si le vendeur n'est pas en possession annale de liberté, il est certain que l'appropriement ne purge point ce droit, aulieu que la simple stipulation du droit réel, sans tradition, peut être considerée comme la stipulation d'assiete, qui n'est qu'une obligation personnelle contre laquelle on peut s'approprier, *Art.* 285.

(p) V. du Fail, *liv.* 3. *ch.* 234.

Puisque selon d'Argentré, & dans le véritable esprit de la Coûtume, on peut s'aproprier, quand on a acquis, *etiam à prædone*, lorsqu'il a été saisi par an & jour, il semble qu'indépendamment de la reconnoissance des autres cohéritiers, qui étoit décisive, il suffisoit que le condamné eût possédé par an & jour comme propriétaire.

lité d héritier par plusieurs actes : il avoit toujours été dans le païs; & par les circonstances du fait la cause du défendeur étoit entiérement odieuse. HEVIN.

137. ARREST V. *Tant du contrat que de la prise de possession.* Par Arrêt du premier Septembre 1615. un appropriement a été cassé, à cause qu'il n'étoit pas raporté dans la certification des bannies, que (*q*) la lecture de la prise de possession avoit été faite.

138. ARREST VI. *Sera faite expresse déclaration, &c.* Jugé néanmoins que le défaut d'expression, par quelle Cour l'acquereur entendoit s'approprier, n'annulloit pas l'appropriement lorsqu'il étoit fait par la Jurisdiction prochaine, par Arrêt du 12. Juin 1612. confirmatif de la Sentence des Présidiaux de Rennes, qui avoient débouté un lignager de la prémesse. La raison alléguée fut, qu'il falloit présumer que l'intention de l'acquereur étoit de s'approprier par la Cour prochaine, lorsqu'il ne faisoit point faire d'expression. (*r*)

139. ARREST VII. *En l'endroit de la menée.* Jugé au profit du sieur de Kbiguet, contre Boulard hôte à Guer, que l'appropriement, fait dans la Jurisdiction supérieure, est nul, s'il n'est pas fait à l'endroit de la menée de la Jurisdiction inférieure d'où relevent les héritages, quoique l'appropriement eût été fait dans la même Audience dans laquelle avoit été convoquée la menée; & on le consulte ainsi au Palais. GENTIL.

140. ARREST VIII. *En l'endroit de la menée.* (*s*) On a demandé si ces mots

NOTES.

(*q*) Il faut aussi bannir l'insinuation avec la prise de possession, Sauvageau sur du Fail, *liv.* 1. *ch.* 330. & 418.

Si le Sergent qui a fait les bannies a raporté la prise de possession comme Notaire, l'apropriement est nul. Arrêt du 29. Octobre 1655 Devolant, *lettre A. ch* 93.

Devolant, *lettre N. ch.* 17. raporte un Arrêt du 14. Février 1639. qui a jugé que des Notaires, qui ont raporté dans leur ressort un contrat de vente d'héritages situés hors de leur ressort, peuvent valablement se transporter sur le lieu de l'héritage, & induire l'acquereur en possession.

Sans examiner ici de nouveau les questions agitées sur l'art. 177. *p.* 513. & 514. on peut objecter contre cet Arrêt, que les Notaires n'avoient pu avoir de caractere pour raporter le contrat de vente, que parce qu'ils l'avoient raporté dans leur ressort; qu'ainsi au moment qu'ils en sortoient, ils n'avoient aucun caractere pour raporter la prise de possession.

(*r*) Comme il est de maxime que les formalités prescrites en matiére d'appropriement ne se suplêent point par des équivalens, il suffit d'oposer à cet Arrêt les mots de l'article 269. *sera faite expresse Déclaration par quelle Cour, soit prochaine ou superieure, l'Acquereur entend s'approprier.*

(*s*) Cet Arrêt est raporté par Devolant, *lettre M. ch.* 17. & daté du 12. Octobre 1657.

Par Arrêt du 12. Novembre 1672. jugé que les Présidiaux ne peuvent apointer ni retenir les causes à la menée, & qu'ils peuvent seulement juger celles qui sont en état d'être jugées à l'Audience. Sauvageau, *liv.* 1. *ch.* 171. & sur du Fail, *liv.* 1. *ch.* 25. V. Belordeau, *lettre I. contr.* 68. & 78.

Par Arrêt de Reglement du 6. Juillet 1735. il a été fait défenses aux Présidiaux de la Province de juger par jugement Présidial les causes des Menées. Les motifs de cet Arrêt sont raportés dans le Journal du Parlement, *tom.* 1. *ch.* 46. V. d'Argentré sur les mots, *ou par Cour superieure.*

étoient seulement relatifs aux appropriemens, ou si on pouvoit apeller les vassaux pour toutes causes à l'endroit de la menée; ensorte que le Procureur d'office de la Jurisdiction ne demandant pas retrait de barre pour eux, ils fussent obligés de plaider nonobstant leur demande de renvoi. Jugé qu'ils devoient être renvoïés, par Arrêt du 2. Octobre 1653. infirmatif d'une Sentence des Présidiaux de Rennes. Hevin.

141. Arrest IX. Du 13. Septembre 1657.

Entre Pierre Amiot, Marchand à Rennes, & femme, Apellans de Sentence renduë par un Conseiller & Commissaire de la Cour, le 19. Juillet 1657. Maîtres François le Gal, Avocat, François Breter, Procureur.

Guillaume Henry, Ecuïer, sieur de Belestre, Conseiller du Roi, Maître ordinaire des Comptes en Bretagne, pere & bienveillant de Demoiselle Françoise Henry sa fille, Intimé; Maîtres Pierre Hevin, Avocat, Jean Guegat, Procureur.

Et les nobles Bourgeois & Habitans de la Communauté de Rennes, Demandeurs en requête afin d'intervention, du 4. Septembre audit an 1657. Maîtres Julien Begasse, Avocat, Jean Ruellan, Procureur.

Le Gal, pour les Apellans, a dit que par la Sentence dont est apel, M. le Commissaire a ajugé à l'Intimé la prémesse, sous le nom de Demoiselle Françoise Henry sa fille, d'une maison par lui venduë ausdits Apellans au mois de Janvier 1652. sous prétexte que les Apellans mal consultés ont voulu s'approprier pour une seconde fois du contrat d'acquêt qu'ils avoient fait dudit Intimé, lors mineur, après les actes de ratification que l'Intimé a faits du même contrat après sa majorité; lequel appropriement second étant surabondant, ledit Intimé étoit non-recevable & mal fondé en sa demande de prémesse, les Apellans étant valablement appropriés dès le 10. Juin 1652. Car de dire que ledit appropriement, aïant été fait avant les actes de ratification de l'Intimé majeur, étoit nul, le contrat fait avec un mineur étant nul, cette proposition n'est pas véritable, sauf la révérence & le meilleur jugement de la Cour, d'autant que le contrat de vente fait par un mineur, quoique sans avis de parens, décret & autorité de justice, est un bon & valable contrat, de vrai sujet à rescision, si le mineur s'en plaint, & fait voir qu'il ait été lésé. Mais s'il le ratifie étant majeur, ou s'il laisse passer trente-cinq ans, sans se restituer par lettres Roïaux, le contrat subsiste toujours intermédiairement : *non est nullus, sed venit annullandus conquerente minore & intrà fatalia restitutionis.* C'est ce qui a fait dire au sieur d'Argentré, sur l'art 481. de l'Ancienne Coûtume, que *bona minoris sponte alienari possunt, & id fit ex magnâ utilitate, spontaneæ alienationis aliquando inest utilitas.* L'Intimé aïant ratifié ledit contrat après sa majorité, a reconnu, comme aussi la vérité est telle, qu'en faisant lad. vente, il a géré utilement. L'autre prétenduë nullité que l'Intimé a oposée contre ledit appropriement du 10. Juin 1652. sur ce que la derniére bannie ne précéde pas de huitaine franche les premiers jours des plaids, qui avoient commencé le 17. Avril 1652. comme requiert la Coûtume, au contraire, la premiére bannie n'a été faite que le 28. dudit mois d'Avril, est de nulle considération, d'autant que, dans la Sénéchaussée de Rennes, autant qu'il y a de menées différentes, sont autant de plaids; &

suffit que la derniére bannie précéde de huitaine l'ouverture de la menée, suivant la doctrine du sieur d'Argentré sur l'art. 268. de l'Ancienne Coûtume, lequel sçavoit bien l'usage de son Siége; de sorte que la derniére bannie précédant, non-seulement de huitaine, mais de plus d'un mois, l'assignation pour l'expédition des causes de Ville & neuf Paroisses de Rennes, l'appropriement est valable; tout ce qu'on a dit au surplus pour détruire ledit appropriement n'étant que pointilles, par lesquels moïens & autres qu'il a verbalemens déduits, il a conclu à ce qu'il plaise à la Cour mettre l'apellation, & ce dont a été apellé, au néant, réformant le jugement, l'Intimé soit débouté de ses demandes, fins & conclusions, & condamné aux dépens des causes principales & d'apel.

Hevin, pour l'Intimé, a dit que l'Apellant ne pouvant soutenir son apel, à laisser la cause dans la situation qu'elle étoit lors du jugement apellé, il a eu recours à mandier une intervention de la Communauté de Rennes, pour apuïer une proposition qu'il avance aujourd'hui; sçavoir, que l'usage observé au Présidial de Rennes pour les appropriemens des maisons de la Ville & neuf Paroisses, se font validement, pourvû que la derniére bannie précéde de huit jours l'introduction des causes de la Ville aux plaids généraux, bien que ce soit depuis le premier jour des plaids, & que sur l'autorité de cet usage, la plus grande part des Habitans se sont appropriés de la sorte. C'est un fait qui seroit considérable, s'il étoit vrai; puisque c'est l'usage qui explique & interpréte les Loix, & même qui les abroge: mais n'étant pas véritable, & l'Intimé le contestant absolument, on ne peut y avoir égard, non plus qu'à l'intervention qui se prepare; & par ces moïens & autres qu'il a déduits en plaidant, a conclu à ce que, s'il plaît à la Cour, sans avoir égard à l'intervention, l'Apellant soit déclaré sans griefs en son apel, & condamné aux dépens. (*t*)

Begasse, pour les intervenans, a dit que la Communauté de Rennes ne prénoit aucune part dans les procès des parties qui viennent plaider, si ce n'étoit entant que l'on vouloit quereller la forme de l'appropriement dudit Amiot, bien qu'il ait été usité jusqu'ici pour les Habitans dudit Rennes, ausquels il suffit que la derniére bannie de leurs contrats soit de huitaine franche auparavant l'évocation des causes de Ville, qui ne se fait qu'après l'expédition des autres qui viennent au Présidial du même lieu, si que se

NOTES.

(*t*) Sauvageau sur du Fail, *livre* 1. *ch.* 259. *&* 410. raporte cet Arrêt dont le motif fut que les Menées particulieres de chaque fief, sont autant de Plaids.

Cette interprétation me paroît forcée. Si les Réformateurs avoient eu l'intention que leur donne cet Arrêt, il eût été facile de mettre à la fin de l'article 269. le premier jour de la Menée, au lieu du premier jour des Plaids. La Coûtume dit que l'appropriement se fera *aux prochains Plaids généraux, en l'endroit de la Menée & obéïssance du fief.* Ces premiers mots annoncent que les Plaids généraux renferment toutes les Menées. Après cela la Coûtume porte que la huitaine précédera les premiers jours des Plaids. Peut-on dire que ces derniers mots ne se raportent pas aux Plaids généraux, dont il est parlé quelques lignes auparavant, & qui, comme on vient de l'observer, renferment toutes les Menées? V. le nombre 131.

trouvant beaucoup d'autres appropriemens de contrats dans la même forme, ladite Communauté a trouvé à propos d'intervenir pour suplier la Cour, qu'en cas qu'elle voulût faire un réglement pour l'avenir, & ordonner que la huitaine seroit franche, c'est-à-dire, précédera l'ouverture des plaids qui se fait par les menées de Vitré & Fougeres, ce fût sans préjudicier ni donner atteinte aux susdits appropriemens pour le passé, afin de ne troubler pas une infinité de familles, dans lesquelles on l'a pratiqué jusqu'ici, qui sont les fins & conclusions que prennent lesdits intervenans.

Oüi sur ce de Montigny, pour le Procureur Général du Roi; la Cour, en l'apellation & intervention de la Communauté de Rennes, met l'apellation & ce dont a été apellé, au néant, & les parties hors de Cour & de procès, & sans dépens.

142. Arrest X. L'appropriement purge toutes les hypotéques par l'art. 274. de la Coûtume. Mais sa forme, dont parle l'art. 269. étoit si précipitée, se pouvant accomplir dans un mois, joint l'infidélité des Sergens dans les bannies, que les créanciers & prétendans droits se trouvoient exclus, sans se pouvoir défendre. Le Roi Louis XIII. étant à Nantes au mois d'Août 1626. y rémédia par l'Edit apellé des insinuations afin d'appropriement, par lequel il ordonna,

1°. Que tous contrats d'héritages, à titre de vente, échange & autres emportant aliénation, dont on veut s'approprier, seroient indispensablement insinués dans les Greffes qui seroient à cette fin érigés.

2°. Que l'insinuation se feroit avant que de pouvoir prendre possession.

3°. Que la premiere bannie pour l'appropriement ne pourroit être commencée que six mois après l'insinuation.

4°. Que l'acquereur insinuant seroit tenu de nommer un Procureur, auquel on pût dénoncer les opositions & plégemens.

5°. Que l'acte d'insinuation seroit banni par le Sergent avec le contrat & prise de possession.

6°. Que le Greffier prendra pour son droit, sçavoir pour les contrats au-dessous de 50. liv. vingt sols; de 50. liv. jusqu'à 100. trente-deux sols; de 100. liv. jusqu'à 300. liv. quarante-huit sols; de 300. liv. jusqu'à 600. liv. soixante-quatre sols; de 600. liv. jusqu'à 1000. liv. quatre livres seize sols; de ceux de 1000. liv. jusqu'à 2000. liv. six livres huit sols; de 2000. liv. jusqu'à 3000. liv. huit livres; & de tous autres généralement au-dessus de 3000. liv. douze livres seize sols.

7°. Que le Greffier est tenu de faire des tables chaque jour, & de les représenter à ceux qui l'en requiérent, païant cinq sols.

La Cour procédant à la vérification de l'Edit le 27. Août, mit deux modifications. La premiere, que les bannies, pour l'appropriement, pourroient être commencées après trois mois du jour de l'insinuation. La seconde, que l'appropriement par quinze ans, sans bannies, porté par l'art. 275. de la Coûtume s'accompliroit, comme auparavant, sans insinuarion.

La premiere modification est demeurée dans l'usage. La seconde a été révoquée par Arrêt du Conseil d'Etat du 30. Septembre 1628. & par autres postérieurs des 5. Mars 1630. & 10. Octobre 1636. avec défenses aux

Notaires de raporter aucune prise de possession, qu'après l'insinuation, à peine de nullité & de 2000. liv. d'amende. (u) HEVIN.

143. ARREST XI. On a demandé si l'insinuation, faite en un autre Greffe que celui qui est érigé pour être préparatoire des appropriemens, pouvoit servir à un appropriement. La question étoit qu'un particulier aïant assigné le titre d'un Prêtre sur ses héritages, celui-ci insinua son titre dans le Greffe des Insinuations Ecclésiastiques, & sans faire d'insinuation au Greffe afin d'appropriement il s'en appropria. Depuis les créanciers du constituant antérieurs à la constitution de titre, firent saisir ces héritages, & entr'autres ceux sur lesquels étoit constitué le titre. Le Prêtre s'opose, & allégue son appropriement qui avoit dû purger les hypotéques. Les créanciers soutiennent qu'il est nul par défaut d'insinuation au Greffe afin d'appropriement. Ainsi jugé par Arrêt en la Séance d'Août 1644.

ARREST XII. Depuis la question s'étant présentée, entre le Greffier des Insinuations afin d'appropriement & le Greffier des Insinuations Ecclésiastiques, il fut établi pour maxime indubitable, que lorsque l'Eglise, pour purger les hypotéques, prétendoit s'approprier, *ex quocumque titulo*, soit *pro emptore ex causâ permutationis*, *pro donato*, ou autres, pourvû que la matiére fût disposée à l'appropriement, même en constitution de rente fonciere pour fondation, & généralement en toutes choses susceptibles d'appropriement, par cet art. 269. l'appropriement ne pouvoit être préparé, que par l'insinuation au Greffe civil érigé à cette fin, & non au Greffe Ecclésiastique, à peine de nullité de l'appropriement ; étant contre les loix fondamentales de la France, que la Jurisdiction Ecclésiastique pût préparer un appropriement ou autre acte de la Jurisdiction séculiere : de plus que par l'Edit il falloit institution de Procureur pour recevoir les opositions sur l'appropriement en Cour séculiere, & que par l'art. 97. ci-dessus, telle institution ne peut être faite de l'autorité de la Jurisdiction Ecclésiastique : enfin que les créanciers se trouveroient fraudés, puisque nonobstant les précautions par eux aportées pour découvrir les aliénations de leurs débiteurs au Greffe érigé à cette fin, on auroit, contre toute raison, préparé ailleurs l'appropriement. Jugé le 11. Mai 1655. au profit du Greffier des Insinuations afin d'appropriement, par Arrêt en forme de Réglement, sur les conclusions de M. l'Avocat Général de Kverien ; plaidant Hevin pour ledit Greffier & Bernard pour le Greffier des Insinuations Ecclésiastiques.

NOTES.

(u) V. mon Journal du Parlement, *tom.* 2. *chap. dernier*, la conclusion du titre des appropriemens, & art. 272. *n.* 6.

ARTICLE CCLXX.

Après [a] *la* certification *duement faite* ne sera reçu

aucun opoſant : ains ſera l'acquereur approprié.

CONFERENCE.

Art. 274. A. C. *Art.* 268. à Laquelle.

SOMMAIRE.

1. *Des opoſitions en préjudice.*
2. *Opoſition recevable pendant toute l'Audience.*
3. *Opoſant à l'appropriement pour un droit réel, qui ſe deſiſte, eſt non recevable dans l'opoſition afin de prémeſſe formée au nouvel appropriement que l'acquereur avoit fait dans la crainte que le premier eût été nul.*

COMMENTAIRE.

D'ARGENTRE' AIT. Addenda quæ de certificatione dicimus, & excludendis oppoſitionibus.

D'ARGENTRE' A. C. *art.* 268. *Après laquelle certification ne ſera aucun reçu.* L'apropriement en ce cas produit une exception *litis finitæ.* Tous ſont exclus, excepté les abſens de la Province. Il ſalloit ajoûter les mots, *du tout & envers tous*: car c'eſt l'effet de cette diſpoſition.

1. HEVIN. Les Praticiens, dans leurs libelles d'opoſitions & plégemens & autres actions, ſe ſervent de ces termes: *en préjudice d'être païé, d'être garenti, ou qu'il ne ſoit païé ou garanti*, &c. Ceux qui parlent bien, ne peuvent ſouffrir cette expreſſion choquante, & qui ſemble ſe contredire. C'eſt une façon de parler elliptique, qui étoit autrefois uſitée dans les libelles d'opoſition aux appropriemens. Frequentiſſimæ illæ ſunt foro interceſſionum formulæ: *en préjudice de garantage de telle choſe venduë*, dit d'Argentré, *ad art.* 273. *vet. gloſſ.* 3. *num.* 3. *& ad art.* 444. *gloſſ.* 4. *n.* 1. Il faut ſous-entendre ces mots: *à ce qu'il s'approprie, déclare s'opoſer à ce que le défendeur s'approprie au préjudice de ſon crédit, ou de la garantie qui lui eſt dûë par le vendeur, &c.* Tout de même dans les arrêts & plégémens; mais il eſt vrai que les Praticiens en abuſent. Argent. *ad art.* 444. *gl.* 4. *n.* 1. « Doaria poteſt fructus arreſtare, doarii » ſui conſequendi cauſâ, in præjudicium, ut dicunt, ſui doarii conſequendi.

Ce que nous diſons *au préjudice*, nos peres diſoient *en préjudice*: dans l'Edit de Henry II. de l'an 1549. pour les droits du St. Siége, *en préjudice.*

2. ARREST I. *Ne ſera reçu aucun opoſant.* (*a*) Niſi Judice adhuc pro Tribunali ſedente. Argentr. *ad art.* 268. *in verb. après laquelle certification.* Mais pendant toute l'audience, *& Judice pro Tribunali ſedente adhuc*, l'opoſition

NOTES.

V. le Commentaire & les notes ſur l'art. 274. Acte de Notoriété du 16. Mars 1714. 114. *à la fin de Devolant.*

(*a*) V. Belordeau, *lettre A. cont.* 101. & le Commentaire ſur l'art 269. *n.* 132.

doit être reçue; & sur ce pied on a jugé ce matin 22. Mai 1674. plaidant Milliere & Gentil, qu'une enchere étoit recevable après l'adjudication, l'audience dans laquelle elle avoit été faite n'étant encore levée, *ex L. Divus ff. de restit. in integr.* V. Argentr. *ad art.* 266. *tract. de interr. cap.* 5. *n.* 7. *p.* 1172. *& sur le* 268. *in verb. en l'endroit n.* 7. *in fine.* HEVIN.

3. ARREST II. Un particulier s'approprie : un parent s'opose pour conserver un droit mutuel dans l'édifice : il se désiste de son oposition. Depuis dans la crainte de quelques nullités, l'acquereur fait de nouvelles bannies; & à l'appropriement celui qui s'étoit désisté demande la prémesse. Il est jugé non-recevable & l'appropriement jugé bon à son égard. Apel & lettres de restitution contre le désistement, (*b*) sur quoi la Cour, sans s'arrêter aux lettres, mit l'apellation au néant, sans amende, l'apellant condamné aux dépens modérés à 40. *liv.* par Arrêt du 19. Août 1630. M. le Président Rocquet prononçant; plaidant Frain pour l'apellant, Chapel pour l'intimé. POULLAIN.

NOTES.

(*b*) V. Art. 272. *n.* 22. Le même Arrêt est raporté par Chapel, *ch* 157. avec quelques différences qui ne sont pas essentielles.

ARTICLE CCLXXI.

Si aucun acquiert héritage *ou droits réels* par quelque titre ou contrat que ce soit, & [a] *la possession réellement prise, il en ait fait une bannie, dont il ait informé en jugement, huitaine après, en la forme que dessus, & depuis le tienne & possède notoirement par le tems de dix ans, il sera du tout & envers tous approprié; & ne lui nuira d'avoir fait plusieurs bannies.*

CONFERENCE.

Art. 269.

A. C. *Art.* 266. a. Il le tienne & possede notoirement par l'espace de dix ans, & il en ait fait une bannie, dont il ait informé en Court, il sera du tout & en vers tous approprié.

T. A. C. *Ch.* 134. Bataille peut être jugée en ces cas, comme des autres, c'est à sçavoir quand aucune personne a tenu aucun héritage 25. ans, & aucune personne en fait demande, & le défenseur avoüe titres, & la saisine est cognuë des Parties, ou est prouvé, pour ce que celui qui a tenu la saisine ne soit frere ou sœur à la Partie adverse: car longue tenuë ne nuit rien entre freres & sœurs, & l'acteur aura celé le titre, adonc dira le défenseur, que jurant de sa main & de sa bouche que les mots de son titre sont vrois, qu'il advouë, & que la chose lui doit demourer, ou cas qu'ils ne sont freres ou sœurs, par la Costume, si la partie ne vouloit chalonger la loi de la bataille, le défenseur seroit quitte faisant la loi, & aussi s'il vouloit chalonger, la bataille seroit jugée, & quand il auroit été jugé que il devroit être reçu à son serment, si l'acteur vouloit chalonger la loi, avant qu'il eût fait le serment, il pourroit dire, *vous ne le pourriez faire: car si vous le faisiez, vous seriez parjure,* & en getteroit un gaige en Court.

Adonc

CONFERENCE.

Adonc seroit la bataille jugée par la Coûtume, pour ce qu'il n'y ait autre exception; & au jour qu'ils seroient mis au champ pour se combattre, le défenseur jurera que les mots de son titre qu'il avouë, sont vrois, & l'acteur jurera que ne sont, & qu'il en seroit parjure. Adonc commandera l'en que chacun fasse son devoir, & fera l'en le tiers ban ô deux qui auront été faits paravant que tous se siégent, sur peine de la hart, & de perdre leurs meubles, & que nul ne fasse semblant, ne ne sonege mot de rien qu'il voye, ne que il aperceve, si ne sont ceux que la Justice mettra à garder la bataille, & en ce sur que tous doivent jurer qu'ils n'ont chose sur eux, qui leur puisse aider, fors les choses de la lice, & la conscience qu'ils ont ô Dieu. Adonc assauldra l'apelleur le défendeur, & quand il adviendroit que un fust à mechief, quand ils auroient été ensemble, celui qui garderoit la bataille, pourroit dire *souffrez vous, tenez l'état sur peine de perdre la cause*. Adonc devroient-ils tenir l'état, & parleroit l'en d'accord entre eux; & si l'accord ne se peut faire, ils se combatteroient tant que l'un se rendeist, ou qu'il fût mis hors du champ, ou cas que accord ne se pourroit faire entre eux; & en toutes batailles doit ainsi être fait & ordonné, & doit Justice leur bailler champ à eux combattre advenant, & lices apparoissantes; c'est assavoir à gens qui se combattent de cheval, si fortes que les chevaux ne s'en puissent issir, & ès gens de pieds si apertes qu'ils les puissent veoir, car celui qui issira hors du champ, sans congié de Justice, sera vaincu; & ainsi doivent batailles être ordonnées de quelconques cas que ce soit.

Tenu. Si en outre l'avoir tenu, il a édifié ou planté, tunc lui suffiroit avoir tenu huit ou dix ans, jurant infrà, *cap.* 220. circà finem quòd vide.

Advouë tiltre. Sufficit allegare titulum. Debes scire quod triplex est titulus, scilicet ex conventione partium, ex dispositione testatorum, & ex dispositione legis. Primò nunquam transit dominium, nisi secutâ traditione, secùs in aliis. Bartolus *in L. Traditionibus, Cod. de pactis*: & oportet nominare titulum in contractu. Vid. Bartolum *L. per diversas Cod. mandati*, & dicit quòd si non apponitur titulus nihilominus contractus valet, quia titulus idem est quòd causa quæ apparet ex illo contractu quamvis non sit necesse probare, ut *ff. de usuris L. si de in rem verso, & ff. si servitus vendicetur L. si quis diuturn.* Tamen Doctores dicunt quòd non est allegare titulum, quia satis constat ex causâ.

Longue tenuë. Nota que longue tenuë ne vaut rien entre freres & sœurs & per hoc, V. *L. diuturna possessio C. de prascriptione longi temporis* 10. *vel* 20. *annorum, & cap.* 12. *cùm non liceat extrà de præscriptionibus & L. servum communem, Cod. fam. ercisc.*

Chalonger. Nota de hoc, *cap.* 167. qu'il n'y a chalongement de Loi qu'en cas particulier, cùm quis se deffendit excipiendo peremptorie, quia dicit se tenuisse rem immobilem per spatium viginti annorum, & allegat titulum quem probare se offert per juramentum, ille titulus dicitur esse talis, quòd, eo probato per testes vel instrumenta, ille qui se deffendit relevaretur & deffenderetur ab petitione petentis. Secùs est in aliis præscriptionibus inductis de consuetudine, qui sont de saisi à saisi, ès titres déclairés par la Coûtume, sçavoir, de féage, censie, donation & échange.

Ch. 220. Si aucun avoit acheté aucuns héritages, & il eût tenu par son achat dix ans & il en peut prouver une bannie, il seroit défendu de tous.

V l'Ordonnance de Jean III. 1315. *art.* 19. les Constitutions de 1431. *ch.* 15. *art. dernier*, & les Ordonnances, *art.* 701.

SOMMAIRE.

1. & 2. *Origine des appropriemens de* 10. *ans & de* 15. *ans.*

3. *Quel titre est requis pour l'appropriement.*

la prescription contre les facultés.
65. *De la vente pure faite par l'acquereur, à condition de réméré.*
66. ch. 9. *Des contrats sujets à rescision.*
67. ch. 10. *Du privilége. Si le défaut d'enregistrement se couvre par la prescription.*
68. ch. 11. *De la prescription de* 100. *ans.*
69. ch. 12. *De la prescription contre les mineurs. De la prescription qui résulte de la convention avec le majeur ou le mineur.*
70. *De la prescription légale contre le mineur.*
71. *De la vente des biens de mineur.*
72. *De la chose d'autrui venduë par le mineur.*
73. *Du bien du mineur vendu par un tiers.*
74. *De la vendication du bien du mineur vendu sans décret de Justice. La rescision n'est point nécessaire.*
75. *Si le rescindant & le rescisoire se divisent.*
76. *De la prescription contre les furieux ou insensés.*
77. ch. 14. & 15. *Contre les prodigues & autres interdits.*
78. ch. 16. *Des contrats des personnes yvres.*
79. ch. 17. *Des contrats dont le prix doit être emploïé à de mauvais usages.*
80. ch. 18. *De la vente faite* procuratorio nomine.
81. ch. 19. *Des empêchemens par raport à la chose. Du domaine de la Couronne.*
82. ch. 20. *De la prescription des choses sacrées & religieuses, & du patrimoine de l'Eglise.*
83. ch. 21. *De la prescription des choses spirituelles.*
84. ch. 22. *De la prescription des dîmes. Si elles sont de droit divin.*
85. *Distinction entre la dîme & le terrage ou champart: de la dîme inféodée & n.* 90.
86. *Des autres droits établis pour la subsistance du Pasteur.*
87. *Si les Laïques peuvent prescrire les dîmes.*
88. Quid? *De l'exemption de la dîme: de la prescription contre les arrérages.*
89. *De la prescription d'Eglise à Eglise.*
91. *A quels Juges la connoissance des dîmes apartient.*
92. *Des novales.*
93. ch. 23. *De la prescription des lieux publics, & du patrimoine public.*
94. ch. 25. *Des choses dont l'aliénation est défenduë; distinction entre les prohibitions de la loi, absolues, ou par raport aux personnes, des Magistrats, des contrats & des testamens.*
95. *Distinction entre titre & contrat.*
96. *Des contrats non rédigés par écrit.*
97. *Nécessité de la détention réelle pour l'appropriement.*
98. *Quelle notoriété est requise pour la prescription.*
99. *Des dix ans requis pour l'appropriement par une bannie.*
100. *Forme de cet appropriement. S'il peut y avoir un appropriement de cinq ans par deux bannies.*
101. *Effets de l'appropriement.*
102. *La certification est un simple acte & non une décision du Juge. Apel de l'appropriement inutile.*
103. *Effet de l'appropriement contre toutes personnes.*

COMMENTAIRE.

1. HEVIN. Cette prescription de dix ans, & la suivante de quinze ans, furent introduites par un Arrêt du Parlement du Duc, de l'an 1431. entre les articles d'Ordonnances qui sont à la fin de l'Ancienne Coûtume.

D'ARGENTRE' AIT. *Du tout & envers tous.* Ista verba tam universalia & absoluta, bonæ fidei necessitatem præfractè excludunt.

Et ne nuira. Monente me additum propter vitiligationes, ad retundenda præpostera ingenia, quæ ex illo problemate, *quod potui nolui*, *quod volui non potui*, putabant, si plura essent facta uno bannimento solemnitatem omnium præfractè constare opportere, veluti spreto hoc jure acquirens aliud spectasset. Sed nos dubitationem inutilem præcidimus.

2. D'ARGENTRE' A. C. *Art.* 266. Cet article n'est pas de la Très Ancienne Coûtume. Il y a été inséré dans la suite, comme plusieur autres, & tiré de la constitution du Duc Jean. C'est dans la révision qui fut faite de la Coûtume par l'assemblée des Etats tenus l'an 1431. Cet article y ajoute la certification des bannies qui étoit inconnuë alors. Cette disposition ne faisoit obstacle qu'au retrait ; & celle-ci est pour exclure toutes opositions.

3. *Par quelque titre que ce soit.* La Coûtume n'entend point autre chose que ce qui est titre par le Droit Civil, c'est à-dire, toute cause de translation de Domaine par le droit des gens, par le Droit Civil & par le Droit Coûtumier. Le consentement dans les conventions opere les causes ; & quand cela a dégénéré dans un nom spécifique de contrat du Droit Civil, comme vente, donation, échange, on les apelle des titres. Il y a aussi des titres non conventionnels, par lesquels on posséde *pro suo*, comme les choses *quæ nullius sunt*, & qui apartiennent au premier occupant, ou celles *quæ pro derelicto sunt habitæ*. Mais cela est si rare, qu'il faut s'attacher aux titres conventionnels. Cela présuposé, il ne peut y avoir d'appropriement sans un titre, ni par conséquent aucunes des prescriptions qui sont équivalentes à l'appropriement édictal, comme celles de dix & de quinze ans.

DES TITRES QUI SONT REÇUS PAR LE DROIT OU PAR LA COUSTUME.

CHAPITRE PREMIER.

De la qualité des Titres.

4. Il y en a de véritables & proprement dits. Ils transferent de droit le domaine. Il y en a de fictifs qui ne subsistent point, mais qui sont de la fiction de la Loi. D'autres sont présumés ; car ils ne paroissent point : dans le doute & l'incertitude, la Loi les présume. Les autres sont putatifs ; & c'est lorsque quelqu'un ne les a pas, & peut être dans une juste opinion de les avoir. Il y en a d'inutiles, de mauvais, de nuls ; & ce sont ceux que la Loi n'aprouve pas, ou ausquels elle s'opose. La distinction des titres lucratifs & onéreux seroit ici inutile, puisqu'ils transferent également la proprieté. On traitera dans tout ce Livre des titres véritables en particulier.

5. Mais comme il faut connoître la qualité de tous les autres titres, on commence par les titres fictifs dont il est rarement fait mention par les Jurisconsultes, & qu'on entend cependant de ceux qui n'ont jamais été, mais

que l'on feint être arrivés. Ils diffèrent des titres présumés, en ce que ceux-ci peuvent être, & que l'incertitude & le doute empêchent de sçavoir la vérité. Mais les titres fictifs sont lorsqu'il est même certain qu'il n'y en a jamais eu. On en donne l'exemple, lorsque la Loi feint qu'il est intervenu stipulation dans le contrat de dot, quoique cela ne soit pas, ou lorsque, *per litis æstimationem*, & le paîement de cette valeur, le domaine est transféré par un contrat fictif de vendition, qui cependant n'est pas (quelques Auteurs prétendent que c'est plûtôt un titre tacite qu'un titre fictif) ou enfin lorsqu'un étranger a donné au mari une dot, qui cependant est acquise à la femme par cette donation, & par la tradition effective faite au mari. On feint le titre dans la personne de la femme, avec laquelle cependant il n'a rien été contracté. Lorsque quelqu'un paîe, avec connoissance & sciemment, ce qu'il ne doit pas, on supose un titre fictif de donation. Delà on conclut que des titres fictifs, comme des véritables, les domaines s'acquiérent *& usucapiendi conditiones*, pourvû qu'il y ait une véritable tradition; & cette opinion des Docteurs est fondée sur ce que la Loi n'admet pas deux fictions, celle du titre & celle de la possession. Du Moulin a combattu cela comme une grossiere erreur; & il dit que tout titre est véritable ou nul, qu'entre les véritables, il peut y en avoir de tacites, & d'autres présumés, que par erreur on a qualifié de fictifs. Il se sert même de l'exemple de celui qui paîe sciemment ce qu'il ne doit pas : car il nie que ce soit un titre fictif; & il soutient qu'il est véritable, mais présumé de donation, comme celui qui résulteroit de ce que quelqu'un auroit pris sciemment son propre héritage à ferme : car ce seroit également une donation présumée, vû que s'il l'avoit fait par ignorance, il seroit absurde de suposer une donation fictive, puisque la chose seroit absolument nulle.

Notre Auteur n'est pas tout-à-fait du sentiment de du Moulin, qui prétend qu'il ne peut y avoir que des titres véritables, présumés ou tacites. Il dit au contraire qu'on trouve des exemples de titres fictifs, comme dans la Loi premiere, C. *de rei uxoriæ actione*, où il est certain qu'il n'est intervenu aucune stipulation, cependant *pro adjectâ habetur*. Or la présomption n'est que dans un cas incertain.

6. Nous apellons titres présumés (*a*) ceux qui ne sont point prouvés, mais que l'on estime être arrivés, comme quand on a paîé pendant dix ans continus une rente, ou quand on présume le titre de la possession immémoriale, ce qui opére le même effet qu'un titre véritable, lorsque la Loi établit la présomption. Mais tout cela doit être uniquement regardé comme des notions du Droit Civil; car quant aux appropriemens édictaux, on n'admet point les titres présumés, il en faut de certains & de spécifiques.

7. Il en est de même des titres putatifs, qui consistent dans l'opinion de celui qui veut s'en servir. Mais il faut que cette opinion ait une cause probable d'erreur. Ainsi dans le droit il y a mariage, mari, femme & fils putatifs. Les Jurisconsultes, presque partout, les égalent aux véritables, à

NOTES.

(*a*) V. Art. 272. n. 9.

l'exception de peu de cas. Il ne faut pas aufurplus que l'erreur foit *fupina aut ftulti hominis* : car ce feroit une chimere. Il faut auffi que ce foit une erreur de fait, fondée, par exemple, fur ce que le Procureur a perfuadé qu'il a acquis au nom de celui à qui il l'a fait croire, quoique cela ne foit pas; ou qu'il ait apris *à probato viro*, ou des voifins, ou par la commune renommée, qu'une chofe lui a été donnée par le Prince, ou léguée par le teftateur. Aufurplus l'erreur de droit ne peut jamais fervir pour la prefcription; & fi quelqu'un a une donation de celui qui n'a pu donner, il imagineroit inutilement que ce titre fût valable *ad ufucapiendum*. * Cet exemple que l'Auteur raporte paroît être bien étranger à la matiere. Il traite des titres putatifs, qui n'exiftent point; & dans le cas propofé il y a un titre, mais qui eft nul.] Pour revenir à ce qu'il dit, qu'il faut que la chofe confifte en fait, il aporte l'exemple qu'il dit être commun, de celui qui fe croit feul héritier, & qui a poffédé long-tems à ce titre, quoiqu'il fe trouve dans la fuite qu'il a un frere aîné. Cette jufte erreur opére le titre putatif. Ces fortes de titres fervent pour la prefcription de dix ans & de vingt ans; & il eft étrange que l'on mette en queftion la prefcription de trente ans, même *in errore juris*, puifque dans les longues prefcriptions il n'eft point befoin de titre. On raporte ici tout cela pour ne rien négliger des principales obfervations de l'Auteur. On l'a déja fait fur le premier Article de ce Titre, pour revenir enfuite à ce qu'il déclare, que tout cela a été rejetté par notre ufage, dans lequel on ne connoît point de titres putatifs, étant néceffaire qu'il y en ait de véritables & bien prouvés pour les appropriemens; ce qui retranche une matiére infinie de difputes tirées du Droit Civil, & donne lieu à l'Auteur de dire qu'il eft furpris que les principaux Jurifconfultes aïent confumé leur tems & leur travail en des matiéres fi vagues & fi incertaines, & qu'une matiére d'auffi grande importance que celle qui regarde la proprieté des biens & qui demande la vérité & la certitude, dégénere chez eux en fantaifies & opinions incertaines, & qu'ils portent le même jugement d'un oüi dire & d'un conte qu'un homme aura entendu, que de bons actes dont la preuve eft certaine. De-là vient qu'il infulte Tribonien qui a compilé fans attention dans un volume tant d'opinions toutes différentes des Jurifconfultes.

Des Titres inutiles, nuls, illicites & prohibés.

8. La recherche fur de pareils Titres eft plus férieufe, pour fçavoir s'ils peuvent fervir pour la prefcription & procurer *ufucapiendi conditionem*. On apelle en général titres inutiles, ceux qui, par le Droit Civil, ne fubfiftent point, foit par l'inhabilité des perfonnes à contracter, foit à caufe de la matiére qui ne tombe point en commerce, foit par le défaut des folemnités requifes par le Droit, & enfin qui ne font point aprouvés par la Loi, ou qui y font même contraires.

9. Les titres nuls font ceux que la Loi ou la Coûtume déclare tels, pour certaines caufes, par exemple les donations entre le mari & la femme faites conf-

tant le mariage, ou celles que la Coûtume défend de faire à l'un des héritiers présomptifs, ou aux bâtards & autres enfans venus *ex damnato coïtu*.

Les titres sont pareillement nuls, lorsque le consentement y manque, le consentement étant de la substance des obligations naturelles; & sans cela il n'y a point de contrat. Tels sont ceux qui sont passés par un pupille, un furieux, un insensé, soit que celui avec lequel ils ont contracté sçache ou ignore leur inhabilité. De pareils titres ne peuvent donc servir *ad usucapiendum*. On ajoute généralement tous les contrats de bonne foi, ausquels le dol a donné lieu, que la glose par cette raison met au nombre des inutiles; & les prescriptions qui demandent titre ne peuvent avoir d'effet. * Cela souffrira ses explications quand on traitera la matiére des rescisions & des restitutions; & c'est ce que l'Auteur devoit observer, pour ne pas laisser l'idée d'une nullité absolue en ce cas.] (*b*)

10. Les titres mauvais & illicites sont ceux qui ont des causes perpétuelles de prohibition, par la turpitude du fait & des causes ausquelles la Loi résiste, comme seroient les promesses de commettre quelque crime. Les causes de prohibition empêchent la prescription; on apelle simplement défendus ceux que la Loi ou que la Coûtume, un testateur, un Juge, défendent pour certaines causes particuliéres. Il faut maintenant, par raport à ces sortes de titres, examiner les conditions des prescriptions.

11. Quant au Domaine, c'est une régle communément reçuë, qu'il peut être transferé *ex contractu simpliciter nullo*, pourvû que les causes de nullité ne regardent que l'intérêt particulier, si la tradition de la chose a suivi le contrat. On se sert pour le prouver des raisons tirées du Droit, sçavoir, parce que la Loi donne le reméde de la rescision contre les contrats quoique nuls; d'où l'on conclut que le Domaine peut être transferé, sans quoi il n'y auroit rien de sujet à la rescision, puisque *quod nullum est, rescisione non eget*. On prétend encore le prouver, en ce que l'inutilité du contrat donne lieu à la condiction ou révendication; & comme il y a moins de doute par raport à la possession, lorsque la tradition en a été réellement faite, parce qu'elle est de fait, & ne dépend point du droit, la translation de possession ne demandant point de cause, on conclut que cela donne *causam usucapiendi*, même quand le titre est *à non Domino*, puisque le titre nul *à Domino* procure la même cause *ad usucapiendum*; mais la plus forte raison des Docteurs est que ces sortes de titres, consistant dans l'opinion de celui qui prescrit, ils ont la qualité de titres putatifs.

12. Quand tout cela seroit vrai, il faut suspendre son sentiment lorsque l'on entre dans la pratique du barreau; (*c*) car il y a des nullités résultantes d'une prohibition perpétuelle, par exemple, quand la chose est illicite & contre les bonnes mœurs. Toutes personnes peuvent arguer la nullité de pareils titres; mais il y a des nullités qui ne sont que respectives, & qui ne regardent que l'intérêt de ceux qu'elles blessent. Il y en a aussi de douteuses,

NOTES.

(*b*) V. Art. 197.

(*c*) V. le nombre 66. ci-après, le Commentaire sur la rubrique, *n.* 2. & art. 269. *n.* 64.

& quæ alios atque alios respiciunt. On aporte aussi trois choses, comme substantielles à la prescription, le titre, la possession & la bonne foi; le défaut de chacun de ces trois points opére, selon les Docteurs, des interruptions naturelles, dont l'effet est d'interrompre pour tout le monde sans distinction. L'Auteur n'est pas de ce sentiment, & il déclare qu'il faut distinguer entre les différentes nullités, dont les unes ont des causes publiques, & les autres ne regardent qu'un intérêt particulier. Les premiéres interrompent absolument, les autres n'interrompent que civilement; car comme elles ne regardent que l'intérêt particulier & personnel, elles n'ont effet d'annuller, que par raport à ceux qui ont cet intérêt, & nullement par raport à aucune autre personne. C'est pourquoi les nullités des titres, qui résultent de la disposition d'un testateur, & généralement de la simple disposition de l'homme, ne regarderont que les personnes de la famille, ou celles en faveur de qui la prohibition a été faite; & si elles ne poursuivent pas la nullité, la prescription, en vertu de pareils titres, pourra avoir son effet contre toutes autres personnes. Si quelqu'un fait une donation à sa femme, *constante matrimonio*, ou s'il fait un avantage à l'un de ses héritiers présomptifs, la Coûtume annulle de pareils titres, *sed respectu privato tantùm*; & ces sortes de nullités ne peuvent être objectées par des étrangers, n'y aïant que les héritiers qui puissent les proposer. On supose donc qu'un mari ait donné à sa femme un bien qu'il possédoit, & qui ne lui apartenoit pas; la femme, quoique personne prohibée pour la donation, peut prescrire ou s'approprier valablement, car celui à qui apartient l'héritage, & qui n'est point héritier du mari, n'a pas de qualité pour alléguer la prohibition des donations entre mari & femme.

Pour confirmer davantage quel est l'effet limité de la nullité respective, l'Auteur dit ici que l'on prescrit contre la nullité des contrats, même entre les contractans, s'ils ont laissé passer le tems prescrit pour proposer les nullités, dont il y a un exemple dans les rescisions & restitutions. Il s'ensuit, à plus forte raison, que les titres ont leur force contre ceux qui n'ont pas le même intérêt personnel. Il faut donc faire une grande attention aux différentes causes de nullité; celles qui regardent les bonnes mœurs & les causes honteuses, peuvent être proposées *ab omnibus, & non procedet præscriptio.* On aporte pour exemples ce qui auroit été donné au Juge contre la Loi *Julia repetundarum*, à un médecin en vûë de la guérison, au Procureur *ob quotam litis*; car tout cela est illicite & prohibé *publicâ de causâ.*

13. Il y a aussi la nullité résultante de l'inhabilité de la matiére, lorsque ce sont des choses dont le commerce est interdit, comme les choses publiques & sacrées, & le Domaine du Roi; car les particuliers ne peuvent faire de juste aplication du consentement nécessaire pour les contrats, à des choses qui n'en sont pas susceptibles.

14. Il reste les nullités, quand le contrat péche *in substantialibus*, à cause de l'impuissance des contractans à pouvoir consentir, comme les enfans, les furieux & les insensés. Il y aura cependant dans la suite des distinctions à faire sur cette matiére, & principalement par raport aux mineurs & aux autres personnes qui peuvent être capables d'obligations naturelles, & auf-

quelles

quelles, par le progrès du tems, on pourroit oposer la prescription en vertu de pareils titres.

15. Ce qui a été dit de ces sortes de nullités, ne regarde que les prescriptions qui demandent titre; car celles qui ne demandent qu'un long laps de tems sont différentes, par exemple, celle de 40. ans, puisqu'il n'y est pas question du titre, en vertu duquel on a possedé. Au surplus, tout cela demandera une aplication particuliére aux cas différens; car on ne peut fonder de régles générales sur toutes les variétés & les contradictions qui se trouvent dans l'école à cet égard. On parlera dans la suite des titres sujets à rescision.

16. Quant aux titres conditionnels, nous en avons déja parlé. (*d*) Il faut seulement répeter ici que la tradition de la possession n'empêche pas le principe de l'essence du contrat, & que l'on peut prescrire; mais on ne le peut contre celui qui a fait la tradition que du jour que la condition cesse: à l'égard de toutes autres personnes, on prescrit indistinctement, parce que, par raport à elles, *contractus pro puro habendus est*.

17. On demande aussi s'il peut y avoir prescription ou appropriement sur des titres simulés. C'est proprement la matiére de l'art. 275. ci-après. On peut s'approprier à la vérité; mais il y a 10. ans pour découvrir la simulation, & pour s'oposer en conséquence.

18. Avant que de quitter cette matiére des titres, il convient d'examiner (*e*) si l'on peut prescrire ou s'approprier en vertu de plusieurs titres. Pour la possession, il n'y a point de doute qu'on ne la puisse obtenir par différentes causes concurrentes, pourvû que leur concours soit au même tems de la possession. Quant au domaine, les Docteurs décident que s'il est une fois acquis en vertu d'une cause, il ne le peut plus être en vertu d'une autre, parce que l'effet est consommé; mais il faut que le premier titre soit valide: car si l'on doute de sa validité, on peut faire accumulation de droits; & si dans la suite l'un des droits est éclairci, & que l'on juge en conformité, la prescription sera censée être fondée sur le titre qui attribuoit plus de droit.

19. Il faut excepter des titres translatifs de propriété, le louage ou ferme, le dépôt & le commodat, contre lesquels on ne peut jamais prescrire suivant le droit.

20. On voit un très-grand nombre de titres mentionnés dans les Loix & dans nos Livres. Il y en a plusieurs autres inconnus au Droit Civil, que les nations ont introduits pour l'usage du commerce. Il y a aussi dans le Droit des contrats innommés, qu'on n'a pu distinguer que par les choses mêmes, & par ce qui se fait, faute d'y avoir pu trouver un nom, comme dans ce qu'on apelle *do ut des*, *facio ut facias*. Il ne faut donc pas être surpris si l'on a trouvé de nouveaux noms à des contrats nouvellement introduits, où ausquels on avoit ajouté de nouvelles conditions; de là vient qu'on ne voit point dans le Droit les mots de *précaire*, *changes*, *monts de piété*, imaginés par les Lombards ou les Italiens, ceux *de rentes constituées*, *domaines congéables*, trouvés & usités

NOTES.

(*d*) V. Art. 269. n. 78, & Art. 285. n. 2. 14. & 20.

(*e*) V. Art. 269. n. 61.

parmi nous. Il faut maintenant parcourir, autant qu'il nous sera possible, tous les titres par leurs espéces particuliéres, y raporter les autorités de Droit, & marquer s'ils peuvent servir, ou s'ils sont inutiles aux appropriemens.

CHAPITRE II.

Des titres de toutes les sortes en particulier.

21. *L'échange* est un des plus anciens titres; c'est par-là que les conventions entre les hommes ont commencé.

22. *Achat & vente.* Ce contrat a succedé à ce qui se faisoit par échange. Il ne faut pas l'entendre du nom générique, qui renferme toute aliénation, mais du contrat spécifique, qui consiste *in pretio & merce.*

23. *Datio in solutum.* Après la vente, suivent tous les contrats qui y retombent, quoique les noms soient changés, c'est-à-dire, lorsqu'il y intervient quelque chose *quod vice mercis aut pretii sit. Datio in solutum* est principalement de cette qualité; car la chose a commencé par une dette pécuniaire, qui ensuite tient lieu de prix.

24. *Litis æstimatio.* C'est lorsque quelqu'un a été condamné de restituer la valeur d'une chose, faute de restituer la chose même. Quelques-uns disent que c'est un titre fictif; du Moulin prétend qu'il est véritable, mais tacite.

25. *Echange feinte.* Lorsque les parties sont convenuës ensemble que pour la rente promise, ou pour la chose contre-échangée, il sera païe de l'argent, cela dégénére en vente effective; en un mot, toutes les fois que ce qu'on promet, se résoud en obligation du prix, quelque couleur que l'on donne au contrat, ce qui est la matiére de l'art. 61. de l'A. C. sur lequel l'Auteur dit qu'il a traité exactement la matiére. * Ce qui prouve qu'il avoit travaillé aux premiers titres de la Coûtume, avant que de travailler à celui-ci.]

26. *Estimation de la chose.* Cela dégénére quelquefois en contrat de vente, suivant les circonstances; il faut pour cela que l'estimation soit faite pour désigner la valeur, & qu'on ne convienne pas de restituer précisément la chose: car si la convention est véritablement *rem restitui, emptio non fit.* L'Auteur donne pour exemple le cas de l'art. 300. de l'A. C. où l'échange ne laisse pas de conserver sa nature, quoique les terres soient évaluées prix pour prix, & il n'y a point de prémesse; car ce n'est que pour désigner la valeur réciproque, ce qui arrive souvent lorsqu'il y a inégalité entre les choses contre-échangées, & qu'il faut faire quelque suplément par argent ou autrement.

27. *Donation.* C'est le titre de tous le plus agréable; il en faut un traité particulier, & tout ce que l'on peut dire, par raport à la matiére, c'est qu'on peut s'approprier ou prescrire par 15. ans, quand la donation est faite *à non domino.*

28. *Païement.* C'est ici une addition à *datio in solutum.* On peut également prescrire la chose d'autrui, qui a été donnée en païement.

29. Il en est de même de la chose d'autrui, qui auroit été léguée.

30. Le titre de *partage* ou *division* est aussi propre pour l'appropriement, soit contre l'héritier, soit contre l'étranger. (*f*)

31. *Féage*. C'est aussi un titre utile de translation de propriété; mais s'il y a des deniers d'entrée, il perd son nom. * La Coûtume traite cette matiére dans d'autres endroits. (*g*) Elle régle ce que l'on peut prendre de deniers d'entrée, & quand on le peut faire sans altérer la nature du féage.]

32. *Cens*. C'est la translation d'un fonds pour une rente annuelle & perpétuelle païable sur le même fonds. Nous le prenons d'ordinaire en un autre sens (*h*) que dans quelques autres Coûtumes, ou c'est un fief tenu roturiérement. Le fonds sujet à cette rente, est ce qu'on apelloit dans le droit *ager vectigalis*.

33. *Emphitéose*. On l'entend ici de l'Emphitéose pérpétuelle; car il y en a qui ne sont que pour un certain tems, ou avec pacte *de renovando*. (*i*)

L'Auteur passe ici les titres *livelli & precaria*, comme l'explication en étant inutile & presque inconnuë.

34. *Superficie & domaine congéable*. Le titre superficiaire est lorsque la superficie du fonds est venduë, à la charge d'un droit annuel *in recognitionem dominii*. Le superficiaire ne perd pas les améliorations comme l'emphitéote, c'est notre domaine congéable; & il n'y en a point d'autre dans le droit, qui puisse y être comparé. La condition est une espéce de clause, par laquelle on diroit, *je vous accorde le fonds à précaire, & la superficie en propriété*. Le colon ne peut prescrire, en vertu d'un pareil titre, contre le Seigneur foncier, parce qu'il subsiste toujours une reconnoissance implicite; il ne le pourroit pas même contre un tiers, parce qu'il ne posséde pas *pro suo*, & qu'il reconnoît la propriété d'autrui. On met ici la différence entre ce titre, les précaires & les emphitéoses, mais assez mal expliquée: & au surplus on apelle *domaine congéable*, parce qu'après un tems, le colon peut être congédié. (*k*)

35. *Dot*. C'étoit un titre fréquent & célébre dans le Droit, par lequel le domaine des biens dotaux étoit transféré au mari, mais révocable *soluto matrimonio*. Cela est inconnu parmi nous, ou le mari ne devient point *dominus dotis*. Au surplus, si un pere, ou une autre personne, donne quelque chose en mariage, c'est un bon titre pour prescrire & pour l'appropriement; mais la prescription ne commence point avant le mariage, parce que c'est un titre conditionnel qui dépend de son exécution.

Il étoit assez inutile de mettre ici le titre *noxa deditionis*.

36. Il y a ici de l'obscurité sur le titre que l'Auteur apelle *sententia*. Les banuies & l'appropriement fait en conséquence d'une Sentence, ne peuvent être attaqués; & il en est de même de l'appropriement de 15. ans, en conséquence d'un jugement. Il est plus utile de se servir de la Sentence comme d'un titre, que si l'on se bornoit à l'autorité de la chose jugée; car en ce dernier cas on auroit à craindre les apellations: au lieu que l'appropriement

NOTES.

(*f*) V. ce qui a été dit sur le Tit. *pro herede, art.* 269. *n.* 8.

(*g*) Art. 358. & 359.

(*h*) V. Art. 43. *n.* 1.

(*i*) V. Art. 269. *n.* 50.

(*k*) V. le Commentaire sur l'Art. 313.

a tout son effet, & ne (*l*) peut être attaqué. Cependant l'Auteur ajoute qu'il n'a vu personne user de cette précaution.

37. *Pro herede.* Ce titre, peu connu parmi nous, l'est beaucoup dans le droit, où celui qui a trouvé, dans une succession qui lui est échuë, un bien apartenant à autrui, & le posséde 15. ans, a un titre suffisant pour s'approprier; mais il faut que l'on soit véritablement héritier, & qu'on ait possédé la chose comme apartenant au défunt à qui l'on succéde: il arrive souvent qu'il se fait en cela un concours de deux titres; car si le défunt avoit acheté l'héritage d'autrui, l'héritier a, par représentation, le titre *pro empto*, & personnellement le titre *pro herede*. L'Auteur n'aprouve pas le sentiment de M. Duval, dans son traité *de rebus dubiis*, où il dit qu'il a été décidé au Parlement, qu'un aîné aïant donné un fonds à viage à son puîné, & le fils de ce puîné l'aïant possédé depuis la mort de son pere, le fils de l'aîné avoit été reçu à le vendiquer après 30. ans. Si l'on a pris pour fondement de ce jugement, en cas qu'il y en ait eu un pareil, qu'il n'y a point de titre *pro herede*; on est tombé dans une erreur: car c'est un véritable titre. Quant à l'interversion, il n'y en avoit point, dit l'Auteur, parce que la possession commence dans la personne de l'héritier. * En vérité c'est bien subtiliser pour faire valoir le prétendu titre *pro herede*, (*m*) dont on ne voit aucun usage dans les appropriemens. Il semble qu'il auroit été bien jugé par l'insuffisance du tems pour prescrire; & l'Auteur devoit considérer que le fils n'avoit trouvé aucun droit de propriété dans la succession de son pere, le titre de viage reclamant contre ce droit. C'est donc un changement qui commençoit dans la personne de l'héritier; & comme véritablement le titre d'usufruit, qui faisoit obstacle, dans le défunt, à toute possession *jure suo*, cessoit de plein droit à la mort; c'étoit le commencement d'une autre possession, en vertu de laquelle il auroit fallu un tems suffisant pour la prescription sans titre.]

Pro derelicto. L'Auteur devoit l'omettre, puisqu'il convient de l'infinie rareté de ce titre.

38. *Pro suo.* (*n*) Cela est presque hors d'usage. Il est vrai que la posses-

NOTES.

(*l*) La distinction de l'Auteur est plus subtile que solide. L'appropriement n'a son effet qu'autant que le titre est valable; & ceux qui ont qualité pour attaquer le titre, peuvent, en le faisant annuller, rendre l'appropriement sans effet. Il semble qu'on doit conclure de ce principe que l'appropriement ne pourroit être un obstacle contre ceux qui auroient qualité pour attaquer le jugement, & qui auroient de justes griefs. C'est peut-être par ce motif que, dès le tems de l'Auteur, il n'étoit pas d'usage de s'approprier en cette matiere. Cependant il y a une espéce où la distinction de l'Auteur pourroit se soutenir. Par exemple, l'usurpateur d'un héritage l'a possédé par an & jour. Il promet de le vendre; & on l'assigne pour exécuter sa promesse. Intervient Sentence, par laquelle il est ordonné que, faute à lui d'avoir passé contrat, le jugement en tiendra lieu; & il est permis au demandeur de prendre possession & de s'approprier. Ne peut-on pas dire dans cette espéce, que l'usurpateur ne reclamant pas, celui sur lequel il avoit usurpé, seroit exclus par l'appropriement?

(*m*) V. Art. 269. *n.* 8. & 18. & Art. 282. *n.* 34.

(*n*) V. *Art.* 269. *n.* 8. *verb. reçu de droit.*

sion *pro suo* opére souvent la prescription. Mais elle est purement de fait; & elle n'opére pas un titre, puisqu'il faut l'avoir d'un autre ou de la puissance de la Loi. Cela ne sert donc qu'à marquer la qualité de la possession, qui n'est pas la même chose que le titre. * L'Auteur se donne bien de la peine à trouver ici des exemples, sur lesquels on pût fonder le titre *pro suo*, à l'effet de prescrire. Il semble qu'il eût mieux valu observer, à cet égard, ce qui est la régle fondamentale de l'appropriement édictal, que quand quelqu'un a possedé *pro suo*, c'est-à-dire en son nom pendant un an, & qu'ensuite il transporte à un autre, par vente ou autre titre, on peut s'approprier valablement. Mais il n'est point question du titre *pro suo*. Il ne s'agit que de celui de la translation; & ausurplus le *pro suo* n'est que pour la qualité nécessaire de la possession dans le vendeur & l'acquereur.

CHAPITRE III.

Du Titre pro transacto.

39. Cette section commence par les grandes discussions des Jurisconsultes, pour sçavoir si la transaction est un titre, si c'est un contrat, ou en cas qu'elle en soit un, s'il est nommé ou innommé. Delà naissent aussi les questions de sçavoir s'il est dû des ventes, ou s'il y a lieu au retrait. Cela viendra dans son lieu quant au retrait : car ce qui regarde les ventes a été expliqué.

Sur la question de sçavoir si la transaction est un titre translatif de la proprieté, on distingue deux différens cas. Si le défendeur accorde la chose contentieuse au demandeur, il se fait translation. Si elle demeure au défendeur, par le désistement de la demande, il ne s'en fait point; & c'est au contraire une rétention de la proprieté. Mais dans l'un & l'autre cas, il n'y a point lieu à l'action d'éviction.

Après une assez longue déduction sur les distinctions des Docteurs, entre la translation de possession par transaction & ce qu'on apelle *remissio juris*, & sur les allégations de Tiraqueau pour conclurre que ce dernier cas est une donation, qu'il prétend même sujette à insinuation, l'Auteur soutient que la simple remise du droit prétendu par un autre n'emporte aucune attribution de titre à l'effet de s'approprier, parce que l'on transige d'ordinaire *super re incertâ*, sans quoi la transaction seroit le voile d'un autre contrat. (*o*) Au surplus il remarque très-bien que dans une véritable transaction de bonne foi, l'on ne peut pas suposer d'autre titre, *sed tituli pratensi confessionem*; d'où il conclut qu'il n'y a lieu ni aux ventes, ni au retrait. Il faut cependant, suivant son avis, qu'elle n'emporte pas d'aliénation d'un droit certain, & que la dénégation qui se feroit de ce droit, par celui auquel on feroit la cession de la chose sous prétexte de transaction, ne soit pas impudente &

NOTES.

(*n*) V. la Conférence & le Commentaire sur l'Art. 317. la Conférence sur l'Art. 52. *n*. 9. & le Traité des lods & ventes, *n*. 55.

ſans couleur, ce ſont ſes termes. Car ſi cela étoit la tranſaction feroit tout le titre tranſlatif, & l'on feroit tenu de l'éviction, le cas arrivant.

Cela a un juſte raport aux tranſactions feintes & ſimulées, qui ſont dans la vérité d'autres contrats : l'Auteur aplique ici le cas d'une tranſaction feinte, qui feroit paſſée pendant le mariage. On ſupoſe qu'une tierce perſonne forme action, pour vendication d'un héritage poſſedé du chef de l'un ou l'autre des conjoints : on tranſige ſur cette conteſtation; & il y a de l'argent débourſé. Si le droit du demandeur étoit inconteſtable, c'eſt alors un acquêt de la communauté. S'il y avoit du doute de part & d'autre, les deniers qui auroient été païés pour tranſiger, feroient comme toutes les autres décharges de propres, dont le mi-denier feroit dû dans le partage de la communauté.

CHAPITRE IV.

De la démiſſion pratiquée depuis longtems en Bretagne & du titre pro dimiſſo.

40. C'eſt ici une diſſertation ſinguliere de notre Droit de Bretagne, comme d'une choſe inconnue aux autres Provinces. Il faut en examiner l'origine & dégager cette matiére des broüilleries des Juriſconſultes & des autres Auteurs qui ne l'ont pas aſſez entendue. (*p*)

On a été dans le doute ſi la démiſſion étoit autrefois un titre habile à tranſférer la proprieté, ſi elle tiroit quelque autorité du Droit, ou ſi elle étoit particuliere à la Bretagne, ſi même elle y avoit lieu, n'en étant point parlé dans les anciennes Coûtumes. Ce mot n'eſt pas inconnu aux Scholaſtiques, mais dans une ſignification bien différente de la nôtre. Dans cette ſignification, c'eſt une quaſi-tradition qu'ils apellent vulgairement *démiſſion*. L'ancien Barreau apelloit la nôtre *bonorum omnium ſpontaneam abdicationem, quam quivis paterfamilias faceret*; ce qui doit être par une ceſſion directe en faveur d'un autre. Mais cet autre doit avoir une qualité qui eſt celle d'héritier préſomptif. Que s'il y en avoit pluſieurs, on croïoit que celle qui ſe faiſoit à un ſeul, ne devoit pas excéder la portion qu'il pouvoit eſpérer de la ſucceſſion, ſans quoi ç'auroit été un avantage indirect. On la regardoit comme étant la même choſe que l'avancement d'hoirie; & ſi elle étoit faite à tous les héritiers, c'étoit le partage anticipé de la ſucceſſion.

Les effets de la démiſſion étoient la tranſlation du domaine & de la proprieté au démiſſionnaire, comme par tout autre contrat; & delà venoit que le démettant ne pouvoit aliéner, engager ni hypotéquer, n'aïant que l'uſufruit qu'il s'étoit réſervé. On ne pouvoit révoquer la démiſſion, ſinon pour les cauſes d'exhérédation, ou pour celles de la révocation des donations. Elle avoit lieu entre le démettant & le démiſſionnaire ſans publication. Mais par raport aux tierces-perſonnes, elle n'avoit point d'effet, avant que

NOTES.

(*p*) V. le Commentaire & les Notes ſur l'Art. 537.

d'avoir été bannie, & avant la certification dans le Tribunal du domicile du démettant. L'usage en a été si fréquent parmi nos ancêtres, qu'il y a peu de personnes d'extraction qui n'en trouvent dans leurs anciens titres.

41. Ceux à qui le titre de demission déplaît se servent dabord de cette raison, tirée *de Trivio*, qu'homme vivant n'a point d'hoirs. On étoit cependant embarassé, en ce que cela sembloit ne regarder que les étrangers; & les enfans étant *heredes sui*, il pouvoit y avoir de la différence. Cependant comme leur droit ne consistoit qu'en espérance, on pouvoit n'être pas touché de cette différence; & il y a là-dessus une foule d'autorités des Jurisconsultes.

La seconde raison étoit parce que, *pacto aut contractu hereditas dati non potest, nec specie ullâ conventionis inter vivos.* Delà vient que par le Droit Civil, le pacte qui se feroit entre le beaupere & le gendre, pour que la fille eût succedé également, ou la réduction que l'on feroit de son droit à la dot qui lui auroit été donnée, avec rénonciation au surplus de l'hérédité, ne seroit pas admise, ni généralement toutes les conventions *de succedendo aut non succedendo*, comme étant contraires aux bonnes mœurs & à la liberté de tester, *& votum captandæ mortis inducentes.* De pareilles conventions ne pourroient même être validées par le serment.

La troisiéme raison étoit, parce que c'est une espéce de donation, & que par le droit, le pere ne pouvoit donner à l'enfant qu'il avoit dans sa puissance.

La quatriéme que, quoique le pere puisse faire le partage entre ses enfans, ce n'est que pour avoir lieu à sa mort; & cela est révocable *toties quoties* pendant sa vie; au lieu que la démission, telle qu'on l'entend ici, ne seroit pas révocable, ce qui seroit cependant, si on la fondoit sur cette liberté du partage anticipé.

La cinquiéme, qu'il paroît par là que notre démission ne peut tirer aucune autorité du Droit Romain, & que la Coûtume n'en parlant point, on n'y peut trouver de fondement.

* Il faut remarquer ici que l'Auteur écrivoit sur l'Ancienne Coûtume, qui véritablement ne parloit point de la démission: mais comme la Nouvelle en a fait un article exprès, que l'on doit attribuer à l'Auteur qui étoit du nombre des Réformateurs, tout ce Chapitre, qu'il a fait avec tant de soin & de recherches, pourroit devenir inutile, après que, comme il le remarque, il a eu tout son effet de faire autoriser la démission par une disposition expresse. Mais ces sortes de dissertations servent toujours, à cause des observations incidentes qui s'y rencontrent, & pour faire connoître l'histoire des dispositions de la Coûtume.]

Revenant donc aux objections qui se faisoient contre cette sorte de titres, l'Auteur n'en trouve point d'autres dans le Droit; & il marque qu'il ne reste que les inconvéniens. Il les décrit d'une maniére très patetique. Il y opose qu'on ne doit pas empêcher ni restraindre la liberté des conventions; que le consentement est le fondement de toutes choses; que l'irrevocabilite des démissions est fondée, sur ce que l'inconstance & le caprice ne doivent pas être autorisés; que l'on doit regarder la libre volonté dans le principe; qu'après cela l'on ne peut dire que la liberté soit blessée, parce qu'on ne sera pas maître de revenir. Car cela regarderoit également toutes conventions qu'on ne peut révoquer dans la suite; que rien n'est plus naturel qu'une personne, qui se voit avancée en âge & moins capable de gerer ses affaires, en abandonne le soin à celui qui doit être son héritier, & qu'il l'en constituë le maître par anticipation; que le mauvais caractere qu'un démissionnaire aura fait éclater, ne doit pas être une raison pour empêcher en général un pareil titre, puisqu'on ne doit jamais présumer l'ingratitude & l'infidelité.

A l'objection que *viventis nullus heres*, on répond que la proposition est véritable, mais qu'elle n'a pas d'aplication. La démission n'est point un titre d'hérédité; & elle ne dépend point de la disposition de la Loi, qui opere seule en matiere de succession dans le Droit Coûtumier, mais *à provisione hominis*, comme tous les autres contrats, quoiqu'elle regarde les droits de la future hérédité; & cela est d'autant plus légitime, que celui qui se trouve le plus proche en dégré, a une espérance si certaine & si invariable, l'institution d'héritier n'aïant point de lieu, qu'on le regarde presque comme héritier; *& hac spes filios fovet*, dit Balde. Delà vient aussi que la démission anticipe le droit futur, & réduit la puissance en acte, de sorte que ce n'est pas seulement un contrat, ou seulement une hérédité, mais un droit mixte de l'un & de l'autre. On dispute dans le Droit, sur le cas auquel deux soldats *in procinctu congressuri*, auroient fait une disposition, par laquelle le survivant succederoit à l'autre; & on demande si c'est un testament, ou un pacte, ou une derniere volonté innommée.

Il n'est pas besoin d'entrer ici dans la digression, sur la disposition que fit le Roi d'Arragon entre ses deux fils, par laquelle chacun devoit avoir sa part du Roïaume, & de celui de Majorque. Cela n'est allégué, que pour dire que ce n'étoit pas proprement un testament, mais une ordonnance de derniere volonté, & que cela ressembleroit beaucoup à la démission; mais que les Docteurs qui en parlent jugent cette disposition révocable.

La démission participe du contrat, en ce qu'elle est entre-vifs, & qu'elle a son effet présent, sans pouvoir être sujette à révocation que pour cause d'ingratitude. Elle participe aussi de la disposition Coûtumiére du droit successif, parce qu'elle le représente, qu'elle ne peut être faite qu'à celui qui est habile à succeder, & qu'elle ne peut réguliérement avoir lieu que pour la portion à laquelle on peut succeder. Tout le reste est un ample lieu commun, dont le détail paroît inutile, par raport à la liberté de tester & aux restrictions qu'y donne la Coûtume, d'une maniére qu'on ne doit pas apeller proprement testamens nos dispositions de derniere volonté, étant plus juste que la Loi teste pour nous, que nous-mêmes. Par là il y a une infinité de matiéres de contestation retranchées; ce qui s'entend de l'institution d'héritier qui faisoit l'essence du testament dans le Droit Romain.

Quand on dit donc qu'*homme vivant n'a point d'hoirs*, cela n'est pas généralement vrai. Car si celui qui doit succéder n'est pas héritier actuel, il est cependant héritier de droit; & delà vient qu'on l'apelle héritier présomptif, de sorte que, quoique l'on dise d'ordinaire, & qu'il soit constant *neminem sine actione experiri posse*, & qu'il faut pour pouvoir agir une préexistence de droit, cependant l'expérience nous fait connoître que plusieurs actions sont accordées aux héritiers; & par conséquent il faut entendre un certain droit actuellement existent, pour la conservation de l'hérédité future. C'est delà que

que dérive la défense, portée par notre Droit, de donner plus du tiers des biens, ce qui arrivant, l'héritier présomptif est écouté, lorsqu'il s'opose. On a vû même que celui qui s'oposoit à une donation inofficieuse & excessive, aïant voulu se désister de son oposition, sous la déclaration qu'il ne s'étoit oposé, que pour la conservation de son droit, dont il se contentoit de protester, le donateur l'avoit fait condamner par Arrêt de déduire au fond les causes de son oposition. On raporte encore ici d'autres exemples du droit certain de l'héritier présomptif; sçavoir l'action de prodigalité qui réside en lui, & la contestation du total d'une donation, comme étant faite en haine & en fraude. C'est donc transporter mal-à-propos dans notre Droit les dispositions du Droit Romain.

Il en est de même de la proposition qu'on ne peut faire aucun traité par raport aux dispositions futures. Car cela est démenti par notre usage, principalement dans les conventions qui se font pour cause de mariage, & surtout entre nobles, entre lesquels le pere, qui marie sa fille à moindre part, stipule pour son fils aîné de la portion héréditaire de cette même fille. On raporte encore ici l'exemple tiré de la disposition de l'art. 460. de la Coûtume, par lequel le pere, qui marie son fils, le fonde dans le tiers de ses biens dont il doit avoir la joüissance. Le *votum captandæ mortis* est une illusion comme répugnant à la nature. * Il seroit inutile de faire l'analise de tout ce long discours, parce que l'Auteur s'attache à prouver ce qui est aujourd'hui constant par une disposition expresse. Ce n'est donc que par raport aux questions incidentes agitées pour répondre aux objections, que l'on peut faire quelques observations, comme servant à établir des principes en autres cas.]

42. A l'occasion de l'objection que le pere ne peut donner au fils qu'il a en sa puissance, ce qui est rejetté en partie par le Droit Coûtumier, l'Auteur établit qu'il y a quelque conformité, *in bonis profectitiis*, entre le Droit Romain & la Coûtume; car ils apartiennent au pere: mais la Coûtume (q) ajoute sagement, pourvû qu'il ait déclaré de son vivant que telle étoit son intention, & s'il ne l'a pas fait, ils apartiennent au fils; ce qui retranche les questions inutilement agitées, de sçavoir s'il peut renoncer, à ce Droit, puisque dans nos usages il ne lui est acquis qu'en faisant déclaration de sa volonté; & le Droit, qui jusques-là réside dans le fils, n'a pas besoin d'être confirmé par la déclaration du pere d'y renoncer, son silence étant une renonciation tacite: ainsi la question de sçavoir si c'est une donation est inutile.

43. Les donations, comme on l'a déja dit, ne sont point révocables; & lors même qu'elles sont excessives, la plainte n'en réside point dans le donateur, (r) mais seulement dans les héritiers; parce que la nullité n'est que respective à l'intérêt de ceux qui se trouvent privés, par l'excès de la donation, du bien qui doit leur apartenir; ce qui forme les actions conservatoires des héritiers du vivant même des donateurs, qui ont pour objet de prévenir les appropriemens & les prescriptions, sans pouvoir néanmoins avoir leur effet qu'après la mort des donateurs.

NOTES.

(q) *Art.* 529.

(r) Sur ce nombre & sur les suivans V. Art. 269. n. 52.

44. On entre à cette occasion dans la question de sçavoir, si ce qui a été donné à l'héritier par donation, prélegs, délaissement, dot, ou prorogation de portion héréditaire, est raportable dans la succession après la mort du pere. L'Auteur entre encore ici en de grandes discussions du Droit Romain, auquel il opose la régle générale, que le pere ne peut, entre-vifs ou par testament, rien donner à l'un de ses enfans, & qu'on ne le peut donner à aucun présomptif héritier, soit directement, soit par personne interposée: il n'y a aucune raison de faveur qui puisse autoriser ce titre lucratif, & dispenser du raport dans la succession. Cela est incontestable (s) entre les roturiers; au lieu que les nobles sont maîtres de leurs meubles, pour en donner tout ou partie. * Mais l'Auteur explique la chose peu exactement. Il dit *uni ex heredibus aut liberis*, au lieu que la donation ne peut être faite qu'à l'un ou plusieurs puînés, & non pas à l'aîné.]

Les fruits des choses données en avancement ne sont point raportables. * Il y a encore ici peu d'exactitude. Car l'Auteur donne pour raison que la perception sépare les fruits de la terre, & qu'ils sont meubles; & comme il met cela dans le même article, où il parle de la donation des nobles, il sembleroit que cela n'auroit lieu qu'en conséquence de la faculté de donner les meubles. Or le raport au partage n'est point dû à cet égard, même entre les roturiers.]

45. Si les donations ne doivent pas avoir lieu entre les personnes prohibées, cela s'entend des donations pures & simples. Car les donations pour cause ne sont pas défenduës, les causes bien certaines & bien vérifiées faisant que ce n'est pas tant une donation qu'une convention innommée. Cela supose que ce qui entre en considération de la donation doit avoir quelque égalité ou équivalent; & ce qu'on apelle *merita obsequialia*, ne peut donner de légitime cause à une donation. Il faut des causes qui soient de nature à établir une obligation, même entre des étrangers.

Comme on peut donner aux filles pour dot, on peut donner aussi aux autres enfans, par avancement & prorogation de portion héréditaire. Cela n'est point révocable, à cause de la condition mixte qui les fait participer du contrat entre vifs. Une des raisons de l'Auteur, est que cela se fait souvent en faveur de mariage, & que la révocabilité donneroit lieu d'en troubler la paix. * C'est encore un défaut d'exactitude dans le raisonnement & les aplications. Car il s'ensuivroit que l'avancement donné ne seroit irrévocable que par cette raison, ce qui n'est pas.]

C'est une question assez inutile que celle de sçavoir, si un pere aïant avancé à son enfant la portion héréditaire dans laquelle il peut être fondé, eu égard à la quantité de ses biens, suivant la faculté qu'il a de les partager de son vivant, & lui étant survenu d'autres biens qui augmentent sa fortune, l'enfant avancé sera exclus d'y prétendre. Car personne ne peut jamais imaginer de difficulté là-dessus.

NOTES.

(s) *S'il n'y a cause en la donation qui soit raisonnable.* V. le Commentaire sur l'Art. 217. & ci-après, n. 45.

Ce long Chapitre finit par la réponse à l'objection que le Droit Civil & nos Anciennes Coûtumes n'ont point parlé d'un titre pareil à notre démission. On a fait voir, dès le commencement de ce Chapitre, qu'elle étoit connuë depuis long-tems, soit qu'on la considerât sous ce nom, ou qu'elle passât pour une convention innommée. Au surplus, combien de contrats, autrefois inconnus, se sont introduits; & combien d'autres ont été anéantis par le défaut d'usage?

46. Ce dernier cas paroît par raport à notre ancien usage, dont on n'a plus qu'une notion imparfaite. On en trouvoit même si peu le nom dans les Jurisconsultes Latins, que l'on fut obligé de chercher le nom grec *d'Antichrese*. Si le contrat est rare aujourd'hui, ce n'est pas, parce qu'il a éte rejetté, comme condamnable, mais parce qu'une autre maniere de faire valoir le bien, en a presque ôté l'usage, n'y aïant plus de personnes qui veüillent attendre le païement de ce qui leur est dû, par une joüissance de plusieurs années, *divisis & particularibus pensionibus*.* La véritable Antichrese étoit donc, comme le remarque l'Auteur, l'engagement d'un fonds au créancier, afin qu'il se païât de son dû par des joüissances qui le diminuoient chaque année, jusqu'à ce qu'elles eussent rempli toute la somme. On aime mieux aujourd'hui faire valoir son argent à interêt. Ainsi l'Art. 62. de l'Ancienne Coûtume, qui est le 55. de la Nouvelle, & qui doit être entendu en ce sens là, est presque sans usage.]

On a aussi parlé ci-devant du *détriment & avenante*, qui est aujourd'hui inconnu.

CHAPITRE V.

Des donations simplement nulles & prohibées pour cause publique ou particuliére, ou par raport à la personne; de celles qui sont excessives, inofficieuses, des révocables, & si elles operent titre. (t)

*47. On voit encore ici par la longue discussion au sujet des donations, que le traité des appropriemens de notre Auteur n'est pas tant dans l'idée d'un Commentaire, que d'un traité particulier, dans lequel il fait venir toutes sortes de matiéres, à l'occasion de la qualité de tous les titres & de la prescription en conséquence. Il n'avoit pas fait alors son grand traité des donations, auquel il auroit sans doute renvoïé sur plusieurs points qu'il traite ici.]

Il y a cette différence entre les donations inutiles & les donations prohibées, que les premieres sont destituées du secours de la Loi, quoiqu'elles ne soient pas contre la Loi, & que les secondes sont expressément contre la Loi qui les défend, & qui ôte la puissance de les faire, par raport à la chose qu'elle ôte du commerce, à la turpitude de la cause ou de la personne, ou en haine & détestation du fait.

NOTES.

(t) Joignez à ce Chapitre le Commentaire sur l'Art. 199.

48. Les donations excessives sont celles qui vont au-delà de ce que la Loi permet, en diminuant la légitime des enfans.

49. Les donations inofficieuses sont de deux espéces. La premiere est lorsqu'elles excédent la légitime des enfans. La seconde lorsqu'elles sont faites en haine ou en fraude du légitime héritier.

50. Les donations qui ont des causes publiques de prohibition tirées de la commune utilité de tous, sont cassées à tous égards; & comme le titre tombe, elles n'ont aucun effet pour prescrire, ni par raport aux contractans, ni par raport aux étrangers. C'est ici une redite de ce qui a été remarqué ci-devant sur les causes publiques de prohibition. On y ajoûte en général tout ce qui est contre le droit naturel, le droit des gens & les bonnes mœurs; ce qui fait que l'Auteur est surpris de ce que le Droit Romain n'a pas mis de ce nombre les donations qui se font à une concubine. Mais la Loi Chrétienne a fait tomber la chose sous les cas qui sont contre les bonnes mœurs; & comme la Loi annulle tout consentement à cet égard, elle annulle l'acte en ôtant la puissance.

51. Pour les donations qui n'ont que des causes privées dans leur prohibition, & respectives à la personne, ce que l'Ecole en dit est très-embarassé; & il n'y a pas de contestation plus vive que sur cette matiére. On tâche d'y établir des régles générales, quoique tout consiste en des cas particuliers déduits d'un simple droit positif, qui change suivant les motifs des différens lieux. On ne raportera point ici les embarras où l'Auteur dit que se trouvent Bartole & les autres Docteurs à chercher différentes distinctions sur cette matiere. Il ne prétend pas traiter de la maniere de juger des nullités; mais il prétend presuposer celles qui sont certaines, décidées & reconnues, pour rechercher ensuite si les présuposant telles, on peut prescrire sur de pareils titres. Il a déja marqué son sentiment sur celles dont la nullité vient de causes publiques.

Quant à celles dont les causes de prohibition sont particulieres & privées, on ne doit étendre les nullités qu'autant que s'étend le but & la fin de la prohibition, & l'on ne doit point les porter au-delà de ce qui est attaché & à sa cause liée à une certaine fin & à des personnes déterminées. Les donations entre mari & femme sont certainement non valables & nulles, les Loix de la patrie annullant entr'eux le consentement à cet égard. Pour juger de cette nullité & de l'effet qu'elle peut avoir, pour empêcher la prescription, suivant le droit, & l'appropriement suivant la Coûtume, il faut examiner les causes de la prohibition. Si elles sont publiques, il s'ensuivra que cette cause de prohibition sera perpétuelle. Les Docteurs prétendent là-dessus que c'est une cause publique, parce que la donation va contre la prohibition de la Loi, & qu'il est contre les bonnes mœurs que *conjuges mutuo amore se spolient*, que *matrimonia, obsequia & affectus mutui venalia sint*. L'Auteur déclare ici que sans l'autorite de ceux qui forment ces objections, il auroit bien des choses à dire. Mais après cela il ne laisse pas de faire voir qu'elles sont frivoles, il entre dans une longue déduction à cet égard; & il conclut que l'on peut prescrire contre un tiers, en vertu d'une donation qui est inutile respectivement & entre les conjoints.

Delà résulte la question si le bien d'autrui aïant été donné entre conjoints, il pourroit être prescrit. Ce qui fait la difficulté, c'est que si la donation du bien d'autrui étoit tolérée, & si cette qualité de bien d'autrui levoit la prohibition, il s'ensuivroit une donation indirecte du propre bien, puisque le véritable propriétaire auroit son recours vers celui qui par sa donation auroit donné lieu de prescrire le bien d'autrui.

* Sans entrer dans les longues dissertations que l'Auteur fait à cet égard, *in utramque partem*, il semble qu'il y a une distinction naturelle sur les différentes prescriptions. Celle de l'appropriement donneroit lieu de revenir à l'art. 185. de l'Ancienne Coûtume & 273. de la Nouvelle, qui porte que, quoique l'acquereur soit banni & approprié, il y a toujours une action vers le vendeur. En ce cas si la personne prohibée se servoit de son appropriement, véritablement on pourroit lui en disputer l'effet de la part de ceux qui seroient inquiettés en vertu de cet article, pour n'être pas obligés de rendre l'équivalent au véritable propriétaire. Mais à l'égard des longues prescriptions, par lesquelles le donataire continueroit la possession du donateur, la raison si légitime dans l'autre cas cesseroit, puisque par l'événement *donator pauperior non fieret.*]

Il y a des cas dans le Droit Romain où la donation se confirme *præmortuo donatore*. Mais dans notre Droit, celle qui est nulle dans son principe, ne devient point plus valable par la mort du donateur.

Celle qui est faite à l'héritier au préjudice des autres est si absolument nulle entr'eux, qu'il n'est pas besoin de venir par la voïe de rescision, & il faudroit une prescription de 40. ans, bien loin que l'on puisse aprouver cette proposition qu'il faut intenter dans les cinq ans la querelle d'inofficiosité: l'Auteur la rejette aussi; & il établit une différence entre ces sortes de donations & les donations réductibles comme excessives : car comme elles ne sont pas nulles en soi, elles peuvent faire un titre valable pour la prescription.

52. On passe aux donations qui se révoquent *supervenientiâ liberorum*. On ne peut prescrire contre cette révocabilité, que par la prescription *longissimi temporis*. * N'y auroit-il point quelque chose à dire à cet égard sur une décision si générale? On supose une prescription par longues années. Mais si le titre paroît, n'y auroit-il point une révocabilité de droit (u) qui subsisteroit toujours le cas arrivant? c'est ce que l'Auteur ne traite point ici.]

53. L'Edit des secondes nôces défend à celui qui se remarie, & qui a des enfans, de donner en faveur de mariage, plus que la part du moins prenant. On peut mettre ces donations au nombre de celles qui ne sont pas nulles, & qui sont simplement réductibles. Au surplus l'Auteur revient encore à la différence des donations onéreuses & causées, qui dégénérant dans une autre espéce de contrat, peuvent subsister même dans les personnes prohibées. Mais il faut que la chose soit effective, qu'il n'y ait point de fraude, & qu'il y ait égalité de la cause onéreuse avec la chose donnée. Car l'excé-

NOTES.

(u) V. l'Art. 45. de l'Ordonnance des Donations du mois de Février 1731.

dant dégénere en simple donation & est sujet aux mêmes régles de prohibition. Il faut que le donateur profite de cette cause onéreuse; car si elle étoit par exemple, *alieni matrimonii causâ*, elle seroit de pure libéralité & sujette aux mêmes régles de permission ou de prohibition.

54. C'est ici une répétition de ce qui a été tant exageré par raport à la difference des donations faites à des étrangers ou à ceux qui ne sont point héritiers présomptifs, & de celles qui sont faites à des héritiers ou autres personnes prohibées. Les premieres ne sont sujettes qu'à la réduction; mais les autres aïant une prohibition absolue & générale, elles tombent de plein droit, sans qu'il puisse être question de la simple réduction. Delà vient que la régle, que le possessoire doit être jugé avant le pétitoire, n'a point de lieu ici, & qu'ainsi l'héritier ne peut alléguer sa possession d'avant la mort du donateur, qui lui a fait la donation. Car la régle, *le mort saisit le vif*, donne l'exercice du droit au principal contre le donataire.

* D'Argentré & du Moulin sont assez d'accord sur cette matiére; mais le premier impute au second d'avoir dit en général, qu'une donation, inofficieuse dans la chose & dans l'intention, ne doit être que réduite. Dupineau, dans l'ouvrage qu'il a fait pour concilier leurs opinions, remarque que du Moulin, dans son traité *de inofficiosis donationibus*, parloit par raport au Droit Romain, qui autorise tellement l'inégalité, que l'un des héritiers peut être réduit à la simple légitime, & qu'il ne parloit pas rélativement à une Coûtume, qui établit l'égalité; qu'ainsi les raisons alléguées par d'Argentré étant fondées sur ce que la Loi annulle une donation faite à l'héritier, il ne donne nulle atteinte à une opinion solidement établie, par raport au Droit Romain; qu'à cela près ils conviennent assez de la régle générale, que, dans le Droit Coûtumier, la donation faite à un étranger est réductible, si elle excéde ce que la Loi permet; & que si elle est faite à l'un des héritiers, elle est absolument nulle.]

En ce dernier cas, notre Auteur remarque qu'il n'est pas besoin de former la plainte d'inofficiosité, & qu'il n'y a point de bornes pour cette action, puisqu'elle s'ouvre de plein droit à la mort du donateur, & que pour prescrire de ce jour-là, il faudroit le même laps de tems, que pour la prescription des biens de l'hérédité entre consorts.

Des donations faites aux Bâtards.

55. La question sur la validité des donations faites aux enfans illégitimes, est la matiére de l'art. 476. ci-après. Nous apellons *Bâtards*, *ou enfans naturels*, tous ceux qui viennent d'une conjonction illicite. Il y a seulement cette différence, que ceux qui viennent d'un adultere, ou d'une personne consacrée à Dieu, sont apellés *Advoultres*, & sont encore traités d'une maniére plus odieuse par la Coûtume. Le mot d'enfans naturels, est souvent pris dans le Droit par oposition aux enfans adoptifs; mais la plus commune signification est de ceux qui viennent d'une concubine, qu'on avoit à la maison. L'ancien Droit ne condamnoit pas, & toleroit ce commerce; mais dans la suite les Loix des Empereurs & les Canons le défendirent absolument. Il seroit inutile

d'entrer ici dans la différence des noms que l'on donne aux enfans venus de différentes conjonctions. Les mots de la Coûtume, *Bâtard ne succede à pere ni à mere, ni ne s'accroît en leurs biens*, imposent une impuissance personnelle, qui empêche même que l'on puisse sapposer une obligation naturelle en faveur des fruits de ces sortes de conjonctions. Ils ne peuvent donc prescrire ce qui leur auroit été donné contre la défense de la Loi, si ce n'est qu'ils eussent prescrit par 40. ans, indépendamment d'un titre qui fût nul & prohibé. Ils ne peuvent par conséquent s'approprier contre les légitimes héritiers; mais s'ils vendent, après une possession annale du don qui leur a été fait, l'acquereur peut s'approprier.

On demande là-dessus si un pere peut donner à l'enfant de son fils illégitime. Quelques raisons qu'aportent les Docteurs, pour établir que la haine de la naissance doit être bornée à la personne du Bâtard, l'Esprit de la Loi est qu'on ne peut lui donner que ce qu'on pourroit donner au pere illégitime, & l'on verra dans la suite ce qu'elle permet de donner.

CHAPITRE VI.

Des contrats pignoratifs & usuraires.

56. On apelle contrats usuraires, ceux qui consistent dans le profit que l'on tire de l'argent; il arrive quelquefois que l'interêt qui est donné, est compensatoire avec les fruits d'un héritage: par exemple, quand quelqu'un a vendu un fonds, & qu'après avoir reçu le prix, en attendant qu'il ait trouvé à l'emploïer dans un autre fonds, il donne son argent, l'intérêt est compensatoire avec les fruits de l'héritage. * De la maniére dont l'Auteur propose l'espéce, nous sommes obligés de remarquer qu'il faut qu'il lui ait échapé quelque circonstance dans l'expression. Il devoit se borner à dire que quand on vend un héritage, on peut stipuler l'intérêt du prix non païé, par compensation avec les levées; mais quand la chose est consommée par le païement, si l'on redonne l'argent à l'acquereur, c'est un nouveau traité qui n'a plus de raport au contrat de vente.]

Tout prêt d'argent, à condition d'intérêt, est usure. On masque ce vice de différens prétextes. Du Moulin, qui a examiné tous les différens cas dans son traité des usures, a omis un cas particulier très-ordinaire, que l'Auteur propose d'abord: voici l'espéce.

57. Quelqu'un (x) aïant une rente constituée, & profitant de l'impuissance où le débiteur de la rente étoit de païer les arréra es, il l'avoit réduit à de dures conditions, en accumulant le principal & les arrérages, & faisant produire au tout de nouveaux intérêts; c'est ce qu'on apelle *anatocisme*. Ce débiteur se trouve forcé de donner son héritage en païement, & le dur créancier possede pendant 15. ans en vertu de ce titre. Après ce tems là, le débiteur vouloit vendiquer son héritage; l'acquereur alléguoit son contrat: le

NOTES.

(x) V. la 3. Consultation de d'Argentré qui est sur la même espéce.

vendeur exceptoit du vice d'usure, qui peut toujours être proposé. La chose portée par apel au Parlement, tout le Barreau se récrioit contre le vice du contrat; & l'on convenoit que le vice d'usure produisoit une exception perpétuelle, parce qu'il ne se couvre jamais; ce qui est vrai, lorsque le vice paroît, la simple conjecture ou la présomption n'étant pas admissibles, parce qu'on ne présume jamais le mal. On fut surpris que l'Auteur fût d'un sentiment oposé à la vendication, que le vendeur vouloit faire de son héritage en cette espéce. Il rend les raisons de son avis, qui fut confirmé au Parlement de Bretagne, & au Parlement de Rouen.

Il convient dabord de presque toutes les propositions que l'usure ne se couvre point, qu'il n'y a aucun tems qui puisse autoriser une constitution composée d'usures, que la vente sur ce pied-là ne peut être un titre pour prescrire, qu'il n'y a point de transactions qui puissent autoriser les conventions usuraires, ni empêcher l'imputation des interêts sur le principal. Il convient qu'il en accorde beaucoup dabord par raport à son sentiment: cependant il soutient que tout cela n'est d'aucune conséquence dans l'hypothese qu'il a proposée; car il nie que cette sorte de contrat soit dans le cas des conrats usuraires. Il pose dabord pour principe qu'il y a une grande différence entre les contrats usuraires, & les contrats commutatifs. Ils different par leur fin, leur matiére & leur usage. La matiére des contrats usuraires est l'argent, & l'objet est de retirer de cet argent plus que l'on n'a donné, & cela seulement pour l'usage & la rétention de l'argent : c'est là l'usure formelle. Elle a son aplication *in mutuo*; & si le contrat, quelque affectation qu'on ait aportée à la voiler, dégenere en prêt ou *mutuum*, si la chose dégenere en cette espéce de négoce, le même vice d'usure y influë. C'a été pour donner de pareilles couleurs qu'on a imaginé les ventes *cum pacto de retrovendendo*, *pacta commissoria* & autres pareils détours.

L'usure a causé beaucoup de désordres, & c'est ce qui a porté à la condamner; mais on fut obligé de la souffrir en certains cas pour la commodité du commerce. Le Droit Romain l'aprouvoit *intrà constitutum à lege modum*. Dans la suite on a préferé les rentes constituées, c'est-à-dire, sous un nom différent, des choses peu différentes; mais pour revenir de plus près à notre question, nous disons que l'usure ouverte, & sans déguisement, est celle par laquelle on prête une somme de deniers païables à un terme, avec quelque chose au dessus du principal. Comme elle a été condamnée, les siécles plus rafinés ont imaginé les rentes constituées. La différence est que, dans l'usure formelle, le principal est exigible, aulieu que dans la rente constituée, il est perpétuellement aliéné; & si le créancier mettoit une condition de le rendre, cela dégénéreroit en usure formelle. On ne peut aussi faire la rente plus forte que ce qui est réglé par les Ordonnances. La moindre chose au delà rendroit le contrat vicieux; & il n'y a ni laps de tems, ni chose jugée, ni acte approbatif, qui puisse couvrir ce vice. L'Auteur prétend même que s'il y avoit des clauses qui portassent l'obligation de franchir, ou qui excédassent le légitime interêt, le contrat seroit nul, parce qu'il retomberoit *in contractum fœneratitium*. * Cela n'est pas vrai dans la régle & dans l'usage. Car il y a des clauses *quæ vitiantur non vitiant*; de sorte que l'obligation de franchir se retranche

tranche seulement comme nulle; & le contrat de constitution subsiste, avec la faculté perpétuelle accordée au débiteur. Il en seroit de même de l'excès de l'intérêt stipulé. Cependant par l'Edit de 1579. il y a une nullité exprimée en ce cas, & même confiscation du principal. Comme le prix des espéces n'est pas certain, il a été défendu de stipuler des constitutions par grains, (y) & on les a réduites par juste estimation au légitime interêt.]

L'Auteur observe ensuite que c'est une grande erreur de vouloir apliquer la prohibition des contrats usuraires aux contrats commutatifs. Celui dont l'Auteur a proposé l'espéce est de cette derniere qualité. C'est un héritage vendu pour de l'argent. Toutes les conditions de la vente s'y rencontrent. Il n'y a point d'obligation successive, comme dans les contrats usuraires, pour souffrir que l'on joüisse de l'argent. La chose s'accomplit dans un moment *venditione & traditione*. Dans l'hypothese proposée il ne court aucunes usures: tout se consomme par la convention des parties; & à moins qu'il y ait lésion d'outre moitié de juste prix, on ne peut alléguer de disproportion entre ce qui tient lieu de prix & la chose vendue. On qualifie mal-à-propos cette disproportion de déception. Car la déception supose une fraude, & il n'y a que diminution de prix. S'il y avoit fraude véritablement, il ne seroit pas besoin qu'il y eût lésion d'outre moitié pour obtenir la rescision. On peut donc s'approprier & prescrire en vertu d'un contrat commutatif qui differe entiérement *à fœneratitio*.

Ceux qui attaquoient le contrat proposé, disoient pour raison que la cause efficiente étoit la nécessité imposée à celui qui devoit des usures; que d'ailleurs le prix étant composé d'intérêts, on donnoit un fonds produisant intérêts, pour des intérêts qui n'en pouvoient produire.

Quant à la nécessité, ce n'étoit qu'une nécessité de s'acquitter, laquelle est de droit & n'est pas de la nature de celle qui rend nulles les stipulations faute de consentement : ce n'étoit que cette nécessité impulsive qui a ses causes & qui porte à vouloir & à consentir. On n'a donc tout au plus que le remede ordinaire de la rescision, en cas que les moïens résultans des circonstances soient suffisans; & l'on ne seroit pas recevable après les dix ans, aulieu qu'en matiére de contrats usuraires le vice ne se couvre jamais. Dans le contrat proposé il peut y avoir différentes manieres de traiter. On peut faire une vente pure & simple, sans parler du contrat usuraire; & par le même contrat ou par un acte séparé, on convient que la compensation du crédit usuraire tiendra lieu de païement du prix. C'est une vente absolue, sans expression de cause impulsive; & le vice que l'on suposeroit *ex eventu* seroit la maniere du païement & non dans le contrat : *compensare enim est solvere*; & en ce cas tout étant parfait il n'y auroit pas lieu à la rescision, quoique cependant la chose n'aïant pas été livrée, l'acquereur agissant *ex empto*, & le vendeur exceptant *de pretio non soluto*, à laquelle exception l'acquereur répliquant de la compensation qui auroit été faite, le vendeur allégueroit qu'il ne devoit pas & qu'ainsi il n'avoit point été effectivement

NOTES.

(y) V. le Commentaire sur l'Art. 260.

fait de païement par compensation. On y pourvoiroit alors, ne se faisant point de compensation *debiti ad indebitum*. Cependant la vente subsisteroit & le vendeur n'auroit que l'action pour le païement du prix.

L'autre maniere de traiter seroit celle par laquelle présuposant dabord qu'il est dû un crédit usuraire, l'héritage seroit donné en païement de ce même crédit, aulieu que dans l'autre cas le crédit est donné en païement de l'héritage. La principale intention n'est pas *ut emptio contrahatur*, quoique le contrat retombe *in emptionem*. Ainsi il ne s'agit point alors de rescision comme d'un contrat obligatoire, l'action *condictione indebiti* ne tombant pas sous les rescisions. On a donc en ce cas tout le tems de la répétition, & l'on n'est pas borné aux dix ans de la rescision, l'action à cet égard durant trente ans.

Ce qu'on objecte par raport au prix n'est pas une raison, parce qu'il faut considérer les causes des contrats, & non la qualité & l'origine du prix. L'Auteur revient aux conséquences qu'il a voulu induire de ces propositions; & il soutient qu'un contrat tel qu'il l'a exposé n'emporte point d'inhabilité pour la prescription. Il ajoute qu'à plus forte raison la chose vaut dans la personne des héritiers ou successeurs, & encore plus dans l'acquereur de celui qui a possedé en vertu d'un pareil contrat, le vice d'usure étant d'ailleurs personnel & ne passant pas d'un possesseur à un autre.

* Il faut remarquer ici que l'Auteur a proposé la question, qui a donné lieu à toutes ces observations, d'une maniere peu juste ou embarassée. Ses principes seroient vrais, s'il s'agissoit uniquement d'un débiteur de plusieurs interêts qui auroit donné un héritage en païement du principal & des interêts. Quoique cet héritage produise des fruits, ceux qui prétendroient disputer le contrat, ne pourroient suposer que ces fruits de l'héritage fussent des interêts d'interêts, & qu'ainsi il en résultât un anatocisme. Mais l'Auteur a suposé que dans le crédit même donné en païement il y avoit anatocisme, c'est-à-dire que le prix du contrat étoit composé d'interêts d'interêts. En ce cas il est certain que toutes ses propositions tomberoient d'elles-mêmes, ou dégénéreroient dans une pure subtilité fondée sur la distinction de ce qui est l'objet du contrat, c'est à-dire du crédit usuraire donné en païement du prix de la vente, ou de l'héritage donné en païement du crédit usuraire.] (z)

58. Il revient à la proposition plus générale, touchant la validité du titre fondé sur un contrat usuraire, à l'effet de sçavoir s'il peut fonder un appropriement ou la prescription. Il pose une espece, *in pacto legis commissoria*,

NOTES.

(z) Sauvageau sur M. du Fail, *liv.* 1. *ch.* 395. observe que cette opinion de d'Argentré n'est pas suivie par les Arrêts, & qu'elle est contraire à celui que raporte M. du Fail en ce Chapitre, & à ceux qui sont dans M. Loüet, *lettre A. ch.* 14. *& lettre P. ch.* 11.

Tous les raisonnemens de d'Argentré sur le prétendu contrat commutatif dont il parle, se détruisent par la seule observation que ce contrat étoit *datio in solutum* d'un credit évidemment usuraire. Ainsi ce credit pouvant être attaqué par le vice d'usure, il est certain que le contrat, qui n'en étoit qu'une conséquence, péchoit dans sa substance & se détruisoit par le fondement.

cum pecunia mutuo sub pignoribus sumpta est. Il y a usure dans la convention que faute de païement au jour marqué les héritages demeureront au créancier pour son dû. On demande si ce contrat peut cependant faire un titre valable, & si l'on peut prescrire contre le propriétaire. Cette sorte de contrat differe de celui dont on a parlé, en ce que la substance péche, à cause du consentement & de la matiére du contrat qui sont affectés du vice d'usure. Il répugne donc à la loi naturelle, au droit public & aux bonnes mœurs; & si l'on faisoit tomber un pareil traité sous le seul remede de l'action rescisoire, il s'ensuivroit qu'il n'y auroit que dix ans à revenir contre l'usure, ce qui n'est pas admissible; car on ne peut être à couvert, en ce cas, que par la prescription de longues années, qui ne demande point de titre. Alexandre & du Moulin doutent à cause du défaut de bonne foi du possesseur; mais cette difficulté cesse dans les longues prescriptions de 40. ans.

Car comme, dans les longues prescriptions, on n'a aucun égard au titre, & qu'on n'en doit pas même alléguer, on ne doit pas rechercher la nature & la qualité de ce titre; & il seroit inutile d'examiner si le titre est juste, & quelle est la cause de l'acquisition, pendant que la seule possession acquiert la plus entiere proprieté sans aucun titre.

59. Il y a une autre question (*a*) connexe par raport aux contrats à condition de rémeré, dans lesquels concourent *modicitas pretii & consuetudo*

NOTES.

(*a*) „ Vente d'héritages à faculté de rachat „ à vil prix, duquel l'acquereur reçoit profit „ ou rente à la raison de l'Ordonnance, par „ bail à ferme par lui fait à son vendeur, est „ reduite à rente rachetable. Et si tel contrat „ étoit fait par gens qui fussent coûtumiers „ d'usurer, il seroit reputé usuraire. " Loisel, *liv. 4. tit. 1. art. 11.*

Le contrat véritablement pignoratif, est usuraire, parce que l'intention des Parties n'a point été de faire un contrat de vente, mais de voiler sous ce titre un contrat de prêt à interêts. Il est vrai qu'on ne presume pas la fraude, ni un crime tel que l'usure, s'il n'y a pas des circonstances qui l'établissent. Il est également vrai que le contrat de remeré, quoique suspect d'impignoration, est regardé comme légitime. Ainsi il faut que les circonstances soient assez fortes pour établir la simulation du contrat, & pour découvrir le vice d'usure caché sous le titre de vente à condition de remeré.

Si le prix du contrat n'est pas proportionné à la valeur de l'héritage, cette premiere circonstance fait presumer que l'intention du propriétaire n'étoit pas d'aliéner son héritage, & que celui qui paroît acquereur n'avoit pas intention d'aquerir. Mais cette présomption, si elle étoit seule ne suffiroit pas pour établir l'impignoration & l'usure, puisqu'il est assez ordinaire qu'un acquereur abuse de la situation fâcheuse du vendeur, pour l'obliger de vendre à vil prix: il faut donc que la condition de remeré concoure; & alors on presume que l'intention du prétendu vendeur a été seulement de trouver la somme dont il avoit besoin, & non pas d'aliéner son héritage. Mais quand la rélocation concourt avec les deux premieres circonstances, il ne doit plus rester de doute sur ce qu'on a voulu cacher. L'héritage continue d'être possédé par celui qui feint de le vendre, & la rélocation annonce que celui qui feint d'acquerir n'a fait qu'une collocation de son argent à interêts.

Ce qui caracterise encore l'usure, est la nécessité où se trouve le vendeur de rembourser la somme dans le tems marqué. S'il ne rembourse pas, il abandonne son bien pour une somme qui n'en égale pas la valeur; & l'acquereur en contractant envisage deux profits, dont l'un ou l'autre est certain, sçavoir de tirer l'interêt de son argent, & d'être remboursé au terme marqué, ou d'être pro-

fœnerandi. Si la chose demeure dans les termes d'un pareil contrat, & si cela paroît *ex recognitionibus & solutionibus pignorationem implicantibus*, & autres pareilles circonstances, on ne peut jamais prescrire, à moins que l'on ait possédé *pro empto & tanquam Dominus*, sans qu'il y ait de preuve de ces odieuses circonstances de continuation d'impignoration. La chose étant possédée comme gage, il n'y a point de translation de domaine & de proprieté.

60. On demande si une rente aïant été injustement accordée *à non Domino* sur le fonds d'autrui, & aïant été païée par le propriétaire pendant plusieurs années, cette rente se peut prescrire? Il faut une longue prescription, laquelle ne peut être complette, pendant que l'on a *conditionem indebiti*; & si le païement n'est pas fait par le propriétaire, l'injuste possesseur ne peut affecter le fonds par quelque tems que ce soit, pendant que la proprieté ne sera point prescrite. Il en est de même du païement fait par le fermier.

61. *Quid* des constitutions de rente au dessus du légitime interêt? On ne peut jamais prescrire cette quotité; & il y a lieu au contraire à l'imputation sur le sort principal, pour l'excès des arrérages qui ont été païés au-delà des légitimes interêts. (*b*)

62. Du Moulin fait naître une autre question, qui est de sçavoir si l'on peut prescrire contre l'action afin de répétition des arrérages indûement païes. Il pense que cette action ne peut avoir lieu que pour les arrérages païés dans les trente dernieres années.

CHAPITRE VII.

De Pactis redemptivis Lege.

63. Ce qu'on a dit ci-dessus, touchant les facultés de racquit & de franchissement, est réciproque. Il n'est pas permis de stipuler à l'égard des rentes constituées que le débiteur franchira dans un tems. Il n'est pas aussi permis de stipuler qu'il ne pourra franchir; & ce que l'Auteur a dit à cet égard est

NOTES.

priétaire à vil prix du bien employé dans le contrat.

Cette réflexion peut suffire pour prouver l'iniquité des contrats pignoratifs, quand même la quatriéme marque d'impignoration, qui est *consuetudo fænerandi*, ne se trouveroit pas.

V. la dissertation de M. de Lauriere sur le tenement de cinq ans, *ch.* 4. *&* 5. & M. Loüet, *lettre P. ch.* 8. *& suivans*.

(*b*) Je pense qu'en faisant l'imputation sur le principal, on doit remonter au tems le plus ancien. Mais si par l'opération, le principal se trouvoit absorbé avant les trente ans derniers, l'action afin de repétition des arrérages païés, ne pourroit avoir lieu pour ceux qui l'auroient été avant les trente dernieres années.

V. Basnage, *art.* 521. *de la Coûtume de Normandie*, & Brodeau sur Loüet, *lettre T. ch* 6. qui établissent une distinction très-juste entre la transaction sur l'usure passée, & celle qui est faite *super usurâ futurâ*. Le vice de la derniere ne peut être effacé par la prescription qui couvre le vice de la premiére. Cette décision peut s'apliquer à la question sur la prescription de trente ans pour les interêts usuraires qui ont été païés.

conforme au sentiment de du Moulin. Mais Covarruvias, qui a écrit depuis du Moulin, est cité par l'Auteur; & il remarque, ce qu'on a dit à cet égard, que ces clauses *vitiantur non vitiant*.

On trouve ensuite une longue discussion d'une idée que du Moulin avoit euë touchant la juste proportion des revenus. Il disoit que la plus haute estimation des héritages étoit au denier 35. la moindre au denier 25. & la juste & raisonnable au denier 30. D'Argentré aporte plusieurs raisons, & peut-être trop, pour faire voir qu'on ne peut établir de régle générale; que cette estimation est différente en differens lieux; & qu'elle dépend de la circonstance des tems, des commerces & de la rareté ou de l'abondance de l'argent. * Dupineau pense que d'Argentré a raison. Toutes ces discussions n'ont gueres de raport au traité des appropriemens, ni même à ce qu'il proposoit dans le titre de cette section.]

Il vient ensuite à la question de sçavoir si l'on peut prescrire contre les conditions de racquit. * Il est à propos, avant de venir à ce qu'il dit à cet égard, de poser des principes constans fondés sur une distinction. Les rentes, franchissables par leur qualité, le sont perpétuellement, quelque tems qui ait couru. C'est ce qu'on a remarqué à l'égard des rentes constituées, dont le principe paroissant, il n'y a point de tems qui puisse prescrire contre cette qualité. Cela résulte même de la disposition de la Coûtume dans l'art. 260. qui est *juris novi*, & qui établit que les rentes sont non rachetables après 40. ans, seulement par présomption, lorsqu'il ne paroît rien de contraire, & par conséquent lorsqu'on n'en connoît point le principe.

Quant aux conditions de racquit perpétuel, en matiére d'héritages vendus à condition de cette faculté, la Coûtume les limite à 30. ans, après lesquels l'acheteur, à cette condition, demeure propriétaire incommutable.] (c)

CHAPITRE VIII.

De pactis redemptivis conditione.

64. * Les deux observations de principe & d'usage qu'on vient de faire, rendent inutile la plus grande partie de cette section. Les différens sentimens des Docteurs que l'Auteur raporte sur la prescription de la faculté par 30. ans, ne demandent plus d'examen, puisque la Coûtume a décidé; il en est de même de la distinction qu'il fait de trois différens cas. Le premier regarde en géneral la vente, à condition de racquit perpétuel; il est décidé par la disposition dont on vient de parler. [Le second consiste dans la question de sçavoir, si le créancier postérieur est en droit d'offrir à l'antérieur qui posséde le gage *& in casu converso*. Le troisiéme est sur la question, si le débiteur ou le créancier possedant le gage, c'est-à-dire, la chose hypotéquée, ils peuvent prescrire l'un contre l'autre.

NOTES.

(c) V. la Conférence sur l'Art. 287.

Quant au premier cas qui se trouve décidé par la Loi, l'Auteur, pour résoudre la difficulté fondée sur ce que *facultati non prescribitur*, (*d*) entre dans la distinction de ce qui est de droit & de ce qui est de faculté. Il résoud que *pactum redimendi non competit ut facultas, sed ut jus*; & cela fait que dans son Aitiologie il aprouve l'article 287. nouvellement inséré à la réformation, comme retranchant la matiére des difficultés qui sont agitées ici.

Ce qu'il traite ensuite du droit d'offrir, est d'une discussion peu utile pour l'instruction & pour l'usage. Il revient à son objet principal, qui est la vente *sub conditione aut pacto retro vendendi*, qui est le contrat à condition de réméré. Il pretend que le mot de condition n'est point ici dans sa véritable signification, parce qu'elle ne rend point l'acte conditionnel, & que le réméré est une obligation de rendre le prix. Toute cette subtile distinction ne sert qu'à établir, ce que les Réformateurs ont décidé dans la suite, que les graces de réméré se prescrivent par 30. ans. Comme cela n'étoit pas encore décidé, l'Auteur agite la question de sçavoir, si s'agissant au fond d'une chose immobiliaire, la prescription de la grace, si elle pouvoit avoir lieu, devoit être de 30. ans ou de 40. ans; & il remarque très-bien que ce n'est pas la matiere qui doit décider des conventions, lesquelles étant personnelles, sont sujettes aux prescriptions des actions personnelles.

Il propose ensuite un autre rafinement qui pourroit être fait à cet égard, c'est lorsque pour la sureté de ce pacte de racquit, on a aposé la condition d'hypotéque; * mais comme, suivant tous les principes qu'il a établis en differens lieux, il a fait regler à la réformation que l'action hypotécaire accessoire à la personnelle, se prescrit avec l'action personnelle, c'est une discussion inutile.]

65. Il passe à la question de la prescription & de l'appropriement sur un acte, qui contient le pacte *de retro vendendo* ou de réméré. La prescription & l'appropriement n'en peuvent empêcher l'effet entre les contractans, & l'on est recevable pendant le tems de 30. ans marqué par l'Auteur, & ensuite aprouvé par la nouvelle Coûtume; mais il y a plus de difficulté, lorsque celui qui a acquis sous cette condition a vendu à un autre, soit que cet autre ait sçu la Loi imposée par le contrat, soit qu'il l'ait ignorée.

Pour entrer dans cette recherche, il faut examiner d'abord si le premier vendeur peut s'adresser directement au second acquereur, comme détenteur de la chose. Il y a sur cela de grandes disputes entre les Docteurs; mais l'usage du Barreau & le Droit du Roïaume ont rétranché ces difficultés. On ne doute plus du Droit d'action directe du premier vendeur vers le détenteur, quoique cela soit contre l'étroite raison du Droit Civil, aux principes duquel il répugne que l'action personnelle suive le fonds; & l'on ne peut dire que cette action, donnée contre le nouveau détenteur, soit la même que

NOTES.

(*d*) Cette proposition, *facultati non praescribitur*, ne s'aplique qu'aux facultés établies par le droit naturel ou par le droit public. Car les facultés qui résultent uniquement de la convention, se prescrivent par le même tems que les conventions. V. de Cormis, *Tom.* 2. *cent.* 4. *n.* 56.

l'action personnelle, qui vient *ex pacto revendendi*, contre le premier acheteur, obligé personnellement & de fait par sa promesse, cela ne passant jamais la personne de l'obligé ou de son héritier. Il faut donc convenir que cette action change de nature, qu'elle se purge par l'appropriement du tiers acquereur comme les vendications; au lieu que l'action résultante de la convention dure 30. ans.

L'Auteur apelle ces sortes d'actions, contre le détenteur étranger à la stipulation, *utiles vendicationes*; ce qui a lieu dans toutes les actions écrites *in rem*, c'est-à-dire, dans les personnelles qui ont pour objet un héritage.

Dans notre Droit Coûtumier, l'Auteur remarque qu'il n'y a nul doute que, soit que le second acheteur ait sçu ou ignoré la condition de rémeré, *(e)* il peut prescrire & s'approprier, si l'on ne s'est point oposé; mais si le second acquereur n'a pas acquis purement & simplement, mais avec expression de la condition imposée dans le premier contrat, la prescription & l'appropriement ne font point d'obstacle, parce que la Loi qui lui est imposée, opére interruption & oposition. * Dans le cas où l'appropriement peut avoir lieu au profit du second acquereur, contre le premier vendeur, faute d'expression de la condition de rémeré dans le second contrat, l'Auteur pouvoit ajouter un argument *à fortiori* : car puisque celui qui a acquis du possesseur par an & jour, quoiqu'injuste possesseur, peut s'approprier valablement & prescrire, & qu'on ne peut pas dire qu'il n'ait pas plus de droit que son vendeur, il s'ensuit qu'il peut s'approprier au préjudice des conventions dont son contrat n'a point été chargé.]

Il faut passer ici les questions inutiles de la prescription du droit d'offrir entre les créanciers.

CHAPITRE IX.

Si les contrats sujets à rescision peuvent acquerir la prescription.

66. Les disputes des Docteurs sur cette matiere sont retranchées par l'Ordonnance de Louis XII. d'où est transcrit le dernier article de ce titre, qui porte que les actions rescisoires se prescrivent par 10. ans, quelque dol & quelque mauvaise foi qui soit alleguée. Cela a été établi pour la sureté du commerce, & pour la tranquillité publique; encore cela ne regarde-t'il que les contractans entr'eux: *(f)* car les tiers acquereurs sont valablement appropriés, lorsqu'il n'y a point d'oposition.

CHAPITRE X.

Du titre en vertu de Privilége.

67. Il est certain que le privilege accordé par le Prince vaut titre. Mais il

NOTES.

(e) V. Art. 269. *n.* 83.

(f) V. le nombre 12. ci-dessus, le Commentaire sur la rubrique & Art. 269. *n.* 64.

faut, suivant l'Ordonnance du Duc Pierre, qu'il soit revêtu d'enregistrement & publication au Parlement, & à la Chambre des Comptes, à peine de nullité; de sorte que les privileges de noblesse, d'exemptions de foüages & autres pareilles, sont sans effet, s'ils ne sont pas revêtus de ces formalités. L'Auteur prétend cependant que la longue possession y suplée, ce qui fait dire à *Aimo Cravetta* qu'il y a des privileges qu'il apelle *ficta* que la possession immémoriale égale aux veritables privileges; & il fixe la possession immémoriale à 100. ans. Mais comme le privilege est de droit étroit, on ne peut posseder ni prescrire au-delà de son contenu.

CHAPITRE XI.

De la Prescription centenaire.

68. A cette occasion l'Auteur demande si la prescription centenaire est un titre. Il dit qu'elle est équivalente; mais qu'elle n'opereroit pas dans les choses où la Loi exigeroit un titre. Au reste il ne connoît point d'autre prescription que celles qui sont établies par la Coûtume, dont la plus longue est de 40. ans. Car ce qui ne peut se prescrire par ce laps de tems est imprescriptible, ce qui sera traité plus amplement dans la suite. (*g*)

CHAPITRE XII.

Des Prescriptions en général que l'on croit être empêchées par l'inhabilité des personnes; & premiérement des Prescriptions contre les mineurs.

69. Il est constant que plusieurs choses empêchent l'effet des prescriptions, par la consideration des personnes, eu égard à la Loi, à la nature, à l'autorité de la Justice : à la Loi, lorsque le mari donne à sa femme, ou le pere à ses enfans; à la nature, par raport aux mineurs, aux enfans, aux furieux ou insensés : par l'autorité de Justice à l'égard des prodigues, ausquels il est défendu d'aliener. Cela regarde encore l'inhabilité des titres, par raport à celle des personnes; & la question déja agitée est si l'on peut prescrire en vertu de pareils titres.

Pour juger de l'habilité ou de l'inhabilité des personnes, on commence par les enfans, les pupilles & les adultes. Les enfans sont ceux qui ne passent pas 7. ans; les pupilles qui ne passent pas 14. les adultes jusqu'à 25. ans. Ils sont tous mineurs dans le terme générique; & la contestation est grande, parmi les Scholastiques sur la prescription à leur égard. Ils tâchent de concilier les différentes Loix, c'est-à-dire, d'allier le feu & l'eau. L'Auteur commence cependant par rassembler à son ordinaire ce qui lui paroît être du Droit Civil, pour en venir ensuite à l'usage.

Le Droit Civil distingue les Prescriptions en légales, parce qu'elles sont

NOTES.

(g) Art. 282.

établie

établies par la Loi & en conventionnelles qui viennent du consentement des Parties. On pourroit mettre de ce nombre les statutaires, qui viennent des differentes Coûtumes, de chaque Nation. Mais la différence est en ce que l'incertitude des légales a obligé d'en établir d'autres.

Des Prescriptions conventionnelles contre les mineurs.

Quand les prescriptions (*h*) ont commencé de courir contre les majeurs, elles continuent contre les mineurs, & même contre les pupilles & les enfans, & contre ceux qui ne sont pas encore au monde, sans aucun espoir de restitution. On porte la chose plus loin : & ce principe a lieu, quand même la prescription commenceroit contre un mineur, si c'est par raport à un contrat passé avec le défunt : par exemple, s'il est dit que le tems commencera de courir d'un certain jour, & si avant qu'il soit arrivé, le contractant meurt laissant un héritier mineur. Tout cela regarde les prescriptions conventionnelles.

Des Prescriptions légales contre les mineurs.

70. Pour les légales, il y a beaucoup à considerer contre quelles personnes elles commencent de courir; sçavoir, si c'est contre un majeur auquel le mineur succede, ou directement contre le mineur. On prétend que les prescriptions de 10. & de 20. ans qui suposent un titre, s'achevent contre tout mineur, lorsqu'elles ont commencé avec le majeur: cependant les Docteurs prétendent qu'il y a lieu à la restitution

Pour les prescriptions de 30. ans, (*i*) commencées avec les majeurs, elles dorment pendant la pupillarité de l'héritier, & elles courent contre les adultes; mais il y a lieu pareillement à la restitution. L'Auteur remarque dans quels embaras jette cette doctrine, & il faut passer ici cette longue déduction de distinctions scholastiques, *& misere laceri & confusi juris*, comme il l'apelle.

De la prescription des biens apartenans aux mineurs, ou à d'autres, que les mineurs ont vendus.

71. Les Docteurs ajoutent ensuite d'autres embaras; car après avoir parlé des prescriptions, par raport aux personnes, ils en parlent par raport aux choses. Quand on a traité avec un mineur de la chose qui lui apartient, ils nient que cela puisse attribuer *causam prascribendi*, & même lorsqu'on a traité de la chose apartenante à un mineur avec une tierce personne; car la Loi défend d'aliéner les biens immeubles des mineurs sans décret de Justice, * à quoi l'Auteur devoit ajouter l'avis de parens.] Le contrat, qui est passé par eux ou par d'autres personnes, est radicalement nul. Le Droit Coûtumier est conforme en cela au Droit Civil, & la prohibition est contre les tuteurs,

NOTES.

(*h*) Art. 286.

(*i*) V. la premiere Note sur l'Art. 286.

comme contre toutes autres personnes; ce qui ôte l'inutile distinction du Droit Civil entre les pupilles & les adultes, puisque cela regarde toute minorité sans distinction.

72. On agite ensuite dans l'école, si le mineur, qui vend la chose d'autrui, peut donner à l'acquereur *causam prascribendi.* C'est encore une grande discussion de diverses opinions, & que l'Auteur trouve contradictoires dans les Auteurs mémes qui les établissent. L'Auteur décide ici que l'aliénation de la chose, qui n'apartient point au mineur, peut donner un valable titre pour l'appropriement & la prescription. Sa raison est que le mineur ne souffre point de préjudice, qu'il n'est privé de rien qui lui apartienne ; mais s'il avoit le moindre interêt dans la chose, quand ce ne seroit que la simple hypotéque, ce seroit une raison suffisante pour annuller l'aliénation.

73. Ce n'est pas entiérement la même raison de décision, par raport aux choses du mineur qui ont été venduës par une tierce personne. La distinction, si l'acquereur a ignoré ou connu que c'étoit un bien de mineur, est encore une distinction de l'école.

Il en faut revenir au principe general de la Coûtume, que le possesseur, en son nom par an & jour, peut donner un titre valable pour s'approprier, cela se faisant de saisi à saisi Les mineurs legitimes propriétaires n'ont (k) que le recours vers celui qui a vendu leur bien comme lui apartenant, ou vers le tuteur qui l'a laissé prescrire; & toutes les causes d'imprescriptibilité, qu'on a établies jusqu'à présent par raport aux mineurs, ne regardent que les acquereurs immédiats sans formalités. Mais les tiers acquereurs ont un titre suffisant pour s'approprier ou pour prescrire. Les prescriptions qui ont commencé contre des majeurs courent contre les mineurs; & les dispositions du Droit Civil à cet égard, sont rejettées par la Coûtume, aussi-bien que la voïe de restitution qui ne peut éluder cette régle. L'Auteur établit sur cela, après Balde, cette grande régle, que quand une Coûtume ajoute quelque chose au Droit Commun, ou qu'elle en retranche, tout dégenere en Droit particulier & municipal. On se renferme alors dans les propres termes; & l'on ne supose plus rien de sousentendu par raport au Droit Commun, une Loi qui en corrige une autre n'étant pas faite pour l'interpréter : d'où Balde conclut que la bonne foi n'étant point exprimée comme nécessaire, on ne peut la suposer nécessaire par un suplément & un sousentendu.

74. Ausurplus quand le bien d'un mineur a été vendu sans decret de Justice, la proprieté ne sort point de sa personne; & il a le droit de vendication sans avoir besoin de la restitution, lorsqu'il n'y a point de decret. S'il y en avoit eu, la restitution seroit nécessaire, en cas qu'il y eût eu une cause fausse, *vel si ordo juris pratermissus est, aut solemnia non sunt servata.* A l'occasion de la restitution, l'Auteur examine dans quel tems elle peut être demandée. Il n'y avoit qu'un an par le Droit Romain. D'autres dispositions mettoient quatre ans : l'art. 462. de l'ancienne Coûtume avoit fixé la chose à ce dernier terme. Mais dans la même année de la Réformation, vint l'Or-

NOTES.

(k) Sauvageau, *liv. 3. ch. 45.*

donnance de 1539. qui donna dix ans aux majeurs, (*l*) & pareil tems aux mineurs à compter du jour de leur majorité de 25. ans. Il faut donc qu'avant l'âge de 35. ans, ils se fassent restituer contre les actes & les contrats qu'ils ont passés, soit avec formalité de decret ou sans formalité, faute de quoi le contrat a toute sa force, comme s'il n'y avoit point eu de minorité; & après ce délai on ne peut plus emploïer le remede de la nullité ni de l'appellation. Ce qui rend inutile cette dispute, *an solemnitas extrinseca suppleatur aut præsumatur diuturnitate temporis*. On avoit recours à cette présomption sur cet axiome ordinaire, *in antiquis omnia censentur solemniter acta*. Mais la Loi dispense de recourir à cette présomption, puisque l'acte non entrepris dans le tems fatal reprend toute sa force.

75. L'Auteur combat ici une mauvaise distinction des actions rescindentes & rescisoires, sur laquelle étoit fondé l'usage que le tems ne couroit pour les actions rescisoires qu'après qu'on avoit obtenu au rescindant. Mais aujourd'hui le rescindant & le rescisoire vont ensemble, & celui qui est débouté au rescindant l'est au rescisoire. (*m*) * Ce qui s'entend en matiere d'actes; car depuis l'Ordonnance de 1667. en matiere d'Arrêts entrepris par Requête civile, il est défendu de juger le rescisoire avec le rescindant.]

CHAPITRE XIII.

Des Prescriptions à l'égard des Furieux ou Insensés.

76. Il y a encore ici une assez longue discussion des opinions des Docteurs, & une description des différens genres de folie & de fureur. Il suffit de dire que comme un furieux, ou un insensé, est incapable de tout consentement, les contrats qu'ils passent sont absolument nuls, & qu'ils ne peuvent donner la tradition de possession. La comparaison qu'on en fait à des pupilles n'est pas juste : car les pupilles sont capables de quelque consentement; & d'ailleurs leurs organes qui ne sont qu'embarassés, ou peu formés, se fortifient avec l'âge.

CHAPITRES XIV. & XV.

Des Prescriptions contre les Prodigues & autres Interdits.

77. Les Docteurs prétendent que les véritables prodigues, *profusi*, *nepotes*, *decoctores*, qui par la Loi Roscia ne pouvoient avoir de rang dans les 14. Ordres de la République, étoient incapables même d'aucune obligation naturelle. Mais nous entendons ceux qui ont été déclarés tels par leur Juge légitime, avec connoissance de cause. Ainsi nous n'admettons pas l'opinion des Docteurs, qui estiment que la prodigalité notoire opere le même effet que s'il y avoit un jugement. Nous n'admettons pas aussi l'opinion de ceux

NOTES.

(*l*) Art. 296. & 297.

(*m*) V. Art. 297. *n.* 5.

qui pensent que, pour la cause même de dissipation notoire, il y a lieu à la restitution. L'Auteur dit que cette opinion est contre le bon sens. Il trouve également ridicule le doute si, quand on a interdit un homme pour prodigalité, & qu'on ne lui a pas donné de curateur, l'interdiction a son effet : car elle a toujours lieu, soit qu'il y ait un curateur ou non. Il faut donc poser pour principe qu'avant l'interdiction prononcée, la mauvaise conduite & la dissipation n'empêchent pas la validité des actes. * Il falloit ajouter que la publication est nécessaire : car auparavant la prohibition n'a point son effet.] L'Auteur le dit ensuite, en établissant qu'il faut que celui qui traite avec le prodigue n'ignore pas l'interdiction. Il ne peut prétendre de cause d'ignorance après la publication. Il ne le peut aussi, s'il a été témoin ou juge de l'interdiction, ou partie presente dans la cause; ou si on lui a signifié personnellement la sentence. S'il y a apel de l'interdiction, le contrat d'aliénation demeure dans le même état. Mais si elle est confirmée, il retombe dans la nullité originaire; & l'on ne peut prescrire, à cause de la qualité provisoire du jugement. S'il est reformé, ce qui a été fait reprend toute sa force. Au reste on est perpétuellement recevable de la part de l'interdit, à être apellant. L'Auteur donne pour raison que de ces sortes de sentences il résulte toujours un grief perpétuel & qui renaît successivement. * Il auroit mieux valu dire que c'est une question d'état & de liberté, sur laquelle il ne peut y avoir de consentement véritable ni d'acquiescement.] Le sommaire de cette section est que le contrat avec le prodigue déclaré tel en justice ne peut donner de cause d'appropriement, soit contre lui, soit contre la tierce personne dont il auroit aliené le bien.

Cette régle doit avoir lieu contre toute sorte d'interdits pour quelque cause que ce soit. Quand l'interdiction n'est pas de droit, & que la prononciation du Juge est nécessaire, il faut nécessairement la publication. Un mineur émancipé, qui a l'administration de ses biens, est interdit de droit quant à l'aliénation. Les Loix interdisent pareillement l'aliénation au coupable de crime de Leze-Majesté, du jour qu'il est commis. Elles parlent aussi d'une nte rdiction réelle, lorsque la chose est litigieuse. En general toutes les inerd ictions qui doivent être prononcées par le Juge n'ont de force contre les tierces personnes que du jour de leur publication.

CHAPITRE XVI.

Des Contrats des personnes yvres. (n)

78. L'Auteur décide que l'yvresse en elle-même rendant les personnes in-

NOTES.

(n) „ Tout aïons nous dit que yvrece „ puet escuser des dons ou des promesses, „ aussint fet ele des marchiés & des convenanches esqueles l'en voit aperte dechevance, car autrement auroient li barretteur tout gagnié, qui poursuiroient les „ yvres ès tavernes, pour aus dechevoir. „ Mes ne pourquant l'en doit mout regar-

capables de connoissance & de consentement, les contrats faits en cet état ne doivent pas être valables. Les circonstances qu'il en aporte servent à confirmer la décision, lorsqu'elles se rencontrent; par exemple si celui qui vouloit engager à passer un contrat, a induit à boire avec excès, parce qu'il y a en cela un dol évident. Il ajoute aussurplus, avec raison, que cela dépend des circonstances, qu'il y a même des gens qui font leurs affaires dans l'yvresse & qui n'y sont même que plus attentifs, soit par l'habitude, soit par la défiance qui se forme, lorsqu'ils se voïent tomber dans cet état; que delà vient que cette excuse honteuse n'est pas reçue dans les délits; & qu'elle ne sert tout au plus qu'à moderer la peine. La décision en general est donc que la chose dépend des circonstances.

CHAPITRE XVII.

Des contrats passés avec ceux qui doivent en emploïer le prix à de mauvais usages.

79. On vient ensuite à la question de sçavoir si les contrats sont valables, lorsqu'ils sont passés avec des personnes, que l'on sçait ne contracter que pour emploïer ce qui en revient à de mauvais usages, par exemple, pour le jeu. Il faut présuposer que celui qui contracte n'ignore pas cette intention & cet usage; car s'il peut prétexter de l'ignorance, personne n'est censé devoir être assez curieux, pour examiner ce qu'un homme fera de son argent dans la suite. Il y a au surplus les rescisions entre les contractans; car par raport aux étrangers, il n'y a nulle raison qui empêche que les contrats fournissent une cause légitime de prescription & d'appropriement, à moins que la cause de contracter fût manifestement honteuse & condamnable. Hors de ce cas, la Loi & la sureté du commerce autorisent les prescriptions & l'appropriement.

CHAPITRE XVIII.

80. Il reste la question par raport à celui qui a vendu *procuratorio nomine.* Sans entrer à cet égard dans les distinctions des Docteurs, il suffit de dire que la qualité de Procureur doit être bien établie par un mandat ou procuration, sans quoi la régle de saisi à saisi exclut tout appropriement; & il faudroit une prescription *longissimi temporis.* L'appropriement pourroit cependant avoir son effet contre une tierce personne, celui au nom duquel on a suposé agir, ne reclamant pas. C'est ici que l'Auteur finit l'ample discussion des différens titres.

NOTES.

„ der en tel cas à la maniere dou fait, ou „ de la convenanche. Car se l'en i trouve „ aperte tricherie, ou trop grant dechevanche, „ che ne fet pas à tenir. Mes se on i trouve „ cause resnable, sans moult grande deche- „ vanche de tricherie ou de barat, les con- „ venanches si sont à tenir, pour che que „ chil qui marcheandent ne se puissent pas „ legierement escuser par yvresse, quant ils „ ont fait marchié ou convenanche, dequoi „ il se repentent; & bien sachent tuit que „ nul vilain cas de crieme n'est escuzé par „ yvresse. " Costume de Beauvoisis, *chap.* 6. *page* 41. & 42.

CHAPITRE XIX.

Des causes & empêchemens par raport à la chose.

DU DOMAINE DE LA COURONNE. (o)

81. La premiére qui se presente, est le Domaine de la Couronne. L'Auteur explique ici en passant la différente administration des biens de l'Etat, dans le tems de la République, & sous les Empereurs, & la distinction de ce qui étoit apellé *privatum & sacrum patrimonium*. Nous avons encore en France une ombre de cette différence; car il y a ce qui est véritablement le Domaine qui est inaliénable, & ce que les Rois acquierrent par achats, successions, donations, confiscations, deshérences ou aubaines; tout cela a été traité sur l'art. 51. Les choses, qui apartiennent aux Rois en ces derniéres circonstances, tombent dans le commerce. Les Rois peuvent les aliéner irrévocablement; & delà vient que les dons qu'ils en font ordinairement sont valables. Pour ce qui est du Domaine, il y a une reclamation perpétuelle des Gens du Roi; & il n'y a point de tems, quelque long qu'il soit, point de cause ni de motifs de grands services, qui puisse l'empêcher. Delà vient, qu'après environ 150. ans, la Ville de Beaugenci fut évincée sur Mrs. de Longueville, quoique le prix eût été bien païé; & la possession à cet égard est si contagieuse, que le possesseur est dabord désaisi, & que le procès commence en garnissant la main du Roi.

Suivant la distinction qui a été faite, ce qui apartiendroit aux Rois, par la succession des meres, ne seroit pas le Domaine de la Couronne; & la Principauté de Bretagne ne seroit point sujette aux régles de ce Domaine, s'il n'en avoit été fait une union expresse. On repéte encore ici la validité du don des deshérences, aubaines & confiscations, à l'exception des grandes terres & Seigneuries, comme Duchés, Marquisats, Comtés & autres terres titrées, dont la réunion de droit à la Couronne, les cas arrivant, a été ordonnée. On fait ici la comparaison de la différence qu'il y a entre le patrimoine des Bénéficiers, & celui de l'Eglise. Les discussions des Docteurs, pour sçavoir si les choses du fisc peuvent se prescrire par 100. ans, ou si le laps de 40. ans suffit, sont inutiles dans notre Droit Roïal; car il n'y a point de tems qui puisse faire prescrire: il en est de même de ce qui a été une fois réuni au Domaine, & qui n'en peut plus être séparé. Il y a deux moïens pour cette réunion; le premier est par des Lettres Patentes & Edits enrégistrés au Parlement & à la Chambre des Comptes, qui chargent les Receveurs de percevoir les revenus, pour en tenir compte: l'autre moïen est une incorporation tacite, lorsque quelque chose a été déferée au fisc par voïe de confiscation ou autrement, & que les Receveurs en ont perçu les revenus, & en

NOTES.

(o) V. Ragneau, au mot *domaine*.

ont compté pendant 10. ans consécutifs. Alors ces choses deviennent de la même nature, & de la même qualité, que l'ancien Domaine de la Couronne.

Delà résulte la question de sçavoir, si des biens étant venus au Roi, par succession, confiscation ou droit d'aubaine, & n'étant pas encore réunis au Domaine par les voïes ci dessus, il y a un tems utile pour les prescrire, présuposant, comme on l'a déja dit, qu'ils puissent être aliénés. On prétend qu'ils pourroient être prescrits par 10. ans, dans les lieux où la prescription a lieu par 20. ans entre absens, & par 10. ans entre présens, parce que le fisc est toujours censé présent; mais comme cette opinion est depuis long-tems rejettée, il faudroit tout au moins une prescription, comme pour les héritages des particuliers: * & au surplus c'est bien vainement que l'Auteur agite cette question, vû que depuis long-tems, & même avant lui, les Droits du Roi étoient exceptés de la prescription.]

Mais il n'en est pas de même des actions mobiliaires ou personnelles, qui ne concernant point le fonds du Domaine Roïal, sont sujettes aux prescriptions (p) de la Coûtume. Charles d'Argentré cite au soutien de cette maxime un Arrêt du Parlement de Bretagne, du 12. Mai 1610. confirmé par Arrêt du Conseil d'Etat & des Finances, du 14. Février 1619.

CHAPITRE XX.

De la Prescription des choses sacrées & religieuses, & des choses profanes qui sont du patrimoine de l'Eglise.

82. Ce qui ne peut être possedé, ne peut être prescrit, parce que la possession est le fondement de la prescription; d'où l'on peut former cet argument, que les choses sacrées ne pouvant être possedées, elles ne peuvent être prescrites. On entend par choses sacrées, celles *quæ per Pontifices rectè consecrantur*, comme les églises, les cimetieres, les vases & les ornemens sacrés, les châsses & les reliques. (q) Car pour les fonds qui apartiennent aux lieux saints, il y a une différence entiére. Ce ne sont point des choses sacrées, ni absolument inaliénables, puisqu'on peut les aliéner avec certaines formalités. La condition de prescrire est donc différente dans les deux cas. Les choses sacrées & religieuses ne peuvent être aliénées, si ce n'est pour la redemption des Captifs, ou pour la subsistance des pauvres dans un besoin public. Mais pour les autres qui sont des biens temporels, on peut les prescrire par 40. ans, suivant le Droit Civil & le Droit Canonique, soit d'Eglise contre

NOTES.

(p) Les arrérages de rentes & les casuels échus, sont aussi sujets à la prescription. La Lande, *art.* 263. *n.* 10. Ferriere, *art.* 12. *gl.* 3. *n.* 2. & *T.* 6. §. 3. Du Plessis, *du franc-aleu, liv.* 2. *chap.* 1. *n.* 4. Boucheul, *art.* 26. *n.* 29. De Cormis, *tom.* 2. *Cent.* 2. *ch.* 93.

(q) V. le Commentaire sur l'Art. 282. Basnage, *art.* 521. la Lande, *art.* 261. *n.* 21. & *suiv.* de l'Hommeau, *liv.* 3. *n.* 270. & 271.

Eglise, de Bénéficier contre Bénéficier, ou de particulier contre l'Eglise. A plus forte raison, l'Eglise peut user du droit commun pour la prescription contre les particuliers. Les Hôpitaux, Leproseries & autres lieux de charité, établis par autorité compétente, marchent d'un pas égal avec les établissemens ecclésiastiques.

Les mêmes regles des prescriptions ont donc lieu; & les Eglises sont sujettes à toutes les mêmes prescriptions : de sorte que la peremption d'instance peut également leur être oposée, & les autres exceptions, suivant les différens cas. Il n'étoit pas besoin de raporter ici que les biens personnels & particuliers des Ecclésiastiques se gouvernent absolument comme ceux des autres particuliers. Les meubles des Eglises, pourvu qu'ils ne soient pas consacrés, seroient sujets à la prescription de trois ans, établie par les Loix & par les Docteurs pour les choses mobiliaires. Mais comme on a prolongé le tems de la prescription mobiliaire jusqu'à dix ans, il faudroit également ce tems-là. * Aujourd'hui il ne faut que 5. ans par le nouveau changement aporté à la réformation dans cette sorte de prescription.]

Il reste de sçavoir si les biens ecclésiastiques sont sujets à la Loi de nos appropriemens. Il faut présuposer pour cela qu'un particulier ait possedé un bien ecclésiastique notoirement & en son nom pendant un an entier, & qu'il le vende à un autre qui veut s'en approprier, Le doute est si l'intention des Rédacteurs de la Coûtume a été de comprendre (r) les biens ecclésiastiques sous la disposition générale, s'ils l'ont voulu, & s'ils l'ont pu. La faveur des Eglises pourroit persuader une exception tacite & sousentenduë; & le défaut de pouvoir seroit hardiment avancé par les Canonistes, quand on suposeroit l'intention & la volonté, parce que les aliénations sont défenduës, & que la prescription étant fondée sur un consentement présumé, les Prélats, Bénéficiers, ou autres Administrateurs de pareils biens, sont incapables d'un consentement exprès ou tacite à cet égard. Leur silence même seroit une prévarication, puisque la faveur, l'alliance, l'argent donné sous main, opéreroit la dissipation & la perte des biens ecclésiastiques. D'ailleurs c'est une regle certaine que la prescription ne court, qu'à commencer de la mort ou démission du mauvais ou négligent Administrateur. Toutes ces raisons sont plausibles, dit l'Auteur, mais elles ne sont pas sans réponses. L'intention générale des rédacteurs, résulte du défaut d'exception, qui est d'autant plus considérable, que la réformation de la Coûtume étant faite, les Etats assemblés, l'Ordre de l'Eglise, qui y étoit présent n'a point reclamé. Il semble donc qu'on a voulu; & la question de sçavoir si l'on a pu ne peut être qu'une speculation des Canonistes; puisque les biens & les possessions Ecclésiastiques sont sujets à la Jurisdiction des Magistrats civils. Envain l'on allégue qu'il faut des formalités pour l'aliénation, & qu'elle n'a point d'effet, si elles ne sont pas observées. Car ce principe s'entend d'une aliénation directe faite par le Prélat, Bénéficier ou autre Administrateur. Mais cela ne touche point le fait proposé; & l'Auteur estime que l'étranger possesseur

NOTES.

(r) V. du Fail, *liv.* 1. *ch.* 389. & 432. *liv.* 3. *ch.* 123.

seur annal en son nom venant à vendre, l'appropriement de son acquereur est valable. L'Auteur remarque que les Réformateurs auroient mieux fait de s'expliquer, & qu'ils ont fait leur rédaction trop à la hâte; de sorte qu'il seroit bon d'y pourvoir. * Il se plaint encore, dans son Aitiologie, de ce qu'on ne l'a pas fait à la réformation de 1580. puisqu'il dit : *exprimi de Ecclesiis quoque conveniebat. Sed hæsit calamo dictantibus & incautis, cùm de his quoque Reformatores sentirent.* Les mots de la nouvelle Coûtume *contre quelques personnes que ce soit, absens, mineurs & tous autres, sans aucun excepter,* prouvent leur intention.]

L'Auteur remarque que la Loi derniere au Code *de sacrosanctis Ecclesiis* doit être rejettée comme corrompue; car originairement elle n'étoit pas telle, & plusieurs Historiens marquent que Tribonien vendoit à prix d'argent le changement & l'altération des Loix dans sa compilation. (*s*)

HEVIN. Personne ne peut dire, s'il ne veut s'exposer à la risée, qu'une rente dûe à l'Eglise ne soit prescriptible, par 30. ans si elle est simple hypotéquaire, ou par 40. ans au cas qu'elle soit fonciere. C'est une vérité sans contredit; & la proposition que les rentes dûes à l'Eglise ne se prescrivent que par cent ans est ridicule, faite en dépit du Droit Romain & François.

Il est bien vrai que l'Empereur Justinien, à la sollicitation de quelques Ecclésiastiques interessés, & même en considération des presens faits à Tribonien son Chancelier, s'il en faut croire Suidas, avoit ordonné par la Loi derniere *Cod. de sacros. Eccles.* que la prescription ne courroit contre l'Eglise Grecque que par cent ans, lequel privilege il étendit à l'Eglise Romaine, par sa Novelle neuviéme. Mais étant arrivé incontinent après qu'un fameux Faussaire nommé Priscus de la ville d'Emese troubla le repos de plusieurs familles, en fabriquant de faux titres d'environ cent ans portant de grands legs d'héritages & de sommes au profit des Eglises, & que l'on connut manifestement que d'admettre cette prescription centenaire étoit ouvrir la porte à tous les Faussaires, le même Empereur Justinien par ses Novelles 111. & 131. la révoqua absolument, pour toutes les Eglises, & la réduisit à 40. ans : ce que Charlemagne & Loüis le Pieux son fils, par leurs Ordonnances ou Capitulaires, confirmerent, comme enseigne au long M. Cujas, *tract. de præscript. cap.* 31. *& lib.* 5. *observat. cap.* 5. C'est le Droit de la France; & notre Coûtume ne connoît point de prescription plus longue que celle de 40. ans.

CHAPITRE XXI.

De la Prescription des choses spirituelles.

83. D'ARGENTRE'. Les choses spirituelles ne sont de soi imprescriptibles, que par raport aux Laïques, dont l'incapacité est perpétuelle, & reclame

NOTES.

(*s*) Cette critique de la Loi derniere, *cod. de sacros. Eccl.* est à la fin du Chapitre 14. dans l'édition de 1608. Bretonnier dans les nouvelles observ. sur Henris, *liv.* 4. *ch.* 6. *quest.* 84. justifie très-foiblement Tribonien.

toujours contre la prescription. Car entre les personnes qui ont caractere, elles peuvent se prescrire, le caractere, qui supose les ordres requis, & un bénéfice, ou un autre titre Ecclésiastique, rendant la prescription valable.* Le mot *Clericos* dont se sert l'Auteur ne peut être mieux expliqué que par le terme general de caractere. Car il a sans doute entendu sous le nom de *Clercs* le nom generique de tous ordres Ecclesiastiques, puisqu'il supose une possession dont la personne soit capable.]

Nous apellons choses spirituelles tous les droits qui competent privativement à raison de l'office, de la dignité, personnat, ou autre titre Ecclesiastique : de sorte qu'ils ne peuvent convenir à une personne qui ne soit pas du même ordre, & du même genre de bénéfice ou office. La prescription quadragenaire peut avoir lieu à ces conditions, comme dans les possessions profanes; & l'on prescrit non seulement les dîmes & les prémices, les oblations ou les autres droits, mais encore les droits de visite, de procuration, de benediction, & l'usage de certaines ceremonies ou ornemens, même dans un autre distroit, puisqu'une Eglise peut en prescrire une autre avec toutes ses dépendances.

On raporte ici plusieurs exemples de pareilles prescriptions. Le Prélat inferieur peut prescrire plusieurs droits Episcopaux, comme on le voit pour des dignités dont les fonctions plus ou moins étendues dépendent de l'usage. Plusieurs choses jurisdictionnelles s'exercent en vertu de la prescription; par exemple les causes matrimoniales, que l'Auteur dit avoir été prescrites par l'Archidiaconnat de Dinan contre un Evêque de Saint Malo, & mille autres Dignitaires, qui ne pouvant montrer de privilege special, ne peuvent alléguer que leur possession. Mais comme cela est contre le Droit Ecrit & Commun, la régle ordinaire, *tantum præscriptum quantum possessum*, doit encore avoir plus étroitement lieu; puisqu'il ne peut se faire d'extension du cas particulier de possession à aucun autre. Les droits de conferer certains bénéfices sans recourir à l'Evêque peuvent se prescrire; & delà vient qu'il y a tant de Patrons Ecclesiastiques & même Séculiers qui sont en même tems collateurs. * L'Auteur devoit expliquer ici une différence. Car si les bénéfices ont charge d'ames, ou quelque fonction de jurisdiction spirituelle, il faut nécessairement l'Institution Canonique ou le Visa de l'Evêque. Cela se voit même par la déclaration de 1682. au sujet de la régale. Le Roy est Collateur ordinaire en régale pour les bénéfices qui y tombent. Mais cette déclaration porte la distinction que l'on vient de faire.]

L'Auteur ajoute qu'il y a des Abbés qui peuvent conferer les ordres mineurs : mais on a retranché beaucoup de ces privileges, comme abusifs, nonobstant la possession. Il convient qu'aucun Prélat inferieur ne peut conferer les ordres sacrés; parce qu'il faut le caractere Episcopal. Le droit d'avoir un baptistaire, dans une Eglise qui n'est pas Paroissiale, peut se prescrire par la possession. L'Auteur y ajoute même le droit de prononcer des excommunications & des censures, & celui d'en absoudre, pourvu que le titre de la dignité en soit susceptible. Il y a des bénéfices inferieurs qui ont prescrit l'exemption de la jurisdiction Episcopale; ce qui est un grand desordre dans la discipline : & delà viennent les dépendances immédiates du saint Siége.

Le droit d'élection ou de participation aux élections se prescrit. Une Paroisse peut aussi prescrire contre une autre Paroisse.

Il y a long-tems que nous avons rejetté la connoissance que les Juges Ecclesiastiques vouloient s'attribuer du droit de patronage, des questions d'usure & des testamens, quoiqu'en disent les Canonistes. On n'entrera point ici dans la discussion particuliere des droits, que l'Auteur dit avec raison s'être introduits, par l'avarice & par l'ambition des Ecclesiastiques. On observera seulement, sur le droit de patronage, que l'Auteur admet la prescription de 40. ans quoique l'Eglise soit libre dans son principe, & qu'il paroisse injuste de l'assujettir à cette servitude. * Mais il devoit ajouter qu'outre les 40. ans, il faut trois presentations consecutives qui aïent eu leur effet par la paisible possession des presentés.] (t)

On agite ensuite ici la question de sçavoir, si l'Evêque peut prescrire contre l'obligation de consulter son chapitre sur l'aliénation des biens de l'Evêché. L'Auteur ne résout cette question, qu'en disant que, dans ce Roïaume, il y a d'ordinaire une distinction & une separation entiere des biens de l'Evêché & de ceux du Chapitre. C'est ce que l'usage a fait ; & delà vient aussi que les Chapitres excluent, avec tant de soin, les Evêques de leurs délibérations capitulaires, lorsqu'ils ne sont pas Chanoines.

CHAPITRE XXII.

Des Dîmes & de la Prescription à cet égard. (u)

84. La destination à la subsistance des Ecclesiastiques, rend les dîmes spirituelles, mais en soi elles doivent être considerées comme des fruits & des revenus qui peuvent tomber dans le commerce. Quand on agite le point de sçavoir si elles sont de Droit Divin, on entre dans une discussion assez inutile dont l'Auteur ne parle qu'en passant. * On peut observer ici en peu de mots à cette occasion, que c'est une erreur de prétendre que specialement les dîmes soient de Droit Divin, parce qu'elles étoient établies dans l'ancienne Loi. Car il y a plusieurs choses qui n'étoient que d'économie politique & qui ont cessé. Aussi non-seulement dans les commencemens de l'Eglise il n'étoit point question de dîmes, ni même long-tems après que la Religion Chrétienne devint dominante. Le Code & les Novelles, où il n'en est pas dit un seul mot, en font foi ; & c'est sur quoi tous les bons Critiques ont fondé la preuve de la fausseté de plusieurs lettres attribuées à Saint Augustin, parce qu'elles parlent de dîmes. Elles ont été établies long-tems après, & insensiblement. Et l'on pourroit même faire voir qu'elles n'ont eu lieu generalement que du tems de Charlemagne. Tout ce que l'on peut donc dire, c'est que la rétribution des Ministres de l'Eglise est de Droit Divin,

NOTES.

(t) V. Art. 282. n. 10.

(u) V. du Fail, *liv.* 3. *ch.* 400. Devolant, *lettre P. ch.* 57. Frain, *Pl.* 2. Ragueau, aux mots *decimes, dimes, dîmes infeodées,* *terrage.*

étant même de droit naturel. En ce sens les dîmes qui en sont la plus considerable partie pourroient passer pour être de Droit Divin, par l'aplication d'une certaine redevance à la rétribution des Ecclesiastiques. Mais cela ne regarde pas plus les dîmes que tout autre fonds qu'on auroit destiné pour y satisfaire].

85. On a souvent confondu la dîme & le terrage qui véritablement est une portion des fruits; mais qui n'est pas une dîme de la maniere que nous l'entendons; car dans le principe c'est l'effet d'une convention particuliére, par laquelle on a donné à des colons des fonds à cultiver, à la charge de fournir chaque année, une partie des fruits. Plusieurs Coûtumes parlent de terrage ou de champart pour les terres labourables, & de Complant pour les vignes.

En général pour venir au discernement de ces sortes de Droits & des véritables dîmes, l'Auteur établit ici que, quand on parle de dîmes inféodées, il ne faut pas croire qu'elles aïent été originairement du Domaine des Laïcs; car ils auroient leur intention fondée sur une présomption naturelle; ce qui est contraire au Concile de Latran & aux autres constitutions qui en condamnent la possession pour l'avenir: ainsi il faut qu'il y ait une présomption que les Laïcs en fussent en possession avant le Concile de Latran; & il s'ensuivroit que si ce que nous apellons dîmes inféodées avoit été un droit antérieur à la dîme ecclésiastique, comme la dîme ecclésiastique auroit été établie postérieurement sur tous les fruits, ces sortes de dîmes y auroient été pareillement assujetties: à quoi il faut ajouter qu'elles auroient été dans le commerce par toute sorte de contrats, & qu'il ne seroit pas besoin par conséquent du titre particulier & spécieux, sur le pied duquel on les qualifie d'inféodées. On doit donc entendre sous ce nom celles qui aïant été originairement Ecclésiastiques, sont venues dans la possession des Laïcs, soit par aliénation, soit par usurpation. Il y en a cependant que l'on qualifie abusivement d'inféodées, & qui ne viennent pas du même principe, mais d'une condition particuliére, lorsqu'on a donné les terres. L'Auteur établit ici un moïen d'en faire la distinction; si dans les limites d'une Paroisse il se paîe une seule dîme, soit à l'Eglise, soit à des Laïcs, la portion que perçoit le Laïc est alors censée inféodée & originairement Ecclésiastique.

Ce principe que vient d'établir l'Auteur est juste; mais il demande quelque explication. On supose que dans l'étenduë d'une Paroisse la dîme soit à l'onziéme gerbe, dont le Recteur ait la moitié, & un Laïc l'autre, de sorte qu'ils aïent chacun la vingt-deuxiéme gerbe, ce seront toujours les parties d'une même dîme, dont l'une sera inféodée; & ainsi à proportion que le Pasteur ne dîme que dans un canton, non plus que tout autre décimateur Ecclésiastique, & que dans le reste de la Paroisse un Laïc dîme à la même quotité, sa dîme est censée originairement Ecclésiastique & inféodée; si dans quelques lieux la quotité est moindre, il est censé que c'est par la prescription du surplus.

* Cela pourtoit paroître d'abord une question de nom, parce que l'Auteur n'en explique pas les conséquences, & il y en a une principale. Les dîmes inféodées, comme étant originairement Ecclésiastiques, sont sujettes à la portion congruë du Curé, qui n'est pas décimateur, à la seule différence qu'elles n'y

ſont ſujettes que ſubſidiairement, & en cas que la dîme Eccleſiaſtique qu'il faut d'abord épuiſer ne fût pas ſuffiſante.]

86. La dîme aïant toujours été conſidérée comme la ſubſiſtance naturelle du Paſteur, l'Auteur remarque que quand elle a été ôtée à ceux à qui elle devoit naturellement apartenir, ſoit par l'aplication à d'autres Egliſes, ſoit par l'inféodation, le peuple, pour pourvoir à la ſubſiſtance du Paſteur, a fait des libéralités par d'autres voïes, leſquelles ont dégénéré en redevance & obligation; & delà viennent tant de differens droits ſuivant les différens lieux. Après ce préambule aſſez long, l'Auteur vient à la preſcriptibilité des dîmes.

87. C'eſt une maxime générale que les Laïcs ne peuvent prétendre les dîmes par aucune voïe de preſcription. Il leur faut un titre ou effectif ou préſumé; car comme on n'a pu conſerver les titres du tems auquel il faut remonter, la poſſeſſion immémoriale, & pour ainſi dire infinie, fait préſumer le titre, ſans que l'on puiſſe alléguer la ſeule preſcription. C'eſt ainſi qu'on le décide partout; mais ſi nous voulons bien y faire attention, ce n'eſt qu'une queſtion de nom, puiſque par l'effet de la preſcription on eſt diſpenſé de repréſenter le titre. * Cependant l'Auteur n'explique pas aſſez un point qui eſt le nœud de la queſtion. On eſt à la vérité diſpenſé de prouver un titre, & la longue & immémoriale poſſeſſion fait préſumer que l'on poſſéde d'avant le Concile de Latran; mais s'il paroît par des titres contraires à la poſſeſſion, qu'on n'eût commencé à poſſéder que d'un certain tems, (x) alors la préſomption que la poſſeſſion remonteroit au Concile de Latran ceſſeroit abſolument.]

88. Quant à l'exemption de dîmes, les régles à cet égard ſervent à confirmer leur impreſcriptibilité; car cela réſulte d'un raiſonnement *à fortiori*. On ne peut preſcrire (y) l'exemption, quoique ce ſoit une ſimple exception, à plus forte raiſon l'on ne peut dire avoir acquis la dîme par preſcription. Quiconque donc prétend l'exemption de la dîme, doit aporter un titre; mais

NOTES.

(x) „ En exemption ou poſſeſſion de groſſes „ dîmes prétenduës par perſonnes laïes faut „ alléguer titre avant le Concile de Latran, „ & prouver ſa poſſeſſion immémoriale, " Loiſel, *liv.* 5. *tit.* 3. *art.* 18.

Bretonnier dans ſes nouvelles remarques ſur Henris, *liv.* 1. *ch.* 3. *queſt.* 7. décide que la poſſeſſion immémoriale ſuffit ſans aveus ni autres titres, parce que habet *vim conſtituti* Il ſe fonde ſur l'Arrêt du 20. Novembre 1568. dans Loüet, *lettre D. ch.* 35. dont Brodeau ſe ſert, *lettre D. ch.* 9. *n.* 5. *& ſuiv.* pour rendre en quelque ſorte néceſſaire le concours de l'aveu avec la poſſeſſion.

Dans nos principes, la repréſentation d'un titre n'eſt pas néceſſaire, lorſque le laïque poſſéde la dîme de tems immémorial; & la preuve d'une poſſeſſion quadragenaire, fait préſumer la poſſeſſion immémoriale, pourvu qu'il n'y ait aucune preuve du commencement de cette poſſeſſion.

V. Pontanus ſur Blois, *art.* 63.

„ (y) On ne peut preſcrire dîmes par „ quelque longueur de tems qu'on les délaiſſe „ de païer; mais l'en les doit païer des propres „ fruits que l'en cueille. " Deſmares, *dec.* 315.

„ Mais la qualité & quotité d'icelles ſe „ peut par eux preſcrire par quarante ans, „ ſuivant la Philippine. " Loiſel, *liv.* 5. *tit.* 3. *art.* 19.

V. l'Ordonn. de Blois, *art.* 50. la Tanmaſſiere, *tit.* 12. *art.* 12. le Grand, *art.* 51. *gl.* 2. *n.* 44. *& ſuiv.* Coquille, *tit.* 36. *art.* 4. Baſnage, *art.* 3. & 521. Loüis, *art.* 461. Auzannet, *Arrêts*, *liv.* 2. *ch.* 12. Ferriere, *art.* 124. *gl.* 1. *n.* 19. *& ſuiv.* de l'Hommeau, *liv.* 3. *n.* 274. *& ſuiv.* Loüet, *lettre D. ch.* 35.

la quotité peut se prescrire : c'est une des raisons de la différente quotité des dîmes dans les différens lieux, & même en différens cantons d'une Paroisse. C'est aussi la possession qui régle quels fruits sont décimables. On prescrit aussi les arrérages de dîmes. L'Auteur ne s'explique pas assez là-dessus ; il se contente de dire que par les Ordonnances, il faut dénoncer que l'on va faire la récolte, & enlever les bleds ; * mais la régle générale est que *dîme n'arrérage point*, si elle n'est demandée dans l'an de la récolte.] (*z*)

89. Si les Laïcs ne peuvent prescrire la dîme, il n'en est pas de même des Eglises, que l'Auteur convient, non obstant les objections qu'il se fait, pouvoir prescrire l'une contre l'autre. (*a*)

90. Quant aux dîmes inféodées, elles sont mises au nombre de tous les autres biens. Elles sont sujettes à l'aliénation & aux prescriptions ; le retrait lignager y peut avoir lieu : & l'on ne suit point dans ce Roïaume la disposition du Concile de Latran, qui défend de faire passer ces sortes de dîmes en mains de Laïcs. L'Auteur porte la chose plus loin ; car il prétend que quand une dîme est véritablement inféodée, (*b*) elle ne change pas sa nature lors même qu'elle passe en main Ecclésiastique. * Cela n'est pas généralement vrai ; mais il l'est par raport aux redevances féodales, au préjudice desquelles il ne peut être fait de retour à l'Eglise, sans le consentement du Seigneur.] L'Auteur n'aprouve pas le sentiment de Rebuffe, qui cependant le prétend apuïé sur les Arrêts, que quand la dîme inféodée est vendue à l'Eglise, il n'y a point de retrait lignager, à cause du retour naturel à son principe. (*c*)

91. On prétendoit autrefois que la connoissance de la qualité de la dîme & de la question de sçavoir si elle est inféodée, apartenoit au Juge d'Eglise ; mais la maxime du Roïaume est au contraire, & cette connoissance apartient privativement aux Juges séculiers, * entre lesquels les Juges Roïaux ont encore le Droit exclusif de tous autres, & en Bretagne les Juges Présidiaux. La connoissance du possessoire (*d*) décimal a toujours apartenu aux seuls Juges séculiers entre les Ecclésiastiques ; c'est ce que l'on a cru devoir l'expliquer, l'Auteur ne le remarquant pas : & il faut ajouter que la connoissance même du pétitoire, qui apartenoit aux Juges d'Eglise, est aujourd'hui hors d'usage ; parce qu'il seroit difficile, après une maintenue au plein possessoire, qu'il n'y eût pas d'attentat à l'autorité des Juges séculiers, ce qui forme un des principaux moïens d'abus.]

92. L'Auteur finit cette section, en parlant, en passant, de la prescription des novales, qu'il dit être, lorsque d'une vigne, d'un bois de haute futaïe ou taillis, on a fait une terre labourable. Il ne décide rien sur la prescription

NOTES.

(*z*) C'est aussi la décision expresse de l'Auteur en cet endroit.

(*a*) V. Art. 282. *n.* 35.

(*b*) V. Henris, *liv.* 1. *ch.* 3. *quest.* 7. le Bret, *liv.* 4. *déc.* 2. & du Moulin sur Paris, §. 46. *vet.* & 68. *nova*, *n.* 22.

(*c*) V. de Lauriere sur Loisel, *liv.* 3. *tit.* 5. *art.* 13. Basnage, *art.* 178. & 452. & Ferriere, *art.* 129. *gl.* 2. *n.* 25.

(*d*) Il est même de maxime reconnuë par les Papes que la connoissance du possessoire en matiere purement spirituelle, n'apartient qu'aux Juges du Roi.

à cet égard. * Il faut donc observer ici deux choses. La premiere, qu'à moins de regarder la description qu'il fait ici de la novale, comme un simple exemple de ce qui est plus ordinaire & moins équivoque, il donneroit des limites trop étroites à la novale, qui est le labourage d'un lieu qui n'a jamais été labouré & ensemencé. Ce qu'il dit même de vignes reduites en terres labourables n'est pas toujours juste. Car il faudroit que dans le canton on ne dîmât pas sur les vignes. Si l'on y dîmoit auparavant, ce ne feroit qu'un changement de fruits décimables, qui représenteroit l'ancienne dîme, & qui par consequent, ne feroit pas de novale. La seconde, que la possession de la dîme n'emporte pas la prescription des novales. On possédera la dîme au préjudice du Curé, qui ne laissera pas d'avoir les novales. Mais si elles sont d'avant les 40. ans, elles prennent la nature d'ancienne dîme, si le décimateur en a joüi pendant ce tems-là. Il faut encore remarquer à cet égard que la Déclaration de 1686. au sujet des portions congruës, change quelque chose à cette regle de la possession. Les Curés ou Vicaires perpétuels qui ont été fondés à demander la portion congruë, en vertu de cette Déclaration, & qui pour cela ont été obligés d'abandonner leurs dîmes aux gros décimateurs, l'ont été pareillement d'abandonner les novales dont ils joüissoient, ne pouvant desormais prétendre que les novales qui arriveroient depuis leur abandon.]

CHAPITRE XXIII.

De la Prescription des lieux publics & du patrimoine public.

93. La même distinction que l'on a faite touchant les choses sacrées, doit avoir lieu à l'égard des choses publiques; car comme entre les choses sacrées, il y en a qui ont leur destination à l'exercice des saints Misteres, & d'autres qui sont le patrimoine des Eglises; entre les choses publiques il y en a qui sont destinées à l'usage public, telles que sont les basiliques, les marchés, les théatres, les places, & les ruës, &c. & d'autres qui sont le patrimoine & le revenu public. *(e)* Les premieres ne se peuvent jamais prescrire par quelque longue prescription que ce soit. Mais quoique les autres ne soient dans la disposition d'aucun particulier, il y a de la différence pour la prescription. L'Auteur estime qu'on les peut prescrire par 40. ans, & qu'elles sont sujettes à l'appropriement, quand on a acquis du possesseur en son nom par an & jour. Tout le reste de cette section est d'une discussion assez inutile.

NOTES.

(e) „ Coûtume, usage, saisine ou possession contre le bien public, est non recevable, ne ne peut être prescrit. *Nam praeferendum est privato.* " Desmares, *dec.* 110. „ Entreprises qui se sont dessus ou dessous „ ruë publique, ne se prescrivent jamais. " Loisel, *liv.* 5. *tit.* 3. *art.* 23.

CHAPITRE XXV.

De la Prescription des choses dont l'aliénation est défendue.

94. Les prohibitions d'aliener viennent de la Loi ou des Statuts & des Coûtumes, de l'énonciation des Juges, de la convention entre les contractans, ou de la volonté des testateurs. Les motifs & les effets de ces prohibitions sont différens. Car il y en a qui regardent les personnes, comme les maris & les femmes qui ne peuvent se faire donation, ceux qui ne peuvent donner à leurs héritiers, le malade par raport à son médecin, le plaideur par raport à son juge, &c.

La premiere régle generale à cet égard est que les choses, dont la Loi ou la Coûtume défend l'alienation pour des causes & des raisons publiques, ne peuvent tomber sous la prescription. On en a l'exemple dans les choses sacrées & publiques, dont il a été parlé ci dessus. Mais si l'alienation est défendue pour des causes particulieres, ausquelles la défense est relative & limitée, eu égard aux personnes ou aux lieux, la cause particuliere cessant, l'alienation a lieu, & par consequent la prescription. De pareilles causes ne concernent que les personnes prohibées, & n'obligent point les étrangers.

Il y a d'autres genres de prohibitions qui ne rendent pas les choses inaliénables, *simpliciter & per se*, *sed secundùm quid*, quand il y a des formalités prescrites par la Loi. Par exemple les biens des Mineurs & des Eglises ou des Communautés publiques, ne sont pas inaliénables. Mais il faut une information de la nécessité ou utilité, & un decret en consequence pour valider l'alienation; & si un tiers, qui auroit possedé *jure suo*, vendoit à un autre, l'appropriement auroit son effet, ce qui a été traité ci-dessus.

Quant à la défense des Magistrats, elle peut empêcher l'alienation & la prescription en consequence. Mais c'est une autre régle generale que ces sortes de prohibitions n'ont d'effet, qu'autant qu'elles sont publiées, comme on l'a remarqué à l'égard des prodigues & des autres interdits.

Les prohibitions, qui résultent seulement du contrat & de la convention des parties, ne regardent que les contractans; & ausurplus il faut exercer le droit, résultant de la prohibition, par des opositions; sans quoi l'on peut s'approprier & prescrire.

Pour les prohibitions portées par testament, l'Auteur, quelques sentimens contraires qu'on lui opose, décide, avec raison, que cela n'opere point d'empêchement réel, & ne regarde que les héritiers; sans que l'on puisse dire qu'un étranger n'ait pu valablement s'approprier ou prescrire. Car celui qui prescrit ne tient aucun droit *à prohibente*; & la proprieté des choses ne doit pas demeurer incertaine. L'Auteur conclut, en disant qu'il n'y a que la prohibition de la Loi qui puisse rendre les choses inalienables & imprescriptibles. Il revient ensuite après ces traités generaux, au texte de l'article.

95. *Ou contrat.* Il sembleroit que titre & contrat seroient la même chose. Cependant l'un & l'autre de ces mots dit tantôt plus tantôt moins.

Il y a pour prescrire, des titres valables & reçus, & qui ne sont pas de contrats, par exemple, *pro herede*, *pro derelicto*, *pro suo*, *pro judicato* ; & par raport à ce dernier, comme il est constant *sententias ferri in invitos*, on ne peut suposer le consentement qui est de l'essence du contrat.

Il y a reciproquement des contrats qui ne sont pas des titres ; puisqu'ils n'opérent point la translation de propriété ; tels que le loüage, le dépôt, le commodat, le gage.

96. *Que ce soit.* Sous cette généralité peut-on comprendre les contrats non redigés par écrit ? L'Auteur prétend l'affirmative, parce que l'on peut prouver les contrats par d'autres voïes ; & il dit qu'en ce cas il faudroit insinuer & bannir les informations. * Ce seroit plûtôt le jugement qui interviendroit en conséquence. Car alors il vaudroit titre. L'Ordonnance de Moulins & les postérieures suposent la nécessité de la redaction par écrit, en rejettant la preuve par témoins. Mais l'Auteur en les alleguant, dit qu'il y a cependant des contrats que l'on peut prouver par témoins. Il ne les specifie point : (*f*) aparemment il veut entendre principalement ceux qui sont au-dessous de 100. liv.] Aureste cette énonciation générale prouve que les Réformateurs ont corrigé la disposition de la très-ancienne Coûtume, qui n'exigeoit pas, pour toutes sortes de contrats, la formalité des bannies afin d'appropriement.

97. *Et il le tient & possede.* Comme la Coûtume l'entend des actes naturels & effectifs de possession, elle a ajoûté le mot *tient*, qui supose une détention réelle, afin que l'on ne donnât point dans l'équivoque des simples possessions civiles.

98. *Notoirement.* Ce mot n'est point en ce sens dans les anciens Auteurs Latins. Il a été usité sous le déclin de l'Empire, pour ce qui est publiquement connu. Il y a deux espéces, celle du fait permanent, & celle du fait momentané. On l'entend ici de la premiére, qui regarde des actes continus & suivis de possession, suivant la qualité de la chose. Cependant un seul acte peut suffire pour une longue prescription lorsque l'occasion est rare de pouvoir exercer de pareils actes.

99. *Par l'espace de dix ans.* Les dix ans commencent à courir, depuis la certification des bannies jusqu'au dernier jour, que l'Auteur prétend *haberi pro completo*, s'il est commencé, comme il se pratique pour toutes les prescriptions titrées. Ainsi il repete l'article qui a été mis à la fin des Anciennes Coûtumes sous le nombre 701. & tiré de l'Ordonnance du Duc Jean de 1431. Cet article étant imparfait & parlant seulement du retrait il faut y supléer par le présent article.

100. *Et il en ait fait une bannie.* C'est ici une partie de l'autre appropriement qui demande trois bannies. Il faut donc la même formalité ; & la bannie doit préceder la certification, qui ne peut être faite qu'après un intervalle de huit jours. Il seroit donc inutile de faire une bannie dans le cours ou à l'extremité des dix ans, puisqu'ils ne courent que du jour de la certification.

NOTES.

(*f*) V. l'Art. 709. des Ordonnances à la fin de l'ancienne Coûtume.

On demande à ce sujet si comme la bannie seule avec la certification diminuë cinq ans de l'appropriement de quinze ans, qui est sans bannies, deux bannies reduiroient le tems de cet article à cinq ans. On pourroit fonder ce sentiment sur quelques autorités. Mais il doit être rejetté : car la Coûtume n'en aïant point parlé, il ne faut pas faire d'extension, sous prétexte de prétenduës parités.

Dont il ait informé. Dans la forme prescrite par l'art. 269.

101. *Il sera du tout.* L'Auteur exagere ce mot qui signifie un appropriement de plein droit; & c'est la même chose que *penitus*, *prorsus*. Son effet est de purger absolument toute autre propriété & toutes hypotéques. Le Domaine est donc incommutablement acquis. L'Auteur revient ici aux questions de Droit, qui sont retranchées par les dispositions de la Coûtume, telles que la distinction des obligations civiles & des obligations naturelles & la question de sçavoir si celui qui s'est approprié a seulement l'exception, en cas de trouble. Il a même la vendication contre le premier propriétaire, & contre tout autre, en cas qu'il fût dépossedé, parce qu'il a acquis le Domaine direct par son appropriement. Mais il a aussi l'avantage de l'exception. Car la fin de non-recevoir, resultante de l'appropriement ou de la prescription, empêche *omnem litis ingreßum*, & a aûtant de force que les transactions & les choses irrevocablement jugées. L'Auteur prétend que cette fin de non-recevoir doit être préalablement décidée, si l'on peut prouver l'appropriement sur le champ, & si l'on apointoit pour défendre à toutes fins, même sans préjudice de la fin de non-recevoir, il y auroit lieu d'apel, parce que c'est une exception *litis finitæ.* A cette occasion il parle des exceptions peremptoires qui sont celles-ci, & des exceptions dilatoires.

102. *Au surplus.* Il n'est pas besoin que la certification emporte aucune disposition ou décision de la part du Juge. (g) C'est un simple acte du Sergent & de ses Assistans, & le raport qu'il en fait en jugement avec serment. L'Auteur prétend donc que c'est mal-à-propos qu'on en est apellant. * Mais l'usage est aujourd'hui au contraire; & c'est peut-être parce que le stile s'est introduit de déclarer en conséquence que l'acquereur est bien approprié.] Il revient aux exceptions qu'il est inutile de raporter ici, & qui ont été pleinement agitées dans les précedentes sections, où il est parlé des différens titres, & des empêchemens à la prescription & à l'appropriement, par raport aux personnes & par raport aux choses.

103. *Envers tous.* Comme cette expression renferme toutes sortes de personnes, elle regarde à plus forte raison les absens, & tous ceux qui prétendent cause d'ignorance : on l'étend à ceux qui *experiri nequeunt* prétendant n'avoir pas été en état d'agir, hors les cas qui seront expliqués dans le Commentaire sur l'art. 283. de l'A. C. 297. de la Nouvelle. Cependant à l'égard des absens, s'ils l'ont été de la Province lors de la certification, la Coûtume leur accorde un an de ce jour-là. Elle exclut aussi toute restitution, comme on l'a déja prouvé.

NOTES.

(g) V. Art. 269. *n.* 129. & du Fail, *liv.* 1. *ch.* 149.

Approprié. La force de ce mot a été expliquée dès les commencemens de ce titre, & c'est ici une nouvelle exageration de l'Auteur sur un effet que l'on comprend assés.

ARTICLE CCLXXII.

Tout acquereur aïant titre en vertu duquel il a possedé actuellement & notoirement quinze ans entiers & accomplis, par lui & ses auteurs, à compter du jour de la possession prise sans interruption, sera vers tous, & contre tous approprié.

CONFERENCE.

A. C. *Art.* 266. Et aussi sera l'acquereur approprié par tenue notoire de quinze ans, prouvant le titre sans bannies : s'il n'y a eu interruption.

T. A. C. *Chap.* 220. Par quinze ans prouvant le tiltre sans bannies. Car chacun se doit oposer, qui se veut oposer. Car il semble que quand oposition ne lui fût faite, que les choses fussent faites dûement.

Prouvant le tiltre. Et s'il a tenu 25. ans, il ne sera pas tenu à prouver le titre, ut supra *in cap.* 134.

V. L'Ordonnance de Jean III. 1315. *art.* 20. & les Constitutions de 1431. *chap.* 5. *art. dernier.*

SOMMAIRE.

1. & 10. *Prescription de* 15. *ans à la place de celle de* 10. & *de* 20. *ans. Si la bonne foi est nécessaire. V. aussi* n. 5.
2. *De la forme de la prise de possession.*
3. *Si la tradition est nécessaire.*
4. *Si l'appropriement de* 15. *ans a lieu contre l'Eglise.*
6. *Si l'insinuation est nécessaire pour cet appropriement.*
7. *Les* 15. *ans courent du jour de la prise de possession.*
8. *De la nécessité de prouver le titre.* Quid *dans les longues prescriptions. Inutilité des titres putatifs & des titres présumés. Renvoi sur les titres fictifs à l'article précédent.*
9. *Des titres présumés; des rentes & autres droits qui ont été païés.*
11. *De l'interruption,* ch. 1. *ce que c'est.*
12. *De la dormition.*
13. Ch. 2. *Effets de l'interruption en général.*
14. *De l'interruption civile & de l'interruption naturelle: elles n'ont point d'effet contre le titre.*
15. Ch. 3. *Des effets de l'interruption en particulier. S'il se fait extension de personne à personne, de chose à chose, & d'action à action.*
16. *Si l'interruption contre le débiteur a lieu contre la caution*
17. *Des coobligés. Distinction entre l'obligation des cotuteurs, & celle des no-*

NOTES.

V. M. du Fail, *liv.* 1. *ch.* 185. & Frain, *pl.* 70. & 74. 324. Belordeau, *lettre A. controv.* 74.

COMMENTAIRE.

1. D'Argentré' Ait. Hîc præscriptio quindecennii cum titulo statuitur, corrigendo decennalem & vicennalem (*a*) è Jure Romano : in quo notandum nusquam bonæ fidei consuetudinem mentionem facere, nec scripto quidquam addendum, aut supplendum ; quod ex Baldo suprà notavimus, explosâ sententiâ canonistarum ut commerciis noxiâ ; & hæc verba indicant sine exceptione, *sera du tout*, *vers tous*, *& contre tous*, quæ sunt verba plenissimæ securitatis.

Hevin. Meliùs quàm in Jure & in Consuetudine Cenoman. & Andegaven. ad vitandum probationem absentiæ quæ incerta est. V. Grimaudet *des usures in fin. lib.* 2.

2. *Possession.* Les Arrêts disent *possession par écrit.* (*b*) Il est vrai qu'ils sont antérieurs à l'Edit des insinuations, lequel supose aussi les prises de possession par écrit. Mais faut-il deux Notaires ou un seul ? On en a fait une question ce 27. Juin 1692. & la décision renvoïée à demain pour y penser. *Interim* je crois qu'un suffit.

3. *Prise.* Malè *prise*, meliùs *du jour qu'il a été mis en possession* ; cùm nemo sibi ipsi tradere possit, aut possessionem (*c*) autoritate propriâ ingredi.

4. An etiam adversùs Ecclesiam. Nusquam Ecclesiarum meminit consuetudo in hoc titulo.

5. Requiritur bona fides emptoris, sicut in præscriptionibus longi temporis in Jure ; nam si quis sciens rem alienam emerit, aut ex causâ permutationis acceperit, non juvatur 15. ann. præscript. (*d*) Il fut ainsi jugé par Arrêt, le 18. Novembre 1592. au profit de Jean Salmon, pour lequel plaidoit Durand contre André Transi & Pierre Chollet.

6. L'Arrêt (*e*) de vérification de l'Edit des insinuations aïant rejetté la nécessité d'insinuer au regard des appropriemens par 15. ans, il y eut plusieurs Arrêts du Conseil des années 1630. & 1636. qui ordonnerent que l'Edit seroit exécuté selon sa teneur, avec cassation des prises de possession faites avant l'insinuation. Cependant le Parlement, suivant l'Arrêt de vérification, a jugé tels appropriemens, par 15. sans insinuation, bons & valables, & entr'autres par Arrêt du 16. Janvier 1665. contre Pierre le Pennec, Ecuïer, sieur de Kgof, lequel en aïant voulu poursuivre la cassation au Conseil privé, en a été débouté par Arrêt dudit Conseil privé, donné à Paris le 2. Août 1667.

NOTES.

(*a*) V. le nombre 20. & la préface de ce titre *n.* 1.

(*b*) V le nombre 50.

(*c*) Sur cette réflexion plus subtile que solide, V. le Commentaire de l'art. 269. *n.* 60. & 65.

(*d*) Cette proposition est contraire aux principes que d'Argentré a si solidement établis, & tant de fois répétés dans son Traité des appropriemens.

(*e*) V. la conclusion du titre des appropriemens, & art 269. *n.* 142. Depuis longtems la maxime sur la nécessité de l'insinuation, pour l'appropriement de 15. ans, est hors d'atteinte.

D'ARGENTRE' A. C. *art.* 266. *Et aussi sera.* Ce mot *aussi* emporte conformité & identité de Droit avec les autres appropriemens.

7. *De* 15. *ans.* Ce tems commence à courir du jour de la prise de possession; & comme on l'a déja dit pour les 10. ans, il suffit que le dernier jour soit commencé. Cette disposition abroge la prescription de 10. ans entre présens, & de 20. ans entre absens; car celle qui regarde les 10. ans & celle-ci, sont fondées sur d'autres principes, & sur d'autres formalités.

8. *Prouvant le titre.* Les Canonistes sont oposés sur cette matiére aux Jurisconsultes. Les premiers prétendent que la prescription ne demande point de preuves du titre; parce que la bonne foi suffit, hors dans le cas où le Droit commun résiste à la prescription. Les Jurisconsultes prétendent au contraire que dans les prescriptions titrées, il faut nécessairement prouver le titre, & un titre spécifique; d'où ils concluent, contre les Canonistes, que l'allégation de la prescription n'emporte pas de présuposition du titre. L'Auteur est de ce sentiment, parce qu'il faut que le titre soit produit, afin qu'on en examine la qualité & la vérité ou la validité. On ne peut se fonder sur un titre présumé; & il faut qu'il soit par écrit, principalement lorsque la chose est de quelque conséquence. Comme cette régle regarde les prescriptions titrées, elle n'a nul raport aux longues prescriptions de 30. ou de 40. ans, qui ne demandent point de titre. Les prescriptions de liberté n'en demandent point aussi; il en est de même de la prescription des servitudes, ce qu'on examinera dans la suite.

La nécessité du titre étant donc indispensable, pour les prescriptions qui ne sont pas *longissimi temporis*, on peut, après la communication, en disputer la validité: ainsi quand le titre est vicieux, on en vient à la régle *melius est non ostendere titulum, quàm ostendere vitiosum.* (*f*)

La preuve qu'on exige ici, par la force de ces mots *en prouvant*, supose une preuve directe, absolue, & telle que l'exigent les Loix, soit par témoins, dans les cas où ce genre de preuve est recevable, au nombre de deux au moins, soit par actes autentiques, ausquels les Loix donnent une entiére foi, puisqu'ils portent leur preuve avec eux. On n'admet donc point de titre présumé, & on rejette les titres putatifs dont il a été parlé ci-dessus. Il faut aussi en revenir aux explications & résolutions qui ont été données par raport aux titres fictifs.

9. On revient ici aux titres (*g*) présumés dont il y en a de plusieurs sortes. Les uns que l'on considére comme translatifs de propriété, sont absolument rejettés de la matiére des appropriemens. Les autres ne regardent point la translation de propriété; mais ils concernent les choses incorporelles, comme les prestations, les rentes & tous les droits annuels; en quoi il y a une différence essentielle, parce que la chose n'est pas possedée par celui à qui ces droits sont payés. Les Docteurs disputent sur la quêstion de sçavoir, s'il est nécessaire que celui, contre lequel on prétend de pareils droits, y ait con-

NOTES.

(*f*) V. art. 269. *n.* 28. & art. 282. *n.* 18.

(*g*) V. art. 271. *n.* 6.

couru par son fait, ou s'il suffit qu'il les ait soufferts sans s'y oposer. L'Auteur est de ce dernier sentiment, quant à une prescription suffisante.

Par le Droit Civil, il faut premierement qu'il y ait continuation de prestations tous les ans, avec uniformité, & par le même Droit, dix ans font présumer le titre à cette condition. Il ne suffiroit donc pas que, dans une année on eût païé pour plusieurs : car cela n'opére pas la continuité de possession. Il faut que le païement, ainsi continué, supose une obligation ; sans quoi cela ne suposeroit pas une redevance. Mais après tout, les titres présumés n'opérent que pour le possessoire, & quand il faut en venir au pétitoire, celui qui n'aporte pas de titre y succombe, si ce n'est quand la possession opére une longue prescription.

10. *Sans bannie.* On pourroit conclure de là que c'est ici un mêlange des prescriptions de 10. ans & de 20. ans, & un milieu qu'on y a gardé. (*h*) *S'il n'y a eu interruption.* Les mots, *s'il n'y a eu*, emportent une disposition adversative, parce que l'interruption empêche l'effet de la possession.

CHAPITRE PREMIER

Ce que c'est que l'interruption dans les possessions.

11. L'interruption (*i*) *est abruptio cursûs temporis*, par les moïens établis dans le Droit, ou tirés de la nature. Les anciens l'exprimoient par le mot *usurpatio* ; & la signification est rare dans ce sens. Il y a aussi ce qu'on apelle *dormition*, qui n'est qu'une interruption de simple cessation. La premiere aneantit le cours du tems qui l'a précédée, & le tems postérieur ne peut s'y réunir, *nunquam enim fit accessio possessionis interrupta ad aliam*, & par conséquent il faudroit (*k*) recommencer le cours de la prescription tout de nouveau.

12. Il n'en seroit pas de même de la simple dormition, qui arrête à la vérité le cours de la prescription, mais qui n'empêcheroit pas que l'on remplît le nombre des années, par celles de la possession postérieure. On a des exemples de la dormition (*l*) dans le tems de guerre & de mortalité : cela s'entend des grandes maladies contagieuses, ou des guerres soit civiles, soit autres, dans lesquelles un païs est inondé d'ennemis, ce que l'Auteur n'explique pas assez particuliérement. * Delà vient qu'on a retranché autrefois des prescriptions le tems des troubles de la ligue. (*m*) Les Auteurs raportent aussi d'autres

NOTES.

(*h*) V le nombre 1.

(*i*) V. Masuer, *T.* 22. Dunod, *ch.* 9. Perchambault, *de l'interruption*, du Pineau, *art.* 435. Basnage, *art.* 522. Ferriere, *art.* 113. *gl.* 5. *&* *art.* 114. Notes sur du Plessis, *des presc. l.* 1. *ch.* 2. Boucheul, *art.* 372. *n.* 48. *& suiv.*

(*k*) Cela ne s'entend que de l'interruption naturelle, comme il est observé dans la suite.

(*l*) Sur la régle *contra non valentem agere*, V. les Coût. de Beauvoisis, *ch.* 8. Dunod, *ch.* 10. Basnage, *art.* 522. Boucheul, *art.* 372. *n.* 70. *& suiv.*

(*m*) V. du Fail, *liv.* 1. *ch.* 357. Hevin sur Frain, *pl.* 89. Devolant, *lett. P. ch.* 59. Decormis, *tom.* 2. *cent.* 4. *ch.* 49. exige l'impossibilité d'agir par Procureur, pour qu'il y ait lieu à la suspension dans le tems de peste. V. Dupineau, *art.* 431. de l'Hommeau, *l.* 3. *n.* 253. & 254.

cas de dormition, comme la vacance de l'Eglise ou de l'Empire, ou le tems pendant lequel on fait inventaire; mais ce sont des opinions de Docteurs.

CHAPITRE II.

Quel est l'effet de l'interruption.

13. L'effet de l'interruption est non-seulement d'arrêter & d'empêcher le cours de la prescription, mais encore d'anéantir les premiéres années, & d'obliger d'en recommencer le cours; sçavoir, pour l'interruption civile du jour que la suite du procès a cessé, ou, comme on dit, des derniers erremens, & pour l'interruption naturelle du jour qu'on est rentré dans la possession. * Cela demandera explication quant au premier cas principalement. (*n*) Mais il faut suivre les principes que l'Auteur expose.]

14. Comme il y a deux sortes d'interruptions, l'une de droit, l'autre naturelle, c'est-à dire de fait, les interruptions civiles se font en deux manieres, par assignation ou par contestation. L'on prétend que l'assignation suffit par raport aux longues prescriptions, parce qu'elles sont sans titre, & ne présuposent pas de bonne foi. Mais pour les prescriptions plus courtes, comme d'un an, de 10. ou de 15. ans, qui ne courent qu'avec un titre, comme elles sont plus favorables, il faut la contestation.

* Ces opinions & ces distinctions que l'Auteur raporte sont bien inutiles dans l'usage. Car l'interruption civile ne se fait que *citatione*, c'est-à dire par assignation; & il faut nécessairement qu'il y ait contestation, pour conserver cette assignation; sans quoi elle périt & devient caduque. Cela sert d'explication à ce qui a été dit ci-dessus du tems de la cessation de la procédure. Car il faut qu'elle soit entiérement périe, pour que l'on puisse suposer cette cessation, s'il n'y a point de jugement; & si la procédure périt, ou s'il y a un jugement de déboutement, l'interruption ne peut être comptée pour rien.]

Ausurplus l'interruption ne regarde que la possession, & ne donne point d'atteinte au titre, qui subsiste, pendant qu'il n'est pas entrepris & annullé.

CHAPITRE III.

A quoi s'étendent les effets de l'interruption.

15. Les effets de l'interruption forment plusieurs questions, pour sçavoir s'il s'en fait (*o*) extension de personne à personne, de chose à chose, & d'action à action. L'Auteur mêle à ces questions les effets de la prescription, * à moins que par inadvertence il eût mis un mot pour l'autre.] Mais il est

NOTES.

(*n*) V. le nombre 26.

(*o*) Basnage, *art.* 522. Dunod, *p.* 59. & *suiv.*

constant

constant qu'il pose dabord pour principe, que l'extension de la prescription dépend de la distinction des conditions & des qualites des obligations. Car il y en a de principales & de simplement accessoires. Celles qui sont (*p*) principales par raport à plusieurs personnes, demandent des prescriptions contre cha-

NOTES.

(*p*) Je crois qu'il est nécessaire de raporter ici les termes de M. d'Argentré.

Quæ principales (obligationes) sunt adversùs obligatos æque principaliter suas quæque præscriptiones requirunt; nec quod adversùs unum præscriptum sit, aut quod ex debitoribus unus præscripserit, ad alium porrigetur, nisi quidem correi sint.

Il semble que M. d'Argentré admet, dans ce passage, des propositions contraires aux principes. Premiérement il supose que la prescription, acquise contre un des obligés, peut avoir lieu contre l'autre s'il est coobligé. Il supose en second lieu, que la prescription, acquise au profit d'un des débiteurs, ne s'étendra point à l'autre, s'ils ne sont pas coobligés.

Sur la premiere proposition, suposant qu'un créancier puisse acquerir quelque prescription contre un des obligés, cette prescription sera conforme ou contraire au titre. Au premier cas ce ne sera pas une prescription, mais plûtôt une interruption, qui a véritablement son effet contre l'autre coobligé, comme l'Auteur l'observe dans la suite.

Mais si la prescription, acquise par le créancier, est contraire au titre en vertu duquel les deux débiteurs sont coobligés, peut-on dire qu'une prescription de cette nature, acquise contre l'un des coobligés, ait aucun effet contre l'autre coobligé, qui ne peut jamais être tenu qu'en vertu du titre portant son obligation? Peut-on même dire que les poursuites, faites contre un des coobligés, puissent avoir contre l'autre un effet plus étendu, que d'opérer l'interruption pour le principal & les interêts?

2°. Quand l'Auteur supose que si deux débiteurs ne sont pas *correi*, la prescription acquise par l'un ne s'étendra pas à l'autre, il seroit difficile d'imaginer une espéce, à laquelle cette proposition pût avoir aplication. Car suposons deux débiteurs qui ne soient pas coobligés; si l'un acquiert la prescription contre le créancier, peut-on dire qu'elle n'ait pas couru au profit de l'autre débiteur, contre lequel le créancier n'a pas interrompu? La prescription ne consiste pas dans un acte, mais dans le défaut d'action de la part de celui contre lequel la prescription est acquise. Or si le créancier n'a point agi contre deux débiteurs non coobligés, la prescription que l'un d'eux allégue sert nécessairemens à l'autre qui est précisément dans le même cas. Si au contraire le créancier a interrompu contre l'un, sans avoir interrompu contre l'autre, ce n'est point faute d'être coobligé que la prescription n'est pas commune. Car il n'y auroit pas même en ce cas de prescription, s'ils étoient coobligés; & c'est uniquement parce qu'ils ne le sont pas, que l'interruption faite contre l'un n'empêche pas l'autre de se servir de la prescription.

Sur l'interruption contre les coobligés & sur les autres questions qui suivent, V. la Conférence des Coûtumes sur l'art. 177. & sur l'art. 232. *n.* 13. & 14. le Commentaire sur l'art 194, Le Grand, *art.* 73. *gl.* 3. *n.* 16. & *suiv.* Dunod, *p.* 58 & *suiv.* Basnage, *art.* 521. & 522. La Taumassiere, T. 12. *art.* 13. & 14. Coquille, *Inst. des presc. in fine.* Et sur Nivernois, *T.* 36. *art.* 5. Ferriere, *art.* 114. *n.* 13. & *suiv,* Du Plessis, *des prescript. l.* 2. *ch.* 2. Boucheul, *art.* 103. *n.* 19. & *suiv.* de l'Hommeau, *n.* 258. Loüet, *lett. P. ch.* 2.

L'interruption faite contre un coobligé a son effet contre l'autre coobligé, & non contre les héritiers du coobligé, s'il est mort avant l'action formée contre son consort. Arrêts des 15. Février 1703. & 23. Août 1732. avec les raisons de part & d'autre dans le premier tome du Journal du Parlement, *ch.* 43.

L'Arrêt du 15. Février 1703. est mal raporté à la fin de la Coûtume de Nantes *p.* 7. où l'on supose que cet Arrêt juge que l'interruption contre un des obligés, n'a pas d'effet contre l'autre obligé; ce qui est évidemment faux lorsqu'ils sont coobligés soli-

cune; & ce qui sera prescrit contre l'une, ou ce qu'un des débiteurs aura prescrit, ne s'étendra pas à l'autre, *nisi sint correi.*

16. Quant aux obligations accessoires, comme sont les fidejussoires ou les cautionnemens, les sentimens sont partagés. Les uns prétendent que l'interruption faite contre le principal obligé ne fait rien contre la caution, les autres prétendent le contraire, parce que cela dérive toujours de la même obligation. L'Auteur décide que comme ce sont deux différentes obligations, puisqu'il faut une discussion préalable du principal obligé, & que ce sont deux personnes obligées sous différentes conditions, les prescriptions & les interruptions sont différentes.

17. Il n'en est pas de même, comme on l'a déja dit, *in correis*, à l'égard desquels l'interruption contre l'un sert contre l'autre, parce que c'est une seule & même obligation, & que le lien de solidité n'en fait, pour ainsi dire, qu'une même personne. On étend cela aux cas où il y a plusieurs tuteurs nommés à un mineur, (*q*) parce que la gestion leur est donnée solidairement par le même acte de la tutelle. Il n'en est pas de même des nominateurs & des Magistrats que l'on veut rendre responsables de la tutelle. Car l'interruption contre l'un ne feroit rien contre l'autre, puisque ce sont des actions subordonnées & distinctes. Il ne se fait donc point d'interruption de personne à personne, *nec activè nec passivè.*

HEVIN. La raison de diversité pourquoi entre les obligés principaux l'interruption contre l'un vaut contre l'autre, & non contre la caution, est que, *in correis & sociis*, le Droit Civil admet que le créancier puisse ceder ses actions, *uni solidum solventi adversùs correos aut socios.* Or s'il peut ceder son action *uni adversùs cæteros*, à plus forte raison il peut l'exercer contr'eux, d'où résulte qu'en ce cas l'interruption faite à l'un vaut contre les autres, quand même il se trouveroit que quelqu'un des débiteurs principaux auroit donné des indemnités aux autres. Car cela n'empêche pas qu'ils ne soient également coobligés principaux à l'égard du créancier, *si plures ab initio ex æquo obligationem ineunt æquè principaliter, etiamsi ad unum tantum pecunia pervenerit, omnes tenentur principaliter*, dit d'Argentré; & la cession du créancier produit nécessairement une action au subrogé, encore que son effet ou exécution puisse être éludée *per exceptionem.*

Mais au contraire le Droit n'admet point que le créancier puisse ceder, au débiteur principal qui paie, une action de recours contre sa caution dont l'obligation n'étoit qu'accessoire; cela seroit contre le sens commun.

18. D'ARGENTRE'. A.C. Quant aux choses, l'interruption, pour une cause, n'auroit point d'effet pour une autre, à moins que le tout dérivât d'une

NOTES.

daires. V. Sauvageau sur du Fail, *l.* 1. *ch.* 413. Devolant, *lett. P. ch.* 53. 54. Loüet, *lett. P. ch.* 2.

„ En toutes choses indivisibles, l'interruption faite contre l'un profite contre tous. Loisel, *liv.* 5. *T.* 3. *art.* 29.

„ L'ajournement fait contre l'un des détenteurs poursuivi pour le tout, sert d'interruption contre les autres. Loisel, *l.* 4. *T.* 1. *art.* 22.

(*q*) Cette question sera discutée au titre des mineurs.

ſeule & même cauſe d'obligation; de ſorte que comme on dit, *tantum præſcriptum quantum poſſeſſum*, on peut dire qu'il n'y a d'interruption que pour la cauſe ſpecifique, pour laquelle on a interrompu. Mais les choſes acceſſoires & connexes ſuivent le principal, pourvu qu'elles n'en ſoient pas ſéparables; par exemple celui qui preſcrit le principal, preſcrit les interêts.

19. D'action à action, ce ſont les mêmes régles. Il ne ſe fait point d'extenſion, à moins qu'elles ſoient acceſſoires, comme l'action hypotéquaire acceſſoire à la perſonnelle, auquel cas l'interruption opére à l'égard de l'une & de l'autre. Mais il faut qu'elles compétent contre la même perſonne: car ſi elles regardoient deux perſonnes différentes, alors ce ſeroit différens cours de preſcription & différentes interruptions. * Il y a ici une petite ſubtilité ſcholaſtique, par raport à la preſcription ou interruption de l'action hypotéquaire & de celle de vendication. Cela eſt ſi peu d'uſage que l'explication en eſt inutile.]

20. A cette occaſion l'Auteur propoſe la queſtion de ſçavoir ſi l'action *poſſesſionis bonorum*, qu'il explique ici des mainlevées que demandent des héritiers, étant formée pour les biens ſitués dans un territoire, conſervera le droit pour ceux qui ſont ſitués dans un autre. Il décide avec raiſon, que comme en ſucceſſion collaterale, chaque Seigneur a un droit de ſaiſine des biens qui relevent de lui, l'interruption que l'on feroit contre l'un, n'empêcheroit pas l'effet de la deshérence au profit de l'autre.

On ne parlera point ici de la queſtion de ſçavoir, ſi l'action *ad exhibendum* opére interruption pour la vendication. Car ce ne ſont que des ſubtilités ſcholaſtiques.

21. Il en eſt de même de la diſtinction, que font les Docteurs, de l'action reſcindente & de l'action reſciſoire. Car aujourd'hui que l'une & l'autre ſe cumulent, (r) la queſtion eſt inutile. * Il y a des cas où cette propoſition de l'Auteur n'a pas de lieu, par exemple en requête civile, où le reſcindent eſt néceſſairement préalable. Mais ne pourroit-on pas ajouter que, quand même on ne cumuleroit pas le reſcindent & le reſciſoire en matiére d'action, la néceſſité de ce préalable auroit dû opérer interruption.]

22. La queſtion ſur la diſtinction de l'action préparatoire, & les raiſonnemens que l'Auteur fait à cet égard, paroiſſent embarraſſans & peu utiles. Mais il obſerve que toutes les diſtinctions des Docteurs ceſſent dans nos appropriemens. Car il faut que toutes les actions, de quelque nature qu'elles ſoient, ſans diſtinction de ſubordination, ſoient propoſées par opoſition à l'appropriement. Ainſi l'interruption faite pour vendication ou hypotéque ne ſerviroit pas pour le retrait, *nec è contrà*. (s)

23. Quant à celle de quantité à quantité, elle ſe décide par le fait de ſçavoir ſi ce ſont des choſes diſtinctes. Celle du pétitoire & du poſſeſſoire ne paroît pas d'une plus grande inſtruction; * & il eſt même d'autant plus étrange qu'on l'agite, que celui qui intente l'action poſſeſſoire, & celui qui y défend, agitent préciſément ce qui peut faire le fondement de la preſcription. Il eſt

NOTES.

(r) V. art. 271. *n.* 75. & art. 297. *n.* 5. (s) V. *art.* 270. *n.* 3.

vrai que si celui qui auroit possedé, pendant un certain nombre d'années insuffisant pour la prescription, étant troublé, se faisoit ajuger la réintégrande, celui qui prétendroit le droit au principal n'agissant point au pétitoire, & laissant accomplir le tems de la prescription, il ne pourroit alléguer pour interruption cette instance pétitoire. C'est ce que l'Auteur n'explique point. Il se contente de proposer les distinctions des Docteurs; & cela fait connoître que principalement dans ce traité, il est entré, on l'ose dire, par ostentation, en plusieurs questions inutiles qui ne consistent qu'à marquer les différens avis des Jurisconsultes.]

24. Cela se prouve encore par la question *de tempore ad tempus*, où l'on apprend seulement, ce que personne n'ignore, que la prescription des droits présens & actuels ne s'étend pas aux futurs, & qu'ainsi, par exemple, la prescription des novales n'a d'effet que par raport à celles qu'on a possedées.

25. La prescription de partie au tout est de la nature des autres questions. On distingue les parties individues de celles qui ne le sont pas, & les causes diverses pour lesquelles on les peut demander; ce qui paroît encore avoir si peu d'aplication, qu'il est inutile de s'y arrêter. C'est la même chose de l'interruption ou prescription *de loco ad locum*. * Ne vaudroit-il pas mieux s'attacher à la régle *tantum præscriptum quantum possessum*, hors dans les cas où le particulier emporte l'universalité, & ceux où il y a individuité?]

Avoir possedé la jurisdiction sur les hommes d'un certain lieu, n'emporte pas la prescription pour le reste. Par la raison contraire l'Auteur remarque, avec les Canonistes, que qui auroit prescrit la dîme, sur partie d'un fonds, l'auroit prescrite sur la partie inculte, pour en joüir lorsqu'elle sera mise en culture.

L'Auteur remarque, à la fin de cette section, que le mélange, par lequel il est parlé tantôt de prescription, tantôt d'interruption, est parce que les mêmes régles servent pour l'une & pour l'autre.

CHAPITRE IV.

Des deux espéces d'interruptions, & premiérement de l'interruption naturelle.

26. L'une est civile, & l'autre est naturelle; elles ont leurs régles différentes. (*t*) Comme la prescription se fait par une possession naturelle, c'est-à-dire, par une détention réelle & corporelle, l'interruption peut se faire aussi par une pareille possession. L'interruption civile se fait, comme on l'a déja dit, par action & contestation en Justice. L'interruption naturelle opére pour tous ceux qui ont interêt, quoiqu'elle ne soit faite que par un seul, au lieu que la simple interruption civile ne regarde que ceux qui agissent.

NOTES

(*t*) Le Grand, *art.* 73. *gl.* 3. *n.* 61. Dunod, *p.* 61. Dupineau, *art.* 422. *au mot paisiblement*, Loüis, *art.* 437. la Lande, *art.* 261. *n.* 8. *& suiv.*

La raison de différence est que la possession est toujours uniforme à l'égard de tous; de sorte qu'étant interrompue naturellement, elle l'est pour tous sans exception: au contraire, suivant la régle *res inter alios acta*, un acte civil ne sert qu'à celui qui l'exerce.

L'Auteur entre ensuite dans les discussions de la rétention de possession civile, qui résulte de l'esprit de retour, & dans la maniére dont se perd la possession. *Amittitur cùm eripitur, subducitur, intervertitur. Perditur cùm possessor à rei possessione decidit : eripitur per vim : subducitur cùm quis clam ingreditur & venientem possessorem non admittit.* On l'intervertit, quand on change le titre de la possession, par lequel on ne possédoit pas *jure suo*, comme ceux qui possédent au nom d'autrui. On peut, dans tous ces cas, former l'interdit possessoire; mais il faut que ce soit dans l'an, après lequel on n'a plus ce remede, & l'on cesse d'être en possession, si l'on a obtenu la réintégrande sur cet interdit; il n'y a point de véritable interruption, & l'on ne laisse pas de prescrire.

Qui dit interruption, supose une prescription commencée, car si cela n'étoit pas, l'on apelleroit plutôt l'interruption *defectus substantialium ab initio*. Les choses substantielles, principalement dans les prescriptions titrées, sont le titre, la possession, & la bonne foi au moins dans le commencement. Par le Droit Civil, quelques-unes de ces choses venant à manquer, il n'y a point de prescription; delà naît une autre question. Toutes ces choses se rencontrent dans le principe; mais il survient dans la suite quelque défaut. Cela opére-t'il interruption, comme il auroit empêché le commencement de la prescription? Barthole propose pour exemple de cet empêchement survenu, le titre résoluble sous condition, lorsque la condition arrive & survient, comme *in pacto legis commissoria & addictione in diem*, ou dans la clause de réméré. Barthole distingue entre la résolution qui se fait de plein droit, & celle qui vient par action restitutoire; au premier cas, la translation de possession ne s'est faite que sous la condition de l'acte; & au second cas, elle s'est faite purement & simplement, sauf l'action pour rentrer. La condition survenue dans le premier cas éteint le titre; & dans le second, le défaut d'action dans le tems marqué annulle la condition. Il faut rapeller ici que toutes ces conditions, qui interrompent perpétuellement à cause du titre, ne le font qu'à l'égard de la partie en faveur de laquelle est la condition, & qu'à l'égard de tous autres, la prescription a son effet.

La seconde chose substantielle, qui est la bonne foi, n'est point de cette qualité dans nos prescriptions & nos appropriemens.

27. La troisiéme, qui est la possession, est toujours de la substance de la prescription. Le défaut de possession est absolu, puisqu'on ne peut prescrire sans possession. Le vice du titre peut regarder une personne, sans en regarder une autre; & si la bonne foi étoit nécessaire, elle pourroit l'être rélativement à l'un, sans l'être par raport à l'autre; il n'y auroit que la partie interressée qui pût l'alléguer: mais le défaut de possession est un empêchement absolu à la prescription; & il faut que cette possession ne soit pas interrompue.

28. Puisque l'on parle ici des interruptions naturelles, l'Auteur en raporte un exemple particulier dans l'inondation, pourvû qu'elle dure un tems considérable, c'est-à-dire, un an. Quand cela arrive, on perd la possession natu-

relle; & comme l'on n'a point l'usage de la servitude d'aller & de venir, si l'interruption a duré le tems qu'il faut pour la perdre, elle est perdue. Si ce n'est qu'un intervalle dans le cours de la possession, (u) laquelle dans la suite se trouveroit complete, on ne considére cette interruption, que comme une privation, pour un tems, de l'usage d'une chose qui nous apartient Si l'on avoit bâti un édifice dans le fonds, l'inondation n'en ôteroit pas la possession, si elle ne l'avoit pas entiérement ruiné. On en voit des exemples, sur le bord de la mer & des grandes rivieres qui inondent tous les ans, & qui ruinent quelquefois les édifices. Pour peu qu'il y en reste de vestiges, ils conservent le droit, à moins qu'il y ait eu oposition à la réédification; car du jour de cette oposition, la prescription peut commencer à courir au profit de l'oposant.

De cette spéculation, l'on peut faire aplication à l'usage, par raport aux fuïes & colombiers. Le Droit en est conservé par les restes de l'édifice ruiné, quoiqu'on ait été plus de 100. ans sans y avoir de pigeons. (x)

La possession d'un étang peut être interrompue, ce que l'Auteur aplique aux étangs qui inondent le terrain d'autrui. Le desséchement de l'étang retablit le voisin dans sa liberté, & si la prescription n'étoit pas alors complete, la possession seroit véritablement interrompue. Si au contraire la prescription étoit complete, le non-usage pourroit faire perdre le Droit. Felinus pense que le simple desséchement de l'étang n'opére pas l'interruption, si la chaussée n'est pas détruite, parce qu'elle conserve la possession & la faculté d'user du Droit, s'il n'y a aucune oposition. Il n'y a pas de difficulté sur le droit de celui qui avoit un étang dans son fonds; car l'usage du fonds conserve le Droit & la propriété; & il n'est point obligé de faire des protestations pour la conservation de son Droit, si ce n'est pour la partie de l'étang qui refouloit sur le terrain d'autrui, parce que c'est un Droit de servitude qui peut se perdre par le non-usage.

29. La destruction causée par le tremblement de terre, opére une interruption naturelle.

Le tems de guerre, d'incursion & d'ocupation des ennemis n'interrompt point; il fait seulement dormir la possession. (y)

NOTES.

(u) Ce n'est point ici le véritable sens de l'Auteur. C'étoit l'opinion du Traducteur conforme à celle de M. de Perchambault dans sa Coûtume de 1702. *tit.* 15. §. 22. Une faute d'impression qui se trouve dans l'édition de 1608 & dans les éditions postérieures, lui a fait croire que sa traduction remplissoit le sens de l'Auteur. Mais en recourant à l'édition du Traité des approprïemens, fait à Rennes en 1576 sous les yeux de M. d'Argentré, on découvre le véritable sens qui est absolument défiguré dans les éditions postérieures. Voici les termes de cette ancienne édition. *Talis casus cœptam præscriptionem interrumperet, POST EAM impletam jus non adimeret, sed usum & possessionem ut rei cujuslibet propriæ & privatæ.* Dans les éditions suivantes, au lieu de *post eam*, on a mis *postea*, ce qui renverse absolument le sens & la construction qui étoit fort claire. L'Auteur établit la différence essentielle entre l'interruption survenuë avant que la prescription fût accomplie, & celle qui, étant postérieure à la prescription parfaite, ne peut détruire un droit acquis si absolument, qu'il est l'équivalent d'un titre, & prive seulement de l'usage & de la possession, comme de toute autre chose dont le légitime propriétaire auroit été dépoüillé.

(x) Art. 389.

(y) C'est ce que Boutëiller, *liv.* 1. *tit.* 47. apelle *saisine par courage.*

30. Il y a d'autres interruptions, lorsqu'il y a des empêchemens à la possession, soit par raport aux personnes qui prescrivent, soit par raport aux choses que l'on prescrit; c'est quand il est arrivé un changement dans la qualité des choses, ou que la possession est tombée à une personne incapable. Si les choses deviennent publiques ou sacrées, ou d'une autre qualité imprescriptible, ou si la personne a une incapacité pour posséder, par exemple, si un esclave chrétien venoit dans les possessions d'un Juif, contre la disposition du titre du code, *ne mancipium christianum.*

Dans le tems de la prohibition faite aux roturiers de s'accroître en fief noble, si le fief venoit à une personne roturiére, il se faisoit interruption de possession; mais c'étoit par raport au Prince seulement. L'Auteur aporte aussi l'exemple de la donation faite à une personne qui n'étoit point la femme du donateur, & qui le seroit devenue dans la suite; en ce cas il estime qu'il se feroit interruption de la possession. * Il y auroit bien à dire & à distinguer là-dessus.] (z)

31. Les Docteurs parlent d'un autre moïen d'interruption naturelle, lorsque le propriétaire prend avec connoissance de cause la ferme de son héritage.

CHAPITRE V.

De l'interruption civile, & premiérement de l'interruption extrajudiciaire.

32. Les interruptions civiles, apellées ainsi, parce qu'elles dérivent du Droit Civil, sont ou judiciaires, ou extrajudiciaires. Entre les extrajudiciaires, les Jurisconsultes déclarent qu'il y en a qui ne troublent point la possession qui a une fois commencé, & même ils le décident en général. Telles sont les simples sommations, dénonciations, interpellations & significations, qui se font sans assignation, (a) de quelque nature & qualité que soit la prescription. La raison en est naturelle; car ce qui ne porte point d'assignation, n'est qu'une simple protestation, *& qui protestatur nihil agit.* On raporte ici des exceptions des mêmes Jurisconsultes, qui, comme le déclare notre Auteur, sont de nul usage & contre l'esprit de notre Coûtume, puisqu'on supose, pour fondement, que de simples dénonciations, en certains cas, constituent dans la mauvaise foi, qui dans nos usages ne sert de rien contre la prescription.

33. Il y a d'autres interruptions extrajudiciaires, qui sont conventionnelles, & qui emportent un consentement exprès ou tacite. Tel est le cautionnement que l'on joindroit à l'obligation pendant le cours de la prescrip-

NOTES.

(z) La seule question que l'espéce proposée par l'Auteur peut faire naître est agitée sur l'Art. 199. *n.* 28. *p.* 613.

(b) Hevin, *Quest. Féod. p.* 313. Arrêtés de M. de Lamoignon *sur la prescription, art.* 45. Ricard sur Paris, *art.* 114. Dupineau, *art.* 422. *aux mots ou autre inquiétation & art.* 427. *aux mots dedans lesdits cinq ans.* Basnage, *art.* 522. & 532. Brodeau sur Paris, *art.* 113. *n.* 4.

tion, la reconnoiſſance du dû *etiam per epiſtolam*, (*b*) la demande de délai & de terme pour païer. Les mêmes Docteurs prétendent qu'il faut que cela ſe paſſe avant la preſcription accomplie, & que l'interruption faite après ne ſerviroit de rien.

Ils agitent auſſi la queſtion qui regarde la reconnoiſſance faite ſous une condition, par exemple, *ſi cela eſt dû*. Mais l'Auteur prétend avec raiſon que quoique cela n'opére pas pour établir le dû, il en réſulte, après la preuve, une véritable interruption.

34. Il y en a encore une autre, ſi l'on païe les interêts (*c*) ou arrérages, car cela conſerve le principal, ou ſi l'on ſaiſit l'hypotéque de la dette à la connoiſſance du débiteur, ſi l'on renforce de cautions, s'il ſe fait novation ou changement d'obligation; & en ce cas l'interruption auroit lieu, quand même la nouvelle obligation ſeroit reſcindée. Car les reconnoiſſances ſubſiſtent toujours; & les actions ſe conſervent, aïant été reconnues par un contrat quoique ſujet à reſciſion. Si la choſe eſt miſe en ſéqueſtre du conſentement des parties, ſi un teſtateur légue une ſomme comme étant dûe, en un mot tout acte, qui emporte une confeſſion tacite ou expreſſe du droit d'autrui, opére interruption.

35. On met ici entre les interruptions extrajudiciaires civiles, l'interceſſion ou intervention, c'eſt-à-dire, les opoſitions qui ſe font aux appropriemens. L'Auteur prévoit lui-même l'objection qu'on lui peut faire ſur cette

NOTES.

(*b*) Les offres, les reconnoiſſances, ou autres déclarations de la partie dans l'inſtance, interrompent la preſcription, & produiſent une obligation de 30. ans. Sauvageau, *liv.* 1. *ch.* 347.

Mais il faut pour cela que les reconnoiſſances ſoient ſouſcrites de la partie ou de ſon Procureur.

Il y a auſſi interruption, lorſque le débiteur a délégué par contrat une tierce perſonne à païer la dette au créancier, ou même lorſque la rente eſt déclarée, pourvu qu'elle ſoit ſpécifiquement exprimée dans l'acte. Car la ſeule clauſe générale, portant la charge des cens, rentes & devoirs, ne ſuffiroit pas. Dupineau, *art.* 437. Coquille, *tit.* 5. *art.* 25. du Pleſſis, *du franc-aleu*, *liv.* 2. *ch.* 1. *n.* 3.

Henrys, *liv.* 4. *queſt.* 102. raporte un Arrêt, qui jugea qu'une obligation portant la clauſe *outre autres dettes, & pour empêcher la ſurannation*, cette clauſe générale, *outre autres dettes*, avoit interrompu la preſcription des obligations précédentes. Bretonnier obſerve que cette maxime n'eſt pas aſſez certaine pour s'y fixer, & qu'il faut faire une reſerve expreſſe des autres obligations. Il veut même qu'on les ſpécifie, ou du moins qu'on faſſe mention de la date; & il dit qu'une clauſe vague & générale n'eſt pas ſuffiſante, pour empêcher la preſcription contre d'autres obligations. Il cite les Arrêts contraires à ſon opinion, raportés par M de Catelan. Mais il cite en même tems un Arrêt du Parlement de Paris du 15. Avril 1715. qui jugea que la clauſe *ſans préjudice des arrérages échus*, n'avoit pas conſervé les anciens arrérages de rente féodale. V. Boucheul, *art.* 372. *n.* 63.

(*c*) Les comptes rendus par les Receveurs d'un Chapitre, qui ſe ſont chargés des arrérages de rentes dûës au Chapitre, font une preuve du païement des arrérages, & ſuffiſent pour interrompre la preſcription. Acte de notoriété du 8. Avril 1709. 53. *Devolant.* & Arrêt conforme au Parlement de Paris le 21. Août 1709. *ibid.* V. Sauvageau, *liv.* 1. *ch.* 239. Hevin, *Conſult.* 5. *à la fin des Queſt. Feod.* Dunod, *p.* 171. & 172.

Il n'en eſt pas de même des regiſtres des particuliers. Hevin, *ibid.*

qualité extrajudiciaire qu'il donne aux opositions. Car, dit-il, l'oposition en soi est un acte extrajudiciaire; & si elle se fait en jugement, ce n'est que par accident, *præter actus conditionem, nec judiciali modo, nec jure*. Il paroîtra peut-être en cela trop de subtilité; mais il remarque que, quoiqu'il y ait d'autres moïens pour troubler les appropriemens ou pour les prévenir, c'est la voïe la plus ordinaire. On peut s'oposer généralement & sans expression de cause, sauf à déduire les moïens; & l'on a un an pour cela. L'oposition se signifie à personne ou à domicile : mais si on la forme entre les mains du Sergent qui fait les bannies, il faut qu'il en raporte acte à l'endroit des mêmes bannies. Il n'est pas besoin de commission du Juge, pour faire signifier une oposition. Ainsi quand on en auroit obtenu une d'un Juge incompétent, cette incompétence ne nuiroit pas, la surabondance n'étant point nuisible. La forme la plus ordinaire est de faire l'oposition au moment de l'appropriement, & même après le congé en la même (*d*) audience, *veluti parum exauditâ voce præconis*. C'est mal-à-propos que l'on donne plus de force aux opositions judiciaires qu'aux autres, & qu'on prétend qu'elles ont plus de durée. Car il faut les poursuivre dans le même tems pour les conserver. C'est encore ici la même subtilité excessive sur ce qui a déja été dit, que les opositions ne laissent pas d'être extrajudiciaires, quoique par accident la présence du Juge s'y trouve. Ausurplus l'oposition en soi n'est point une action ou citation, mais elle dégenere en cela, lorsque dans la suite, on en déduit les moïens, & qu'on y conclut; de sorte que l'oposition & l'action sont distinctes. Delà vient que l'Auteur prétend que le défaut, obtenu sur une simple oposition, n'opére pas pour l'action. Toutes opositions sont annales; & il faut qu'elles soient poursuivies, faute dequoi elles deviennent caduques. Il n'est pas besoin de raporter les formules judiciaires, par lesquelles le défendeur en oposition excepte de son appropriement, comme étant demeuré dans sa force, faute de poursuivre l'oposition. Le texte de la Coûtume nous fera mieux voir l'effet & la durée des opositions, (*e*) & ce qu'il faut pour les conserver, que tous ces détails.

CHAPITRE VI.

Des interruptions judiciaires, & premiérement par la citation. (*f*)

36. Les interruptions judiciaires viennent ensuite. Ce sont des procédures, qui ne servent qu'à ceux qui agissent, & nullement aux tierces-personnes, suivant la régle *res inter alios acta*. Elles consistent dans la citation, la con-

NOTES.

(*d*) Art. 270. *n.* 2.

(*e*) Art. 278. & 279.

(*f*) Sur ce Chapitre & sur les deux suivans, V. le Commentaire sur les Art. 278. & 279. & la 4. Consultation de d'Argentré.

testation & l'acte que le Juge en donne. Quoique les citations soient un acte du fait de la partie, & sans ministere de Juge, comme elles sont pour être portées en jugement, sans quoi ce ne seroit que de simples dénonciations, on les met pour la premiere partie des interruptions judiciaires. On les distingue en actions libellées ou non libellées. Mais cette distinction est inutile, puisque par les Ordonnances toutes assignations doivent être libellées, c'est-à-dire, qu'elles doivent contenir les faits ou les motifs de l'action. On ne connoît point les indéfinies portant assignation pour répondre *ad petenda*, puisqu'elles sont nulles. On peut cependant former une action simplement générale, pourvû que la chose qu'on demande soit certaine, n'étant pas besoin d'en exprimer tous les motifs; & elle sert à interrompre. Cela pourroit cependant déroger à la régle qui oblige de libeller l'action. C'est ce que l'Auteur n'a pas cru devoir répeter ici, parce que cela dépend des termes. Mais incontinent après il cite les Ordonnances, qui rejettent tout exploit qui n'est pas libellé; d'où il conclut que l'action qu'on formeroit, pour une cause qui seroit mal fondée, n'interromperoit pas pour les autres.

37. Il y a cependant des actions universelles & générales; & elles comprennent tout ce qui en dépend en particulier; mais cela s'aplique à la généralité du titre de l'action, comme on le voit *in petitione hæreditatis*, où il s'agit plûtôt de juger qu'on est habile à succeder, que de décider la proprieté particuliere & specifique des choses de l'hérédité.

38. Comme on peut s'oposer en général, parce qu'on a un an pour déduire les motifs, si l'on en a déduit un, & qu'on ait laissé passer un an, on n'est pas recevable à en déduire d'autres. On avoit cependant autrefois l'usage de prendre des lettres pour articuler faits nouveaux. * Mais cela ne se pratique plus.] Delà vient que la clause de stile, *sauf autres droits & conclusions*, n'opére aucune interruption, & ne proroge point l'action. Elle conserve seulement le droit de prendre d'autres conclusions, ou d'établir d'autres moïens d'oposition. Mais il faut que ce soit dans le tems & la forme prescrite par la Coutume.

39. Il faut ajouter qu'en suposant la validité de l'oposition, l'action, qui ne seroit pas formée devant le Juge (g) compétent ou qui seroit nulle par quelqu'autre cause, pourroit être rectifiée dans l'an.

NOTES.

(g) V. le Commentaire sur l'Art. 278. *n.* 6. Sauvageau sur du Fail, *liv.* 1. *chap.* 227. Devolant, *lettre A. ch.* 65. Loüet, *lettre A. ch.* 10. Dunod, *p.* 56. Decormis, *tome* 2. *cent.* 4. *ch.* 60. Loüis, *art.* 437.

M. le Camus, *art.* 131. fait une distinction entre l'incompétence radicale *ratione materiæ* & l'incompétence accidentelle *ratione territorii*. Il dit que dans l'espéce de la premiere incompétence il ne se fait pas d'interruption. Il est vrai que cette décision est par raport au retrait lignager. Mais le même motif ne devroit-il point l'étendre à toutes les prescriptions? Car puisque, pour interrompre, il faut une assignation en Justice capable de lier une instance, peut-on donner cet effet à l'assignation devant un Juge qui n'a aucun caractere pour la matiere dont il s'agit, & qui ne pourroit pas même la juger, quand les deux parties procéderoient volontairement devant lui?

40. C'est aujourd'hui (*b*) une régle certaine que lorsqu'il faut agir, dans l'an par exemple, si le terme de l'assignation tombe après l'an l'interruption a son effet. C'est le sentiment de Tiraqueau; & notre Auteur le révoque en doute, quoiqu'il convienne que la chose a été décidée quelquefois. Il agite aussi la question sur les prescriptions de 30. ans pour lesquelles interrompre, il convient que, quoique l'assignation doive échoir après les 30. ans, l'action ne laisse pas d'avoir son effet. Mais il veut que ce ne soit pas un délai incertain ou trop long, parce qu'un demandeur ne doit pas se procurer telles longueurs de poursuites qu'il voudra; & il auroit du penchant à revenir au principe qu'il établit, que tout l'effet de la citation consistant dans l'audition des parties, la simple assignation *intra fatalia* est inutile. * Mais ce sentiment est hors de tout usage, & quant à ce qu'il dit de l'affectation qu'auroit un demandeur de rendre les choses indécises, pour traîner l'action en longueur, les formalités établies y ont pourvû, puisque toute action doit porter un terme pour comparoître suivant la distance des lieux. Il est donc inutile d'entrer dans l'exception que l'Auteur aporte à une proposition mal fondée, lorsqu'il dit que ce n'est pas la même chose, si l'on n'a pu avoir audience dans le tems fatal: car on n'a pas besoin de cette excuse. Il n'est pas nécessaire d'entrer davantage dans ce qu'il dit sur cette section, qui n'est fondée que sur de pareilles présupositions. Il cherche des opinions des Jurisconsultes pour faire des dissertations; & la régle de la procédure est aujourd'hui si précisément établie par les Ordonnances que toutes ces discussions sont inutiles.]

41. Ausurplus celui, qui a donné une assignation & qui y renonce, rend inutile l'interruption.

CHAPITRE VII.

De l'interruption par le libelle.

42. Le libelle est une suite de la citation dans l'ordre judiciaire. Dans les prescriptions où la seule citation suffit, le libelle n'est pas nécessaire. Dans celles où elle ne suffit pas, le libelle n'interrompt pas; & il faut contestation en cause. Comme on change quelquefois le libelle, il faut voir quand & comment le changement ou la correction du libelle peuvent servir pour l'interruption, ou lui nuire. Les Jurisconsultes tombent là-dessus en mille contestations, faute d'avoir bien examiné la chose, & faute d'avoir aprofondi l'usage du Barreau. Corriger un libelle, c'est en rétablir l'ordre, réparer le manquement dans la chose, dans le nom, dans l'exposition du fait. Qui dit correction supose que la substance de la chose demeure, & qu'on ne change que les choses accidentelles; car si l'on avoit manqué dans la cause

NOTES.

(*b*) V. Art. 275. *n.* 5. Art. 278. *n.* 7. du Fail, *liv.* 1. *ch.* 227. Devolant, *lettre A.* & 10. & Art. 285. *n.* 22. Sauvageau sur *ch.* 63. & 64. Loüet, *lettre A. ch.* 10.

de la demande, dans la chose demandée, dans la personne du demandeur ou du défendeur, ce ne seroit pas corriger, mais changer. Quand Denis de Siracuse donna un poëme, qu'il avoit fait, à corriger à un Poëte célébre, celui-ci le raïa d'un bout à l'autre : ce n'étoit ni corriger ni changer, c'étoit anéantir. Quand Aristarque fit la révision des ouvrages d'Homere, qu'il examina les vers qu'il prétendoit n'être pas de lui, qu'il en mit d'autres à la place des défectueux, c'étoit véritablement corriger & non pas changer. En un mot on corrige quand la substance demeure. On change quand une chose substancielle est substituée à un autre. Par exemple, si quelqu'un a demandé *decem ex causâ mutui*, & qu'il les demande ensuite *ex causâ locati*, s'il a demandé à Titius, & qu'ensuite il demande à Caïus, ce sont deux actions différentes, à l'une desquelles le jugement qui intervient ne peut être rélatif. Il n'en est pas de même si, aïant demandé 20. il ne demandoit ensuite que 10. pour la même cause. Ce n'est alors que corriger, expliquer, restraindre. Cela présuposé, le changement ni la correction du libelle, quant à l'interruption, ne doit jamais être dans la substance de l'action. On ne peut même faire d'addition, si elle n'est contenue, *genericè aut accesʃoriè*, dans l'action.

Le second cas est quand on ajoute ou qu'on ôte quelque chose, non à la substance, mais à la qualité. Il faut encore distinguer. Car souvent la qualité est la cause de l'action ; & ce changement de qualité fait par conséquent un changement d'action. Les Docteurs admettent, en ce cas, les additions & diminutions purement accessoires. Nous avons un avantage dans notre usage : car il n'est nullement question de faire la dénomination de l'action ; & la seule exposition du fait, avec la conclusion en conséquence, rend l'action valable & suffisante ; de sorte que celui qui dit dans un exploit que son bien lui a été ôté par violence, ne déchoit point, quoique la violence ne soit point prouvée. Il lui suffit de prouver que son bien lui ait été ôté de quelque maniere que ce soit. Il n'auroit à craindre que les dépens, par raport à la contestation qu'il y auroit eu sur la maniere de la chose, s'il étoit obligé de se réduire à une autre circonstance.

Le troisiéme cas est de la simple correction du libelle sans changement dans la substance. Nous ne connoissons plus les formules d'actions de l'ancien Droit Romain, par lesquelles qui péchoit en une syllabe péchoit en tout. Nous préferons ce qui est *boni & æqui* ; & l'on est à lieu de rectifier les conclusions & les moïens de demande, jusqu'à la sentence définitive ; d'où il s'ensuit que dans les choses qui n'emportent point, par la substance, la nullité du libelle, l'interruption a son effet, en quelque état de cause qu'on l'ait changé.

Cependant lorsqu'il s'agit de substituer une action à une autre, on ne l'admet point après la contestation, & il faut juger la chose dans l'état où elle est ; desorte que la prescription a son effet. Par exemple, si l'an & jour se trouvoit écoulé, on ne pourroit, à la faveur d'une oposition générale, changer l'action commencée, ou en accumuler une autre, même par subordination ; & la prescription auroit son effet : il n'y auroit point de proposition d'erreur, ni de remède de restitution, qui fût recevable.

CHAPITRE VIII.

De l'interruption par la contestation en cause ou par la contumace, & si après la peremption de l'instance, l'effet de l'interruption subsiste.

43. La contestation en cause, est ce qui donne le principal effet à l'interruption; mais comme l'Auteur entre à cet égard dans une distinction inutile de l'interruprion des prescriptions titrées, & des prescriptions sans titre, * il suffira, pour réduire toute cette longue discussion de points d'ancienne pratique, & même d'observations très-métaphysiques, de poser quelques principes d'usage qui passent en maxime.

Il faut présuposer d'abord que l'interruption, par oposition ou assignation, n'a d'effet que pour un an, s'il n'y a poursuite d'autres procédures annales, comme un défaut levé qui dure (*i*) encore un an; ou en cas que l'on se soit presenté, des assignations, des dénoncés quoique de Procureur à Procureur, de simples ordonnances (*k*) judiciaires, des défenses fournies, des répliques ou autres pareilles procédures, de la derniere desquelles l'année commence à courir pour éteindre l'action par surannation. Quand la cause est contestée, il y a trois ans; mais quand il y a cessation de poursuite, il se fait peremption; & la peremption anéantit l'action ou oposition, que l'on considére désormais comme si elles n'étoient point avenues. Mais comme, dans la maxime de Bretagne, la peremption n'a lieu, comme on l'a déja dit, que lorsqu'elle concourt avec la prescription, il faut distinguer les differens cas, & en donner ici des exemples. On s'opose à un appropriement; l'oposition dure un an par elle-même: si elle n'est pas poursuivie, l'apropriement a toute sa force, comme si l'on ne s'étoit point oposé. Si l'on a fourni dans l'an les moïens d'oposition, il y a un an depuis leur fournissement. Si la cause est contestée, ou s'il y a un apointement, il y a 3. ans de ce jour-là; après quoi la peremption est absolue, parce que l'appropriement est une espéce de prescription.

Quant aux autres prescriptions, l'action formée avant le dernier jour opére pour un an, dans lequel, s'il y a poursuite, c'est encore la prorogation d'une année. S'il y a contestation en cause ou apointement, le défaut de poursuite dans les 3. ans opére peremption. Par exemple, les actions pour marchandises ou pour salaires & gages sont annales. Les actions de vendications de meubles durent 5. ans; les actions rescisoires durent 10. ans: & enfin les actions résultantes d'obligation écrite ne se prescrivent que par 30. ans. Il y a de plus

NOTES.

(*i*) V. les Notes sur l'Art. 278.

(*k*) „ Neque enim omnis actus judicis judicialis est, nec si pro tribunali quidem geratur, sed tùm demùm, cùm cognoscit, „ cum officio fungitur. *Chap. 5. de interruptione civili, n. 9.* " V. l'Ordonnance de 1667. *tit.* 14. *art.* 13.

l'action réelle de vendication qui ne se prescrit que par 40. ans. Si l'on agit à l'extrémité de tous ces différens termes, il faut conserver l'action par des poursuites; & si elles se trouvent surannées ou périmées par discontinuation de trois ans, la chose est sans retour, puisque la peremption concourt avec la prescription. Si au contraire on avoit agi long-tems avant le terme de la prescription, par exemple, si l'on avoit demandé le païement d'une obligation qui ne se prescrit que par 30. ans dans la vingtiéme année de sa date, ou d'un jugement de condamnation qui pareillement dure 30. ans, qu'après cela sur un apointement rendu, on eût été trois ans sans poursuite, la peremption seroit inutilement alléguée, parce que dans l'espéce il resteroit encore plusieurs années du cours de la prescription; ainsi il suffiroit, jusqu'à ce qu'elle fût accomplie, de faire repeter l'apointement. Tout cela rend inutiles plusieurs observations de cette section.]

Il faut que la contestation en cause soit valable & dans les régles, & il est indifférent qu'elle soit faite devant le Juge ordinaire, ou devant un arbitre (*l*) convenu. Dans les clauses sommaires, le moindre acte devant le Juge suffit pour opérer une quasi contestation, parce qu'on n'y demande pas la même formalité. L'obtention de Lettres Roïaux peut avoir effet d'interruption; mais il faut qu'elles soient signifiées *intrà fatalia*, & cela fut jugé par un Arrêt du mois de Mars 1566.

Ce que nous avons dit de la contestation, s'entend lorsque les parties ont comparu; mais *quid juris*, si l'une ou l'autre a laissé défaut? Les Docteurs distinguent & prétendent que, quand le demandeur a laissé défaut, il est déchu de plein droit de son action. Notre usage y est contraire, & l'on peut se faire restituer contre le défaut levé & non jugé; si l'on étoit appellant du jugement du défaut, & s'il étoit confirmé, il y auroit exclusion absolue, sans espoir de restitution, même par le bénéfice de lettres du Prince; mais il faut pour cela que la prescription concoure, ou que l'appropriement soit consommé. Ausurplus, à l'égard du défendeur, son défaut emporte contestation, suivant cette régle, que la cause est contestée lorsqu'il a tenu à l'une des parties qu'elle ne l'eût été.

Il reste d'examiner la question importante touchant la peremption d'instance, lorsqu'après la contestation en cause, l'affaire est demeurée sans suite pendant 3. ans. Il y a sur cette question une grande diversité entre les Docteurs. Dans le Droit Romain, il n'y auroit pas beaucoup de difficulté; & l'on recommence une nouvelle instance, par l'effet de la contestation qui établit la mauvaise foi. Quelques-uns estiment que l'effet de la mauvaise foi est tellement effacé par la peremption, qu'on ne peut plus demander la restitution de fruits, & c'est le sentiment le plus aprouvé; il est même autorisé par les Arrêts du Parlement de Paris.

En Bretagne on ne connoissoit point de peremptions d'instance, & en France

NOTES.

(*l*) Il est même certain que la compromission opére une interruption de trois ans. Mais la simple promesse de compromettre n'a pas le même effet.

quoiqu'on les connût, on les éludoit par des reliefs de peremption. Ainsi dans notre usage de ces tems-là, on pouvoit reprendre les actions, pendant qu'il n'y avoit point de prescription. L'Ordonnance de 1539. commença d'établir les peremptions; mais elle ne fut pas reçue en Bretagne à cet égard, & l'Auteur assure qu'il n'a point vu d'exemples qui aïent autorisé la peremption jusqu'en 1564. que, par une autre Ordonnance, la peremption fut de nouveau confirmée, & que tous les Arrêts avoient jugé au contraire. On retrancha alors toute difficulté, car il fut décidé qu'il ne resteroit aucun vestige de contestation ni de procès.

Cela étant ainsi, quand on s'est oposé à un appropriement, si l'oposition est demeurée un an sans poursuites, elle est comme non-avenue. Si depuis la contestation en cause, on a laissé passer trois ans sans poursuites, il en est de même. On prescrit donc à cet égard, même contre l'action, non directement, mais par effet, par suite de conséquence, puisque l'on ne peut plus renouveller l'action au préjudice de l'appropriement, quoique le tems pour la prescrire suivant sa qualité ne soit pas écoulé.

L'Ordonnance de 1563. dont nous avons parlé, qui est l'Ordonnance de Roussillon publiée en Bretagne en 1564. fit naître une grande & subtile question, par raport aux prescriptions qui avoient été interrompues avant cette Ordonnance. Les uns prétendoient, suivant l'axiome trivial, *Lex futuris dat formam negotiis*, que l'interruption aïant eu effet, elle ne tomboit pas sous la disposition d'une Ordonnance survenue *ex post facto*. Mais ce principe étoit sans aplication : l'Ordonnance ne donnoit pas à cet égard *prateritis formam negotiis*; mais si depuis cette Ordonnance on avoit discontinué pendant 3. ans, la chose tomboit sous sa prohibition. Il faut faire sentir cela par des exemples. Avant la réformation de la Coûtume en 1539. on ne pouvoit prescrire les héritages & les droits réels que par 60. ans. La réformation fixa la prescription à 40. ans. Il est certain que si, depuis la réformation, on avoit laissé courir 40. ans, la prescription auroit été absolue, quoiqu'il s'agît de choses commencées à prescrire avant la réformation sans laquelle il auroit fallu 60. ans du commencement de la possession. Cet exemple seul auroit décidé toute la question, sur laquelle on auroit encore le sentiment des grands Auteurs & entr'autres celui de Barthole. Il en propose l'exemple dans le cas présuposé auquel il surviendroit un statut ou une loi, par laquelle la prescription de 30. ans seroit limitée à 5. ans. On ne pourroit pas joindre à la vérité les années, qui auroient couru avant cette Loi, pour parfaire le tems reglé par la nouvelle, du jour de laquelle il faudroit commencer une nouvelle prescription, qui étant de 5. ans, auroit son effet.

Ce qui est indubitable pour le fond de la prescription, doit avoir lieu par raport à l'interruption civile. On raisonneroit mal sous prétexte qu'il y a un droit acquis avant la nouvelle Loi; car quel droit peut-on dire être acquis? Elle impose la nécessité de conserver d'une certaine maniére, & elle fournit une exception contre ceux qui ne l'ont pas fait. Or il est certain qu'il n'y a de droit acquis qu'autant qu'il est conservé.

Mais comme il naît toujours de nouvelles difficultés, on demande si deux parties aïant contesté en cause, aïant instruit de part & d'autre, mis leurs actes au Greffe, & l'affaire depuis ce tems étant demeurée 3. ans sans suite, on peut faire valoir la prescription. La partie qui veut l'empêcher, peut dire qu'elle a fait tout ce qui lui incomboit, & qu'il ne s'agissoit plus de son ministere, la chose étant en état, tout résidant désormais dans le devoir du Juge. Les Docteurs ne s'éloignent pas de cette opinion, & l'on trouve plusieurs autres cas aprochans; par exemple, s'il y avoit une peine imposée contre celui qui ne poursuivroit pas l'instruction du procès dans un tems marqué. L'Auteur, qui regarde avec raison toutes ces opinions comme des spéculations qui peuvent cependant avoir leur utilité pour l'aplication des principes, dit qu'il n'est point du sentiment des Docteurs; car il suffit qu'il y ait litispendence, & que la discontinuation de 3. ans l'ait entiérement effacée. L'on ne peut alleguer probablement qu'il n'ait tenu qu'au Juge; il faut qu'il soit suffisamment interpellé, & qu'on lui ait fait des sommations, vû que le Juge supérieur, auquel on peut avoir recours contre la négligence de l'inférieur, n'est point en état d'y pourvoir, s'il n'y a des sommations acquises. L'Auteur ne décide rien par raport aux Cours Souveraines qui ne sont pas sujettes aux mêmes sommations; il fait cependant sentir & entrevoir la différence, & il observe que l'usage n'y admet point la peremption, si ce n'est en premiere instance. (m)

CHAPITRE IX.

De l'interruption par l'action rescisoire.

44. L'Auteur agite ici deux questions; la premiere, par raport aux actions rescisoires, est de sçavoir si celui qui a été apellé, en vertu d'un acte déceptif ou frauduleux, & qui a allégué, par exception, la déception, la fraude ou d'autres moïens de rescision, peut perpétuellement, pendant que le procès dure, alléguer les moïens de rescision, même après les 10. ans du jour de l'acte, & cela par voïe d'exception. L'Auteur résoud dabord que cette question est assez inutile dans l'usage, parce qu'il faut nécessairement des lettres de restitution. Il ajoute que le défendeur doit se rendre demandeur en action rescisoire, & qu'en ce cas on doit prononcer sur les deux demandes. De ces principes il suit que, comme la rescision ne vient pas par simple exception, il faut la demander dans les formes, & faire signifier les lettres avant le terme fatal de 10. ans du jour de l'acte. * Outre l'Arrêt que l'Auteur raporte au Chapitre précédent, cela fut jugé, comme véritable maxime, contre le sieur du Groësquer au profit du sieur de Kaudren vers l'année 1700. On ne sçait point positivement la date; car comme cet Arrêt étoit fondé sur des principes incontestables, on n'en a pas fait de Note particuliere.]

45. Mais si l'exception de rescision ne peut être perpétuelle, pendant que dure l'action, il n'en est pas de même des exceptions de demande récipro-

NOTES.

(m) V. les Notes sur l'Art. 278.

que,

que, qui tendent à compensation (*n*) & qui durent aussi long-tems que l'action. Alors les parties sont, réciproquement l'une à l'autre, *actor & reus.* Pour donner un exemple de cela, Titius doit à Mœvius *decem* par obligation de 1660. cette obligation seroit prescrite en 1690. Mais en 1688. Mœvius se trouve de son côté devoir à Titius; en 1692. Titius agit & demande ce qui lui est dû. Mœvius excepte; & dit que Titius lui doit par obligation de 1660. Titius excepte de sa part; & dit qu'elle est prescrite par 30. ans. Mais Mœvius lui répond qu'étant devenu débiteur avant le tems de la prescription, il y avoit lieu à la compensation dans ce moment, & qu'elle peut être proposée, pendant que Titius demandera aux fins du second crédit. L'Auteur, qui n'a point donné d'exemple pour l'intelligence de la chose, devoit aussi ajouter que l'exception n'a d'effet que jusqu'à la concurrence de l'action. Par exemple si, dans le cas proposé, Mœvius ne devoit en 1688. que *octo*, il ne pourroit pas prétendre que son exception, en vertu de l'acte de 1660. eût un autre effet que de compensation, ni demander l'excédent contenu dans son obligation : car cet excédent seroit prescrit.]

46. L'autre question est par raport aux empêchemens qui seroient aportés, contre la poursuite d'une action, par quelque tierce personne, ou à la dépossession qu'elle auroit faite par violence. Cela n'empêcheroit pas la prescription, par raport à celui qui n'y auroit point eu de part; & suivant les faits & les circonstances, ce seroit une action de dommages & interêts contre celui qui auroit fait l'empêchement ou le trouble.

CHAPITRE X.

Des interruptions par l'entrée en possession ex primo aut secundo decreto.

47. Les décrets sont la matiére d'une autre section. Ce qu'on apelloit en Droit, *missio in possessionem ex primo decreto*, est aujourd'hui d'un usage inconnu. On demande, par une espece de conformité, si la saisie réelle & les criées interrompent la prescription, ou si l'adjudication étant faite, il se fait accession de la possession de celui sur lequel on a saisi & vendu, à la personne de l'adjudicataire. On propose aussi la question si un bien aïant été saisi réellement, & mis comme on dit dans la main du Roi, celui sur lequel la saisie a été faite vendant à quelqu'un, l'appropriement sera-valable.

L'Auteur, pour expliquer & résoudre ces questions, parle du premier décret & de son usage chez les anciens. Les seuls Magistrats Romains pouvoient prononcer ce premier décret; & cela excédoit la puissance des Duumvirs & des Défenseurs des Villes. Les cas ausquels on ordonnoit cet envoi en possession sont raportés ici; mais comme cela n'est ni d'éclaircissement de la matiére, ni d'usage, il suffit de dire que l'objet étoit afin que le défen-

NOTES.

(*n*) Boucheul *des prescr. n.* 24. *& suiv.* Dunod, *p.* 58. Hevin, *de la peremption*, n. 27.

deur se trouvât pressé par-là de défendre, lorsqu'il affectoit d'éloigner & de ne point comparoître : c'étoit donc une peine de la contumace.

Si le défendeur affectoit toujours de ne point comparoître & de ne point défendre, il y avoit un autre envoi en possession, *ex secundo decreto*, qui constituoit possesseur celui qui l'avoit obtenu. Il pouvoit prescrire en vertu d'un pareil décret. Le premier n'interrompoit point la possession & la prescription de celui contre lequel il étoit accordé. Il n'opéroit aucun changement de possession : le défendeur y demeuroit toujours. On ne pouvoit donner à ferme le fonds, en cas qu'il fût affermé, ni révoquer le bail. Celui qui avoit obtenu le premier décret, n'agissoit pas pour son seul avantage, mais pour celui des autres créanciers, même postérieurs à la mission en possession. Un autre entroit dans la poursuite, pourvû qu'il vînt dans le tems prescrit; & nous en avons quelque conformité dans nos saisies réelles, dans lesquelles il y a des sortes d'opositions qui ne sont plus recevables après certaines formalités dont il ne s'agit pas ici.

48. De tout cela il résulte que cette mission en possession n'empêche pas la prescription commencée par celui contre lequel elle a été faite, s'il possedoit le bien d'autrui. Comme l'Auteur trouve quelque conformité avec nos saisies réelles, il s'ensuivroit (o) que si l'on avoit saisi sur une personne le bien d'autrui comme lui apartenant, la saisie n'empêcheroit pas la continuation de la prescription. Cela s'entend si c'est une saisie pour simple dette : car si c'étoit pour cause de la chose même que le demandeur prétendroit lui apartenir, (p) cela interromperoit.

Au surplus, l'Auteur repéte ici que les missions en possession *ex primo aut secundo decreto* sont entiérement abolies par l'article 49. de l'Ordonance de Moulins.

49. La formalité qui a succedé, est que, quand on a un jugement ou un acte portant exécution parée, on fait, sans autre ministere de Justice, saisir les héritages par un Sergent ou Huissier; & cette saisie ne tient point lieu de mission en possession *ex primo aut secundo decreto*. Cela n'opére qu'un sequestre en main publique, & le saisissant ne posséde pas. Plusieurs créanciers ne peuvent saisir successivement; la premiere saisie suffit, *car saisie sur saisie ne vaut*: & les autres créanciers ne sont en droit que d'intervenir ou de reprendre les suites. Delà résulte la question de sçavoir, si le débiteur saisi est dépossédé, à l'effet qu'il ne puisse continuer la prescription commencée, ni vendre ou transporter l'héritage saisi.

50. La premiere régle, à cet égard, est que la main du Roi ne dépossède point; desorte que la saisie mettant les héritages dans la main du Roi seulement, elle n'empêche pas la possession du débiteur qui peut achever le cours de la prescription. Il peut même transporter le domaine & la proprieté; aussi

NOTES.

(o) Dupineau, *quest. ch.* 65.
La mouvance sur l'héritage saisi peut aussi se prescrire entre deux Seigneurs, de même que s'il n'étoit pas saisi. M. le Camus, *art.* 123.

(p) Il est contre l'objet de la vendication de l'exercer par la voïe de la saisie réelle. Aussi cela est contre tout usage.

suposant que le débiteur ait vendu pendant les criées, & la saisie ou les criées étant dans la suite cassées ou annullées, le titre de l'acquereur, qui étoit jusqu'alors douteux, reprend sa force, & l'appropriement est valable. Il en est de même si la saisie est levée par le païement des créanciers; car dans tous ces cas il se fait une accession, ou plutôt une continuation de possession, sans considérer l'intervalle de la saisie.

51. La même décision doit avoir lieu, quand le Commissaire aux saisies réelles est demeuré dans l'inaction; desorteque le débiteur n'ait point perdu la jouissance. L'acquereur peut s'approprier sur la vente qui lui est faite par le débiteur. (q)

52. La saisie féodale opére encore moins d'effet, pour interrompre la prescription commencée par le vassal sur lequel le Seigneur a saisi, faute d'hom-

NOTES.

(q) V. les Arrêts des 16. Février 1719. & 14. Juin 1721. à la fin de la nouvelle édition de le Maître sur Paris.

Sur la question que d'Argentré agite ici, de sçavoir si l'on peut s'approprier de l'héritage vendu par le debiteur après la saisie réelle, je crois que l'on doit distinguer s'il n'y a eu qu'une saisie, avec les formalités ordinaires, sans que le débiteur ait été dépoüillé de la joüissance; ou s'il a été fait des baux judiciaires des biens.

Au premier cas, la saisie n'a aporté aucun changement dans la détention corporelle de l'héritage par le débiteur; desorte que le débiteur, *saisi en son nom par an & jour*, peut vendre & l'acquereur peut s'approprier. Les créanciers ne peuvent imputer qu'à eux-mémes, ou au Commissaire aux Saisies réelles, d'avoir négligé de faire les baux ordonnés par la Loi.

Mais si le débiteur a été dépoüillé par des baux judiciaires, quand même il en seroit adjudicataire sous un nom interposé, il est réellement dépoüillé de la joüissance: & quoiqu'il soit toujours regardé comme le possesseur & le propriétaire du bien saisi, l'on ne peut pas admettre en sa personne la qualité de saisi en son nom, qui est si nécessaire pour fonder l'appropriement de l'acquereur.

De plus les créanciers, qui ont observé toutes les formalités prescrites pour les saisies, ne sont point obligés de se pourvoir en un autre Tribunal, ni dans une autre instance que celle de la saisie même, pour conserver leurs droits sur l'héritage saisi. Ils ont droit de demeurer tranquilles après la saisi-réelle, & après que le débiteur a été dépoüillé par les baux judiciaires.

Ainsi je crois que les aliénations faites par le débiteur dans ces circonstances ne sont pas susceptibles d'appropriement.

Je vais plus loin par raport aux biens d'une succession beneficiaire vendus conventionnellement par l'héritier; & je crois que l'acquereur ne peut pas s'approprier au préjudice des créanciers, quoiqu'il n'ait pas été fait des baux judiciaires.

Il est vrai que l'héritier bénéficiaire est *verè hæres* respectivement aux autres héritiers & à tous autres que les créanciers de la succession. On peut ajouter qu'il l'est par raport aux créanciers mémes, en ce qu'il continuë en sa personne la possession du défunt, qu'il couvre le fief, que sa mort donne ouverture au rachat, &c. Mais pour la disposition, la joüissance & l'administration des biens, il n'est qu'un économe respectivement aux créanciers. Cette qualité d'économe est le seul titre qui lui donne la perception des revenus. Il ne l'a même, qu'à la charge de donner caution: faute de quoi les créanciers ont droit de faire consigner les revenus. S'il ne fait pas procéder à des baux judiciaires, les biens n'en sont pas moins en économat; & il est obligé de rendre compte par le menu. Ainsi il est incontestable qu'au moment que la succession est prise sous bénéfice d'inventaire, l'héritier ne joüit des biens, qu'à titre d'économe respectivement aux créanciers.

mage ou d'aveu; car cette saisie ne sert qu'au Seigneur: (r) & il en faudroit une autre & en une autre forme pour les créanciers.

CHAPITRE XI.

Des interruptions dans les prescriptions de droits incorporels.

53. L'interruption, par raport aux droits incorporels, se fait d'une maniere proportionnée à la nature de la possession de ces sortes de droits. Comme ce n'est qu'une quasi possession, qui ne se prend point par tradition réelle, qu'elle vient de certains actes d'exercice, comme d'aller, venir & user des autres droits de servitude, l'interruption se fait par la cessation ou empêchement de ces mêmes actes. On prétend même qu'un seul acte d'interruption empêche la prescription; & c'est là ce qu'on appelle l'interruption naturelle: car il y en a aussi de civiles en cette matiere, quand on assigne en Justice celui qui veut user de servitude & autres droits incorporels, pour lui être fait défense, ou pour entrer en contestation sur la demande qu'il feroit d'un droit.

CHAPITRE XII.

Des interruptions dans les poursuites criminelles.

54. Il y a des tems pour la poursuite des crimes, après lesquels si l'on n'a point agi, on ne peut plus inquiéter celui que l'on veut accuser. La maniere d'interrompre ne peut donc être que par l'accusation en Justice. Ce ne sont pas les mêmes formalités que dans les poursuites civiles. *L'Auteur entre ici en plusieurs discussions des sentimens des Docteurs, & l'on retranchera ce détail; car il y a des régles si bien établies par les Ordonnances & les Réglemens, touchant la forme & l'effet des procédures criminelles, qu'il faut y avoir recours, & ce seroit entrer dans un traité étranger à celui-ci. Notre Coutume parle de la prescription de l'action de crime. L'on verra dans la suite le Commentaire de l'Auteur sur l'art. 274. de l'Ancienne Coutume, 288. de la Nouvelle.]

CHAPITRE XIII.

De la Perpétuation.

55. C'est une addition de 10. ans aux 30. ans pour la prescription des actions personnelles. L'Auteur en prouve l'inutilité, fondée sur ce que la contestation, à laquelle on attache la perpétuation, ne doit pas operer d'autre effet, que celui qui résulte de la conservation de cette sorte d'interruption. Il étoit donc inutile, ou même contre les régles, d'imaginer cette bizarre

NOTES.

(r) Et elle interrompt pour lui. Paris, *art.* 12.

perpétuation, qu'il apelle avec raison *inutile inventum, Justiniani lege inductum, prisca Jurisprudentia ignotum*. La Coutume l'exclut aussi. Tout le reste ne demande pas qu'on entre en aucune explication.

56. Arrest I. Il a été jugé le 24. Novembre 1614. que cet article avoit lieu contre le partage; au procès de Demoiselle Françoise Conan, & du sieur de Perrien, Plaidans Ybert & Trochet.

57. Arrest II. Le 5. Septembre 1616. Arrêt (s) au profit de Jean Noël, Intimé en apellation de Sentence donnée à Morlaix, contre Noël Gardais, Apellant, par lequel ledit Noël aïant acquis la terre de Penlan en 1596. d'avec Guillaume de Kgariou, frere aîné de la mere dudit Gardais, fut maintenu en la possession de ladite terre en vertu de son titre & appropriement d'icelui du mois de Septembre 1699. sauf aud. Gardais à se pourvoir sur les biens dudit feu de Kgariou son oncle, pour la récompense par lui prétendue; plaidant Poisson pour l'Apellant, & Bertrand pour l'Intimé, Paul Devolant pour Demoiselle Jacquette Rillet, veuve dudit feu de Kgariou, apellée en requête par ledit Gardais, pour la récompense par lui prétendue, en cas que l'appropriement seroit trouvé valable; sur quoi les parties furent renvoïées sur les lieux.

58. Arrest III. La possession n'est pas notoire, si celui lequel tenoit auparavant à ferme, devient propriétaire par acquêt, sans prendre nouvelle possession, comme il fut jugé par Arrêt du 9. Mars 1620. Plaidans Ybert, & Frain, pour une prémesse. C'est le 70. Plaidoïer de Frain; où il traite à fond la matiere.

59. Arrest IV. Et depuis par Arrêt du 16. Février 1621. Plaidans Bertrand & Bouchet, jugé, que pour exclure le prême, il faut qu'il y ait acte de prise de possession (t) par écrit, en l'espéce duquel l'Arrêt est remarquable, que l'Intimé avoit, comme prud'homme, soussigné le contrat & quelque acquit, contre laquelle souscription il prit lettres pour en être en tant que besoin (u) relevé; Guegan & Noël Gallais parties. C'est le Plaidoïer 74. de Frain; item au Plaidoïer 70.

Arrest V. Le même jugé le 21. Juin 1624. sur un procès parti aux Enquêtes, & départi en la Grande Chambre; le Blanconnier partie, Riou Procureur.

NOTES.

(s) V. la Note (l) sur l'Art. 269. n. 93.

(t) V. le nombre 2.

(u) La question de sçavoir si les lettres de restitution étoient nécessaires, sera agitée sur la Conférence de l'art. 298. n. 53.

ARTICLE CCLXXIII.

Celui qui injustement retient le bien d'autrui, & l'aliéne ou le perd, combien que l'acquereur en fût approprié, si est-il tenu a *en faire récompense à celui qui étoit*

Seigneur & propriétaire de la chose ainsi aliénée ou perdue: *& ce par héritage ou autrement, au choix de celui duquel l'héritage a été aliéné.*

CONFERENCE.

Art. 141. *&* 223.

A. C. *Art.* 185. a De dédommager le vrai.

T. A. C. *Ch.* 39. Mais pour ce n'est-il pas entendu que, si celui qui tenoit la terre l'avoit venduë, ou échangée, engagée, perduë ou donnée, & il n'y eût raison qu'il ne fût tenu à dédommaiger sur le sien à celui à qui son droit y seroit

Et il n'y eût raison. Ut *L. mater, Cod. de rei vendicatione.*

SOMMAIRE.

1. *& 6. Dans l'espéce de cet Article, l'action contre l'usurpateur est personnelle.*
2. *Si la récompense est dûe, en collaterale, à l'estoc maternel du supôt commun dont le propre a été vendu par son pere & garde naturel duquel il avoit été ensuite héritier pur & simple.*
3. *La mauvaise foi du vendeur ne nuit point à l'appropriement.*
4. *En quoi consiste le dédommagement.*
5. *& 7. Si l'on distingue entre le possesseur de bonne foi & le possesseur de mauvaise foi.*
6. *Durée de l'action.*

COMMENTAIRE.

D'ARGENTRE' AIT. Hunc ego articulum primus de tenebris erui, & in usum deduxi, cùm, alienissimo loco, lateret sub titulo *des dépens*, ignotus foro. Congruit vero Juri Romano *L. servos Cod. si vend. pig. ag. & L.* 1. *Cod. de rebus alien. non alienand.* (A)

HEVIN. (A) Ces deux Loix sont assez mal citées. V. Cujac. *lib.* 7. *observ. cap.* 26. *in fine.*

1. *Celui qui injustement retient le bien d'autrui.* Mais combien dure l'action contre l'usurpateur, 30. ans ou 40. ans? Comme elle est personnelle, elle ne dure que 30. ans, Argentræus *ad art.* 185. *vet. gloss.* 3. *num.* 5. *V. eumd. ad art.* 173. *à num.* 1. *ad num.* 10.

2. Mœvius, pere & garde naturel, aliene les héritages propres de ses enfans: il décede, sans leur faire récompense. Ils se portent heritiers purs & simples, & partagent confusément les successions paternelle & maternelle: ils décedent sans hoirs; & la succession du dernier est ouverte aux deux estocs. Les maternels demandent récompense des héritages de leur estoc alienés par le pere pendant la tutelle.

Les paternels disent que c'est un article de la tutelle & administration, un article du compte, une action personnelle & mobiliaire contre le pere; qu'ainsi elle s'est éteinte par la confusion, au moïen de l'acceptation pure & simple,

NOTES.

M. du Fail, *liv.* 3. *ch.* 207. Belordeau, *lettre A. contr.* 23. *&* 79.

le cas étant différent des aliénations faites pendant le mariage, qui fournissent une action pour assiete *ad immobile* & réelle, non sujette à périr par la confusion.

Les maternels disent que cette action n'est point de tutelle, étant défendu au tuteur d'aliener, *art.* 508. que les enfans pouvoient vendiquer le fonds; que s'ils s'en sont abstenus, ç'a été pour avoir la récompense, qui leur est dûe par l'art. 273. en deniers ou fonds à leur choix, & partant une action réelle & *ad immobile*; que l'acceptation pure & simple n'a point fait d'extinction, non plus que le partage des deux successions confusément. Car couvrant les deux estocs, ils sont censés, comme supôts communs, avoir conservé les droits de leurs estocs, qu'enfin le pere aliénant leurs biens a fait une espece d'échange, & a chargé ses biens de la récompense. J'ai été de cet avis.

3. D'Argentré A. C. *Art.* 185. Cet Article étoit absolument hors de sa place dans l'A. C. Il en résulte deux principes; le premier que la mauvaise foi de l'Auteur ne nuit point au successeur qui est approprié, ce qui est contre le Droit Romain. Le second que celui, qui a vendu ou détourné le bien d'autrui, est tenu d'en païer la juste estimation.

Celui qui aliene. L'acquereur purge la mauvaise foi de son vendeur par les bannies. Il est inutile d'entrer ici dans le cas de celui qui a vendu, croïant posseder de bonne foi. Car ce sont de subtiles distinctions sur une régle generale qui ne distingue point.

Ou le perd. *Et facit ut Domino pereat.*

Ou injustement le retient. C'est ici un autre cas. Car pendant que la chose est entre les mains de l'injuste possesseur, le propriétaire peut la reclamer & vendiquer. La juste estimation n'étant que lorsqu'elle a passé en d'autres mains, & que le véritable propriétaire ne peut plus la vendiquer par espece.

4. *Dédommager.* Cela renferme tout ce qui résulte de la privation de la chose, *quanti fuit plurimi post alienationem*, parce qu'on doit s'imputer d'avoir disposé du bien d'autrui; & le propriétaire n'est pas obligé de recevoir de l'argent pour un fonds. Celui qui a aliené le bien d'autrui doit un autre fonds de même bonté, commodité & valeur, si l'on veut l'exiger.

5. La difficulté proposée ici est de sçavoir, si le possesseur de bonne foi du bien d'autrui doit être traité comme le possesseur de mauvaise foi, & si l'un & l'autre sont également tenus de rendre en même espece. L'Auteur décide que l'article est general & sans distinction. * Cependant le mot *injustement* ne feroit-il point naître quelque différence? & ne tomberoit-il pas sur tous les cas, à l'effet de ne pas obliger celui qui a aliené de bonne foi à rendre autre chose que la juste valeur?]

6. Cette action ne dure que 30. ans. Car quoiqu'elle ait pour objet un immeuble, elle ne laisse pas d'être personnelle. (*a*)

NOTES.

(*a*) M. d'Argentré dit en cet endroit que cette prescription de 30. ans commence à courir du jour que la chose a été prescrite par le tiers possesseur, parce que jusqu'à ce jour l'action de vendication avoit lieu, & non l'action de recompense.

¶ 7. *Alienée ou perdue.* Quant au cas de perte, on distingueroit le possesseur de bonne foi, lequel seroit reçu à prouver que la chose auroit également péri entre les mains du propriétaire, aulieu que le possesseur de mauvaise foi seroit responsable indistinctement de la perte.

NOTES.

Si cette décision étoit admise sans distinction, il resulteroit que l'action afin de recompense pourroit durer près de 70. ans, après que le propriétaire a été depoüillé de son héritage. Par exemple, l'usurpateur joüit 39. ans. Pendant tout ce tems, la seule action de vendication est ouverte. Il vend; & l'acquereur s'approprie avant l'expiration des 40. ans. Alors l'action de vendication est excluse; & il ne reste plus que l'action de recompense. Dira t'on que cette derniere action puisse durer 30. ans? Ce seroit raisonner contre la maxime établie par la Coûtume, & tant de fois reclamée par d'Argentré, que *nihil est quòd quadragenariam prascriptionem effugiat.*

Je ne crois pas que d'Argentré ait eu intention de donner atteinte à cette maxime. Il a parlé en général, sans faire attention aux cas particuliers; & sans lui imputer une erreur, il suffit d'expliquer son sentiment, en disant qu'en général, après 40. ans, le propriétaire du bien usurpé n'a plus d'action; mais que si, dans les 10. premiéres années, l'héritage a été vendu à un tiers qui s'en soit approprié, l'action afin de recompense prend la place de l'action de vendication, & se prescrit par 30. ans du jour qu'elle est ouverte, quand même les 30. ans seroient parfaits avant l'expiration des 40. ans qui auroient été nécessaires pour rendre la prescription complette, si la chose n'avoit pas changé de main. Ainsi suposant la vente faite par l'usurpateur, & l'appropriement de l'acquereur dans la seconde année de l'usurpation, l'action de recompense est prescrite 30. ans après l'appropriement, quoiqu'il n'y ait que 32. ans expirés depuis le commencement de l'usurpation.

ARTICLE CCLXXIV.

Ceux qui sont appropriés par bannies d'héritages & droits réels, en la forme ci-dessus, sont défendus contre quelques personnes que ce soit, absens, mineurs, & tous autres, sans aucuns excepter : fors & réservé contre ceux qui sont hors du Duché, au tems de la certification des bannies, lesquels ont an & jour pour s'oposer, à compter du jour de ladite certification, contre lesquels seroit requis que l'acquereur eût tenu lesdites choses par an & jour sans empêchement, après ladite information & certification de bannies.

NOTES.

Belordeau, *lettre H. contr.* 45. *& lettre O. contr.* 35. *&* 36.

Une femme aïant eu l'assiette de ses deniers dotaux sur une terre, avec option de la garder ou de reprendre ses deniers dotaux, & s'étant appropriée sans opposition, l'op-

CONFERENCE

CONFERENCE.

Art. 270. 286. & 302.

A. C. *Art.* 269. Celui qui est approprié d'héritage par bannie en la forme susdite, est défendu contre tous ceux du Duché; & contre ceux qui sont hors le Duché, il conviendroit que l'acquereur les eût tenus par an & jour après l'information & certification faite desdites bannies sans empêchement.

T. A. C. *Ch.* 39. Car par la Coûtume, si le teneur, *vel* preneur, le peut tenir par an & par jour, pour ce qu'il en fût approprié, à Coûtume de terre de celui qui en fût saisi, & l'en n'y eût point mis de débat ne oposé, le preneur seroit défendu.

Ce que dit ce Chapitre, que l'en est défendu & approprié par an & par jour, est entendu de ceux hors de la Duché. Car de ceux de la Duché on est approprié par trois bannies, huit jours après, comme apert per lecta in *cap.* 41.

Ch. 41. Et de ceux dehors le Duché, il conviendroit tenir par an & par jour hors d'empêchemens; & aussi il seroit défendu de tous, pourtant qu'il n'y eût au marché, barat ne fraude, ne en la bannie.

Par an. Nota que de ceux de dehors par an & par jour qui commence après le derrain ban, & non pas au tems du contrat.

Maine 490. Anjou 487.

Idem des héritages ajugés par decret. Gerberoy 129. 130. Chauny 68. Senlis 280. 281. Meaux 120. Châteauneuf en Thimerais 105. Chartres 86. Dreux 74. Montargis, *T.* 19. 6. Maine 489. Anjou 486. Poitou 444. Angoumois 107. Acs, *T.* 6. 3.

Absens, mineurs & tous autres. Pour le retrait. Sedan 252. Saint Mihel, *T.* 10. 9. Lorraine, *T.* 13. 21. Bassigny 125. Paris 131. Orleans 366. Nivernois, *T.* 31. 10. Anjou 456. 457. Tours 197. Bordeaux 35. Marsan des droits de proximité 4.

Et pour l'héritage vendu par decret. Poitou 444. Angoumois 108. Usance de Saintonge 65.

NOTES.

tion qu'elle consomme ensuite, en demandant ses deniers dotaux, ne met point les créanciers ni l'héritier du mari, en droit de la dépoüiller de la terre, qu'en lui remboursant ses deniers dotaux. Acte de notor. du 6. Avril 1700. 23. *Devolant.*

L'acquereur créancier n'est pas obligé de s'oposer à son appropriement, parce qu'il n'a pour objet que d'exclurre les créanciers étrangers. Acte de notor. du 17. Octobre 1719. 146. *Devolant.* Et 12. Mars 1712. 65. *ibid.*

L'acte de notoriété du 17. Octobre 1719. contient une semblable décision pour l'héritier bénéficiaire, créancier de la succession dont les biens ont été vendus. Elle est générale pour tous les créanciers du bénéfice d'inventaire, ausquels il suffit d'agir dans les 30. ans, depuis la distribution du prix qui est destiné uniquement au paîement des dettes.

Cette destination qui est le motif de l'acte de notoriété, paroît décisive en faveur du créancier qui, sans s'être oposé dans la saisie, ni à l'appropriement de l'adjudicataire des biens saisis, vient entre la bourse & le denier sur le prix de ces biens.

Le créancier délegué par le contrat n'est point aussi obligé de s'oposer à l'appropriement.

Par Arrêt du 16. Juillet 1743. à l'Audience publique de Grande-Chambre, plaidans MM. Querard pour le Receveur de Consignations de Rennes, apellant de Sentence renduë au Présidial de Rennes le 27. Juin 1731. & Bonamy pour Monsieur le Président de Cucé, il a été jugé en point de Droit, que le droit de Consignation n'est point acquis par les oposítions à l'appropriement, faites par les créanciers délegués dans le contrat volontaire, quoiqu'elles fussent subsistantes après la quinzaine.

Le créancier oposant à l'appropriement, ne déroge point par cette oposition, aux droits qu'il avoit sur les autres biens de son débiteur; & s'il abandonne l'effet de son oposition, les créanciers posterieurs ne peuvent l'empêcher de se faire paîer sur les autres biens de son débiteur. Acte de notor. du 22. Novembre 1710. 108. *Devolant.*

Absens. Du Fail, *liv.* 1. *ch.* 182. Belordeau, *lettre O. contr.* 32.

Mineurs, Belordeau, *lettre M. contr.* 65. & 71

SOMMAIRE.

1. *Motifs de l'article.*
2. & 6. *S'il a lieu contre l'Eglise.*
3. & 5. *De quelle absence l'article parle.*
4. *Oposition après l'approprìement, pendant que l'acquereur a le prix en main.*
6. *Des biens d'Eglise alienés pour cause de subvention.*
7. *Si l'article a lieu contre le mineur impourvu.*
8. Quid *de la dîme Ecclésiastique?*

COMMENTAIRE.

1. D'ARGENTRE' AIT. Modis omnibus laudanda Ordinum & Reformatorum sedulitas, & prudentia monitorum, qui tam brevi articulo, tantam litium, dissidiorum, & opinationum sylvam concidêre, quam nos *art.* 266. ex illo jure congessimus, variam, multiplicem, infinitam, incertam: de qua pridem prudentissimus quisque legem optabat, quæ hic tandem prodiit.

2. *Et tous autres.* Exprimi de Ecclesiis quoque conveniebat : sed hæsit calamo dictantibus, & incautis, cùm de his quoque Reformatores sentirent. (*a*)

3. *Contre ceux qui sont hors du Duché.* Hîc exprimi conveniebat, an de temporali, aut domiciliariâ absentiâ intelligeret; de quo nos *art.* 289. & scio usu receptum, ut de temporariâ quoque absentiâ accipiatur, ex quo illæ fraudes, cùm meditati venditores consulto, postquam prædia vendiderunt, aliquem de suis in externas Provincias fraudulenter emandant, ut locum legi faciant, dum pecuniam conquirunt, redimendo prædio retrahentis nomine, quòd manifestè est eludere commercia, & Lege fraudibus patrocinari prætextu Juris.

Pour s'oposer. Adde *& contester ex art.* 278. Neque enim diversum tempus intelligitur statui : ibi enim regula universalis ponitur cujusque generis opositionibus.

Sans empêchement. Id est, *sans interruption civile ou naturelle.*

4. HEVIN. *Ceux qui sont appropriés. Id est* les acquereurs. Sed quid, s'ils ont encore le prix en main? Je tiens que tous les créanciers, (*b*) même non opo-

NOTES.

(*a*) V. Art. 272. *n.* 4. Art. 280. *n.* 9. Art. 281. *n.* 1. *&* 3.

(*b*) Le seul effet de l'oposition à l'approprìement, est de conserver les droits & les hypoteques de l'oposant & d'empêcher qu'ils soient purgés par l'approprìement. Acte de notoriété du 12. Mars 1712. 65. *Devolant.*

Mais par une raison contraire les droits du non-oposant étant purgés par l'approprìement, & son hypoteque étant perduë, il ne peut, sous prétexte d'antériorité ou de préférence, contester le droit que le créancier oposant s'est conservé sur le prix de l'héritage approprié. Arrêt du 2. Août 1735 au raport de M. du Pont, en la premiere des Enquêtes, dans le Journal du Parlement, *tome* 1. *ch.* 4.

La Note de M. Hevin étoit citée, lors de cet Arrêt, par le créancier antérieur non-oposant, qui prétendoit la préférence sur le prix. On répondoit que cette Note n'avoit pour objet que les droits des créanciers contre le debiteur, & que l'intention de l'Auteur n'étoit pas de combattre la préférence des oposans à l'approprìement.

sans, sont recevables sur le prix; car l'appropriement assure l'acquereur: mais il n'abolit pas les droits des créanciers contre le débiteur, auquel le prix apartient: idem si le prix est consigné.

Sempronius vend son fonds à Caïus, lequel paîe le prix. Lorsque Caïus veut s'approprier, Titius créancier s'opose, & le seul de plusieurs créanciers, qui forme oposition. Caïus est déclaré approprié à la charge de l'oposition de Titius, qui poursuit ledit Caïus à la représentation du prix, lequel pour s'en dispenser déclare ceder par hypotéque. Les autres créanciers étoient exclus par l'appropriement. Mais l'acquereur remettant le fonds *in bonis venditoris*, pour se décharger de l'oposition de Titius qui seul avoit droit, cette hypotéque cedée profite à tous les créanciers; *& ex personâ alterius consequuntur quod ex suâ non habebant.* (c)

D'ARGENTRÉ A.C. *art.* 269. Le Commentaire de cet article est une repétition de ce qui a été dit tant de fois sur la force & sur l'effet des appropriemens; & cela uniquement pour établir qu'il n'y a point lieu à la restitution contre le défaut de s'être oposé.

5. *Contre tous ceux du Duché.* De la maniere que cet article est conçu, il y a une distinction à faire, dit l'Auteur, sur la qualité des absens.* Il est excusable d'avoir dit sur la foi de ce texte, que le mot d'absent ne se doit entendre que de ceux qui ne sont pas domiciliaires du Duché, & que ceux qui en sont domiciliaires ne doivent pas être compris sous cette disposition, parce qu'une absence passagére ne doit pas être considérée; mais cela devient inutile par la Nouvelle Coutume, qui retranche ces mots *de ceux du Duché*, & qui, dans la suite met en général *contre ceux qui sont hors du Duché.* Car les premiers mots étant retranchés, les autres ne suposent qu'une absence locale, indépendemment du domicile des absens. L'Auteur convient dans son Aitiologie que c'est le véritable usage, & il déclame contre les fraudes qui se font à cette occasion par les absences affectées; mais c'est un usage établi.]

6. ARREST I. Cet article a souffert exception pour les biens Ecclésiastiques alienés en vertu des Bulles des Papes & Edits des Rois Charles IX. & Henri III. en conséquence de la faculté de rachat accordée au Clergé, & renouvellée de tems en tems. Jugé le 5. Juillet 1633. contre Mathurin Rabeau, apellant, au profit des Religieux de la Chaume, intimés, remboursant le prix des premiéres acquisitions & loïaux-coûts, frais, mises, augmentations & améliorations, même contre les tiers possesseurs bien & dûement

NOTES.

(c) M. Hevin paroît décider ici que l'abandon par hypoteque fait revivre, contre le créancier oposant, les droits que les créanciers antérieurs avoient perdus, faute d'oposition à l'appropiement. L'Arrêt du 2. Août 1735. que je viens de raporter est contraire à cette proposition, contre laquelle il suffit d'observer que l'oposition à l'appropriement acquiert à l'oposant une préférence, soit sur le prix, soit sur l'héritage même. Quel seroit le motif pour faire cesser cette préférence par l'abandon que l'acquereur fait? Il est de maxime que les hypoteques des créanciers ne peuvent avoir d'effet, qu'après le paîement du crédit préférable & privilégié.

appropriés, sauf le recours vers les vendeurs; Plaidans Chappel pour l'Apellant, & Devolant pour les Intimés. CHAPPEL.

Il a été rendu depuis une infinité d'Arrêts semblables.

Par l'Edit du Roi du mois de Novembre 1674. vérifié au Grand Conseil le 5. Décembre audit an, tous possesseurs & détenteurs des biens, droits, revenus, cens, rentes & autres dépendans des Eglises, Chapitres, Chapellenies, Colléges, Fabriques, Communautés Ecclesiastiques, & de tous autres Benefices païans ou non païans décimes, vendus, aliénés, engagés à faculté de rachat ou à perpétuité, à prix d'argent ou à rente en deniers, grains ou autres espéces rachetables ou non rachetables, depuis l'an 1556. & qui n'ont été jusqu'à présent retirés en vertu des facultés ci-devant accordées aux Ecclésiastiques, (dont la derniere fut l'11. Novembre 1670.) sont & demeurent dorénavant & pour toujours à perpétuité, propriétaires incommutables desdits biens, avec pouvoir de les vendre, transporter, engager, &c. sans y pouvoir être troublés, ni lesdits biens retirés en quelque maniere que ce puisse être; & pour ladite propriété, païeront la taxe qui ne pourra excéder le huitiéme denier du prix des aliénations, sans qu'à l'avenir ils puissent jamais être troublés, ni tenus de païer ou contribuer autre en quelque maniere, & sous quelque prétexte que ce soit, vérifié au Grand Conseil. (d)

7. ARREST II. Sçavoir si cet article a lieu contre le mineur, lequel étant impourvu ne s'est oposé à un décret ou vente judicielle, pour conserver son hypotéque sur les choses. La question s'étant presentée aux Enquêtes, le procès y fut parti; & depuis, sçavoir le 27. Mars 1626. départi en la Grande Chambre, & jugé en faveur du mineur impourvu; M. Nicolas, Raporteur, M. le Duc, Compartiteur. (e) DEVOLANT. Argum. de l'art. 286. inf.

8. ARREST III. Un Seigneur de fief fait saisir une dîme dépendante d'une Chapellenie, par faute d'aveu en l'an 1554. En 1563. il y a aveu fourni, & nonobstant la dîme demeure dans la main du Seigneur. En 1577. il y a demande du Chapelain contre le Seigneur, & montrée ordonnée par le Juge en 1614. La dîme est vendue par l'héritier du Seigneur; l'acquereur s'en approprie, & en 1651. le Chapelain vendique la dîme contre le possesseur.

Le Chapelain disoit que cette dîme étoit *ab initio* Ecclésiastique; & ainsi qu'elle n'avoit pu être possedée, *multò minùs* prescrite: car elle étoit partagée entre le Recteur & le Chapelain; que quand elle eût été inféodée, y en aïant eu reversion à l'Eglise avant la saisie féodale, elle reprenoit sa nature; que la saisie étant féodale, le Seigneur n'avoit pu posseder *sinon custodiæ causâ*.

Le possesseur disoit qu'elle étoit inféodée, puisqu'elle étoit sujette à l'aveu, ainsi prescriptible; que toute dîme n'étoit pas plus Ecclésiastique que les autres biens d'Eglise, lesquels se prescrivent par notre Coûtume; que la saisie féodale avoit fini en 1563. par la presentation de l'aveu, & que depuis, la possession avoit éte *pro suo*; qu'en 1577. il y avoit eu contestation: qu'ainsi il avoit été saisi, *saltèm ex interversione*, & il avoit pu vendre & transferer la faculté de s'approprier en 1614. que ce titre n'étoit pas seulement

NOTES.

(d) V. Devolant, *lettre R. ch.* 13. Chaple, *ch.* 181.

(e) V. Belordeau, *lettre M, contr.* 61.

confirmé par un appropriement édictal, mais encore quindecennal & de près de 40. ans, sçavoir, depuis 1614. jusqu'en 1651. Sur l'apel de la Sentence des Présidiaux de Nantes, qui ordonnoit la main-levée de la dîme au profit du Chapelain, faisant les prestations feodales selon les offres, la Cour mit l'apellation au néant, le 29. Avril 1655. Mr. de Cornullier, Président, Plaidans Rabeau pour l'Apellant, Sauvageau pour l'Intimé. (f)

NOTES.

(f) V. Art. 271. n. 84. & *suiv.*

ARTICLE CCLXXV.

[a] *Et* s'il y avoit dol ou fraude au contrat ou aux bannies, [b] compétera action, nonobstant lesdites bannies & certification d'icelles, jusqu'à dix ans après la certification. *Et où il n'y auroit bannie, ne sera aucun recevable, (après les 15. ans, à compter du jour du contrat & possession prise) à debattre le contrat de dol, fraude, ni simulation; & demeurera l'acquereur (comme dit est) approprié.*

CONFERENCE.

Art. 286. & 327.

A. C. *Art.* 269. a S'il n'y. b Auquel cas.

T. A. C. *Ch.* 41. Et est le tems reservé de trouver la fraude jusques à trente ans, comme il est dit au 220. Chapitre.

Trente ans. Contrats & marchés frauduleux peuvent être revoqués jusqu'à 30. ans. Hîc & cap. 220.

Fraude. Simulation & fraude comment doivent être prouvés, & cùm tenetur & cùm non. V. Barthol. & Alex. in additionibus, allegans singulariter Baldum *in L. multum in primâ collatione si quis alter vel sibi C.* ubi tradit modum probandi simulationem, & cum instrumentum dicitur simulatum vel falsum. V. Bald. *in L. si ex cautione C. de non numer. pec. in primâ quæstione.*

SOMMAIRE.

1. *La bonne foi n'est pas requise pour l'appriement de 15. ans.*
2. *Dequel dol parle cet article. Distinction entre dol & mauvaise foi.*
3. *Preuve de la fraude par témoins.*
4. *Des differens vices des bannies.*
5. *Il suffit d'agir le dernier jour.*

COMMENTAIRE.

Hevin. *Et s'il y avoit dol ou fraude.* La T. A. C. donnoit 30. ans pour découvrir la fraude *art.* 41. & 220. Confer. art. 327. infrà.

NOTES.

Du Fail, *liv.* 1. *ch.* 33.

D'ARGENTRE' AIT. *Au contrat ou aux bannies.* Addendum fuerat, *ou en la reconnoiſſance*, quod cûm omiſſum eſſet, monente me, additum eſt ſub titulo *des prémeſſes*, de quo nos articulo 269. *verbo aux bannies.* Sed articulus editus eſt, qui eſt 327. infrà.

A compter du jour du contrat. Additum, quia nuper reperti erant qui, invitâ Themide, quindecennium hoc ſubordinandum putarent decennio, de quo in clauſulâ priori; atque ita retrahentem, contra omnium ſenſum, uſque ad 25. annum admiſiſſent ad retractum, inſcitè; & merito tale judicium ordines magno conſenſu repudiarunt.

1. *Ne ſera aucun reçu à debattre.* Hîc igitur quicumque deſipis, diſce præſcriptionem quindecennalem, quæ cum titulo currit, etiam datâ poſitivâ malâ fide, currere; nam etiam datâ fraude, dolo aut ſimulatione contractus, nihilominùs præſcriptio perficitur; nec quiſquam recipitur ad allegandam, aut probandam malam fidem : ſileant igitur luſcioſi, qui in ſole caligant. (a)

2. D'AGENTRE' A. C. *art.* 269. *S'il n'y avoit dol ou fraude.* Le mot de *fraude* ſuffiſoit, & avoit plus de raport à l'eſprit de l'article. Cependant, ſuivant les Docteurs, il y a une différence, comme du genre à l'eſpéce. Cette diſcuſſion eſt inutile; il eſt vrai qu'il y a un dol réel & un dol perſonnel. Comme c'eſt du dernier qu'il s'agit uniquement ici, il n'eſt pas beſoin d'entrer en des diſtinctions; & en ce ſens le dol & la fraude ſont ſynonimes. On entend ici le dol qui ſe commet au préjudice d'un tiers; car pour celui qui regarde les contractans entr'eux, il y a le reméde de la reſtitution dans les dix ans. On n'embaraſſera point cet extrait de la diſtinction, que fait l'Auteur du dol & de la mauvaiſe foi. La plus naturelle eſt de dire que, comme la bonne foi n'eſt pas requiſe pour la preſcription & pour l'appropriement, cela ne regarde point le mérite de la poſſeſſion, au lieu que le dol eſt un deſſein formé & exécuté par le contrat de tromper les tierces perſonnes; par exemple, ſi pour éloigner les prémeſſes, on affectoit de ſimuler, au lieu d'un contrat de vente effectif, un autre acte excluſif de prémeſſe, comme une donation, ou tout autre contrat ſimulé. On a dix ans pour découvrir ce miſtere; mais après les dix ans, l'appropriement reprend toute ſa force, ſuivant l'art. 275. de la Coûtume. * Cela ſuplée à ce que l'Auteur dit ici avec aſſez d'embarras, & la longue diſſertation qu'il fait ſur la bonne foi ou la mauvaiſe foi, ſuivant les ſentimens des Juriſconſultes ou des Canoniſtes, eſt une repétition de ce qu'il a dit d'abord, que la bonne foi n'eſt pas néceſſaire pour la preſcription & pour l'appropriement.]

Ou fraude. Cette fraude ou ce dol perſonnel s'entend entre les deux contractans, de la maniere qu'on vient de l'expliquer par un ſeul exemple entre pluſieurs Mais ſi celui qui a vendu, avoit acquis par dol & fraude, & qu'enſuite il eût poſſedé & revendu, ſon acquereur pourroit valablement s'approprier, parce que le dol & la fraude ſont perſonnels.

L'Auteur revient à la diſtinction qu'il a déja faite des fraudes *legis & hominis.* Mais il réſout que toutes aliénations ou donations contre la prohibi-

NOTES.

(a) V. la Préface, *n.* 1. *art.* 269. *n.* 65. & *art.* 281. *n.* 15.

tion de la Loi sont nulles. Sur cela comme on pourroit lui imputer de la contrarieté au texte, en ce qu'il a dit que de pareils contrats il ne peut se former de légitime approprіement, il distingue ce qui est simplement de fraude, & ce qui est d'une fraude à la Loi emportant nullité. En ce dernier cas, par exemple dans toutes les donations prohibées, il ne peut y avoir d'approprіement valable. Mais dans le prèmier qui est la simple fraude, faite à une tierce personne, l'approprіement est valable, si on ne l'a pas entrepris en prouvant la fraude dans les dix ans. On en donne un exemple dans le cas où, pour empêcher les lignagers d'exercer le retrait, on auroit deguisé la vente du titre d'échange, ou autre non sujet au retrait, & dont on decouvre la simulation dans les dix ans accordés par la Coûtume.

Au contrat. On repete encore ici la question, si d'un contrat simulé il peut se faire un approprіement; & cela a été plusieurs fois expliqué jusqu'à present. C'est aussi une assez ample déduction sur la simulation & la fraude dont on vient de donner un exemple. L'Auteur raporte d'autres exemples de fraude, en ce que, par simulation, l'on a affecté par le contrat de rendre le retrait plus difficile, comme dans le cas où l'on a simulé des conditions plus onereuses, quoique dans la vérité on découvre qu'elles n'étoient pas de l'intention des parties. On grossit le prix. On supose que le prix est stipulé païable sans terme, quoique l'on soit véritablement convenu d'un terme pour païer; & dans ce dernier cas l'Auteur dit que par Arrêt de 1572. il fut jugé que le retrait pouvoit avoir lieu nonobstant l'approprіement. Il paroît aussurplus qu'il n'y a que ceux à qui la fraude ou la simulation nuit qui empêchent l'effet de l'approprіement jusqu'à dix ans. On en voit l'exemple par raport aux lignagers. Car pour des créanciers qui prétendent hypotéque, la simulation du titre ou des conditions ne peut les empêcher de s'oposer. Ils ont toujours droit d'oposition; & ils sont bien fondés, à quelque titre que le bien de leur débiteur ait été transporté.

3. Quant à la preuve de la fraude ou simulation, l'Auteur décide qu'elle peut se faire par témoins, (*b*) parce que ce sont des faits secrets, dont souvent il ne se raporte point d'acte, ou les actes sont recelés facilement. Le doute fondé sur l'Ordonnance de Moulins, qui exclut la preuve par témoins au-dessus de 100. liv. est qualifié ici de *stulta dubitatio*, parce que des faits de cette nature se prouvent moins par pieces, que par les circonstances, ou par des conjectures.

4. *Ou aux bannies.* Il peut y avoir deux sortes de vices dans les bannies, la nullité, & la simulation, outre le faux lorsqu'il s'en trouve. La nullité consiste dans le défaut de formalité, *quia forma dat esse rei.* Si la bannie n'est pas faite au lieu & au jour ordinaire, s'il n'y a pas l'intervalle égal entre les trois bannies, ce sont des vices sans remede, qui ne se purgent par aucun tems. Mais si c'étoit une simple fraude, en bannissant des conditions plus onereuses pour détourner les lignagers, il n'y auroit que dix ans. On parle ensuite de la fraude en matiere de retrait, lorsqu'il paroît qu'un parent plus

NOTES.

(*b*) Sauvageau sur du Fail, *liv.* 3. *ch.* 72.

proche a prêté son nom pour exclurre le plus éloigné, ou que quelque parent a demandé une prémesse simulée pour frustrer l'acquereur. * Mais cela regarde le titre des prémesses; & l'on en a fait un article dans la Nouvelle Coûtume, que l'Auteur dit dans son Aitiologie avoir conseillé, comme cela aïant été omis dans le present art. & dans l'art. 275. de la Nouvelle.]

5. *Jusqu'à dix ans.* La Très-Ancienne Coûtume donnoit trente ans, mais les Réformateurs de 1539. ont cru devoir abreger ce terme. Il faut que les dix ans soient complets; & quoiqu'en Droit, *dies incaptus pro completo habeatur in præscriptionibus titulatis*, il suffit d'agir dans le dernier jour. (c)

Après ladite certification. Si elle est nulle il faut quinze ans.

NOTES.

(c) V. Art. 272. *n.* 40. & Art. 278. *n.* 7. & 10. Art. 285. *n.* 22.

ARTICLE CCLXXVI.

La forme ci-dessus ordonnée, pour faire bannies d'héritage, sera universellement gardée par tout le Païs, quelque usement local que les Seigneurs & Gentilshommes aïent par ci-devant prétendu en leurs terres, sans préjudice de leurs droits en autre chose.

CONFERENCE.

Constitution de 1431. *ch.* 5. *art.* 12.

COMMENTAIRE.

D'ARGENTRE' AIT. Hic articulus multum suadente me editus est, ut, in re tanti momenti, certa & uniformis regula constitueretur totâ regione, quòd ante monueram, & consulueram faciendum, cùm scriberem in art. 265. etsi reclamantibus Dominis prædiorum quibusdam, ne publicæ utilitati, prætextu privati commodi, illuderetur: & aliter consuli potest damnum allegantibus & publici cura potior esse debuit.

HEVIN. Par Arrêt raporté dans du Fail, *liv.* 3. *ch.* 90. on voit que par un usement local de Quintin, les bannies à cause d'appropriement se font aux Halles contre la disposition de cet art. il est néanmoins douteux, si cet usement fut confirmé, d'autant que la Cour apointa la cause au Conseil.

NOTES.

V. le Procès Verbal de la Coûtume & dans le Journal du Parlement, *tom.* 1. *ch.* 30. l'Arrêt contre le Seigneur du Boisfevrier.

ARTICLE CCLXXVII.

ARTICLE CCLXXVII.

Les bannies d'héritages, situés en plusieurs Paroisses, se doivent faire en chacune d'icelles, & certifier en la Jurisdiction dont les choses sont tenues prochement, ou Cour supérieure. Et où on auroit omis à bannir en quelques-unes desdites Paroisses, vaudra l'appropriement, pour le regard des héritages situés aux Paroisses où les choses auront été dûement bannies, pourvû qu'on ait fait les bannies en la Paroisse en laquelle le chef ou principal manoir de la terre sont situés.

CONFERENCE.

Art. 269. Poitou 435.

COMMENTAIRE.

D'ARGENTRÉ AIT. De hoc nos *art.* 265. *verbo ou par Cour supérieure. Et où on auroit omis.* Dici non potest quantum hujus art. materia negotii facesserit bonis & eruditis; cùm quidam obstinatè & pervicaciter contenderent contractus esse individuos; ita ut si quæ pars omissa esset, totum approprimentum corrueret, quibus nos in approprimentis ex professo sic respondimus, ut nullius negotii in reformando fuerit Ordinibus persuadere, ineptè & imperitè hoc casu de individuitate argui, & grandi paralogismo falli hujus sententiæ aut erroris auctores; cùm ne individuitatem rectè perciperent, & absurdè de eâ arguerent, & à principiis omnibus refellerentur. Stetit itaque non magno negotio hic articulus, adjecto si in principalis manerii Paræcia bannimenta essent facta.

NOTES.

Du Fail, *liv.* 1. *ch.* 359. & 451.

ARTICLE CCLXXVIII.

Les opositions, soient judiciellement ou extrajudiciellement faites contre bannies ou appropriement, ne durent qu'un an, à compter du jour qu'elles auroient été signifiées extrajudiciellement, ou fournies en jugement, s'il n'y avoit, sur lesditse opositions, contestation ou apointement du Juge à écrire, dans l'an qu'elles auroient été fournies en jugement, ou signifiées extrajudiciellement. Et où il n'y auroit contestation ou apointement à écrire dedans ledit tems, demeureront lesdites opositions ſans effet d'interruption, & ſans aucun eſpoir de reſtitution; & demeurera l'acquereur approprié : & ſeront les opoſans déboutés par fin de non-recevoir, ſoit que ladite opoſition fût libellée ou générale.

NOTES.

Il en eſt de même de tous exploits & ſignifications Actes de notor. des 26. Mai 1712. 13. Juillet 1713. 68. 73. *Devolant* & 17. Mars 1733. 49. *Q. Féod. d'Hevin.*

V. les actes de notoriété des 15. Mars & 29. Juillet 1728. 28. & 31. *Q. F. d'Hevin*, du Fail, *liv.* 1. *ch.* 227. 284. 293. 350. 359. *liv.* 3. *ch.* 116. 121. la 4. Conſultation de d'Argentré & le Traité des interruptions *ch.* 6. 7. & 8.

Il s'eſt introduit un uſage contraire à l'Ordonnance, & qui eſt cependant général, de regarder le défaut levé au Greffe, comme operant la conteſtation en cauſe, quoique l'article 13. du titre des conteſtations en cauſe, porte expreſſement que la cauſe ſera tenuë pour conteſtée après le premier reglement, apointement ou jugement qui interviendra après les défenſes fournies. Il eſt évident que l'eſprit de l'Ordonnance eſt que la cauſe ne ſoit tenuë pour conteſtée, que par le premier jugement qui intervient avec connoiſſance de cauſe On voit même par le procès verbal de l'Ordonnance que, dans le premier projet, la conteſtation en cauſe par défaut, étoit fixée après le défaut jugé; & ſi l'on retrancha cette partie de l'article, ce ne fut pas pour admettre la conteſtation en cauſe par le défaut levé au Greffe, mais ſeulement, parce que M. le Premier Préſident obſerva que *la conteſtation en cauſe ne ſe pouvoit plus apliquer au défaut, parce qu'il emporte profit.* Cette raiſon qui parut déciſive pour la réformation de l'article, devroit faire ceſſer une erreur qui n'a pour motif qu'une équivoque ſur la maxime que *le défaut emporte conteſtation*, ce qui ne doit plus s'entendre, depuis l'Ordonnance, que de la conteſtation de la demande, qui par ce motif doit être vérifiée, ſuivant l'art. 3. du T. 5. de l'Ordonnance. V. le procès verbal de l'Ordonnance, *T.* 6. *art.* 14.

Le même raiſonnement tiré de l'article 13. du titre des conteſtations en cauſe, s'aplique aux préſentations, qui cependant, par l'uſage & par la juriſprudence conſtante du Parlement ſuffiſent pour lier l'inſtance pendant trois ans. Arrêt du 26. Juin 1726. Journal du Parlement, *tom.* 1. *ch.* 65.

La mort du Procureur ou de la partie proroge l'inſtance pendant trois ans.

Il eſt de maxime en Bretagne que l'inſtance étant liée par la conteſtation en cauſe, la peremption ne peut avoir lieu que lorſqu'elle concourt avec la preſcription.

Il eſt également de maxime, pour les inſtances du Parlement, que ſi la cauſe a été miſe au rolle ou apointée, la peremption n'a plus de lieu, & l'inſtance ne peut être éteinte que par la preſcription de 30 ans. On penſe auſſi qu'elle eſt perpétuée pendant 30. ans, du jour de la diſtribution. Le motif eſt qu'on ne peut faire de ſommations de juger aux Cours ſouveraines.

Sur ces deux maximes & ſur les autres queſtions concernant la peremption, V. Frain, *ch* 29. la diſſertation d'Hevin ſur la peremption, à la fin du premier tome de Frain, les actes de notoriété 5. 67. 128. *à la fin de Devolant*, le 4. acte de notor. *à la fin des Q. F. d'Hevin*, Hevin, *Queſt. Feod. p.* 313. le Journal du Parlement, *tome* 1 *ch.* 64. 65. & 103. M. de Perchambault dans ſa Coûtume in 4°. *traité de la peremption*, Devolant au mot *peremption*, Sauvageau ſur du Fail, *liv.* 1. *ch.* 110. 185. 284. 293. 413. 457. *liv.* 3. *ch.* 136. 137. Sauvageau, *liv.* 3. *ch.* 41. Chapel, *ch.* 67. 68. 193. 240. 292. 350. & les Arrêts ſur le preſent article, Dunod, *part.* 2. *ch.* 11. le Grand, *art.* 200. *gl.* 1. Ferriere, *tit.* 6. §. 4 Note ſur du Pleſſis, des preſc. *liv.* 2. *ch.* 1. *ſect.* 2. Loüet, *lettre I. ch.* 13. & *lettre P. ch.* 14. 16. 17. & 18. l'arrêté du Parlement de Paris du 23 Mars 1691. dans Neron, *tome* 2. *p.* 831. Valla *de reb. dub. ch.* 15. Bouteiller, *l.* 1. *t.* 23. & ſon Commentateur.

Sur la conteſtation en cauſe, en matiere civile & criminelle, V. Baſnage ſur Normandie, art. 70.

CONFERENCE.

T. A. C. *Ch.* 48. Quand aucun se plege, *vel* fait plegement, contre aucune personne; & celle personne se deffaut, l'adjournement recordé de son plegement doit demourer en vertu, si proceix n'y a. Mais si celui, qui a fait juger le plegement ne le poursuit en l'année, contre celui défaillant, qui use du fail de la saisine, riens il ne fait; & ainsi doit-il être de tout plegement qui n'est poursеu en l'année par proceix, ou par remû, ou par autre voïe, ou cas que la partie adverse use du contaire.

De materiâ hujus capituli vid. ad hoc.

Son plegement: idem en arrêt.

Qui n'est poursеu. Toutes intimations, revocations & opositions n'ont effet, si ne sont poursuës en jugement: ad hoc *Cap.* 52. facit glossa, & ibi Paulus *in L. qui Roma* §. *Flavius ff. de verb. oblig.*

Le plegement. En vertu supple du contraire: & sic prescriptivè instantia.

Ch. 220. Et posé qu'il y eût eu opposition, si celui qui la voudroit débattre après le tems dessus dit, s'il ne montroit aucune chose de fait de poursuite, il sembleroit qu'il n'eût pas raison quant à l'heure, & que le possesseur eût bon titre. Car pour défaut de prouve, mainte bonne cause & véritable est aucunes fois perduë; & pour ce doit croire Justice en ce qu'elle voit, car elle est tenuë à garder à chacun son droit.

Ch. 256. Si l'esplet tardoit sans adjournement qui tinseist entre parties, & le tems se passât, par quoi l'action dût être éteinte, il n'y devroit pas être oüi en simple action, s'il ne touchoit esplets faits en tems dûs, pource qu'il semble, quand plet est émû qu'il n'est poursеu, qu'il y doive avoir aucun gré, ou finaison de plet, ou de querelle, ou que cil qui l'a émû, puisqu'il a laissé le tems passer, n'eût pas raison; & ainsi se doit plus faire nuisance porter préjudice à l'acteur, que profit au tems advenir.

Ponthieu 165.

ORDONN. Janvier 1563. *art.* 15. L'instance intentée, ores qu'elle soit contestée, si par laps de trois ans elle est discontinuée, n'aura aucun effet de perpétuer ou proroger l'action, ains aura la prescription son cours, comme si ladite instance n'avoit été formée ni introduite, & sans qu'on puisse prétendre prescription avoir été interrompuë.

Moulins 1566. *art.* 52. & Déclar. du 10 Juillet 1566. 1629. *art.* 91.

SOMMAIRE.

1. *Si les opositions extrajudiciaires sont valables.*
2. & 4. *Contestation, ce que c'est? Sa nécessité.*
3. *Distinction entre les droits qui sont purgés par l'appropriement & les droits qu'il n'exclut pas.*
5. *De la peremption.*
6. *De l'interruption par l'assignation devant un Juge incompétent.*
7. & 10. *Si l'assignation, dont le délai tombe après l'année, interrompt.*
8. *Si un jugement de déboutement interrompt.*
9. *La simple assignation interrompt.*
11. *Apointement de fournir les moïens d'oposition, s'il interrompt pendant 3. ans.*
12. *Nulle peremption ni prescription en bénéfice d'inventaire.* Quid *entre les héritiers?* Aux Notes.

COMMENTAIRE.

D'ARGENTRE' AIT. Utilissima dispositio veteribus pridem valde usurpata, sed non scripta, ideoque imberbi seculo in dubitationem revocata ad terminanda tempora intendendarum, aut prosequendarum oppositionum, & an idem jus de judicialibus & extrajudicialibus statuendum esset, de quo nos pridem diffusè *art.* 266. (*a*)

1. *Judiciellement ou extrajudiciellement.* Hæc adolescentis fori controversia, major-ne scilicet vis esset judicialis an extrajudicialis oppositionis. Nam veteres non dubitabant, quippe oppositio naturâ suâ simplex est actus partis, nec quidquam mutat in judicio interposuisse, cùm Judex non interfatur, nec partes suas aut cognitionem interponit, ac ne judiciarius quidem talis actus censeri debet. Regula autem hîc constituitur de forma omnium oppositionum, etiam in casu art. 274. & 302. qui articuli subjacent huic dispositioni ut universali, sive à die certificationis tempora currant, sive à die oppositionis formatæ ante certificationem.

Un an à compter du jour. Sive oppositio ante approprimenta perfecta, sive post intercedat. Nam annus à die interpositæ oppositionis currit in omnibus & quibuscumque oppositionibus : & ita obtinet usus & praxis.

2. *Contestation.* Contestatio est illa συμπλοκη quæ fit ex petitione & negatione, id est conflictus ex contradictione mutuâ.

Ou apointement du Juge à écrire. In quo ipso actu inest contestatio, cùm scilicet Judex auditis partibus & repugnantibus interfatur, actorem libellum edere & reum respondere, quæ verbo ante ipsi sunt professi, hæc ratio & ritus contestandi. Articulo sequenti additum *ou autre poursuite*, de quo nos ibi. Sed hic notandum talem actum non sufficere, nisi actor paruerit & actu libellum ediderit. Major enim esset contumacia non parentis quàm omninò injussi. Il faut que le demandeur ait obéi à l'apointement : autrement ce n'est rien fait pour interrompre. Car la contumace seroit plus grande de n'avoir obéi à l'apointement, que de n'en avoir du tout point pris.

3. Sed Summopere notandum hîc textum loqui de his juribus, quæ approprimentorum solemnibus excluduntur : hæc enim excluduntur anno post oppositionem, si contestatio non est secuta. Quod si quæ actiones dicuntur, quæ approprimentis non excluduntur, veluti rescissiones, quæ decennio durant *art.* 275. & 286. & 297. & 280. Hoc casu oppositiones interpositæ, nullâ secutâ prosecutione, intermoriuntur quidem, sed intra decennium resumi actiones possunt, quia scilicet adhuc tempora largiuntur.

4. *Et où il y auroit contestation, ou apointement dans ledit tems.* Terque quaterque notandum, quòd hîc dicit contestationem fieri oportere intra annum à die denunciatæ oppositionis : nec sufficit ullus actus minor contestatione. Car il faut contestation ou exploit équipollent à contestation; tellement que pour faire un tel exploit, on contraindroit un défendeur à venir durant induces. *L.* 1. *ff. de feriis.* Un défaut équipolle contestation, comme aussi si les parties, de commun consentement, faisoient remeu de la cause à autre jour

NOTES.

(*a*) Au traité des interruptions, *ch.* 6. & *suiv.* V. Art. 272. *n.* 5. & *suiv.*

dit; quia per eas stat quominùs contestetur, *L. eum qui §. qui injuriarum ff. si quis cautionibus*. Lequel tems le Juge de lui seul ne peut proroger, cùm in potestate Judicis non sit tempus statutarium. Et en ce cas ne suffiroit de donner ajournement & assignation à échoir après le tems, & fût-il signifié dedans le tems: car il faut contestation entiere, & ce dedans le tems dudit an; autrement le laps de tems, & l'appropriement excluroient les oposans.

5. *Sans interruption.* Immensum est quòd suscipi laboris oportuit, ut hic articulus obtineret: etsi perspicuam auctoritatem habebat ab ordinatione Regis quæ Russillioni edita est anno 1564. nec acrius de aris & focis dimicari potuisset; cùm quidam etiam sublato interruptionis effectu manere actiones vellent. Docti Juris, & experimentorum Legis vim obtundebant, & approprimento semel perfecto nullas manere actiones, & omnium omnes excludi volebant, nec eas resumi posse: quia approprimentum extincto interruptionis effectu reconvalesceret, & retro ageret, perinde ac si nulla unquam interruptio intervenisset, oppositione ad nihilum redactâ cum toto suo effectu. Res hæc per plures dies comperendinata denique consulti, meditatique ordines, re sæpiùs agitatâ & in consilium missâ, institere, ut articulus perferretur, quòd nisi fieret, ingens fenestra aperiebatur veternosis oppositionibus insidiatorum, ad convellendas cujusque securitates; & mirandum cuiquam omninò, cui mens constaret, adversariam sententiam placere potuisse.

Et sans espoir de restitution. Additum ad refellendas cavillatrices sententias, quæ repererant vitiligari, & currere quidem præscriptiones fatebantur, sed restitutiones dari, quòd ipsum erat verbis eludere effectus rerum, de quo nos in approprimentis *art.* 266.

Soit que l'oposition soit libellée. Nam erant, qui putarent satis esse ad interruptionem, si actio & petendi causæ exprimerentur in citatione in specie, de qua nos in approprimentis latè, ubi supra.

HEVIN. V. du Fail *l.* 3. *ch.* 436. où il parle de la cause qui a fait ajouter cet article.

Les opositions soient. Vid. Argentr. *Consult.* 4. & in Notâ ad hunc art.

6. *Judiciellement.* An citatio coram Judice incompetente interrumpat? Ita hoc art. qui oppositionem extrajudicialem admittit. V. D. Loüet, *lett. A. n.* 10. Frain, *Plaid.* 30. (*b*)

7. *Dedans ledit tems.* An dies assignationis post annum exiturus interrumpat; negat Argent. *Consultat.* 4. *num.* 21. contra Tiraquellum. V. Frain, *Plaid.* 30. (*c*)

8. Frequens quæstio an sententia absolutoria, seu quæ rejicit intercessionem seu oppositionem, actionem perpetuet. Sunt qui id putant; & inter-

NOTES.

(*b*) Et le Commentaire sur l'Art. 272. *n.* 39.

(*c*) V. ci-après, *n.* 10. le Commentaire sur l'Art. 272. *n.* 14. & 40. sur l'Art. 275. *n.* 5. & sur l'Art. 285. *n.* 22.

jectâ vel intimatâ appellatione intra 30. annos à die sententiæ latæ, actionem restaurari, hâc ratione quod à sententiâ liceat intrà eumdem terminum trecennii appellare, & consequenter actionem resumere, & controversiam in judicium deducere. Alii negant, nec plus authoritatis tali sententiæ tribuunt ad conservandum, quàm cuilibet actui instantiæ seu processus; & ideò vel intrà triennium appellandum à die sententiæ, vel intrà terminum actionis; postea obsistere præscriptionem cum peremptione instantiæ; quibus assentior, nec obstat ex sententiâ nasci actionem rei judicatæ quæ 30. annis durat, quia id verum est in sententiâ quæ continet adjudicationis, seu intentionis, attributiva; at non in eâ quæ meram depulsionem continet: aliàs reus sequioris esset conditionis sententiam absolutoriam obtinuisse, quâ cessante futurum erat ut instantia perimeretur & extingueretur actio.

9. Arrest I. Jugé le 25. Septembre 1612. que la simple assignation faite *intrà fatalia tempora*, bien qu'il n'y eût point eu d'apointement ou contestation dans le même tems, étoit capable d'interrompre; Plaidans Maître Nicolas Trochet, & Mr. Deslandes.

Arrest II. Jugé derechef trois jours après, sçavoir, le 28. Septembre 1612. que l'assignation interrompt la prescription, bien qu'il n'y ait contestation dans le tems déterminé pour la prescription; Plaidans Maître Simon Devollant & Maître Sebastien Frain. C'est son Plaidoïer 30. où il traite exactement la question; mais il y avoit cela de remarquable dans le fait, que bien qu'il n'y eût apointement ou contestation dans le tems, néanmoins le terme de l'assignation étoit dans le tems; car l'exploit étoit signifié le dernier jour après midi, avec assignation à quatre heures de la même aprèsdînée.

10. Mais lorsque la citation, faite *intrà tempora*, porte assignation après le tems de la prescription; sçavoir, s'il y a interruption? On tient encore l'affirmation, suivant l'opinion de Mr. Tiraqueau, §. 8. *gloss.* 2. *num.* 2. contre le sieur d'Argentré, *art.* 266. *in verb. interruptio*, particuliérement lorsque l'oposant a été forcé par la nécessité du terme compétent, & de l'éloignement du défendeur, de porter son assignation au delà du tems nécessaire à la prescription. La question s'étant presentée sembla néanmoins difficile, & fut apointée sur les Plaidoïers des Avocats le 25. Juin 1610. Plaidans Marchand & Ybert; & il y a même un Arrêt du 9. Mars 1609. par lequel jugé que la signification, faite *intrà fatalia*, mais avec assignation après les 30. ans, ne conserveroit par l'action.

11. Arrest III. Jugé le 14. Septembre 1614. qu'un apointement de fournir ses moïens d'oposition, rempli & suivi d'un fournissement de moïens, perpétuoit l'oposition jusqu'à trois ans, entre Harel, Apellant, & le sieur de la Gavoyere, Intimé; Monsieur Fouquet, Président.

Arrest IV. Jugé même que l'apointement, contenant acte de l'oposition & ordonnance de fournir & communiquer moïens, porte l'instance jusqu'à trois ans, pourvû que les moïens aïent été fournis dans l'an (bien qu'après le délai de fournir ordonné par le Juge) quoique depuis le fournissement il n'y eût pas eu dans l'an contestation sur les moïens particuliers de l'oposition, par Arrêt du 16. ou 17. Juillet 1612. Plaidans Monsieur Deslandes

& Maître Sebastien *(d)* Frain. C'est son Plaidoïer vingt-neuviéme.

ARREST V. Mais il faut remarquer que si le fournissement des moïens d'oposition n'a pas été fait dans l'an ; la simple ordonnance de fournir moïens ne vaut pas contestation, & ne proroge pas l'oposition jusqu'à trois ans. *(e)* Jugé le 27. Février 1592 ou 93. (*satius enim duxi in lectione scripturæ pœnè fugientis variare quàm fallere*) au profit du sieur de Kdanet, que faute à l'oposant d'avoir fourni ses moïens d'oposition, sinon dans le délai de quinzaine ordonné par le Juge, du moins dans l'an, qu'il n'étoit plus recevable ; Plaidant Durand, & nouvellement jugé au raport de Mr. de Serent, *Chambres & semestres assemblés*, le 19. Juillet 1655. L'oposant n'aïant pas fourni ses moïens d'oposition dans l'an, son héritier soutenoit que la Sentence de fournir moïens étoit une contestation, qui prorogeoit l'action jusqu'à trois ans ; & de plus, que la mort de son auteur oposant étant arrivée dans les trois ans, elle faisoit encore interruption : & bien que cette derniere question de sçavoir, si la mort de l'une des parties prolongeoit l'instance jusqu'à trois ans, en matiére d'oposition sur appropriement, eût donné cause à l'assemblée des Sémestres : néanmoins elle n'entra point en considération pour former l'Arrêt, d'autant que pour établir que la mort de l'une des parties, depuis la contestation, prorogeoit l'instance jusqu'à trois ans, il falloit suposer qu'il y avoit eu contestation avant la mort ; & au contraire la Cour jugea que faute à l'oposant (qui avoit vêcu plus d'un an après son oposition formée) d'avoir fourni ses moïens dans l'an, l'oposition étoit perimée. Ce fut le seul motif de l'Arrêt, ainsi que plusieurs de Messieurs ont déclaré.

12. ARREST VI. *(f)* On a jugé que l'action du créancier, qui s'est oposé

NOTES.

(d) Devolant, *lettre O. ch.* 20.

(e) Du Fail, *liv.* 1 *ch.* 205.

(f) Il est de maxime qu'il n'y a ni peremption ni prescription, quand le créancier s'est oposé dans le bénéfice d'inventaire, & que son action subsiste autant que le bénéfice & jusqu'à ce qu'il soit épuisé. Sauvageau *liv.* 1. *ch.* 223. 224. 225.

Mais la même imprescriptibilité a-t'elle lieu, en faveur d'un cohéritier qui s'est oposé dans la succession bénéficiaire pour avoir son partage ?

L'imprescriptibilité établie au profit des créanciers oposans au bénéfice a pour motif, que l'héritier n'étant à leur égard que l'économe de leur bien, cette qualité l'empêche de prescrire contre eux.

Mais à l'égard de toutes autres personnes, l'héritier bénéficiaire est *verè heres* & posséde *pro suo*, comme l'héritier par & simple. C'est une maxime aussi constante que celle de l'imprescriptibilité contre les créanciers oposans ; & ces deux maximes n'ont rien de contraire l'une à l'autre, parce qu'elles resultent même, de la difference de possession à l'égard des différentes personnes, sçavoir des créanciers oposans, & de ceux qui étant oposans n'ont pas la qualité de créanciers.

En effet, à l'égard même d'un cohéritier qui, au lieu de former une simple action de partage, s'opose au bénéfice d'inventaire, il est certain que l'héritier bénéficiaire n'a point d'autre qualité, que celle qu'il auroit euë, s'il avoit accepté la succession purement & simplement. Il n'est point l'économe de ce cohéritier, comme il l'est des créanciers. Le cohéritier peut lui demander un compte des effets qu'il a trouvés dans la succession. Mais ce compte est d'une nature toute différente de celui qui est dû aux créanciers du bénéfice ; & il est tel que celui qu'un héritier pur & simple doit à son consort.

Pour rendre cette vérité encore plus sensible, il suffit d'observer, que dans le compte

au bénéfice d'inventaire & y a produit, ne se prescrit point pendant que le bénéfice d'inventaire se poursuit, ledit bénéfice où l'héritier étant comme le dépositaire de tous les droits des créanciers : par Arrêt du ..... Janv. 1690. parti en Grande Chambre, départi aux Enquêtes.

NOTES.

que l'héritier bénéficiaire doit à son consort, il n'est pas obligé d'emploïer tout ce qu'il emploïe nécessairement dans le compte qu'il rend aux créanciers. Par exemple, si un créancier & un héritier s'oposoient après plusieurs années depuis l'ouverture du bénéfice, l'héritier bénéficiaire obligé de compter au créancier de toutes les levées échuës jusqu'alors, parce qu'il n'est que l'économe à l'égard de ce créancier, ne seroit tenu de compter à l'héritier oposant dans le même tems, que des levées échuës depuis l'oposition, parce qu'à l'égard de ce consort il est véritablement héritier, & par conséquent en droit de se servir de l'avantage que lui donne l'Art. 597. de la Coûtume.

La différence essentielle qu'on vient d'établir entre les droits & l'oposition du créancier, & les droits & l'oposition de l'héritier, conduit nécessairement à décider que l'oposition de l'héritier au bénéfice d'inventaire ne peut perpétuer son action, lorsqu'il ne l'a pas conservée, & qu'il en est de même que de toute action de partage, qui s'éteint par le concours de la peremption & de la prescription de 40. ans.

L'oposition de l'héritier au bénéfice n'a point pour objet de lui acquerir la qualité de créancier dans ce bénéfice. Elle se reduit à une action personnelle & universelle contre son consort, action d'une nature essentiellement différente de l'oposition du créancier; & comme on doit toujours revenir à la nature de l'action, il doit être parfaitement indifférent que cet héritier l'ait formée par une oposition au bénéfice, ou par une demande à personne ou domicile. C'est toujours constamment la même action & la maniere de la diriger n'a pu en prolonger l'effet & la durée.

Par ces motifs nous fumes d'avis MM. Gardin, Logeois, Begueret & moi le premier Mars 1737. que l'héritier qui avoit formé son oposition afin de partage dans l'instance du bénéfice, & qui ne l'avoit pas conservée dans les 40. ans depuis l'ouverture de la succession, étoit non-recevable.

ARTICLE CCLXXIX.

Et au cas qu'il y auroit contestation, apointement à écrire, ou autre poursuite de l'oposition, si l'instance est discontinuée par trois ans, ladite instance demeurera périe, & aura l'apropriement son cours.

CONFERENCE.

Ponthieu 165. Paris 104. Orleans 411. Bourbonnois 14. Ordonnance de 1667. T. 14. 15.

COMMENTAIRE.

D'ARGENTRE' AIT. *Ou autre poursuite.* Nollem additum; & in præcedenti articulo satis erat expressum de actu contestationis, aut alio æquipollenti; & difficile est hæc verba verificari aliter.

L'instance

L'instance demeurera périe. Lapsu scilicet temporis.

Et aura l'appropriement son cours. De hoc pugna ingens, ut suprà diximus, cùm quidam perire quidem instantiam, sed manere actiones vellent, sic facturi ut approprimenti nulla vis, nullus effectus esset : sed vicit meliorum consensus.

HEVIN. *Si l'instance est discontinuée. Quid* si cette discontinuation s'interrompoit par le décès d'une Partie ou d'un Procureur ? Non puto. (a)

NOTES.

(a) Cette décision est fort équivoque. M. Hevin a-t'il voulu faire une exception contre la maxime générale ; ou bien a-t'il voulu dire que l'instance n'étoit pas périe, lorsque la mort d'une partie survenoit dans le cours de l'instance ? L'espece de l'Arrêt 5. raporté sur l'art 278. prouve que cet Arrêt ne donna aucune atteinte à la maxime que la mort interrompt pour trois ans. Car l'oposition étoit éteinte faute de suites dans l'an ; & la partie n'étant morte qu'après l'an, sa mort ne pouvoit pas faire revivre une oposition éteinte sans retour suivant l'art. 278.

Enfin la maxime, pour l'interruption par la mort de l'oposant, survenue dans le cours de l'instance, a été confirmée par l'Arrêt du 7. Janvier 1653. raporté par Hevin sur Frain, dans ses remarques sur la peremption, p. XXVIII.

ARTICLE CCLXXX.

Et nonobstant lesdits appropriemens, les rentes censives [a] & autres foncières & devoirs Seigneuriaux qui [b] *seront* dûs auparavant lesdits appropriemens sur les héritages, ne laisseront d'être païés à celui à qui ils étoient dûs. [c]

SOMMAIRE.

1. *Oposition nécessaire pour les droit échus.*
2. *Disposition de l'Edit des criées. Distinction entre les rentes féodales, & les rentes purement foncières.*

CONFERENCE.

A. C *Art.* 270. [a] Ou. [b] Sont. [c] De paravant lesdits appropriemens.

T. A. C. *Ch.* 41. Et n'est pas entendu que les rentes, cens ou autres services, qui sont de paravant ne doivent demourer (a) à poïer, à cil à qui ils étoient dûs de paravant à l'hoir du fondeur

Calais 259 Amiens 258. Gerberoy 128. 130 Laon 144. Châlons 149. Chauny 68. Senlis 279. 281. Valois 187. Clermont en Argone, *T.* 15. 5. Salle de Lille, *T.* 23. 15. Paris 355. 357. Troyes 127.

NOTES.

Acte de notoriété du 17. Octobre 1719. 146. *Devolant.* Du Fail, *liv.* 1. *ch.* 352. & 396. *liv.* 2. *ch.* 391. & *liv.* 3. *ch.* 42. & 1° 3. Devolant, *lettre V, ch.* 7. Chapel, *ch.* 323. Hevin, *Quest. Féod. p.* 267 le Grand, *art.* 127. *n.* 14.

(a) Cette suite jusqu'à la fin n'est pas dans les M. S.

CONFERENCE.

Meaux 121. Melun 338 Orleans 480. Montargis, *T.* 19. 8. Normandie 578. Maine 489 Anjou 486.

1. Mais pour les droits échus, on est tenu de s'oposer. Paris 358 Troyes 127. Melun 338. Orleans 480. Montargis, T. 19. 8. Normandie 578. Maine 489. Anjou 486. Poitou 445. Angoumois 107. Xaintonge 120.

2 ORDONN. Septembre 1551. *Art.* 12. Tous les héritages criés seront ajugés, à la charge des droits & devoirs seigneuriaux, frais & mises desdites criées, & des charges réelles & foncières, qui seront contenuës ès jugemens de discussion; & où les héritages criés seront de plus grande valeur que lesdites charges, sera l'enchere faite à prix d'argent.

Art. 13. Tous prétendans droits non Seigneuriaux ou censuels sur les choses criées, soient foncieres, ou autres, seront tenus eux oposer pour lesd. droits & pour les arrérages d'iceux, s'il prétendent aucuns en être dûs. (*b*)

SOMMAIRE

1. *Rentes fonciéres ne se purgent par l'appropriement. Quid par la vente par décret, & n* 5. *&* 8.
2. *Quid par la vente en bénéfice d'inventaire.*
3. *&* 4. *Explication du Cens en Bretagne.*
5. *Distinction entre le cens & l'hypotéque.*
6. *Des rentes par legs ou par retour de lot & autres non constituées pour argent prêté & n.* 9.
7. *Ce qu'on entend par* devoirs Seigneuriaux. *Si les devoirs dûs au vassal par le Seigneur se prescrivent.*
8. *Ce qui est nécessaire pour que les droits réels & les droits féodaux soient purgés par l'appropriement.*
9. *De la prescription quadragénaire des rentes dûes à l'Eglise.*
10. *Arrérages exclus par l'appropriement.*

COMMENTAIRE.

1. HEVIN. *Appropriemens.* Les appropriemens ne purgent pas les rentes censives & fonciéres, & bien moins les féodales. Quid de la vente par décret? Elle purge les fonciéres par l'edit des criées, & non les féodales; cependant le ... Juillet 1677. au raport de Monsieur de Boylêve aux Enquêtes, ils ont jugé que le decret ne les purgeoit pas. Je crois qu'ils se sont trompés, faute de sçavoir l'histoire de notre Droit. Cet article est semblable à l'art. 270. de l'ancienne. En 1566. l'Ordonnance de criées fut vérifiée en Bretagne avec l'Ordonnance de Moulins, *art.* 49. après quoi le décret purgeoit lesdites rentes fonciéres, quoique l'appropriement ne les purgeât pas; ce qui n'a pas éte changé par la repétition de l'article 270. de l'ancienne faite en 1580. (*c*)

2. Quid des ventes en succession bénéficiaire? Je les estime moins efficaces & solennelles, que l'appropriement qui est notre décret volontaire. V. l'article 269.

NOTES.

(*b*) „Un decret nettoïe toutes hypoteques & droits, fors les censuels & féodaux. „ Loisel, *liv.* 6. *tit.* 5. *art.* 15.

(*c*) V. le nombre 5. Hevin sur Frain, *p.* 460. Devolant, *lettre R. ch.* 44. Sauvageau, *liv.* 1. *ch.* 183. & sur l'Art. 280.

3. *Censives.* Est mis là pour féodales, (*d*) ut & *art.* 70. veteris & 41. vetustissimæ.

Et autres foncières. (*e*) Il falloit mettre les devoirs Seigneuriaux les premiers. Entre les rentes fonciéres, sont comptées les rentes leguées. Arrêt dans du Fail, *liv.* 1. *ch.* 352.

D'Argentré Ait. *Ne laißeront d'être päiés*, à l'avenir, mais les arrérages se prescriront par tems, *ut art. sequenti*, & par l'appropriement aussi.

D'Argentré A. C. *art.* 270. Cet article contient des exceptions, qui ne servent qu'à confirmer en autres cas les régles que la Coûtume a établies.

4. *Rentes censives.* Notre cens de Bretagne est une rente annuelle par argent, retenuë & imposée sur le fonds par le (*f*) contrat d'aliénation. L'appropriement ne purge point ces sortes de rentes, & la raison principale & spécifique est que par l'effet de l'obligation réelle, le cens représente le fonds qui a été donné à cette condition. Du Moulin avoit voulu distinguer le cens public & du Prince; mais la chose a lieu sans distinction.

5. Il ne faut pas confondre la simple hypotéque, (*g*) qui n'est constituée que pour la sureté de la dette ou de la rente, lorsqu'elle n'est pas en vertu du transport de l'héritage qui y demeure sujet, desorte que la rente censive, telle qu'on vient de l'expliquer, est une retention du domaine direct, qui par conséquent ne peut se prescrire que par 40. ans, au lieu que la simple hypotéque se prescrivant par 30. ans, elle se purge par l'appropriement, qui a son effet pour toutes les choses qui ne demandent pas de prescription quadragénaire. L'Auteur dit ici que cela a lieu en France, par raport aux criées & adjudications par décret, qui purgent également les hypotéques, les droits fonciers & Seigneuriaux étant cependant conservés. * Cela n'est pas vrai dans l'usage, par raport aux simples droits fonciers qui sont purgés par la saisie, criées & adjudications par décret sans oposition, n'y äiant que les droits Seigneuriaux qui soient conservés; de sorte qu'aulieu que l'appropriement ne purge que ce qui est prescriptible par 30. ans, le décret, en conséquence de saisies & criées dans toutes les formes, purge ce qui peut se prescrire par 40. ans.]

6. *Autres fonciéres.* (*h*) C'est ce que les Latins apelloient *solaria à solo*, comme du fonds on tire le nom de *fonciéres*. Telles sont les rentes que légue un testateur sur un certain fonds désigné, les rentes de retour de lot, dont un consort est chargé pour l'excès de sa lottie, (*i*) en un mot toutes les rentes qui ne

NOTES.

(*d*) Ou plûtôt pour les rentes de transport d'héritages, comme l'observe d'Argentré.

(*e*) Quand même elles seroient rachetables par la convention; parce que cette convention n'en altere point la réalité. Dupineau, *art.* 422. Brodeau sur Paris, *art.* 120

(*f*) V. le Commentaire & les Notes sur l'Art. 43

(*g*) V. Art. 269. *n.* 10. & 134. & Art. 281. *n.* 7.

(*h*) V. Ragueau, sur les mots *rente fonciére, rente proprietaire, rente rendable, rente volage, rentes ou croix de cens*

(*i*) Sur la question de sçavoir si les simples rentes fonciéres sont purgées par l'appropriement, Devolant, *lettre A. ob.* 92. raporte un Arrêt du 10 Mars 1615. qui paroît contraire au sentiment de d'Argentré. Cet Arrêt jugea que la charge d'une rente de fondation, dûë aux Carmes de Saint

ſont pas conſtituées pour argent prêté ou pour des cauſes équivalentes. Il en eſt de même des ſervitudes, qui étant réelles, ne ſe purgent pas par l'appropriement. (k)

7. *Devoirs Seigneuriaux.* Ce ſont tous les revenus ou preſtations qui viennent de la nature, de la loi & de la convention féodale, & dont on rend aveu & tenuë aux Seigneurs de fief, lods & ventes, cens Seigneurial, chefrentes, rachats, Chambellenage, devoirs de Sergentiſe, recettes & autres pareils. La diſpoſition, à cet égard, s'entend du fonds du droit; car les redevances échues ſe purgent par l'appropriement: & c'eſt la matiére de l'art. 281.

On demande ſi la Seigneurie étant chargée de quelques droits vers le vaſſal, comme de laiſſer prendre des bois pour les réparations des moulins ou d'autres édifices, cela ſe purge par l'appropriement de l'acquereur de la Seigneurie ſans opoſition. L'Auteur décide la négative, à cauſe de la corrélation. (l)

8. *Ne laiſſeront d'être païés.* L'appropriement ne les exclut donc pas, * mais la conformité que l'Auteur prétend trouver avec les adjudications par décret ſeroit erronée s'il l'apliquoit aux droits fonciers comme aux droits Seigneuriaux; car on en a fait la diſtinction ci-deſſus.] Dans l'un & dans l'autre cas, & principalement dans celui des droits ſimplement réels, la conſervation, nonobſtant l'appropriement, n'eſt que lorſque le tranſport eſt fait ſans autre expreſſion particuliere. Car ſi l'héritage étoit poſitivement vendu comme libre de toutes rentes ou droits réels, & ſi le vendeur étoit en poſſeſſion annale de n'en point païer, ou de n'en point ſouffrir avant le contrat, l'appropriement en ce cas auroit ſon effet en entier, ſuivant la régle du poſſeſſeur & ſaiſi : car la choſe eſt tranſportée comme libre. Il faut pour cela que le contrat ſoit conçu *privativè & excluſivè.* Mais la ſimple poſſeſſion annale de ne pas païer ne ſuffiroit pas : il faudroit qu'elle fût précedée d'un refus de la rente fonciere ou féodale. Il en eſt de même pour la preſcription de 40. ans contre tous droits féodaux. Il faut qu'il y ait conteſtation & dénegation formelle de la demande que le Seigneur fait; & la preſcription peut courir *à die denegati juris.* Cela s'entend entre le Seigneur & le Vaſſal; car ſi, par exemple, la rente qui étoit ſolidaire & revanchable eſt déclarée par le contrat pour la ſimple portion diſtincte, on peut s'approprier contre les

NOTES.

Paul, ſur tous les biens du vendeur, & ſpécialement ſur la maiſon venduë, n'aïant point été exprimée dans le contrat de vente, elle étoit purgée par l'appropriement. Dans l'eſpéce particuliere, la rente n'avoit point été païée par celui qui l'avoit créée; & la maiſon avoit été venduë à un premier acquereur, qui la revendit enſuite ſans expreſſion de la rente. Mais Devolant ne dit pas quel fut l'intervalle entre le premier & le ſecond contrat. S'il avoit été d'an & jour, le premier acquereur n'aïant point été chargé de la rente, & n'aïant point été inquietté par les Carmes, on peut dire qu'il y auroit eu en ce cas de ſa part une poſſeſſion de liberté ſuffiſante pour mettre le ſecond acquereur en état de purger la rente par l'appropriement.

(k) Devolant, *lettre S. ch.* 25.

(l) Cette raiſon s'aplique plûtôt à l'impreſcriptibilité. Car indépedemment de cette corrélation, la ſeule réalité du droit dû par la Seigneurie au fief ſervant empêcheroit l'effet de l'appropriement.

consorts redevables, de sorte que si le consort est convenu *in solidum*, il n'a son recours que pour la portion de celui qui s'est ainsi approprié. * On est surpris que l'Auteur ait allegué pour distinction un pareil exemple, puisqu'entre tous consorts solidaires, celui qui est convenu pour le tout, n'a son recours vers les obligés solidaires que pour leur portion.]

9. Arrest I. Quoique les droits mentionnés dans cet article ne s'abolissent pas par l'appropriement par bannies, toutefois les rentes censives & foncieres, & non les féodales, se prescrivent par 40. ans *à simplici cessatione solutionis*. Arrêt au Conseil le 4. Juillet 1615. infirmatif de sentence des Présidiaux de Vannes, au profit du sieur de Musuillac contre les Prieur & Religieux de Prieres, par lequel lesdits Religieux sont envoïés hors procès en la demande de continuation d'une rente de 40. liv. 3. s. de laquelle le païement avoit été discontinué par 40. ans. Requête civile contre l'Arrêt, dans laquelle lesdits Religieux sont envoïés hors procès, par Arrêt du 26. Octobre 1627. La rente faisoit partie de la dotation de l'Abbaïe fondée par le Duc Jean I. laquelle dotation aïant été premierement assignée sur le domaine du Prince, le Duc François, premier du Nom, avoit transporté cette rente de 40. liv. pour décharger dautant son domaine. Autre Arrêt d'Audience du 18. Decembre 1628. contre l'Hôpital de Ploërmel. Chappel. (*m*)

Arrest II Autre Arrêt du 4. Juillet 1631. au raport de M. du Halgoët, au profit d'Aubron contre les Chartreux de Nantes, la cause aïant été apointée à l'Audience, plaidant Chappel pour Aubron, & Frain pour les Chartreux. C'est son plaidoïer 121. où il traite la question au long, & cite un Arrêt contraire pour les Augustins de Carhaix, du 7. Janvier 1627. antérieur à tous ceux ci-devant raportés. Hevin.

Arrest III. Cette maxime a été encore confirmée, par Arrêt du 20. Juillet 1691. entre Monsieur le Duc & Madame la Duchesse de Coislin & Dom Jean Poirier Prieur de Chatelaudren. Cet Arrêt a aussi jugé que la rente de fondation, qui faisoit le sujet du procès, étant *super certo & determinato fundo*, n'étoit point purgée par l'appropriement. Voici le dispositif de l'Arrêt.

La Cour, avant faire droit dans l'apel de la sentence du 15. Juillet 1690. ordonne que ledit Cadeau, faisant pour ledit Poirier, Prieur titulaire du Prieuré de Chatelaudren, informera, tant par actes que par témoins, que ledit Poirier & ses prédecesseurs ont été servis & païés, depuis les 40. ans derniers, de la rente de 44. boisseaux de froment, qu'il prétend lui être dûe sur les terres de Ploubalanec, Kity & Peros, comme aussi que lesdits du Cambout & du Halgoüet sa femme informeront du contraire, par les mêmes voïes, devant les Juges Roïaux de Saint Brieuc, dépens réservés.

Arrest IV. Sur la question de sçavoir, si l'appropriement exclut les arrérages de rentes & les autres droits féodaux échus avant le contrat d'acquêt, il faut faire différence entre le fonds du droit inhérent au fief, c'est-

NOTES.

(*m*) Chapel, *ch.* 153. où il raporte l'Arrêt contre l'Hôpital de Ploërmel du 18. Décembre 1628. que Devolant, *lettre P. ch.* 55. date de 1620.

à-dire, la cause productive du droit féodal, qui a été introduite par la stipulation ou condition aposée dans un afféagement, & le droit échu & ouvert, que l'on considere comme un fruit produit & séparé du fonds.

Au premier cas, il est vrai que l'omission d'une rente, ou rachat ou autre devoir feodal, faite dans un contrat de vente, quoiqu'il soit suivi d'appropriement, n'abolit pas le droit de rente, rachat ou autre devoir, ensorte que, l'occasion arrivant, il sera dû, & pareillement les rentes à l'avenir. C'est ce que la Coûtume a décidé par l'art. 280. & la raison est que ces droits ne se prescrivant point par le vassal contre le Seigneur, par laps de tems, ils ne s'éteignent & ne s'abolissent point par l'appropriement.

Au second cas, c'est-à-dire, quand il s'agit de droits échus & ouverts, soit arrérages de rentes, rachats, lods & ventes & autres devoirs ouverts & acquis, ils tombent en prescription par l'art. 281. & conséquemment l'appropriement les purge; ce que d'Argentré n'oublie pas de remarquer sur cet art. 280. dans son Aitiologie, ou sur ces mots du texte, *ne laisseront d'être païés nonobstant les appropriemens*, il dit, *à l'avenir, mais les arrérages se prescriront par tems, ut art. seq. & par l'appropriement aussi.* Et c'est ce qui a été jugé une infinité de fois par les Arrets de la Cour.

Sans retourner dans les exemples du passé, la question s'est présentée depuis peu entre la Dame Marquise d'Asserac, à laquelle se joignoit le sieur Comte de Rieux son fils, & le sieur du Bignon Pepin. L'espece du procès étoit, qu'en l'an 1664. le sieur Pepin avoit acquis du sieur de Bonnaban la Terre & Seigneurie de Bonnaban, laquelle devoit de rente à la Seigneurie de Châteauneuf un Epervier le premier jour d'Août de chaque année, avec certains autres devoirs. Cet acquereur s'appropria par bannies de son contrat; & en conséquence païa le prix : & aïant possedé quelques années en paix, il fut poursuivi en l'an 1671. pour païer à la Seigneurie de Châteauneuf dont il relevoit, les arrérages desdites rentes & devoirs, non-seulement pour le tems depuis 1664. qu'il avoit possedé, mais pour vingt-deux années précedantes son contrat d'acquêt, pendant que le vendeur possedoit. Il y fut condamné par sentence des Juges de Châteauneuf, qui taxerent l'epervier à raison de cent cinquante livres par an, confirmée par les Presidiaux de Rennes le 17. Mai 1677. sauf son recours contre la veuve & héritiers dudit sieur de Bonnaban vendeur, pour les arrérages des années précedantes son contrat d'acquêt; auquel recours faisant droit, ladite veuve fût condamnée de l'acquitter des arrérages échus avant le contrat. Il se porta apellant de cette sentence en la Cour, premierement pour l'excès du prix auquel l'Epervier étoit estimé; secondement en ce qu'on le condamnoit aux arrérages des années précedantes son contrat, dont il avoit païé le prix en consequence de son appropriement. Que le recours qu'on lui donnoit ne le satisfaisoit pas, dautant que ne devant point les arrérages échus avant son contrat d'acquêt, on n'avoit point dû le condamner, pour lui laisser une action à exercer; que c'avoit été à la Dame d'Asserac, à s'oposer lors de l'appropriement, pour toucher sur le prix les arrérages du tems précedent, que l'appropriement & le païement l'avoient mis à couvert, pour tout le tems qui avoit précedé le contrat, & purgeoit tous les crédits hypotécaires, du nombre desquels etoient les rentes, rachats & autres devoirs échus, conformément à l'avis de d'Argentré autorisé par les Arrêts; de sorte que c'étoit à ladite Dame à agir, comme elle verroit, contre le vendeur personnellement, & hypotécairement sur ses biens. Arrêt le 21. Janvier 1678. au raport de M. du Boüexic, par lequel, au chef desdits arrérages des années précedentes le contrat d'acquêt, il fut dit mal jugé, réformant, ledit Pepin déchargé des vingt & deux années d'arrerages precedantes son contrat d'acquêt de 1664. sauf à ladite Dame de fief à se pourvoir vers les précedens possesseurs pour lesdites 22. années d'arrérages.

Il y a deux Arrêts conformes, le premier du 6. Avril 1593. plaidant Durand. Le second du 13. Juin 1636. raporté par M. Michel Chappel.

C'est donc une vérité incontestable, que les rentes & devoirs échus se purgent par l'appropriement; & en effet il est nécessaire de l'établir ainsi. Car les arrérages de rentes & devoirs échus regardent seulement celui qui possedoit alors. Ce sont de simples crédits hypotécaires : & un acquereur ne peut étre tenu des dettes du vendeur, que sur le prix de son acquêt, sur lequel le Seigneur de fief, apellé par les bannies comme tout autre créancier, doit, si bon lui semble, s'oposer & se faire païer.

V. Argentr. *ad art.* 230. *vet. gl.* 3. *n.* 2. Idem Belordeau. Chopin sur Paris, *liv.* 1. *tit.* 3. *nomb.* 15. Idem sentit Beraut sur l'art. 578. de Normandie.

Arrest V. On a jugé cependant, par une nouvelle Jurisprudence, que l'appropriement ne purgeoit pas les lods & ventes d'un précedent contrat, par Arrêt du 15. Novembre 1673.

Arrest VI. Arrêt entre Dame Françoise le Chevalier, veuve du sieur de la Chesnaye Henry, apellante & intimée, & Jean Gicquel, fermier du temporel de l'Evêché de Rennes, intimé & apellant, le 26. Mars 1683. au raport de M de la Ferronniere le Fevre, par lequel elle est condamnée aux arrérages d'une rente féodale dûe aux Regaires, non seulement depuis qu'elle & feu son mari avoient acquis; mais aussi pour le tems que le vendeur avoit possedé, nonobstant leur appropriement. Cela est contre les régles & contre d'autres Arrêts. (*n*)

NOTES.

(*n*) La décision de l'Arrêt IV. rendu au profit du sieur du Bignon Pepin, contre Madame d'Asserac, est aujourd'hui une maxime constante, comme l'observe le Commentateur de Devolant, *lettre V. chap.* 7. V. Chapel, *ch.* 323. Hevin, *Quest. Féod. p.* 267. & sur Frain, *p.* 455. Sauvageau, *liv.* 1. *ch.* 145. & sur du Fail, *liv.* 2. *ch.* 391.

ARTICLE CCLXXXI.

Les devoirs de lods, ventes, rachats & autres droits Seigneuriaux, qui n'échéent d'an en an, ne se prescriront, s'ils ne sont échus; [a] *auquel cas se prescriront les lods & ventes par trente ans, à compter du jour de l'exhibition des contrats faite au Seigneur proche ou son Procureur, & les rachats du jour qu'ils seront échus.*

CONFERENCE.

A. C. *Art.* 276. [a] Et où ils échoiroient, ils se prescrivent par 30. ans eu regard au tems qu'ils seront echus.

T. A. C. *Ch.* 254. Et aussi des noblesses aux Seigneurs qui ne chéent pas de an en an, comme dit est ailleurs; & comme des bails & des rachats, qui ne chéent pas de an en an, ou en cas semblables.

Aussi des noblesses. Non quod hîc dicitur est intelligendum in his in quibus Dominus temporalis est fundatus de jure communi: aliàs hoc falsum capiendo generaliter prout jacet. V. *cap.* 3. *cum Ecclesia sutrina extrà de causâ possessionis & proprietatis.*

Amiens 164. Gerberoy 79. Berg Saint Winox, *T.* 14. 2. Laon 213. Châlons 212. Rheims 133. Peronne 74. Senlis 191 Doüay, *T.* 1. 23. Bar 16. Dourdan 75. Montfort 8. 64 Mante 23. 110. Chaumont 52. Melun 103. 173. Sens 263. Auxerre 186. Perche 79. Châteauneuf en Thimerais 96. Chartres 81 Orleans 86. 263 Montargis, *T.* 2. 35. *T.* 17. 3. Berry, *T.* 12. 7. Blois 35. Nivernois, *T* 4. 16. *T.* 5. 22. Bourbonnois 31. Eu 215. Tours 146. Lodunois *T.* 14. 22. Poitou 26. Agen 21. Auvergne, *T.* 17. 10.

SOMMAIRE.

1. & 5. *Opinions de Martin & de Bulgare sur la prescription des rentes.*
2. *Mauvaise rédaction de l'article.*
3. *Si l'appropriement par la Jurisdiction du Seigneur tient lieu d'exhibition.*
4. *Distinction entre le fonds des lods & ventes & le droit échu. Contestation formell, suivie de 40. ans, nécessaire pour prescrire le fonds des droits féodaux*
6. *Ancien abus qui n'admettoit la prescription dès arrérages, que lorsque le fonds étoit prescrit.*
7. *Prescription des rentes hypotécaires.*
8. *Prescription des arrérages des rentes constituées par 5. ans.*
9. *De la suspension de la prescription des lods & ventes pour le contrat de reméré, & du rachat quand il y a une doüairiere.*
10. *S'il y a suspension pendant que la mouvance est contestée entre deux Seigneurs.*

COMMENTAIRE.

D'ARGENTRE' AIT. *A compter.* Nobilitatis hæc postulatio, ne talibus facilè præscriberetur, nec aliter quàm ex dominorum negligentiâ, si jus suum non essent executi post instrumentorum exhibitionem, novi Juris constitutum.

1. HEVIN. *D'an en an.* In annuis præstationibus ex usu Regni, una præscriptio

NOTES.

a Sauvageau, *liv.* 3. *ch.* 53. Acte de notoriété du 12. Mai 1712. 113. *Devolant.*

criptio sufficit pro omnibus omnium annorum præstationibus, ex sententiâ Bulgari contra Martinum. V. Argentr. *ad art.* 276. *gloss.* 2. Frain *Plaid.* 121. aliter Guido Papa, Ranchinus & Ferrerius *quæst.* 406. Papon *liv.* 12. *tit.* 3. *art.* 5. & Chenu *ibidem*, Boërius *quæst.* 336. contra Corasius *in centur*... *cap.* 79. M. Cujas, *ad.* L. 18. C. *de fide instrumentorum*, les concilie; sçavoir, que l'opinion de Martin est vraïe in præstationibus annuis licitis, id est in obligatione principali per plures pensiones; celle de Bulgare *in usuris* L. *eos* C. *de usuris*, quia usuræ & fructus sunt tantùm accessiones. V. Pacium, *ad* L. *eos Cod. de usuris & ad* L. *plures Cod. de fide instrumentorum.*

2. *Auquel cas.* Cela est mal conçu; & au lieu des mots *auquel cas* il faut écrire, *& s'ils sont échus ils, &c.* & ils devroient aussi parler des devoirs & rentes annuelles.

3. *A compter du jour de l'exhibition faite au Seigneur ou son Procureur.* (*a*) Quæritur si l'appropriement fait par la Jurisdiction du Seigneur contient une exhibition? Il semble qu'il n'y a pas raison d'en douter; puisque *exhibere nihil est aliud quàm facere in publico rei cognoscendæ aut videndæ potestatem sive copiam*, L. *exhibere ff. ad exhibendum*, ou, comme dit la Loi 7. *de verb. signif. præsentiam rei præbere.* La Coûtume d'Anjou, *art* 5. dit » l'acquereur, doit » exhiber l'original de son contrat au Seigneur, ou à ses Officiers tenans sa » Jurisdiction: « & l'art. 391. de la même Coûtume dit » exhiber au Sei» gneur, ou à son Sénéchal, Bailly ou son Lieutenant, tenant sa Jurisdiction » ordinaire. « Ce texte ajoute, » & baillé copie collationnée dûement à l'o» riginal aux dépens du sujet, « ce qui est particulier à cette Coûtume; mais elle limite tout de suite cette obligation de bailler copie par l'alternative, » si » ledit sujet ne lui vouloit laisser sondit contrat original; « ce qui s'entend par communication pour le lire à loisir: mais tout cela se trouve compris dans l'appropriement, qui ne contient pas seulement l'exhibition, mais la lecture & publication, l'audience tenant, & le dépôt au Greffe, le Greffier le retenant pour écrire au pied la certification des bannies, ou l'acte de l'appropriement.

4. D'ARGENTRÉ A. C. *art.* 276. *De lods & ventes.* Il a été parlé amplement de ces sortes de droits sur le titre second. Il faut distinguer ici, quant à la prescription, le fonds du droit & les droits simplement échus. Il s'agit principalement du dernier cas; car quoique le fonds du droit soit entiérement réel, le droit échu est mobilier, & ne fait point partie du fonds. C'est un fruit comparé aux fruits naturels, qui apartient à ceux à qui les meubles apartiennent; ainsi il ne faut pas être surpris si, quoique ce sóient des devoirs d'un fief qui certainement est immeuble, il y a une prescription différente de celle des droits réels. Cela forme une action personnelle, contre celui qui devient redevable de pareils droits; & par conséquent ce doit être la même prescription. La régle certaine que la Coûtume établit ici, par raport à la

NOTES.

(*a*) Mais après 40. ans la prescription est acquise, quoiqu'il n'y ait eu ni notification ni exhibition. Hevin, *Quest. Féod. pag.* 267. 268. 312. M. de Perchambault & Sauvageau *ibid.*

prescription du fond des droits, est que réguliérement ils sont imprescriptibles, puisqu'elle dit qu'ils ne se prescrivent jamais s'ils ne sont échus; mais encore après l'échéance, quelque tems qui ait couru, on ne prescriroit, faute de païement, que le droit échu; car les droits Seigneuriaux, quant au principal, ne se prescrivent point *à simplici cessatione solutionis*. Il faut avoir contesté formellement que le Seigneur fut fondé à prétendre de pareils droits, & il faut que cette contestation regarde le fonds du droit en lui-même; car si le vassal contestoit simplement devoir, par exemple, des ventes à l'occasion du contrat qu'il auroit fait, cette contestation seroit censée être, plutôt par raport à la qualité du contrat qu'on prétendroit non sujet aux droits, que par raport à la suposition d'exemption. La simple cessation de païement, comme on l'a déja dit, ne peut donc opérer de prescription, que pour ce qui est échu; & le principal, qui est le droit en soi d'exiger de pareilles redevances, le cas arrivant, ne se peut prescrire que par la contestation formelle suivie du silence & de l'inaction du Seigneur pendant 40. ans au moins; parce qu'en ce cas le Seigneur est censé avoir déferé à l'exemption alléguée. Ainsi qu'un Seigneur demande des ventes, un rachat, ou un droit de Chambellenage échu, si le vassal lui soutient qu'il en est exempt, soit par la nature du fief, soit par la présuposition d'exemption particuliére, c'est du jour de cette contestation formelle que commence la prescription de 40. ans, en cas que le Seigneur ait été tout ce tems là sans interrompre & sans poursuivre sur la dénégation du droit que lui a faite le vassal; & ce cas est une exception de la régle generale, par laquelle le fonds des droits feodaux est imprescriptible.

Ou autres devoirs. Le dénombrement en est inutile; & comme on parle ici principalement de ceux de mutation, qui sont dûs soit par la nature du fief, soit par des conditions particulieres de l'investiture, on aporte ici pour exemple les rachats, les lods & ventes, chambellenages, devoirs de recette à mutation de vassal; & l'on répete la régle ci-dessus & la distinction des prescriptions dans les differens cas. L'Auteur y aplique la contestation que firent les vassaux au Baron de Vitré, qui aïant tenu ses hommages, prétendit le droit de chambellenage, les vassaux prétendirent n'en point devoir, & se fondoient sur l'allégation de n'en avoir jamais païé. L'Auteur répondit que tout droit feodal fondé dans la Coûtume, ne se prescrit point par le simple défaut de païement, & qu'à moins que les vassaux prouvassent des contestations faites en justice, & suivies du silence du Seigneur, ou aportassent des aveus expressement négatifs du droit, non suivis d'impunissement pendant le tems prescrit pour cela, le simple défaut d'exaction par quelque tems que ce fût n'operoit point de prescription. Il en est de même des aides coûtumieres, que le Seigneur est en droit d'exiger, quelque longtems qu'il ait été sans le faire.

Seigneuriaux. En general tous droits, de quelque qualité qu'ils soient, & qui dependent d'un cas qui en fait l'échéance, ne se prescrivent point, *antequam eorum dies cesserit aut conditio*, parce qu'on ne peut agir auparavant. Ainsi ce mot n'est point limitatif aux seuls droits de fief.

Qui n'échéent d'an en an. Ce sont les droits qui ne sont pas produits par le finissement de chaque année, mais qui dépendent *à certo eventu, casu & facto*, comme les ventes qui naissent du contrat, le rachat de la mutation par mort, le chambellenage de l'hommage.

A l'égard de ce qui est dû annuellement, ce qui forme des rentes & revenus, ce n'est pas ici le lieu d'en traiter par raport à ces droits comme Seigneuriaux, puisque la Coûtume ne parle que de ceux qui *n'échéent d'an en an*. On peut cependant dire, en passant, qu'au moment qu'une rente féodale est prouvée par les titres, le simple défaut de païement, pendant quelque tems que ce soit, n'opere pas de prescription. Il faut la dénegation, ou des aveus non impunis dans le tems prescrit.

5. A l'occasion des droits annuels, on parle encore ici de la fameuse contestation de Martin & Bulgare, anciens Docteurs ultramontains. Le premier prétendoit qu'il devoit y avoir autant de prescriptions de 30. ans, qu'il y avoit d'années d'arrérages, soit d'un contrat, soit de legs annuels, d'où il s'ensuivroit que la trentiéme prestation ne pourroit être prescrite que par 60. ans de la cessation de la premiere. Bulgare au contraire, & ceux qui l'ont suivi, prétendoient que tous les arrérages étoient prescrits par 30. ans, du jour qu'on avoit commencé à ne les point païer; & c'est le véritable sentiment, puisque la prescription commence *à cessatione solutionis*, & qu'elle s'accomplit par 30. ans. Mais on distinguoit les legs annuels des autres rentes, parce qu'on prétendoit que c'étoient autant de legs differens. Cette distinction n'a point de lieu, & la décision est generale. (*b*)

6. Autrefois, par un usage mal entendu, on exigeoit les arrérages des rentes foncieres pour tout le tems qui n'emportoit pas la prescription du fonds; & comme il ne se prescrivoit que par 60. ans, on pouvoit demander 60. ans d'arrérages. Une pareille question aïant été portée au Parlement de Paris, qui jugeoit alors des apellations de Bretagne, il fut ordonné qu'il seroit informé de l'usage, entre les sieurs de Meneuf & de la Haye de Torcé, & définitivement on jugea conformément à cet usage. Mais cela est faute d'attention à la differente cause des arrérages & du fonds. Car au moment qu'ils sont échus, ils se prescrivent par 30. ans, quoique le fonds ne puisse se prescrire que par 40. ans. Ainsi que l'on ait été 39. ans sans exiger une rente fonciere qui se prescrit par 40. ans, on ne peut prétendre que 30. ans d'arrerages; & par la même raison lorsque de pareilles rentes ne se prescrivoient que par 60. ans, on ne devoit prétendre aussi que 30. années: comme ausurplus la prescription du fonds éteint tous les arrérages, l'appropriement d'un contrat, négatif de la rente sur l'héritage vendu, opere le même effet que la prescription, (*c*) tant pour le principal que pour les arrérages.

7. Il étoit (*d*) inutile d'agiter ici la question par raport aux rentes dûes avec hypotéque, sous prétexte que l'hypotéque a pour objet un immeuble

NOTES.

(*b*) V. le nombre 1.

(*c*) Pourvû que le vendeur fût en possession annale de la liberté. V. art. 280. *n.* 8.

(*d*) V. Art. 269. *n.* 10. & 134. & Art. 280. *n.* 5.

qui ne se prescrit que par 40. ans. Car 1°. il est décidé que l'action hypotécaire accessoire à la personnelle se prescrit par 30. ans. 2°. La qualité du fonds de la rente, quoique réelle, ne fait rien pour les arrérages, qui ont leur prescription particuliere; & cela doit avoir lieu à plus forte raison par raport aux rentes hypotécaires.

8. Quant aux rentes constituées, les arrérages se prescrivent par 5. ans. L'Auteur ajoute ici, suivant le sentiment de du Moulin, que quoiqu'il n'y ait point de laps de tems qui couvre l'usure, & que l'on puisse toujours faire déclarer un contrat usuraire, cependant on prescrit par trente ans contre la répetition ou l'imputation des arrérages qui ont été païés auparavant. (e)

9. *En égard.* On a passé les petites remarques sur quelques autres mots de l'article; car ce ne sont que des répetitions. Il suffit d'observer ici, touchant la prescription des lods & ventes, que quand le contrat est à condition de remeré, la prescription ne commence à courir que du jour du terme de remeré expiré, parce qu'on ne peut agir auparavant. A l'égard du rachat il pourroit en être de même, parce qu'il est suspendu par le doüaire de la veuve. Cependant l'Auteur estime que le rachat étant dû du jour de la mort du mari, & n'y aïant que la perception qui en soit differée, quelque longtems que vive la doüairiere, si l'on a manqué de le demander dans le tems fatal, il ne laissera pas d'être prescrit. (*f*)

10. On finit ici par l'espece de la contestation de mouvance entre deux Seigneurs, qui a empêché la perception des ventes ou autres droits féodaux. L'Auteur décide que la prescription ne laisse pas de courir, sauf les dommages & interêts de celui qui aura gain de cause en définitive vers celui qui, lui aïant fait une mauvaise contestation, l'a empêché d'exiger ses droits vers les vassaux redevables.

NOTES.

(*e*) V. Art. 271. *n.* 61. Dunod, *p.* 94. & 95. Basnage, *art.* 521. de l'Hommeau, *liv.* 3. *n.* 283. Arrêtés de Lamoignon, *des presc. art.* 9.

(*f*) Cette proposition paroît trop générale: & je crois qu'on peut faire une distinction. Si le Seigneur n'a pas agi pour le rachat après la mort du mari, l'expiration des 30. ans, qui opere l'extinction pour les deux tiers qu'il étoit en droit de percevoir, s'étend également au tiers suspendu par la mort de la doüairiere.

Mais si le Seigneur a perçu le rachat des deux tiers, sans obtenir de jugement & sans faire aucunes poursuites, on ne peut pas dire que le tiers suspendu ait pu se prescrire pendant la vie de la doüairiere, parce que le Seigneur n'étoit point obligé de faire des poursuites pour ce tiers qu'il n'étoit point en droit de percevoir, aïant été satisfait pour la partie qui n'étoit point suspenduë.

Il n'y auroit de difficulté que par raport à l'héritage possédé en entier par la doüairiere, pendant l'usufruit de laquelle il s'ouvre un rachat qui est suspendu en entier jusqu'à sa mort. Je crois que le Seigneur n'est point obligé d'agir; & que la prescription est absolument suspenduë pendant la vie de la doüairiere. Dans l'esprit de notre Coûtume, le rachat se leve par la perception même des fruits de la terre. Ainsi dans la véritable régle, l'action, afin de païement du rachat, a pour objet de mettre le Seigneur en état de percevoir les fruits de la terre. Or, pourquoi obligeroit-on un Seigneur de former une action de cette nature, pendant que la Loi suspend son droit?

ARTICLE CCLXXXII.

Droiture & Seigneurie eſt acquiſe à celui qui a [a] *paiſiblement & notoirement* joüi, ſans titre, par [b] *lui*, ſes prédéceſſeurs, ou autres dont il a cauſe, par l'eſpace & laps de 40. ans : *laquelle preſcription aura lieu contre mineurs, abſens, communautés, même entre freres & ſœurs pour leurs partages.*

SOMMAIRE.

1. 14. *De la preſcription contre l'Egliſe.*
2. *De la preſcription des ſervitudes.*
3. *Des rentes & charges réelles.*
4. & 16. *De la dîme.*
5. *Des droits de pure faculté.*
6. *Si l'uſufruitier, le fermier & le Procureur* ad negotia, *peut preſcrire.*
7. *Des entrepriſes ſur les rues & places publiques.*
8. *La rente non inféodée ne ſe preſcrit pendant la ſaiſie féodale de l'héritage.*
9. *Du bien de la femme vendu pendant le mariage.*
10. *De l'héritage donné en avancement ſucceſſif.*
11. *Des biens poſſedés par indivis.*
12. *Si l'acquereur de l'héritage chargé de rente preſcrit contre la rente, lorſque le vendeur continue de la païer.*
13. *De l'interruption contre l'un des conſorts poſſedans par indivis.*
15. *De la preſcription des prééminences d'Egliſe.*

CONFERENCE.

Art. 393.

A. C. *Art.* 271. [a] Pacifiquement. [b] Il. *Art.* 275. Nulle longue tenuë nuït entre freres & ſœurs vivans, & ne leur porte préjudice, quant au fait de leur partage.

NOTES.

V. Frain, *pl.* 121. du Fail, *liv.* 3. *ch.* 141. Bouteiller, *liv.* 1. *tit.* 20. Dupineau, *art.* 447. Baſnage, *art.* 521. Loüis, *art.* 446. la Lande, *art.* 260. & 261. Boucheul, *art.* 372. du Pleſſis, *des preſcr. liv.* 1. *ch.* 3. & 4. *les notes ſur le ch.* 2. & *tom.* 2. *des preſcr. ch.* 1. *ſect.* 2. le Camus, *art.* 118. Ferriere, *art.* 113. *gl.* 6. *n.* 22. & *art.* 118. *n.* 8. Arrêtés de M. de Lamoignon, *des preſcr. art.* 37. de Cormis, *tome* 2. *cent.* 2. *ch.* 93. & *cent.* 4. *ch.* 62.

L'Article 282. n'eſt point contraire à l'Art. 393. celui-ci rend inutile la poſſeſſion précaire ou de ſimple tolerance, qui ne peut ſervir pour acquerir la preſcription de 40. ans, l'Art. 282. exigeant une véritable poſſeſſion à titre de propriété. Il faut donc des actes prohibitifs & privatifs. Ce ſont les termes d'Hevin, *Conſ.* 79. & il rejette la preuve de propriété, qu'on vouloit induire des actes de deſateller des beſtiaux & de mettre du bois dans un terrain, parce que ces actes peuvent être l'effet de la tolerance du voiſin. Il fut rendu un pareil Arrêt, il y a quelques années, ſur l'uſage d'aller puiſer de l'eau au puits du voiſin. Mais s'il y avoit une porte ou un autre interſigne de ſervitude, ce ſeroit aſſez pour exclure toute préſomption de précaire ou de tolérance.

„ Souffrance & accoutumance eſt deshé„ ritence. “ Loiſel, *liv.* 5. *T.* 3. *art.* 28.

On ne peut preſcrire que par 40. ans, contre le Seigneur foncier, les édifices & ſuperfices d'une tenue à domaine congéable. Sauvageau, *liv.* 1. *ch.* 124.

CONFERENCE.

T. A. C. *Ch.* 254. Droiture est acquise par saisine à ceux qui ont eu saisine paisible, tant eux, que ceux dont ils ont cause, par 60. ans de saisine, dont il suffit prouver 45. ans de saisine de certain, & quinze ans de cuidance & de créance, en outre les quarante-cinq ans, par la Coûtume, pour ce que c'est aujourd'hui la mémoire de homme & de femme; si n'est entre freres & sœurs, que nulle longue tenuë ne leur porte préjudice.

Droitute est acquise : freres & sœurs. V. L. diutina possessio cod. de præscript. longi temporis & in cap. cùm non liceat extrà de præscript.

ORD. de Jean III. 1315. *Art.* 22.

Thionville, T. 15. 1. Lorraine, *T.* 18. 1. Paris 118. Orleans 260. 261. Berry, *T.* 12. 1. Dunois 85. Normandie, *Titre de Loi aparoissante* & 521. Charte aux Normands. Saint Sever locale, *T.* 7. 1. Labour, *T.* 13. Sole, *T.* 28. 1. Auvergne, *T.* 17. 1. 3. 4.

1. *Communautés.* Contre (*a*) l'Eglise. Amiens 161. Gerberoy 80. Metz, *T.* 14. 16. Verdun, *T.* 13. 3. Laon 142. Châlons 147. Rheims 381. Peronne 210. Chauny 66. Senlis 194. Clermont en Beauvoisis 71. Valois 122. Clermont en Argonne, *T.* 14. 1. Salle de Lille, *T.* 17. 3. Ville de Lille, *T.* 6. 2. Doüay, *de prescription* 1. Ville de Doüay, *T.* 9. 1. Orchies, *T.* 8. 1. La Gorgue 45. Saint Mihel, *T.* 10. 1. Espinal, *T.* 11. 2. Bassigny 171. Marsal 78. Paris 123. Berry, *T.* 12. 1. Vastan 8. Ruedindre 34. Nivernois, *T.* 4. 15. *T.* 36. 1. Bourbonnois 22. 23. 387. Placités de Roüen 117. Eu 212. Maine 446. 459. Anjou 431. 447. Lodunois, *T.* 20. 7. 9. la Marche 91.

2. Servitudes s'acquierent. Amiens 165. Châlons 144. Chauny 69. Lorraine, *T.* 14. 2. 4.

Servitude, même en choses occultes & secretes. Amiens 165.

Servitudes rurales & non servitudes urbaines. Anjou 449. 450. 454. Maine 462.

Servitudes occultes imprescriptibles. Lorraine, *T.* 14. 4. Berry, *T.* 11. 1.

3. Pour & contre les rentes & charges réelles. Gerberoy 78. Laon 145. Perronne 211. Senlis 190. Clermont en Argonne, *T.* 14. 4. Perche 213. Ruedindre 34. Tours 209. Auvergne, *T.* 17. 2. 17.

4. La façon & maniere de lever dîmes, aussi la cotte d'icelui, sont prescriptibles par 40. ans. Nivernois, *T.* 36. 4. Bourbonnois 21. Placités de Roüen 117. 118. la Marche 96. Auvergne, *T.* 17. 18.

5. Les droits de pure faculté ne commencent à se prescrire que du jour de la contradiction Lorraine, *T.* 18. 3. Espinal, *T.* 11. 6.

6 Doüairiere, usufruitier, admodiateur, locataire ou fermier, ne commencent à prescrire la propriété de ce qu'ils possedent, que du jour que le doüaire, usufruit, admodiation, ferme ou location est finie & éteinte; & ne peut la négligence de la doüairiere ou usufruitier porter préjudice aux propriétaires d'un cens dû sur l'héritage tenu en doüaire ou usufruit. Metz, *T.* 14. 15. La Gorgue 47.

Ni le Procureur *ad negotia* contre le propriétaire. La Gorgue 47.

7. Entreprises qui se font dessus & dessous ruës, carrefours ou places publiques ne se prescrivent jamais. Gorze, *T.* 14. 37.

8. Pendant le tems que le Seigneur de fief exploite l'héritage de son vassal redevable de rente qui ne seroit inféodée, prescription n'a cours contre le créancier & Seigneur de ladite rente; parce que le Seigneur de fief n'est tenu, quand il exploite l'héritage de sondit vassal, des rentes constituées ou créées sur icelui qui ne sont inféodées. Orleans 262.

9. Si le mari a vendu l'héritage de sa femme sans son consentement, la prescrip-

NOTES.

(*a*) „ Contre l'Eglise n'y a prescription „ que de quarante ans, par les Ordonnances „ du Roi Charles le Grand, & de Louis son „ fils, conformément aux constitutions de „ leurs prédécesseurs Empereurs. " Loisel, *liv.* 5. *T.* 3. *art.* 12. V. le nombre 14. de la Conférence.

CONFERENCE.

tion ne doit courir contre elle pendant le mariage ; mais commence à courir seulement du jour du decès de sondit mari, sinon que constant ledit mariage, elle fût séparée de biens. Perche 215. Berry, *T.* 12. 16. Bourbonnois 27. 28. Maine 457. 458. Anjou 445. Agen 12. la Marche 93. Auvergne, *T.* 17. 5.

V. l'Art. 472. ci-après.

Mais si elle vend son bien conjointement avec le mari, sans être forcée, elle ne peut rien demander. Agen 12.

10. Pour l'héritage possedé à titre d'avancement de droits successifs, la prescription, contre les cohéritiers, ne commence qu'après le décès de celui dont est question de la succession. Car les autres frarescheurs, ou cohéritiers, n'ont eu faculté d'agir, ne rien quereller, durant la vie du prédécesseur qui pouvoit laisser ou bailler les fruits ou jouissance sa vie durant. Maine 440. Anjou 425.

11. Quand aucunes choses sont tenues & possedées en commun & par indivis, l'on ne peut acquerir ne prescrire le droit l'un de l'autre en pétitoire ou possessoire, par quelque laps ou espace de tems que ce soit. Bourbonnois 26. Normandie 529. Bordeaux 80. S. Sever locale *T.* 7. 3. Perche 214.

Parce que les autres possédent, & sont censés posseder par le moïen de celui qui tient & possede. Bordeaux 80. (*b*)

12. Si aucun vend ou transporte héritages, ou choses immeubles par lui tenues à cens, rente, ou autre devoir ; & tel alienant, après ladite aliénation, continue le païement dudit devoir & charge dudit héritage ainsi vendu : en ce cas ne court prescription dudit devoir ou charge au profit de l'acquereur, ou autre aïant de lui cause, pour quelque laps de tems qu'il le possede, jusqu'à ce que ledit Seigneur direct soit dûement informé de ladite aliénation. Nivernois *T.* 36. 6. Berry *T.* 12. 14.

Et a lieu la prescription, suposé que ladite rente soit païée par celui qui l'a constituée, ou autre au déçu du tiers détenteur ; toutefois si le créancier de la rente a eu juste cause d'ignorer l'aliénation, parce que le débiteur de ladite rente seroit toujours demeuré en possession de l'héritage par le moïen de location, rétention d'usufruit, constitution de précaire, ou autres semblables, pendant ledit tems la prescription n'a cours. (*c*) Paris 115.

13. Interruption de prescription faite contre l'un des freres ou communs possedans par indivis aucune chose, nuit aux autres freres ou communs. Nivernois *T.* 36. 5. Maine 492. Anjou 435. 488. Berry *T.* 12. 13.

14. Ordonn. Capitul. *L.* 5. *art.* 389. Ne decem anni, neque viceni, vel triginta annorum præscriptio Religiosis domibus opponatur, sed sola quadraginta annorum curricula, & non solùm in cæteris rebus, sed etiam in legatis & hereditatibus. 22. Juillet 1315. *art.* 18. Etablissemens de St. Loüis, *liv.* 1. *ch.* 100. V. M. de Lauriere sur ce chapitre.

15. Août 1539. *art.* 13. Pource que par ci-devant se sont trouvées innumérables contentions, débats & differends ; pour raison des prééminences & prérogatives de nos Sujets dudit païs (de Bretagne) qui ont indifferemment prétendu droit au dedans des Eglises Parochiales & autres Eglises dudit païs, dont sont advenues plusieurs forces & violences, au grand scandale desdites Eglises & perturbation du service divin.

Art. 14. Nous pour faire cesser lesdits differends, avons ordonné, déclaré & statué, qu'aucun de quelque qualité ou condition qu'il soit, ne pourra prétendre droit, pos-

NOTES.

(*b*) Perchambault, *art.* 282. V. la note sur l'art. 105 & art. 283. *n.* 1.

(*c*) La disposition finale de cet article est plus réguliére & mieux expliquée, que la généralité des articles des Coûtumes de Nivernois & de Berry. Car la possession notoire de l'acquereur rend le créancier inexcusable de n'avoir pas interrompu contre lui. Boucheul, *art.* 372. *n.* 155. & 156. de l'Hommeau, *liv.* 3. *n.* 294.

Le Grand, *art.* 73. *gl.* 3. *n.* 67. & Boucheul, *art.* 272. *n.* 143. décident également, contre la prescription, lorsque le fermier, qui a vendu l'héritage, a continué de jouir, & de païer le prix de la ferme.

CONFERENCE.

session, autorité, prérogative, ou prééminence au dedans desdites Eglises, soit pour y avoir bancs, siéges, oratoires, escabaux, accoudoirs, sépultures, enfeus, litres, armoiries, écussons, & autres enseignes de leurs maisons, sinon qu'ils soient fondateurs ou patrons d'icelles Eglises; & qu'ils en puissent promptement informer, par lettres ou titres de fondations, & par sentences & jugemens dûement donnés avec connoissance de cause, & avec partie légitime.

Art. 15. Item & outre le cas dessus dit, ne seront reçus nos Sujets dudit païs, à faire intenter aucun procès ou instance, pour raison desdits prétendus droits; & déclarons nulles toutes les procédures qui auroient été, ou seroient sur ce faites.

Déclaration du 24 Septembre 1539. Sçavoir vous faisons, que pour aucunes causes à ce nous mouvans, avons voulu & ordonné, voulons & ordonnons que l'effet de l'article, faisant mention des prééminences prétendues au dedans desdites Eglises, n'ait lieu, quant à present, que pour le tems à venir, & jusqu'à ce que par Nous autrement en soit ordonné.

16. Blois 1579. *art.* 50. Ne pourront les propriétaires & possesseurs des héritages sujets à dîmes, dire, proposer & alléguer en jugement ledit droit de dîme n'être dû qu'à la volonté, ni alléguer prescription ou possession, autre que celle de droit, en laquelle ne sera compris le tems qui aura couru pendant les troubles & hostilités de guerre. Faisant très-expresses inhibitions & défenses à tous les redevables Sujets à champarts, dîmes, & autres droits, d'exiger aucuns banquêts, beuvettes, frais & dépenses de bouche, desdits Ecclésiastiques, & ausdits Ecclésiastiques de les faire. Déclarons aussi que lesdites dîmes se leveront selon les coûtumes des lieux, & de la quote accoûtumée en iceux.

Melun 1580. *art.* 29.

SOMMAIRE.

1. & 3. *Prescription de 40. ans contre l'Eglise, le Public, & les Communautés séculieres.*
2. *De la prescription centenaire.*
4. & 32. *De la succession indivise. Partage provisionnel, prescrit & devenu définitif par 30. ans.*
5. *Effets de la prescription de 40. ans.*
6. Tantum præscriptum quantum possessum.
7. 10. 11. & 12. *Pour les droits Episcopaux & spirituels.*
8. *Pour le droit de péage.*
9. *Pour la Jurisdiction & ses dégrés.*
11. *Pour les accessoires qu'on n'a point possedés.*
12. *De l'alternative. Les Evêques admettent les démissions, même dans le mois du Pape.*
13. *Droits Roïaux imprescriptibles.*
14. *Des actes qui conservent & retiennent la possession.*
15. *Prescription de 40. ans sans titre ni bonne foi.*
16. *Possession réputée paisible, quoiqu'on n'ait pas perçu tous les fruits.*
17. *Distinction entre la perception des fruits & la simple culture.*
18. *Explication de la régle* meliùs est non ostendere titulum quàm ostendere vitiosum, *en matiére civile & en matiére bénéficiale.*
19. *Si les courtes prescriptions du Droit Civil ont lieu en Bretagne pour les droits réels. De la prescription des servitudes.*
20. *De la prescription de la Jurisdiction, du péage ou des autres redevances.*
21. *De la prescription de liberté contre les servitudes.*
22. *Prescription de 30. ans contre la servitude, qui n'est que stipulée, & qui n'a point eu d'exécution.*
23. *On prescrit par autrui comme par soimême.*

24. Serv

COMMENTAIRE.

D'Argentré' Ait. Hic articulus de præſcriptionibus longiſſimi temporis agit, quæ ſine titulo currunt, nec bonam fidem exigunt, ne Jure quidem Romano.

Contre mineurs. Congruit art. 274.

Entre freres. Ut excluderet diſpoſitionem articuli veteris 275. quæ diverſum in hoc caſu ſtatuebat, nullâ bonâ de cauſâ, & eum viſum eſt ordinibus corrigi.

Hevin. *Par l'eſpace & laps de quarante ans. art.* 254. *Vetuſtiſſima*, par lequel cette preſcription ſans titre étoit de 60. ans, ſçavoir, 45. de ſaiſine certaine & 15. de cuidance & créance; & c'eſt pour cela que la réformation des terres de l'an 1513. contenoit la recherche depuis les 60. ans derniers.

1. Cette preſcription de 40. ans eſt conforme à la Loi derniére C. *de fundis patrimonialibus*, qui confirme les poſſeſſions de 40. ans contre (*d*) l'Egliſe, contre le public, contre les Communautés ſéculiéres, ex quocumque titulo, vel etiam ſine titulo.

2. Nos trois Coûtumes de Bretagne ne parlent point de la preſcription centénaire; mais auſſi elles n'en ont pas de négation. M. d'Argentré dit qu'elle nous eſt inconnue, & que la quadragénaire a le même effet; que ce qui ne cede point à celle-ci, eſt abſolument impreſcriptible, & ne cede point à la centénaire. J'ai de la peine à le croire; car du commun conſentement de tous les Docteurs, la centénaire n'eſt point exceptée par ces termes. (*e*)

3. *Communautés.* Ce terme comprend l'Egliſe, contre laquelle la preſcription a lieu par 40. ans, par pluſieurs Coûtumes, même par 30. ſelon quelques-unes. V. la Conférence des Coûtumes dans l'addition ſur le titre des preſcriptions.

NOTES.

(*d*) V. le nombre 3. *art.* 271. *n.* 82. *& ſuiv. & art.* 280. *n.* 9. Coût. de Beauvoiſis, *ch.* 7 *à la fin*, Baſnage, *des preſcr. & art.* 521. Loüet, *lettre P. ch.* 1. Brodeau ſur Paris, *art.* 118. *&* 123.

(*e*) L'Ordre de Malte prétend que la ſeule preſcription de cent ans a lieu contre lui. Il y a ſur cela une variation de Juriſprudence dans les autres Parlemens. V. Pocquet, *art.* 447. Brodeau & Auzannet, *art.* 123. Ferriere *ibid. gl.* 2. Mais comme nous ne connoiſſons point de plus longue preſcription que celle de 40. ans, il paroît certain que la prétention de l'Ordre de Malte ne ſeroit pas reçuë en Bretagne. V. le Maître ſur Paris, *T.* 6. *ch.* 2. & le nombre 29. ci-après.

V. Brodeau sur Paris, *art.* 12. *n.* 12. *&* *art.* 123. Du Fail, *liv.* 1. *ch.* 432. Chopin *de moribus Parisiorum*, *lib.* 2. *tit.* 8. *n.* 7. Mais commencera-t'elle contre les mineurs non pourvus? Non puto, argumento articuli 286. inf. V. art. 490. inf. (*f*)

4. *Freres & Sœurs.* Hoc verum est, quand la succession est demeurée indivise; auquel cas l'Anc. Coût. *art.* 275. la rendoit imprescriptible, celle-ci la prescrit par 40. ans. Sed quid s'il y a eu un partage provisionnel, ou une condamnation & jugement de partage? On tient que le partage provisionnel se convertit en définitif par 30. ans, quasi primâ actione novatâ in actionem ex contractu, Arg. art. 287. infrà, quo facultati præscribitur, vel in actionem rei judicatæ. Obstat que le jugement ne rend pas la condition de celui qui l'obtient plus mauvaise. (*g*) Attingit Argentr. *ad art.* 267. *in verb. par an & jour, num.* 13. *& ad art.* 275. *num.* 6.

5. D'ARGENTRE' A. C. *art.* 271. *Droiture.* Rien n'est plus utile que la disposition de cet article, qui retranche une infinité d'inutiles discussions du Droit; ainsi, sans y entrer, non plus que dans les questions de sçavoir si la prescription efface les obligations civiles seulement, ou si elle éteint aussi les naturelles, si c'est une véritable acquisition de domaine & de proprieté, ou si c'est une simple exception pour se maintenir dans la possession; il faut se fixer aux termes de l'article, qui, par le mot de *droiture*, entend le domaine & la proprieté, & renferme tout domaine direct.

6. *Et Seigneurie.* C'est une seconde expression ajoutée, pour marquer toute sorte de domaine & la puissance entiére & absolue de disposer de la chose; mais cela se doit entendre d'une maniere, qu'on ne prescrit que ce que possedoit celui contre qui on a prescrit & ce qu'on a possedé: de sorte que, si, par exemple, on a prescrit la propriété d'un fonds, contre le vassal de quelque Seigneur, comme ce vassal n'avoit que le domaine utile, le domaine direct demeure au Seigueur, contre lequel on n'a point prescrit. Si l'on a prescrit le fonds sujet à une servitude, on ne prescrit pas contre la servitude, pourvû que celui à qui elle est dûe, en ait conservé la possession; car dans les longues prescriptiont sans titre, où l'on ne présupose aucune tradition, telles que sont toutes les longues prescriptions, *tantum præscriptum* (*h*) *intelligitur quantum possessum, & adversùs quem possessum est*; au lieu que dans les prescriptions titrées, (*i*) on considére le contenu dans le titre, & ce dont la tradition a été faite. Il faut au surplus renvoïer à ce qui a été dit ci-dessus sur les interruptions.

NOTES.

(*f*) V. la premiere Note sur l'Art. 286.

(*g*) La différence est sensible. Le partage provisionnel est une convention par laquelle on partage véritablement la succession, avec faculté de faire un autre partage. Cette faculté est comme toutes les autres facultés conventionnelles, qui s'éteignent par la prescription de 30. ans. Au contraire le jugement qui ordonne le partage ne change ni n'altere la nature de l'action universelle de partage, qui ne peut se prescrire que par 40. ans. V. Art. 283. *n.* 10. Sauvageau sur du Fail, *liv.* 1. *ch.* 325. & du Fail, *liv.* 3. *chap.* 137. Dupineau, *art.* 433.

(*h*) Dunod, *p.* 23. Coquille, *tit.* 17. *art.* 10. de Lhommeau, *liv.* 3. *n.* 292.

(*i*) De Cormis, *tom.* 2. *cent.* 3. *ch.* 29. Dunod, *p.* 19.

7. Toute la suite de cette section consiste en des exemples, & l'Auteur parle d'abord des droits Episcopaux, qui étant en grand nombre, soit à raison de la Jurisdiction, soit à raison de l'ordre, si l'on prescrit un droit par la longue possession qu'on a exercée, cela n'emportera pas de conséquence pour les autres. Du droit de visite de l'Evêque, s'ensuit le droit de procuration; mais si un Prélat inférieur prescrit le droit de visite, il n'aura pas prescrit le droit de procuration, s'il ne l'a également exercé.

8. Celui qui a prescrit le droit de péage dû pour les gens de pied, ne pourra pas exercer son droit pour les charges de chevaux ou de charrettes: car quoique la raison d'exiger ces sortes de droits, soit d'ordinaire fondée sur l'obligation d'entretenir les pavés & les passages, d'où l'on concluroit, à plus forte raison, pour l'autre cas, parce qu'il cause plus de dépense, cependant la chose est de droit étroit & limitée aux actes spécifiques de la possession: ainsi qu'on ait acquis le droit sur une espéce de marchandise, sans l'avoir exercé par raport à d'autres, il ne s'en fera pas d'extension.

9. Il en est de même en matiere de prescription de Jurisdiction. La simple Jurisdiction basse ou moïenne aïant été prescrite, on n'aura pas prescrit *merum imperium*; mais si l'on a prescrit la connoissance criminelle & le droit de prononcer des peines capitales, la possession s'étendra aux autres peines, pourvû que celui qui possedoit auparavant n'en ait pas retenu la possession *prohibendo*. Il faut aussi excepter les peines qui sont attachées à un droit particulier; delà vient que tous Hauts Justiciers n'ont pas la punition de feu qui est réservée aux Juges des Baronnies.

10. L'institution (*k*) & la confirmation dans les bénéfices étant prescrite par la longue possession, (*l*) il ne s'ensuit pas qu'on ait le droit de destitution, dans les cas où elle peut avoir lieu; car ce sont des choses différentes, l'une étant de Jurisdiction volontaire, & l'autre demandant la connoissance de cause. Celui qui auroit prescrit le droit d'excommunier, n'auroit pas pour cela celui d'absoudre ceux qu'on auroit excommuniés. Il en est de même des dîmes; si on les a prescrites sur certains fonds, cela ne s'étendra pas à d'autres; & celui qui auroit prescrit les dîmes dans une Paroisse, n'auroit pas pour cela prescrit le droit des novales qui surviennent.

11. Nulle prescription ne s'étend aux accessoirès, dans lesquels on n'a point fait d'acte de possession, si ce ne sont des annéxes inséparables qui composent un tout. La possession de droits & redevances sur les hommes & sujets d'un certain village, n'emportera pas de conséquence sur les autres vassaux du même lieu. Le droit d'admettre les démissions & les résignations dans un autre Diocèse, n'emporteroit pas celui de recevoir les permutations.

12. * On voit ici que l'Auteur s'écarte pour multiplier les exemples, comme

NOTES.

(*k*) V. Ferriere, *du patronage*, *ch.* 4.

(*l*) Sur la prescription du patronage, V. art. 271. *n.* 83. Sauvageau, *liv.* 1. *ch.* 78. & 82. Dunod, *p.* 26. la Taumassiere, *T.* 12. *art.* 9. Boucheul, *art.* 372. *n.* 36. de l'Hommeau, *liv* 3. *ch.* 278. Ferriere, *du patronage*, *ch.* 3. *n.* 56. & *suiv.* & sur Paris, *tit.* 6. §. 3. *n.* 21.

en beaucoup d'autres endroits. Il parle de l'indult d'alternative, que le Pape accorde aux Evêques de Bretagne pour conférer dans leurs mois. Il dit que, s'ils le peuvent par mort, ils le peuvent à plus forte raison sur les démissions qui leur sont faites. Cela sans doute ne vient pas trop à la prescription; & d'ailleurs il s'ensuivroit de ce qu'il dit une grossiére erreur. Les Evêques ne pourroient admettre les démissions que dans leurs mois, ce qui est faux, puisqu'ils les admettent même dans le mois du Pape, & conférent valablement en conséquence.]

13. Il est inutile de parler ici des Droits Roïaux, puisque l'Auteur convient qu'ils ne peuvent se prescrire.

14. Il finit par une observation sur le cas de conservation & retention de possession. L'exercice du droit, dans une seule espéce, retient la possession de tout le genre; ainsi un seul acte d'exercice de Jurisdiction, dans un cas, conserve toute la Jurisdiction, pourvu que les autres actes n'aïent été exercés par personne, & que quelqu'un ne se soit pas maintenu dans une possession capable de prescrire. Cette derniére régle, qui est oposée à la régle *tantum præscriptum quantum possessum*, est fondée sur une grande différence; car on conserve plus naturellement qu'on ne prescrit sur autrui.

15. *Est acquise.* Par la seule force de la Coûtume, qui par de pareils termes *præteriti temporis*, donne effet & exécution, *tanquam lata sententia ipso Jure*, sans qu'il puisse y avoir aucune distinction; en quoi l'on ne suit pas le sentiment des Canonistes, qui veulent qu'il y ait un titre, la présomption de droit étant contre celui qui prescrit, & induisant contre lui de la mauvaise foi. Or, suivant notre texte, on n'exige dans les longues prescriprions ni titre, ni bonne foi. (*m*)

16. *Pacifiquement.* Lorsque le possesseur n'a point été interrompu civilement ou naturellement, il faut avoir recours à ce qui a été dit des interruptions ou interversions. Au surplus on ne laisse pas d'être censé possesseur paisible, quoïque, sans aucune formalité de procès, quelqu'un ait perçu une partie des fruits, pourvû que par ailleurs on ait possedé. C'est pourquoi, en matiére bénéficiale, celui-là est dit posseder la Cure, qui en fait les fonctions, quand même il ne joüiroit pas de la plus grande partie des fruits.

17. *Joüit.* Ce mot s'entend de la perception des fruits, & non pas de la simple culture de la terre; ainsi celui qui recüeille les fruits possede, quoiqu'ils aïent été semés par un autre. (*n*)

18. *Sans titre.* Comme on n'exige point de titre, on ne doit pas examiner la validité de celui qui seroit produit. Le mieux est cependant de n'en pas produire, suivant la régle *meliùs est non ostendere titulum, quàm ostendere vitiosum*, on donne d'ordinaire cet avis à ceux qui veulent se servir, en matiére bénéficiale, de la régle *de triennali possessore*; mais c'est parce qu'on ne doit pas faire paroître l'entrée vicieuse dans les bénéfices, & qu'il vaut mieux s'en tenir à la présomption résultante dû tems. A l'égard des prescriptions, en ma-

NOTES.

(*m*) V. la Préface, *n.* 1. *art.* 269. *n.* 65. & *art.* 275. *n.* 1.

(*n*) V. Art. 269. *n.* 44.

tiére civile, comme elles sont fondées sur l'autorité de la Loi, le vice du titre ne feroit rien, parce que le laps du tems y suplée. *(o)*

19. On demande ici si la Coûtume aïant fixé la prescription sans titre à 40. ans, elle a aboli les plus courtes prescriptions du Droit Civil, & si, par exemple, les servitudes continuées pendant 10. ans sont prescrites, suivant ce même Droit, comme le cas n'étant pas exprimé dans la Coûtume. L'Auteur estime avec raison qu'il n'y a point de distinction, & que pour prescrire un Droit réel sans titre, il faut 40. ans. C'est le sentiment commun des Jurisconsultes que les servitudes se prescrivent sans titre. *(p)* Duaren, notre Compatriote, avoit voulu combattre ce principe, mais sans succès; ceux qui le defendent, le font par de très-foibles raisons. Ils disent que, comme la servitude est dûe de chose à chose, l'une des choses n'a pu se pourvoir d'un titre, comme si toutes les servitudes ne suposoient pas le fait de l'homme. Ils ajoutent que les servitudes sont de moindre préjudice, puisqu'elles ne font point partie du domaine & de la propriété; mais tout le monde convient qu'elles sont d'une très-grande conséquence pour l'ordinaire. On ne raportera point ici ce que dit l'Auteur pour l'exagérer en plusieurs cas. Comme on prescrit par 40. ans le fonds même, on peut prescrire la servitude.

Quant au tems pour acquerir la prescription, on a déja marqué qu'il faut 40. ans. Il faut aussi que les servitudes soient continues; mais il y a une distinction à faire entre les servitudes qui ont des intersignes qui les marquent, & celles qui demandent absolument un exercice continu, faute de pareilles désignations univoques. Par exemple, l'écoulement *(q)* perpétuel de l'eau, la

NOTES.

(o) V. *art.* 269. *n.* 28. & *art.* 272. *n.* 8. Dupineau & Pocquet, *art.* 431. La Lande, *art.* 261. *n.* 29. & 30. Ferriere, *art.* 118. *n.* 4. & 5. Coquille, *I.* 36. *art.* 1. Dunod, *p.* 22.

(p) Usement de Rennes, *art.* 12. Anjou, *art.* 454. Le Grand, *art.* 61. Coquille, *Instit. des servit.*

„ Se aucun Seigneur & propriétaire d'au-„ cunes maisons entretenans, durant le tems „ qu'il en est propriétaire, fait que l'une serve „ à l'autre d'aucune Glassoüer ou aisement, „ &c. Telle ordonnance vaut titre; & ainsi „ en ont vû user à Paris. Coût. not. *art.* 80.

(q) Cette servitude est souvent douteuse, & donne lieu à de grands procès. L'eau d'une source s'écoule sur les terres inférieures qui en deviennent plus fertiles. Cet écoulement est-il une servitude? Quels sont les droits du propriétaire du terrain où est la source & des autres propriétaires, dont les terres sont arrosées par ce cours d'eau? Examinons cette question sans nous arrêter à aucunes des circonstances qui peuvent changer le point de Droit.

Comme la servitude ne se présume jamais, s'il n'y en a pas une preuve, on doit conclure que le propriétaire du terrain où est la source, & par conséquent de cette source même, n'est point assujetti à la servitude de laisser couler les eaux sur les terrains inférieurs, qui au contraire, par leur situation, sont regardés comme aïant toujours été sujets à cet écoulement. S'ils sont rendus fertiles par l'écoulement, cette circonstance accidentelle ne peut faire aucun changement à ce que nous venons de dire. Ainsi le propriétaire de la source peut arrêter l'eau & en détourner le cours pour son utilité particuliere.

M. de Perchambault, *traité des servit.* §. 4. & Dunod, *pag.* 88. disent que, s'il paroît des fossés ou canaux dans le champ du propriétaire, pour conduire l'eau chez le voisin, c'est une marque de servitude. Mais cet intersigne peut être très-équivoque. Il peut être difficile de découvrir, si le canal a été

ſervitude de proſpect, ou *altiùs non tollendi*, les prééminences d'Egliſe déſignées par les armoiries, les tombes, & autres pareils droits, ſont retenus par ces ſignes permanens, indépendemment de l'uſage rare ou fréquent. Le cours d'eau auprès d'un certain fonds ſupoſe la ſervitude, lorſqu'elle eſt une fois établie d'une maniére à prouver la deſtination. Qu'une maiſon bâtie devant une autre ſoit élevée d'une certaine maniére, qui marque que c'eſt pour en conſerver le jour, c'eſt un ſigne perpétuel de la ſervitude *altiùs non tollendi*. Au ſurplus on ne preſcrit les ſervitudes que par la poſſeſſion naturelle.

Ce qu'on a dit juſqu'à préſent regarde les ſervitudes continues; car pour celles qui ne le ſont pas, il faut le fait de l'homme, par exemple, pour les droits de chemin & de paſſage, de mener les troupeaux à l'eau, de les mener paître, de couper du bois ou de la litiére, & généralément dans preſque toutes les ſervitudes ruſtiques, on demande s'il faut, pour fonder la preſcription à cet égard, que les actes ſoient à la connoiſſance de celui contre lequel on preſcrit; mais l'Auteur le nie à cauſe d'un tems, auſſi long. (*r*) Nous n'entrons point ici dans le détail que fait l'Auteur, par raport à la preſcription de 10. ans, en matiére de ſervitudes ſuivant le Droit Romain, & à la queſtion de ſçavoir s'il faut un titre; car notre preſcription quadragénaire, qui eſt abſolument néceſſaire, retranche toutes ces difficultés. Au ſurplus, il faut que la poſſeſſion ſoit contre le véritable propriétaire de la choſe qu'on veut aſſujettir, & que ce ſoit contre celui qui ſeul auroit pu conſtituer la ſervitude, s'il l'avoit accordée par traité ou autrement.

Il y a des ſervitudes perſonnelles dont l'uſufruit eſt un exemple. Si cet

NOTES.

fait pour le voiſin, ou ſeulement pour l'écoulement des eaux. On doit même préſumer le ſecond plûtôt que le premier, puiſque les ſervitudes ne ſe préſument point ſans preuve. Mais ſi par la conſtruction du canal, il paroît qu'il ait été fait pour l'utilité du voiſin & non pour celle du propriétaire de la ſource, ou bien ſi c'eſt le voiſin qui a conſtruit ou qui entretient & répare le canal fait dans le fonds ſupérieur, la ſervitude ne ſera plus douteuſe, & en général il faut obſerver que cette ſervitude eſt très-favorable puiſqu'elle a pour objet de conſerver le cours naturel de l'eau.

Ce que nous avons dit du propriétaire de la ſource s'aplique à ceux dont les terrains ſont arroſés ſucceſſivement par le cours d'eau. Car ils ſont propriétaires de l'eau, pendant qu'elle eſt dans leur terrain; & ils peuvent s'en ſervir comme s'ils étoient propriétaires de la ſource.

Mais en général indépendemment des diſtinctions que nous venons de faire, tous les Auteurs conviennent que le propriétaire de la ſource ou du cours d'eau ne peut pas le détourner, s'il n'en retire point d'utilité, & s'il ne peut pas y avoir d'autre objet que de nuire au voiſin.

Il faut auſſi obſerver que, ſi les terres ſur leſquelles l'eau paſſe, ont apartenu au même propriétaire, & ont été dans la ſuite diviſées ou vendues, le cours d'eau doit être conſervé dans ſon état, à cauſe de la deſtination préſumée de celui auquel les terres ont apartenu.

M. Duval, *de rebus dubiis ch.* 8. traite ces queſtions.

V. Baſnage, *art.* 206. & ſur le titre des ſervitudes. Dupineau, *art.* 454. Le Grand, *art.* 61. *gl.* 2. *n.* 15. 29. 41. Coquille, *T.* 10. *art.* 1. *&* 2.

(*r*) Mais il faut que les actes d'exercice de la ſervitude ne ſoient pas *occultes & latens.* Berry, *T.* 11. *art.* 1 de l'Hommeau, *l.* 3. *n.* 293. le Grand, *art.* 61. *gl.* 2. *n.* 21. *& ſuiv.*

usufruit est la joüissance d'un héritage, il faut, pour prescrire, le même tems que pour les choses réelles.* Si c'étoit une simple obligation de païer une rente pendant la vie, ce seroit la prescription de 30. ans, comme pour toute autre obligation; & c'est ce que l'Auteur n'a pas assez distingué.]

20. On agite assez inutilement, si la Jurisdiction & le droit d'exiger des péages ou des redevances doivent être regardés comme des servitudes; cela seroit bon dans le Droit Romain, où les prescriptions sont differentes pour les servitudes. Quand ces sortes de droits en seroient une, il faudroit 40. ans; mais l'Auteur décide que ce sont des droits réels attachés au fief d'où ils dépendent: & delà vient qu'on s'en approprie comme d'autres héritages.

21. Quant à la prescription de liberté contre les servitudes, (s) l'Auteur commence par la distinction *urbanarum & rusticarum servitutum*. Les premiéres sont celles qui sont dûes à des édifices faits pour l'habitation, quoique situés à la campagne. Les secondes sont celles qui sont dûes à des héritages destinés pour les usages de la campagne, & pour la perception des fruits. C'est donc le fonds dominant qui fait la qualité & la dénomination de la servitude, celle de chemin & de passage est du premier genre, si elle est dûe à un fonds *urbanum & vice versâ*. La prescription de liberté contre la servitude ne commence, *in prædiis urbanis*, que par des actes positivement prohibitifs; au lieu que, *in servitutibus rusticis*, la prescription a lieu par le simple non usage. Il n'y a en tout cela que des subtilités du Droit Romain qui ne sont pas d'une grande utilité pour la décision; * & s'il falloit aprofondir la chose, il faudroit d'autres distinctions & d'autres explications que l'Auteur ne fait pas.] Il distingue aussi, suivant les Docteurs, les servitudes personnelles, d'usage, d'habitation & d'usufruit, dont la liberté est sujette à la prescription de 10. ans entre présens, & de 20. ans entre absens. * Comme notre Coûtume ne connoît point ces sortes de prescriptions, il faut conclure que ces servitudes ne se prescrivent, sans titre, que comme tous les autres droits réels.]

22. Il faut finir ce chapitre par une autre distinction. Jusqu'à présent on a parlé des servitudes formées & subsistantes, & de la maniére ou de les acquerir, ou d'en prescrire la liberté; mais pour celles qui sont simplement promises, ce n'est qu'une stipulation & une obligation sujette à la prescription de toutes autres conventions personnelles par 30. ans. (t) On ne parlera point ici de la question tirée de loin sur la prescription du fils de famille, contre la puissance paternelle. L'Auteur avoüe à la fin que tout ce qu'il a dit, est pour faire voir la différence entre le Droit Romain & notre Coûtume, & cela a une égale aplication aux autres traités qu'on a vus sur ce titre des appropriemens.

23. *Par lui.* Ce n'est ici qu'une remarque grammaticale. L'Auteur ajoute

NOTES.

(s) V. Valla, *de reb. dub. ch.* 7. Coquille, *inst. de servit.* Basnage, *art.* 607. le Grand, *art.* 61. *gl.* 2. *n.* 50. *& suiv.* du Plessis, *des servit. l.* 1. Arrêtés de M. de Lamoignon, *art.* 6. *&* 7. la Lande sur Orleans, *art.* 226. Anjou, *art.* 453. Pontanus sur Blois, *art.* 192.

(t) V. art. 285. *n.* 15. & la 2. Consultation de d'Argentré *n.* 19.

que les mots *par lui* ſignifient une poſſeſſion perſonnelle, mais que l'on peut poſſéder par d'autres, comme par un Procureur, un homme d'affaire, un fermier, un uſufruitier, ou autre qui poſſede ſous nous à titre de précaire.

24. *Ses prédéceſſeurs ou autres.* Le mot de *prédéceſſeurs* eſt générique; mais il s'entend ici de ceux à qui l'on ſuccéde à titre univerſel, ce qui fait qu'on ajoute *ou autres.* L'Auteur prend delà occaſion de parler des acceſſions de poſſeſſions, & de raſſembler ce qu'il y a d'épars dans le Droit à cet egard.

25. Les Juriſconſultes apellent (*u*) *acceſſions*, les continuations de poſſeſſions qui ſe font entre les premiers poſſeſſeurs, & les poſſeſſeurs poſtérieurs aïant cauſe des premiers. Cette jonction des poſſeſſions accomplit le laps de tems des preſcriptions. On entend les prédéceſſeurs tant médiats qu'immédiats, c'eſt à-dire, les Auteurs des Auteurs.

On poſe ici, pour premiére régle, que nul ne peut alléguer acceſſion, s'il n'eſt aïant cauſe de celui qui a précédemment poſſedé. On excepte un cas bien remarquable, c'eſt lorſque le défendeur eſt condamné à reſtituer la choſe au demandeur. Celui-ci n'a point cauſe de l'autre; cependant la poſſeſſion du défendeur ſert au demandeur pour la preſcription. Il y auroit des objections à faire contre cette exception ſuivant l'Auteur, qui y revient enfin, mais par la raiſon aſſez frivole des choſes jugées.

La ſeconde régle eſt, qu'il ne ſe fait d'acceſſion que de la poſſeſſion qu'on a faite *Jure ſuo.* (*x*) Ainſi celle qu'on auroit faite en qualité de fermier, n'opéreroit rien.

La troiſiéme régle eſt, qu'il faut que l'acceſſion ſe faſſe de deux poſſeſſions qui ſe joignent immédiatement; car ſi intermédiairement une tierce perſonne avoit eu la poſſeſſion, ce ſeroit une interruption; mais ſi cet intervalle étoit ſeulement un vuide de poſſeſſion, il n'empêcheroit pas la jonction des deux extrêmes pour la preſcription.

La quatriéme régle eſt, qu'il ne ſe fait point d'acceſſion d'une poſſeſſion vicieuſe à une autre vicieuſe. Par exemple, ſi les poſſeſſions ſont violentes ou clandeſtines. On excepte cependant de cette régle les preſcriptions *longiſſimi temporis* qui purgent tout vice. La même régle a lieu contre l'acceſſion d'une poſſeſſion juſte à une poſſeſſion injuſte, *& vice verſâ*; il y auroit lieu pareillement à la même exception: mais pour bien juger de ce qui regarde les poſſeſſions vicieuſes, il faut en revenir à ce qu'on a dit des vices réels & des vices perſonnels. Les vices réels affectent perpétuellement la choſe, de ſorte que l'acceſſion d'une pareille poſſeſſion ne peut avoir lieu, *Jure quidem Civili*; car on a fait voir amplement ſur les précédens articles, que cette propoſition n'a point lieu dans notre Droit Coûtumier, & qu'aucun vice dans les Auteurs ne nuit aux ſucceſſeurs. A l'égard des vices perſonnels, on diſtingue, pour l'effet de l'acceſſion, les ſucceſſeurs univerſels, & les ſucceſſeurs à titre particulier. Ceux qui font cette diſtinction prétendent que le vice de l'Auteur

NOTES.

(*u*) Dunod, *p.* 19. *&* 20. Coquille, *T.* 34. *art.* 1. Baſnage, *art.* 235. & 521. La Lande, *art.* 261. *n.* 11. Boucheul, *art.* 372. *n.* 97. *& art.* 374.

(*x*) Parce que c'eſt la ſeule qui puiſſe ſervir pour la preſcription.

paſſe

passe au successeur universel, qu'il n'en est pas de même du successeur particulier qui peut prescrire selon quelques-uns; car il commence de prescrire par lui même. Ces distinctions n'ont point de lieu dans le Droit Coûtumier, où il n'est pas besoin de bonne foi pour la prescription.

26. Il en est de même de l'accession des bannies, que de celle de la possession; car si l'Auteur a fait une ou deux bannies, & que le successeur en acheve le nombre, l'appropriement vaudra, pourvû que les bannies soient faites pour un seul & même titre, y aïant de la différence de bannir pour un titre & pour un autre; & il faudroit à chacun son appropriement.

27. Les Canonistes disputent s'il se fait accession de possession, en matiére bénéficiale: la plûpart le nient, parce que le successeur n'a point son titre du prédécesseur, mais un nouveau du collateur; de sorte que le successeur ne peut alléguer la possession triennale de son prédécesseur, selon Gomés. Plusieurs autres sont d'un sentiment contraire.

28. L'Auteur aplique ici plusieurs cas particuliers aux régles ci-dessus. Si l'acquereur a remis la chose à son vendeur, il se fait accession de la possession de l'acquereur, pour parfaire la prescription, lorsque le contrat est résolu, & qu'il s'est fait rétradition. Il en est de même de la résolution du contrat, par la convention qui y est portée, soit de retrait conventionnel, soit *ex pacto Legis commissoria aut adjectionis in diem.* Il n'y a pas aussi de difficulté dans le retrait légal, qui opére l'accession de possession dans le rétraïant, comme s'il succedoit immédiatement au vendeur, *emptore de medio sublato.* * Cela n'est pas assez expliqué dans un point plus essentiel. On supose qu'un injuste possesseur de quelques années eût vendu, que son acquereur ne se fût point approprié, & qu'un parent de ce vendeur demande le retrait, la possession que l'acquereur aura faite pendant quelques années, servira pour parfaire la prescription. Peut-être que l'Auteur n'a point parlé de ce cas, parce qu'il y a une espéce d'impossibilité dans la suposition, attendu qu'il n'y a point de ramage dans un simple commencement de possession, puisque pour enramager, il faut l'appropriement qui n'est point sans un titre d'acquisition. Cependant le cas est possible; car on supose que le vendeur ait possedé 30. ans sans titre, ou en vertu d'un titre d'acquisition qui puisse être disputé; de sorte qu'il lui faudroit 40. ans pour prescrire. Les 30. ans enramageroient en ce cas, quant à la prémesse; il vend après les 30. ans, son acquereur possede 10. ans, & s'il n'est pas approprié, la prémesse peut être demandée. Les 10. ans de possession de l'acquereur opéreront en ce cas, pour le rétraïant, le complement de la prescription.]

Il se fait aussi accession de possession du testateur & de l'héritier ou légataire. L'accession a aussi lieu lorsque la succession est demeurée vacante.

Dans le Droit Romain, le domaine de la dot passoit au mari, après la mort duquel il retournoit à la femme; en ce cas il se faisoit accession des possessions, 1°. De celui qui possedoit avant le mariage, & qui a donné la dot. 2°. De la possession du mari pendant le mariage. 3°. De celle de retour par la dissolution.

On a remarqué que quand un contrat étoit résolu, il se faisoit accession de la possession de l'acquereur; mais lors meme que la chose retourne au vendeur par une nouvelle cause, il se fait pareillement accession, parce qu'en ce cas, celui qui étoit acquereur est auteur. On raporte ici plusieurs autres cas, ou trop subtils, ou de peu d'usage, ou qui viennent aux mêmes régles.

Dont il a cause. C'est-à-dire, cession ou transport à titre universel ou particulier.

29. *Par l'espace & laps de quarante ans.* On compte du jour que l'on est entré en possession, jusqu'à la fin du dernier jour des 40. ans; c'est la nature des prescriptions sans titre.

La Très-Ancienne Coûtume exigeoit 60. ans, dont il falloit prouver 45. ans de possession effective, & les 15. autres de *cuidance & de croïance*, comme on disoit en ce tems-là; mais la vie des hommes est trop courte pour exiger un si long terme; & les 40. ans suffisent, tellement que ce qui n'est pas prescrit par ce tems-là, doit être imprescriptible. Nous ne connoissons donc point la prescription de 100. ans (y) du Droit Romain, qui n'est ni nécessaire, ni d'aucun effet si celle de 40. ans n'opéroit pas; de sorte que la discussion, de sçavoir si le défaut d'expression de retranchement de la prescription centenaire la laisse subsister, est un vain amusement des Jurisconsultes.

30. Par la même raison, l'on ne connoît point la prescription immémoriale, qui n'auroit point de lieu dans les cas exceptés de la prescription de 40. ans, dont nous avons des dispositions par ces mots *nonobstant longue tenue.* Ces mots n'ont raport qu'à la prescription de 40. ans, la Coûtume n'en connoissant point d'autre plus longue. *Quidquid hanc effugit, imprascriptibile est : quidquid prascriptibile huic succumbit.*

31. L'Auteur finit cet article par une question singuliere. La réformation de 1539. réduit la prescription de 60. ans à 40. L'Auteur écrivoit ce traité en 1573. il suposoit en ce tems-là une possession commencée avant 1539. tems auquel il falloit 60. ans pour prescrire. Il demande s'il falloit une continuation jusqu'à 60. ans, ou s'il suffisoit d'un complément pour parfaire les 40. ans. Il n'y a pas de difficulté, dit-il, que quelque peu qu'on ait possedé avant 1539. la prescription seroit complette en 1579. mais en 1573. les 40. ans, depuis la réformation, n'étoient pas accomplis; & c'est en quoi consiste la difficulté. L'Auteur est d'avis qu'il faudroit une proportion arithmetique du tems d'avant la réformation & de celui qui l'a suivie. Il suffit d'en faire l'observation sans entrer dans un détail qui pouvoit être nécessaire lorsque l'Auteur écrivoit, parce que la question pouvoit avoir lieu alors.

32. D'ARGENTRE' A. C. *Art.* 275. * L'Art. 275. de l'A. C. a été retranché à la réformation, comme ne signifiant rien. On en a mis seulement quelques mots dans l'Art. 282. de la Nouvelle, qui parle de la prescription de 40. ans, comme aïant lieu même entre freres & sœurs pour leurs partages. C'est donc inutilement que l'Auteur en pese tous les termes, comme étant une différence de l'art. 267. de l'Ancienne, qui regarde le partage exécuté & generalement tous cohéritiers, aulieu que celui-ci regarde un

NOTES.

(y) V. le nombre 2.

partage à faire, & est limité aux freres & sœurs vivans, ce qui est infiniment bizarre.] Le sommaire de ce qu'on peut remarquer sur cet article inutile, est donc qu'il n'y a de prescription de l'action de partage que par 40. ans, que le cohéritier possede pour tous, que le long tems qu'on a été sans agir pour le partage ne suffit pas pour faire présumer qu'on ait répudié l'heredité; que quoiqu'on ne puisse prescrire que par 40. ans, on peut cependant exclurre le consort lorsque l'on possede à titre particulier.

33. On demande ici si le longtems emporte présomption de partage, quoiqu'il y ait une extrême disproportion dans ce que chacun possede. Comme l'Auteur propose cette question sur un texte qui excluoit toute prescription, elle est aujourd'hui inutile, puisque, quand on ne fait point voir de partage, on n'est censé, pendant que l'action dure, posseder que provisionnellement & par indivis.

34. Aux mots entre freres & sœurs, d'Argentré revient encore à la chimere du titre *pro herede*. (z) Il s'étonne de ce que la Coûtume n'en a point parlé, & il convient qu'il est absolument hors d'usage.

35. Arrest. Le Recteur de Ploüer, Diocese de Saint Brieuc, prétend que les Tresoriers dignitaires du Chapitre de la Cathedrale ont usurpé ses dîmes; & qu'un de ses prédécesseurs les aïant voulu vendiquer en 1624. il s'étoit passé concordat, portant que le Recteur prendroit un quart des dîmes de la Paroisse; dit que ce concordat est collusoire; qu'il n'a pu préjudicier aux droits des Recteurs, & il prétend le total. Le sieur Profit, Tresorier de Saint Brieuc, se défend par la possession. Il dit que celle de 40. ans régle le droit de dîmes; qu'une Eglise peut prescrire contre l'autre. Arrêt à l'Audience plaidant Primagnier pour le Tresorier, Gentil pour le Recteur, par lequel le Tresorier est maintenu suivant la possession, le Jeudi 9. Decembre 1688. (&)

NOTES.

(z) V. *art.* 269. *n.* 8. & 18. & *art.* 271. *n.* 37.

(&) V. art. 271. *n.* 89. Louis sur Maine, art. 461. Arrêtés de M. de Lamoignon *des prescr.* art. 44.

ARTICLE CCLXXXIII.

Entre freres & sœurs, & autres cohéritiers, le détenteur [a] *de l'héritage* partagé entr'eux est approprié par an & jour, sans bannie, au regard de ses cohéritiers.

NOTES.

„ Quant parties sont fetes entre freres ou „ entre sereurs, ou entre frere & sereur par „ amis ou par justiche, & il se sueffre en „ chele partie un an & un jour pesiblement, „ les parties doivent tenir entre aux sans être „ rapellées. Coût. de Beauvoisis, *ch.* 8. *page* 50.

V. le commentaire & les notes sur l'art. 262.

CONFERENCE.

Art. 591. & 142.
A. C. *Art.* 267. a D'héritage.
T. A. C. V. ci-devant art. 142.
Excepté contre les mineurs. Berg. S. VVinox, *T.* 19. 41.
V. la Conférence sur l'art. précédent.

SOMMAIRE.

1. *Si la possession par indivis peut opérer la prescription.*
2. *& 7. Si l'an & jour court contre le mineur.*
3. *Critique de l'article.*
4. *& 8. Deux sortes de lésions en partage. De la revue.*
5. *Si les héritiers de deux estocs sont cohéritiers. De la solidité contr'eux au profit des créanciers.*
6. *L'an & jour se compte du jour de la choisie.*
9. *De l'erreur dans le mesurage. Distinction entre l'expression de l'étendue faite* demonstrationis causâ, *& celle qui est pour une fixation limitative & extensive.*
10. *Distinction entre le partage & ce qui est seulement donné à valoir au partage.* Quid *des loties faites par transaction ou par jugement.*
11. *Si l'on peut s'approprier pour exclure la revûe.*
12. *Ou pour exclure les créanciers de la succession.*
13. *Cohéritiers garens de l'éviction du fonds compris dans la lotie de leur consort.*
14. *Si le suplément peut se faire en argent.*

COMMENTAIRE.

1. D'ARGENTRÉ Ait. *L'héritage partagé.* Addendum censui : nam communiter possidenti nulla præscriptio posset objici. Quod si quis solus pro suâ rem communem possidet, remittendus est ad dispositionem articuli præcedentis, & quadragenarias præscriptiones.

2. HEVIN. *Par an & jour.* An annus ille currat adversùs minorem? Negat Argentr. *ad art.* 207. *vet. n.* 8. On dit que la pratique est au contraire. (*a*)

3. D'ARGENTRÉ A. C. *Art.* 267. On remarque, à la seule lecture de cet article, la juste plainte de l'Auteur contre les Réformateurs de 1539. qui n'ont gardé aucun ordre dans leur rédaction. * Il doit être aussi embarrassé à trouver un bon sens à cet article, & une véritable aplication. Car de quelque maniere que l'on prenne la chose, cet appropriement annal entre cohéritiers n'opere rien qui ait raport à la matiere dont il s'agit. Cependant ce qu'il y a de surprenant, c'est que le même article a passé dans la Nouvelle Coûtume, mais dans un ordre moins bizarre.] L'art. 282. regarde les prescriptions des cohéritiers avant le partage; & celui-ci regarde celles

NOTES.

(*a*) Il est de maxime que l'an & jour, pour demander la revûe, ne court point pendant la minorité. V. Hevin, *art.* 262 *n.* 1, & le nombre 7. ci-après.

qui le suivent. * Mais après tout on ne peut gueres concevoir comment on a fait ici un article particulier. Aussi l'Auteur se trouve réduit à en faire presque toute l'aplication à la revue de partage, qui doit être intentée dans l'an; & comme il y en a une autre disposition dans la Coutume, celle-ci étoit assez inutile, absurde même par une generalité qui ne signifie rien]

4. L'Auteur présupose qu'il y a deux sortes de lésions dans les partages; la lésion énorme qui donne lieu de revenir à un nouveau partage, & la moindre qui donne lieu à la simple revue. La premiere suit les régles des rescisions ordinaires dont l'action dure 10. ans; & elle ne tombe pas sous la disposition de l'article. La seconde y a plus de raport puisqu'elle ne dure qu'un an. Le motif de la premiere est que les parties qui partagent entendent diviser, & non pas aliener; & c'est aliener que de souffrir dans un partage une lésion considerable. (*b*)

5. *Freres & sœurs ou autres cohéritiers.* La premiere expression est pour marquer le cas le plus ordinaire; car cela s'étend à tous cohéritiers entr'eux. On demande ici si les héritiers de deux différens estocs sont cohéritiers; & l'Auteur résoud avec raison qu'il n'y a entr'eux aucune conjonction, que les dettes actives & passives à raison des immeubles regardent la ligne d'un chacun; & il porte la chose jusqu'à dire qu'ils ne sont pas même cohéritiers pour les meubles. La conséquence qu'il tire est toute contraire à sa proposition. Car il dit qu'ils peuvent être convenus *in solidum* (*c*) par les créanciers, mais sous ce correctif que ceux de l'autre ligne soient insolvables. Il ajoute que la revue pourra avoir lieu pour les choses communes aux deux estocs & qui ont été partagées; mais il tire une autre conséquence de cette proposition, que l'appropriement ou la prescription annale n'étant mentionnée ici, que rélativement aux cohéritiers, il ne s'en fait pas d'extension. * Cette conséquence est juste: mais il faut en trouver l'aplication qui est dificile, comme on l'a déja remarqué.]

6. *Le détenteur d'héritage partagé est approprié par an & jour.* Cela s'entend de ce qui est échu par loties choisies; & l'an & jour se compte du jour de la choisie sans qu'elle ait été suivie d'aucune tradition ou possession, parce que les loties choisies déterminent le droit que chacun avoit dans le tout, & fixent ce qui étoit vague & indéterminé par l'indivis. Ainsi les droits actifs & passifs de chaque lotie s'unissent à la personne des possesseurs, sauf leur recours en cas qu'on leur demande plus qu'ils ne doivent.

7. Si le partage a été fait avec un mineur, comme il a dix ans depuis sa majorité pour l'énorme lésion, il a un an pour la moindre depuis sa majorité; & de ce tems-là il peut demander la revue.

8. *Par an & jour.* La revue est un suplément; & notre texte décide les contestations des Docteurs sur le tems, à cause de la légitime qui est de droit naturel, & pour laquelle il y a une longue prescription. Cela s'entend seulement du remede contre l'inégalité de lotie résultante d'une mauvaise

NOTES.

(*b*) Je renvoïe à l'art. 560. l'examen des questions sur la rescision des partages pour lésion.

(*c*) V. art. 278. *n.* 3.

ou peu exacte estimation; & ce remede ne peut être mis en usage qu'une seule fois, parce que si l'on revenoit toujours à de nouvelles estimations, les droits seroient dans une perpétuelle incertitude.

9. S'il y a de l'erreur dans le mesurage d'un champ, & qu'on l'ait estimé sur le pié d'un certain nombre de journaux, qui ne se trouvent pas, l'Auteur prétend que cela ne tombe que sous les longues prescriptions de 30. ans, (*d*) comme l'erreur de calcul. Car l'erreur, dit-il, exclut tout consentement, principalement lorsque cela vient du fait d'autrui, c'est-à-dire des priseurs. Si donc on a dit *huic portioni cedent quatuor jugera in fundo corneliano*, s'il manque quelque chose, il faut y supléer. Mais si l'on avoit commencé par la dénomination du fonds Cornelien, & qu'on eût ajouté *contenant quatre journaux*, la mesure exprimée n'est que *demonstrationis causâ*, & non pas pour fixation limitative ou extensive. (*e*)

10. Il y a une seconde limitation. Car la revue est excluse par an & jour, lorsqu'en conséquence d'une estimation par priseurs, on a fait les loties. Mais si l'on a simplement donné à valoir au partage, il y a interruption par cette convention; & l'action pour le suplément dure 40. ans. (*f*) Cependant si ce qui a été donné à valoir a été estimé, il n'y auroit que la revue annale à cet égard, sauf le suplément. Si l'estimation avoit été faite par transaction, sans ministere de priseurs, on n'auroit pas recours à la revue, mais à l'action rescisoire; & si c'étoit par Sentence & par ministere du Juge, que le partage eût été fait, il faudroit prendre la voïe d'apel. Si les loties avoient été faites, par le Juge ou par des arbitres, en conséquence d'un prisage, l'apel seroit nécessaire pour donner lieu à la revue. Au surplus, quand les loties auroient été tirées au sort, on pourroit en alléguer l'inégalité par voïe de revue; car c'est la qualité de l'estimation qu'on entreprend & non la choisie.

11. *Sans bannies.* Le seul laps de tems d'un an opére entre cohéritiers; mais l'Auteur tombe ici dans un sentiment bien singulier. Il convient que l'usage des bannies, en vertu d'un partage, est presque insolite; mais il avance que celui qui auroit la précaution de bannir le partage, s'approprieroit contre les autres cohéritiers, qui ne se seroient pas oposés, & qui par conséquent seroient exclus de la revue, parce que le partage est comme tout autre titre propre à transferer Seigneurie. + Il raisonne contre ses propres principes; car il a établi que les appropriemens n'opérent rien entre les contractans; & il est certain que le partage doit être considéré, comme une convention entre les cohéritiers.]

NOTES.

(*d*) V. le Brun, *des succes. liv. 2. ch. 2. sect. 2. n. 48. & suiv.* & Boucheul sur Poitou, *art. 280. n. 48.*

(*e*) V. Hevin, *Quest. Féod. p. 182.* où cette question est traitée.

(*f*) Il semble qu'il faut distinguer, entre le partage provisionnel & ce qui est donné à valoir au partage. Il a été observé sur l'art. 282. *n.* 4. qu'après 30. ans le partage provisionnel devient définitif. Mais ce qui est donné à valoir au partage n'est que le commencement d'un partage, & supose nécessairement que, pour rendre le partage complet, il doit être donné d'autres biens. C'est ce qui fait dire à l'Auteur que l'action pour le suplément dure 40. ans.

12. *Au regard des cohéritiers.* Ce terme, selon l'Auteur, est limitatif; & à l'égard d'autres personnes, il n'y auroit que la prescription de 15. ans. * C'est encore ici une étrange bizarrerie, & cela renferme deux erreurs; la premiére, en ce qu'il semble exclure la revue en tout autre cas que celui du partage de succession, ce qui n'est pas vrai, puisqu'on a la revue annale contre toute (g) estimation. La seconde, en ce qu'il prétend qu'un héritier, qui feroit des bannies, en vertu de son partage, excluroit les étrangers; ce qui est contraire à tout principe & à tout usage: car l'héritier tient sa portion héréditaire par representation de son auteur, & il ne tient rien de ses consorts. Si son auteur avoit donc usurpé le bien d'autrui, l'appropriement qu'il feroit en vertu de son partage, n'opéreroit rien; car ce ne seroit qu'une suite de la régle *le mort saisit le vif*, ce qui ne fait point de changement de titre: & si l'auteur avoit acquis d'un usurpateur, il faudroit que l'héritier, pour s'approprier valablement, bannît le contrat de son auteur, & non pas son partage.]

13. L'effet est aussi limité par raport aux choses de la succession; car si l'on avoit compris dans le partage le fonds d'autrui, & s'il étoit évincé, (h) les consorts seroient tenus de l'éviction: le consort même s'apercevant qu'on a compris son propre héritage, peut se pourvoir pour demander une autre portion.

14. La prescription annale, dont parle cet article, s'interrompt par la citation; mais on demande, si lorsqu'il se trouve de la lésion, on est recevable à faire le suplément en argent. La difficulté est en ce que ce seroit vouloir obliger d'aliéner le droit réel qu'on a dans les biens; l'Auteur décide que cela se peut faire, vû que la correction des erreurs & insuffisances du prisage se doit faire sans loties changer: mais il y a d'autres voïes, sçavoir, le suplément par quelque partie détachée des autres portions, ou la création d'une rente de retour de lot. Cependant il y a des cas de trop grande inégalité, où il convient d'annuller entiérement le partage & les loties. (i)

NOTES.

(g) V. art. 262. *note premiere*, & *n.* 5.

(h) Art. 142.

(i) Le sentiment de d'Argentré sur cette question est contraire à celui de du Moulin, qui décide que la restitution aïant lieu contre le partage, on n'est pas reçu à supléer en argent ou en rentes de retour de lot. Dupineau pense qu'on doit se tenir à l'opinion de du Moulin, quand les choses sont encore en leur entier, mais que si les héritages ont été aliénés ou améliorés de bonne foi, ou s'ils sont ruinés & en mauvais état, ou en d'autres circonstances pareilles, l'offre du suplément doit être reçue.

Le Brun des success. *l.* 4. *ch.* 1. *nomb.* 62. fait une autre distinction. Il dit que s'il se trouve une lésion énorme dans le partage, c'est *dolus dans causam contractui*, & qu'il faut procéder à un nouveau partage, parce que les partages sont au nombre des contrats de bonne foi, qui sont absolument nuls lorsqu'ils sont infectés du dol; mais que si le dol n'a point été la cause du partage, si on y a procédé de bonne foi, s'il n'y a qu'une lésion du tiers au quart, ou si la lésion étant plus grande, le sort a décidé de la distribution des lots, l'on suit la voïe du suplément. Mais il ajoute que ce suplément doit se faire en biens héréditaires, & non pas en deniers; parce que le fondement de la restitution, ou du suplément qui est dû, est que celui qui se plaint n'a pas eu sa part afferente des biens de la succession; qu'ainsi il doit être récompensé en biens héréditaires, & il n'est point obligé de recevoir en deniers le suplément qu'il poursuit.

V. d'Argentré *Aitiol. sur l'art.* 142

ARTICLE CCLXXXIV.

Chose mobiliaire se prescrit par [a] l'espace de [b] *cinq* ans, *s'il n'y a obligation, lettre, ou promesse par écrit.*

SOMMAIRE.

1. *Des meubles vendus à l'encan par autorité de Justice.*
2. *Les Capitaines des Navires ne peuvent les prescrire contre les propriétaires.*

CONFERENCE.

A. C. *Art.* 272. a Le laps &c. b Dix.

Amiens, 163. Thionville, *T.* 15. 2. Peronne, 214. Sedan, 324. 325. Clermont en Argonne, *T.* 14. 8. Ville de Lille, *T* 8. 25. Ville de Doüay, *T.* 5. 11. Melun, 169. Berry, *T.* 12. 10. Eu, 217. Maine, 434 435. Anjou, 419. 420.

1. Si c'est par autorité de Justice que lesdits meubles aïent été vendus, au plus offrant & dernier encherisseur, dès incontinent après la délivrance seront acquis irrévocablement à l'acheteur d'iceux, ores que puis après ils fussent prétendus furtifs : auquel cas le propriétaire, auquel auroient été lesdits meubles furtivement prins, les pourra ravoir, dedans huitaine du jour de la vente, en rendant le prix : & sauf son action contre qui il apartiendra. Sedan, 326.

2. Ord. de la Marine, *T. des prescr. art.* 1. Les Maîtres & Patrons ne pourront, par quelque tems que ce soit, prescrire le Vaisseau contre les propriétaires qui les ont établis. (*a*)

SOMMAIRE.

1. *Aplication de l'article au divertissement.*
2. *Des loïers & baux à ferme.*
3. *Du raport des fruits. Distinction entre le possesseur de bonne foi, & le possesseur de mauvaise foi.*
4. *Les choses furtives ne sont point exceptées de la prescription.*
5. *Il faut que le dernier jour soit achevé. Distinction entre l'action de vendication & celle qui résulte de la convention.*

COMMENTAIRE.

D'Argentre' Ait. Dimidium temporis de veteri decurtatum est, quod sic accipi convenit, cùm nulla personalis actio competit, sed vendicatio sola.

1. Hevin. Cet article s'aplique aussi au divertissement. V. un Arrêt inf. art. 437.

NOTES.

V. Dupineau sur Anjou, *art.* 419. Dunod, *p.* 150. Bouteiller, *l.* 1. *T.* 43.

(*a*) Parce qu'ils ne possedent point le Vaisseau à titre de proprieté.

2. Par

2. *Par l'espace de cinq ans.* L'Ord. de 1629. *art.* 142. soumet à cette prescription les loïers de maisons & prix des baux à ferme après l'expiration. L'Arrêt de vérification modifie, s'il n'y a condamnation ou promesse par écrit. Il y a un Arrêt du 5. Novembre 1666. pour les loïers de maisons. Arrêt pour les fermages de campagne, qu'ils se prescrivent par cinq ans, suivant l'Ordonnance de 1629. *art.* 142. Arrêt du... Décembre 1686. au raport de M. Deniau. Depuis Arrêt contraire du 13. Décembre 1688. au raport de M. de Lopriac, qui a jugé que l'action dure 30. ans depuis le bail expiré. (*b*)

La prescription de cinq ans peut-elle être alléguée par une tierce personne, *veluti* par les créanciers du fermier contre le propriétaire, lorsque le fermier reconnoît n'avoir pas païé? J'estime que cette exception n'a point lieu, lorsque le débiteur ne veut pas s'en servir & reconnoît devoir; car les petites prescriptions n'abolissent pas l'action, & laissent lieu au serment; de sorte que les créanciers ne peuvent pas l'alléguer *invito debitore.*

3. D'ARGENTRE' A. C. *art.* 272. Comme les fruits perçus sont meubles, l'Auteur commence d'abord par la question de sçavoir, par quel tems ils se prescrivent, & si c'est le même que pour les autres choses mobiliaires. Dans le Droit, on distingue les fruits naturels, & les fruits industriaux. Les premiers sont toujours restituables; les seconds ne le sont que par le possesseur de mauvaise foi, hors en deux cas, s'ils existent à present, ou si le possesseur *locupletior factus.* On ne distingue point à present ces deux natures de fruits; & par l'Ordonnance de 1539. la restitution en est dûe, avec cette différence que le possesseur de mauvaise foi doit les raporter généralement, au lieu que le possesseur de bonne foi ne les doit que depuis la contestation en cause; car la contestation en cause constitue en mauvaise foi. Si cependant l'instance étoit perimée, la présomption de mauvaise foi, qui résulte de la contestation, seroit effacée. * On remarque en plusieurs endroits de ce traité des appropriemens, que l'Auteur voulant faire une espéce de comparaison, par conformité ou différence, du Droit Romain & du sentiment des Docteurs avec notre Droit & notre usage, rend la chose obscure & embarassée, & ne met pas dans leur jour les points de décision. Il suffisoit, & c'étoit même ce qu'il se proposoit, de marquer comment & par quel tems les fruits raportables se prescrivent. Il ne faut pas les confondre avec ce qui est dit ici des choses mobiliaires en

NOTES.

(*b*) V. la note (*f*) sur l'art. 182.

„ Les anciens Avocats postulans au Parlement de Bretagne attestent, pour valoir „ & servir où il apartiendra, qu'il est d'un „ usage constant & notoire dans la Province, „ que les fermes de dîmes, soit ecclesiastiques, soit inféodées, sont de véritables „ fermes de campagne, & comme telles sont „ sujettes aux mêmes régles, obligations & „ stipulations, que toutes les autres fermes „ de campagne, & ne se prescrivent que par „ la prescription de 30. ans, qui par la Jurisprudence des Arrêts est la seule qui ait „ lieu pour les fermes de campagne. Arrêté „ au Parquet à Rennes le 8 Mai 1745. „ Signé Bertin Bâtonnier, du Parc Poullain, „ Morin, Begueret, Querard, Even, Brindejonc, Chevillard de Melons, Bonamy, „ Boudoux, de Martigné Pepin, Anneix de „ Souvenel.

général, qui se prescrivent par cinq ans; car l'indue joüissance emporte une action personnelle qui dure 30. ans; de sorte que du jour de l'action, l'on remonte aux 29. années d'arrérages qui sont échues, outre la courante lors de l'action.] Au surplus l'Auteur remarque ici que la chose étant prescrite, les arrérages sont prescrits.

4. *Chose mobiliaire.* Le Droit Civil limitoit la prescription à 3. ans. Ainsi l'Auteur est surpris de ce que les Réformateurs l'ont étendue jusqu'à 10. ans. * La Nouvelle Coûtume l'a limitée à 5. ans.] Le Droit Civil exceptoit les choses furtives, suivant la Loi des 12. tables & la Loi Attinia: mais cette difference est ôtée par notre disposition générale.

5. *Par* 10. *ans.* Il faut que le tems soit complet, & que le dernier jour soit achevé. Cette disposition des 10. ans de l'Ancienne & des 5. ans de la Nouvelle, s'entend de la simple vendication spécifique de meubles, ou de l'action *ad exhibendum* qui en est préparatoire. Si la chose mobiliaire tombe en action par convention, stipulation ou promesse, ce n'est plus la prescription dont il s'agit ici, mais celle de toute autre action personnelle, qui ne se prescrit que par 30. ans; ce qui doit s'entendre des véritables actions personnelles fondees sur une obligation, promesse, ou convention écrite.

ARTICLE CCLXXXV.

Action personnelle se prescrit par [a] *le tems* de trente ans: *soit qu'elle compéte pour héritage ou hypotéque accessoire à la personnelle, assiette de rente, ou autre chose immeuble:* [b] *excepté les légats faits par testament, lesquels se prescriront par trente ans, à compter du jour de la publication ou notification faite aux légataires.*

NOTES.

Du Fail, *l.* 1. *ch.* 337. & *l.* 2. *ch.* 480. Perchambault, §. 6. & 7. Basnage, *art.* 522. Loüis, *art.* 446. La Lande, *art.* 261. *n.* 6. Ferriere, *art.* 114 & *art.* 118. *n.* 12. & *suiv.* Du Plessis, *des prescriptions*, *liv.* 2. *ch.* 1. Boucheul, *art.* 372. De Cormis, *tom.* 2. *cent.* 4. *ch.* 54. Bouteiller, *liv.* 1. *T.* 107.

L'action contre les Notaires & les Greffiers, leurs veuves ou leurs héritiers, pour le délivrement des actes qu'ils ont raportés, ou la représentation des minutes, se prescrivoit par trente ans du jour de la date des actes, s'il ne paroissoit par d'autres actes, comme inventaires, grosses délivrées, ou autres piéces, qu'ils fussent encore saisis des minutes, auquel cas la prescription de 30. ans ne commençoit que du jour des inventaires, délivremens, ou autres piéces. Acte de notor. des 14. Janvier & Février 1704. 11. Janvier 1706. 23. Novembre 1709. 54. 103. 162. & 173. Devolant.

Trois jours après le dernier acte de notoriété, le 26. Novembre 1709. fut enrégistrée la Déclaration du Roi du 29. Octobre précédent, qui oblige les Notaires de garder les minutes à perpétuité. Mais la maxime, établie par les actes de notorieté, peut avoir lieu pour le passé, suivant cette Déclaration du Roi, qui n'a point donné d'atteinte à la prescription, en ce qui concerne les Greffiers & autres Officiers publics. Acte de notor. du 16. Juin 1712. 165. *Devolant.*

CONFERENCE.

A. C. *Art.* 273. a L'espace. b Excepté des légats de testament, que celui à qui les légats sont faits, ou celui qui le représente, a son action à toujours, nonobstant longue tenue ne tems, pourvû qu'il ne fût sçavant du légat, & on ne fist prouve de sa sçavance, & s'en purgeroit par serment, s'il étoit requis; & le serment fait lui compete action dudit légat, sauf les raisons de partie adverse.

T.A.C.*Ch.* 256. Action des choses meubles est éteinte puisque 30. ans sont passés, pource que une prouve est plus forte à faire d'une solution, ou de une quittance, que d'une possession d'héritages, excepté des legs des testamens que celui à qui le legs est fait, ou celui qui représente sa personne, son action est au délivre, toutefois nonobstant longtems, pourvû qu'il ne fût sçavant du legs, & l'en ne vouseist riens prouver de la sçavance, & bien s'en deveroit-il expurger par son serment, s'il en étoit requis; & l'expurgement fait, le répons lui siet, sauf les raisons à la partie adverse; & si le contrat avoit été fait de paravant trente ans, & ung autre contrat eût été fait depuis sur celui contrat, en renouvellant la action ou derrain, la action en dureroit autres trente ans; & si le plet en ert qui durât par la Coûtume, *vel* en étoit mû par la Coûtume, tant comme le plet durât, le tems ne seroit pas compté, & aussi des héritages de là où il seroit émû plet, au tems dont l'action pourroit procéder, le tems du débat ne porteroit point de préjudice à l'acteur, pource qu'il poursuit sa demande selon ses esplets.

Trente ans. Facit *Lex sicut in rem C. de præscript.* 30. *vel* 40. *annor.* Omnes actiones personales durant triginta annis & non plus. *L. receptitiâ actione Cod. de constitutâ pecuniâ.* De interruptione, V. *cap. illud* 26. *extrà de præscriptionibus, & in L. si ex multis causis Cod. de annali exceptione.*

Item nota quòd citatio intimata non interrumpit præscriptionem, nisi super ea fuerit secutus processus qui mereatur dici de Consuetudine, *Esplet de Cour, afin qu'il puisse répondre son action selon les esplets.* Secùs de Jure, perpetuatur actio usque ad quadraginta annos, ut Codice *de præscriptione* 30. *vel* 40. *annorum*; quod observatur de communi practicâ, secundùm quosdam.

Item hodie per solam citationem efficitur res litigiosa, *in authent. litigiosa Cod. de litigiosis*; & hoc in rei vendicatione: ita dicit Bartholus, *in L.L. Cod. de communi dividundo.*

Longtems. L. nemo ff. de legatis 1°.

Et le tems. Suprà *cap.* 64. *in fine.*

ORD. de Jean III. 1315. *art.* 21. La tenue de trente ans, en cas de meuble & de prémesse, suffit à prescriber & à rapeller le demandeur de sa demande en tel cas.

Calais, 213. Amiens, 162. Gerberoy, 77. Cambray, *T.* 17. 5. Rheims, 383. Peronne, 219. Chauny, 67. Senlis, 189. Valois, 121. Sedan, 313. Salle de Lille, *T.* 17. 2. Lorraine, *T.* 18. 2. Mante, 109. 111. Vitry, 137. Melun, 174. Perche, 211. Normandie, 21. 522. 532. Eu, 214 Maine, 477. 491. Anjou, 474. Lodunois, *T.* 204. 9.

ORD. Juin 1510. *art.* 71. La plûpart de nos sujets, au tems présent, usent d'achats & ventes de rentes, que les aucuns apellent rentes à prix d'argent, les autres rentes volantes, pensions, hypotéques ou rentes à rachat, selon la diversité des lieux & païs où se font iceux contrats; à cause desquels contrats plusieurs sont mis à pauvreté & destruction, pour les grands arrérages que les acheteurs laissent courir sur eux, qui montent souvent plus que le principal, pour le païement desquels faut vendre & distraire tous leurs biens, & tombent eux & leurs enfans en mendicité & misere, & aussi souvent les acheteurs perdent leur principal & arrérages, pource que leur vendeur auparavant avoit vendu, à plusieurs autres, semblables rentes, les païemens desquelles & des arrérages surmontent les biens du vendeur, & le dernier perd son principal & arrérages, moïennant lesquels contrats se font plusieurs fausses ventes, fraudes & tromperies, desquelles sortent plusieurs procès, tant criminels que civils; & plusieurs y perdent leur avoir, tant vendeurs que acheteurs. Pour ce nous désirant pourvoir à l'indemnité de nos sujets, considérant tels & semblables contrats être odieux & à restraindre; avons ordonné & or-

CONFERENCE.

donnons que les acheteurs de telles rentes & hypotéques ne pourront demander que les arrérages de cinq ans au moins ; & si outre iceux cinq ans, aucune année des arrérages étoit échue, dont n'eussent fait question ni demande en jugement, ne seront reçus à la demander ; ains en seront déboutés par fin de non-recevoir ; & en ce ne sont comprises les rentes foncieres portant directe ou censive.

SOMMAIRE.

1. 7. 8. *Distinction entre l'action personnelle* ad immobile consequendum, *& l'action de vendication.*
2. Non valenti agere non currit præscriptio. *De l'action de garentie. Des actions conditionnelles. Des actions pour païement de rentes ou de loïers.*
3. *Extinction absolue de la dette prescrite. Si l'exécuteur du testament doit la païer.*
4. De condictione indebiti, si debitum præscriptum solutum sit.
5. *Nulle interruption pour l'action prescrite*
6. *De l'action hypotécaire.*
7. *& 8 Des actions réelles, personnelles & mixtes. De l'appropriement de 15. ans.*
9. *Des conjonctions & transfusions d'actions.*
10. *De la novation.*
11. 12. *& 14. De la prescription des hypotéques.*
12. *De la régle* qui s'oblige, oblige le sien. *Hypotéque accessoire à l'obligation.*
13. *Le créancier ne prescrit point le gage qu'il posséde.*
14. *De la prescription du tiers possesseur contre l'hypotéque. Nécessité de s'oposer à l'appropriement pour les obligations conditionnelles, ou dont l'effet est suspendu, & n. 20.*
15. *Prescription de la promesse d'assiette.*
16. *Des obligations naturelles.*
17. *Des obligations* ex judicato.
18. *De l'erreur de calcul.*
19. *De l'action de garentie, à cause de l'éviction.*
21. *& 24. De l'action pour legs testamentaires.*
22. *De l'assignation dont le terme n'échoit qu'après les 30. ans.*
23. *Prescription de l'action de compte & de la condamnation de le rendre.*

COMMENTAIRE.

1. Hevin. *Action personnelle.* Nos Praticiens confondent mal-à-propos l'action personnelle *ad immobile consequendum*, avec la vendication ou action réelle.

2. *Trente ans.* A die scilicet quo aperitur actio ; nam non valenti agere, non currit præscriptio. L. 2. C. *de non numeratâ pecuniâ.* Igitur actioni auctoritatis ou de garantage non præscribitur, nisi ab evictione ; ce qui s'entend adversùs venditorem vel ejus heredes. Nam tertius possessor approprimento fit securus ; eluit enim actiones natas & nascituras. V. Argentr. *ad art.* 273. *gl.* 3. *n.* 3. Sed in obligationibus conditionalibus, aut ex die, præscriptio incipit tantùm currere à conditione aut die : L. 7. §. *illud C. de præscr.* 30. *vel* 40. *ann.* in præstationibus annuis à cessatione solutionis. Argentr. *ad art.* 276. *gl.* 2. Quid in pensionibus locationum ? an à die contractûs ? an à singulis annis ? an ab ul-

timo? veriùs ab uniuscujusque anni fine *d. L.* 7. *cum notissimi* §. *ult. C. de præscr.* 30, *vel* 40. *ann.*

Les arrérages ne s'ajugent que de 29. ans. V. du Fail, *liv.* 2. *ch.* 480.

3. Debita præscripta non debentur. Ideò executor testamenti non rectè debita præscripta solvit; quia de debitis intelligitur dispositio, quæ exigi efficaciter possunt. Argentr. *ad art.* 273. *gl.* 2. *de hypotec. præscr. num.* 29.

4. An debitum præscriptum possit (*a*) condici quasi indebitum, si solutum sit post præscriptionem impletam? Putat Argentræus *ibid. num.* 30. quod non nisi cum temperamento verum est, scilicet in præscript. longissimi temporis.

5. Nec interrumpitur actio quæ jam tempore abolita est: ut D. Cujacius infert ex *L. Si quis postquam* 37. *ff. de fidejuss.* cujus verba sunt: » si quis » postquam tempore transacto liberatus fidejussorem dederit, fidejussor non » tenetur; quoniam errore fidejussio nulla est.

Ergo quod post præscriptionem impletam longi temporis aliquis per errorem solverit, tanquam indebitum condicere potest; *L. qui per* 40. *ff. de condict. indeb.* nam præscriptio longi temporis parit exceptionem perpetuam & favorabilem.

6. *Hypotéque accessoire.* Pour l'intelligence de ces mots, *pour héritage ou accessoire à la personnelle*, v. Charondas, *in voce* action, *dans ses mémoires & observations.*

Par les Coûtumes de Melun, *chap.* 9. *art.* 174. Mante, *chap.* 9. *art.* 111. Senlis, *Tit.* 9. *art.* 189. & 191. Vitry, *Tit.* 14. *art.* 137. Laon, *Tit.* 15. *art.* 143. Châlons, *Tit.* 19. *art.* 148. Rheims, *Tit.* 15. *art.* 383. Amiens, *Tit.* 9. *art.* 162. Peronne, *Tit.* 8. *art.* 213. Calais, *Tit.* 11. *art.* 213. & 214. Berry, *Tit.* 12. *art.* 1. Sedan, *Tit.* 16. *art.* 313. Par 40. ans contre le créancier & héritiers d'icelui. St. Sever, *Tit.* 7. *art.* 4.

D'ARGENTRE' AIT. *Soit qu'elle compéte pour héritage.* Addendum censui, quia Pragmatici complures putabant in talibus præscriptiones immobilium servari debere, quia de re immobili ageretur, quibus pridem responderamus articulo 273. verbo *action personnelle*, quod præcidi expediebat.

Excepté les légats. Ex veteri *art.* 273.

7. D'ARGENTRE' A. C. *Art.* 273. *Action personnelle.* Pour bien connoître les actions, il faut d'abord sçavoir distinguer l'action réelle & l'action personnelle. On apelle action réelle, celle qui a la chose pour objet par la vendication; & en cette matiére de la distinction des actions, on n'entend pas, par action réelle, celle qui sera pour une chose purement réelle, mais celle qui est intentée *in rem*, dans le sens de ce terme générique; de sorte que l'action de vendication de meubles ou d'héritages est differente de l'action personnelle, qui, comme on l'a déja dit, est fondée sur la convention ou obligation. L'action réelle a les deux differentes prescriptions établies par les articles 282. & 284. & l'action personnelle, dont il s'agit ici, se prescrit par 30. ans. Delà vient que pour un fonds promis, l'action personnelle ne suit point le fonds, mais seulement la personne qui a promis; desorte que si ce fonds

NOTES.

(*a*) V. Basnage, *art.* 522.

eſt en main étrangére, on ne peut le ſuivre ni le reclamer. Il y a des actions perſonnelles qui ne réſultent pas de convention, & que les Juriſconſultes apellent actions *ex facto*, par exemple, *ſi damnum datum eſt aut injuria facta*.

Quant aux réelles, elles ne réſultent d'aucune convention ni de fait, ni de ſtipulation. Elles conſiſtent dans la prétention de proprieté de la part du demandeur, & elles ſupoſent la poſſeſſion dans le défendeur. Dans les actions perſonnelles, on demande une choſe dûe, & qui n'eſt point encore au demandeur. Dans les réelles, on demande une choſe comme propre au demandeur.

Il y a des actions mixtes *in rem ſcriptæ*: elles ſont perſonnelles contre celui qui eſt tenu perſonnellement par ſon fait, ou par ſon obligation; & l'on peut ſuivre la choſe, par une eſpéce de réalité de reclamation entre les mains du tiers détenteur. Il y en a des exemples dans le retrait lignager ou le retrait conventionnel. On a une action perſonnelle contre l'acquereur, qui eſt obligé de rendre l'héritage, par la convention, ſoit expreſſe ſoit induite par la Loi; mais on peut auſſi s'adreſſer au tiers détenteur, parce que c'eſt une action écrite *in rem*. La perſonnalité emporte la preſcription de 30. ans. Cela étoit inconnu dans le Droit; car on ſupoſoit, pour la preſcriptibilité, la bonne foi: & elle ne peut jamais être ſupoſée dans celui qui veut opoſer le laps de tems contre ſa promeſſe. On fondoit d'ailleurs la preſcription ſur la poſſeſſion, & ſur ce que *dominia non debent eſſe incerta*; ce qui ne peut ſervir de motif à la preſcription de l'action perſonnelle: mais tous ces raiſonnemens ceſſent dans nos principes.

8. De cette difference d'actions, il réſulte que, ſi l'action perſonnelle demeure dans ſes termes, & ſi elle n'a point eu ſon exécution, elle dure 30. ans; mais quand elle a eu ſon effet par le rempliſſement de la promeſſe d'une choſe réelle, tout ſe régle déſormais par la réalité. Par exemple, celui qui a vendu un fonds, & qui ne l'a pas livré, eſt dans le cas d'une promeſſe & d'une action perſonnelle qui ne dure que 30. ans. Si la tradition a été faite, il y a de ce jour-là un autre cours de preſcription, néceſſaire pour le laps de tems des preſcriptions titrées, lorſqu'on a acquis *à non domino*; & après ce laps de tems ou l'appropriement, on a preſcrit envers tous & contre tous. On voit en cela l'inattention de ceux qui réglent la nature des actions par ce qui en fait la matiére; car quoiqu'on ait promis un fonds réel, c'eſt une action perſonnelle qui dure 30. ans. Dans l'action *finium regundorum*, l'Auteur concilie ici deux Loix (*b*) qui paroiſſent contraires, l'une marque la preſcription de cette action par 30. ans, l'autre par la preſcription des choſes réelles; une diſtinction concilie cette contrarieté aparente. Quand les bornes ont été ôtées & changées par le fait d'une perſonne, c'eſt une action perſonnelle qui dure 30. ans; mais quand on a acquis un fonds, avec ſes limites & ſes débornemens *ut optimi maximique ſunt*, ſans y avoir fait aucun changement, ces limites ſe preſcrivent comme le fonds même. Ces diſtinctions ſervent par raport à toutes les actions mixtes, à cauſe du mêlange de la perſonnalité & de la réalité, dont les différens égards opérent différentes preſcriptions.

NOTES.

(*b*) *L. ult. Cod. fin. reg. & L. qui fundum ff. pro empto.*

* Tout cela paroît bien embarassé lorsqu'on y fait attention; & il y a plus de subtilité de l'école, que de véritables principes de décision. En général toute action mixte se prescrit par 30. ans, à cause de la personnalité, quoiqu'elle soit écrite *in rem*, sans que l'on puisse proroger cette action par la réalité de la chose qui tombe sous la promesse ou convention, aulieu que l'Auteur aplique aux actions mixtes deux cas qui sont tout differens; puisqu'il supose lui-même l'extinction de l'action personnelle par son exécution, laquelle est faite par la tradition, il n'y a plus aucune action subsistante; & par conséquent il ne s'agit plus d'aucune prescription, par raport à l'effet du contrat: on considére désormais la maniére de s'approprier par prescription ou autrement d'un fonds réel.

Il faut encore remarquer sur cela que l'Auteur, en une infinité d'endroits de ce traité, admet toujours une prescription de 15. ans avec titre; & par là il supose qu'après l'exécution d'un contrat pour chose réelle, la personnalité venant à cesser, il se fait une réduction de prescription à 15. ans: mais il faut considérer deux choses; la premiere, que nous ne connoissons point la simple prescription de 15. ans; la disposition de la Coûtume à cet égard opére un appropriement, fondé sur une prise de possession solennelle & cartulaire par Notaires, du jour de laquelle les 15. ans commencent à courir. Sans cela, quand on auroit notoirement possedé, on ne prescriroit que par 40. ans. La seconde, que dans les distinctions que fait l'Auteur, il y a differens objets de prescription, par raport à differentes personnes: ainsi c'est plutôt embarasser notre texte, qui est pour nous marquer la prescription des actions personnelles, que l'expliquer en faisant aussi d'inutiles distinctions.]

9. Il passe aux conjonctions & transfusions d'actions, dont il met ici un cas pour exemple. Quelqu'un avoit intenté une action réelle, afin de vendidication ou de partage. On avoit transigé sur cette contestation, à condition que, dans un certain tems, on donneroit partie du fonds ou une somme d'argent. Il faut bien prendre garde aux circonstances d'un pareil traité, car il peut dégénérer en simple action personnelle, qui feroit la régle de la prescription. Cela dépend de sçavoir s'il y a eu novation; car en ce cas, la prescription se détermineroit par la nouvelle convention, aulieu que s'il n'y avoit pas de novation, l'action réelle subsisteroit encore, & ne seroit sujette qu'à la prescription des actions réelles, par la subsistance de l'ancienne action à laquelle il s'en joint une autre par la convention. (c)

NOTES.

(c) En suposant qu'il n'y ait point de novation, il semble que la possession de 30. ans qui a suivi le traité doit suffire. Pour éclaircir cette question il faut faire une espéce.

Titius reclame par la voïe de la vendication un héritage dont il se prétend propriétaire & dont Mevius est possesseur. Les parties transigent. Mevius s'oblige de païer une somme à Titius, qui réserve tous ses droits de proprieté & de vendication faute d'exécution du traité. Mevius continue de posseder & trente ans s'écoulent. L'obligation contractée par Mevius est éteinte par cette prescription; & le droit de Titius est éteint également, parce que ce droit consistoit dans une simple faculté conventionnelle & conditionnelle de reprendre l'action de vendication sur laquelle il avoit transigé. Or les facultés conventionnelles se prescrivent par trente ans, suivant la maxime établie sur l'art. 271. *n.* 64. & suivant l'esprit de l'art. 287.

10. On demande si pour opérer la novation il faut qu'on aît marqué en termes exprès l'intention & volonté de faire novation, comme il semble résulter de la Loi derniere au Code *de Novationibus*. Les Docteurs disputent entr'eux si cette volonté doit être conçue en termes formels & précis. Ils entrent en des distinctions purement scolastiques, pour sçavoir si l'on peut proposer directement la novation, lorsqu'elle n'est pas exprimée, ou si l'on peut seulement la proposer par exception. C'est une regle certaine que la novation à son effet lorsqu'elle paroît véritablement, quoiqu'elle ne soit pas positivement exprimée, pourvû que cela resulte des circonstances. Il faut seulement ne pas confondre l'accession d'une nouvelle action à une précedente, qui bien loin d'opérer novation, donne de nouvelles sûretés, & différens moïens d'agir. La véritable novation opére l'extinction de la précedente action, à laquelle une autre est substituée ; de sorte qu'il y a désormais extinction des anciennes hypotéques; les cautions sont déchargés ; & si c'est le changement d'une action originairement réelle en personnelle, ce qui n'auroit pû se prescrire que par 40. ans, le sera par 30. ans du jour du nouvel acte. Aussi les personnes prudentes qui font de nouveaux actes ont toujours la précaution de faire inserer, par des clauses expresses, qu'elles n'entendent point faire de novation, & qu'elles reservent toutes leurs prémieres hypotéques. On raporte ici plusieurs cas de novations effectives ; par exemple lorsque l'on consent que tout ce qui étoit stipulé purement & simplement le soit sous condition. La délegation est aussi une espéce de novation, aussi bien que la transaction ; mais dans ce dernier cas, on peut par des clauses empêcher l'effet de la novation telle que celle ci, *quoi faisant, fournissant, & accomplissant, & non autrement, ledit demandeur a quitté de ses droits.* (*d*)

Hevin. M. d'Argentré, sur l'art. 273. de l'Ancienne Coûtume parle des actions réelles ou vendications *de actionibus in rem*, & des actions personnelles, procedantes *ex contractu aut obligatione*, qui sont oposées aux premieres. Il y explique parfaitement que les actions réelles sont distinguées des personnelles, *à causâ & non à subjecto vel materiâ* ; en sorte que l'action réelle naît *ex causâ dominii seu proprietatis, sine adjectione ullius promissionis rei*, dont la formule est, *aio hanc rem meam esse*. Au contraire l'action personnelle naît *ab obligatione & promissione*, dont la formule est, *aio te mihi debere*: & cette division d'actions n'est point la même que la division d'actions en mobiliaires ou immobiliaires. Car l'action réelle ou vendication peut être mobiliaire ou immobiliaire ; elle est mobiliaire (*e*) lorsqu'on vendique des meubles ; & immobiliaire, lorsque l'on vendique des héritages ou choses immeubles : & l'action personnelle peut être tout de même mobiliaire ou immobiliaire. Lorsqu'en vertu d'une obligation ou contrat, on conclut à ce que l'obligé ou défendeur païe une somme de deniers, ou autre chose meuble, elle est sans doute mobiliaire, *actio personalis ex promissione ad consequendum rem mobilem est mobilis* ; & si au contraire on conclut à ce que l'obligé

NOTES.

(*d*) V. art. 177. *n.* 3. art. 191. & la fin du sommaire analitique du T. 11. *p.* 581.

(*e*) Art 284.

fasse

faſſe tradition d'un héritage, ou qu'il fourniſſe une aſſiette en fonds, elle eſt immobiliaire *ad immobile conſequendum*: c'eſt ce que cet Auteur explique avec étenduë *loc. cit. num.* 1. *& ſeqq.*

Il enſeigne *num.* 12. & 13. que lorſqu'une tranſaction, obligation, ou jugement intervient ſur quelque action réelle, comme de partage de ſucceſſion, tel contrat, ſelon les termes auſquels il eſt conçu, & l'intention des parties, opére quelquefois extinction & novation de l'action primitive réelle, pour n'en laiſſer qu'une perſonnelle *ex contractu & promiſſione*, & qu'auſſi quelquefois elle ne fait pas d'extinction : mais ajoute ſimplement une ſeconde action confirmative de la premiere qui ſubſiſte; & il reſoud *num.* 14. 15. & 16. qu'encore que l'acte ne portât pas expreſſément le terme de novation ou d'extinction de la premiere action, il la faut préſumer, pourvû que ce qui eſt convenu par l'acte n'y réſiſte pas formellement; il en donne l'exemple, de celui qui aïant intenté une demande de partage contre ſon cohéritier, paſſe un acte avec lui, par lequel le cohéritier s'oblige de lui donner le partage demandé; ou lorſque ſur la demande il intervient une Sentence qui juge le partage. En ces cas il n'y a pas de doute que la premiere action de partage ſubſiſte, *& poſterior priori adjicitur.* Mais il dit *num.* 17. que ſi celui, qui aïant action pour demander partage en une ſucceſſion conſiſtante en fonds d'héritages, traite avec ſon cohéritier à une ſomme d'argent, on ne peut nier en ce cas que l'action réelle de partage ne ſoit éteinte, & qu'il ne reſte que l'action perſonnelle. En effet, après l'acte de tranſport, il n'a plus la faculté d'intenter d'action de partage, ni de demander du fonds aulieu de deniers; pareillement le ceſſionnaire n'a point la faculté de païer en fonds, ni de lui offrir un partage & de ſe déſiſter du contrat. Voici les propres termes de Monſieur d'Argentré *num.* 17. *Itaque ſi is cui ex ſucceſſionis cauſâ pars hereditatis debebatur, cùm fundos & prædia poſſet petere, pecuniam ſtipulatus eſt, atque ita familiæ erciſcundæ & partagii obligationem remiſit, aut renunciavit, negari non poterit tam naturæ hîc fieri novationem, quàm juris, cùm priorem obligationem inducendo & obliterando ſtipulator poſteriorem ſequutus eſt: neque enim conſiſtere poteſt obligatio partagii, & ſtipulatio pecuniæ, partagii loco.*

De la preſcription des hypotéques.

11. D'Argentré. L'Auteur marque qu'il s'eſt porté d'autant plus volontiers à traiter cette matiére, que la Coûtume n'en dit rien. * Il eſt vrai que l'Ancienne n'en parle point; mais la Nouvelle a ajouté cês mots à la preſcription de 30. ans de l'action perſonnelle, *ſoit qu'elle compéte pour héritage ou hypotéque acceſſoire à la perſonnelle, aſſiette de rente, ou autre choſe immeuble.* Il y a par là bien des queſtions retranchées. C'eſt la déciſion ſommaire des queſtions du chapitre précedent, & de celles qui ſont agitées ici.]

12. L'Auteur prétend dabord ici détruire ce qu'il apelle erreur, en ce que, ſur l'axiome commun *qui s'oblige oblige le ſien*, on prétend qu'il réſulte des art. 188. & 194. de l'A. C. que toute obligation produit des hypotéques tacites, ce qu'il prétend n'être pas véritable, & il ſoutient qu'il n'y a que les quatre cas exprimés dans l'art. 188. qui emportent hypotéque; &

que hors delà il faut qu'elle soit positivement convenue. * Il est vrai que dans le tems qu'il écrivoit, on n'avoit point la disposition des art. 176. & 177. de la N. C. dont le premier regarde la forme des actes au dessus de 100. liv. & le second porte que les obligations par devant Notaires, ou les condamnations en justice, emporteront hypotéque; ce que l'Auteur fut d'avis d'ajouter à la réformation, pour retrancher les difficultés qu'on agite ici.

Le sommaire de tout le traité que l'Auteur fait sur la prescription des hypotéques, est qu'au moment qu'une hypotéque est accessoire à l'obligation personnelle, elle ne subsiste qu'autant que l'action personnelle dure; & puisque toutes choses réelles ou immobiliaires, dont l'action résulte de promesse ou convention personnelle, se réglent par la prescription des actions personnelles; il s'ensuit, à plus forte raison, que ce qui n'y est qu'accessoire ne subsiste qu'autant qu'elles subsistent.]

Il faut venir maintenant à ce qu'il observe de la prescription des hypotéques en général. Il distingue dabord trois cas; le premier lorsque le créancier posséde le gage & l'hypotéque; le second lorsqu'il demeure entre les mains du débiteur; le troisiéme lorsqu'une tierce personne posséde la chose hypotéquée.

13. Le créancier qui posséde l'hypotéque ne la prescrit jamais, parce qu'il posséde pour le débiteur, & qu'il faut une possession en privé nom pour prescrire. (f)

14. Comme le second cas demande plus de discussion, on en parlera ci-après; & il faut examiner ici le troisiéme, qui est lorsque l'étranger, ou tierce personne, posséde, avec titre ou sans titre, la chose hypotéquée à un autre. C'est ici une repétition de ce qui a été dit mille & mille fois dans ce traité au sujet des prescriptions; & comme le possesseur de bonne foi ou de mauvaise foi peut prescrire le fonds, il peut à plus forte raison prescrire contre l'hypotéque, dans le cas même où il y auroit nécessité de discuter préalablement d'autres biens avant ceux qui sont possédés par l'étranger, parce que, pour les obligations conditionnelles ou suspendues par quelque événement, il est toujours nécessaire de s'oposer aux approprimens *ad conservationem juris quandoque extituri*, ainsi qu'on l'a prouvé ci-dessus. Toutes les discussions que l'on fait ici paroissent inutiles. (g)

On demande ensuite si le débiteur peut prescrire contre l'hypotéque, & si l'action personnelle étant éteinte par la prescription, l'hypotécaire subsiste. Il y a encore à cet égard d'amples dissertations, après lesquelles tout se reduit à la véritable décision, qui est que l'hypotéque étant accessoire à l'action personnelle, elle se prescrit avec cette action; vû d'ailleurs que l'hypotéque cesse absolument par le païement: or la prescription opére le même effet. Il en est de même du cas auquel on auroit stipulé une faculté perpétuelle de réméré, même avec hypotéque de la chose; car comme cette faculté se prescrit par 30. ans, sa prescription emporte toutes les autres circonstances de la stipulation. Aussi toutes les difficultés proposées par les Docteurs sont fondées sur

NOTES.

(f) V. art. 269. *n.* 33. *&* 50.

(g) V. Dunod, *des prescriptions, part.* 3. *ch.* 7. *p.* 311. *& suiv.*

la subsistance d'une prétendue obligation naturelle, nonobstant l'extinction de la civile. Or c'est ce qu'on ne connoît plus dans nos principes du Droit Coûtumier.

15. Après toutes les régles & les distinctions établies, il n'y avoit pas de doute sur le cas que propose l'Auteur, au sujet d'une rente constituée avec promesse d'assiette pour l'hypotéque; car la simple rente constituée n'opérant qu'une action personnelle, elle se prescrit par 30. ans; & la promesse (h) d'assiette tombe aussi en obligation personnelle de la donner, qui se prescrit par 30. ans.

16. L'Auteur finit ce chapitre par de nouveaux efforts qu'il fait pour combattre les obligations naturelles. Il se mocque de l'opinion de ceux qui imaginant même des obligations naturelles où il n'y en a pas, trouvent qu'il y en a dans les délits; comme si celui qui commet un délit avoit intention de s'obliger naturellement. Le délit peut à la vérité former une obligation personnelle contre lui, & hypotéquer ses biens; mais il ne s'ensuit aucune obligation naturelle. * Dans la bonne morale on douteroit avec raison de ce sentiment; car l'obligation naturelle venant de la nécessité de rendre justice à autrui, celui qui lui a fait tort par son délit, est naturellement obligé de le reparer.]

17. Ce qui a été dit des obligations personnelles, s'entend aussi de celles qui viennent de l'office du Juge, & qui résultent de la sentence & condamnation dont l'exécution dure 30. ans. (i)

18. L'erreur de calcul produit une action; on demande par quel tems elle se prescrit. Les Jurisconsultes disent que c'est par 30. ans. * Et j'estime en général qu'ils ont raison, quoique l'Auteur prétende que si l'erreur vient du fait du Juge, c'est le même tems que pour les apellations ausquelles il faut recourir en ce cas, & que si c'est du fait des parties, cela tombe sous la restitution pour laquelle il n'y a que dix ans. Sa proposition est vraïe, si l'erreur tombe en disposition dans l'acte ou dans le jugement; parce qu'alors ce n'est plus une simple erreur de calcul: c'est un mal jugé ou une convention déceptive, contre laquelle il n'y a que les voïes de droit pour revenir dans le tems réglé pour cela; mais s'il y a une simple erreur dans le calcul des sommes portées par un jugement ou par un procompte entre les parties, par exemple, s'il est dit qu'un tel doit 1000. liv. par une part, & 1200. liv. par autre, faisant ensemble 2000. liv. cela ne tombe point en disposition de jugement, ni en convention: & delà vient qu'en ce cas on peut revenir même contre un Arret, sans avoir besoin de prendre requête civile, & sans que l'on puisse dire que c'est là une proposition d'erreur rejettée par les Ordonnances.]

NOTES.

(h) V. art. 282. n. 22. M. le Camus, art. 119. le troisiéme Arrêt de M. de Lesrat où la question est amplement traitée, & la seconde Consultation de d'Argentré, n. 19.

(i) Une sentence définitive rendue par défaut est un titre, de même qu'un jugement contradictoire, & dure trente ans. Actes de notorieté des 3. Mars 1702. 3. Mai 1706. & 23. Décembre 1717. 45. 139. & 159. *Devolant.*

Et le tems pour en relever apel ne court que du jour de la signification, suivant l'Ordonnance. Acte de notor. du 3. Mars 1702. 159. *Devolant.*

19. Ce qui suit n'est pas mieux expliqué. On demande combien dure l'action d'éviction, & la raison du doute est qu'elle ne naît que du jour du trouble. L'Auteur resoud que l'effet de nos appropriemens oblige en toutes causes conditionnelles ou suspensives de s'oposer conservatoirement.* Cette proposition est vraïe, mais elle ne paroît pas avoir d'application à la question du commencement & de la durée de l'action d'éviction. Cette action dure 30. ans du jour du trouble, parce qu'on n'est pas en état d'agir pour une chose imprévuë & inconnuë, suivant la régle (k) *non valenti agere non currit præscriptio.* Celui qui est tenu de l'éviction, ne peut donc prescrire que par 30. ans du jour du trouble; mais cela ne fait rien contre l'effet de l'appropriement d'un tiers acquereur, qui n'est point tenu de l'éviction, & qui purge toutes les hypotéques ausquelles la chose pourroit être sujette.]

NOTES.

(k) V. la Préface du T. des Garens, La Taumassiere sur Berry, *T.* 12. *art.* 1. *n.* 6. Basnage, *art.* 532. Loüis, *art.* 446. Boucheul, *art.* 372. *n.* 65. Ferriere, *art.* 118. *n.* 10. Arrêtés de M. de Lamoignon, *art.* 46. De l'Hommeau, *l.* 3. *n.* 252. De Cormis, *tome* 2. *cent.* 4. *ch.* 50. Brodeau sur Paris, *art.* 114. *n.* 2.

L'opinion que la prescription ne peut commencer que du jour que l'éviction est jugée a des partisans; & même il y a des Loix & des Arrêts d'autres Parlemens qui l'autorisent. V. M. de Catelan, *liv.* 5. *ch.* 43. & Vedel son Commentateur. Il y a aussi un Arrêt du Parlement de Bretagne rendu entre le sieur de Cargoüet & les héritiers de Madame de Bethune, qui paroît avoir préjugé que la prescription de la garentie ne commençoit pas du jour du trouble, l'éviction n'aïant point été jugée. Cependant l'opinion commune, en Bretagne, est que cette prescription commence au moment du trouble, parce qu'il donne ouverture à l'action de garentie, sans qu'il soit besoin d'attendre un jugement. & cela paroît plus conforme au principe général, sur les prescriptions, qui les fait courir du jour que l'action est ouverte.

D'ailleurs le bien public semble exiger que ce principe ne reçoive aucune atteinte en matiere de garentie. Il n'est que trop ordinaire de voir éterniser les procès; & si l'on n'admettoit la prescription au profit du garent, qu'à commencer du jour de l'éviction jugée, les actions de recours seroient souvent perpétuées jusqu'à un siécle.

J'ai vû proposer une autre question sur laquelle j'ai trouvé les avis partagés. Elle n'a point encore été décidée; & elle peut se présenter souvent, depuis que la maxime sur l'imprescriptibilité de l'indemnité a été confirmée par plusieurs Arrêts.

Un testateur a donné un bien à l'Eglise pour fondation. Il est certain que ses héritiers devoient païer les droits d'amortissement & d'indemnité. Mais les gens de mainmorte n'aïant pas été inquiettés n'ont point agi contre les héritiers. Un siécle après, l'Eglise est inquiettée, & exerce la libération contre les descendans du testateur. Elle dit contre la fin de non-recevoir, que l'action de garentie ou libération ne peut commencer à se prescrire que du jour du trouble, & qu'elle n'étoit point obligée d'agir, pendant qu'on ne lui demandoit pas les droits. Les héritiers répondent qu'il n'est point question d'un trouble imprévu; que les droits étoient ouverts; & que l'action, pour les obliger d'acquitter ces droits, étoit également ouverte, au profit de l'Eglise contr'eux, au moment de la mort du testateur, sans que l'Eglise fût obligée d'attendre que le Roi ou les Seigneurs l'eussent inquiettée pour le païement des droits; que toute action qui est ouverte est sujette à la prescription du jour de son ouverture; qu'il est inutile de dire que l'action principale n'est pas sujette aux prescriptions ordinaires, parce que cette action est différente de l'action qui compétoit à l'Eglise au moment de la mort & qui étoit purement personnelle.

J'ai vû sur cette question une division d'opinions qui doit faire désirer qu'elle soit décidée par quelque Arrêt.

20. On finit ce point par la décision qui résulte de là, que tous créanciers conditionnels sont obligés de s'oposer aux appropriemens pour la conservation de leurs droits conditionnels, quoiqu'avant l'événement de la condition la prescription ne puisse courir contr'eux, suivant la régle *non valenti agere non currit præscriptio.*

21. *Excepté des légats.* Le Droit Civil marque trois différentes actions pour les legs testamentaires, la vendication, l'action hypotécaire, & l'action personnelle. On fonde la vendication, sur ce que par le Droit le domaine est transferé directement au légataire; mais l'Auteur décide, avec raison, que ce n'est qu'un domaine imaginaire, à cause de la saisine de droit de l'héritier, vers lequel on a simplement action; ce qui n'en produit qu'une seule de la nature des actions personnelles. * Aussi notre texte, qui étoit très-embroüillé, & qui mettoit une espéce d'exception d'imprescriptibilité, a été expliqué dans la Nouvelle Coûtume, par ces mots, *excepté les légats faits par testamens lesquels se prescrivent par 30. ans, à compter du jour de la publication ou notification faite aux légataires.* L'ancien texte faisoit naître les embaras, pour justifier que le légataire avoit eu connoissance, ou pour l'obliger à se purger par serment. Véritablement l'héritier ne peut prescrire par 30. ans un testament qu'il auroit affecté de tenir secret. Mais en ce cas la prescription de 40. ans auroit lieu, parce que la Coûtume n'en connoît point de plus longue, comme l'Auteur le remarque sur la lettre F.] (*l*)

Celui à qui les legs sont faits. Il y a des legs faits à de certaines personnes, & d'autres à des personnes incertaines; par exemple, lorsqu'on donne une somme pour être distribuée aux pauvres. On convient que les personnes certaines sont à lieu d'agir du jour de la connoissance du testament. La difficulté est à l'égard des autres; mais comme la poursuite de ces sortes de legs réside dans les Procureurs du Roi ou des Seigneurs, il n'y a pas de distinction à faire; & la proposition des Docteurs, touchant la restitution contre la prescription, devient inutile, puisqu'il y a des personnes qui peuvent agir *à die notitia.*

22. Arrest I. Le 9. Mars 1609. fut jugée telle action prescrite, bien que treize jours avant la fin des 30. ans le demandeur eût fait apeller le défendeur pour le païer; (*m*) mais le jour de l'assignation n'arrivant qu'après les 30. ans. V. sup. *art.* 278. & Frain *Plaid.* 30.

23. Arrest II. On demande par quel tems se prescrit l'action de compte, & comment elle se perpetue. On tient qu'étant une action personnelle, elle dure 30. ans, à compter réguliérement du jour de la tutelle finie, comme l'action qui naît d'une obligation. Mais de même qu'en exécution d'une obligation, le créancier aïant obtenu condamnation de païer, l'action qui naît *ex judicato*, perpétue à 30. ans: aussi quand celui à qui est du compte fait condamner le tuteur de rendre compte, & *ut obligationem faciendi impleat*, l'action *ex judicato*, qui naît d'un tel jugement, perpétue à 30. ans, à compter *non à*

NOTES.

(*l*) V. le nombre 24. art. 278. *n.* 7. & 10.

(*m*) V. art. 272. *n.* 40. art. 275. *n.* 5.

die finitæ tutelæ, sed à die condemnationis. Jugé ce Jeudi 25. Septembre 1659. prononçant M. de Marbœuf; & on a même soutenu que les 30. ans ne se doivent compter que du jour du reffaisissement des actes. Mais il faut remarquer que le seul défaut d'avoir ressaisi le mineur de ses actes, ne perpétue pas, & n'empêche pas la prescription de courir. Car si le compte n'avoit pas été poursuivi dans les 30. ans, l'action en seroit prescrite, bien qu'il n'y eût jamais eu de ressaisissement d'actes. Maître Jean le Moyne, sieur de la Maisonneuve, Avocat en la Cour, & Anger parties plaidantes. Maîtres G. Bernard & Jacques de Montalambert, Avocats plaidans.

24. ARREST III. *Excepté des légats.* La question s'est presentée de sçavoir, si les légats se prescrivoient du moins par 40. ans; en sorte que 10. ans ajoutés à la prescription tricennale pussent supléer la publication ou notification réquise par la Coûtume. La cause fut apointée au plumitif le 30. Septembre 1653. Plaidant Hevin pour l'Hôpital de Rennes, qui soutenoit, conformément à l'opinion du sieur d'Argentré sur l'art. 269. de l'Ancienne, que la prescription *ne quidem poterat inchoare*, sinon du jour de la publication du testament ou notification faite aux légataires; & qu'ainsi le tems écoulé avant la publication ou notification, quelque long qu'il fût, ne pouvoit opérer de prescription, d'autant qu'elle n'est fondée que sur la négligence d'agir; & le légataire ne peut agir *ex testamento*, tant que l'héritier recéle le testament qui est un acte domestique; que ce seroit autoriser les héritiers à suprimer les testamens, & à tirer profit de leur mauvaise foi. On disoit au contraire que notre Coûtume ne connoissoit point de plus longue prescription que celle de 40. ans; que tout ce qui étoit prescriptible lui cedoit; les Prévôts de l'Hôpital furent consultés d'abandonner le procès. HEVIN.

Il y avoit une réponse à faire convaincante & peremptoire tirée du texte de la Nouvelle Coûtume, sçavoir, que l'avis de d'Argentré étoit fondé, comme il dit, sur ce que l'art 273. de l'Ancienne, dont celui-ci est tiré, ajoutoit, *a son action à toujours nonobstant longue tenuë ne tems*, quæ verba præscriptionis inchoationi obstabant, idque evenit quoties nova consuetudo iis usa est, ut art. 209. 336. 380. 393. at ex hoc articulo ista verba rejecit ut præscriptioni quadragenariæ locum daret. V. ad art. 290. (n)

NOTES.

(n) V. le nombre 21. & Hevin, *Quest. Féod. p.* 270.

ARTICLE CCLXXXVI.

Les prescriptions introduites & aprouvées par la Coûtume, ou accordées par les contrats & conventions des parties, commencées avec les majeurs, courent contre absens, pour quelque cause que ce soit, mineurs, insensés, furieux, prodigues, interdits, étant pourvûs de tuteurs ou curateurs, sans aucun

espoir de restitution ou relief, sauf leur recours contre les tuteurs, curateurs & autres administrateurs : fors & excepté la prescription de dix ans, pour dol, fraude, circonvention, crainte, & violence, prétendus aux contrats & conventions faites avec les majeurs. Laquelle prescription ne courra contre lesdits mineurs, & autres ci-dessus nommés, ni même contre les majeurs, que du jour que lesdites causes de dol, force, & crainte auront cessé.

CONFERENCE.

Art. 274. 297. & 488.

A. C. V. ci-après sur l'art. 297. l'art. 283. de l'A. C.

T. A. C. *Ch.* 262. Nul ne doit joüir de fraude par raison, s'il ne la déclare au contrat qu'il fait ô celui contre qui il en pourroit user, & si celui, contre qui il voudroit user de la fraude, ne s'y assentoit. Car assentement peut être fait par trois voïes; la premiere par parole : la seconde par user de fait contre celle partie : la tierce par chose que l'en oit, ou que l'en voit & laisse l'en passer, *vel* les seult l'en passer, & user sans le débattre, ou par fait, ou par paroles.

User. Idem *cap.* 326.

Qu'il ent. Qui tacet videtur consentire.

L. 2. §. *voluntatem ff. soluto matrimonio.*

Peronne, 214. Doüay, *T.* 10. 2. La Gorgue, 47. Bourbonnois, 33. Maine, 454. 465. Anjou, 443. 457. Lodunois, *T.* 20. 7. Bearn, *de prescriptions*, 3.

Quand aucune chose corporelle & divisible est commune entre plusieurs mineurs ensemble, & l'un d'iceux est majeur avant les autres, la

NOTES.

Loisel, *l.* 5. *T.* 3. *art.* 4. 5. & 8. Bouteiller, *l.* 1. *T.* 20. Masuer, *T.* 22. *n.* 3. Valla, *de reb. dub. ch.* 19.

Il est de maxime aujourd'hui que les longues prescriptions de 40. ans & de 30. ans courent même contre le mineur impourvu, & que le tuteur commence à prescrire contre l'action de tutelle du jour qu'elle a cessé, quoique le mineur ne fût pas alors majeur. Arrêts des 10. Mars 1721. 24. Mai 1734. & 19. Juillet 1737. dans Devolant, *lettre M. ch.* 28. & le Journal du Parlement, *tom.* 1. *ch.* 14. & *tom.* 2. *ch.* 43.

Devolant, *lettre R. ch.* 17. raporte un Arrêt de 1634. qui paroît contraire à cette Jurisprudence, en ce qu'il juge que l'instance de recharge ne se prescrit que par 30. ans du jour du compte rendu & du ressaisissement fait. Cela n'auroit pas lieu aujourd'hui. L'instance de compte est, comme toutes les autres, sujette au concours de la prescription & de la peremption; & s'il y a un jugement sur le compte, la prescription de 30. ans commence du jour de ce jugement, comme dans toutes les autres matieres.

V. le 4. acte de notor. à la fin des O. F. d'Hevin. Du Fail, *liv.* 1. *ch* 345. & 414. *l* 3. *ch.* 124 171. & 436. Perchambault, §. 2. *des prescr.* Dunod, *part.* 3. *ch.* 1 Ferriere, *art.* 113. *gl.* 7. De Cormis, *tom.* 2. *cent.* 4. *ch.* 53.

Dol, crainte. Bouteiller, *l.* 1. *T.* 42. & 54.

Des preuves de la fraude, & de la fraude contre les créanciers. Valla, *de reb. dub.* 12. *Chap.*

Si le créancier peut prendre des lettres de restitution contre un autre créancier, à cause de la minorité du débiteur commun. V. Devolant, *lettre C. ch.* 97.

CONFERENCE.

prescription commence à avoir lieu contre ledit majeur, pour sa portion tant seulement, depuis qu'il est fait majeur. Et autre chose est quant ès choses incorporelles & non divisibles, comme servitudes & autres semblables, esquelles la minorité de l'un des communs empêche que durant icelle ne courre prescription à l'encontre des majeurs. Bourbonnois, 24.

ORDONNANCE. *Fors & excepté.* Juillet 1510. *art.* 46. Afin que les domaines & proprietés des choses ne soient incertaines & sans sureté ès mains des possesseurs d'icelles, si longuement qu'ils ont été ci-devant, & que la preuve des parties ne périsse ou soit rendue difficile par laps de tems, ès cas ci-après déclarés; nous avons ordonné & ordonnons que toutes rescisions de contrats, distracts, ou d'autres actes quelconques, fondées sur dol, fraude, circonvention, crainte, violence, ou déception d'outre moitié de juste prix, se prescriront dorénavant, tant en nos Païs Coûtumiers que de Droit-Ecrit, par le laps de dix ans continuels, à compter du jour que lesdits contrats, distracts, ou autres actes, auront été faits, & que la cause de crainte, violence, ou autre cause légitime, empêchant de droit ou fait la poursuite desdites rescisions, cessera, nonobstant Statuts, Coûtumes, ou Usances quelconques à ce contraires, ausquelles, quant à ce, nous avons dérogé & dérogeons de notre certaine science, pleine puissance, & autorité Roïale.

Octobre 1535. *ch.* 8. *art.* 30. Edit du mois de Juillet 1707. pour le Comté de Bourgogne dans les nouvelles observations sur Henrys, *tome* 2. *page* 998.

Juillet 1510. art. 58. En tous relievemens ou restitutions fondés sur minorité, prescription, force, contrainte, dol, simulation, crainte, ou autres semblables causes, lesdits relievemens ne seront donnés, ne octroïés en nos Chancelleries, si ce n'est que la partie specifie, & déclare particuliérement, ou par le menu, les causes pour lesquelles elle demande être relevée & non en termes généraux.

Octobre 1535. *ch.* 8. *art.* 29.

SOMMAIRE.

1. *Les nullités qui viennent du Droit ne se prescrivent que par 30. ans.*
2. *De celui qu'on a enyvré pour l'engager à contracter.*
3. *De la crainte.*
4. *Si la prescription commencée continue contre les héritiers.*

COMMENTAIRE.

HEVIN. Cet article est tiré de l'art. 134. de l'Ordonnance de 1539. (*a*) confer. art. 297. inf.

Et approuvées par la Coûtume. Nous n'admettons en France que les prescriptions introduites par les Ordonnances & par la Coûtume, & non les autres du Droit Civil. V. Mornac *ad* L. 1. §. *quod dictum ff. de separat.* & le Scholiaste de M. le Prêtre, *cent.* 1. *ch.* 75.

Par les conventions. Sed an possunt incipere contra minores?

NOTES.

(*a*) C'est l'article 296. qui est tiré de cette Ordonnance, *art.* 134.

Commencées.

Commencées. (*b*) Tiré d'un Arrêt dans du Fail, *l.* 1. *ch.* 103.

Idem infrà art. 297. Car en ce cas elle court contre les mineurs pendant leur minorité; & le mineur pour l'interrompre peut se pleger : infrà *art.* 488. V. *L.* 3. *Cod. quibus non objicitur longi temp. præscrip. L.* 1. *& ult. Cod. si quis ignor. rem minor. L. Æmilius Larianus ff. de minor.* & *adeam* Mornac, quod pater, non ipsa, contraxerat. *L. ult. Cod. si advers. vend. L. cùm filius* §. *in hoc ff. de verb. obligat.* V. les art. 113. 117. 118. 120. 123. 124. de la Coûtume de Paris, & la Conference des Coûtumes *ibidem*, opuscules de Loisel, *pag.* 117.

Cette disposition est particuliére à notre Coûtume contre les textes ci-dessus.

Fors & excepté. Cette exception est tirée de l'art. 283. de l'Ancienne. V. M. le Prêtre, *cent.* 1. *ch.* 48.

1. *La prescription de* 10. *ans.* Aliud in nullitatibus quæ à Jure veniunt, quæ non nisi 30. annis præscribuntur. Argentr. *ad art.* 266. *vet. cap.* 5. *num.* 16. 17. 18. 19. *& ad art.* 283. *gl.* 1. *n.* 15.

Sententiæ nullitas præscriptionem non impedit. Argentr. *ad art.* 265. *in verb. par achat de justice num.* 16.

2. *Dol.* La glose sur la Loi *dolum Cod. de dolo*, dit, dolo non carere eum qui vocatum ad cœnam tam largè invitaverit, ut ebrius factus conditionibus suis contraheret. Saint Ambroise *Libro de jejunio cap.* 17. Plerique boni Judices ea quæ per ebrietatem dicta (*c*) sunt, esse tenenda ad crimen non putaverunt. V. Duarenum *ad T. de dolo malo cap.* 2.

3. *Crainte.* Quis sit justus metus determinatur arbitrio boni viri, *gl. cap. cùm dilectus extrà de his quæ vi metûs ve causâ fiunt.* Les Jurisconsultes mettent metum mortis, vinculorum. (*d*) Naturali affectu parentes magis in liberis

NOTES.

(*b*) V. le Grand, *art.* 87. *gl.* 2. *n.* 16. Coquille des fiefs, *art.* 23. Basnage, *art* 523. Loüis, *art.* 454. La Lande, *art.* 261. Brodeau sur Loüet, *lett. P. ch.* 36. Le Maître, *p.* 156.

(*c*) V. art. 271. *n.* 78. & art. 295. *n.* 1.

(*d*) D'Argentré, *art.* 42. A. 683. N. condamne, comme illusoire, la précaution de traiter avec un prisonnier entre les portes des prisons. Mais il ne décide pas que les contrats passés avec un prisonnier soient nuls sans distinction. Un débiteur ou un accusé dont l'emprisonnement est juste, peuvent traiter avec le créancier ou l'accusateur pendant qu'ils sont en prison. Devolant, *lettre T. ch.* 10. cite un Arrêt du 18. Juillet 1637. qui l'a jugé en matiére de crime. Si ce principe pouvoit souffrir de la difficulté, il en résulteroit de tristes conséquences contre tous ceux qui seroient mis en prison pour dette civile, parce que les créanciers les laisseroient en prison sans vouloir faire avec eux des traités sujets à rescision.

Je crois qu'en cette matiére l'équité & les circonstances particulieres du fait sont les seules régles qu'on doit suivre. S'il n'y a point de lésion & si l'emprisonnement étoit juste, la restitution est sans fondement. Mais si la lésion est prouvée, quoiqu'elle ne soit pas d'outre moitié, & qu'il ne s'agisse que d'un objet mobilier, alors on peut y joindre le motif de crainte, & le concours de ces deux moïens peut opérer la restitution. Il y a lieu de croire que c'est uniquement ce qu'a décidé l'Arrêt du 29. Août 1622. raporté par Sauvageau, *l.* 3. *ch.* 98.

„ Aucuns tiennent qu'obligation faite en „ prison Roïale est loisible, pourtant que „ l'on n'y peut alléguer force. Grand Coût. *l.* 2. *ch.* 12.

quàm in se terrentur, *L. 8. §. ult. ff. quod metûs causâ.* Panorme & la Glose sur le chap. *Abbas extrà eod.* l'étendent aux biens. Idem Sylvester, *in summâ in verb. Metus.*

D'ARGENTRE' AIT. *Approuvées par la Coûtume.* Decennales, quindecennales, quadragenariæ & aliæ.

Par les conventions. Quæ conventionales vocantur.

Courront contre absens. Congruit art. 282. & 274.

Sans espoir de restitution. Ridenda, res quidem agentibus, jurisprudentia nugatrix, quæ antico præscriptiones admittit, sed excludit postico oblata in integrum restitutione : sic illi nobis pridem illusêre.

4. *Fors & excepté.* Hæc exceptio non refertur ad priorem clausulam, ne scilicet currat præscriptio adversus heredes eorum cum quibus cæpta est, quod apertè pugnaret cum art. 297. qui manifestè cursum ejus statuit etiam adversus heredes. Sed intelligenda est in casu expresso in clausulâ infrà positâ, ne scilicet currat, quando heres agendi facultatem non habuit, propter continuationem aut supervenientiam causæ impeditivæ : etsi quidem malè apposita est hîc clausula exceptivè ad clausulam superiorem, per verbum *fors* quod ad sequentia refertur, & de causis impeditivis statuit, non de qualitatibus impeditorum.

ARREST. Le consentement des héritiers présomptifs de la femme, prêté au contrat de vente, & renonci par eux fait de demander la récompense, n'empêche qu'ils ne soient restitués dans les dix ans après le décès de la femme. Jugé contre Guillaume Ginguenay, le 12. Novembre 1590.

ARTICLE CCLXXXVII.

Les conditions & graces de rémeré accordées par ces mots, toutes fois & quantes que le vendeur ou autre voudra, se prescrivent par trente ans, à compter du jour de l'octroi d'icelles, qui se vérifiera par acte ou serment déferé à la partie seulement.

CONFERENCE.

Calais 212. Bassigny 173. Paris 120. Berry, *T.* 12. 11. Nivernois, *T.* 36. 3. Bourbonnois 20. Normandie 523. (*a*) La Marche 94. Auvergne, *T.* 17. 11.

Idem de la faculté de racheter les rentes de bail d'héritages. Paris 119. Orleans 269. Normandie 524. 525. (*b*)

Si ce n'est pour rente constituée à prix

NOTES.

V. d'Argentré, *Consult.* 2. Du Fail, *l.* 1. *ch.* 225. 325. 345. *l.* 3. *ch.* 137. De l'Hommeau, *l.* 3. *n.* 284. Loisel, *l.* 5. *T.* 3. *art.* 9. Dunod, *p.* 90. *& suiv.* Le Grand, *art.* 149. *n.* 6. Loüis, *art.* 446. Arrêtés de M. de Lamoignon, *art.* 38. Du Plessis, *des presc. l.* 2. *ch.* 1. *sect.* 3. Loüet, *let. P. ch.* 21.

Le droit de retirer le Greffe aliené de la Jurisdiction est imprescriptible. Basnage, *art.* 523.

(*a*) V. Basnage, *ibid.*

(*b*) Ricard, Ferriere, & le Camus, *art.* 119. *&* 120. Basnage, *art.* 525. *&* 530. De Cormis, *tom.* 2. *cent.* 4. *ch.* 57.

CONFERENCE.

d'argent, laquelle se peut racheter à toujours. Peronne 216. Ville de Lille, *T.* 6. 6. Doüay, *de prescription* 2. Saint Mihel, *T.* 10. 10. Paris 119. Orleans 268. Berry, *T.* 6. 33. Blois 270. Bourbonnois 418. Normandie 530. Xaintonge 121. Usance de Xaintonge 48. Bordeaux 100. Bayonne, *T.* 14. 10. 11. 12.

SOMMAIRE.

1. *Cette prescription n'exige point la bonne foi.*
2. *De la prescription contre la faculté indéfinie stipulée de faire boucher une fenêtre dont la servitude avoit été usurpée.*
3. *Le second acquereur purge par l'appropriement la condition de rémeré du premier contrat.*
4. *Prescription du vice d'impignoration & de l'usure présomptive.*

COMMENTAIRE.

1. D'Argentré' Ait. Hic Articulus Juris novi est ad præcidendas veteres dubitationes, de quibus nos latè *art.* 266. Additum valde convenienter, ne nisi instrumentis probari talis conventio posset : & nota hîc præscriptionem cum malâ fide currere, ut initio diximus.

Hevin. V. Grimaudet *des usures, liv.* 3. *ch.* 3.

2. *Toutes fois & quantes.* Quid Juris? Mœvius a fait une fenêtre regardant sur son voisin sans droit : celui-ci le poursuit pour la boucher : il se passe transaction portant qu'elle est contre droit, & que Mœvius la bouchera, ou réduira en une vûe morte toutes fois & quantes il se passe cent ans, sans que le voisin ait fait cette réquisition. L'action est-elle prescrite? Sic censeo. V. art. 11. des usances de Rennes.

Déferé à la partie seulement. Ce mot *seulement*, placé comme il est, fait une équivoque : il doit être après ce mot *verifiera*; car il est relatif au genre de preuve, ut in art. 66. & non à la personne : car l'héritier y est sujet.

3. Arrest I. Cela s'entend à l'égard de l'acquereur à condition de racquit. Mais le second (*c*) acquereur par contrat pur & simple, purge la condition par l'appropriement édictal, s'il n'y a point eu d'oposition de la part du premier vendeur, sauf à ce premier vendeur son action pour ses dommages & interêts vers son acheteur. Jugé par Arrêt du 29. Novembre 1612. Plaidans M. Deslandes, Paul Devolant & Frain; c'est son plaid. 32. Hevin.

4. Arrest II. Le 16. Novembre 1586. Jean Patron & femme vendent leurs héritages situés en divers lieux pour la somme de 80. l. Le contrat ne portoit point de numération réelle, n'étoit signé que d'un prud'homme à requête des parties avec condition de racquit de 4. ans, & étoit fait ensuite d'un précedent contrat. La condition expiroit en 1590. Ledit Patron ne racquitte point & meurt en 1593. Le 15. Février 1625. Jean Patron son fils prend lettres, allégue le vice d'impignoration, dit que lorsque son pere déceda,

NOTES.

(*c*) V. art. 271. n. 65.

il étoit mineur de 5. à 6. ans. Il est apointé à faire ses faits & informer. Apel : l'apellant soutient qu'il étoit non-recevable, qu'il n'étoit venu dans les 30. ans, que le contrat n'étoit usuraire. L'intimé réplique qu'il faut déduire le tems de la guerre, & ce d'autant plus qu'il étoit joint avec sa minorité. Arrêt le 17. Avril 1626. L'apellation & ce & au principal les parties hors procès. Plaidant Frain pour l'apellant, Chapel pour l'intimé. Par cet Arrêt jugé que l'usure présomptive, c'est-à-dire, que l'on veut faire résulter de simples présomptions, se prescrit par 30. ans, & que quand on dit que l'usure est imprescriptible, cela s'entend de celle qui seroit écrite dans le contrat. CHAPEL. (d)

NOTES.

(d) V. Frain, *Plaid.* 89.

ARTICLE CCLXXXVIII.

Action de crime est éteinte *tant pour l'intérêt public que civil*, par cinq ans, prouvant l'accusé son bon nom : [a] *s'il n'y avoit plainte faite & information sur icelle, auquel cas y aura dix ans.*

CONFERENCE.

Art. 291.

A. C. *Art.* 274. [a] Si l'accusateur ne vouloit prouver le fait de certain.

T. A. C. *Ch.* 102. S'il n'est prins au fait présent ou en poursieute, ou que ce ne fût fait notoire, comme est dit, pource qu'il soit demourant ou païs depuis cinq ans ; & ou cas qu'il soit de bon rest, comme cil qui vait au moustier & au marché, & n'est prins ne arrêté par corps de cas de crime, il pourroit dire, ou cas que justice voudroit procéder contre lui, que il ne seroit pas tenu à attendre garentie par la Coûtume, ou cas que elle le pourroit *vel* voudroit mettre à mort, & prouvant qu'il fût de bon rest, ou cas que court ne voudroit prouver contre lui de l'assourement, *vel* asseurement, il jureroit de sa main & de sa bouche, qu'il seroit sauf du fait, & partant il s'en devroit aller quitte & délivré, du tout en tout, par la Coûtume ; & lors jugera la Court qu'elle se devra revoir de la Coûtume & faire droit en outre ; & devroit la Cour trouver la Coûtume telle comme elle est faite & proposée ; & sur la Coûtume proposée & trouvée, ou cas que Cour ne voudroit trouver & prouver de la saisine & de l'asseurement, l'en devroit jugier qu'il jurât de sa main & de sa bouche, qu'il fût sauf du fait ; & ce jurant il s'en devroit aller quitte du tout en tout & ne seroit point dédommaigé, ou cas qu'il n'attenderoit la garentie & se sauveroit par la Coûtume ; & ou cas qu'il *vel* se il n'auroit demouré ou païs, & il allégât la Coûtume, & s'en voulût sauver, si devroit sçavoir justice, & se informer par les prudes gens du païs où il auroit demouré à ses dépens. Car justice n'a que faire de prendre travail, si elle ne le fai-

NOTES.

V. Dunod, *part.* 2. *ch.* 7. *&* 9. Le Maître, *p.* 159. Ferriere, *art.* 113. *gl.* 6. *n.* 24. *& suiv.* Notes sur du Plessis, *l.* 2. *des prescriptions.* Boucheul, *art.* 372. *n.* 119. *& suiv.* Rousseaud de la Combe, *part.* 3. *ch.* 1. *sect.* 3. Loüet, *lettre C. n.* 47.

CONFERENCE.

ſoit en outre le jugement & délivrer comme les autres du païs, *vel* ſe il ne les faiſoit & en outre le jugement & le délivrer comme les autres du païs.

Pro intellectu hujus capituli, V. infrà *cap.* 153.

Notoire. Comme à commun de paroiſſe ou de marché, ut in cap. præcedenti.

De bon reſt. Adaptatur ei quòd dicitur *ff. ad Legem Juliam de adulteriis*, *L. mariti & L. quinquennium* in actione illius criminis: & les Coûtumiers y donnent entendement, quand le cas eſt de paravant cinq ans, & non de poſt, *Arg. T. ne ſtatus defuncti poſt quinquennium*.

Et s'il juroit. Hoc eſt, qu'il ait été aſſuré dedans leſdits cinq ans, infrà *cap.* 162.

Ou cas. Et ſic videtur que la Coûtume veut ſauver ſeulement du procès extraordinaire, comme de la queſtion, & non de la prouve ordinaire. Non eſt verum, notatur *in authenticâ de Monachis §. humana enim natura collatione* 1. ubi dicitur quòd triennalis temporis teſtimonium ſufficit ad augmentum virtutis. Vide etiam Panormitanum *in cap. teſtimonio extrà de teſtibus & atteſtationibus*, ubi loquitur de emendatione peccantium, hoc eſt, qu'il eſt aſſuré dedans leſdits cinq ans, ut infrà *cap.* 162.

Chap. 162. Nul ne doit demourer infame. Pourtant s'il eſt accuſé de cas de crime, ou de infameté de là où il ſeroit infame par Coûtume, quand l'en eſt aſſuré du crime, il y a refus de garentie de là où il eſt ſauvé par la Coûtume; & s'il en eſt délivré envers la juſtice, (en la maniere que dit eſt ailleurs au 102. chapitre) nul autre n'y auroit que prendre, ne que voir, ſi n'eſt des autres cas; & ou cas qu'il ſeroit aſſuré depuis la délivrance, & ſi les cinq ans n'étoient paſſés, il ne pourroit refuſer la garantie; & ſi l'en ne donnoit témoings contre lui, & la juſtice ne prouvât rien contre lui, il ſeroit ſauvé de tout crime, & de toute infameté.

V. auſſi le Ch. 101. à la fin du Titre VIII.

ORD. Février 1350. *art.* 19. au Tome 4. des Ordonnances du Louvre.

Edit des Duels, Août 1679. Le crime de Duel ne pourra être éteint ni par la mort, ni par aucune preſcription de 20. ni de 30. ans, ni aucune autre, à moins qu'il n'y ait ni exécution, ni condamnation, ni plainte, & pourra être pourſuivi après quelque laps de tems que ce ſoit contre la perſonne ou contre ſa mémoire.

SOMMAIRE.

1. & 12. *De la preſcription du crime de faux.*
2. & 15. *S'il eſt néceſſaire que l'information ſoit parfaite dans les cinq ans.*
3. *De la preſcription du crime contre les mineurs.*
4. 5. & 18. *De la preſcription contre le jugement de condamnation. Motifs de la courte preſcription quand l'accuſation n'a pas été pourſuivie.*
5. *Quelles procédures interrompent en matiere criminelle.*
6. *Quelle preſcription a lieu quand le jugement ne porte point de peine afflictive.*
7. *Du jugement de médicamens & alimens.*
8. *Différence entre la procédure criminelle des Romains & la nôtre.*
9. *Diſtinction entre l'action & l'accuſation.*
10. *De l'action* rei perſecutoria.
11. *Extinction abſolue de l'action par la preſcription de cinq ans.*
12. *Si l'on peut opoſer les crimes par exception.*
13. *De l'obligation de prouver le bon nom de l'accuſé.*
14. *Si l'accuſation formée contre un accuſé interrompt contre un autre.*
16. *La reconnoiſſance de l'accuſé vaut information.*
17. Idem *du procès-verbal de meubles divertis.*

COMMENTAIRE.

D'ARGENTRE' AIT. Additum ad veterem, multùm urgente nobilitate, ne longior quinquennio actio esset, neve pro interesse civili post id tempus actio daretur.

HEVIN. Langlœus, *lib.* 12. *otii semestris cap.* 1. conforme à l'opinion de Faber, §. *pœnalis inst. de action. in L. unicâ Cod. ex delictis defunctorum, cap. in litteris de rap. fin. de sepulturis* : adde Paul de Castre & Balde *in L.* 12. *§. quòd si actor Cod. de jurejurando propter calumn.*

1. *Par cinq ans.* At in crimine falsi id non observatur. (*a*)

2. Pour prouver qu'il n'est pas besoin que l'information soit parfaite avant les cinq ans, l'on allégue que, satis est accusationem inchoari, nec necesse est perfici; ce qui ne me semble pas solide, parce que ce mot *d'accusation* n'est pas en droit un simple acte comme la plainte, mais elle peut être comparée à notre information, ou dumoins en crime semble être même chose que *litis contestatio* en civil; & comme en civil *in jus vocatio non est pars judicii, sed præparatio*, & que *prima pars judicii est contestatio quæ perpetuat actionem*, aussi en crime *delatio non videtur pars judicii, sed præparatio*; & c'est l'accusation qui en est la premiere partie, *quæ fiebat per inscriptionem L. libello. ff. de accusat.* Si bien que les Auteurs avouent que » etiamsi Lege Julia adulterus & adultera » non possent simul accusari, poterant tamen simul deferri, & accusatio se- » paratim erat peragenda. « Il ne faut donc pas conclure *ab accusatione ad delationem*, si ce n'est qu'on prouvât que *per delationem protelabatur actio*; ce qui semble être dit dans cette Loi *mariti §. quinqeunnium*, où le Jurisconsulte dit *postulatus postulatione*, & non pas *accusatus accusatione. V. Lib. ult. C. ut intrà certum tempus actio criminalis.*

3. Au mois de Juin 1591. plaidant Durand pour Mathurin Benoît, accusé d'homicide commis en l'an 1578. quoique les enfans fussent mineurs lors du décès de leur pere tué, & qu'ils disent la prescription n'avoir couru; toutefois aïant presenté leur plainte le douziéme an, & obtenu décret d'ajournement personnel dont étoit l'apel, il fut dit mal jugé, corrigeant les parties hors de Cour & de procès, sauf aux mineurs leur recours contre leurs curateurs. Le même avoit été jugé au profit de Gicquel, accusé d'homicide. Arrêt depuis au mois de Mai 1593. contre Colleaux, qui avoit accusé un particulier d'homicide commis en l'an 1583. Après les 10. ans il en voulut faire suite, les parties hors procès, plaidant Durand.

4. Touchant la prescription des actions criminelles, on a demandé si un condamné pouvoit prescrire contre son Arrêt. La question est traitée par Chenu dans sa seconde Centurie *quæst.* 38. & pour la négative, qu'on ne peut prescrire par aucun tems contre la condamnation, on allégue qu'il faut mettre différence entre la prescription des crimes qui s'acquiert faute de poursuites, & la prescription contre la condamnation. La raison de la premiere, est que

NOTES.

(*a*) V. le nombre 12.

l'accusation n'étant qu'un effet d'une juste douleur, si le ressentiment sur lequel elle étoit fondée, est demeuré enseveli ou amorti par une dissimulation de plusieurs années, il n'y avoit plus de prétexte de le faire revivre; que l'accusateur ne pouvoit pas se plaindre de cette prescription, mais de sa négligence; vû qu'il avoit eu la faculté de poursuivre pendant la fuite & l'absence de l'accusé, pour le faire condamner absent comme présent; & que pour ces causes on a reçu la prescription, faute de poursuite, suivant la disposition de la Loi *querela C. ad L. Cornel. de falsis*; afin que les accusés ne soient privés par un long tems de l'espérance de leur justification par le déperissement des preuves. Mais quand la condamnation est intervenue, la fuite & l'absence & peut-être le déguisement de nom ne doivent pas être imputés à celui qui n'a rien oublié de ce que les Loix ordonnent, & que celui qui est condamné ne peut pas prescrire; car de disposition de droit, celui qui est condamné à mort est fait *servus pœnæ*, & est réputé mort, non habet testamenti factionem, *L. ejus* 8. *§. si cui ff. qui testamen. facere possunt*. Il n'a aucun des effets civils. » Qui ultimo supplicio damnatur, statim & civitatem & libertatem amittit; » nam hic casus præoccupat mortem & non nunquam longum tempus occupat, » *L. qui ultimo* 29. *ff. de pœnis*: il ne peut donc être capable de prescrire, vû même que *captivus non potest per se usucapere*; mais bien moins peut-il prescrire contre celui auquel il ôte la faculté d'agir par sa fuite ou son déguisement, si ce n'est du jour que la partie a la connoissance du lieu où il s'étoit retiré. » Qui nescit, is videtur experiundi potestatem non habere, & verius » est tempus numerari ex quo cognovit, *L. 6. annus ff. de calumn.* outre que la fuite & la mauvaise foi ne lui peuvent pas servir de fondement à sa prescription. » Servum fugitivum furtum sui facere, & ideò non habere locum » nec usucapionem, nec longi temporis præscriptionem manifestum est. *L.* 1. » *Cod. de servis fugitivis*; ce qui est encore confirmé par les Empereurs dans la Loi 1. *de longi temporis præscriptione, quæ pro libertate & non adversùs libertatem opponitur*; bien que la liberté ait été estimée en droit digne de toute sorte de faveur, qu'il est important que telles condamnations ne demeurent illusoires par une suite de plusieurs années, à l'exemple d'Alexandre Severe, dont Lampridius dit que » condemnationes raras esse jussit; sed cùm factæ fuerant nun- » quam indulsit. A plus forte raison celle qui porte peine de mort, comme dit expressément le Jurisconsulte; » ad bestias datus si profugit & militiæ se » dedit, quandoque inventus capite puniendus est. *L. qui eum.* 4. *§.* 1. *ff. de re militari.*

Au contraire, pour soutenir la prescription, on dit qu'il ne faut point douter que toutes actions pénales ne soient éteintes par 30. ans, puisque toutes actions personnelles se prescrivent par le même tems; ce qui a lieu, *quacumque viâ quis de crimine experiatur*, suivant l'opinion de Bartole, Balde, Salicet, Cinus, Oldradus & autres Docteurs, *in dicta L. querela* raportée par Boyer *decis.* 26. & non seulement par 30. ans, mais aussi par 20. nam ut cessat accusatio criminis post 20. *annos d. L. querela*, eodem modo cessat Judicis officium; cùm ille textus loquatur generaliter, n'y aïant point d'aparence de vouloir, comme dit *M. Drullius Tribunus plebis*, dans Tite-Live, *Lib.* 3. » vetera peccata jam obliterata repetere; & de fait si la prescription a été introduite pour confirmer les possessions, *& ne dominia rerum perpetuò sint incerta*; combien y a-t'il plus de raison de la recevoir, quand elle confirme la vie des hommes infiniment plus précieuse que tout le reste? Et c'est là qu'on la peut particuliérement apeller du mot de Cassiodore, *patronam generis humani*. Cette opinion, comme la plus humaine, a été confirmée par Arrêt du Parlement de Paris, pour un particulier qui s'étant sauvé après son Arrêt de mort, changea de nom, & se vint habituer en Bretagne, où il fut enfin reconnu 45. ans après, & absous tant pour l'intérêt civil que public, nonobstant que ses parties allégassent la minorité, suivant la Loi *auxilium ff. de minoribus*, » auxilium » restitutionis in integrum in executionibus pænarum paratum non esse. Cet Arrêt du 23. Janvier 1615. Plaidant Montreul & Gautier & M. le Bret pour M. le Procureur Général, raporté au long par Chenu, *loc. cit.* Depuis on a toujours tenu que la prescription de 30. ans avoit lieu contre la condamnation; mais que de moindre tems elle ne suffisoit pas. Arrêt au Parlement de Paris du 26. Avril 1625. raporté par Dufresne dans son Journal, *liv.* 1. *ch.* 48. Et de même en ce Parlement par Arrêt du 26. Mai 1653. par lequel un condamné aïant voulu accuser devant les 30. ans, il fut débouté. Il est toutefois remarquable que Dufresne, *loco citato*, dit qu'on tient au Barreau de Paris que si la condamnation n'a pas été exécutée par effigie, la prescription de 20. ans a lieu, comme dans les simples poursuites criminelles, à cause qu'il reste quelque chose à parachever; & le Lundi 26. Mai 1653. cette doctrine a été confirmée par un Arrêt rendu pour les... en la cause des Baschers, sur une Requête civile, plaidans Maîtres le Ribaut, Rabeau & Bernard. *(b)*

5. Toutes procédures, en matiere criminelle, n'interrompent pas la prescription; mais seulement celles qui se font en exécution des Décrets, Sentences & Arrêts. V. les notables Arrêts des Audiences du Parlement de Paris *ch.* 34. La prescription de la Sentence de condamnation de mort sur contumace, par 30. ans, si elle est exécutée en effigie, & par 20. ans si elle ne l'est pas, abolit tellement la condamnation, que le condamné passe pour absous, & rentre dans la possession de ses biens & dans les successions échues intermédiairement. Jugé pour les du Tail par Arrêt du 3. Juillet 1664. qui est le 5. Arrêt ci-après. *(c)*

6. Sçavoir si un accusé, qui prend droit par les charges, & qui est condamné par Sentence définitive en des aumônes & dépens, peut prescrire contre la Sentence par 20. ans ou par 30. ans? Cette condamnation sans peine corporelle & sans réglement, ne peut, ce me semble, passer que pour une condamnation purement civile qui dure 30. ans, la conséquence des peines de mort & des autres corporelles qui se prescrivent par 20. ans sans effigie ne pouvant être tirée en argument.

7. Quo tempore sententia de medicamentis & alimentis apud nos tollitur, vid. not. ad art. 165. suprà. *(d)*

NOTES.

(b) Basnage, *art.* 143. Loüis, *art* 445.

(c) V. la note sur cet Arrêt.

(d) Et Sauvageau, *liv.* 1. *ch.* 123.

8. D'ARGENTRE' A. C.

8. D'Argentré A. C. *Art.* 274. Dans l'ancien Droit Romain, il y avoit pour les crimes la poursuite ordinaire & publique, qui n'avoit aucun raport avec la forme des autres procédures & jugemens. Il falloit des solennités si douteuses & si embarassantes, que l'on doit être surpris comment aucun coupable pouvoit être condamné. Dans la suite on remedia à ces embaras, en établissant la connoissance extraordinaire; & l'on ne fut plus dans la nécessité de ces formules superstitieuses, *de accusatore constituendo*, de l'inscription, *de inter reos receptione*, *de interrogatione legibus*, & autres pareilles formes inutiles dont l'Auteur fait le détail. On ne condamnoit personne, s'il n'avoit un accusateur; mais l'établissement des connoissances extraordinaires opéra la poursuite; soit en conséquence de ce qui étoit dénoncé par les délateurs, soit par l'office même des Magistrats qui faisoient la recherche des crimes.

Quoiqu'on apelle aujourd'hui extraordinaires les poursuites criminelles, on peut dire qu'elles sont ordinaires, comme toutes autres instances, aïant leurs régles & leurs formes certaines, depuis le commencement jusqu'à la fin, marquées par les Ordonnances. Mais comme il résulte d'ordinaire des délits deux actions, l'une *rei persecutoria*, ce qui s'entend de tout intérêt civil pour la perte ou le dommage qu'on a souffert, l'autre pénale; la premiere réside dans celui qui se plaint, & la seconde dans la partie publique; de sorte que comme celle-ci n'agit point pour l'interêt civil, l'autre n'a pas de qualité pour poursuivre l'action pénale: ainsi les actions qui résident en deux personnes différentes ne se préjudicient point l'une à l'autre, sous prétexte de la poursuite tendante seulement à l'objet de chacun, puisque cela n'opére pas de restriction ni de limitation.

Nous ne connoissons point aujourd'hui la différence de ce qu'on apelloit *publica & privata judicia*. Car en matiere de crime, toute poursuite & toute peine est publique. Il n'y avoit pour les premiers que les crimes dont étoit fait le dénombrement par la Loi, & ceux qui étoient condamnés quoiqu'à une médiocre peine pour les crimes publics, étoient déclarés infames; au lieu que ceux qui étoient condamnés pour les autres ne l'étoient pas, à moins que les actions civiles qui naissoient de ces délits ne fussent infamantes. Au surplus ce que nous apellons poursuite criminelle, n'est pas consideré seulement par raport à la matiere, mais encore par raport à la forme de l'instruction. Nous nommons seulement criminelle celle dont la procédure est instruite extraordinairement, & civile celle qui vient par les voïes ordinaires des actions civiles. Dans l'une on commence par les informations, & dans l'autre par action & assignation, quoique souvent il arrive que l'instance criminelle se convertit en instance civile, & la civile en criminelle; sur quoi l'Auteur remarque que les Juges, qui n'ont que la connoissance criminelle, ne devroient pas connoître après que l'affaire a été civilisée.

9. *Action de crime.* L'action regarde l'interêt civil; l'accusation regarde celui de la partie publique, suivant la différence qui a été établie ci-dessus. L'Auteur revient encore à ce qu'il a dit, qu'il ne se contracte point d'obligation naturelle par le délit; mais s'il en résulte une obligation civile, elle est anéantie par cette prescription.

10. On demande si l'action *rei persecutoria* tombe également sous la pres-

cription. Il suffit, sans entrer dans toutes les questions que l'on fait ici, de citer le texte de la Nouvelle Coûtume, où l'on ajoute que l'action de crime est éteinte, tant pour l'interêt public, que pour l'interêt civil. L'Auteur fait cependant ici une distinction entre ce qui ne vient qu'au moïen de la poursuite criminelle & pénale, & où l'accusé *non locupletior est factus*, quoique celui qui se plaint ait souffert du préjudice, & le cas auquel *reo aliquid adest*; car, dit-il, dans cette derniere espéce, il feroit injuste que l'action, qui est véritablement *rei persecutoria*, fût éteinte par le laps de 5. ans. (e)

11. *Est éteinte.* Ces mots opérent une fin de non-recevoir absolue, & c'est une restriction des plus longues prescriptions réglées par le Droit par raport à plusieurs crimes. Cette prescription fait obstacle à toutes les parties de la procédure & de l'instruction, dont le commencement même est exclus par là, & elle peut être proposée en tout état de cause.

12. *Par cinq ans.* Il y avoit quelques crimes qui dans le Droit Romain se prescrivoient également par 5. ans, par exemple, celui d'adultere. Ce terme marqué par la Coûtume ne prolonge pas les plus courtes prescriptions à l'égard de certains cas qui participent du délit, & dont il y a quelques dispositions dans la Coûtume. Les Docteurs prétendent qu'il y a des crimes que l'on peut oposer par exception, & qui par conséquent peuvent être allegués nonobstant la prescription par le laps de tems. Ils donnent l'exemple de l'action de la dot, qui dure 30. ans, & pendant la durée de laquelle on peut toujours excepter de l'adultere contre la femme; mais seulement *ad effectum civilem*, suivant la régle *quæ sunt annalia ad agendum, sunt perpetua ad excipiendum.* Cela seroit contre nos principes & l'exemple qu'on aporte du faux qui peut perpétuellement être oposé par exception, ce qui est certain, ne fait rien à cette proposition des Docteurs. * Car le faux incident est infiniment plus fréquent que le faux direct; & c'est ce qu'il faut expliquer ici puisque l'Auteur ne le fait pas. Le faux direct est une accusation qui se forme à peu près comme celle des autres crimes; & en ce cas il peut être sujet à la même prescription, pourvû que la piéce fausse ait vu le jour & ait paru. Car tant & si long tems que la piéce demeure cachée, le tems ne commence que du jour qu'on a voulu en faire usage, cet usage faisant une partie, ou pour mieux dire, la consommation du crime. Mais le faux incident ne se couvre point; & tandis qu'une partie se sert de la piéce fausse, on peut l'inscrire & poursuivre criminellement, si le faux est du fait de la partie qui s'en sert, ou si elle est présumée y avoir part.

Sur cela, & pour l'intelligence de la matiere, il faut raporter une espéce

NOTES.

(e) Il faut pour cela que l'action civile ne soit pas sujette à la même prescription. Car s'il s'agissoit de vol, l'action civile qui ne dure que cinq ans pour la vendication de meubles s'éteindroit avec l'action criminelle. Mais s'il y avoit, par exemple, violation de dépôt, ou usurpation violente d'immeubles, l'action civile subsisteroit après l'extinction de l'action criminelle par la prescription de cinq ans, parce que les longues prescriptions de 30. ans & de 40. ans sont les seules qui soient reçues contre les actions pour dépôt & vendication d'immeubles.

jugée à l'audience publique au mois de Mai 1681. Plaidans MM. Gentil & Primaignier. On avoit disputé la légitimité d'un Gentilhomme, & il avoit été produit quelques actes pour cela ; le sieur de Goascaradec étoit accusé de les avoir fabriqués : mais l'inscription n'avoit été formée que contre celui qui se servoit de ces piéces. Le sieur de Goascaradec fut décreté de prise de corps, il releva apel du décret, & allegua pour moïen que par les informations il paroissoit qu'il y avoit fort long-tems que la fabrication avoit été faite, que c'étoit en quelque sorte une accusation directe de faux à son égard, & qu'ainsi cela tomboit sous la prescription des autres crimes. Mais on fit voir qu'outre que la prescription n'auroit pu courir que du jour que les actes avoient été produits, l'inscription de faux contre celui qui s'en servoit avoit conservé l'action criminelle contre celui qui en étoit le véritable auteur, comme on le voit tous les jours à l'égard des Sergens & des Notaires qui ont commis le faux, dont le défendeur en inscription s'est servi. La Cour confirma le décret, & régla le procès à l'extraordinaire. Il y eut ensuite un Arrêt de condamnation de mort par contumace. C'est donc ici un cas de crime particulier, qui n'est pas sujet aux régles des autres, à l'égard desquels l'Auteur remarque fort bien que les 5. ans courent du jour du crime commis, quoiqu'on n'en eût pas eu connoissance, ce qui serviroit seulement pour disculper les Juges de la négligence qu'on leur impute dens la recherche des crimes impunis.] (f)

13. *Prouvant l'accusé son bon nom.* L'Auteur prétend que cela n'est pas nécessaire. Il admet aussi la preuve du contraire, mais seulement pour donner lieu à une condamnation en une amende civile & pécuniaire si l'accusé ne se justifie pas. * Comme on ne pourroit l'énoncer qu'en faisant l'instruction pour la preuve du crime, ce seroit tomber dans une contrarieté avec la disposition de la Loi. Mais il y a des cas où l'accusé est obligé de prouver son bon nom; car s'il avoit continué de commettre des crimes *in eodem genere*, par exemple, si aïant volé il avoit ensuite commis de nouveaux vols, on pourroit faire la poursuite pour les uns & pour les autres.]

Prouver le fait certain. C'est une inadvertence des anciens Réformateurs, qui parlà anéantissent leur disposition. La prescription éteint le crime, & empêche absolument la poursuite, qu'on admet cependant par cette autre disposition mal entendue * Aussi, suivant l'avis de l'Auteur, ces derniers mots ont été rejettés à la réformation, & la Nouvelle Coûtume dans l'article 288. change quelque chose à celui-ci. Elle confirme la prescription de 5. ans, s'il n'y a point eu de plainte & d'information ; & s'il y en a eu, elle porte la prescription à 10. ans.]

14 Arrest I. Cela jugé à la Tournelle le 15. Janvier 1614. au profit d'Artur Rigourt, apellant des Juges de Monthauban, plaidans Ybert, Martin & Douillet, encore que l'on allegât contre lui, que les poursuites qui avoient été faites contre le nommé Tual, avoient interrompu, & que l'on n'avoit point eu de connoissance que l'accusé fût coupable, & que le tems ne court

NOTES.

(f) V. Dunod, *p.* 189. & 190. Ferriere, *tit.* 6. §. 2. *n.* 34.

que *à die notitia. L. annus de calumniat.* Cela avoit été jugé de précedent au profit du sieur de Grillemont.

15. ARREST II. *S'il n'y avoit plainte & information sur icelle.* Ces mots ont autrefois causé beaucoup de doute, pour sçavoir s'il étoit besoin qu'il y eût information sur la plainte dans les cinq ans, ou si la plainte suffisoit, sinon pour étendre l'action jusqu'à dix ans, du moins pour conserver la faculté de faire l'information après les cinq ans, à l'exemple d'un exploit d'oposition en cause civile qui dure un an; & on ne manquoit pas de couleur pour le soutenir, comme quand un homme, qui n'a eu connoissance du crime, par exemple, que le dernier jour des cinq ans, a presenté sa plainte le même jour, pour faire son information le lendemain. On ne lui peut reprocher de négligence, & il semble que la plainte par lui presentée doit avoir quelque effet. Mais la faveur des accusés l'a décidé autrement, & que l'action est éteinte, s'il n'y a plainte & information dans les cinq ans, par une infinité de raisons confirmées par plusieurs Arrêts, entr'autres du 21. Fevrier 1652. sur les Conclusions de Monsieur l'Avocat Général de Kverien; & depuis en la séance de Février 1655. encore sur ses Conclusions.

16. ARREST III. Mais la reconnoissance de l'accusé vaut information, & étend la prescription à 10. ans. Jean Bitaut se plaint en 1623 obtient permission d'informer, fait publier monitoires en Septembre 1623. l'accusé comparoît devant Notaires au même an 1623. reconnoît avoir commis les excès, & offre de païer les médicamens, fait signifier l'acte à Bitaut. Les choses demeurent en cet état jusqu'en 1629. que Bitaut apelle l'accusé par action civile; celui-ci se défend de la fin de non-recevoir; Bitaut replique que la reconnoissance vaut information; il est débouté. Apel devant les Présidiaux de Rennes, comme en matiere civile, qui réforment en dernier ressort au profit de Bitaut. Apel en la Cour qualifié comme de Juge incompétent. Arrêt le 30. Juin 1638. par lequel il fut jugé qu'il n'y avoit pas de fin de non-recevoir. Mais la condamnation des médicamens & alimens faite par le premier Juge fut moderée, & à l'égard de l'incompétence mal, nullement & incompétemment. CHAPPEL. (g)

17. ARREST IV. Un nommé Genet aïant fait son testament le 16. Janvier 1642. décede quelques jours après. Son héritier aïant apris sur la fin des 5. ans, que lors du décès un particulier avoit fait divertissement des meubles, présente plainte contre lui le 9. Janvier 1647. où il articule que les meubles sont encore dans la maison de l'accusé, & demande que le Juge y descende pour faire procès-verbal. Le Juge y descend le 11. de Janvier, & y fait procès-verbal en présence de l'accusé, & sur la dénégation duquel que les meubles trouvés en sa maison fussent de la succession de Genet, se rend apointement à informer au mois de Février. L'accusé se porte apellant au Présidial, & allégue la fin de non-recevoir, & que l'action étoit prescrite, n'y aïant pas eu information dans les cinq ans; ordonné qu'il procédera. Apel en la Cour, qui met l'apellation au néant, & ordonne que ce

NOTES.

(g) Chapel, *ch.* 209.

dont est apellé sortira son plein & entier effet le 19. Janvier 1648. Plaidans le Gal pour l'apellant, & Chapel pour l'intimé. Le motif fut que l'accusateur n'avoit pas seulement présenté plainte dans les cinq ans, mais *furtum conceperat*; & le procès-verbal fait par le Juge justifiant que l'accusé étoit saisi des meubles prétendus furtifs, étoit une espece d'information; de plus que le procès-verbal étant fait en présence de l'accusateur, qui avoit maintenu que les meubles lui apartenoient, & de l'accusé qui l'avoit contesté, c'étoit encore une contestation faite devant le Juge qui conservoit l'action. (*h*)

Arrest. V. Jean Dutail, Julien & Thomas Dutail ses enfans, furent envelopés dans l'accusation d'un crime atroce en l'an 1638. & ils furent condamnés à mort sur contumace, par Arrêt du 6. Juillet 1639.

Quelque tems après, l'auteur du crime dont on les avoit faussement accusés, en aïant fait la confession en mourant, ils revinrent dans le païs, où ils vécurent en pleine liberté agissant publiquement.

Pendant le même tems les successions paternelle, maternelle & de l'aïeul, & autres étant échues, Julien & Thomas Dutail en joüirent avec les autres enfans de Jean Dutail, lesquels prétendirent dans la suite que le jugement de mort n'étoit pas éteint par la prescription; & que Julien & Thomas Dutail étoient incapables de recueillir ces successions. Sur ce principe ils releverent apel de sentence de Fougeres du 3. Mars 1661. par laquelle le partage avoit été jugé. Cette contestation fit naître deux questions.

La premiere, de sçavoir si un Arrêt en matiere criminelle, non prononcé ni exécuté, se prescrit par 20. ans.

La seconde, si le crime étant aboli par la prescription, les accusés, justifiés par le seul laps de tems, peuvent être argués d'incapacité, & exclus des successions qui seroient intermédiairement échues.

Pour la premiere question, les intimés ont dit qu'elle ne reçoit plus de difficulté, même dans les Parlemens, où l'action de crime passe pour moins défavorable que dans notre Coûtume, & où elle s'étend même jusqu'à 20. ans.

NOTES.

(*h*) Sauvageau, *liv.* 1. *ch.* 9. raporte un Arrêt du 21. Février 1652. qui jugea que la plainte n'aïant été suivie que d'obtention & fulmination de monitoires, sans information dans les cinq ans, l'action criminelle étoit prescrite.

La prescription de 10. ans, lorsqu'il y a information & decret, commence du jour du délit commis, & non pas seulement du jour du decret. Arrêt du 19. Mai 1662. Sauv. *liv.* 1. *ch.* 88.

Mais cela sera-t'il généralement vrai; de sorte que le decret étant donné le dernier jour des dix ans, l'action criminelle soit éteinte de plein droit? Je crois que le decret aïant le caractere d'un jugement interlocutoire, il doit perpétuer l'action pendant trois ans.

Je pense qu'il en est de même de la Sentence de provision dont l'effet cesse par la prescription du crime, suivant l'Arrêt du 20. Mars 1665. dans Sauv. *liv.* 1. *ch.* 123.

L'action pour spoliation d'hérédité ne peut être poursuivie criminellement contre la veuve ou l'héritier. Mais l'apointement en preuve ne doit pas être respectif; & la procédure criminelle a lieu contre les complices étrangers. Arrêts des 25. Septembre 1677. & Mai 1703. Sauvageau, *liv.* 1. *ch.* 278. & 324. V. Loüet, *lettre R. ch.* 1.

La raison est qu'un Arrêt rendu sur contumace, qui n'est point prononcé ni exécuté par effigie, ne peut passer pour un jugement accompli ni parfait, dès-là qu'il reste quelque chose à parachever. Car la seule prononciation est si essentielle pour la perfection d'un jugement, qu'avant la prononciation, *nequidem sententiæ nomen meretur. Toto tit. Cod. de sententiis ex periculo recitand.*

De sorte que l'action qui naît d'un tel jugement, en matiere criminelle, n'empêche point le cours de la prescription par vingt ans, soit pour le crime ou pour la réparation civile. Telle est la Jurisprudence certaine de tous les Parlemens. Et quand les apellans avancent qu'aucun Auteur ni Arrestographe n'a enseigné cette proposition, s'ils eussent vu le Journal des Audiences du Parlement de Paris, compilé par Maître Jean du Fresne, ils y eussent trouvé la question établie par deux fois. La premiere, *liv.* 1. *ch.* 50. où il enseigne que, quand un Arrêt de contumace a été exécuté par effigie, il dure 30. ans; autre chose est quand il ne l'a pas été, ensorte qu'il soit resté quelque chose à parachever qui l'ait laissé imparfait.

La seconde au *liv.* 7. *ch.* 21. où il enseigne que tel Arrêt non exécuté n'empêche point la prescription de vingt ans; ce qu'il confirme par un célébre Arrêt d'Audience du 22. Mars 1653. & répond aux objections que les apellans tirent de la Loi *querela C. ad L. Cornel. de falsis.*

Il est donc vrai, au premier point, que s'étant écoulé plus de vingt ans depuis l'Arrêt non prononcé ni exécuté, & l'accusation & le jugement sont absolument éteints & prescrits.

D'où la résolution du second point se tire très-certaine, sçavoir, qu'on ne peut objecter ni feindre aucune incapacité sur un crime aboli par le cours des années, en quelque tems que les successions soient échues; c'est-à-dire, soit que ce soit pendant le cours de la prescription ou depuis.

On ne doit pas confondre la justification pleine & entiere d'une accusation criminelle, avec une restitution ou rapel de ban ou galeres, entre lesquels il y a autant de différence, qu'entre l'anéantissement d'un jugement & sa confirmation.

Quand un homme a été condamné par Arrêt aux galeres, que l'Arrêt lui a été prononcé & exécuté & le condamné attaché à la chaîne, & qu'il obtient du Prince des lettres de rapel de ban & la restitution dans les biens dont il avoit été privé par la condamnation, il n'y a pas de doute que ces lettres de grace ne le rétablissent que dans la possession des biens dont il avoit été effectivement & immédiatement privé par la condamnation; & partant que si, durant son incapacité, il est échu une succession, qui ait été recueïllie & partagée entre ceux qui se sont trouvés habiles à la recueïllir, ils ne sont pas obligés d'en faire un raport qui pourroit renverser le repos des familles; comme il fut jugé contre Terrien sur ma plaidoirie.

Mais il faut deux choses; l'une qu'il ne s'agisse que de lettres de rapel ou de grace; l'autre que *res non sint integræ*, mais que la succession échue intermédiairement soit divisée & partagée.

La raison du premier point est bien manifeste; sçavoir, que les lettres de rapel ou de restitution n'anéantissent pas le jugement & la procédure, & ne purgent pas le crime; mais au contraire elles confirment le tout. Qui dit rapeller & restituer un condamné, ne le justifie pas : au contraire il le convainc d'abondant; mais par grace il le dispense de la peine à laquelle il étoit justement condamné.

Le Souverain, par telles lettres que les Auteurs apellent *deprecatorias litteras*, ne révoque pas & n'anéantit point ce qui a été fait & jugé, mais restitue le condamné à une nouvelle vie, sans effacer entiérement la tache de sa condamnation. *Indulgentia Principis quos liberat notat*; ou, comme disoit l'Empereur Claudius, *ita nota demitur ut litura extet*.

Mais c'est toute autre chose, quand l'accusation, la procédure & le jugement sont anéantis, annullés & éteints, par des moïens légitimes & introduits par les Loix.

Car alors le condamné demeure justifié. Son innocence est purgée; & la condamnation est réduite aux termes, que si elle n'étoit jamais intervenue. On est aux termes de la Loi Cornelia, *quâ fingebat captum ab hostibus semper in civitate fuisse*. Il reprend tous ses droits : car l'anéantissement de la procédure opére que l'on ne peut imaginer un seul moment d'incapacité.

Par exemple, quand un condamné sur contumace se représente & purge son innocence, quand un apellant de mort fait réformer la sentence, ou qu'un condamné par Arrêt le fait retracter par Requete civile, il est certain, & personne n'en doute, que tout demeure aboli & éteint. Aucun de ses droits ne demeure interverti; & on ne peut plus imaginer aucun moment d'incapacité, parce que les jugemens, sur lesquels on l'eût voulu fonder, demeurent anéantis.

Or c'est ce que la prescription opére pleinement & très-efficacement. Un homme justifié par un jugement n'est point plus à couvert, qu'un homme qui est justifié par le tems & par la prescription, qui annulle & anéantit entiérement la condamnation; ensorte qu'elle ne peut produire aucun effet, mais demeure abolie dans son principe; & même le crime, qui est la cause de la condamnation, est aboli & éteint.

Celui qui a prescrit est justifié par la Loi, parce que la prescription est un remede introduit par la Loi, qui annulle & réduit au néant l'accusation & la procédure; & par conséquent ne peut pas être de plus mauvaise condition, que celui qui auroit été justifié par le Juge qui n'est que l'organe de la Loi. L'accusation & le jugement que l'on opose aux intimés étant donc éteints par la prescription qui est favorable, c'est-à-dire par la Loi même, on ne peut pas feindre une incapacité après la justification ni un effet sans cause.

Mais en second lieu, au regard même de ceux qui viennent par simples lettres de rapel & de restitution, lesquelles, ainsi qu'il a été dit, *non extinguunt judicatum*, comme fait la prescription, mais contiennent seulement une dispense & restitution, on a distingué à sçavoir si les choses étoient en entier ou non. Au premier cas, lorsque les biens sont encore existens & la succession indivise. On n'a jamais fait difficulté que le rapellé ne fût admis au partage qu'il s'agit de faire.

Or les intimés sont encore en ces termes. Les successions dont il s'agit ne sont point alienées, mais en essence, *res sunt integra*.

Bien plus, comme l'accusation avoit été calomnieuse, les intimés aïant vu que l'orage étoit passé, ils retournerent dans le païs, où ils ont toujours vêcu publiquement & notoirement, & ont fait acte d'héritiers sans opolition des apellans. Ils ont fait demande & fait juger le partage dès l'an 1661. sans que les apellans leur aïent fait cette objection. Au contraire Jean Dutail, pere de quelques-uns des apellans, qui étoit le premier compris dans la condamnation, a geré & affermé & joüi de partie desdits biens.

Arrêt le 3. Juillet 1664. au raport de Monsieur de Lesrat, par lequel la sentence de Fougeres, qui juge le partage, est confirmée, avec dépens modérés à xxx. liv. HEVIN. (*i*)

NOTES.

(*i*) Je crois qu'il est nécessaire de raporter ici deux Arrêts rendus au Parlement de Paris, dont on peut voir les motifs dans le recueil d'Arrêts de M. Rousseaud de la Combe, *ch.* 19. *&* 28.

François Tillette, sieur Dacheux, fut condamné à mort par contumace le 29. Mai 1688. & le 3. Juillet suivant la Sentence fut effigiée. Il ne se représenta point dans les 30. ans; & il fut exclus des successions échues dans cet intervalle. Mais il voulut recueillir celles qui furent ouvertes après les 30. ans; & sur la contestation que lui fit le sieur de la Boissiere un de ses freres, à cause de la condamnation par contumace, il se constitua prisonnier le 4. Juin 1737. pour purger la contumace, sans préjudice néanmoins de tous ses moïens de fait & de droit. Par Arrêt du 5. Juin sur requête, & sur les conclusions de M. le Procureur Général, il fut renvoïé devant les Juges d'Amiens qui avoient rendu la Sentence de 1688. Ces Juges aïant reconnu que l'information n'étoit point signée du Greffier, il la déclarerent nulle par Sentence du 2. Juillet 1737. & en ordonnerent une nouvelle. Le sieur Dacheux interjette apel de cette nouvelle disposition. Son moïen étoit qu'au moment qu'il s'étoit représenté, les défauts & contumaces étoient anéantis, que la nullité de l'information emportoit l'anéantissement du décret; & qu'ainsi il ne subsistoit plus qu'une plainte rendue près de 50. ans auparavant, qui étant prescrite ne pouvoit donner lieu à une nouvelle information.

M. l'Avocat Général d'Aguesseau se rendit oposant à l'Arrêt du 5. Juin. Le moïen d'oposition fut qu'après les 30. ans le sieur Dacheux étoit non-recevable à purger la contumace, qu'il avoit prescrit contre la peine, & que la Sentence avoit prescrit également contre l'action qu'il avoit pour se représenter; de sorte que la mort civile étoit irrévocable.

Par Arrêt du 7. Septembre 1737. le sieur Dacheux fut déclaré non-recevable à purger la contumace & à proposer ses moïens de nullité.

Sur le même motif qui determina cet Arrêt, fut rendu un autre Arrêt le 6. Mars 1738. au profit du sieur de la Boissiere, par lequel le sieur Dacheux fut jugé non-recevable à recueillir les successions ouvertes depuis la prescription de 30. ans acquise.

On peut concilier la disposition de ces deux Arrêts & celle de l'Arrêt de 1664. raporté par M. Hevin, par la seule observation que la condamnation par contumace rendue contre les Dutail, n'avoit point été effigiée.

Par l'art. 28. du titre des défauts & contumaces, les cinq ans de la contumace ne commencent que du jour de l'exécution des jugemens de condamnation. Ainsi ce délai ne peut courir pendant que le jugement n'est pas effigié; & la prescription de 20. ans survenant avant que les cinq ans de la contumaces aïent commencé de courir, l'accusé n'a pas perdu un seul moment son état de citoïen. On ne peut donc pas l'en priver, lorsque le jugement non exécuté est éteint par la prescription.

Au contraire quand le jugement de contumace a été exécuté par effigie ou par tableau, la privation du droit de citoïen, & de tous les effets civils, a son exécution. Ainsi dans cette partie on ne peut pas douter que le jugement n'ait toujours subsisté, parce que la prescription contre un jugement n'a pu

D'ARGENTRÉ' AIT. Quæ sequentibus articulis sunt comprehensa explicatiùs quàm in veteri sunt tradita, tam ex ordinationibus Regum, addita quædam disertiùs, & illa cavillosa exceptio non numeratæ pecuniæ sublata, quod ante scripto libro suaseram, *art.* 280. *veteris*; & omnes probavêre.

NOTES.

courir pendant qu'il a eu son exécution. La peine capitale prononcée par le même jugement n'aïant point eu d'exécution par la fuite de l'accusé, il est évident que cette partie du jugement a été sujette à la prescription, sans que cette prescription ait pu s'étendre à la privation des effets civils & du droit de citoïen, laquelle a toujours eu une entiere exécution pendant que la prescription couroit contre la peine.

Ce raisonnement, qui a déterminé les Arrêts du Parlement de Paris, ne détruit pas entierement la difficulté. La privation des effets civils n'est que l'accessoire de la condamnation à une peine capitale. Or, comment peut-on faire subsister l'accessoire, pendant que le principal est éteint par la prescription? D'ailleurs la fin de non recevoir en matiere d'état, n'est reçue qu'en faveur de la personne; & il n'y a pas d'exemple que l'état d'un citoïen soit détruit par la seule voïe de la prescription. Contre l'objection fondée sur l'autorité de la chose jugée, on peut dire que, même après les cinq ans, la condamnation par contumace n'est irrévocable que pour les peines pecuniaires; & qu'il n'y a point de Loi qui la rende irrévocable après les 30. ans pour ce qui concerne les effets de la condamnation capitale. Ainsi en admettant que l'accusé a prescrit contre la peine à laquelle il étoit condamné, comment peut-on faire subsister la perte de son état que cette peine avoit produite?

Mais d'un autre côté, ne peut-on pas dire que la regle *tantum præscriptum quantum possessum*, doit avoir lieu en cette matiere à la rigueur. L'accusé a prescrit contre la peine que meritoit le crime. On ne peut pas le recevoir à se purger de l'accusation, parce qu'il ne peut pas, même par son consentement, lever l'obstacle de la prescription qui le met à couvert de la peine; & la justice n'aïant pas le pouvoir de le punir, elle n'a pas celui de l'absoudre. Dans cette impossibilité absolue d'aprofondir de nouveau le crime, & de juger si l'accusé est innocent ou coupable, on est reduit à laisser subsister les choses dans leur état actuel, sans pouvoir donner d'atteinte au jugement de condamnation dans la partie qui a eu son exécution, c'est-à-dire, dans la privation de tous les effets civils. L'accusé doit s'imputer de ne s'être pas représenté dans le tems que la justice auroit pu le condamner ou l'absoudre. Il est présumé coupable; & la même prescription qui le met à couvert de la peine, met la justice hors d'état de lui rendre les droits de citoïen qu'il a perdus.

ARTICLE CCLXXXIX

Quand aucun Seigneur a accoutumé lever & user d'aucuns subsides en sa Seigneurie, & qu'un ou plusieurs des demeurans & étans entre les metes dudit Seigneur & en sa Seigneurie, prétendent exemption desdits subsides, ils sont tenus de prouver le titre de leur exemption: ores qu'ils diroient qu'ils, ne leurs prédécesseurs ou auteurs, n'en auroient jamais païé aucune chose.

CONFERENCE.

Art. 294.

A. C. *Art.* 277.

T. A. C. *Ch.* 183. Quand ung gentilhomme, ou ung autre, baille ses terres ou ses avoirs à metaïries, s'il n'y a conditions apposées, l'en doit sçavoir comme les autres terres voisinaux ont accoûtumé à être traitées & gouvernées du seul & de la sorte, & comment les autres avoirs ont accoûtumé à être gouvernés ou païs; & en celle maniere les faire gouverner; & ou cas que les conditions ou sermens seroient contre bonnes mœurs, ne doivent tenir de droit, si débat en est entre parties. Car Justice ne se doit mêler, *vel* entremettre du droit d'autrui, ou cas qu'il ne chet en crime, si parties ne s'en débattent.

Chap. 254. Quand ung ou plusieurs s'apellent exempts, & ils sont entre les metes au Seigneur, & en sa seigneurie; & icelui Seigneur a accoûtumé à user des choses qui sont environ les lieux, comme dit est, ceux qui s'apellent exempts, sont tenus à prouver le titre, & par où, & comment ils sont francs & exempts; & ne leur suffit pas de dire ainsi, *nous & les nôtres n'en païâmes onques riens*; car assés tôt peut-être donné ou fait satisfaction en lieux rebons, *vel* repost.

Tenus à prouver. Nota quòd per unum solventem vel contribuentem retinetur possessio quoad omnes ejusdem conditionis, nisi allegat exceptionem : ut *in L. penult. cum satis inhumanum est cod. de agricolis & censitis & colonis*. V. *L.* 25. *placet vel certæ partis ff. quibus modis usufruct. vel usus amittitur, & in L.* 7. *cùm notissimi juris sit, cod. de prescriptione triginta vel quadraginta annorum.*

SOMMAIRE.

1. *Du guet.*
2. *& 13. Distinction entre la Seigneurie & les annéxes.*
3. *Dîmes ne se prescrivent que pour la quotité.*
4. *Nouvelles impositions prohibées sans la permission du Prince.*
   De la nature des Droits dont il s'agit dans cet article.
   Distinction entre les droits émanés de la souveraineté, & ceux qui résultent de la convention.
5. *Effets des aveus & inféodations.*
   Quelle régle on doit suivre quand il n'y a pas de titre ni de possession en matiere féodale.
6. *Des Droits substanciels, naturels & accidentels.*
   Prévention de du Moulin contre le rachat en ligne directe.
7. *Distinction entre la coûtume, la prescription & l'usurpation.*
8. *De la reconnoissance & de la présomption qui résulte du païement d'un Droit.*
9. *Sens du mot* subside.
10. *12. & 15. De l'usement de fief & n.6. Des fiefs solidaires & des fiefs chéans & levans.*
11. *Des droits extraordinaires.*
12. *Des Droits des Seigneurs dans les limites de son fief, & dans les terres vagues, gallois & communs. Explication*

NOTES.

V. Dunod, *p.* 379.

du mot Gallois.

13. *Ce qu'on entend par limites du fief. Des Seigneuries dont les parties sont separées.*

14. *Des biens donnés aux gens de main-morte. Du tems pour faire vuider les mains, & pour exiger l'indemnité.*

15. *De la présomption de liberté, & de la présomption qui résulte de la possession.*

16. & 17. *Possession de liberté inutile s'il n'y a pas dénégation ou titre.*

COMMENTAIRE.

Hevin. Conférence *art.* 294. infrà, Coût. d'Auxerre, *art.* 23. Coût. de Bourgogne, *tit. des mains-mortes* §. 4. Bouguier, *lettre* D. *Arrêt* 17.

1. Je tiens que le principal objet de cette disposition a été le Guet. (*a*)

2. *Et en sa Seigneurie.* Non in annexis, ut Vitré à Rennes, Fougeres à Rennes, Matignon à Rennes, &c. Vid. Argentr. *ad art.* 265. *vet. cap.* 10. *num.* 29. *col.* 1173. & *ad art.* 277. *verb. & en sa Seigneurie num.* 2. *col.* 1332.

3. Entre les choses qui ne se prescrivent par cessation de païement, il falloit mettre le Droit de dîmes dont la prescription ne court *à toto sed à quanto.*

4. D'Argentré' A. C. *Art.* 277. La matiere de cet article seroit ample par raport au Droit; car quoiqu'en aparence il paroisse oposé aux régles qui en sont le plus connuës, l'Auteur entreprend de montrer qu'il y est entiérement conforme. C'est une maxime dans le Roïaume que personne ne peut établir de nouveaux Droits sans la permission du Prince; mais ceux dont il est parlé ici sont *privati Juris*, & ne sont pas de la nature des Droits qui viennent de l'autorité souveraine; car ils ont leur cause déterminée aux dépendences du fief, dans lequel ils sont dûs d'une maniere uniforme. Tout ce qui dépend du Droit Roïal & Souverain, & ce qu'on apelloit *les Noblesses des Ducs*, sont des Droits imprescriptibles; & il en faut un titre, suivant l'art. 51. ci-dessus, & l'Ordonnance du Duc Pierre de 1451. A l'exception de cette sorte de Droits, cet article s'entend de ceux qui dérivent des contrats & conventions, par les ventes, échanges, partages, assiettes de dot, & inféodations. Car comme cela tombe en commerce, les mots, *ont accoutumé*, qui suposent possession & prescription, ou d'anciennes conventions présumées, y peuvent avoir aplication; au lieu qu'ils ne l'ont pas aux autres Droits qui ne peuvent être prescrits. Il faut d'abord recourir aux contrats & aux inféodations, qui font la régle de la quantité & de la maniere des prestations. S'il y a un titre, il doit déterminer la possession; au lieu que quand il n'y en a point, c'est la possession qui fait la régle: car elle fait présumer le titre.

5. Au surplus les inféodations ont un tel effet, qu'elles peuvent changer ou altérer les Droits naturels du fief. Si l'on n'a ni titre ni preuve suffisante de possession, il faut recourir aux coûtumes, qui fixent la nature des fiefs dans leur distroit; vû que, faute d'autre preuve, la concession est censée faire selon la Coûtume.

6. Comme dans les contrats il y a les choses substancielles, les naturelles,

NOTES.

(*a*) V. *art.* 292. *n.* 3.

& les accidentelles, il en est de même dans les fiefs & inféodations. Les choses substancielles sont immuables: car si on les ôtoit, les contrats cesseroient d'etre conformes à leur titre, & dégénéreroient en d'autres conventions. De cette nature sont, dans la concession des fiefs, la translation du domaine utile, & la retention du direct. Sans cela ce n'est plus une concession de fief, mais un tout autre contrat, comme la vente doit être avec un prix, & le loüage avec un loïer.

Les choses naturelles sont celles que la coûtume de chaque lieu attache & impose aux fiefs, comme l'hommage, le Chambellenage, & les autres Droits qui en Bretagne sont dûs par la condition & la nature des fiefs liges; de sorte qu'il n'est pas besoin qu'il en soit fait aucune expression dans les inféodations: mais ils différent des Droits substanciels, en ce qu'ils peuvent être changés par les conventions, sans altérer le titre de fief. Il sembleroit dabord que l'hommage seroit de la substance; mais comme ce n'est qu'une maniere de reconnoître le Seigneur, dont la dépendance est substantielle, la convention peut ôter cette cerémonie; & delà vient qu'il y a des fiefs qui ne doivent point l'hommage. Il en est de même des lods & ventes, qui sont des Droits naturels, & qui peuvent être ôtés par convention. On a déja remarqué, sur l'art. 281. que les Droits naturels ne se perdent point par le simple non usage, & qu'il faut que la possession de n'en point païer soit précédée de dénégation formelle.

Les Droits accidentels sont tous les Droits particuliers, qui ne sont point imposés par la Coûtume, & qui dépendent de la convention des parties. Dans les Droits substanciels & naturels, le demandeur a toujours son intention fondée. Il n'a point besoin d'une preuve qu'il trouve dans la Loi & dans la Coûtume, au moment que la qualité de Seigneur & de Vassal est établie; mais il n'en est pas de même des Droits accidentels: car, à cet égard, le Seigneur est dans le cas de tout autre demandeur *cui incumbit probatio*; mais, faute de titre, la Coûtume y pourvoit ici par la possession, qui véritablement n'établit pas de nouveaux Droits, mais les fait présumer par la continuation d'une possession uniforme.

Aucun Seigneur. On entend ce mot par raport au fief & aux Droits qui sont dûs pour cause immédiate de fief. Il faut donc prouver la qualité de Seigneur, & ensuite prouver les Droits accidentels par titre ou par possession. Il y a des Seigneurs qui prétendent des Droits sur les vassaux d'autrui; mais ceux-là ne se peuvent aider de la disposition de cet article.

A accoutumé. On repete encore ici, que cela ne regarde point les Droits (*b*) naturels ou substanciels, mais les accidentels qui demandent d'être prouvés; au lieu que celui qui prétend être exempt des autres, doit prouver son exemption. Ici notre Auteur n'est pas d'accord avec du Moulin, qu'il dit avoir

NOTES.

(*b*) Ici l'Auteur met le rachat au nombre des droits naturels, contre ce qu'il a dit en plusieurs endroits de son ouvrage, & principalement sur l'art. 76. de l'A. C. 67. de la Nouvelle.

marqué que les Seigneurs féodaux prétendant que des fiefs relevent d'eux par la Coûtume du Vexin, ils sont obligés de le prouver clairement par la premiere inféodation, parce que l'usage du Vexin est contre le Droit général de la Coûtume de Paris La différence de cet usage est que le relief ou rachat est dû même en ligne directe, ce que du Moulin prétend être l'invention de quelqu'homme sordide ou avare; au lieu que dans tout le reste du territoire de la Coûtume de Paris, il n'est dû qu'en collatérale & autres cas. L'Auteur dit que, si du Moulin avoit fait attention à notre Coûtume, qui exige le rachat même en ligne directe, il n'auroit pas trouvé cela si extraordinaire: car quoique ces sortes de Droits soient *præter consuetudinem*, ils ne sont pas contre le Droit, ni même contre la Coûtume, qui ne retranche, ou n'accorde des Droits de certaine qualité, qu'autant qu'il n'y a point de convention au contraire prouvée ou présumée par la possession; de sorte, dit-il, que du Moulin a tort d'avoir prétendu, dans le cas qu'il propose, que les Seigneurs soient obligés de prouver par l'inféodation seulement. * Dupineau remarque que du Moulin n'a point dit cela, & il raporte ses termes, où après avoir parlé de la premiere inféodation, il ajoute, *vel non apparente primâ investiturâ, tam per renovationes investiturarum quàm per testes.* Quant à ce que du Moulin a dit, & que d'Argentré lui impute pareillement, que dans le même cas qui regarde la Coûtume exorbitante du Vexin, la possession où est le Seigneur, ne le décharge pas de la preuve de son Droit, Dupineau l'excuse pareillement, en ce qu'il ne parle que de la quasi possession. Mais on doute qu'il soit bien excusé, en ce qu'il dit qu'elle ne peut lui servir au possessoire, mais au pétitoire, puisque le possessoire ne demande pas de si fortes preuves. Voici cependant quel est le dénouement de cette difficulté, que Dupineau n'a pour ainsi dire touché ni de près ni de loin. Du Moulin demande si le Seigneur peut prétendre un Droit extraordinaire, sous prétexte qu'il en use dans les autres parties de son fief. Cette question est à peu près celle que décide notre article. Il a dit qu'en ce cas ce n'étoit pas assez, & qu'il faut prouver spécifiquement contre celui que l'on veut assujettir au même Droit, & qui conteste l'avoir païé lui ou ses auteurs. Notre article décide qu'en ce cas le vassal doit prouver son titre d'exemption; d'où il s'ensuit que le Seigneur est relevé de preuve; au lieu que suivant du Moulin, la preuve incombe au Seigneur. Il semble que dans les choses qui sont de Droit positif, on ne doit combattre ni la disposition particuliére, ni le sentiment d'un Auteur qui travaille sur une autre Coûtume, laquelle ne s'est pas expliquée de la même sorte. Il est à propos de remarquer, à cet égard, que du Moulin étoit si fort prévenu contre le rachat en ligne directe, qu'il accuse d'inadvertance les Réformateurs de la Coûtume de Sens, qui ont laissé glisser une pareille disposition.]

7. L'Auteur, sur le même mot *accoutumé*, explique ici la différence de la Coûtume, de la prescription & de l'usurpation. La Coûtume résulte du consentement de tout le peuple; la prescription est la possession particuliére d'un chacun: la troisiéme est l'exercice pendant un certain tems, qu'il ne faut pas confondre avec la prescription. L'Auteur y aplique, pour l'intelligence du mot *accoutumé*, le cas du partage avantageux; & il explique l'art. 546. de

l'A. C. qui parle de ceux qui aux tems passés se sont eux & leurs prédécesseurs gouvernés noblement. Il dit là-dessus que plusieurs, ausquels on demandoit de quel tems & de quel usage on entendoit ces mots *aux tems passés*, répondoient simplement que cela s'entendoit de 60. ans. Il dit avoir répondu que ceux-là se trompoient, & tomboient dans un paralogisme, en confondant la Coûtume avec la prescription; car il ne s'agissoit pas dans cet article d'acquerir le droit de partage avantageux par la prescription, mais de la preuve que chaque famille en avoit usé au tems de la Coûtume réformée. L'Assise du Comte Geffroy ne l'établissoit que pour les Barons & les Chevaliers; mais la Très-Ancienne Coûtume survint, qui rendoit un Droit aprochant communicable aux autres Nobles, s'ils en vouloient user. Il ne s'agissoit donc pas du tems légitime pour la prescription, afin d'acquerir un Droit, mais d'examiner si ce Droit, une fois formé par la Coûtume, avoit été reçu dans les familles particuliéres; de sorte qu'il étoit uniquement question de sçavoir, si l'on en avoit usé *repetitis actibus*, dont la quantité & l'uniformité étoit suffisante, sans que l'on fût obligé de prouver un laps de tems considérable; de sorte que *per usurpationem bini actûs*, l'acceptation d'un Droit, dont il étoit permis d'user, étoit suffisante.

8. L'Auteur revient à la matiére de l'article, & il dit que le païement d'un Droit renferme implicitement la reconnoissance, pourvû qu'il soit païé comme Droit; car si c'est comme une chose purement volontaire, cela n'emporte point de reconnoissance d'obligation. Il aporte pour exemple le long usage d'aller moudre au moulin, ou cuire au four dont on ne releve pas, cela n'emporte jamais d'obligation.

En finissant il observe que la présomption résultante du service ou du païement, n'est pas si absolue, qu'on ne soit recevable à prouver le contraire; soit dans le fait de la prestation, soit dans la cause.

9. *Lever & user d'aucuns subsides.* Ce mot est tout latin, mais il n'est pas ici dans son propre sens. L'usage l'a apliqué à toutes redevances, *sive pecuniæ, sive obsequiorum & operarum*, pourvû que ce soit une même forme de les exiger, & que cela soit fixe; en quoi l'Auteur condamne ce qu'on apelle *taillable à volonté*: car la présomption des Loix ne doit jamais s'apliquer à ce qui est incertain & indéfini *in forma erogationis*.

10. *En sa Seigneurie.* Comme cet article paroît contre les régles du Droit, il faut présuposer ici pour premiere régle, que ce doit être un Droit universel sur tout le fief & seulement dans le fief; car aucun Seigneur ne peut avoir l'intention fondée au dehors. En un mot, ce que l'on dit d'ordinaire, *tel est l'usement du fief*, a ici sa juste aplication. Le fait personnel de quelques vassaux ne suffiroit pas. De la généralité, il s'ensuit que les parties du fief sont sujettes au Droit, qui aprés avoir été imprimé généralement, par l'uniformité des prestations, fait contre les autres, *non ut diversos, sed ut ejusdem corporis partes*. Delà viennent les fiefs que nous apellons *revanchables, égaillables, chéans & levans*, parce que tous sont détenteurs sous une même Loi & condition de fief. Or le Droit & la maniére d'en user se trouvant une fois établis, parce qu'on apelle *l'usement de fief*, il se conserve par l'exercice qui s'en fait sur les parties du même fief; & delà vient que l'allégation de pos-

session de liberté ne suffit pas, suivant notre texte, parce qu'il faut prouver l'exemption positive. L'Auteur entre ici en une distinction de la possession du Seigneur, qui ne viendroit que par des exercices particuliers qu'il auroit faits par raport à quelques vassaux, quand même ils se trouveroient faire le plus grand nombre de ceux qui composent le fief. * Mais il est difficile de l'accommoder avec notre texte, à moins, ce qui est aussi bien difficile, qu'il parût que ce qu'on exige de quelques-uns vienne d'introduction particuliére sur chacun, afin que l'on puisse dire alors *tantum præscriptum quantum possessum.*] C'est ici au surplus une nouvelle discussion du sentiment de du Moulin touchant les Droits exorbitans, & on en a parlé ci-dessus.

Un ou plusieurs. Il résulte de notre texte que, quand l'usement du fief paroît une fois, le grand nombre de ceux qui voudroient le contester n'opéreroit rien, parce qu'il faudroit alors dénégation suivie de possession; & comme *particularium præstatio in Jure singulari non valet ad subjiciendos alios vassallos aut feuda eorum*, de même la simple dénégation des particuliers ne prive point le Seigneur de sa possession dans le Droit universel qu'il a sur tout le fief.

11. *Des demeurans.* On pouvoit ajouter (c) *& teneurs*; quoiqu'en quelques endroits le simple domicile assujettisse à des redevances au Seigneur. * L'exemple que l'Auteur donne du Droit de levage dû en quelques Seigneuries pour certains meubles qu'on y transporte, est bien particulier; au lieu qu'il auroit été plus à propos d'aporter l'exemple des obligations ausquelles, sous plusieurs Seigneuries, les nouveaux mariés sont assujettis, à peine d'amende, quoiqu'ils ne soient pas propriétaires de biens sous la Seigneurie.] Si du Moulin, dit l'Auteur, avoit entendu parler de pareils Droits, *fulguraßet, tonaßet, esse hanc tyrannidem, exactionem & gravamina per metum olim extorta*; mais de l'antiquité de pareils Droits on présume qu'ils ont eu des causes que nous ignorons aujourd'hui.

12. *Entre les metes de la Seigneurie.* On a remarqué, dans les précédentes sections, qu'il n'y a que les Droits naturels de fief, pour lesquels l'intention du Seigneur soit généralement fondée, & qu'il n'en est pas de même des Droits accidentels. Cependant quand l'usement de fief est établi, le Seigneur a son intention également fondée. On rejette ici l'opinion des Auteurs, qui disent que le Seigneur peut être fondé dans la Jurisdiction ou dans le fief, abstraction faite du domaine direct qu'il ne peut pas avoir; car comme en Bretagne il n'y a point de franc aleu, tous les Droits féodaux y ont lieu, & sont censés dûs à cause de la féodalité; ce qui fonde le Seigneur dans toutes les limites de son fief, (d) & par conséquent dans la propriété des terres incultes, vagues & abandonnées qui sont renfermées dans ces limites, c'est ce que nous apellons *Gallois*, c'est-à-dire, terres vagues entre les champs des

NOTES.

(c)] Hevin, [*Quest. Féod. pag.* 280. & 285.

(d) „ Tout ce qui est, au-dedans des terres du Prince ou autre Seigneur temporel, „ est censé être de sa Jurisdiction, sinon que „ le contraire fût verifié. " Masuer, *titre* 6. *nombre* 6. V. aussi *n.* 33.

particuliers. Elles sont regardées comme propres au Seigneur de fief, quoique les vassaux soient quelquefois dans l'usage d'y communer, & que ce Droit soit même souvent emploïé dans les aveus. (e)

13. *Et en sa Seigneurie.* Les limites du fief doivent être déterminées & d'un contenant; de sorte qu'il n'y ait rien d'intermédiaire ou qui separe: ou du moins il faut que la féodalité soit certaine, parce qu'en ce cas il ne restera plus à prouver que l'usement de fief. Mais si une Seigneurie est composée de parties distinctes & distantes qui sont présumées s'être formées par annéxes, il n'y auroit alors d'usement de fief, que par raport à chaque partie. On donne ici l'exemple des dénominations de Fougeres à Rennes, Vitré à Rennes, Matignon à Rennes. Ce sont certainement des adjonctions & des annéxes exclusives de l'idée des mêmes inféodations. (f)

14. Il arrive quelquefois que certaines parties de fiefs & d'héritages sont données à l'Eglise, ce qui les énerve du fief; car quoique les Seigneurs soient en droit d'empêcher les gens de main-morte de s'accroître dans leur fief, s'ils ne le font pas, ils n'y sont plus recevables après 40. ans. * Comme l'Ancienne Coûtume ne déterminoit rien, pour le tems auquel le Seigneur pouvoit obliger les gens de main-morte de vuider leurs mains, il ne faut pas être surpris si l'Auteur porte la chose à 40. ans; mais la Nouvelle Coûtume, art. 368. la fixe à 30. ans, après lesquels le Seigneur ne peut plus prétendre que l'indemnité. L'Auteur établit ici qu'après 40. ans, le fief est censé indemnisé; mais c'est la matiére d'une grande controverse, qui résulte de la diversité des Arrêts, dont quelques-uns jugent que, comme tout se prescrit par 40. ans, il se fait un complément de 10. ans à la prescription de la faculté de faire vuider les mains. D'autres jugent que le Droit d'indemnité est imprescriptible, ou du moins qu'on ne peut présumer le païement de l'indemnité que par la possession immémoriale. Quoiqu'en dise Sauvageau, la premiere opinion est la mieux fondée; & cela résulteroit de son sentiment même; mais cela n'est pas de ce lieu. Il en sera parlé sur l'art. 368. ci-après; & comme on a déja remarqué en plusieurs occasions que l'Auteur raporte à ce titre une infinité de matiéres, qui sont celles d'articles particuliers en d'autres titres, on juge de plus en plus par là, que le traité des appropriemens n'étoit pas dabord fait pour être une partie d'un Commentaire sur la Coûtume; mais pour composer un Traité, dans lequel, suivant l'usage de plusieurs autres Auteurs, on faisoit venir de près ou de loin toutes sortes de matiéres.]

Ils sont tenus de prouver le titre de leur exemption. Le mot d'*exemption* est impropre ici; car l'exemption supose la préexistence du Droit; au lieu que c'est plutôt prouver la non subjection, ou la liberté.

NOTES.

(e) V. Hevin, *Quest. Feod. p.* 178. & 193. & l'Ordonnance des Eaux & Forêts, *tit.* 25. *art.* 4. & 5.

M. Hevin dans sa dissertation sur le ferme droit qui est la 68. Consultation donne *pag.* 389. une autre explication du mot *galois*: qu'il entend de la reversion du fief servant par deshérence, bâtardise ou autre voïe. Mais il avoüe en même tems que l'opinion commune aplique ce mot aux landes & autres terres steriles.

(f) Hevin, *Quest. Féod. pag.* 130.

15. Plusieurs

15. Plusieurs régles générales sembloient s'oposer à cette disposition; car de droit la liberté est présumée, quand il n'y a point de preuve du contraire. C'est également une régle que l'état dans lequel la personne où la chose se trouve fait une présomption. Or le vassal, qu'on ne prouve point avoir païé, est en possession de liberté; & il doit y être maintenu *pendente lite*. On opose aussi la régle *tantum præscriptum quantum possessum*; & il ne se fait point d'extension *de personâ ad personam*. Enfin, on n'est point obligé de prouver une négative; ainsi le droit du demandeur n'étant pas prouvé, le défendeur ne peut être obligé de prouver son exemption. Mais il y a à tout cela une seule réponse; car la continuation de prestations pour causes uniformes opére une présomption; & le Seigneur étant alors fondé dans la disposition de la Loi, il a son intention généralement fondée sur tous ses vassaux. Les servitudes ne sont pas *contra Jus*, *sed præter Jus*; aussi quoiqu'elles soient contraires au Droit naturel, elles ont été établies par le Droit des gens & par le Droit Civil. Or, quand un Droit paroît établi par l'usement de fief, ce n'est point par extension qu'on le prétend vers ceux qui suposent ne l'avoir point païé; c'est l'exercice d'un Droit général.

16. *Le titre de leur exemption.* C'est-à-dire, la concession de liberté par le privilege que le Seigneur a accordé. Il faudroit aporter le titre, puisque l'allégation de possession seroit inutile. Mais comme la dénégation formelle, suivie de possession, opére la prescription, il ne seroit pas besoin, en ce cas, d'aporter le titre de concession de liberté. Il en est de même, si le vassal avoit fournides aveus, négatifs ou exclusifs du droit, qui n'eussent pas été impunis dans les trente ans.

Ores qu'ils diroient qu'ils ni leurs prédécesseurs. Les notes que l'on fait ici ne fournissent rien d'instructif: on marque seulement que, si le païement allégué des droits est prouvé par une détermination particuliere, ce qui a suivi quoiqu'indéterminé suit la premiere détermination; de sorte que le défendeur, en ce cas, doit prouver des causes diverses qui empêchent cette uniformité sur laquelle on fonde le droit. On ajoûte que par *prédécesseurs* on attend les singuliers & les universels indifféremment.

17. ARREST. Les vassaux, demeurant sous la censive de Saint Renan, prétendoient être exempts des lods & ventes; en vertu de privilege special accordé par les Ducs de Bretagne. Un particulier étant poursuivi pour les lods d'un acquêt, il excepte & allégue son privilege. On lui demande communication du titre, il répond que la possession est immémoriale, & demande à être reçu à en informer, tant par actes que par témoins; ce qui est ainsi ordonné par le Juge. Apel: la Cour met l'apellation & ce, en ce qu'il auroit été permis d'en informer par témoins, le 8. Septembre 1609. Prononçant M. le Président Fouquet.

Belordeau, (g) qui cite cet Arrêt, le date du 6. Septembre audit an.

NOTES.

(g) *lettre E contr.* 72.

ARTICLE CCXC.

Et à faute de prouver leur titre d'exemption, le Seigneur en pourra user comme sur les autres hommes, ès lieux circonvoisins, nonobstant longue tenue.

CONFEEENCE.

A. C. *Art.* 277.

T. A. C. *Ch.* 254. Et pour ce doivent-ils montrer ou prouver le titre; ou le Seigneur en peut user comme des autres, nonobstant longue tenuë; & aussi ne doivent les Seigneurs joüir de nulle liberté sur leurs hommes, s'ils n'en ont accoutumé à user eux ou leurs prédécesseurs, si n'est des choses dont il est dit ailleurs.

Nonobstant longue tenue. V. *L.* 1. *ff. de itinere actuque privato*, & *in L. infrà cod. de servitutibus & aquaduct.* ubi dicitur quòd præscriptio usus non currit, nisi tanto tempore cujus memoria in contrarium non existat.

SOMMAIRE.

1. *Imprescriptibilité établie par les mots* nonobstant longue tenue. *Tout ce qui est prescriptible se prescrit par* 40. *ans. Legs prescrits par* 40. *ans sans publication du testament.* Idem *des lods & ventes sans exhibition.*
2. Art. 78. *Exécution pour les droits féodaux dont le Seigneur est en possession des trois dernieres années, quelle possession peut servir pour le pétitoire des droits.*
3. *Quand l'usage des lieux voisins sert de régle.*
4. *Effet de la prescription du jour de la dénégation.*

COMMENTAIRE.

1. HEVIN. *Nonobstant longue tenue.* La Coûtume use de ces termes dans cet article, dans les art. 294. 336. 380. & 393. D'Argentré sur l'art. 271. *vet. in verb. quarante ans n.* 2. remarque très-bien: « Quidquid effugit » præscriptionem quadragenariam, imprescriptibile est. Quidquid præscriptibile est huic succumbit. Itaque quotiescumque consuetudo rem imprascriptibilem vult reddere, quod aliquoties facit, & locos alibi notavimus, » his verbis utitur *nonobstant longue tenue*; quo verbo suam quadragenariam indicat, quâ longiorem nullam agnoscit; ce qu'il touche aussi sur l'art. 273. *columm.* 1293. *in verb. a son action à toujours.* Et sur l'art. 277. *in verb. nonobstant longue tenue, columm.* 1338. sur l'art. 317. *in verb. nonobstant longue tenue, columm.* 1436. sur l'art. 358. *col.* 1541. & sur l'art. 373. *col.* 1556. C'est pour cette raison que la Nouvelle Coûtume dans l'art. 282. a ôté ces termes qui étoient dans l'art. 275. de l'Ancienne; & dans l'art. 285. de la Nouvelle, elle a pareillement ôté les mêmes termes qui étoient dans l'art. 273. de sorte qu'aujourd'hui les légats se prescrivent par 40. ans, quoiqu'il n'y ait pas eu de publication

ou vérification de testament. Car puisqu'elle a rendu l'action pour le légat prescriptible, en ôtant les termes *nonobstant longue tenue*, il est indubitable que l'action est demeurée prescriptible par 40. ans; & par la même raison les lods & ventes se prescrivent par 40. ans quoique le contrat n'eût point été exhibé; c'est ainsi que l'art. 281. ci-dessus s'entend.

2. D'Argentré A. C. *Art.* 277. *Le Seigneur en pourra user.* Même par voïe d'exécution, pourvû que le Seigneur soit en possession par les païemens faits dans les 3. ans derniers, suivant l'art. 78. sinon il faudroit qu'il viendroit par action. On demande ici si les dix ans de possession peuvent servir pour la décision du petitoire; & l'Auteur le décide ainsi, en mettant la différence des simples prestations annuelles à cause du fief & du domaine même des choses, à l'égard duquel il faut une possession suffisante pour la prescription. Car ausurplus quant au possessoire, le païement dans les trois dernieres années constitue le Seigneur dans la possession, même l'une des 3. dernieres années.

3. *Es lieux circonvoisins.* Cela s'entend de ceux du même territoire de fief; car ce qui se fait dans le simple voisinage d'un lieu étranger n'opére rien; & l'on en revient à la régle que les faits particuliers n'emportent point de conséquence pour la généralité. Mais si le droit au fond n'étoit pas disputé, & qu'il ne fût question que de la maniere de le percevoir, on pourroit déterminer la chose par l'usage des lieux voisins.

4. *Nonobstant longue tenue.* On répete encore ici que cela n'exclut pas la prescription, *à die denegati juris*, par 40. ans, ou par 30. ans par le défaut d'impunissement d'un aveu négatif qui opére une espéce de titre.

ARTICLE CCXCI.

Tout tort fait où échet amende civile au Seigneur, est éteint par an & jour, s'il n'est poursuivi : & n'est par [a] laps de tems d'an & jour tollu l'interêt civil de la partie offensée.

CONFERENCE.

Art. 288. & 219.

A. C. *Art.* 278. [a] Ledit.

T. A. C. *Ch.* 53. Tortfait peut être fait par dit ou par fait, ou par l'ung ou par l'autre, sur le réel & sur le personnel, ou sur l'ung, ou sur l'autre, d'une partie & d'autre ou d'un, ou de plusieurs; & en peut l'action procéder envers ung, ou envers plusieurs; & si ung est condamné à l'amender, par celle condamnation les autres qui auroient été participans, conseillans ou aidans, ne seroient, ne ne devroient être quittes, si celui ou autre ne se obligeoit à faire l'amende pour chacun ou pour aucun qui cher en amende pecunielle civile, ou par meuble, ou par terre, dont ne devroient être quittes que cil ou ceux qui seroient par obligation conjoints, & par laquelle obligation satisfaction fût faite à Cour & à partie, & autrement ne devroient être quittes.

Envers ung. L. 1. *Cod. de condictione furtivâ.*

Etre quittes. Idem infrà *cap.* 328. in delictis unus alium non liberat, *L. si*

CONFERENCE.

quis id quod ff. de Jurisdictione omnium Judic. & L. item Mella scribit ff. a.. Legem aquiliam.

Chap. 56. Toute amende qui est sourannée doit être pardonnée ou perduë, si elle n'est conditionnée ou repitée; & encore ne doit durer le repit que une année, si elle n'est repitée d'année en année, ou si elle n'est conditionnée; & aussi de torfait qui ne seroit poursfeu en l'année, il est éteint par la Coûtume.

Sourannée doit. Nota que aucuns veulent dire que les taux, pour être sourannés, ne sont pas perdus; & allegant *L. comperit cum ibi notatis, Cod. de præscript. 30. vel 40. ann.* quod non credo verum in v. q.

Ou repitée. Quia ad augmentationem delicti sequitur augmentatio pœnæ, *L. quanquam Cod. de servis fugitivis. Respitée* aliàs *repetée*; & intelligunt aliqui quando fuit repetita per citationem vel libellum, quia tunc solum interrumpitur. Secùs si lis contestetur, quia tunc perpetuatur, ut *in glossâ Legis sicut in rem Cod. de præscriptione triginta vel quadraginta annorum.*

Païs du franc 184.

SOMMAIRE.

1. & 4. *Critique & explication de l'article.*
2. *De la prescription des amendes; & si elles s'arréragent.*
   Des dommages & interêts.
3. *De la prescription de la confiscation de meubles.*
5. *Différence de cet article & de l'art.* 288.
6. *Des délits successifs ou par actes réitérés.*
7. *De l'action persécutoire.*

COMMENTAIRE.

HEVIN. V. Molin. *in Consuetud. Paris.* §. 62. *num.* 14. & Loüet *lett. A. num.* 8. Mornac *ad* §. *semel L. si duo ff. de receptis qui arbitr.*

1. Hunc textum malè conceptum fuisse Argentræus intendit probare *ad art.* 278. *vet.* quem retinuerunt Reformatores; quod rectùm factum esse fatetur silentio suo in Aitiologiâ.

Torfait ne se prend pas ici pour délit ou crime, (mais pro quolibet facto aut non facto, unde damnum aliquod oritur. Aussi cet article n'est pas mis sous le titre des crimes & amendes, ni joint à l'art. 288. ci-dessus. Confer. art. 219. suprà.

2. *Amende.* Par l'Ordonnance des Eaux & Forêts, *titre dernier art.* 25. l'amende ne se prescrit que par dix ans.

Belordeau, *liv.* 1. *de ses controverses chap.* 47. *& liv.* 1. *ch,* 34. raporte un Arrêt qui est dans du Fail, *liv.* 1. *ch.* 436. & ajoûte un autre Arrêt de 1609. par lesquels les amendes ont été multipliées & arréragées. Mais c'est une amende pour cens non païé qui se prescrit par an & jour; & on ne condamne qu'à la derniere. Les Auteurs tirent mal en argument les dommages & interêts liquidés, ou certaine peine, dont parlent Loüet & Brodeau, *lett*

A. n. 8. *&* P. *n.* 3. & M. le Prestre, *cent.* 4. *ch.* 16. pœna certa pro interesse incerto; quia utilius est certi quàm incerti agere. *(a)*

3. *S'il n'est poursuivi.* Idem pour la confiscation des meubles, *art.* 638. *infrà.*

4. D'Argentre' A. C. *Art.* 278. *Tout tort fait.* Cela s'entend du délit peu grave résultant de quelque faute punissable de simple peine pécuniaire; ce qui est différent de ce qu'on apelle *crime.* On pouvoit autrefois comprendre sous ce cas ce qu'on apelloit *privata delicta*, dont la poursuite n'apartenoit qu'aux particuliers. Mais de tous les délits il y a deux poursuites, l'une pénale, l'autre *rei persecutoria*; ce qui est une pure répétition de ce qui a été déja dit.

5. *Où il échet amende civile.* Ce cas est distingué de ce qui fait la matiere de l'art. 288. qui regarde la poursuite de tous crimes & de toutes actions pénales; aulieu qu'ici il s'agit de cas qui n'emportent qu'une peine pécuniaire. Par amende civile on entend pécuniaire. Il faut donc, pour juger des prescriptions en matiere de délits, connoître la qualité de la peine qui y incombe; & c'est ce que l'Auteur trouve difficile. Car les peines introduites par le Droit Civil sont entiérement abolies par l'usage; & il faudroit que le cas fût prouvé, pour juger de la peine par les circonstances. C'est ausurplus ici un discours général sur l'excès de rigueur ou d'indulgence des Juges, qui ne doivent pas être maîtres de modérer les peines, ou de les porter trop loin.

Au Seigneur. A la jurisdiction duquel la connoissance apartient.

6. *Est éteint par an & jour.* On exagere encore ici le premier mot, qui, après le tems expiré sans poursuite, fait considerer le cas comme non avenu. On demande si cette disposition a lieu dans les délits successifs, c'est-à-dire si y aïant des actes réirerés, les premiers, qui précédent le tems marqué par la disposition, sont éteints quoique les autres subsistent. L'Auteur prouve, par des exemples en autre cas, qu'il ne court point de prescription.

Ces exemples paroissent tirés d'un peu loin, lorsqu'il dit que quoiqu'il y ait un tems prescrit par les apellations, il y a toujours lieu d'apel pendant que le grief continue & qu'il est successif, par exemple à l'égard de celui qui est *in vinculis.*

S'il n'est poursuivi. Il en a été parlé au chapitre des interruptions.

7. *Et n'est par ledit tems tollu l'interêt civil de la partie.* Cela regarde ce qu'on a déja qualifié tant de fois d'action persecutoire; & comme le terme d'un an a paru trop court à cet égard, il faut en revenir à la prescription de 5. ans. On dit ici que la poursuite du Procureur d'office pour l'action pénale n'interromperoit pas pour l'action persecutoire, suivant la régle que toute interruption ne sert qu'à celui qui agit. * Mais cette proposition est sujette à bien des distinctions suivant les circonstances.]

NOTES.

(*a*) V. le commentaire sur l'art. 219.

ARTICLE CCXCII.

ᵃ Action d'endommagement de bêtes, païement de foüages, tailles, impôts, billots, *& autres deniers d'octroi*, *taux*, guets, *aides* ; & défaut d'avoir moulu à Moulin, *impositions extraordinaires*, *salaires*, *gages & loïers de serviteurs*, *de marchandises baillées en détail à autres que Marchands de semblable marchandise* [b] *seront prescrites par* an & jour [c] *à compter du jour que l'action compete* : *s'il n'y a cédule*, *ou obligation par écrit*, *ou interruption.*

SOMMAIRE.

1. *Du droit de Guet.*
2. *Des Medecins, Chirurgiens & Apothicaires.*
3. *Nourriture & instruction d'enfans.*
4. *Des domestiques.*
5. *Des marchands & ouvriers.*
6. *Des boulangers, &c.*
7. *Inutilité de la continuation de fourniture ou d'ouvrage. Comment la prescription s'interrompt en cette matiére.*
8. *Serment peut être déferé au débiteur, aux héritiers, veuves & tuteurs.*

CONFERENCE.

Art. 387.

A' C. *Art.* 279. a Toute. b Sont tollus par laps d' c s'il n'y a eu poursuite.

1. Ord. *Art.* 682. Item est déclaré & ordonné par le Duc, pour lui & ses sujets, que ce qui a été levé par maniere d'ascensage ou ferme de guet, ne pourra être trait à conséquence, attribué à rente, à dû, ne à possession de rente. Et n'est du guet, ne assence de guet, si la place n'est en bon & dû état.

Endommagement de bêtes. Metz, *T.* 12. 13. Etampes 179. Orleans 151. 159. Normandie 531.

V. l'art. 636 ci-après

Païement de fouages. Bourbonnois 16.

2. Medecins, Chirurgiens, Apothicaires (*a*) un an. Calais 215. Cambray, *T.* 17. 7. Rheims 394. Sedan 315. 316. Clermont en Argonne, *T.* 14. 11. Paris 125. Monfort 186. Mante 187. Troyes 201. Vitry 148. Chaumont 120. Meaux 64.

NOTES.

V. du Plessis, *des prescript. liv.* 2. *ch.* 1. *sect.* 2. & les autres Commentateurs de la Coûtume de Paris sur les art. 125. 126. & 127. Chapel, *ch.* 316. Loisel, *liv.* 5. *tit.* 3. *art.* 2. *&* 3.

„ Corvées & tailles, guets, gardes & quêtes n'ont point de suite, ne tombent en arrérages, & ne peuvent être venduës, ni transportées à autrui, " Loisel, *liv.* 6. *tit.* 6. *art.* 10.

Foüages. V. Ragueau & de Lauriere sur ce mot.

La prescripion annale du foüage s'interrompt par le procès sur la contestation du débiteur, suivant la disposition finale de l'article. Belordeau, *lettre C. contr.* 109.

Gages. V. Devolant, *lettre G. ch.* 1. Sauvageau, *liv.* 3. *ch.* 132.

Marchands. Frain, *Plaid.* 57.

(*a*) V. Belord. *lettr. A contr.* 68. *&* 70.

CONFERENCE.

Châteauneuf en Thimerais 97. Chartres 82. Dreux 70. Bourbonnois 13 Maine 503. Anjou 508.

Salaires. Calais 217. Cambray, *T.* 17. 7. Mets, *T.* 14. 10. Evêché de Mets, *T.* 16. 9. 10. Sedan 315. 316. Clermont en Argonne, *T.* 14. 9. 10. 11. Bar 114. Saint Mihel, *T.* 10. 13. 14. Gorze, *T.* 14. 45. 46. 47. Baffigny 100. Marsal 85. Provence *p.* 1223. Paris 127. Montfort 186. Mante 187. Troyes 200. 201. Vitry 147. Chaumont 119. Meaux 64. Sens 255. Auxerre 139. Châteauneuf en Thimerais 97. Chartres 82. Dreux 70. Orleans 264. 266. Montargis, *T.* 17. 2. Normandie 533. Maine 503. Anjou 508. Tours 211. Lodunois, *T.* 20. 8. Bearn *de prescriptions* 8. 9. 10. Clermont locale d'Auvergne 2. 3. *Nourriture & instructions d'enfans.* Orleans 265.

Marchandises baillées en détail. Calais 216. 217. Cambray, *T.* 17. 7. Mets, *T.* 14. 10. Evêché de Mets, *T.* 16. 8. 10. Sedan 315. 316. Clermont en Argonne, *T.* 14. 11. Bar 114. Saint Mihel, *T.* 10. 12. 14. Gorze, *T.* 14. 46. 47. Marsal 84. Paris 126. 127. Montfort 186. Mante 187. Troyes 201. Vitry 148. Chaumont 120. Meaux 64. Châteauneuf en Thimerais 97. Chartres 82. Dreux 70. Orleans 265. Bourbonnois 13. Normandie 533. 534. Maine 503. Anjou 508. Tours 211.

A autres que marchands. Sedan 317. Vitry 148. Chaumont 120.

ORD. *Guet.* Etablissemens de Saint Loüis, *liv.* 1. *ch.* 53. *(b)* 31. Décembre 1504. pour la Bret. Juillet 1535. pour la Bretagne. Orleans 1560. *art.* 103.

4. Juin 1510. *art.* 67. Pour ce que souvent plusieurs nos sujets prennent serviteurs, sans faire aucun marché, ne convenance avec eux de leurs loïers & salaires, & durant leur service baillent argent à leursdits serviteurs, pour leursdits loïers, sans en prendre quittance; lesquels serviteurs après le décès de leurs maîtres demandent aux héritiers leursdits loïers & salaires, par fraude & malice, sçachant lesdits héritiers n'être informés des païemens qu'iceux serviteurs ont reçus durant la vie de leursdits maîtres & des convenances qui pourroient avoir été faites avec eux; & aussi en y a plusieurs qui, long tems après leur service, demandent leurs loïers, par fraude & malice, sçachant que les autres serviteurs, par lesquels se pourroient prouver les païemens ou convenances qu'ils avoient avec leursdits maîtres, sont morts ou se sont absentés: dont nos sujets sont grandement travaillés, & molestés, & plusieurs plaintes, procès & querelles en sortent. Nous, pour y obvier, ordonnons que les serviteurs, dedans un an à compter du jour qu'ils seront sortis hors de leur service, demanderont, si bon leur semble, leursdits loïers, salaires ou gages; & ledit an passé, n'y seront plus reçus, ains en seront déboutés par fin de non recevoir: & si ne pourront dedans ledit an, demander que les loïers & gages des trois dernieres années qu'ils auront servi; si ce n'est qu'il y eût convenance ou obligation par écrit des années précedentes, interpellation, ou sommation suffisante.

Juin 1510. *art.* 68. Villiers Coterets. Août 1539. pour la Bretagne, *art.* 19. Orleans 1560. *art.* 10.

5. Mars 1673. *tit.* 1. *art.* 7. Les marchands en gros & en détail, & les maçons, charpentiers, couvreurs, serruriers, vitriers, plombiers, paveurs, & autres de pareille qualité, seront tenus de demander païement dans l'an après la délivrance.

6. *Art.* 8. L'action sera intentée dans six mois, pour marchandises & denrées vendues en détail par boulangers, Patissiers, bouchers, rotisseurs, cuisiniers, couturiers, passementiers, selliers, bourreliers, & autres semblables.

7. *Art.* 9. Voulons le contenu ès deux articles ci-dessus avoir lieu, encore qu'il y eût eu continuation de fourniture ou d'ouvrage: si ce n'est qu'avant l'année ou les six mois,

NOTES.

(b) V. la note de M. de Lauriere sur ce chapitre.

CONFERENCE.

il y eût un compte arrêté, sommation ou interpellation judiciaire, cedule, obligation ou contrat.

8. *Art.* 10. Pourront néanmoins les marchands & ouvriers deferer le serment à ceux ausquels la fourniture aura été faite, les assigner & faire interroger: & à l'égard des veuves, tuteurs de leurs enfans, héritiers & aïans cause, leur faire déclarer s'ils sçavent que la chose est dûe, encore que l'année ou les six mois soient expirés. (c)

Ord. de la Marine, *tit. des prescript. art.* 2. *& suiv.*

SOMMAIRE.

1. *Des dîmes & corvées.*
2. *& 7. Origine de la prescription annale pour le dommage & pour le défaut de suite de moulin.*
3. *Du loïer pour pressurage.*
4. *Du guet.*
5. *Des livres des marchands. Si la prescription annale a lieu de marchand à marchand.*
6. *De la régle* annalia ad agendum perpetua sunt ad excipiendum.
8. *Distinction entre l'endommagement & l'action noxale.*
9. *Origine & nature des foüages.*
10. *Explication des mots* Tailles, Impôts & Billots.
11. *De quel jour l'année court faute d'avoir moulu.*
12. *Si l'article a lieu pour pension & nourriture en hôtellerie.*
13. *Des pensions en général & de leur prescription.*
14. *Du salaire d'un arpenteur.*
15. *De la continuation de livraison de marchandises.*
16. *Des meubles achetés à l'encan. Des honoraires des Ecclésiastiques*, aux Notes.

COMMENTAIRE.

1. HEVIN. *Endommagement de (d) bêtes.* Il falloit aussi dire *dîmes & corvées.*

2. La prescription annale, pour le dommage causé par les bêtes & pour le défaut d'avoir moulu, fut introduite par la Constitution de 1420. du Duc Jean V. auparavant l'action étoit de 30. ans.

3. Quid pour le loïer du pressurage de pommes ou de raisins? Idem ut de molendino, ut censeo.

Païement de foüages. De l'imposition aux foüages, & si elle se doit restraindre au lieu du domicile. V. Henrys, *to.* 2. *liv.* 4. *qu.* 20. (e)

Id olim Romæ constitutum, ne publicani omissas petitiones ultrà annum resumerent. V. Ærodium *lib.* 5. *rerum jud. tit.* 16. *cap.* 8.

NOTES.

(c) Chapel, *ch.* 222. *&* 267.

(d) Banage, *art.* 531.

(e) Chapel, *ch.* 127. & les Lettres Patentes de 1726.

4. POULLAIN.

4. POULLAIN. *Guets. VVacta* (*f*) dans les Capitulaires de Charles le Chauve. Gatas escargatas & alias custodias. *Vsages d'Aigues-mortes.*

5. HEVIN. *Autres que Marchands de semblables marchandises.* La raison est que tels Marchands tiennent des livres millésimés respectivement, la représentation desquels on est reçu à demander pour tenir compte; mais si celui qui a reçu ne tenoit de livre, l'écriture privée ou annotation de l'autre ne suffiroit pas. (*g*)

6. *A compter du jour que l'action compéte.* Annalia ad agendum an sint perpetua ad excipiendum. V. Henrys, *tome* 2. *l.* 4. *quest.* 64.

Cette maxime est tirée de la Loi *Purè* 5. *§. fin. ff. de doli mali & metûs except.* & de la Loi *licet C. de except.* & il resoud fort bien que cette maxime ne s'aplique qu'aux exceptions, qui sont viscerales & dérivent de la même cause. Vid. Imbert *in Enchyrid. lett. C. in voce exceptio*; & Papon, *tom.* 2. *des Notaires, liv.* 9. *tit. des exceptions peremptoires.*

7. D'ARGENTRE' A. C. *Art.* 279. Cet article n'est pas de la Très-Ancienne Coûtume. Il est tiré d'une Ordonnance du Duc Jean de l'an 1420. & suivant l'usage de ces tems-là, l'on inseroit dans la Coûtume ce qui étoit arrêté dans les Parlemens généraux.

8. D'*endommagement de bêtes.* C'est le dommage qu'elles font aux champs & aux fruits, & qui fait la matiére du titre *des assises* ci-après; car le dommage qu'un animal auroit fait à un homme ou à un autre animal, est du nombre des actions (*h*) noxales.

9. *Foüages. Focaria à foco,* comme *solaria à solo.* C'étoit autrefois une contribution annuelle, qui se païoit au Prince par chaque feu. L'Auteur marque que c'étoit un Droit inventé par les Italiens, grands inventeurs de tributs depuis les 200. ans. On fournissoit ce secours au Prince dans la nécessité des guerres; & il le demandoit comme une espéce de don : mais c'est aujourd'hui un Droit certain & annuel. Il n'est ni entiérement personnel, ni entiérement réel; il est mixte. Il participe du réel, en ce qu'il se païe sur les biens roturiers; & du personnel, en ce que les Gentils-hommes, qui tiennent leur terre en main, en sont exempts. Ce fut du tems de l'Auteur que les Prêtres y furent assujettis *pro patrimoniolo suo.* (*i*) Au surplus la prescription commence du jour que le foüage a pu être exigé, c'est à-dire, après l'égail fait & les rôles délivrés aux Collecteurs; ce qui se fait au mois de Septembre & au mois de Janvier.

NOTES.

(*f*) V. Lindembroch dans son glossaire sur ce mot, le commentaire sur *l'art.* 87. Belordeau, *obs. foren. lett. G. art.* 12. Sauvageau sur du Fail, *liv.* 2. *ch.* 399.

(*g*) Bretonnier dans ses nouv. observ. sur Henris, *tome* 2. *p.* 254. décide que la prescription annale n'est pas reçue entre marchands, parce que la bonne foi qui est l'ame du commerce, est ennemie des fins de non recevoir. C'est la décision de l'Arrêt du 12. Juillet 1672. dans le Journal du Palais, de Brodeau sur Paris, *art.* 126. *n.* 4. de Ferriere, *art.* 127. *gl.* 1. *n.* 10. & de M. le Camus, *ibid. n.* 8.

(*h*) *Quæ perpetua sunt*, dit d'Argentré. Cela est faux dans nos principes, & l'on n'admettroit pas cette action après l'an & jour.

(*i*) V. les Lettres Patentes du mois d'Août 1726. & Hevin, *Consult.* 57.

10. *Tailles.* On peut comprendre sous ce nom toutes sortes d'autres Droits & Impositions, quant à la prescription, comme péages, passages, traites, entrées, impositions foraines, subsides, gabelles ; (k) & l'année court du jour que les choses sont dûes. La peine encourue, faute de païement de pareils Droits ou de déclaration, a sa prescription particuliére de 5. ans par la Loi 2. *cod. de vectigal.* L'Auteur estime que la peine se prescrit comme les Droits mêmes.

Impôts, billots, guets. Impôt est un droit pour le débit du vin en détail. Plusieurs personnes en ont des des exemptions ; mais il faut en aparoître le titre.

Billots. (l) est aussi un droit de débit, apellé ailleurs *apetissement de mesure, voce flagitium testante.* On a parlé du guet sur l'art. 87.

11. *Défaut d'avoir moulu.* Il faut présuposer la disposition de l'art. 387. touchant la suite de moulin ; l'année court du jour qu'on a moulu ailleurs. L'Auteur remarque qu'il en doit être de même du défaut d'avoir pris du sel dans les païs de gabelle.

12. ARREST I. Cet article n'a pas de lieu en matiére de pension & nourritures aux hôtelleries, jugé en la séance de Février ou d'Août 1618. idem jugé le 12. ou 13... 1619. plaidans Brandin & Ybert.

13. Les Commentateurs de la Coûtume de Paris citent un Arrêt du 23. Mai 1612. qui débouta le principal du Collége de Boncour de son action pour pension ; mais ils ont omis une grande circonstance que Me. Antoine Mornac qui l'a raporté le premier, & duquel ils l'ont emprunté *ad L. 1. §. ult. ff. de eo per quem factum erit*, explique, sçavoir, que ce pédagogue étoit demeuré près de dix ans dans le silence, depuis la retraite de l'écolier, *quasi decennio* ; & il restraint expressément cette fin de non-recevoir annale aux seules pensions de Collége ; (m) ainsi que font tous les autres Auteurs : & même aujourd'hui cet Arrêt ne s'observe pas à Paris touchant les pensions des enfans dans les Colléges. M. Claude de Ferriere, dans ses Commentaires sur la Coûtume de Paris publiés en 1685. avertit sur la rubrique des prescriptions (n) *num.* 26. que M. le Camus, Lieutenant Civil de Paris, fit un Réglement en 1675. portant que la demande de telles pensions dans les Colléges pourroit être faite dans deux ans.

14. ARREST II. Jugé le 11. Février 1658. que l'article a lieu pour le salaire dû à un Arpenteur, plaidans.., & de Montalembert. (o)

15. ARREST III. Quoiqu'il y ait continuation de baillée & livraison de

NOTES.

(k) Hevin, *Q. F. p.* 254. dit que ce mot ne signifioit anciennement que la rente seigneuriale, comme il fait aujourd'hui dans les Coûtumes voisines & dans plusieurs autres qu'il cite.

On ne peut pas prendre dans ce sens le mot de l'article, la prescription d'an & jour ne pouvant pas avoir lieu pour les arrérages de rentes.

Ducange au mot *Tallia* la définit, *prestatio quæ dominis fit à tenentibus seu vasallis, in certis eorum necessitatibus.*

(l) Hevin, *Quest. Feod. pag.* 226.

(m) V. Brodeau, *art.* 127.

(n) V. la seconde édition sur la même rubrique, *§.* 2. *n.* 12.

(o) V. Sauvageau, *liv.* 1. *ch.* 17.

marchandise, & qu'entre chacune livraison il ne se trouve par an & jour, le detteur étantpar après signifié aupaïement de tout, ne peut néanmoins être tenu qu'àce qui a été fourni avant l'an & jour précédent l'action, bien qu'il se trouve quelques païemens indéfiniment faits. Jugé par Arrêt du 4. Septembre 1618. plaidans Simon & Frain, Caillaud & le sieur de la Motte-Baugraye, parties. C'est le Plaidoïer 57. de Frain.

16. Arrest IV. *Marchandises baillées en détail.* Ce qui a été étendu aux meubles (p) achetés à l'encan *& sub hasta* par autre que par un consort ou cohéritier; par Arrêt du 18. Novembre 1633.

NOTES.

(p) M. de Perchambault, *des prescriptions* §. 8. établit cette prescription ; & il y soumet aussi les honoraires des Ecclésiastiques.

ARTICLE CCLXCIII.

Excéption de pécune non nombrée, ou de marchandise non livrée n'aura aucun lieu. Pourra néanmoins celui qui s'est obligé requerir & avoir le serment du Créancier.

CONFERENCE.

A. C. *Art.* 280. Celui qui s'est obligé, en espoir d'avoir le prêt ou la denrée, & n'a eu l'un ne l'autre, peut, par action, les demander dedans deux ans après l'obligation, & non plus : sinon que procès fût mu audedans desdits deux ans.

T. A. C. *Ch.* 64. En action peut cil qui a donné le contrat sur lui, en entente d'avoir le prêt ou la denrée, & ne a eu ne l'un ne l'autre, l'en peut par action demander, & y a tems à la demander deux ans après le contrat donné par droit, & plus non ; si n'est que débat en pendeist, qui fût émeu au tems des deux ans, (a) & par costume n'y a que quatre mois & non plus

En action. Nota quòd hæc exceptio non solùm habet locum in pecuniâ numeratâ, sed etiam in aliis rebus. Patet hîc ex verbo *denrée.* Cygnus tenet contrarium, in *L. in contractibus cod. de non numeratâ pecuniâ, in* 3. *q. c. eod.*

Item nota quòd debitor non potest renunciare huic exceptioni. Ita tenet Cygnus in *L. si ex cautione tuâ*, & ibi Bartholus, *cod. de non numeratâ pecuniâ.* In aliis rebus habet locum exceptio rei non traditæ : sed excipiens debet probare ; ut tenet Joannes Depla. *instit. de litter. oblig.* & non potest renunciari huic exceptioni etiam cum juramento ; ut notatur in dictâ Lege finali, & Bartholus in Lege finali ; quia conditio tacita non intelligitur in obligatione principali ; & est intellecta in *c. juramento ut in dictâ L. finali, cod. eod.*

V. l'Ordonnance de Jean V. du 8. Octobre 1420. *art.* 15. 16. *&* 18. de Pierre II. de Mai 1451. *art.* 27.

Orleans 444. Berry, *T.* 2. 31. Bourbonnois 36. Toulouse *de fide instrumentorum.*

NOTES.

Chapel, *ch.* 291. Belordeau, *Observ. for. lett. C. art.* 30. *& Contr. lettre D. ch.* 9. La Taumassiere, *quest. cent.* 1. *ch.* 24. Bouteiller, *liv.* 1. *tit.* 20. *&* 55. Loisel, *liv.* 5. *tit.* 2. *art.* 6.

(a) Ce qui suit n'est point dans les M. S.

SOMMAIRE.

1. & 3. *De l'exception de pécune non nombrée & du serment.*
2. & 5. *De la réalité raportée dans l'acte; & du serment en ce cas.*
4. *Critique de l'article de l'A. C.*
6. *Si l'article a lieu en contrat de vente.*

COMMENTAIRE.

HEVIN. Hic articulus abrogat articulum 280. veteris qui exceptionem non numeratæ pecuniæ intra biennium dabat.

1. Cette exception *non numerata pecunia* est rejettée de toutes nos Coûtumes : elle ne se proposoit que intra biennium, & pendant le même tems, on pouvoit déferer le serment. Après deux ans l'allégation n'en étoit pas reçue ni le serment ; ce que nous n'observons pas : Brodeau sur M. Loüet *lett. S. num.* 4. Du Moulin sur la Coûtume d'Auvergne, *chap.* 18. *des obligations art.* 3. *& in consuetud. Parisiensem* §. 38. *in principio & ad Decium consilio* 96. *n.* 4. Loisel *inst. cout. liv.* 5. *tit.* 2. *art.* 6. Rebuffe sur l'Ordonnance de François I. *de la reconnoissance des écritures privées num.* 59. dit que non poterat opponi exceptio non numeratæ pecuniæ, si Notarius attestatus est in instrumento publico numerationem fuisse factam per hæc verba : personaliter constitutus Titius confessus est habuisse decem aureos *quos in meâ presentiâ habuit, recepit* &c.

Aulieu de cette exception, le serment est baillé par le débiteur au créancier quocumque tempore. Mais sur quoi ce serment? Sur la numération réelle.

2. La Coûtume de Bourges, *ch.* 2. *art.* 31. dit que le débiteur peut déferer le serment au créancier qui est tenu de l'accepter, s'il n'y a juste cause de le refuser. La juste cause semble être la réalité raportée dans l'acte obligatoire; surquoi M. Charles du Moulin distingue, & dit que dans les deux ans le débiteur peut articuler des faits sur lesquels le créancier doit répondre avec serment; mais qu'après ce terme il n'est tenu qu'à une simple affirmation que la somme est dûe ; « post biennium verò non tenetur creditor » formale quoddam juramentum subire; satis enim est si juret deberi ; ergo » multò minùs potest cogi ad interrogatoria particularia : « cependant le même, *tractatu de usuris num.* 128. dit que nonobstant les petites prescriptions ont lieu contre le débiteur qui l'opose. Unde non impediunt quin debitor de illis minoribus præscriptionibus excipiens; teneatur etiam ad petitionem mercatoris agentis, interrogationibus de calumniâ, bonâ fide & veritate, etiam speciatim & cum jurejurando respondere.

L'Arrêt des Enquêtes contre Madame l'Abbesse de Saint Sulpice du mois de Janvier 1692. Dufresne Journal des Audiences, *liv.* 1. *ch.* 32. raporte deux Arrêts qui ont jugé que le créancier fondé en contrat n'étoit point tenu de jurer.

3. *Pourra néaumoins avoir le serment.* Cela s'entend de celui qui s'oblige

envers son créancier, in reo non in actore. Car si un créancier porte une obligation sur le débiteur, par laquelle le débiteur confesse avoir reçu la somme, le débiteur peut avoir le serment du créancier. Mais lorsque l'exception de pécune non nombrée est proposée, par celui qui veut, en conséquence, acquerir à soi une action pour faire païer la somme qu'il confesse avoir reçûe, il ne peut demander qu'une simple affirmation par serment que l'acte ou le contrat est véritable; ainsi qu'il a été jugé par Arrêt d'Audience du 17. Août 1626. Plaidant Maîtres Sebastien Frain pour l'apellant, Sebastien Durand pour l'intimé & M. le Feuvre, tiré d'un écrit de Maître Michel Chapel.

Nota que le serment, en exception de pécune non nombrée, n'a lieu que tant que l'action dure, *L. generaliter* 5. *ille Cod. de non numeratâ pecuniâ & Novell.* 136. *cap.* 6. *&* L. 35. *in fine ff. de jurejur.* & d'Argentré sur le 250. de l'Anc. *in verb. dedans deux ans.*

4. POULLAIN. D'Argentré remarque avec raison que l'article 280. de l'A. C. n'est qu'une source de pointilles & de chicannes pour les débiteurs de mauvaise foi, & qu'ainsi il auroit mieux valu le retrancher entiérement. Cet article étoit d'ailleurs très mal conçu : il donnoit une action pendant deux ans à celui qui s'étoit obligé dans la vûë de l'argent qu'on promettoit de lui prêter, ou de la marchandise qu'on promettoit de lui livrer. Or si l'acte ne porte pas de prêt actuel, ni de livraison effective, mais seulement une obligation en considération de ce que le créancier s'oblige de fournir, cela opére non seulement une obligation purement conditionnelle, mais encore une action qu'a celui qui s'est obligé conditionellement, pour se faire livrer l'argent ou la marchandise à peine de dommages & interêts. Il n'étoit pas besoin de disposition pour cela; & la prescription de 2. ans étoit absurde, en ce qu'elle auroit rendu pure & simple l'obligation après deux ans On pouvoit donner des bornes à l'obligation de fournir. Mais on ne pouvoit établir de présomption de fournissement après deux ans, pour rendre l'obligation pure & simple. Aussi il ne paroît pas que ce fût l'intention des Rédacteurs; ils avoient en vûë l'exception qu'on appelle en Droit *non numeratæ pecuniæ*, mais mal conçue & mal exécutée dans cette disposition, puisque c'étoit une pure exception & qu'on en fait une espece d'action prescriptible par deux ans. Cet article a été raïé, ou pour mieux dire réformé & expliqué; car quoique l'Auteur ne le remarque pas dans son Aitiologie, le Procès-verbal de la réformation porte que l'art. 280. commençant *celui qui s'est obligé*, a été réformé comme il est ci-après, *Exception de pécune non nombrée &c.* Ce changement fait que l'article ainsi rédigé n'a aucun raport au titre des Prescriptions, puisque l'excéption, si elle avoit lieu dureroit autant que l'action. La disposition du Droit Romain est pareillement anéantie par-là.

5. On fait dans l'usage une difference quant au serment sur la vérité du prêt, entre les actes autentiques qui portent réalité & numération (*b*) de-

NOTES.

(*b*) Arrêt du 8. Juillet 1661. dans Sauvageau, *liv.* 1. *ch.* 70. qui débouta de la délation à serment. Mais il y avoit des circonstances & un païement volontaire, qui

vant les Notaires, & ceux qui ne la portent point. Car au premier cas deferer le serment, c'est suposer un faux, sur lequel on n'est point obligé de jurer. Cependant cette distinction peut n'avoir point lieu : car il y a des occasions où l'on peut avoir raporté véritablement la réalité, & où par des raisons secretes l'argent est demeuré à celui qui l'avoit compté. Ausurplus il y a des Arrêts qui ont jugé que le serment avoit lieu en tous contrats, même d'héritages. V. l'Arrêt du 23. Août 1655. ci-après. Le Commentaire de d'Argentré qui est assez long sur cet article devient inutile, & l'on n'y trouve pas même de ces choses incidentes qui peuvent servir d'instruction sur d'autres matiéres. Il n'y auroit que les exceptions qu'il apporte contre l'exception de pécune non nombrée. Mais comme il n'y a que le serment, elles deviennent inutiles.

6. ARREST. On a demandé si cet article avoit seulement lieu *in rebus creditis*, ou bien en tous contrats, même d'immeubles, *in hac specie.* Titius vend des héritages à Mævius : après la mort de Titius ses héritiers soutiennent que la vente étoit simulée, & que Mævius n'étoit que fiduciarius emptor, aïant donné contre-lettre à leur Auteur dont il s'est ressaisi, & lui déferent le fait à serment : les Présidiaux de Rennes ordonnent qu'il jurera. Il est appellant, & pour moïens, dit qu'il a son contrat d'acquêt à la main qui le dispense de jurer, que c'est aux Intimés à montrer la contre-lettre, & que ce cas est hors l'article 293. qui est *de rebus creditis.* Les Intimés

NOTES.

purent servir de motif pour s'écarter de l'observation de la maxime qui est de droit commun.

V. Bretonnier dans ses nouvelles observations sur Henris, *tom. 2. p. 256.*

Boucheul sur Poitou, *art. 372. n. 95.* après avoir observé la variation de jurisprudence sur le serment déferé contre les reconnoissances & quittances portées dans les actes, finit par l'axiome *manifestæ turpitudinis nolle jurare.* On voit par-là que son opinion, en général, est de rejetter les exceptions contre la délation du serment.

C'est aussi évidemment l'esprit de notre Coûtume dans l'article 293. & la généralité de cet article semble n'admettre pas de distinctions. Pourquoi donc a-t'on fait une exception pour les actes ou quittances devant Notaires, qui portent la réalisation ? C'est, dit-on, imputer aux Notaires & aux contractans un faux, sur lequel il n'est pas permis de déferer le serment.

Mais ce motif est-il solide ? Ne défere-t'on pas le serment sur un dépôt, dont la violation est un crime ? Ne le défere-t'on pas sur des faits de recelé & de spoliation ? D'ailleurs dans tous les cas où la réalisation est raportée par les Notaires, ne peut-on pas articuler des faits qui, sans attaquer directement l'acte de faux, attaquent l'obligation ou la quittance qui en résulte ?

Enfin le serment est de toutes les preuves la plus favorable, puisqu'on rend la partie juge en sa cause; & le refus de l'outrer annonce une mauvaise foi évidente. Pourquoi donc établir des exceptions contre l'admission de cette preuve, pendant que la Loi est générale ?

Belordeau, *lettre A. cont. 24.* raporte un Arrêt du 16. Mai 1605. qui ordonna le serment sur des faits absolument contraires à la teneur de l'acte, & qui ne pouvoient être vrais, qu'en regardant l'acte comme faux dans toutes ses parties. Il fut jugé que l'offre d'affirmer le contrat véritable étoit insuffisante. Belordeau dit que la mauvaise réputation de celui qui faisoit cette offre, fut le motif pour la rejetter.

Il raporte aussi, *lettre C. cont. 122.* un Arrêt qui jugea une pareille offre insuffisante. Mais il ne dit pas si les obligations,

disent que le serment a lieu en tout articulement de fraude & d'infidelité, non seulement par cet article; mais par l'article 304. qui touche les contrats d'immeubles. La Cour mit l'appellation au néant, & condamna l'Appellant aux dépens de la cause d'apel, par Arrêt du 23. Août. 1655. plaidans le Moine pour l'Appellant & de Montalambert pour les Intimés. L'article 66. y semble plus précis : car il dit que l'on a le serment sur les promesses & conventions non écrites aux contrats; & encore plus l'article 287. qui en cas semblable à celui-ci donne lieu au serment inter contrahentes ipsos, scilicet venditori adversus emptorem & eadem ratione heredibus. HEVIN.

NOTES.

contre lesquelles le serment avoit été déferé, étoient devant Notaires, ou seulement sous signature privée.

Au contraire il raporte à la controverse 91. un Arrêt du 11. Septembre 1597. qui jugea, au profit de Madame d'Argentré, que cette offre étoit suffisante Il donne pour motif la qualité de veuve de Conseiller au Parlement. Mais sans proposer un motif si foible, il auroit dû s'attacher uniquement aux termes du jugement qui fut confirmé par l'Arrêt. Il s'agissoit de sçavoir si la somme de deux mille écus, reconnue par le contrat de mariage & par le testament du mari, avoit été touchée, ou si c'étoit un avantage indirect. La Sentence ordonnoit la vérification par serment, que le contrat étoit véritable, & que la somme avoit été réellement payée. On peut dire que ces faits étoient suffisans sans qu'il fût besoin d'entrer dans le détail particulier des faits articulés par l'héritier du mari. Ainsi l'on ne peut pas suposer que cet Arrêt ait rien décidé contre la délation à serment en cette matiere.

ARTICLE CCLXCIV.

Entre le Seigneur[a], & homme de foi longue tenuë ne nuit, ni ne porte préjudice audit Seigneur, qu'il n'ait le retrait de ses hommes *à cour & moulin. Et sera le seigneur Supérieur tenu faire renvoi desdits hommes du Seigneur sujet à la premiere Requête que lui ou son Procureur en feroit audit Seigneur supérieur.*

SOMMAIRE.

1. & 2. *Nulle prescription du Seigneur contre le vassal, ni du vassal contre le Seigneur, à cause du lien mutuel de foi.*
2 & 9. *Nulle prescription pendant la saisie féodale. Prescription des droits féodaux échus.*
3. *Le Seigneur prescrit l'héritage saisi par lui comme vacant.*
4. *Prescription de mouvances entre deux Seigneurs indépendans.*
5. *Pourvû que dans le cours de la prescription il y ait eu deux ouvertures de fief.*
6. *Corvées ne s'acquierent par la prescription.*
7. *Prescription au profit du vassal par 40. ans depuis la dénegation.*
8. *Et au profit du Seigneur du jour de la contradiction pour l'héritage saisi féodalement.*
9. *Prescription du domaine & autres droits du vassal par le Seigneur, & de l'héritage du Seigneur par le vassal.*

CONFERENCE.

Art. 289. 375. 379. & 380.

A. C. *Art.* 281. a Lige.

1. T. A. C. *Ch.* 252. En ce cas (la suite de moulin) ne nuit point longue tenue entre le Seigneur lige & son homme de foi.

V. aussi le ch. 30. sur l'article 26. ci-dessus.

Le Seigneur féodal ne prescrit contre son vassal, (a) n'au contraire le vassal contre le Seigneur féodal, les droits, devoirs & choses dépendans du fief, pour la mutuelle & reciproque obligation de fidélité de l'un envers l'autre par quelque laps de tems que ce soit. Berry, *T.* 12. 3. Amiens 164. Gerberoy 79. Artois 31. Berg Saint Winox, *T.* 14. 2. Cambray, *T.* 1. 67. Thionville, *T.* 3. 20. Mets, *T.* 14. 5. Verdun, *T.* 1. 14. Laon 212. Châlons 211. Rheims 133. Peronne 74. Senlis 191. 279. Sedan 74. Clermont en Argonne, *T.* 3. 32. Ville de Lille, *T.* 6. 7. Doüay, *T.* 1. 23. Bar 16. Saint Mihel, *T.* 10. 3. Gorze, *T.* 14. 15. 16. Lorraine, *T.* 5. 11. *T.* 18. 3. Espinal, *T.* 11. 6. Bassigny 33. Paris 12. 124. Etampes 26. Dourdan 75. Montfort 8. 64. Mante 23. 110. Vitry 49. 136. Chaumont 52. Meaux 136. 137. Melun 103. 173. Sens 218. 263. Auxerre 77. 186. Perche 79. 212. Châteauneuf en Thimerais 96. Chartres 81. Dreux 69. Orleans 86. Montargis, *T.* 1. 9. Blois 35. Menetou 18. Nivernois, *T.* 4. 13. Bourbonnois 29. 31. 387. Normandie 116. 526. Eu 71. 215. Xaintonge 112. Usance de Saintonge 20. 21. Sole, *T.* 28. 3. Toulouse *de feudis* 10. la Marche 92. 95. Auvergne, *T.* 17. 9. 12. 15.

2. Pour quelque tems que le Seigneur féodal jouisse du fief saisi, il ne peut prescrire la propriété dudit fief : mais est en garde seulement, de maniere que l'héritier est toujours en son entier de relever ledit fief, en païant les droits & devoirs, & frais de la saisie, & en rétablissant les fruits pris par le vassal durant ladite saisie, & païant l'amende au cas d'infraction de main-mise. Amiens 5. Artois 30. Mets, *T.* 14. 5. Laon 212. Châlons 211. Senlis 195. Sedan 74. Vitry 136 Nivernois, *T.* 4. 12. Normandie 117. 526. Eu 27. la Marche 92.

Le Seigneur féodal ne peut pas prescrire contre son vassal le fief sur lui saisi, ou mis en sa main par faute d'homme (b) droits & devoirs non faits, ou dénombrement non baillé, ne le vassal la foi qu'il doit à son Seigneur, pour quelque tems qu'il en ait joui, encore que ce fût par cent ans & plus. Toutefois les profits des fiefs échus se prescrivent par 30. ans, s'il n'y a saisie ou instance pour raison d'iceux. Paris 12. Laon 185 Chauny 93. Clermont en Beauvoisis 72. Tournay, *T.* 11. 19. Blois 37.

3. Après que le Seigneur aura saisi aucun héritage par défaut d'hoir, comme vacant, & il l'aura tenu & possedé, ou autre de par lui, par 30. ans, dessors en avant il en sera & demourera Seigneur propriétaire & domanier. Lodunois, *T.* 1. 20. (c)

4. La mouvance peut être prescrite, contre le vrai Seigneur, par un autre Seigneur. (d) Rheims 134. Paris 123. Etampes 26. Dourdan 76. Perche 79. Orleans 86. Berry, *T.* 12. 4. 9. Blois 36. Nivernois, *T.* 4. 15. la Marche 95. Auvergne, *T.* 17. 13.

5. Pourvû que dans le cours de la prescription il y ait eu deux ouvertures de fief. Berry, *T.* 12. 9. Nivernois, *T.* 4 15.

6. Nul Seigneur ne peut contraindre ses sujets de faire corvées, quelque tems qu'il en ait joui, s'il n'en a titre valable. Orleans 100. Saint Mihel, *T.* 10. 7.

7. Le vassal peut prescrire contre le Seigneur les droits féodaux par la possession de

NOTES.

(a) Loisel, *liv.* 5. *tit.* 3. *art* 24. & 25. & *liv.* 4. *tit.* 2. *art.* 3. Coûtumes notoires, *art.* 125. Desmares, *déc.* 198.

(b) Louis, *art.* 450. Dupineau, *art.* 103. le Grand, *art.* 41. *gl.* 2. Coquille *des fiefs*, *art.* 12. Banage, *art.* 117. Boucheul, *art.* 85. *n.* 6. & 7.

(c) Ferriere & M. le Camus sur Paris, *art.* 12.

(d) Loisel, *liv.* 5. *tit.* 3. *art.* 26.

40. ans

CONFERENCE.

40. ans de liberté depuis la contradiction. Saint Mihel, *T.* 10. 8. Lorraine, *T.* 18. 3. Auxerre 186. Nivernois, *T.* 4. 14. Bourbonnois. 29. 387. la Marche 92. Auvergne, *T.* 17. 9. 15.

8. Et également le Seigneur, du jour de la contradiction, pour l'heritage saisi féodalement. Nivernois, *T.* 4. 14.

9. Le Seigneur de fief peut acquerir l'héritage, ou autres droits de son sujet, ou autre servitude, par prescription, sinon que le Seigneur eût possedé le fief de son vassal par saisine & main-mise faute d'homme, droits ou devoirs non païés. Anjou 439. Maine 450.

Le vassal peut prescrire l'héritage du Seigneur. Berry, *T.* 12. 5. *(e)*

Et moulin. Poitou 41.

V. aussi l'art. 379. ci après.

SOMMAIRE.

1. & 5. Examen & critique de l'article.

2. De la prescription contre le Domaine du Roi.

De la prescription des rentes féodales pour la quotité.

3. Si le Duc prescrivoit contre ses sujets.

4. Si l'inférieur peut prescrire le droit de sceau sans titre.

6. De l'imprescriptibilité entre le Seigneur & le Vassal. Aplication des art. 280. & 281.

7. De la prescription du domaine entre le Seigneur & le Vassal.

8. De la dénégation des droits féodaux suivie de vente & d'appropriement.

9. & 12. Prescription du Vassal contre les droits féodaux n'a lieu sans dénégation.

10. Imprescriptibilité du fief servant dont le Seigneur joüit par saisie féodale.

11. De la prescription d'un tiers contre le Seigneur ou le vassal.

13. Nulle prescription de la suite de moulin.

COMMENTAIRE.

1. HEVIN. *(f)* Hic fallitur Argentræus; & ipse negligentius imputat Reformatoribus hic specialem esse regulam de retractu molitorio statuere voluisse : imò generalis est; nec enim mentionem facit de moletrino, nec petita est ex art. 252. vetustissimæ qui de retractu molitorio agit, sed ex art.

NOTES.

(e) Sur ce principe le vassal, qui a possedé pendant 40. ans, est dispensé de communiquer au Seigneur les titres de sa proprieté. Coquille, *tit.* 6. *art.* 26.

(f) Inter dominum ligium & vassallum non currit præscriptio. Eguin. Baro.

Je crois que M. Hevin justifie mal les Réformateurs de 1539. & de 1580. Si l'intention des premiers Réformateurs étoit d'établir en général l'imprescriptibilité entre le Seigneur & le Vassal, les mots *qu'il n'ait le retrait de ses hommes*, ne pouvoient être regardés que comme une limitation vicieuse & contraire à l'esprit de ces Réformateurs. Il est vrai que d'Argentré objecte mal à propos que cette disposition est limitée à la suite de moulin, & l'on ne peut pas douter que sa généralité n'emportât la suite de cour, comme les Réformateurs de 1580. l'ont expliqué par leur addition. Mais cette addition même semble annoncer que leur intention n'a pas été d'établir une imprescriptibilité générale, puisque l'imprescriptibilité du retrait des hommes à cour & à moulin, n'emporte pas l'imprescriptibilité de tous les autres devoirs féodaux. On peut dire même que l'expression pour ces deux cas seulement est une exclusion de l'imprescriptibilité dans tous les autres qui ne sont

30. qui omnem inter dominum& vassallum præscriptionem rejicit; & rectè Eguin. Baro in notis ad hunc art. refert sententiam sive summam hujus art. esse, inter vassallum & dominum ligium præscriptionem non currere. Inde ad explodendam Argentræi opinionem, posteri Reformatores addidere *à cour & à moulin*, ut omne jus vassalitium hoc articulo comprehendi docerent; & inde rectè locatus est sub rubricâ de præscriptionibus.

NOTES.

pas exprimés par cet article ou par les autres articles du titre des prescriptions. Cela se confirme encore par l'observation de M Hevin. Il est évident que les seconds Réformateurs ont eu pour objet dans l'addition *à cour & à moulin*, le reproche fait par M. d'Argentré aux Réformateurs de 1539. Mais cet Auteur s'explique au même endroit en ces termes: *ergo vulgatum illud quod Franci allegare solent*, entre le Seigneur & le Vassal prescription n'a lieu, *nullam in jure nostro patrio auctoritatem habet, sed recurrendum est ad jus commune præscriptionum*. Les Réformateurs de 1580. n'ont rien décidé de contraire à cette proposition, pendant qu'ils ont eu l'attention de refuter la premiere, qui étoit peu digne de réfutation. Il est vrai que M. d'Argentré contredit lui-même dans la suite la proposition générale qu'on vient de raporter; il décide comme il avoit fait sur les art. 270 & 276. que la prescription ne peut avoir lieu que *à die denegati Juris*: & cette maxime a toujours été constante. Mais on ne peut excuser l'inattention des Réformateurs, qui étant avertis par ce sçavant Auteur des deux difficultés que pouvoit faire naître l'ancien texte, ont négligé l'objection solide, & ne se sont attachés qu'à celle qui étoit mal fondée.

Par acte de notorieté du 8. Juillet 1737. il est attesté, comme maxime constante, que le „ lien de féodalité, qui est entre le Seigneur „ & le Vassal, empêche qu'il puisse y avoir „ aucune prescription entr'eux pour ce qui „ concerne les droits & devoirs de fief, & que „ cette loi est réciproque & également au profit du Seigneur que du Vassal.

„ Qu'il résulte de ce principe que le Seigneur ne peut prescrire contre son Vassal „ les mouvances de ce Vassal, comme le „ Vassal ne peut prescrire les mouvances de „ son Seigneur.

„ Que si l'arriere Vassal a rendu des aveus „ au Seigneur supérieur, les aveus rendus sans „ la participation du Seigneur proche sont „ des titres étrangers & inutiles à son égard „ & incapables de lui faire perdre sa mouvance, lorsqu'il en est dûement inféodé par „ les titres primordiaux de l'inféodation, ou „ par les aveus qu'il a rendus au supérieur „ qui est son Seigneur proche.

Sur la maxime de l'imprescriptibilité entre le Seigneur & le Vassal, v. le Commentaire de l'art. 281. Guyot *des fiefs*, *Tome* 2 *Traité* 1. Sauvageau, *L.* 1. *ch.* 335. Hevin *quest. féod. p.* 72. 148. *& suiv.* 266. 356. Dunod *part.* 3. *ch.* 9. La Taumassiere, *T.* 12. *n* 6. *& art.* 3. Le Grand, *art.* 23. Coquille *instit. des fiefs p.* 31. *&* 32. *des prescript. & sur la Coutume de Nivernois des fiefs*, *art.* 12. 13. 14. *&* 15. *& des censives*, *art.* 22. *& quest.* 50. Basnage, *art.* 116. 117. 119. *&* 141. Louis, *art.* 450. *&* 451. Pontanus sur Blois, *art.* 37. *&* 101. La Lande, *art.* 263. Pocquet sur Dupineau, *art* 439. Ferriere, M. le Camus & Ricard sur Paris, *art.* 12. 123. 124. Duplessis *du franc aleu*, *L.* 2. *ch.* 1. Boucheul, *art.* 372. *n.* 116 *& suiv.* De l'Hommeau, *liv.* 3. *n.* 286. 288. 289. 290. Loüet, *lettre G. ch.* 21.

M. Hevin, *cons.* 4. décide qu'une rente anciennement féodale étant alienée par le Seigneur qui retient la féodalité, elle devient purement fonciére, & sujette à la prescription de 40. ans. En effet, on ne peut pas dire que la mouvance soit divisée. Le Seigneur n'auroit pas même eu le droit de faire cette division, suivant l'art. 348. de la Coûtume. La prestation a été seulement separée de la féodalité, qui est demeurée entiére au Seigneur; de sorte qu'il n'y a aucun lien de foi entre son vassal & le propriétaire de la rente.

Cette maxime a été confirmée par Arrêt du mois de Juin 1742. au raport de M. d'Estreans, Doïen du Parlement, entre le sieur le Coniac de la Longrais & le sieur Drouet de la Noë-Seiche. Le procès avoit été partagé en Grand'Chambre. Il fut départi à la II. des Enquêtes, & la prescription fut jugée contre la rente comme fonciére. V. Basnage, *art.* 521. & Dunod, *pag.* 366.

2. *Foi*. Ce qui s'observe encore plus rigoureusement à l'égard du Roi dont le Domaine est inaliénable; sed quid, lorsque le Roi succéde *in jus privati*? (*g*)

Hoc verbum *de foi* inconcinnè ponitur pour *de fief*. Rectè pour la mouvance. Mais pour la quantité des rentes, etiamsi non à toto, (*h*) tamen à quotâ. Choppin *de moribus Parisf. Lib.* 1. T. 3. *n.* 15. *in marg. & Lib.* 2. *Tit.* 8. *n.* 6. v. *art.* 124. *Consuet. Paris.*

Longue tenue. Hic & in art. 380. & 393. & sup. art. 290. 105. 336. 379. Adde art. 51.

3. Il semble qu'autrefois le Duc se servoit de prescription contre son vassal. Dans la question d'entre le Duc & l'Abbé de Quimperlé touchant le droit de fief dans la ville, on trouve à la Chambre dans la liasse de compte de Jehan Garlot, Receveur de Quimperlé, fait en Novembre 1422. des Lettres & Arrêts du Conseil des Ducs de 1402. & 1421. qui maintiennent l'Abbé & Couvent dans tous les droits de fief & justice suivant leurs titres, au cas que le Procureur du Duc ne voulût alléguer prescription; ce qu'il ne put faire.

4. Le droit de sceau faisant une partie de la Seigneurie directe, le Seigneur inférieur ne peut que difficilement se prévaloir d'une simple possession. N'aïant pû prescrire contre son Seigneur, il faut qu'il ait un acte de concession ou un aveu hors le tems d'impunissement. (*i*)

5. D'ARGENTRE' A. C. *Art.* 281. Cet article a été rédigé par les anciens Réformateurs *negligenter & imperitè*. * Les nouveaux n'y ont pas mieux réussi, quoique l'Auteur eût rémarqué cette négligence dans son Commentaire. Le nouvel article ne fait qu'expliquer les deux cas du retrait que le Seigneur inférieur a de ses hommes à sa cour & à son moulin, nonobstant longue tenuë du Seigneur supérieur, au lieu que généralement & absolument, nulle longue possession ne nuit entre le Seigneur & le Vassal; ce qui est une maxime du Droit Commun Coûtumier à laquelle il faut recourir, puisque les limitations de cet article nous destituent de la disposition générale d'imprescriptibilité.]

L'Auteur croit que cet article a été tiré du chap. 252. de la T. A. C. qui ne parle que du retrait à moulin. Il ajoûte que la rédaction de cet article exclut l'imprescriptibilité entre le Seigneur & le vassal; & il remarque qu'on a réduit très mal à propos une disposition déja si injudicieusement limitée, à une maniere de tenuë particuliére, lorsqu'il y a foi & hommage; au lieu que la régle d'imprescriptibilité doit avoir lieu en tout genre d'investiture féodale, y en aïant où la foi & l'hommage ne sont point dûs. * Mais on peut excuser les Reformateurs, en ce que, quoique la cérémonie de la foi & de l'hommage n'intervienne pas de fait, il y a toujours une foi réelle & implicite entre le Seigneur & le vassal.] (*k*)

NOTES.

(*g*) V. M. le Bret *de la souveraineté du Roi*, *liv.* 3. *ch.* 2.

(*h*) Cette proposition est contraire à la maxime constante de Bretagne, qui n'admet la prescription de la quotité, que du jour de la dénegation; ou en vertu d'un aveu hors du tems de l'impunissement.

(*i*) V. Hevin, *art.* 369. *aux mots saisine suffisante.*

(*k*) V. le nombre premier.

6. L'Auteur dit qu'il faut recourir pour l'imprescriptibilité en matiere de féodalité, au Droit Commun & aux dispositions des articles 280. & 281. ci-dessus, qui presuposent une imprescriptibilité par l'aplication qui en est faite aux cas particuliers des devoirs seigneuriaux. * Mais l'art. 280. ne me paroît pas d'une grande décision là-dessus. Car comme il décide seulement ce qui n'est pas exclus par l'appropriement, les Droits Seigneuriaux s'y trouvent mêlés avec les rentes foncieres qui se prescrivent par 40. ans. Mais par ailleurs la Coûtume presupose qu'il n'y a point de prescription entre le Seigeur & le vassal réciproquement.]

L Auteur raisonnant sur ces principes, divise la matiere en trois points.

Le premier consiste à sçavoir si le Seigneur peut prescrire contre le vassal le domaine utile, ce qui opéreroit la consolidation, ou s'il peut prescrire certains services ou redevances contre la teneur originaire de l'investiture, *& vice versâ* si le vassal peut prescrire le domaine direct contre le Seigneur.

Le second si le vassal peut simplement prescrire contre le Seigneur la liberté de toute subjection feodale, & tout ou partie des services ou prestations.

Le troisiéme si une tierce personne peut prescrire le droit féodal par la prescription du lieu dominant, ou par celle qu'il feroit du fief servant contre le vassal. (*l*)

7. Sur le premier point, l'Auteur raporte l'autorité de tous les Docteurs, qui établissent que le Seigneur peut prescrire le fonds & exclure le vassal par la longue possession qu'il en a faite, & que le vassal réciproquement peut prescrire le domaine du Seigneur par la longue possession d'en rendre les services. Il dit là-dessus que notre Coûtume n'y répugne pas, si pendant 40. ans le vassal a reconnu le Seigneur, ou le Seigneur a reconnu pour vassal celui qui, par l'usurpation qu'il auroit faite d'une partie de son domaine: lui auroit fait les services. (*m*)

Il s'arête au surplus à refuter le motif des Docteurs pour exiger une longue prescription, en ce qu'il y a un grand préjudice dans le changement de l'état personnel. Il est certain au contraire que la subjection directe est de la chose à la chose, quoiqu'il en resulte quelque reverence personnelle: cette discussion est assez inutile.

8. Ce que l'on dit du tout, s'entend aussi d'une partie du fonds & des droits qu'on peut également prescrire; & l'art. 280. ne fait point d'obstacle. La raison qu'en donne l'Auteur est que dans l'espece de cet article, le Seigneur demeure toûjours saisi & en possession, & que cela regarde l'étranger qui s'approprie, & qui sous prétexte que son contrat ne parle point de droits Seigneuriaux, prétendroit les avoir purgés, ce qui n'est pas. Mais si le vendeur avoit denié les droits, & après la possession de liberté avoit

NOTES.

(*l*) Ces questions sont solidement traitées par Basnage, *art.* 116.

(*m*) La seule possession quadragenaire du domaine de la Seigneurie usurpé par le vassal opereroit la prescription, quoiqu'il n'y eût aucun service féodal fait au Seigneur pour ce domaine usurpé.

transporté l'héritage comme libre, l'appropriément sans oposition exclurroit le Seigneur.

9. Sur le second point qui est de sçavoir si le vassal peut prescrire l'exemption, il en faut revenir à ce que l'Auteur a déja dit tant de fois que la simple possession de ne point faire les rédevances ne suffit pas; il faut une dénégation suivie de la longue possession de liberté.

10. Au surplus l'Auteur observe ici que si le Seigneur avoit mis dans sa main le fief de son vassal, par saisie faute d'hommage ou d'aveu, il ne prescriroit pas, *etiam per mille annos*, (*n*) s'il n'avoit interverti & changé la cause de sa possession, du jour duquel changement seulement la prescription de 40. ans commenceroit à courir. Mais tandis que le principe de la possession subsiste, & il est toujours présumé subsister s'il n'y a une preuve positive d'interversion, la prescription ne peut courir au profit du Seigneur, non plus qu'au profit du créancier qui ne possede qu'à titre d'hypoteque.

11. Le troisiéme point regarde la tierce personne, qui peut certainement prescrire, soit contre le vassal, soit contre le Seigneur. Du Moulin (*o*) traite amplement les trois points ci-dessus. Mais comme il écrit sur la Coûtume de Paris, & parle souvent par raport à ses dispositions particulieres, il ne faut pas prendre toujours ce qu'il dit pour régle générale.

12. *Longue tenuë.* C'est-à-dire que la simple cessation de faire les devoirs, ne suffit pas, & le vassal ne se constituë pas dans la possession de liberté, non plus pour la suite du moulin que pour autre cause.

13. *Ne porte préjudice.* Ni au pétitoire ni au possessoire, à cause de la disposition negative de la Coûtume qui interrompt perpétuellement; d'autant plus même que les vassaux ne suivent pas d'autre moulin dans l'intention de prescrire contre le droit de leur Seigneur, mais pour leur commodité, ou parce qu'ils sont traités plus favorablement par d'autres meûniers.

Audit Seigneur. Ni réciproquement au vassal.

Qu'il n'ait le retrait. Ceci regarde le moulin & le rapel du vassal à la jurisdiction de son Seigneur proche. Il y en a d'autres dispositions dans la Coûtume.

NOTES.

(*n*) V. la conference n. 2. & 9.

(*o*) §. 7. *Vet.* 12. *Nova.*

ARTICLE CCXCV.

[a] *En contrat* de chose mobiliaire, *autre que de transaction*, *de quelque somme que ce soit*, *on* pourra, pour juste cause, demander la rescision, [b] en intimant & déclarant à la partie, dedans vingt-quatre heures, [c] *qu'on* ne le veut tenir. Et si [d] *l'une des parties* demandoit la rescision pour déception d'outre moitié de juste prix, *elle n'y sera reçue au dessous de*

cent livres. Et si le contrat excéde ladite somme, [e] *pourra* demander ou la rescision, ou [f] *suplément de juste prix*; & n'est tolluë la redhibitoire, qu'elle ne se puisse intenter, [g] *dans quinze jours pour chevaux & pour autres choses dans* six mois.

SOMMAIRE.

1. *De la vente en foire ou marché. De la lésion d'outre moitié, dol & surprise en vente de choses mobiliaires. Vendeur garant de la vente.*
2. *Des contrats faits au cabaret ou ailleurs en bûvant.*
3. *De la restitution en choses mobiliaires & baux au-dessous de 9. ans.*
4. *Du dol dans ces contrats. De l'aliénation d'universalité de meubles ou de meubles précieux.*
5. *& 9. Nulle rescision en vente par décret pour lésion d'outre moitié.*
6. *Action de rescision reçuë contre le tiers possesseur, de même que l'action de retrait lignager ou féodal.*
7. *De la restitution contre les transactions.*
8. *Obligations & aliénations pour le jeu nulles; preuve par témoins reçuë.*
9. *Dans quel tems on peut attaquer les décrets par apel ou par nullité.*

CONFERENCE.

A. C. *Art.* 282. a Un contractant. b Du contrat. c Qu'il. d Il. e Devroit. f Que le juste prix lui fût supplaïé. g Dedans le tems de droit qu'est de six mois.

1. T. A. C. *Ch.* 41. Et aussi est-il excepté en autre contrat, que quand aucune personne baille à autre personne ses denrées, à vendre en foire ou en marché, ou autrement, la vente en doit être tenue selon le contrat & le dévis du marché, pour ce qu'il n'y ait au marché ne au contrat decepte outre moitié du juste prix, ou fallace, ou contrainte, ou surprinse, ou contrat en autre entente mauvaise, & pour ce que la personne puisse apparoir être estable ô qui l'en doit contracter. Car si celui à qui sont les denrées les avoüoit & les vendiquoit, le vendeur seroit tenu à dédommaiger les marchands, & lui cherroit en crime envers la Justice, si le vendeur ne pouvoit trouver défense envers celui qui voudroit rapeller la vente, & faire les denrées à soi, & que le vendeur eût, en quelconque maniere, raison ou aparence à faire la vente, ou par l'assentement de celui, ou par autre voïe : & pourtant si celui à qui seroient les denrées rapelloit le marché, ne le pourroit-il rapeller, s'il ne disoit que decepte y eût, comme dit est, ou que, à son

NOTES.

Les questions sur la rescision en matiére de partage & de vente d'hérédité, ou d'un *quidquid Juris*, seront traitées sur l'art. 560.

Sur la restitution de la femme contre les obligations & les aliénations faites par elle & par son mari pendant le mariage, v. ci-après art. 449. 471. & 472.

„ Se aucune vendition est rescindée, ou re„tranchée pour aucune juste cause, l'ache„teur de bonne soi fait siens les fruits „reçeus, & demeure en possession & saisine, „jusques tant que les deniers de l'achat lui „soient une fois payez & rendus entiérement; „ensemble les loïaux-coûts, & mises fets „pour cause dudit achat, sans ce que desdits „fruits li endoïe être rabatu ou deconté quel„que chouse. Desmares, *dec.* 356.

Les traités sont indivisibles, quoiqu'ils aïent été faits sur plusieurs chefs; & celui qui demande la rescision du traité sur un chef, ne peut exiger qu'il subsiste pour les autres, si le défendeur en rescision offre qu'il soit au tout annullé. Arrêt du 4. Mars 1567. Du Fail, *liv.* 1. *ch.* 246.

CONFERENCE.

deçu les denrées eussent été amenées ou vendues à place, ou en le forçant, & contre sa volonté; & pour ce que les marchands ne sçaivent de qui acheter, si n'est de celui qui tient les denrées en vente, pour ce qu'ils ne soient connoissans des choses, devroit-il tenir, & en autre cas non; & ou cas qu'il soutiendroit qu'à son deçu & contre sa volonté les denrées eussent été emmenées ou venduës, & voudroit faire les denrées à soi, pourroit-il choir en crime entre lui & le vendeur, & y pourroit avoir bataille jugée & devroit être, pourtant que la denrée valeist cinq sols, *vel* plus de cinq sols, si le vendeur ne alleguoit raisons efficaces, & il y eût refus de garentie ou de l'ung côté, ou de l'autre, que il fût regardé qu'il y deust être par coûtume, comme il est dit au titre des crimes.

De juste prix. Nota que le marché ne doit tenir, quand il y a decepte outre moitié de juste prix. *L. 2. Cod. de rescindendâ venditione*, emptor potest supplere pretium. La Coûtume est au contraire.

Bataille. Nota que bataille ne peut être jugée, à moins de la moitié de cinq sols.

Refus de garantie. Par constitution de Parlement & infrà, *cap.* 102.

Ch. 326. Quand aucunes personnes contractent ensemble en bonne foi, vérité y doit être gardée & ajoutée, & n'y doit être l'ung quel l'autre surprins ni engigné par fraude; & pour ce ne doit nul contracter, & negocer ô son ennemi d'autres choses que des choses contentiées par entr'eux, pour ce qui parle ou fait les contrats, ou fraude pourroit être ajoutée ou trouvée; celui qui penseroit la fraude & en voudroit joüir, s'il ne la déclaroit à l'autre partie, ô qui il feroit la composition, ou le contrat, transaction, ne autre contrat, ne autre négocement, il n'en devroit pas jouir, comme il est dit ailleurs. Car marché doit être égal entre les parties; & il laist à chacune partie faire son profit, pour ce que fraudeusement ne soit faite. Car si une partie s'en repentoit, ou vouleist depecer le marché, si elle ne peut trouver raison efficace, ou cause raisonnable par quoi le contrat ou le marché d'entr'eux ne pût tenir, il ne le pourroit faire de raison, & tendroit le contrat ou le marché, si la partie adverse vouloit, & quant à depecer le marché ou le contrat, il conviendroit qu'il dît qu'il fût deçeu outre moitié de juste prix, ou deçu par vin, ou par folle entente, ou que fraude y eût, ou qu'il fût mineur, ou en pouvoir d'autrui, ou que le marché fût conditionnel, ou qu'il y eût conditions qui ne fussent pas accomplies deuement de l'autre partie, desquelles conditions advien droit *vel* conviendroit que celui qui voudroit depecer le marché ou le contrat, qu'il les enseignât, *vel* assignât, & montrât ô effet ou advenaument. Car si c'est un marché de meubles, où le foliement & fraude y pût apparoître, celui qui voudroit depecer le marché ne le devroit pas garder ne accepter plus d'ung jour & d'une nuit, pour ce que ce fût personne qui pût contracter ou negocer; & si c'étoit héritages que le preneur tenseist tant qu'il pût être défendu du bailleur & des prêmes, aussi-bien devroit tenir le contrat, & si le marché ert fait sur conditions, comme qui s'obligeroit à aucune partie, en certaine quantité de meubles ou de terre, ou pour faire certain service, ou pour certaines choses rendre, les conditions devroient être accomplies & gardées entre les parties, avant que l'exécution fût faite de l'obligation, si devis ou gré fait n'y avoit eu entre les parties.

Partie adverse. Vide apostillam *cap.* 18. quia non est locus pœnitentiæ. *Cod. de rescindendâ vend. L. de contractu qua est tertia in ordine.*

Car si c'est un marché de meubles, (*a*) contrat mobilier, il se faut repentir dedans jour naturel. Et quando quis vult probare contra contractus vel contra solemnitatem, & quando dicitur in scriptis celebratus, & quando non, & quando poterit contrarium probare per

NOTES.

(*a*) V. les nombres 3. & 4. & le Commentaire *n.* 5.

CONFERENCE.

testes, & quando per instrumenta. V. Bartholum *in L.* 13. *generaliter sancimus, Cod. de non numeratâ pecuniâ.* Bartholus *in L.* 16. *contractus venditionum, Cod. de fid. instrum.*

2. De tous marchés & contrats faits en taverne, chacun se pourra départir, & y renoncer dedans les vingt & quatre heures après qu'ils seront partis l'un de l'autre, en païant pendant ledit tems l'écot, & en faisant duement la déclaration à sa partie ou à son domicile ; & où il seroit forain, en presence de deux témoins. La Gorgue 65.

Marchés & contrats faits en taverne, ou ailleurs en banquetant, & comme on dit sur le vin excessivement pris, sont censés nuls, & de nulle valeur, si les contrahans, ou l'un d'eux étoient par trop hebêtés, & empêchés de la fonction de leurs sens & jugement naturel, par excès ou autrement. Gorze T. 7. 12. Marsal 30.

Pourront toutefois les contrats ainsi faits être validés, si par après lesdits contrahans étant en sens rassis, avoient iceux aprouvé, ratifié & confirmé, par écrit ou verbalement, en présence de témoins idoines & non suspects. Gorze, T. 7. 13.

3. En aliénation *(b)* de meubles & baux au-dessous de 9. ans, le bénéfice de restitution & action rescisoire n'a lieu, quand les parties sont capables de contracter. Orleans 446. Bar 200. Bassigny 90 Cambray, *T.* 21. 3. Sens 252. Auxere 136. Berry, *T.* 2. 33. Bourbonnois 86. la Marche 112. Auvergne, *T.* 16. 9.

4. S'il n'y a dol ou fraude, excepté pour aliénation d'université de grands meubles, ou de meubles précieux de grande valeur, esquels la rescision aura lieu, comme en aliénation de choses immeubles. Berry, *T.* 2. 33.

5. Rescision pour lésion d'outre moitié de juste prix n'a lieu en vente par decret. Cambray, *T.* 21. 3. Bourbonnois 487. la Marche 122. Auvergne, *T.* 16. 22. *(c)*

6. Si aucun aliene héritage à faculté de rachat & en faisant l'aliénation y a déception d'outre moitié de juste prix, ou que le contrat soit rescindable pour quelqu'autre cause, & que l'acquereur se demette à autre personne de la chose ainsi acquise, le bailleur pourra adrecer ces remedes de droit, non-seulement contre le premier acquereur, mais contre les derniers détenteurs, & chacun d'eux : aussi font les Seigneurs ou lignagers, quant à demander aucune chose par retrait ou prélation. La Marche 118. Auvergne, *T.* 16. 17.

Et n'est tollue la redhibitoire. Cambray, *T.* 21. 5. Mets, *T.* 4. 3. Bar 204. Gorze, *T.* 7. 17. 18. 19. Bassigny 91. Sens 260. Auxerre 151. Orleans 425. 426. 427. Bourbonnois 87. Saint Sever, *T.* 7. Bragerac, *seconde partie* 113. Toulouse *de empt. vend.* 5. Bearn *de contract* 30.

ORD. Lex Bajuv. *T.* 15. *art.* 9. Capitul. *liv.* 5. *art.* 362.

7. Avril 1560. Confirmons & autorisons toutes transactions, qui, sans dol & force, seront passées entre nos sujets majeurs d'ans, des choses qui sont en leur commerce & disposition. Voulons & nous plaît que contre icelles nul ne soit après reçu, sous prétexte de lesion d'outre moitié de juste prix, ou autre plus grande quelconque, & ce qu'on dit en latin *dolus reipsa*, mais que les Juges à l'entrée du jugement, s'il n'y a autre chose alléguée contre cette transaction, déboutent les impetrans de lettres de l'effet & de l'enterinement d'icelles, & les déclarent non-recevables. Faisons inhibitions & défenses expresses à toutes personnes, sur grande peine à nous à appliquer, de ne poursuivre ne impetrer lettres contraires à cet Edit, & aux Sécrétaires de nos Chancelleries, de les signer à notre très-cher & féal Chancelier, aux Maître des Requêtes de notre hôtel, & Gardes des Sceaux de les sceller, & à tous nos Jugess, tant ordinaire, que de nos Cours souveraines, de non les enteriner comme con-

NOTES.

(b) V. le Commentaire & les Notes *n.* 5.

(c) V. le nombre 9.

trevenans

CONFERENCE.

trevenans directement à notre intention (*d*)

8. 1629. *Art* 138. Déclarons toutes dettes contractées pour le jeu nulles, & toutes obligations & promesses faites pour le jeu, quoique déguisées, nulles & de nul effet, & déchargées de toutes obligations civiles ou naturelles. Voulons que contre icelles le fait du jeu soit reçu, nonobstant toutes Ordonnances à ce contraires, ausquelles nous avons dérogé & dérogeons pour ce regard. Voulons & ordonnons que toutes lesdites promesses soient cassées, & les porteurs d'icelles, soit le premier créancier ou le cessionnaire, soient non-seulement déboutés de leurs demandes afin de paiement des sommes portées par lesdites promesses; mais aussi étant prouvé qu'elles viennent du jeu, condamnés envers les pauvres, en pareille somme que celle qui sera contenue ausdites promesses. Défendons à toutes personnes de prêter argent, pierreries ou autres meubles pour jouer ni répondre pour ceux qui jouent, à peine de la perte de leurs dettes, & nullité des obligations, comme dit est, & de confiscation de corps & de biens, comme séducteurs & corrupteurs de la jeunesse, & cause de maux innumerables, que l'on en voit provenir chaque jour.

Art. 139. Ordonnons pareillement que tous ceux qui joueront sur gages, perdront les gages qu'ils auront exposés, & ceux même qui les auront gagnés, & seront confisqués sur eux au profit des pauvres, reservant le tiers au dénonciateur. Et outre ce, ceux qui les auront gagnés seront condamnés en pareilles sommes, que celle pour laquelle ils auront gagné lesdits gages aplicable comme dessus.

Art 140. Permettons aux peres, meres, aïeuls, & aïeules, & aux tuteurs, de repeter toutes sommes qui auront été perdues au jeu par leurs enfans ou mineurs, sur ceux qui les auront gagnées. Voulons que leurs actions soient reçues, & ceux qui auront gagné lesdites sommes condamnés à restitution d'icelles, avec dépens, dommages & intérêts, & que la preuve par témoins soit reçue, nonobstant que les sommes excédent cent livres; à quoi nous avons dérogé pour ce regard.

Art. 141. Et d'autant que l'effrénée passion du jeu porte quelquefois à jouer les immeubles, nous voulons & déclarons que nonobstant la perte & délivrance desdits immeubles, quoique déguisée en vente & échange, ou autrement, les hypotéques demeurent entiéres aux femmes pour leurs conventions, & aux créanciers pour leurs dettes, nonobstant tous décrets, s'il est prouvé que l'aliénation desdits immeubles procéde du jeu, le tout sans déroger à notre Edit du mois de May 1611. fait pour les brelands & jeux de hasard, & Arrêt de notre Cour de Parlement de Paris sur ce donné le 13. Juin ensuivant, lesquels nous voulons demeurer en leur force & vertu. (*e*)

9. *Art.* 164. Nul ne sera reçu (*f*) à apeller des décrets, ni à les débatre par nullité, ni autres voïes, entre majeurs, dix après l'interposition desdits décrets; & ne courra néanmoins ledit tems de dix ans, que du jour de la publication des présentes, & sans préjudice des droits acquis aux parties, par prescription ou autrement, pour les décrets précédens, même pour les décrets volontaires qui auroient été faits en conséquence des contrats de vente, & pour purger les hypotéques seulement. Et néanmoins voulons que les mineurs, sur les tuteurs desquels les décrets auront été faits, puissent, dans les dix ans après leur majorité atteinte, être restitués pour lésion d'outre moitié de juste prix, & rentrer en leurs biens décretés, rendant le prix de l'adjudication, frais & loïaux-coûts, impenses utiles & nécessaires, si l'acquereur ne veut supléer la juste valeur du prix, avec l'intérêt à proportion. (*g*)

NOTES.

(*d*) V. le Commentaire & les Notes n. 1.

(*e*) Arrêt contre Foliart dit Hardi, le 3. Mars 1740. V. le Commentaire sur l'article 176. *n.* 3.

(*f*) V. art. 297. n. 17.

(*g*) « Vérifié, fors pour la restitution contre les décrets sur lésion d'outre moitié de juste prix. » Arrêt de modification du Parlement de Bretagne.

V. Devolant, *lettre L. ch.* 9. Sauvageau sur du Fail, *liv.* 1. *ch.* 613. Loisel, *liv.* 3. *T.* 4. *art.* 11. Boucheul, *art.* 444. *n.* 27. Belordeau, *lettre L. contr.* 18. & le Commentaire sur l'art. 297. *n.* 17.

SOMMAIRE.

1. *Des transactions.*
2. *De la rescision pour yvreße, & n.* 4. in fine. *Si l'acquereur peut être restitué. De la restitution contre l'échange, l'aliénation d'usufruit, & le féage* aux notes.
3. *& 7. De la redhibitoire.*
4. *Différence entre la révocation dans les 24. heures & la restitution.*
5. *Si la lesion d'outre moitié a lieu en chose mobiliaire.*
6. *Si le défendeur en rescision a l'option de rendre l'héritage ou de païer le suplément.*
8. *De l'action estimatoire* quanti minoris.

COMMENTAIRE.

HEVIN. Loquitur articulus de rebus mobilibus.

1. *Transaction.* (*h*) Saint Ambroise, qui avoit passé *à Tribunalibus ad Altare*, disoit. « De suo jure verum bonum aliquid relaxare liberalitatis est; » sed plerumque etiam commoditatis est, cum dispendio litis carere non sit » mediocre lucrum. « Symmachus ajoute que, « aperta est iniquitas eorum » qui reducunt in quæstionem pactionibus terminata, & per impatientiam » quietis finem jurgii secunda lite restaurant.

2. *Demander la rescision.* An (*i*) propter ebrietatem? Innuit art. 326. vetustiss. consuet. quod explosum est An etiam emptor habeat beneficium. *L.* 2. *C. de rest. vend.* Arrêt du 10. Juillet 1675. pour la négative au Journal du Palais, où on cite cet art. 295. à contresens, *in verb. au-dessous de cent livres.* (*k*)

NOTES.

(*h*) V. la Conference *n.* 7. Du Fail, *l.* 1. *ch.* 481. & *l.* 3. *ch.* 270. Le recueil de Constitutions imprimé à Nantes en 1710 à la fin de la T.A C. *p.* 83. Bouteiller, *L.* 1. *T.* 41. & 61.

„ Ne sueffre mie ke de cose apaisiée par „ concorde, dont escris sunt fais, & recors „ oïs, ke plais en soit: mais en tel baillie, „ en kelke lieu ke che soit, comande kele soit „ tenuë; nis se aucune des parties demande „ recort de se châtelerie, ou disoit kele ne fût „ ajournée pour ceste cose. Car cose déter- „ minée par escrit, ou par recort, ne doit- „ on pas delaïer, car moult de mal en vien- „ nent. " Pierre de Fontaines, *ch.* 15. *n.* 38.

De la transaction sur crime, v. Valla *de reb. dub. ch.* 17.

Devolant, *lettre A. ch.* 48. raporte deux Arrêts de 1637. & 1639. qui restituerent contre des transactions faites par ignorance des Arrêts rendus au profit des parties, qui avoient transigé. Dans l'espèce du premier, la transaction, par laquelle l'apellant se désistoit de son apel, étoit postérieure d'un jour à l'Arrêt, qui réformoit le jugement dont étoit apel. V. Sauvageau sur du Fail, *liv.* 1. *ch.* 481. Belordeau, *lettre A. Contr.* 8. & art. 297. *n.* 8.

(*i*) V. la Conference *n.* 2. Belordeau *contr. lettre F. n.* 5. *&* 6. Hevin, *art.* 297. *au mot rescision, & art.* 270. *n.* 78.

(*k*) Jugé que la lésion d'outre moitié est un moïen de restitution en échange, par Arrêts des 31. Octobre 1554. dans du Fail, *liv.* 1. *ch.* 466. & 15. Janvier 1619. dans Devolant, *lettre L. ch.* 8. Les Commentateurs de ces deux Auteurs en citent de contraires rendus au Parlement de Paris. En effet, on peut dire que celui qui se plaint de l'échange, n'est pas plus favorable qu'un acquereur ordinaire, qui étant majeur, & ne prouvant pas qu'on l'ait surpris, ne peut se faire restituer sur le seul fondement de la lésion d'outre moitié, Loüet, *lettre L. n.* 10. Belordeau, *lettre D. contr.* 36. que ce moïen n'est donné qu'au vendeur, qui est présumé avoir été dans la nécessité de vendre; qu'on ne peut suposer une pareille nécessité d'échanger: qu'enfin s'il y a une différence de valeur, celui qui s'en plaint

3. *La redhibitoire.* V. Basnage *ad art.* 40. *Consuet. Norm.* Coquille *dans ses Institutes tit. des contrats pag.* 147. Loysel *Inst. Coûtum. liv.* 3. *tit.* 4. *art* 16.

Chevaux. (*l*) Non taxativè, sed frequentiæ causâ. Car il y a même raison pour tous les bestiaux; & c'est ce que dit la Loi *Ædiles* 38. §. 5. *ff. de adilit. edict.*

4. D'Argentré A. C. *Art.* 282. *Pourra.* C'est ici une rescision particuliere, qui est plûtôt une révocation permise dans les 24. heures. L'Auteur dit qu'il y a des causes de dol, de fraude, & d'énorme déception, qui peuvent donner lieu à la restitution par Lettres Roïaux, lesquelles sont necessaires, quoique ces causes emportent nullité.

En intimant & déclarant. Soit judiciairement, soit extrajudiciairement, soit par écrit, soit en présence de témoins. * Cela est contre tout usage. Il faut que la révocation soit signifiée dans les 24. heures avec assignation en jugement.] L'Auteur dit que la déclaration qu'on ne veut point tenir le traité ou le marché, est nécessaire dans les 24. heures, pour opérer la rescision en choses mobiliaires, & qu'on ne seroit plus recevable à la demander après ce tems-là; après lequel la Coûtume supose une acceptation & aprobation absolue. * Il semble qu'il veut entendre par-là que l'action rescisoire en général présuposeroit en matiere mobiliaire, qu'elle eût été précedée de cette déclaration révocatoire dans les 24. heures. Mais cela n'est pas vrai. Il ne faut pas de grands motifs pour la révocation dans les 24. heures. L'usage ne demande pas même qu'on les exprime, ni qu'on les prouve. Mais s'il y a de justes causes de rescision, il s'ensuit uniquement du laps de tems de 24. heures, que si l'on n'a pas usé de ce remede, il faut venir à la rescision dans toutes les formes, laquelle ne peut avoir lieu que par des motifs capables de l'operer. Il y a dix ans pour cela comme pour toute autre rescision.]

A la partie. A personne ou domicile, comme pour tous autres exploits.

NOTES.

est présumé l'avoir connue lors du contrat; & que s'il a accepté des biens de moindre valeur, il l'a fait pour sa commodité, sans qu'on puisse soupçonner aucun dol de la part de l'autre contractant, pendant qu'il n'y en a point de preuve.

Sauvageau dit que le motif de l'Arrêt de 1554 est que l'échange est un contrat de bonne foi, où l'égalité doit être gardée, & que la partie lésée est présumée avoir ignoré la valeur de la contre-échange, & avoir eu intention qu'on lui donnât un fonds égal à celui qu'il a transporté. Cette raison est adoptée par le Grand, *art* 239 *gl.* 10. *n.* 10. qui n'exige pour la rescision que la lésion du quart, comme dans les partages. V. les nouvelles remarques sur M. Loüet, *lettre L. ch.* 11. Boucheul sur Poitou, *art.* 355. n. 12. Basnage, *art.* 3. Belordeau, *lettre C. contr.* 96. & le nombre 7. ci-après.

L'échange d'un fonds contre une rente constituée aïant tous les caracteres de la vente, il est certain que celui qui a transporté le fonds, peut attaquer le contrat pour lésion d'outre moitié. Arrêt du 2. Mars 1646. dans le Journal des Audiences.

L'usufruit & le doüaire étant véritablement immeubles, l'aliénation qui en a été faite peut être attaquée par le vendeur pour lésion d'outre moitié. Belordeau *contr. lettre D. ch.* 97. *& lettre L. ch.* 25.

La lésion d'outre moitié ne peut être alléguée par le Seigneur de fief contre un afféagement. Arrêt du 20. Juin 1656. Devolant, *lettre L. ch.* 11. V. l'Arrêt I. sur l'art. 358. & Basnage, *art.* 3.

Sur la signification & l'étendue de la clause portant transport des droits rescindans & rescisoires. V. Hevin Cons. 61. Loüet *lettre C. n.* 12.

(*l*) Hevin *Cons.* 58. & Brodeau sur Paris, *art.* 127.

Dans 24. heures. C'est le jour naturel; * & l'on ne trouveroit pas tout-à-fait cela dans la Loi *cap. 5. ff. ad L. Juliam de adulter.* sur laquelle l'Auteur se fonde.]

Qu'il ne le veut tenir. L'Auteur demande ici l'attention. Il dit que contre l'avis de plusieurs ignorans, la rescision ne s'ensuit pas nécessairement de cette révocation. Il a raison suivant les termes de l'article, qui portent *pour juste cause*; & il se fonde d'ailleurs, sur ce que *contractus initio sunt voluntatis postea necessitatis*, de sorte qu'il faut des causes de restitution. Nos païsans, dit-il, alléguent d'ordinaire qu'ils étoient yvres. Mais il dit que cette cause mériteroit les étrivieres. Tout ce qu'opere donc l'article, selon lui, c'est que dans le cas qu'il exprime, la rescision, qui ne doit être que pour de justes causes, n'est point recevable, si elle n'est précedée de la révocation dans les 24. heures. * On a fait voir ci dessus que c'est une erreur. Cela résulte même du texte, qui supose une autre rescision dont il est parlé dans la glose suivante.]

5. *Pour déception d'outre moitié.* De ces mots l'Auteur conclut que l'article retranche un usage douteux & ambigu, sur la question de sçavoir si la lésion d'outre moitié peut avoir lieu en matiere mobiliaire. Il dit que ce seroit une chose bien singuliere, que la lésion pour un immeuble peu considérable fût recevable, pendant qu'elle ne le seroit pas pour des pierreries de la valeur de 30000. liv. Ainsi il rejette ce que l'on dit en general, pour toute raison d'exclure la rescision, qu'il s'agit de chose mobiliaire. (*m*)

6. *Devroit demander ou la rescision.* Cela retranche encore un doute du Droit Civil, si l'on doit conclure à la rescision simplement, ou au suplément, puisqu'il est dit que le demandeur peut dabord prendre les conclusions alternatives.

On propose ici le cas de celui qui s'étant fait restituer pour déception d'outre moitié, & le défendeur étant condamné de restituer l'héritage ou de supléer au prix, il choisit de rendre l'héritage. Comme il faut que celui qui se fait restituer rende le prix qu'il a reçu, il allégue qu'il n'est pas en état de le faire & il demande le suplément. Le défendeur n'est point obligé

NOTES.

(*m*) V. la Conf *n.* 3. & 4. & la premiere note d'Hevin sur cet article.

M. de Perchambault *hic*, & Sauvageau sur du Fail, *liv.* 3. *ch.* 66. adoptent la proposition de d'Argentré, & décident que par l'article 295. la Coûtume admet la restitution, pour lesion d'outre moitié, en contrat de chose mobiliaire, pourvu qu'il ne soit pas au-dessous de 100. liv.

Chapel, *ch.* 315. & Devolant, *lettre V. ch.* 22. raportent un Arrêt du 17. Décembre 1646. qui annulla l'obligation de la somme de 60. liv. consentie par un mineur pour une fausse émeraude qu'il avoit achetée comme vraïe. Il n'avoit reclamé que 9. mois après. Mais il fut jugé qu'y aïant erreur dans la substance de la chose, les termes fixés par l'article 295. pour la révocation & la redhibitoire n'avoient point lieu dans cette espéce.

Devolant ne parle point du moïen fondé sur la minorité. Cependant ce moïen seul pouvoit être décisif, suivant la maxime établie par d'Argentré *ad rubr. de minor. n.* 10. que dans les contrats même que la Loi permet aux mineurs, la restitution pour lesion est reçue *propter manentem minoritatis qualitatem quæ læsionem non patitur.*

Le Grand, *art.* 139. *gl.* 10. *n.* 29. observe qu'en France la restitution, pour vente de meubles, n'est reçue que lorsqu'il y a dol, ou que le meuble est précieux, & ne se consomme pas avec le tems, comme un diamant ou un vase d'or ou d'argent. Il ajoute qu'elle est reçue pour vente de la coupe d'un bois ou d'une forêt, lorsque la lesion est

au suplément ; & c'est à celui qui s'est fait restituer de reprendre l'héritage en rendant le prix. *(n)*

7. *Redhibitoire.* *(o)* Il y a peut-être eu un peu trop d'exactitude dans les Réformateurs, à raporter cette action particuliere qui est tirée du Droit. Mais on auroit pû douter si elle ne se seroit point trouvé bornée aux 24. heures comme les autres. Cette action apartient aux acquereurs, même par échange, pour les choses qui se trouvent avoir quelque vice, soit héritage, soit meubles, soit bestiaux. Elle regarde non-seulement la proprieté, mais l'usage, par exemple, lorsque le fonds est pestilenciel, ou lorsqu'il paroît des fantômes.

8. *Six mois.* Les Réformateurs devoient parler de l'action estimatoire *quanti minoris*, à cause de son affinité avec la redhibitoire. Celle-ci est lorsqu'on n'auroit pas acheté la chose, si on en avoit connu le vice: l'estimatoire tend au dédommagement de la non valeur. On prétend qu'elle a lieu dans l'an, lorsqu'on a omis la redhibitoire. La Nouvelle Coûtume excepte ici la redhibitoire pour chevaux, dont l'action ne dure que 15. jours.

NOTES.

grande. V. un Arrêt contraire pour des pierreries d'un prix considerable dans Belordeau, *lettre M. contr.* 97.

Le Grand, *n.* 4. & Basnage, *art.* 3. n'admettent point la lesion d'outre moitié en loüage, parce que la perception des fruits est incertaine ; & notre Jurisprudence a adopté ce principe qui est combattu par M. de Perchambault & par Sauvageau, *loc. cit.* Il a même été jugé que si le fermier a renoncé aux cas fortuits par sa ferme, il ne peut demander de diminution. V. Sauvageau *liv.* 3. *ch.* 6. 61. & 171. Chapel, *ch.* 37. & 160. Belordeau, *lettre F. cont.* 59. & *lettre L. Contr.* 24.

Il a été aussi décidé par Arrêt du 12. Décembre 1651 que celui qui avoit fait ajuger en Justice la ferme d'un Greffe, étoit non-recevable à demander dans les vingt-quatre heures la rescision de l'adjudication pour certaines causes, & que la révocation dans les vingt-quatre heures, permise par l'article 295. ne doit pas s'apliquer aux adjudications judiciaires. Sauvageau, *l.* 1. *c.* 6 V. aussi l'Arrêt du 17. Juin 1617. dans Chapel *ch.* 109.

Mais en quelque contrat que ce soit, le dol est un vice qui infecte absolument la convention. Aussi par Arrêt du 17. Septembre 1565. dans M. du Fail, *liv.* 3. *ch.* 66. les lettres de restitution contre une ferme fondées sur le dol furent enterinées.

(n) Basnage, *art.* 3.

(o) Assises de Jerusalem, *ch.* 114. Loisel, *liv.* 3. *tit.* 4. *art.* 17. & 18. Bouteiller, *tit.* 27. Desmares, *déc.* 280.

ARTICLE CCXCVI.

Ne pourront les mineurs être relevés des contrats par eux faits pendant le tems de leur minorité, après l'âge de trente-cinq ans parfait & accompli.

NOTES.

V. Valla *de reb. dub. ch.* 19. *n.* 11. & 12. & *ch.* 20. Loisel, *liv.* 5. *tit.* 3. *art.* 5. Bouteiller, *liv.* 1. *tit.* 20.

Les questions particulieres sur la restitution des mineurs seront traitées au Titre XXII.

CONFERENCE.

Art. 197. 491. 511. & 512.

T. A. C. *Ch.* 71. Et selon droit, il y a quatre ans à se adviser de rapeller la decepte, après que son âge est aprouvé de droit; (*a*) & de coustume il a ung an & ung jour, & non plus.

Nota que mineur doit proposer deux choses pour être restitué, primò quòd erat minor, secundò quòd fuerit læsus. *ff. de jure jurando L. nam & posteaquam §. si minor, & L. post mortem ff. de adoptionibus.*

Ordonnance de Jean III. 1515. *art.* 7. & 8.

Ord. Villers Coterests Août 1539. *art.* 134. Nous voulant ôter aucunes difficultés & diversités d'opinions qui se sont trouvées par ci-devant, sur le tems que se peuvent faire casser les contrats faits par les mineurs; ordonnons qu'après l'âge de trente-cinq ans parfait & accompli, ne se pourra, pour le regard du privilege, ou faveur de minorité, plus déduire ne poursuivir la cassation desd. contrats, en demandant ou défendant, par lettres de relievement ou restitution, ou autrement, soit par voïe de nullité pour aliénation de biens immeubles, faite sans décret ni autorité de Justice, lesion, déception, ou circonvention, sinon ainsi qu'en semblables contrats seroit permis aux majeurs d'en faire poursuite par ce relievement ou autre voïe permise de droit.

1667. *T.* 27. *art.* 16.

Edit du mois de Juillet 1707. pour le Comté de Bourgogne.

V. la conference sur les art. 286. 295. & 297.

SOMMAIRE.

1. *Si l'hypotéque a lieu du jour de l'obligation consentie en minorité, ou du jour de la ratification.*
2. *Le délai pour retirer l'héritage vendu par le mineur court pendant la minorité.*
3. *Le tems pour la restitution de la femme mineure ne court qu'après la mort du mari.*
4. *De la restitution contre les transactions entre le tuteur & le mineur.*

1. Arrest I. On a raporté sur l'art. clxxvii. l'Arrêt du 15. Octobre 1652. qui a jugé que la ratification du mineur faite après sa majorité ne préjudicie pas à ceux qui ont contracté intermédiairement entre la majorité & la ratification. Sed quid, si, sans ratification expresse, l'obligation est demeurée confirmée lapsu decennii post majorem ætatem? Vid. Argentr. *ad art.* 266. *cap* 12. *n.* 22. *& ad art.* 419. *gl.* 1. *num* 4.

Contre cet Arrêt du 15. Octobre 1652. on jugea que la ratification avoit un effet rétroactif le ... Juillet 1665. & depuis on a jugé conformément au premier Arrêt par autre du 27. Juin 1672. au raport de M. de la Bourdonnais. L'Arrêt de 1665. fut rendu contre un nommé d'Espinose, Marchand à Nantes, & celui de 1672. entre les nommés Gommery, Allambert, le Marchand & consorts. Dans le Journal du Palais il y a un Arrêt du Parlement de Paris, du 23. Juillet 1667. qui juge (*b*) qu'elle a effet rétroactif.

NOTES.

(*a*) Ce qui suit n'est pas dans les M. S.

(*b*) V. la note (*u*) sur l'art. 177.

2. ARREST II. On a jugé, moi plaidant, pour le Sr. Aunette, Procureur du Roi à Rennes, contre Amiot que le tems de demander le retrait lignager d'un héritage aliené par le sieur de Belestre Henry, & ratifié depuis sa majorité, court du jour du contrat, & non du jour de la ratification, & ledit Amiot, acquereur, déchargé de la demande de retrait. (c) Mais il y a grande différence entre un créancier de bonne foi, qui a suivi la foi publique *& qui certat de damno vitando*, & un lignager retraïant *qui certat de emolumento*, & qui vient après le péril passé arracher à l'acquereur le fonds acquis; ce qui n'est pas favorable.

3. ARREST III. Il y a une exception dans la femme mineure contre laquelle, nonobstant que son mari soit son curateur, le tems de se relever contre l'obligation où elle a entré pendant sa minorité, ne court point durant le mariage, mais seulement à commencer du jour du décès de son mari; parce-qu'elle est toujours censée mineure, & sous la puissance de son mari qui la prive de la liberté d'agir contre lui, comme il résulte de l'art. 472. infrà. Jugé le... Octobre 1691. au raport de M. de la Bouexiere; & il y avoit cela de particulier que le mariage avoit duré 30. ans depuis la majorité de la femme, & qu'elle s'étoit fait séparer de biens. (d)

4. ARREST IV. Par Arrêt du 25. Novembre 1615. infirmatif de Sentence donnée au Présidial de Vannes, au procès d'entre Provôt & ... cet article a été étendu aux transactions faites avec le tuteur sans avoir tenu compte. C'étoit entre personnes de basse étoffe, & s'agissoit de *modico*, v. Chenu, *quest.* 22. & 28.

ARREST V. Idem jugé le Jeudi 9. Octobre 1659. entre personnes de condition, à l'audience.

ARREST VI. En la séance de Février 1617. la même question a été jugée aux Enquêtes, au raport de M. le Févre, entre un apellé Amisse, &... sur un apel des Juges de Guerrande, & l'Arrêt donné au profit de la transaction.

ARREST VII. Et encore depuis en l'audience le 18. Juillet 1617. plaidans Frain & Ybert, & M. Deslandes; Folart, Gautier & Auguste, parties. V. *L. actione C. de transactionib.* Il y en a eu autres depuis & en pareils termes. (e)

NOTES.

(c) V. l'Arrêt 9. raporté à la fin de l'article 269. & la conference sur l'article 298, *n.* 76.

(d) V. ci-après, art. 472. & l'Arrêt du 14. Juillet 1730. dans le Journal du Parlement *tom.* 1. *ch.* 39.

(e) V. le Commentaire sur l'art. 297. *n.* 7. & l'art. 517.

ARTICLE CCXCVII.

a *Les* rescisions de contrats, distracts, b *faits avec majeurs*, fondées sur c déception d'outre moitié de juste prix, se prescriront par le laps de dix ans, d à compter du jour e *des*dits contrats, distracts, f *&* autres actes: g *& courra* *la prescription ainsi commencée contre toutes personnes, même contre les mineurs, & autres pourvus de curateurs: sauf leur recours, comme dessus est dit.*

SOMMAIRE.

1. *La rescision doit être demandée dans les 10. ans de la datte du contrat de remeré.*
2. *Contrat infecté des vices de crainte & force, validé par le consentement posterieur.*

CONFERENCE.

Art. 286.

A. C. *Art.* 283.

a Toutes. b Ou autres actes quelconques sur héritages. c Dol, fraude, circonvention crainte, violence, ou. d Continuels. e Que les. f Ou. g Auront été faits, & que la cause de crainte, violence, ou autre cause legitime, empêchant de droit ou fait la poursuite desdites rescisions cessera.

T. A. C. *Ch.* 79. (*a*) Doit l'en ôter la decepte, là où elle pourroit être trouvée, pour ce que la partie s'en doulge dedans le tems de droit.

Le tems de droit. V. *L. calculi erroris ff. de administrat. rerum ad civit. per.* Bourbonnois 19. 173.

1. Le relevement de la vente faite à condition de remeré, doit être pris dans les dix ans du contrat de vente, & non de l'exemption de la faculté de remeré. Placités de Roüen 110,

2. Contracte feyt par met & forsa, es convalidad si lo forsat per depuxs liberaloment y consent. Bearn *de contract.* 29.

V. aussi la conference sur les art. 286. 295. & 296.

SOMMAIRE.

1. *Restitutions* in rem scriptæ *contre les tiers possesseurs.*
2. *Distinction entre la tierce-personne qui se pourvoit contre ce qui a été fait en fraude de ses droits, & le contractant qui demande la restitution.*
3. *Des causes de nullité. De la maxime* voïes de nullité n'ont lieu en France. *Pour quelles nullités la restitution est ou n'est pas nécessaire.*
4. *Nécessité de prendre des lettres & de les signifier dans les dix ans.*
5. *De l'accumulation du rescindant & du rescisoire. La provision n'a point lieu en faveur du demandeur en restitution.*
6. Distracts, *ce que c'est. De la rescision des transactions.*
7. *Des transactions entre les mineurs & leurs tuteurs.*
8. *Exemples de dol.*
9. *De la crainte & de la violence. En quoi elles different.*
10. *Proportion pour régler la lésion d'outre moitié.*
11. *De l'usure. Imprescriptibilité.*
12. *Suspension de la prescription par la*

NOTES.

Du Fail, *liv.* 3. *chap.* 239. Dunod, *part.* 2. *chap.* 8. Loüis, *art.* 447. Ferriere, *art.* 113. *gl.* 6. *n.* 15. *& suiv.* Duplessis *des prescriptions, liv.* 2. *ch.* 1. *sect.* 2. *& to.* 2. *des prescriptions ch.* 2. *sect.* 4. Boucheul, *art.* 372. *n.* 78 *& suiv.* Loisel, *liv.* 5. *tit.* 3. *art.* 5.

(*a*) Ceci n'est point dans les Manuscrits.

crainte

COMMENTAIRE.

HEVIN. Conférence *art.* 286. suprà. D'Argentré *ad art.* 266. *vet. cap.* 12. *de præscriptionibus adversùs minores.*

V. Despeisses, *tom.* 1. *part.* 4. *tit.* 11. *sect.* 2. *pag.* 739. M. le Prêtre, *cent.* 3. *ch.* 44.

Cet article ne parle que de la rescision pour déception de juste prix, qui se termine à dix ans, si ce n'est qu'il y eût dol, fraude, crainte & violence; auquel cas l'art. 286. suprà a pourvu.

1. Nota que toutes les restitutions en entier, soit ex causâ doli, minoris ætatis, quod metûs causâ, videntur in rem scriptæ, ut notat Mornac *ad Legem* 13. *§. interdum ff. de minoribus*; & quidem de restitut. propter metum, textus est in *L. metum* §. *volenti & sequent.* Dantur ergo hæ restitutiones adversùs possessores. A l'égard de *quod metûs causâ*, cela est très-vrai : pour ce qui est *de dolo*, non mihi videtur.

Les rescisions. La Très-Ancienne Coûtume art. 324. mettoit l'yvresse entre les causes de restitution.

Distracts. V. Argentr. *ad art.* 283. *in hoc verbo.*

Comme dessus est dit. Suprà *art.* 286.

D'ARGENTRÉ AIT. Hîc notandum præscriptionem etiam positâ malâ fide currere.

D'ARGENTRÉ A. C. *Art.* 283. *Toutes rescisions.* L'Auteur commence par une subtile distinction entre les rescisions & les restitutions en entier. Mais il est forcé de convenir, dans la suite, qu'il n'y a point de différence pour le tems de se pourvoir.

2. Il entre aussi dans la différence du cas auquel une tierce-personne se pourvoit contre ce qui a été fait en fraude de ses droits, & de la rescision ou restitution demandée de la part d'une des parties contractantes. Car quoique dans le premier cas, on n'ait pareillement que dix ans pour découvrir la fraude, ce sont deux choses qu'il ne faut pas confondre. Il remarque que du dol ou de la fraude, ou de la violence commise par l'une des parties, il résulte une action de fait qui est personnelle, & qui par conséquent pourroit durer 30. ans suivant la Glose & les Docteurs. Mais il ne faut point s'arrêter à cela, non plus qu'aux scrupules de la formule des actions suivant les différens faits qui causent la restitution. Aussi cet article est tiré presque

mot à mot de l'Ordonnance de Loüis XII. de 1512. *art.* 40. y aïant peu de chose de changé, & quelques unes qu'on a conservées n'aïant pas dû passer dans notre Droit Coûtumier. Par cette Ordonnance il est marqué que le tems des rescisions étoit trop long dans le Droit Civil, les possessions demeurant incertaines; qu'ainsi il falloit restraindre le laps de 30. ans à celui de 10.

3. Il y a plusieurs causes de rescision, qui se proposent toutes par lettres suivant l'usage des Tribunaux de France. On ne specifie point ici les contrats qu'on argue de nullité, sinon qu'on y parle de dol & de fraude qui, emportant nullité dans les contrats de bonne foi, pourroient les mettre dans le cas des déclarations de nullité pour lesquelles il y avoit 30. ans. Cependant cela est également compris sous le laps des dix ans. Mais il reste des nullités qui subsistent toujours, telles que celles dont on a parlé en traitant de la nullité des contrats. Il ne faut point de lettres pour cela; mais il seroit inutile de répeter ici ce qui a été expliqué à fonds en cet endroit. Ainsi le langage ordinaire des Praticiens que (*b*) *voïes de nullité n'ont point de lieu en France*, & qu'il faut venir par lettres, n'a pas d'aplication à ces cas.

Il n'en est pas besoin par la même raison contre ce qui péche par la formalité substancielle; par exemple contre un testament fait contre les formes, contre le défaut d'insinuation, & autres pareilles nullités. Car ce qui est ordonné par la Loi venant à manquer, la chose qui en doit être revêtue tombe d'elle-même.

Quoiqu'un acte ne regarde que l'interêt particulier de quelqu'un, si l'on a contrevenu à la défense de la Loi, il n'est pas besoin de lettres de rescision pour l'anéantir. Par exemple la donation faite par le mari à la femme, & par la femme au mari, ou celle qui est faite en faveur d'un héritier, tombe d'elle-même; & quoique l'on dise d'ordinaire que les voïes de nullité n'ont point de lieu en France, les lettres de restitution ne sont nécessaires, que quand la partie intéressée a parlé dans l'acte, ou y a donné son consentement. L'Auteur remarque qu'autrefois il n'étoit point besoin de Lettres Roïaux; que la rescision étoit un remede que le Juge accordoit de sa seule autorité; & qu'aux Etats d'Orleans on demanda que l'ancien Droit fût rétabli.

4. Comme il résulte de l'article une prescription de 10. ans contre l'action rescisoire, il marque que la prescription peut être interrompue *citatione*, sans qu'il soit besoin de contestation en cause dans le tems fatal. * Mais il faut remarquer qu'une simple assignation ne suffiroit pas; car il faut que les lettres soient prises & signifiées dans les dix ans.] (*c*)

5. Il parle, en passant, des questions au sujet de l'accumulation du rescindent (*d*) & du rescisoire. Il propose le cas qui suit. Quelqu'un avoit agi

NOTES.

(*b*) Loisel, *liv.* 5. *tit.* 2. *art.* 5.

(*c*) Sauvageau, *liv.* 1. *ch.* 117.

(*d*) Le rescindant & le rescisoire sont accumulables. Loisel, *liv.* 5. *tit.* 1. *art.* 12. V. art. 271. *n.* 75. & art. 272. *n.* 21.

pour la vendication d'un héritage : il fut induit par la fraude de l'adversaire à se départir d'un bon procès en transigeant. Aïant découvert la fraude, il demanda la rescision par lettres, & reprit les premiers erremens du procès. Grande contestation là-dessus, si, avant de pouvoir venir au principal du procès, il falloit que la barriére résultante du consentement fût rompue par l'enterinement des lettres. Mais cette difficulté est retranchée; car l'une & l'autre peut être intentée jointement; & nous avons même pour cela l'Ordonnance de François I. de 1535. *article* 29. d'où il s'ensuit que l'interruption pour le rescindant opére pour le rescisoire.

On forme ici une autre question, qui est de sçavoir si, le rescindant étant proposé par voïe d'exception, il se fait interruption au rescisoire. Mais ce sont des discussions scholastiques qu'il faut passer comme inutiles; & l'Auteur s'y engage plutôt pour faire voir sa profondeur, que pour la véritable instruction. Il en est de même de la question de sçavoir si, nonobstant l'action rescisoire intentée, on peut toujours demander l'exécution du contrat, jusqu'à ce qu'il soit anéanti. L'Auteur est pour l'affirmative; car la provision est pour le contrat qui a son exécution parée : ce qui est constant en matiére d'Arrêts quoiqu'entrepris par lettres en forme de Requête civile..

Cependant si les moïens de restitution paroissoient sur le champ; par exemple la sentence d'interdiction, la minorité à la seule inspection de la personne, & d'autres causes de cette qualité, l'Auteur convient qu'il seroit injuste de permettre l'exécution du contrat par provision : mais d'un autre côté on ne donne jamais la provision au demandeur en rescision : car ce seroit aller contre la régle, *nil novare pendente in integrum restitutione.*

6. *Distracts.* Ce mot étoit inconnu en françois : cependant il est dans l'Ordonnance de Louis XII. dont cet article est tiré. On entend par-là toutes résolutions de contrats qui se font par convention; & cela comprend les acquits renonciations, répudiations, révocations, & autres pareils actes. Or de même que le dol qui donne cause au contrat, empêche qu'il en résulte une obligation, il est certain que s'il donne cause à la restitution, il empêche la liberation & la décharge de l'obligation. On pouvoit douter par raport aux transactions, lorsqu'il n'y avoit qu'une déception réelle dans le plus ou le moins, qu'on apelle dans l'école *dolus reipsâ.* Mais l'Ordonnance de Charles IX. (qui est mal datée ici de 1564. puisqu'elle est de 1560.) rejette toute restitution ou rescision contre les transactions entre majeurs, s'il n'y a dol personnel : & elle parle positivement du dol *reipsâ*, comme ne pouvant fonder à revenir.

7. Nous avons eu raison de traduire le mot *liberationes* par *acquits*; & c'est ce que l'Auteur remarque ici, en mettant sous ce nom les quittances générales que les mineurs donnent à leurs tuteurs après leur majorité, & qui ne sont valables que *visis tabulis & dispunctis rationibus*, non plus que les transactions, (*e*) quand même on les confirmeroit par serment, & quand un étranger majeur auroit promis de faire ratifier le mineur après sa majorité; de plus quand il seroit dit que c'est après avoir vu la charge & la décharge : car à

NOTES.

(*e*) V. l'art. 517. & les quatre derniers Arrêts sur l'art. 296.

moins de conster d'un compte fourni avec communication, toutes ces reconnoissances & déclarations sont inutiles.

8. *Ou autres actes.* Car il peut y avoir partout du dol & de la circonvention. Par exemple, si un créancier rusé a engagé à accepter une hérédité onéreuse; si les héritiers du mari ont induit la femme à accepter la communauté; si l'on a suposé à quelqu'un la perte du procès, *(f)* pour l'engager à transiger, dont il y a plusieurs Arrêts. L'Auteur n'est pas du sentiment de Rebuffe, qui prétend que, pour les autres causes non exprimées dans l'Ordonnance, il y a 30. ans pour la restitution. Toute restitution ou rescision se prescrit également par 10. ans: car outre que les causes qui n'ont pas été exprimées ne sont pas plus favorables que celles dont l'Ordonnance parle, c'est sur les rescisions que tombe le laps de 10. ans, & non sur les causes qui marchent toutes d'un pas égal.

Sur héritages. L'Ordonnance ne met point ce mot; mais on l'a mis ici, parce qu'il a été parlé des choses mobiliaires dans l'article 295.* On a fait voir que cela est mal entendu; aussi la Nouvelle Coûtume dit simplement en tous contrats, distracts, &c. Au surplus l'article de la Nouvelle Coûtume n'est pas mieux conçu; car il ne parle que de déception d'outre moitié, au lieu que l'ancien aporte toutes les causes de restitution, comme le dol, la fraude, la circonvention, crainte & violence: ainsi il en faut revenir à l'Ordonnance, dont la disposition de la Coûtume est tirée.]

Dol, fraude. L'Auteur rejette ici les distinctions de l'Ecole & les petites subtilités sur la nature & qualité des contrats, pour examiner ceux qui sont nuls de droit. Car la disposition est absolue, qu'il faut des lettres & que l'action rescisoire se prescrit par dix ans: de sorte qu'après ce tems-là le vice des contrats est purgé. Il n'est pas besoin de raporter tout ce que l'Auteur dit pour combattre ces distinctions & ces subtilités.

9. *Crainte.* Ce qui resultoit de la crainte étoit une action personnelle qui duroit 30. ans. Mais comme cela tombe également en rescision, il n'y a plus que le même tems. Quant à l'étranger qui auroit profité de ce qui se seroit fait par crainte, il en faut revenir à ce qui a été dit de l'effet des prescriptions & de l'appropriement.

Violence. Il peut y avoir violence sans crainte, & crainte sans violence. Chacune de ces choses suffit separément pour la restitution. Il faut entendre ici la violence qui donne lieu à un contrat, ou à une convention. Car si la violence est purement de fait par l'enlevement du bien d'autrui, ce seroit une autre prescription que l'Auteur porte à 30. ans.* Cela est sujet à beaucoup d'exceptions. Car si c'est une vendication d'héritages, elle dure 40. ans: si c'est une vendication de meubles, elle n'en dure que cinq.]

10. *Déception d'outre moitié.* Les Docteurs sont partagés sur la proportion de la moitié & du double. Mais l'on entend par-là la proportion comme de 10. à 20. & ce qui se trouve dans le prix au-dessous de cette valeur, par

NOTES.

(*f*) V. la note sur l'art. 295. au mot *transaction*.

proportion à la valeur de la chose, donne lieu à la rescision. (g)

11. Dans les contrats de constitution de rente, on regarde la proportion de la Loi; le moindre excès au-delà rend le contrat vicieux, usuraire & nul; & il n'y a point de prescription contre cette nullité.

Se prescriront. Comme après les 10. ans on n'est plus recevable à proposer la rescision, l'Auteur répete encore ici, ce qu'il a dit mille & mille fois, que la bonne foi n'est pas nécessaire dans les prescriptions.

On a déja remarqué que les rescisions étoient des actions personnelles qui duroient 30. ans. Du Moulin agite la question de sçavoir si la Coûtume d'Anjou & la Coûtume du Maine qui donnent 30. ans pour se pourvoir par lettres, sont abrogées par l'Ordonnance de Loüis XII. Il prétend que non; mais notre Auteur n'est pas de son avis : * Et Dupineau, après Choppin & d'autres Commentateurs, est de l'avis de notre Auteur.]

Continuels à compter du jour. Il n'étoit pas besoin de Commentaire sur le mot *continuels.* Il faut que tout le tems soit rempli *de momento ad momentum*, à la différence des prescriptions titrées, pour lesquelles il suffit d'être parvenu au dernier jour.

Quand la Loi dispose du tems par raport à un acte, il commence à courir du jour de l'acte. Ainsi la lésion venant du contrat, le tems court du jour de la lésion.

12. *Et que la crainte.* Aulieu qu'en général, pour la prescription de l'action rescisoire, le tems est continu dans son cours, il est utile dans le cas d'impression de crainte, c'est-à-dire, qu'il ne peut courir qu'autant qu'on est en état d'agir. Mais quand la cause de crainte a cessé, on en revient au droit commun de toutes les prescriptions qu'aucune cause d'absence, d'ignorance ou autre n'empêche de courir.

Rien n'est plus juste. Cependant l'Auteur censure beaucoup les Réformateurs de 1539. en ce qu'ils n'ont pas consideré qu'ils établissoient une prescription coûtumiere, qui doit être générale & absolue, sans faire de distinctions particulieres qui suposent utile un tems qui doit être continu. Ils devoient considerer, dit-il, que l'Ordonnance, dont l'article a été tiré, est le Droit Civil tout pur, & qu'il y a d'autres régles pour les prescriptions de notre Coûtume.

Violence ou autre cause légitime. Cela est fondé, comme on l'a déja dit, sur la régle *non valenti agere non currit præscriptio.* On a un exemple, par raport aux femmes qui sont sous la puissance de leurs maris. Les mauvais traitemens continués empêchent qu'elles puissent agir en restitution.

13. * On peut ajouter à ce que dit l'Auteur, qu'il y a même plusieurs Ar-

NOTES.

(g) Cette décision jointe aux mots *d'outre moitié* qui sont dans les art. 295. & 297. prouve que la lesion doit exceder la moitié ; & c'est la décision de l'Arrêt du 20. Octobre 1620. raporté par Sauvageau, *liv.* 3. *ch.* 51.

Sauvageau dit qu'il a cependant été jugé, par quelques Arrêts posterieurs, que quand la lesion alloit jusqu'à la moitié, elle étoit reputée exceder. Mais ces Arrêts qu'il ne date point ont-ils pu autoriser une pareille présomption formellement contraire aux termes de la Coûtume ?

rêts (*b*) dont quelques-uns sont raportés dans le Journal du Palais, qui décident que, quand les mauvais traitemens du mari ont forcé la femme à consentir une obligation, ou à donner les mains à une aliénation, il n'est besoin que de la présomption résultante de l'autorité, pour empêcher que la prescription commence à courir contr'elle; de sorte que les 10. ans ne courent que du jour de la dissolution du mariage. Il y en a un Arrêt rendu en ce Parlement au profit de la nommée Rondel contre le Chapitre de Rennes en 1691.]

14. *De droit.* L'Auteur raporte ici plusieurs causes qui empêchoient le cours des prescriptions, mais qui ne sont point d'usage. Voici sommairement ces inutiles exemples.

Un excommunié n'étoit point reçu à agir en jugement. De-là on concluoit que les prescriptions ne pouvoient courir contre lui, à moins qu'il eût été en son pouvoir de se faire absoudre.

Le fils de famille dans les choses dont le pere avoit l'usufruit. Il en étoit de même à plus forte raison de la femme mariée. L'héritier avant l'adition d'hérédité, le créancier conditionnel qui ne peut agir avant la condition accomplie. L'Autenr condamne ici le sentiment de Rebuffe, qui prétend que la restitution de celui qui a vendu à condition de réméré ne court qu'après le réméré fini; car cela ne l'empêche pas d'agir.

15. L'Auteur raporte une décision donnée de son tems dans un cas assez singulier. Un homme avoit consigné (*i*) pour le remboursement d'un retrait. L'argent étoit demeuré pendant 40. ans chez le dépositaire ou consignataire, à cause des contestations entre l'acquereur & le retraïant. Le consignataire posa la fin de non-recevoir fondée sur la prescription. On jugea qu'il n'y en avoit point, par la régle *non valenti agere.* L'Auteur ajoute qu'il seroit périlleux de suposer d'autres cas que ceux de la Coûtume, dont les tems sont continus pour les prescriptions.

16. L'absence, principalement *Reip. causâ*, la détention *in vinculis*, la guerre, la peste, & tout empêchement qui ôte l'accès pour demander justice sont autant de détails que font les Docteurs. * Mais il faut s'en tenir à la disposition de la Nouvelle Coûtume qui porte en général que les 10. ans courront contre toutes personnes, même contre les mineurs pourvûs de curateurs]

L'Auteur fait ici une longue discussion touchant la différence des rescisions & des restitutions ou relevemens. On a déja parlé ci-dessus de cette différence, mais comme d'une chose devenue inutile par l'Ordonnance de 1539. qui fait marcher d'un pas égal, & fixe à un même tems de dix ans, les restitutions en entier & les rescisions.

NOTES.

(*b*) V. l'Arrêt 3. sur l'art. 296. & l'art. [illegible]2.

(*i*) „ Les deniers consignés pourront être „ perpétuellement reclamés, sans qu'en aucun cas les receveurs puissent alléguer prescription, pour quelque laps de temps que „ ce soit. " Edit des Consignations de Février 1689. *art.* 36.

17. Cette Ordonnance n'ôte pas toutes les difficultés. Il est vrai qu'elle retranche les questions épineuses touchant les restitutions des mineurs qui venoient par voïe d'action, & celles qui venoient par voïe d'exception. * L'Auteur entre là dessus en des questions qu'on peut dire être des difficultés, qu'il fait naître lui même pour marquer sa subtilité. Car deux ou trois principes généraux dissipent tout cela. Les majeurs ont dix ans, pour la restitution ou la rescision, du jour de l'acte. Les mineurs ont dix ans, pour la restitution ou la rescision, du jour de leur majorité.]

Il propose quelque chose d'assez embarassant, par raport aux contrats volontaires faits par les mineurs sans formalité, & par raport aux décrets du bien des mineurs. Il trouve étrange qu'après dix ans de la majorité le contrat volontaire ne soit plus sujet à être entrepris & qu'on soit recevable à relever apel du décret interposé à l'aliénation du bien des mineurs, puisqu'en suposant ce qu'il y auroit de plus favorable pour eux, ce seroit que le décret non-valable ou défectueux, seroit censé comme non avenu, & qu'ainsi la chose retomberoit dans un contrat purement volontaire. Il ne résoud point la chose : * mais voici ce que l'on pourroit dire. Si le mineur avoit vendu lui-même, le laps de dix ans depuis la majorité couvriroit le contrat, indépendemment de la validité du décret. Si c'étoit un tuteur ou curateur, comme le contrat est nul de droit, il ne peut valoir que par le décret qui peut être entrepris pendant tout le tems prescrit pour les apellations.] (k)

18. Arrest I. On peut venir dans dix ans contre un partage, lorsqu'il n'y a point eu de prisage ni de mesurage. Jugé par Arrêt du 1. Juillet 1619. plaidans Bertrand & Frain ; les Bonenfans parties. (l)

19. Arrest II. Une transaction pour partage fut cassée de ce chef de prescription : par Arrêt du .... Janvier 1623. plaidans Berthou & Galais.

20. Arrest III. Demoiselle... étant décédée, sa succession est recueillie par Maître Gui le Jariel, majeur, & deux siennes sœurs mineures, desquelles il avoit été institué tuteur, comme aussi par Demoiselle Perrine Doüillet, Dame de Tanu, & ... le Doüillet, femme de Maître Julien Baston ; entre

NOTES.

(k) Sur la question de sçavoir en quel tems on peut se pourvoir contre les decrets d'héritages, Hevin sur Frain, *pag.* 467. adopte la distinction de Louet & Brodeau, *lettre D. n.* 26. entre le décret volontaire & le decret nécessaire. Le premier n'étant qu'une formalité extrinseque, accessoire aux contrats dont il suit les loix, est à couvert d'atteinte par dix ans entre majeurs. Mais le decret nécessaire est un jugement, dont l'apel est recevable dans les 30. ans, & est très-favorable s'il y a des nullités essentielles. Cependant après dix ans, les formalités énoncées dans le contrat judiciaire, sont présumées être intervenues, s'il n'y a preuve du contraire ; & l'adjudicataire n'est pas obligé de les représenter, si ce n'est qu'il eût été lui-même le poursuivant. V. l'Ordonnance de 1629. *art.* 164. dans la conference sur l'art. 295. Dunod, *pag.* 77. *& suiv.* Perchambault, *tit.* 15. §. 16. le Grand, *art.* 126. *gl.* 1. *n.* 29. *&* 30. notes sur du Plessis *des prescript. ch.* 2. & du Plessis, *tom.* 2. *des prescript. ch.* 2. *sect.* 4.

(l) Pourvû que la lesion soit suffisante. Sur cet Arrêt & sur les deux suivans, V. le commentaire *&* les notes des art. 560. & 591.

toutes lesquelles parties se passe acte, en forme de partage, auquel ledit Jariel fait tant pour lui que pour ses sœurs; & par lequel ledit Baston a la maison de la Riviere, seule maison noble de la succession, & quelques maison situées en la Ville de Fougeres. Environ un an, ou peu s'en faut après, lesdits le Jariel, mineurs, prennent lettres, pour faire casser ledit partage, comme nul, aïant été fait sans prisage & cordage; disent que leur frere étoit intéressé en icelui, en son propre nom, qu'il n'étoit point leur curateur pour cet effet, ains noble homme Gilles le Doüiller, Avocat en la Cour, & que les parens y dénommés ne l'avoient point signé; aussi qu'il n'avoit été fait par leur avis, ainsi qu'elles l'avoient déclaré en Justice. Sentence au Siége de Rennes, par laquelle, aïant égard aux lettres, le partage est cassé; ordonné qu'il sera convenu de priseurs, & les parties renvoïées devant leurs parens, pour, au préalable, s'accommoder, si faire se peut. L'on va en exécution devant trois parens, qui sont d'avis que le premier partage tienne, si mieux n'aiment lesdits Jariel accepter l'offre dudit Baston, qui étoit de changer de lotie, leur baillant outre 300. liv. elles ne se contentent pas; on retourne au Présidial, où par Sentence est dit qu'il sera procédé à nouveau partage. Apel de la part de Baston de l'une & l'autre des Sentences. Arrêt le 11. Mai 1623. par lequel la Cour met les apellations & ce dont a été apellé au néant, & les parties hors de procès, si mieux n'aiment les Intimés prendre la lotie de l'Appellant, & 300. liv. pour retour suivant ses offres, plaidans Simon & Frain.

Nota, offres de changer de loties.

21. ARREST IV. Le 14. Décembre 1637. un bail fait en 1594. par les Religieuses des Coüets à Julien Hervouet, fut cassé, en enterinant leurs lettres, & réformant la Sentence des Présidiaux de Nantes, sur les raisons suivantes. Le bail étoit à rente pour deux vies, sçavoir, du preneur & de son fils aîné, fait audit an 1594. du village de la Bauchetiere, par la Prieure & Religieuses assemblées capitulairement: mais le Vicaire n'avoit point aprouvé l'acte. L'héritage étoit lors possedé par Guillaume Moreau, beaupere du preneur, à même titre, & en vertu d'un bail fait en 1541. qui duroit encore, & dura jusqu'en 1613. que Guillaume Moreau décéda. La Cour n'aïant point eu d'égard à ce que l'on disoit que les lettres de restitution n'avoient été prises qu'après 40. ans du bail, & après plus de 24. ans de possession, elles furent néanmoins condamnées de raporter les augmentations utiles & nécessaires, sans dépens & restitution de fruits. Le preneur étoit déja décédé, & fut dit sans restitution de fruits; plaidans Chapel pour les Religieuses, Frain pour les intimés. (m) CHAPPEL.

Le motif de cet Arrêt a été la nullité du titre fait sans les solemnités nécessaires, qui sont 1°. *ut fuerit tractatus precedens*, avec une information de l'utilité & nécessité de l'aliénation; 2°. si c'est un Evêque, il faut qu'il ait le consentement de son Chapitre. Si c'est un Abbé, il faut qu'il ait le consentement de ses Religieux, & l'avis du Supérieur Ecclésiastique. (n) HEVIN.

NOTES.

(m) Chapel, *ch.* 202.

(n) Il y avoit dans le bail emphiteotique de 1594. un autre vice aussi radical, en ce qu'il étoit fait par anticipation, pendant que le bail de 1541. subsistoit encore. Sur cette nullité V. M. Louet & Brodeau, *lettre B. ch.* 5.

Il y a plusieurs Arrêts semblables raportés par Chenu dans son Traité de l'aliénation du bien d'Eglise, réimprimé dans les Mémoires du Clergé.

Les Arrêts ont même établi pour régle, que le bail emphytéotique ne peut être perpétuel, ni excéder la troisiéme génération.

SOMMAIRE

1. *Réfléxions sur le traité des appropriemens de d'Argentré.*
2. *Edit des insinuations de 1626. Modifications de cet Edit.*
3. *Si l'appropriement de 15. ans est une prescription.*

CONCLUSION.

1. POULLAIN. Nous sommes enfin parvenus à la fin de ce long Traité, dans lequel l'Auteur s'est trop étendu sur quantité de matiéres, qui n'avoient pas un véritable raport à son objet; c'est ce qui rend ce traité obscur & embarassé. Il roule cependant sur très-peu de propositions, en ce qui regarde les prescriptions & les appropriemens en général. Comme ils ont été introduits pour la sureté publique, le sentiment des Jurisconsultes, & principalement des Canonistes, qui demandent absolument la bonne foi, a été pleinement combattu & détruit par l'Auteur, & l'on peut dire qu'il l'a fait *ad nauseam*, étant d'ailleurs souvent revenu à des repétitions à chaque pas sur ce sujet. Il en est de même de ce qu'il a dit contre la subsistance des obligations naturelles, malgré l'extinction des obligations civiles. Il a aussi parlé trop amplement des interruptions de leur effet, des différens cas de ces mêmes interruptions, de l'extension ou non extension de leur effet; & comme sur chaque matiére il a voulu raporter le sentiment des Jurisconsultes & des Docteurs, souvent pour le combattre, il paroît en cela plus d'ostentation que d'utilité, outre l'inconvénient de l'obscurité & de l'embaras à demêler & à trouver la véritable décision, sur laquelle, après tout, il a marqué beaucoup de solidité.

2. Il reste, en finissant, de remarquer qu'il est arrivé des changemens, par raport à la forme des appropriemens. Par l'Ancienne & la Nouvelle Coûtume, il n'y avoit point de tems réglé pour commencer les bannies, & pour faire ensuite la certification, qui est l'appropriement. Il semble, & cela résultoit même de ce que l'Auteur a mille & mille fois exagéré, que tout l'effet des appropriemens dépendoit uniquement de l'avertissement donné à tous prétendans droits & intérêts par trois bannies publiques, sans qu'il fût besoin d'aucun intervalle entre le contrat, la prise de possession, & les bannies; mais la chose n'a pas paru suffisante, & l'on a jugé qu'il falloit quelque tems depuis que le contrat étoit rendu public & notoire. L'édit des insinuations de 1626. a ordonné la formalité de l'insinuation, pour rendre le contrat public, & a établi en même tems six mois d'intervalle entre cette formalité & l'appropriement. Le Parlement, par l'Arrêt d'enrégistrement, avoit réduit l'intervalle à trois mois entre l'insinuation & la premiere bannie; quelques-uns s'étoient

imaginés que le Conseil avoit rejetté cette modification : mais cela n'est nullement veritable. Cette erreur a cependant donné lieu à des diversités d'Arrêts, & pendant que, comme il est certain, le Conseil avoit toléré que le Parlement fist une autre disposition, le même Parlement, qui l'avoit faite, l'a renversée par quelques Arrêts. (a)

3. Quant à l'appropriement de 15. ans porté par l'art. 272. de la Nouvelle Coûtume, on voit que l'Auteur, dans son Commentaire sur l'Ancienne, repéte souvent, comme il le dit encore dans son Aitiologie, que c'est un milieu entre la prescription de 10. ans contre présens, & de 20. ans contre absens. Delà vient qu'il parle tant de fois de la prescription de 15. ans avec titre; d'où il s'ensuivroit que la simple possession de fait & notoire suffiroit : mais il faut considérer cela comme un appropriement particulier, puisqu'il faut des formes publiques au dessus de la possession notoire. L'art. 272. porte que les 15. ans commenceront à courir du jour de la possession prise. Cela supose un acte en bonne (b) forme, quelque possession de fait qui ait précédé. L'Edit des insinuations de 1626. a ajouté la nécessité indispensable que le contrat fût rendu public par l'insinuation, avant que l'on pût prendre possession.

NOTES.

(a) Cette erreur ne subsiste plus. La maxime est constante sur la validité de l'appropriement, quoiqu'il n'y ait qu'un intervalle de trois mois entre l'insinuation & la premiere bannie. V. mon Journal du Parlement, *tome* 1. *ch.* 31. & *tome* 2. *ch. dernier*, & ci-dessus *art.* 269. *n.* 142.

(b) V. art. 272. *n.* 2. & 59.

TITRE SEIZIÉME.

Des Prémesses & retrait lignager & féodal.

SOMMAIRE.

Action de retrait lignager mixte. Par quelle Coûtume se regle la forme du retrait & la capacité du rétraïant.
Du retrait des biens situés en marche commune.
L'action de retrait ne tombe point sous les chefs de l'Edit des Présidiaux.
Retrait recevable avant la tradition. Aux Notes.

1. *Etymologie du mot prémesse.*
2. *Origine du retrait lignager.*
3. *Du retrait de la dime inféodée vendue à l'Eglise.*
4. *Des effets du retrait.*
5. *Retrait lignager n'est cessible.*
6. *Ancien droit sur les retraits.*
7. *Retrait Droit* Haineux.

COMMENTAIRE.

1. D'ARGENTRÉ A. C. *Premesse à proximitate.* Et c'est une ridicule éty-

NOTES.

Ce Titre se divise en treize parties

1°. A qui & pour quels biens le retrait lignager est accordé, *art.* 298.

2°. De la concurrence entre les prêmes, *art.* 326.

3° Des obligations du retraïant, *art* 299. 307.

4°. Comment le prême plus prochain peut être exclus par le plus éloigné, *art.* 300.

5°. Du prême absent du Duché lors de l'appropriement, *art.* 302. & 303.

6°. De la forme de l'adjudication de la prémesse, *art.* 301.

7°. Des fraudes du contrat ou du retrait, *art.* 304. 305. 310. & 327.

8°. Du retrait de partie des biens vendus par un même contrat, *art.* 308. & 309.

9°. De l'incapacité de l'enfant qui n'est pas né avant l'appropriement, *art.* 311.

10°. Des descendans des bâtards, *art.* 325.

11°. Des contrats qui sont sujets ou non sujets au retrait.

Du féage, *art.* 312.

Du bail ou engage pour plus de 9. ans, *art.* 313.

Du contrat censuel, *art.* 314.

De l'échange, *art.* 315. & 316.

De la transaction, *art.* 317.

De la vente de rente avec obligation d'assiette, *art.* 324.

12°. Du retrait du mi-denier, *art.* 319. 320. 321. 322. 323.

13°. Du retrait censuel & du retrait féodal, *art.* 306. & 318.

V. Bouteiller, *somme rural*, *liv.* 1. *tit.* 70. Grand Coûtumier, *liv.* 2. *ch.* 34. Belordeau, *obs for. lettre P. art.* 19. Coquille, *tit.* 31. *art.* 1. & *inst. du retrait lign.* Ferriere sur Paris, *rub. du tit* 7. & *art.* 129. Ricard sur Paris, *art.* 129. Basnage, *art.* 451 & 452. Pithou & le Grand, *art.* 144. Dupineau sur Anjou *rubr. de la* 12. *part.* la Taumassiere sur Berry, *rub. du tit.* 14. Boucheul sur Poitou, *rubr. du tit.* 10. La Lande sur Orleans, *rubr. du retrait lign.*

Jus retractûs non est jus in re, sed solùm jus ad rem & actio personalis Du Moulin sur Paris §. 1. *gl.* 9. *n.* 44 Mais cette action est mixte en Bretagne ; & peut se former, au choix du prême dans la Jurisdiction du domicile de l'acquereur ou de l'héritage, *art.* 9. de la Coûtume. V. Loisel, *liv.* 3. *tit.* 5.

mologie que l'on tire du mot Grec προτιμᾶν. Elle n'auroit pas plû à Varron même, grand ouvrier de pareilles étymologies. (a)

HEVIN. La Coûtume de St. Sever & autres expliquent le retrait lignager par *retenuë par proximité*.

2. Vid. Jeremiam *cap.* 32. » Eme agrum meum : tibi enim competit ex propinquitate ut emas. &c. » vid. Rob. Marantam *disput.* 8. *num.* 1. 23. &

NOTES.

art. 15. Bacquet, *quest. sur les baux des boutiques*, *ch.* 13. Ferriere, *art.* 129. *gl.* 5. *n.* 8. & *suiv.* Brodeau, *art.* 130. Coquille, *tit.* 31. *article* 2 & *instit. pag.* 90. Basnage, *article* 485 le Grand, *article* 163. Dupineau & Pocquet, *art* 382. la Taumassiere, *tit.* 14. *n.* 24. Lhoste, *tit.* 16. *art.* 1. *p.* 498. Brodeau sur Louet, *lettre R. ch.* 51.

Il est de maxime que la matiere des retraits, soit pour la forme, soit pour la capacité du retraïant, se regle par la Coûtume de l'héritage; & il ne peut y avoir d'embaras, que par raport à une terre située en deux Coûtumes dont les dispositions sont différentes, tant sur les formalités, que sur le tems & sur les droits des lignagers. Brodeau, sur Paris, *art.* 140. Louet, *lettre* R. *ch.* 25. *n.* 11. & *ch.* 51. Lhote sur Montargis, *tit.* 16. *art.* 1. *p.* 499. Auroux sur Bourbonnois, *art.* 428. *n.* 29.

Chopin sur Paris, *liv.* 2. *tit* 6. *n.* 16. & Dupineau, *art* 382 raportent un Arrêt du Parlement de Bretagne, pour un héritage dans la marche commune de Poitou & de Bretagne, qui ajugea, pour le tout, le retrait demandé en Bretagne, quoique le tems prescrit par la Coûtume de Poitou fût passé. La qualité de marche commune détermina la décision; & c'est ce que Ferriere, *art.* 140. *n.* 46. n'a pas observé en citant cet Arrêt. Tiraqueau, *gl. derniere n.* 66. pense, au contraire, que, pour le bien de marche commune, l'exclusion dans une Coûtume opere l'exclusion dans l'autre Coûtume, parce qu'on ne peut pas retirer une portion, & qu'il y a une indivisibilité. V. Ricard sur Paris, *art.* 129. Ferriere *ibid. gl.* 6. *n.* 7. Louet, *lettre* R. *n.* 51. le Grand, *art* 163 Note A. sur Duplessis, *du retrait lignager*. Dupineau, *art.* 347. Boucheul, *art* 319. *n.* 28. Belordeau, *contr. lettre A. ch.* 13. & 78. & *obs. for. liv.* 1. *part.* 1. *art.* 20. & *sur l'art.* 308. *de la Coûtume*.

Du Fail, *ch.* 297. raporte le même Arrêt, qui contient une disposition finale, en forme de Reglement, portant que les acquereurs en marche commune, ne pourront exclurre les lignagers demeurans en Bretagne, s'ils n'ont pas banni leurs contrats & satisfait à la Coûtume de ce Païs. Sauvageau atteste qu'il est intervenu plusieurs Arrêts conformes, & que c'est le droit commun de la Province.

Il est de maxime que l'action de retrait ne tombe point sous le premier ni sous le second chef de l'Edit des Présidiaux, quelque modique que soit le prix du contrat, parce que tout ce qui concerne l'affection où les droits du sang est inestimable. Brodeau, *art.* 130. *in fine*. Dupineau, *p.* 1178. Du Fail, *liv.* 1. *ch.* 138. & 369. Lhoste, *tit.* 16. *art.* 1. *p.* 499. Auroux sur Bourbonnois, *art.* 427. & l'on ne suit point la décision de l'Arrêt du 16. Avril 1619. raporté par Auzannet, *liv.* 2. *des Arrêts*, *ch.* 88. qui décida qu'en une action de retrait lignager, dont le prix étoit au dessous de 250. liv. les Présidiaux avoient pu juger en dernier ressort.

Du Moulin sur Paris, §. 20. *gl* 3. traite fort amplement la question de sçavoir, si l'action de retrait lignager ou féodal est reçue avant que la tradition ait été faite par le vendeur, & il décide pour l'affirmative, ce qui ne souffre pas de difficulté en Bretagne, parce que la tradition n'est point nécessaire pour la perfection du contrat qui donne ouverture au droit du retraïant. V. Masuer, *tit.* 27. *n.* 10.

(a) V. *art.* 298. *n.* 1. & *art.* 299. *n.* 1. Ragueau, aux mots *prémesse* & *retrait lignager*, le Prêtre, *cent.* 3. *ch.* 97. Auzannet & Brodeau sur Paris, *Préface du T. des retraits*.

33. *in fin. speculi aurei*. Adde *cap. ult. Rhit.* & Tiraq. *init. præfat. de retractu.*

3. Le retrait lignager a-t'il lieu en vendition d'une Dîme inféodée faite à l'Eglise ? Vid. Tiraqueau & Grimaudet. (*b*)

4. De l'effet du retrait. Du Moulin *tit.* 1. §. 15. *gl.* 1. *num.* 5. Transfert emptionem in retrahentem, perindè ac si retrahens immediatè emisset ab ipso venditore ; & primus emptor non est ampliùs in consideratione ; &. perindè habetur ac si non emerit. Vide eund. Molin. §. 24. *num.* 4. *&* §. 13. *gl.* 5. *n.* 33. (*c*)

5. L'Anonime sur l'art. 47. de la Très Anc. dit. « nota quod est una » proximitas solùm, & jus proximitatis non potest vendi vel cedi. (*d*)

6. POULLAIN. Il est parlé des retraits dans les établissemens de Saint Loüis ; & la forme y est marquée à peu près semblable à notre Coûtume pour le lignager & le féodal, *ch.* 152. & 155.

7. Le retrait est appellé *Droit Haineux* par Bouteiller *Somme Rural* T. 1. Mais Tiraqueau fait voir qu'étant reçu partout, il n'est plus regardé comme odieux. (*e*)

NOTES.

(*b*) Par l'ancien Droit du Roïaume, le retrait n'étoit pas reçu pour la dîme inféodée acquise par l'Eglise ; parce qu'on regardoit ce transport comme un retour favorable à l'origine des dîmes & au droit commun. C'est même l'article 74. des libertés de l'Eglise Gallicane. Mais il y a longtems que la maxime contraire a prévalu ; & les dîmes inféodées sont aujourd'hui des biens profanes, dont on ne considere plus la prétendue origine en ce qui concerne leur possession & leur aliénation. V. Loisel, *liv.* 3. *tit.* 5. *art.* 13. Ferriere, *art.* 129. *gl.* 2. *n.* 25. Banage, *art.* 178. *&* 452.

(*c*) V. la conférence sur l'art. 298. *n.* 92. *&* 93.

(*d*) V. art. 310.

(*e*) „ Retrait est contre droit écrit, en „ la Loi *dudum cod. de contr. empt.* " Desmares *déc.* 258. Masuer, T. 27. *n.* 1.

Raviot sur Perrier, *quest.* 84. prouve solidement que le retrait n'est point odieux.

ARTICLE CCXCVIII.

Prémesse est octroïée à tous ceux qui sont du lignage dans le neuviéme dégré du ramage dont procéde l'héritage, *& sera l'héritage réputé du ramage du rétraïant, quand aucun de sa famille en a été approprié, & fait Seigneur irrévocable ores que le rétraïant n'en fût descendu.*

SOMMAIRE.

Concession d'un banc dans une Chapelle domestique non sujette au retrait.

Idem. *De la vente faite pour l'utilité publique.*

Si l'acquereur peut revoquer le consentement qu'il a donné au retrait.

Ce qu'on entend par ramage. *Droit ancien du Roiaume. Nécessité d'être parent dans la ligne & le ramage dont provient l'héritage. Ramage présumé par la possession, faute de preuve du contraire. Réfutation du senti-*

SOMMAIRE.

NOTES.

Par Arrêt du 22. Juillet 1732. au Journal du Parlement, *tome* 1. *ch.* 68. il a été jugé que la concession d'un banc dans une Chapelle domestique n'étoit point sujette au retrait, quoiqu'il y eût obligation de fournir pour 450. liv. d'ornemens.

Le retrait n'est pas recevable en vente faite pour l'utilité publique. Belordeau, *obs. for. lettre R. n.* 19. Legrand, *art.* 144. *gl.* 3. *n.* 32. Dupineau *p.* 1178. Brodeau *art.* 129. *n.* 5 Note PPP. sur du Plessis. Auroux sur Bourbonnois *art.* 450. Decormis, *tome* 1. *cent.* 4. *ch.* 91. La Peirere, *lettre R. n.* 179.

L'acquereur qui a consenti au retrait, quoiqu'il ne fût pas recevable, peut-il reclamer contre ce consentement? Ricard sur Paris *art.* 129. est pour la négative. Mais si l'acquereur a été surpris par un retraïant qu'il croïoit lignager, il peut reclamer l'héritage en prenant des lettres de restitution fondées sur l'erreur de fait. Dupineau *art.* 349. Boucheul *art.* 323. *n.* 1. Basnage *art.* 452.

Du Ramage. „ Du côté & ligne dont li héritage vient. „ Desmares *dec.* 82. Grand Coût. *p.* 216. Belordeau *lettre F. contr.* 71. De Lauriere sur Ragueau, au mot *Ramage.*

„ Qui veut rescourre hiretage, il doit „ prouver deux choses, se chil vieut qui „ l'hiretage acata : le premiere si est qu'il „ doit prouver que il est dou lignage à che- „ lui qui le vendi : le seconde chose si est „ que li hiretages müet dou côté dont il apar- „ tient au vendeur : car se je avoi un frere „ qui ne feust mes frere, ne mesque de men „ pere, & il avoit hiretage de par se mere, „ se il le vendoit, je ne le porois ravoir par „ le bourse. Car si hiretage ne müet pas du „ côté de par le pere dont je li apartieng.

SOMMAIRE.

du pendant le mariage.
36. *Du propre d'un des conjoints vendu & ensuite retiré.*
37. *De la vente de l'héritage donné en avancement d'hoirie.*
38. *De la vente de l'héritage donné pour être conquêt des deux conjoints.*
39. *De l'héritage donné au lignager, & ensuite vendu.*
40. *Nul retrait en donation ni en échange.*
41. 42. 47. *De la donation remuneratoire. Des choses mobiliaires, noms, dettes & fruits, & n.* 48. 49. 50.
De l'action réelle & de la vente de la faculté de remeré. Aux Notes.
43. *Du don de la plus value.*
44. *Du don* ad onus.
45. *Du don à la charge d'être nourri.*
46. & 47. *Du don en paiement.*
49. *Des meubles vendus avec les héritages.*
50. *De la vente des fruits & de l'usufruit.*
51. *Des bois de haute futaie & taillis.*
52. *De la vente par décret pour dettes.*
53. *Du prême qui a consenti.*
Du Juge qui a asjugé, du Greffier, du créancier oposant, du poursuivant, du saisissant, de la caution, du garant, du vendeur au nom d'autrui, du covendeur, du coacquereur, Aux Notes.
54. 56. *Le fils ou l'heritier du vendeur peut retirer.*
55. *Nulle garantie de l'éviction par retrait.*
56. *Retrait par le mineur sans autorisation.*
57. *Inhabile à succeder, incapable de retirer.*
58. 60. 62. *Du lignage & ramage.*
59. *Retrait admis, quoiqu'on ne soit pas le plus proche parent.*
60. *Du retrait, pour ce qui est de la ligne seulement; & du retrait féodal, pour ce qui est sous le fief seulement.*
61. *De l'héritage acquis par le parent & revendu. Droit du premier vendeur & de ceux de sa ligne.*
63. *De la concurrence entre les différentes lignes.*
64. *Des biens vendus, dont une partie seulement est enramagée.*
65. 67. *Du retrait des acquêts.*
66. 67. *Des droits des parens du mari & de la femme pour le retrait des acquêts de la communauté vendus.*
68. 69. *Des propres naissans vendus par le supôt commun.*
70. *Retrait par Procureur spécialement fondé.*
71. *Par le mari dans l'estoc de sa femme.*
72. *De l'action de retrait contre le mari pour l'acquêt commun, ou pour l'acquêt fait par la femme avant le mariage.*
73. *De l'ajournement dont le délai tombe après l'an & jour.*
74. *De l'action de retrait, dont le délai est trop long.*
75. *De la forme de l'assignation, quand l'ac-*

NOTES.

„ Je vi un cas où il ne convint pas prouver à chelui qui resqueust que l'hiretage „ venist du côté dont il apartenoit au vendeur, & fu li cas tiex que li acheterres „ vouloit que chelui qui vouloit rescourre „ prouvât le lignage, & que li hiretage fût „ venus dou côté dont il apartenoit au vendeur. A che respondi chil qui vouloit rescourre que il vouloit moult bien prouver „ le lignage, mes que li hiretage venist de „ sen côté che ne pooit il prouver. Car li „ venderres avoit tenu li hiretage par moult „ lonc tans & il vint au vendeur de chelui qui „ ses peres étoit que il n'étoit nus vivans qui „ peust savoir le premier estoc dont li hiretage vint; & comme il feust clere chose „ que il feust parens au vendeur & si lonc „ tans avoit tenu l'hiretage, il requetoit „ que il l'eust par le bourse, se li acheterres „ ne prouvoit que li hiretage feust venu d'autre côté, & leur che se mistrent en Droit.

„ Il fut jugié que se li recouerres prouvoit „ le lignage, & li acheterres ne prouvoit que „ li hiretage venist d'autre côté que dou „ côté dont li recouerres apartenoit au vendeur, li recouerres l'emporteroit par le „ bourse; & le reson qui mut les hommes „ à che jugier che fu le longue teneure dou „ vendeeur. " Coûtumes de Beauvoisi. *ch.* 44. *pag.* 240. & 241.

Ceci prouve bien clairement que dans tous les tems le retrait n'a pu apartenir qu'aux

SOMMAIRE.

CONFERENCE.

A. C. *art.* 284.

T. A. C. *ch.* 46. Prémesse si est octroïée à tous ceux qui sont du lignaige dedans le neufviéme dégré du ramaige du fief; & au prouchain du ramaige fiet la prémesse par *vel* pour le prix qui est convenu entre le vendeur & le achatours, que il en doit avoir sans fraude & sans barat.

Au prochain. Tamen le premier a la prémesse. *Inf. cap.* 51. (*a*)

1. *Du ramaige.* Et quand plusieurs la demandent assemblement, & n'y a pré-

NOTES.

parens dans la ligne & dans le ramage dont provient l'héritage. M. de Perchambault §. 10. & sur l'art. 298. a fait deux Notes absolument fausses sur cette maxime. Il supose que le retrait a lieu en faveur de toutes les lignes, lorsque l'héritage, acquêt ou propre, provenant d'une ligne a été approprié par bannies ou par la possession de 40. ans.

Cette proposition est évidemment contraire aux termes & à l'esprit de la Coûtume.

1°. Le propre conserve toujours sa ligne; & la possession de ce propre par le supôt commun de plusieurs lignes, quelque longue qu'elle soit, ne le rend communicable à aucune des autres lignes, ni pour la succession ni pour le retrait. C'est l'esprit de la premiere partie de l'article. *A tous ceux qui sont du lignage dans le neuviéme dégré du ramage dont procede l'héritage.* V. Devolant *lettre P. ch.* 43. Frain *plaid.* 41. Hevin *ibid.* & l'Arrêt 1. ci-après.

2°. Il est vrai que l'acquêt approprié est communicable, pour le retrait, à toutes les lignes de la famille de celui qui a fait l'acquêt & qui s'en est approprié. Mais on ne doit pas conclure que la possession de ses héritiers puisse dans la suite le rendre communicable, soit pour retrait soit pour succession, à d'autres lignes ausquelles il étoit étranger, lors de l'acquisition & de l'appropriement. Aussi la Coûtume se sert de ces mots. *Et sera l'héritage réputé du ramage du rétraïant, quand aucun de sa famille en a été approprié:* ce qui supose que l'enramagement se fait au moment de l'appropriement: & les derniers mots, *ores que le rétraïant n'en fût descendu*, ont eu pour seul objet de décider, contre l'avis de d'Argentré, que l'enramagement se fait au profit de tous les parens collateraux de l'acquereur approprié.

(*a*) Ceci semble décider que le plus diligent est préferé; ce qui n'est vrai que lorsque la formalité prescrite par l'art. 300. a été observée.

messe

CONFERENCE.

messe en usufruit: car douairiere affermant son douaire, ses parens n'auroient point de prémesse en la ferme. *(b)*

Ch. 47. Qui veut être prême à avoir & à retraire sa prémesse, doit aller au Seigneur ou à son Sergent, qui a seignourie sur les lieux, ou Soubzerain, ou Suzerain: c'est assavoir ceux du païs dedans le tems qui est divisé; & ceux dehors, dedans les huit jours après qu'ils seront venus ou païs *vel* dehors le païs, & diront: *je me plége que je suis plus vel le plus prême à tel achat ou prisaige, comme tel a fait*, & le nommera de tel mon cousin ou mon parent: & *vel* ou se il se plége par raison de sa femme ou d'autre, il le doit dire, faisant son devoir du poïement *(c)* & de ce qu'il en devra; & s'il le veut débattre, mettez-li en jour à vos termes prouchains.

2. Ceux à qui prémesse est ajugée, sans la lui differer, poïent dépens de l'adjudication à l'acheteur; & est casus specialis in quo actor vincit & condemnatur in expensis.

3. Nota ex hoc cap. que plégement jugé à tenir ne dure que an & jour, à compter du tems du jugé, & non du faire à sçavoir.

Item par la premiere, le plégement est jugé tenir; par la seconde, jugé en vertu; & par la tierce à bon, si proceix n'y a qui empêche.

Le tems qui est divisé. Sup. cap. proximo.

Huit jours après. Dum tamen hoc fiet intrà annum & diem. *Sup. cap. prox.*

4. *Cousin ou mon parent.* Nota quòd est una proximitas solùm; & jus proximitatis non potest vendi vel cedi, ut *inf. cap.* 51. facit *L. ad officium Arbitri C. communi dividundo & ibi Paulus.*

Calais 143. Boulenois 134. Ponthieu 131. Amiens 167. Gerberoy 98. Chimay, *T.* 12. 1. Thionville, *T.* 7. 1. Ev. de Metz, *T.* 9. 1. 2. 3. 4. Verdun, *T.* 12. 1. 2. 4. Laon 225. Chalons 225. Rheims 189. 190. Noyon 33. Ribemont 34. Peronne 254. Chauny 106. Senlis 222. Clermont en Beauvoisis 5. Valois 135. 139. Sedan 217. Clermont en Argonne, *T.* 16. 1. Salle de Lille, *T.* 1. 1. 2. 5. Lepine Lapostelle 1. la Bassée 9. Comines 21. S. Piat de Seclin 12. Ville de Lille *T.* 7. 1. Tournay *T.* 11. 30. Douay *des retraits* 1. 2. 4. Orchies, *T.* 4. 2. la Gorgue 70. Loi d'Arras 10. Bar 144. 159. S. Mihel, *T.* 9. 1. Lorraine, *T.* 13. 1. Espinal, *T.* 6. 23. 24. Bassigny 107. 121. Duché de Bourgogne, *T.* 10. 1. Comté de Bourgogne 67. Provence, *p.* 1212 Etampes 171. Dourdan 131. Montfort 159. 160. Troyes 144. Vitry 126. Chaumont 112. Meaux 83. 87. Melun 130. Sens 32. Auxerre 154. Perche 177. Châteauneuf en Thimerais 77. 84. Chartres 67. Dreux 57. Orleans 325. 363. Montargis, *T.* 16. 1. Berry, *T.* 14. 1. Chatelet en Berry 30. Liniere 16. Rezay 15. Thevé 17. Nançay 12. Blois 193. Dunois 79. 80. Romorantin 9. Menetou 15. Rued'indre 2. Soesmes 5. Chabris 21. Nivernois, *T.* 31. 1. Bourbonnois 422. 434. 435. Normandie 452. Eu 172. 173. 174. Maine 358. 376. Anjou 346. Tours 152 Lodunois, *T.* 15. 1. Poitou 319. Angoumois 55. la Rochelle 29. Saintonge 43. Usance de Saintonge 30. Bordeaux 4. Mont de Marsan, *T.* 2. 1. Acs, *T.* 10. 1. S. Sever, *T.* 5. 1. 2. Bayonne, *T.* 5. Labour, *T.* 6. 3. Sole, *T.* 19. Bragerac, *part.* 2. 39. Bearn *de contractes* 4. 5. la Marche 260. 261. Limoges 41. 46. Auvergne, *T.* 23. 1.

5. Celui qui a retrait conventionnel, est préféré à tout autre; & doit faire son offre de tout le sort: & en cas de refus doit consigner en main de Cour, & faire bailler ajournement formel. Angoumois 77. *(d)*

6. Si avant la tradition ou possession réelle de la chose acquise, le contrat étoit résolu du consentement des parties, il n'y aura *(e)* point de retrait. Lodunois, *T.* 15. 3.

NOTES.

(b) V. la conference & le commentaire sur l'art. 313.

(c) *De ce qu'il en devra*, n'est point dans les M. S.

(d) Auroux sur Bourbonnois, *art.* 438.

(e) V. la conference sur l'art. 304. *n.* 1. & 2.

CONFERENCE

7. L'an & jour préfix par la Coûtume, ne commence à courir, au regard des contrats feints & simulés, (*f*) que du jour que la fraude est découverte, & que les contrats sont déclarés tels par jugement. Usance de Saintonge 41.

8. Si lecture & publication n'a été faite du contrat, il est clamable (*g*) dans trente ans. Normandie 453.

9. Retrait lignager a lieu en rente fonciére. (*h*) Paris 129. Mante 79. Chaumont 116. Meaux 67. 107. Sens 40. Orleans 363. Lodunois, *T.* 15. 36. Bar 146. Eu 187. Duché de Bourgogne, *T.* 10. 8.

10. Héritage, cens, rente, servitude, & autre droit réel & incorporel. (*i*) Mante 72. Melun 130. Poitou 319.

11. Mais non point en aliénation de rente constituée (*k*) à prix d'argent & rachetable, nonobstant que en autre cas elle soit tenue & réputée immeuble. Eu 187. Orleans 399. Auxerre 161. Placitez de Rouen 115.

12. Retrait a aussi bien lieu en rente vendue (*l*) sur héritage, quand ladite rente est nantie & réalisée, comme si l'héritage avoit été vendu. Ribemont 42. Clermont en Beauvoisis 32. Comté de Bourgogne 68. Etampes 169. Troyes 148. Chateauneuf en Thimerais 86. Chartres 76. Montargis, *T.* 16. 1. 4. Nivernois, *T.* 31. 18. Bourbonnois 423. Lodunois *T.* 15. 41. Poitou 330.

13. Si une rente d'argent, grains, vins ou autre espéce semblable, est vendûë, à perpetuité & non rachétable, est le lignager recevable de la rétraire en rendant à l'Acquereur le prix de son achat & les loïaux-coûts. Lorraine *T.* 13. 4. Chaumont 116. la Rochelle 38.

14. Rente constituée sur la généralité des biens n'est rétraïable.

15. Mais si par après le créancier en avoit assignation particuliere sur le propre, cheroit en retrait dedans l'an & jour après ladite assignation. Montargis *T.* 16. 23. Ponthieu 132.

16. Retrait a lieu, si un homme baille son héritage ancien à cense ou rente annuelle & perpétuelle, en païant les rentes & censes & autres prix & charges tels qu'ils seront. Duché de Bourgogne, *T.* 10. 8. (*m*)

17. L'héritage baillé à rente rachetable, en tout ou partie, est sujet à retrait dans l'an & jour, en remboursant le principal de ladite rente & arrérages, à celui à qui elle est dûe ou, à son refus, icelle consignant: & n'est reçu le clamant à faire la rente, si ce n'est du consentement du vendeur. Normandie 462.

Héritage baillé à rente rachetable, ou non rachetable, est rétraïable à la charge de la rente. Montfort 174. Melun 132. Sens 43. Chateauneuf en Thimerais 83. 85. 90. Chartres 74. 75. Dreux 63. 64. 65. Montargis, *T.* 16. 17. Blois 209. Nivernois, *T.* 31. 18. Normandie 452. Eu 175. Lorraine, *T.* 13. 4. Chaumont 116. Bar 146. V. l'art. 137. de la Coûtume de Paris sur l'art. 307.

18. Et en ce faisant, sera tenu ledit lignager décharger & garentir le preneur de la prise à rente à recousse, & de ce bailler caution suffisante. (*n*) Chateauneuf en Thimerais 83. Chartres 74.

19. Si quelqu'un aïant rente sur quelque héritage, vend ou aliéne icelle rente, le propriétaire la pourra reprendre & retraire, en dedans l'an, pour le même prix qu'elle aura été vendue ou alienée. (*o*) Valenciennes 89.

NOTES.

(*f*) Art. 275.

(*g*) Du Fail, *liv.* 1. *ch.* 438. Devolant, *lettre P. ch.* 46. Du Plessis, du retrait, *ch.* 1. *p.* 282. Pallu sur Tours, *art.* 160. *n.* 3. Auroux sur Bourbonnois, *art.* 422. *n.* 31. La Peirere, *lettre R. n.* 120.

(*h*) Auroux, *art.* 442.

(*i*) Grand Coûtumier *p.* 226.

(*k*) Brodeau sur Louet, *lettre R. ch.* 2. & sur Paris, *art.* 129. *n.* 1.

(*l*) V. l'art. 324.

(*m*) V. l'art. 314.

(*n*) V. la conference sur l'art. 307. *n.* 32. & le commentaire du même article, *n.* 6. & 12.

(*o*) Il seroit à desirer que cette disposition devînt de droit commun, l'extinction des charges réelles sur les héritages étant

CONFERENCE.

Troyes 148. Bourbourg, T. 8. 10. Chaumont 116 Bourbonnois 446.

20. En faveur de l'entretenement & augmentation des Villes & Cités, & des édifices & bâtimens d'icelles, quand aucun (p) amortit ou acquiert la rente qu'il doit par raison des choses assises esdites Villes & Cités, il n'y a point de retrait pour les lignagers des vendeurs, ne pour le Seigneur de fief, & aura seulement ledit Seigneur ses ventes, si elles y échéent, sinon que tel amortissement fût fait audedans de l'an de la baillée à rente, auquel cas tels contrats de baillée à rente seroient réputés vendition, & y auroit retrait: & si celui qui auroit telles rentes sur choses assises esdites Villes & Cités, en faisoit vendition à autre qu'à celui qui la doit, si le lignager du vendeur n'en prend le retrait au dedans du tems dû, en icelui cas le detteur de cette rente, dedans un an après le tems du retrait lignager passé, pourra avoir, prendre & amortir ladite rente sur l'acheteur d'icelle, pour le prix qu'elle a coûté & autres mises & impenses raisonnables Aussi la pourra-t'il prendre & amortir dedans le tems du retrait desdits lignagers; sauf à eux à le ravoir, & prendre sur lui, tout ainsi qu'ils eussent pu faire sur l'acquereur. Et sera ledit detteur de rente en ce préferé au Seigneur de fief: & n'y aura qu'unes ventes. Maine 405. Normandie 501. Placités de Rouen 28. Perche 197. Bourbonnois 473.

NOTES.

très-favorable. Cette réflexion s'aplique également à ce qui est dit *n.* 21. par raport à l'usufruit. Cependant ces dispositions, quoique justes, ne seroient pas autorisées en Bretagne, la loi & l'usage n'admettant point un pareil retrait.

„ Se un héritage qui chiet en retrait, lequel est chargé d'aucune rente perpétuelle „ envers tierce personne, est vendu, & celui, qui a acheté icelui héritage ainsi chargé d'icelle rente perpétuelle, depuis par „ autre titre achete la rente de celui qui „ le prent, se depuis l'héritage & le fonds „ d'icelui, ainsi cheant en retrait, est retrait „ par aucun du lignage du côté dont le fonds „ vient, néanmoins demeure la rente à l'acheteur d'icelle rente; *licet videbatur contra, quasi esset reditus omninò confusus „ cum proprietate.* " Coûtumes notoires, *art.* 89. Arrêt conforme du 6. Mars 1597. dans Belordeau, *lettre A. contr.* 11.

(p) Il n'y a pas de doute pour l'exclusion du retrait, lorsque la servitude est éteinte, parce que tout est en faveur de la liberté. Banage donne la même décision pour l'usufruit & pour les rentes foncières amorties par le propriétaire de l'héritage qui y étoit sujet, & cela s'étend même à l'extinction de la rente féodale. Dupineau atteste que la maxime contraire établie par l'article 394. de la Coûtume d'Anjou, est contre le Droit commun. V. l'art. 418. de la même Coûtume.

Du Moulin, §. 20. *glos.* 5. *nomb.* 58. n'admet l'exclusion du retrait féodal, pour le franchissement de la rente inféodée, que lorsqu'elle est rachetable. Mais cette limitation n'a point été adoptée dans l'usage.

Il ne peut y avoir de difficulté que par raport à la mouvance acquise par le Vassal; parce que la féodalité n'est pas odieuse comme une servitude: & dabord il est certain que le retrait lignager ou féodal a lieu, quand le Vassal achete tout le fief dont il releve. Mais quelle sera la décision, s'il n'achete que la seule mouvance de ce qu'il possede? M. le Bret, *liv.* 5. *déc.* 13. raporte un Arrêt qui jugea que le retrait féodal & lignager avoit lieu. Cependant il faut observer, dans l'espéce de cet Arrêt, qu'après avoir amorti la mouvance, le Seigneur avoit vendu la totalité de son fief, que la Dame de Chapes l'avoit retiré par retrait lignager, & avoit en même tems obtenu du Roi le don du retrait féodal; de sorte qu'il s'agissoit de rétablir dans son intégrité le fief qu'elle avoit retiré, & qui avoit été précédemment énervé par l'extinction d'une des mouvances. Aussi elle fut préférée à un parent lignager qui prétendoit, comme plus diligent, être préférable au retrait de cette mouvance. V. Brodeau sur Paris, *art.* 20. *n.* 17. & Basnage, *art.* 181. & 501.

CONFERENCE.

Toutefois si celui qui a amorti ladite rente avoit des condetteurs, ils se pourront aller aider dudit amortissement envers l'acquereur, en le remboursant de la part & portion dont ils sont detteurs: & ne sera ledit acquittement sujet à retrait. Tours 192.

21 Si un usufruitier ou viager vend ou transporte son viage, le propriétaire le pourra reprendre & retraire pour le même prix en dedans l'an, & se purgeront par serment ledit acheteur & vendeur. (q) Valencienne 91. Peronne 160. Sedan 216. 242. Clermont en Argonne, T.113. 11.

22. En baillée faite d'héritage pour païer les rentes fées & charges d'icelui & sans fraude, n'y a point (r) de retrait. Mais s'il y a quelque argent baillé, ou promis bailler, ou autre meuble, comme si le preneur demouroit tenu acquitter les arrérages, y auroit retrait. Maine 369. Anjou 359.

23. En abournement de fief n'a retrait aux lignagers n'autres. C'est à sçavoir quand aucun vassal, ou sujet, doit un ou plusieurs hommages à cause de sa terre à son Seigneur de fief, & sondit Seigneur remet ledit hommage, ou hommages, à un ou à plusieurs, ou à service & devoir annuel ou autre devoir, ou quand ledit vassal doit service, devoir ou servitudes, qui lui sont remis par sondit Seigneur de fief à moindre devoir, c'est abournement de fief: & n'y a ventes, ne retrait, supose qu'en faisant ledit abournement, ait eu argent baillé par le vassal à son Seigneur féodal. Maine 432. Anjou 418.

24. Loges, boutiques, étaux, places publiques, achetées du Roi & échues en succession sont sujettes à retrait. (s) Calais 158. Paris 148.

25. Propre héritage vendu par décret en jugement par criées & subhastations, chet en retrait. (t) Paris 150. Calais 159. Artois 121. Bourbourg, T. 8. 12. Berg S. Winox T. 9. 10. Laon 252. Châlons 253. Rheims 192. Valois 144. Clermont en Argonne, T. 16. 22. Etampes 180. Dourdan 140. Montfort 169. Mante 74. Troyes 147. Chaumont 115. Bourbonnois 450. Duché de Bourgogne, T. 10. 9. Meaux 112. Melun 138. Sens 45. Auxerre 167. Sedan 230. Perche 202. Chateauneuf en Thimerais 84. Nivernois, T. 31. 28. Berry T. 14. 25. Poitou 445. Angoumois 76. Acs, T. 10. 11. Labour, T. 6. 4. 5. La Marche 286.

26. Un héritage propre, ajugé par décret sur un curateur aux biens vacans, ou sur l'héritier par bénéfice d'inventaire, est sujet à retrait. Paris 151. Calais 160. (u)

Mais l'héritage d'acquêt d'un défunt, aju-

NOTES.

(q) V. la note sur le nombre 19.

(r) Le motif est que ce contrat n'est pas une vente: parce que l'obligation de païer les charges réelles inherentes à l'héritage, n'est point regardée comme un prix: au lieu que, s'il y avoit obligation aux arrérages échus, ou au paiement d'une rente simplement hypotéquaire, ce seroit un prix, & conséquemment une vente qui donneroit ouverture au retrait pour le tout.

(s) Arrêtés de M. de Lamoignon, *art.* 22. Duplessis, *p.* 315. Bacquet, *quest. sur les baux des boutiques, ch.* 13. Brodeau, *art.* 148.

(t) Brodeau, *art.* 150. note QQQ sur Duplessis, *des retraits*. Auroux, *art.* 450.

(u) Les art. 151. 152. & 153. de la Coûtume de Paris que je raporte ici, font naître des questions dont l'examen est nécessaire. V. Brodeau & Ferriere sur ces trois art. Duplessis, *ch.* 7. *sect.* 3. Perchambault, §. 12.

1°. Il est certain que l'héritage vendu sur l'héritier bénéficiaire est sujet à retrait, parce qu'il n'est point sorti de la famille par l'acceptation sous bénéfice d'inventaire. Mais l'héritier bénéficiaire, étant lui-même le vendeur, il ne peut exercer que le retrait de préférence, ou remeré legal, accordé par l'art. 580. quand même il renonceroit à la succession. Brodeau, *art.* 151. *n.* 4. Lhoste sur Montargis, *tit.* 16. *art.* 1. *p.* 496.

Cette décision s'aplique au débiteur dont les biens ont été saisis réellement & après sa mort à ses héritiers sur lesquels les biens sont vendus. Car s'ils étoient vendus avant sa mort: ses héritiers pourroient retirer; & s'il mouroit avant que ses biens fussent

CONFERENCE.

gé sur le curateur aux biens dudit défunt, n'est sujet à retrait. Paris 152. Calais 161.

27. L'héritage, ajugé sur un curateur à la chose abandonnée, n'est sujet à retrait. Paris 153. Calais 162.

28. Portion d'héritage, vendue par licitation, qui ne se peut bailler par divis, est sujette à retrait. Paris 154. (x)

Portion d'héritage, vendue & ajugée à un étranger par licitation, pour impossibilité ou

NOTES.

vendus, il faudroit que ses héritiers renonçassent à sa succession pour pouvoir retirer.

2°. L'héritage vendu sur l'abandon fait par le débiteur à ses créanciers, ne sort point aussi de la famille par cet abandon; & le débiteur en est propriétaire jusqu'à ce qu'il ait été vendu pour païer les créanciers. Ainsi le retrait lignager a lieu au profit de ses parens. Cet abandon est même un simple consentement à la vente pour le païement des dettes, & non une renonciation à la propriété. Le Grand, *art.* 147. *n.* 14. *& suiv.* Auroux, *art.* 450. Arrêt du 23. Décembre 1613. dans Auzannet *liv.* 1. *des Arrêts*, *ch.* 78.

Au contraire le déguerpissement est une renonciation absolue à la propriété de l'héritage, qui sort irrévocablement de la famille par l'exponse: & le Curateur nommé pour la chose abandonnée, ne représente point celui qui a fait l'exponse. Ainsi le bien étant vendu, les parens de celui qui a déguerpi ne peuvent pas exercer le retrait, qui ne doit avoir lieu qu'au profit des parens du Seigneur féodal ou foncier, au profit duquel il s'est fait une reversion par l'abandon. Le Grand, *art.* 144. *gl.* 3. *& art.* 147. *n.* 13. Auroux, *art.* 450.

3° L'héritage confisqué par commise, ou pour crime, dans le cas des art. 660. & 661. sort de la famille & se reunit au fief dominant; Loisel, *liv.* 3. *tit.* 5. *art.* 28. de sorte que le droit du sang est éteint dans la famille de celui contre lequel la confiscation ou la commise a été jugée & exécutée, & les seuls parens du Seigneur peuvent exercer le retrait. Mais si les biens ont été donnés par le Roi ou le Seigneur aux héritiers du condamné, ils conservent leur ancienne nature. Le Grand, *art.* 147. *n.* 9. *& suiv.* Pithou, *art.* 147. Basnage, *art.* 452. Auroux, *art.* 450.

La seule question difficile est de sçavoir si la succession étant vacante, & l'héritage étant ajugé sur le curateur aux biens vacans, on doit adopter en Bretagne l'art. 151. de la Coûtume de Paris qui donne le retrait aux parens du défunt.

Le motif de cet article est que le curateur aux biens vacans, représente la personne du défunt, & qu'il en est de même que si la vente étoit faite sur le défunt. V. Auroux, *art.* 450. Coquille, *instit. pag.* 94. le Grand, *art.* 147. *n.* 7. Il faut donc examiner si cette proposition est vraïe en Bretagne, où, de droit, le Seigneur succede au défaut des parens de l'estoc dont vient l'héritage, & le procureur Fiscal est même de droit curateur aux biens vacans.

Il est certain qu'après les trois mois quarante jours, le Seigneur est le successeur & le propriétaire de l'hériage, *art.* 595. Il peut seulement être évincé pendant 40. ans par un héritier, de même que le parent qui a pris main-levée peut être évincé, pendant le même tems, par un parent plus proche; les formalités de la vente sont faites, pour le Seigneur, afin de païer les dettes, dont le bien qui lui est échu se trouvoit chargé, & pour qu'il ne soit pas sujet à ces dettes, autrement qu'un héritier bénéficiaire. On peut donc soutenir que le curateur aux biens vacans ne représente pas le défunt; & qu'il est seulement l'économe de la succession au nom du Seigneur; qu'ainsi la vente faite sur lui ne peut donner ouverture au retrait de la part des parens du défunt, dont les droits de sang sont éteints, tandis qu'il n'y a point d'héritiers qui aïent conservé le bien dans la famille, & qu'au contraire il en est sorti par la vacance qui a operé la succession du Seigneur.

(x) V. Du Fail, *liv.* 1. *ch.* 160. *liv.* 3. *ch.* 394. & l'Arrêt 7. ci-après.

CONFERENCE.

incommodité de partage, n'est sujet à retrait. Calais 163.

29. En héritage, propre vendu par l'exécuteur du testament, y a retrait. (y) Bourbonnois 471. Troyes 160. Sens 55. Auxerre 176. Sedan 230.

30. Quand celui qui n'est en ligne a des enfans qui sont en ligne, retrait n'a lieu. Paris 156. (z)

31. Si aucun vend généralement une succession, ou partie d'icelle, posé qu'il n'y ait que meubles, y aura retrait. Sedan 243. (&)

NOTES.

Les questions que font naître ces deux articles des Coûtumes de Paris & de Calais, entiérement contraires l'une à l'autre, sont bien traitées par Ferriere sur Paris, *art.* 154. Il est certain que l'adjudication faite par licitation, au cohéritier ou autre consort dans l'héritage indivis, n'est point sujette au retrait en Bretagne, & qu'on ne distingue point si la division est facile ou difficile, parce que notre Coûtume n'a point exigé cette difficulté, pour que la licitation soit regardée comme un partage.

Mais est-il nécessaire que les copropriétaires aïent le même titre de possession, *primario & ab initio*, pour exclurre le retrait, comme cela est nécessaire pour exclurre les lods & ventes?

Je supose que l'acquereur d'une portion indivise dans l'héritage, s'est approprié de cette portion, & qu'après l'appropriement il acquiert l'autre portion par licitation. Dans cette espéce, doit-on admettre le retrait de la seconde portion non-appropriée? Par l'appropriement de la premiere portion indivise, l'héritage se trouve également enramagé dans deux différentes lignes; dans la ligne de l'acquereur, & dans celle dont il dépendoit originairement. On peut dire contre les parens qui voudroient retirer la seconde portion vendue, qu'ils doivent s'imputer d'avoir laissé enramager l'autre portion dans la famille de l'acquereur; que par cet enramagement il a une qualité de copropriétaire, aussi favorable que la copropriété de deux coacquereurs, ou même de deux héritiers en diverses lignes; que cet héritage pour la premiere portion, est aussi parfaitement affecté à sa famille, que la seconde portion l'est à la famille des rétraïans; que l'acquisition qu'il a faite de cette seconde portion n'est point une vente, que c'est un partage, suivant la maxime, que toute licitation est partage; que si, pour prevenir les fraudes, on autorise, en ce cas, le Seigneur à exiger les lods & ventes, parce que l'acquereur n'étoit pas associé *primario & ab initio*, on ne peut pas en faire extension au retrait lignager, qui n'est pas aussi favorble, que les droits féodaux; que de plus il ne peut y avoir, dans cette espéce, aucune fraude contre le rétraïant, parce qu'il a pu s'oposer à l'appropriement de la premiere portion, le retrait étant alors recevable; mais qu'après qu'une partie de l'héritage est sorti de sa famille, l'acquereur a pu devenir propriétaire du reste par un contrat qui a le véritable caractere de partage entre les contractans, & respectivement à tous ceux de la famille.

Ces raisonnemens paroissent très-forts; & il seroit même facile de les fortifier par des autorités. Dans le Plaidoïer sur lequel fut rendu l'Arrêt du 3. Mars 1650. raporté au Journal des Audiences *tom* 1. *liv.* 5. *ch. dernier*, M. l'Avocat Général Talon établit les mêmes principes, & les aplique, en général, aux copropriétaires, comme aux cohéritiers, sans distinguer si les copropriétaires sont associés par un même titre, ou s'ils ont des titres différens.

(y) Coût. de Beauvoisis, *ch.* 44. *in fine.*

(z) V. la note sur l'art. 320. *n.* 4.

(&) Ferriere, *art.* 144. *n.* 8. prétend que le retrait n'est pas recevable en vente d'une succession, parce qu'il est ordinairement impossible d'estimer ce droit. Banage, *art.* 451. Legrand, *art.* 157. & Dupineau, *art.* 361. disent, au contraire, que le retrait a lieu pour toute l'hérédité, qui est censée immeuble, quoiqu'elle comprenne des meubles qui tombent, en ce cas, dans le retrait comme n'étant que l'accessoire de l'immeuble. Du Plessis, *pag.* 315. pense que l'acquereur est le maître d'admettre le retrait pour le tout, ou seulement pour l'immeuble. Et Lhoste

CONFERENCE.

32. Quand aucun a échangé son propre héritage à l'encontre d'un autre héritage, ledit héritage est propre de celui qui l'a eu par échange; (a) & s'il le vend, il chet en retrait. Paris 143. Calais 153. Senlis 231. Clermont en Argonne, *T.* 16. 33. Dourdan 137. Montfort 166. Mante 84. Orleans 385. Bourbonnois 462. Melun 141. Montargis, *T.* 16. 19. Chabris 23. Perche 189. Berry, *T.* 14. 14. La Marche 273.

33. Toutefois s'il avoit, en faisant l'échange, baillé quelques tournes, l'héritage lui est conquêt, jusqu'à concurrence desdites tournes; & néanmoins lui, ou son héritier aux propres, le peut retenir en remboursant. Orleans 385.

34. Si plusieurs de diverses lignes succédent à aucun leur parent, & partissent entr'eux les immeubles de la succession, tellement qu'au lot & portion de l'un avienne l'héritage, qui n'étoit de son estoc, côté & ligne, ledit héritage sera censé & réputé être procédé de sondit estoc, côté & ligne. Et si puis après il le vend, ses parens le pourront retraire, comme étant au lieu de l'héritage, qui étoit issu de leur estoc, côté & ligne. Melun 134. Troyes 154. Sens 44. Auxerre 166.

35. Quand aucun de deux conjoints vend son héritage, & des deniers de telle vente est fait acquêt avec lesdits conjoints ou l'un d'eux d'autre héritage; tel héritage, ainsi acquis de tels deniers sans fraude, sortira la nature dudit héritage premier : & sera réputé tel & de telle nature que ledit héritage premierement vendu, tant quant au retrait qu'autrement. Chateauneuf en Thimerais 88.

36. Si les mariés, ou l'un d'eux respec-

NOTES.

sur Montargis, *T.* 16. *art.* 1. décide que si la succession n'est que mobiliaire le retrait n'est pas reçu. C'est aussi la décision d'Auroux sur Bourbonnois, *art.* 443. V. Brodeau, *art.* 144. *n.* 3. & Masuer, *T.* 27. *n.* 8.

Je crois qu'en Bretagne le retrait a lieu en vente de succession faite à un étranger, mais seulement pour l'immeuble qui est du ramage du rétraïant. L'esprit de la Coûtume est de faire rentrer dans la famille tout héritage enramagé qui en est sorti par vente. La disposition de l'art. 298. est generale; & il n'y a aucune raison pour en excepter la vente des droits successifs, lorsque ces droits s'apliquent à un héritage susceptible du retrait. Si l'éventillement fait un embaras, l'acquereur a dû prévoir cet embaras auquel il se trouve même sujet par raport aux lods & ventes.

Mais comme la Loi a borné le droit de retrait aux héritages enramagés dans la ligne du rétraïant, il est évident que ni les acquêts non appropriés, ni les propres d'une autre ligne, ni les meubles & crédits, ne doivent être l'objet du retrait.

Il faut donc un éventillement du tout, sur lequel on fait une fixation proportionnelle du prix & de la charge des dettes. Mais comme l'acquereur doit au vendeur une entiere libération des dettes, comme par son contrat il est obligé personnellement aux créanciers de la succession, il paroît indispensable d'assujettir le rétraïant à un cautionnement qui doit être reçu contradictoirement avec le vendeur & l'acquereur.

(a) „ Che que mes parent a par loïal „ escange de son hiretage met tout en autel „ point, comme li autre hiretage étoit qui „ fu escangié, che est dire se mes parent „ vend l'hiretage que il a par loïal escange, „ je le puis ravoir par le bourse, aussi „ comme je eusse le premier hiretage, se „ escange n'eust oncques été fes. Coût. de „ Beauvoisis, *ch.* 44. *pag.* 240.

„ Et si j'achetois l'héritage que j'avois „ baillé par échange, il seroit conquêt, „ nonobstant que devant il m'eût été propre „ héritage. Grand Coût. *p.* 230.

V. le Commentaire *n* 8. & Belordeau *art.* 316. Sur les questions que cette disposition peut faire naître. V. Auroux *art.* 462. Du Moulin §. 179.

La même maxime a lieu pour l'héritage donné en assiette de deniers dotaux ou de propres aliénés.

V. Devolant, *lettre P. ch.* 49. Du Fail, *liv.* 1. *ch.* 430. & 438. Belordeau *art.* 307. & 315. Pithou sur Troyes, *art.* 164. Brodeau *art.* 143.

CONFERENCE.

tivement, vendent aucune chose de leur patrimoine, ou à l'un d'eux apartenant, durant leur mariage; & étoit par eux ou l'un d'eux retirée, elle seroit censée de telle nature qu'elle étoit paravant ladite vendition. Angoumois 67. Xaintonge 66.

37. Si pere ou mere, en contrat de mariage, donnent aucune chose immeuble à leurs enfans, de quelque côté qu'elle soit venue, celle chose est réputée pour héritage ausd. enfans: & si elle est vendue, elle sera sujette à retrait de l'estoc, & côté de celui qui l'aura donnée. Bourbonnois 368. Rheims 224. Troyes 153. Melun 131. Sens 41. Auxerre 162.

38. Et si ledit héritage est donné pour être conquêt aux deux conjoints, & depuis il est par eux vendu, il y a retrait pour la portion apartenant audit enfant, en faveur duquel la donation auroit été faite. Auxerre 162. (*b*)

39. Si un donateur donne son propre héritage à son lignager du côté & ligne dont ledit héritage est procédé, & le donataire vendoit ledit héritage à personne étrange, icelui héritage cherroit en retrait. Senlis 233. Sedan 217. Clermont en Argonne, *T.* 16. 27. Meaux 105.

40. En donation quelle qu'elle soit, n'y a retenue. Nivernois, *T.* 4. 43. (*c*)

Si le vassal donne liberalement son fief, par donation entre-vifs ou par testament, ou qu'il échange icelui fief contre un autre sans solte, les parens dudit vassal ne peuvent venir à la retraite dud. fief. Bassigny 34. Meaux 108. Peronne 251. Chauny 112. Senlis 224. Clermont en Beauvoisis 12. Clermont en Argonne, *T.* 16. 16. Bar 17. 148. S. Mihel, *T.* 9. 3, Lorraine, *T.* 13. 6. Blois 204. Maine 358. Anjou 346.

41. En toutes donations remunératoires, & autres faites sans fraude, retenue n'a lieu, n'es choses (*d*) mobiliaires, noms, (*e*)

NOTES.

(*b*) Si l'héritage de la femme, ameubli par le contrat de mariage, est vendu, le Commentateur de du Plessis *Note* YY. dit, suivant l'avis de du Moulin, que le retrait apartient aux parens de la femme. Cela est certain, si l'aliénation est faite pendant le mariage. *Quid Juris*, après sa dissolution & la renonciation de la femme & de ses héritiers à la communauté? Je crois que cette renonciation est un abandon absolu de l'héritage ameubli, qui sort par-là de la famille dont il étoit avant l'ameublissement.

(*c*) Si le vendeur donne à l'acquereur le prix de l'hèritage qu'il lui a vendu, du Moulin §. 20. *gl.* 5. *n.* 55. distingue si le don est fait *in continenti*, ou si c'est *ex intervallo*. Dans ce dernier cas la vente subsiste; le retrait a lieu; & le don n'a pour objet que le prix.

(*d*) Masuer *T.* 27. *n.* 2. Brodeau *art.* 144.

(*e*) Le Commentateur de du Plessis *du retrait lignager ch.* 5. *Note* xx. & Auroux sur Bourbonnois *art.* 443. décident que l'action qui tend à recouvrer un héritage propre, & l'action réelle qu'on a pour être maintenu dans la proprieté d'un héritage ou d'une rente fonciere, sont sujettes à retrait.

De même si après avoir vendu l'héritage à condition de rémeré, cette faculté de remeré est vendue à un tiers, du Moulin sur Paris §. 20. *gl.* 4. *n.* 4. *& suiv.* décide que ce dernier contrat est sujet au retrait. Auroux, *art.* 443. *&* 484. Le Grand, *art.* 144. *gl.* 3 *n.* 28.

Ces décisions ne sont point contraires à la maxime, que le retrait n'est pas reçu pour les immeubles fictifs. Car les actions, dont on vient de parler, n'ont pas une simple immobilité fictive: ce sont des droits réels sur un héritage.

Cependant le contrat de cession de la faculté de rémeré, ou de tout autre droit à l'héritage, n'est pas sujet aux lods & ventes, jusqu'à ce que le droit ait été exercé, Du Moulin *ib n.* 8. & d'Argentré *de Laudim.* §. 10. 15. *&* 22. parce que, jusqu'à cet exercice, il ne se fait point de mutation de propriétaire ou de possesseur de l'héritage. Il est même incertain si le droit poura être exercé. Mais ce droit n'a pas moins une qualité véritablement réelle; ce qui le rend sujet au retrait lignager ou féodal, quoique l'incertitude de l'événement suspende les lods & ventes. V. l'art. 30. des Arrêtés de M. de Lamoignon sur le retrait lignager.

Du Moulin, §. 78. *gl.* 1. *n.* 116. *& suiv.* décide

CONFERENCE.

dettes & fruits pendans. (*f*) Bourbonnois 443 Perche 187. Orleans 387. Blois 204.

L'héritage donné en faveur ou récompense de services, peut être retiré, tant par le lignager que par le Seigneur, en rendant la vraïe estimation de l'héritage. Normandie 498.

42. Donation pour agréables services est sujette à retrait, au dedans de l'an & jour de la possession de la chose donnée, en païant l'estimation d'icelle : toutefois donation faite en faveur de mariage n'est sujette à retrait, ne à devoir seigneurial. Tours 190. Lodunois, *T.* 15. 33.

43. Quand en contrat de vendition d'héritages, ou choses immeubles, y a donation (*g*) de plus value, telle donation n'empêche le droit de retenue, en païant par le retraïant le prix de la vente & loïaux-coûts seulement. Bourbonnois 451.

Quand en aucun contrat de venditiou d'héritage, ou chose immeuble, y a donation de plus value, & que ladite donation de plus value n'excéde la valeur & estimation de la chose vendue, ladite donation n'altére, ne change la nature dudit contrat de vendition, parquoi droit de retenue a lieu au profit du lignager du vendeur, en païant l'estimation de ladite plus value, ensemble le sort principal, & loïaux coûtemens Auvergne, *T.* 23 35.

Mais où la plus value excéderoit le prix de la chose vendue, ledit contrat sera jugé do-

NOTES.

cide que, si après que le retrait féodal est exclus, la condition de réméré est vendue à l'acquereur, cette vente ne donne point ouverture au retrait féodal. Ce n'est point l'aliénation du fonds dont l'acquereur est déja propriétaire : c'est la confirmation absolue de la vente déja faite : " unde sicut liberatio à „ servitute reali non aperit locum retractui, „ multò minùs liberatio ab obligatione per- „ sonali.

(*f*) Auroux sur cet article dit, qu'il n'importe pas que la chose donnée soit estimée, parceque la déclaration de la valeur ne fait vente : mais qu'il en seroit autrement, si les services étoient estimés à certaine somme, pour laquelle la donation seroit faite, parce qu'alors ce seroit *datio in solutum*.

Il est certain, en général, que les contrats voilés du titre de donation sont sujets au retrait, lorsqu'ils dégenerent en contrat de vente. Telles sont les donations en païement de ce qui est dû, les donations *ad onus*, lorsque la charge est estimable en deniers, & les donations remuneratoires, lorsque le donataire avoit action pour païement d'une somme. Car s'il s'agissoit de services pour le païement desquels il n'y eût point d'action ouverte, la donation ne seroit pas sujette au retrait. D'Argentré, *de laudimus*, §. 47. Coquille *instit. in fine & quest.* 36. Le Grand, *art.* 55. *gl.* 2. *& art.* 165.

Le Grand, *art.* 165. & Coquille, *quest.* 36. disent que si la donation étoit faite d'héritage de grande valeur, qui notoirement excéderoit beaucoup les services, le retrait ne devroit pas avoir lieu, & qu'il en est de même s'il s'agit de quelque grand & signalé service qui surpasse toute estimation.

Sur la vente des fruits pendans, V. la note sur l'art. 307. *Arrêt* 9.

(*g*) La question sur le don de la plus value de l'héritage vendu peut dépendre des circonstances. Car il faut considerer si l'intention des parties a été de faire une vente ou une donation. Au premier cas, il est présumé que leur intention a été de faire la vente au-dessous de la valeur, & d'exclure ou de grever les retraits par une donation simulée de la plus value. C'est même la présomption naturelle que font naître ces contrats.

Mais s'il paroît une intention bien marquée de donner, & que le donateur ne voulant pas faire une liberalité aussi étendue que la valeur de tout l'héritage, il ait stipulé un prix pour l'excédent de ce qu'il avoit intention de donner, alors il n'y a point de fraude contre les retraits, & la donation de la plus value doit subsister dans toute sa force.

V. Du Moulin §. 20. *gl.* 5. *n.* 52. *& suiv. & gl.* 8. *n.* 3. *&* §. 33. *gl.* 2. *n* 54. *& suiv.* Basnage, *art.* 452. le Grand, *art.* 144. *gl.* 12 *n.* 11. Dupineau, *art.* 346. *&* 373. Auroux, *art.* 451. la Peirere, *lettre R. n.* 132. & la note SS sur du Plessis.

CONFERENCE.

nation & non vendition; & en ce cas droit de retenue n'a lieu. Auvergne, T. 23. 36.

44. Don d'héritage, fait à charge que le lignager pourroit faire, est sujet à retrait. Maine 431.

45. Du fief donné par aucun à un sien ami, pour être nourri & gouverné sa vie durant; est dû quint denier de la valeur & estimation dudit fief pour une fois. Sedan 54.

Et n'est le fief, ainsi donné comme dessus, sujet à retrait lignager, ou reprise par puissance de fief, pource que le donateur en ce cas a élu l'industrie & prud'hommie du donataire, & ne voudroit être nourri & gouverné par un autre. (*h*) Sedan 55. Vitry 39. 125. Bourbonnois 469. Poitou 350.

46. Héritage propre baillé en païement de dette, est sujet à retrait. Orleans 397. (*i*)

47. En héritage propre baillé en récompense ou païement d'aucune somme, y a retrait. Troyes 165. Auxerre 180. Sens 59.

48. Chose mobiliaire ne chet en retrait. Paris 144. Calais 154. Dourdan 138. Montfort 167. Chateauneuf en Thimerais 93. Poitou 350. La Marche 266. Auvergne, T. 23. 23.

49. Combien qu'ordinairement contrat de vendition, ou autre aliénation de meuble ou choses mobiliaires, de soy ne soit sujet à retrait, toutefois, si en faisant contrat de vendition, ou autre aliénation d'héritages ou choses immeubles, par contrat sujet à retrait, y a aliénation & transport de meubles & choses mobiliaires, par icelui même contrat, le tout ensemble, & meubles & immeubles audit cas seront sujets à retrait. Maine 371. Anjou 361. Lodunois, *T.* 15. 32.

Il est au choix de celui qui est ajourné en matière de retrait, de délaisser seulement ledit immeuble & retenir les meubles, ou de délaisser meuble & immeuble, & prendre son prix principal, ensemble ses loïaux-coûts. Bourbonnois 472. Montargis, *T.* 16. 22. (*k*)

50. En vendition des fruits d'héritages, posés qu'ils soient encore pendans, aussi en vendition de fruits, ou pensions d'héritages, de douaire, de baillées, ou autre usufruit, n'a vente ne (*l*) retrait. Maine 413. Anjou 402. Lodunois, *T.* 15. 31.

51. Bois de haute futaïe est sujet à retrait, encore qu'il ait été vendu à la charge d'être coupé, pourvû qu'il soit sur le pied, lors de la clameur signifiée, & à la charge du contrat. Normandie 463. (*m*)

N'y a retrait en vente de coupe de bois

NOTES.

(*h*) V. Pallu sur Tours, *art.* 152. *n.* 4. Dans nos principes qui tendent à conserver les biens dans les familles, il suffit, pour donner lieu au retrait, que la donation ne soit pas pure & simple, & qu'elle soit estimable en argent : en ce cas le donateur ne sera pas obligé de se mettre en pension chez le retraïant, qui sera tenu de lui païer cette pension à l'arbitrage de Justice. Journal du Parlement, *tom.* 1. *ch.* 93.

(*i*) V. du Moulin, § 20 *gl.* 5. *n.* 46. *& suiv.* & §. 33. *gl.* 2. *n.* 91.

(*k*) Cette option, quoique très-juste, n'est point donnée en Bretagne, le retrait ne pouvant être demandé ni consenti, que pour l'héitage enramagé dans la ligne du préme, & le Seigneur ne pouvant retirer féodalement que l'héritage mouvant de lui.

Mais si les meubles sont à perpétuelle demeure par la destination du pere de famille, ils sont reputés faire partie de l'héritage, & ils sont nécessairement compris dans le retrait. V. du Moulin, §. 20. *gl.* 4. *n.* 1. Brodeau & Ferriere, *art.* 144. Coquille, *tit.* 31. *art.* 27. le Grand, *art.* 144. *gl.* 3. *n.* 25. Guyot *du retr. seig. ch.* 3. *n.* 5.

(*l*) V. le nombre 41. & Basnage, *art.* 502.

(*m*) Il est certain que suivant l'esprit de l'art. 53. la vente du bois de haute-futaïe à l'un & du fonds à l'autre, est susceptible de retrait; ce qui a lieu, à plus forte raison, si les bois & le fonds sont vendus successivement au même. Auzannet, *art.* 129.

Mais si les seuls bois ont été vendus, doit-on suivre l'art. 463. de la Coûtume de Normandie, qui admet le retrait ? L'Arrêt du 7. Septembre 1562. raporté par M. du Fail, *liv.* 1. *ch.* 138. & l'Arrêt du 26. Juin 1733. au Journal du parlement, *tom.* 1.

CONFERENCE.

de haute futaïe, taillis, ou arbres, n'étoit que telle coupe apartient pour une fois à aucun, & le fonds à un autre; auquel cas si la coupe est vendue, celui à qui apartient le fonds & non autre peut retirer ladite coupe, encore qu'il ne soit lignager, en remboursant le prix, frais & loïaux-coûts. Bar 162. Bassigny 120. Sens 66. 67.

52. Celui pour les dettes duquel l'héritage a été vendu par décret, ne peut clamer. Placités de Rouen 111 (*n*)

53. Lo prim qui avera consentit expressamment à l'aliénation de la causa de son torn, no pot aquera retira per primessa. Bearn *de Contractes* 13. (*o*)

54. Le fils est recevable à retraire l'héri-

NOTES.

ch. 91. ont jugé, en point de Droit, que le prême ne pouvoit exercer le retrait pour couper les bois; & il est certain qu'à moins que le prême ait recueilli la succession du vendeur; ou que celui-ci retire au nom de ses enfans, le retrait ne peut avoir d'autre objet que de couper les bois, puisque le vendeur a droit d'exiger qu'ils soient exploités, pour pouvoir disposer de son fonds. Ainsi dans cette espèce, le retrait ne doit pas être reçu: & l'Arrêt du 3. Décembre 1637. raporté par Devolant, *lettre B. ch.* 29. Chapel, *ch.* 199. & Sauvageau, *liv.* 3. *ch.* 205. n'a admis le retrait que parce qu'il étoit exercé par le pere vendeur, au nom de son fils, pour reunir les bois à la terre. V. Devolant, *lettre B. ch.* 30, du Moulin, § 20. *gl.* 4. *n.* 1. & §. 33. *gl* 2. *n.* 90. & sur Blois, *art.* 201. du Plessis, *pag.* 316. Auzannet, *art.* 129. & Arrêts, *liv.* 3. *chapitre* 35. Arrêtés de M. de Lamoignon, *article* 27. Brodeau & Ferriere, *article* 144. le Grand, *article* 52. *gl.* 4. *n.* 21. & *art.* 144. *gl.* 3. *n.* 10. Pithou, *article* 144. Dupineau, *art.* 361. & 395. Coquille, *instit. in fine*, Auroux, *art.* 443. Pallu sur Tours *art.* 152. *n.* 2. & 3. Lhoste sur Montargis, *tit.* 16. *art.* 1. Guyot, *du retr. seign. ch.* 3. *n.* 7.

Mais en Bretagne on n'admettroit pas celui qui n'est point lignager, & qui est propriétaire du fonds, à retirer les bois vendus par le proprietaire de la superficie.

(*n*) V. la note sur le nombre 26.

(*o*) Le Juge devant lequel l'héritage a été vendu, le Greffier, le créancier oposant, le poursuivant, & même le saisissant, n'est pas exclus du retrait lignager ou féodal, quand même il auroit fait la pénultiéme enchere. Le consentement à la vente en général, ou specifiquement pour tel acquereur, n'est point aussi une exclusion du retrait, pourvu qu'il n'y ait qu'un consentement & non une obligation du parent ou du Seigneur qui veut ensuite retirer. *Hac enim non sonant in agere sed in pati*, dit du Moulin, §. 20. *glos.* 1. *n.* 10. V. Brodeau *art.* 150. *n.* 3. la Peitere *lettre R. n.* 182.

Du Moulin fonde cette décision sur la distinction, *inter consensum simplicem & permissivum, & consensum dispositivum qui transit seu deducitur in dispositionem & contractum specificum.*

Ensuite après une plus serieuse réflexion, il conclut que l'un & l'autre retrait peut avoir lieu, après un consentement obligatoire & dispositif du cautionnement pour le vendeur ou de la garentie de l'éviction, parce que la garentie générale de l'éviction ne s'étend pas au retrait, & qu'il faudroit, pour l'exclurre, qu'il y eût une garentie du retrait, consentie formellement par celui qui veut ensuite l'exercer. *Idem*, dit-il, *si non fidejusserit, sed mandavit vendi, scilicet, nomine venditoris; secus si nomine ipsius mandantis, seu si ipsemet nomine suo vendidit.*

De ces principes il résulte que dans l'espece de l'Arrêt 4. raporté sur l'art. 272. il n'étoit pas besoin de lettres de restitution pour rendre recevable le retrait exercé par celui qui avoit signé le contrat en qualité de prud'homme; & cela s'aplique également au Notaire qui a raporté le contrat.

Au nombre 13. du Moulin décide sur les mêmes principes que celui qui a vendu au nom d'autrui, par exemple, comme procureur ou comme tuteur, & qui a cautionné en privé nom contre l'éviction en

CONFERENCE.

tage vendu par son pere, encore qu'il ne soit émancipé, ou que depuis soit devenu héritier de son pere. (p) Rheims 193. Calais 151. Sedan 244. Lorraine, T. 13. 27. Bourbonnois 485. Melun 144 Orleans 402. Placités de Rouen 112. Maine 377. Anjou 367. Bordeaux 19. Auvergne, T. 23. 22.

55. Pource qu'en matiére de retrait, il n'y a point d'éviction de garentie. Meaux 96. (q)

56. Les enfans, neveux & descendans étant en puissance de pere, posé qu'ils ne soient émancipés, pourront avoir les choses vendues par leur pere, ou autres leurs lignagers ou parens: & en ce pourront être (r)

NOTES.

général, n'est pas exclus du retrait.

Il examine ensuite les questions sur la vente faite en partie en privé nom & en partie au nom d'autrui, & sur la vente d'un bien indivis faite concurremment avec un copropriétaire. Il propose la distinction s'ils ont vendu *in solidum*, auquel cas chacun est vendeur principal pour le tout, ou s'ils ont vendu simplement & sans solidité. Car dans cette espece chacun n'est réputé avoir vendu que sa portion. Mais il réfute cette distinction; & il prouve que tous les vendeurs peuvent être exclus du retrait quoiqu'ils ne vendent pas *in solidum*, & que leurs portions soient divises avec expression des portions du prix qui reviennent à chacun d'eux. Il fait sur cela une distinction générale qu il aplique à tous les differens cas.

Si le contrat porte la vente d'une terre, avec distinction du prix qui revient à chacun des vendeurs, on présume que leur intention commune a été de transporter toute la terre à l'acquereur par une seule vente; & chacun d'eux est exclus du retrait des portions indivises ou divises de ses consorts. Mais si l'acte ne commence point par la dénomination & vente de la même terre, s'il ne contient que la dénomination & la vente de chaque portion, par exemple, s'il est dit que Titius vend la moitié qui lui apartient dans telle terre, que Cajus vend le quart qu'il a dans la même terre, & que Seius vend l'autre quart: alors il est évident qu'il y a autant de contrats & de ventes séparées, que de portions divises ou indivises, quoique le tout soit porté dans le même acte; & conséquemment il n'y a aucun obstacle au retrait qu'un des vendeurs exerce pour la portion de l'autre vendeur.

V. sur ces questions Perchambault §. 3. Belordeau *obs. for. lettre* R. *n.* 19. Auroux, *art.* 450. 480. & 485 Pithou, *art.* 144. Basnage, *art.* 452. & 493. Legrand, *art.* 144. *gl.* 5. *n.* 10. & *suiv. n.* 28. & *suiv.* & *gl.* 7. Ricard, *art.* 133. Ferriere, *art.* 129. *gl.* 4. *n.* 15. & *gl.* 5. *n.* 16. & 17. du Plessis, *ch.* 6. *sect.* 3. Du Moulin, *loco cit.* & §. 21. *n.* 3. Brodeau sur Loüet, *lettre R. ch.* 25. *n.* 12. La Peirere, *lettre R. n* 118. & 170.

Si le contrat est judiciaire, l'un des consorts, dont les portions ont été vendues, ne peut pas retirer la portion de son consort, quoiqu'ils ne soient pas vendeurs solidaires ni solidairement obligés à la garantie. Jugé par deux Arrêts que Brodeau raporte *ibid. n.* 13. Le motif est que toutes ventes judiciaires sont des actes individus, *& earum formæ & substantia non cadit super portionibus singulis seorsim, sed super re totâ simul.*

Le parent coacquereur peut exercer le retrait sur le coacquereur, parce qu'en acquerant une portion de l'héritage, il n'a pas renoncé à son droit de sang sur l'autre portion. V. du Plessis *pag.* 329. Ferriere *art.* 129. *gl.* 4. *n.* 16. & 18. Ricard *art.* 133. Note FFF. sur du Plessis.

(p) Coût. de Beauvoisis, *ch.* 44. *p.* 243. Loisel, *L.* 3. *T.* 5. *art.* 20. Arrêtés de M. de Lamoignon *art.* 5.

(q) V. le Commentaire & les Notes sur l'art. 138. Ferriere *art.* 129. *gl.* 5. *n.* 18. & *art.* 142. *n.* 2. Lhoste sur Montargis *T.* 16. *art.* 1. Auzannet *L.* 1. *des Arrêts ch.* 55. La Peirere *lettre G. n.* 9.

(r) V. l'art 488. de la Coûtume.

Un parent bienveillant peut aussi exercer le retrait pour le mineur. Du Fail *L.* 1. *ch* 283. *L.* 3. *ch.* 114. Lhoste *T.* 16. *art.* 1. *p.* 501.

CONFERENCE

en jugement, avec autorité de curateurs s'ils sont mineurs. Bordeaux 13.

Les descendans, soient émancipés ou non, peuvent retraire l'héritage vendu par leurs pere & mere & ascendans: & au contraire lesdits pere & mere ascendans peuvent aussi retirer l'héritage vendu par leurs enfans & autres descendans, Auvergne, *T.* 23. 22.

57. Qui n'est habile à succeder, ne peut venir à retrait, si l'inhabilité ou incapacité est perpétuelle, comme en (*s*) bâtards, & Religieux de quelque religion que ce soit. Nivernois, *T.* 31. 25. Paris 158. Calais 169. Etampes 182. Orleans 404. Bourbonnois 436. Rheims 227. Bassigny 117. Montfort 171. Troyes 155. Melun 139. Sens 46. Chateauneuf en Thimerais 93.

58. Si l'héritage vendu est du côté paternel, (*t*) ceux du côté maternel ne peuvent avoir droit retenue; & au contraire, si c'est du côté maternel, ceux du côté paternel ne l'auront; mais l'auront les lignagers du côté & estoc dont les choses vendues proviennent, & esquelles lesdits lignagers peuvent & doivent succeder *ab intestat.* Auvergne, *T.* 23. 24. Normandie 469.

59. En matiére de retrait n'est pas requis que le rétraïant soit tenu & réputé le plus prochain en dégré & ligne du vendeur, mais suffit qu'il montre ou enseigne suffisamment qu'il est parent & lignager dudit vendeur du côté & ligne dont est venu & échu en succession ledit héritage vendu audit acheteur étrange. Gerberoy 101.

60. Qui ne succéde ne vient à retrait, c'est-à-dire, que nul ne peut demander retrait, s'il n'est de la ligne du vendeur ou aliénateur en la ligne dont les choses vendues ou aliénées sont mouvans Et s'il n'est de lignage en toute ligne, il peut demander par retrait la chose vendue ou aliénée par contrat sujet à retrait, en tant & pour tant qu'il y en a en sa ligne, ou pour le tout si l'acquereur l'y veut connoître, car il sera au choix de l'acquereur de lui connoître tout ledit retrait, ou d'en retenir ce qui ne sera en la ligne du demandeur & lignager Autre chose est de retrait féodal: car ledit Seigneur de fief en peut précisément demander seulement ce qui en est en son fief; & ne le peut l'acquereur connoître par raison de ce qui en seroit hors ledit fief Maine 378. Anjou 368. Auvergne, *T.* 23. 27. 28.

61. Si aucune personne acquiert un héritage propre de son parent du côté & ligne dont il est parent, & s'il vend ledit héritage, tel héritage chet en retrait; auquel cas le peut aussi retraire le premier vendeur, comme ne l'aïant au précédent mis hors la ligne. (*u*) Paris 133. Calais 145. Laon 247. Rheims 215. Chalons 250. Clermont en Beauvoisis 8. Valois 151. Sedan 235. Duché de Bourgogne, *T.* 10. 7. Etampes 172. Dourdan 133. Montfort 161. Troyes 158. Meaux 92. 105. Melun 135 Sens 50. 51. Auxerre 172. Chateauneuf en Thimerais 81. 82. Chartres 72. 73. Dreux 61. 62. Orleans 379. Montargis, *T.* 16. 1. 4. Nivernois, *T.* 31. 24.

62. Le lignager sera reçu au retrait, su-

NOTES.

(*s*) V. ci-après art. 325.

Ceux qui sont morts civilement & les aubains non naturalisés étant incapables de succession, sont inhabiles au retrait. Brodeau, Ferriere & le Camus, *art.* 158. la Peirere *lettre B. n.* 35.

Mais le retrait est reçu malgré l'exhérédation ou la renonciation à la succession du vendeur. Arrêtés de M. de Lamoignon *art.* 3. Pallu *art.* 161. *n.* 7. Brodeau *art.* 158. Ferriere *art.* 129. *gl.* 4. *n.* 28. *&* 29. *& art.* 158. Coquille *T.* 31. *art.* 1. Pithou *art.* 144. Basnage *art.* 452. Legrand *art.* 144. *gl.* 5. *n.* 6. 14. *& suiv. &* 27. Notes sur du Plessis FFF. & KKK Auroux sur Bourbonnois *art.* 436.

(*t*) Pallu *art.* 152. *n.* 5. *&* 6. V. la Note sur le mot *ramage* au commencement de l'article 198.

(*u*) „ Je ne voi pas comment nus qui vende „ hiretage puist jamais venir à l'hiretage „ par rescourse fors en un seul cas qui tiex „ est, se je vend mon hiretage à un mien „ parent & qui m'apartient dont li hiretage

CONFERENCE.

posé qu'il ne soit de l'estoc & branchage, mais seulement du côté & ligne du vendeur; en telle maniére que si le fils vend l'héritage à lui venu de par son pere, & qui étoit acquêt à sondit pere, ledit héritage pourra être retrait par son oncle paternel ou autre parent du côté du pere; encore qu'il ne soit descendu dudit pere. Laon 255. Chalons 235. Rheims 191. Sedan 246. Clermont en Argonne, T. 16. 8. 28.

63 Si les héritages vendus étoient du naissant de plusieurs & divers lignagers qui les voudroient retraire, chacun d'iceux peut avoir ceux qui sont de sa ligne & côté, en païant l'estimation qui en sera faite, eu égard au prix principal de la vendition. Laon 240. Sedan 232. 233 Rheims 207. Ribemont 41.

64. Quand plusieurs héritages, dont les aucuns sont sujets à retrait lignager, & les autres non, sont vendus par un même contrat & pour un même prix, le rétraïant ne peut avoir que ceux qui sont de son estoc & ligne: l'estimation desquels doit être faite à l'égard du prix dont le tout est vendu & à la valeur & prisée de chacun desdits héritages; (x) & néanmoins peut l'acheteur, si bon lui semble, laisser le tout audit rétraïant, lequel, en ce cas, est tenu prendre le tout, & rembourser le prix total. Calais 167. Berg S. Winox 21. Peronne 246. Lorraine, T. 13. 10. Sedan 231. 233. Bassigny 116. Auvergne, T. 23. 29.

65. Les acquêts & conquêts immeubles peuvent être retirés tant par les parens paternels que maternels, & y sont reçus, selon qu'ils sont plus prochains du vendeur, soit qu'ils soient paternels ou maternels. Normandie 470.

Si telle vendition a été faite d'acquêts auparavant faits par le vendeur, les lignagers d'un côté & d'autre sont reçus à la retraite; & au défaut que ceux de l'une de ses lignes ne s'y présentent, ceux de l'autre y sont recevables pour le tout. Lorraine T. 13. 2.

66. Si le mari, ou la femme, ou l'un d'eux, vendent aucune chose à eux commune, le parent de l'un d'iceux la peut retirer entiérement; si ce n'est en cas de concurrence, c'est assavoir que les parens de part & d'autre la voulussent retirer, auquel cas la chose seroit divisée. Usance de Xaintonge 37.

67. En acquêt y a lieu de retrait au profit du lignager du vendeur qui auroit fait ledit acquêt; & si la chose acquise par les conjoints par mariage, constant icelui, étoit vendue, les lignagers peuvent demander à avoir ladite chose par retrait Toutefois ne sera tenu l'acquereur [si bon ne lui semble] connoître audit retrait, pour le tout, le lignager de l'un desdits conjoints seulement, ains pour une moitié concernant son lignage. Et si deux lignagers de chacun côté concurrent audit retrait, en ce cas ils pourront avoir ladite chose par égale portion. Tours 156. (y)

68. Si, constant le mariage, le mari & femme achetent quelques héritages tenus en fief ou en roture, après leur décès lesdits héritages viennent par succession à leurs en-

NOTES.

„ muet, & chil le revend puis à estrange „ personne hors de notre lignage, je le „ puis rescourre ne ne puet estre en cel cas „ nus plus prochein de moi. Coûtumes de Beauvoisis, *ch.* 44. *pag.* 243. V. Ferriere *art.* 133. du Plessis *ch.* 6. *sect.* 3.

La décision finale portant que le premier vendeur est le plus proche pour retirer l'héritage revendu par son parent n'est pas conforme à nos principes. Car il est de maxime en général que les plus proches parens du vendeur sont préférables dans le retrait. Ainsi dans l'espece proposée si le parent acquereur qui revend, a des parens, dans la ligne dont provient l'héritage, plus proches que le premier vendeur; ils doivent être préférés pour le retrait.

(x) Il est certain en Bretagne, que l'acquereur n'auroit pas cette option, à cause de la maxime sur la limitation du retrait aux biens enramagés dans la ligne. V. la Note K. ci-dessus.

(y) V. Pallu *ibid.* & le Commentaire *n.* 9. & *suiv.*

CONFERENCE.

fans. Si lesdits enfans les vendent à aucun étranger, les prochains desdits enfans les peuvent retirer, parce qu'ils ont pris souche ès personnes d'iceux enfans. Mais à cause qu'ausdits enfans sont venus lesdits héritages, moitié par pere & l'autre moitié par mere, les plus proches parens du côté du pere retireront seulement la portion desdits héritages venus du côté du pere, & les parens de la mere l'autre portion venant de par elle. Mais si lesdits enfans desdits acquereurs n'aliénoient aucunement iceux héritages, & après leur trépas ils retournassent à leurs enfans, lesquels enfans les vendissent à autres étrangers de leur ligne, les prochains d'iceux enfans de par leur pere pourront retirer tous lesdits héritages. Ribemont 44.

69. Si le propriétaire d'aucun immeuble à lui échu par succession de pere & de mere, & qui avoit été acquis par lesdits pere & mere, en fait vendition à personne étrange, le lignager du côté du pere ne peut retirer que la moitié venant du côté dudit pere; & celui du côté de la mere peut retirer l'autre moitié. Mais si l'un des deux ne vient au retrait, l'autre est tenu retirer le tout, si bon semble à l'acheteur lui délaisser; autrement n'est reçu à retrait. Calais 168. Peronne 247.

70. Un Procureur espécialement fondé par procuration peut faire telles reprinses au nom de cestuy de qui il est procureur. Ville de Lille *T.* 7. 10.

71. Le mari à cause de sa femme peut faire offre de retrait, & requerir en jugement pour sa femme le retrait, sans le consentement ou procuration de sa femme. (*z*) Bourbonnois 465. Rheims 223. Sedan 255. Ville de Lille *T.* 7. 9. Poitou 331. Angoumois 60. Bordeaux 22.

72. Quand l'héritage est acquis par le mari & la femme, ou étant acquis par la femme auparavant le mariage, est retiré sur le mari, suffit que l'ajournement soit fait au mari, & les poursuites faites à l'encontre de lui, sans faire ajourner sa femme, ni faire les poursuites à l'encontre d'elle. Ribemont 40.

73. Suffit que l'ajournement soit baillé dedans l'an & jour, encore que l'assignation échée hors ledit tems. Perche 177. Normandie 484. (&)

74. Si l'ajournement du retrait lignager a été fait, & l'assignation néanmoins soit donnée à lointain jour, celui qui aura ainsi été ajourné, peut, en vertu de la commission du Juge, faire anticiper ledit retraïant, & le faire ajourner à plus brief jour. Melun 149. Mante 86.

75. Et où (*a*) l'acheteur seroit demourant hors la Vicomté où sont assis lesd. héritages, il suffira de la signifier aux détenteurs desdits héritages, soit fermier, receveur ou autres. Normandie 485. Orleans 368. Poitou 329. Angoumois 59. Usance de Saintonge 31. Bordeaux 21.

NOTES.

(*z*) Même malgré sa femme, par sa qualité de procureur de droit.

Mais s'il y a une séparation de biens, il n'y est pas recevable, parce que la femme a l'administration de ses biens & la direction de ses actions. Cependant Basnage *art.* 452. raporte un Arrêt qui autorisa le retrait fait par le mari au nom de la femme séparée, qui n'avoit ratifié qu'après l'an & jour donné pour retirer. Il cite aussi un autre Arrêt qui, de son aveu, est sans aplication à cette question, puisqu'il n'y avoit point de séparation. V. Brodeau *art.* 129. *n.* 18. Ferriere *ibid. gl.* 4. *n.* 25. *& suiv.* & *art.* 155. *n.* 11. Legrand *art.* 144. *gl.* 5. *n.* 21. Note H. sur du Plessis. Pallu *art.* 152. Auroux *art.* 465.

Mornac *ad L.* 1. *ff. de fundo dot.* raporte un Arrêt qui jugea que le mari aïant agi sans procuration de sa femme & aïant ensuite abandonné le retrait, la femme avoit droit de demander elle-même le retrait. Ferriere décide sur le fondement de cet Arrêt que le mari s'étant désisté, la femme est cependant recevable en venant dans le tems marqué par la Loi.

(&) V. les notes sur l'art. 302.

(*a*) Coût. de Beauvoisis, *ch.* 44. *pag.* 243. & 244. Coquille, *tit.* 31. *art.* 7. & *instit. in fine pag.* 96 Basnage, *art.* 485. Du Plessis, *pag.* 298. Lhoste sur Montargis, *tit.* 16. *art.* 1. *pag.* 497. & 498.

CONFERENCE.

Si aucun y a, sinon à deux des voisins d'icelui lieu. Perche 192. Chateauneuf en Thimerais 79. Clermont en Argonne, *T.* 16. 15. Melun 146. Berry, *T.* 14. 7. 8.

Ou en la personne de son Procureur, ou entremetteur de ses besognes, si aucun en y a, sinon à cri public au lieu accoûtumé à faire cris en la Jurisdiction en laquelle l'héritage est assis. Bourbonnois 429. Troyes 159. Melun 146. Sens 53. Auxerre 174.

Ou aux issues des Messes Paroissiales des lieux où les choses sont situées & assises, délaissant exploits au portail de l'Eglise. Eu 184. Clermont en Argonne, *T.* 16. 15.

Et quand les acquereurs ne peuvent être trouvés pour leur bailler ajournement, soit de retrait lignager ou féodal, le Sergent, au Baillage duquel les choses acquises sont assises, peut à la Requête dudit lignager, sans mandement ou commission, ou autre Sergent, par mandement & commission de Juge compétent, saisir en main de Cour icelles choses acquises, & y mettre Commissaires pour gouverner lesdites choses, jusqu'à ce qu'on ait trouvé ledit acquereur, pour lui signifier & bailler ledit ajournement de retrait: & semblablement le peut faire faire le Seigneur féodal, de ce que d'icelui acquêt seroit assis en son fief & nuesse: & ladite saisine ainsi faite, le tems ne court point contre ledit lignager ou Seigneur féodal; mais sont toujours à tems de faire bailler ledit ajournement de retrait, toutefois & quantes que ledit acquereur se trouvera pour requerir la délivrance desdites choses ainsi saisies. Maine 362. Anjou 351. Lodunois, *T.* 15. 38. Poitou 329.

76. Et court ledit an & jour contre majeurs, mineurs, (*b*) absens, furieux, & tous autres privilégiés, sans espérance de restitution. Laon 229. Clermont en Argonne *T.* 16. 23. Bar 158. Berry, *T.* 14. 1. Nivernois, *T.* 31. *art.* 10. Bordeaux 35. Mont de Marsan, *T.* 2. 4. Bourbonnois 425. Normandie 457. Eu 179. Tours 197. Poitou 362. Angoumois 75 Saintonge 49. Usance de Saintonge 40. Acs, *T.* 10. 14. S. Sever *T.* 5. 4. Bayonne, *T.* 5. 39. La Marche 285. Auvergne, *T.* 23. 3.

77. L'an du contrat court comme dessus, nonobstant que l'héritage fût vendu par un soy faisant fort soit de sa femme ou autre propriétaire à la charge de faire ratifier, nonobstant que la ratification ne soit faite. Eu 195. (*c*)

78. Propres héritages ou rentes, vendus à faculté de rémeré, doivent être retraits par le lignager, dedans l'an & jour du contrat, sans avoir égard au tems de la faculté de rachat. (*d*) Chalons 255. Clermont en Argonne, *T.* 16. 24. Troyes 149. Chaumont 117 Meaux 110. Sens 63. Berry, *T.* 14. 3. Bordeaux 15, Auvergne, *T.* 23. 13.

79. Si retrait lignager ou féodal étoit fait durant la grace ou faculté donnée ou retenue de recourre iceux acquêts, ledit retrait, soit lignager ou féodal, ne pourra être fait qu'à la charge d'icelle grace ou faculté. Maine 308. Anjou 393. Tours 189. Usance de Saintonge 39. Mont de Marsan, *T.* 2. 9. Acs, *T.* 10. 12.

80. Et durant ladite grace ne pourront lesdits lignagers & Seigneurs démolir, ains

NOTES.

(*b*) V. l'Arrêt 9. sur l'art. 269. & l'Arrêt 2. sur l'art. 295. du Moulin sur Paris, §. 20. *gl.* 2. le Grand, *art.* 144. *gl.* 8. *n.* 8. *& art.* 151. *gl.* 2. *n.* 5. Basnage, *art.* 457. du Plessis, *ch.* 1. *& nota* SS. Coquille sur Nivernois, *tit.* 31. *art.* 10. Louet, *lettre R. n.* 7. Dupineau, *art.* 456. *& pag.* 1179. Masuer, *tit.* 27. *n.* 7. Decormis, *tom.* 2. *cent.* 4 *ch.* 94.

Il est également de maxime que le mineur ne peut être restitué contre l'omission des formalités prescrites pour le retrait. La Peirere, *lettr. M. n.* 48. Brodeau, *art.* 131. Le Grand, *art.* 151. *gl.* 2. *n.* 5.

Le délai court même pendant le tems de guerre ou de peste. Brodeau, *ibid.*

(*c*) V. art. 324. *n.* 2.

(*d*) „ La faculté de rachat n'empêche „ point le cours du tems du retrait." Loisel, *liv.* 3. tit. 5. *art.* 43. Arrêtés de M. de Lamoignon, *art.* 29.

seulement

CONFERENCE.

seulement faire les réparations nécessaires. Tours 189.

81. Si l'acquereur, après la grace donnée & finie, donne autre grace au vendeur de recourre l'héritage vendu, ou rallonge après qu'elle est finie en raportant les deniers, en tel contrat à ventes au Seigneur de fief, incontinent la premiere grace finie, nonobstant que le tout n'excéde neuf ans. Aussi y aura retrait au lignager de celui qui aura donné telle faculté de rescourre si la rescourse se fait. Car à son lignager droit de retrait a été acquis, puisqu'une fois icelle grace a été finie. Maine 373. Anjou 363. (e)

82. Les Notaires & Tabellions sont tenus & peuvent être contraints, par compulsoire ou autrement, d'exhiber aux lignagers, Seigneurs féodaux & directs, la note & contrat de l'aliénation par eux reçue, & leur en bailler copie à leurs dépens, si requis en sont. Aussi sont tenus les Greffiers des Seigneurs féodaux & directs, aïant Justice, exhiber aux lignagers, si requis en sont, les investitures & inféodations qu'ils auront fait des choses sujettes à retrait, & les Seigneurs censiviers, non aïant Justice, seront tenus montrer leurs papiers, lesquels dorénavant seront tenus de faire, & en iceux écrire les lods & ventes qu'ils auront reçus de tel acheteur, pour raison de telle acquisition, & sans prendre pour raison d'exhibition. Bourbonnois 433. Nivernois, *T.* 31. 15.

83. La retenue a lieu à l'encontre du second acheteur, ou autre quelconque, tenant & possédant l'héritage vendu par le lignager. Auvergne, *T.* 23. 12. & *T.* 16. 17.

On se peut adresser en matiére de retrait lignager ou prélation, contre l'acquereur ou contre le détenteur de la chose acquise. La Marche 287. & 118. (f)

NOTES.

(e) La prorogation de la condition de reméré fait naître une question que du Moulin décide sur l'art. 33. de la Nouvelle Coûtume de Paris, *gl.* 2. *n.* 53.

Pour apliquer sa décision à nos principes, suposons que l'acquereur, à condition de réméré, s'est approprié avant l'expiration du réméré, de sorte que l'héritage est deramagé de la famille du vendeur, à la charge néanmoins de la clause résolutoire du contrat. Cet acquereur accorde ensuite au venedeur une prolongation de la faculté de remeré; & le vendeur l'exerce en vertu de cette prolongation. Le retrait lignager aura-t'il lieu au profit des parens de l'acquereur, ou le retrait féodal au profit du Seigneur?

Du Moulin distingue si la prolongation est accordée avant ou depuis l'expiration de la faculté stipulée par le contrat de vente.

Si c'est avant l'expiration, le retrait lignager ou féodal ne peut être exercé contre le vendeur après qu'il est rentré dans l'héritage, parce que, lors de la prolongation, il avoit encore droit à la chose; & ce droit a été seulement prolongé & conservé.

Mais si après l'expiration de la clause de remeré, la prolongation a été accordée, comme tout le droit du vendeur étoit alors éteint, c'est un droit absolument nouveau, accordé à un étranger, qui n'avoit plus aucunes prétentions sur l'héritage. C'est, dit du Moulin, *verum & spontaneum pactum quod nullo modo impedit, sed praparat viam ad omnia jura feudalia.* Ainsi le droit de retrait lignager ou féodal peut être exercé, lorsque le vendeur rentre dans l'héritage en vertu de cette prolongation.

(f) V. Art. 299. *n.* 3.

„ Le rétraïeur ne doit pas élire voïe de „ saisine & de nouvelleté, si le premier ache- „ teur a vendu à un autre la chose con- „ tentieuse, mais doit faire ajourner l'ache- „ teur & le vendeur, pour oüir une requête „ qu'il entend faire à l'encontre d'eux, „ tendant afin que le contrat soit mis au „ néant; comme la chose, au tems du con- „ trat devant & après, fût litigieuse, *quia* „ *res litigiosa vendi vel alienari non potest* „ *in prejudicium litis aut litigantium, imò* „ *vitium litigii committitur, & fit annullabi-* „ *tur.* Et sera condamné en l'amende & ès „ dépens. Et sera reservé au second ache- „ teur de faire demande contre le premier „ pour l'argent qu'il avoit païé de la vente, „ & de ses dépens & interêts. " Grand Coûtumier, *pag.* 232.

CONFERENCE.

84. L'acheteur se peut dessaisir, vendre, donner, ou transporter l'héritage à lui vendu, pendant le tems du retrait lignager & auparavant l'ajournement, & non depuis au préjudice du lignager: en maniére que s'il le fait depuis l'ajournement, il pourra toujours être poursuivi, nonobstant les aliénations depuis par lui faites: & néanmoins les jugemens & sentences contre lui données, seront exécutées, quant au principal, contre ceux ausquels auroient été faites lesdites aliénations. Sedan 238.

85. Si l'héritage sujet à retrait avoit été revendu, ou autrement aliené par le premier acheteur, dedans l'an & jour de la premiere vendition, & par le moïen de divers contrats, il eût été en plusieurs mains, si est toujours le lignager bien recevable de le retraire du détenteur dedans ledit tems, en offrant les deniers de la premiere (g) vendition, avec les loïaux-coûts, à quelque titre ou condition que l'ait eu ledit détenteur. Laon 248. Chalons 243. Rheims 205. 216. Clermont en Beauvoisis 7. Valois 150. Clermont en Argonne, *T.* 16. 14. 32. Bourbonnois 460. Vitry 127 Melun 148. Auxerre 177. 178. Sedan 240. Perche 196. Berry, *T.* 14. 17. Blois 205. Nivernois, *T.* 31. 13. Maine 411. 419. 420. Anjou 400. 408. 409.

86. Sauf au dernier acquereur son recours contre son vendeur: & pourra le rétraïant s'adresser contre le détenteur ou acquereur. Bassigny 115. Duché de Bourgogne, *T.* 10. 12. Bar 150. Lorraine, *T.* 13. 1. Bourbonnois 460. Troyes 163. Sens 57. Sedan 240. Blois 205. 210. Maine 411. Anjou 400.

87. Et où auparavant ledit ajournement ledit acquereur l'auroit transporté, le doit déclarer à la premiere assignation: & en ce faisant, demeure déchargé, & l'ajournement à lui baillé interrompt la prescription annuelle contre celui auquel il l'auroit transporté, & tous autres cessionnaires. Perche 199. Poitou 332. 352. 353. Angoumois 73. Usance de Saintonge 43. Bordeaux 9. 10. 11.

88. Si l'acquereur, depuis l'ajournement à lui baillé en retrait, transporte l'héritage à personne privilegiée ou autre, est tenu faire comparoir en jugement celui auquel il a fait le transport, lequel ne peut décliner la Jurisdiction sous couleur de privilége ou autrement; & où ledit cedant ne fera comparoir le cessionnaire, sera néanmoins procédé contre ledit cédant, & le jugement donné contre lui sera exécuté contre ledit cessionnaire pour le regard de l'héritage ajugé par retrait. Perche 198.

89. Il est ainsi que l'acquereur, qui nie par fraude le lignage de celui qui poursuit & demande le retrait de la chose acquise par ledit acquereur, & ledit lignager le prouve, sera tenu ès dépens, dommages & interêts. Maine 382. Anjou 372.

90. Si par la fraude ou collusion du tuteur, le mineur est évincé de sa clameur, le pupille aura recours contre son tuteur, pour ses dommages & interêts dans l'an de sa majorité Normandie 481. (h)

91. Tout lignager qui a renoncé à user de ses droits de clameur, soit lors du contrat ou après, n'y peut revenir. Normandie 493. (i)

92. L'acheteur est tenu bailler & fournir au rétraïant les lettres d'acquisition, & tout ce qu'il aura pour l'acquisition par lui faite; en quoi faisant, n'est tenu d'aucune garandie envers ledit rétraïant; lequel entre aux droits dudit acheteur à ses périls & fortunes. (k) Peronne 244.

NOTES.

(g) V. l'Arrêt sur l'art. 299.

(h) Du Moulin, §. 20. *gl.* 2. *n.* 4. décide même que cette action a lieu contre le tuteur, qui, aïant des deniers oisifs, n'a pas exercé le retrait pour son mineur. Cela confirme la décision de l'Arrêt du 22. ou 29. Décembre 1639. raporté par Auzannet, *art.* 131. qui jugea que l'acquereur étant tuteur du prême, le délai n'avoit pas couru pendant la tutelle. V. Brodeau, *art.* 131. du Moulin, §. 21. *n.* 7. *&* 8. Ferriere, *art.* 129. *gl.* 6. *n.* 21. *& art.* 131.

(i) Mauer, *tit.* 27. *n.* 3.

(k) Belordeau, *lettre F. controverse* 73. Comme le rétraïant entre dans tous les droits de l'acquereur, les actions rescisoires

CONFERENCE.

93. Le retraïant après l'héritage à lui ajugé, ou reconnu, ou remboursé, fait est comme subrogé au lieu de l'acheteur, tenu & obligé au contenu du marché, & icelui acheteur du tout en déchargé. Douay, *T.* 5. 7 Ville de Lille, *T.* 7. 14. Salle de Lille, *T.* 11. 9.

94. L'héritage naissant du vendeur est acquêt au retraïant lignager d'icelui. Rheims 37. Lorraine, *T.* 13. 24. (*l*)

95. Si c'est droit de retrait conventionnel de chose purement engagée, ou par vertu de faculté de rachat accordée au vendeur, il retient sa qualité & nature premiere. Lorraine, *T.* 13. 24.

96. Le parent rétraïant fait de l'héritage retiré son héritage patrimonial pour tenir sa cotte & ligne. Boulenois 137. Artois 123. Noyon 33. Salle de Lille, *T.* 2. 24. Doüay, *T.* 2. 33. Chauny 114. Normandie 483.

97. L'héritage retiré par retrait lignager est tellement affecté à la famille, que si le retraïant meurt delaissant un héritier des acquêts, & un héritier des propres, tel héritage doit apartenir à l'héritier des propres de la ligne dont est venu & issu ledit héritage, & non à l'héritier des acquêts, en rendant toutefois, dans l'an & (*m*) jour du decès, aux héritiers desdits acquêts, le prix dudit héritage. Calais 148. Paris 139. Orleans 383. Tours 185.

ORD. Edit de Novembre 1581. (*n*)

SOMMAIRE.

1. *Etimologie du mot* Prémesse.
2. 5. 7. *Critique de l'Article par d'Argentré.*
Explication des mots lignage & ramage & n. 3.
4. *De la proposition* où lignage défaut ramage succede.
6. *Explication du mot* ligne.
8. *De la subrogation par échange.*
9. 10. 13. 14. *Du retrait en acquêts.*
9. *La possession du débiteur continue pendant la saisie.*
Nécessité de l'enramagement des acquêts par l'appropriement.
Quid *du féage.* Aux Notes.
10. *Des acquêts de la communauté quand la femme y renonce : s'ils sont enramagés dans sa ligne.*
10. 11. 12. *Retrait pour ceux du lignage & ramage seulement. Explication des derniers mots de l'art.* 298.
15. *Héritage déramagé de la famille du vendeur par l'appropriement même des gens de mainmorte.*
16. *Retrait n'a lieu en offices.*
17. *Du retrait en vente d'une portion indivise au copropriétaire.*

NOTES.

que celui-ci avoit droit d'exercer contre le vendeur *ex causâ doli*, peuvent être intentées par le retraïant, après que le retrait lui a été ajugé. Du Moulin §. 20. *gl.* 5. *n.* 56.

Mais je crois que cette décision ne s'étendroit pas à l'action, qui auroit competé à l'acquereur à cause de sa minorité, parce que c'est un moïen purement personnel que l'acquereur pouvoit ne pas exercer. On peut même dire que l'exercice du retrait, est une aprobation du contrat de la part du retraïant.

Au contraire on ne peut pas admettre une pareille aprobation par raport au vice de dol, dont le contrat est infecté.

(*l*) Sur ce nombre & sur les nombres 96. & 97. V. le Commentaire de l'article 319. *n.* 6. & 10. & de l'art. 322. *n.* 2.

(*m*) V. le Commentaire sur l'art. 319. *n.* 9.

(*n*) V. Theveneau sur cet Edit.

COMMENTAIRE.

1. C. M. *Prémesse*. Non à primâ emptione, sed à proximitate, ut dixi *sup.* §. 113. & sic non à Græco sed à Gallico, ut inf. §. 305. (o)

Hevin. Cet art. 298. est un des 13. blâmés par d'Argentré dans sa Préface, sed iniquè.

2. D'Argentre' ait. Hic Articulus, pace bonorum omnium dictum sit, excidit non satis cautis : nam & veteri Consuetudinario Juri ante omnem memoriam recepto, adeòque & naturæ ipsi repugnat, & Juris regulis. Retinendi sunt termini *de lignage*, *& de ramage*. *Lignage* conjunctio est sanguinis, ab eodem stipite manans per gradus descendentes ad personas usque venditoris & retrahentis : pertinet verò ad personas. *Le ramage* descensus est prædii venditi, cujus retractus petitur à stipite communi retrahentis & vendentis, & pertinet ad rem ipsam. (a) Hoc posito sciendum veterem Consuetudinem neminem recepisse ad retractum, *s'il n'avoit lignage & ramage* conjunctim, hoc est, nisi personæ essent conjunctæ per stipitem communem, & res retrahenda olim per stipitem eundem communem transisset, & inde ad venditorem pervenisset. Quantum ad lignagium Reformatores nil mutarunt, nec verò poterant : sed cùm fingunt ramagium, ubi nullum est, hîc peccatum. Nam vulgatum est illud è jure, legem non fingere super impossibili, nec fictio fit nisi de possibilibus; & sicuti jus tribui cuiquam nequit, ut fratri, qui frater non sit, nec eodem patre aut matre genitus; veluti si quæstio esset de introducenda tenecura *comme Juveigneur d'aîné, il faut qu'en la création, qu'on présupose pour antecedent nécessaire, il y ait un frere aîné & un frere puîné*; alioqui principia actûs substantialia deficiunt. Ita ramagium dici nequit, nisi res in stipite communi radicem fecerit & in ramos deerraverit. Quod hodie acquiritur ab uno de consanguineis, incipit stipitem facere pro omnibus descendentibus deinceps, *L. pronuntiatio ff. de verb. signif.* Sed talis acquisitio nunquam regreditur in gradus ascendentes, nec remeat in stipitem, non magis quàm ut succus, qui in ramis est, recurrat in stipitem, quod fieri nequit nisi tabescente arbore, non magis quàm ut flumina recurrant in fontes suos semel emissa; quod hîc faciunt contra naturam. Debet enim ars imitari naturam, & ramagium permanare à gradu ascendenti, in descendentem, non è contra. Hoc natura ipsa docet : qui arbores inserunt, cum ramo oculum indiderunt, expectant ut sobolescat, & incrementum ducat à loco insitionis : sed nemo sic insanit ut existimet ab oculo indito remanaturum in stipitem, nam is de trunco accipere notum est, id est τρέφεσθαι, non dare, nec succus recurrat de oculo, sed incurrit de ramo. Quare perabsurdum est, quod hîc imaginantur hodie, acquisita recurrere in mortuos centum fortè ante annis, & per eos aliquid refluere in alios ramos. Quod si hoc volebant, quod voluisse eos apparet, ut id in acquisitis obtineret, quod in antiquis & verè de ramagio existentibus, non erat ramagii necessitas appo-

NOTES.

(o) C'est l'art. 320. de la N. C. V. le Commentaire sur l'article 110. sur la rubrique des prémesses, *n.* 1. & sur l'art. 299. *n.* 1.

nenda in retractu; sed erat de veteri dispositione adimendum, & simpliciter statuendum retractum deinceps locum habiturum in acquestibus appropriatis: in quo nihil fecissent absurdi; & exemplo deffendi poterant plurium vicinarum Consuetudinum, quæ eo jure utuntur, quamquam, si verum fateri volumus, contra retractûs primarium & germanum usum, qui in antiquis hæredíis obtinere debet: sed ramagium inducendo vim afferunt & legi & naturæ; & in lege non est, quod natura non admittit.

HEVIN. (a) V. l'article 288. de la Coûtume de Tours.

3. *Ramage.* In hoc reprehenditur Argentræus à Brodæo, sur l'art. 141 de la Coût. de Paris. *num.* 3. *Ramage, idem* que *branchage*; & se prend dans l'art. 200. 325. *hoc tit.* 593. *inf.* dans ce sens.

4. L'Anonyme sur l'art. 271. dit que la maxime, *où ramage défaut, lignage succede & avant le Seigneur de fief,* n'a lieu en prémesse où il faut ramage.

5. D'ARGENTRE' AIT. *Et sera l'héritage réputé du ramage.* (p) Hoc quidem non rectè fingere est super impossibili, & contra naturam, cùm ramagium definiatur esse descensus rei retrahendæ à stipite in gradus inferiores venditoris & retrahentis; & hodie factum nullo jure retrotrahi possit.

Quand aucun de sa famille. Meliùs dixisset, *quand aucun de son lignage.*

En a été approprié. Cela seroit bon pour les descendans de l'acquereur, *per dict. L. pronunciatio.* Mais en matiere de retrait, l'acquêt du jourd'hui fait, ne remonte point aux dégrés ascendans pour faire ramage, aussi peu qu'une riviere retourne en la fontaine dont elle partoit. Cela se fait en droits successifs, pour y succeder défaillans les descendans. Mais la raison est que la succession est dûe au lignage & au sang, & tellement déferée par la Coûtume, & n'y est requis ramage.

Ores que le rétraïant n'en fût descendu. (q) Mala scriptura, imo, *ores que le rétraïant ne soit descendu de celui qui a fait l'acquêt, qu'on veut retirer;* & en ces mots ils confondent le lignage & le ramage. Car leur intention étoit de dire, que combien que l'héritage ne fût descendu du tige commun des prédécesseurs de l'acquereur & rétraïant, il y auroit prémesse à l'acquêt de l'acquereur après l'appropriement, & ne voulant parler que du ramage seul: car quant au lignage, il n'y pouvoit avoir difficulté. Hæc patent ad sensum.

6. D'ARGENTRE' A. C. *Art.* 284. *A tous ceux du lignage.* La ligne est le progrès & la descente des personnes d'un tronc commun.

Dedans le neuviéme dégré. Le Droit Romain admet le dixiéme dégré dans la computation de la consanguinité. Il faut que celui qui agit articule specifiquement les dégrés, & qu'il les prouve.

7. *Du ramage d'où procede l'héritage.* L'Auteur fait ici une longue dissertation, pour prouver qu'il n'y a point de retrait en acquêt, à moins que le rétraïant soit descendu du premier acquereur. Car il trouve que c'est une

NOTES.

(p) V. du Fail, *liv.* 1. *ch.* 249. Hevin sur Frain, *Pl.* 41.

(q) V. le premier & le seiziéme arrêté de M. de Lamoignon sur les retraits. Auroux sur Bourbonnois, *art.* 422. *n.* 13. *& suiv.*

espece de monstre que de suposer une branche sans tronc. * Il raisonne très-conséquemment suivant son sistême. Mais les Réformateurs ont rejetté ce sentiment, en établissant par l'article 298. que l'héritage est réputé du ramage du rétraïant, lorsque quelqu'un de sa famille en a été approprié. L'Auteur murmure beaucoup sur cette décision dans son Aitiologie, fâché de ce qu'on n'a pas adopté son principe. Il raporte dans son Commentaire la différence de Jurisprudence à cet égard; & l'on peut dire qu'à force d'avoir voulu faire valoir son sentiment, il a jetté les Réformateurs dans un autre excès, lorsqu'ils y ont oposé leur décision indéfinie, que la prémesse aura lieu en tout acquêt approprié. Ils ont outré la matiere de leur côté, puisqu'ils devoient garder un certain tempéramment, en admettant le retrait en faveur des descendans de l'acquereur non approprié. Rien n'étoit si naturel. Mais comme ils ont fixé la chose à l'appropriement, ils en ont fait une nécessité générale, & sans distinction des descendans ou des simples collateraux.] *(r)*

8. HEVIN. L'héritage subrogé par échange tient même nature. Arrêt dans du Fail *l.* 1. *ch.* 430. *(s)* Brodeau sur l'art. 143. de la Coût. de Paris.

9. Si le retrait a lieu en acquêt, vid. Brodeau & de Ferriere sur l'art. 129. de la Coût. de Paris. *(t)*

Mævius acquiert en 1660. un héritage, & en prend possession cartulaire. En 1672. l'héritage est saisi sur lui & l'adjudication faite en 1676. à Titius. La fille de Mœvius demande le retrait, que l'adjudicataire conteste en disant que son pere n'aïant point été approprié par bannies, ne l'a point aussi été par 15. ans, aïant été dépossedé par la saisie dès 1672. & partant que ledit héritage n'est sujet à prémesse par l'art. 298.

Respondi. Que la demande de retrait étoit bien fondée, le saisi étant approprié par 15. ans lors de la vente, nonobstant la saisie; laquelle ne tendant *(u)* qu'à ôter au saisi la faculté de disposer au préjudice du saisissant & oposans, & n'étant que *custodiæ causâ*, ne fait aucune interruption des prescriptions contre le saisi au profit de tierces personnes. Ce seroit lui faire opérer un effet contraire à sa fin, vû qu'elle détruiroit les droits des créanciers en altérant ceux du saisi débiteur. On peut ici apliquer ce que du Moulin traite sur la régle *de annali possessore num.* 133. que la saisie faite, sur le titulaire possesseur moins qu'annal ou que triennal, n'empêche point le cours de sa possession, à l'effet d'acquerir le privilege de paisible possesseur annal ou triennal; *quia tunc fructus sequestrantur, non ratione tituli controversi, sed*

NOTES.

(r) V, la fin du nombre 9.

(s) V. aussi le chapitre 438. & la conference *n.* 31.

„*(t)* Il fu jugié que en Aqneste n'avoit „point de retraite, se chil qui l'avoit aquesté „le revendoit: mes se il moroit, l'aqueste „demouroit as hoirs hiretiers; & se li hoirs „le vendoient, li parent as hoirs de par chelí „qui l'aquesta le pueent retraire. " Coûtume de Beauvoisis, *ch.* 44. *pag.* 240. Grand Coût. *pag.* 237. & 238.

(u) V. le Commentaire sur l'art. 272. *n.* 47. & 48.

super titulario; & la saisie, ou sequestre fait sur lui, bien loin de nuire à sa possession, la confirme & conserve. Car pour donner lieu à la saisie faite *super ipso possessore*, il faut suposer qu'il a droit de posseder, & la saisie n'est pas faite pour contester son titre & sa possession, mais pour l'assurer au profit de ses créanciers. M. Loüet, sur le même passage de du Moulin, allègue Rebuffe *tract. de pacif. possessorib. num.* 293. qui dit de même que, *quando quis non molestatur super titulo beneficii, sed propter alias causas, pacifica remanet possessio* : & M. Loüet conclut pour notre question. Regulariter prehensio possessorem suâ non privat possessione, *L.* 3. §. *final. L. si quis vers. denique de acquirend. vel amitt. possess.* & manus regia non privat possessorem possessione suâ, sed possessorem conservat; ut probat Molin. *ad Consuetud. Paris.* §. 1. *gl.* 4. *num.* 16. & ita servatur in Senatu hæc distinctio. Vid. d'Argentré *ad art.* 302. *vet. & ad art.* 265. *cap* 6. *num.* 40. ubi docet similiter, saisinam ex causâ Cridarum possessionem non interrumpere, & fusiùs *ad art.* 266. *cap.* 10. *num.* 11.

Voïez ce que l'article 354. dit de la saisie féodale.

Je crois même (*x*) que l'enfant, héritier présomptif en ligne directe, est toujours reçu au retrait de ce que le pere a vendu; quand même l'héritage ne seroit pas approprié, pourveu que la contestation ne soit qu'entre lui & l'acquereur étranger, & non avec les lignagers d'un premier vendeur, de la famille desquels l'héritage n'auroit point été déramagé.

10. Cet article confirme le retrait en acquêt; & s'il est fait par les conjoints, les parens de l'un & de l'autre y concourent. Mais si la femme, après la mort du mari, ou ses héritiers renoncent à la communauté, les lignagers de la femme renonçante demeureront-ils exclus du retrait, en cas de vente des acquêts appropriés à un étranger? Je tiens que la renonciation à la communauté, qui n'est qu'un privilege, (*y*) n'abolit point le droit ac-

NOTES.

(*x*) J'ai vu soutenir pendant quelque tems cette opinion. Mais elle a été rejettée par deux Arrêts consecutifs. L'un de ces Arrêts est du 18. Juillet 1742. en la 2. des Enquêtes, au raport de M. de Govello, entre Bertrand Duaut, & Joseph Guillotel.

V. la fin du nombre 7.

Mais comme par l'art. 312. le contrat de féage n'est point sujet au retrait, il a été décidé par deux Arrêts des 19. Août 1735. & 6. Août 1737. que l'afféagiste aïant vendu sans s'être approprié, le retrait a lieu au profit de ses lignagers, parce que, sans appropriement, il est devenu propriétaire incommutable au moment du féage & les parens du Seigneur ont perdu tout droit de retrait. V. mon Journal du Parlement, *t.* 2. *ch.* 47.

(*y*) Tout ce raisonnement paroît facile à détruire. Il est vrai que le droit de renoncer est un privilege purement volontaire. Mais il n'est pas moins vrai que la femme, par sa renonciation, abdique tout le droit, purement habituel, qu'elle avoit eu pendant la vie du mari, dans les biens de la communauté, & qui ne pouvoit être reduit en acte que par l'acceptation de la communauté. Alors le mari ou son héritier demeure seul propriétaire de tous les biens de cette communauté, de même que si la femme n'y avoit jamais eu aucun droit, puisque le droit habituel que la femme avoit pendant le mariage n'est jamais devenu actuel un seul moment.

L'objection que, pendant le mariage, l'acquêt vendu peut être retiré par les parens de la femme, n'est pas solide. M. de Perchambault, §. 11. donne pour motif qu'il suffit que la communauté soit habituelle au tems du retrait, ce qui prouve que la communauté habituelle ne subsistant plus après la renonciation, la demande de retrait for-

quis à ses lignagers, du ramage desquels l'héritage a été réputé par l'appropriement, suivant ce texte. Nec obstat que la femme renonce. Car elle est effectivement commune; ensorte qu'elle n'a point besoin d'acceptation. Elle a été faite propriétaire irrévocable, sa renonciation ou cession étant une abdication volontaire, & non pas une éviction. Celui n'est Seigneur irrévocable, à quo invito & dissentiente res potest auferri; ce que l'on ne peut dire de la femme qui ne renonce que volontairement. C'est une abstention par privilege, en faveur d'elle contre les créanciers & héritiers de son mari, qui ne peut ôter un droit de ramage acquis. En effet si l'acquêt est revendu constant le mariage, les lignagers de la femme en ont le retrait, nonobstant qu'après le décès de son mari elle renonçât: ce qui prouve que le droit de ramage ne dépend point de la renonciation. Car il suffit qu'elle soit effectivement commune sans acceptation; quoique l'exercice de la communauté devienne couvert par la renonciation ou abstention.

CONSULTATION DE TOUT LE BARREAU, AU SUJET de la prémesse que Madame de la Marzeliere vouloit exercer au nom de son fils, sur la terre de Châteauneuf, quoique MM. de Coëtquen ne soient parens de MM. d'Asserac, que dans l'estoc de Montejean, duquel n'a point procédé la terre de Châteauneuf, laquelle est d'un autre estoc.

Les Avocats du Parlement de Bretagne estiment que l'art. 298. de la Coûtume se doit entendre conformément au droit commun, qui n'aïant introduit la prémesse & retrait lignager que pour remettre dans les familles les biens qui en sortent par les ventes & aliénations, n'admet au retrait que ceux de l'estoc desquels procédent les héritages; c'est-à-dire, qui pourroient, en quelque façon, recueillir par droit de succession, ensorte que les termes de *lignage & ramage* dont se sert la Coûtume en cet art. ne signifient rien autre chose que les termes d'estoc & ligne. Il faut donc que les héritages, sur lesquels le rétraïant veut exercer la prémesse, soient de sa ligne & de son estoc, (z) ou pour se servir du terme de la Coûtume *du lignage & ramage*, la simple parenté ne suffisant pas pour fonder la prémesse. C'est ainsi que les Arrêts ont toujours interprеté cet article de Coûtume. Il y en a un dans les Mémoires de Me. Sebastien Frain, *Plaidoïer* 41. en date du 11. Septembre 1604. qui a jugé la question *in terminis*; & il en a encore depuis peu eté

NOTES.

mée par l'héritier de la femme n'a aucun fondement.

Enfin si l'abdication de la femme renonçante est volontaire, il est également vrai que l'abdication par exponse ne l'est pas moins. Cependant elle éteint tous les droits des parens de celui qui fait l'exponse, & qui avant cet abandon volontaire, n'étoit pas reduit à un droit habituel, puisqu'il étoit au contraire le seul propriétaire jusqu'au moment de l'exponse. V. la conference *n.* 27.

(z) Auroux, *art.* 422. *n.* 17.

rendu

rendu un autre, contre le nommé le Barzic, fermier de Landerneau, qui prétendoit retirer un héritage vendu sur la Demoiselle de Kvescontou Coroller, sa parente à la vérité, mais dans un autre estoc que celui duquel procédoient les héritages vendus. Quant aux derniers termes dans lesquels se trouve conçu ledit article 298. de la Coûtume, *& sera censé l'héritage du ramage du retraïant, quand aucun de la famille a été approprié*; c'est une disposition particuliere qui regarde les acquêts qui ont été faits par ceux de la ligne du retraïant; & quoique, suivant l'esprit de la même Coûtume qui établit une communauté légale entre les conjoints après l'an & jour, lesdits acquêts dussent être censés & réputés moitié de l'estoc de la femme, moitié de l'estoc du mari; ce qui sembleroit exclure le parent du mari, par exemple, de retirer le tout desdits acquêts, & réduire son retrait à la moitié seulement; parce qu'il n'y en auroit qu'une moitié réputée de sa ligne & estoc, c'est-à-dire de son lignage & ramage; néanmoins la Coûtume veut qu'il soit admis au retrait du total desdits acquêts; parce que, par une fiction qu'elle fait, elle veut que les acquêts faits par ceux de la ligne qui se sont appropriés, soient censés du ramage. Par cette fiction, elle établit le concours du ramage & du lignage en matiere d'acquêts; sans lequel concours elle n'admet point le retrait lignager dans la premiere partie dudit art. qui ne s'entend à proprement parler que de l'ancien patrimoine; d'où résulte que Mrs. de Coëtquen n'étant parens de Madame d'Asserac que dans l'estoc de Montejan, duquel estoc ne procede pas la terre de Châteauneuf, ils ne sont pas recevables à la retirer par prémesse.

Déliberé à Vannes.... signé Gentil &c.

La même question jugée au raport de M. de Beauvais de l'Ecu le samedi 26. Mars 1689. entre le Procureur Fiscal de Rieux, apellant de sentence rendue en la Jurisdiction de Ploërmel qui l'avoit débouté de sa demande de prémesse sur la métairie du Petit Bilair vendue au nommé Yves Davilo, sur ce que, quoiqu'il fût effectivement parent du vendeur, néanmoins ladite métairie qui étoit un ancien propre procédant d'un autre estoc & ligne que de la ligne dont le demandeur en prémesse étoit parent, ladite sentence de Ploërmel a été confirmée avec dépens. Gentil écrivoit pour l'Intimé & Me. Sauvageau pour l'Apellant. GENTIL.

11. ARREST I. Jugé par Arrêt du 11. Septembre 1614. plaidans Frain & Devolant, que ces mots, *& sera l'héritage &c.* ne s'entendent que des acquêts, non de l'ancien propre, où il faut lignage & ramage conjointement pour avoir la prémesse : ces mots n'aïant été ajoutés par les Réformateurs, que pour introduire la prémesse en acquêt, où autrefois elle n'avoit point de lieu; tellement que les parens d'un estoc ne peuvent retirer les héritages de l'autre estoc, non plus qu'y succeder. C'est le plaidoïer 41. de Frain. (*&*)

12. ARREST II. Titius marchand de Nantes aïant vendu un tiers par lui recueilli de l'estoc paternel, un lignager en l'estoc maternel le vouloit

NOTES.

(*&*) V au commencement de cet article la note sur le mot *Ramage*.

retirer par prémesse, disant qu'un sien parent en avoit été fait Seigneur irrévocable. Le Seigneur de fief demandant le retrait disoit que le retraïant n'étoit du ramage dont procédoit l'héritage. Le Seigneur féodal [obtint;] plaidant Durand & de Lesmeliere, contre M. Cupif.

13. ARREST III. Mais puisque la prémesse est introduite en acquêt, *quæritur* si les parens des deux estocs y concourent de même qu'en succession, ou si le parent en un estoc plus proche en degré exclut tous les parens de l'autre estoc plus éloigné? La cause aïant été plaidée le 15. de Juillet 1618. La Cour dit qu'elle en délibéreroit au Conseil; plaidans Martin & Frain, qui dit en son plaidoïer 8. qu'elle ne fut point jugée depuis.

L'effet de l'appropriement étant de faire réputer la chose acquise du ramage de l'un & de l'autre estoc, chacun desquels y a un droit pareil, la proximité du parent d'un estoc ne peut exclure ceux de l'autre estoc qui demandent à concourir pour leur moitié, quoique plus éloignés. Autre chose est, quand il n'y a pas de concours, ainsi que dans l'Arrêt suivant. Voïez l'art. 595. HEVIN.

14. ARREST IV. Ce jour 30. Avril 1661. jugé, Grand'Chambre & Tournelle assemblées, qu'en revente d'acquêts appropriés, les parens d'un estoc pouvoient demander la prémesse du tout, les parens de l'autre estoc ne demandant point à concourir, quoiqu'en cas d'échoite, ils n'eussent pû emporter que la moitié. M. de Brehand Raporteur. Voïez le plaidoïer 8. de Frain.

15. ARREST V. De même (a) que l'appropriement acquiert le retrait à la famille de l'acquereur, il en exclut la famille du vendeur pour l'avenir. Les Sr. de Kmengui & femme transportent aux Religieuses Ursulines de Treguier, pour dot de leur fille, une maison : les Religieuses s'en approprient, & quelques années après la revendent. La sœur de la Religieuse demande le retrait : dit que, tant que la maison a été possedée par les Religieuses pour la dot de sa sœur, elle n'a pu retirer ladite maison : que l'appropriement ne doit être consideré; parce qu'elles sont personnes de mainmorte qui ne peuvent s'accroître en fief seculier. Sentence qui ajuge le retrait. Apel, Chappel plaidant pour l'Apellant & le Fevre pour l'Intimée, le 19. Octobre 1632. La Cour se trouva partie en opinions; à raison de quoi elle apointa au plumitif pour délibérer plus amplement : & au Conseil elle se trouva encore partie le 9. Novembre. Et enfin le 13. de Novembre 1632. Arrêt au profit de l'Apellant, la Cour mit l'apellation & ce, & dans la demande de retrait les parties hors procès. HEVIN.

16. ARREST VI. La Coûtume dit *héritage*; (b) ce qui exclut les offices. Un apellé Capitaine demande la prémesse ou retrait lignager d'un office de Notaire Roïal, soutient qu'il y est bien fondé, parce que ledit office est héréditaire & réputé immeuble. Il en est débouté par sentence dont il apelle. L'Intimé dit qu'il est non-recevable. 1°. Parce qu'il a parlé au contrat.

NOTES.

(a) Chapel, *ch.* 180.

(q) Sauvageau sur du Fail, *liv.* 2. *ch.* 290. Chapel, *ch.* 95.

20. Que la prémesse n'est donnée par la Coûtume qu'aux héritages alienés, allegue les raisons de Loiseau, M. Loüet & Choppin, pour prouver qu'il n'y a lieu de retrait lignager aux offices. (c) Arrêt le 15. Decembre 1626. qui confirme la sentence, plaidans Berthou pour l'Apellant, Chappel pour l'Intimé. CHAPPEL.

17. ARREST VII. Titius possede par indivis la huitiéme partie d'une maison dans la Ville de Saint Malo, & Sempronius le reste. Se passe contrat par lequel Titius vend à Sempronius sa huitiéme partie de maison indivise & non partable; & après demande le retrait au nom de son enfant. Sempronius s'en défend, dit que la prémesse n'a lieu après la reconnoissance faite par le vendeur; que la chose étoit non partable; que c'est une espece de licitation pour rémédier à la difficulté du partage. Jugé ce 24. Avril 1690. à l'Audience au profit du retraïant, plaidant Gentil pour le prême & le Comte pour l'acquereur. Il semble que si la maison n'étoit point partable pour un huitiéme sans incommodité, on devoit exclure le prême, les réunions étant favorables, argumento art. 315. & specialement en ce cas, où le vendeur qui avoit reconnu la difficulté de la division, n'étoit pas admissible sous le nom de son enfant; car au respect d'un étranger la reconnoissance portée par le contrat que la chose n'est partable, ne mériteroit pas de considération, si elle n'étoit conforme à la vérité. (d HEVIN.

NOTES.

(c) La même décision a lieu contre le retrait lignager ou féodal des Greffes vendus. Arrêtés de M. de Lamoignon, *art.* 23. Lhoste sur Montargis, *tit.* 16. *art.* 1. Auroux sur Bourbonnois, *art.* 422. *n.* 5. Auzannet sur Paris, *art.* 149. Brodeau, *art.* 148. La Peirere, *lettre* R. *n.* 157. & 194. & l'on ne suit point en Bretagne les Arrêts raportés par Basnage, *art.* 452. qui sont contraires à cette maxime. V. la note (b) sur l'art. 55.

(d) V. la conference, *n.* 28.

ARTICLE CCXCIX.

Tout prême & lignager peut retirer la chose sujette à prémesse, en païant par lui le vrai prix convenu entre le vendeur & l'acheteur, & les loïaux-frais, coûts & mises, sans fraude.

CONFERENCE.

Art. 307.
A. C. *Art.* 285.

V. la conference sur l'art. 307.

SOMMAIRE.

1. *Des mots* prême & prémesse.
2. *Retraiant subrogé à la place de l'acquereur. Si après la prémesse ajugée l'acquereur peut être poursuivi pour le prix ou pour les lods & ventes.*
3. *Critique des formalités prescrites par*

les autres Coûtumes *pour la prémesse.*
4. *De la revente faite par l'acquereur à plus haut prix.*
Quid *s'il a revendu à moindre prix :* *droit du Seigneur en cas de plusieurs ventes de choisir pour l'exercice du retrait féodal.* Aux Notes.

COMMENTAIRE.

D'ARGENTRE' A. C. *art.* 285. *Tout prême & lignager.* Il falloit mettre *prême lignager* : car on n'est point l'un sans l'autre.

1. HEVIN. *Tout prême.* Bouteiller en sa Somme Rural, *liv.* 1. *tit.* 70. *de cas de proximité ou prémesse.* (*a*) *Prême* ou *proësme*, id est *proximus* ou *prochain*, dans Joinville & autres Auteurs contemporains. La Coût. de S. Omer, *tit.* 1. *art.* 18. se sert aussi de ce mot & de Lalleue *tit.* 1. *art.* 5. Artois, *tit.* 3. *art.* 125. Anjou, *tit.* 17. *art.* 398. Maine, *art.* 408. Lihers, *tit.* 1. *art.* 7.

2. Le retraïant est mis à la place de l'acquereur, ac si retrahens immediatè emisset. Quæritur si le Seigneur pour ses ventes, ou le vendeur pour le prix, (*b*) peut encore poursuivre l'acquereur après le retrait ? Negat Argentræus *ad art.* 71. *vet. not.* 1. *num.* 10. & rectè, nec hæc cessio fit ab emptore in retrahentem, sed à lege.

3. Plusieurs Coûtumes, comme celle de Paris, font dépendre l'effet du retrait de plusieurs formules & solemnités scrupuleuses, *velut aucupia verborum & litterarum tendicula, verborum inanium captiones*, ut ait Imperator *in leg. ult. cod. qui admitti ad bonorum possessionem possint.* Du Moulin sur l'Anc. Coût. de Paris, *art.* 45. *in verb. faire les offres*, *num.* 18. istud est mera captio & cavillatio verborum penitùs irridenda, *L. pen. ff. ad exhibend. L.* 2. *§. tractari ff. ad Tertullian.* & explodi debent hujusmodi formulæ, decipula & aucupia verborum, per quæ cadens à syllaba cadit à toto.

4. ARREST. *Nota*, (*c*) que si l'acquereur revend à plus haut prix, le re-

NOTES.

(*a*) V. art. 298. *n.* 1.

(*b*) V. sur l'art. 52. le traité des lods & ventes, *ch.* 3. *pag.* 221.

(*c*) V. la conference sur l'art. 298. *n.* 85.

Cette décision est une suite de la maxime que l'acquereur ne peut pas grever la prémesse. V. Sauvageau sur du Fail, *liv.* 1. *ch.* 440. Loisel, *liv.* 3. *tit.* 5. *art.* 38. Pontanus sur Blois, *art.* 205. Brodeau, *art.* 129. *in fine.*

C'est même l'opinion commune que le prême doit ce prix en entier, quoique le prix du second contrat soit moindre que celui du premier. Auroux, *art.* 460. Cependant Ferriere, *art.* 129. *gl.* 7. *n.* 3. établit de fortes raisons contre ce sentiment. V. Coquille sur Nivernois, *tit.* 31 *art.* 13. Pithou & le Grand, *art.* 163. Dupineau, *art.* 409. notes sur du Plessis, *pag.* 303.

Auroux ajoute que ce qui excede le prix de la revente doit tourner au profit du premier acquereur, & non du second, à moins que la revente ait été faite avec subrogation en tous les droits & actions du premier acquereur. V. Ferriere, *loco cit.*

Il observe aussi que chaque vente donnant lieu au retrait féodal, le Seigneur est le maître de choisir, & qu'il ne doit rembourser que le prix de la vente sur laquelle il retire. V. du Moulin, *§.* 20. *gl.* 5. *n.* 43. & 44. & §. 33. *gl.* 1. *n* 148. & §. 172.

Mais quoique le premier acquereur ne se soit pas approprié, l'appropriement du second acquereur exclut les retraits, parce que l'héritage est rempli d'un propriétaire, devenu incommutable par l'effet de l'appropriement. V. Auroux, *art.* 460. & les Auteurs qu'il cite. Coût. notoir. *art.* 147. & 148.

traïant ne païera que le prix porté par le contrat seulement, comme il fut jugé le . . . de Juin 1616. Plaidans Ybert & Trochet.

ARTICLE CCC.

Et si le prême a fait faire un ajournement à ban de quinzaine, à la Paroisse où les héritages, sur lesquels il demande la prémesse, sont situés, & lui ait été à ladite quinzaine, ou après, la prémesse judiciellement ajugée, autre plus prochain lignager n'aura lesdites choses par prémesse.

CONFERENCE.

A. C. *Art.* 286.

SOMMAIRE.

1. *Prême obligé de prouver le dégré & le lignage & ramage.*
2. 4. 6. *Forme de l'ajournement à ban.*
3. Quid *si le prême plus proche a sçu l'instance de retrait.*
5. 11. *Ou si la vente a été faite à un parent, la formalité prescrite par l'article, est inutile dans cette espéce.*
7. *Du concours en retrait.*
8. *Du remboursement quand l'acquereur a consenti le retrait à l'un des prêmes ou à tous. Nécessité de rembourser le total. Droit des autres prêmes quand l'un d'eux ne rembourse pas.* Aux notes.
9. *La proximité en retrait se régle comme les successions.*
10. *Prême plus proche n'est exclus par le plus éloigné, s'il n'y a ajournement à ban.*
11. *Le Prême éloigné ne peut pas emploïer en loïaux-coûts les frais qu'il a faits pour obtenir le retrait, lorsqu'il est évincé par un prême plus proche.*

COMMENTAIRE.

1. D'Argentré A. C. *Art.* 286. *Et si le Prême.* Le demandeur en prémesse doit prouver qu'il est dans le neuviéme dégré, & qu'il est du lignage & du ramage. Mais dans le concours avec un autre prême, il doit prouver qu'il est plus proche; ce qui a lieu également lorsqu'il est question de recueillir une succession.

2. *Ajournement à ban. Edictalis citatio*, pour apeller tous ceux qui peuvent prétendre à la prémesse. Il faut qu'il libelle positivement la cause & le motif de cette assignation; & qu'il ajoute que, faute de comparoître, ils seront ex-

NOTES.

V. du Fail, *liv.* 1. *ch.* 421.

Et si le prême. Ainsi le Seigneur de fief n'auroit pas le même droit. Perchambault, *hic.*

Autre plus prochain lignager. Non absent de la Province. Chapel, *ch.* 265.

clus. La chose vaudroit encore mieux, si la dénonciation étoit faite à personne avec pareille assignation & aux mêmes fins.

3. *Quid*, si le prême plus proche a sçu par ailleurs l'instance de retrait, & qu'on ait la preuve de cette connoissance? Il ne seroit pas exclus: car c'est ici une solemnité légale, qui ne suplée point.

4. *De quinzaine.* On ne peut abreger ce tems, la matiére n'étant pas sujette aux délais ordinaires des procédures, ni pour le plus, ni pour le moins.

A la Paroisse. S'il y en a plusieurs où les héritages soient situés, il y faut autant de bannies.

Sur lesquels. On peut donc faire cette bannie en tout tems, soit avant, soit après la demande de prémesse.

5. Il pourroit y avoir de la difficulté, si la vente avoit été faite non à un étranger, mais à un parent; mais cet article décide que le plus proche est préféré.

6. *Ou après.* Sans cela une adjudication précipitée de prémesse n'excluroit pas.

Judiciairement. Il faut donc que cela se fasse *Judice pro Tribunali sedente.* Un comparent extrajudiciaire au logis du Juge ne seroit pas valable.

Ajugée. Dans cet ordre la bannie précéde l'adjudication; mais cet ordre n'est pas essentiel: car après l'adjudication de prémesse, la bannie, portant avertissement qu'elle a été ajugée à ce qu'on ait à se présenter, opéreroit le même effet, puisque les raisons & les moïens du prême plus proche demeurent également sauves.

* *Nota.* C'est de quoi l'on doute beaucoup; car il n'y a plus d'instance, & ce qui fonde ce doute, c'est qu'à la réformation on n'a point changé les termes de l'article.] (*a*)

Si le prême, qui n'a pas comparu à la quinzaine, vient après, pourvû que ce soit avant l'adjudication de la prémesse, il est reçu, ne pouvant être exclus que par la seule adjudication. Mais après qu'elle est faite, la forme aïant été observée, il n'y a lieu d'apel ni de restitution pour quelque cause que ce soit: car ce seroit être apellant, non pas tant d'un Jugement que de la Coûtume.

7. *Autre plus prochain lignager.* Si tous ceux qui se présentent sont en même dégré, ils sont tous admis à concourir, soit nobles, soit roturiers; car le retrait se défére au sang & à la proximité de dégré. Ainsi, quoique dans notre Droit l'aîné noble succéde au total des héritages en certains cas; tous ses freres ont droit de concourir. * Cela est rejette par la Nouvelle Coûtume, art. 326. L'aîné noble en égal dégré est préféré à tous autres pour les biens nobles.]

8. Si l'acquereur a reconnu un des prêmes, celui-ci doit faire le remboursement dans le tems de la Coûtume, à peine d'exclusion. S'il a consenti la prémesse à tous, ils sont tous tenus *in solidum* de rembourser dans le tems, faute de quoi ils sont tous exclus en particulier. Il ne sert de rien de rem-

NOTES.

(*a*) Il paroît même dans le véritable esprit de l'article que l'ajournement à ban doit porter assignation à l'audience en laquelle la prémesse sera ajugée.

bourser une portion, sauf aux autres de rembourser pour la leur. S'il manque quelque chose, cela nuit à tous: (*b*) car chacun en particulier n'a que le même tems pour remplir le devoir de la Coûtume; & l'un ne doit pas attendre que l'autre fasse ce qu'il doit. La concurrence entre plusieurs opére à la vérité une division entr'eux, mais par raport à l'acquereur, il ne se fait point de division du prix.

9. La proximité de dégré s'entend de droit étroit, & il n'y a point de représentation: ainsi l'oncle (*c*) exclut le neveu. La mauvaise comparaison qu'on vouloit faire des successions au retrait, faisoit naître du doute à cet égard; mais l'Auteur, sur les instructions qu'il donna par écrit, fit décider la question par Arrêt de 1565. entre la Dame de Kveno, & le sieur du Cosquer.

10. Arrest I. Jugé le 20. Décembre 1631. au raport de Monsieur Bonnier, qu'un lignager éloigné aïant demandé la prémesse, & se l'étant fait ajuger sans avoir fait cet ajournemeut à ban, n'excluoit pas les lignagers plus proches.

11. Arrest II. Arrêt au commencement de Janvier 1682. ou les derniers jours de Décembre 1681. à l'audience à huis clos contre la Dame des Arcis, qui aïant judiciellement acquis une maison située en la Ville de Guingamp sur le sieur de Kprat-Moysan son frere, prétendoit exclure le sieur Moysan, fils, de la prémesse sur ladite Maison, sous prétexte qu'elle avoit fait une bannie pour exclure les prêmes, à cause qu'elle étoit du lignage, c'est à-dire, sœur propre. (*d*) Il a été jugé par cet Arrêt que l'article ne se peut apliquer qu'à ceux qui possédent *titulo retractûs*, étant une espéce de moïen de s'approprier des retraits, qui ne convient qu'à ceux qui ont actuellement exercé la prémesse, comme dit d'Argentré sur l'art. 286. de l'A. C. in verb. *judiciellement*, & in verb. *ajugée*: & cela a été introduit en faveur des prêmes les plus diligens, *ne diutiùs sint in suspenso*, & pour que la morosité des autres lignagers ne leur causât des pertes, n'aïant pas comme les acquereurs droit de prétendre des loïaux-coûts vers le plus prochain lignager, (*e*) lorsqu'il se présente pour l'exclure. Gentil.

NOTES.

(*b*) Ferriere, *art.* 136. *gl.* 2. *n.* 21. Brodeau sur Louet, *lettre R. ch.* 25. *n.* 10. *&* 14. & sur Paris, *art.* 136. *n.* 5. Coquille, *tit.* 31. *art.* 17. *& quest* 185. Le Grand, *art.* 145. *gl.* 1. *n.* 22. Lhoste sur Montargis, *tit.* 16. *art.* 3. Auroux, *art.* 440. la Peirere, *lettre*. *R. n.* 139. Sauvageau sur du Fail, *liv.* 1. *ch* 422.

Il est également certain que si un des prêmes ne rembourse pas, l'autre prême a le retrait du total. Ferriere, *art.* 141. *gl.* 1. *n.* 12.

(*c*) V. l'art. 326.

Mais si l'on excepte le cas de la représentation qui n'est point admise pour la concurrence en retrait, la maxime que le retrait se regle comme les successions, est reçue dans tous les autres cas: & l'habile à succeder est préferé pour le retrait aux parens, quoique plus proches qui ne pourroient concourir avec lui dans la succession du vendeur. Ainsi l'arriere petit-neveu du vendeur, quoique parent du premier au 4. degré, sera préferé à l'oncle du vendeur, qui est parent du premier au second degré. V. Hevin sur Frain, *Plaid.* 8.

(*d*) Cet Arrêt est raporté dans la Coûtume imprimée à Nantes.

(*e*) V. les notes sur la conference de l'art. 307. *n.* 15.

ARTICLE CCCI.

Reconnoissance de prémesse ne sera censée ni réputée valable *au préjudice du tiers,* si elle n'est faite en jugement aux plaids ou hors plaids, au lieu où on a accoûtumé tenir la Jurisdiction.

CONFERENCE.

A. C. *Art.* 287.

Retrait fait hors jugement est réputé vendition, (*a*) & en seront faites les reconnoissances en plein jugement & pleine audience. Tours 191. Lodunois, *T.* 15. 34. 35. Maine 402. Anjou 392.

SOMMAIRE.

1. *Motif & explication de l'article.*
2. *Espéce particuliére sur une échange frauduleuse.*

COMMENTAIRE.

C. M. *Ne réputée valable,* ad excludendum proximiorem.

1. D'ARGENTRE' AIT. *Au préjudice du tiers.* Additum, ne indefinita locutio negotium facesceret partibus inter se: nam recognitio ubicumque, & quomodocumque facta nocet recognoscenti; & si facta sit sine fraude, eximetur recognoscens omnibus actionibus, quæ adversùs recognitionem dandæ sunt: malâ fide fit, si, post litem intentatam, acquirens alium recognoscit, & tum locus fit articulo 327. infrà hoc titulo.

D'ARGENTRE' A. C. *Art.* 287. Cela ne se doit pas entendre par raport à l'acquereur & au retraïant, entre lesquels toute reconnoissance est valable. Mais c'est par raport à un tiers, qui seroit prême plus proche, ou en égal dégré. C'est ce qui a fait ajouter dans la Nouvelle ces mots *au préjudice du*

NOTES.

„ Il ne li convient point, se il est con-
„ neus à hiretier de l'achateur, fere venir
„ devant le Seigneur pour la rescousse fere;
„ mes se li acheterres met debat en le res-
„ cousse fere, à donc convient-il que li plet
„ viegne pardevant le Seigneur. " Coûtume de Beauvoisis, *ch.* 44 *pag.* 245.

(*a*) Retrait accordé volontairement, sans
„ jugement est réputé vendition. " Loisel, *liv.* 3. *tit.* 5. *art.* 22.

Dupineau, *art.* 392. observe que, dans le droit commun, cela s'entend uniquement de la cession de l'héritage faite au lignager, par l'acquereur, sans aucune action de retrait; & que si, après l'instance commencée & la reconnoissance duement faite, les parties transigent sur l'exécution du retrait, cette transaction ne doit pas être regardée comme une vente Belordeau *loc* raporte un Arrêt du 9 Novembre 1611. conforme à cette décision. V. Coquille, *inst. pag.* 90.

tiers.

tiers. Une reconnoissance est clandestine, & par conséquent frauduleuse, quand elle n'est pas judiciaire. C'est par cette raison que l'on veut qu'elle soit faite à l'audience.

2. Hevin. Ex facto, le sieur de Trohadio échange avec le sieur du Parc en l'an 1656. lequel un an & quelques jours après, rachete ce qu'il avoit baillé en échange. Les créanciers dudit Trohadio s'oposent à l'appropriement, & laissent perimer leur oposition : & ledit Trohadio, par acte de 1660. se désiste aussi de l'oposition par lui faite, & consent que ledit du Parc demeure approprié. En 1663. le sieur Marquis de Lomaria passe acte, avec ledit du Parc, portant qu'il étoit prême dudit Trohadio, & qu'il demandoit le retrait, soutenant que l'échange étoit frauduleuse. Ledit du Parc lui reconnoît la prémesse, par ledit acte, portant aussi le remboursement fait audit du Parc acquereur. Les créanciers dudit du Parc, le voïant dessaisi de la terre par lui acquise, soutiennent que la reconnoissance de la prémesse est frauduleuse, du moins le remboursement clandestin. Quid Juris? Ce cas n'a pas été prévu par la Coûtume. J'en suis pour les créanciers. *(b)*

NOTES.

(b) V. art. 327. *n.* 2.

ARTICLE CCCII.

Le prême qui n'est demeurant au Duché ou est absent dudit Duché, a an & jour après l'information, & certification faite des bannies en jugement, pour demander la prémesse. [a]

SOMMAIRE.

De l'assignation dont le terme n'échoit qu'après l'an & jour.

Si l'assignation devant un Juge incompétent pour retrait interrompt.

Si la nullité de l'action de retrait peut se réparer.

Quid *de le nullité des offres, & de la consignation,* Aux Notes.

NOTES.

Devolant, *lettre P. ch.* 48. Du fail, *liv.* 1. *ch.* 322.

Sur le calcul de l'an & jour, V. Pithou sur Troyes, *art.* 144. Lhoste sur Montargis, *tit.* 16. *art.* 1. *pag.* 496. Brodeau, *art.* 129. *n.* 13. Pontarus sur Blois, *art.* 193. *verb. intrà & annum & diem.*

Il suffit que l'action soit formée dans l'an & jour, quoique le délai de l'assignation ne soit échu qu'après l'an. V. le Grand, *art.* 144. *gl.* 14. l'art. 484. de la Coûtume de Normandie dans la conference sur l'art. 298. *n.* 73. Basnage *ibid.* Dupineau, *art.* 350. l'Hoste *tit.* 16. *art.* 1. *pag.* 501. La Peirere, *lettre R. n.* 134.

Coquille *instit. page* 90. & *tit.* 31. *art.* 2. Du Plessis, *pag.* 285. & le Camus *tit.* 7. §. 4. *n.* 3. sont d'avis contraire, suivant l'art. 130. de la Coûtume de Paris, & l'art. 2. du tit. 31. de la Coût. de Nivernois. La décision conforme des Coûtumes de Beauvoisis, *ch.* 44. *pag.* 244. semble prouver que c'est l'ancien droit du Roïaume. Mais Ricard & Ferriere disent que la disposition de ces articles est exorbitante du droit commun, & ne s'étend pas aux autres Coûtumes qui n'en disposent pas. C'est l'avis de le Grand, *art.* 144. *gl.* 14. *n.* 1. & 2. Cependant Belordeau, *lettre A. contr.* 91. cite un Arrêt qu'il dit avoir jugé l'assignation nulle, parce que le terme étoit après l'an. Mais il put aussi être déterminé

SOMMAIRE.

1. Plégement pour prémesse suffit.
2. Il n'est pas besoin d'être le plus proche, s'il n'y a concours de plusieurs prémes.

NOTES.

par un autre motif que l'Auteur raporte.

Loisel, *liv.* 3. *tit.* 5. *art.* 14. établit comme maxime du Droit François, que „cil ne requiert pas suffisamment les cho„ses à retrait, qui a cour avenant ne le requiert." Cependant l'opinion commune est que l'interruption a lieu, quoique l'assignation soit donnée devant un Juge incompétent, pourvu que l'incompétence ne soit pas radicale. M. le Camus, *T.* 7. §. 4. *n.* 14. *&* *art.* 131. Ricard sur Paris, *art.* 129.

Pocquet sur Dupineau, *art.* 382. Ferriere, *art.* 129. *gl.* 6. *n.* 10. & Basnage, *art.* 485. sont d'avis contraire; & le dernier raporte un Arrêt qui jugea l'action nulle par l'incompétence, quoiqu'il ne paroisse pas qu'elle fût radicale.

V. le Grand, *art.* 144. *gl.* 14. *n.* 4. du Plessis, *pag.* 286. Auzannet, *art.* 129. *&* 130. Dupineau, *art.* 408.

La Peirere, *lett.* R. *n.* 171. fait une autre distinction, & dit que si l'acquereur comparoît, l'interruption a lieu.

Si l'assignation est nulle, elle n'interrompt point. Basnage, *art.* 484 Mais on peut réparer la nullité de l'assignation, en l'abandonnant, & en faisant signifier une nouvelle demande, pourvu que ce soit en tems utile & qu'il n'y ait pas eu une Sentence de déboutement. Pocquet sur Dupineau, *art.* 382. Pallu, *art.* 154. La Peirere, *lettre* R. *n.* 171. Perchambault, §. 13.

Auroux, *art.* 427. décide que la nullité d'exploit fondée sur l'Ordonnance, ne peut pas se couvrir par une nouvelle assignation, & emporte la décheance du retrait, quoique le retraïant soit encore dans le tems pour donner une nouvelle assignation, & quoique la nullité n'ait été ni jugée, ni même proposée. Auzannet, *article* 140. donne cette proposition comme une maxime certaine par les Arrêts. C'est aussi l'avis de Brodeau qui cite deux Arrêts conformes de 1639. & 1613. *art.* 130. *n.* 24 La raison qu'Auroux aporte est que la contravention étant commise, la peine est encourue, & la décheance est acquise de plein droit. Pour donner plus de force à cette proposition, il compare cette faute à la nullité commise dans les offres & la consignation, qui ne se peut réparer.

Je crois que la comparaison n'est pas juste, & qu'en suposant même une parité entiere, la conséquence qu'en tire ce judicieux Auteur ne seroit pas vraïe dans nos principes.

1°. Il semble qu'il faut distinguer les nullités particulieres que la Loi aplique aux retraits, & les nullités générales qui sont communes à toutes sortes d'actions. Quand les premieres operent sans retour, suivant la Loi, la décheance absolue du retrait, il est évident qu'on ne peut s'écarter de la rigueur de la Loi. Mais il ne s'ensuit pas qu'on doive apliquer cette rigueur aux nullités générales de forme, qui n'ont point pour objet particulier la matiére des retraits. On doit au contraire pratiquer, à cet égard, ce qui s'observe pour toutes les autres actions. Or, il est de maxime que les choses étant entiéres, tout demandeur peut se désister, dans la forme seulement, d'un exploit nul, & former la même demande par un autre exploit. Pourquoi donc un retraïant ne sera-t'il pas recevable à le faire ? Il est vrai que s'il attend que le Juge prononce sur la nullité d'exploit, & le déboutement étant jugé, il ne peut plus venir par nouvelle action. Mais la Loi ne prononçant point la décheance de plein droit, comme elle l'ordonne en cas de nullité des offres & de la consignation, il ne paroît aucun obstacle à la rectification faite, *rebus integris*, par la nouvelle demande de retrait.

2°. Quand même les offres & la consignation seroient nulles, pourquoi un retraïant ne sera-t'il pas recevable à faire de nouvelles offres & une nouvelle consignation, pourvu que le tout soit consommé dans la quinzaine donnée par l'art. 307. Je ne vois rien dans notre Coûtume qui prive le retraïant de cette ressource. Ainsi les nullités mêmes qui concernent en particulier les retraits, peuvent se réparer, pourvu qu'elles le soient dans le tems fatal.

CONFERENCE.

Art. 110. 274.

A. C. *Art.* 288. [a] Et s'il retournoit audit Duché dedans l'an, il doit se pleger ou intenter son action en demande de prémesse, dedans un mois après son retour : autrement ne sera reçu.

T. A. C. *Ch.* 46. Et ont leur lieu ceux qui sont en *vel* dedans la Duché, dedans les huit jours après le derrain ban; & ceux dehors *vel* de dehors la Duché ung an & un jour. (*a*)

Et dedans le huitiéme jour. Idem in cap. 36. in fin.

Ch. 50. Quand le préme se plege, qui est hors de la Duché au tems de la bannie que l'en a fait sur celui pour qui il doit être préme quant à guetter son plegement par la Cour, vers la partie, contre qui il s'est applegié, il doit ainsi dire, *l'en m'a donné à entendre que vous avez fait bannir* (*b*) *sur tel mon parent*, & divisier la maniére de la bannie, si c'est par vertu de marchié ou de avenantement; & dire. *Je n'étois pas en la Duchié, ne ne fus oncques, puis avant les les ouitaines vel octebes de mon plegement; & vous n'avez pas tant tenu que vous soiez* vel *fussiez approprié de ceux dehors* vel *de dehors, qu'ils ne puissent* vel *pussent avoir la prémesse; & je suis du lignaige par raison du ramaige à celui sur qui vous avez fait bannir* (*c*) *ou parler pour lui.* Ou se autre de qui il représenteroit la personne, aussi le devroit-il dire, qui *vel* qu'il étoit *vel* est mon prouchain de lignaige par raison du ramaige *où j'ai prémesse par raison de cens, ou de seignourie ou de hommaige* vel *homenage.* Car prémesse ne fiet fors en tant comme il est Seigneur ou teneur, s'il n'y a lignaige, comme dit est, duquel lignaige, cens, seigneurie ou hommaige, comme dit est, doit le plegeours informer si le bannissours s'en fait non savant (*d*) jurant qu'il n'en soit pas certain: & par cette maniére de regret & de parlier, le plegeours est desdisours de la tenue & de l'absence, & convient que le bannissours en soit prouveur, en cas qu'il voudroit mettre la chouse en défense.

Caveat quilibet de poursuir son plegement durant la menée & obéissance, & loquitur hîc cum gratiâ domini fuit, & non gratiâ privati.

1. Item par plegement de non soi approprier ne hériter, l'en peut déduire prémesse.

2. *Qui est mon prochain.* Hoc est verum, quand plusieurs assemblés demandent la prémesse; aliàs sufficit être plus près que l'acheteur. Sup. *cap.* 47. *gl. Sorelli.*

S'il n'y a lignaige. Nota verum *en teneur*, ratione cujus proximitatis competit, & è contra. C'est assavoir le cens tire à soi le fonds, par prémesse, comme le fonds tire la rente, secùndùm quosdam.

Jurant. In his quæ consistunt in conscientiâ statur juramento partis, *secundùm gloss. singularem in* §. *sed iste de actionibus in fin. instit.*

ORD. Etablissement de Saint Louis, *liv.* 1. *ch.* 154. & 156.

SOMMAIRE

1. *Quelle doit être l'absence.*
2. *Dénonciation de l'appropriement à l'absent inutile, de même que l'ajournement à ban.*

NOTES.

(*a*) V. le chapitre 47. sur l'art. 298.

(*b*) *Sur tel mon parent.* N'est point dans les M. S.

(*c*) *Ou parler pour lui.* N'est point dans les M. S.

(*d*) *Jurant qu'il n'en soit pas certain.* N'est point dans les M. S.

COMMENTAIRE.

1. D'ARGENTRE' AIT. *Qui n'est demeurant au Duché, ou est absent dudit Duché.* Hîc perspicuè datur intelligi, hoc casu, sufficere absentiam etiam casualem, & temporariam, etiamsi non sit perpetua, ut domicilii externi; de quo nos art. 274. quòd autem dicit *demander*, intellige cum effectu, ita ut super petitione contestatio accedat, ex Regula art. 278. quæ generaliter de oppositionum omnium vi & effectu statuit.]

D'ARGENTRE' A. C. *Art.* 288. *Le prême qui n'est demeurant au Duché. Id est* non domiciliaire.

Ou est absent. Quoiqu'il ait son domicile au Duché. Il est étonnant qu'il ne se fasse point ici de distinction d'une absence nécessaire ou volontaire, (*e*) puisque celui qui s'absente volontairement, devroit s'imputer de n'avoir pas donné ordre à un Procureur. Cette absence doit avoir duré dans tout le tems des bannies & de la certification. Car si l'on a été présent dans l'un des deux tems, ou dans l'intervalle, il n'y a plus de véritable absence. * Cela devroit être: mais le texte est au contraire.]

2. *An & jour.* C'est le tems de Droit Commun lorsque la Loi ne fixe point de terme particulier pour le retrait. Quand on auroit dénoncé le futur appropriement à la personne même de l'absent, (*f*) il ne seroit pas exclus. Car c'est ici un bienfait particulier de la Coûtume. * *Nota* : la Nouvelle Coûtume a retranché la nécessité de demander la prémesse dans un mois après le retour, & la disposition est générale & absolue pour un an, du jour de la certification.]

NOTES.

(*e*) Belordeau *hic* adopte cette distinction de M. d'Argentré qui est contre tout usage.

On ne suit pas l'Arrêt raporté par M du Fail, *liv.* 1. *ch.* 315. qui jugea non recevable le retrait exercé dans l'an & jour au nom du mineur absent, parce que sa tutrice n'étoit pas absente. De même l'absence du mari ou du tuteur est inutile, si la femme, ou le mineur, à qui la prémesse apartient, étoit en Bretagne lors de l'appropriement. Chapel, *ch* 195.

(*f*) L'ajournement à ban de l'art. 300. ne peut aussi nuire au prême absent de la Province. Chapel, *ch.* 265.

„ Aucuns sont qui achatent; & quand ils „ ont achaté, ils font offrir le marchié à „ chaus de qui ils se doutent que il ne le „ requerent par le Justiches, dit le Justiche „ à chacun à se personne. Jehans si achata „ tel hiretage à P. votre cousin tel nombre „ d'argent. Si vous commendons que vous „ veigniez à le rescousse dedens quinze jours, „ ou que vous le quittez. Mes tel commen- „ dement ne vaut riens, se il est qui le sa- „ che ou qui le veuille debattre. Car che „ est contre le général Coûtume dou Châ- „ tel; & commendement qui est fet contre „ droit quemun ne doit pas tenir, don- „ ques chil à qui tel commendement est fet, „ doit dire à le Justiche qui cel commen- „ dement li fet, que ele rapelle tel commen- „ dement, & que il ne vieut pas faire le qui- „ tance, ainchois vieut avoir le tans que droit „ & coûtume li donne. " Coûtumes de Beauvoisis, *ch.* 44. *pag.* 243.

ARTICLE CCCIII.

Et est tenu le prême absent prouver son absence si elle est déniée.

CONFERENCE.

A. C. *Art.* 289.

T. A. C. *Ch.* 50. Car si le plegeours avoüoit par affirmative que il fût hors de la Duchié, il le devroit prouver, ou qu'il se fût plegé de dans les huitaines *vel* l'octobe de la bannie, ou de la *vel* sa venue ; & pour ce en cest cas, ne en autre, ne doit nul advoüer l'affirmative, s'il ne la veut prouver, ou cas que il devroit être fait par non savance ou par dédit

Et pour ce en ce cas. Nota exempla non astringunt regulam.

COMMENTAIRE.

D'Argentre' A. C. *Art.* 289. On doit toujours prouver l'absence lorsqu'on l'allégue, (*a*) soit en demandant, soit en défendant.

NOTES.

(*a*) Quand même le prême qui allégue l'absence auroit son domicile dans une autre Province, parce que ce n'est point au domicile étranger, c'est à l'absence du prême, que le privilege de l'article 302. est attaché.

ARTICLE CCCIV.

Le vendeur & acheteur sont tenus de jurer comme le marché fut fait, s'ils en sont requis.

SOMMAIRE.

1. 2. *Nullité des traités faits entre le vendeur & l'acquereur contre le retrait.*
2. *De la résolution du contrat.*
3. *Du serment sur le prix du contrat.*
4. 6. *Preuve reçuë sur la verité du prix. Dommages & interêts au profit du prême qui a consigné au-delà du vrai prix.*
5. 6. *De l'acquereur qui refuse d'exhiber son contrat & d'affirmer.*

CONFERENCE

Art. 65. 66.

A. C. *art.* 290.

T. A. C. *ch.* 46. Jureront le vendeur & l'achateur comment le marché fût fait s'ils en sont requis.

Berg. S. Winox *T.* 9. 20. Valencienne 89. La Bassée 9. La Gorgue 73. Bar 152. S. Mihel *T.* 9. 4. Lorraine *T.* 13. 23. Troyes

NOTES.

V. Belordeau, *lettre C. contr.* 85. Du Fail, *liv.* 1. *ch.* 445. Bouteiller, *liv.* 1. *T.* 70. *p.* 415. Auroux, *art* 455. Ferriere, *art.* 136. *gl.* 4. *n.* 7. *& suiv.* Duplessis *pag.* 295. Basnage, *art.* 465 Le Grand, *art.* 152. *gl.* 3. *& art.* 164 Dupineau, *art.* 373.

Dupineau établit deux principes. Le premier que la délation du serment n'est pas recevable, si la vente a été faite par décret sur encheres publiques. Le second que ce serment n'est pas décisif, & que la preuve par témoins est reçue malgré le serment. V. le Commentaire *n.* 1. Pallu *art.* 172. Auroux *art.* 455. La Peirere *lettre R. n.* 154. Brodeau sur Paris, *art.* 136. *n.* 27.

CONFERENCE.

351. Melun 154. 158. Sens 58. Auxerre 156. 179. Chateauneuf en Thimerais 92. Montargis *T.* 16. 20. Bourbonnois 455. Valois 148. Troyes 162. Poitou 323. Angoumois 57. Saintonge 46. Usance de Saintonge 33. Acs *T.* 10. 7. S. Sever *T.* 5. 6. Bayone *T.* 5. 53. Bearn *de contractes* 16. Auvergne *T.* 23. 33.

1. Les vendeur & acheteur, & autres contractans, ne peuvent, par leurs pactions, empêcher le droit de retrait lignager. Nivernois *T.* 31. 21. Bourbonnois 458. Duché de Bourgogne *T.* 10. 11. Chaumont 118.

2. L'acheteur ni le vendeur ne peuvent, dedans l'an & jour du retrait, faire chose, (*a*) par ensemble ni autrement, qui puisse aporter préjudice au droit du lignager en la retraite, & qu'il ne puisse retraire l'héritage vendu, pour le même prix qu'il a été vendu la premiere fois, encore qu'il se trouve depuis vendu, ou autrement aliéné, à prix plus haut, n'étoit qu'avant la possession, & jouissance réelle de l'acquêteur en la chose vendue, le contrat fût entr'eux sans (*b*) fraude résolu. Lorraine *T.* 13. 17.

3. Si le retraïant est en doute du prix de la vendition peut, dès la premiere journée de la cause, contraindre l'acheteur d'affirmer en Justice le vrai prix de son acquisition, & exhiber ses lettres de vendition, si aucunes en a, & s'en purger par serment, & de toutes fraudes & simulations. Et où ledit retraïant, en contestant, voudra prétendre le prix convenu entre les parties, être autre que celui porté par lesdites lettres, ou affirmé par ledit acquereur, sera reçu à le vérifier: & pourra faire oüir en témoignage sur ce le vendeur ou autre que bon lui semblera. Chalons 233. Laon 238. Rheims 204 Chauni 110. Valois 148. Sedan 251. Clermont en Argonne *T.* 16. 6. Bar 156. Bassigny 124. Troyes 164. Angoumois 57. Bordeaux 18. Auvergne, *T.* 23. 34.

4. Si le demandeur lignager ne se veut tenir à l'affirmation dudit acheteur, & veut prétendre le prix affirmé n'être véritable, ou alléguer fraude, sera reçu à le prouver. Et cependant ne courra ledit tems de huit jours contre lui; (*c*) mais s'il succombe, led. tems de huit jours courra, & perdra la piece ou autre somme d'or ou d'argent par lui consignée. Poitou 326. Angoumois 57. Usance de Saintonge 34.

Si par la fausse affirmation de l'acquereur le retraïant a consigné plus grande somme de deniers qu'il ne devoit à l'acquereur, sera condamné ledit acquereur aux dommages & intérêts dudit retraïant, qui seront estimés au prix de six pour cent: & si sera condamné davantage ledit acquereur, pour la fausse affirmation en amende arbitraire à la discretion de Justice. Berry, *T.* 14. 26. Bourbonnois 456. Tours 172. Lodunois, *T.* 15. 15. 16.

5. Et où l'acquereur n'exhiberoit ses contrats, ou les exhiberoit & ne voudroit affirmer iceux contenir vérité, en ce cas suffira au retraïant consigner en Justice telle & si petite somme de deniers que bon lui semblera, offrant de parfaire & s'obligeant au Greffe de rembourser l'acquereur du prix principal, droits seigneuriaux par lui païés, les frais & loïaux-coûts, si aucuns en y a, après que ledit acquereur aura fait dûement aparoir, & fait l'affirmation requise. Berry *T.* 14. 27.

6. Ordon. Se aucuns hons avoit acheté d'un autre, prez, vignes, ou terres, ou mesons, ou autres choses qui apartenissent à héritage, & aucuns demandât l'achat à avoir qui fût du lignage, & li autres deist. " Je vuel bien que „ vous l'aïez, mès que vous me rendez ce „ qu'il m'a coûté: & li autres demandât. Com-

NOTES.

(*a*) Loisel *L.* 3. *T.* 5. *art.* 34.

(*b*) V. la Conference de l'art. 298. *n.* 6. & de l'art. 307. *n.* 20. Du Moulin §. 20. *gl.* 5. *n.* 11. *& suiv.* Dupineau, *art.* 408. Du Fail *liv.* 1. *ch.* 393. Le Grand, *art.* 144. *gl.* 8. *n.* 10. Ferriere *art.* 129. *gl.* 1. *n.* 7. *& suiv.* Note RR. sur Duplessis. Auroux, *art.* 458. Arrêtés de M. de Lamoignon *art.* 34. Pontanus sur Blois *art.* 206.

(*c*) V. l'Arrêt 8. sur l'art. 307. Ricard sur Paris *art.* 136. Ferriere *ibid. gl.* 2. *n.* 2. Dupineau *art.* 373.

CONFERENCE.

„ bien vous a-t'il coûté; " & il deist cinquante liv. ou soixante, ou plus, & deist que tant lui eût-il coûté, tout ne lui eût-il coûté que vingt liv. & li autres deist. „ Tant il ne „ vous coûta que vingt liv. & tant sui-je prest „ de païer: " & cil die, " je n'en prendré „ mie mains de soixante liv. Car tant me a- „ t'il coûté; & bien en feré ce que je de- „ vré"; si esgardera l'en par droit, que cil aportera tous les deniers avant que il die que li achas li aura coûté; & quand les deniers seront aportés devant la Justice, si dira. „ Vées ci les deniers, soixante livres tant „ comme li achas vous a coûté, si comme „ vous dites. " Si convendra adonc que cil feur sains de sa main que tant li aura coûté en leal achat. Et se il ne l'ose jurer, & il die en telle maniére. " Je n'en prendré que vingt „ livres: car il n'a plus coûté " & li autres die. " Or ne vous vuel je rien païer; car je „ vous offri les vingt liv. par devant la Jus- „ tice, & en lieu & en tant que fere le dui, „ & vous ne les vousister prendre, ains me „ deistes qu'il vous avoit coûté soixante liv. „ si m'avez fet dommage a pourchasser si „ grand fés de deniers; & pourceque vous „ deistes devant la Justice que il vous avoit „ tant coûté, & vous ne l'osastes jurer, ne „ prouver ainsi comme vous l'avez empris; & „ pour icelle reson je demaude l'achat avoir „ sans denier & sans maille se droit est: " adonc esgardera l'en par droit que il aura l'achat sans deniers & sans maille. Etablissemens de S. Louis *liv.* 1. *ch.* 159.

Ordonnances du Louvre, *Tom.* 1. *p.* 294.

SOMMAIRE.

1. *L'article n'a lieu en adjudication par décret.*
2. *Serment du vendeur inutile.*
3. *Serment peut être exigé par le Seigneur pour les ventes ou le retrait féodal. Retrait féodal cessible.*

COMMENTAIRE.

1. Hevin. Cet article n'a lieu en une adjudication par décret; d'autant qu'on n'y peut soupçonner de frande. Jugé par Arrêt de Paris du premier Decembre 1542. Coquille sur Nevers *fol.* 749. *in* 4°. (*d*)

2. *Le vendeur.* Malè, de parler du vendeur; nam quid s'ils sont contraires, le vendeur peut-il faire préjudice à l'acquereur? Hoc est nugatorium. (*e*) Il falloit dire l'acquereur est tenu de jurer comme le marché fut fait, s'il en est requis; & s'il refuse, le prême pourra avoir le serment du vendeur.

Cet art. 304. étoit bon dans l'Ancienne Coûtume, où l'acquereur & le vendeur païoient les ventes. Sed alio jure introducto *art.* 64. sup. hic articulus incogitantibus excidit, cùm jusjurandum non valeat adversùs tertium, *L. quia* 10. *ff. de jurejur. L.* 1. *C. inter alios acta.*

3. D'Argentré A. C. *Art.* 290. Le Seigneur peut demander le même serment, pour régler les lods & ventes, * & lorsqu'il exerce le retrait féodal.] Quant à la queston de sçavoir si le Seigneur est obligé de jurer, elle dépend de sçavoir si le retrait est cessible. * Il est (*f*) certain qu'il est cessible.]

NOTES.

(*d*) V. la premiere note sur cet article.

(*e*) V. art. 305. *n.* 3.

(*f*) V. art. 306. *n.* 16. de la Conference & *n.* 7. du Commentaire.

ARTICLE CCCV.

Et si le prême vouloit prouver la maniere du marché paravant qu'il eût pris le serment, il seroit reçu à le prouver : nonobstant que le Seigneur ou ses Officiers eussent pris le serment pour avoir les ventes paravant que le prême fût connu.

CONFERENCE.

Art. 65. 66.

A. C. *art.* 191.

T. A. C *ch.* 46. Et si le prême ou autre à qui il apartenît vouloit prouver, paravant qu'il eût prins *vel* exécuté le serment du vendeur ou de l'achateur, il seroit oüi *vel* reçu à le prouver, nonobstant que le Seigneur du fief ou son Lieutenant eût prins *vel* exécuté le serment paravant que le prême fût cognu.

. . . .

Et le serment que l'en a fait contre autre ne lie le droit d'autrui; & aussi n'est tenu le Seigneur de porter fin de ceux *vel* de celui qu'il ne scet encore qui doit être prême.

. . . .

Et s'il y a fraude le prême ne poïera *vel* portera riens de la fraude. . . . . .

. . . .

Et si le vendeur étoit absent, par mort ou autrement, ou l'achateur aussi, ou tous deux, paravant que le prême fût cogneu, si devroit être la maniere du marché sçue par ceux qui en doivent sçavoir, à oüir, *vel* qui furent à oüir de la maniere du marché.

Le serment paravant. Hoc est res inter alios acta.

Fût cogneu. Ceux de dehors la Duché ont an & jour, ut *hîc*; & s'ils viennent dedans l'an & le jour, ils ont huit jours après leur arrivée ut *infrà cap. proximo.*

Le vendeur est absent: de generibus absentiarum, *v. gl. Magistram in L. fin. ff. de in integr. rest.*

Ch. 220. Et si ainsi étoit que ung *vel* aucun feignist à faire échange, ou autre contrat; & il ne fût pas tel comme il feindroit, toutes les fois que les prêmes pourroient montrer la fraude, ils y seroient oüis (comme dit est ailleurs au 41. ch. ci-dessus) nonobstant longue tenue jusques à trente ans; & aussi n'auroient les prêmes prémess., fors entant comme ils pourroient trouver qu'il y eût fait de bonté si autre fraude n'y ert trouvée.

Montrer la fraude, ils y seroient oüis. Quia Princeps potest facere fictionem pro veritate, ut plenè prosequitur Bartolus *in L. si is qui pro emptore possidebat ff. de usucapionibus.* Ideò fingit vacare beneficium per mortem, licet fuerit resignatum, & infra viginti dies, si post resignationem obierit ille qui resignavit. Ita *glossa in regula Cancellariæ regula* 18.

NOTES.

„ Se li rescoueres prent serement dou vendeeur & de l'achateur, à savoir combien „ li marchié cousta sans débat, il ne puet „ puis traire prueve contre leur serement, „ ains convient que ils soient creu; doncque „ se li rescoueres doute ou croit que il i eust „ fraude, ou barat ou marchié, il doit dire „ en tele maniere. Sire, je di que li marchiés fu tes & par tele convenanche; & en „ requier à avoir le serement dou vendeeur „ & de l'achateur; & se il disoient que il „ feust autremant par leur serement, si „ sui-je prest de prouver par bones gens qui „ i furent, que li marchié ala en cheste „ maniere, & se li rescouerres va en cheste „ maniere avant, il doit être ois en ses „ prueves, & avoir avant toute euvre le „ serement dou vendeeur & de l'achateur. „ Coûtumes de Beauvoisis, *ch.* 44. *pag.* 245.

V. la premiere Note sur l'art. 304.

SOMMAIRE.

SOMMAIRE.

1. Si la preuve par témoins en cette matiere est excluse par l'Ordonnance.
2. 4. Le serment déferé par une partie ne nuit point à un tiers.
3. Serment du vendeur inutile.

COMMENTAIRE.

1. HEVIN. *Prouvé.* Id videtur explosum constitutione regiâ anni 1667. scilicet quantum ad testes. (a)

2. *Serment.* Nota jusjurandum ab alio delatum alii non nocere. Vid. art. 163. supra.

3. D'ARGENTRÉ A. C. *Art.* 291. Le vendeur seroit-il reçu en témoignage du fait? Non, à cause de la conjonction du sang & de l'affection naturelle de faire rentrer le bien dans sa famille. (b)

Pris le serment. Décisif; car il y a d'autres sermens qui ne seroient pas suffisans.

4. *Nonobstant que le Seigneur.* Il y a en cela quelque absurdité, la vérité devant être toujours la même. Mais c'est la diversité de l'interêt des parties qui fait cela, quoique ce soit une grande preuve de parjure si l'on varioit.

NOTES.

(a) L'opinion de M. de Perchambault est contraire.
V. le Commentaire de l'art. 310. n. 2.

(b) V. le Commentaire sur l'art. 304. n. 2.

ARTICLE CCCVI.

Et au cas qu'il n'y auroit prême du ramage qui voulût venir au retrait, le Seigneur féodal ou celui qui a rente censive, peut retirer les héritages vendus, par puissance de fief ou de cens. *Et ne sera le Seigneur de fief frustré du retrait féodal par appropriement : sinon que l'acquereur eût auparavant fait exhibition du contrat au Seigneur ou son Procureur, & qu'il eût paié, ou offert judiciellement, audit Seigneur ou son Procureur & Receveur (la Cour dudit Seigneur tenant) le devoir de lods & ventes, ou que ledit acquereur eût fait les bannies & appropriement par la Cour dudit Seigneur.*

NOTES.

SOMMAIRE.

1. *Retrait féodal en acquêts comme en propres.*
2. *prescription de 30. ans contre ce retrait.*
3. *Par quelle Coûtume se réglent le droit de retrait féodal & les formalités pour l'exercer.*
4. *Le droit de retrait lignager apartient à l'héritier bénéficiaire, sans être obligé d'en compter aux créanciers. Il doit leur tenir compte des lods & ventes.*
5. *Le fief dominant étant vendu depuis le fief servant, à qui, de l'ancien ou du nouveau Seigneur, apartient le retrait féodal?*
6. *Du retrait féodal, quand il y a plusieurs copropriétaires par indivis du fief dominant: un seul peut-il, ou doit-il l'exercer pour le tout?*
7. *Communication des bannies & du contrat nécessaire, outre l'appropriement par la cour du Seigneur, pour exclurre le retrait féodal.*
8. *Ce que l'acquereur doit faire pour exclurre ce retrait, lorsque la propriété de la seigneurie dominante est en contestation entre deux Seigneurs.*
9. *Le Seigneur exerçant le retrait sur la premiere vente, il ne peut prétendre les lods & ventes pour les aliénations postérieures que son retrait rend sans effet.*
10. *Quid des rachats échus depuis la premiere vente, & avant la demande de retrait féodal.*

Desmares *dec.* 204. & 251. Grand Coût. p. 232. Salvaing *usage des fiefs part.* 1. *ch.* 20. & *suiv.* Du Moulin sur Paris §. 20. & 21. §. 33. *gl.* 1. *n.* 16. Brodeau *art.* 20. & 159. Pocquet *des fiefs L.* 5. Billecoq *L.* 14. Guyot *du retrait seign.* Pithou & le Grand, *art.* 27. Ferriere & M. le Camus, *art.* 20. Dupineau, *art.* 347. Coquille, *T.* 4. *art.* 35. la Taumassiere sur Berri, *T.* 13. du Plessis *des fiefs liv.* 7. Basnage *art.* 178. Boucheul, *art.* 21.

1. „ Retrait seigneurial a lieu tant en pro- „ pres qu'en acquêts Loisel, *liv.* 3. *Tit.* 5. „ *art.* 8.

2. Le retrait féodal est exclus par la prescription de 30. ans comme le retrait lignager. Du Moulin §. 20. *gl* 12. *n.* 11. & sur Berry *T.* 12. *art.* 7. Note N. sur Duplessis *du retrait lignager.* Ferriere *art.* 20. *gl.* 7. *n.* 20. le Grand, *art.* 27 *gl.* 11. *n.* 11. Dupineau *art.* 391. Coquille *T.* 31. *art.* 22. la Taumassiere, *T.* 13. *art.* 3. Boucheul, *art.* 26 *n.* 8. 16. 20. & *suiv.* Pocquet *du retrait feod.* ch. 6.

3. L'opinion commune est que, tant pour les formalités que pour le droit d'exercer le retrait féodal, on doit suivre la Coûtume du fief servant lorsqu'il est sous une autre Coûtume que le fief dominant.

M. Guyot *ch.* 2. convient de ce principe, par raport aux formalités & au tems d'exercer le retrait Mais il pense que le droit étant honorifique, attaché à la dominance & à la qualité de la seigneurie dominante, personnel au Seigneur, & dépendant de sa seule volonté, les questions, sur le droit & sur la capacité de retirer, doivent se décider par la coûtume du fief dominant. Il traite cette question avec l'exactitude & la solidité de raisonnement qu'on trouve dans toutes ses dissertations. Sans raporter ici, sur une question extrêmement rare, les raisonnemens qu'on peut voir dans l'ouvrage même, je crois qu'on peut sans implication penser comme M. Guyot sur la nature du retrait féodal, & néanmoins le regarder comme absolument dépendant à tous égards de la Coûtume, sous laquelle le fief servant est situé

Le statut du retrait féodal est réel. La coûtume du lieu, sur lequel ce droit s'exerce, est donc la seule loi qu'on doit suivre, selon les régles établies sur l'art 199. *p.* 613. & *suiv.* Une Coûtume étrangére ne peut avoir de force pour l'exercice d'un droit, soit utile, soit honorifique, sur un héritage situé sous une autre coûtume Il n'y a aucun droit plus purement honorifique que les prééminences d'Eglise. Elles sont inséparablement attachées au château & fief dominant. Cependant si le château est sous une Coûtume, & l'Eglise sous une autre, peut-on douter que les droits de prééminences ne soient, à tous égards, sujets à la Coûtume, sous laquelle l'Eglise est située?

NOTES.

La Lande sur Orleans, art. 49. donne même un motif qui paroît décisif; sçavoir, que „ le „ Seigneur, qui a investi du fief servant le pre„ mier vassal, est censé avoir fait cette con„ cession suivant la Loi de la Province au de„ dans de laquelle il est assis.

4. L'héritier bénéficiaire étant le propriétaire du fief, a le droit de retrait féodal; & il n'en doit pas compte aux créanciers, parce que ce n'est point un fruit qui doive tomber dans les baux judiciaires ou conventionnels. Il est seulement obligé de leur tenir compte des lods & ventes que l'acquereur auroit païés, s'il n'eût pas été évincé par le retrait. Guyot *ch.* 13.

5. Si après la vente du fief servant, le fief dominant est aliéné, la Taumassiere *rubr. du T.* 13 *& sur l'art.* 1. *du même titre*, décide que le retrait féodal apartient à celui qui étoit propriétaire du fief dominant lors de la vente du fief servant, & que le nouveau Seigneur ne peut pas l'exercer s'il n'a cession des droits de l'ancien. V. Boucheul *art.* 26. *n.* 37. *& suiv.* Pocquet *du retr. féod. ch.* 5. *sect.* 4. §. 5.

6. Le cohéritier, ou tout autre propriétaire par indivis de la seigneurie, peut exercer le retrait féodal, quoique les autres consorts s'en soient exclus en recevant les lods & ventes. V. Breyé *quest.* 8. Guyot *ch.* 15. Billecoq *liv.* 14. *ch.* 6. *& ch.* 9. *in fine.*

Ce principe, qui est incontestable, fait naître deux questions.

La premiere, si l'acquereur peut obliger le retraïant d'exercer le retrait pour le total, sans y être reçu à la proportion de la part qu'il a dans le fief dominant.

La seconde, si l'acquereur peut réduire le retraïant à cette part proportionnelle, & s'oposer au retrait du total.

Sur la premiere, l'opinion la plus commune est pour l'acquereur, parce que pouvant se départir de l'avantage que lui donne le païement des lods & ventes fait aux autres Coseigneurs, on ne peut pas l'obliger de morceller l'héritage qu'il a acquis sous la seigneurie. Du Moulin §. 20. *de Paris gl.* 1. *n.* 49. *& suiv.* Brodeau sur Louet *lettre R. ch.* 25. *n.* 9. *& ch.* 26. la Peirere *lettre R. n.* 119. Ferriere *art.* 20. *gl.* 1. *n.* 9. Boucheul *art.* 21. *n.* 35. *& suiv. & art.* 349. *n.* 5.

Sur la seconde, dans la diversité d'opinions, l'avis du plus grand nombre d'Auteurs, qui paroît conforme aux régles, est en faveur de l'acquereur. Le païement des lods & ventes le rend aussi favorable, que s'il étoit cessionnaire du retrait féodal des autres Coseigneurs: d'où il résulte qu'il a droit de réduire le retraïant à la portion, pour laquelle ce retraïant seroit fondé si les autres Seigneurs concouroient au retrait.

V. du Moulin *ib.* & Ricard. Ferriere *loco cit.* Pallu *art.* 34. Pithou sur Troyes *art.* 27. le Grand *ibid. gl.* 6. *n.* 9. la Lande *art.* 49.

Mais si l'acquereur n'a pas païé les lods & ventes aux autres Seigneurs, on peut dire qu'il ne peut empêcher l'un des Seigneurs de retirer le tout, parce que ce seroit disputer du droit d'autrui contre celui qui a véritablement la qualité de Seigneur, à cause de sa propriété indivise, & qui peut même devenir, par l'effet du partage, propriétaire de tout le fief dominant dont cette mouvance releve. Cependant du Moulin §. 20. *gl.* 1. *n.* 52. *&* 53. paroît croire que cela dépend de la volonté de l'acquereur. Et c'est le sentiment de la Lande *art.* 49. de Brodeau sur Louet *lettre R. ch.* 25. *n.* 9. de M. le Camus & d'Auzannet *art.* 20. de Dupineau *art.* 384. *&* 391. de Salvaing *part.* 1. *ch.* 27. de Boucheul *art.* 21. *n.* 37. *&* 38. *& art.* 349. *n.* 5. & de Pocquet *du retr. feod. ch.* 1. *sect.* 3.

7. Sauvageau sur l'art. 306. établit pour maxime, suivant un Arrêt du 27. Février 1642. qu'outre l'approprîement par la Cour du Seigneur, il faut que les bannies & le contrat lui aïent été communiqués, pour l'exclure du retrait féodal.

8. Mais si la communication a été faite à celui qui est actuellement en procès sur la proprieté de la Seigneurie qu'il possede, l'autre contendant sera-t'il exclus du retrait féodal, si dans la suite il est jugé légitime propriétaire de la seigneurie, & si le possesseur est jugé usurpateur sans aucun titre légitime ni aparent?

Du Moulin, §. 60. *gl.* 1. *n.* 70. *& suiv.* agite cette question. Mais c'est dans l'espece du vassal, qui étant reclamé par deux Seigneurs, a été reçu en main souveraine, & qui vend ensuite son héritage. Il décide que

NOTES.

si l'acquereur a fait aux deux Seigneurs l'exhibition qu'exige la Coûtume de Paris, le délai de 40. jours, porté par l'art. 20. de cette Coûtume, court contre l'un & l'autre; que cela n'est pas douteux contre celui des Seigneurs, qui est dans la possession actuelle de la mouvance, parce que, nonobstant la litispendence, il est en droit de retirer l'héritage malgré l'acquereur, en lui donnant caution de restituer l'héritage, avec les fruits, s'il succomboit dans la suite sur la question de proprieté.

Du Moulin ajoute que celui qui n'est pas en possession de la mouvance contestée, ne peut pas exercer le retrait féodal malgré l'acquereur; que cependant le délai court contre lui, parce que, sur le refus de l'acquereur, il peut offrir en jugement le principal & les loïaux-coûts; & par-là il conserve son droit jusqu'à la décision du procès sur la proprieté du fief, quoiqu'il n'ait point fait de consignation; ce qui paroît juste. L'acquereur a droit de refuser les offres du non possesseur auquel la proprieté est contestée; & celui-ci n'est pas obligé de faire une consignation pendant qu'il ignore quel sera le sort de sa prétention, & qu'il ne peut pas, comme le possesseur de la Seigneurie, forcer l'acquereur d'acquiescer au retrait féodal.

Mais la question que je propose est différente de celle que du Moulin agite. Je supose que l'acquereur n'aït fait la communication qu'à l'usurpateur qui est en possession de la Seigneurie, mais possession troublée actuellement par la vendication du légitime propriétaire.

Je crois que si l'acquereur n'a point de connoissance juridique de la contestation, la communication qu'il a faite au possesseur, suffit pour exclurre le légitime Seigneur qui ne posséde pas; de même qu'il seroit quitte des lods & ventes, & des autres droits féodaux, en les païant à ce possesseur. De plus l'appropriement aprilie tous prétendans droits. Ainsi le non possesseur est inexcusable de ne s'être pas oposé à l'appropriement, pour la conservation du retrait féodal.

Mais s'il s'est fait connoître à l'acquereur, soit en lui dénonçant la litispendence, soit par quelque autre acte qui ôte à l'acquereur tout prétexte d'ignorance, le droit de retrait féodal sera conservé, & dépendra de l'évenement de la contestation sur la proprieté; à moins que l'acquereur fasse la même communication des bannies & du contrat qu'il a déja faite au possesseur, parce que l'acquereur doit en ce cas s'imputer de n'avoir pas donné à celui dont il connoissoit les prétentions, la communication que la Jurisprudence juge nécessaire pour exercer le retrait féodal.

Il reste une autre question par raport à deux differens Seigneurs qui reclament la mouvance. Si l'un d'eux est en possession, ce que nous venons de dire s'aplique également à cette question. Mais si l'un ni l'autre n'est en possession, quand même le contrat d'acquêt porteroit la mouvance sous l'un d'eux, je crois que pour exclurre du retrait féodal celui des Seigneurs auquel la mouvance seroit ajugée en définitive, il faudroit que l'acquereur eût exhibé son contrat à chacun des Seigneurs ou à leurs Procureurs fiscaux, & qu'il eût offert judiciellement les lods & ventes dans les Jurisdictions de l'un & de l'autre, ou dans la Jurisdiction supérieure, après les y avoir fait assigner, & que faute d'avoir observé cette formalité par raport au Seigneur auquel la mouvance est ensuite ajugée, la formalité faite vers l'autre Seigneur seroit inutile.

Auzannet, dans le projet de réformation de l'art. 20. de la Coûtume de Paris, décide en géneral qu'en cas de combat de fief, le délai pour le retrait féodal ne court que du jour du jugement rendu sur le différend.

V. le Grand, *gl.* 11. *n.* 6. *& suiv.* Du Pineau, *art.* 387. Pocquet, *du retr. féod. ch.* 6.

9. Dans les Notes sur la Conférence de l'art. 298. *n.* 85. j'ai raporté la maxime que le fief servant aïant été plusieurs fois vendu, le Seigneur est maître de choisir sur laquelle des ventes il voudra exercer le retrait féodal. Du Moulin propose deux questions, §. 33. *gl.* 1. *n.* 148. dans l'hypothese du retrait féodal exercé sur la premiere vente.

NOTES.

La premiere question est de sçavoir, si la seconde & la troisiéme vente ont donné ouverture aux lods & ventes.

La seconde, s'il est dû des rachats pour les mutations survenues depuis la premiere vente.

Après avoir raporté les moïens favorables au Seigneur, du Moulin décide contre lui. Il avoüe que le retrait n'a pas un effet rétroactif par rapott aux fruits, le Seigneur n'aïant pas païé le prix, parce qu'il ne doit pas avoir en même tems les fruits de l'héritage & le prix. Mais il dit que, pour la cause & le titre & pour ce qui concerne l'état de la chose, & sa perpétuelle utilité ou incommodité, l'effet rétroactif au tems de la vente a lieu, & que c'est par cet effet rétroactif que le retraïant n'est point sujet aux charges & hypotéques créées par l'acquereur depuis son contrat; qu'ainsi en retirant sur le premier contrat, la subrogation à la place du premier acquereur est aussi parfaite, que si le Seigneur avoit acquis lui-même, auquel cas, sans doute, il n'auroit pu prétendre aucuns droits féodaux.

Du Moulin réunit ici & décide par les mêmes principes deux questions, qui semblent très-différentes l'une de l'autre.

La premiere ne souffre pas de difficulté. Il est évident que le retrait féodal, exercé par le Seigneur sur la premiere vente, opere une éviction contre le second & le troisiéme acquereur dont les contrats sont résolus par cet évenement; ce qui suffit pour éteindre les droits de lods & ventes pour ces contrats.

20. Mais sur la seconde question, il est de maxime, qu'en matiere de rachat *jura metimur à possessore*; & cela est si vrai que l'acquereur, à condition de rémeré au-dessous de neuf ans, étant mort dans le tems de la grace, le rachat est ouvert par sa mort, quoique le rémeré, exercé par le vendeur dans le tems de la grace, opere la résolution du contrat & prive le Seigneur des lods & ventes.

Dans l'espece proposée par du Moulin, le premier, le second & le troisiéme acquereur ont été véritablement possesseurs *pro suo* du fief servant. Leur mort a ouvert le rachat de plein droit au profit du Seigneur, lequel a eu droit de recüeillir les fruits de l'année de leur mort; & l'on doit faire attention que les fruits seuls sont affectés à ce droit, que ces fruit ont été perçus par les héritiers des possesseurs quoiqu'ils apartinssent au Seigneur; qu'en retirant féodalement, le Seigneur ne demande point compte des fruits antérieurs à son retrait; qu'il y a une distinction réelle entre ces fruits & le fonds; & que ces fruits peuvent apartenir au Seigneur par l'effet du rachat qui est un titre différent du retrait féodal, comme ils lui apartiennent par la mort de l'acquereur à condition de rémeré, dont les héritiers sont évincés par l'exercice de ce rémeré.

Il est vrai, comme l'observe du Moulin, que cette accumulation de profits dans le même Seigneur n'est pas favorable. Mais est-ce un motif suffisant pour le priver des rachats réellement ouverts par la mort des possesseurs qui ont joüi & couvert le fief jusqu'à l'action de retrait féodal?

Il faut de plus considérer que, sur le motif que donne du Moulin, le rachat n'auroit pas lieu par la mort de l'acquereur même sur le contrat duquel le Seigneur exerce le retrait, & que si le fermier de la Seigneurie avoit perçu le rachat, le Seigneur seroit obligé en exerçant le retrait de rapporter ce rachat aux héritiers de l'acquereur, quoique perçu légitimement.

Sur cette question je crois que la décision ne doit pas être absolue en pur point de Droit, & qu'elle peut dépendre des circonstances.

L'acquereur doit sortir indemne; & il ne peut l'être, que par l'interêt du prix qu'il a avancé, ou par une joüissance qui puisse être réputée compensatoire de l'interêt. Il est vrai, comme il sera prouvé *article* 307. *Note sur l'Arrêt* 9. que l'acquereur ne seroit pas reçu à alléguer que le revenu qu'il a perçu n'est pas suffisant pour le remplir de l'interêt du prix. Mais c'est uniquement lorsque l'acquereur a eu la pleine joüissance, & s'il en a été privé pendant une année par quelque événement que ce soit, il faut qu'il soit indemnisé. Par exemple,

SOMMAIRE.

1. *Droit de lods & ventes, & retrait féodal apartient à la féodalité indépendamment du dégré de justice.*

Le Seigneur supérieur ne peut pas l'exercer sur l'arriere fief pendant le rachat. Secùs *pendant la saisie faute d'hommage.* Aux notes.

2. 3. 4. *Effet de la consolidation par retrait féodal.*

5. *Si le fermier & l'acquereur de la Seigneurie à condition de remeré a le retrait féodal.* Quid *si l'acquereur du fief dominant est évincé par la rescision de son contrat.*

6. *S'il apartient à l'usufruitier.*

7. *Effets du retrait féodal exercé par l'usufruitier.*

8. *Du retrait féodal exercé par le Seigneur sur le fermier de la seigneurie qui a acquis pendant la ferme.*

9. *Retrait féodal limité à ce qui est dans le fief de chaque Seigneur qui retire.*

10. *Obligé de retirer tout ce qui est sous son fief.*

11. *Du retrait féodal de la rente fonsiére.*

12. *Seigneur dechu faute de remboursement comme le prême.*

13. 14. 15. *Quand l'action de retrait féodal est non-recevable.*

Du païement des lods & ventes, de la reception à foi & hommage, ou souffrance donnée, du paiement du rachat.

Du paiement des rentes & redevances. Aux Notes.

16. 17. *Retrait féodal cessible même par les*

17. *Du retrait feodal exercé par les gens de main-morte.*

gens de main-morte.

18. *Si le Roi a le droit de retrait féodal.*

19. *Lods & ventes apartiennent au Seigneur qui a acquis ou retiré, & qui est evincé par retrait lignager.*

CONFERENCE.

Art. 314. & 318.

A. C. *Art.* 292.

T. A. C. *Ch.* 46. Et ou cas qu'il n'y auroit du' ramaige, la prémesse doit être *vel* seroit jugée par raison de cens *vel* fier, seigneurie, ou de hommaige.

Ch. 126. Et s'il y a aucuns émolumens, en la terre aux Juveignours, qui dussent demourer ès Juveignours, le prochain Seigneur qui tiendra du souverain Seigneur *vel* le prochain aîné qui tiendra du prochain ou suzerain Seigneur les peut avoir & retraire; & les doit avoir du suzerain Seigneur a *vel* & de chacun, ainsi l'ung de l'autre, comme dit est par eux ou par Procureur; & si celui Juveigneur laissoit aller son droit, le prochain de lui le devroit avoir, s'il le vouloit avoir; car il est plus prême à avoir & retraire le droit de son prochain que plus étrange de *vel* que lui.

Boulenois 138. Ponthieu 68. Amiens 38. 178. Montreuil sur mer 35. Gerberoy 102. Artois 116. Thionville, *T.* 7. 23. 24. Laon 257. 258. 259. Chalons 256. 257. 258. Rheims 135. 188. 220. 228. Noyon 36. 37. Ribemont 2. 36. Peronne 255.

NOTES.

l'acquereur mourant dans l'année du contrat, * & le retrait lignager ou féodal étant exercé peu de tems après, il est évident que si le rachat étoit en pure perte pour les héritiers de l'acquereur, ils n'auroient pas joüi, quoique le prix eût été païé comptant. En ce cas il a été décidé par des Arrêts que le retraïant devoit le raport du rachat, par forme de dommages & interêts.

Mais si l'acquereur a joüi, par exemple pendant 29. ans, comme on présume qu'en acquerant il a consideré la charge du rachat, & qu'elle a fait un objet de diminution pour la fixation du prix du contrat, il n'est pas juste que le rachat échu pendant cette longue joüissance soit sur le compte du retraïant, sans quoi l'acquereur auroit eu une joüissance plus avantageuse que celle qui devoit résulter de la loi de son contrat, puisque cette joüissance étoit sujette à l'évenement du rachat.

CONFERENCE.

257. Chauny 115. 116. 117. 118. Senlis 226. 227. Clermont en Beauvoisis 10. 93. Valois 29. 30. 138. Sedan 52. 53. 236. Clermont en Argone, *T.* 3. 16. *T.* 16. 25. Douay, *T.* 1. 30. Bar 4. 147. Saint Mihel, *T.* 3. 4. Baffigni 30. Duché de Bourgogne, *T.* 10. 10. *T.* 11. 4. Comté de Bourgogne 78. Paris 20. 22. 159. Etampes 29. Dourdan 37. 38. 141. Montfort 15. 17. 170. Mante 28. 36. 76. Troyes 27. Vitry 18. 38. 54. 124. Chaumont 24. Meaux 113. 114 170. Melun 31. 162. 163. Sens 42. 186. Auxerre 49. 163. Perche 184. 185. 186. Châteauneuf en Thimerais 75. 76. Chartres 65. 66 70. Dreux 56. 59. Orleans 49. 365. Montargis, *T.* 1. 5. 91. *T.* 2. 50. 52. *T.* 16. 11. Berry, *T.* 13. & *T.* 14. 13. Châteaumeillan 15 Châtelet en Berry 31. 32. Thevé 13. 14. Vefure 1. Beaujeu 1. Nançai 10 11. 13. Blois 18. 208. Vallançai 6. Ruedindre 5. 9. Nivernois, *T.* 4. 35. 36 37. 41. 42. *T.* 5. 4 5. 6. 7. *T.* 6. 23. 24. *T.* 31. 22. Bourbonnois 438. Normandie 177. 178. Eu 41. 42 Maine 359. 360. 397. 398. 400. Anjou 347. 348 387. 388. 390. Tours 34. 35. 36. 164. Lodunois, *T.* 15. 8. 9. *T.* 17. Poitou 21. 22. 23. 26. 30. 346. 349. Angoumois 13. 15. 69. La Rochelle 37. Saintonge 27. 51. Usance de Saintonge 6. 23. 38. Bordeaux 5. 89. Acs, *T.* 10. 15. Saint Sever, *T.* 8. 7. Bayone *T.* 5. 10. 11. 12. 13. Sole, T. 19. 5. La Marche 275. 277. 279. 281. Auvergne, *T.* 21. 8. 9. 10. 15. *T.* 22. 20. *T.* 23. 15.

1. Droits d'avoir ventes & honneurs, où la chose vendue par puissance de fief, en poïant le prix, dépend de basse Jurisdiction (*a*) ou fonciére, & pour ce, quand aucune chose immeuble est vendue, le Seigneur foncier & plus près du fonds au fief duquel est ladite chose, est fondé d'en avoir ventes & hônneurs, ou la chose par puissance de fief, comme dit est. Poitou 21. Angoumois 12.

2. L'héritage retrait par le Seigneur féodal, par puissance de fief, est de la qualité

NOTES.

(*a*) V. l'article 318. Guyot *du retr. seig. ch.* 7.

Le Seigneur supérieur ne peut pas exercer le retrait féodal pour les acquisitions faites pendant qu'il jouit du fief proche à titre de rachat.

Mais il a droit de l'exercer pour l'arriére-fief vendu pendant qu'il tient le fief proche en saisie, faute d'homme. Car s'il étoit vendu auparavant, le retrait féodal apartiendroit à l'inférieur, auquel tous les fruits échus avant la saisie apartiennent. C'est le sentiment de du Moulin §. 20. *gl.* 4. *n.* 2. *&* §. 55. *gl.* 10. *n.* 44. de Ferriere sur le même art. *gl.* 1. *n.* 37. de Dupineau *art.* 347. de Duplessis *des fiefs liv.* 5, *ch.* 4. *sect.* 2. de la Taumassiere *rubr. du tit.* 13. de Pocquet *du retr. féod. ch.* 5. *sect.* 1.

M. Guyot, qui traite amplement ces deux questions, *ch.* 7. *n.* 3. *&* 4. donne pour raison de différence, après du Moulin, que dans le cas du rachat, le supérieur ne jouit que *tanquam de re alienâ*, au lieu que dans la saisie, faute d'homme, il jouit *jure proprio tanquam dominus, & tanquam de re sua ad suam primordialem causam reversâ*.

Mais après la main-levée de la saisie féodale, le Seigneur proche est-il en droit d'exercer de nouveau le retrait féodal sur le supérieur qui l'a exercé pendant la saisie? Brodeau & Coquille décident pour le Seigneur proche. M. Guyot *n.* 5. dit que leur opinion n'a pas fait fortune, parce que quand le suzerain a retiré, il a usé de son droit, & qu'ainsi il ne peut être forcé; ni de le restituer au vassal, ni de le vendre à un autre.

Cela ne peut s'entendre que du cas de la saisie, faute d'hommage, pendant laquelle le Seigneur fait les fruits siens, au lieu qu'il est obligé de les rendre, si la saisie n'est que faute d'aveu. C'est l'esprit de la décision de Guyot *n.* 7. Billecoq *liv.* 14. *ch.* 5. *sect.* 2. décide expressément que la saisie féodale, faute d'aveu, n'opérant pas la perte des fruits, le Seigneur suzerain ne peut pas retirer les arriéres-fiefs.

CONFERENCE.

& nature dont est ledit fief, à cause duquel se fait ledit retrait; de manière qu'il est reputé propre (*b*) héritage dudit Seigneur (si ledit fief lui est propre) & de son acquêt, si ledit fief est de son acquêt. Montreuil sur mer 36. Placités de Roüen 108.

3. Et par ce moïen ladite terre est reunie au fief, & les rentes & charges dues à cause d'elle éteintes. Normandie 178.

4. Et quant aux autres charges communes entre les tenans, les autres en demeurent déchargés, à la raison de ce qui en étoit du pour la terre réunie, excepté le service de Prévôté. Normandie 179.

5. Si aucun baille sa terre, fief & seigneurie, à ferme, ou la vend à titre de remeré à certain tems, tel fermier ou acquereur peut avoir, par droit de prélation, les choses acquises, mouvans & tenues dudit fief ou censive par contrat sujet à retrait durant le tems de sadite ferme ou vente, & en peut jouir & prendre les fruits, comme des autres choses de ladite ferme ou seigneurie acquise. Et lad. ferme finie, ou en rachetant par ledit vendeur la chose par lui vendue audit titre, les acheteur ou fermier sont tenus exhiber ausdits Seigneurs vendeurs ou qui ont baillé à ferme, les contrats desdites acquisitions par eux faites; après laquelle exhibition ils peuvent recouvrer, dedans le tems de trois mois introduit par la Coûtume, sur ledit fermier ou acheteur, lesdites choses prinses par puissance de fief, ou droit de prélation, en lui rendant le principal & loïaux coûts; & en païant les ventes qui en eussent été dues, si ledit retrait de rachat n'eût été fait; & si ledit Seigneur ne le fait dedans ledit tems, lesdites choses demeureront à perpétuel audit fermier ou acheteur, en païant audit Seigneur les charges ancienens & accoutumées des choses ainsi acquises, sinon que ledit Seigneur eût reservé les droits de retenue en faisant ladite ferme. Bourbonnois 474. Maine 410. (*c*)

NOTES.

(*b*) V. du Moulin §. 20. *gl.* 1. *n.* 48. & la Conference sur l'art. 319. *n.* 9.

(*c*) En Bretagne le fermier de la seigneurie n'a pas le droit de retrait, quoique l'acte de ferme comprenne la généralité des droits féodaux. Il faut que le retrait féodal y soit formellement exprimé; en ce cas le fermier peut le ceder à un autre; & si ce fermier retire, je pense avec M. Guyot, contre l'opinion commune, qu'après la ferme finie le Seigneur ne peut pas l'évincer de l'héritage retiré, s'il n'y en a une clause expresse par le bail. V. Breyé *ch.* 4. *quest.* 4. §. 4. Guyot *ch.* 11. Duplessis *du retr. féod. ch.* 2. Auzannet & le Camus *art.* 20. le Grand *art.* 27. *gl.* 4. *n.* 15. la Lande *art.* 49. Dupineau & Pocquet *art.* 347. Billecocq *liv.* 14. *ch.* 6. *sect.* 8. Pocquet *du retr. féod. ch.* 5. *sect.* 4. §. 1.

Ce que je viens de dire, sur la nécessité d'exprimer formellement la cession du retrait féodal par le bail, décide la question de sçavoir, si le fermier, en recevant les lods & ventes, exclut le Seigneur du retrait féodal. Car si la cession de ce droit n'est pas dans la ferme, il est évident que le fermier n'a pu nuire au droit qui ne lui apartenoit pas. Du Moulin §. 1. *gl.* 1. *n.* 27. *& suiv.* Pocquet *du retrait féodal ch.* 10.

L'acquereur à condition de remeré du fief dominant, étant remboursé par le vendeur, n'est pas obligé de lui remettre l'héritage qu'il a retiré féodalement; & il ne peut aussi en être évincé par l'acquereur sur lequel il a retiré, parce que pendant que le contrat a subsisté, il a eu la pleine proprieté du fief dominant, & de tous les droits qui y étoient attachés. Son contrat étoit même pur & simple, & seulement résoluble sous condition. Guyot, *ch.* 11. Du Moulin, §. 20. *gl.* 1. *n.* 64. Ferriere *ib. gl.* 1. *n.* 14. Pocquet *du retr. feod. ch.* 5. *sect.* 4. §. 4. La Peirere, *lettre R. n.* 4. Le Grand, *art.* 27. *gl* 4. *n.* 19. Du Pineau, *art.* 347. La Taumassiere, *rubr. du T.* 13. *in fine*.

Dupineau ajoute qu'il n'en est pas de même du contrat pignoratif, le créancier n'aïant pas la possession de la chose.

Quid juris, quand le contrat d'acquêt est annullé, à cause du vice du contrat même, avec restitution des fruits ou sans restitution de fruits?

6. Et

CONFERENCE.

6. Et est observé le semblable quant ès douairieres & usufruitiers : & se comptent lesdits trois mois, après l'usufruit & douaire fini, si n'est que les lettres d'acquisition eussent été exhibées par lesd. douairieres & usufruitiers audit Seigneur propriétaire : auquel cas le tems de trois mois court du jour de lad. exhibition. Bourbonnois 475. Maine 410. (d)

7. Les héritages, tant nobles, que roturiers retirés par l'usufruitier, sont réunis au corps du fief : & peut le propriétaire, après l'usufruit fini, en demander la jouissance, en remboursant les héritiers de l'usufruitier de ce qu'il en aura déboursé. Normandie 202.

8. Si durant la ferme le fermier achete une chose sujette à retrait à cause de ladite sei-

NOTES.

Dans l'un & l'autre cas, celui sur qui le retrait a été exercé ne peut pas inquiéter l'acquereur du fief dominant, sous prétexte de la nullité de son contrat. Car il suffit qu'il eût la possession, pour que son retrait fût valable, lorsqu'il l'a exercé. D'ailleurs il étoit incertain si le contrat seroit attaqué; & enfin les nullités de cette espéce ne sont que respectives, & ne peuvent pas être proposées par les tierces personnes.

Mais le vendeur peut-il, en conséquence de la rescision du contrat, profiter du retrait féodal exercé par l'acquereur avant la rescision?

Si l'acquereur n'est pas condamné à la restitution des fruits, il est en droit de garder l'héritage retiré, puisqu'il a eu droit de joüir de tous les profits du fief dominant, jusqu'à la rescision du contrat.

Si au contraire il est condamné à la restitution des fruits, il peut être évincé du retrait, comme de tous les autres fruits du fief dont il a joui sans titre valable. C'est l'opinion commune qui me paroît la plus juste, malgré les objections que M Guyot y opose. V. du Moulin §. 20. *gl.* 1. *n.* 65. & 66. la Peirere *lettre R. n.* 4.

Au reste dans tous ces cas, l'acquereur évincé du fief dominant ne peut obliger le vendeur de prendre l'héritage retiré féodalement.

(*d*) La question de sçavoir si l'usufruitier peut exercer le retrait féodal, est traitée par Breyé, *ch.* 3. *quest.* 3 *in utramque partem*, selon la methode qu'il suit dans tout son ouvrage. Guyot, *ch.* 9. la discute avec beaucoup plus de solidité. Il avouë que toutes les autorités sont en faveur de l'usufruitier. Mais il combat cette opinion générale, par des raisonnemens très-solides qu'on peut voir dans son ouvrage. J'observerai seulement qu'il est vrai que le retrait féodal est un droit utile du fief, mais qu'on doit considerer son objet, qui est ou la réunion ou l'exclusion d'un vassal désagréable. Ces deux objets du retrait féodal interressent plus le propriétaire que l'usufruitier, auquel tout acquereur doit païer les droits féodaux, & qui a pour cela un privilege sur l'héritage. Si le vassal est agréable au Seigneur, il ne semble pas juste que l'usufruitier prive le Seigneur d'un vassal qui lui convient, & qu'il lui en substitue un autre auquel il aura cedé le retrait, ou qu'il se donne, lui-même & ses héritiers, pour vassaux au Seigneur contre son gré; sans autre ressource que l'embaras de chercher, après l'usufruit fini, de l'argent pour les rembourser, ou un cessionnaire qui se charge du remboursement. D'ailleurs dans le concours de l'usufruitier, & du Seigneur qui veut se choisir un vassal agréable, à la place de l'acquereur qui ne lui convient pas, il n'y a pas à balancer; & le Seigneur est plus favorable. Or, si l'on ne peut l'exclurre du retrait feodal, il résulte que ce droit lui apartient; & par une conséquence nécessaire qu'il est attaché à la propriété; ce qui prouve en-même tems qu'il ne dépend pas de l'usufurit, parce que s'il en dépendoit, le Seigneur ne l'auroit pas en vertu de la nuë propriété. Enfin l'usufruitier n'est pas plus favorable que l'engagiste qui n'a le retrait féodal, que lorsque son contrat en contient une clause expresse. V. Dunod, *ch.* 10. *pag.* 52. Du Moulin, §. 1. *n.* 27. & *suiv.* & §. 20. *gl.* 1. *n.* 33. & *suiv.*

Ces raisons me paroissent suffisantes pour

CONFERENCE.

gneurie, le Seigneur bailleur peut trois mois après l'exhibition du contrat à lui faite, recouvrer lesdites choses ainsi vendues, en païant les lods & ventes, sort principal & loïaux coûts, ausdits fermiers; & si lesdits Seigneurs bailleurs acquierent, pendant ladite ferme, aucune chose mouvant du censif compris dans ladite ferme, ils en doivent lods & ventes. Mais ne peut le fermier la prendre par droit de prélation s'il n'y a convenance au contraire. Bourbonnois 476

9. Les Seigneurs de fiefs n'ont le retrait par puissance de fief, sauf de ce qui est chacun en son fief; (e) & audit cas retrait s'en peut aller par parties; & si ledit Seigneur de fief en prenoit en plus large, ce que seroit hors de son fief, seroit sujet à retrait sur lui. Maine 394. Anjou 384.

Le Seigneur féodal peut retirer tous les héritages qui sont en la mouvance du fief à cause duquel il fait le retrait; mais il n'est tenu de retirer les héritages relevans des autres fiefs qui sont en sa main. Placités de Roüen 114. Poitou 348. Auvergne T. 21. 8. 9. T. 22. 22. 23.

10. Si plusieurs héritages, tenus en même directe, sont vendus par même prix, le Seigneur n'est recevable de demander l'un, & laisser l'autre. Mais s'ils sont de diverses directes, il peut demander ce qui est tenu de lui: & ainsi est du lignager quand les choses sont d'un ou de divers estocs. La Marche 281.

11. Il peut retirer la rente fonciére, dûe à cause du fonds tenu de son fief, vendue par le vassal, laquelle en ce faisant sera unie à son fief, & néanmoins sera toujours fonciére. Normandie 181.

12 Si le Seigneur est acertené du prix par lettres & serment dudit acheteur, & ledit Seigneur ne vient païer le prix dedans huit jours, il est forclos; aussi bien comme le lignager, s'il ne veut montrer le prix être moindre. Poitou 347. Bordeaux 18.

13. Si le Seigneur féodal a reçu le quint denier, à lui dû à cause de la vendition du fief mouvant de lui, chevy, ou baillé souffrance, (f) ledit Seigneur féodal ne peut plus retenir ledit fief par puissance de fief, pour l'unir & mettre en sa table, à cause d'icelle vendition. Paris 21. Artois 122. Etampes 28. Dourdan 37 Montfort 16. Berry T. 13. 1. 2. Bourbonnois 424. 480. la Marche 276. 277.

Ou reçu le vassal en foi & hommage, ou lui eût baillé souffrance. Mante 28. Troyes 27. Chaumont 24. Sens 186. Auxerre 49. Châteauneuf en Thimerais 75. Chartres 65. Dreux 56. Berry T. 13. 1. 2. Blois 18. Bourbonnois 424. 480. Anjou 347.

Ou si les ventes & devoirs avoient été païés

NOTES.

suivre à la rigueur notre article 306. qui parle uniquement du Seigneur féodal.

Mais on ne doit pas comparer au simple usufruitier, le Beneficier qui joüit en proprietaire, & qui aïant tous les droits utiles & honorifiques, peut exercer le retrait féodal, & en exclurre son Eglise par la reception des lods & venets, parce que la renonciation au retrait féodal n'est pas une aliénation. Guyot, *ch.* 18. *n.* 13.

Il est même certain que le mari, pendant sa communauté, le tuteur & tout autre administrateur, a le retrait féodal, & le rend non recevable par la reception des lods & ventes. Du Moulin, §. 20. *gl.* 1. *n.* 47. *&* §. 21. *quest.* 3. Ferriere, *art.* 20. *gl.* 1. *n.* 32. Breyé, *quest.* 9. Guyot, *ch.* 10. Le Grand, *art.* 27. *gl.* 4. *n.* 12. *& suiv.* Auroux, *art.* 480. Basnage, *art.* 452. La Lande, *art.* 49. Le Grand, *art.* 144. *gl.* 5. *n.* 22. Billecoq, *liv.* 14. *ch.* 10. Dupineau, *art.* 347. La Taumassiere, *tit.* 13. *art.* 1. Du Plessis *du retr. féod. ch.* 5. Pocquet *du retr. feod. ch.* 5. *sect.* 4. §. 2. *&* 3. *& ch.* 10.

(e) V. le Commentaire & les Notes, *n.* 5.

(f) Du Moulin §. 21. Loisel *liv.* 3. *tit.* 5. *art.* 44. Guyot *du retr. seign. ch.* 18.

„ Mais il n'en est exclus pour avoir reçu „ les cens, rentes ou autres redevances an„ nuelles" Loisel *liv.* 3. *T.* 5. *art.* 45. Auroux *art.* 480. La Peirere *lettre R. n.* 120. Dupineau *art.* 347 la Taumassiere *T.* 13. *art.* 1. Pocquet *du retr. féod. ch.* 10.

CONFERENCE.

au receveur du Seigneur. Anjou 347. 389.

Ou au fermier. Maine 359. 399. Tours 36. (g)

14. Souffrance & repit baillé de faire foi & hommage n'empêche droit de retenue. Bourbonnois 486.

15. Le Seigneur ayant reçu le troisiéme d'héritage vendu par son vassal, peut néanmoins le retirer, (h) en rendant le treizième. Mais s'il a reçu le relief, ou la foi & hommage, il ne le peut plus retirer, d'autant qu'il l'a reconnu à homme, & eu pour agréable. Toutefois si l'acheteur s'est chargé du treiziéme, & le Seigneur l'a reçu de lui par sa main, ou signé l'endos du contrat de vendition, il n'est plus reçu à la clameur. Normandie 182.

16 Retrait féodal se peut ceder, soit par homme de main-morte ou autre. (i) Melun 164. Mante 178. Anjou 499. Provence *pag.* 1213. Bourbonnois 457. la Marche 280. Auvergne *T.* 21. 20.

17. Le Seigneur féodal, encore qu'il soit de main-morte, peut prendre & retenir le fief mouvant de lui, quand il est vendu, en remboursant l'acquereur du prix & loïaux-coûtemens: & a pour ce faire quarante jours, après la notification de la vente & exhibition des contrats à lui faits d'icelle; à la charge que le seigneur (k) de main-morte est tenu choisir un vassal, autre que de main-morte, & en vuider ses mains dedans l'an & jour de la retenue par lui faite; & à faute d'en avoir vuidé ses mains, retourne ledit fief retiré & retenu au premier acquereur, sur lequel il avoit été retiré. Etampes 27. Tours 38. Poitou 33.

L'Eglise n'a point de retenue, mais a droit de lods & ventes pour raison de ses censives ès lieux où elle a accoûtumé les avoir d'ancienneté. Bourbonnois 479. Berry (l) *T.* 13. 4. Saintonge 31.

18. A été arrêté (m) que le Roi & l'Eglise n'ont droit de prélation par puissance

NOTES.

(g) V. le Commentaire *n.* 6.

(h) Cette disposition contraire à notre Coûtume est également contre le droit commun du Roïaume.

(i) V. le Commentaire *n.* 7.

(k) En Bretagne les gens de main-morte ont le droit de retrait féodal. Mais Loisel, *liv.* 3. *T.* 5. *art.* 12. établit pour maxime qu'ils sont obligés de le ceder, ou d'en vuider leurs mains dans l'an & jour: Et Lauriere atteste que c'est l'ancien usage de France. V. Dupineau *art.* 399. Ricard *art* 20. la Lande *art.* 49. Breyé *ch.* 4 *quest.* 5. Guyot *ch* 8. Pocquet *du retr. feod. ch.* 5. *sect.* 3 Salvaing *de l'usage des fiefs part.* 1. *ch.* 24. le Grand *art.* 27. *gl.* 4. *n.* 4. 5. & 18. Ferriere *art.* 20. *gl* 1 *n.* 23. & 24. Coquille *T.* 5. *art.* 8. Duplessis *ch.* 2. Basnage *art.* 178.

L'avis de M Hevin est contraire dans ses Notes sur l'art 368. Je crois que sa décision en ce qu'elle s'étend au droit d'amortissement, dont il prétend que les gens de mainmorte sont exempts dans cette espèce, n'est pas juste, parce que cette voïe de consolidation est un accroissement, & que l'art. 368. leur défend de s'accroître sans l'autorité du Roi. Mais du Moulin §. 20. *gl.* 1. *n.* 2. décide que le Seigneur supérieur n'auroit ni qualité ni intérêt pour leur faire vuider les mains, puisque cette consolidation ne lui feroit perdre aucuns casuels. V. Masuer *T.* 27. *n.* 12.

(l) V. la Taumassiere sur cet article.

(m) Il est de maxime en Bretagne, que la cession du retrait féodal faite par le Roi, pour ce qui est mouvant de son domaine, est valable. Pocquet *du retr. féod. ch.* 5 *sect.* 2. s'étonne même de ce que cette vérité a été un sujet de problême. V Salvaing *de l'usage des fiefs, part.* 1. *ch.* 23 & les Auteurs qu'il cite, Ferriere, *art.* 20. *gl.* 1. *n.* 17. & *n.* 39. la Lande, *art.* 49 *n.* 10. la Taumassiere, *rubr. du tit.* 13 du Plessis, *ch.* 2. Basnage, *art.* 178 Boucheul, *art.* 21. *n.* 4. Loisel, *liv.* 3. *tit.* 5. *art.* 11 Breyé, *ch.* 3. §. 9. *n.* 26. & *ch.* 4. *quest.* 1. Guyot, *ch.* 7. *n.* 8. le Grand, *art.* 27. *gl.* 4. la Peirere, *lettre R. n.* 123. Bacquet *des droits de Justice, ch.* 12. *n.* 6. & *suiv.*

CONFERENCE.

de fief, sinon, quant au Roi, pour le bien de la chose publique, & quant à l'Eglise pour la nécessité d'icelle; c'est à sçavoir quand il y auroit quelque héritage joignant aucune Eglise ou Château du Roi, Maisons Episcopales, d'Abbayes, Convens, de Prieurés, d'Eglises Cathedrales, Collégiales, de Cures ou d'autres Bénéfices, pour approprier ausdits Châteaux, Eglises, Maisons, ou Jardins, & autres cas esquels l'on peut être contraint à vendre pour le bien public du Roi, du Roïaume, & desdites Eglises. Bordeaux 90.

19. Si aucun seigneur de fief achete héritage en son fief, & ledit héritage soit retrait par aucun lignager, icelui seigneur de fief sera païé de ses ventes & honneurs par le retraïeur de la chose. Tours 165. Lodunois T. 15. 9. (n)

Pareillement si l'aïant retiré par puissance de fief, il en est évincé par le lignager, le retraïant est tenu lui païer les droits de relief & treiziéme. Normandie 184.

ORDON. Etablissement de St. Louis, *liv.* 1. *ch.* 157.

SOMMAIRE.

1. 4. *Prémesse préférable au retrait féodal.* Quid *dans l'ancien droit.*
2. *Fausseté du Brocard,* où ramage desfaut, lignage succede.
3. *Du retrait censuel.*
5. *Le Seigneur ne retire que ce qui releve de lui.*
6. *Si le païement des lods & ventes sans l'appropriement exclut le retrait.*
7. *Retraît féodal cessible.*

COMMENTAIRE.

C. M. *Qui a rente censive.* Et le Seigneur qui est plus près du fonds de terre, est préferé aux autres Seigneurs. *Infrà* §. 303. (o)

NOTES.

Le Prince apanagé aïant la propriété des droits utiles & honorifiques de son apanage, le droit de retrait féodal ne peut pas lui être contesté. Guyot, *ch.* 7. *n.* 10. Ferriere, *art.* 20. *gl.* 1. *n.* 22.

[Le droit de l'engagiste du dómaine n'est pas si étendu. L'art. 96e des art. Placités du Parlement de Rouen lui refuse absolument le retrait féodal. Mais hors la Normandie, les Auteurs sont partagés. Entre ceux qui contestent ce droit à l'engagiste, quelques-uns prétendent que l'expression du retrait féodal dans le contrat d'aliénation du domaine seroit inutile; ce qui ne paroît pas soutenable, puisque ce droit est cessible; & Bacquet *des droits de Justice*, *ch.* 12. *n.* 16. raporte l'exemple d'un engagiste, qui avoit obtenu des Lettres Patentes pour joüir du droit de retrait féodal. V. Breyé, *ch.* 4. *quest.* 4. Ferriere, *art.* 20. *gl.* 1. *n.* 19. *& suiv.* la Lande, *art.* 49. Dupineau, *art.* 347. la Taumassiere, *loco citato*, du Plessis, *loco cit.* Salvaing, *part.* 1. *ch.* 23. Basnage, *art.* 178. Pocquet, *loco cit.*

Guyot, *n.* 9. donne pour motif de décider contre l'engagiste, que le Roi demeure toujours Seigneur du domaine engagé, & que le droit de retrait féodal apartient au seul propriétaire.

(n) Loisel, *liv.* 3. *tit.* 5. *art.* 5. Du Moulin, §. 78. *gl.* 1. *n.* 112. & la note sur l'art. 61.

(o) 318. Novæ.

1. D'ARGENTRE' A. C. *Art.* 292. Le retrait lignager est préférable au retrait feodal, la maxime est constante (*p*). * *Nota.* Il y a des Arrets de 300. ou de 400. ans qui jugent le contraire; & comme le retrait féodal est pour ne pas donner au Seigneur un vassal desagréable, le même inconvénient peut se trouver dans un parent.]

2. *Du ramage.* La seule parenté ne suffit pas par raport au Seigneur; &

NOTES.

(*p*) „ Le Seigneur n'a retenue sur le li„gnager; ains retrait lignager est préféré „au Seigneurial, & le conventionnel à „tous autres. " Loisel, *liv.* 3. *tit.* 5. *art.* 4. Pocquet, *ch.* 1. *sect.* 4. Le Grand, *art.* 27. *gl.* 10. *n.* 3. La Taumassiere, *tit.* 14. *art.* 13. Boucheul, *art.* 346. & Auroux, *art.* 438. décident, suivant le sentiment de du Moulin, de Coquille, de Tournet & de Brodeau, que si par l'inféodation primordiale le Seigneur s'est réservé le droit de retrait féodal à l'exclusion des lignagers, il doit être préféré par la loi de la premiere concession.

On peut dire contre cette opinion, que la préférence du retrait lignager est de droit public, que c'est une loi générale à laquelle on ne peut déroger par une condition particuliere de l'inféodation, que le féage étant devenu patrimonial & enramagé dans la famille, la condition stipulée par le Seigneur ne peut nuire aux parens de l'afféagiste qui n'ont point parlé dans le contrat de féage, qu'enfin on peut comparer cette condition au féage, par lequel le Seigneur établiroit une régle de succession contraire à la Coûtume; & qu'une stipulation de cette espéce n'empêcheroit pas le partage de la succession en conformité de la loi.

Une réflexion sur cette derniere partie de l'objection peut servir à décider la question. S'il ne s'agissoit que de faire une loi particuliére entre les héritiers sur la forme du partage, & sur leurs droits dans la succession, je ne crois pas qu'une stipulation contre la Coûtume pût avoir aucune force. Mais si le Seigneur stipule à son seul profit une réversion, faute de mâles, ou en des cas particuliers contre le droit commun de la Province, je ne crois pas que les héritiers directs ou collateraux puissent se plaindre, parce que la loi est faite par l'inféodation; & c'est comme pour un don fait sous une condition de réversion, qui doit avoir toujours son effet.

Pourquoi donc le Seigneur, qui peut stipuler une réversion, contre le droit le plus favorable qui est celui de la succession des héritiers, ne pourra-t'il pas stipuler une préférence contre le retrait lignager qui est infiniment moins favorable que le droit de succeder?

Du Moulin, §. 22. *n.* 4 *&* §. 78. *gl.* 1. *n.* 144. *& suiv.* donne pour motif de décider que cette stipulation est un retrait conventionnel, & que le retrait conventionnel est toujours préféré au retrait lignager.

Il naît de là une objection, en ce que par l'art. 287. & par le droit commun, le retrait conventionnel indéfini se prescrit par 30. ans.

La réponse se tire du motif même de cette prescription, sçavoir que la concession du retrait conventionnel est une obligation personnelle qui est, comme toutes les autres, sujette au cours de la prescription, du jour que l'action pour exercer le retrait est ouverte. Mais le retrait féodal, stipulé par l'inféodation, ne peut pas être mis au nombre des obligations personnelles. Cette stipulation a le caractere de réalité & de féodalité, qui est inséparable de toutes les clauses de la concession en fief. D'ailleurs la prescription ne pourroit commencer en cette matiére que du jour que l'action seroit ouverte, c'est-à-dire, lorsque chaque vente faite par le vassal donneroit ouverture au retrait féodal conventionnel.

Du Moulin, §. 78. *gl.* 1. *n* 148. fait sur cette question des distinctions interressantes, que je ne raporterai point ici, parce qu'elles exigeroient trop de détail sur une espéce qui ne peut se présenter que rarement,

l'on n'admet point le Brocard avancé par un Auteur inconnu, qu'*où ramage deffaut lignage succede*. (q)

3. *Ou celui qui a rente censive*. Cela est conforme à l'art. 314. Ce qui est assez étrange. Car le cens parmi nous n'emporte aucune obligation d'obéissance ou de jurisdiction. Le motif est donc en ce que le cens opere une rétention de domaine direct qui donne lieu au retrait. Ainsi sur la question de sçavoir lequel, du Seigneur féodal ou du Seigneur censier, doit être préferé, ce doit être le dernier, sa concession étant la plus prochaine & la plus immédiate.

D'ARGENTRE' AIT. *Et ne sera le Seigneur du fief frustré*. Additum rogatu nobilitatis, quæ nihil sibi de talibus perire pati poterat, & magnopere contendebat, ut ex tali culpâ, simpliciter approprimentum, & omni respectu, intercideret: sed plures obstitêre; & satis esse ordines sunt arbitrati, si privatim dominis prædiorum caveretur, & eorum respectu vis approprimenti subsisteret.

4. HEVIN. Le lignager est préferé au Seigneur féodal, par cet art. 306. & partant toutes les contestations sur ce sujet, touchées par tant d'Auteurs, cessent. Vid. Brodeau, Ricard & de Ferrieres sur l'art. 159. de la Coût. de Paris. (r)

5. *Peut retirer les héritages vendus*. Il n'est tenu de retirer que ce qui releve de lui. Vid. Brodeau sur Paris, *art.* 20. *nomb.* 19. *& seqq.* (s)

6. L'exhibition & paîement des ventes suffit-il pour exclurre ce retrait, ou s'il faut aussi l'appropriement? Non puto; pourvu que les lods & ventes soient païées (t) au Seigneur ou son Procureur ou Receveur; mais non au Fermier; (u) car en ce cas le Seigneur justam habet ignorantiæ causam.

7. ARREST. An retractus feudalis sit cessibilis, quærit Argentr. ad art. 290. veter. non decidit. L'Arrêt raporté sur l'art. 310. ci-après, insinue que la cession de ce retrait n'étoit pas encore alors connue (x) en cette Province. La plûpart des Coûtumes de France l'établissent cessible comme de

NOTES.

(q) V. le commentaire & les notes sur l'art. 298.

(r) Et du Moulin, §. 22.

(s) V. Guyot, *ch.* 15. du Moulin, §. 20. *gl.* 1. *n.* 55. Ferriere, *art.* 20. *gl.* 1. *n.* 32. la Lande, *art.* 49. *n.* 22. Pocquet, *du retr. féod. ch.* 1. *sect.* 3.

Sur la question de sçavoir par qui du Seigneur retraïant ou de l'acquereur sont dus les frais de la ventilation & la note (a) sur l'art. 80. & V. les Auteurs qui y sont cités.

(t) Quand même le Seigneur n'auroit reçu que la moindre partie des lods & ventes, ou si n'aïant rien touché il a donné un terme à l'acquereur pour les païer, ou autrement transigé. Duret sur Bourbonnois & Auroux, *art.* 480. Brodeau sur Louet, *lettre* R. *ch.* 25. *n.* 9. Pocquet *du retr. féod. ch.* 10.

Mais si le prix du contrat aïant été enflé le Seigneur a reçu les ventes, le Seigneur peut revenir dans les dix ans, suivant l'art. 275. en raportant les lods & ventes, & exercer le retrait féodal. Du Moulin, §. 20. *gl.* 8. *in fine*.

(u) Ni à l'usufruitier. Billecoq, *ch.* 9. Pocquet, *du retrait féodal, ch.* 10. Auroux, *art* 480. Du Moulin, §. 21. *n.* 20. Du Plessis, *ch.* 5. V. les notes sur la conférence, *n.* 5. *&* 6.

(x) Du Moulin, §. 1. *gl.* 2. *n.* 33. *&* 34. §. 20. *gl.* 1. *n.* 20. *& suiv. &* §. 78. *gl.* 1. *n.* 152. *&* 153.

Droit Commun; ce qui est fondé en grande raison, le retrait féodal n'étant pas introduit seulement pour donner au Seigneur féodal la faculté de réunir & consolider son fief à son domaine, mais aussi pour lui donner le moïen de choisir son homme de fief, & d'en éloigner un qui lui seroit desagréable. L'art. 358. *infrà* établit formellement ce motif du retrait féodal. Sur ce fondement un Seigneur de fief aïant fait cession de son retrait féodal, le fermier de la Seigneurie prétendit que les lods & ventes étoient dües, & que la cession de retrait féodal dégeneroit dans une vendition, soutenant que ledit retrait n'étoit point cessible. Sentence à Carhaix le 2. Octob. 1669. qui ajuge les lods & ventes sur le fondement que ce retrait n'étant cessible la cession étoit une vendition colorée. Apel: Arrêt le 3. Mars 1670. sur produits, au raport de M. de la Bourdonnais. La Cour mit l'apellation & ce, émendant débouta le fermier de sa demande de lods & ventes, parties plaidantes, Jean Veller, fermier de la Seigneurie, & Jean Guillec, fondé dans la cession. J'avois écrit au procès.

La raison pour laquelle la cession est excluse du retrait lignager, est que ce retrait est personnel, *jus personalissimè affixum.* Il dérive *è sanguine*, & est introduit pour retenir un héritage dans la famille; d'ailleurs il est plus odieux que favorable; pour toutes lesquelles considérations il a été juste de n'admettre pas la cession, vu qu'elle seroit contraire à la cause finale du retrait lignager, & le détruiroit absolument.

Mais tout au contraire le retrait féodal & censuel est réel & patrimonial. C'est un droit & utilité naissant du fief, & qui est ouvert par l'aliénation du vassal, tout ainsi que les lods & ventes, & l'on ne peut douter que le Seigneur n'ait la faculté de ceder, comme bon lui semble, les profits féodaux qui lui sont ouverts & acquis.

Il n'a rien d'odieux ainsi que le retrait lignager : mais est en tout favorable, parce qu'il est très-naturel au fief, & dérive de l'investiture, ce qui fait dire à M. Charles du Moulin sur l'art. 13. de l'ancienne Coûtume de Paris, *gloss.* 4. *num.* 8. que *retractus feudalis est connaturalis ipsi feudo originaliter illi inexistens à primis constitutionibus feudorum.*

En effet le retrait féodal tient même quelque chose du retrait conventionnel, qui est cessible du consentement de tout le monde, vû qu'il vient d'une convention tacite, & que l'on a toujours sousentendu dans l'investiture des fiefs, depuis que les vassaux ont eu permission de les aliener, les Seigneurs n'aïant permis & toleré ces aliénations de fiefs par leurs hommes, contre leur premiere nature, qu'à la charge du retrait féodal ou censuel, par le moïen duquel ils puissent se procurer de l'utilité & des hommes de fief ou de cens qui leur soient agréables.

D'où naît encore une très-puissante raison de le faire cessible. Sçavoir qu'il n'est pas tant introduit pour donner au Seigneur du Fief le moïen de réunir & consolider l'héritage à son domaine, que pour lui procurer la faculté de choisir des vassaux agréables; & il n'auroit cette faculté que difficilement, à moins d'avoir le droit de ceder son retrait à celui qu'il choisit & qui lui est agréable. Car les Seigneurs n'ont pas toujours des deniers oiseux pour faire le retrait féodal; & il seroit trop rude de les réduire à l'une de ces deux extrémités ou d'emprunter des deniers pour l'exercer, ou d'avoir un vassal desagréable, contre lesquels inconvéniens la cession du retrait féodal est un remede innocent & nécessaire.

C'est par ces considérations que l'on passe en maxime que le retrait féodal est cessible, comme l'enseigne au long Brodeau dans son Commentaire sur l'art. 20. de la nouvelle Coûtume de Paris & sur M. Loüet, *litt. R. num.* 22. Dufresne dans le Journal des Audiences, *lib.* 5. *chap.* 48.

Mais dans la Coûtume de notre Province, il y avoit encore moins lieu d'en douter qu'en toutes les autres; vû que plusieurs de ses dispositions prouvent que cette cession du retrait féodal ou censier est très-conforme à son esprit.

Car en premier lieu, si dans l'art. 310. elle oblige le prême à jurer qu'il retire l'héritage pour le retenir à lui & sans fraude, par où elle fait connoître que le retrait lignager n'est point cessible, elle se restraint en cela au prême ou lignager, & n'oblige point à un pareil serment le Seigneur féodal ou censier, d'où il s'ensuit qu'elle n'en prohibe point la cession.

Car pour la prohiber, il faudroit même une disposition formelle, vû que dans les Coûtumes, *quæ sunt stricti juris*, il ne se fait point d'extension d'un cas à un autre, attendu même que le retrait féodal & le lignager ne simbolisent point, aïant des causes différentes.

En second lieu, par l'art. 358. elle permet au Seigneur, non seulement de transporter la chose par lui retirée, & recevoir le prix qu'il auroit païé pour le retrait, mais même d'en recevoir, s'il peut, plus grande somme que celle qu'il auroit deboursée, sans que pour cela il altére sa mouvance. Ce n'est donc pas pour consolider à son domaine, que le retrait féodal est introduit.

Or, s'il a la faculté de ceder la chose par lui retirée, & d'en recevoir le remboursement, & même plus grande somme, ce que la Coûtume lui a permis en cas de retrait, afin qu'il puisse se procurer un vassal agréable avec utilité, sans souffrir aucun dommage, il peut faire cette retrocession quand bon lui semble, & dès le jour même de l'ouverture de son fief par l'aliénation de son vassal.

Ainsi on ne peut pas raisonnablement nier qu'il ne puisse donner cession ou procuration à celui qui lui est agréable, pour exercer le retrait en sa place, ce droit, comme il a été dit, étant réel & patrimonial, & le Seigneur n'étant point obligé de retenir en sa main ce qu'il retire par puissance de fief ou de cens; car de prétendre qu'il peut bien le retroceder après qu'il l'a exercé, mais non le faire exercer par autrui, c'est une absurdité qui ne tend qu'à vouloir l'engager à un circuit que l'on doit toujours éviter.

(*y*) Vid. notat. ad art. 310. inf. & art. 358. Coquille *tit. des fiefs art.*

NOTES.

(*y*) V. Hevin sur Frain, *Pl.* 133. *n.* 6. Guyot, *ch.* 16 Sauvageau sur du Fail, *liv.* 1. *ch.* 273. le Grand, *art.* 27. *gl.* 4. *n.* 18. & *art.* 162. Ricard, *art.* 20. Ferriere, *ibid.* *gl.* 1. *n.* 39. la Lande, *art.* 49. Boucheul, *art.* 21. *n.* 3. Pocquet, *du retr. feod. ch.* 1. *sect.* 2. & la conference *n.* 16.

35. *& alibi & dans la quest* 37. Loüet *lettre R. n.* 3. le Bret. *lib.* 5. *décision* 12. Bacquet *des droits de Justice ch.* 12. *n.* 9. Grimaudet *des retraits liv.* 1. *ch.* 8. Imbert *in Enchirid. in verb. cedant.* Loisel *instit. coût. lib.* 3. *tit.* 5. *art.* 7. le Rat sur Poitou *art.* 351. Pithou sur Troyes *art.* 362. Ragueau sur Berry *ch.* 13. *art.* 1. Charondas, Tronçon & Brodeau sur Paris *art.* 20. 22. 82. Bosquet ad Epist. Innocentii III. *lib.* 3. *Regiftr.* 14. *Epist.* 52. *pag.* 219. *&* 220. & autres raportés par Brodeau *loco cit.* de Salvaing *de l'usage des fiefs ch.* 22.

ARTICLE CCCVII.

[a] *L'oposant, soit par oposition générale ou particuliére*, qui est reconnu à prême *en jugement* par l'acheteur, doit païer réaument & de fait le prix de la chose qu'il prétend avoir par retrait, selon qu'il est contenu au contrat, *s'il n'y a fraude*: & les loïaux-coûts & mises [b] *dans quinze* jours après la reconnoissance *& adjudication de prémesse, sans que ledit tems puisse être prolongé par aucun Juge.* [c]

SOMMAIRE.

La disposition de l'article s'aplique au retrait féodal comme au retrait lignager.

Demandeur défaillant, déchu du retrait.

Obligation d'assigner & de rembourser chaque acquereur.

A qui le retraïant doit païer, quand l'acquereur par contrat conventionnel ou par contrat judiciaire n'a pas paié ou consigné le prix.

Du prix consigné par le retraïant, & arrêté par ses créaciers.

Du contrat à charge d'usufruit ou rente viagere, dont le retrait est exercé depuis la mort de l'usufruitier. Aux Notes.

1. 2. 4. 9. 61. *Formalités pour l'exécution du remboursement en cas d'absence de l'acquereur.*

Nécessité du remboursement, & de la consignation en cas de refus ou d'absence.

Du remboursement des loiaux coûts.

Mineurs exclus comme les majeurs.

3. 4. *Le délai pour le remboursement court du jour du dépôt du contrat, ou du serment de l'acquereur sur le prix.*

NOTES.

Devolant *lettre P. ch.* 41. Du Fail *liv.* 1. *ch.* 37. Chapel *ch.* 198. 246. Sauvageau *liv.* 3. *ch.* 204. Belordeau *observ. sur lettre R. art.* 9. Coquille T 31. *art.* 5. Loisel *liv.* 3. *T.* 5. *art.* 17. Duplessis *ch.* 2. *sect.* 2. Palln *art.* 154.

L'oposant, pour retrait lignager ou féodal. Belordeau *lettre F. contr.* 69.

„ Congé de Cour contre le retraïant, „ avant contestation, emporte gain de cause. „ Loisel *liv.* 3. *T.* 5. *art.* 16.

„ *Nota*, que si aucune personne fait „ ajourner un autre, en cas de retrait lignager, & à icelle journée ou autre ensuivante, icelle partie demanderesse défaut, il „ perd la cause de retrait, ne n'y peut jamais récouvrer, supofé qu'il soit encore „ dedans l'an & jour, & qu'il veuille réfonder

SOMMAIRE.

5. Le remboursement doit être en deniers comptans.
6. Retraïant déchu de plein droit sans retour faute de remboursement.
7. Avec dommages & interêts.
8. Nonobstant apellation.
10. Dépens de la contumace de l'acquereur.
11. Devoir du retraïant en cas de refus de déposer le contrat ou d'affirmer & n. 40.
12. En quelles espéces le retraïant doit païer.
13. De l'acquereur qui ne dépose pas tous ses contrats.
14. Acquereur en droit de retenir l'héritage jusqu'au remboursement.
15. De l'obligation de rembourser des loïaux coûts.
Si le délai est peremptoire. Si le retraïant est obligé de cautionner. Aux Notes.
16. Du cautionnement des loïaux coûts.
17. En quoi ils consistent. Frais de contrats, labourages & semences, réparations, lods & ventes païés ou dont le Seigneur a fait remise, prise de possession, frais d'hommage & d'aveus, frais de l'instance de retrait.
Des sommes païées par l'acquereur pour le désistement du prême plus proche.
Des frais du retrait ajugé au prême qui est ensuite évincé par le retrait d'un plus prochain lignager.
Reglement sur la forme de liquider les loïaux coûts.
Si les droits de francs-fiefs ou d'amortissement païés par l'acquereur roturier ou de mainmorte tombent en loïaux coûts. Aux Notes.
18. 20. Du suplement de prix de l'achat & du don du droit de remeré.
19. 20. Obligation d'emploïer toutes les conditions dans le contrat de vente.
De la resolution du contrat.
21. Des procès soutenus par l'acquereur pour l'héritage.
17. 22. 23. 24. 26. 29. 30. 45. 57. Obligation de rembourser les dépenses nécessaires. L'acquereur peut enlever les autres sans détérioration.
24. L'acquereur ne peut détériorer.
De la détérioration survenue sans sa faute. Aux Notes.
25. A qui apartiennent les fruits & la pêche des étangs.
Quid *des tailles que l'acquereur a laissé venir en futaïe.* Aux Notes.
27. 28. 37. 43. 44. 56. 57. 59. De la compensation des fruits perçus & des labours & améliorations.
Remboursement des semences & frais de cul-

NOTES.

„ les dépens, & poursuivre par nouvel ajour„nement. Et ainsi le tient-l'on par usage, „styl & coûtume, pourvû toutefois que le „défaut soit prins après la demande faite. " Grand Coûtumier *pag.* 255.

S'il y a plusieurs acquereurs, le prême doit les assigner tous. Lhoste sur Montargis *T.* 16. *art.* 1. *pag.* 502. & rembourser à chacun sa portion. Ferriere *art.* 136. *gl.* 2. *n.* 14. Le remboursement qu'il feroit du total à l'un des acquereurs, n'empêcheroit pas l'exclusion du retrait par raport aux autres. Brodeau *art.* 136. *n.* 16.

Doit païer réaument & de fait. Il n'est point dit à qui du vendeur ou de l'acquereur, ce païement doit être fait; & le silence de la Coûtume est juste, parce qu'indépendamment des termes stipulés, dont il sera parlé dans la suite, il seroit injuste d'obliger le retraïant de païer à l'acquereur le prix que celui-ci n'a point païé au vendeur. Du Moulin décide §. 20. *gl.* 5. *n.* 9. qu'en ce cas le retraïant remplit son obligation en païant au vendeur, & *gl.* 8. *n.* 6. & 7. il observe que le retraïant peut se mettre à couvert, par raport au vendeur & à l'acquereur, en consignant & faisant notifier la consignation au vendeur. Il faudroit de plus qu'elle fût notifiée à l'acquereur.

Du Moulin ajoûte que le retraïant ne peut pas se dispenser de païer à l'acquereur, *si appareat de consensu venditoris consentientis solvi emptori.*

Si le contrat est judiciaire, & si l'acquereur n'a pas consigné le prix, le retraïant

SOMMAIRE

ture, lorsque l'acquereur n'a pas recueilli les fruits.

31. *Si le fermier devenu acquereur de l'héritage peut exiger que le prême qui se fait ajuger la prémesse, entretienne la ferme. Motif de cette disposition.*

Quid *des bois vendus avant le fonds & non coupes, & de la pêche & autres fruits non perçus. Si le retraiant doit entretenir la ferme faite par l'acquereur sans fraude.* Aux Notes.

32. *Retraiant subrogé aux droits de l'acquereur. S'il profite des délais & des constitutions de rentes. Il est obligé de rendre l'acquereur indemne.*

33 53. 54. 56. 57. *Fruits perçus par l'acquereur ne diminuent point le prix dû par le retraiant.*

34. 38. *Si l'acquereur peut mettre les interêts en loïaux coûts en rendant les fruits.* Quid *du retrayant.*

35. 36. 37. 38. 39. 40. 41. 42. 43. 44. 46. 47. 48. 49. 50. 51. 52. 55. 56. 57. 58. 59. *De quel jour les fruits sont acquis au retrayant.*

60. *La consignation est aux risques de celui qui succombe.*

NOTES.

doit faire la consignation pour lui.

Si le prix consigné par le prême étoit arrêté par ses créanciers, il faudroit une nouvelle consignation, ou que la main-levée fût donnée dans la quinzaine; faute de quoi le prême seroit déchu. Ferriere *art.* 136. *gl.* 2. *n.* 18. Duplessis *pag.* 301.

Cette proposition ne paroît pas douteuse, parce qu'il faut que l'acquereur puisse toucher dans la quinzaine, sans que les prétentions bien ou mal fondées d'un tiers contre le retraïant, puissent y faire obstacle. Cependant Brodeau *art.* 136. *n.* 15. paroît exiger que l'oposition du créancier soit jugée bonne.

La Peirere *lettre R. n.* 199. propose une autre question, & décide, suivant l'avis d'Automne, que si un créancier du retraïant fait saisir la somme consignée, la saisie sera nulle, & que l'acquereur est obligé de recevoir la somme, parce qu'elle lui est acquise par la consignation, & n'est plus au retraïant.

La note JJ. sur Duplessis est conforme à cette décision; & l'on donne pour motif, que le créancier n'a pas plus de droit que le retraïant, qui n'a plus rien dans les deniers dont il s'est dessaisi.

Sans combattre ces motifs, ne peut-on pas faire une distinction? Si l'acquereur consent de toucher le prix consigné, il peut dire que le prix est à lui du jour de la consignation. Mais si l'acquereur refuse, & persiste dans son refus, le retraïant auroit-il qualité pour faire l'objection contre son légitime créancier, qui trouve une somme consignée par son débiteur, & refusée par celui auquel le débiteur a voulu la païer? Peut-on obliger ce créancier de faire les frais d'une saisie réelle, & d'en essuïer les longueurs & les risques? La faveur que mérite le créancier ne prévaudra t'elle point à l'avantage que le prême vouloit avoir de faire rentrer dans sa famille un bien qui en étoit sorti?

Cette objection paroît forte, quoique dans la rigueur du droit la somme consignée apartienne à l'acquereur au moment de la consignation, si dans la suite le prême fait juger valable sa consignation faite sur le refus de l'acquereur.

Mais je crois que si, au moment de la consignation, le créancier faisoit saisir le prix aux mains du consignataire, l'acquereur ni le retraïant ne pourroient empêcher l'effet de la saisie, si elle portoit, par exemple, que le denier a été saisi à l'instant de la numération, & avant qu'il eût été mis dans la caisse du consignataire. Car tandis que ce depôt, qui tient lieu de païement, n'est pas consommé, il paroît incontestable que la somme apartient encore au retraïant.

V. l'Arrêt du 27. Octobre 1699. dans M. de Perchambault § 4.

Si depuis le contrat à rente viagére, & avant le retrait, le vendeur meurt; le retraïant est-il obligé de rembourser à l'acquereur la valeur de la rente viagére, qui se trouve éteinte par la mort du vendeur? L'affirmative est soutenue par quelques autorités. Mais le plus grand nombre des Auteurs François, & l'opinion assez commune en Bretagne, dispense le retraïant de ce remboursement, parce qu'il suffit que l'acquereur sorte indemne, & qu'on ne peut pas imputer de retardement au prême, lorsqu'il se presente dans le tems que la Loi lui donne pour retirer.

CONFERENCE.

Art. 299.

A. C. *art.* 293. a Celui. b. Dedans huit. c. Autrement il est hors de la prémesse.

T. A. C. *ch.* 47. Et si l'acheteur le cognoît dedans les huit jours après le derrain ban, il doit faire son devoir du poïement, dedans les huit jours après la recognoissance, ou autrement il est hors de la prémesse. Et si le prême n'étoit cogneu dedans ceux huit jours, pour ce peut être qu'il y eût longue pledoïerie touchant ce après la recognoissance, il auroit huit jours, & non plus, de Coûtume à faire le poïement.

Du poiement. Etiam desdits huit jours n'y avoit trois jours à venir, lorsque l'achateur le cognut à prême. Quod est valdè notandum

Laon 236. Ribemont 46. Peronne 241. S. Mihel *T.* 9. 2. Châteauneuf en Thimerais 77. Montargis *T.* 16. 12. Blois 194. 196. 197. S Aignan 23. Vastan 10. Rue-d'indre 1. 3. Soësmes 6. Chabris 21. Eu 182. 183. Ma'ne 383. 385. 386. Anjou 373. 375. 376. Poitou 325. Angoumois 57. La Rochelle 34. 35. Bordeaux 18. Mont de Marsan *T.* 2. 2. Acs *T.* 10. 2. 3. S. Sever *T.* 5. 7. 8. Sole *T.* 19. 7. Bearn *de contractes* 10. 11. 12. 21.

1. Quand l'ajourné en clain de retrait aura connu le lignager en son absence, cette connoissance de retrait sera signifiée à personne ou domicile, si aucun en a en la seigneurie de Lodunois, sinon par attache mise & apposée à la porte de l'Auditoire, si Auditoire y a, où aura été faite ladite connoissance. Et où il n'y auroit Auditoire, sera signifiée ladite connoissance, par attache mise & apposée par le premier Sergent, en la présence de deux Records, à la porte de l'Eglise Parochiale du lieu où aura été faite ladite connoissance, laquelle connoissance & attache ledit Sergent sera tenu signifier à deux des proches voisins dudit Auditoire ou de ladite Eglise Parochiale, en leur faisant sçavoir que, si ledit lignager ne vient dedans huit jours après ladite affixion audit Auditoire, si aucun en y a, sinon à la maison dudit Sergent apporter ses deniers, il demourera forclos dudit retrait, & s'entend ladite Coûtume, *etiam* contre les mineurs. Lodunois *T.* 15. 40.

2. Après le droit de retrait confessé par l'acheteur, ou ajugé par sentence, le lignager, qui a fait ses diligences, a quinze jours de terme pour fournir les deniers & loïaux-coûts; & s'il ne fournit dedans ledit tems, il est débouté de son droit, sans autre déclaration. Toutefois s'il étoit débat des loïaux-coûts, en consignant ce que le Juge arbitrera, & païant le principal dedans ledit tems, il doit jouir de la chose retraite. La Marche 268.

3. Lesdits quinze jours ne courent, jusqu'à ce que l'acheteur, qui requis en est, a mis ses lettres en Cour, partie présente ou apellée, & affirmé le prix si le lignager le requiert & l'en veut croire; ou s'il n'y a point de lettres, commencent à courir du jour de la notification faite par l'acquereur & affirmation faite du prix, pardevant le Juge, partie apellée. La Marche 269. Blois 196. Berry *T.* 14. 9. Melun 154. Sens 33. Troyes 151.

4. Le retraïant, auquel héritage est ajugé par retrait, est tenu payer & rembourser l'acheteur des deniers qu'il a payés au vendeur pour l'achat dudit héritage, ou consigner les deniers au refus dudit acheteur, icelui dûement apellé à voir faire ladite consignation, & ce dedans 24. heures après ledit retrait ajugé par sentence, & que l'acheteur aura mis ses lettres d'acquisition au Greffe, partie présente ou apellée; & outre qu'il aura affirmé le prix (*a*) s'il en est requis, & pareillement rembourser les frais & loyaux-coûts de l'acquisition, dedans vingt-quatre heures après la liquidation d'iceux: autrement, & à faute de ce faire dedans ledit tems & icelui passé, ledit retrayant est déchu dudit retrait. Calais 147. Boulenois 136. Amiens 170. 171. Châlons 232. Rheims 202. Peronne 241. 242. Clermont en Beauvoisis 23. 24. Sedan 253. 254. Salle de Lille *T.* 11. 4. Ville de Lille *T.* 7. 3. Bassigny 121. Paris

NOTES.

(*a*) V. le commentaire *n.* 16.

CONFERENCE.

136. Etampes 173. Dourdan 134. Montfort 162. 163. Mante 73. Troyes 151. Meaux 102. Melun 153. Perche 179. Orleans 370.

5. En deniers comptans & argent monnoïé. Auvergne, T. 23. 38.

6. Et en défaut de ce faire, sera privé, forclos & débouté dudit retrait, sans ce qu'il puisse jamais demander (b) ledit héritage par retrait; & sans ce que besoin soit audit acquereur faire apeller ledit défaillant pour avoir forclusion dudit retrait; mais en est débouté par ledit défaut seulement; & sera condamné ès dépens dudit acquereur. Blois 196.

7. Et dommages & interêts. Maine 418. Anjou 407.

8. Et en est forclos, nonobstant quelque apellation Maine 386. Anjou 376.

9. Le païement ou remboursement doit se faire à l'acquereur, à sa personne, ou à son domicile, par offre actuel ou païement réel, ou à sa femme en son absence, étant ledit domicile en la Province & Ressort. Et où il ne trouveroit personne audit domicile, pour recevoir lesdits deniers, ou que ledit domicile ne fût au ressort de la Jurisdiction Roïale ordinaire, pourra consigner ladite somme au Greffe de la Jurisdiction Roïale: autrement en sera forclos, comme dit est. Poitou 347. Bordeaux 18. (c)

10. Et sera ledit Seigneur ajourné, par faute d'avoir mis à Cour icelles lettres d'acquêts, & condamné ès dépens dudit retraïant ja échus, & qui écherront pendant le procès par faute de ce. Blois 196.

11. Et où l'acquereur n'exhiberoit ses contrats, ou les exhiberoit & ne voudroit affirmer iceux contenir vérité, en ce cas suffira au retrayant consigner en Justice telle & si petite somme de deniers que bon lui semblera, offrant de parfaire, & s'obligeant au Greffe de rembourser l'acquereur du prix principal, droits seigneuriaux par lui payés, les frais & loyaux-coûts, s'aucuns en y a, après que ledit acquereur aura fait dûement aparoit & fait l'affirmation requise. Berry T. 14. 27. Auvergne T. 23. 10.

12. En matiére de retrait, on n'est tenu payer le prix en semblables espéces esquelles l'acquisition aura été faite; mais suffit de rendre le prix en or ou en monnoye. Bourbonnois 432. (d) Bassigny 113.

Le retraïant satisfait, en payant le sort principal en or ou en monnoye: posé que ce ne soient semblables espéces que les contenues ou déclarées au contrat, si l'acquereur n'a interêt à ce. Nivernois, T. 31. 14.

13. Et si l'ajourné en retrait, après ladite demande à lui faite par son demandeur esdits termes géneraux, omet & délaisse aucune chose de ses acquêts sujette à retrait, en faisant la connoissance de retrait, ladite chose omise est acquise (e) audit demanmandeur sans bourse délier, déclaration de ce préalablement faite en Justice. Lodunois. T. 15. 22.

14. L'acheteur n'est tenu faire cession & transport des choses acceptées qu'il ne soit payé du sort & loyaux-coûts. Angoumois 68.

15. Le retrayant est tenu rembourser les loyaux (f) coûts, frais & mises dans hui-

NOTES.

(b) Lhoste sur Montargis, *tit.* 16. *art.* 1. *p.* 497.

(c) „ Et si l'acheteur est refusant de prendre l'argent, ou pour discort de mouvoir „ ou pour discort de prix, ou autrement, „ de sa volonté, le retraïeur sera tenu de „ consigner en main de Justice, & icelle consignation signifier suffisamment audit „ acheteur. Grand Coûtumier, *page* 235. V. le nombre 129.

(d) V. le commentaire *n.* 10.

(e) Cette disposition, contraire à l'équité & au droit commun ne peut avoir de force dans les autres Coûtumes.

(f) Justes & légitimes. Car si l'acquereur a païé pour les loïaux coûts au delà de ce qui étoit légitimement dû, le retraïant ne doit point le remboursement de cet excedent. Arrêt du 25. Février 1614. dans Auzannet, *art.* 129.

CONFERENCE.

taine après la liquidation (*g*) d'iceux ; autrement déchoit du retrait à lui ajugé. Melun 155.

16. Des loyaux-coûts le clamant baillera caution, (*h*) s'ils ne peuvent être promptement liquidés pour les contrats qui seront faits à l'avenir. Normandie 453.

17. Loyaux-coûts & mises sont entendus (*i*) les lettres & contrats, les labourages ou semences, & les réparations nécessaires & utiles, faites par autorité de Justice, lods, ventes, quints & requints, s'ils ont été payés. Bourbonnois 430. Bassigny 114. Sens 36. Auxerre 158. Nivernois *T.* 31. 11. 12. Troyes 151.

Acte de prise de possession & réception de foi & hommage. Bassigny 114. Melun 157.

Et si lesdits droits de rachats, accordement, lods & ventes, & autres droits seigneuriaux, avoient été payés par l'acquereur, avant qu'être convenu en retrait lignager, & que ledit acquereur en ait quittance du Seigneur en forme autentique & valable, ou qu'ils lui ayent été donnés en rémunération de services, en faisant de ce aparoir promptement, par lettres autentiques & en forme de preuve, sera tenu le retrayant rembourser réellement l'acquereur desdits droits seigneuriaux, tout ainsi que du prix principal ; & s'il y a refus, pour gaigner les fruits, faire la consignation desdits devoirs entiérement, tout ainsi que du sort principal. Berry *T.* 14. 12. 20.

Le Lignager qui est reçu à retrait doit payer le prix que la chose a coûté, & en outre les ventes & honneurs, & les finances & amortissemens, (*k*) si l'acheteur les avoit payés, & les coûts des lettres & façon

NOTES.

(*g*) V. Ferriere, *art.* 129. *in fine.*

Mais Ricard, *article* 136. Brodeau *ibid. & art.* 140. & Pocquet *des fiefs, liv.* 5. *ch.* 8. décident que le délai n'est pas peremptoire pour les loïaux coûts après leur liquidation : & je crois que c'est l'opinion la plus commune au Barreau. Cependant du Fail, *liv.* 3. *ch.* 210. raporte un Arrêt qui jugea le délai peremptoire après la liquidation des loïaux coûts. V. Ferriere, *art.* 136. *gl.* 1. *n.* 14. *& gl.* 3. *n.* 23.

(*h*) Arrêt contraire dans la note sur Devolant, *lettre L. n.* 15 V. du Fail, *liv.* 2. *ch.* 265. Mais ce cautionnement ne peut être refusé, quand le prême entre en joüissance avant la liquidation. Belordeau, *lettre A. contr.* 16.

(*i*) V. Auroux sur cet article, la Peirere, *lettre R. n.* 177. Decormis, *tom.* 1. *cent.* 5. *ch.* 2. Loisel, *liv.* 3. *tit.* 5. *art* 39. le Grand, *art.* 144. *gl.* 13. Brodeau, *art.* 136. *n.* 10. Ferriere *ibid. gl.* 3. *n.* 24. du Plessis, *pag.* 299. Dupineau, *art.* 346. *&* 373. Lhoste sur Montargis, *tit.* 16. *art.* 1. *p.* 506. *&* 507. du Moulin, §. 20. *gl.* 9.

Les frais legitimes de l'instance de retrait sont dus à l'acquereur comme loïaux coûts. Du Plessis, *pag* 299. Ricard sur Paris, *art.* 129. Conference sur l'art. 298. *n.* 2.

Le prême venant par son propre droit, il n'est point obligé de rembourser à l'acquereur ce qu'il a païé pour faire desister un autre lignager. La Peirere, *lettre R. n.* 128. V. aussi *n.* 178. note SS. sur du Plessis, Ferriere, *art.* 136. *gl.* 3. *n.* 24. le Grand, *art.* 144. *gl.* 12. *n.* 10. Dupineau, *art.* 346.

Si la prémesse a été exécutée au profit d'un prême plus éloigné, le Grand, *art.* 145. *gl.* 1. *n.* 16. décide que le prême plus proche n'est obligé de rembourser, que les mêmes frais dont la Coûtume veut que l'acquereur soit remboursé, & non pas ceux qui ont été faits par le premier retraïant. Devolant, *lettre P. ch.* 47. raporte un Arrêt conforme du 13 Juillet 1638. V. la fin de l'Arrêt 2. sur l'art. 300.

La forme pour la liquidation des loïaux coûts est prescrite par un reglement du 10. de Janvier 1630. qui ordonne de procéder à l'allocation sur les piéces, & défend de recevoir aucun enrollement. Sauvageau, *liv.* 3. *ch.* 164. & Devolant, *lettre L. ch.* 15.

(*k*) Boucheul dit que ces mots, *finances & amortissemens*, se doivent prendre pour les rachats & autres profits de fief que l'acquereur a païés au Seigneur pour avoir l'investiture & la possession de la chose acquise.

CONFERENCE

d'hommage, le devoir dudit hommage, les coûts des aveus & dénombremens baillés par écrit, & autres semblables frais dépendans dudit contrat de vendition. Et où les ventes & honneurs, ou partie d'icelles ou autres susdites auroient été données, quittées ou remises, soit par bienfait ou privilege spécial, en sera aussi fait remboursement avec ledit prix par ledit retrayant, & doit ledit acheteur accorder & passer lettres de la reception, & lui doit faire les transports & cessions à ce requises. Poitou 354. Bordeaux 31.

Si le Seigneur n'a fait payer les ventes à l'acheteur durant ledit terme de rachat ou fait diligence de ce faire, le lignager ne sera tenu les payer : Mais si le Seigneur a été payé ou fait diligence de soi payer, audit cas si l'acheteur a payé, le lignager sera tenu le rembourser : s'il n'a païé, le ligna-

NOTES.

Il s'en sert aussi, pour décider que le prême noble doit rembourser à l'acquereur roturier les francs fiefs qu'il a païés. Sur cette question il faut dabord mettre à part le prorata pour le tems de la joüissance de l'acquereur, qui en est seul chargé, le franc-fief étant une taxe pour la joüissance. La seule difficulté est pour les années suivantes dont l'acquereur se trouve évincé par le retrait. Pithou *art.* 151. cite un Arrêt qui déchargea le prême, parce que le paîement avoit été fait *ob personam aut potiùs rei nomine propter vitium personæ*. Il y a un pareil Arrêt dans Choppin sur Paris, *L.* 2. *T* 6. *n.* 6. & c'est l'opinion de Dupineau, *art.* 346. de Lhoste *pag.* 508. de la Peirere *lettre F. n.* 78. & de Mornac *ad L.* 21. §. *cum per venditorem ff. de act. empt. & vend.* qui ajoute même, *nihil eo jure certiùs*.

Le Commentateur de du Plessis, *p.* 300. soutient le contraire, sur le principe que l'acquereur doit sortir indemne, & que c'est son acquisition qui a donné ouverture au franc-fief. Il dit que le prême a seulement la voïe de se pourvoir vers le Roi pour la restitution du franc-fief. Il fait la comparaison de cette espece, avec celle du prême exempt de lods & ventes qui est cependant obligé de les rembourser à l'acquereur. M. de Perchambault §. 4. est du même sentiment, parce que le franc-fief, quoique dû à cause de la roture de la personne, est réel étant dû à raison des terres.

Je joins à cette question celle de sçavoir, si le Seigneur ou le prême qui retire sur les gens de mainmorte, doit leur rembourser ce qu'ils ont païé pour le droit d'amortissement, sauf son recours vers le fermier du domaine. Pocquet, *des fiefs à la fin du cinquiéme livre*, décide contre le retraïant, par des motifs ausquels Guyot, *du retr. seign. ch.* 18. *n.* 11. répond solidement. Il établit pour maxime qu'*il n'entre dans les loïaux coûts que ce qui est nécessairement occasionné par le contrat.* " Or, dit-il, le droit d'amor-„ tissement n'est pas occasionné par le con-„ trat d'acquisition, mais par l'incapacité „ personnelle de la mainmorte : & l'on ne „ couche point en loïaux-coûts ce qui pro-„ vient de la capacité ou incapacité de l'ac-„ quereur.

Cette proposition s'aplique également au droit de franc-fief païé par l'acquereur roturier. Je ne crois pas qu'elle soit refutée par les motifs que donnent le Commentateur de du Plessis & M. de Perchambault pour mettre le franc-fief au nombre des loïaux-coûts païables par le prême noble. Ce n'est point l'acquisition qui donne ouverture au droit. C'est la qualité de l'acquereur roturier. Ce n'est point un droit réel sur la terre. C'est une obligation causée par l'incapacité de la personne; & si elle est privilegiée sur la terre noble, il est certain que le privilege ne suffit pas pour donner le caractere de droit réel à une obligation causée par la seule incapacité de la personne.

Enfin la comparaison du retrayant exempt de lods & ventes n'est pas juste, parce que son exemption n'a lieu que pour les acquisitions qu'il fait directement, & non pour les biens qu'il retire sur un tiers acquereur : au lieu que le retrayant noble est exempt du franc-fief pour les biens nobles qu'il retire, comme pour ceux qu'il acquiert.

CONFERENCE.

ger sera tenu payer lesdites ventes. Bordeaux 23.

18. Suplément de juste prix, achat de droit de rémeré, & frais qui en dépendent, faits sans fraude par l'acquereur avant l'ajournement baillé en demande de retrait, se mettent & comptent avec le sort principal. Mais si tel suplément, ou achat, ou autre convention est faite au préjudice du voulant retraire après l'ajournement, le retrayant n'est tenu le rembourser. (*l*) Bourbonnois 431. Nivernois *T.* 31. 12. Maine 374. 375. Anjou 364. 365. Lodunois *T.* 15. 42.

19. Toutes conditions retenues par les vendeurs, doivent être insérées dans les contrats de vendition & publiées: autrement on n'y aura aucun égard, & ne seront les clamans tenus les accomplir. Normandie 460. Lodunois *T.* 15. 3.

20. Et sera la grace faite en même forme que le contrat principal, & par même instrument. Et quant aux suplémens & prorogations de graces qui se font après, seront aussi faites en même forme que le premier contrat. Et où ledit contrat de vendition ou aliénation seroit sans écriture, la grace donnée en faisant ledit contrat se pourra prouver par témoins, tout ainsi que la vendition. Et si avant la tradition, possession, ou jouïssance réelle de la chose acquise, le contrat étoit résolu du consentement des parties, (*m*) & sans fraude, il n'y aura point de retrait. Tours 158. Lodunois *T.* 15. 3.

21. Si aucun acquereur est mis en procès (*n*) à cause des choses par lui acquises; & depuis le lignager le fait ajourner en demande de retrait, il lui pourra connoître ledit retrait, à la charge dudit procès, ou telles

NOTES.

(*l*) V. Auroux sur cet article & du Moulin §. 20. *gl.* 8. *n.* 1.

Les conventions entre le vendeur & l'acquereur, au préjudice du retrait, étant inutiles, les suplémens volontaires de prix ne peuvent être obligatoires contre le retrayant. Dupineau *art.* 385. Chapel *ch.* 318.

Il est seulement obligé de payer les suplémens de prix ordonnés en Justice sans fraude, ou ceux qui, quoique payés sans ordonnance de Justice, étoient nécessaires pour exclurre la rescision ou l'éviction. Brodeau *art* 136. *n.* 10. Coquille *T.* 5. *art* 6. & 12. Par exemple, s'il y avoit lésion d'outre moitié, si le vendeur étoit mineur, & si après sa majorité on lui a payé une somme pour le faire ratifier, si l'on a payé pour obtenir la ratification de la femme, ou pour que le vendeur se fût désisté du rémeré. V. Auroux, *art.* 484. la Peirere *lettre* R. *n.* 11. le Grand *art.* 144. *gl.* 12. *n.* 8. Note SS. sur du Plessis. Basnage *art.* 453. Ferriere *art.* 136. *gl.* 1. *n.* 12.

Mais si ces suplémens étoient payés depuis la demande de retrait, l'acquereur n'y étant obligé par aucun jugement antérieur, ils seroient présumés faits en fraude, & pour exclurre ou grever le retrait. Auroux *art.* 431.

Comme un contrat judiciaire ne peut pas être attaqué pour vilité de prix, il résulte que le suplément donné volontairement par l'adjudicataire ne peut être exigé du retrayant. Du Fail, *liv.* 1. *ch.* 603.

Mais si après l'adjudication l'acquereur consent à la surenchere, le retrayant qui n'a pas formé sa demande de prémesse avant l'enchere, ne peut pas s'empêcher d'en rembourser le prix. Devolant *lettre* P. *ch.* 44.

Si le vendeur a fait don à l'acquereur de la condition de remeré, Basnage *art.* 452. cite plusieurs Arrêts, qui ont jugé que le prême n'est pas obligé de rembourser la valeur de ce don.

(*m*) V. la conference de l'art. 304. *n.* 2.

(*n*) Au nombre des dépenses nécessaires, on met les frais des procès légitimes soutenus, soit pour l'héritage, soit pour faire subsister le contrat, soit pour prévenir une éviction: & le retrayant se charge des événemens du procès sans garentie contre l'acquereur. Mais l'acquereur ne pourroit pas faire retomber sur le prême, les frais d'un mauvais procès qu'il auroit soutenu, si ce n'est qu'il l'eût fait de bonne foi & par avis de conseil. V. le Grand, *art* 144. *gl* 13. *n.* 5. Guyot, *du retr. seign. ch.* 19. *n.* 3. Pocquet *des fiefs*, *liv.* 5. *ch.* 9. dit que

autres

CONFERENCE.

autres choses que de raison. Maine 395 Anjou 385. Eu 194.

22. Le retrayant est tenu de rendre & restituer à l'acheteur les impenses (*o*) nécessaires, qu'il auroit faites en la chose achetée auparavant l'ajournement de retrait. Et où il en auroit fait d'autres, encore qu'elles fussent utiles, n'est tenu de les rendre. Mais peut l'acheteur les enlever sans déterioration de ladite chose. Laon 243. Châlons 247. Rheims 211. Meaux 111. Clermont en Beauvoisis 15. Valois 153. Clermont en Argonne *T.* 16. 18. S. Mihel *T.* 9. 6. Lorraine *T.* 13. 11. Châteauneuf en Thimerais 89. Troyes 151. Melun 165. Sens 37. Orleans 372. Montargis *T.* 16 14. Paravant & depuis l'ajournement. Blois 202.

Et si l'acquereur a fait aucunes mises nécessaires en la chose par lui acquise, comme à faire labourer terres, vignes, & autres réparations nécessaires, paravant & depuis ledit ajournement baillé, le retraïeur sera tenu païer les coûtemens & mises dessusdites en faisant ledit retrait,& ne pourra l'acquereur faire démolition, ne nouvel édifice, sans autorité de Justice, au dedans de l'an de son acquêt & possession. Tours (*p*) 170. Lodunois *T.* 15. 13.

23. L'acquereur, avant qu'il soit Seigneur, incommutable, ne peut faire réparation en la chose vendue, si ce n'est par autorité & com-

NOTES.

le retrayant peut renoncer au profit des procès, soit qu'il les juge inutiles ou mal fondés, & que cette renonciation le met à couvert des frais & des événemens de ces procès.

La décision sur cette question paroît dépendre entierement des circonstances. L'opinion ou le caprice d'un retrayant ne rend pas le procès inutile ou mal fondé. Mais aussi un acquereur qui n'est pas propriétaire incommutable, ne doit pas intenter des procès sans nécessité. On ne peut pas lui faire ce reproche, s'il a défendu à une injuste demande, ou s'il a agi, soit contre un trouble fait à sa possession, soit pour empêcher la prescription, ou enfin s'il a repris, par avis de conseil,un procès que le vendeur avoit commencé.

Lorsque le procès gagné par l'acquereur est de nature à tomber en loïaux coûts, le prême ne peut pas renvoïer l'acquereur se pourvoir, pour les dépens, vers celui qui a succombé. Car la maxime étant générale, en matiere de retrait, que l'acquereur doit sortir absolument indemne, il ne le seroit pas, si on l'assujettissoit aux incertitudes & aux embaras que l'insolvabilité ou les chicanes d'un adversaire peuvent causer.

(*o*) Devolant, *lettre P. ch.* 52. Ferriere, *art.* 146. Le Grand, *art.* 144. *gl.* 12. *n.* 19. *& suiv. art.* 151. *gl.* 6. Du Plessis, *ch.* 3. Dupineau, *art.* 378. *&* 379.

Coquille, *tit.* 31. *art.* 11. apelle réparations nécessaires celles sans lesquelles l'héritage seroit grandement déterioré; *quæ si factæ non sint res aut peritura aut deterior facturasit.* Duret sur Bourbonnois, *art.* 481.

Coquille y comprend, contre l'avis des autres Auteurs, les arbres fruitiers plantés au lieu des vieux qui meurent, & les bâtimens nouveaux que la nécessité de loger le fermier ou les bestiaux, a fait construire. V. Duret & Auroux sur Bourbonnois *art.* 481. & Coquille, *quest.* 182. qui regarde aussi comme réparations nécessaires, le retablissement d'un moulin que l'acquereur a trouvé ruiné. Quant aux réparations utiles ou voluptuaires, il observe, avec les Coûtumes & les Auteurs, que l'acquereur peut les enlever sans détérioration de la chose, mais que le prême peut s'y oposer, en païant la valeur des materiaux. V. le nombre 29.

„ *Quæritur*, si pendant l'an un héritage est „ retraïable, l'acheteur met réparations, se„ront-elles renduës par le retraïeur? *Ré„ponse.* Selon la Coûtume de Paris, si aucu„nes réparations sont faites pour l'utilité du „demourant en aucune maison, & sans né„cessité qu'icelle maison en ait, *pro suo esse*, „telles réparations ne seront pas rendues à l'a„cheteur par le retrayeur: autres réparations „sont faites pour la nécessité du lieu, *& pro esse „rei*, telles reparations sont rendues par le re„traïeur à l'acheteur,& sont reputées loïaux„mises & coûtemens. " Grand Coûtumier, *pag.* 230. V. Desmares, *déc.* 213.

(*p*) V. Palu *ibid.*

CONFERENCE.

mission de Justice, & pour réparation nécessaire, auquel cas lesdites réparations seront remboursées audit acquereur, en faisant aparoir de visitation & acquit de ceux qui auroient besogné, sauf la repétition du retraïant, au cas où il voulût prétendre lesdites réparations n'avoir tant coûté & autrement, & sans ladite permission de Justice, ledit acquereur ne pourra empêcher la remise de la chose ou le remboursement des deniers, sauf son action par après à l'encontre du retraïant pour lesdites réparations, d'autant qu'il y en autoit de faites par nécessité, & pour tenir les édifices en état. Eu 191. Bourbonnois (*q*) 481.

24. L'acheteur ne peut dedans l'an & jour deteriorer (*r*) l'héritage qui échet en retrait, ne pêcher étangs, ne abattre (*s*) bois, qu'en leur saison; à peine de dommages & interêts. Ne peut pareillement, dedans ledit an & jour, bâtir, ne faire méliorations, en la chose sujette en retrait, sinon que ce soit impenses & réparations nécessaires; & où il feroit autrement, le retraïant n'est tenu le récompenser des impenses & méliorations non nécessaires, encore qu'il les eût faites, ou fait faire auparavant l'ajournement baillé. Mante 85. Calais 156. Bassigny 111. Châlons 248. Laon 244. Sedan 239. Rheims 213. Paris 146. (*t*) Etampes 176. Bourbonnois 481. 482. Troyes 152. Vitry 128. Auxerre 160. Clermont en Argonne *T*. 16. 19. Perche 195. Blois 201. Orleans 373. Maine 388. Anjou 378. Melun 161. Clermont en Beauvoisis 18. Valois 155. S. Mihel *T*. 9. 6. Lorraine *T*. 13. 11. Sens 39.

NOTES.

(*q*) Auroux sur cet article dit que la permission de Justice n'est nécessaire que pour les réparations faites depuis la demande en retrait.

(*r*) „ Nule doute ne doit être, se aucun „ achate hiretage, auquel hiretage il ait „ édifice ou arbres fruit portans, que il ne „ doie li hiretages lessier, sans les édifices „ & les arbres empirier tant que li ans & li „ jours soit passés: & se il le fait autrement, „ il est tenus à rendre le dammage à cheli „ qui vient à la rescousse. Et aussint se il i „ a bos dessous set ans, il ne le puet couper: „ & tout che que il en puet couper de bos „ aagiés, & vuidier ou bleds, ou aveines, ou „ vin, ou foin, ou cens, ou rentes, ou poisson, ou autres choses qui issent de l'hiretage, tout est sien de son droit sans fere nul restorr au rescoueur. Mes sitôt comme li argent de le rescousse li est offert, „ & il ne le vieut penre sans plet, le Justiche des lieux à le requeste du rescoueur „ doit tout sesir, si que se le rescoueur emporte li hiretage par le bourse, que il „ puist goir de toutes les issues de l'hiretage „ le plet pendant. " Coûtumes de Beauvoisis, *ch*. 44. *pag*. 244. Grand Coûtumier, *pag*. 231.

„ Aucuns soit quant il ont acharé hiretage & il ont paour que l'en ne le rescheve, qui lessent les terres de leur achat „ en fries, tant que li ans & li jours soit „ passés, pour le chose avilier, & le dis à „ chaus qui i ont droit de rescousse, & pour „ che que est barat apensé & endammageant autrui, se li rescoueurs s'en plaignoit, „ il nous est avis que li acheterres devroit être „ tenus à restorer le damage. " Coûtumes de Beauvoisis, *ch*. 44. *pag*. 246. & 247.

Quoique la détérioration survenue sans la faute de l'acquereur, diminue réellement la valeur de l'héritage, le retraïant est néanmoins tenu de païer tout le prix ou de s'abstenir du retrait. Du Moulin, §. 20. *gl*. 1. *in fine*. Il ajoute que *post moram periculum est emptoris*, & il renvoïe à son Commentaire sur l'art. 174. de l'Ancienne Coûtume de Paris où il ne parle point de cette question. Il dit seulement sur l'article 172. *emptor* coupe la haute-futaïe, *vel aliter deteriorat. Respondi: potest retrahens deducere de pretio: secùs si casu fortuito sit deteriorata.* V. la Peirere, *lettre* R. n. 163. & 164. Brodeau, *art*. 146. *in fine*.

(*s*) V. du Moulin, §. 20. *gl*. 1. *n*. 82. & *suiv*.

(*t*) Brodeau & Ferriere *ibid*. Du Plessis *du retrait lignager*, *ch*. 3. Dupineau, *art*. 378.

CONFERENCE.

25. Si les fruits ou poissons sont prêts à cueillir ou pêcher, & n'est ledit acquereur ajourné avant les cueillir ou pêcher, ils demeurent audit acquereur. Mais s'il étoit ajourné dûement auparavant, il est tenu de les rendre. (*u*) Bourbonnois 482. Melun 161. Clermont en Beauvoisis 18. Valois 155. S. Mihel *T.* 9. 6. Lorraine *T.* 13. 11. Sens 39.

26. Depuis l'ajournement en retrait ne peut l'acheteur faire aucunes réparations encore qu'il voulsit prétendre qu'elles fussent nécessaires, sans autorité de Justice, & partie appellée. Rheims 212.

27. Si l'acheteur avoit dépouillé les fruits des héritages, ne pourroit demander les labeurs ne meliorations (*x*) qui doivent être compensés avec lesdits fruits, sinon qu'ils excédassent la valeur desdits fruits, & qu'ils aportassent aucun profit à l'avenir. Laon 245.

28. Et si, entre la recollection d'iceux fruits & l'ajournement depuis fait à l'acquereur, il a fait labourer & ensemencer les terres, les impenses qu'il aura pour ce faites, lui seront restituées & imputées sur les loïaux coûts & autres frais. Rheims 214. Bourbonnois 483. Clermont en Beauvoisis 16. Lodunois *T.* 15. 13.

29. En retrait, soit conventionnel ou coûtumier, dont la grace ne seroit qu'à un an, celui qui a fait le retrait est tenu de païer les réparations nécessaires seulement, si aucunes ont été faites, & n'est point tenu païer les utiles ou autres; & les perd celui qui les aura faites, si l'on ne les peut ôter & emporter sans deteriorer la chose; autrement celui qui les a fait faire les pourra enlever, sinon que l'acquereur le voulsit rembourser pour l'estimation des matieres seulement, qui sera à l'arbitrage des gens experts à ce connoissans. (*y*) Poitou 371.

30. Et si la grace du retrait dure plus longuement, doivent être païées les utiles & nécessaires réparations. Angoumois 79. Bordeaux 36.

31. Si aucun prend à ferme aucunes choses héréditaux, & par après, durant icelle ferme, les achete, le lignager, qui prendra & aura lesdites choses achetées par retrait, ne sera tenu garder & entretenir (*z*) le mar-

NOTES.

(*u*) Si l'acquereur a laissé les tailles pousser en haute-futaïe, du Moulin, §. 20. *gl.* 1. *n.* 87. décide qu'il doit profiter de l'augmentation de valeur survenue depuis le contrat jusqu'à ce que les fruits soient acquis au retraïant, lequel doit lui païer la valeur de cette augmentation. Il donne la même décision en général pour les espéces semblables; & il aporte pour exemple les étangs que l'acquereur n'a point écoulés pour faire multiplier le poisson.

V. la note sur l'Arrêt 9.

(*x*) Dans nos principes cette décision ne peut s'apliquer qu'aux labours & aux semences dont l'acquereur a profité par la recolte qu'il a faite; & même en ce cas, quoique la recolte ait été moindre que la dépense, cet événement est aux risques & à la perte de l'acquereur, qui auroit profité de la recolte si elle avoit été abondante.

Mais si, après la recolte, l'acquereur a labouré & ensemencé l'héritage, pour l'année suivante, le prême qui profite de la recolte doit païer tous ces frais comme loïaux-coûts. Pallu, *art.* 170. *n.* 6. On peut induire cette décision des derniers mots, *qu'ils aportaßent aucun profit à l'avenir.*

Secus si l'acquereur avoit eu les terres ensemencées. Perchambault, §. 4. V. la note sur l'Arrêt 9.

„ Et quant est des semences, si tu n'as „ levé, avant que le retrait soit fait; ils sont „ reputés pour héritage, & ainsi si l'héritage est ajugé au retraïeur, s'il veut, „ il aura la levée, en rendant à l'acheteur les loïaux-mises & coûtemens de „ la semence & du labourage de la terre: *&* „ *idem est dicendum* des vignes comme dès „ autres terres: & si le fruit est mur, ou „ le bled, il sera cueilli au coût de la chose, & sera faite par main souveraine. " Grand Coûtumier, *pag.* 230. *&* 231.

(*y*) V. la note (*o*) ci-dessus.

(*z*) „ Car tuit chil qui malicieusement „ vouroient débouter les hiretiers des rescousses des hiretages, les engaigeroient

CONFERENCE.

ché de ferme audit acquereur; mais sera éteinte telle ferme, pour la présomption de fraude, qui est contre tel fermier qui a prins tel marché de ferme pour defrauder le lignager; & pour ce seront sujets à retrait tous contrats, où sera trouvée véhemente présomption de fraude faite pour empêcher retrait lignager. Maine 434. Bourbonnois 477. Dunois 84.

Autre chose seroit si, par après la moitié du tems de ladite ferme expiré, ledit fermier acheroit la terre à lui accensée, tellement qu'il n'y eût présomption de fraude: car en ce cas le lignager seroit tenu entretenir ledit fermier en sa ferme ou accense. Bourbonnois 477. Dunois 84.

32. Par le retrait lignager, le profit du contrat de vendition, doit venir entierement, avec ses qualités, au retraïant, en maniere que, s'il y a terme ou delai (&) donné de païer le prix de ladite vendition ou partie d'icelui au vendeur, suffira, audit cas, que le retraïant s'oblige, & baille caution bourgeoise, qui renoncera spécialement au bénéfice de discussion, de païer le prix principal au vendeur ès termes & jours convenus au contrat de vendition. Berry T. 14. 19.

En retrait lignager, si l'acheteur a terme de païer la chose achetée, soit à un ou à divers païemens, le demandeur & retraïant doit avoir pareil terme de païement que l'acheteur, & doit rendre indemne & dé-

NOTES.

„ premierement à six ans, ou à dix, ou à „ douze, ou à plus, pour un petit nombre „ d'argent; & après che il acheteroient „ le très-fons grand nombre d'argent; & aussint se tiex engaigimens tenoient en rescousse d'hiretage, peu de parens ou nul auroient „ talent de rescourre, pour che que il n'entreroient en l'hiretage devant que li engaigemens seroit passé. " Coûtume de Beauvoisis, *ch.* 44. *pag.* 249. V. l'art. 54. de la Coûtume.

„ Se se fussent Bos sous aagié que il eût „ engaigé pour couper, quant il venissent en „ aage, ou gaschieres desqueles il n'eût encore riens levé, ou viviers esquiex il n'eût „ encore rien pechié, ou autre hiretage esquiex il ne peut encore rien avoir pris, il „ eût en tout le pris que li engaigement des „ six années coûta, & les cous raisnables dou „ cultiver & dou labourer avec le pris du „ très-fons, pour cheque li pourfis de „ l'attente que il ne leva riens venist au „ rescoueur, & che puet chascuns veoir que „ reson si accorde. " Coûtumes de Beauvoisis, *ch.* 44. *pag.* 249.

V. la note sur l'Arrêt 9.

V. du Moulin, §. 20. *gl.* 1. *n.* 81.

Cette disposition aïant pour motif la présomption de fraude, elle ne peut fournir de conséquence contre les fermes qui sont faites par l'acquereur sans fraude, & que le retraïant est obligé d'entretenir. Perchambault, §. 2.

Brodeau, *art.* 146. *n.* 4. & plusieurs autres Auteurs décident au contraire, que l'acquereur ne peut pas faire de ferme, pendant qu'il n'est pas propriétaire incommutable, principalement si le bail est pour longtems.

Je crois que cette question se décide, par la maxime que l'acquereur doit se gouverner en bon pere de famille, sans faire aucun changement. Ainsi quand il fait un bail, sans nécessité & à des conditions différentes des baux précédens, il paroît incontestable que le retraïant n'est point tenu d'entretenir le bail. Mais si les fermes expirent peu après le contrat, il est du devoir de l'acquereur, comme de tout bon pere de famille, d'affermer de nouveau avant que le bail courant soit expiré; & s'il le fait aux conditions de la précédente ferme, ou à des conditions plus avantageuses, comme il ne peut se trouver aucun soupçon de fraude, je pense que le retraïant est obligé d'entretenir le bail, principalement dans notre Coûtume, où les extraprovinciaires ne peuvent être exclus qu'après 18. mois ou même après un tems plus long, au lieu que, dans la Coutume de Paris & dans le plus grand nombre des autres Coûtumes, l'exclusion a lieu après l'an & jour, & même après un tems plus court pour le retrait féodal.

(&) V. le commentaire, *n.* 6. & 12. & la conference sur l'art. 298. *n.* 18.

CONFERENCE.

chargé l'acheteur envers le vendeur, ou autrement le faire tenir quitte, par ledit vendeur, de la somme dont il étoit tenu envers lui pour ledit héritage : & est tenu le retraïant en bailler bonne & sure caution s'il en est requis. Châlons 239. Verdun T. 12. 3. Ev. de Metz T. 9. 11. Peronne 235. Bar 152. Bassigny 118. 124. Vitry 126. Bourbonnois 470. Sedan 229. Clermont en Argonne T. 16. 11. S. Mihel T. 9. 5. Melun 156. Sens 54. Auxerre 175.

Caution Bourgeoise. Berry T. 13. 8.

Et si les deniers du sort principal de l'achat n'avoient encore été païés pour le tout, & y eût terme de reste, le lignager ne sera tenu rembourser, que ce qui a été païé & deboursé, à la charge toutefois de bailler caution dudit reste, avec l'hypotéque spéciale de la chose retirée : & encore le premier acheteur sera déchargé par le retraïant lignager, qui entrera en son lieu, & pourra être exécuté comme l'acheteur. Tours 155. (a)

Si aucun achete un héritage à païer à certains termes, le retraïeur n'aura lesdits termes, mais faut que païe comptant. Et sera apellé le vendeur (auquel est dû l'argent) ou ce qui restera lui sera païé, & le surplus à l'acheteur, afin que l'héritage demoure déchargé de l'hypotéque que pourroit avoir le vendeur pour païement de sa dette ausdits termes. Troyes 161.

Sinon que le vendeur consente, par exprès, que l'acheteur soit déchargé du païement du prix envers lui, & lui rendre son obligation comme solute & acquittée ; & se tienne audit retraïant pour la somme qui sera dûe. Rheims 225.

Il ne suffit pas que le retraïant s'oblige de décharger l'acheteur, qui s'est submis d'acquitter le vendeur d'aucune rente envers ses créanciers : ains sera & doit être contraint à garnir les deniers desdites rentes pour la décharge dudit acheteur. Et où l'acheteur ne seroit tenu qu'à la faisance & racquit desdites rentes, il suffit que le retraïant s'oblige l'en décharger, pourvû qu'il soit ainsi accepté par le vendeur : & doit ce faire sous l'hypotéque de tous ses biens, & non-seulement de l'héritage retiré ; en quoi faisant l'acheteur demeure déchargé de tout. Normandie 497.

L'héritage baillé à rente rachetable est sujet à retrait, dans l'an & jour de la saisine ou inféodation, en remboursant celui à qui la rente est dûe, ou consignant en son refus, dans les vingt-quatre heures, le sort principal de la rente & arrérages échus depuis le jour de l'ajournement, après que l'acquereur aura mis ses lettres au Greffe, & affirmé le prix, & à faute de ce faire, le retraïant est déchu du retrait. Paris 137.

V. l'art. 174. de la Coûtume de Montfort dans la Conference de l'art. 298. n. 17.

Quand un immeuble est vendu à charge de rente rachetable, & que, par après, il est retiré par le parent à droit de retrait lignager, l'acquereur aïant fait la remise audit parent, demeure quitte & déchargé desdites rentes & autres charges du contrat ; & en son lieu il est & demeure obligé le retrayant, pour y pouvoir être contraint & exécuté réellement & de fait, par vertu du premier contrat, sans autre Sentence d'exécuter. Eu 186.

Le retrayant payera le pur sort & loyaux-coûtemens, sans diminuer, pour raison des fruits, aucune chose. Valois 145.

34. Et quant aux arrérages échus dedans l'an précédant l'ajournement, l'acheteur les peut mettre en loyaux-coûts, en rendant par lui les fruits qu'il auroit perçus dedans ledit an. (b) Paris 138.

35. Les fruits sont acquis au retrayant, du jour de l'ajournement, desbours, ou garnissement qu'il aura fait des deniers du prix principal du contrat & loyaux-coûts. Normandie 486. Poitou 338. Bordeaux 24.

36. Et ou l'acquisiteur seroit refusant, ou delayant d'obéir à la clameur, il suffira d'offrir les deniers du prix & loyaux-coûts, pour gaigner les fruits du jour de l'offre. Normandie 487. Maine 390. Anjou 380. Bordeaux 25.

37. L'acheteur sera payé de ses aitures se-

NOTES.

(a) V. Pallu, *ibid*.

(b) V. le nombre 38. & l'Arrêt 9.

CONFERENCE.

mences & engrais, s'il n'a les fruits, & outre il aura pour le terrage des deniers du fermage, ou du prix qu'eût pu être baillée la terre, prorata du tems qu'il a possédé avant l'ajournement. Normandie 489. Troyes 151.

38. Et quant aux prés, bois, pommes, & autres fruits naturels, l'acheteur en sera païé prorata du tems qu'il aura possédé avant l'ajournement, sur l'estimation qui en sera faite : si mieux le clamant ne lui veut païer l'interêt des deniers du contrat au denier quinze. (c) Normandie 490.

39. Au jour de l'assignation, celui qui demande avoir héritage par retrait, est tenu d'offrir & consigner deniers, s'il veut faire les fruits siens; autrement s'il les offre sans consigner, il ne fait point les fruits de l'héritage qu'il querelle siens. Meaux 85.

40. Et s'il fait ladite consignation, les deniers seront mis à la discrétion de justice, si n'est que celui qui a poursuivi audit cas de retrait, montre les lettres qu'il a de l'acquisition de l'héritage qu'on retrait; en ce cas en montrant lesdites lettres, celui qui poursuit ledit retrait est tenu de consigner la somme contenue esdites lettres, s'il veut faire les fruits siens ; & faut que ledit poursuivi par retrait afferme quelle somme il a païée de ladite acquisition; & s'il est refusant d'affermer, (d) la consignation sera faite à la discrétion du Juge. Meaux 86.

41. Gagnera l'acquereur les fruits de l'héritage vendu, prorata du tems qu'il n'aura été remboursé de son prix. Berry T. 14. 2.

42. Le retraïant lignager consignant en main de justice le prix de la vendition, avec les frais & loïaux-coûts s'ils sont clairs & liquides, ou quelque petite somme de deniers s'ils ne sont liquides, offrant parfaire, au refus de recevoir ledit prix par l'acquereur, dès le jour de ladite consignation fera les fruits siens : toutefois, bien que les fruits n'aïent été lors de ladite consignation perçus, l'acquereur en aura sa part & portion, pour le tems précédant ladite consignation dès & depuis le prix par lui déboursé. Berry T. 14. 6. 28.

43. Si l'acheteur, auquel auront été offerts les prix & loïaux-coûts de son achat par le retraïant, en fait refus, & convenu perd sa cause, il est tenu à la restitution des fruits, aport & profits de l'héritage acquêté, du jour de la consignation actuellement faite & laissée ès mains de justice, les impenses de la semence, culture & labourage d'icelui préalablement déduites à l'arbitrage du Juge. Mais fait ledit acheteur les fruits siens indistinctement, du tems écoulé auparavant ladite consignation, ou au prorata d'icelui. Lorraine T. 13. 12. St. Mihel T. 9. 2. la Marche 262. Meaux 85. Rue d'Indre 4. Usance de Saintonge 44. Ville de Lille T. 7. 12. Nivernois T. 31. 8. Troyes 166. Eu 192. Clermont en Argonne T. 16. 10. 20.

44. L'acheteur est tenu rendre au retraïeur les fruits échus en l'héritage depuis les deniers consignés, en le remboursant des semences, labourages, & autres frais nécessaires faits pour la cueillette desdits fruits. Et les fruits levés auparavant ladite consignation demeureront à l'acheteur. Auxerre 168.

45. Si l'acheteur fait aucunes semences ou méliorations & réparations nécessaires, avant lesdits deniers consignés, en un héritage vendu soit en terre ou vigne, il le doit lever avant que le retrait soit fait, sinon elles sont réputées héritages; & les aura le retraïant, si bon lui semble, en païant les loïaux-couts de la semence & du labourage. Troyes 166.

46. L'acheteur aura tous les fruits, depuis le jour de l'acquisition, jusqu'au jour du retrait : sçavoir est entiérement les fruits qui seront cueillis pendant ledit tems; & quant aux autres fruits prochains à cueillir, il les aura à la raison & pour portion du tems qui courra jusqu'au jour dudit retrait. Poitou 369.

47. En tout retrait, soit coûtumier ou

NOTES.

(c) V. le nombre 34. & l'Arrêt 9. avec les Notes.

(d) V. le nombre 1...

CONFERENCE

conventionnel, l'on doit païer les arrérages qui sont échus. Mais si le retraïant fait son offre auparavant le terme échu, il les doit païer pour portion de tems : & si c'est en retrait conventionnel, il les doit consigner ; & quand ce sont fruits, l'acheteur les doit avoir à la raison & pour portion de tems ; & les peut prendre & lever par sa main : & si aucun lui met empêchement, peut former complainte, suposé qu'il n'en ait joui par an & jour. Poitou 368.

48. En matiere de retrait lignager, sont dûs les fruits, du jour de l'ajournement & offre de bourse, deniers, loïaux-coûts & à parfaire. Paris 134. Angoumois 65. la Rochelle 35. Saintonge 44. Chabris 22. Rheims 201. Calais 146. Etampes 175.

Les fruits pendans par les racines, en remboursant les frais de la culture & semence. Orleans 374.

49. Si lesdits fruits sont abattus ils apartiennent à l'acheteur, & pareillement la moison qui est dûe à cause d'iceux, posé que le terme de poïer ladite moison ne soit encore échu. Orleans 375.

50. Et si c'est une rente fonciere, l'acheteur prend les termes qui écherront depuis l'acquisition, & outre ce qui aura couru, depuis ledit dernier terme échu jusqu'au jour de l'ajournement en retrait & offres dûement faites. Et le semblable sera observé pour le regard des loïers de maison. Orleans 376.

51. En cas de procès, si le retraïant délaisse le procès discontinué par an & jour sans y procéder, les fruits & revenus qui écherront pendant le tems de l'interruption & discontinuation ne sont audit retraïant acquis ; ains demeurent au défendeur en ladite action de retrait. Orleans 377. Montargis T. 16. 21.

52. Le jour de l'assignation echu, celui des acquereur ou lignager qui se défaudra ou dilayera, perdra les fruits qui écherront dorénavant, & seront au diligent. Et si l'acquereur se trouve dilayant, le lignager ne sera tenu faire aucune consignation pour gain de fruits, sinon que la connoissance de retrait lui eût été faite. Tours 168. Lodunois T. 15. 12.

53. L'acheteur n'est tenu de rendre les fruits qu'il a perçus des héritages par lui achetés auparavant l'ajournement en retrait. Laon 246. Rheims 214. Clermont en Beauvoisis 17.

54. Encore qu'il n'ait fait les labeurs & méliorations dont sont procedés lesdits fruits. Châlons 249.

55. Soit en retrait lignager ou conventionnel, l'acheteur peut & doit avoir des fruits de la chose *prorata temporis* ; à compter du jour de ladite vendition jusqu'à l'offre. Angoumois 78.

56. Si l'acquereur prend & leve les fruits de l'héritage par lui acquis, paravant ledit ajournement, en ladite matiere, ou sont cueillis ou levés, en icelui cas il les fait siens, sans ce qu'il soit tenu en rendre audit retrayant aucune chose ; & par ce moïen ne payera ledit retrayant aucuns frais & mises pour raison desdits fruits ; & si bon semble audit acquereur il sera remboursé de ses frais, & rendra les fruits si aucuns en a prins ; & s'il les prend depuis ledit ajournement, il les rendra au retrayant. Car le retrayant gaigne les fruits depuis & du jour de l'ajournement baillé, nonobstant qu'il n'ait point consigné. Car il n'est point tenu par ladite Coûtume de consigner, sinon après le délai fait & lettres mises à Cour ; & ledit ajournement en matiere de retrait ne pourra porter plus long délai que de quinzaine. Blois 198. Tours 168. Lodunois T. 15. 12.

57. Quand l'acheteur auroit fait aucunes (e) impenses en héritage que l'on veut retraire, avant qu'il soit ajourné pour le rendre par retrait aux parens lignagers ; lesdits parens retrayans seront tenus restituer lesdites impenses nécessaires & utiles, & non les volontaires, sur lesquelles impenses se doivent déduire & tourner en paye les fruits & profits, si aucuns l'acheteur avoit eu ou prins desdits héritages auparavant ladite re-

NOTES.

(e) V. les nombres 17. & suiv.

CONFERENCE.

raite. Mais où ils n'auroit fait aucunes impenses, si seroient néanmoins & apartiendroient audit acheteur les fruits par lui perçus paravant l'ajournement, considéré qu'alors ledit heritage lui apartenoit & a été sien jusques au tems dudit ajournement sur retrait. Chauny 113.

58. L'acquereur, pendant le procès en retrait, doit joüir de l'héritage par lui acquis & en user comme bon pere de famille. Mais s'il déchet du retrait doit rendre & restituer les fruits, dès & depuis contestation en cause, encore qu'il n'y ait consignation réelle. Et où il y auroit eu consignation réelle, doit restituer lesdits fruits, dès & depuis ladite consignation, encore qu'elle fût précèdente la contestation. Perche 194. Valois 145. 146. Clermont en Beauvoisis 33.

59. Si les héritages vendus sont terres labourables, qui ayent été cultivées, labourées & ensemencées par l'acquereur, ou de par lui, la moitié des fruits demeurera à l'acquereur pour son labourage, s'il l'a fait labourer en sa main. Mais il est au choix du lignager, de payer audit an les labours, & prendre la levée, ou laisser la moitié de la levée à l'acquereur, sans payer les labours. Autant en feroit-il, si l'acquereur avoit commencé à labourer la terre, le lignager le laissera parachever & ensemencer; & prendra la moitié de la levée, ou payera dès-lors l'acquereur le labour commencé; mais si c'étoit métayerie, terres, vignes, ou autres terres labourables, qui soient labourées par métayer, ou autre laboureur, pour avoir portion des fruits, en celui cas ledit métayer ou laboureur a sa part des fruits pour son labourage, & le lignager après l'exécution du retrait y prendra seulement la portion qu'y eût prins l'acquereur, auquel cas il n'en est rien tenu payer audit acquereur, fors ce qu'il pourra montrer avoir mis & employé. Maine 389. Anjou 379. (f)

60. Demeurera la consignation au péril de celui qui succombera audit retrait. Rheims 201. Calais 146.

61. ORDONN. Se il avenoit que aucuns achetât, & un autre du lignage li demandât l'achat, & li offrist les deniers à rendre que li achas li auroit coûté, & deist. „ Contez bien tous les coûtemens, & je les „ vous rendré; car vées ci l'argent. " Et se cil ne voloit prendre les deniers, & i meist amendement. Après, ou de vignes planter, ou de mesons fere, ou d'autres amendemens que il i auroit fés, il n'en rendroit rien; ainçois auroit l'achat par les deniers payant que li autres i auroit mis. (g) Etablissemens de S. Loüis, *l.* 1. *ch.* 155. 29. Septembre 1278.

SOMMAIRE.

1. Des opositions générales déterminées ensuite à la prémesse. Effet de la reconnoißance de la prémesse.

2. 15. Si la reconnoißance suffit & si l'adjudication est néceßaire. Il faut que la somme soit liquide.

NOTES.

(f) Il est certain, en Bretagne, que les fruits ne sont acquis au retrayant, que du jour du remboursement fait après l'adjudication de la prémesse, soit à l'acquereur même, soit par consignation sur son refus.

V. Sauvageau sur du Fail, *liv.* 1. *ch.* 50. 379. & *liv.* 2. *ch.* 322. Acte de notorieté 26. *Quest. Féod. d'Hevin.* Belordeau, *obs. for. lettre R. art.* 9. Pallu *art.* 168. Le Grand *art.* 166. Coquille *T.* 31. *art.* 8.

J'ai cru cependant qu'il n'étoit pas inutile de raporter les différentes dispositions des Coûtumes, pour faire connoître que le Droit François ne fournit aucunes régles fixes sur cette matiere. Cette varieté de décisions m'a fait penser qu'il étoit utile de faire quelques réflexions sur les droits de l'acquereur & du retrayant, par raport aux fruits de l'héritage retiré. Elles sont dans la Note sur l'Arrêt 9.

(g) V. les nombres 22. & suivans.

3. 7. Le

COMMENTAIRE.

1. D'ARGENTRE' AIT. Les Cauteleux du tems passé formoient des opositions générales contre les appropriemens, sans libeller ou dire aucune chose de leurs opositions. L'acquereur reconnoissoit la prémesse, au cas que le demandeur oposant la voulsît demander par son oposition. Cela demeuroit un an ainsi : l'oposant reprenoit son oposition, & demandoit la prémesse à

l'acquereur répondoit que le demandeur n'étoit plus recevable, & que l'aïant reconnue dès auparavant l'an, & n'aïant le demandeur remboursé, il en devoit être exclus. L'oposant répliquoit que le tems de rembourser ne lui pouvoit avoir couru que du jour qu'il l'avoit demandée : or n'avoit-il libelle de prémesse (h) que puis peu de tems. Voilà les contestations que les Réformateurs ont voulu retrancher, ordonnant que, s'il se trouve que le demandeur demande la prémesse en vertu de son oposition précedemment formée, si le défendeur l'avoit reconnue lors de l'oposition, il falloit prestement rembourser; car la prémesse *retrò videtur in judicium deducta, & agnita*; & conséquemment faut rembourser dedans quinzaine à compter du jour de la reconnoissance. (i)

2. La reconnoissance se dit, respectu summæ principalis liquidæ, quæ per contractum apparet. (k) Et l'adjudication se dit, respectu sumptuum & expensarum, quia alioqui sola negatio excludit à retractu, si summa principalis soluta non sit. Nec adjudicatio necessaria est, nisi in sumptibus, quia actus recognitionis pendet à solâ parte.

Hevin. Cet avis n'a pas été suivi.

D'Argentre' Ait. *Dans quinze jours. Au lieu de l'huitaine du passé*; ne amplius tempus daretur obstiti.

3. *Sans que ledit tems puisse être prolongé.* Hoc ideò, quia paulò antè reperti erant qui infensâ Themide id tempus ambitiosè prorogarant : quod in potestate judicantium (l) non est, & legis autoritati reservatum est. Sed & repertus erat retrahens, cui cùm in judicio ex tempore facta esset recognitio, tempus sibi dari peteret ultra legale, quia importunâ, ut dicebat, oblatione circumveniri se diceret, nec pecuniam ad manum haberet, & olim elapsam de manibus : quâ petitione exclusus est, & toto retractu, Arresto Parisiensi.

NOTES.

(h) Devolant, *lettre* O. *ch.* 21. raporte un Arrêt du 24. Mai 1639 qui jugea que l'oposition qualifiée de préjudice, ne pouvoit s'étendre à la prémesse.

(i) Si les Réformateurs avoient eu le motif que M. d'Argentré leur attribue, ils n'auroient pas exigé qu'outre la reconnoissance il y eût adjudication de la prémesse. Il est de maxime que la reconnoissance sans l'adjudication est inutile : & l'acquereur feroit inutilement sans cela le dépôt de son contrat & la notification au retrayant. V, le nombre suivant.

(k) Si le prix principal du contrat, ou de la partie sujette au retrait, n'est pas liquide, le délai ne peut pas être peremptoire avant la liquidation. Le Grand, *art.* 144. *gl.* 12. *n.* 16. Brodeau, *art.* 136. *n.* 25.

(l) Du Fail, *liv.* 2. *ch.* 281. 321. 543. 566. *liv.* 3. *ch.* 168. 216.

Le délai expire quand même le dernier jour seroit une Fête, parce que l'offre de payer & le remboursement ne sont pas des actes de Jurisdiction. Le Grand, *art.* 144. *gl.* 14. *n.* 7. *& suiv.* Lhoste, *tit.* 16. *art.* 12. Pocquet, *des fiefs*, *liv.* 5. *ch.* 8.

M. de Perchambault *hic* décide que le délai est en faveur de l'acquereur comme du retrayant. Il cite Louis & de Lhommeau, ausquels on peut joindre Pallu, *art.* 154. *n.* 5. Cette opinion est absolument contraire à l'usage constant, au droit commun, par lequel le délai pour payer n'est qu'en faveur du débiteur, & aux termes de la Coûtume; les mots, *paier dans quinze jours*, ayant évidemment pour unique sens, que dans tout ce délai donné au retrayant, il est en droit de s'acquitter.

HEVIN. *Puisse être prolongé.* Tiré d'un Arrêt du 28. Septembre 1576. Du Fail, *l. 2. ch.* 543.

4. D'ARGENTRÉ A. C. *Art.* 293. *Réaument & de fait.* On ne seroit pas recevable à offrir la (*m*) compensation de ce que l'acquereur devroit au retraïant. On ne seroit pas non plus recevable à offrir caution du liquide.

5. *Selon qu'il est convenu au contrat.* Il faut donc que le contrat soit exhibé; & l'on n'est pas obligé de s'arrêter au prix exprimé par les bannies : d'où l'Auteur conclut que le délai ne court que du jour de l'exhibition. * L'usage est que cette exhibition se fait par le dépôt (*n*) notifié.]

6. L'Auteur dit que s'il y a un terme pour païer, le retraïant en doit joüir. * La maxime générale est qu'il doit se faire agréer par le vendeur, ou qu'il doit donner caution.] (*o*)

NOTES.

(*m*) Contre le sentiment de du Moulin, §. 20. *gl.* 7. *n.* 10. V. du Plessis, *p.* 301. Ricard, *art.* 136. Brodeau, *ibid. n.* 19. Ferriere, *ibid. gl.* 2. *n.* 15. Basnage, *art.* 453. Lhoste, *tit.* 16. *art.* 12. le Grand, *art.* 144. *gl.* 12. *n.* 12. Dupineau, *art.* 346. Auroux, *art.* 432. la Peirere, *lettre R. n.* 193. Belordeau, *lettre C. contr.* 64. Le retrayant peut seulement consigner la somme & l'arrêter pour le payement de son dû. Pallu, *art.* 152.

De même le Seigneur, qui exerce le retrait féodal, ne peut pas retenir sur le prix les sommes qui lui étoient dues avant la vente, pour rentes & devoirs féodaux. Basnage, *art.* 453. Du Moulin, §. 33. *gl.* 1. *n.* 147.

(*n*) V. le nombre 13.

(*o*) La caution doit être reçue contradictoirement avec le vendeur. Auroux & Duret sur Bourbonnois, *art.* 470. observent même que cette caution est donnée au vendeur, & non à l'acquereur qui doit être entierement déchargé de toute obligation vers le vendeur, après l'exécution du retrait; sans quoi il ne sortiroit pas indemne.

V. la conference *n* 32. & celle de l'art. 298. *n.* 18. l'Arrêt 2. sur l'art. 308. & les nombres 12. & 17. ci-après, l'acte de notoriété du 30 Juin 1729 à la fin des Questions Féodales d'Hevin, Sauvageau, *liv.* 1. *ch.* 109. & sur du Fail, *l.* 1. *ch.* 203. Belordeau *hic & observations forenses, let. P. c.* 19. *& let. R. c.* 19. Devolant, *lettre R. ch.* 59. Du Moulin, §. 20. *gl.* 5. *n.* 9. *& gl.* 8. *quest.* 4. *&* 5. *&* §. 33 *gl.* 2. *n.* 64. Basnage, *art.* 452. *&* 497. Ferriere *art.* 136. *gl.* 2. *n.* 16. *&* 22. *& gl.* 5. *n.* 19. *&* 20. *& art.* 137. Coquille, *instit. in fine.* Le Grand, *art.* 144. *gl.* 3. *n.* 6. *& suiv. & art.* 161. Raviot sur Perrier, *quest.* 183. Du Plessis, *pag.* 303. *& suiv.* Dupineau, *art.* 373. Lhoste sur Montargis, *tit.* 16. *art.* 1. *pag.* 505.

Par Arrêt du 29. Mai 1732. dans le Journal du Parlement, *ch.* 1. cela fut jugé pour une rente viagere. Mais le cautionnement de la femme du retrayant fut rejetté; & par Arrêt du 25. Juin suivant un gentilhomme fut reçu caution, parce que le retrayant délegueroit un fermier resséant & solvable en Bretagne.

Les Commentateurs de la Coûtume de Bourbonnois, *art.* 470. décident que pour faire profiter le retrayant des termes, il faut qu'ils soient portés par le contrat. *Secùs si extrà contractum in gratiam emptoris, ex liberalitate venditoris & amicitiâ, concessa proponantur.* C'est aussi le sentiment de du Moulin, §. 20. *gl.* 5. *n.* 9. *& gl.* 8. *quest.* 4.

Au contraire si le prix est payable comptant, quoique le vendeur se reserve l'usufruit de l'héritage ou la jouissance pendant un tems fixé par le contrat, le retrayant est obligé de rembourser l'acquereur, sans pouvoir jouir des revenus jusqu'au tems fixé par le contrat. Du Moulin, *ibid.*

De plus dans cette espèce le retrayant doit l'interêt des sommes payées par l'acquereur, lequel n'a été en aucune maniere indemnisé par le revenu dont il étoit exclus par le contrat. V. la Note sur l'Arrêt 9.

7. *Dedans huit jours.* Ce terme qui est de la Loi est peremptoire & ne peut être prorogé. L'Auteur, avec raison, n'est pas du sentiment de Tiraqueau, qui pretend qu'en certains cas ce délai souffre prorogation. L'Auteur prétend que, quoique la prorogation de délai soit libre aux parties, cependant s'il venoit un autre prême, (p) il succederoit au retrait, faute au premier d'avoir remboursé dans le tems de la Coûtume.

8. *Autrement il est hors de la prémesse.* Et il ne pourroit pas venir par nouvelles opositions, sous prétexte que l'acquereur n'est pas encore approprié.

9. HEVIN. Quid des adjudications qui portent : *Et tant à valoir sur le dernier dû qui est sans espoir de recouvrement?* Puto id non esse statim solvendum à retrahente, sed tantùm cùm conditio extiterit.

Quid si celui qui met en son dû ne se trouve pas même créancier? J'estime qu'il doit représenter cela comme partie du prix : cela n'est pas pratiqué. (q)

V. de Ferrieres sur Paris, *in adjectis au T. des retraits q....*

10. *Quid*, si l'acquereur a païé, au tems que les écus avoient cours pour 60. s & qu'on retire sur lui au tems qu'ils courent pour 70. s. comme nous avons vû? Si on lui rembourse en écus sur ce pied, la vérité est qu'on lui restitue moins d'un septiéme, moins pésant d'argent qu'il n'a baillé. Cette question de l'augment & diminution des monnoïes est traitée par tous les

NOTES.

„ Quant aucun achate en tele maniere que „ il paira le prix de le vente à terme, se le rescouerres vient avant, il doit avoir les termes, „ que li acheterres avoit, & doit fere bone „ seureté à l'achateur que il le délivrera des „ paiemars envers le vendeur, as termes qui „ furent converanchiés au marchié fere ; & „ cheste seureté fera il à l'achateur : car li „ venderres ne changera pas ses pleges ne ses „ dettes se il ne vieut. Mes se li acheterres i a „ cous ne damage, li recourres li est tenu „ à rendre ; & se li rescouerres ne puet „ ou ne vieut fere la seureté d'acquiter l'acheteur envers le vendeur, & de li „ rendre ses cous & ses damages, se il les a „ par défaute de son acquit, il ne viendra pas à „ le rescousse, se il ne baille l'argent ou bon „ gage à l'acheteur, douquel li acheteur „ se puist acquiter envers le vendeur. " Coûtumes de Beauvoisis, *ch.* 44. *pag.* 245.

(p) L'acquereur peut donner un plus long délai au prême, pourvû que ce ne soit pas en fraude d'un autre retrayant Devolant, *lettre P. ch.* 51. & Chapel *ch.* 321. V. Lhoste T. 16. *art.* 12.

(q) Et cela seroit injuste : car l'expression d'une somme, à valoir au dernier dû qui ne viendra point en ordre, n'entre point en considération dans les encheres ; & elles se font au profit des créanciers independemment de cette expression. Ainsi les créanciers n'ont point de motif pour exiger cette somme, comme faisant partie du prix, sous prétexte que l'adjudicataire n'a pas prouvé qu'il fût créancier. On peut croire de bonne foi qu'on est créancier, sur-tout quand on est au fait d'autrui ; & cette créance peut s'évanouir par les quittances que le débiteur représente, & qui étoient ignorées de l'adjudicataire.

Les seuls retraïans pourroient se plaindre de cette expression employée par un adjudicataire, qui ne se trouve pas créancier ; mais ils ont une ressource, en ce qu'il est obligé, à leur égard, de justifier que la somme lui est légitimement dûe, faute de quoi il n'en peut prétendre le remboursement en cas de retrait. Arrêt du 1 Avril 1683. dans la Coûtume imprimée à Nantes, *art.* 305.

Auteurs, & ex professo par Grimaudet *du retrait liv. 7. chap. 5.* novissimè par l'Auteur du traité des Monnoïes de France. (*r*)

11. ARREST I. On demande si le retraïant, après la prémesse reconnue & ajugée, se peut retracter? Il ne le peut plus: in judicio quasi contrahimus, non ludimus; nec licet consilium mutare in injuriam alterius. Masuer *tit. 27. de retractu* §. 3. Du Moulin sur l'art. 7. de la Coûtume de Bordeaux, Choppin *de morib. Paris. lib. 2. tit. 6. num. 17. in fin. & de privileg. rustic. part. 3. cap. 5. n. 2.*

Mornac sur la Loi 39. *C. de Episcop. & Cleric.* sur la Loi *postquam C. de pactis*, & sur la Loi *domum* 57. *in fin. ff. de contrah. empt. & ad L. XI. §. ex causâ. ff. de interrogat. in jure*, Tronçon & Ricard sur l'art. 129. de la Coût. de Paris, Brodeau sur M. Loüet, *lettre C. n.* 37. Papon, *Arrêts liv. 11. tit. 7. num. 9.* Ferron sur la Coût. de Bordeaux, *lib. 1. tit. 2. de retractu* §. 15.

NOTES.

(*r*) V. la Conference *n.* 12. du Fail *liv. 1. ch.* 222. *liv. 2. ch.* 258. Chapel *ch.* 211. & 317. Sauvageau, *liv. 3. ch.* 209. Devolant *lettre M. ch.* 30. & 31. & *lettre R. ch.* 35. & 45. Du Moulin, §. 20. *gl* 8. *n.* 2. Brodeau sur Paris *art.* 136. *n.* 6 & *suiv.* sur Louet, *lettre R. ch.* 25. *n.* 15. & *suiv.* Coquille *quest.* 183. Auzannet, *art.* 136. Pontanus sur Blois, *art.* 193. *verb. sorte principali.*

Auroux, *art.* 432. établit, comme maxime constante, que le retrait étant poursuivi & ajugé contre un adjudicataire par décret forcé, qui a consigné le prix de l'adjudication, si depuis la consignation les espéces sont augmentées, le retrayant n'est point obligé de lui faire raison de cette augmentation, & est quitte, en payant suivant la valeur des espéces lors du remboursement. Outre la décision formelle de l'article; il donne pour motif que, si dans l'intervalle entre la consignation & le remboursement du retrait, il survient une diminution d'espéces, il est de maxime que le retrayant est obligé de rembourser tout le prix sur le pied de la valeur des espéces diminuées; de sorte que l'acquereur ne souffrant point de la diminution, il ne doit pas profiter de l'augmentation.

Cette maxime avoit toujours paru constante en Bretagne, jusqu'à l'Arrêt rendu le 10. Juillet 1730. au raport de M de la Forest de Craon, en la premiere des Enquêtes, au profit du sieur Trouin de la Barbinais contre le sieur de Pontbriand: *toto fremente foro.*

„ Quant aucun achate en tele maniere que „ il baille denrées sans nommer somme d'ar„ gent, si comme se uns hons donne dix muis „ de bled ou vingt tonneaux de vin pour hi„ retage, & il avient que les denrées en„ chierissent ou tans que li rescouerres vieut „ rescourre, li rescouertres n'est pas tenu à „ reendre auteles denrées comme li acheter„ res li bailla, ainchois doit payer le pris tant „ seulement que les denrées valoient au jour „ que elles furent prisiés & convenanchiés au „ vendeur; & aussint se les denrées sont avi„ lies, & li rescouerres vieut avoir l'hiretage „ pour baillier auteles denrées, il ne le doit „ pas avoir fors par le pris dessusdit. Car il „ est bien reson que li acheterres soit gardé „ de damage, aussint comme li rescouerres, „ & aussint comme je ai parlé des blez, avei„ nes & vins, je entend de tous autres mue„ bles qui pueent être bailliées par argent." Coûtumes de Beauvoisis, *ch.* 44. *pag.* 242.

„ S'il faisoit ladite consignation toute ou „ aucune partie d'icelle en monnoye non ayant „ cours, & défendue, ou si ladite consigna„ tion il ne signifioit cedit jour à la personne „ de l'acheteur, de son Procureur, ou à son „ domicile, le retrayeur perdroit sa cause, & „ l'acheteur la gagneroit. " Grand Coûtumier, *pag* 236.

„ Et ainsi apert que le retrayeur doit con„ signer avant sur le plus que moins. Car le „ surplus est rendu au retrayeur; & s'il y „ avoit une poictevine moins, le retrayeur „ perdroit sa cause de retrait. " Grand Coûtumier *pag.* 236.

Tiraqueau *de retractu* §.... *n.* 36. *&* 37. Pithou sur Troyes *art.* 144. Charondas sur Paris, *art.* 146. *& dans ses Pandectes liv.* 4. Brodeau & de Ferrieres sur Paris, *art.* 136.

Dans le procès entre Messire Joseph de ses Maisons, apellant de Sentence rendue par les Présidiaux de Nantes, le 21. Janvier 1660. & Dame Magdelaine Delüen sa Compagne intervenante. Et Ecuïer Jean Touzelin Sieur du Bignon intimé, on a agité deux questions.

La premiere, de sçavoir, si l'apellant pouvoit se départir de la prémesse qui lui avoit été ajugée malgré l'acquereur, qui étoit l'intimé.

La seconde, si l'épouse de l'apellant intervenante pouvoit desavoüer son mari du retrait qu'il avoit fait dans l'estoc de son épouse.

L'intimé disoit que ces deux questions ne recevoiént aucune difficulté : que pour la premiere, tous les Docteurs soutiennent unanimement, que le prême après l'adjudication *non habet locum pœnitentiæ* : qu'il contracte avec tel effet dans l'adjudication, que la personne de l'acquereur n'est plus considerée ; & pour se servir des termes des Docteurs, *Res fingitur retrò nonfuisse emptoris : censetur ille primus contractus ipso jure resolutus quantum ad emptorem pertinet*, dit Tiraqueau au *§.* 1. *vers. le prix que la chose glos.* 18. *num.* 39. & en plusieurs autres endroits; du Moulin est de pareil avis sur la Coûtume de Paris, *§.* 22. *in verbo a reçu num.* 5. Si bien que si l'apellant étoit censé avoir véritablement contracté, c'étoit un contrat & jugement duquel il ne pouvoit se départir; & il étoit d'autant plus parfait que l'adjudication avoit été même rendue du consentement de l'intimé : *Sententia voluntaria magis est contractus quàm judicium*, du Moulin, *ad regul. cancell. de publ. resignat.*

Qu'aussi tous les Docteurs ont soutenu, dans cette hypothese, que le retraïant, après l'adjudication, ne pouvoit se repentir. Boërius *decis.* 48. Mornac *ad L. unicam C. de reputationibus quæ fiunt in judicio.* Du Moulin sur la Coûtume de Bordeaux *art.* 7. Choppin sur la Coûtume de Paris, *liv.* 2. *tit.* 6. *num.* 17. Coquille sur la Coûtume du Nivernois, au titre du retrait lignager, *art.* 5. *in fine*, où il cite Choppin dans son Traité *de privilegiis rust. cap.* 3. D'Argentré même est de cet avis sur les articles 285. & 286. de l'Ancienne, sur le mot *prémesse ajugée, sed nec*, dit-il, *restitutio ullâ de causâ tribuenda adversùs jus quæsitum*, & dit qu'après la reconnoissance, l'acquereur doit être renvoïé hors d'instance. La Coûtume même se doit entendre de la sorte dans l'art. 307. qui dit que le retraïant doit rembourser dans la quinzaine, sans que ledit tems puisse être prolongé par aucun Juge. Dans cet article le mot *sera déchu* n'y est point, il étoit dans l'Ancienne, & partant on ne l'a pas corrigé sans dessein; & quand la Coûtume dit dans cet article *païera réaument & de fait*, elle marque une nécessité précise de rembourser. Il est vrai que dans le titre des Mineurs le mot *sera déchu* y est. Mais outre que l'on peut dire que, si la Coûtume eût désiré la même chose pour les Majeurs, elle l'eût expliqué dans le titre des prémesses, où elle dit seulement que le tems ne pourra être prolongé par aucun Juge, c'est que ce mot n'est qu'en faveur de l'acquereur. Toutes les Coûtumes de France se sont servi de ce mot *sera déchu ou débouté*; & néanmoins tous les Docteurs & les Commentateurs ont dit que le retraïant ne pouvoit se répentir, & ne pouvoit se servir à son avantage des termes qui étoient en faveur de l'acquereur.

Non seulement les Docteurs l'ont assuré, par des raisons très-justes & publiques, en ce que les acquereurs ne seroient jamais en sureté, les lignagers pourroient en toutes rencontres les troubler, par des demandes & refus importuns. Mais encore tous les Parlemens de France dans leurs Arrêts ont suivi cette doctrine. Carondas en raporte deux Arrêts, l'un est dans le 4. de ses Pandectes, *régle* 56. l'autre est au L. 6. de ses Réponses à la huitiéme. Boyer dans sa Décision 48. en raporte un autre. M. le Prêtre dans sa 2. Centurie *chap.* 82. Choppin au 3. *de privileg. rust.* Ferron sur la Coûtume de Bordeaux. En un mot c'est une maxime certaine dans tous les Parlemens, que le prême ne se peut départir.

Quant à la seconde question, l'intimé a dit qu'elle étoit insoutenable, qu'outre que l'intervenante avoit été dénommée dans toutes les procédures, & même dans l'exploit de demande de prémesse, & dans l'adjudication, c'est que l'apellant son mari n'a pas eu besoin de sa procuration pour demander cette prémesse, quoique de l'estoc de sa femme : d'autant qu'il est le maître de la communité, & à lui seul apartient la disposition des choses communes, & en peut user à sa volonté, sans que sa femme lui en puisse demander raison ni compte : & ainsi il a pu païer ce retrait des deniers de la communauté; & pour en intenter action, il n'a pas été aussi obligé donner un curateur *ad causam*, parce que la femme est *in perpetuâ viri tutelâ*, dit le Sieur d'Argentré sur l'art. 410. de l'Ancienne.

Mais si, outre la coûtume & la raison, il faut des autorités, la Coûtume de Bourgogne, *T. des droits apartenans à gens mariés*, §. 5. y est formelle. La Coûtume de Bordeaux, *Tît. des retraits*, & tous les Commentateurs; Tiraqueau & Mornac *ad L. Maritus, C. de Procuratoribus, servamus maritum posse litem instituere, retractus gentilitii nomine, ex capite uxoris, quantumvis illa dissentiat, nec ejus procuratione opus est*, ainsi jugé par deux Arrêts, raportés par Bordeau sur M. Loüet, *lettre M. num.* 1.

Autrement il s'ensuivroit que, par une étrange metamorphose, la femme deviendroit maîtresse de la communauté, & que le mari ne pourroit faire aucun païement sans le consentement de sa femme, ce qui choque la raison, & toute sorte de doctrine; & partant il n'y a pas de difficulté que, les Présidiaux n'aïant eu aucun égard à son intervention, la sentence a été dans l'un & l'autre chef bien rendue, qui ordonne que, faute au retraïant de rembourser le prix de la maison dont est question, elle sera revendue à son déchet.

Ce Lundi 7. Juin 1660. (*s*) la Cour a mis l'apellation & ce, réformant, outre les offres de l'apellant de païer les frais causés par sa demande de prémesse,

NOTES.

(*s*) Sauvageau, *liv.* 1. *ch.* 52. & sur du Fail, *liv.* 1. *ch.* 445. raporte cet Arrêt & un Arrêt conforme du 17. Novembre 1690. Il cite un ancien Arrêt contraire du mois d'Août 1516. & il dit que la derniere Jurisprudence ayant dérogé à cet ancien Arrêt, il faut éta-

a mis les parties hors procès sans dépens, & a partant jugé, *totâ fremente advocatione*, que l'adjudication de prémesse, sur la demande du lignager, ne produisoit point d'obligation, & que *in judicio non quasi contrahebatur sed ludebatur*: Plaidant Bourdin pour l'apellant, & Bretin pour l'intimé, qui a mal défendu sa cause.

12. ARREST II. Jugé le 21. Mars 1664. entre M. de Carcoüet de la Mouflaye Conseiller au Parlement, demandeur en retrait, & le Sieur de Gardisseul de Forsan, défendeur, que le retraïant (*t*) profite de la condition avantageuse & des termes de païer portés par le contrat, sans être tenu de bailler caution à l'acquereur pour sa sureté, si elle n'a pas été demandée.

Jugé (*u*) de plus que le retraïant n'est pas obligé de porter le prix du contrat à l'acquereur dans sa maison; mais qu'il suffit de faire sommation en justice

NOTES.

blir pour régle dans la Province, qu'après la Sentence qui ajuge le retrait, le prême, qui n a pas fait le remboursement, peut se désister de la prémesse, en offrant & payant les dépens de la procédure.

L'opinion de Basnage, *art.* 452. *in fine & art.* 491. est conforme. Le motif qu'il donne, est que la Sentence n'ajuge le retrait qu'en remboursant; de sorte que, si le prême ne peut ou ne veut pas rembourser, l'acquereur peut seulement conclurre au déboutement. Dupineau, *art.* 407. est du même avis, & Louis, *art.* 418. de la Coûtume du Maine, l'adopte aussi dans cette Coûtume.

Le motif de Basnage est combattu par Brodeau sur Louet, *lettre C. ch.* 37. qui dit que, la peine de dechéance n'étant introduite qu'en faveur de l'acquereur, il peut y renoncer, & obliger le retrayant de prendre l'héritage & de rembourser.

Ricard, du Moulin, Mornac, le Grand, & plusieurs autres Auteurs, décident, comme Brodeau, que, si le retrait a été ajugé par Sentence, ou consenti par l'acquereur, le retrayant ne peut plus s'en désister: & Mornac atteste une Jurisprudence constante du Parlement de Paris. Pithou raporte deux Arrêts conformes. Il en cite aussi deux, qui admirent le désistement. Mais le motif du premier fut que le prême étoit mineur: & dans l'espéce du second, le décret étoit defectueux; *& imminebat evictio* Joignez aux autorités raportées par M. Hevin, la Note RR. sur du Plessis, Lhoste sur Montargis, *T.* 16. *art.* 12. Ferriere, *art.* 20. *gl.* 2. *n.* 5. *& art.* 136. *gl.* 1. *n.* 9. *&* 10. Le Grand sur Troyes, *art.* 144. *gl.* 7. La Peirere, *lettre R. n.* 173.

De ce sentiment adopté par Coquille, *T.* 31. *art.* 5. La Taumassiere, *T.* 14. *n.* 16. *& suiv.* Pallu, *art.* 154. *n.* 6. & tous les Commentateurs de la Coûtume de Paris, il résulteroit que, si l'héritage étoit détruit par le feu, ou par quelqu'autre cas fortuit, depuis l'adjudication du retrait, la perte tomberoit sur le prême, contre le sentiment de Tiraqueau, qui fait une fausse aplication de la Loi *Domum ff. de contrah. empt.*

(*t*) V. le nombre 6. & les citations qui y ont été faites.

Cet Arrêt est raporté plus sommairement, & daté du 1. Avril, dans une Note de M. Hevin, qui ajoute seulement que l'Arrêt porte *baillant caution*.

(*u*) Cette décision paroît contre tout principe. Il est de maxime qu'il faut un jugement d'adjudication, & que ce jugement soit signifié. Il faut donc une sommation postérieure au jugement, & conséquemment les offres antérieures faites en Justice sont inutiles, l'acquereur pouvant consentir de recevoir, lorsque le retrait a été ajugé, quoiqu'il ait refusé auparavant. De plus, outre la sommation à la personne ou au domicile de l'acquereur, il faut que la consignation soit notifiée également à sa personne & à son domicile, incontinent après cette consignation, si elle a été faite à l'expiration de la quinzaine

V. Brodeau sur Paris, *art.* 136. *n.* 21. *& suiv.* Louet, *lettre R. n.* 35. Du Plessis p. 296. Du Fail, *liv.* 1. *ch.* 50. Sauvageau, *liv.* 3. *ch.* 223.

à l'acquereur

à l'acquereur de recevoir ledit prix dans la Jurisdiction d'où les choses relevent, & sur son refus, de consigner ses deniers au Greffe; parce que les voïages que l'acquereur fait pour recevoir ses deniers dans la Jurisdiction lui sont païés, & entrent dans la liquidation de ses loïaux-coûts; l'Arrêt rendu à l'Audience de la Grand'Chambre, plaidant M. Jean le Culier pour M. de Carcoüet, & M. le Gal pour ledit Sieur de Gardisseul. GENTIL.

13. ARREST III. *Dans quinze jours.* Il falloit ajouter du jour de l'exhibition & déposition du contrat au Greffe. Car il a été jugé que cette quinzaine ne couroit, *nisi à die instrumenti exhibiti & depositi apud acta*; (x)

NOTES.

(x) V. le nombre 5.

Si le contrat est judiciaire, comme l'adjudication, qui est publique, est au Greffe, le dépôt seroit inutile. Sauvageau, *liv.* 1. *ch.* 160. & sur du Fail, *liv.* 1. *ch.* 37.

Mais cette exception peut-elle s'apliquer à l'adjudication faite dans une autre Jurisdiction que celle où l'action de retrait est formée; & le prême sera-t'il obligé d'aller faire des perquisitions au Greffe d'une Jurisdiction étrangere? D'ailleurs dans le cas même d'une adjudication faite dans la Jurisdiction où l'instance de retrait se poursuit, il paroît nécessaire de dénoncer la date du contrat judiciaire. La Jurisprudence n'a établi aucune regle sur ces difficultés. Mais j'ai la note d'un Arrêt du 18. Juin 1696. rendu à l'Audience publique de Grande-Chambre, plaidans MM. Garnier, Bernard, Milliere, Maugars & Miniac, qui jugea que l'acquereur judiciaire étoit obligé, comme les autres acquereurs, de déposer son contrat pour faire courir le délai.

Nous n'avons point de Jurisprudence certaine sur les questions de sçavoir, 1°. si le jugement qui ajuge la prémesse ayant été signifié de la part du retrayant, l'acquereur peut, sans le signifier, faire courir le délai de quinzaine par la notification du dépôt de son contrat au Greffe. 2°. Si cette notification est valable, étant faite au Procureur du retrayant, ou si elle doit être faite à partie.

Par un Arrêt du 22. Août 1744. en la 2. des Enquêtes, au raport de M. du Guiny de Porcaro, entre Yves Clech & Paul Lorgol; il a été jugé que le dépôt devoit être signifié à partie, & que la signification à Procureur ne suffisoit pas.

Par un autre Arrêt du 13. Juillet 1745. il a été jugé en la même Chambre, au raport de M. le Gonidec de Traissant, entre Guillaume le Troquer & Guillaume le Lohen, que la signification à partie n'étoit pas nécessaire, le prême ayant eu connoissance que la prémesse lui avoit été ajugée.

Brodeau, *art.* 136. *n.* 28 atteste que par l'usage constant de Paris, la signification à Procureur est suffisante; & il cite un Arrêt de 1645. qui l'a jugé. Il observe que, sans cela, il seroit impossible à un acquereur d'obliger le retrayant de faire le remboursement dans le délai fixé par la Loi; & cette décision est d'autant plus interessante, que Brodeau écrit dans une Coûtume où le délai n'étant que de vingt & quatre heures, le retrayant peut moins facilement être instruit par son Procureur, que dans notre Coûtume qui donne un délai de quinzaine.

Je crois que cette question peut se décider par le principe, que le ministere des Procureurs subsiste pendant le cours de l'instance, & que cette instance n'est pas finie par le jugement d'adjudication du retrait, puisqu'il y a nécessairement une suite d'instance, soit pour l'exécution, soit pour la liquidation des loyaux-coûts. Si le retrayant n'est pas sur les lieux, il doit mettre son Procureur en état de l'instruire, ou de faire pour lui tout ce qui est nécessaire à l'exécution & au remboursement du retrait.

De plus l'esprit de la Coûtume n'a pas été d'exiger la signification à partie: puisqu'elle fait courir le délai du jour de la reconnoissance & adjudication de prémesse; & si la Jurisprudence a voulu que la Sentence & le dépôt du contrat au Greffe eussent été signifiés, elle n'a point décidé que ces for-

par Arrêt du 11. Août 1625. plaidans Frain & Ybert, Simon & Menguy parties. DEVOLLANT.

Cet Arrêt est semblable à l'art. 136. de la Coût. de Paris; & il se pratiquoit ainsi dès le tems de l'Ancienne Coûtume, comme fait connoître M. d'Argentré sur l'art. 293. *num.* 5. *in fin.* HEVIN.

ARREST IV. Autre Arrêt semblable du 3. Decembre 1637. plaidans Chappel & Diais. CHAPPEL.

ARREST V. Le Mardi 4. Juillet 1656. pareil Arrêt, quoique l'acquereur soutint avoir aparu son contrat au prême, & que sur l'inspection ils avoient convenu de faire le remboursement devant un Notaire. M. le Président de Cucé avertit les Avocats de n'en plus douter, & de ne se charger plus de semblables causes.

14. ARREST VI. Jugé par (*y*) Arrêt donné au raport de M. d'Alesme, au profit d'un apellé Lorrier Sieur de la Ruaudais, que les quinze jours ne se comptent pas de moment à moment, & que le jour de l'adjudication n'y est point compris, ledit Arrêt du 19. Novembre 1623. Bossart étoit Procureur en la cause.

15. ARREST VII. L'un & l'autre (à sçavoir la reconnoissance, & l'adjudication) sont requises conjointement, la reconnoissance ne suffisant pas. (*z*) Jugé par Arrêt du 30. Avril 1620. plaidans Frain & Ybert, Gautier & Pinochet parties, sur apellations de Ploërmel. Le même avoit été jugé le 5. Mars 1615. Foucaut & Morel parties, sur une apellation de Messieurs des Requêtes.

16. ARREST VIII. Jugé encore (*&*) que cette quinzaine ne court que

NOTES.

malités ajoutées au texte de la Loi, fussent insuffisantes, étant faites à celui que le retrayant a choisi pour la conduite de l'instance de retrait.

Cela paroît décider la premiere question. Il ne s'agit point ici des forclusions de l'Ordonnance, lesquelles ne se supléent point, parce que la Loi a établi des formalités de significations qui ne peuvent avoir l'effet de forclusion que contre la partie à laquelle elles sont faites. La Coûtume n'établissant point de formalités pareilles par raport aux retraits, il est évident que son esprit & celui de la Jurisprudence est uniquement que le prême soit instruit juridiquement du jugement d'adjudication de la prémesse. Or il l'est évidemment, par la signification du jugement qu'il fait faire lui-même à l'acquereur; & après cela le dépôt du contrat au Greffe étant notifié, à requête de l'acquereur, le retrayant ne peut plus ignorer ce qu'il doit faire pour exécuter le retrait dans le délai qui lui est fixé.

(*y*) Autre Arrêt non daté dans Belordeau *hic.* V. aussi *obs. for. lettre T. art.* 1.

Mais la quinzaine doit-elle être franche? M. de Perchambault, §. 4. donne la négative comme une maxime. Au contraire Sauvageau *hic* décide que la quinzaine doit être franche, & cite plusieurs Arrêts, au nombre desquels est celui de 1623. qui juge seulement que le jour de l'adjudication n'est point compris dans la quinzaine.

(*z*) Sauvageau sur du Fail, *liv.* 3. *ch.* 210.

A cette maxime confirmée par plusieurs Arrêts, il faut joindre que le délai ne court que du jour de la signification du jugement d'adjudication. Perchambault, §. 4. Sauvageau *hic.* V. la Note (*x*)

(*&*) Belordeau *hic* date cet Arrêt du 21. Mai 1591. V. la Conference sur l'art. 304. *n.* 4. & sur l'art. 307. *n.* 4. *&* 11. la note sur Devolant, *lett. L. ch.* 15. L'hoste, *tit.* 26. *art.* 12. Auroux, *art.* 428. *n.* 35. du Plessis, *pag.* 295.

du jour de la prestation du serment déferé à l'acquereur sur la vérité de son contrat par le demandeur en prémesse, par Arrêt du .... Juin 1591. plaidant Durand pour le prème apellant, prononçant Monsieur le Président Roger.

17. ARREST IX. Du 18. Juin 1677. entre (a) Messire Jùlien Gibon, Chevalier Sr. du Grisso, apellant de sentence donnée aux Requêtes du Palais à Vannes le 12. de Novembre 1676. & de tout ce que fait a été à son préjudice. Maîtres Jean Milliere Avocat, & Esprit Bizeul Procureur, d'une part. Et noble & discret Pierre Gicquel Sieur du Nedo, Chanoine de l'Eglise Cathedrale de Saint Pierre de Vannes, oncle & bienveillant de Messire François-Claude du Gourvinec Sieur du Bezic, intimé, Maîtres Pierre Hevin Avocat, & Joseph Chupeau Procureur, d'autre part.

Milliere pour l'Apellant, par les raisons qu'il a verbalement déduites, a conclu à l'apellation & ce, corrigeant, que l'intimé sera débouté de sa demande de raport de fruits, avec dépens des causes principale & d'apel.

Hevin pour l'intimé a dit, que la sentence lui aïant ajugé le retrait lignager pour une moitié, remboursant à l'apellant une moitie du prix avec les interêts de ses deniers du jour qu'il les a consignés, a aussi condamné l'apellant de faire raison à l'intimé de la moitié des fruits qu'il a perçus : ce qui est juste par trois raisons. (b)

NOTES.

(a) „ Celui de qui on retrait, ne doit rendre les fruits perçus & recueillis, jaçoit „ que l'héritage ait été plus vendu pour la „ raison des fruits levés & perçus. Car iceux „ fruits étoient siens : se ce n'étoit qu'il eût „ été trais en jugement, pour le retrait, & „ depuis levés & perçus. " Desmares, *dec.* 214.

„ Quant aucun resqueut hiretage & il a „ despeuilles à lever, si comme grains ou „ vins, bien se gart que il viengne à le res- „ cousse, avant que li acheterres ait fet les „ bledz soier ou les vins vendengier, tout soit „ il encore ainsint que li vin ou li bled soient „ encore seur les lieux où ils crurent. Car li „ acheterres les emporteroit sitôt comme ils „ ont le pié coupé, puisque il soit tans du „ soier ou de vendengier. Car se li achetierres „ les prenoit malicieusement avant que il feus- „ sent meurs, il seroit tenus à rendre le da- „ mage au rescoueur qui rescourroit dedans „ le tans de meuroison, tout feust-il ainsint „ que li acheterres s'excusât que il eût soié „ les blez vers pour donner à ses chevaux ou „ à ses autres bêtes, ou les vignes venden- „ giées en verjus. Car ce n'est pas le coûtume „ de la Contée que l'on soie quemunement „ blez vers pour donner à bêtes, ne que l'on „ vendenge vignes à fet pour fere verjus: „ doncques qui ainsi le feroit, che seroit aperte „ chose que il le feroit en préjudice des res- „ coneurs, & que il soit voirs que li ache- „ teur emporte les blez & les vins sitôt com- „ me ils ont le pié coupé, tout soit-il encore „ seur le lieu où ils creurent, il est aprouvé „ par un jugement qui ensieut. " Coût. de de Beauvoisis, *ch.* 44. *pag.* 246.

„ Mes se il a prez en son achat, il puet „ bien couper l'herbe toutes les fois que il li „ plest ou soier les vasses vers pour donner „ à ses bêtes, ou pour vendre, ne ja n'en fera „ restor au rescoueur. Car che est bien le „ coûtume de fere en son pourfit, sitôt com- „ me l'en s'en puet aidier. " Coûtumes de Beauvoisis, *ch.* 44. *pag.* 246.

(b) Je crois que, pour faire réussir ces trois raisons qui déterminerent l'Arrêt, on avoit besoin de toute la science de M. Hevin, & peut-être de la foiblesse de l'Avocat adverse. Car sur la premiere on peut dire que la subrogation dans les droits de l'acquereur ne peut avoir lieu qu'après l'adjudication du retrait, & même par le remboursement fait à l'acquereur de ce qu'il a payé du

La premiere, que le retrait lignager est une subrogation légale qui met le lignager à la place de l'acquereur, comme si lui-même avoit acquis.

La seconde, que le retraïant n'est obligé que d'indemniser l'acquereur : ce qu'il fait en lui remboursant le prix & les interêts, mais il n'est pas tenu de lui laisser le profit qui résulte de l'acquêt dans lequel il est subrogé par le retrait.

NOTES.

prix principal. Jusques-là les fruits ont été perçus de bonne foi par l'acquereur possesseur légitime. C'est le fonds seul qui a été vendu, & les fruits sont un simple accessoire de la jouissance, qui ne pouvoit être contestée à l'acquereur, jusqu'à l'adjudication & le remboursement. Enfin ce n'est point pour le prême, que l'acquereur joüit avant le remboursement.

Cela répond aussi à la seconde objection, & à la différence établie dans la suite par raport au retrait conventionnel.

De plus peut-on dire que l'acquereur sorte indemne, si on l'oblige de raporter des fruits qu'il n'a perçus & consommés, que parce qu'il avoit droit d'en disposer.

La troisiéme objection peut être regardée comme une pure pétition de principe. On supose que le retrayant ne peut obliger l'acquereur de se contenter des fruits pour l'intérêt de ses deniers. Mais il n'y a en Bretagne ni loi ni usage qui puisse fonder cette proposition.

Il y a au contraire un inconvénient très grand à adopter cette proposition, soit pour l'acquereur, soit pour le retrayant.

En Bretagne, l'acquereur, qui ne s'est pas approprié, peut être évincé pendant 30. ans par retrait. Si les trois propositions qu'on vient de discuter avoient lieu, il faudroit admettre, au profit du retrayant, une action de compte de 29. années de levées; & si l'héritage avoit été acquis avantageusement, ou s'il avoit augmenté de valeur, l'acquereur pourroit perdre le prix principal, par l'imputation de la partie des levées qui excéderoit l'intérêt.

Dans l'espéce converse, d'un héritage acquis au delà du revenu, l'acquereur rendroit le retrait impraticable, en offrant de compter des levées pour obliger le prême aux intérêts du prix pendant 29. ans.

D'ailleurs, des comptes de cette nature pourroient entraîner des procès immenses.

Aussi l'usage est absolument contraire à la disposition de l'Arrêt que M. Hevin raporte ici; & l'on suit la maxime établie par l'Anonyme, sur le ch. 220. de la T. A. C. qui est dans la Conference de l'art. 313. V. Perchambault §. 2. la Note sur la Conference n. 59. Pallu, *art.* 170. *n.* 7.

Ces observations me conduisent à un examen des régles qu'on doit suivre, par raport aux droits de l'acquereur, du retrayant, & même du vendeur, & je crois qu'il sera utile de rassembler ici, sous un seul point de vûe, les principales reflexions qui peuvent naître sur cette matiere.

Premierement, par raport à la faculté de résilier le contrat entre le vendeur & l'acquereur, même *ex intervallo*, on ne peut pas douter qu'ils n'ayent ce droit; & outre qu'en général la fraude ne se présume point, on ne peut pas même présumer qu'ils ayent eu intention de nuire aux droits d'un retrayant, qui n'a point encore paru. Ainsi la resolution du contrat, faite avant la demande de retrait lignager ou féodal, ne peut être attaquée par le retrayant.

Au contraire, quand la demande de retrait est antérieure, on doit présumer que la résolution du contrat est faite en fraude du retraïant, qui, outre son droit acquis par le contrat, a marqué expressément son intention de l'exercer. V la Conference sur l'art. 298. *n.* 6. & sur l'art. 204.

2o. Venant après cela aux clauses du contrat, cette discussion exige plus de détail. Car il y a différentes espéces de clauses qu'il est nécessaire de détailler ici.

La plus importante est celle par laquelle le vendeur stipule une rente viagere ou constituée, ou bien donne des termes par le contrat, ou après le contrat.

Au premier cas la difficulté consiste, en ce que le vendeur est réputé n'avoir voulu suivre que la foi de l'acquereur; & il est certain que cette difficulté a beaucoup de force.

Et la troisiéme, qui sert de réponse à l'offre de compenser les fruits avec les interêts, est que le retraïant ne peut obliger l'acquereur de se contenter des fruits pour l'interêt de ses deniers. Au contraire si les interêts sont plus grands que les fruits, l'acquereur peut mettre lesd. intérêts dans ses loïaux-coûts, & abandonner les fruits qui ne suffiroient pas pour l'indemniser. Il est donc raisonnable qu'il ne puisse pas choisir les fruits au lieu des interêts, la même régle devant être commune à l'un & à l'autre, & lui suffisant d'être indemnisé : & par ces moïens & autres qu'il a déduits en plaidant, a conclu, à ce que, s'il plaît à la Cour, l'apellant soit déclaré non-recevable, en tout cas sans griefs, & condamné aux dépens.

Oüi sur ce du Boisbaudry, pour le Procureur Général du Roi.

NOTES.

Aussi M. de Perchambault, §. 6. pense que le retrayant ne doit pas profiter des delais. Cependant le sentiment général & la Jurisprudence sont pour le retrayant, parce qu'il doit entrer dans toutes les conditions avantageuses ou desavantageuses du contrat. Le vendeur a même prévu l'exercice du droit de ses lignagers; de sorte qu'il doit s'imputer d'avoir consenti à une clause, dont il a dû prévoir que le lignager pourroit se servir.

Mais en ce cas, il est juste non-seulement que l'acquereur sorte indemne & dégagé de toute obligation, mais encore qu'il soit pourvu aux droits du vendeur, qui peut n'avoir pas avec le retrayant la même sureté qu'il trouvoit dans l'acquereur. C'est pour cela qu'on oblige le retrayant de donner caution, & de la faire recevoir contradictoirement avec le vendeur,

Si le delai est donné à l'acquereur, après le contrat qui porte l'obligation de payer comptant, il est certain, en général, que ce delai n'est point une condition du contrat, d'où l'on doit conclure que le retrayant ne doit pas en profiter.

Mais il faut pour cela qu'il n'y ait aucune aparence de fraude, contre le droit de retrait. Cette intention de fraude ne peut être connue que par les circonstances, dont la plus forte seroit la proximité de date, entre le contrat & le traité particulier, portant le delai accordé à l'acquereur. V. les nombres 6. & 12. & art. 308. *n.* 5.

3o. Si le payement est fait par l'acquereur, lors du contrat, il est certain qu'ayant suivi la foi du vendeur, en contractant avec lui, le retrayant ne peut pas reprocher à l'acquereur de n'avoir pas pris les précautions que l'insolvabilité du vendeur pouvoit rendre nécessaires. Comme le prême ne pourroit pas être obligé de payer, avant les termes marqués par le contrat, les sommes dont l'acquereur auroit anticipé les payemens sans y être obligé; de même quand il y auroit une insolvabilité notoire du vendeur, le retrayant ne pourroit pas retarder jusqu'à l'appropriement le remboursement de ce que l'acquereur auroit été obligé de payer suivant la loi du contrat.

4o. Le prix étant payé lors du contrat, quoique le vendeur se réserve la jouissance, l'acquereur ne recueille aucuns fruits pour se dédommager de l'avance qu'il a faite. Ainsi il ne peut sortir indemne, que par le païement des intérêts qui lui sont dûs par le retrayant, jusqu'au jour du remboursement. Outre la nécessité de faire sortir l'acquereur indemne, il est présumé que le prix du contrat a été diminué en considération de la non-jouissance de l'acquereur; & il n'est pas juste que le retrayant profite de cette diminution de prix, sans dédommager l'acquereur de la non jouissance.

5o. Si l'acquereur entre en jouissance du jour du contrat, & stipule un delai pendant lequel il ne païera point d'intérêts, on présume que le prix du contrat est plus fort, que si l'acquereur avoit laissé jouir le vendeur jusqu'au payement. Ainsi le retrait étant exercé, on doit faire une diminution sur le prix, à proportion de la jouissance perçue par l'acquereur depuis son contrat jus-

La Cour a mis & met l'apellation au néant, ordonne que ce dont a été apellé sortira son plein & entier effet; condamne l'apellant en douze livres d'amende, & aux dépens de la cause d'apel.

Je répondis de plus, en plaidant, à l'objection qui m'étoit faite de ce qui se pratique dans le retrait conventionnel; laquelle ne presse pas : car dans la vendition à condition de racquit, l'héritage est transporté pour l'acquereur en faire les fruits *ex conventione*; & le racquit ne se faisant que *ex con-*

NOTES.

qu'au païement du prix, en cas que le retrait n'ait été exercé que depuis que le prix a été païé au vendeur, ou bien jusqu'à l'exécution du retrait, si le terme, pour païer le prix, n'est pas encore échu.

Mais sur quel pied fera-t'on cette déduction au profit du retraïant? L'acquereur sera-t'il obligé de compter des levées, ou bien déduira-t'on l'intérêt du prix, & comment cette déduction se fera-t'elle? Le retraïant pourra-t'il être obligé de recevoir le compte des fruits offert par l'acquereur; & pourra-t'il obliger l'acquereur de lui compter de ces fruits?

Premierement, si le retraïant vient reclamer les fruits avant qu'ils soient perçus, il paroît incontestable que l'acquereur ne peut pas l'empêcher de les percevoir. Car il suffit que l'acquereur sorte indemne, & il l'est véritablement, puisqu'il n'a rien païé au vendeur.

De même l'acquereur peut abandonner les fruits non perçus au retrayant, qui en ce cas doit payer tout le prix du contrat.

Si au contraire les fruits sont perçus, je ne crois pas qu'on puisse obliger le retrayant de recevoir le compte de ces fruits, qui pourroit donner lieu à de grandes discussions, sur lesquelles même il ne pourroit y avoir presque toujours de preuve que par le serment de l'acquereur.

Je ne crois pas aussi que le retrayant puisse exiger ce compte d'un acquereur, qui étoit possesseur de bonne foi, & que la Coûtume n'assujettit point aux précautions de tenir un état exact des fruits qu'il touche comme propriétaire, & des dépenses qu'il fait pour la recolte.

Ainsi je crois que l'interêt du prix, au *prorata* du tems qui s'est écoulé pendant que l'acquereur a joui & n'a point païé, est le moïen le plus simple pour indemniser le retrayant; & cet interêt doit être déduit sur les loyaux-coûts.

6°. Si l'acquereur qui a payé n'a point joui, le retrait étant exécuté avant la recolte; M. de Perchambault, §. 5. décide que le retrayant doit à l'acquereur l'interêt du prix. Coquille, *quest.* 304. dit que le retrayant doit avoir le choix de payer l'interêt ou de partager les fruits au *prorata*.

7°. Si la vente est faite dans le tems que les fruits sont prêts à cueillir, par exemple à la fin de Juin, & si le retrait est exercé au mois d'Octobre après la recolte, l'acquereur, qui n'a joui que trois mois, a perçu le revenu d'une année entiére.

C'est-là véritablement l'espéce de la vente de l'héritage & des fruits pendans, question amplement discutée par du Moulin, §. 20. *gl.* 1. *n.* 77. 80. & 81. V. aussi Brodeau, *art.* 134. *n.* 5. Auroux, *art.* 443 & 483. & la conference *n.* 27. & *suiv. avec les notes.* On ne peut pas douter que les fruits prêts à cueillir n'ayent fait un objet dans le contrat de vente; & l'acquereur les ayant recueillis en entier, il est juste qu'il en fasse raison au retrayant, du moins pour une portion. Car il n'est pas juste aussi qu'il lui fasse raison du tout, le retrayant ne s'étant présenté, que quelques mois après que l'acquereur a payé le prix de son contrat. Je crois qu'il faut considerer sur cela le *prorata* de l'année depuis le jour du contrat; & cette regle me paroît d'autant plus juste, que, si le retrayant faisoit son remboursement précisement à la fin de l'année depuis le contrat, il ne devroit pas avoir d'autre prétention que de percevoir tous les fruits prêts à recueillir lors de l'exécution du retrait. Car en ce cas il est évident qu'il n'auroit aucun sujet de se plaindre, il se trouveroit précisément dans un cas aussi avantageux qu'étoit l'acquereur l'année préce-

ventione eâdem, *nil mirum* si les fruits demeurent à l'acquereur par une Antichrese, *& in compensationem usurarum.* Mais le retrait lignager est une subrogation légale, qui met le prême en place de l'acquereur, *quasi ipse emisset.* A Paris ils ajugent tous les fruits au retraïant, sans l'obliger même à païer les interêts du prix avancé par l'acquereur. Arrêt dans Corbin *chap.* 48. Mais cela est contre l'équité.

Vide *art.* 134. *de Paris*, & Brodeau *ibid.* Mais ils ne donnent que les fruits pendans & encore attachés. Car au regard de ceux qui ont été recueilli,

NOTES.

dente, puisqu'en remboursant la somme payée lors du contrat, il auroit une recolte entiere, comme l'acquereur l'avoit eue en vertu du contrat.

De-là il paroît nécessaire de conclurre que si le retrayant a payé plutôt le prix du contrat; par exemple, s'il est venu dans les six mois, il doit avoir la moitié des fruits que l'acquereur a recueillis immediatement après son contrat, & ainsi au *prorata*.

8°. Il ne reste plus que la grande question sur le droit du retrayant par raport aux levées de l'héritage hors les cas exprimés cidessus.

La variété des Coûtumes sur cette question ne permet pas de chercher des principes généraux & certains dans les Auteurs qui les ont commentées; & il faut convenir que plusieurs de ces Loix ont peut-être trop favorisé le retrait, quoique contraire à l'ancien droit commun & même au commerce des biens.

Dans les Coûtumes qui exigent les offres réelles, on a décidé que les fruits apartenoient au retrayant du jour des offres, parce que la Loi l'oblige d'avoir toute la somme prête à payer à l'acquereur. Mais en traitant aussi favorablement le retrayant, il paroît que l'acquereur est traité avec beaucoup d'injustice, lorsque de sa part il n'y a point de mauvaise contestation. Il est fondé dans un contrat légitime. Son droit est certain, tant pour le fonds, que pour la perception des fruits, jusqu'à ce que le retrayant ait prouvé son droit, & ait fait juger le retrait: ainsi il n'y a aucune aparence de justice à priver l'acquereur des fruits, pendant qu'il ne fait aucune mauvaise contestation, & que le retrait n'est pas ajugé. S'il fait une injuste chicane, il peut être condamné aux dépens & aux dommages & interêts du retrayant. Mais s'il n'en fait point, pourquoi le privera-t'on des fruits anterieurs à l'exécution du retrait?

Aussi il est de maxime en Bretagne que la simple demande de prémesse n'acquiert pas les fruits au retrayant; & il y en a une raison particuliere, en ce que notre Coûtume n'exige pas des offres réelles avant l'adjudication du retrait, & qu'en donnant quinze jours pour faire le remboursement, la Loi donne au retrayant un tems suffisant pour chercher les sommes nécessaires au retrait.

Revenant après cela à la question décidée par l'Arrêt du 18. Juin 1677. que M. Hevin raporte ici, sans repeter les observations que j'ai faites sur cet Arrêt, les différentes espéces que je viens de proposer me paroissent suffisantes pour éclaircir la matiere. Il faut que l'acquereur sorte indemne. Mais il faut aussi que le retrayant ne soit pas propriétaire à plus haut prix que l'acquereur. Voilà les deux principes qui doivent guider en cette matiere; & il en resulte que si l'acquereur a payé le prix comptant, ou l'interêt de ce prix jusqu'au remboursement, & s'il n'est point dans le cas de la septiéme espéce proposée ci-dessus, on ne peut lui demander compte des jouissances qu'il a eu droit de recueillir: il ne peut aussi offrir au retrayant de lui tenir compte de ces jouissances pour charger le retrayant des interêts du prix. Je crois qu'il y a sur cela une régle générale qui peut décider entierement les questions soit contre l'acquereur, soit contre le retrayant.

Il faut que le retrayant, comme subrogé aux droits de l'acquereur, devienne lui-même acquereur au même prix & aux mêmes conditions que celui qu'il a évincé par le retrait. Cet objet a deux parties; sçavoir le

ils les laillent à l'acquereur, *vice usurarum*. Je ne vois pas grand inconvénient à admettre l'un ou l'autre. Mais il en faut faire une régle générale, & ne donner pas le choix ni au retraïant ni à l'acquereur.

18. ARREST X. Dans les loïaux coûts viennent les lods & ventes. Quid si l'acquereur a la remise, le retraïant en profitera-t'il? Distingue. Si beneficio omnibus communi, comme est la remise du quart faite aux acquereurs, il en profitera, (c) ut rectè Argentr. *ad art.* 71. *num.* 7. *&* 8. Non si privilegio particulari, puta ratione officii (d) dans les Secretaires, vel beneficio & contemplatione personali (e) en faveur de l'acquereur, *ibid.* ce qu'il répete *tract. de laudimiis cap.* 3. contre l'avis de Maître Michel Chappel, qui distinguoit inter jus exigendi & jus non solvendi.

NOTES.

fonds & les revenus à échoir depuis la possession du retrayant.

A l'égard du fonds, il ne peut naître de difficulté; & pour les revenus, comme la possession du retrayant commence seulement du jour de l'exécution du retrait, c'est de ce jour seulement que le profit ou la perte sur le revenu par proportion du prix principal doit commencer. Si l héritage est vendu au delà du denier vingt, le retrayant n'est obligé de suporter cette perte que du jour qu'il est entré en jouissance; & il ne doit pas faire raison à l'acquereur du tems anterieur, sans quoi ce retrayant se trouveroit obligé de payer au delà du prix du contrat.

De même si l'acquereur a touché un revenu plus fort que le denier vingt, le retrayant profite du bon marché pour le revenu qu'il doit toucher à l'avenir, & il ne peut demander à l'acquereur aucun compte des levées anterieures; sans quoi le retrayant se trouveroit acquereur à plus bas prix que celui du contrat.

Suposons, par exemple, que l'héritage valant 100. liv. de rente, n'ait été vendu que 1500. liv. & que l'acquereur ayant negligé de s'approprier, il vienne un retrayant dix ans après. Si ce retrayant pouvoit exiger pour ces dix années, vingt-cinq livres de revenu qui se trouvent au delà du denier vingt, il reduiroit le prix principal à 1250. liv. contre la loi des retraits qui ne permet pas au retrayant d'être acquereur à un prix plus favorable que celui du contrat.

Tels sont les détails qui m'ont paru nécessaires pour éclaircir une matiere fort embrouillée. J'ai tâché de concilier toutes ces espéces différentes avec les principes généraux. Peut-être suis-je tombé dans quelque erreur. Mais du moins je crois avoir proposé les vrais principes; & si j'en ai tiré de fausses conséquences, j'ai indiqué la route la plus facile pour découvrir la vérité. On peut voir sur cela des réflexions courtes, mais très-judicieuses, dans Auzannet, *art.* 134.

(c) V. art. 52. note (m) p. 220. Belordeau, *lettre P. contr.* 143.

(d) V. art. 52. note (k) pag. 220.

(e) V. la Conference *n.* 17. Sauvageau sur du Fail, *liv.* 1. *ch.* 203. Du Moulin, §. 22. *n.* 6. M. le Camus, *T.* 7. §. 6. *n.* 13. Ferriere, *art.* 136. *gl.* 3. *n* 22. *& art.* 140. *n.* 27. Brodeau, *art.* 136. *n.* 12. Auzannet, *art.* 129. Du Plessis, *pag.* 299. Auroux, *art.* 445. Dupineau, *art.* 346. *&* 373. Basnage, *art.* 453. *&* 465. Coquille, *T.* 31. *art.* 12. *& quest.* 184. Lhoste, *T.* 16. *art.* 12.

Si la remise a été faite au vendeur, l'acquereur ne doit pas en profiter. Dupineau, *art.* 346.

ARTICLE CCCVIII.

Le prême peut demander & avoir prémesse en tout le contenu du contrat sujet à prémesse, ou à ce qu'il en pourra

pourra païer, pourvû que les choses, où il prétend la prémesse, se puissent commodément diviser. Et au cas que le prême n'en voudroit païer que partie, si l'acheteur ou le créancier, auquel auroient été les héritages baillés en païement, requeroit à la Justice que ledit prême jurât qu'il n'en peut plus païer, sans mal mettre son état, il ou son Procureur specialement fondé, le doit jurer ou accomplir le païement.

SOMMAIRE.

1. 3. 5. 6. *Différence entre le retrait lignager & le retrait féodal.*
2. 5. *Des biens dont il n'y a qu'une partie du lignage & ramage du prême.*
3. *De plusieurs héritages vendus par même contrat.*
Si les héritages étant mouvans de différentes seigneuries apartenantes au même Seigneur, il peut borner son retrait à ce qui relève d'une des seigneuries.
Quid, *si deux différens fiefs mouvans d'une même seigneurie sont vendus pour un seul prix.* Aux Notes.
4. *Des biens vendus par plusieurs contrats.*
6. *De la ventilation :* quid *si elle est frauduleuse.*

CONFERENCE.

A. C. *art.* 294.

T. A. C. *ch.* 51. Le prême se peut apléger à toute la vendition, ou à ce qu'il en pourra poïer; & si l'achatour, ou l'avenantour, requiert à la Justice, ou cas que le prême ne voudroit en poïer que partie, que le prême jurege qu'il n'en peut plus poïer, sans mal mettre son état, il le doit jurer, ou accomplir le poïement, lui ou celui qui s'entremettra de lui.

NOTES.

V. Perchambault §. 4. Du Fail, *liv.* 1. *ch.* 421. Sauvageau, *liv.* 1. *ch.* 18. & sur du Fail, *liv.* 1. *ch.* 333: Belordeau, *observ. for. lettre A. art.* 54. Masuer, *T.* 27. *n.* 9. Louet, *lettre R. ch.* 25. Basnage, *art.* 452. Auroux, *art.* 447. Auzannet, *art.* 129.

„ Aucunes gens si cuident quant aucuns „ achate hiretage, & li hiretage est tenus de „ pluisors Seigneurs, & pris d'argent si est „ mis seur chacune seignourie, pour les ven-„ tes d'ou Seigneur païer, tout soit che que „ li marchiés feust fés entre le vendeur & l'a-„ chateur par un seul nombre d'argent & à „ une seule paumée, que chil qui vieut res-„ quierre puist rescourre tant seulement que „ che qui est tenu d'un Seigneur: mes non „ fet; ainchois convient que il resqueve „ tout le marchié de quantes seigneuries que „ il soit, puisque il fut fes à une seule pau-„ mée, & que li uns li duit aussi bien de li-„ gnage comme li autres, mes se l'une partie „ des hiretages li duisoit de lignage & l'autre „ non, il n'en rescourroit fors que che qui „ seroit de son côté, & feust encore ainsint „ que li acheterres le vousist connoître à hi-„ retier de tout, ne pourroit-il entrer en che „ dont il ne seroit pas hiretier. " Coûtumes de Beauvoisis *ch.* 44. *pag.* 245.

CONFERENCE.

Artois 125. Ev. de Metz, *T.* 9. 16. Verdun, *T.* 12. 6. Laon 239. 241. Châlons 236. 237. Rheims 206. 208. Ribemont 41. Clermont en Argonne, *T.* 16. 9. Salle de Lille, *T.* 11. 8. Ville de Lille, *T.* 7. 6. 7. la Gorgue 76. Baſſigny 116. Mante 81. Vitry 129. Meaux 103. Melun 140. Orleans 394. Chabris 25. Placités de Rouen 113. Bourbonnois 447. Poitou 348. Saintonge 53. Mont de Marſan, *T.* 2. 6. Auvergne, *T.* 23. 26.

1. Si le lignager ne veut retirer le tout, il ne ſera reçu, s'il ne païe tout le prix; mais le Seigneur du fief ſera reçu, pour la partie non retirée par le lignager, & par lui prinſe par puiſſance de fief. Angoumois 70.

2. Si ce n'étoit que l'acheteur eût acheté des héritages, dont le retraïant ne fût venu n'iſſu du côté & ligne dont ſont procédés leſdits héritages. Car en ce cas, l'acheteur ne ſeroit contraint les délaiſſer par retrait, s'il ne vouloit ni le retraïant aller à les prendre par retrait, (*a*) s'il ne lui plaiſoit. Meaux 104.

3. S'il y a pluſieurs héritages vendus par même vendition, le lignager ou le Seigneur direct ne ſont reçus à demander la retenue ou retrait de partie deſdits héritages. Mais il faut qu'il retire tout ce qui eſt compris en ladite vente, pourvû que leſdites choſes ſoient tenues d'un même Seigneur ou mouvans d'un même être; mais s'ils ſont de diverſes directes (*b*) & divers êtres, chacun des Seigneurs, ou parens reſpectivement, pourra retenir & retirer ce qui ſera de ſa directe ou être. Et ſi l'un deux ne veut uſer de ſon droit, le diligent retirera & recouvrera ce qui eſt de ſa directe ou être: & ſeront les prix deſdites choſes eſtimées par le Juge ou par deux prud'hommes élûs par les parties. Nivernois, *T.* 31. 27.

4. Si aucun acquiert par pluſieurs & divers contrats; & le lignager du vendeur au dedans de l'an deſdits contrats fait ajourner

NOTES.

(*a*) Cette propoſition eſt de maxime en Bretagne, contre le principe preſque général du Droit François, qui autoriſe l'acquereur à abandonner le total des biens vendus, quoiqu'il n'y en ait qu'une partie dans l'eſtoc du prême. Notre maxime eſt dans les vrais principes de l'ancien Droit François. Cela ſe prouve par le paſſage des Coûtumes de Beauvoiſis que je viens de raporter.

(*b*) La Lande, *art.* 49. *n.* 22. la Taumaſſiere *rubr.* du *T.* 13. Auroux, *art.* 449. & les autres Commentateurs de la Coûtume de Bourbonnois décident que, ſi les biens ſont mouvans d'un même ſeigneur, mais à cauſe de deux fiefs ou ſeigneuries différentes, le Seigneur peut borner ſon retrait à ce qui eſt mouvant de l'un de ſes fiefs, parce qu'il n'eſt pas moins favorable que s'il y avoit deux Seigneurs.

Du Moulin ſur Paris §. 20. *gl.* 1. *n.* 54. & 55. pouſſe ſa déciſion plus loin. Il dit que ſi pluſieurs fiefs ſervans mouvans d'un même Seigneur ſont vendus, le Seigneur n'eſt point obligé de retirer le total, *quia ex quo ſunt diverſa feuda, neceſſariò ſunt diverſæ fidelitates, diverſa Jura feudalia, & diverſæ diſtinctæ & ſeparatæ actiones, tam ad jura quinti pretii quàm ad jus retractûs.* Il ajoute que la réunion de deux différens fiefs ſervans dans la même perſonne, ne peut pas nuire au Seigneur en faveur duquel la diſtinction eſt établie par l'inféodation primordiale. V. le Grand, *art.* 27. *gl.* 6. *n.* 15. Ricard, *art.* 20. Ferriere, *art.* 20. *gl.* 1. *n.* 12. & *gl.* 4. *n.* 17. Pocquet *du retr. féod. ch.* 1. *ſect.* 3.

M. le Camus & Auzannet, *art.* 20. diſtinguent ſi les fiefs ſervans ont été acquis pour des prix différens, ou ſi le tout a été acquis pour un ſeul prix, & ils décident qu'en ce dernier cas le Seigneur peut être contraint par l'acquereur de retirer le tout.

M. de Perchambault & la Coûtume imprimée à Nantes décident, en général, que le Seigneur doit retirer tout ce qui releve de lui. Mais je crois que la généralité de cette déciſion ne s'apliqueroit pas à l'eſpéce raportée par Auroux de deux ſeigneuries différentes poſſedées par le même propriétaire. V. Baſnage. *art.* 178.

CONFERENCE.

par retrait ledit acquereur, & il lui demande à avoir par retrait les choses qu'il a acquises de son lignager depuis an & jour, sans les déclarer autrement, & l'acquereur connoisse, & met à abondance ses achats, en déclarant separément le prix de chacun contrat, & ledit lignager déclare aussi qu'il ne veut avoir que l'une des choses contenues en l'un ou l'autre desdits contrats, il n'y sera reçu s'il ne prend le tout. Mais si le lignager fait demande particuliere des choses contenues par un contrat, (c) il y sera reçu en prenant toutes les choses contenues par ledit contrat: & ne sera tenu de prendre autres choses contenues par autres contrats, combien qu'ils soient dedans l'an & jour. Tours 179. Lodunois, *T.* 15. 21.

5. Retrait ne se connoît (d) à quartier, au préjudice de l'acquereur, s'il ne lui plaît; c'est-à-dire, que, si aucun acquiert un héritage ou plusieurs qui soient de plusieurs branches ou dégrés, & il soit ajourné en retrait envers aucun qui ne soit lignager que de l'une des branches, il est au choix dudit acquereur de connoître ledit retrait en tout ou en partie dudit acquêt; & si ledit retraïeur ne demande que la portion regardant son lignage & n'en veuille plus, si ledit acheteur le connoît en tout dudit acquêt, icelui retraïeur sera tenu & contraint de prendre le tout, ou il n'aura rien dudit retrait. (e) Mais si ledit retraïeur demandoit le tout par retrait, & l'acheteur ne le vousist connoître, sinon en la portion regardant le lignage & branchage dudit retraïeur, il n'en aura, sinon autant qu'il y en aura de son branchage; & ne pourra ledit Seigneur de fief, aussi ne sera contraint, prendre par puissance, fors les choses étant en son fief. (f) Tours 178. Lodunois, *T.* 15. 20.

6. Si aucun achete plusieurs choses pour un seul prix, & en plusieurs fiefs & seigneuries, c'est à l'acheteur de estimer & liciter que vaut la chose étant en chacune desdites seigneuries, & à chacun des Seigneurs respectivement apartient de élire, dedans le tems de la Coûtume, qui est huit jours après ladite exhibition des contrats, les ventes & honneurs, ou prendre la chose par puissance de fief, pourvû que la licitation, ventilation, & estimation que feroit l'acquereur, ne fût frauduleuse; ce que pourra maintenir le Seigneur, & la débattre si bon lui semble; & pendant cette connoissance ne courra le tems contre ledit Seigneur, la fraude étant par après connue; mais où elle ne seroit vérifiée, ledit Seigneur en demeurera forclos. Poitou 349. Angoumois 71. Saintonge 54.

SOMMAIRE.

1. 2. 3. 4. *Critique de l'article.*
2. *Différence entre le retrait lignager & le retrait féodal.*

Quid, *du retrait conventionnel.* Aux Notes.

5. *Espece singuliere par raport à une vente dont partie étoit païable à terme.*

Le prême joüit des délais donnés pour le païement en cautionnant.

6. *Des différens prix distingués par le même contrat.*

NOTES.

(c) Le Grand, *art.* 144. *gl.* 3. *n.* 11. *& suiv.* & *art.* 145. *gl.* 1. *n.* 20. *& suiv.* Basnage, *art.* 452. & 469. Ferriere, *art.* 129. *gl.* 5. *n.* 20. *& suiv.* Coquille, *quest.* 189.

(d) Loisel, *liv.* 3. *T.* 5. *art.* 35.

(e) V. la Note sur le nombre 2.

(f) Loisel, *liv.* 3. *T.* 5. *art.* 37. Brodeau sur Louet, *lettre R. ch.* 25. *n.* 7.

COMMENTAIRE.

1. D'ARGENTRE' AIT. *Ou le créancier.* Veteris Juris & obsoleti reliquiæ.

D'ARGENTRE' A. C. *Art.* 294. *Ou à ce qu'il en pourra païer.* Cela est contre droit & raison, (*g*) & contre la disposition expresse de plusieurs autres Coûtumes. En effet il n'y a qu'un contrat; & la résolution ne s'en peut faire par parties. C'est obliger une personne à avoir un associé malgré soi & à se borner à une partie. On a fait une mauvaise équivoque sur la divisibilité des appropriemens qui n'ont d'effet que pour ce qui est approprié; & l'aplication est absolument fausse au contrat en lui-même qui est indivisible.

Commodément diviser. La seule possibilité de la division ne suffit donc pas.

Qu'il n'en peut plus païer sans mal mettre son état. C'est à-dire, sans être obligé d'aliener ou d'engager ses autres biens.

Le doit jurer. Avant le serment on pourroit recevoir la preuve du fait contraire. * C'est une idée de l'Auteur inconnue dans l'usage, & véritablement impraticable: car personne ne peut connoître le fonds de la fortune d'un autre, qu'il ait de l'argent qui soit à lui, ou qu'il ne soit pas obligé d'emploïer à païer des dettes pressantes.]

2. HEVIN. Cet article est un de ceux contre lesquels M. d'Argentré reclame; & à la vérité il est exorbitant. Car l'acquereur aïant contracté dans l'espérance d'avoir le tout de son acquêt, il est contre la raison. (*h*) A l'égard du retrait féodal l'acquereur ne peut se plaindre: car il ne doit pas ignorer le Droit Commun, qui donne ce retrait au Seigneur de fief; & il peut aussi sçavoir de qui les choses sont tenues. C'est à peu près même raison par raport au retrait lignager. Cependant comme il n'est pas si facile de découvrir jusques au neuviéme dégré de quel ramage procede l'héritage, la

NOTES.

(*g*) V. l'Aitiologie sur l'art. suiv.

(*h*) Quid du retrait conventionnel? Lhoste sur Montargis cite un Arrêt du 9. Juillet 1577. par lequel il fut jugé qu'un héritage aïant été vendu en commun, avec faculté de remeré du tout *& non de partie*, un des vendeurs retireroit seulement pour sa part & portion.

Ces mots, *& non de partie*, font une équivoque. Car si le contrat portoit ces mots, je crois qu'il y auroit mal jugé. On peut mettre dans les conditions de remeré stipulées par plusieurs vendeurs, que le remeré ne pourra être exercé en partie. Cette clause n'est point vicieuse: & il n'y a aucun motif qui puisse la rendre sans effet. Ainsi pour justifier la disposition de cet Arrêt, il faut supposer que les mots, *& non de partie*, n'étoient point dans le contrat, & qu'ils ont été ajoutés par le Commentateur. En ce cas on présume que la stipulation de remeré du total n'est que pour tous les vendeurs *collectivè*, & non pas pour donner à chaque vendeur *in solidum* le remeré du tout, ni pour obliger chacun d'eux de retirer au delà de la portion qu'il a vendue.

Cependant du Moulin parlant du contrat *sub pacto addictionis in diem* §. 20. *gl.* 1. *n.* 50. décide que si la même chose est vendue pour un seul prix, par trois personnes, *sub pacto addictionis in diem*, le contrat ne peut être divisé, parce que l'acquereur est présumé n'avoir pas eu intention d'acquerir seulement une partie, ni de consentir à la resolution du contrat pour une portion.

Jurisprudence de Paris, Loüet & Brodeau, *lettre* R. *num.* 25. & la Coût. d'Anjou *art.* 368. laissent à l'acquereur le choix d'obliger le retraïant à prendre le tout. (*i*)

3. Mais notre article 308. va à l'exorbitance, en permettant au prême de diviser le contrat, & de ne prendre qu'une partie de ce qui est même de son ramage. La Jurisprudence de Paris est fondée sur le Droit Commun. *L. cùm ejusdem*, *L. ædiles*..... §. *ult. ff. de adilit. edict. L. debet in fin. ff. eod.* En effet un acquereur se trouvera, par notre Coûtume, privé de la partie qu'il consideroit plus que le reste. Car, comme disent les Interpretes, non est tanta æstimatio rei in parte respectu ipsius partis, quanta in toto respectu totius, *L. si quis alium ff. de solut.*

4. ARREST I. Cet art. étant contraire à toutes les Coûtumes de France, excepté à celle de Bourgogne, n'est pas toujours suivi de la Cour; ainsi qu'il a été jugé ce 8. Janvier 1607. contre un des freres de Chalonge sieur des Rochettes, qui vouloit retirer pour quatorze cens livres de la maison des Pignotieres (*k*) qu'avoit vendue un sien frere à Guitton le Messager, la maison aïant été vendue 3800. liv. Du Bois plaidoit pour le prême, & Marchant pour Guitton, M. Harpin Président.

5. ARREST II. Pierre Henry vend à noble homme Pierre Simon sieur de la Varenne Avocat en la Cour, la maison de Gaudon Paroisse de Vern, pour 4500. liv. dont il y a 500. liv. païées comptant, attournance de païer 1500. liv. à certains créditeurs dénommés audit contrat, & 2000. liv. païables dans certain terme, laquelle somme de 1500. liv. est païée suivant l'attournance. L'acquereur est traversé par opositions de diverse nature. Henry prétend prémesse comme pere & bienveillant de Suzanne Henry sa fille, âgée de 12. ans seulement, mais dit qu'il n'en veut que pour les 2000. liv. restant à païer. L'acquereur au contraire soutient qu'il n'est point recevable en ses termes, autrement qu'il auroit tout le bon, & ce qu'il y a de faveur par le contrat, & qu'il doit pour le moins rembourser réaument & de fait partie de ce qui a été païé, c'est-à-dire, partie de 500. liv. par une part, & de 1500. liv. par autre, joint même le nombre des opositions: Henry réplique que l'acquereur joüit, & que par les Arrêts le retraïant doit joüir de la grace accordée par le vendeur, suivant l'opinion de Tiraqueau §. 18. *gl.*.... & de fait cela est ainsi jugé par Arrêt du 30. Mai 1623. réformant deux sentences du Présidial de Rennes, parce que l'apellant baillera caution d'indemniser ledit Simon intimé des opositions, plaidans Bouchet & Frain.

6. ARREST III. Trois piéces de terre se vendent judiciellement. L'apellant se présente, qui déclare encherir telle piéce relevant de telle Jurisdiction, & tant telle d'autre Jurisdiction, le tout faisant 200. liv. L'intimé se présente qui demande la prémesse sur une piéce particuliere tenue d'une Jurisdiction particuliere, & dit que *tot sunt stipulationes quot res*: *L. cum ejus-*

NOTES.

(*i*) V. la note sur le nombre 2. de la conference.

(*k*) V. le même Arrêt plus exactement raporté sur l'art. 309. n. 5.

dem ff. de Ædilitio edict. L. emptores ff. de evict. L. quotus ff. de Leg. 2. & que ce sont piéces diverses vendues à divers prix : *L. scire debemus ff. de verb. oblig. L. quod sæpe 35. §. 5. & 6. ff. de contrah. empt.* & que l'on devoit prendre que c'étoient en vérité plusieurs contrats, & qu'ainsi par l'argument *à contrario sensu*, il étoit recevable en sa demande de prémesse de la forme. L'apellant disoit au contraire, que ce n'étoit qu'un seul contrat, & partant qu'il avoit été mal jugé d'avoir reçu la prémesse de la forme. Par Arrêt du 16. Octobre 1623. l'apellation & ce dont avoit été apellé au néant, réformant le jugement, ordonné que pour l'exécution de la prémesse seroient faites loties aux termes de la Coûtume. Plaidant Chappel & le Bel. *(l)*

NOTES.

(*l*) V. l'Arrêt 1. sur l'Art. 309. & le commentaire du même article *n.* 2. avec la note. Du Fail, *liv.* 1. *ch.* 342.

ARTICLE CCCIX.

Et audit cas n'auroit le prême, par sa prémesse, des piéces à son élection, s'il n'y avoit qu'un [a] *contrat, & il* ne peut tout avoir [b]: mais lors doivent entr'eux départir par loties, s'ils ne font autre accord : & ce que échoiroit audit prême en son lot, [c] lui demeurera.

CONFERENCE.

A. C. *Art*, 295. a Marché qu'il. b S'il s'y aplégeoit. c Selon le marché.

T. A. C. *Ch.* 51. En ce que le prême en retreroit de partie par sa prémesse, pour ce ne choisiroit *vel* seroit-il par des piéces à son élection, ou cas qu'il n'y auroit que ung marchié, lequel marchié il pourroit tout avoir s'il lui plaisoit. Mais se il n'en retenoit que partie, comme dit est, ils devroient aller ès lots, & par la partie d'entr'eux, *vel* & l'ung d'entr'eux feroit iceux lots & l'autre éliroit s'ils ne font autre accord. (*a*) Et ce qu'il écherroit en son lot selon le marché, & ce qu'il auroit poïé il l'auroit.

SOMMAIRE.

1. *Motif & critique des articles* 308. & 309.
2. & 3. *Des prix distingués par le même contrat.*
3. *Des biens vendus par plusieurs contrats.*
4. *Si l'exhibition du contrat est nécessaire dans le cas des art.* 308. & 309.
5. *Si le prême peut retirer les seuls biens mouvans d'un fief.*
6. *Comment se font les loties & le partage.*
7. *Si le prême qui a demandé la prémesse sans limitation peut restraindre sa demande à une portion.*

NOTES.

(*a*) Cette fin n'est point dans les M. S.

COMMENTAIRE.

1. D'ARGENTRÉ A. C. *Art.* 295. Rien n'est plus juste; & la grace que le précédent article accorde est déja assez extraordinaire, sans grever encore un acquereur par le choix qu'on feroit du meilleur, pour lui laisser le reste.

D'ARGENTRÉ AIT. (*b*) Nullus æquè iniquus est articulus, ut hic in toto Consuetudinis scriptò, etsi de veteri Jure deductus, & descriptus. Itaque institimus, ut reformaretur, rationes ex Jure & civilibus Regulis addidimus. Rectè dicitur contractus individuos esse ex voluntate quidem alterius contrahentium : itaque iniquum esse in arbitrio retrahentis poni resolubilitatem partis contractûs quam emptor ipse & acquirens non habuit, cùm magnam injuriam fieri contingat emptori cui pars rei emptæ adimatur. Quamobrem sicut in potestate venditoris non sit partem contractûs resolvere, sic nec emptoris aut retrahentis esse debere : igitur aut contractum dividere, aut in communione cogi manere distractione partis contra jus esse, & legem ei imponi, de eo quod totum suum est, nam & divisioni mille inesse incommoda, ususfruendi, servitutum mutuarum, cohabitationum. Hic pratum cupit, ille vernactum, aut aratorium, ille aliud; interim miræ lites & rixæ de sæpibus, de stratis, stramentis, eundo aut agendo. Dictæ sunt & rationes aliæ complures; sed nullo modo obtineri potuit, & fuit qui diceret rem se suam olim beneficio hujus articuli servasse : sanè (inquam) sed quantâ cum vicini injuriâ, & contra leges civiles. Quod si quis id retraheret, quod in suâ consanguinitate esset, fieri posse, si externa recusaret: sed si totus fundus retrahi posset jure sanguinis, improbè totum recusari, & magnam injuriam necti emptoribus, nec exemplum usquam in toto regno Franciæ talis Juris reperiri. Sed id erat adversùs obstinatos dare operam, ut cum ratione insanires.

HEVIN. Cet article est un des 13. blâmés par d'Argentré. Hæc divisio non tantùm venit à voluntate retrahentis, sed quodammodo à lege & ideò tolerabilis, ut ipse Argentræus probat, *ad art.* 265. *veter. in verbo, par Cout num.* 8. *& seqq.*

2. D'ARGENTRÉ A. C. *S'il n'y avoit qu'un marché.* Car, quoique par un même contrat, on peut vendre plusieurs choses différentes à prix distincts. En ce cas ce sont autant de différentes (*c*) ventes. Ce qui est partie à titre de vente, partie à titre d'échange, opere deux contrats.

NOTES.

(*b*) Cette juste critique devoit être placée sur l'art. 308.

(*c*) C'est l'opinion de Brodeau sur Louet, *lettre R. ch.* 25. *n.* 7. de Dupineau, *art.* 382. de la Taumassiere, *tit.* 14. *n.* 19. d'Auroux, *art.* 447. de Pocquet *du retr. feod. ch.* 1. *sect.* 4. de Ferriere, *art.* 129. *gl.* 5. *n.* 21. & elle a été confirmée par un Arrêt du 29. Août 1638. raporté par Sauvageau, *liv.* 3. *ch.* 176. & sur du Fail, *liv.* 1. *ch.* 416.

Mais la décision de cet Arrêt ne pourroit pas s'apliquer aux contrats, qui, dans la distinction de prix, n'ont pour objet que de faire l'éventillement des biens mouvans de différentes Seigneuries, suivant l'article 80.

3. Hevin. *S'il n'y avoit qu'un contrat.* Aliud, s'il y en a plusieurs. *Quid*, si par le même contrat les prix sont séparés? Vid. Basnage *ad art.* 469. *de Normandie.*

4. D'Argentre' A. C. *Partir par loties.* Il faut des priseurs pour balancer la bonté & la valeur, si l'on ne convient autrement. L'Auteur prétend qu'en ce cas il n'est pas question d'attendre l'exhibition du contrat, puisque le retraïant a fait lui-même la fixation de ce qu'il est tenu de rembourser.

5. Arrest I. Guitton achete la maison & terres de la Pinotiere tenues de trois Seigneurs, Launay du Han, Boisorhant & Monbourcher. Lorsqu'il se veut approprier, le frere du vendeur demande la prémesse de ce qui est sous le fief de Monbourcher, & jure qu'il n'en peut retirer davantage, ajoutant que cela est divisé par la différence de la tenue, ensorte que le Seigneur le pourroit retirer si bon lui sembloit, la condition duquel n'étoit pas si favorable que du lignager. Messieurs des Requêtes ordonnent que les loties seront faites aux termes de la Coûtume. Apel: la sentence confirmée par Arrêt du 10. Janvier 1607. (*d*)

6. Arrest II. *Doivent entr'eux départir par loties.* Jugé le 12. Février 1658. plaidans Rabeau & Alain, que le prême ne demandant qu'un quart n'étoit pas fondé à demander le sort : mais recevoit une des quatre loties faites par priseurs, & la moins incommode à l'acquereur, par l'avis des mêmes priseurs, conformément à un autre Arrêt qui fut lû. (*e*)

7. Arrest III. Il faut que le prême qui veut seulement retirer partie, l'exprime dans sa demande. Car aprés avoir demandé la prémesse simplement, il n'est pas reçu au tems du remboursement à offrir une partie. Jugé le 12. Decembre 1651. Prononçant M. le Président de Marbœuf, qui avertit les Avocats de n'en plus douter, entre.... Huguet Sieur du Chesnet, apellant de sentence rendue à Ploërmel, & Damoiselle Jeanne Gourro, plaidant le Gal. Il y a un Arrêt contraire du 25. Septembre 1576. dans du Fail, *l.* 1. *ch.* 416. (*f*)

NOTES.

de la Coûtume. Arrêt du mois d'Août 1603. & du 8. Janvier 1607. dans Belordeau, *obs. for. lettre A. Art.* 54. & sur l'art. 309. de la Coûtume. V. Devolant, *lettre V. ch.* 3. le passage des Coûtumes de Beauvoisis raporté sur l'art. 308. le nombre 5. ci-aprés & l'Arrêt 3. sur l'art. 308. Basnage, *art.* 452. *&* 469. Auzannet, *art.* 129.

(*d*) Belordeau, *art.* 80. & Hevin, *art.* 308. *n.* 4. datent cet Arrêt du 8. Janvier. V. la note sur le nombre 2. l'Arrêt 3. sur l'Art. 308. & le passage des Coûtumes de Beauvoisis, raporté dans les notes sur le même art.

(*e*) Il resulte de cette décision 1°. que le prême n'a pas la choisie. 2°. Qu'il ne doit pas faire les lots, contre le ch. 51. de la T. A. C. raporté dans la conference.

(*f*) Sauvageau, *art.* 308. *& liv.* 1. *ch.* 5. & sur du Fail, *liv.* 1. *ch.* 416. Chapel, *ch.* 338. Devolant, *lettre P. ch.* 42. Belordeau *hîc.*

Au contraire le prême qui a dabord limité sa demande à une portion peut l'étendre au total, jusqu'à l'appropriement. Arrêt du 26. Juin 1721. dans le Journal du Parlement, *tom.* 1. *ch.* 15.

ARTICLE CCCX.

ARTICLE CCCX.

Et peut l'acquereur avoir le serment du prême ou de son tuteur, s'il le requiert, qu'il fait ledit retrait pour le retenir à lui, sans fraude.

SOMMAIRE.

Si la pauvreté du retraïant est une preuve de fraude. Aux Notes.

1. *Retrait conventionnel cessible.*

2. 5. *Retrait lignager n'est cessible, & est seulement transmissible aux héritiers.*

3. 5. *Prême tenu d'affirmer. Preuve recevable.*

4. *Retrait peut être cedé au parent du même ramage. Effet de cette cession.*

6. *Fraude prouvée par le transport dans l'an à un étranger.*

7. *Combien l'acquereur a de tems pour reclamer contre le retrait frauduleux.*

CONFERENCE.

A. C. *Art.* 296.

T. A. C. *Ch.* 51. Peut avoir aussi le contracteur le serment du prême ou de son tuteur, s'il le requiert, que il le fait pour tenir à soi sans autre fraude.

Valois 147. Sedan 250. Mante 78. Troïes 162. Melun 164. Montargis, *T.* 16. 20. Berry, *T.* 14. 10. Vastan 9. Nivernois, *T.* 31. 23. Poitou 324. Angoumois 58. Bordeaux 20. Acs, *T.* 10. 6. Saint Sever, *T.* 5. 9. Bearn *de contractes* 24. 28. Auvergne, *T.* 21. 20. *T.* 23. 14.

1. Les clameurs conventionnelles, & à droit de lettres lues, sont cessibles. (*a*) Placités de Rouen 116. Lodunois, *T.* 15. 24. Poitou 351. Angoumois 72. Saintonge 55.

2. Le droit de clameur de bourse & lignagere est de sa nature incessible, & néanmoins il est (*b*) transmissible aux héritiers. Normandie 494. Placités de Rouen 116.

NOTES.

V. du Fail, *liv.* 1. *ch.* 66. & 445. Brodeau sur Loüet, *lettre* R. *ch.* 53. M. le Camus, *tit.* 7. *ƒ.* 1. Auzannet, *art.* 129. Ferriere *ibid. gl.* 4. *n.* 30. & *gl.* 5. *n.* 7. Basnage, *art.* 465. 479. & 494. Note O. sur du Plessis, Dupineau, *art.* 346. Boucheul, *art.* 324. la Peirere, *lettre* R. *n.* 142. le Grand, *art.* 162.

S'il le requiert. V. Auroux, *art.* 455.

„ Un homme pauvre ne peut retraire, s'il „transporte son droit à autrui, ou si on lui „baille par cautelle l'argent pour retraire, „*non valet quod agit, quia hoc faciendo com-* „*mittit in legem retractûs & ideò ex suâ* „*malitiâ non debet reportare commodum.* Car „on sçait bien qu'il ne retrait pas du sien, „ne pour lui, mais pour autre, & des deniers „d'autrui, *igitur* &c." Grand Coûtumier, *Pag.* 240.

La seule pauvreté du retraïant n'est pas, dans nos principes, un motif suffisant pour faire rejetter le retrait comme frauduleux. Mais elle sert à donner plus de force aux circonstances sur lesquelles l'acquereur fonde la preuve de la fraude.

(*a*) Cela s'aplique au retrait exercé dans la quinzaine par l'héritier bénéficiaire, parce que c'est un remeré légal. Arrêts des 9. Mai 1657. & 30. Mai 1724. dans Sauvageau sur du Fail, *liv.* 1. *ch.* 66. & dans la Coûtume imprimée à Nantes, *art.* 310.

(*b*) Pallu, *art.* 161. *n.* 5. combat cette maxime. V. Perchambault, §. 7. Du Fail, *liv.* 1. *ch.* 273. Belordeau, *obs for. lettre* R. *n.* 19. Dupineau, *art.* 367. Le Grand, *art.* 162. *n.* 7. & 8. Coquille, *quest.* 187. Du Plessis, *ch.* 6. *sect.* 3.

CONFERENCE

Lodunois, *T.* 15. 24. Poitou 351. Angoumois 72. Saintonge 55.

3. On ne peut retirer en son héritage au profit d'un autre & pour le bailler à autrui, dequoi les retrayans sont tenus jurer, s'ils en sont requis par les acheteurs; & s'il est prouvé, le retrait sera nul, & demeurera l'héritage à l'acquêreur, s'il le veut avoir. Bar 161. Chimai, *T.* 12. 3. Thionville, *T.* 7. 3. Ev. de Metz, *T.* 9. 17. Laon 237. Rheims 203. Bourbonnois 455. Lorraine, *T.* 13. 15. Sens 56. Tours 182.

4. Si ce n'étoit que ledit cessionnaire fût aussi parent & lignager, & admissible au retrait de son chef. Eu 189. Duché de Bourgogne, *T.* 10. 6. Clermont en Argonne, *T.* 16. 26. Bassigni 126. Comté de Bourgogne 76. Maine 428. Tours 181.

Et par telle cession n'a le cessionnaire lignager plus grand avantage, que si lui-même l'eût retiré, ains demeure en son dégré de lignage. Nivernois, *T.* 31. 23. (*c*)

5. Et pour averer la vérité le retrayant peut être contraint à en dire par serment. Car la cause de retrait est afin que l'héritage vendu demeure en la ligne dont il est issu. Clermont en Beauvoisis 6. Usance de Saintonge 35.

Et sera l'acquereur reçu à alléguer & prouver ladite paction & apointement, sommairement, & de plein; ou poutra deferer le serment au lignager. Lodunois, *T.* 15. 25.

6. Si aucun lignager a été connu au retrait d'aucuns héritages & choses immeubles acquises de son proéme, & ledit retrait ait été fait & exécuté, & icelui lignager les vend, ou autrement aliene, par quelque contrat que ce soit, à autre personne étrangere, au dedans (*d*) de l'an de l'exécution dudit retrait, c'est à sçavoir qu'ils ne soient lignagers en la ligne dont sont mouvans lesdites (*e*) choses, le premier acquereur les aura, par repetition de retrait, (*f*) en rendant les deniers & non plus grande somme qu'il en reçut du prochain. Car il est vu que le lignager ne les a pas retirés pour demeurer en sa ligne. Et pour telle repetition de retrait ne sont acquises nouvelles ventes au Seigneur. de fief. Anjou 398.

Si le lignager du vendeur qui aura eu le retrait vend ou transporte les choses, ou à paction & intelligence de ce faire, soit à grace (*g*) ou autrement, au dedans de l'an & jour après ledit retrait, le premier acquereur ou lignager du vendeur, qui auroient fait leurs diligences & été connus, auront ledit héritage, en rendant & païant lesdits deniers qui auroient été païés; & en ce cas les lignagers exclurront l'acquereur second, & les autres lignagers aïant fait ladite fraude, moïennant qu'ils viennent au dedans de l'an & jour après ledit second acquêt & possession prise. Tours 171. Lodunois, *T.* 15. 14 Saint Sever, *T.* 5. 17. Berg Saint Winox, *T.* 9. 19. Bourbourg, *T.* 8. 6. Lorraine, *T.* 13. 16. Maine 408.

7. L'acquereur, encore qu'il ait fait délais & obéi à la clameur, peut dans 30. ans demander l'héritage à lui vendu, si fraude a été commise en la clameur. Normandie. 475. (*h*)

NOTES.

(*c*) De Cormis, *tome* 2. *cent.* 4 *ch.* 97.

(*d*) Chapel, *ch.* 312. Devolant, *lettre* F. *ch.* 22. 23. & 24. Journal du Parlement, *tom.* 1. *ch.* 111. Louet, *lettre* R. *n.* 53. Ferriere, *art.* 129. *gl.* 6. *n.* 17.

(*e*) Ou une portion. Pallu, *art.* 171.

(*f*) Avec restitution de fruits Pallu, *art.* 171. *n.* 4.

Il n'y a point en ce cas de terme peremptoire pour le remboursement dû par l'acquereur. Pallu, *ibid.* *n.* 5.

(*g*) Pallu, *art.* 171. raporte un Arrêt du 15. Juillet 1591. qui jugea que le prême ayant vendu, dans l'an, à condition de remeré, & aïant exercé le retrait conventionnel avant que le premier acquereur eût formé son action pour reclamer l'héritage retiré sur lui, l'action étoit cependant bien fondée, parce que la seule aliénation faite par le prême avoit acquis le droit à cet acquereur, auquel on n'avoit pu préjudicier par une resolution de contrat, qui étoit présumée frauduleuse.

Sur les circonstances capables de faire cesser la présomption de fraude, qui résulte de la vente dans l'an faite par le prême, V. Lhoste *T.* 16. *art.* 20. *aux mots & semblablement.*

(*h*) Suivant l'esprit des art 275. & 327. l'action fondée sur la fraude n'est pas reçue après 10. ans.

SOMMAIRE

1. *Retrait lignager n'est cessible.*
2. *Inutilité de l'adjudication du retrait quand la fraude est découverte. Preuve de la fraude par l'aliénation dans l'an. Preuve de la fraude se peut faire par témoins.*
3. *Serment du prême peut être fait après la quinzaine.*
4. *Serment du mari suffisant, quand il demande la prémesse pour sa femme. Apel de l'acquereur dispense le prême de la consignation.*
5. *Le serment peut être fait par Procureur.*
6. *Malgré le serment du prême, preuve suffisante de fraude par l'aliénation dans l'an.*
7. *Si le serment a lieu en retrait féodal. Ce retrait est cessible.*

COMMENTAIRE.

1. HEVIN Les choses non transmissibles (*i*) ne sont point cessibles, *L. ex pluribus ff. de admin. tutor.* Vid. Argent. *art.* 296. *vet.* cujus opinio arresto confirmata est orantibus Diays & Chappel.

D'ARGENTRÉ A. C. *Art.* 296. *Cùm retractus sit personalissimus*, & par conséquent n'est point cessible.

2. *Pour retenir à lui sans fraude. Quid*, si après la prémesse exécutée un étranger se trouve posseder la chose. Le sentiment de l'Auteur est que la sentence d'adjudication de prémesse est retractée par-là, comme la fraude étant découverte, pourvû qu'il n'y eût un intervalle qu'un peu court. On a estimé la brieveté du tems à un an, comme le remarque Tiraqueau. Mais indépendemment de la brieveté du délai, il suffiroit de prouver la convention entre le retraïant & celui auquel ensuite il auroit fait passer la chose. En un mot on prouve la fraude *conjecturis, antecedentibus, consequentibus & adjunctis.* L'Auteur réfute le sentiment de ceux qui disent qu'à cause de la disposition de l'Ordonnance touchant la preuve par témoins, on n'est pas recevable à prouver la fraude (*k*) par ce genre de preuve, *quia nemo tam supinus est ut scribi patiatur quæ fraudulenter fecit.*

3. ARREST I. Serment en prémesse n'est nécessaire qu'il se fasse dans la quinzaine. Jugé entre Maître Mathurin Martin & Anne Vivant en la séance d'Août 1612.

4. ARREST II. Il a été jugé par Arrêt du 10. Juin 1627. plaidans Frain & Chappel, que le Mari intentant action de retrait d'héritage, étant en la prémesse de sa femme, le serment du mari seul suffit, & que le prême ne peut être accusé de défaut de consignation, s'il y a apel interjetté (*l*) par l'acquereur. Geslin & du Chastel parties plaidantes.

NOTES.

(*i*) M Hevin paroît penser ici que le retrait n'est pas transmissible Le sentiment commun est pour la transmission. V. les citations sur la Conference, Note (*b*)

(*k*) Perchambault §. 7. Du Fail, *liv.* 2. *ch.* 269. Basnage, *art.* 478. Le Grand, *art.* 162. *n.* 18. Brodeau sur Louet, *lettre R. chap.* 53, *n.* 6. & 8.

(*l*) Autre Arrêt du 14. Mars 1617. dans Belordeau *obs. for. lettre R. art.* 19. Lhoste, *T.* 16. *art.* 12. Auroux, *art.* 428. *n.* 32. La Peirere, *lettre R. n.* 131.

5. ARREST III. Ce serment se peut faire par Procureur. Jugé par Arrêt du 30. Mars 1626. Picardat & Coquelin parties; & encore le 15. Mars 1632. plaidans le Bel & le Febvre.

6. ARREST IV. Jugé le 19. Janvier 1646. que bien que le prême eût juré (*m*) qu'il retiroit pour soi & sans fraude, & qu'ainsi il eût semblé avoir purgé le soupçon de mauvaise foi, si dans l'an il vendoit à un étranger les choses retirées, le premier acquereur pouvoit poursuivre la rescision de la prémesse, & rentrer dans les héritages, restituant le prix qui lui avoit été remboursé. Plaidant Chappel pour le prême, & Diais pour l'acquereur.

7. ARREST V. Il a été jugé que ce serment avoit lieu, même en retrait féodal, & que le Seigneur de fief étoit obligé de jurer qu'il retiroit les choses pour soi. Arrêt en l'Audience le 11. Septembre 1603. & depuis encore contre Messire Sebastien de Rosmadec Evêque de Vannes. Le motif de cette Jurisprudence étoit que l'on n'avoit point encore décidé, par les Arrêts de ce Parlement, que le retrait féodal fût cessible. Mais l'établissant cessible, comme il y a grande raison de le faire, & que l'art. 358. ci-après l'insinue, ce serment ne peut plus avoir de lieu contre le Seigneur féodal; & en effet le texte de cet article, en imposant le serment, s'exprime par le mot *prême*, lequel proprement n'est relatif qu'au lignager. Voïez l'Arrêt raporté sur l'art. 306. ci-dessus. (*n*) HEVIN.

NOTES.

(*m*) V. le Journal du Parlement, *tome* 1. *ch.* 34. & 111. Perchambault §. 7. Auroux, *art.* 455. *n.* 6. & 7.

(*n*) Nombre 7.

ARTICLE CCCXI.

Prémesse n'apartient à aucun, s'il ne l'a au tems de la bannie ou de [a] *la certification.* Comme si un enfant étoit encore à [b] *naître* après [c] *la certification*, il n'auroit prémesse.

SOMMAIRE.

1. 2. *De l'enfant né depuis le contrat & avant l'appropriement.*

CONFERENCE.

A. C. *art.* 297. [a] L'information. [b] Nasquir. [c] L'information.

T. A. C. *ch.* 51. Nul n'a saison de prémesse, s'il ne l'a au tems de la bannie, ou

NOTES.

V. le Grand, *art.* 144. *gl.* 5. *n.* 19. Louet, *lettre R. n.* 38. Loisel, *liv.* 3. *T.* 5. *art.* 21. Ferriere, *art.* 129. *gl.* 4. *n.* 8. & *suiv.* Coquille, *T.* 31. *art.* 1. Lhoste, *T.* 16. *art.* 1. Auroux, *art.* 436.

CONFERENCE.

des oetoubes *vel* ouiċtaines de la bannie, *vel* derraine bannie. Car avaluement ne avenantement ne approprie pas; mais la bannie approprie. Comme si ung enfant, qui seroit encore à nasquir à ceul tems, & puis nasquiroit après ceul tems dedans l'an & le jour, pour ce il n'y a point de prémesse pour ce qu'il n'ert pas encore né, & non aura-t'il point après par la Coûtume.

1. *Bannie.* Il a été pratiqué, item ne que le mineur, qui se plége de prémesse, doit être né au tems du contrat. Sed quæritur si l'enfant qui n'étoit encore né au tems du contrat; sed tamen nascitur post contractum, & ante approprimentum, an erit recipiendus à la prémesse? Dic quod sic. Secùs, si après l'appropriement nascatur, quia tunc nullo modo venit admittendus. Et nota hîc de l'enfant dont la femme est grosse au tems de la bannie. Facit textus, *in L. qui in utero est ff. de statu hominum.*

Laon 254. Châlons 241.

2. Tout lignager est recevable au retrait, encore qu'il soit conçu & nay depuis la vendition, pourvû qu'il vienne dedans le tems de la Coûtume. Sedan 245. Clermont en Argonne, *T.* 16. 13. Rheims 194.

SOMMAIRE.

1, 3. *De l'enfant né depuis le contrat & avant l'appropriement.*

2. *De celui qui étoit banni lors du contrat & réhabilité avant l'appropriement.*

COMMENTAIRE.

1. D'ARGENTRE' A. C. *Art.* 297. Cela retranche bien des difficultés des Jurisconsultes. Tout ce qu'il reste de remarquer ici, c'est que la chose se régle par le tems de l'appropriement & des bannies; de sorte que quoiqu'un enfant ne soit ni né, ni conçu, au tems du contrat, il suffit qu'il soit né au tems de l'appropriement.

2. *Ou de l'information. Id est* certification. C'est de ce moment que dépend toute la capacité de droit pour le retrait; de sorte qu'un homme qui seroit banni au tems du contrat, & qui seroit rapellé & réhabilité au tems de la certification, auroit toute la capacité requise.

HEVIN Voïez Choppin, *lib.* 1°. *de morib. Paris. cap. de retractu & lib.* 3. *de privil. rust.* aliter in consuet. Burdigal. Vide Automne, *ad L.* 7. *ff. de statu hominum.*

Encore à naître. Id est que l'on ne peut demander prémesse nomine ventris, seu ejus qui adhuc in utero est, contre la maxime, *pro nato habetur qui in utero est, cùm de ejus commodis agitur.*

3. *Il n'auroit prémesse.* La raison est que n'étant pas né en ce tems-là, il n'étoit point parent. Vid. Choppin *de morib. Andium, lib.* 3. *cap.* 1. *tit.* 5. *num.* 8. Ainsi à suivre la raison naturelle, il faudroit être né au tems du contrat; & ce texte donne jusques au tems de la certification. Il cite un Arrêt de du Fail.

ARTICLE CCCXII.

En pur féage noble ne doit y avoir prémesse.

SOMMAIRE.

1. *Explication des mots* féage *&* censie.
2. *De la rente féodale vendue au vassal; ou à un tiers.*

CONFERENCE.

A. C. *Art.* 298. Il ne doit avoir prémesse en pur féage de noble fief, pourvu que celui qui fait le féage retienne à soi les obéissances : parce que les cousins, ou autres parens des bailleurs, ne leur feroient les servitudes comme gens étranges.

T. A. C. *Ch.* 220. Il n'a *vel* ne doit avoir point de prémesse en pur féage de fief noble, pourtant, *vel* pourvu que celui qui fait le féage retienge à soi les obéissances. Car les cousins ou bailleur, ne ses parens, ne lui feroient pas les servitudes comme gens étranges. Ainsi les Seigneurs seroient deçus, à qui les devoirs devroient être poyés.

- - - - - - - - - - - - - - - -

Combien que aucuns fassent faire bannies, il ne fut onques, au tems passé, établi Coûtume des Princes de Bretaigne, que en pur échange, ne en féaige, ne en donaisons, ne en engaige, ne en louaige, que bannie en dût être faite. Ains est la coûtume que, puisque les choses auroient été ainsi faites, qu'il convienne tenir par an & par jour patientement, comme dit est ailleurs.

1. *Féaige & censie.* C'est tout un; mais proprement *féaige* est des choses nobles.

Et par tant l'en est défendu. Idem in venditione de jure, quia per annum & diem repellitur proximior à retractu rei venditæ. Textus *in C.* 1. §. *fin. si de investitura inter dom. & vassal. lis mota fuerit.* Bart. *in L.* 1. §. *punitur ff. de aquâ quotidianâ & æstivâ.* Jac. *in L. petens cod. de pactis, & cap. constitutus in nostrâ præsentiâ* 8. *ext. de in integ. rest.* V. la suite du ch. 220. sous l'art. 313. Eu 177.

2. Héritage féodal sujet à retrait baillé à rente, dont le bailleur retient à soi la foi, & après icelui bailleur vend la rente au preneur ou autre ayant le droit, en soi demettant de la foi : en ce cas tout l'héritage est retraïable. Mais si ledit bailleur vend sa rente, à autre personne qu'au preneur de l'héritage, ou à celui qui a droit de lui, en ce cas n'y aura que ladite rente retraïable, & non ledit héritage. Orleans 398. (*a*)

SOMMAIRE.

1. 3. Quid *en féage roturier.*
2. *Motif de l'article. Féage titre gratuit.*
4. *Donation non sujette à retrait.*
5. *De la vente faite avec rétention d'obéïssance en vertu de lettres patentes.*
6. *De l'arrentement de biens roturiers.*

NOTES.

Ce féage enramage de plein droit sans appropriement. Du Fail, *liv.* 1. *ch.* 378. Journal du Parlement, *tome* 2, *ch.* 47. Note (*x*) sur l'art. 298. *pag.* 299.

(*a*) Pour apliquer cet article aux principes de notre Coûtume, V. l'Arrêt cité dans les notes sur l'art. 63. & raporté par Belordeau, *lettre* F. *contr.* 74.

Si un Seigneur a fait un afféagement, dont la fraude paroît par l'extinction de la rente féodale faite quelque tems après, il n'est pas juste que les lignagers ni le Seigneur superieur soient privés de leurs droits par un traité dont la simulation est prouvé par ce qui a suivi.

COMMENTAIRE.

D'ARGENTRE' AIT. Demptum est quiddam de veteri, *pourvu*, disoit-elle, *que le bailleur retienne les obéïssances*. Et il ne se peut faire féage sans rétention d'obéïssance, jure quidem consuetudinario.

1. D'ARGENTRE' A. C. *Art.* 298. *Noble fief.* L'addition est inutile, car la même chose a lieu dans le fief roturier. (*b*)

Retienne à soi les obéïssances. C'est-à-dire le domaine direct, ce qui est de la substance du fief.

2. *Parce que les cousins ou autres parens.* C'est une pitoïable raison d'une bonne décision, qui consiste en ce que le féage étant un contrat gratuit, il participe de la donation, laquelle n'est point sujette au retrait. L'Auteur dit que si le motif de l'Ancienne Coûtume étoit vrai, il n'y auroit point de valable féage fait à un parent du Seigneur. (a)

HEVIN. (a) Futilis & falsa hæc consequentia, de Domino dissentiente ad Dominum eligentem & consentientem.

3. *Noble.* Ergo en autre féage que noble, apellé *censie*, le retrait a lieu, comme dit le chapitre 220. de la Très-Anc. Coût. (*c*).

4. Quid in donatione? (*d*) Nil statuitur; ex omnium tamen Consuetudinum consensu, dicendum est retractui locum non esse, nisi cùm emptor ipse donavit. Vid. Barantam *disput.* 9.

5. ARREST I. Encore que le Seigneur afféageant eût eu permission de prendre autant de deniers qu'il pourroit avec rétention d'obéïssance, & que les lettres du Roi portant ladite permission aïent été vérifiées en la Cour & en la Chambre des Comptes, il a été jugé que cela n'empêchoit la prémesse; laquelle aïant été ajugée, la sentence fut confirmée, par Arrêt du 22. Mai 1631. Urban Veau & le sieur de Mollac parties. Paul Devolant pour ledit Veau, Chappel pour l'intimé.

6. ARREST II. Jugé conformément à l'art. 359. que le transport de terre roturiere, avec réception de deniers d'entrées excédent la quantité portée par l'article, & à charge de rentes, est un pur arrentement ou cens, auquel y a prémesse, ne pouvant d'ailleurs être fait un fief noble d'une terre roturiere. Par Arrêt du 8. Juin 1616. plaidans Trogof & Frain; c'est son plaidoïer 139. (*e*)

NOTES.

(*b*) V la note suivante.

(*c*) Cette partie du chap. 220. est dans la conference sur l'art. 213. V. Hevin, *Q. F. pag.* 119. *&* 120. & Belordeau, *obs. for. lettre F. n.* 2. Leur décision est contraire à celle de d'Argentré & de l'Arrêt du 4. Septembre 1578. raporté par M. du Fail, *liv.* 3. *ch.* 399. qui débouta de la prémesse dans l'espéce d'un Féage roturier. Le sçavant Editeur des Consultations de M. Hevin prouve dans sa 13. observation sur la 72. Consultation, que l'esprit de la Coûtume est d'exclurre le retrait dans le féage roturier, comme dans le féage noble, & c'est le sentiment commun. L'Arrêt 2. ci-apès raporté par Frain, *Plaid.* 39. n'est point contraire à ce principe; puisqu'il est dans l'espéce d'un simple arrentement, qui étoit mal à propos qualifié de féage, & qui, suivant l'art. 314. étoit sujet aux lods & ventes & au retrait.

(*d*) V. la conference sur l'art. 298. *n.* 40. *& suiv.*

(*e*) V. les articles 358. & 359.

ARTICLE CCCXIII.

Quand héritage est baillé pour jouir des levées par certains ans, & jusqu'au parfait païement de la dette du créancier, [a] *& en tout autre engage, ferme ou louage, s'ils n'excédent neuf ans, n'y aura prémesse; & s'ils excédent neuf ans, pourra le prême venir au retrait, pourvû qu'il reste six ans de la jouissance dudit héritage.*

SOMMAIRE.

1. *De la ferme de l'usufruit.*
2. 3. *Fruits ne sont acquis au retraïant sans consignation.*
4. *Retrait de l'usufruit vendu.*

CONFERENCE.

Art. 54. & 55.

A. C. *Art.* 299. Mais en tout louage ou engage, où il y a plus de quatre ans à échoir au tems de la demande, & en tout autre contrat censuel, doit être prémesse ajugée & octroïée.

Art. 301. [a] Le prême a droit de prémesse sur ledit héritage, en païant au créancier réaument & de fait, ce que lui étoit dû ou restera, lorsque le prême fait ledit retrait. Et ne pourra ledit prême venir audit retrait, sinon qu'il reste plus de quatre ans de la jouissance dudit héritage audit créancier.

T. A. C. *ch.* 220. Mais en tout louaige ou engaige *vel* gaignage, qui se monte plus d'une *vel* neuf annéés, & en tout autre féage, doit être prémesse ajugée & octroïée par Coûtume. Car il apartient mieux que les prêmes au bailleur aïent le profit de son héritaige, que plus étrange de lui, quand il s'en départ pour certaine somme d'argent sans autres émolumens. -

Pource qu'il n'y eût autre fraude ou autre marché ou engage, fût prémesse octroïée au prême au tems qu'ils la requissent par plégement; & bien si donnât regard le prême, à la requerre ou tôt ou tart. Car les levées de l'héritaige *vel* de l'engaige, qui sont ou ont été levées paravant le *vel* son plégement, ne portent point d'acquit, (*comme dit est ailleurs ci dessus au* 206. *ch.*) Car nul n'est tenu à rien rendre des levées de l'héritaige, que il en ait levé paravant le plet émeu, pource qu'il ait cause raisonnable à le *vel* la tenir. Et celui qui est Seigneur du marchié par le sien a raison à le tenir, pource que celui de qui il le tient & a droit eût cause à faire l'engaige, tant que le prême l'emportât; & pour ce ne peut ne doit nul jouïr par Coûtume de bannies que l'en fasse, outre ce qui a été établi du Duc de Bretaigne & des autres Princes de la Duchié, & encore ô advis & Conseil. Car nul ne le peut faire, si ce n'est le Duc ô le Conseil, comme dit est.

1. *Mais en tout louaige.* Si douairiere afferme son douaire, il n'y a point de prémesse, ut sup *cap.* 46.

2. *Point d'acquit.* Aussi ne fait-il point dempuis le plégement, sans obligation réelle & consignation en la main de Justice. Ita communiter practicatur.

3. *Paravant le plet emeu.* Practicatur limitando la Coûtume, que le plégement de prémesse ô le mi denier. (Et credo quòd idem sit en autre prémesse) ne sert que de interruption, & n'y a fruits jusques à consignation. *V. C. de pignorat.*

NOTES.

V. Basnage sur Normandie, *art.* 502.

act.

CONFERENCE.

act. L. nec creditores & L. quoniam & L. acceptam Cod. de usuris, & ibi Bart, *& in L. 2. C. de pactis inter empt. & vendit Composit. & ibid. in L. si à te comparavit.*

Châlons 246. Valois 140. Paris 149. Montargis, T. 16. 13. La Marche 120.

4. Baux à ferme à longues années, faits pour plus de neuf ans, sont retraïables: comme aussi est la vente d'un usufruit faite à autre qu'au propriétaire, lequel est préferé à la clameur. Normandie 502.

SOMMAIRE.

1. 4. *Motifs de la réformation de l'ancien Droit.*
2. 7. *Des Domaines congéables & emphitéoses.*
3. *Des contrats d'engage & antichrese.*
5. *De la ferme de l'usufruit.*
6. *Du fonds donné en assiette pour une rente constituée.*
8. *La noblesse du fonds s'étend aux droits convenanciers.*
9. *Du bail à devoir de quart.*

COMMENTAIRE.

Hevin. Coût. de Niver. *art.* 42. *des fiefs*, Coquille *ibidem.*

1. D'Argentre' Ait. In veteri quadriennum duntaxat fuit. Sed cùm id perspicuè spectaret ad eludenda commercia, & fidem contractuum, ut hoc modo conductores excluderentur, instituimus ut jus injurium abrogaretur; nec enim hunc usum esse retractus : nec enim fuerat ad conductiones inventum, sed ad rerum paternarum alienationes extra familias. Extiterat nuper comitissa quædam, quæ locato prædio, meliori conditione repertâ, filiam suam vix triennem induceret in scenam ad petendum retractum : filia matris futura conductrix manifestâ fraude, & imposturâ contra legem : nam nec ætas, nec judicium, nec conditio personarum tale quidquam pati poterat. Intercessêre multi, quibus nec cor, nec mens esset : demum id tantum obtineri potuit, ut tempus quadriennii in novennium prorogaretur, sic arbitrantibus cordatis hominibus raros tales contractus fore, ideoque & rariorem injuriam.

2. *Ferme ou loüage.* Veluti, *aux domaines congéables, qui se baillent à temps de 9. ans, ou autre indéterminé.* Quia contractus decennales etiam si dominii translativi non sint formaliter, tamen quia diuturni temporis sunt, alienationem quodam modo important, quod vulgò notant *gl. l. 1. ff. si ager vectigalis* : & ideo in hoc retractus datur, & laudimia competunt, & cætera alienationum accidentia, quod alibi diximus : tales sunt locationes etiam temporis indeterminati, quia pro perpetuis habentur : comme les domaines congéables, & précaires & (*a*) emphitéoses, & talia.

3. D'Argentre' A. C. *Art.* 301. Le contrat d'engage étoit plus fréquent autrefois. Mais l'argent étant devenu plus abondant, les rentes consti-

NOTES.

(*a*) Bacquet, *quest. sur les baux des boutiques, ch.* 4. *n.* 10. Brodeau, *art.* 149.

tuées ont été un moïen plus ordinaire de le faire valoir. L'ancienne Antichrese étoit établie, afin qu'un héritage étant donné à joüir, le créancier se païât par ses mains sur les fruits, jusqu'à ce que son dû fût rempli. Le créancier est donc obligé d'imputer sur son crédit les fruits qu'il a perçus du gage. De-là vient qu'on a douté s'il peut se faire, par convention, que les fruits demeurent pour l'interêt de l'argent. Car quelques-uns n'admettent pas une pareille convention, qui feroit fraude à la prohibition de l'usure. Quelques autres ne désaprouvent pas de pareils contrats à cause de l'incertitude de valeur des fruits; & il y a des Canonistes qui les admettent *in contractu mutui qui nullum interesse admittit. Ferendum id non puto.* Mais *in venditione reditûs*, ce que l'on peut apliquer aux rentes constituées, cela est permis, pourvu que les fruits n'excédent pas considérablement la valeur de la rente.

Par certains ans jusqu'à parfait païement. Peu de créanciers s'accommodoient d'un pareil contrat, parce qu'il retarde le païement de la dette, lequel d'ailleurs ne se feroit que par petites parties. Le sentiment de l'Auteur est donc que, dans l'Antichrese, les joüissances s'imputent au principal.

4. D'ARGENTRE' A. C. *Art.* 399. Tiraqueau & les autres Auteurs agitant la question de sçavoir si le retrait a lieu dans le loüage, prétendent qu'il faut que la longueur du tems égale la chose à l'aliénation. Et il faut au moins 10. ans pour cela. Notre Coûtume régle la chose à 9. ans en matiere de lods & ventes. * Et la Nouvelle Coûtume a ôté la distinction des lods & ventes & de la prémesse, tout engagement, qui n'excede pas 9. ans, n'étant sujet ni à l'un ni à l'autre.]

5. Quid si la doüairiere, ou autre usufruitier, afferment à longues années? L'Auteur estime que cela est dans le cas de l'article. (*b*)

6. *Contrat censuel.* Si le fonds est donné en assiette pour une rente constituée retrait a lieu.

7. L'Auteur parle ici des domaines congéables inconnus à la Jurisprudence Romaine. Cependant il y avoit des contrats qui y avoient beaucoup de raport. On définit le domaine congéable, un contrat par lequel un héritage est donné à joüir pour un tems certain ou indéterminé, à condition d'une prestation par chaque année; de sorte qu'après le tems on peut obliger le preneur de déguerpir, parce que néanmoins il doit être remboursé auparavant des édifices & améliorations. Celui qui est pour un tems incertain & indéterminé, peut être congedié quand il plaît au Propriétaire. * *Nota* que par le droit commun de tous les usemens, il y a un terme tacite de 9. ans.] Mais il faut remarquer qu'on n'est pas en droit de multiplier les augmentations & améliorations, pour surcharger le Seigneur d'un grand remboursement, lorsqu'il veut rentrer dans l'héritage. * Cela depend des conventions & des usemens particuliers.] Ce contrat ne transporte aucun domaine, ou droit de propriéte, au preneur, qui n'a que le droit de joüir, & l'espérance du rem-

NOTES.

(*b*) Contre l'avis de l'Anonime sur le ch. 46. de la T. A. C. raporté sur l'art. 298. & dans la note sur le chapitre 220. qui est dans la conference du présent article.

boursement. L'Auteur examine ici s'il y a de la conformité avec l'emphitéose, discussion assez inutile; & il convient qu'il y a des différences. Il n'estime pas que ce soit la même chose que *contractus superficiei*. Il demande si c'est un droit mobilier ou immobilier. Il remarque qu'en Basse Bretagne, on le regarde comme immobilier, puisqu'en plusieurs lieux, on divise les héritages comme les immeubles, & qu'il y a lieu au doüaire. Si on regarde ces droits comme immeubles, il s'ensuit que le retrait y peut avoir lieu. Et L'Auteur en raporte un Arrêt *(c)* de 1577. Il distingue cependant ceux qui sont pour peu d'années, à l'égard desquels il n'y a point lieu au retrait, au lieu que s'ils sont pour longues années, il doit avoir lieu, puisque même les simples fermes y sont sujettes. * Il dit sur cette matiére bien des choses qui ne sont pas suivies, & il ne fait pas attention à la différence des 9. ans du domaine congéable & des 9. ans d'une ferme qui cesse de plein droit à l'expiration du terme; au lieu que les 9. ans du contrat à domaine congéable sont une renonciation à l'exercice de la faculté de congédier auparavant; & après ce terme, si l'on exerce la faculté, il faut rembourser, de sorte qu'on peut dire que le domaine congéable a trait après les 9. ans.]

8. L'Auteur ajoute, pour plus grande explication de la nature du domaine congéable, que le domaine & la propriété demeurent tellement dans le concedant, que l'héritage retient la nature & la condition du reste de son domaine, de sorte que s'il est noble, il conserve sa noblesse, & s'il ne devoit point de fouage, ce qui est donné à domaine congéable n'en devroit point aussi. Le Seigneur concedant doit aussi faire l'hommage, & fournir aveu des héritages donnés à domaine congéable.

9. Arrest. A plus forte raison, la premesse a lieu en bail à denier devoir de quart, ainsi qu'il a été jugé par Arrêt du 31. Août 1623. *(d)* C'est le Plaidoyer 131. de Frain.

NOTES.

(c) C'est le second Arrêt raporté par M. de Lesrat.

Je renvoïe les questions sur le retrait en domaine congéable & sur la nature de ces biens, aux notes des Usemens qui seront à la fin du troisiéme Tome, & dans lesquelles je raporterai tous les Arrêts que je pourrai recueillir sur les questions qui concernent les Usemens à domaine congéable.

(d) Ce qui s'apliqueroit également aux arrentemens par grains, quoiqu'exempts des lods & ventes par l'art. 60. de la Coûtume.

ARTICLE CCCXIV.

En tout contrat censuel, *y aura lieu de retrait : soit au lignager, ou Seigneur féodal, ou censuel.*

NOTES.

V. la conference de l'art. 298. *n.* 16. Lhoste sur Montargis, *tit.* 16. *art.* 1. *p.* 456.

CONFERENCE.

Art. 306. & 324.
V. l'art. 299. de l'A. C. sur l'art. 313.
Sedan 226. 227. Clermont en Argonne, *T.* 16. 17. Orleans 388. 389. 390. 391.
Tours 166. 167.

COMMENTAIRE.

HEVIN. V. supra art. 60.

ARTICLE CCCXV.

En échange qui est faite de terre pour terre, ores qu'elle soit avaluée prix pour prix, n'y a prémesse : si ce n'étoit en herbregerie où plusieurs seroient herbregés: & l'un de ceux qui y auroit droit en fist échange à personne étrange, & les autres ou autre qui auroient part en la maison & herbregement, prétendroient qu'ils ne fussent commodément herbregés & logés, a *y aura retrait lignager : baillant récompense au compermutant d'autre maison ou héritage suffisant, le plus commodément que faire se pourra, pour ledit compermutant.*

SOMMAIRE.

1. *De l'échange d'héritages & de rentes féodales ou foncieres.*
2. *De donation & transaction.*
3. *De l'acquêt fait par un des permutans de la chose par lui donnée en échange.*
4. *S'il fait l'acquêt dans l'an, preuve suffisante de la fraude.*
5. *De l'échange d'héritages & de choses mobiliaires.*
6. *Nécessité d'emploïer de part & d'autre des immeubles réels dans l'échange.*
7. *Des rentes constituées données en échange d'héritages.*
8. *Du retrait d'une part indivise par le copropriétaire qui n'est point parent.*

NOTES.

Sur cet article & sur le suivant. V. le Grand Coûtumier, *pag.* 233. & 234. Pallu, *art.* 175. Brodeau, *art.* 145. Basnage, *art.* 461. & 464 Coquille, *quest.* 36. le Grand, *art.* 55. & *art.* 157. Pontanus, *art.* 203. Dupineau, *art.* 353. 354. & 355. & *tom.* 2. *pag.* 413. du Fail, *liv.* 3. *ch.* 139. & *liv.* 1. *ch.* 410.

„ Chaus qui vuelent fere loial escange, „ ouquel il n'ait point de rescousse, doivent „ donner hiretage pour hiretage, sans nulle „ sousse autre de muebles : & doit chascun „ tenir son escange an & jour ; & doit être „ li escanges tiex que l'en voïe le proufis „ de chascune partie sans barat ; & adoncques „ le escange est tenus. “ Coûtumes de Beauvoisis, *ch.* 44. *pag.* 240. Grand Coûtumier, *pag.* 239. Brodeau sur Louet, *lettre R. ch.* 53. *n.* 8.

CONFERENCE.

Art. 66.

A. C. *art.* 300. [a] Auquel cas Justice y pourvoiroit, par conseil & avis des prud'hommes, qui aviseront & ordonneront s'il en auroit nécessité & besoin. Et s'il se trouve qu'il en eût nécessité, la Justice lui baillera ladite chose échangée, en récompensant le compermutant personne étrange, d'autre maison ou héritage suffisant & aisible, le plus qu'elle pourroit être trouvée pour ledit compermutant.

T. A. C. *ch.* 220. En échange qui est fait de terre pour terre, avaluant prix pour prix, il n'y a point de prémesse, si ce n'est en herbregerie *vel* herbergerie où plusieurs seroient herbregiés, & un deux en fasse échange ô personne étrange, & les autres ou autre disent qu'ils ne fussent pas advenaument herbregiés, pour ce y devroit Justice descendre & y voir Et ou cas que le regard des prudens hommes seroit que elle lui faudroit (a) & en auroit nécessité & besoing, il la devroit avoir, baillant échange suffisante & aisible, le plus qu'il pourroit être trouvé à la partie.

Calais 155. Amiens 40. 176. Gerberoy 100. Artois 132. Berg Saint Winox, *T.* 9.23. Chimay, *ch.* 12. 12. Thionville, *T.* 7. 18. Ev. de Metz, *T.* 9. 5. 7. Châlons 245. Noyon 38. Ribemont 43. Paris 145. Peronne 252. Senlis 224. Clermont en Beauvoisis 13. 19. Bourbonnois 453. Valois 142. 143. Sedan 224. Clermont en Argonne, *T.* 16. 16. Tournay *T.* 11. 33. La Gorgue 75. Bar 17. 148. S. Mihel, *T.* 9. 3. Lorraine, *T.* 13. 6. Bassigny 109. Mante 75. Meaux 108. Melun 142. Sens 38. Auxerre 159. Perche 187. 190. Orleans 384. Montargis, *T.* 16. 9. Berry, *T.* 14. 15. 16 Thevè 18. Blois 203. Nivernois, *T.* 4. 40. *T.* 31. 19. Normandie 461. 464 Eu 43. Maine 358. 363. Anjou 346. 353 Tours 143. 175. 177. Lodunois, *T.* 15. 17. 19. Poitou 355. 356 Angoumois 74. Saintonge 56. 57. Usance de Saintonge 42. Bordeaux 32. Acs, *T.* 10. 9. 10. S. Sever, *T.* 5. 12 13. 14. Bearn *de contractes* 9. La Marche 266. 272. Auvergne, *T.* 23. 31. 32.

Si ce n'étoit en herbregerie. Comines 22. Armentieres 2. 3. La Gorgue 74.

1. En permutation & échange but à but d'héritage à héritage, ou rentes seigneuriales ou foncieres non rachetables sans fraude, retrait n'a lieu. Eu 176.

2. En échange non équipolent à vendition, dons gratuits, rémunératoires, ou faits pour cause & à charge aucune, pareillement en transaction, ou autre contrat où il n'y a bourse déliée, & qui aussi n'équipollent à vendition, n'y échoit retrait soit féodal ou lignager. Rheims 210.

3. Si l'un des permutans acquiert à deniers ou meubles (b) la chose par lui baillée & contr'échangée, en ce cas le lignager de celui qui vend aura son choix & élection de retraire la chose vendue, ou la chose dudit échange. Bourbonnois 454. Duché de Bourgogne, *T.* 10. 13. Normandie 461. Anjou 353.

4. Où il y auroit fraude en l'échange, laquelle s'est présumée, si, dans (c) l'an après l'échange fait, l'une des parties rachete son échange, icelle vérifiée soit par preuve ou par le serment des contractans qui seront tenus en jurer, si le retraïant le requiert, retrait lignager aura lieu dans le tems ci-dessus. Ev. de Metz, *T.* 9 6. Melun 142. Auxerre 159. Perche 388 Bourbonnois 459. Montargis, *T.* 16. 25. Orleans 386. Maine 364. 365. 366. 412. Anjou 353. 356. 401. Tours 176. Lodunois, *T.* 15. 18.

5. Droit de retenue a lieu en contrat de permutation d'héritage à biens & choses mobiliaires, en païant par le lignager, ou Seigneur féodal, censivier, ou direct, dedans le tems dessus dit, la valeur ou estimation desdites choses mobiliaires. Car tel contrat est reputé contrat de vendition Bourbonnois 452. Troyes 157. Auxerre 171. Bassigny 113.

NOTES.

(a) *Et en auroit nécessité & besoin.* N'est point dans les M. S.

(b) Dans l'an & jour. Auroux *hic*.

(c) V. l'art. 66. Loisel, *liv.* 3. *tit.* 5. *art.* 26. Du Fail, *liv.* 1. *ch.* 410. Hevin, *Conf.* 8. Du Moulin, § 33. *gl.* 2. *n.* 92.

CONFERENCE.

Clermont en Beauvoisis 21. Valois 156. Sedan 225. Bar 149. Saint Mihel, *T.* 9. 3. Melun 136. Sens 49. Saint Sever, *T.* 5. 15. Auvergne, *T.* 23. 30.

6 Pour ce qu'avant qu'échange empêche retrait, il est requis que les choses échangées soient d'une même qualité, & que l'une des choses soit aussi bien immeuble que l'autre. Clermont en Beauvoisis 21.

7. Les rentes constituées à prix d'argent, encore qu'elles soient racquitables, sont reputées immeubles; & néanmoins si elles sont baillées en échange contre un héritage, ledit contrat est sujet à clameur lignagere. *(d)* Normandie 507.

8. Quiconque a part en quelques maisons, moulins ou fonds d'héritages indivis commun, aussi bien en dedans la ville que dehors, dont un autre a vendu sa portion, il est recevable à demander le retrait de ladite portion vendue, quoiqu'il ne fût point parent lignager du vendeur, celui qui a la plus grande part y étant toujours préferé, pourvu que le retrait ne soit pas demandé & poursuivi par aucun parent, & cela en dedans le tems, & en payant le prix & les frais raisonnables, comme ci-dessus. Berg Saint Winox, *T.* 9. 9. Bourbourg, *T.* 8. 15. *(e)*

ORD. Etablissemens de Saint Louis, *liv.* 1. *ch.* 153.

SOMMAIRE.

1. *Echange d'immeubles pour des meubles réputée vente.*
2. *De l'échange d'un immeuble & d'une rente rachetable.*
3. *L'évaluation portée par le contrat d'échange n'en altere pas la nature.*
4. *De l'obligation d'un des copermutans de trouver un acquereur de la chose qu'il donne en échange.*
5. *Si le vendeur doit récompense en héritages pour l'éviction, ou s'il ne doit que le prix & les dommages & interêts.*
6. *Pourquoi le retrait n'a lieu en échange.*
7. *Si le retrait de la part indivise a lieu au profit du copropriétaire non parent.*

COMMENTAIRE.

1. D'ARGENTRE' A. C. *Art.* 300. *Terre pour terre*, ou autre immeuble. Car l'échange avec des meubles *(f)* dégenere en vente.

2. Les Auteurs doutent si l'échange d'un héritage avec une rente rachetable est sujette au retrait. D'Argentré distingue quant aux lods & ventes, qu'il prétend ne devoir être païées que lors du franchissement de la rente, & il dit qu'à cela près une pareille rente *vice pecuniæ fungi videri debet*, sans quoi ce seroit une source d'une infinité de fraudes. * Il est dans l'erreur quant aux ventes, puisqu'elles sons dûes de tout arrentement quoique perpétuel, hors pour celui qui est par grains & sans fraude.]

3. *Ores qu'elle soit avaluée prix pour prix.* Cela paroît contraire au droit, tous les Docteurs, sur la Loi premiere, *Cod. de rerum permutatione*, étant

NOTES.

(d) Pallu art, 175.

(e) V. le Commentaire nombre dernier.

(f) Grand Coût. *pag.* 236. Coquille, *quest.* 266.

d'avis que l'estimation du fonds copermuté dégenere en vente. Mais l'esprit de la Coûtume est que l'estimation n'est ici, que *demonstrationis gratiâ ut æqualitas rerum permutatarum intelligatur.*

4. *Quid* si l'un des copermutans s'oblige de trouver, dans un tems, un marchand de la chose qu'il donne en échange. On peut dire que c'est une véritable vente. * La Nouvelle (*g*) Coûtume a décidé positivement le cas, suivant le sentiment de l'Auteur.]

En récompensant le permutant personne étrange. Comme cette espece de retrait est contre les régles, il faut des causes, non-seulement de commodité, mais de nécessité; & il est juste, en même tems, que la récompense se fasse en même nature.

5. *D'autre maison.* La Loi aporte le remede à la nécessité qu'elle impose de souffrir cette espece de retrait; & il faut la même commodité que celle que le copermutant prétendoit tirer. L'Auteur, à cette occasion, prétend que le vendeur, quoique tenu de l'éviction, n'est pas tenu de récompenser en héritages, & qu'il doit seulement le prix & les dommages & interêts. (*h*)

6. HEVIN. *En échange.* Pourquoi en échange il n'y a point de retrait, Vid. Brodeau sur la Coût. de Paris, *art.* 145. *n.* 1. Permutatio conditionem rei non mutat; & il se fait une entiere subrogation, qui fait réputer la chose permutée de même nature, estoc & ligne. (*i*) *L. sed quod inde* 71. *de leg.* 2. Vid. Loüet, *lett. D. n.* 30. *lett. P. n.* 35. *lett. S. n.* 10.

Si ce n'étoit en herbregerie. Cette prémesse s'apelle *droit de bienséance ou de communauté.* Voïez Loisel *dans ses Instit. Coût. liv.* 1. *tit.* 5. *§.* 1. simile statutum Mutinæ, de quo vide Consultationem Parisiensem anni 1611.

7. Charondas *Resp.* 15. *du liv.* 5. Argent. *art.* 73. *pag.* 423. An hæc dispositio intelligenda sit de consortibus simpliciter, quamvis non gentilibus, an etiam de consortibus & gentilibus cumulativè, dubium videri potest; cùm & 1°. casu ponderosæ extent rationes in favorem consortium. (*k*) Vid. Barantam *disput.* 8. n. 23.

Herbregement. Vid. Mesnage in verb. *Auberge.*

NOTES.

(*g*) Art. 66. V. du Moulin, §. 33. *gl.* 2. *n.* 93. & 94. & l'espéce proposée & décidée dans les Coûtumes de Beauvoisis, *ch.* 44. *pag.* 240. Grand Coût. *pag.* 229.

(*h*) V. la Préface du Titre des garens *n.* 4.

(*i*) M. de Perchambault critique ce motif, par raport au Seigneur qui est exclus du retrait féodal en échange, & qui n'est pas dédommagé par cette subrogation, lorsque l'héritage contr'échangé ne releve pas de lui.

Mais il y a un autre motif qui exclut le retrait; sçavoir que l'échange n'est point un contrat de vente ni équipollent à la vente, & que le retrait lignager ou féodal n'est reçu que pour ces contrats.

(*k*) Ces mots de l'article, *y aura retrait lignager*, annoncent que la qualité de lignager, doit concourir avec celle de consort, d'autant plus même qu'aïant été ajoutés à la derniere réformation, ils font présumer que l'intention des Réformateurs a été de décider la question proposée ici par M. Hevin. De plus c'est une exception à la Loi générale qui exclut le retrait en échange; & il est de maxime que les exceptions au droit commun doivent être absolument renfermées dans leurs bornes, sans pouvoir être étendues au delà des termes de la Loi.

ARTICLE CCCXVI.

En contrat fait partie par titre d'échange & partie par titre de vente, les contractans seront tenus specifier les héritages qu'ils entendent faire entrer en la vente : & y aura prémesse ès choses vendues. Et si le contrat étoit fait & conçu à titre d'échange seulement, & y auroit deniers déboursés pour suplément, si lesdits deniers n'excédent le tiers de la valeur, n'y aura aucune prémesse. Et au cas qu'ils excéderoient ledit tiers, y aura premesse au prorata de tout l'argent déboursé. Et seront les contrahans tenus exprimer par le contrat, à quelle portion ils estiment ledit suplément. Et si le prême ne se contente de ladite estimation, il pourra faire priser les choses à ses dépens : sauf répetition desdits frais, s'il se trouve fraudé en l'estimation faite par les contrahans.

CONFERENCE.

Art. 66. V. la conference des Coût. sur l'art. 315.

SOMMAIRE.

1. Quid *des lods & ventes.*

COMMENTAIRE.

D'ARGENTRE' AIT. Hic articulus Juris novi est, de multis casibus (*a*) complicatis utilissimè scriptus : nam de rationibus pugnantibus, & reciprocantibus integri tractatus fieri possent, tanta est hæc materia, & fœcundum dissidium, nisi lege conticuisset.

HEVIN. Néanmoins ventes sont dûes, sup. *art.* 66.

1. ARREST. Cet article n'a pas de lieu en matiere de lods & ventes, qui sont dûs à proportion des deniers déboursés, pourvu qu'ils ne soient pas moins que le cinquiéme de la valeur, ainsi qu'il a été jugé par Arrêt du 14. Decembre 1617. plaidans Rousseau & Lymonier, sur un apel des Présidiaux de Nantes, Berthelot partie : ci-dessus art. 66. (*b.*)

NOTES.

Grand Coût. *pag.* 233. & 238.

(*a*) Sur lesquels on peut voir du Moulin, §. 33. *gl.* 2. *n.* 59. & *suiv.*

(*b*) La Loi nouvelle, qui a établi les lods & ventes pour les échanges, rend cette question inutile.

ARTICLE CCCXVII.

ARTICLE CCCXVII.

En transaction faite de bonne foi & sans fraude, sur procès intenté, & pendant entre les parties, n'y aura retrait, ventes ne lods, ores qu'il y ait argent baillé ou promis pour se départir du procès.

SOMMAIRE.

1. *De la transaction frauduleuse.*
2. *De la transaction portant mutation de possesseur.*

CONFERENCE.

Tours 180. Rheims 210.

1. En contrat de transaction pure & simple, faite sans fraude, n'a ventes, ne retrait féodal ne lignager : mais le contrat de transaction, où l'on pourroit noter fraude avoir été faite au préjudice du Seigneur de fief ou des lignagers, seroit sujet à ventes, & à retrait, tant lignager, que féodal, comme si, par ledit contrat faisant, celui à qui l'héritage demeure bailloit argent, ou autre, autant ou près que ledit héritage pourroit valoir, ou autrement, en quelque sorte qu'on y pût noter fraude ou tromperie. Maine 370. Clermont en Beauvoisis 29. Lodunois, T. 15. 23.

2. En transaction où il y a mutation de possesseur de la chose, avec cession & transport de propriété ou de droit que le possesseur y prétendroit, y a retrait. Aussi y a ventes ; lesquelles se doivent payer à la raison de ce qui a été baillé & payé par celui qui est fait nouveau possesseur de la chose. Mais quand, par la transaction, n'y a eu transport, ne mutation de possesseur, celui à qui demeure la chose pacifique ne doit aucunes ventes ; & n'y a retrait, posé qu'il ait baillé argent ou autre chose par ladite transaction. Anjou 360. Normandie 467. (*a*)

COMMENTAIRE.

D'ARGENTRE' AIT. Fuere pridem homines sine corde, qui sopitas lites, prætextu alienati juris de personâ in personam, æternùm transfundi posse æquum putarent. Quod si admitteretur, nihili futuræ erant ullæ transactiones, nisi continui traduces perniciosæ sementis. Et mirandum hoc luto hæsisse Tiraquellum hominem præstanti doctrinâ, qui pacem excluderet commerciis, & perpetuò miscere vellet familias contagio prætextu, quasi transactio alienationem juris contineret. Sed sapienter istud ordines adversati sunt ; & omnibus placuit.

NOTES.

V. le Commentaire sur l'art. 271. *n.* 39. du Fail, *liv.* 1. *ch.* 369. *& liv.* 3. *ch.* 394. Belordeau, *obs. for. lettre T. art.* 8. Arrêtés de M. de Lamoignon, *art.* 31. le Grand, *art.* 52. *gl.* 4. *n.* 16. *& suiv. & art.* 144. *gl.* 2. Lhoste sur Montargis, *tit.* 16. *art.* 1. Pontanus sur Blois, *rubr. de retr. pag.* 263.

(*a*) V. Basnage *ibid.*

Et sans fraude. Neque enim dubium est lites fingi posse, quod Jurisconsultus ait : sed fraudes semper ab omni negotio excludimus.

HEVIN. Vide Tiraq. §. 1°. *gl.* 14. *n.* 6.

Et pendant entre les parties. Addendum erat, sur la proprieté du fonds. Vid. Argentr. *ad art.* 266. *tract. de titulis cap.* 3. *de titulo pro transacto.*

ARTICLE CCCXVIII.

Si le [a] Seigneur *supérieur* ou autre Noble acquiert du fief [b] de l'homme à son Sujet noble, le prochain Seigneur se peut oposer, pource qu'il est plus prême à retraire son fief.

CONFERENCE

Art. 306.

A. C. *Art.* 303. a Suserain. b Roturier.

Si aucun (*a*) Seigneur de fief acquiert aucunes choses immeubles au fief de son homme & sujet, le sujet ne lui souffrira pas les tenir, s'il ne lui plaît. Mais le peut sommer qu'il lui baille homme qu'il puisse justicier : laquelle chose led. Seigneur de fief est tenu faire; & s'il ne le fait, le sujet le pourra à ce faire contraindre par la Justice de leur suserain, à ce qu'il lui baille homme qu'il puisse justicier, ou qu'il mette la chose hors de ses mains. Et est au choix du sujet de prendre homme, ou de lui faire mettre hors de ses mains. Car ce seroit repugnance à la seigneurie, que le Seigneur en sa suseraineté fût sujet de son homme, puisque son homme ne le pourroit contraindre de lui obéir. Maine 303. Anjou 287. (*b*)

COMMENTAIRE.

D'ARGENTRE' A. C. *Art.* 303. Ce mot *noble* est entiérement superflu. Car la qualité, soit personnelle soit réelle, est absolument indifférente. A cette occasion, on demande si le Seigneur immédiat peut obliger le Seigneur supérieur, qui auroit acquis l'héritage lequel releve de lui en arriere fief, d'en vuider ses mains, à cause de l'incompatibilité qu'il y auroit d'être Seigneur supérieur & en même tems de relever du Seigneur proche. C'est ainsi qu'il faut entendre la question. Car il y a une faute grossiere en cet endroit, où l'on a mis *inférieur* pour *supérieur*. Il est certain que, suivant les Ordonnances, le Roi vuide ses mains en pareil cas, à cause de l'incompatibilité de toute subjection féodale en sa personne. Mais cela ne s'observe pas par raport aux Seigneurs particuliers.

NOTES.

Ferriere, *art.* 20. *gl.* 1. *n.* 35. Boucheul, *art.* 22. *n.* 14.

(*a*) V. la conférence des Ordonnances sur l'art. 368.

(*b*) Cet inconvenient ne peut avoir de réalité que par raport au Roi. V. le Commentaire sur le présent article, & la Conference & les Notes sur l'art. 368.

Hevin. Cet art. qui est le 303. *veter.* a été retenu en entier, contre le sentiment de d'Argentré qui y trouvoit à redire, sans autre sujet, si ce n'est que l'on a omis ici le mot *roturier* après *fief* qui étoit dans l'Ancienne, & n'est raïé au procès-verbal. Pourquoi ici *ou autre noble*? Malè.

Cet art. est mal extrait de l'art. 261. de la Très-Anc. qui parle de l'acquisition que fait le Seigneur de l'arriere-fief, dont j'ai parlé sup. sur l'art. 91. Les Réformateurs de l'an 1539. oublierent cette principale partie qui devoit être sous le titre des fiefs, & ne prirent que ce lambeau du retrait, qui n'y étoit mis que comme raison. Les derniers Réformateurs se sont de même oubliés. (c)

NOTES.

(c) Ce Chapitre de la Très-Ancienne Coûtume est dans la Conference sur l'art. 91.

ARTICLE CCCXIX.

Quand l'achat des choses héritelles est fait durant le mariage en la prémesse de l'un ou de l'autre des mariés, & l'un d'eux décede, celui qui demeure, ou son hoir, peut mettre hors par prémesse, nonobstant l'appropriance, les hoirs du décedé, de ce qui aura été conquis en sa prémesse païant le mi-denier de la chose conquise, de ce qu'elle aura coûté à acquerir par le marché & pour les bans, vins & ventes, dedans l'an & le jour du décès: nonobstant l'appropriement fait par lesdits mariés durant leur mariage.

NOTES.

SOMMAIRE.

1. & 3. *Si entre les conjoints ou leurs héritiers, le retrait du mi-denier a lieu après le partage de la Communauté.*
2. & 6. *Effets du partage.*
4. Quid *des parens non héritiers du conjoint lignager. Article 157. de la Coûtume de Paris: opinion des Commentateurs de cet article.*
5. *Article 323. de notre Coûtume. Pourquoi cet article ne donne que le retrait de la moitié aux parens non lignagers. Distinction entre cette espéce & celle de la renonciation à la Communauté.*
7. *Comparaison de deux coacquereurs, dont l'un est lignager pour une portion de la terre acquise en commun, & a partagé sans demander le retrait.*
8. *Dans cette espéce le partage ne donne point d'atteinte au droit des autres parens pour le retrait, & leur droit n'est pas plus étendu qu'avant le partage.*
9. *Si dans l'espéce de l'article 323. les parens plus éloignés ont le retrait avant le partage de la Communauté. Article 157. de la Coûtume de Paris.*
10. *Delai d'an & jour peremptoire contre les*

NOTES.

SOMMAIRE.

parens plus éloignés comme contre le conjoint lignager ou ses héritiers.

11. *Autre comparaison de deux coacquereurs, dont l'un est lignager.*

Opposition à l'appropriement nécessaire de la part des lignagers plus éloignés ou en pareil dégré.

12. *Effets du partage entre les coacquereurs.*

13. *Inconvénient de ne pas suivre l'article 157. de la Coûtume de Paris.*

14. *Si le retrait du mi-denier peut être reçu & se faire hors jugement.*

Distinction entre la femme communiere & ses héritiers, & la femme renonçante & ses héritiers ou ses parens plus éloignés.

Nécessité d'ajuger le retrait en jugement dans l'espéce de l'article 323.

15. *Si le retrait du mi-denier s'exerce toujours à la charge des hypotéques créées pendant la Communauté.* Quid *en cas de renonciation à la Communauté, ou dans l'espéce de l'art. 323.*

16. *Du partage des fruits, en cas de retrait du mi-denier.*

17. *Le délai d'an & jour court contre le mineur. Exception, s'il avoit pour tuteur le défendeur en retrait : renvoi.*

18. *Pere, garde naturel de ses enfans, obligé d'exercer contr'eux le retrait dans l'an & jour.*

19. *Si ce retrait est ouvert en cas de separation ou de non Communauté, ou seulement par la mort d'un des conjoints. Si le délai peut courir pendant le mariage.*

20. *Le délai ne court point pendant la continuation de Communauté.*

21. *Si les cohéritiers peuvent concourir au retrait du mi-denier exercé par leur consort; & dans quel tems ils doivent exercer la concurrence.*

Belordeau, *obs. for. lettre* R. *n.* 19. Grand Coût. *pag.* 227. Le Prêtre, *cent.* 3. *ch.* 99, Auroux, *art.* 464. Brodeau, Ferriere, M. le Camus & Ricard, *art.* 155. La Taumassiere, *tit.* 14. *art.* 22. Renusson *de la communauté, part.* 1. *ch.* 3. *n.* 55. *& suiv.* Coquille, *quest.* 139. *inst. pag.* 69. & sur Nivernois, *tit.* 23. *art.* 28. Le Grand, *art.* 150. Buridan sur Vermandois, *art.* 249. Dupineau, *art.* 396. & 397. & *tom.* 2. *pag.* 281. Chopin sur Paris, *liv.* 2. *tit.* 6. *n.* 18. & *suiv.* Boucheul, *art.* 339. 340. La Lande, *art.* 381.

1. M. de Perchambault §. 16. dit que le retrait du mi-denier doit être exercé avant le partage des acquêts, parce que, s'ils étoient partagés, on seroit présumé avoir renoncé à cette faculté.

Je ne trouve, ni dans notre Coûtume ni dans la Jurisprudence, aucune décision contraire à celle de M. de Perchambault que M. Hevin paroît même adopter sur l'Arrêt 4. ci-après, par ces mots, „ on si au contraire „ on le pouvoit quocumque tempore, *avant* „ *la division ou partage* : " ce qui supose qu'après le partage le retrait du mi-denier n'est pas recevable, même pour les biens retirés pendant la communauté, dont M. Hevin parle en cet endroit, & pour lesquels le retrait du mi-denier est infiniment plus favorable.

Il est vrai que Sauvageau, *liv.* 1. *ch.* 77. & sur du Fail, *liv.* 1. *ch.* 303. en raportant l'Arrêt de Klevarec qui est ci-après Arrêt 4. dit qu'il avoit consenti au partage. Mais il faut que ce partage n'eût point été fait, puisque Sauvageau, dans son plaidoïer, ne fit point valoir cette circonstance, & qu'Hevin, loin d'en parler, donne assez clairement pour constant qu'il n'y avoit point eu de partage, dans l'endroit dont je viens de raporter les termes.

Pour confirmer le sentiment de M. de Perchambault, on peut faire les réflexions suivantes.

2. Il est certain que le partage est un titre & un moïen d'acquerir. Il n'y a point même de contrat plus favorable. Si c'est le mari ou son héritier, qui a le droit de retrait du mi-denier, il a la choisie ; & s'il l'exerce sur une lotie composée de biens étrangers à la famille, il consent que l'autre conjoint ou son héritier soit propriétaire de l'héritage qui étoit sujet au retrait, & qui forme l'autre lotie. Si au contraire c'est à la femme ou à son héritier que le retrait apartient, son consentement au partage, sans exercer son droit de sang, a nécessairement l'effet

NOTES.

d'une stipulation portant que le mari ou son héritier ait la propriété de la lotie qu'il choisira.

Avant le partage, le lignager avoit l'option d'en distraire l'héritage qui étoit de son ramage ou de le laisser tomber en partage. Il n'est pas douteux que l'option est consommée pour le second parti. N'est-ce point un abandon suffisant du retrait du mi-denier ?

3. Du Plessis, *ch. 9. sect. 2.* dit que l'art. 157. de la Coûtume de Paris, raporté ci-après dans la conference sur l'art. 323. ne donne le retrait du mi-denier, après le partage, qu'aux autres lignagers, & *qu'il n'est point pour les copartageans qui ne peuvent plus être admis à ce retrait, puisqu'ils tiennent lieu de vendeurs.*

Ce sentiment de du Plessis est adopté par Ferriere, *art. 157. n. 8.*

4. Mais le sentiment de M. de Perchambault, & des autres Auteurs que je viens de citer, doit-il s'apliquer aux autres parens non-héritiers du conjoint lignager. C'est où reside la plus grande difficulté.

Ces parens non héritiers n'ont point concouru au partage, que je supose fait dans le tems que la Coûtume donne pour exercer le retrait du mi denier, & par lequel le conjoint, non-lignager, se trouve posseder tout l'héritage acquis ou retiré dans le ramage de l'autre conjoint. Y a-t'il quelque motif pour les priver du retrait que l'art. 323. leur donne ? Leur droit est certain par l'art. 157. de la Coûtume de Paris; & quoique cet article ne parle que de la moitié, presque tous les Commentateurs l'ont étendu au tout.

5. Si nous consultons uniquement notre Coûtume, l'article 323. ne parle que de la moitié. Il est vrai que s'il y a une renonciation à la communauté, le mari non-lignager ne peut empêcher le retrait de tout l'héritage. Mais c'est qu'en ce cas il est seul acquereur, & qu'il possede les deux moitiés au même titre.

6. Au contraire l'héritage acquis dans le ramage du mari, par exemple, tombant dans le lot de la femme par le partage de la communauté, la femme n'en a que la moitié à titre de coacquereure de cet héritage. L'autre moitié est représentative de la moitié indivise qui lui apartenoit dans l'autre lotie choisie par l'héritier du mari. Ainsi cette moitié étant subrogée à la place de la part indivise de la femme, c'est par le seul effet de cette subrogation, qui a les mêmes effets que l'échange, & non à titre d'acquisition que la femme devient propriétaire de cette moitié. C'est le sentiment de Lauriere sur l'art. 157.

7. Les deux questions que je viens de proposer peuvent encore s'éclaircir par une autre espéce. Titius & Mevius sont coacquereurs d'une terre dont la moitié est dans le ramage de Mevius. Il a droit de retirer la part indivise de Titius dans cette moitié. Mais après le partage la demande de retrait ne seroit pas recevable, quoique Titius se trouve propriétaire par ce partage de toute la portion qui étoit du ramage de Mevius, parce que le traité de partage est l'équivalent d'un transport fait par Mevius de tous ses droits dans cette partie.

8. Mais ce partage n'est point un titre contre les parens plus éloignés, dans le ramage desquels se trouvoit également la moitié de la terre. Leur droit de retrait subsiste malgré le partage, qui ne le rend pas plus étendu; & comme dans le principe le retrait ne pouvoit avoir lieu, à leur profit, que pour la moitié dont Titius étranger étoit acquereur dans leur ramage, il resulte qu'après le partage, ils ne peuvent retirer que la même moitié, quoique Titius se trouve propriétaire de l'autre moitié, parce qu'il ne l'est que par l'effet d'un partage qui n'est jamais un titre susceptible de retrait lignager.

9. Cela me conduit à une autre question, qui est de sçavoir si, dans l'espéce de l'art. 323. les parens plus éloignés peuvent exercer le retrait du mi-denier, avant que la communauté soit partagée. Les Commentateurs de l'art. 157. de la Coûtume de Paris n'admettent qu'une protestation; & ils suspendent ce retrait jusqu'après le partage, parce que l'héritage peut tomber en entier au conjoint lignager ou à ses héritiers.

10 Mais en Bretagne on n'admettroit pas cette décision. Le délai d'an & jour est péremptoire, non seulement pour la de-

NOTES.

mande, mais pour l'exécution du retrait, contre les parens plus éloignés, comme contre le conjoint lignager. Il faut donc que le retrait soit exécuté dans l'an & jour, quoique la communauté n'ait point été partagée; & comme ce retrait des parens plus éloignés est comparable, à tous égards, au retrait lignager ordinaire, je crois qu'on peut faire encore ici la comparaison des deux associés acquereurs d'un même héritage.

11. Quoique l'un des associés se trouve dans la ligne d'une portion de l'héritage, le droit des lignagers plus éloignés ou en pareil dégré, contre l'autre associé étranger à la ligne, est constant pour le retrait lignager de la moitié indivise dont il est acquereur dans leur ligne; & ils doivent s'oposer à l'appropriement & poursuivre l'action de prémesse, de même que si l'autre associé n'étoit pas lignager.

12. Il est vrai qu'en ce cas les deux associés peuvent rendre l'action de prémesse inutile, en faisant, sans fraude & avant l'adjudication du retrait, un partage par lequel l'associé lignager demeure propriétaire de toute la partie qui est dans sa ligne. Mais si ce partage ne se fait pas, le retrait lignager sera ajugé, & par-là les retrayans deviendront associés pour cette portion. V. le Maître T. 7. *ch.* 1. *p.* 179.

13. Quoique cette opinion me paroisse dans les vrais principes de notre Droit, il faut cependant convenir qu'elle est sujette à des inconvéniens; & il seroit à souhaiter que la Jurisprudence adoptât la sage disposition de l'art. 157. de la Coûtume de Paris. Car la disposition rigoureuse de notre art. 323. peut opérer une grande incommodité dans la division de la communauté; & c'est la même chose pour le partage d'un acquêt entre associés dans l'espece que j'ai proposée. Il est bizarre d'autoriser des parens, qui ne sont pas héritiers ou associés, à se rendre copartageans d'une communauté ou d'un héritage acquis en societé. Il est juste de conserver leur droit. Mais il seroit juste aussi qu'il ne fût exercé que lorsque par le partage l'héritage sort de la ligne. Les Réformateurs de notre Coûtume n'ont point prévu cette espece; & ils se sont bornés par l'art. 323. à une disposition générale & de rigueur, qui paroît contraire à l'équité, & même à l'utilité & à la commodité des consorts ou associés.

14. Dans une Note marginale de la traduction de Choppin sur Anjou, *l.* 3. *T.* 1. *in fine*, il est dit que *le retrait de mi-denier peut être reçu & se faire hors jugement*. De Lhommeau a mis cette proposition au nombre de ses maximes du Droit François, *l.* 3. *n.* 243. Elle me paroît constante en Bretagne, quand la communauté a été acceptée par la femme ou par ses héritiers, & lorsque le retrait du mi-denier est exercé, par une ligne contre l'autre, dans la succession du supôt commun. Dans ces deux especes, tous les consorts en la proprieté de l'héritage indivis, sont associés *primario*; & comme ils ont, en Bretagne, une liberté entiere de liciter, quand même la division ne seroit pas difficile, ils peuvent traiter sur l'exercice du retrait de mi-denier. Un traité de cette nature n'est même que l'équivalent de la licitation de l'héritage sujet à ce retrait. Ainsi il n'est pas nécessaire d'observer la formalité prescrite par l'article 301.

Mais s'il y a renonciation à la communauté, tout droit de societé cesse : le retrayant n'ayant aucun titre de proprieté indivise dans l'héritage, il doit observer ce qui est prescrit en general pour le retrait lignager; & cette obligation lui est commune avec les parens non héritiers, que l'art. 323 apelle au retrait de mi-denier, au défaut des héritiers.

15. Du Plessis *ch.* 9. *sect.* 1. & Ferriere, *art.* 155. *in fine*, décident sans distinction que le retrait du mi-denier est à la charge des hypoteques créées pendant la communauté.

Si la femme ou ses héritiers ont accepté la communauté, la question est inutile en Bretagne, parce que cette acceptation les rend sujets à toutes les dettes de la communauté, sauf leur recours contre le mari. Mais le retrait exercé par la femme ou par ses héritiers, lorsqu'il y a renonciation à la communauté, est un retrait lignager ordinaire dont l'exercice étoit seulement suspendu pendant la communauté : & ils ne doivent pas être traités moins favorablement, que les lignagers plus éloignés qui, en exer-

NOTES.

çant le retrait dans l'espece de l'art. 323; ne peuvent être sujets aux charges de la communauté dans laquelle ils n'ont jamais eu aucun droit habituel ni actuel.

Il faut donc suivre, en faveur de la femme renonçante ou de ses héritiers, la maxime générale qui décharge le retrayant des hypotéques créées par l'acquereur; & comme en ce cas il faut que le retrait soit ajugé en Jugement, la sentence est un titre autentique & suffisant, pour que les créanciers du mari ne puissent attaquer, comme frauduleuse, la quittance du remboursement, quoique faite sous seing privé. Ils doivent même s'imputer de n'avoir pas arrêté, incontinent après la dissolution du mariage, entre les mains de la femme ou de ses héritiers, les sommes qui pouvoient revenir au mari pour le remboursemeut du retrait qu'ils avoient droit d'exercer.

16. Coquille *quest.* 142. discute les droits des deux conjoints ou de leurs héritiers, sur les fruits en cas d'exercice du retrait au mi-denier. En apliquant sa décision à nos principes, je crois qu'il faut distinguer trois especes différentes.

1°. Si la recolte est faite avant le remboursement, les fruits se partagent comme ceux des autres acquêts de la communauté. V. la Conférence *n.* 4.

2°. Si le retrait est exécuté incontinent après la dissolution de la communauté, le retrayant doit seulement la moitié des frais de culture; parce qu'on ne peut lui reprocher aucun retardement.

3°. S'il y a eu du retardement, le retrayant, qui exécute le retrait avant la recolte, doit l'interêt du prix; & Coquille lui donne, en ce cas, l'option de partager les fruits *pro ratâ temporis*.

Ces distinctions cessent par raport aux fruits civils, pour lesquels le prorata s'observe toujours.

17. *Dedans l'an & jour.* Ce délai court contre le mineur pourvu de curateur. Arrêt du 10. May 1610. dans Belordeau, *lettre M. contr.* 65. Cette décision auroit même lieu contre le mineur pupille, pourvu qu'il n'eût pas pour tuteur celui contre lequel le retrait du mi-denier devoit être demandé. V. la Conférence sur l'art. 298. *n.* 76. le Commentaire & les Notes sur l'art. 320. *n.* 4.

18. Le mari qui a acquis dans son ramage pendant la communauté, & qui devient garde naturel de ses enfans par la mort de sa femme, est obligé d'exercer le retrait du mi-denier dans l'an & jour, & pour cela de faire créer un curateur à ses enfans Sauvageau, *art.* 219. V. les Coûtumes de Beauvoisis, *ch.* 44. *pag.* 247. & 248. Boucheul, *art.* 341.

19. Dupineau *art.* 396. & *tome* 2. *p.* 281. & Taisant sur Bourgogne, *T.* 4. *art.* 26. décident que s'il y a séparation, le retrait du mi-denier est recevable dans l'an & jour depuis la séparation, sans qu'on soit obligé d'attendre la dissolution du mariage. Cette décision paroît être une conséquence nécessaire de la dissolution de la societé conjugale par la séparation; & je crois qu'elle n'a jamais souffert de doute en Bretagne. V. le Maîstre *T.* 7. *ch.* 1. *p.* 179. M. de Perchambault, *art.* 319.

Mais si l'héritage est approprié avant la séparation, le conjoint lignager est-il obligé d'exercer le retrait dans l'an & jour, ou bien si l'approprïement se fait après la séparation, sera-t'il obligé de s'oposer à cet approprïement, ce qui s'aplique également à l'espece de la non-communauté stipulée par le contrat de mariage?

Notre Coûtume ni la Jurisprudence ne contiennent aucune décision sur cette question. On peut objecter au conjoint lignager que son action afin de retrait étoit ouverte, que la suspension du retrait du mi-denier, pendant le mariage, n'a pour motif que la societé conjugale, & que ce motif cesse dans l'espece que je viens de proposer. Cette objection paroît adoptée par Boucheul *art.* 340. qui en admettant le retrait de mi-denier, lorsque la communauté est finie par la séparation de biens ou autrement, ajoute ces mots, " en y venant dans l'an de la disso„ lution, sans attendre le décès de l'un ou de „ de l'autre des conjoints.

Du Plessis dit au contraire que " la Coû" tume n'ayant parlé que du décès, l'action „ n'est pas ouverte plûtôt & ne se prescrit „ point ainsi plûtôt, parce que, dans la

NOTES.

„ considération de la révérence maritale, elle „ n'a pas voulu permettre cette action à un „ conjoint contre l'autre vivant.

Comme cet Auteur supose que l'action n'est pas ouverte, par la séparation ou la non-communauté, ce qui est contraire à nos principes, sa décision peut être regardée comme peu solide. Mais l'Auteur des Notes marginales, & Auzannet l'adoptent par un autre motif, sçavoir que pendant le mariage il y a toujours espérance qu'il y aura des enfans qui empêcheront le retrait.

Comme en Bretagne les enfans lignagers ont le retrait sur l'autre conjoint, comme le conjoint lignager peut l'exercer sur ses enfans, le motif donné par ces Auteurs ne paroît pas plus décisif que celui de du Plessis.

De plus si c'est le mari qui est lignager, son action qui étoit ouverte ne souffroit point d'obstacle, au lieu que la femme pourroit alléguer en sa faveur le motif de crainte & de respect pour son mari, qui peut l'avoir empêchée d'agir avant sa mort.

Enfin dans les Notes sur la nouvelle édition de le Maître, *T. 7. ch. 3. in fine*, outre le second motif que j'ai raporté, on dit que les divorces pouvant cesser, il n'est pas juste, à cause de cette espérance, d'admettre ce retrait avant la dissolution du mariage.

Outre que ce motif ne s'apliqueroit pas à l'espece de la non-communauté, qui étant stipulée par le contrat de mariage doit nécessairement subsister, ne peut-on point dire en général, qu'en des especes sur lesquelles notre Loi est muette, de pareils motifs doivent paroître peu intéressans, n'étant question que de donner une entiere force à notre appropriement, & d'empêcher de perpétuer un droit de retrait?

20. Brodeau, *art.* 155 Chopin sur Paris, *liv.* 2. *T.* 6. *n.* 19. La Lande, *art* 381. Boucheul, *art.* 340. & Auroux, *art.* 273. décident que le délai, pour le retrait du mi-denier, ne court point pendant la continuation de communauté, parce que, dit Chopin, cette continuation a conservé l'état du premier mariage & de la communauté, de même que si les deux conjoints étoient encore vivans.

21. Ferriere, *art.* 155. *n.* 44. décide qu'un des héritiers ayant exercé le retrait du mi-denier, il n'est pas obligé d'en faire part à ses cohéritiers. Cela seroit évidemment faux dans nos principes, si les cohéritiers demandoient la concurrence dans l'an & jour, ou même dans les 30. ans pour un héritage retiré pendant la communauté.

La décision de Coquille, *T.* 23. *art.* 28. est contraire à celle de Ferriere. Il dit que le cohéritier, qui a retiré, a fait une affaire commune; & que les autres consorts peuvent demander la concurrence pour leurs portions héréditaires, même après l'an & jour.

Mais le même Auteur, *quest.* 141. en décidant pour la concurrence, donne seulement un an pour l'exercer, à compter du jour du remboursement fait au conjoint étranger.

Boucheul, *art.* 340. *n.* 5. en adoptant la décision de Coquille, ne donne point aux cohéritiers d'autre délai, que celui de la Coûtume; de sorte qu'ils seroient obligés d'agir dans l'an & jour depuis la mort du conjoint qu'ils représentent.

Cette décision paroît plus réguliere que celle du nouveau délai dont parle Coquille; car s'il y a un délai peremptoire, dans lequel les cohéritiers soient obligés d'agir contre leur consort, qui a retiré, quoiqu'il soit réputé *negotium hereditarium gessisse*, ce délai ne peut être que le même qui avoit commencé au profit du survivant au moment de la dissolution du mariage.

L'Auteur de la premiere Note marginale sur du Plessis, *ch.* 9. *sect.* 1. décide au contraire que, même après l'an, la concurrence a lieu. Cette décision me paroît dans les principes de l'équité, quoique, dans la rigueur du droit, l'exercice d'un retrait ne soit pas une affaire commune de la succession.

Si le retrait du mi-denier avoit été exercé par l'aîné noble pendant sa saisine, je crois que la concurrence des puînés, après l'an, ne souffriroit pas de difficulté, pourvû qu'elle fût demandée avant la consommation du partage entr'eux & l'aîné. V. l'Arrêt du 14. Janvier 1719. dans mon Journal du Parlement, *Tom.* 1. *ch.* 37.

SOMMAIRE.

SOMMAIRE.

1. *Du retrait du mi-denier au profit des enfans contre leur pere ou mere.*
2. *Du retrait du mi-denier en décharge de propres.*
3. *Retrait au mi-denier du conjoint lignager, ou de son héritier, préférable aux parens plus proches.*
4. *Motif du retrait du mi-denier. Le conjoint étranger perçoit les fruits de sa moitié jusqu'au remboursement.*
5. *Nul retrait au profit des autres parens pendant le mariage, ni après sa dissolution, s'il y a enfans.*
6. *Impenses utiles & voluptuaires tombent en loïaux-coûts.*
7. *Propre d'un des conjoints vendu & retiré pendant le mariage n'est commun.*
8. *Retrait féodal n'a lieu de l'acquêt fait pendant le mariage dans la ligne d'un des conjoints.*
9. *Du retrait féodal du mi-denier.*
Si l'héritage retiré féodalement pendant le mariage, à cause du fief d'un des conjoints, est propre ou acquêt. Quid *de l'acquêt sous le fief d'un des conjoints* Aux Notes.
10. *Le retrait du mi-denier n'a lieu entre autres personnes étant en communauté.*

CONFERENCE.

Art. 322.

A. C. *art.* 304.

T. A. C. *Ch.* 41. Et aussi est-il excepté, entre l'homme & la femme, & les hoirs d'iceux, après la mort d'eux ou de l'un d'eux, à retraire les conquêts qui seroient faits, (*a*) entr'eux durant leur vie en leur mariage en la prémesse de l'un ou de l'autre, (*b*) tant de l'homme que de la femme, comme ils doivent être retraits par la Coûtume; (*c*) c'est à sçavoir dedans l'an & le jour de la mort de celui qui sera décédé d'eux ô le medenier, (comme dit est, aux 216. 217. & 219. Ch.)

Ch. 216. Et quand l'achat est fait en la prémesse de l'ung ou de l'autre, quand l'ung des deux mariés est décédé, celui qui demeure ou son prochain hoir, peut mettre hors, par prémesse, les hoirs au mort, de ce qui aura été conquis en leur prémesse, poïant le mi-denier de la chose conquise, de ce qu'elle aura coûté à conquerre par le marché, & pour bans, vins & ventes, dedans l'an & le jour de la mort du mort; & aussi le vivant les hoirs du mort, par maniere semblable, (*d*) s'il y a rien conquis en leur prémesse.

Ch. 219. Et s'il y avoit conquêts qui fussent faits ou ramaige de l'ung ou de l'autre; ceux ou celui, en qui ramaige ils auroient été conquis & faits, en pourroient getter, ô le mi-denier, les autres dedans l'an & le jour que l'échaite leur seroit venue, comme dit est (aux 216. & 217. chap.)

Thionville, *T.* 8. 5. Ribemont 45. Peronne 248. 249. Senlis 229. 230. Sedan 234. Clermont en Argonne, *T.* 5. 4. 5. *T.* 16. 21. Salle de Lille, *T.* 2. 35. 36. 37. La Gorgue 128. Bar 157. Duché de Bourgogne, *T.* 4. 26. Sens 60. 61. Auxerre 181. Perche 200. Châteauneuf en Thimerais 80. Chartres 71. Dreux 60. Orleans 381. 382. Montargis, *T.* 16. 5. 6. 8. Berry, *T.* 14. 22. 23. 24. Blois 207. Nivernois, *T.* 22. 7. *T.* 23. 28. 30. Bourbonnois 273. Eu 97. 98. Maine 300. 301. Anjou 284. 285. 396. Tours 185. Poitou 340. 341. La Rochelle 40. Bordeaux 27. 28. Saintonge 65.

1. Si desdits conjoints il y a enfans, ils pourront avoir, par retrait d'icelui mi-denier, dedans ledit an & jour, sur le survivant de leur pere & mere en la ligne duquel les choses acquises ne seront mouvans. Anjou 397. Maine 407.

NOTES.

(*a*) *Entr'eux durant leur vie en leur mariage*, n'est point dans les M. S.

(*b*) *Tant de l'homme que de la femme*, n'est point dans les M. S.

(*c*) Cette fin n'est point dans les M. S.

(*d*) Cette fin n'est point dans les M. S.

CONFERENCE.

2. On est reçu à païer le mi-denier dedans l'an, quand le mari & la femme, durant leur mariage, ont acquis aucunes rentes, charges ou servitudes qui étoient dûes sur les biens immeubles du prédécédé. (e) Poitou 344. Bordeaux 30.

3. Si celui des conjoints, lignager survivant, ou s'il est décédé, son héritier aussi lignager, veut retirer ladite moitié sujette à retrait, il doit être préféré à tous autres lignagers (f) qui voudroient venir audit retrait, encore que lesdits lignagers fussent plus prochains en dégré, & qu'ils eussent prévenu. Amiens 180. Laon 251. Châlons 252.

4. Un héritage (g) retrait doit sortir nature de naissant, pource que retrait est introduit en faveur des parens lignagers, afin que les héritages, venans de ligne, ne sortent hors de ladite ligne; & à cette cause, n'y peut demander l'un des deux conjoints, constant le mariage duquel ladite retraite auroit été faite, que la moitié du prix emploïé à faire icelle retraite: & où les héritiers seront refusans rendre lesdits deniers pour moitié, le survivant doit jouir de la moitié dudit héritage, (h) & faire les fruits siens jusqu'au plein remboursement desdits deniers. Chauny 114. Nivernois, T. 23. 28. Maine 407. Montargis, T. 16. 8. Orleans 382.

5. Quand héritage propre est acquis, durant & constant le mariage de deux conjoints, dont l'un est parent & lignager du vendeur du côté & ligne dont icelui héritage lui apartenoit, tel héritage, ainsi vendu, ne gît en retrait, durant & constant ledit mariage. Mais après le trépas de l'un d'iceux conjoints, la moitié d'icelui héritage tombe en retrait, à l'encontre de celui qui n'est lignager ou ses hoirs, dedans l'an & jour du trépas du premier mourant desdits conjoints, suposé qu'il y eût saisine ou inféodation prinse durant icelui mariage, en rendant & païant, par le retraïant, la moitié du sort principal, frais & loïaux-coûtemens; pourvû qu'il n'y eût (i) enfans dudit mariage. Et où il y auroit enfans, ne tombe en retrait, pour l'espérance qu'il y a que tel héritage retourne aux enfans du décédé. Laon 249. Châlons 251. Rheims 217. Calais 164. Amiens 179. Gerberoy 105. 106. Paris 155. 156. Etampes 181. Dourdan 141. Montfort 172. Mante 83. Troyes 150.

NOTES.

(e) Voïez l'art. 442. de notre Coûtume.

(f) Le Febvre, dans une Note raportée par Dupineau sur l'art. 396. de la Coûtume d'Anjou, & Boucheul sur Poitou, *art.* 340. & 342. exigent la qualité d'héritier, pour pouvoir exercer le retrait du mi-denier. Notre article 323. admet évidemment ceux qui ne sont pas héritiers. Mais il se présente sur cela une question de préférence, dans l'espéce suivante.

Un mari a acquis pendant sa Communauté un héritage de son lignage. Après sa mort, sa succession est répudiée par ses enfans, & elle est recueillie par des collateraux. Ceux-ci, quoique plus éloignés, seront-ils, comme héritiers, préférables pour le retrait du mi-denier aux enfans qui sont plus proches, mais qui ont renoncé à la succession?

Il me semble évident que l'esprit de la Coûtume est de préférer les héritiers, par ces mots des art. 319. & 320. *celui qui demeure ou son hoir ... & aussi l'héritier du décédé*, & par la disposition de l'art. 323. qui n'admet au retrait les autres parens qu'au défaut des héritiers. Il est vrai que ces mots, *& prêmes plus lointains*, prouvent que la Coûtume n'a point prévu l'espéce que je viens de proposer. Mais l'intention de la Loi étant en général d'admettre les héritiers au retrait du mi-denier avant les autres parens, c'est assez pour ne point faire d'exception par raport à un retrait, dont le principal objet est d'empêcher la division de l'héritage acquis dans le lignage d'un des conjoints, & de le conserver en entier pour lui & pour ses héritiers.

(g) V. le Commentaire *n.* 6. & 9.

(h) V. les Notes au commencement de cet article *n.* 14.

(i) V. la Conférence sur l'article 323. La Note *ibid.* & la Note sur le Commentaire de l'art. 320. *n.* 4.

CONFERENCE.

Meaux 93. Clermont en Beauvoisis 11. Valois 152. Melun 152. Orleans 381. Bourbonnois 464.

Si le lignager de l'un des conjoints, qui ont acquis par retrait ou autrement, veut, après la dissolution du mariage, retirer du survivant non lignager, la part, qui lui est échue, pourra ledit survivant déclarer qu'il entend que ladite portion demeure aux enfans du prédécédé lignager, & ce faisant, & délaissant actuellement ledit héritage ausdits enfans, ledit poursuivant en retrait en sera exclus. Peronne 250.

6. Le lignager, qui retraïeroit moitié de héritage venant de son côté, est tenu de rembourser la moitié de toutes les impenses: encore qu'elles fussent utiles seulement, (k) ou voluptuaires. Laon 250. Rheims 218. Sens 62. Auxerre 181. Orleans 381. Blois 207.

7. Si elles avoïent été vendues par eux, ou par l'un d'eux, durant leurdit mariage, & depuis par eux, ou l'un d'eux, retraites durant icelui mariage, l'acquêt ou retrait ne seroit commun, ains amorti dès le retrait que lesdits conjoints ou l'un d'eux en auroit fait: & n'en pourront rien avoir ne demander l'un d'eux ne leurs héritiers sur l'autre. Poitou 345. Bordeaux 30.

8. Si le mari acquiert, durant le mariage de lui & de sa femme, aucune chose des parens & lignagers de sadite femme, le Seigneur féodal ne peut demander que les ventes & honneurs & non la chose par puissance de fief. Car c'est autant que si elle avoit été vendue à ladite femme; & audit cas auroit lieu l'offre de mi-denier comme dessus. Poitou 361.

9. Si aucun a fief, & en icelui fief ait fait acquêt; & après son trépassement ait héritiers en deux diverses lignes, les héritiers, en la ligne desquels le fief seroit mouvant, (l) auront lesdits acquêts, s'ils veulent, en rendant, aux héritiers de l'autre ligne, le mi-denier, dedans l'an & jour après le décès d'icelui, en quelle ligne le fief n'est mouvant. Maine 414. & 300. Anjou 403. & 284. Lodunois, T. 15. 30. Perche 201. Blois 186. (m)

10. Et n'a lieu ledit offre de mi-denier, entre autres personnes etant en Communauté, fors entre le mari & la femme seulement. Poitou 342.

La Conférence de l'art. 319. sert aussi pour les art. 320. 321. 322. & 323.

SOMMAIRE

1. Pourquoi le retrait du mi-denier n'est pas ouvert pendant la communauté.

2. Si ce retrait apartient à l'héritier quoiqu'étranger à la ligne de l'héritage. Quid du Seigneur de fief successeur par deshérence. Aux Notes.

NOTES.

(k) V. l'Arrêt 3.

(l) Ferriere, *art.* 155. *n.* 29.

(m) Du Moulin, § 20. *gl.* 1. *n.* 48. & Brodeau, *art.* 155. décident que le retrait féodal aïant été exercé pendant la communauté, à cause du fief propre d'un des conjoints, l'héritage retiré n'est point reputé acquêt & est propre, à cause de la consolidation au fief dominant, qu'ainsi l'autre conjoint ne peut prétendre, après la dissolution du mariage que la moitié du prix & des loïaux-coûts Arrêt du 15. Septembre 1594. dans M. Loüet, *lettre R. ch.* 3. V. Auzannet, *art.* 20. Pocquet *du ret. feod. ch.* 5. *sect.* 4. §. 2. *& ch.* 9. Renusson *de la communauté, part.* 1. *ch.* 3. *n.* 61. *& suiv.* Boucheul, *art.* 339. La Peirere, *lettre C. n* 16. La Taumassiere, *rub. au T.* 13 Basnage, *art.* 178. La conference sur l'art. 306. *n.* 2 *& suiv.*

Du Moulin observe qu'il n'en est pas de même pour l'acquisition faite sous le fief d'un des conjoints, parce qu'il n'y a de consolidation, que pour la moitié: & il décide qu'on est obligé d'exercer le retrait du mi-denier dans le tems fixé par la Loi.

V. le Commentaire sur l'art. 424.

3. *Le retrait doit être du tout en cas de renonciation à la communauté.*

Il peut être de partie suivant l'article 308.

Si c'est du jour de la mort, ou de la renonciation, que le délai commence.

La renonciation n'est point un obstacle au retrait. Aux Notes.

4. *Loiaux coûts doivent être remboursés.*

5. *Espece singuliere sur le retrait du mi-denier pour un bien chargé d'un doüaire qui avoit cessé pendant la communauté.*

Si le retraiant doit faire raison d'une portion de cet usufruit, & à quelle proportion. Aux Notes.

6. *Héritage retiré au nom de la femme pendant la communauté peut être saisi pour ses dettes propres, en rendant préalablement au mari le prix du retrait.*

7. *Nécessité de rembourser dans l'an & jour.*

8. *Si les augmentations doivent être remboursées.*

9. *On a trente ans pour le retrait au mi-denier des biens retirés pendant le mariage.*

Quid *du bien venu par retrait conventionnel, ou par licitation.* Aux Notes.

10. *Si la chose retirée est propre.*

COMMENTAIRE.

1. D'ARGENTRE' A. C. *Art.* 304. Tiraqueau raporte de pareilles dispositions d'autres Coûtumes. Et la raison pour laquelle ce n'est qu'après la dissolution du mariage que ce retrait s'exerce, est que le remboursement ne peut se faire pendant le mariage, puisque les deniers sont communs entre les conjoints, & que le mari en est le maître. Ainsi il ne court point de tems ni de prescription.

En la prémesse. Id est au lignage & ramage de l'un des deux.

2. *Ou son hoir.* Il faut remarquer que ce retrait s'accorde à l'héritier comme héritier, & non comme lignager; (*n*) puisque, quand même il ne le seroit

NOTES.

(*n*) Ainsi, suivant d'Argentré, le mari aïant acquis un héritage qui étoit enramagé dans sa ligne maternelle, & étant mort sans enfans, son pere héritier *ordine verso*, auquel l'héritage est absolument étranger, & qui en recueille cependant la moitié comme acquêt de son fils, aura le retrait du mi-denier.

Du Plessis, *ch.* 9. *sect.* 1. décide contre le pere; & il ajoûte, ce qui n'est pas douteux, que ce retrait peut être exercé par les collateraux lignagers. Il est même certain qu'ils ont ce droit contre le pere même, pour la moitié qu'il recueille comme héritier *ordine verso*.

La décision de d'Argentré est suivie par la Lande, *art.* 381. & par Dupineau, *art.* 385.

Cependant les mots de l'art. 319. „ ou son „ hoir peut mettre *hors par prémesse*, " n'ont pour objet qu'un retrait lignager.

Dupineau ajoute que „ tout autre successeur ne seroit pas reçu, comme par exemple le Seigneur de fief. Ce qui est constant si le Seigneur n'a point d'autre titre que la succession par desherence.

Mais pourquoi n'auroit-il pas le retrait féodal de la moitié apartenante au conjoint étranger, s'il n'a point été exclus de ce retrait par le païement des lods & ventes, ou par l'appropriement fait dans sa Jurisdiction ?

Pendant que l'héritage a été possedé par les deux conjoints dont l'un étoit lignager, le Seigneur etoit exclus du retrait féodal. Mais après la dissolution du mariage, l'obstacle est levé, faute de retrait du mi-denier,

pas, il pourroit exercer ce droit, le conjoint lignager n'aïant pu agir de son vivant. Car il est certain que l'action de retrait aïant été formée par le lignager, son héritier, quoiqu'étranger à la ligne de l'héritage, peut l'exercer, mais seulement pour sa part héréditaire par l'effet de la transmission de l'action.

3. *Le mi-denier.* Parce que l'autre moitié apartient à celui qui demande. * Mais l'Auteur devoit ajouter, *supposant la communauté, & qu'on y ait pris part.* Car celui qui auroit renoncé devroit rembourser le tout.] (*o*)

4. HEVIN. Vid. Arg. *art.* 418. *gl.* 2. *num.* 8. Outre la moitié du prix du contrat, il faut restituer la moitié des frais, comme bannies, vins & commissions & ventes. (*p*)

5. Titius marié, voïant un héritage de sa famille ajugé à un étranger, aux conditions de païer 1000. livres, de continuer le païement de 18. liv. de rente constituée rachetable pour 300. liv. & de païer 90. liv. par chacun an à Mævia pendant sa vie, (c'étoit pour cause de doüaire) demande le retrait qui lui est ajugé. Il rembourse les 1000. liv. & les loïaux coûts à l'adjudicataire ; il franchit aussi la rente de 18. liv. pour 300. liv. pendant son mariage, & païe chacun an à Mævia 90. liv. pendant 9. ans qu'elle vêcut ; & enfin l'épouse de Titius meurt.

Question entre le mari survivant & l'héritier de la femme, sur le remboursement de la moitié du prix de cette acquisition.

Titius offre la moitié des 1000. livres, même la moitié des 300. livres

NOTES.

l'étranger demeurant propriétaire de la moitié. Ainsi l'exercice du droit de retrait féodal ne peut pas souffrir de contestation.

Ne peut-on pas même dire que, malgré la reception des lods & ventes & l'appropriement dans sa Jurisdiction, le Seigneur a pu conserver son droit par des protestations, lors de l'appropriement, & en declarant dans sa quittance, qu'il ne recevoit les lods & ventes, que parce qu'il ne pouvoit pas s'en dispenser, l'un des conjoints étant lignager, & avec réservation de raporter pour exercer le retrait féodal après la dissolution du mariage ?

(*o*) V. Chapel, *pag.* 106. & 107. qui décide que la femme renonçante à la communauté peut jouir du droit de ne retirer qu'une partie, suivant l'art. 308. de la Coûtume. V. aussi Auroux, *art.* 373.

Lhoste, *tit.* 16. *art.* 5. pense que, pour le remboursement de la moitié qui auroit apartenu à la femme, si elle n'avoit pas renoncé, l'an du retrait ne commence que du jour de la renonciation, „ *quia*, dit-il, *ab eo* „ *tempore res amplius ejus dici non potest*, ladite „ part a commencé de ce jour d'être aux „ héritiers. "

Cette opinion est condamnée par la Lande, *art.* 381. & outre qu'elle n'est apuïée d'aucun Arrêt, on peut y répondre que la renonciation a un effet rétroactif au tems de la dissolution du mariage. Cependant il est certain que l'an & jour a été accordé par la Loi, pour mettre en état de chercher les sommes nécessaires au remboursement. Or, tandis qu'une femme se trouve dans le délai pour déliberer, & consequemment dans l'incertitude si cette moitié lui restera, ou si elle y renoncera sauf l'exercice du retrait, il pourroit être contre l'équité de faire courir contr'elle le délai du retrait pour cette moitié.

Au reste, il est de maxime, contre le sentiment de du Plessis, que la renonciation à la communauté n'exclut pas de ce retrait. V. Ferriere, *art.* 155. *n.* 36. & *suiv.* Dupineau, *art.* 396. & *tom.* 2. *pag.* 282. Boucheul, *art.* 340

(*p*) V. le nombre 8.

prises dans la communauté & des loïaux-coûts, mais refuse la moitié des sommes païées à Mævia doüairiere pendant les neuf ans qu'elle vêcut : dit que ces sommes ont été païées des fruits de la terre; tout ainsi que la rente de 18. livres, que le païement des rentes & charges courantes dûes sur les propres des époux se prend sur la communauté sans récompense; qu'on ne peut, en ces rencontres, prétendre de récompense ou remboursement, que d'un principal par lequel on auroit éteint la rente; que cette décharge s'est faite par le décès de la doüairiere, *ipso jure*, sans avoir rien païe pour cet amortissement ou décharge; & partant qu'on ne peut rien demander pour cette cause.

L'héritier de la femme dit, que l'obligation de païer 90. liv. par an, pendant un nombre d'années ou pendant que la doüairiere vivra, fait partie du prix; que cette prestation n'aïant point de principal, elle ne peut être considerée comme l'interêt ou rente d'un principal, n'étant point une charge perpétuelle; mais que ces païemens annuels *ad tempus* sont le principal même, dont le païement est divisé en plusieurs termes, *solutio per partes*, comme si on promettoit de païer 2000. liv. en 20. ans à raison de 100. liv. par chacune année, que ces païemens ont fait partie du prix, sans quoi le prix de l'adjudication eût été plus grand; que le mari *certat de lucro*, au préjudice de l'héritier. Hæc quæstio difficilis & ardua. (q)

6. Question. Les conjoints retirent un héritage à cause de la femme. Cet héritage retiré lui est propre; mais en rendant la moitié des deniers emploïés au retrait aux héritiers du mari, au cas qu'elle prenne part à la communauté, ou le tout desdits deniers, si elle renonce à la communauté. Hæc certa sunt. Cette femme est chargée de dettes propres qui ne tombent point dans la

NOTES.

(q) Cette question peut se présenter & se décider par les mêmes principes, lorsque l'acquereur, à charge de rente fonciere, est évincé par le retrait ordinaire. Il est certain que les arrerages de rentes viageres, païés pendant que l'acquereur a joui, ne peuvent pas être comparés aux arrérages de rentes foncières ou constituées qui sont le simple revenu d'un fonds toujours subsistant. Il faut donc regarder les arrerages de rentes viageres comme participant de la nature d'un prix principal. Mais aussi l'on ne peut pas dire qu'ils doivent être rembourses en entier, parce que le revenu dont l'acquereur a joui doit entrer en deduction; & comme il est souvent difficile de faire ce compte, il semble qu'il doit y avoir une régle générale, qui est que la moitié seulement des arrérages soit regardée comme un revenu non raportable par le retraïant, & que l'autre moitié tienne nature de principal. Cela résulte de l'évaluation que la Coûtume fait de l'usufruit au denier 10.

Suposons, pour exemple, qu'un héritage soit acquis pour une rente viagere de 300. liv. c'est de même que si le prix étoit la somme de 3000. l. produisant 150. liv. de rente. Ainsi les 150. liv. excedentes par chaque année doivent être remboursées par le retraïant pendant que l'acquereur les a païées, sans quoi celui-ci ne sortiroit pas indemne.

On peut même soutenir que les interêts du jour de chaque païement sont dûs, étant présumé que les jouissances de l'heritage n'ont pas dédommagé l'acquereur de ce qu'il se trouve avoir avancé chaque année pour le retraïant.

Ainsi dans l'espéce que propose M. Hevin, le mari qui exerçoit le retrait du mi-denier, devoit le quart des 90. liv. de rente viagere païées pendant 9. ans, & l'interêt à proportion à compter du jour de chaque païement.

communauté, soit par clause de leur contrat de mariage, ou parce qu'il y à des procès de son chef où le mari ne l'autorise point, & elle plaide sous l'autorité de Justice, suivant l'art. 449. elle succombe; & le créancier propose de discuter les propres de la femme, & saisit les héritages retirés en son nom. *Quæritur* s'il le peut. J'estime qu'oüi; (r) mais il faut que ledit créancier rende préalablement au mari les deniers emploïés à ce retrait pour le tout, & sans déduire la moitié que la femme a par droit habituel dans la communauté. Car le mari en est seul maître, & en a la disposition tant qu'elle dure : le droit de la femme ne se détermine qu'au moment de la dissolution de la communauté. Jusques-là non est domina nequidem pro parte, par l'art. 424. de la Coût. & tant qu'elle dure il est incertain si elle y aura part.

7. Arrest I. Il ne suffit pas d'agir dans l'an & jour, mais il faut rembourser précisément dans l'an & jour; de sorte que si le Juge ajugeant le retrait au mi-denier, ordonne de rembourser dans la quinzaine, il juge mal. Il est vrai que si le défendeur en retrait aportoit de l'empêchement à cela, en retenant la minute de l'exploit d'adjudication, son empêchement ne nuiroit pas à la partie retraïante, pourvu que dans l'an & jour il eût fait les poursuites possibles pour la reddition de ladite minute. Car les poursuites faites après ledit an ne sont point considérables. Jugé par Arrêt du 22. Novembre 1632. plaidans Mouton, le Fevre & Devolant, Pierre Ruette & consorts, Antoine Goupil, & Julienne Prud'homme parties : c'étoit un apel de Fougeres.

Arrest II. On a débouté un mari du retrait au mi-denier, faute d'avoir remboursé dans l'an & jour; & jugé que la demande faite dans l'an & jour ne suffisoit pas, & qu'il falloit le remboursement actuel ou consignation, par Arrêt de ce jour 24. Mars 1678. plaidans Primagnier & Gentil.

8. Arrest III. Le retraïant au mi-denier est aussi tenu de rembourser la moitié des augmentations qui auroient été faites à la chose retirée. (s) Jugé entre des Maloüins au raport de M. Colin.

NOTES.

(r) C'est la décision de du Moulin sur Paris, *art.* 184. *vet.* s'il étoit acquis par retrait lignager, dit cet Auteur, *tunc esset statim proprium illius ex cujus personâ retrahitur, nec cederet in divisionem: sed esset tantùm media alteri restituenda.*

V. du Plessis, *ch.* 9. *sect.* 1. Le Maître, T. 7. *ch.* 1. *pag.* 180. La Lande, *art.* 382. Brodeau, *art.* 139. Lhoste, T. 16. *art.* 8. Belordeau, *obs. for. lettre* R. *n.* 19. La Conference *n.* 3. le nombre 10. ci-après, & la Conference sur l'art. 298. *n.* 94. & *suiv.*

(s) Brodeau, *art.* 155. Ferriere, *ibid.* *n.* 25. Note xxx. sur du Plessis. Buridan, *art.* 250. Pontanus, *art.* 207. Boucheul, *art.* 340. La Lande, *art.* 381. & 382.

Belordeau *hic* raporte un Arrêt contraire du 18. Septembre 1618.

Dans l'espéce de cet Arrêt, il avoit été fait de grands bâtimens à la campagne; & ils pouvoient n'être pas utiles pour l'augmentation du revenu. Belordeau ne s'explique point sur cela, ni sur les autres augmentations dont il parle en général, & qui pouvoient n'être que voluptuaires: ce qui met hors d'état de connoître la véritable espéce de cet Arrêt.

Je crois que la décision, pour le remboursement des améliorations, est plus conforme non-seulement à l'équité, mais encore aux

9. ARREST IV. On a demandé si de même que le retrait au mi-denier devoit être exercé dans l'an, pour les choses achetées dans la prémesse dont parle notre Coûtume en cet article & suivans, il falloit aussi au cas que les biens n'eussent pas été acquis, *promiscuo contractu*, pendant le mariage, mais retirés *vi* du lignage d'un des conjoints, rembourser dans l'an après la dissolution du mariage; ou si au contraire on le pouvoit *quocumque tempore* avant la division ou partage. Les uns soutenoient que idem jus erat de la chose acquise ou retirée, (*t*) suivant la Coût. de Paris & plusieurs autres. Les autres, dont étoient les feus sieurs Chapel freres, le sieur de la Chesnaye Henry, & entre les vivans la plûpart du Barreau, soutenoient que par l'esprit de notre Coûtume la chose étoit propre; & que c'étoit aussi le sentiment de d'Argentré, *art.* 418. *de l'anc. glos.* 2. *num.* 8.

NOTES.

véritables régles. Un acquereur non approprié doit s'imputer d'avoir fait des dépenses non nécessaires, pendant qu'il pouvoit être évincé par le retrait. C'est une faute personnelle qui ne doit pas rendre le retrait plus onéreux.

Au contraire le conjoint lignager, ses héritiers, ou des parens plus éloignés qui veulent exercer ce retrait, sont évidemment non recevables à reprocher, comme une faute, les améliorations faites pendant la communauté. C'est du chef du coacquereur même, que le retrait au mi-denier est exercé : les conjoints ont eu droit, & même ont dû améliorer leur bien commun ; & il n'est pas juste que le conjoint étranger, ou ses héritiers, perdent la dépense utile qui a été faite, & dont la communauté se trouve d'autant moins riche.

On peut néanmoins objecter que cette raison ne peut s'apliquer qu'à l'héritage acquis, & non à l'héritage retiré. Car s'il est vrai que cet héritage soit propre au conjoint lignager, sauf le remboursement de la moitié du prix & des loyaux-coûts, ne doit-on pas conclurre que cette amélioration est comme toutes les autres simples améliorations, qui, étant faites sur le propre d'un des conjoints, ne produisent point une action de reprise, pour la moitié de la dépense, au profit de l'autre conjoint.

De là on pourroit conclurre qu'il faudroit suivre, par raport à l'héritage ainsi retiré, la disposition des articles 601. 602. & 603. de la Coûtume.

On peut cependant trouver un motif de différence. Les propres, qui font l'objet de ces articles, apartiennent à chacun des conjoints, indépendemment de toute négociation faite pendant la communauté. Au contraire l'acquisition, même par retrait, est l'ouvrage de la communauté conjugale. M. Hevin observe même, *nomb.* 10. ci-après, que le bien retiré n'est propre que par aptitude, de sorte que cela dépend de la volonté du conjoint lignager ou de ses héritiers; & comme ils sont les maîtres de ne pas retenir l'héritage, il semble qu'on doit conclurre que, jusqu'à la déclaration de leur volonté, cet héritage apartient à la communauté, pendant laquelle conséquemment on a pu l'améliorer au profit de cette communauté.

Ainsi je crois que, dans cette espece, le remboursement de la moitié des améliorations est dû, suivant la décision des Coûtumes qui se sont expliquées sur cette question. Et je ne crois pas qu'on doive suivre, en Bretagne, le sentiment de le Grand, *art.* 150. *gl.* 4. qui paroît n'admettre l'obligation, que pour les réparations nécessaires, comme en tout autre retrait, quoique l'article parle expressément des *méliorations*.

Quant aux réparations purement voluptuaires, quoique quelques Coûtumes en ordonnent le remboursement, je crois qu'il ne peut pas être demandé en Bretagne, parce qu'elles n'augmentent point le revenu, & que même il seroit facile de rendre impossible le retrait du mi-denier, par ces dépenses.

(*t*) Dupineau, *Tome* 2. *p.* 452. *& suiv* Coquille, *T.* 23. *Art.* 30. Renusson *de la Communauté*, *part.* 1. *ch.* 3. *n.* 55. 65. 66. *&* 67. Poitou, *art.* 339.

J'avois

J'avois soutenu cette derniere opinion, écrivant pour le sieur de Klevarec en 1656. sur une demande d'évocation du principal, sur laquelle les parties furent renvoïées devant les Juges d'Auray & demeura indécise. Je la soutins encore depuis pour M. de Lomaria Trevegat Conseiller; & j'y avois écrit, tout ainsi que dans l'autre, de toute ma force. Elle fut terminée par une transaction générale, & non du tout à l'avantage de mondit Sieur. Elle s'est présentée nouvellement entre .... Pean, ci-devant Procureur au Parlement, & .... au raport de M. de Kfilis, qui souhaita mes Mémoires là-dessus. Elle a été partagée en Grand'Chambre, M. le Raporteur soutenant l'opinion de d'Argentré, & M. de la Roche St. André soutenant le contraire; & ce Mercredi matin 12. de Mai 1660. (u) elle a été départie en la Chambre des Enquêtes conformément à l'avis du Raporteur.

Je reconnois que cette question étoit infiniment problematique. Jugé encore depuis à l'Audience, moi plaidant pour ledit sieur de Klevarec ci-dessus mentionné, qui, en conséquence du renvoi fait à Auray, obtint sentence à son profit confirmée par Arrêt le lundi 16. Janvier 1662. conformément à l'avis de d'Argentré, *art.* 418. *vet. gl.* 2. *n.* 8.

10. La chose retirée est propre. Idem sentit Hispanus Gomesius, *ad Legem Taurinam* 70. *num.* 28. La Coût. de Normandie dit de même, que la chose retirée est propre, *art.* 483. M. Loüet *lettre* R. *n.* 3. & Brodeau *ibid.* la Coût. de Paris *art.* 139. Vide Coquille dans ses questions *chap.* 188. Mais je tiens qu'il n'est propre que par aptitude, & en rendant les deniers; autrement le supôt commun, en retirant les biens d'un estoc, feroit préjudice à l'autre estoc.

NOTES.

(u) V. le Journal du Parlement, *Tome* 1. *ch.* 96. Sauvageau, *liv.* 1. *ch.* 51. & 77. & sur du Fail, *liv.* 1. *ch.* 303. Belordeau, *lettre M. contr.* 34. raporte un Arrêt conforme, pour retrait du mi-denier, de l'heritage vendu à condition de rémeré par le pere du mari, & retiré par celui-ci pendant sa Communauté. Le motif fut que le retrait conventionnel exercé par le mari étoit une décharge de l'hérédité paternelle, pour laquelle les héritiers de la femme ne pouvoient prétendre que la moitié des deniers qui y avoient été emploïés suivant l'art. 442. de la Coûtume.

Si le bien avoit été acquis par licitation, le retrait du mi-denier pourroit être aussi exercé dans les 30. ans, parce que ce bien est également venu par droit de sang, & même par une voïe plus favorable que le retrait lignager, puisque c'est un partage de succession.

ARTICLE CCCXX.

Et aussi l'héritier du décedé peut mettre hors le survivant par maniere semblable, s'il y a eu quelque chose acquise en la prémesse du décedé, sauf audit vivant à joüir de sa donation que le premier mourant lui auroit faite. *Auquel cas surſoira le rembourſement juſqu'après le décès du donatàire en baillant caution.*

SOMMAIRE.

1. *Du ſurvivant donataire qui exerce le retrait du mi-denier.*
2. *Donataire, donnant caution, doit jouir du rembourſement des acquêts retirés par remeré ou par retrait.*
3. *Uſufruit du donataire ſur qui le retrait du mi-denier eſt exercé.*
4. Idem *pour le retrait féodal du mi-denier.*

CONFERENCE.

A. C. *Art.* 305.

T. A. C. *Ch.* 117. Et ſi les hoirs du premier mourant vouſiſſent mettre hors par le mi-denier, le plus vivant des terres conquêtées, ils le peuvent mettre hors de leur prémeſſe, en poïant le mi-denier, comme dit eſt ailleurs (aux 41. 216. 219. Ch.) ſauf au plus vivant à jouir de ſa donnée : car ceux qui ne les mettroient hors dedans l'an & le jour du decès de leur prémeſſe, & les autres en demourroient appropriés.

1. *Auquel cas ſurſoira.* Semblablement ſera reçu le ſurvivant .... auquel ſurvivant, en exécutant ledit retrait, ſera ajugé la propriété apartenant auſd. héritiers en iceux acquêts, en baillant caution aux dits héritiers que le mi-denier d'iceux acquêts ſera rendu à iceux héritiers après le decès dudit ſurvivant, pour ce qu'il a droit d'en avoir l'uſufruit. Maine 407. Anjou 396.

2. Entre roturiers les deniers du retrait, ou du ravoir & recouſſe par grace, ſe doivent bailler au ſurvivant des conjoints par mariage acquereurs, communs en biens, les héritiers du decedé préſens ou apellés ; & en jouira ledit ſurvivant, ſa vie durant, en baillant caution de rendre la moitié deſdits deniers aux héritiers du decedé ; & après la mort du dernier decedé leſdits deniers viendront aux héritiers d'iceux conjoints par moitié. Lodunois, *T.* 15. 18.

3. Es païs de Touarçois, & ailleurs, où les acquêts ſont au ſurvivant des conjoints par mariage, pour en jouir du tout à viage & de la moitié en propriété, ſi eux, ou l'un d'eux, font aucuns acquêts où le mi-denier ait lieu, & l'héritier du défunt fait ledit offre de mi-denier, ce nonobſtant ledit ſurvivant prendra, à ſa vie, la moitié dudit acquêt, par le bénéfice de ladite Coûtume qui veut que leſdits acquêts ſoient au ſurvivant, pour exploiter moitié en propriété & moitié par uſufruit, & l'autre moitié aura celui qui ſera reçu à l'office du mi-denier. Poitou 343. Bordeaux 29.

4. Si par conjoints en mariage ont été faits, des deniers communs, aucuns acquêts par droit de puiſſance de fief, le ſurvivant deſdits conjoints tiendra leſdits acquêts durant ſa vie. Tours 186. Anjou 284. Maine 300.

SOMMAIRE.

1. *Motif de l'article.*
2. *Du rembourſement par remeré. Le ſurvivant donataire joüit du prix en donnant caution.*
3. *Du Retrait du mi-denier par les parens d'un des conjoints. Retrait lignager s'ils ſont plus proches parens du vendeur.*

NOTES.

Ferriere, *art.* 155. *n.* 47. & 48. Boucheul, *art.* 343. La Lande, *art.* 382.

COMMENTAIRE.

1. D'ARGENTRE' AIT. *Auquel cas surfoira le remboursement.* Hoc ampliùs quàm in veteri ex bono & æquo constitutum, quia interim Donatarius fruitur.

D'ARGENTRE' A. C. *Art.* 305. *Sauf au vivant joüir de sa donaison.* Car nonobstant ce droit de retrait au mi-denier, le survivant doit joüir du tout par usufruit.

2. Si l'acquêt étoit résolu depuis la dissolution du mariage, en vertu d'une faculté de remeré, le survivant joüiroit du prix par usufruit en donnant caution. (*a*)

3. Si le parent du vendeur & de la femme lignagere demandoit le retrait de la moitié du mari qui est étranger, y seroit-il recevable? Il faut présuposer qu'il soit plus éloigné que la femme du chef de laquelle seroit l'acquêt. Car s'il étoit plus proche, il n'y auroit pas de difficulté que le retrait ne pût dans le moment avoir lieu; mais s'il étoit plus éloigné, il faudroit qu'il attendît à voir si la femme ou son héritier exerceroit le retrait du mi-denier. (*b*)

4. * L'Auteur raporte mal un Arrêt (*c*) du 14. Mars 1570. par lequel il a été

NOTES.

(*a*) Du Fail; *liv.* 1. *ch* 270. & 361. V le Commentaire & la Note (*b*) sur l'article 213. *p.* 689.

(*b*) Le délai d'an & jour étant peremptoire par l'article 323. contre les parens plus éloignés, comme contre le conjoint lignager, il faut agir & rembourser dans l'an & jour: & le silence du conjoint lignager, ou de ses héritiers, ne seroit pas un motif d'excuse, & de prolongation de délai, en faveur du parent plus éloigné. V. les notes au commencement de l'article 319.

Au reste, il est évident que l'article 320. est absolument étranger aux parens non héritiers, que la donation mutuelle ne peut pas intéresser.

(*c*) Il paroît nécessaire de raporter l'espéce de cet Arrêt, telle qu'elle est dans M. du Fail.

Jean de la Houlle meurt & laisse deux enfans, dont Louise Guillemin sa veuve est tutrice. Ces enfans étant morts, Jeanne de la Houlle, leur tante, leur succede, & demande le retrait du mi-denier des acquêts faits pendant le mariage de la Houlle & de Louise Guillemin, parce qu'ils étoient du ramage de la Houlle. La Guillemin répond, que le retrait du mi-denier est non-recevable, n'aïant pas été fait dans l'an depuis la mort de son mari. Jeanne de la Houlle répond que le délai n'a point couru, parce que la Guillemin étoit tutrice de ses enfans, & qu'elle avoit caché les contrats. La Guillemin replique que la Coûtume est précise, par ces

décidé, qu'une mere aïant été instituée tutrice de ses enfans, morts mineurs après cinq ans de gestion, n'avoit point été obligée d'exercer contre elle-même, pour ses enfans, le retrait du mi denier; & qu'ainsi les héritiers collateraux des enfans n'étoient pas recevables à exercer ce retrait. M. du Fail,

NOTES.

mots *dedans l'an*, que le retrait est odieux, & que le tuteur n'est *in dolo nec in culpâ*, *qui acquirendi occasione non utitur*. Par Arrêt du 14. Mars 1570. Jeanne de la Houlle fut déboutée.

M. Hevin n'aprouve pas cette décision; & le motif qu'il donne est que le tems ne commence contre les héritiers du fils, que du jour de sa mort. Les articles de l'Ancienne & de la Nouvelle Coûtume qu'il cite ne paroissent pas avoir d'aplication à la question, & je crois même que le motif qu'il donne ne peut servir qu'à décider une espéce toute différente.

Il est vrai que, si l'enfant est acquereur d'un héritage, par exemple, du ramage de son estoc paternel, & s'il meurt, laissant sa succession *ordine verso* à sa mere, l'an & jour, donné aux collateraux paternels, pour retirer l'héritage sur la mere, ne doit courir que du moment de la mort de l'enfant, puisque c'est seulement de ce jour-là, que l'action pour ce retrait est ouverte, étant évident qu'elle n'avoit pas lieu avant la mort de l'enfant.

Mais dans l'espéce de l Arrêt de 1570 il s'agissoit d'un héritage, dont la moitié apartenoit en propre à l'enfant, & l'autre moitié apartenoit à la mere comme communiere. L'Arrêt a jugé que la mere n'avoit point été obligée d'exercer le retrait du mi-denier, pour ses enfans, sur elle-même, & que les parens collateraux avoient eu, du moment de la mort du pere, une action ouverte pour exercer le retrait du mi-denier dans l'an fixé par la Coûtume.

Ainsi l'Arrêt en jugeant le délai peremptoire du jour de la mort du mari, contre les héritiers collateraux, a décidé que le retrait du mi-denier avoit lieu à leur profit, quoiqu'il y eût des enfans du mariage, contre ce qui est raporté dans la conference des art. 298. *n.* 30. 319. *n.* 5. & de l'art. 323. Car il est évident, que si le droit du parent collateral, pour exercer le retrait du mi-denier, étoit suspendu pendant la vie des enfans, l'an & jour n'auroit pu courir, contre ce parent, que du jour de la mort du dernier enfant.

Lhoste sur Montargis cite d'Argentré & l'Arrêt de 1570. & il va plus loin encore. Car il décide, en général, que les enfans même n'auroient pas pu exercer le retrait du mi-denier sur leur mere & tutrice, après l'an & jour depuis la mort du pere, ce qui paroît contre tout principe, suivant ce qui a été observé sur la conference de l'art. 298. *n.* 90.

Du Moulin, §. 184. *n.* 7. propose une espéce, entierement semblable à l'espéce jugée par l'Arrêt de 1570. & il décide que l'action contre la mere tutrice a dormi dans la personne de l'enfant, qui, étant mort pupille, a transmis à ses parens du même estoc l'action de retrait contre sa tutrice.

Sauvageau, *art.* 319. atteste que la Jurisprudence a dérogé à l'Arrêt de 1570. V. ses notes sur cet Arrêt, Devolant, *lettre R. ch.* 62. & M. de Perchambault *hîc*.

Après avoir raporté l'Arrêt de 1570. & les conséquences qui résultent de cet Arrêt, je crois qu'on doit préférer l'opinion de M. Hevin, conforme à celle de du Moulin, Coquille, *quest.* 140. Boucheul, *art.* 340. Brodeau, *art.* 155. Dupineau, *art.* 397. Louis, *art.* 301. Auroux, *art.* 273. de Lhommeau, *liv.* 3. *n.* 241. M Louet, *lettre R. ch.* 40. & de presque tous les Auteurs François, & à l'art. 8. des Arrêtez de M. de Lamoignon.

Premierement il est certain, dans les principes généraux du Droit Coûtumier, & suivant les régles les plus simples de l'équité, que, pendant la tutelle, le pupille ne peut pas être exclus de l'action de retrait qui lui apartient contre son tuteur. Tandis que le pupille est dans la puissance du tuteur, il est présumé ignorer absolument ses droits; & il est même dessaisi de tous les titres qui peuvent lui faire connoître le lignage & le ra-

l. 1. *ch.* 303. qui raporte l'Arrêt, donne pour motif que le terme d'un an marqué par la Coûtume est peremptoire & ne peut être prorogé.]

HEVIN. Cette décision est choquante. Car le tems ne commence contre les héritiers du fils que du jour de sa mort, *art.* 308. *veteris* & 320. *Novæ Consuetudinis.*

Charondas, *lib.* 6. *resp.* 68.

5. *Auquel cas surfoira le remboursement.* (*d*) Hors ce cas le remboursement dans l'an est indispensable, ut judicatum. (*e*)

NOTES.

riage dont proviennent les biens possedés par son tuteur. Ainsi il paroît incontestable que l'action de retrait du mi-denier s'est trouvée aussi entiere à la mort de l'enfant, qu'elle l'étoit lors de la dissolution du mariage.

Il est vrai qu'une action ordinaire de retrait ne se transmet pas aux héritiers, lorsque le défunt ne l'a pas intentée; mais je crois qu'il y a une entiere différence, entre le retrait du mi-denier & tout autre retrait, lorsque le retrait du mi-denier est demandé par l'héritier qui cherche à réunir le tout de l'héritage provenu de sa ligne. Car c'est une action pour conserver le bien dans la ligne, dont on peut dire qu'il n'est point encore sorti, à cause de la possession indivise du conjoint de la ligne duquel il provenoit; au lieu que l'action ordinaire de retrait est pour faire rentrer dans la ligne un héritage qui en est sorti.

D'ailleurs l'art. 156. de la Coûtume de Paris, qui porte que, *quand celui qui n'est en ligne a des enfans qui sont en ligne retrait n'a lieu*, paroît devoir être consideré comme une régle générale du Droit François. Ricard *ibid.* Auroux, *art.* 464. Le Grand, *art.* 250. *gl.* 3. *n.* 6. de Lhommeau, *liv.* 3. *n.* 139. & 240. Aussi Loisel l'a mis dans ses Institutions Coûtumieres, *liv.* 3. *T.* 5. *art.* 29. & véritablement il paroît contre l'objet même du retrait du mi-denier, d'admettre des collateraux à l'exercer, pendant qu'il y a des enfans qui sont en ligne, & ausquels il est juste de laisser l'espérance de recueillir les biens en entier, par voye de succession, sans être obligés d'en païer la moitié à l'autre conjoint dont ils sont les héritiers directs. Il suffit que le droit des collateraux soit conservé, comme il l'est jusqu'après la mort des supôts communs, suivant l'art. 157. de la Coûtume de Paris.

De plus il est certain que, dans le cas où le survivant des conjoints est en ligne, & n'exerce point le retrait du mi-denier sur ses enfans, les collateraux n'ont aucun droit ouvert pendant la vie du supôt commun qui se trouve en ligne du chef du conjoint survivant; & dans cette espéce il ne paroît pas douteux que le droit des collateraux est conservé jusqu'après la mort du supôt commun, n'aïant jamais été ouvert de son vivant.

Pourquoi donc feroit-on une différence, dans l'autre espéce où le supôt commun, qui est en ligne, doit être un obstacle au droit des collateraux?

Suposons même qu'un collateral veuille exercer le retrait du mi-denier sur le conjoint étranger à la ligne pendant la vie du supôt commun. Peut-on douter que le supôt commun ne puisse s'y oposer, sur le fondement de l'espérance certaine, que sa qualité d'héritier direct lui donne, de recueillir la moitié qui feroit l'objet de l'action du parent collateral? Pourroit-on, en ce cas, obliger le supôt commun d'exercer le retrait du mi-denier, pour exclurre le collateral, & de déranger sa fortune, pour faire le remboursement nécessaire?

Si dans ce cas l'oposition du supôt commun est bien fondée, sans exercer lui-même le retrait du mi-denier, il faut convenir qu'en général l'obstacle établi par l'art. 156. de la Coûtume de Paris, doit être regardé comme de droit commun; & qu'ainsi, dans tous les cas où il y a un supôt commun, qui excluroit le retrait du mi-denier, s'il vouloit l'exercer, on doit admettre que l'action des collateraux est suspendue jusqu'à la mort du supôt commun, & que le délai, pour l'exercer, ne peut courir que du jour de sa mort.

(*d*) V. Sauvageau sur du Fail, *liv.* 1. *ch.* 270. Du Fail, *liv.* 1. *ch.* 451.

(*e*) V. les Arrêts 1. & 2. sur l'art. 319.

ARTICLE CCCXXI.

Et s'ils ne les mettoient hors, dedans l'an & le jour du décès, a *par* leur prémesse, les autres demeureroient appropriés *pour le regard du mi-denier.*

CONFERENCE.

Art. 323.
A. C. *art.* 306 a De.
T. A. C. *ch.* 217. Car ceux qui ne les mettroient hors, dedans l'an & jour (*a*) du deceix, de leur prémesse, les autres en demoureroient appropriés.

NOTES.

M. de Perchambault observe que cet article est contraire au précédent qui surseoit le remboursement jusqu'à la mort du donataire. On peut répondre que l'article 321. parle du décès du donataire, & ne fait courir le délai que de ce jour, & non du jour de la mort du prédécédé.

(*a*) *Du deceix.* N'est point dans les M. S.

ARTICLE CCCXXII.

S'il y avoit conquêt fait en la prémesse & ramage de l'un des mariés, celui ou celle au ramage duquel il auroit été conquis & fait, en pourroit jetter hors celui ou ceux qui ne sont du ramage, dedans l'an & le jour après que l'échoîte leur seroit venue, en païant le mi-denier comme dessus.

CONFERENCE.

Art. 319.

A. C. *art.* 307.

SOMMAIRE.

1. *Explication de l'article. Retrait au mi-denier dans l'an & jour de la mort du supôt commun.* Aux Notes.
2. *De l'acquêt fait après la dissolution du mariage. Si l'héritage retiré est propre.*

COMMENTAIRE.

1. HEVIN. *De l'un des mariés. Meliùs* s'il y avoit conquêt ou retrait fait

des biens d'un ramage ou estoc. (a) Addendum fuit : *Et que si les estocs viennent à se diviser.* Alioquin hic casus planè recideret in superiorem ; si ce n'est que l'on dise que le précédent article est pour les conjoints & leurs héritiers, & celui-ci pour leurs lignagers; quoique non héritiers. Imò c'est le 323. qui est pour les lignagers; & celui-ci est pour les héritiers, lorsque les estocs viennent à se séparer, ut denotant verba, *après que l'échoite.*

2. *Mariés.* Non solùm constante matrimonio, sed & eo dissoluto, ut in casu notato in articulo 593. quod indicat verbum *conquêt*; ita ut prædium retractum sit tantùm proprium aptitudine, quod indicant etiam verba *les hoirs après que l'échoite.* Hujus §. exemplum est in artic. 531. *infrà.*

NOTES.

(a) M. de Perchambault explique de même cet article 322. Il confirme son explication par le chapitre 219. de la T. A. C. raporté dans la Conférence sur l'art. 319. & il est certain que le retrait du mi-denier a lieu dans l'an & jour de la division des estocs par la mort du supôt commun, qui a acquis des biens enramagés dans un de ces estocs.

ARTICLE CCCXXIII.

Et si ceux hoirs ne voulussent ou ne pussent jetter les autres hoirs hors de leur ligne, ceux qui seroient de celui ramage, & prêmes plus lointains, pourront retirer ledit acquêt en païant le mi-denier comme dessus.

SOMMAIRE.

1. *De l'exclusion du retrait, lorsqu'il y a des enfans qui sont en ligne.*
Si elle n'a lieu que pour le retrait du mi-denier.
Si cette disposition est limitée aux collateraux.
Si elle s'étend aux enfans qui sont en ligne, ou au pere qui est en ligne. Aux Notes.
2. *Du retrait du mi-denier au profit des parens plus éloignés, quand l'héritage sort de la ligne par partage.*

CONFERENCE.

Art. 321.

A. C. *Art.* 308.

T. A. C. *Ch.* 219. Et si ceux hoirs ne les en voulissent ou pussent jetter, les autres hoirs de leur ligne, ceux qui seroient de celui ramaige aux prêmes, pourroient poser le mi denier ès autres; & auroient ce que ceux y auroient qui recevroient le mi-denier, pour ce qu'il n'y eût autre contrat.

1. Quand celui qui n'est en ligne, a des

CONFERENCE

enfans qui sont en ligne, retrait n'a lieu. Paris 156. (*a*)

2. Et si, par partage, l'héritage sort hors la ligne, il est sujet à retrait pour moitié; pourvu toutefois que le retraïant ait intenté son action, & sur icelle protesté dedans l'an du decès de celui des deux conjoints qui lui est parent. Paris 157. (*b*)

SOMMAIRE.

1. *Délai d'an & jour peremptoire contre tous sans distinction.*
2. Quid *s'il n'y a pas eu d'appropriement.*
3. *Si c'est le remboursement du mi denier ou du total qui doit être fait dans l'espece de cet article.*
4. *Du retrait du mi-denier par la mort du supôt commun, & par la division des estocs.* Aux Notes.

NOTES.

(*a*) Loisel, *liv.* 3. *T.* 5. *art.* 29. " Voire ,, la seule espérance d'avoir des enfans, par ,, le lien de mariage, conserve le droit de la ,, ligne. " Loisel, *liv.* 3. *Tit.* 5. *art.* 30.

,, Mais tous les enfans étant décédés, & ,, l'espérance faillie, il y a lieu au retrait ,, dans l'an & jour du dernier décédé. " Loisel, *liv.* 3. *Tit.* 5. *art.* 31.

V. ce qui a été dit sur l'article 156. de la Coût. de Paris dans la note sur l'art. 320. *n.* 4. & la conference de l'art. 319. *n.* 5.

Cet art. 156. fait naître deux questions. La premiere, s'il s'aplique en général aux retraits, ou s'il est borné au retrait du mi-denier. La seconde, si l'exclusion n'est que contre les collateraux, ou si elle s'étend aux enfans qui sont en ligne.

Sur la premiere, Ferriere, contre le sentiment de Duplessis & d'Auzannet, décide, sur le seul ordre de la rédaction des art. 155. 156. & 157. que l'art 156. n'a pour objet que le retrait du mi-denier.

Cependant le motif de l'espérance qu'ont les enfans de recueillir le bien de leur ramage, est le même pour le bien acquis après la dissolution de la communauté, que pour celui qui est acquis pendant le mariage; & les raisonnemens faits dans la note sur l'art. 320. qu'il seroit inutile de repeter ici, paroissans suffisans pour établir la généralité du principe en toute acquisition faite par la personne étrangere dont les enfans sont en ligne.

Sur la seconde question, le motif qui exclut les collateraux, suivant l'art. 156. étant l'espérance des enfans héritiers présomptifs qui sont en ligne, de recueillir l'héritage, sans être obligés d'exercer le retrait lignager, on doit conclurre que cette disposition, qui est absolument en leur faveur, ne peut leur nuire. Ainsi ils peuvent exercer le retrait des biens de leur ligne sur l'autre conjoint qui n'en est pas: & cette vérité est constante en Bretagne où l'on ne suit point les distinctions que font les Commentateurs de la Coûtume de Paris, & qui ne sont adoptées, ni par Auzannet ni par de Lauriere. Celui-ci prouve même que ces distinctions ont été rejettées par l'Arrêt du 22. Décembre 1639. sur lequel les autres Auteurs les fondent. V. de Lhommeau, *liv.* 3. *n.* 238. Boucheul, *art.* 341.

Il naît de-là une troisiéme question qui ne souffre pas de difficulté dans nos principes, sçavoir si le conjoint qui est en ligne & qui a des enfans, peut retirer sur eux. Comme il est plus proche d'un degré, il a le retrait que l'art. 326. accorde contre les lignagers plus éloignés, comme contre les étrangers.

V. M. le Camus sur l'art. 157. Du Plessis, *ch.* 9. *sect.* 3.

(*b*) V. la note sur le retrait du mi-denier après partage, au commencement de l'article 319.

COMMENTAIRE.

COMMENTAIRE.

1. D'Argentré' Ait. Hîc perſpicuè agentibus exprimendum fuerat, an intrà eundem annum conſanguineis, ceſſante ſuperſtite conjugum, actio daretur, an id tempus ſubordinaretur, veluti in bonorum poſſeſſionibus unde liberi, unde agnati, & talibus quæ ſubordinari conſtat. Sed magis eſt ut hoc tempus omnibus currat unum & idem, ut art. 319. (c)

D'Argentré' A. C. *Art.* 308. *Pourront retirer ledit acquêt. Intrà unum & eumdem annum neque enim hoc tempus ſubordinatur, ſed currit omnibus ſimul & ſemel.*

2. Poullain. Cela dépendroit cependant de la queſtion de ſçavoir s'il y auroit eu appropriement. S'il y en avoit eu, comme ceux dont il eſt parlé ici ne viennent pas en qualité d'héritiers, l'appropriement pourroit les exclurre comme ſimples lignagers. Mais ſi celui des conjoints, du côté duquel étoit l'héritage acquis, etoit plus proche ou auſſi proche & couvroit par conſéquent le droit de retrait, ils ſeroient bien fondés à rendre l'appropriement ſans effet, parce que cette proximité, & même l'égalité de dégré, les auroit mis hors d'état de troubler l'appropriement, ce qui donneroit une juſte aplication à la régle *non valenti agere.* (d)

3. On n'a pas fait attention, ni dans l'Ancienne ni dans la Nouvelle Coûtume, que ce n'eſt pas alors le mi-denier, mais le rembourſement du tout; puiſque les plus éloignés n'ont point de droit dans la communauté, & ne viennent que par droit de ſang. L'Auteur n'a pas remarqué lui-même cette erreur.

Hevin. *En païant le mi-denier.* Malè le mi-denier. Car les lignagers non héritiers doivent le tout du prix & non la moitié. (e)

NOTES.

(c) V. Lhoſte, *T.* 16. *art.* 5.

La déciſion de Coquille, *queſt.* 139. eſt contraire. Il donne pour motif que le droit de retrait du mi-denier, accordé au ſurvivant ou à l'héritier du prédécédé, eſt *ad inſtar* d'une faculté de rémeré, & que, dans la Coûtume de Nivernois, l'an du retrait ne court qu'après le rémeré expiré.

Mais comme il eſt au contraire conſtant en Bretagne, que le tems, donné par la Loi pour retirer, n'eſt point ſuſpendu, pendant le tems du rémeré, le motif même donné par Coquille ſert à prouver que la déciſion de d'Argentré, qui fait courir le même délai d'an & jour contre tous ceux dont parle l'article 323. eſt dans le véritable eſprit de la Coûtume. Ainſi il ſeroit inutile de raporter ici les autorités conformes à la déciſion de Coquille, qui ſont en grand nombre.

(d) S'il n'y a pas eu d'appropriement, le délai d'an & jour n'eſt pas peremptoire; & l'héritier ou un autre parent du conjoint lignager, peut, après la diſſolution du mariage, exercer le retrait lignager de la moitié qui apartient au conjoint étranger ou à ſes héritiers, comme pour tout autre bien vendu à un étranger. Arrêt du 15. Janvier 1642. dans Chapel, *ch.* 163. Hevin, *conſ.* 62.

Cette déciſion paroît s'apliquer, même au conjoint ſurvivant, qui eſt lignager, quoique, par l'acceptation de la Communauté, la femme ſoit réputée coacquereure. Car la qualité de coacquereur n'exclut pas le lignager du droit d'exercer le retrait lignager ſur le coacquereur étranger. V. les notes ſur l'art. 298. *pag.* 388. & au commencement de l'art. 319. & la Note YYY ſur du Pleſſis.

(e) V. les notes au commencement de l'article 19.

La Coût. omet encore ici un cas singulier que j'ai proposé sur l'art. 593. (f)

NOTES.

(f) C'est la question décidée par l'Arrêt du 19. Juin 1726. raporté au Journal du Parlement, *tom.* 1. *ch.* 96. Il fut jugé que le tuteur de deux mineurs aïant retiré pour eux un héritage de l'estoc paternel, & cet héritage étant ensuite tombé à leur mere, comme leur héritiere, *ordine verso*, l'héritier collateral, dans l'estoc paternel, avoit droit, pendant 30. ans, de reclamer cet héritage, en remboursant le prix & les loïaux-coûts à la mere, qui fut déchargée de la demande de dommages & intérêts, & de raport des levées.

ARTICLE CCCXXIV.

En vendition de rente avec obligation d'assiette, le tems de la prémesse ne commencera à courir que du jour de l'assiette faite, sinon que ladite assiette fût promise sur certain fonds désigné, & que le contrat fût banni, & certification faite en Jugement, auquel cas l'appropriement aura son effet.

CONFERENCE.

Art. 314. Montargis, T. 16. 23. Bourbonnois 423.

SOMMAIRE.

1. *Les* 30. *ans pour le retrait ne courent point, pendant qu'il n'y a point d'assiette.*

Inutilité de cet article. Aux Notes.

2. *Du bien vendu par le mari ou par le mineur. Si le délai court du jour du contrat ou du jour de la ratification.*

Distinction entre la vente faite par le tuteur, & la vente faite par le mineur.

Quid, *si le contrat radicalement nul n'est point attaqué par le vendeur.*

Si le délai du retrait court pendant l'instance de rescision.

Distinction entre la rescision pour lésion ou minorité, & la rescision pour dol de l'acquereur. Aux Notes.

3. *De la vente du* quidquid Juris. *Si le retrait peut être exclus avant le partage.*

NOTES.

V. la conference sur l'art. 298 *n.* 12. 13. 14. 15. M. de Perchambault *hic.* Du Fail, *liv.* 1. *ch.* 103. & 149. & *liv.* 2. *ch.* 392. Lhoste sur Montargis, *tit.* 16. *art.* 1. Du Moulin, §. 20. *gl.* 4. *n.* 1. Ragueau aux mots *assiette de rente & assignat.* Boucheul, *art.* 27. *n.* 24. & *suiv.* Auroux, *art.* 423. Desmares, *dec.* 284. Grand Coût. *tit. des retraits in fine.*

COMMENTAIRE.

1. D'ARGENTRÉ AIT. (a) Hic articulus Juris novi est : & contra erat quibusdam arrestis in specie judicatum, ne retractus daretur, post trigesimum annum à die constituti reditûs. Dixi non æquo jure constitutum : neque enim ignoranti constitutionem reditûs, tempus currere debere, nec prædium manum mutasse, ut sic admoneri consanguineus potuerit, nec possessionem translatam; ex quo notissimas approprimentorum regulas violari contingeret, quæ possessiones notorias per actus facti in acquirentibus requirerent; quod à nobis est proprio opere fusè tractatum. Dicentem plures secuti sunt magno consensu, & articulus obtinuit, ne antè retrahendi tempus currat quàm realis alienatio, manûs mutatio, & possessionis realis adeptio secuta sit.

Sur certain fonds. Nam quis appropriat de incerto : diximus latè in Commentariis. (a)

HEVIN. (a) *Ad art. 265. in princip. n. 3.*

2. *Le tems de la prémesse ne commencera à courir.* (b) Quand le mari a

NOTES.

(a) Pour connoître l'inutilité de ce raisonnement & de l'article même, il suffit de lire le Commentaire de M. de Perchambault sur cet article, & la dissertation de Lauriere sur le tenement de cinq ans, *ch. 2.*

(b) Le Commentateur de du Plessis, note I. raporte plusieurs Arrêts, qui ont jugé que le tems antérieur à la ratification, n'est pas compté, parce que la vente est nulle; & Belordeau, *obs. for.; lettre R. n. 19.* dit qu'il a été ainsi jugé par plusieurs Arrêts au Parlement de Bretagne : au lieu que si le mari vend, sur la procuration de sa femme, le tems court du jour du contrat. Lhoste sur Montargis, *T. 16. art. 1. pag. 500.* La Peirere, *lettre R. n. 145.*

Cette distinction s'aplique, également à la vente des biens des mineurs. Par l'article 508. la vente faite par le tuteur, sans cause, avis de parens, & décret de Justice, est radicalement nulle. Au contraire la vente faite par le mineur n'est pas nulle de droit : *venit tantùm annullanda.* Ainsi le retrait n'est pas recevable après les délais de la Loi, pour la vente faite par le mineur La Peirere, *lettre R. n. 196.* au lieu que le délai ne court que du jour de la ratification, quand le tuteur a vendu conventionnellement, sans avis de parens & décret de Justice.

V. Brodeau sur Paris, *art. 129. n. 4.* note K. sur du Plessis, Ferriere, *art. 129. gl. 6. n. 13. & 14.* Le Grand, *art. 144. gl. 9. n. 14.* Pontanus sur Blois, *art. 193. verb. contracta emptionis.* Pocquet *du retrait féod. ch. 6. in fine.* Lhoste *ibid.*

Mais si le contrat, quoique radicalement nul, n'a point été attaqué par le vendeur, l'acquereur ne peut pas proposer la nullité pour exception contre le retrait, parce qu'il y a de sa part un défaut de qualité évident, l'acquereur n'étant pas tenu à la garantie vers le retraïant. Du Moulin § 20. *gl. 5. n. 50.* La Peirere, *lettre R. n. 169.*

Le Droit du vendeur est conservé; & il peut faire annuller le contrat contre le retraïant, après l'adjudication du retrait, comme il auroit pu faire contre l'acquereur. Du Moulin *ibid. n. 51.*

L'opinion commune fait courir le délai du retrait, quoique l'acquereur & le vendeur soient en procès sur la validité de la vente, contre l'avis de du Moulin sur la rubrique des retraits, & de Ferriere, *gl. 6. n. 30.* Ricard sur Paris, *art. 130.* & Auzannet, *art. 129. 130. & 150.* décident, suivant l'avis de Tiraqueau, que le délai, pour retirer, court contre les prêmes, pendant ces contestations; & " *sic perpetuò judicatum*, dit Auzannet, parce que le retraïant doit essuïer „ le même péril auquel l'acquereur est sujet. "

vendu le bien de sa femme, sans son consentement, le tems de demander la prémesse ne court, que du jour de sa ratification, qui seule fait le contrat qui n'étoit point auparavant. Aliud in minore qui vendidit, dont la ratification a un effet rétroactif, comme enseigne Brodeau sur l'art. 131. de la Coût. de Paris. Car c'est au prême à courir le hasard comme l'acquereur.

Aliud de la ratification d'une obligation par le mineur, quæ non retrotrahitur in præjudicium tertii. Vide notata in art. 296. *sup.* (c)

3. Arrest. Cet article a lieu en vendition d'un *quidquid Juris*, & d'une partie de succession; jugé le 13. Mars 1595. plaidant Durand pour Arthur du Rouvray, auquel la prémesse fut ajugée d'un contrat de l'an 1569.

NOTES.

Sur ce principe, il décide, *art.* 150. que le délai pour le retrait court pendant l'apel de l'adjudication, & il cite un Arrêt du 4. Août 1633. qui l'a jugé.

Ferriere, *art.* 130. *n.* 20. raporte cet Arrêt, & décide en conformité, contre ce qu'il dit sur l'article précédent.

Brodeau, *art.* 150. dit que, si l'on suspendoit le délai pour le retrait, jusqu'au jugement de l'apel injuste d'une adjudication, un lignager, qui n'auroit pas ses deniers prêts, feroit interjetter un apel frivole par le saisi, pour gagner du tems Il cite un Arrêt de 1617. rendu contre le retraïant, & il décide que le retraïant doit prendre sur soi le péril & l'événement de l'apel.

V. le Grand, *art.* 144. *gl.* 9. *n.* 4. Pocquet *du retrait féodal, ch.* 6. & sur Dupineau, *art.* 360. & 410. & l'art. 385. de la Coûtume d'Anjou.

Sans combattre ces principes, ne peut-on pas faire une distinction, entre les contrats infectés du dol personnel de l'acquereur, & ceux qui peuvent être rescindés pour lésion ou minorité? Qu'un retraïant soit obligé de courir les risques de la rescision pour ces deux dernieres causes, doit-on conclure qu'il soit sujet aux risques que la mauvaise foi de l'acquereur fait naître? N'est-ce pas une faute absolument personnelle à l'acquereur?

Dans l'esprit de notre Coûtume, je crois que ces questions sont faciles à décider. Soit que l'action de rescision ait été formée ou qu'elle ne le soit pas, le prême doit s'oposer à l'appropriement, faute de quoi il est exclus du retrait. S'il se fait ajuger le retrait, depuis l'instance de rescision formée & connue juridiquement de lui, il paroît juste que, sans aucune distinction, l'instance de rescision, pour quelque cause que ce soit, même pour dol, demeure à ses risques, parce qu'il a consenti de les courir, en se faisant ajuger le retrait pendant l'instance dont il avoit connoissance.

Si lors de l'adjudication du retrait, il n'avoit pas connoissance de l'instance de rescision, ou si elle n'étoit pas encore formée, je crois que la seule instance de rescision, pour lesion ou pour minorité, sans aucun mélange de dol personnel de l'acquereur, seroit aux risques du retraïant, qui, étant subrogé dans les droits de l'acquereur, est aussi subrogé dans les risques qui peuvent résulter du contrat & de ses vices.

Mais lorsque le vice consiste dans le dol personnel de l'acquereur, qui n'a pas été connu du retraïant, c'est un vice purement personnel, dont les événemens doivent retomber sur celui qui l'a commis Ainsi je crois que le retraïant peut, en ce cas, assigner l'acquereur, pour être condamné de le liberer & indemniser des frais de l'instance. Il est vrai qu'il ne pourroit pas obtenir de dommages & interêts pour l'éviction qui résulteroit du jugement de rescision, parce que l'acquereur n'a pas traité avec lui, & ne lui a pas vendu l'héritage. Mais du moins il seroit obligé de rendre le prême absolument indemne, en le remettant au même état qu'il étoit avant la demande de retrait.

V. Coquille sur Nivernois, *T.* 4. *art.* 41.

(c) V. aussi la note (u) sur l'art. 177. & Pocquet sur Dupineau, *art.* 360.

vingt-cinq ans après la prise de possession, bannies & appropriement, parce que la possession étoit incertaine *ratione loci & quota*. (d)

NOTES.

(d) V. le Commentaire sur l'art. 269. n. 89. & la note (i) *ibid.*

ARTICLE CCCXXV.

Les enfans [a] *des* bâtards, nés en loïal mariage, auront prémesse aux terres de leurs lignages, qui viendront, du ramage devers pere ou devers mere, de ceux bâtards dont ils seroient issus, quand personnes étranges les acquerroient.

SOMMAIRE.

1. *De la régle*, au défaut de ramage lignage succede.
2. *De la vente faite par le bâtard légitimé.*

Effets de la légitimation par mariage subsequent, & de la légitimation par lettres du Prince. Aux Notes.

CONFERENCE.

Art. 481.
A. C. *Art.* 309. a Aux.
T. A. C. *Ch.* 271. Aussi devroient avoir les hoirs des bâtards, faits en loïal mariage, prémesse ès terres à leur lignaige qui viendroient, du ramaige devers le pere ou devers la mere, à ceux bâtards, dont ils seroient issus, quand personnes étranges les conquerroient, plûtôt que ceux étranges, là où & en cas que prémesse seroit ajugée, ou devroit être de droit ou de coûtume, (a) combien que coûtume soit que les Seigneurs veulent avoir de ceux bâtards, au cas que le lignaige défaut à ceux enfans où est l'échaite de ceux pour la cause qu'ils issirent des bâtards.

1. *Qui viendront du ramage.* Nota ex isto textu que *au défaut de ramage lignage succede*, & avant le Seigneur du fief, si le décedé n'étoit issu de bâtardie : & de ce y a texte formel au petit volume; tamen à la prémesse ceste

NOTES.

V. la conférence sur l'art. 298. n. 57. Masuer, *tit.* 27. n. 11.

„ Bâtards si ne pueent rescourre, car ils ne sont pas de lignage. " Coûtumes de Beauvoisis, *ch.* 44. *pag.* 242. Loisel, *liv.* 3. *tit.* 5. *art.* 19.

(a) Cette fin n'est point dans les M. S.

CONFERENCE.

raison cesse, car il faut être du ramage. Aliàs le Seigneur est plus prême que le lignager.

2. Si un bâtard légitimé vend son héritage à lui advenu de propre depuis qu'il est légitimé, il chet en retrait. Troyes 156. Bar 160. Sens 48. Auxerre 170. Bourbonnois 437. (b)

COMMENTAIRE.

HEVIN. Cet art. est le 305. dans ma plus ancienne manuscrite. Pessimè concinnatus hic articulus in veteri, ex quâ descriptus est de verbo ad verbum : magnum exemplum oscitantiæ Reformatorum.

D'ARGENTRE' A.C. *Art.* 309. Comme le bâtard est le principe de son agnation, il n'a point de part à celle des ascendans. Ainsi il ne pourroit être admis aux successions des ascendans ni des parens de leur ligne, ni par conséquent au retrait.

POULLAIN. Pour expliquer l'article plus nettement que l'Auteur n'a fait, il faut suposer que le ramage devers pere ou devers mere des bâtards doit s'entendre d'un ramage formé par des branches légitimes. (c)

NOTES.

(b) Si le bâtard est légitimé par mariage subsequent avant l'appropriement, il peut retirer.

Mais la légitimation par Lettres du Prince n'a pas les mêmes effets, parce qu'elle ne donne pas le droit de succeder : il faut pour cela le consentement des parens interessés ; & tandis que ce consentement subsiste, le légitimé peut retirer les héritages vendus par ceux ausquels il a été rendu habile à succeder.

Cette légitimation a encore un autre effet, qui est de donner à un des bâtards légitimés le droit de retirer l'héritage vendu par son frere légitimé, ou par les descendans de ce frere.

V. Brodeau, le Camus & Ferriere, *art.* 158. Coquille, *tit.* 31. *art.* 1. & *quest.* 180. Le Grand, *art.* 156. Note III. sur du Plessis, Lhoste sur Montargis, *tit.* 16. *art* 1. Auroux, *art.* 437.

(c) V. Brodeau, Ferriere & le Camus, *Art.* 158. Du Plessis, *ch.* 6. *sect.* 4.

ARTICLE CCCXXVI.

Quand la vendition est faite à l'un du ramage, un autre dudit ramage en pareil dégré que l'acquereur, ne pourra avoir la prémesse. Et si la vente étoit faite à un étranger de la famille, ou plus éloigné, ceux du ramage, qui seroient en même dégré, concurreront en la prémesse par égales portions.

si ce n'étoit en terre noble, & entre nobles en même dégré: auquel cas l'aîné du noble en pareil dégré, sera préferé au puîné & n'y aura représentation en prémesse.

SOMMAIRE.

Concurrence en retrait per capita, *&* non per stirpes. Quid *de la concurrence des héritiers à la vente faite à un autre héritier, au retrait conventionnel, ou au retrait en bénéfice d'inventaire.* Aux Notes.

1. *Les retraits se réglent comme les successions.*
2. *Quel est le plus prochain.*

CONFERENCE.

Ponthieu 133. 134. Amiens 174. Bourbourg, *T.* 8. 14. Berg S. Winox, *T.* 9. 7. 24. Chimay, *ch.* 12. 11. Thionville, *T.* 7. 15. 16. Ev. de Metz, *T.* 9. 8. Salle de Lille, *T.* 11. 6. 7. Ville de Lille, *T.* 7. 5. Douay, *T.* 5. 5. La Gorgue 71. Lorraine, *T.* 13. 3. Duché de Bourgogne, *T.* 10. 1. 2. 3. Comté de Bourgogne 69. Châteauneuf en Thimerais 76. 77. Troyes 145. Chaumont 113. 114. Meaux 97. 98. Perche 180. 181. Chartres 68. Orleans 378. Montargis, T. 16. 3. Berry, *T.* 14. 5. Blois 199. 200. 201. Dunois 81. Normandie 469. 476. 477. Eu 190. Maine 379. 406. 415. 416. Anjou 349. 369. 395. Tours 154. 161. 162. 163. 164. 184. Lodunois, *T.* 15. 2. 5. 6. 7. 8 17. La Rochelle 30. 31. Saintonge 47. Bordeaux 6. 7. 8. 9. Auvergne, *T.* 23. 16. 17. 19.

1. Le plus prochain de la cotte & ligne, dont sont venus les héritages du vendeur,

NOTES.

Du Fail, *liv.* 1. *ch.* 422. & 440. & *liv.* 3. *ch.* 75. & 159. Sauvageau, *liv.* 1. *ch.* 298. La Peirere, *lettre R. n.* 153.

En pareil dégré. " Si prochein ne puet rescourre. Mes plus prochein puet rescourre. " Coût. de Beauvoisis, *ch.* 44. *pag.* 241.

Et si la vente étoit faite. " Se pluriex d'un meesme dégré de lignage se traient avant pour rescourre un hiretage aussitôt l'un comme li autre, chascun doit païer sa part de la vente, autant li uns comme li autre, & partir en l'hiretage autant li un comme li autre. " Coûtume de Beauvoisis, *ch.* 44. *pag.* 243.

" S'il advenoit qu'un prochain demandât à r'avoir héritage par proximité, & dedans le tems que demander le peut par la Coûtume locale, un autre parent, plus prochain au vendeur du lez & côté, venoit en Cour pour demander icelle proximité, sçachez que le plus prochain l'auroit par Loi. Mais si tant attendoit que le tems de demander la proximité selon la Coûtume du lieu fût passé, à tard y viendroit & le r'auroit le premier demandeur de ladite proximité. " Bouteiller, *liv.* 1. *Tit.* 70. Grand Coût. *pag.* 234.

Par égales portions. C'est donc *per capita*, & non *per stirpes* que la concurrence en retrait est reçue contre l'avis de Pallu, *art.* 161. & des Auteurs qu'il cite. V. Coquille, *quest.* 185. M. de Perchambault *hîc.*

Au contraire c'est *per stirpes* que doit se régler la concurrence dont il est parlé dans la Conference sur l'art. 199. *n.* 16. & même comme elle n'a pour fondement que la qualité d'héritier, on ne peut la demander qu'à proportion de la part héréditaire qu'on auroit eue dans l'héritage, s'il n'avoit pas été vendu à un autre héritier. Cela s'aplique également au retrait conventionnel & à celui de l'héritier bénéficiaire. V. le Commentaire *n.* 4. & 6. & M. de Perchambault §. 7.

L'aîné du noble. V. Chapel, *ch.* 260. & Devolant, *lettre R. ch.* 61. Pallu, *art.* 161. *n.* 6. La Peirere, *lettre A. n.* 43.

CONFERENCE.

est préféré ; en sorte qu'on se régle audit retrait comme en matiere de succession. (a) Boulenois 135. Eu 172. Blois 199. Normandie 475. 476. Tours 161. Poitou 335. 337. Saintonge 52. Bordeaux 12.

2. Le plus prochain est celui qui est le plus proche en dégré, du lez & côté dont le bien étoit patrimonial au vendeur. Ce qui s'entend, non-seulement du bien aïant été possedé par le tronc ou estoc commun du vendeur & retraïant, mais aussi d'autres biens procédés du lez & côté dont icelui retraïant est parent au vendeur. Thionville, *T.* 7. 2.

ORDONN. Etablissement de S. Louis, *liv.* 1. *ch.* 161. 29 Septembre 1278.

SOMMAIRE

1. *Si le petit-fils, héritier bénéficiaire & adjudicataire du bien saisi sur son aïeul, est exclus par le retrait de ses oncles.*
2. *De l'acquêt approprié. Si l'acquereur en pareil dégré exclut l'autre estoc.*
3. *Espece singuliere de l'héritage retiré par une puinée & revendu ensuite sur elle. Si ses enfans seront préferés dans le retrait à son ainé.*
4. & 6. *Régles particulieres pour le retrait de l'héritier bénéficiaire.*

Du retrait conventionnel exercé par les héritiers. Aux Notes.

5. *Pourquoi la représentation n'a lieu en prémesse.*

COMMENTAIRE.

HEVIN. Tiré d'un Arrêt du 20. Avril 1570. Du Fail, *l.* 3. *ch.* 159. In hâc re olim dubitatum. Vide du Fail, *ibid. & ch.* 75. *du même livre.*

D'ARGENTRÉ AIT. Hic articulus non disponit proportionaliter ad regulas communes; nam si proximiores in gradu anteferuntur, æquales in gradu deberent concurrere. Sed hoc in casu contra statuit.

1. HEVIN. *Ramage en pareil dégré.* Cela est mal conçu ; il falloit faire quelques distinctions. *Finge.* L'héritage de Mævius étant saisi, il décede laissant un petit fils aîné & d'autres enfans puînés. Le petit-fils héritier bénéficiaire de son aïeul est adjudicataire du bien saisi : ses oncles puînés lui ôteront-ils cet acquêt ? Absurdum. Ainsi cela n'a pas de lieu à l'egard des biens que l'on a aptitude à recueillir comme héritier.

2. *Sed quid*, s'il s'agit d'un acquêt approprié revendu ? L'acquereur en pareil dégré exclura-t'il l'autre estoc qui peut concourir dans la prémesse ? Je crois que non. (*b*)

NOTES.

(*a*) Pallu, *art.* 152. *n.* 6. *& art.* 161.

(*b*) V. l'Arrêt 3. sur l'art. 298.

Les termes de l'article 326. décident la question, en conformité de cet Arrêt, & du sentiment de M. Hevin. Ces mots *quand la vendition est faite à l'un du* ramage, *un autre dudit* ramage, *en pareil degré que l'acquereur ne po rra avoir la prémesse*, & ce qui suit, *ceux du* ramage *qui seroient en pareil degré concurreront*, &c. prouvent que la Coutume ne parle que des parens d'un même ramage; ce qui ne peut pas s'apliquer aux acquêts appropriés & ensuite revendus. Car ils sont affectés à deux ramages differens ; & le ramage maternel, par exemple, auquel la moitié de cet acquêt apartiendroit en succession, quand même il seroit couvert par des parens en dégré plus éloignés que les parens paternels, est évidemment préférable pour le retrait à tout le ramage paternel.

D'ARGENTRÉ AIT.

D'ARGENTRE' AIT. *L'aîné du noble.* Jus est speciale.

HEVIN. *L'aîné du noble en pareil dégré.* Excipiendus casus propositus ad primum verbum articuli.

3. Cet article donne, en cas de retrait lignager, la préference à l'aîné noble. Quid Juris in hâc specie? Titius meurt, laissant de son premier lit Titiolus, & de son second lit Lucia. Après sa mort ses biens sont vendus judiciairement : Caïa sa veuve, au nom de sa fille Lucia, se fait ajuger le retrait lignager. Les créanciers, de qui elle avoit emprunté les deniers, font revendre. Sçavoir si, sur cet héritage que le retrait a conservé & retenu dans le ramage, Titiolus aîné sera préferé aux enfans de Lucia dans le retrait lignager. Respondi, que, l'héritage aïant été conservé dans le ramage sous le nom de Lucia, ses enfans étoient préferables, vû même que l'héritage se revendant en quelque maniere sur elle, ils étoient les plus proches.

4. *Sera préferé.* Sed quid in specie artic. 580. *Inf. finge* : Un noble décede laissant des enfans : l'aîné renonce & répudie : le puîné accepte sous bénéfice d'inventaire : l'héritage est ajugé à un étranger. Qui sera préferé à la prémesse de l'aîné non héritier, ou du puîné héritier? Je tiens que ce sera le puîné héritier, païant dans la quinzaine. (*e*) Nam in casu art. 580. potior causa est heredis; & l'article 326. est des lignagers simples inter se, & sans adjection de la qualité d'héritier, quæ potior est.

5. *Et n'y aura représentation en prémesse.* Congruit la Coût. de Tours *art.* 161. contre la Coût. d'Anjou art. . . . & contre celle d'Amiens *art.* 173. Vid. le Journal des Audiences, *tom.* 1. *l.* 1. *ch.* 36. qui aporte beaucoup de raisons pour notre disposition; mais il fut jugé au contraire, sur le pied de la Coût. d'Amiens.

D'ARGENTRE' AIT. *Et n'y aura représentation en prémesse.* Rectè tribuitur enim retractus sanguini; nec hoc casu unus gradus alium subintrat, ut in succedendo. Videndus Tiraquellus *in retractu §.* 11. in verbo *ou ceux qui les représentent.*

6. Le mardi 9. Juillet 1685. à l'Audience publique de la Grand'Chambre, entre Gabrielle Guillochin compagne du sieur de la Hervais intimée, & Guillaume Guillochin son frere aîné, l'un & l'autre héritiers bénéficiaires de Jeanne Jehors leur mere commune, apellante de sentence rendue au Présidial de Rennes; a été jugé que, quoique l'intimée fût demeurée adjudicataire, néanmoins ledit Guillaume Guillochin avoit droit de demander la prémesse par concours. La raison de décider a été que cet article ne doit s'entendre que des prémesses ordinaires qui s'exercent à raison du ramage, & non pas des prémesses accordées à l'héritier bénéficiaire par l'art. 580. de la Coûtume; parce que dans celles qui sont singulieres, & qui s'accordent à la qualité d'héritier, on ne compte pas le dégré de parenté, qui est le motif qu'a eu la Coûtume pour disposer de la concurrence. M. Primagnier pour l'apellant, M. François Gentil pour l'Intimée. Le contrraie sembloit

NOTES.

(*e*) La même maxime a lieu pour le retrait conventionnel exercé par les héritiers. V. les notes au commencement de l'article.

avoir été jugé précedemment par l'Arrêt du 4. Juillet 1680. rendu au profit de Chevrier contre Testart & consorts; mais la Cour aïant trouvé quelque petite différence dans l'espece, cet Arrêt est en pur point de Droit. GENTIL. (d)

NOTES.

(d) V. l'Arrêt rendu contre M. de Kerzang le 19. Janvier 1719. dans mon Journal du Parlement, *tome* 1. *ch.* 37.

ARTICLE CCCXXVII.

Si en la reconnoissance & exécution de retrait lignager ou féodal, a été commis fraude, au préjudice d'autre lignager aïant demandé la prémesse, ou du Seigneur féodal aïant aussi demandé le retrait feodal, y aura dix ans, à compter du jour de la reconnoissance pour découvrir la fraude, & reprendre la demande du retrait lignager & feodal.

CONFERENCE.

Art. 275.
Melun 147. Normandie 478.
V. la conférence sur l'art. 310.

SOMMAIRE.

1. *Si l'acquereur peut dispenser le prême du remboursement actuel.*
2. *Espece particuliere d'une échange frauduleuse & du consentement à la prémesse, hors Jugement, donné par l'acquereur & attaqué par ses créanciers.*

COMMENTAIRE.

D'ARGENTRE' AIT. Addendum admonui omissum art. 275. Causas ibi dixi.

HEVIN. Confer. art. 275. sup.

1. *Si en la recognoissance & exécution.* Puta si post tempus; car l'acquereur peut, intra tempus, (a) dispenser le prême d'un remboursement actuel : contra Argentr. *ad art.* 269. *in verb. ou aux bannies.*

NOTES.

Ragueau aux mots *repetition de retrait.* Louet & Brodeau, *lettre R. ch.* 53. Ferriere, *art.* 129. *gl.* 6. *n.* 17. Guyot *du retr. seign. ch.* 13. *n.* 6.

(a) V. la note (a) sur l'art. 301.

ou du Seigneur féodal. Pourquoi avoir omis l'acquereur? Est-il permis de lui faire fraude, plûtôt qu'au Seigneur & au lignager, contre la faveur des contrats?

2. Species exquisitæ fraudis, en matiere de retrait lignager & d'échange simulée. Mævius voulant vendre *fundum Titiànum* à Sempronius pour la somme de mille écus; ils simulent un contrat d'échange, par lequel Mævius baille en échange à Sempronius ce fonds Titien, & reçoit en contr'échange *fundum Tusculanum* & mille écus de retour d'échange, (laquelle somme étoit le vrai prix convenu) païables après l'appropriement. On supose que, par une contre-lettre, il étoit expliqué que Mævius, après un an de possession, revendroit à Sempronius le fonds Tusculan, & qu'il n'avoit point eu intention de recevoir ledit fonds Tusculan en échange, mais de vendre son fonds Titien pour le prix de mille écus. L'effet que faisoit cette simulation étoit d'éloigner les prêmes : 1°. Par le titre d'échange : 2°. Par l'excès de la valeur, ne se pouvant trouver personne qui voulût demander le retrait d'une partie du fonds Titien pour la somme de mille écus. Sempronius s'approprie du fonds Titien; & Mævius, après avoir possedé une année le fonds Tusculan, le revend à Sempronius. Alors toutes les contre-lettres furent vraisemblablement suprimées. Sempronius qui s'étoit approprié du fonds Titien, le possede sept ou huit ans; & ses créanciers le considerent comme un bien qui lui apartenoit irrévocablement. Cependant aïant mal mis l'état de ses affaires, il passe acte, en forme de transaction *super lite movendâ*, avec un lignager de Mævius, par laquelle il est dit, que ce lignager avoit découvert que l'échange, faite huit années auparavant, étoit frauduleuse, & simulée pour couvrir une véritable vente; qu'il avoit dix ans depuis l'appropriement pour découvrir cette fraude & demander la prémesse, laquelle ledit Sempronius lui consent par cet acte, & qui porte remboursement. Les créanciers dudit Sempronius voulant discuter ce fonds Titien comme lui apartenant, le lignager dit, que c'est son héritage, aïant retiré & étant subrogé au contrat, que le prême se sert de l'appropriement fait par l'acquereur pour exclurre les créanciers du vendeur; mais qu'il n'a point besoin d'en faire contre les créanciers de l'acquereur, dont le titre demeure résolu.

J'estime que cette reconnoissance de retrait, après huit ans de possession, par un acte privé, sans avoir fait juger la fraude & ajuger la prémesse, est frauduleuse. (*b*)

NOTES.

(*b*) V. la même espéce raportée sur l'art. 301. *n.* 2.

Tu-

ARTICLE CCCII.

DE L'ANCIENNE COÛTUME,

Abrogé dans le Titre seiziéme à la Réformation de 1580.

Le tems de bail, rachat ou saisie faite par faute d'hommage, & iceux finis, & les terres délivrées, on peut venir par voïe de plégement ou de prémesse : & ne doit celui tems nuire aux prêmes.

COMMENTAIRE.

POULLAIN. D'Argentré remarque qu'il seroit difficile de rendre raison de cette bizarre disposition. Aussi a-t'elle été rejettée à la réformation. Lors d'une seconde édition de la Coûtume revûe par M. Hevin, un Avocat, qui avoit un des exemplaires manuscrits de la Coûtume réformée, que chacun des Commissaires s'étoit fait délivrer souscrits par eux tous, aïant trouvé cette même disposition qu'on avoit cousue à la fin de l'art. 354. au titre des fiefs, dans le projet de la réformation, il donna cet article à l'Imprimeur, comme aïant été omis dans les Coûtumes imprimées, quoiqu'il fût dans un Original autentique; & on l'imprima de bonne foi à la fin de cette seconde édition. Mais il n'avoit pas fait attention qu'à la fin du procès-verbal où est la derniere revision, il est dit expressément que cesmots ont été raïés. (a)

NOTES.

(a) V. le Procès Verbal, pag. CIII. & CXXXIII.

TITRE DIX-SEPTIÉME.

Des Fiefs, Féautés & Hommages.

SOMMAIRE.

1. *L'obligation au service des armes est l'origine de l'hommage, & la cause de l'hommage que le mari rendoit pour sa femme.*
2. *Des fiefs de pieté & de dévotion.*
3. *Du serment de fidélité des Evêques.*
4. *Origine des fiefs très-incertaine.*
5. *Droits substantiels, naturels & accidentels du féage.*
6. *Des droits substantiels. Distinction entre la foi & la formalité de l'hommage. Le féage doit être gratuit.*
7. *Des droits naturels.*
8. *Les livres des fiefs n'ont aucune force de loi en Bretagne.*
9. *Des droits accidentels.*

COMMENTAIRE.

D'ARGENTRE' AIT. Cùm hic Titulus Reformatoribus ordine expendendus occurrisset, mirum repentè incessit silentium : pauci magistri, discere omnes avebant : materia per se obscura : nec tribunalibus cognita, obscurius tradita. Rogatus explicui veterum eâ de re sensum, orsus à definitionibus terminorum, tum divisiones feudorum ingressus usum docui, & sigillatim scripto exhibui totum titulum retexere exorsus, ut methodo acciperetur demptis senticosis multis.

HEVIN. Le titre des fiefs est compris dans la T. A. C. depuis le chap. 222. jusqu'au chapitre 247.

NOTES.

Le Titre des fiefs contient quinze parties.

1°. La Maxime qu'il n'y a point de franc-aleu. *Art.* 328.

2°. La distinction & la définition des tenues nobles à ligence & en juveigneurie. *Art.* 329. 330. 331. & 342.

3°. Les devoirs de la tenue-lige. *Art.* 332.

4°. Les devoirs & droits de la juveigneurie. *Art.* 338. 339. 340. 341.

5°. De l'hommage-lige ou en juveigneurie. *Art.* 333. 334. 335. 336. 337. 343. 344. 345. 346. 347. 351. 352. 353. 355. 363. 367.

6°. De la saisine féodale & de ses effets. *Art.* 343. 344. 345. 347. 350. 353. 354. 355. 363. 365. 366.

7°. De la souffrance. *Art.* 352. & 367.

8°. De l'aveu, de l'impunissement d'aveu & du desaveu. *Art.* 360. 361. & 362.

9°. De la division de la tenue par le Seigneur ou par le Vassal. *Art.* 348. & 364.

10°. Si le Seigneur est contraint de reconnoître le Vassal. *Art.* 349.

11°. De la consolidation. *Art.* 356.

12°. Du féage. *Art.* 358. & 359.

13°. De l'incapacité des roturiers à s'accroître en fief noble. *Art.* 357.

14°. De l'incapacité des gens de main-morte, de l'amortissement, de l'indemnité, &c. *Art.* 368.

15°. Des droits des gens de main-morte & des fondateurs. *Art.* 369.

V. Belordeau, *obs. for. lettre F. art.* 12. & Bouteiller, *liv.* 1. *tit.* 82. & 83.

Voïez Ragueau & Mesnage in verbo *fief* : Homage hominium, (*a*) Antrussio. Voïez Buignon sur les formules de Marculphe *lib.* 1. *epist.* 18. & Mesnage in verb. *aleu*, & dans les additions *in eodem verbo*, & Desid. Herald. *lib.*... *quæst. cap. XI.*

De l'origine des fiefs, voïez Cabot. *disput. juris civil. lib... cap.* Ant. Contius nulla Jure Romano dominia utilia fuisse nequidem in agris vectigalibus & emphyteuticis ostendit *pag.* 285. & *in tractat. de feudis* : aliter Cujacius *in comment. ad lib. XI. C. tit.* 48. *ad Rub. juxta L. qui ex vico ff. ad municip.* & *L. form. ff. de censib.* Faber *ad L.* 1. *C. de jure emphyt.* & *ad L. cunct. C. de sum. Trinit.* Vid. Bodin *lib.* 1. *cap.* 9. *de Repub.* Des Vestitures Florent. *pag.* 98. & 99. *in Decretal.*

M. Cujas dans son Commentaire sur le titre *de agricolis & censitis & colonis* 48. *lib. XI. Cod.* tient que les fiefs & les cens sont dérivés du Droit Romain; & dit qu'il en préparoit un Traité. Je suis de son avis, quelque chose que Contius & d'autres disent.

Fief dans sa propre signification se prend passivement. Nous le prenons au contraire (*b*) activement, excepté en quelques endroits, ut in art. 457. 601.

Fiefs en l'air ou fiefs volans en quelques Coût. Vid. Choppin.

1. La plus essentielle (*c*) obligation des fiefs étoit le service aux armes. C'est pour cela que l'on exigeoit la foi & l'hommage; j'en ai touché quelque chose dans ma consultation des Barons. L'art. 232. de la Très-Anc. (*d*) dit que le mari est tenu de faire la foi & hommage pour la terre de sa femme; parce que lui (& non elle) est capable d'aller en ost & en chevauchée, & qu'il fait les fruits de la terre : & c'est pour cela aussi qu'il n'étoit pas permis de démembrer le fief.

2. Il y a des fiefs apellés par les Auteurs *fiefs de piété & de devotion.* Saint Julien *en ses mêlanges historiques*, *liv.* 4. *ch.* 2. Doublet *antiquités de S. Denys*, *liv.* 1. *ch.* 24. & 28. Nicole Gilles en la vie de Charlemagne, *fol.* 197. Spelmanus in *Denarius Sancti Petri*; Catel *Hist. des Comtes de Toulouse*, *liv.* 2. *ch.* 1. *pag.* 136. Brodeau sur Paris, *art.* 63. *n.* 23.

3. POULLAIN. *Hommages.* Vassalicum sive servitium regium : Episcopos Italiæ solum (*e*) sacramentum fidelitatis sine dominio debere facere, Domino Imperatori, id est, sine personarum subjectione, inquit Adrianus Papa apud Radevicum, Sigebert, an. 773. 1176.

4. D'ARGENTRE' A. C. Avant que d'entrer dans ce titre, il faut faire quelques observations qui ne sont pas inutiles. Plusieurs Auteurs ont recherché

NOTES.

(*a*) Ou *Antrussio.* V. du Cange au mot. *Trustis.*

(*b*) V. M. Brussel *de l'usage des fiefs*, *liv.* 1. *ch.* 1. §. 1.

(*c*) " Moult plus est tenu le franc homme " à son Seigneur par l'hommage & l'hon- " neur qu'il lui doit, que n'est le vilain pour " ses rentes païant. " Loisel, *liv.* 1. *T.* 1. *art* 30.

(*d*) Et 351. de la Nouvelle.

(*e*) V. art. 341. *n.* 5.

l'origine des fiefs, en quoi ils ont beaucoup donné à la conjecture, & il ne faut pas en être surpris dans une aussi obscure matiere. (*f*)

5. Le féage, comme tous autres contrats, a trois différentes sortes de droits, les uns substantiels, les autres naturels, & les autres accidentels.

6. Les premiers sont ceux sans lesquels le contrat ne peut subsister. Tel est dans le fief le transport du domaine utile au vassal, la rétention du domaine direct au Seigneur, & la foi. Car, quoiqu'on n'exige pas toujours l'hommage & le serment de fidélité, parce qu'il n'est (*g*) pas essentiel, la foi & la soumission du vassal le sont. On pourroit encore mettre de ce nombre que le féage doit être gratuit, suivant nos dispositions. (Car les Feudistes en général pensent le contraire.) S'il n'est pas gratuit, il dégénére en un autre contrat de différente nature.

7. Les droits naturels sont ceux qui sont dûs de droit par la disposition de chaque Coûtume, comme étant sous-entendus sans autre expression. Tels sont les droits de lods & ventes, de chambellenage, d'hommages. L'Auteur ajoute les droits de bannies, & celui de succeder aux bâtards. * Mais cela supose toujours un certain dégré de Jurisdiction.] Quand on n'auroit jamais exigé de pareils droits, ils ne se prescriroient pas *etiam per mille annos*, à moins que le vassal ait soutenu en Justice qu'il en étoit exempt, & que le Seigneur l'eût laissé jouir paisiblement 40. ans depuis la dénégation. Il peut y avoir à cet égard des conventions particulieres, lesquelles n'altérent point la substance du contrat.

8. Au surplus ceux qui disent que les livres des fiefs sont une Loi, à laquelle il faut recourir, ne seroient pas écoutés en Bretagne, où l'on n'admet point les songes que Obertus de Horto ou Gerardus Niger ont eus autrefois à Milan

9. Les droits accidentels dépendent absolument de la convention, & ne sont point dûs s'ils ne sont exprimés, comme les rentes & autres devoirs & prestations. Il y a des fiefs où le vassal est tenu de faire taire les Grenouilles quand le Seigneur dort, d'autres où il doit fournir de la mousse pour un usage peu honnête; d'autres doivent offrir des couronnes, & d'autres doivent donner ou recevoir le baiser. Les Italiens apellent ces conditions particulieres *feuda pactionata*. Comme tous les devoirs accidentels dépendent de la concession, il faut les prouver; au lieu que les droits naturels n'ont point besoin de preuve. (*h*)

NOTES.

(*f*) V. Brussel *de l'usage des fiefs, liv.* 1. *ch.* 2. 3. 4. 5. & 6. qui traite amplement cette matiere. Basnage, *rubr. du T. des fiefs.* Du Moulin & Brodeau sur Paris *in princ.* Ferriere, *T.* 1. §. 1. La Lande *rubr. du T.* 1. Coquille *rubr. du T.* 4. *& inst. des fiefs.* Pontanus, *T.* 5. *in princ.* La Taumassiere, *T.* 5. *n.* 1. *& suiv.* Le Grand, *art.* 16. Auroux *rubr. du T. des fiefs.* Hevin sur Frain, *pl.* 86. *& quest. féod. pag.* 136. *& suiv.* Pocquet *des fiefs, ch.* 1.

(*g*) V. art. 335. *n.* 2. Belordeau, *lettre F. contr.* 70. Du Moulin *rubr. des fiefs n.* 114. *&* 115. Boucheul, *art.* 106.

(*h*) Sur les droits substanciels naturels & accidentels. V. art. 332. *n.* 2. *& suiv.*

ARTICLE CCCXXVIII.

Nul ne peut tenir terre en Bretagne sans Seigneur : parce qu'il n'y a aucun franc-aleu en icelui païs.

CONFERENCE.

T. A. C. *Ch.* 224. Nul ne peut ne ne doit avoir terres ou autres héritages, sans en avoir Seigneur.

Senlis 262. Meaux 189. Blois 33.

ORD. Janvier 1629. *Art.* 383. Tous héritages relevans de nous en Païs Coûtumiers ou de Droit Ecrit, sont tenus & sujets aux droits de lods, ventes, quints & autres droits ordinaires, selon la condition des héritages & coûtumes des lieux : & sont tous héritages ne relevans d'autres Seigneurs censés relever de nous, sinon pour tout ce que dessus, que les possesseurs des héritages fassent aparoir de bons titres qui les en déchargent.

COMMENTAIRE.

D'ARGENTRE' AIT. Hic prima universalis regula omissa in veteri, etsi vetutissimâ erat tradita 224. quâ constituitur omnia in Britanniâ feudalia esse, & beneficio alterius teneri, sive is supremus sit princeps, sive alius, ita ut princeps non magis possit se prætendere fundatum in dominio directo rei, quàm quilibet alius, licet supremi ressortûs Jus ad eum pertineat Jure Coronæ. Sed dominium directum ex probationibus pendet, prout quisque reperitur fundatus in loco & terminis, & territorio loci cujusque particulariter.

HEVIN. Brodeau condamne Bacquet, qui a dit que le Seigneur Haut-Justicier féodal, ou censier ne peut faire un franc-aleu, soutenant que c'est une opinion fiscale & un paradoxe. C'est sur l'art. 68. *pag.* 487.

NOTES.

V. Loisel, *liv.* 2. *tit.* 2. *art.* 1. Ragueau aux mots *aleu*, Galand *du franc-aleu*, *ch.* 1. 7. & 8. Basnage, *art.* 102. Louet, *lettre* C. *ch.* 21. *n.* 3. Pontanus, *art.* 33.

ARTICLE CCCXXIX.

Il y a trois [a] *formes* de tenues [b] nobles. [c] *La premiere est apellée Lige, ou à Ligence, qui est quand le Vassal tient prochement & ligement du Seigneur.*

NOTES.

V. Hevin, *Quest. Féod. pag.* 244. & 358. Ragueau aux mots *Vassal, vasselage, Seigneur & seigneurie*, de Lauriere, *Préface des Ord. tom* 1. *pag.* xix.

CONFERENCE.

CONFERENCE.

A. C. *Art.* 310. [a] Maniére. [b] Qui sont apellées.

Art. 311. [c] La seconde maniére s'apelle tenue à ligence; & la tierce quand aucun, sans tenir en juveigneurie, tient de son prochain Seigneur, qui tient en celui cas comme de Seigneur lige.

Poitou 99. 106. 108. Angoumois 10

SOMMAIRE.

1. & 11. *Origine & sens du mot* Lige. *De la distinction entre tenir* Ligement *ou* en Ligence.
2. *Des tenues nobles & des tenues roturieres.*
3. *Des différens dégrés de noblesse pour les terres, dans les livres des fiefs, & de leur inutilité dans nos principes.*
4. *Ce qui prouve & caracterise la noblesse des terres. Détail de ces différentes preuves.*
Inféodation primordiale, & n. 7.
Aveus.
Service des armes & du ban & arriere-ban.
Anciennes réformations.
Exemption des fouages & impositions roturieres sans titre particulier d'affranchissement.
Partages nobles.
Fief & Jurisdiction.
5. *Signes équivoques. Obligation à foi, hommage & rachat.*
6. *Si l'imposition aux fouages est une preuve certaine de roture.*
7. *La qualité des personnes du Seigneur & du Vassal est indifférente. On ne considere que la Loi de la concession. V. aussi* n. 3.
8. *Le fief, même de dignité, n'annoblit point la personne.*
9. *Hommage, droit purement accidentel pour les rotures.*
10. *Un héritage afféagé roturierement ne peut ensuite l'être noblement.*
12. *Des trois tenues liges.*
13. *De la Juveigneurie en parage,* Origine du mot parage.
14. *De la Juveigneurie sans parage.*
15. *Question singuliere sur la confiscation d'Avaugour.*

COMMENTAIRE.

1. HEVIN. De voce *ligius*, vide Choppin *de morib. Andium pag.* 238. *num.* 4. Desiderium Heraldum (*a*) *lib.* 1. *quotid. quæst. cap.* 10. Spelmanum in voce *ligius*. Menagium in eadem voce *in ult. addit.* Le Fevre *Traité des fiefs.* Vid. Argentr. *ad art.* 49. 68. 259. & 311. Du Cange in voce *ligius*, *ligantia & ligium.* Brodeau sur Paris, *art.* 63. *nomb.* 28. & *suiv.* (*b*) L'Anonime, sur le ch. 222. de la T. A. C. le fait venir de *legalitas.*

An idem sit tenir *ligement* ou *en ligence*? Negat Heraldus ibid. Idem puto & has voces inter se differre, ut tenere per servitium & tenere in servitio,

NOTES.

(*a*) Ce Chapitre est imprimé à la fin des Quest. Féod. d'Hevin.

(*b*) Basnage, *art.* 104. Dupineau, *art.* 338.

de quibus Spelmanus in verb. *tenere*. V. le 9. Plaidoïer de M. Marion pour la seigneurie de Quintin, *pag* 214. 215. & 216. *&c.*

Ainsi la Coûtume confond ici mal à propos la tenue *lige* & la tenue *en ligence*, & abolit la tenue en ligence en la confondant, contre l'art. 222. de la Très-Anc. Coût. & contre la raison & l'art. 311. de l'Anc. (*c*)

D'ARGENTRE' AIT. Hi articuli descripti sunt de veteri, sed explicatiùs & clariùs, cùm in ea perobscurè haberentur, nec quisquam talium magisterium profiteri auderet.

2. *Tenues nobles*. Hæ voces multis negotium facessere solebant, cùm sibi quisque postularet demonstrari, quæ essent symbola & notæ nobilis feudi, *ou de tenures nobles*, quæ sic feudo nobili competerent, ut per contrarium ignobilia feuda cognosci possent à differentiis. Dixi symbola quædam esse propria feudorum nobilium, quæ sic nobilibus competerent, ut aliis non, quædam ambigua & indifferentia, quæ & ignobilibus quoque interdum contingerent, *& qui sont dûs tant par fiefs nobles que roturiers*.

3. Primùm hîc dediscenda sunt quæcumque de Barbarorum libris Jure feudistico tradita sunt. Nam illi feuda nobilia, nobiliora, nobilissima definiunt, & metiuntur à qualitate concedentis, prout is qui concedit, Rex, Dux, Marchio, aut Comes, aut Burgensis est. Inde Vassalli, Valvassores, Valvassini, quæ illi farragine indoctâ librorum involvunt: quæ omninò nos ejicimus foro & usu, & feuda nobilia non ex qualitate concedentium, aut accipientium, sed ex rei ipsius conditione & lege concessionum metimur. Cùm scilicet homo conditione nobilis prædium item nobile, nobili item concedit habendum Lege & conditione nobili, id est Lege obsequii talis quod qualitati nobilitatis non repugnet.

4. Probatur autem nobilitas infeodationis, si instrumenta concessionis ostenduntur facta hac lege, ut nobiliter habeatur, *si les tenues le portent*, nec contra docetur: si pro his semel atque iterùm banno & retrobanno servitum est ab armatis: si in numeros prædiorum nobilium, qui in camerâ computorum habentur, prædia relata sunt: si semper immuniter possessa sunt ab focariis & contributionibus paganicis, nec titulus particularis privilegii pro exemptione proponitur. Nam constat pleraque immuniter possideri, non nobilia tamen Lege aut concessione, sed privilegio, *qu'ils disent affranchis*, quæ privilegia nobilitatem non tribuunt rei, sed simplicem exemptionem: divisiones item & partagia, ut de nobilibus prædiis, facta inter nobiles, symbola sunt & probationes (*d*) possessionis nobilitatis. Si item Jurisdictio aut imperium annexum est feudo, sufficiens est probatio nobilitatis: atque haud scio, an etiam plures actus dici possint, nobilitatis feudisticæ probatorii. Diximus *art.* 549.

5. Ambigua & promiscua signa sunt *le devoir de foi*, *hommage*, *rachat* ex Lege territorium, quia ista, & si frequentiùs præstari solent à conditione nobili, tamen in multis etiam à Paganicis & Burgensibus debentur promiscuè;

NOTES.

(*c*) V. la Consultation 63. d'Hevin & *Quest. Féod. pag.* 244.

(*d*) V l'article 549.

ita ut ex his probatio necessaria elici non possit, & si probabiliter quidem concluditur propter frequentiùs accidens.

6. Focarium solvere aut intributiones paganicas, necessariò & indubiè (e) infert paganitatem feudi, & probat feudum esse Burgense, & negativè de nobili : & hoc probato, nihil aliud quærendum est. Hîc autem, cùm nobiles conditiones feudorum describeret, de roturariis & paganicis nil statuit, & in Jure communi reliquit.

7. D'Argentré' A. C. *Art.* 310. On ne considere point la qualité de la personne qui fait la concession du fief, mais on regarde réellement la loi de la concession, suivant la stipulation de tenir noblement ou roturierement. Quand même le Roi fait la concession, il la peut faire roturierement, comme on le voit dans les landes & dans les domaines congéables qu'il afféage aux païsans. Quand cela a été fait une fois, quoique la chose passe à des personnes nobles elle demeure roturiere & sujette aux foüages & aux autres impositions. Par la même raison la terre noble, qui passe aux mains du roturier, conserve sa qualité noble. Ce sont des droits réels, qui sont attachés aux choses, & qui ne dépendent point de l'état des personnes.

8. Delà vient que, quelque éminente que soit en dignité la personne qui investit, (f) elle n'annoblit point celui à qui elle fait la concession. L'annoblissement est un droit purement Roïal : le Roi même n'annobliroit pas celui à qui il concederoit un fief noblement : il faut qu'il accorde la noblesse de sa certaine science : sans cela il concede sans consequence un Duché ou un Marquisat. Il faut passer au surplus les autres divisions que les Feudistes font des autres différens fiefs.

9. *Nobles.* Car il y a des concessions particulieres, qui sont sans obligation d'hommage, & pour des services vils ou manuels, en tout cas plûtôt pécuniaires qu'honorifiques. Si quelquefois il y a des fiefs roturiers sujets à l'hommage, cela est accidentel, à cause de la concession. Car on ne peut l'exiger par la Coûtume, si cela n'est exprimé dans la tenue roturiere.

10. Un héritage ainsi concedé roturierement, ne peut dans la suite être concedé noblement à un autre au préjudice du supérieur, & même du public, qui par-là se trouveroit surchargé de foüages. (g)

11. D'Argentré' Ait. *Lige ou à ligence*, Vox de *lige* non est antiqua ; & sicut Albertus Crantz putat, devecta ex Italiâ in Germaniam, de eâ ad nos permanavit. Sed & sciendum ligentiam aut ligiationem in Britanniâ nil aliud esse, quàm vulgarem & promiscuam concessionem in feudum, & dominii directi retentionem, quæ in omni concessione feudi ex substantiâ actus debetur. Est enim ligentia ordinaria omnium feudorum, & regularis ex formâ. art. 333. quod & Guido Papa dicit apud suos usurpari *decision.* 310. quia quantum ad ligia Italica, quæ important superioritatem, nemine dempto,

NOTES.

(e) La maxime contraire à cette proposition sera établie sur l'art. 541.

(f) Ord. de Blois, *art.* 258. Loisel, *liv.* 1, *tit.* 1, *art.* 11. Ferriere, *tit.* 1, §. 2, *n.* 22. Boucheul, *art.* 99. *n.* 8. Bacquet *des francs-fiefs*, *ch.* 3. & 18.

(g) V. art. 356. *n.* 15.

à son Souverain, nos taliter non intelligimus in terminis consuetudinariis, quem illi sub his verbis præstare solent, *envers tous & contre tous, qui peuvent vivre & mourir sans aucun excepter.* (*h*) Telle prestation de fidélité se fait aux Souverains; de quâ æternùm Principes nostri cum Regibus Francorum certavêre. Hoc significatu ligentiam non accipimus hîc, sed pro ordinariâ subjectione, quæ ab omni vassallo omni Domino præstatur indistinctè, quæ hîc ponitur ad differentiam *de la tenure comme Juveigneur d'aîné.*

12. D'ARGENTRE' A. C. *Art.* 311. Des trois différentes tenues dont la Coûtume parle, il y en a deux simples & l'autre mixte.

La premiere est la tenue comme Juveigneur d'aîné : la seconde comme de Seigneur lige; & la troisiéme est composée de l'une & de l'autre, en ce qu'en même tems on tient comme Juveigneur d'aîné & en ligence du supérieur. On peut en ajouter une quatriéme qui est comme Juveigneur d'aîné sans parage. L'Auteur qui prétend que de son tems on étoit fort ignorant sur cette matiere se propose de l'expliquer. * Mais il faut remarquer que cela est aujourd'hui de très-peu d'usage.]

Il y a dans la Coûtume de ce Païs trois tenues féodales nobles & une roturiere.

13. La premiere est comme Juveigneur d'aîné en parage, qu'on disoit autrefois en ramage. C'est lorsque le fils aîné noble partageoit ses puînés qu'on apelle *Juveigneurs*, & leur donnoit une terre pour tenir de lui & de ses successeurs *comme Juveigneurs d'aîné.* Il y a d'autres Coûtumes, où cela se pratique également; & l'on y apelle l'aîné *le Parageur*, & le puîné *le Parageau.* Ce nom vient de la parité de sang & de dégré qui est entre les freres. Les droits de cette tenue sont plus honorables qu'utiles. Il n'est point dû de rachat; & l'aîné n'a point de haute-justice sur le Juveigneur. Mais celui-ci lui doit faire la foi & hommage, excepté la fille qui n'en doit point pendant sa vie.

Tout le reste de cett explication consiste en des dispositions de la Coûtume. Ce n'est pas qu'il ne puisse être dû d'autres devoirs même utiles. Mais ils sont accidentels, & ne viennent que par la convention expresse.

14. La tenue, *comme Juveigneur sans parage*, est lorsque le parage est fini. Il finit par l'éloignement des dégrés, ce que la Coûtume fixe au neuviéme; & par les Coûtumes d'Anjou & de Blois, lorsque ceux des deux lignes peuvent se marier ensemble. Il finit aussi lorsque la terre passe en main étrangere. Cela n'ôte pas les droits utiles qui auroient été créés par la convention; mais les droits réciproques de déférence personnelle cessent. Il y aura une autre forme pour l'hommage qui est dû à l'aîné : & le puîné n'aura plus les mêmes prérogatives portées pour la tenue précedente.

15. Il s'étoit mû dans la jeunesse de l'Auteur une contestation demeurée indécise au Parlement de Paris. Un des principaux Seigneurs de Bretagne

NOTES.

(*h*) V. l'Aitiologie sur l'art. 333.

aïant commis rébellion, le Duc confiſqua ſes terres qui étoient très conſidérables. Il les tint réunies à ſon domaine pendant quelques années ; & il les donna enſuite en fief à ſon fils naturel, avec cette clauſe qu'il en joüiroit, au même droit & aux mêmes conditions qu'en joüiſſoit le coupable de rébellion. Le nouveau vaſſal apella à l'hommage ceux qui tenoient de ſa Seigneurie ; & entre ceux-là, il s'en trouva un qui depuis long-tems avoit tenu comme Juveigneur d'aîné de la Seigneurie confiſquée. Il prétendit être exempt de tout hommage, tant parce que la confiſcation, qui avoit réuni tous droits dans la perſonne du Duc, les avoit confondus ſans retour, que parce que la conceſſion du Duc avoit fait paſſer la choſe en main étrangere. Cette queſtion étoit encore indéciſe du tems de l'Auteur, dont le ſentiment étoit que comme il y a une Juveigneurie ſans parage, cette Juveigneurie ſimple ſubſiſtoit avec les obligations telles qu'elles ſont marquées par la Coûtume en ce cas. (*i*)

NOTES.

(*i*) Cette conteſtation étoit entre le Seigneur de Laval Comte de Quintin, Juveigneurie d'Avaugour, & le Baron d'Avaugour. V. la 7. Conſultation de d'Argentré ſur cette queſtion qui eſt amplement traitée au Plaidoïer 9. de M. Marion de l'édition de 1619. *in* 8°. Le procès fut jugé au profit du Baron d'Avaugour par Arrêt du Parlement de Paris du 16. Mai 1637. après avoit duré près d'un ſiécle.

ARTICLE CCCXXX.

La ſeconde eſt la tenue du Juveigneur d'aîné en parage & ramage : qui eſt du puîné vaſſal, ou des deſcendans de lui, à ſon frere aîné Seigneur, ou deſcendans dudit aîné. Et celui qui tient comme Juveigneur d'aîné en parage tient auſſi en ligence du Seigneur ſupérieur lige, & prochain dudit aîné.

NOTES.

V. le Commentaire ſur l'art. précedent. Hevin, *Queſt. Féod. pag.* 155. 243. 321. & 322. Coût. de Beauvoiſis, *ch.* 47. Bouteiller, *liv.* 1. *tit.* 84. M. Bruſſel, *liv.* 3. *ch.* 13. Ducange *diſſert.* 3. ſur l'hiſtoire de Saint Louis. Raguëau & de Lauriere aux mots *rareſcheux*, *garentir en hommage*, *juveigneurie*, *parage*, *parageur*, & *ſourjouveigneurie*. De Lauriere *Préface des Ordonnances*, *tome* 1. *pag.* xix. Baſnage, *art.* 127. Boucheul, *art.* 106. 107. 125. 126.

„ Par l'Ordonnance du Roi Philippe Auguſte du 1. de Mai de l'an 1210. les „ parts de l'éclipſement du fief des maînés „ ſont tenues auſſi noblement que le principal de ſon aîné " Loiſel, *liv.* 4. *tit.* 3. *art.* 71.

Cette Ordonnance eſt de 1209. V. le Commentaire, *n.* 2. & Hevin, *Conſ.* 64.

CONFERENCE.

A. C. *Art.* 311. L'une est tenue comme Juveigneur d'aîné, lequel Juveigneur, s'il tient en parage, tient aussi en ligence du Seigneur suserain, de qui les choses sont prochement tenues.

Mante 5. Normandie 127. 129. Maine 227. *& suiv.* Anjou 212. *& suiv.* Tours 264. 266. 277. Lodunois, *T.* 12. 7. *& suiv.* *T.* 27. 19. Poitou 107. 126. 141. Angoumois 26. La marche 186.

ORD. 1. Mai 1209. Etablissemens de Saint Loüis, *liv.* 1. *ch.* 43. *&* 44.

SOMMAIRE.

1. *&* 3. *Des mots* parage, apanage *&* aparage.
2. *Du frerage.*
4. *Comment se forme la Juveigneurie.*
5. *De l'hommage lige. S'il n'est dû qu'au Roi.*

COMMENTAIRE.

HEVIN. Etabl. de S. Louis, *art.* 43. *&* 44. *du premier livre.*

V. Pasquier, *lib.* 4. *chap.* 35. *des recherches de la tenue en parage.* D'Arg. *consul.* 7. *& ad art. vet.* 311. reprehensus à Desiderio Herald. *lib.* 1. *quest. quotid. cap.* 10. *n.* ....

La Coûtume de Poitou, *art.* 17. fait mention d'une tenue de fief noble *en parage de part prenant ou part mettant.*

1. *Paragii.* Dictio applicatur junioribus illustrium familiarum, cùm ii minorem feudi partem à primogenito obtinent, pari jure stirpis parique titulo paternæ avitæque hereditatis; & quia paragii mos invaluit tantùm &c. Chopin, *lib.* 2. *de Doman. tit.* 3. *num.* 3. Cujac. *de feud. lib.* 2. *tit.* 10. *pag.* 517. *lett.* C. D. *(a)*

Coquille, Coût. de Nivern. dit qu'anciennement les Seigneurs de Nivernois usurpoient que l'aîné pouvoit démembrer son fief, pour en bailler partie à son puîné, qui le tiendroit en fief de l'aîné. La Coût. de Vitry, *art.* 24. l'observe encore, qui dit que les Barons & Châtelains peuvent bailler partie de leurs fiefs à Gentilshommes pour les tenir en fief.

Paragium à pari quasi *paritas*, vox interpretibus Juris sequioris Latinitatis frequens. Vid. Alciat. *Regul.* 1. *præsump.* 7.

Il y a quelques Coûtumes, qui parlant des enfans qui sont en âge de s'entretenir eux-mêmes & pourvoir aux commodités nécessaires, disent qu'ils sont censés *hors de pain.* Oeuvres d'Ant. Loisel, *pag.* 396. C'est la Coûtume de Tournay, *tit.* 9. *art.* 2. V. la Confer. des Coût. *pag.* 577.

Appanage. V. Ménage in eo verb. & Ant. Loisel, *page* 66.

2. POULLAIN. Les anciens Auteurs disent quelque chose d'aprochant, en ce

NOTES.

(a) Pallu, *art.* 126.

qui s'apelle *frerage*; ce qui avoit lieu, non-seulement lorsqu'un fief singulier étoit démembré, mais encore quand il y en avoit plusieurs qui relevoient d'un même Seigneur: les puînés faisoient hommage de leur portion à l'aîné qui le faisoit au Seigneur souverain. Par exemple, on voit, dans Guillaume de Nangis, que la terre de Boivies releve de Coucy, quoiqu'elle en soit fort éloignée. Mais elle est un partage de puînés de la Maison de Coucy, qui en ont fait hommage aux aînés.

Quelques Seigneurs sous Philippe Auguste firent autoriser le premier Mai 1209. une Ordonnance, par laquelle ils régloient que les puînés tiendroient *principaliter & nullo medio* du Seigneur lige. M. du Cange *dissert. du frerage & parage*. Cette Ordonnance fut alleguée en 1254. par l'Evêque de Beauvais. Elle est raportée par Pithou. (*b*)

3. Pour dire une personne de bonne maison, on lit dans les vieux Auteurs de *haut parage*, peut être par syncope de *parentage*. De-là *aparagé* dans l'art. 557. de notre Coûtume.

Il y a quelques Coûtumes qui donnent aux puînés l'option de relever du Seigneur lige ou de l'aîné.

La fin de la tenue en parage est limitée par les Etablissemens de Saint Louis aux tems que les familles se peuvent rejoindre par mariage. *ch.* 72.

4. D'Argentré' Ait. Ad creationem & formationem hujus concessionis & tenutæ, præsupponendi sunt duo fratres; alter major natu, alter secundò natus : aliter enim formari aut inesse produci nequit repugnante aut non præsuppositâ substantiâ actûs : jura enim naturæ à conventionibus partium non pendent. Sed negandum non est, ubi semel producta sunt, posse per successionem extraneì deerrare in manum extraneam, manente qualitate & juribus tenutæ, ut infrà dicemus; & jura quidem sanguini debita abolentur, utilia & realia permanent, quamlibet mutatis personis; *& devient la tenure, qui étoit en parage, Juveigneurie simple*; quod ignoratum futurum erat, ut multos longo tempore lateret, ni extitisset, qui manum porrigeret inexpertis.

Et celui qui tient comme Juveigneur. En Anjou ou Maine & ailleurs les Juveigneurs ne doivent point de ligence au Seigneur suzerain; l'aîné est chargé de la foi & hommage pour lui & ses puînés.

D'Argentré' A. C. *Art.* 311. *Tient aussi à ligence.* La ligence est l'antecedent nécessaire de la tenue en Juveigneurie. Car celle-ci la présupose pour que l'aîné soit en état de faire part du fief à son puîné. On ne s'arrêtera point ici à l'étimologie de ce mot, sur laquelle l'Auteur s'embroüille.

5. Il entre dans une grande discussion sur le véritable hommage lige, que quelques Auteurs prétendent n'être véritablement que par raport au Roi, parce qu'on ne peut promettre ni jurer qu'à lui qu'on le servira envers tous & contre tous sans exception. Mais comme c'est un mot établi par l'usage, il faut l'entendre suivant l'étendue qu'il peut avoir, par raport à la qualité des personnes. Cela étoit plus susceptible de distinctions dans le tems des

NOTES.

(*b*) Et au premier tome des Ordonnances, imprimées au Louvre.

guerres privées; mais comme elles ont été abolies, il y a bien des choses qui ne tombent plus dans l'hommage de ligence. (c)

La fin du Commentaire est une dissertation sur les hommages que les Ducs de Bretagne ont rendus aux Rois.

NOTES.

(c) V. art. 329. n. 12. l'Aitiologie sur l'art. 333. & la note sur l'art. 341. n. 3.

ARTICLE CCCXXXI.

La tierce s'apelle en Juveigneurie sans parage : qui est, quand le fief baillé au Juveigneur vient à la main d'un étranger, & qui n'est du ramage, & celui qui tient ainsi en Juveigneurie sans parage, tient aussi du Seigneur proche, comme du Seigneur lige.

CONFERENCE.

Art. 342.

V. la Conference sur l'art. précédent. Normandie 133. 135. 136. Tours 126. 127. 128. Lodunois, T. 27. 20. Poitou 128. 129. 130. 131.

ORD. Etablissemens de Saint Louis, *liv.* 1. *ch.* 74.

COMMENTAIRE.

D'ARGENTRÉ AIT. Hîc descriptio *de la tenue en Juveigneurie simple*, pragmaticis antehac ignotæ.

HEVIN. *Et celui qui tient ainsi en Juveigneurie.* La tenue en Juveigneurie est d'origine une vraie inféodation : même par l'assise, le puîné ne la tenoit que de la libéralité de son aîné; & c'est pour cela que d'Argentré, sur l'art. 329. de l'Ancienne, dit fort bien que l'aîné, baillant à tenir comme Juveigneur d'aîné, *dominium directum retinet num.* 6. (a)

NOTES.

V. Bouteiller, *liv.* 1. *tit.* 84. M. Brussel, *liv.* 3. *ch.* 13. *n.* 29. & *suiv.* Boucheul, *art.* 107. & 129.

(a) V. Hevin sur Frain, *pag.* 537.

ARTILCE CCCXXXII.

ARTICLE CCCXXXII.

La tenue lige ou en ligence est ordinaire en tous fiefs; laquelle de sa nature emporte obéissance du vassal, foi, hommage, & chambellenage, & outre les droits & devoirs contenus en l'inféodation & anciens aveus & tenues.

SOMMAIRE.

1. *De la tenue en ligence.*
2. *Droits substantiels du fief.*
3. *Droits naturels.*
4. *Usement de fief.*
5. *Droits accidentels.*
6. *Etimologie du mot* aveu.
7. *Les aveus ne préjudicient point à un tiers.*
8. *Les aveus supléent à l'inféodation primordiale.*
9. *A laquelle ils peuvent même prévaloir.*

COMMENTAIRE.

1. D'Argentré Ait. *La tenue en ligence en Bretagne est la réguliere & ordinaire en tous fiefs*, (a) (ex quâ sententiâ scriptus est hic articulus) quæ importat directum dominium ex parte Domini & utile ex parte vassalli.

2. Porro id quoque (a) intelligendum contractus feagii, sive concessionis in feudum, sicut in cæteris contractibus omnibus, quædam esse substantialia, id est, sine quibus contractus non subsistit nec talis est: sed mutatione aut alteratione substantiæ desinit esse talis, & in aliam conventionem transit. In feagio substantiale est dominium apud dantem manere directum quidem, utile transferri Jure quidem Consuetudinario: nam Jure Feudistico nihil aliud in substantialibus ponunt quàm fidelitatem, & fidelitatis exhibitionem, sine quâ negant feudum esse aut dici: dominium non putant de necessitate esse, quod Molinæus notat *in præfatione feudorum in fine.* Quare sicut in venditione, merx & pretium in substantialibus sunt, nec possunt ista immutari, quin venditio esse desinat corruptis scilicet substantialibus: sic in feudo, Britannico quidem Jure, oportet dominium directum apud dantem manere, *& qu'il y ait obéissance & seigneurie.*

3. Præter substantialia, quædam naturalia dicuntur. Naturalia sunt omnia quæ Consuetudo indidit actui, quæ scilicet debentur ex Lege & Consuetudine, citrà conventionem aut expressionem, *comme foi & hommage* in feudis.

NOTES.

(a) V. sur la rubrique *n.* 5. *& suiv.* Belordeau. *obs. forens. lettre F. n.* 12. Basnage, *art.* 100.

nobilibus, *chambellenage, ventes, aides coûtumieres.* Ista debentur ex naturâ actûs inditâ per consuetudinem, & sine conventione, & si nihil dictum sit in concessione, & si mille annis soluta non sint, nihilominùs debentur, Consuetudine semper pro eis in suo vigore manente, quia simul ac vassallus recognovit se vassallum, Consuetudo facit debita. Quod si quis dicere velit se exemptum, ejus est probare titulum exemptionis, ita ut interim Dominus fundatus sit in provisione *ex art.* 289. nec requiratur ut Dominus in concedendo feudo stipuletur ventas, aut laudimia aut camerarium, aut opitulationes, aut homagium. Ad positionem enim & confessionem feudi nobilis sequuntur ista debita. Cæterum quæ suprà diximus naturalia sunt per totam Britanniam : ab omnibus enim vassallis nobiliter tenentibus debentur.

4. Sed notandum quædam naturalia esse in certis territoriis, quæ alibi non sint, quæ talia non sunt ex expressâ dispositione Legis, sed ex autorisatione assueti & antiqui Juris, & usus territoriorum, velut sunt *les fiefs chéans levans & revanchables, & certaines masures à devoirs d'avoines.* (b) Natura enim talium est, ut quicumque vassallus est in talibus feudis, legem eandem subeat quàm cæteri omnes, & similibus debitis obstringatur. Itaque in talibus Dominus ad fundandam intentionem concludere debet, & allegare naturam feudi ab universo & usum & naturam feudi totius talem esse; quo facto fundatus est, adversus singularem vassallum, ad id petendum, quod percipit ab universo. Sed de eo nos latè *dicto art.* 277 *vet.* quia concessio initio facta omnibus tali Lege præsumitur, & per possessiones probatur, etiam in petitorio, *quand le Seigneur dit* vous êtes teneur en tel fief, la nature & usance duquel est telle & telle.

HEVIN. (a) *En tous fiefs.* Impropriè : car proprement elle n'est qu'à l'égard du Roi, ut dixi sup.

(b) Vix credam hæc Jura esse ex naturalibus feudi. (*b*)

5. D'ARGENTRE' AIT. Sunt & alia feudorum Jura quæ accidentalia dicuntur, quæ sunt ea omnia quæ ex conventione expressâ appositâ in investiturâ aut concessione debentur, nec debentur nisi in conventione : quia nec substantia, nec natura actûs, talia induxit, sed sola conventio, cujus modi multæ myriades jurium & debitorum in Britanniâ, & feudis singularibus habentur, & ex naturâ accidentis possunt adesse vel abesse citrà subjecti corruptionem, aut alterationem substantialiam : talia feuda Itali *pactionata* ap-

NOTES.

(*b*) Cette difficulté de M. Hevin peut se reduire à une simple question de nom. Regulierement la qualité de droits naturels ne s'aplique qu'à ceux que la Loi générale du Païs rend communs à tous les fiefs, sans autre stipulation que celle qui est faite par la Loi-même entre les Seigneurs & les Vassaux. Mais les articles 289. & 290. aïant donné la même force à l'usement de fief, on peut le regarder comme un droit naturel pour le fief, dans lequel il établit une généralité de prestation aussi forte que si la Loi générale l'avoit rendue commune à tous les fiefs. La seule différence qu'on peut trouver, est que la Loi générale prouve suffisamment les droits naturels de tous les fiefs, au lieu que le Seigneur est assujetti à la preuve de l'usement de fief qui sert de Loi dans l'étendue de sa seigneurie.

pellant, alius carnificem debet plectendis reis, alius muscum, alius epistolas quoquo versum deferre, alius lacus exhaurire, ranas obstrepentes compescere, & mille talia, quæ, ut libuit, primi concessores stipulati sunt dari, fieri : (c) quia, ut vulgato theoremate loquuntur, tenor investiturarum omni naturæ feudorum derogat. Naturalia enim possunt tolli, mutari. In talibus non fit illatio, de eo quod unus de vassallis particulariter debet, ad alium; quod fit in naturalibus, & si centum essent vassalli, & Dominus nonaginta novem fecisset condemnari ad certum debitum, non esset tamen fundatus adversùs unicum & centesimum ad petendum simile debitum ex regulâ, quod de particularibus ad particularia nihil infertur. Chacun ne doit répondre que de ses faits, & promesses, n'étant la demande fondée qu'en convention, qui n'excede la personne du convenant.

Hæc vera sunt, & si discrimen talium valdè paucis hactenùs perceptum est; ex quo fit ut complures in positionibus & articulis fallantur, malè cognitâ naturâ feudorum, & quid inter ista intersit : de quibus Doctores, in his Zazius *lib. de feud. part.* 12. Ce qui est baillé à tenir aux droits introduits par la Coûtume s'apelle feudum rectum. Cùm aliquid adjicitur, vocatur feudum degenerans à rectâ naturâ feudi.

Outre les droits. Ce sont quæ *accidentalia* vocavimus.

6. HEVIN. *Et anciens aveuz* : *adveu* est dit de *advocatio.* (d) Vide de Roye *tract. de Jure Patronatûs in prolegom. cap.* 10. Altaserra *lib.* 2. *asceticon cap.* 17.

Dans les gages de batailles on disoit : *il se défendra par lui ou son advoüé.*

7. Les aveus ne préjudicient point à un tiers. *L. si functiones, L. censualis professio C. de donat.* Vulgatum axioma : quæ quisquam aliena in censum deducit, nihilomagis ejus fiunt, *L.* 64. *ff. de acquir. rer. Dom. L.* 4. §. 4. *ff. de censib.* Inde Cicero *in Orat. pro Flacco* : constabat inter omnes si aliena censendo Decianus sua facere potuisset, eum maxima habiturum. (e) V. Brodeau sur Paris, *art.* 8. *n.* 5.

8. Le texte dit, *en l'inféodation & anciens aveus.* Car le titre primordial ou inféodation est supléé par les aveus; étant difficile ou même impossible de représenter des titres si anciens, ut notat Molinæus sur le Conseil 61. de Decius, *n.* 2. *in verbo ostendere*, & sur Paris §. 51. *gl.* 3. *n.* 6. Argent. *ad art.* 324. *veter. Consuet. verb. & en informer son Seigneur num.* 3. & 4.

9. J'estime que les aveus, hors le tems de blâme, respectu jurium accidentalium, l'emportent sur les primitives inféodations. Car le changement, même l'amortissement entier de tels droits, étant au pouvoir des parties, sine interitu feudi, les aveus font foi de ce changement. (f)

NOTES.

(c) V. Belordeau, *lettre D. contr.* 79.

(d) Ou plûtôt de *advocare* ou *advouare.* V. Ducange sur ces mots, & Menage au mot *aveu.*

(e) V. art. 360. *n.* 4. & 21.

(f) V. le Commentaire sur l'art. 363.

ARTICLE CCCXXXIII.

L'hommage lige se fera en cette forme, sçavoir, que le vassal l'épée & éperons ôtés, tête nue, aïant les mains entre celles de son Seigneur, & s'inclinant, dira telles paroles: Monseigneur, je deviens votre homme lige, pour telles choses lesquelles je releve & tiens de vous ligement en tel votre fief & Seigneurie, lesquelles choses me sont advenues par tels moïens, à cause de quoi je vous dois la foi & hommage lige: & vous promets par ma foi & serment, vous être loïal & féable, porter honneur & obéïssance & envers vous me gouverner, ainsi que noble homme de foi lige doit faire envers son Seigneur. Le Seigneur répondra comme ensuit, vous me devenez mon homme pour raison de telles choses par vous dites & déclarées; & me promettez que vous me serez féal & obéïssant homme & vassal, selon que votre fief le requiert. Et le Sujet répondra, je le promets ainsi, & lors le Seigneur dira: je vous y reçois, sauf mon droit & l'autrui.

CONFERENCE.

T. A. C. *Ch.* 221. Quand homme ou femme vient à saisine de terre par raison de son droit & la terre doit être tenue en foi; c'est assavoir, comme de Seigneur lige ou comme Juveigneur d'aîné, l'en doit aller chacun au prochain Seigneur à qui la foi doit être faite (& aussi à celui à qui la ligence doit être faite (*a*)) tout paravant que l'en lieve riens des fruits ne des levées des héritages dont la foi & la ligence sont dûes, & dire tout ainsi ou par paroles semblables Je dois être votre homme de telles choses, & s'ils lui viennent de succession ou de conquêt, il le doit dire, & de qui c'est; si c'est de conquêt, dire de qui il l'a conquis, & si celui de qui il l'a conquis s'en soit des-

NOTES.

V. la Conférence & le Commentaire sur les art. 343. 347. 352. & 367. Loisel, *liv.* 4. *tit.* 3. *art.* 5. & 6. Bouteiller, *liv.* 1. *tit.* 82. Ragueau aux mots *La bouche & les mains, hommage & serment de fidelité.* Salvaing, *part.* 1. *ch.* 4. Guyot *de la foi & hommage, ch.* 1. & 5. Hevin, *Cons.* 66. Basnage, *art.* 104. & 107. Boucheul, *art.* 109. & 113. Du Plessis *des fiefs, liv.* 1. *ch.* 2. Lhoste, *tit.* 1. *art.* 10. La Taumassiere, *tit.* 5. *art.* 20. Ferriere, *art.* 63. La Lande, *art.* 47.

(*a*) Ceci n'est point dans le plus ancien M. S.

CONFERENCE.

saisi de sa pure volonté, il le devroit avoir ô lui à se dessaisir de la foi, & doit dire la maniere du conquêt : & s'il est approprié par jugié, il en doit informer le Seigneur, ou de la succession ou de la cession, si le Seigneur ou Seigneurs s'en font non sçavans, & qu'ils requierent en être informés.

Amiens 20. Paris 63. Etampes 12. 16. Mante 18. Troyes 31. Melun 24. Perche 35. Châteauneuf en Thimerais 18. 19. 20. Orleans 47. Montargis, *T.* 1. 10. Berry, *T.* 5. 3. 5. Nivernois, *T.* 4. 1. 4. 5. Normandie 107 Maine 120. 149. 150. 151. Anjou 137. 138. Tours 115. Lodunois, *T.* 11. 1. 4. 9. Poitou 109. 113. La Marche 189. 190. 191. 192. 193. 196. 203. 204. 205. Auvergne, *T.* 22. 42. 43 44. 45.

Etablissemens de S. Louis, *liv.* 2. *ch.* 18.

V. la conférence sur l'art. 343.

SOMMAIRE.

1. *Motifs de l'article.*
Quelle Coûtume on doit suivre pour la prestation de l'hommage.
Quid *de l'aveu.* Aux notes.
2. & 4. *Forme de l'hommage des Ducs de Bretagne.*
3. 5. *Ancienneté de la formule établie par cet article.*
6. *De l'hommage dû par le noble au Seigneur roturier.*
7. *De l'hommage lige & de l'hommage simple.*
8. *Formule de l'hommage d'une femme.*
9. *Service des armes dû au Roi seul.*
10. *Différence de l'hommage dû au Roi, & de celui qui est dû aux Seigneurs.*
11. *L'hommage n'est pas un droit substantiel.*

COMMENTAIRE.

1. D'Argentré' Ait. Visum (*b*) est ordinibus, & faciendum monui, ut tam momentosa formula homagii scripto comprehenderetur, ad cohibendam insolentiam Dominorum multorum, qui multa & intoleranda ab animi impotentiâ aut malevolentiâ adjici volebant, quæ non nisi Principibus exhi-

NOTES.

(*b*) „ Les droits dûs par le vassal à son „ Seigneur, se païent selon la coûtume du „ fief servant : mais les fois & hommages „ se doivent faire en la forme du fief domi- „ nant. " Loisel, *liv.* 4. *tit.* 3. *art.* 43. Basnage, *art.* 107. Ferriere, *art.* 1. *gl.* 2. *n* 30. & *art.* 63. *n.* 19 Boucheul, *art* 113. Billecoq, *l.* 4. *ch.* 2. Coquille, *T.* 4. *art.* 2.

Il faut observer que Loisel ne parle ici, que de la forme de l'hommage, qui doit être fait ou au château du Seigneur, ou au lieu de la Jurisdiction, & qui par cette raison doit être dans la forme prescrite par la Coûtume du lieu où ce devoir doit être rempli.

Mais pour régler quand le fief est ouvert, quand l'hommage doit être rendu, les droits du Seigneur, en cas de contumace du vassal, & la forme de la saisie féodale, c'est la Coûtume du fief servant qu'on doit suivre V. Loüet, *let. C. n.* 49. & F. *n.* 19.

On doit faire une distinction pareille pour l'aveu. L'obligation de le rendre, & la forme de sa rédaction, se reglent par la Coûtume du fief servant. Mais pour la reception, la forme se régle par la coûtume du lieu où il doit être présenté & reçu.

beri solent, & super eo receptiones recusabant, & manus injiciebant feudis, longis litibus materiam texentes. Hæc forma omnes intrà officium coercet, & de veteribus Pragmaticorum veterum formulis descripta est.

2. *L'épée & éperons ôtés.* Hæc submittendi obsequii idonea formula visa, quam Duces nostri sæpè Francorum Regibus denegasse leguntur, cùm accincti gladio plerumque hommagium, aut potiùs submissionem, exhiberent.

3. POUTLAIN. Tiré mot pour mot des Etablissemens de S. Louis, *lib.* 2. *ch.* 18. V. ci-après l'art. 347.

Cette formule de serment est très-ancienne, & avant même l'établissement général des fiefs Elle est en ces termes dans le Capitulaire second de l'an 802. *Sicut per drictum debet esse homo Domino suo.*

4. HEVIN. *L'épée.* Mos erat cingulum, ensem, clypeumque deponere. Inf. ad art. 347. Il falloit être desceint dans l'hommage lige, & lorsque le Duc François I. fit l'hommage en 1442. le Chancelier des Ursins prétendit que le Duc devoit être desceint; ce que le Roi ne voulut. Vid. Argentr. *liv.* 12. *chap.* 2. *de son Hist.*

5. D'ARGENTRE' AIT. *Les mains.* Hæc forma Imperatoribus, Regibus, denique & Vulgaribus Dominis prædiorum passim usurpata.

HEVIN. *Ayant les mains.* Solennité observée de long-tems dans les sermens de fidélité. Vid. Chantereau le Fevre *Traité des fiefs*, *liv.* 2. *pag.* 109. Brodeau sur l'art. 63. de la Coûtume de Paris, *n.* 28. & *suiv.* Bodin, *lib. de Republ. cap.* 12. Cujac. *ad L.* 1. *in fin. C. de Jure Emphyteut.* Vid. notata infrà sur l'art. 347. Desider. Herald. *rerum & quæst. quot. cap.* 10. *num.* 2. *& seqq.*

Celle de Paris ajoute la génuflexion. Vid. Brodeau *ibid. num.* 8.

6. *Nota* que, par l'ancien droit des fiefs, les Nobles ne pouvoient être contraints de porter & faire la foi & hommage à un roturier. Pithou sur Troyes, *art.* 16. *in fine*, Brodeau sur l'art. 63. de la Coût. de Paris, *num.* 17. Vid. l'art. 152.

7. L'hommage lige, s'il est différent de l'hommage simple, Brodeau sur Paris, *art.* 63. *num.* 27. (*c*) Dans la haute antiquité, l'hommage lige n'étoit dû qu'aux Souverains. *Ibid.* 31.

De l'hommage des Ecclésiastiques, Brodeau *ibid. num.* 20. *& seqq.*

D'ARGENTRE' AIT. *S'inclinant*, sans mettre le genou à terre, comme plusieurs le prétendoient.

8. HEVIN. *Je deviens votre homme.* Nota; mais si c'est une femme qui fait l'hommage, elle ne dit pas, *je deviens votre femme.* Littleton, *liv.* 2. *tit. of hommage sect.* 87. „ Si femme sole ferra hommage à son Seignior, el ne dira „ jeo deveigne votre femme, purceoque n'est convenient que femme dira „ que el deviendra femme à ascun homme, fors à se Baron, quand elle est „ épouse; mais il derra jeo face à vous hommage & à vous serra foïal & loïal, „ & foi à vous portera des tenemens que jeo tiegne de vous, salve la foi „ que jeo doy à notre Seignor le Roi.

NOTES.

(*c*) V. aussi Salvaing, *part.* 1. *ch.* 31.

9. D'Argentré' ait. *Vous être loïal & féable, porter honneur & obéissance.* Il ne se parle point de faire service aux armes, comme il se faisoit du tems des Feudistes; car ce service n'apartient qu'au Roi, & ne se peut faire qu'à lui. Au passé que les Barons, Evêques & Seigneurs, étoient tenus de fournir certain nombre d'hommes, qu'ils apelloient *Chevaliers d'Ost*, ils prenoient les sermens de les servir en armes. Mais à présent les Vassaux & arriere-Vassaux servent & font le serment au Roi immédiatement à l'arriere-ban, combien qu'au viel tems il se fist autrement. Au surplus les formes du titre *de forma fidelitatis* ne se gardent.

10. Les Souverains ajoutent à cet hommage, *envers tous & contre tous, qui peuvent vivre & mourir sans aucun en excepter,* (d) qui est la vraïe forme du lige. Au tems passé, on exceptoit toujours le Saint Siege; depuis cela a été ôté & le prend le Grand Chambellan, ou Chancelier, sans aucun excepter.

11. Proindè notandum hommagium non esse de substantialibus feudorum, §. 1. *quæ fuer. prim. Cau. Benef. amitt.* Le Duc de Milan n'en doit point: quod Curtius ait, *lib. de feud. part.* 1. *quest.* 6. (e)

NOTES.

(d) V. art. 329. *n.* 11. & sur l'art. 335.

(e) V. le Commentaire sur la rubrique

ARTICLE CCCXXXIV.

Celui qui tient en Juveigneurie sans parage étant hors de la ligne, fera l'hommage tant à l'aîné, qu'au Seigneur lige & prochain supérieur dudit aîné, en la forme susdite; fors que faisant l'hommage à son aîné, au lieu des mots faisant mention du Seigneur & Vassal lige, sera dit comme Juveigneur d'aîné.

CONFERENCE.

Ordonn. Etablissemens de Saint Louis, *liv.* 1. *ch.* 44.

COMMENTAIRE.

Hevin. Chopin sur Paris, *lib.* 1. *tit.* 2. *n.* 10.

ARTICLE CCCXXXV.

De même se fait l'hommage comme Juveigneur d'aîné, par le Juveigneur qui tient en parage, sans toutefois ôter l'épée ni éperons, ni mettre ses mains entre celles de son aîné, mais doit l'aîné baiser le Juveigneur.

CONFERENCE

A. C. *Art.* 325. Le Juveigneur doit jurer à son aîné qu'il lui portera foi & loïauté selon que le fief le doit, & le doit son aîné baiser.

T. A. C. *Ch.* 225. L'aîné ne doit avoir de son Juveigneur que (*a*) le baiser & la foi, sans autre reconnoissance pour hommaige, fors ce que est dit qu'il peut avoir par raison du défaut de la foi.

Fors ce que est dit. Sup. cap. 223. *vers. & Si le Juveigneur, &c.* ubi dicitur qu'il se peut saisir par défaut de foi, & jouira cependant jusqu'atant que la foi lui soit faite après la requête.

SOMMAIRE.

1. *De l'axiome* le vassal doit la bouche & les mains.
2. *La prestation de la foi n'est point de la substance du fief.*

COMMENTAIRE.

D'ARGENTRE' AIT. Fiunt hîc duo hommagia. Ligium non mutatur: Celui comme Juveigneur d'aîné change de parage en Juveigneurie simple.

1. *Mais doit l'aîné baiser.* Il y a un grand Legiste, lequel trouvant ce mot en écrit, *le vassal doit la bouche & les mains*, a glosé que la bouche signifioit confession & reconnoissance de fidélité, qui se fait par la bouche. Il se trompe fort, il n'y faut ni parabole ni allusion; c'étoit véritablement le baiser (*b*) qui se faisoit au passé de bouche à bouche.

2. D'ARGENTRE' A. C. *Art.* 325. *Le Juveigneur.* Sans s'arrêter aux Formulaires, dont on en voit un raporté dans le Décret de Gratien, cette forme de serment ne demande pas qu'on entre en des specifications. Il suffit de promettre la fidélité d'une maniere indéfinie, puisqu'elle renferme tout ce qui résulte de la nature de l'acte. Ausurplus la prestation de la foi n'est point (*c*) de la substance du fief, puisqu'en plusieurs fiefs elle n'est point dûe. Cela dépend des Coûtumes, ou des conventions.

NOTES.

(*a*) Le baiser n'est point dans les M. S.

(*b*) Cette vérité est sçavammment traitée par Rageau & de Lauriere aux mots *la bouche & les mains.*

(*c*) V. le Commentaire sur la rubrique, n. 6. & sur l'art. 333.

Selon

Selon que le fief le doit. C'est une clause qu'on a coûtume de mettre dans l'acte d'hommage. Hotman se mocque de celle-ci : *Ego juro fidelis esse, sicut vassallus esse debet Domino suo* ; & il dit qu'elle ne renferme l'obligation d'aucune obéissance certaine. Cependant cette forme est très-ancienne ; & l'on voit que c'étoient les mêmes termes usités du tems de Charlemagne. (*c*) Aussi il se fait implicitement relation à tout ce que l'on doit au Seigneur par la nature de l'acte ; & il y est supléé par le Droit & par les Coûtumes.

NOTES.

(*c*) V. art. 333. *n.* 3.

ARTICLE CCCXXXVI.

Tous Seigneurs tenans par dégrés les uns des autres, comme Juveigneur d'aîné, doivent l'hommage lige au prochain Seigneur supérieur de tous, & les Juveigneurs chacun à son aîné proche doivent l'hommage, fors la sœur, laquelle n'est tenue, durant sa vie, faire aucun hommage de ce qui lui est baillé à tenir comme Juveigneur d'aîné, s'il n'est convenu au contraire. Mais après sa mort l'aîné peut requerir son hoir ou ayant cause d'elle, nonobstant longue tenue, de lui faire la foi. Et à faute de ce faire, l'aîné, ou celui qui le représente, peut saisir, par faute d'homme & hommage non fait. Et la saisie exécutée & signifiée, fera les fruits siens jusqu'à ce que la foi lui soit faite.

CONFERENCE.

A. C. *Art.* 326. Quand ledit Juveigneur fait la foi au Seigneur, de qui il tient à ligence, il doit outre jurer, sur les Evangiles, lui porter la foi & la loïauté.

Art. 317. La sœur n'est tenue à faire hommage à son aîné, des choses à elle baillées par son aîné, s'il n'est convenu. Mais l'aîné, ou celui qui le représente, peut après la mort de sa sœur, requerir son hoir, ou celui qui auroit cause d'elle, nonobstant longue tenue, à lui faire la foi.

Art. 318. Et si ledit hoir, ou celui qui auroit cause, après ladite requête, est en défaut de faire la foi, l'aîné, ou celui qui le représente, peut saisir les fruits, pour en joüir autant de tems, qu'on auroit été en défaut de faire la foi depuis ladite requête.

T. A. C. *Ch.* 223. Est entendu, ou cas que les choses doivent être tenues comme de Seigneur lige, ou comme Juveigneur

CONFERENCE.

d'aîné ou cas que l'aîné auroit eu autrefois saisine de la foi, ou ceux de qui l'aîné auroit cause, de ceux qui lui devroient foi faire des choses, ou de ceux de qui ils représenteroient la personne. Car par la Coûtume la sœur ne tient pas du frere, s'il n'est cognu, *vel* convenu au partaige d'entr'eux, ou de la sœur, ou de son mari. Et quand la sœur est décédée, le frere, ou celui qui représente la personne, doit requerre l'hoir à la sœur, ou celui qui tiendra le fief par héritaige, nonobstant conquêt ou longue tenue, qu'il vienge à foi, (*a*) s'il veut avoir la seigneurie : & la requête ainsi faite par Cour suseraine à qui la foi est deparavant; & si le suserain Seigneur ne veut garentir, ne défendre le Juveigneur, le suserain Seigneur sera requis, s'il y a que débattre. Et si le suserain Seigneur le vouloit débattre, si n'y auroit-il pas cause, pour ce qu'il fût informé que celle chose fût de la succession au prédécesseur à celui qui feroit la requête, s'il ne oposoit autre peremptoire.

Ch. 216. Et s'il y a en une terre plusieurs Seigneurs, dont les ungs tiengent des autres comme Juveigneurs d'aîné, le Juveigneur, à qui les terres seroient, fera la foi au prochain; & celui-là la fera à l'autre plus prochain de lui; & ainsi de prochain en prochain doit chacun faire la foi, jusqu'au souverain *vel* suserain Seigneur lige; & puis le suserain Seigneur doit avoir la ligence de tous & de chacun.

COMMENTAIRE.

D'ARGENTRE' AIT. Aliter in Franciâ. Nam primogenitus, pro se & secundonatis suis, nomine omnium, homagium facit. Il porte la foi pour tous. Quod de sorore dicit, Jus est merè positivum & sine ratione civili.

HEVIN. *Nonobstant longue tenue.* Idem *art.* 290. 294. 380. & 393. Vid. inf. *ad art.* 393.

Fera les fruits siens. Inf. *art.* 343. & 347.

D'ARGENTRE' A. C. *Art.* 317. *La sœur.* Il faut entendre celle à qui son frere aîné a donné son partage, pour tenir de lui comme Juveigneur d'aîné. De-là il s'ensuit que la qualité de la personne change l'obligation & les conditions de la Juveigneurie. Il est difficile de rendre raison de cette différence, puisque si l'on avoit donné le partage purement & simplement, il ne seroit dû aucun serment de fidélité, le puîné tenant son bien de sa naissance, & par conséquent de son pere; de sorte qu'il n'est pas obligé de souffrir que l'aîné qui est débiteur de son partage, lui impose des conditions.

Ou celui qui le représente. Soit à titre universel, soit à titre particulier; comme si l'aîné avoit vendu son fief, avec tous ses droits & hommages.

Après la mort de la sœur. Car, par sa mort, le parage finit, puisque la chose passe à un autre nom, & à des personnes en quelque sorte d'une autre famille.

Nonobstant toute longue tenue. Car l'hommage est des Droits naturels, contre lesquels il ne court point de prescription.

Faire la foi. Cela rend ce mot synonime d'hommage, quoiqu'il y ait quelque différence. (*b*) Il y a d'autres dispositions qui établissent la même conformité.

NOTES.

(*a*) Cette fin n'est point dans les M. S.

(*b*) V. *art.* 341. *n.* 3.

D'Argentré A. C. *Art.* 318. *Après ladite Requête.* C'eſt donc un cas particulier. Car le vaſſal régulierement eſt tenu d'offrir l'hommage, à peine de ſaiſie ; & l'on n'eſt pas obligé de le demander.

Peut ſaiſir. Intellige : Pourvû qu'il ſaiſiſſe dans l'an de la ſommation ; & il faut excepter ſi le vaſſal avoit été, par an & jour, en poſſeſſion : car la ſommation ne ſuffiroit pas : & il faudroit venir par action. (c)

NOTES.

(c) *Art.* 353.

ARTICLE CCCXXXVII.

Et ne ſont tenus les hoirs *de la ſœur, ou qui* [a] ont cauſe *d'elle,* [b] faire la foi, juſqu'à ce qu'ils *en* aïent été requis : ſi paravant ceux [c] *deſquels* ils ont cauſe n'avoient été en la foi de l'aîné. [d]

CONFERENCE.

A. C. *Art.* 318. [a] En. [b] A. [c] De qui. [d] Ou de ceux dont il auroit cauſe.

T. A. C. *Ch.* 223. Et ne ſont pas tenus ceux qui tiennent le fief, à faire la foi à l'aîné, juſqu'à tant qu'il les ait requis, ſi eux, ou ceux de qui ils ont cauſe, n'avoient été autrefois en la foi de l'aîné, ou de ceux de qui il auroit cauſe.

COMMENTAIRE.

D'Argentré A. C. *Art.* 318. *Juſqu'à ce qu'ils aïent été requis.* C'eſt ici une exception, qui confirme la régle générale, laquelle diſpenſe le Seigneur de requerir, ſi ce n'eſt dans le cas de poſſeſſion annale.

ARTICLE CCCXXXVIII.

Les droits de la tenue en parage ſont prérogatives perſonnelles de ſang, que ſi l'aîné apelle ſon Juveigneur en cauſe concernant le fief, il doit libeller ſa demande, & articuler ce qu'il prétend, & lui donner aſſignation de tems compétent, à ce qu'il ſe puiſſe pourvoir de Conſeil, pour y répondre. Et ſi le Juveigneur fait deux défauts, & auparavant le Jugement du profit d'iceux, il ſe préſente, & jure qu'il n'a rien fait par mépris de ſon aîné, il n'y peut être pourſuivi, pour raiſon desdits défauts, dénégations, contredits & apellations, qu'il auroit interjettées, en s'en départant dans le même jour, & n'en devroit amende, ains seroit reçu à fournir ses défenses.

CONFERENCE.

A. C. *Art.* 313. Quand l'aîné convient son Juveigneur par sa Cour, il doit lui intimer en quelle cause & demande, & de tems compétent, afin qu'il se puisse pourvoir de Conseil : autrement n'est tenu le Juveigneur comparoir, & qu'il y ait des gens assistans en sa Court qui puissent recorder les exploits qui auroient été faits si le Juveigneur le requiert. Et posé que le Juveigneur auroit défailli par trois fois, & qu'il fût ajourné par intimation, s'il n'est jugé à vaincu en jurant qu'il n'eût fait lesdits défauts en mépris & contemnement de son aîné, il seroit quitte des défauts. Aussi sera quitte des dénégations, contredits & apellations qui seroient ensuis le jour, en s'en départant celui jour.

T. A. C. *Ch.* 243. Quand un aîné Seigneur veut suivre son Juveigneur par lui ou par son alloué, par sa Court, à lui répondre, il lui doit dire, pour quelle cause & en quel lieu, & à quel jour, & que le terme au Juveigneur soit advenant, par quoi il puisse avoir conseil à lui répondre : ou autrement le Juveigneur n'est tenu à y aller. Et posé que la sémonce fût ainsi faite, comme dit est, s'il advient que le Juveigneur défaille jusqu'à trois fois par la Court de son aîné, avant qu'il fût jugé par intimation, & qu'il fût jugié à vaincu, si se pourroit le Juveigneur excuser, en disant qu'il ne l'eût pas fait par dépit contre son aîné, par son serment. Et si celui Juveigneur fait le serment, il sera par tant quitte des défailles vers son aîné.

Jusqu'à trois fois. Practicatur d'une seule défaille, secundùm M. A. M.

COMMENTAIRE.

D'ARGENTRE' AIT. Hoc cùm nemo de Pragmaticis ac ne de Jurisprudentibus quidem pridem intelligeret, scilicet in quibus consisteret *paragium*, de veteri foro revocandum fuit in usum : itaque de veterum formulis descripsimus, & explicuimus, ut omnes intelligerent.

ARTICLE CCCXXXIX.

Le Juveigneur [a] *tenant en parage*, se peut seoir [b] *en Jugement au côté de son Seigneur* aîné, ou *de* son Juge.

SOMMAIRE.

1. Le Juveigneur tient aussi noblement, & a autant de Justice que son aîné.

2. De la tenue en parage & sans parage.

CONFERENCE.

A. C. *Art.* 314. a Pour ce qu'il tient en parage de l'aîné. b Sa Cour jouxte.

T. A. C. *Ch.* 243. Et peut le Juveigeur se asseoir jouxte son aîné ou son lieutenant. Car le Juveigneur tient de son aîné par paraige.

1. Homme en *paraige* tient aussi noblement, & autant a de Justice comme son aîné.

2. Tenir en paraige est tenir comme Juveigneur d'aîné qui est du lignaige de l'aîné, ut hîc. *Secùs* si ledit Juveigneur avoit transporté la terre qu'il auroit eüe de son aîné en main étrange. Car celui qui seroit causeant du Juveigneur, ne tiendroit pas en paraige, mais en Juveigneur, & ne auroit point la faculté de se cortiger de défailles, ne se seoir jouxte le Seigneur, ut hîc, le Juge assigne la cause à son arbitraige pendant le déclinatoire sans avoir égard ès termes de la matiere ordinaire, ou par mandement. Adde in cap. 7.

COMMENTAIRE.

D'Argentre' Ait. *Tenant en parage.* Car le parage fini, le teneur en Juveigneurie simple n'a pas ce droit.

Hevin. *Au côté de son Seigneur aîné.* Car le Seigneur exerçoit lui-même sa justice. Vid. sup. *art.* 9. & ibi notata. Etablissem. de St. Loüis, *liv.* 1. *ch.* 43.

ARTICLE CCCXL.

Si le Juveigneur allégue, vers son aîné, la forme de sa tenue, [a] *sçavoir* qu'il tient de lui comme Juveigneur *d'aîné*, l'aîné est tenu de [b] *la* lui *re*connoître: autrement le Juveigneur ne seroit tenu [c] *de lui obéir.*

CONFERENCE.

Art. 349.

A. C. *Art.* 315. a Et. b Le. c Répondre à son aîné.

T. A. C. *Ch.* 243. Et lui doit bailler son aîné Juges & recordeurs, par quoi il puisse prouver ses esplets, si le Juveigneur le requiert; ou autrement le Juveigneur n'est tenu à se délivrer avec son aîné. Et s'il engignoit cleins ou contredits, il s'en peut délaisser le jour qu'il les auroit faits & engignés: & sera quitte faisant le serment en celle maniere, comme dit est dessus.

En commission l'ajournement est arbitraire & valable de huy à demain, si l'ajourné n'est à plus de demie journée. *Suprà cap.* 227.

Ch. 244. Et si le Juveigneur allegue sa tenue, l'aîné la lui doit connoître, avant que le Juveigneur soit tenu à lui répondre.

SOMMAIRE.

1. *Si le Seigneur est obligé de reconnoître son vassal.*

2. *De la contestation sur la qualité de la tenue.*

COMMENTAIRE.

HEVIN. Etablissem. de St. Loüis, *liv.* 1. *ch.* 72.

D'ARGENTRE' AIT. Id cùm æquum sit, arguit iniquitatem articuli 134. in casu reciproco, ut ibi diximus.

1. D'ARGENTRE' A. C. *Art.* 315. *Si le Juveigneur.* Par une juste corrélation, si le vassal est obligé de reconnoître son Seigneur, (*a*) le Seigneur est obligé de reconnoître son vassal. Car s'il dénie la qualité de vassal, il s'exclut de tous les droits qui en résultent nécessairement, & qu'on ne lui doit point qu'après la reconnoissance. Cela n'est donc pas particulier à la Juveigneurie.

2. Si le Seigneur reconnoît la vassalité, & s'il la prétend lige & non en Juveigneurie, la question doit se décider par la possession, & par les derniers actes de services. L'Auteur dit ensuite que si le Seigneur a fondé son intention, il peut exiger, par provision, l'hommage lige. * Cela est assez mal expliqué, il semble qu'il devoit dire, qu'aïant prouvé la qualité de Seigneur, c'est ensuite au Juveigneur à prouver la tenue en Juveigneurie.]

NOTES.

(*a*) V. l'art. 349.

ARTICLE CCCXLI.

L'aîné n'a ventes, *ni rachat,* ni haute Justice, sur son Juveigneur *ni ses hoirs, comme dit est.*

CONFERENCE.

Art. 72.

A. C. *Art.* 312. L'aîné, sur son Juveigneur, n'a point de haute-justice, ne ventes à lui demourantes. (*a*)

Art. 320. L'aîné ne doit avoir de son Juveigneur pour l'hommage, que le baiser & la foi : & ce qu'il peut avoir pour raison des défauts de foi; & le bail, & le rachat, ou autres émolumens, doivent demourer au Seigneur, auquel est dû la ligence.

V. la conference de l'art. 72.

SOMMAIRE.

1. *Si le rachat peut avoir lieu par convention entre l'aîné & le Juveigneur.*
2. Quid *de la moïenne & basse Justice.*
3. *En quoi la foi & l'hommage différent. Du serment de fidélité des Evêques.*

NOTES.

V. Hevin, *Quest. Féod. pag.* 138. M. Brussel, *liv.* 3. *ch.* 13. *n.* 9. Boucheul, *art.* 140.

(*a*) Ces derniers mots s'expliquent par le chapitre 150. de la T. A. C. raporté sur l'art. 72.

COMMENTAIRE.

HEVIN. Supra art. 72.

Idem art. 72. des Etablissem. L'origine de cette disposition est l'Ordonnance ou accord du Roi Philippe Auguste de l'an 1209.

POULLAIN. Etablissemens de St. Loüis, *ch.* 22. *Dechoîte en parage & de Gentilhoms qui tient en parage.*

„ Nus Gentilhoms ne fet rachat de riens qui li écheit devers lui. " Mais il ajoute que le parage ne dure que jusqu'à ce qu'il ait passé cousin germain.

1. D'ARGENTRÉ Ait. En Anjou l'aîné n'a nulle Justice sur le Juveigneur, fors en deux cas. L'aîné n'a point de rachat ni ventes sur son Juveigneur, & la raison est que tels droits apartiennent au Seigneur lige. Cela s'entend quand le Seigneur lige a droit de rachat sur l'aîné, lequel ne peut subinféoder au préjudice du Seigneur lige, ni de ses droits, ni faire qu'avenant l'ouverture du fief, il ne jouisse de sesdits droits en entier & sans diminution : mais si le Seigneur lige n'avoit point de rachat sur l'aîné, (car tous fiefs ne le doivent pas) & l'aîné, en baillant terre à tenir de lui, stipuloit droit de rachat, il le pourroit faire & l'avoir, non pas ex naturâ feudi, sed ex conventione accidentali extra naturam feudi, ex vi conventionis, quia hoc casu nullum præjudicium fieret Domino ligio. Et encore quand il est dû au Seigneur lige, il ne prend pas par le décès de l'aîné ; & faut qu'il attende la mort du Juveigneur, qui est un tort que la Coûtume a introduit, & le souffre par l'article 69. ci-dessus.

2. D'ARGENTRÉ A. C. *Art.* 312. *L'aîné sur son Juveigneur.* C'est le même Droit en Anjou, dans le Maine & dans la Touraine. Si l'aîné n'a pas de haute Justice sur le Juveigneur, il peut avoir la moïenne & la basse, si elle a été réservée. Le Seigneur supérieur a intérêt de disputer l'exercice, puisque ce seroit un nouveau dégré de Jurisdiction à son préjudice. (*b*)

Ni ventes à lui demeurantes. * La Coûtume a retranché le dernier mot. Ainsi elle rend inutile l'observation de l'Auteur, qui dit qu'il s'ensuivoit que l'aîné pouvoit exiger les ventes pour les reporter au Seigneur supérieur. Elle a ajouté que l'aîné n'a point aussi de bail ni de rachat sur le Juveigneur, comme l'Auteur l'avoit remarqué.]

3. D'ARGENTRÉ A. C. *Art.* 320 *L'aîné ne doit.* Quoiqu'il y ait quelque différence entre la foi & l'hommage, & qu'ils aïent leurs causes & leurs bornes différentes, cependant on les confond souvent dans le Droit féodal. L'hommage n'est point un mot de l'ancien Droit : il n'en est pas même parlé dans les livres des fiefs. Cependant on le voit en des dispositions du Droit Cano-

NOTES.

(*b*) Il est de maxime que cette réservation seroit inutile, l'aîné ne pouvant avoir de Jurisdiction sur le Juveigneur, que pour les devoirs résultans du titre de Juveigneurie.

nique. L'hommage est une déclaration d'être homme d'un autre; c'est-à-dire, son sujet avec le respect qui est dû ; & la forme dépend des différens usages. La fidélité est la promesse d'une fidéle obéissance. Il paroît donc qu'il y a de la différence; & de là vient que les Evêques ne font point d'hommage, & qu'ils font seulement le serment de fidélité, jusqu'auquel les bénéfices sont dans la main du Roi. Le Pape Adrien soutint à l'Empereur, que les Evêques ne devoient que la fidélité sans hommage. (c) On raporte encore ici d'autres exemples, avec la formule de l'hommage. Il seroit inutile d'entrer dans ces détails.

Pour raison du défaut de foi. Ce sont les fruits dont l'aîné s'approprie, en faisant saisir l'héritage du Juveigneur. Le surplus de l'article 320. de l'A. C. est une repétition de l'art. 312. L'Auteur prétend que, par l'assise du Comte Geoffroy, l'aîné avoit le bail sur son Juveigneur.

NOTES.

(c) V. le Commentaire sur la rubrique, *n.* 3. Ragueau aux mots *foi & hommage*, *hommage*, *lige-hommage*. Basnage, *art.* 100.

M. Brussel, *ch.* 1. §. 5. établit clairement & solidement la véritable signification des termes de *foi & d'hommage*. Il dit „ que „ le mot de *foi* sert particulierement à ex- „ primer les engagemens dont la personne „ qui fait l'hommage au Souverain est te- „ nue envers lui, soit comme en étant née „ sujette, soit comme biens tenante dans son „ état ; & que quant au terme d'*hommage*, il „ denote les engagemens du vasselage ; que „ ce sont deux choses très-distinctes, & qui „ peuvent subsister l'une sans l'autre, puis- „ qu'on peut tenir des fiefs d'un suserain, „ sans être né son sujet ; & reciproquement „ être né sujet d'un Souverain, sans tenir „ des fiefs de lui, & par conséquent sans lui „ devoir, ni l'hommage, ni les services qui „ en resultent ; mais simplement le serment „ de fidelité que tout homme, qui est né „ sujet d'un Souverain, est tenu de lui faire „ quand il le souhaite de lui, & sur-tout „ dans les cas où il acquiert un dégré con- „ sidérable d'autorité dans son état.

Il prouve après cela que le serment de fidelité des Evêques, n'a pour objet que la qualité de sujet du Roi, & qu'il n'a aucune aplication aux services que l'Evêque doit au Roi pour raison des fiefs attachés à son Evêché.

Il est vrai que depuis plusieurs siécles, les termes de *foi* & d'*hommage* ont été confondus & emploïés comme sinonimes, pour exprimer le devoir du vassal vers son Seigneur. V. Boucheul, *art.* 91. *n.* 10. *& art.* 106. *n.* 2. *art.* 108. Ferriere, *art.* 1. *gl.* 2. §. 2. Pallu, *art.* 109.

ARTICLE CCCXLII.

La tenue en Juveigneurie simple est quand le parage est fini: lequel se finit quand la terre est transportée en main étrange.

CONFERENCE.

Art. 331.

SOMMAIRE.

1. & 2. *De la fin du parage.*
2. *Si l'on succede au-delà du 9. dégré.*

COMMENTAIRE.

COMMENTAIRE.

HEVIN. Etablissem. de St. Loüis, *liv.* 1. *ch.* 44. *&* 72.

1. D'ARGENTRE' AIT. Dicam ἀκροαματικὸν ignotum multis. Consuetudo quandoque meminit finitatis paragii, sed modos finiendi omnes nusquam expressit. Hic unum exprimit, quando videlicet quocumque modo feudum exit de manu secundò nati, & transit in manum extraneam, quæ non est de sanguine primogeniti : secundò quando secundò natus subinfeodat aliquid de suo paragio uni de suis, de quo meminit articulus 251. tertiò quando tam elongatus est gradus, ut coire matrimonio viri & fœminæ possint, id est, quarto gradu, de quo *art.* 371. de quo ipso acriter certatum est inter nobilitatem & Jurisprudentes, cùm hîc qui suâ interesse putabant, vehementer contradicerent, & metuerent, finito paragio, finem consanguinitati quoque imponi, ita ut jam indè, si id obtineret ultrà eum gradum, nemo se dicere posset consanguineus; de quo valdè laborabant. Respondebatur nullam in Franciâ Provinciam extare, in qua illa paritas gradu aliquo, aut longiori aut propiori, non finiretur, & naturâ esse comparatum, ut quando quis longiùs abscedat à stipite primario, tantominùs ducat de paritate & generis decoris, & honoribus, nec tamen per id consanguinitatem finiri.

2. In Britannia ubique consuetudo finit consanguinitatem nono gradu, ut *art.* 298. & *art.* 154. quòd ultrà gradum nemo succedit ut heres, (*a*) nemo ad retractum admittitur ut consanguineus, & Domini locorum succedunt Jure deserti, *art.* 595. Ce n'est pas étrange, que le parage finisse plutôt, qui ne consiste qu'en honneur, *art.* 238. En Anjou, Blois, & ailleurs, le parage se finit, aïant atteint les dégrés de mariage. De eo vehementer pugnatum, cùm illi ambitiosè obsisterent, nec satis intelligerent quid agereteur, & ce qui les tenoit, étoit la faute qu'ils faisoient en l'intelligence du parage & lignage; & leur sembloit qu'en finissant le parage, on les rendoit desavoués de lignage, à quo valdé abhorrebant. Cæteri ordines interim otiosi alienum certamen spectabant : utrò declinarent, nil referre putabant.

Denique nil de eo confici potuit, res indecisa relicta arbitriis, & vicinarum consuetudinum exemplis. Hæc vobis ἰφθιμοιτὸ'χῶ.

NOTES.

(*a*) Ici d'Argentré établit pour maxime qu'on ne peut pas succeder au delà du neuviéme dégré. La maxime contraire est constante aujourd'hui depuis l'Arrêt du 20. Juin 1733. raporté au premier tome de mon Journal du Parlement, *ch.* 3.

ARTICLE CCCXLIII.

Celui qui vient à nouvelle possession d'aucun héritage ou fief, par quelque ouverture que ce soit, doit faire la foi & hommage à son Seigneur, soit Lige ou comme Juveigneur d'aîné, dans quarante jours après l'an du rachat fini: & au cas qu'il n'y auroit rachat, quatre mois après qu'il est venu à la nouvelle possession. Et à faute de ce faire ledit tems passé, le Seigneur pourra saisir les choses tenues de lui, & en fera les fruits siens en pure perte du vassal depuis la saisie exécutée & signifiée jusqu'à ce que la foi lui soit faite.

NOTES.

SOMMAIRE.

1. *Nécessité d'un acte par écrit de la foi & hommage. Preuve par témoins non-recevable.*
2. *De la regle qu'*un Seigneur de paille, &c. mange un vassal d'acier.
3. *Le délai court du jour que l'absence est connue dans le lieu du fief.*
4. *L'absence de l'héritier ne prolonge point le délai.*
5. *Si la saisie féodale sert au successeur.*
6. *L'instance de saisie féodale n'est point sujette au premier ni au second chef de l'Edit des Présidiaux.*

Loisel, *liv.* 4. *tit.* 3. *art.* 4. & 24. Bouteiller, *liv.* 1. *tit.* 82. Desmares, *dec.* 195. & 286. Coût. notoir. *art* 134 Ragueau au mot *exploiter*. Hevin, *Cons.* 66. Pocquet *des fiefs*, *liv.* 1. *ch.* 8. Guyot, *tom.* 4. *de la sais. féod.* Boucheul, *art.* 82. Du Plessis *des fiefs*, *liv.* 1. *ch.* 1. Brodeau, le Camus & Ferriere, *art.* 1. Pontanus, *art.* 54. & 76. La Lande, *art.* 50. Auroux, *art.* 368. Le Grand, *art.* 22. & 28. Coquille, *tit.* 4. *art.* 1. 6. 7. 8.

1. On doit raporter un acte par écrit de l'hommage, & la preuve testimoniale n'est pas reçue. Sauvageau sur du Fail, *liv.* 1. *ch.* 127. & *liv.* 3. *ch.* 196. V. la conférence *n.* 26.

Sur l'ancienneté de la saisie féodale, V. la Taumassiere, *tit.* 5. *art.* 7.

Sur les formalités de la saisie féodale. V. Pocquet, *sect.* 4. Guyot, *sect.* 4. & la conférence, *n.* 36. & *suiv.*

Fruits. Pour l'explication & l'étendue de ce mot, V. du Moulin, § 1. *gl.* 8. *n.* 1.

Sur la question de sçavoir, si le Seigneur peut saisir féodalement faute de païement des rentes, V. ci-après, *art.* 354.

2. ,,Un Seigneur de paille, feurre ou ,, beurre, vainc & mange un vassal d'acier." Loisel, *liv.* 4. *tit* 3. *art.* 102.

,,Tellement (dit Ragueau, au mot *vassal*) que par plusieurs des Coûtumes de ,, France, le Seigneur feudal use de mainmise & d'exploit domanier, pour tenir le ,, fief de son vassal en sa main, ou par son ,, commis, & jouit du fief saisi pendant le ,, procès, nonobstant l'oposition du vassal,

NOTES.

„ ſauf à lui ſon recours, en fin de cauſe, „ & de ſes dommages & interêts, qui eſt une „ pauvre expectation.

3. *Quatre mois après qu'il eſt venu.* „ Re„ quiritur obitum notum eſſe in communi, „ ut hi quos hoc contingit vel concernere po„ teſt ſibi conſulere poſſint. Hoc autem eſt, „ quando obitus notus eſt in loco ſeu vici„ nia feudi. " Du Moulin, §. 7. *n.* 8.

4. Le Grand, *art.* 22. gl. 1. *n.* 7. & Ferriere, *art.* 1. *gl.* 2. *n.* 16. décident que l'abſence du vaſſal n'empêche pas le Seigneur de ſaiſir féodalement, quoique la ſucceſſion ſoit échue pendant l'abſence.

5. Ferriere, *art.* 1. *gl.* 1. *n. dernier & art.* 65. *n.* 11. & Boucheul, *art.* 109. *n.* 16. *& ſuiv.* décident que la ſaiſie féodale ne ſert qu'au ſucceſſeur univerſel, & non au ſucceſſeur particulier, s'il n'a pas les droits cedés de ſon prédéceſſeur. V. auſſi Guyot, *ſect.* 1. *in fine.*

Ferriere ajoute même, que l'hommage étant un droit perſonnel, la ſaiſie, faute d'hommage, s'éteint par la mort du Seigneur, & ne paſſe point à l'héritier.

Nous n'avons ſur ces queſtions aucunes déciſions dans la Coûtume, ni dans la Juriſprudence. Il eſt vrai que l'hommage eſt un devoir perſonnel. Mais il eſt dû par le vaſſal à cauſe du fief ſervant, au propriétaire de la Seigneurie dominante. Delà on pourroit conclurre que la ſaiſie féodale apposée par le vendeur paſſeroit de plein droit à l'acquereur, même ſans une ceſſion expreſſe de la part du vendeur. Cependant le ſentiment commun des Auteurs François eſt au contraire, & ils exigent que l'acquereur ait une ceſſion des droits & actions du Seigneur: d'où l'on doit conclurre que la ſaiſie féodale paſſe à l'héritier, puiſque ſa ſeule qualité lui donne l'exercice de tous les droits & actions de celui auquel il ſuccede.

6. L'inſtance ſur la ſaiſie féodale n'eſt point ſujette au premier ni au ſecond chef de l'Edit des Préſidiaux, quand même l'objet de la ſaiſie ſeroit au-deſſous de 250. liv. parce que l'hommage & les autres droits féodaux ſont ineſtimables. Brodeau, *art.* 31. *n.* 7.

SOMMAIRE.

1. *Domaine direct au Seigneur: Domaine utile au vaſſal. Saiſie féodale, juſqu'à ce que le vaſſal ait ſatisfait aux devoirs féodaux*
2. *Droit de ſaiſir attaché à la ſeule féodalité, indépendemment du dégré de Juſtice.*
3. *Quoique le Seigneur n'ait pas rendu hommage au Supérieur, il peut ſaiſir féodalement.*
4. *Si l'uſufruitier peut ſaiſir.*
5. & 83. *Saiſie féodale preferable à toutes les autres.*
6. *Nulle commiſe, faute d'hommage ou d'aveu*
7. *La ſaiſie réelle ne donne point d'ouverture au fief. La main de Juſtice ne deſſaiſit perſonne.*
8. *Les fiefs ſont patrimoniaux. On en prend poſſeſſion par ſucceſſion ou par acquêt, ſans le conſentement du Seigneur, & ſans Commiſe.*
9. *Nulle ouverture de fief par la mort du mari pour le propre de la femme, ni pour ſa moitié des acquêts de la Communauté. La renonciation de la femme à la Communauté ne donne point auſſi ouverture au fief.*
10. *Saiſine du vaſſal pour l'héritage dont il eſt poſſeſſeur, contre le Seigneur qui en prétend la proprieté.*
11. *Foi & hommage dûs à chaque mutation de Seigneur & de Sujet. Les uſufruitiers ne peuvent la faire ni la recevoir. Secùs des tuteurs & curateurs, du mari & du bénéficier.*
12. *Relief & hommage dûs au Seigneur par la profeſſion en religion.*
13. 16. *Héritiers du mari tenus de relever les héritages ſujets à douaire ou autre uſufruit. Hommage de l'uſufruitier ſur leur refus.* Aux Notes & *n.* 16.
14. *Saiſie féodale après l'aliénation faite par le vaſſal.*

SOMMAIRE.

S'il est dû un nouveau delai, par l'aliénation ou la mort du vassal qui n'avoit pas fait la foi. Aux Notes.

15. *Si la foi est due par l'acquereur à condition de remeré*

17. *Ce que l'acquereur doit faire, pour avoir main-levée de la saisie féodale aposée avant son contrat.*

18. Quid *des puinés, en cas de saisie féodale sur leur ainé.*

19. *Hommage du bien saisi réellement, par le curateur ou Commissaire aux saisies réelles.*

20. *Sauf l'action du Seigneur, pour ses droits féodaux sur les revenus ou sur le prix.*

21. *De l'hommage dû par les gens de main-morte, & de celui qui leur est dû.*

22. *De la contestation entre plusieurs, sur la propriété du fief servant.*

23. *Vassal peut faire l'hommage à celui qui le somme, pourvû qu'il n'y ait fraude contre le vrai Seigneur.*

24. *Le desaveu emporte la Commise.*

25. *Vassal, qui rend hommage, obligé d'exhiber ses titres au Seigneur.*

26. *Obligation respective du Seigneur & du vassal, de donner l'acte de reception de l'hommage & celui de la reconnoissance du fief.*

27. *Si le seigneur peut commettre pour la reception de ses hommages.*

28. *De l'hommage, quand il y a plusieurs Seigneurs par indivis, & que l'un d'eux est absent.*

29. Tant que le vassal dort, le Seigneur veille, & tant que le Seigneur dort, le vassal veille. *Explication de cette maxime.*

30. *Du refus du seigneur de recevoir le vassal à l'hommage.*

31. *L'offre vaut foi.*

32. Souffrance vaut foi tant qu'elle dure.

33. *Saisie nécessaire après l'expiration de la souffrance.*

34. *Forme des offres du vassal.*

35. *Forme de l'assignation au vassal pour l'hommage.*

36. 37. 38. *Forme de la saisie féodale, & de la notification qui en doit être faite.*

Si la commission du Juge est nécessaire.

Nécessité de la signification pour acquerir les fruits.

Distinction entre la saisie nulle, & la saisie faite sans cause. Aux Notes.

37. & 39. *Forme de la saisie du fief servant noble.*

De la saisie des rentes foncieres, ou du fief sans domaine.

Quid, *s'il y a plusieurs fiefs servans.* Aux Notes.

39. *Forme de la saisie du fief servant roturier.*

40. *Nécessité d'exprimer les causes dans la saisie.*

41. *Il suffit qu'une des causes soit vérifiée.*

42. *Preuve complette par le procès-verbal du Sergent.*

43. *Et par le raport du Juge.*

44. *Saisie provisoire nonobstant l'apel, sinon en cas de desaveu.*

Quid, *si le Seigneur est insolvable.* Aux Notes.

45. & 49. *Ou de preuve d'avoir fait la foi ou des offres valables, ou d'avoir souffrance.*

46. *Main-levée dûe au vassal, qui desavoue sans donner caution.*

47. *Exception à cette régle.*

48. *Commise par le desaveu, avec restitution de fruits.*

50. 52. *Effets de l'oposition à la saisie.*

51. *Exception à l'égard du Roi.*

53. *Main-levée de plein droit au vassal, par l'offre de l'hommage.*

54. *Du vassal qui enfraint la saisie.*

Provision en faveur du Seigneur.

Du Seigneur qui saisit, après avoir recueilli les fruits en vertu d'une saisie injuste. Aux Notes.

55. *Comment le Seigneur doit joüir après la saisie.*

Quand l'établissement de Commissaire est nécessaire.

Le Commissaire ne peut être contraint à faire cette fonction. Aux Notes.

56. *Si ce que le Seigneur reçoit se déduit sur ce que lui doit le vassal.*

Déduction des frais de saisie sur les fruits. Aux Notes.

57. *Fruits prêts à recueillir lors de la saisie, apartiennent au Seigneur.*

58. *Si par la jouissance en vertu de la saisie féodale, le seigneur est paié du rachat.*

Distinction entre les rentes & rachats échus avant & depuis la saisie. Aux Notes.

SOMMAIRE.

59. Quid *des arrérages de rentes.*
60. *Droit de couper les bois taillis qui sont en état d'être coupés.*
61. *Vassal en droit de disposer de la recolte qu'il a commencé de faire, pourvû qu'il ne l'ait pas avancée frauduleusement, & des redevances dont le terme est échu avant la saisie. Poisson meuble, lorsque la bonde est levée en tems convenable: & n. 65.*
Des meubles, ustenciles & bestiaux, & des fruits civils. Aux Notes. *V. aussi* n. 75. & 76.
62. *Seigneur en droit de jouir des termes non échus avant la saisie.* Idem *des autres droits non échus* n. 79.
63. *Et des fruits coupés depuis la saisie, quoiqu'il ne les ait pas enlevés.*
64. *Le Seigneur ne peut plus rien recueillir depuis les offres.*
65. *Après lesquelles le vassal jouit des fruits non coupés.*
66. Quid *des fruits qui ne sont pas engrangés.*
67. 75. *Seigneur tenu de jouir en bon pere de famille.*
68. *De faire les réparations menues, & de païer les charges anciennes du fief.*
69. 71. 72. 73. 76. 77. *Si le Seigneur est tenu d'entretenir la ferme.*
De l'obligation de rembourser les labours & semences.
Si le Greffier de la Jurisdiction du fief saisi peut être évincé par le Seigneur.
Si le Seigneur peut expulser le vassal de sa maison saisie féodalement.
Si la ferme faite par le Seigneur pendant la saisie, cesse après la main-levée, & s'il est dû des dommages & interêts au fermier. Aux Notes.
70. *Si les fermiers & Marchands sont tenus de païer au Seigneur, quand ils ont païé au vassal par anticipation des termes.*
72. *Le Seigneur n'est tenu des rentes & autres charges créées sans son consentement.*
74. *Dommages & interêts du fermier contre le vassal.*
75. 76. *Si le Seigneur peut recevoir les profits des bestiaux, &* n. 61.
Des colombiers, garennes & haras. Aux Notes.
76. *Ne peut disposer des meubles. V.* n. 61.
77. *Des héritages donnés à rente par le vassal.*
78. *De la saisie du Seigneur censier.*
79. *Si le patronage des benéfices demeure au vassal.*
Quid *des autres droits honorifiques.* Aux Notes.
80. *De l'action du Seigneur pendant la saisie, contre les arrieres vassaux, pour ce qu'ils doivent à son vassal.*
81. *Le Seigneur n'est tenu de nourrir les enfans mineurs du vassal décédé, dont il tient l'héritage en sa main.*
82. *Combien dure la saisie féodale.*
84. *Saisie pour les rentes foncieres.*
85. *De l'hommage dû au Roi. Du domaine engagé. Du domaine donné en apanage.*
86. *De l'hommage & de l'aveu dûs au Roi pour les biens au dessous de* 100. *liv. monnoie de rente.*

CONFERENCE.

Art. 350. 360. 363.

A. C. *Art.* 322. Quand aucun vient de nouveau à saisine d'aucuns héritages, il doit aller au Seigneur de qui lesdits héritages sont tenus, soit comme Juveigneur d'aîné à ligence, ou comme de Seigneur lige, pour faire la foi paravant qu'on leve aucune chose des fruits, ne des levées des héritages pour lesquels est la foi dûe.

Art. 323. Et si aucun qui devroit faire la foi, comme dit est, se saisit des héritages, paravant avoir fait la foi, & leve aucuns fruits d'iceux héritages, son Seigneur peut autant tenir (*a*) & jouir de la terre

NOTES.

(*a*) De Lauriere sur Ragueau au mot *vassal.* Coût. de Beauvoisis, *ch.* 14. *p.* 81. Grand Coût. *sp.* 199. & 200. Du Fail, *liv.* 1. *ch.* 526.

CONFERENCE.

& héritages, comme celui qui devoit faire la foi a été sans la faire : & sera le Seigneur lesdits fruits & émolumens de la terre siens, & en joüira, jusqu'à ce que la foi lui soit faite.

T. A. C. *Ch.* 223. Et s'il avient que ceux ou celles, qui doivent foi ou ligence, se saisissent des terres, paravant qu'ils aïent fait la foi à leurs Seigneurs ou Seigneur, ou la ligence, & ils en eussent levé aucuns fruits, levées, ou autres émolumens par raison des terres & héritaiges, delà où le Seigneur n'eût point d'homme, son Seigneur suserain pourroit, se il vouloit, autretant tenir & jouir de la terre, rentes ou autres choses, jusqu'à tant qu'il en eût autant levé, comme auront ceux ou celles levé qui devroient faire la foi ou la ligence, sans ce qu'il en soit tenu à riens leur en rendre de choses que le Seigneur en eût eu ou levé, & en peut avoir & faire siens les fruits, & issuës & émolumens, sans leur en faire point de retour s'il veut, (*b*) & les tenir jusqu'à tant qu'il ait homme, & après l'hommage être fait, l'homme pourroit jouir de sa terre. - - - - - - - -

- -

Et la requête ainsi faite, si le Juveigneur, ou ceux qui auroient cause de lui, ne viennent à la foi de l'aîné, celui aîné, ou qui auroit cause de lui, peut attacher, *vel* attoucher, nonobstant conquêt ou longue tenue, au fief & s'en saisir ou cas que le requis sera en demeure de lui faire la foi, tant que la foi lui soit faite. Et pourra l'aîné, ou celui qui a cause de lui, tenir pour les arreraiges que celui ou celle auroient levé entre la foi faite & la requête tant seulement, (*c*) au cas que le suserain lui feroit le garentaige tant seulement.

Ch. 224. Et doit aller faire la foi à celui Seigneur, ou à celui qui cause a de lui, ou à celui qui représente la personne : & si elle doit être tenue à foi ou à ligence, il en doit faire son devoir à son Seigneur.

Ch. 228. Toutefois que Seigneur achesonne son homme, qu'il ne lui a pas fait la foi ou la ligence du fief qu'il tient de lui, & l'homme voudra dire qu'il lui a fait la foi, & qu'il est prêt de le jurer, l'homme, s'il le veut jurer, en sera cru par son serment, par la Coûtume : & par tant en sera l'homme quitte envers son Seigneur de celle acheson. (*d*)

Boulenois 52. 53. Laon 182. 183. Châlons 187. 188. Rheims 99. 105. 106. Saint Quentin 59. Ribemont 16. 17. 18. 20. Peronne 23. 24. 25. 26. 54. Chauny 79. 92. Senlis 159. 248. Clermont en Beauvoisis 77. 112. Valois 27. 34. 40. 41. Sedan 64. 65. 66. Clermont en Argonne, *T.* 3. 5. 6. 8. 9. Tournay, *T.* 11. 18. Douay, *T.* 1. 28. 29. Saint Mihel, *T.* 3. 8. Gorze, *T.* 2. 13. 15. Duché de Bourgogne, *T.* 3. 1. Comté de Bourgogne 1. 2. 3. Paris 1. 7. Etampes 1. 18. Dourdan 1. 14. Montfort 1. 4 Troyes 24. 28. 32. Vitry 41. Chaumont 15. 18. 21. 22. Meaux 124. 128. 129. Melun 22. 77. 78. Sens 180. 222. 225. 227. Auxerre 42. 84. Perche 31. 32. 33. 34. 55. 56. 57. 58. 68. Châteauneuf en Thimerais 29. 30. 31. 32. 33. 47. Chartres 28. 29. 30. 31. 32. 45. Dreux 1. 11. 20. 21. 22. 23. 34. Orleans 45. 46. 50. 66. Montargis, *T.* 1. 6. 8. 11. 12. 19. 20. 21. 50. 52. 69. 89. 92. Berry, *T.* 5. 7. 8. 9. 10. 12. 13. 25. 26. *T.* 6. 16. *T.* 9. 82. 83. Blois 38. 39. 47. 49. 53. 54. 55. 56. 76. Dunois 2. 24. 35. Nivernois, *T.* 4. 1. 8. 9. 45. Bourbonnois 368. 372. 391. Normandie 109. (*e*) Eu 20. 21. 24. Maine 114. 115. 116. 401. 429. 430. Anjou 101. 102. 103. 104. 105. 391. 416. 436. Tours 6. 18. 21. 22. 28. 29. 30. 31. 109. 111. 112. Lodunois, *T.* 1. 18. 24. 25. 26. 27. 28. 29. Poitou 52. 82. 83. 85. 94. 95. 96. 97. 98. 118. Angoumois 11. La Rochelle

NOTES.

(*b*) Ces mots, *& les tenir jusqu'à tant qu'il ait homme & l'hommage être fait*, ne sont point dans les M. S.

(*c*) Cette fin n'est point dans les M. S.

(*d*) V. le nombre 1. des Notes.

(*e*) V. Basnage sur cet article.

CONFERENCE.

T. 4. Saintonge 18. 19 20. 22. 33. Usance de Saintonge, T. 2. 12. 15. 16 18. 24. Acs, T. 8. Sole, T. 10. 4 La Marche 183. 195. Auvergne, T. 22. 1. 2. 4. 5. 51.

1. Au Seigneur féodal apartient la directe seigneurie du fief tenu de lui, & au vassal l'utile. En maniere que, quand il y a ouverture de fief, par succession, contrat ou autrement, il est loisible au Seigneur féodal faire saisir le fief, & le tenir en sa main, jusqu'à ce qu'il ait homme & vassal, qui ait relevé & satisfait des droits & devoirs seigneuriaux. Peronne 21.

2. Un haut justicier, moïen & bas peut mettre en sa main les héritages tenus & mouvans de lui, étant en sa seigneurie, haute, moïenne & basse. Senlis 256. Tours 18. Lodunois, T. 1. 14.

Le Seigneur féodal n'eût il que justice fonciere. (*f*) Poitou 52.

3. Ledit (*g*) Seigneur féodal *etiam* avant qu'il soit reçu, peut faire saisir & exploiter ses fiefs, ès cas esquels saisie a lieu. Nivernois, T. 4. 54.

4. L'usufruitier (*h*) d'un fief peut, à sa requête, perils & fortunes faire saisir le fief, ou fiefs, & arriere-fiefs ouverts, mouvans & dépendans du fief dont il jouit par usufruit, à faute d'homme, droits & devoirs non-faits & non païés, pourvu qu'en l'exploit qui sera fait, le nom du propriétaire du fief soit mis & aposé, sommation toutefois préalablement faite audit propriétaire, à sa personne, ou au lieu du fief dominant, de faire saisir: & ne peut le propriétaire bailler main-levée, sinon en païant les droits audit usufruitier. Paris 2.

5. La saisie du Seigneur (*i*) de fief est plus privilegiée que toutes autres, soit qu'elles fussent faites en procès possessoire entre plusieurs, eux prétendans possesseurs d'un fief, ou pour autre cause: & doit proceder. Laon 207. Châlons 216. Clermont en Argonne 25. Melun 79.

6. Pour non vouloir faire la foi & hommage au Seigneur féodal, & pour non bailler denombrement de fief, il n'y a danger de commise. Sens 198. Auxerre 68. Duché de Bourgogne, T. 3. 3. Comté de Bourgogne 1. 5. 7. Nivernois, T. 4. 10. (*k*)

7. Quand le vassal est en foi, ou a dûement fait ses devoirs envers son Seigneur de fief, & l'héritage dudit vassal, pour ses dettes, est saisi & mis en criées, par telle saisie & criées ne sera le fief ouvert; & ne jouira ledit Seigneur de fief dudit héritage Car toujours dure la foi, jusqu'à ce que ledit héritage soit vendu & ajugé par decret, ou que la foi fût faillie, autrement que par ladite saisie & criées, finie du côté dudit Seigneur de fief, ou dudit detteur son vassal; aussi que la main de Justice ne dessaisit personne. Orleans 3. (*l*)

8. Choses féodales (*m*) sont reduites à la nature des patrimoniales, quant à succes-

NOTES.

(*f*) Et quand même il n'auroit pas la Justice fonciere, parce que le droit de saisir féodalement, faute d hommage, ou faute d'aveu, est donné au Seigneur à cause de la seule féodalité. Ainsi dans le petit nombre de fiefs, qui peuvent être en Bretagne sans aucun dégré de Justice, le droit de saisir féodalement est le même, que dans les Seigneuries qui ont tous les dégrés de Jurisdiction.

V. Bacquet des Droits de Justice, *ch.* 3.

(*g*) Coquille *ibid.* Ferriere, *art.* 1. *gl.* 1. *n.* 10. *& gl.* 2. §. 2. *n.* 34. Guyot *de la foi ch.* 4. *n.* 1.

(*h*) V. le Commentaire *n.* 2.

(*i*) Loisel, *liv.* 4. *T.* 3. *art.* 27 Hevin, *quest. féod. pag.* 292. Sauvageau sur du Fail, *liv.* 1. *ch.* 116. *&* 265. Pallu, *art.* 22. Lhoste, *T.* 1. *art.* 8. Coquille, *T.* 1. *art.* 8, *& quest.* 21. Le Grand, *art.* 28. *n.* 5. Ferriere, *art.* 1. *gl.* 4. *n.* 26. M. le Camus, *ibid. n.* 8. Brodeau, *art.* 34. Dupineau, *art.* 436. Arrêtés de M. de Lamoignon, *sur la saisie féodale*, *art.* 12. V. le nombre 83.

(*k*) V. Coquille *ibid.*

(*l*) V. la Lande *hic.*

(*m*) Boucheul, *art.* 29.

CONFERENCE.

sion, en maniere que l'on y succede comme en autres choses ; & peut-on prendre possession d'icelles, sans le consentement du Seigneur & sans danger de commise, & aussi quant à l'aliénation : en maniere que, pour icelle faite sans le consentement du Seigneur, n'y a commise ni autres peines. Nivernois, *T.* 4 17. Bourbonnois 367. Comté de Bourgogne 6. 8. 9.

9. Si aucun tenant fief, est en foi & hommage d'aucun héritage tenu en fief, qui soit de par sa femme, & duquel elle soit pareillement à foi & hommage de sondit mari, voise de vie à trepas, ladite femme, après le trepas de sondit mari, peut jouir de son héritage, comme de son propre, sans ce qu'elle soit tenue aller de nouvel devers ledit Seigneur, ne que ledit Seigneur puisse faire saisir ledit héritage, consideré qu'elle ne succede pas en droit d'autrui; mais en son propre héritage, & pourvu qu'elle ait toutefois fait les foi & hommage. Valois. 45.

N'est dû foi & hommage, rachat, ne profit féodal, par la femme acceptant communauté, à cause d'icelle acceptation, pour le fief acquis par le mari durant ladite communauté. Aussi n'est dû rachat, ne profit féodal, par les héritiers en droite ligne du mari, avenant que la veuve renonce à ladite communauté, encore que, par le moïen de ladite renonciation, le total dudit fief demeure ausdits héritiers; pourvû que esdits cas le mari ait fait la foi & hommage & païé les droits. Orleans 38. (*n*) Paris. 5.

10. Si le Seigneur prétend droit au fief par acquisition, succession ou autre moïen non procédant de ladite directe féodale, le vassal audit cas se peut dire saisi à l'encontre de sondit Seigneur, qui en ce est réputé comme personne étrange, si ledit vassal a la possession par apréhension de fait ou autrement. Nivernois *T.* 4. 52. (*o*)

11. Foi & hommage est dûe, à chacune mutation de Seigneur & de sujet, par le Seigneur propriétaire de la chose hommagée. Car si les possesseurs ou détenteurs ne sont que usufruitiers, comme fils puînés nobles, doüairiere ou autres usufruitiers, (*p*) ils ne seront pas reçus à en faire la foi, fors les bails, tuteurs, ou curateurs des mineurs, qui font & reçoivent (*q*) les hommages. Maine 135. Anjou 125.

12. Les héritiers de celui qui a fait profession de religion, doivent relief & hommage au Seigneur duquel le fief est tenu. Normandie 165.

13. L'héritier du mari est tenu relever, à ses dépens, les héritages sujets à doüaire, & païer les droits pour ce dûs. Et si, à faute desdits droits ou de cens non païés, y a saisie, ladite veuve le peut contraindre à l'acquitter, & recouvrer les dommages & interêts à l'encontre de lui qu'elle a à cause de ladite saisie. Peronne 153. Chauni 123. Senlis 180.

Peut néanmoins ladite veuve païer & acquitter lesdits droits, & en avoir recours contre l'héritier. (*r*) Peronne 154.

NOTES.

(*n*) La Lande *ibid.* Le Camus, *art.* 1. *n.* 17. Brodeau, Ferriere & le Camus, *art.* 5.

(*o*) Coquille *ibid.* Du Moulin §. 1. *gl.* 4. *n.* 51. La Taumassiere, *T.* 5. *art.* 23.

(*p*) V. Basnage, *art.* 109. & 115. Boucheul, *art.* 32. *n.* 13. Ferriere, *art.* 1. *gl.* 2. §. 2. *n.* 10. Auroux, *art.* 379.

(*q*) Basnage, *art.* 109. Boucheul, *art.* 32. *n.* 12. La Lande, *art.* 24.

Il est de maxime que le tuteur pour ses mineurs, le mari du chef de sa femme, & le titulaire du bénéfice peut saisir féodalement, faute d'hommage ou d'aveu. Guyot *de la saisie n.* 8. & 9. Boucheul, *art.* 82. *n.* 3. Ferriere, *art.* 1. *gl.* 1. *n.* 7. & 8. Pallu, *art.* 109. Pontanus, *art.* 39. V. le Commentaire & les Notes *n.* 2.

(*r*) Basnage, *art.* 109. Auroux, *art.* 379. Guyot *de la foi ch.* 3. *n.* 23.

14. Quand

CONFERENCE

14. Quand le Seigneur de fief n'a point d'homme, parce que son vassal a vendu, transporté, ou autrement aliené son héritage tenu en fief, ledit Seigneur peut incontinent saisir ledit héritage & l'exploiter; & fait les fruits siens, jusqu'à ce qu'il ait homme, & qu'il ait été païé de ses devoirs & profits de fief. Orleans 43. (s)

15. Les acheteurs sont tenus faire foi & hommage, bailler aveu, & faire païer tous droits seigneuriaux, encore que, par le contrat, il y ait condition de rachat. Normandie 193. (t)

Qui achete choses hommagées, à grace & faculté de recousse, ne fera hommage durant icelle grace & faculté, si celle grace n'est perpétuelle, ou qu'elle excede neuf ans. Mais nonobstant la vendition à grace qui n'excede neuf ans, & pendant icelle, le vendeur, ou son héritier, qui a ladite grace, fera ledit hommage, si le cas y échet, & répondra en la Cour & Jurisdiction du Seigneur de fief. Toutefois s'il ne la faisoit, l'acheteur, pour empêcher la prinse par défaut d'homme, & à ce que collusion ne se feist à son préjudice, pourroit faire & offrir l'hommage & couvrir le fief.

16. Et autant en pourroit faire le puîné noble tenant chose hommagée en bienfait, & la doüairiere, ou autre usufruitier, si par dol, collusion, ou négligence, l'aîné & propriétaire ne servoit l'hommage, par raison de la proprieté. Maine 136. Anjou 116.

17. Toutefois si le Seigneur de fief, auparavant la vente du fief ou partie d'icelui, avoit saisi & aposé sa main sur le total dudit fief; en ce cas l'acheteur, qui auroit acquis ledit fief ou partie, sera tenu païer entiérement au Seigneur de fief les profits qui

NOTES.

(s) La Lande reconnoît la dureté de cet article. Ainsi il faut examiner si sa disposition doit s'étendre aux Coûtumes, qui n'en ont point une conforme, & qui gardent le silence sur cette question.

Pour mettre la difficulté dans toute sa force, je supose que le delai, accordé par la loi au vassal pour faire l'hommage, soit expiré, & qu'avant que le Seigneur ait saisi, le vassal meure ou aliéne. L'ouverture de fief antérieure à la mutation donne-t-elle au Seigneur le droit de saisir, sans laisser au successeur universel ou particulier le même délai que la Coûtume accorde par l'article 343.

1°. Il est certain que si le Seigneur a reçu les lods & ventes, il a connu la mutation, & il a accepté l'acquereur pour son vassal; ainsi en suposant même la saisie féodale bien fondée dans les autres cas, sans attendre l'expiration du nouveau délai, le Seigneur seroit obligé dans cette espéce d'attendre le délai. Il a même été jugé, par Arrêt du 13. Avril 1564. dans M. du Fail, *liv.* 3. *ch.* 171. que la saisie, faute d'hommage, antérieure à la vente, cessoit par l'exhibition du contrat & le païement des ventes.

2°. Dans les autres mutations, quoique du Moulin, §. 7. & le Commentateur de du Plessis sur les fiefs Note B. décident que le Seigneur n'est point obligé d'attendre un nouveau délai, par des motifs qu'il seroit trop long de raporter ici, l'opinion commune, & la plus conforme à l'équité, est que le délai doit être de nouveau accordé aux successeurs à titre universel ou particulier. V. Lhoste, T. 1. *art.* 8. La Taumassiere, *T.* 5. *art.* 8. *n.* 4. La Lande, *art.* 50. *n.* 9. Auroux, *art.* 368. *n.* 8. Ferriere & M. le Camus, *art.* 5. Guyot *de la foi ch.* 2. *n.* 3. *&* 4.

Quoique tout ce qui concerne la matiere des fiefs soit plus réel que personnel, cependant le retardement du vassal à faire la foi est une faute personnelle qui ne doit pas être punie après sa mort ou après l'aliénation, lorsque le Seigneur n'a point agi pendant qu'il étoit vassal.

Il est vrai que si le Seigneur a ignoré la mutation, il n'est pas juste qu'il perde les frais qu'il a faits. Mais en païant ces frais, le nouveau vassal doit avoir tout le délai que la Loi donne en général.

(t) Cette maxime est constante en Bretagne.

CONFERENCE.

étoient dûs auparavant la vente, pour lesquels ledit Seigneur avoit aposé sa main & fait sa saisie, ensemble les frais de la saisie, sauf audit acheteur son recours, pour lequel ledit seigneur de fief sera tenu lui ceder ses actions, & le subroger en son lieu & droit. Orleans 2.

18. Si après la saisie ou adjudication d'une aînéesse faite au seigneur, l'aîné est négligent d'obtenir mainlevée les puinés sont reçus (u) à la demander. Et en ce cas, il est à l'option du seigneur de la leur bailler, chacun pour leur part, retenant pardevers lui la part de l'aîné, ou bien la leur laisser, en baillant par eux déclaration entiere de toute l'aînéesse, & païant les arrérages des rentes qui en sont dûes. Normandie 115.

19. Le curateur, (x) ou commissaire, établi à la requête des créanciers à un fief saisi, peut faire la foi & hommage au seigneur féodal au refus du vassal propriétaire dudit fief pour obtenir mainlevée de la saisie féodale. Paris 34. Orleans 4. Eu 70.

20. Sauf audit seigneur soi pourvoir, pour ses profits, sur les deniers de la ferme de l'héritage, ou deniers qui proviendroient de la vente : & à défaut de le recevoir par ledit Seigneur, il sera reçu par justice. Orleans 4.

21. Quand Gens d'Eglises Cathedrales ou Collegiales, Abbaïes, Prieurés Conventuels, Maison-Dieu ou Fabriques d'Eglise, ou autres Communautés, doivent hommage, ou qu'ils leur sont dûs, les Doïen ou Chevecier desdites Eglises, l'Abbé, & Prieur, ou Maître de la Maison-Dieu, ou Procureur de la Fabrique, les doivent (y) faire & recevoir; lesquels Doïen, Chevecier, Abbé & Prieur, ou Maître de la Maison-Dieu, ou autre Chef d'Eglise, qui est pourvu de bénéfice ou administration dont nouvellement entrent ès hommages dûs pour raison des apartenances de leurs bénéfices ou administrations en font rachat : & en l'absence ou légitime empêchement desdits Chefs, celui qui, par le Corps ou Communauté, sera commis, pourra faire & recevoir lesdits hommages, & couvrir le fief, pourvu qu'il ait pouvoir special quant à ce. Maine 121. Anjou 110.

22. S'il y a controverse entre plusieurs, pour raison de la chose féodale, le seigneur les peut tous recevoir, tel ou tels d'iceux que bon lui semble; sauf son droit & l'autrui. Nivernois, *T.* 4. 47. Bourbonnois 384. Poitou 123. (z)

23. Si le vassal est nouveau tenancier, il peut faire la foi & hommage à celui qui le somme, pour sauver les fruits, & protester ne faire faux aveu si le fief se trouvoit tenu d'ailleurs, pourvu que de la part dudit vassal n'y ait en ce faisant fraude. Bourbonnois 376. Auvergne, *T.* 22. 10.

Et est ladite foi & hommage, faite sous la protestation dessusdite, tenue pour pure & simple, quant au Seigneur auquel elle aura été faite, s'il n'apert d'autre seigneur féodal. Bourbonnois 377. Auvergne, *T.* 22. 12.

24. Mais si le vassal desavoüe expressément le seigneur féodal, il ne peut sauver la commise de la chose féodale, sous ombre de ladite protestation. Car elle ne vaut, sinon pour ceux qui confessent & font l'hommage. Bourbonnois 377.

25. Quand le vassal va devers son seigneur féodal, pour lui faire la foi & hommage de l'héritage qu'il tient de lui en fief, il est tenu de montrer & exhiber, à sondit

NOTES.

(u) Basnage, *art.* 115.

(x) Loisel, *liv.* 4. *T.* 3, *art.* 28. Basnage, *art.* 105. & 109. Boucheul, *art.* 91. *n.* 17. *& suiv. & art.* 114. Guyot *de la foi & hommage*, *ch.* 3. *n.* 17. Lhoste, *T.* 1. *art.* 8. La Lande, *art.* 4. Coquille, *T.* 4. *art.* 8. Auroux, *art.* 379. Le Grand, *art.* 28. *n.* 15. *& suiv.* Ferriere, *art.* 1. *gl.* 4. *n.* 26. Le Camus *ibid. n.* 20. *& art.* 34. & Brodeau *ibid.*

(y) Basnage, *art.* 105. Boucheul, *art.* 32. & 114.

(z) V. Boucheul *ibid.*

CONFERENCE.

ſeigneur de fief, les lettres de ſes acquêts, & comment il a eu ledit héritage, ſoit par vente, permutation ou échange, bail à rente, donaiſon ou autrement; & doit offrir à ſondit ſeigneur de fief de lui païer leſdits profits féodaux, ſoit de quint, requint ou rachat. Blois 90.

Si l'acquereur d'un fief vient pardevers le ſeigneur féodal, pour être reçu en foi & hommage dudit fief, il eſt tenu, avec ſes offres, de montrer audit ſeigneur féodal ſes lettres d'acquiſition, ſi ledit ſeigneur les demande à voir: Et pareillement y eſt tenu l'héritier de l'acquereur, s'il ne montre que ſon prédéceſſeur autrefois en ait été reçu en foi & hommage: ou que ſondit prédéceſſeur & lui en aïent joüi, (&) par l'eſpace de trente ans, paiſiblement. Troyes 43. 29. Auxerre 63.

26. Tout ainſi que le ſeigneur eſt tenu de bailler à ſon vaſſal, ſes lettres de réception en foi & hommage, de même, & pour réciproque, le vaſſal eſt tenu de bailler à ſon ſeigneur les lettres de reconnoiſſance de ſon fief, pardevant Notaires & ſous ſcel autentique; & n'eſt tenu ledit ſeigneur bailler ſes lettres à ſon vaſſal, qu'en baillant par ledit vaſſal les ſiennes, & *è contra*. Nivernois, *T.* 4. 48. Auxerre 45. Xaintonge 40.

27. Le ſeigneur peut commettre à la réception de ſes hommages, ſerment de fidélité, ſouffrance, acception & blâme de reconnoiſſance de fief & dénombrement, tel perſonnage que bon lui ſemble. Et en ce ne peut être contredit par ſon vaſſal pourvu qu'il ſoit homme qualifié, comme de nobleſſe, office, ou homme d'autre qualité, dont il ſuffira qu'il aparoiſſe par la teneur du pouvoir; & lequel pouvoir ſera inſeré en l'acte de réception, ſi bon ſemble audit vaſſal. Nivernois, *T.* 4. 49. (*a*)

28. Quand d'un lieu & fief, dont dépendent fiefs & vaſſaux, ſont pluſieurs (*b*) ſeigneurs audit fief dominant, & qu'iceux ſeigneurs ne ſont demourans ſur ledit lieu, il ſuffit au vaſſal aller faire ſes offres & devoirs ſur ledit fief dominant, & ce fait le ſignifier à l'un deſdits ſeigneurs en partie, qui eſt trouvé ou demourant audedans de dix lieues dudit fief, à ſa perſonne ou domicile: & n'eſt le vaſſal tenu ce faire qu'une fois, & bailler un aveu. Montargis, *T.* 1. 85. Etampes 16. Orleans 48. Nivernois, *T.* 4. 45. Berry, *T.* 5. 20. 21.

V. la Conference ſur l'art. 352.

29. Tant que le vaſſal dort le ſeigneur veille: & tant que le ſeigneur dort le vaſſal veille. Paris 61. (*c*)

C'eſt-à-dire que le ſeigneur ne fait les fruits ſiens paravant qu'il ait ſaiſi; & après la ſaiſie les fruits ſont ſiens, juſqu'à ce que le vaſſal ait fait ſon devoir, en renouvellant toutefois, par le ſeigneur, la ſaiſie de trois ans en trois ans. Laon 212. Châlons 182. Rheims 57. Saint Quentin 60. Ribemont 21. Chauni 94. Senlis 196. Valois 44. Sedan 75. Clermont en Argonne 23. 24. Bar 22. Dourdan 18. Montfort 40. Mante 10. Troyes 22. Vitry 41. Chaumont 51. Meaux 124. Melun 83. Sens 188. Auxerre 51. Châteauneuf en Thymerais 33. Chartres 32. Dreux 23. Paris 61. Orleans 85. Montargis, *T.* 1. 7. Nivernois *T* 4. 11. Normandie 110. Eu 25. Maine 114. Poitou 120. Auvergne, *T.* 22. 3.

30. Où le ſeigneur féodal ſeroit refuſant (ſans cauſe) recevoir ledit vaſſal à homme; en ce cas, icelui vaſſal ſe peut retirer devers le ſeigneur ſouverain pour ſe faire recevoir. Valois 40. Châlons 189. Melun 28. Dourdan 29. Poitou 92.

Le vaſſal aïant fait ſes offres & devoir tel

NOTES.

(&) V. le Grand, *art.* 43. *n.* 2. le Commentaire & les Notes ſur l'art. 361. *n.* 2.

(*a*) V. la conférence de l'art. 367. *n.* 5. Le Grand, *art.* 40. *n.* 17.

(*b*) V. Guyot de la foi & hommage, *ch.* 4. *n.* 3. & 4.

(*c*) V. le Commentaire *n.* 4.

CONFERENCE.

que dessus, se peut dire saisi de son fief, tant à l'encontre de son seigneur que de tous autres. Auxerre 46.

31. L'offre duement faite équipolle à foi. Etampes 15. (d)

32. Souffrance tant qu'elle dure vaut foi. (e) Laon 170. Châlons 180. Rheims 112. Bar 15. Paris 42. Montfort 26. Mante 21. Troyes 47. Meaux 183. Sens 223. Châteauneuf en Thimerais 42. Chartres 40. Dreux 30. Orleans 24. Montargis, *T.* 1. 52. 53. Berry, *T.* 5. 39. Blois 64. Nivernois, *T.* 4. 64. Bourbonnois 375. Auvergne, *T.* 22. 27.

Soit qu'elle soit accordée ou non étant légitimement demandée. Etampes 22.

33. Quand le seigneur a saisi le fief de son vassal, si depuis il donne souffrance à son vassal, le tems résolu de ladite souffrance, si le vassal n'a fait ses droits & devoirs envers le seigneur, le fief n'est tenu ou censé saisi; tellement que le seigneur ne peut prendre les fruits incontinent & les faire siens: mais conviendroit que le seigneur fist après le tems de ladite souffrance son saisissement. Meaux 184. (f)

34. Où au lieu seigneurial ne comparoîtroient aucuns Officiers pour ledit seigneur, sera tenu ledit acquereur mettre par écrit lesdites offres, signées de lui ou de Notaire, & les afficher à la porte du lieu seigneurial, si porte y a, sinon à la porte de l'Eglise Parochiale dudit lieu. Valois 28.

35. Suffit que le vassal, aux fins de faire ledit hommage, soit apellé à sa personne, domicile, ou au lieu seigneurial de son fief, si aucun il en a; sinon à la personne de ses fermiers, ou détenteurs dudit fief, ou par attache au portail de l'Eglise du lieu où est situé ledit fief servant. Peronne 55.

36. Le seigneur féodal peut faire saisir par son sergent assisté de témoins. Châlons 186. Peronne 78. (g)

Le Prévôt, sergent, ou autre faisant

NOTES.

(d) Boucheul, *art.* 111. Pontanus, *art.* 53.

(e) V. le Commentaire *n.* 8.

(f) V. les Notes sur le Commentaire *n.* 8.

(g) V. Boucheul, *art.* 82. *n.* 5. *& suiv.* *& art.* 84.

„ Le Seigneur féodal, par faute d'hommes, droits & devoirs non faits & non païés, peut, sans commission du Juge, & par le ministere d'un Sergent en présence de deux témoins, de la qualité & en la forme prescrite par nos Ordonnances, mettre en sa main & exploiter, en pure perte, le fief mouvant de lui, & faire les fruits siens pendant la main-mise, à la charge d'en user comme un bon pere de famille: & sera la saisie signifiée au vassal en personne, ou au principal manoir de son fief. " Arrêtés de M. de Lamoignon de la saisie féodale; *art.* 1. V. aussi l'art. 16. Bacquet *des droits de Just. ch.* 3. La Lande, *art.* 44. Coquille, *tit.* 4. *art.* 1. Ferriere, *art.* 1. *gl.* 4. *n.* 3. & M. le Camus *ibid.* Brodeau, *art.* 1. *n.* 15. Ricard, *art.* 1.

La faculté de saisir de plein droit que la Coûtume donne, & son silence absolu sur la forme de la saisie féodale, prouvent que les seules formalités essentielles sont 1°. le procès verbal du Sergent, assisté de deux Records, sans qu'il soit besoin de commission du Juge. 2°. Que suivant les mots de l'art. 343. *depuis la saisie exécutée & signifiée*, la saisie féodale, faute d'hommage, n'emporte, contre le vassal, la perte des fruits, que depuis le jour de la signification de la saisie. V. Hevin *Consul.* 65. *&* 66. Sauvageau sur du Fail, *liv.* 1. *ch.* 171. Le Grand, *art.* 22. *gl.* 1. *n.* 9. Brodeau, *art.* 30. Basnage, *art.* 109. Pallu, *art.* 22. Pontanus, *art.* 101. Auroux, *art.* 368. *n.* 7. *& art.* 372. *n.* 4. Boucheul, *art.* 83. *&* 97. Journ. des Aud. du 9. Janv. 1624. V. le nombre 38.

„ Si le Seigneur féodal, usufruitier ou fermier, a saisi sans cause légitime, ou avant le tems, il sera condamné aux dommages & intérêts. Mais si la saisie est nulle par le défaut de formalités, elle sera déclarée telle, sans dommages & interêts. " Arrêtés de M. de Lamoignon de la saisie féodale, *art.* 5. Brodeau, *art.* 29. *n.* 8. & sur Louet, *lettre F. n.* 20. La Lande, *art.* 44. *n.* 13. Le Grand, *art.* 22. *gl.* 2. *n.* 6. Pocquet *sect.* 4. *in fine.*

CONFERENCE.

prise de fief, doit déclarer, par trois Dimanches consécutifs, à l'issue de la Messe Parochiale du lieu où les héritages sont assis, que le seigneur les entend mettre en sa main, à faute d'homme, droits & devoirs seigneuriaux non faits; & que s'il ne se présente aucun à homme, pour les faire dans les 40. jours ensuivans de la derniere criée, ils seront ajugés au seigneur, aux prochains plaids ensuivans: & en ce faisant, doit déclarer le jour, lieu & heure desdits plaids, par le même exploit qui sera certifié de témoins. Normandie 112.

37. Quand (h) aucun seigneur féodal vient exploiter son fief, aïant plusieurs apartenances, par saisie & mainmise comme dessus est dit, il suffit de mettre & aposer ladite saisie sur le principal lieu dudit fief, & s'il n'y a manoir sur l'une des piéces d'icelui pour toutes autres, (i) pourvu que ledit exploit soit signifié au vassal ou détenteur dudit fief. Blois 101. Ribemont 23. Peronne 22. S. Quentin 88.

38. Le Seigneur féodal est tenu faire notifier la mainmise à son vassal au principal manoir de son fief, du moins à celui qui tient ledit fief ou laboure les terres d'icelui, ou par publication générale au prône de l'Eglise Parochiale dudit lieu saisi, & faire enrégistrer au Greffe de la Justice dudit lieu. Paris 30. Bourbonnois 371.

Et la signifier au fermier, en présence de deux des plus proches voisins du lieu qui sera saisi. Ribemont 23.

Sinon à ses officiers, ou entremetteurs, ou l'un d'eux. Nivernois, T. 4. 7. Peronne 78. Bourbonnois 371. Eu 23.

Et où il n'y en auroit point, par cri public & affixe au lieu public du fief, ou à faute d'icelui à la porte de l'Eglise Parochiale. Nivernois, T. 4. 7.

Et à faute des dessusdits, à la place publique du lieu où la chose féodale est assise, par attache qui sera signifiée en présence de deux témoins au prochain voisin. Bourbonnois 371.

Et doit ladite saisie être signifiée à la partie qui sera au fief ou à son domicile, si aucun y en a, sinon par aposition de brandon en saisie d'héritage, en signifiant ladite aposition à deux des voisins du lieu, si aucuns en y a, sinon au Prône de l'Eglise Parochiale où ledit héritage est situé & assis, ou à issue de Grande-Messe ou Vêpres; & en arrêt & en saisie de rendre, doivent lesdites saisies & arrêts être signifiées à la personne du sujet ou à son domicile, si aucun en a en ladite seigneurie, sinon en la personne du detteur de ladite rente, en baillant ès cas dessusdits l'arrêt, saisie & commission, par écrit au detteur, & aux Commissaires commis au regime & gouvernement desdites choses saisies, aux frais dudit Seigneur, sauf à les recouvrer sur son sujet. Tours 20. Lodunois, T. 1 16. 17.

Et encore raportées & publiées à l'audience des prochains plaids desdits Seigneurs féodaux. Eu 23.

39. Si les héritages sont roturiers, les bouts & côtés seront inserés dans la décla-

NOTES.

(h) S'il s'agit de la saisie d'une rente fonciere ou d'un fief sans-domaines, la saisie se fait entre les mains des débiteurs de la rente, & des vassaux du fief, & on la notifie au vassal dont la rente ou le fief est saisi. Boucheul, *art.* 97. *n.* 11. & 12. Ferriere, *art.* 1. *gl.* 3. *n.* 14. & 15. Auroux, *art.* 372. *n.* 15.

La Lande, *art.* 11. *n.* 5. dit que la saisie féodale de la rente fonciere doit se faire dans la mesme forme que la saisie réelle, qu'on doit se transporter sur tous les héritages sujets à la rente, dénoncer la saisie au possesseur, & arrêter entre ses mains.

La forme prescrite par les autres Auteurs que je viens de citer, est plus simple & est suffisante.

(i) ,, Secùs autem si res haberet, si diversa ,, essent feuda, quæ in diversis fundis consisterent. Nam eo casu præhensio unius fundi, ,, ad alium non se extenderet, quantumcumque animus ac intentio omnes apprehen- ,, dendi subesset. Pontanus *hic*.

CONFERENCE.

ration ; & s'ils sont nobles, il suffit de saisir le corps du fief. Normandie 113.

40. Le Seigneur de fief voulant saisir les terres de ses sujets, est tenu, en sa saisie, exprimer les causes pour lesquelles il saisit. Autrement, & où il ne les auroit exprimées, ou s'il les avoit exprimées, & lesdites causes ne fussent véritables & raisonnables, les sujets en peuvent apeller. Poitou 89.

41. Et suffit pour la validité de ladite saisie, que l'une desdites causes exprimées en icelle soit verifiée. (*k*) Poitou 89. Laon 206. Châlons 207. Rheims 132.

42. A la relation du sergent qui a raporté avoir saisi & mis en la main du Seigneur feodal quelque terre, sera, quant à ladite saisie, ajoutée pleine foi, pourvu qu'il y ait deux records : & ne sera contre icelle aucun reçu à faire preuve, si ce n'est par inscription de faux. Poitou 84

43. Si aucune saisie ou ajournement ont été faits en Cour par le Juge, le procès ou registre en sera cru pour toute preuve, & ne sera reçu autre preuve au contraire, sinon par l'inscription en faux. Poitou 86.

44. S'il y a oposition ou apellation de la saisie faite par le Seigneur féodal, toutefois, nonobstant icelle, doit demeurer (*l*) le fief saisi, pendant le procès, sinon au cas de desaveu. Laon 218. Châlons 218. Chauny 103. Peronne 66. Clermont en Argonne 26. Melun 79. Orleans 80. Eu 22. 26. Montargis, *T.* 1. 83 Tours 22. 27. Lodunois, *T.* 1. 19. 23. La Rochelle 12. La Marche 195. Blois 101.

45. Sinon que le vassal fist aparoir être en foi ou souffrance dudit Seigneur, ou avoir fait duement ses offres. Orleans 80. Montargis, *T.* 1. 83.

46. Si le Seigneur a mis en sa main le fief qu'il dit être mouvant de lui, par faute d'homme, & le vassal le desavoue ou dénie à Seigneur, icelui vassal doit avoir provision & jouir dudit fief pendant le procès. (*m*) Paris 45. Orleans 80. Blois 101. Maine 199. Anjou 181.

Sans donner caution. Peronne 66.

47. Si le Seigneur de fief ne faisoit promptement d'aveu, de déclaration, ou autre enseignement, par lequel depuis 30. ans le devoir dont est question eût autrefois été connu ou aprouvé être dû, comme dessus est dit, auquel cas y échoiroit garnison de

NOTES.

(*k*) „ Loisel, *liv.* 4. *T.* 3. *art.* 39. La „ Lande, *art.* 44. *n.* 12. La saisie faite géné- „ ralement, pour droits & devoirs non faits „ & non païés, est valable, encore que la „ cause spéciale de la saisie ne soit précisément „ déclarée dans l'exploit. Arrêtés de M. de Lamoignon de la saisie féodale, *art.* 6.

Les différentes causes de la saisie étant marquées, soit par cette généralité d'expression, soit en détail ; par exemple, la saisie étant aposée faute d'hommage & d'aveu, la prestation de l'hommage n'opére pas la main-levée de la saisie, qui devient alors une simple saisie, faute d'aveu, sans perte des fruits.

V. Basnage, *art.* 109. Boucheul, *art.* 89. *n.* 9. Du Moulin, §. 1. *gl.* 9. *n.* 38.

(*l*) Loisel *l.* 4. *T.* 3. *art.* 26. Du Moulin §. 1. *gl.* 4. *n.* 52. & *gl.* 9. Boucheul, *art.* 90. & 93. La Lande, *art.* 80. Le Grand *art.* 22. *gl.* 2. *n.* 37. Le Camus, *art.* 3.

Du Moulin, §. 1. *gl.* 4. *n.* 42. & *suiv.* decide que, si le Seigneur est insolvable, & si les revenus saisis sont considérables, ils doivent être séquestrés, si le Seigneur ne veut pas donner caution.

(*m*) Boucheul, *art.* 90. La Taumassiere, *T.* 5. *art.* 26. & 28. Pontanus, *art.* 101. Du Moulin & Brodeau, *art.* 45.

De même dans les Coûtumes où l'on saisit, faute de païement des droits féodaux, la seule contestation du droit opére la provision pour le vassal. Boucheul, *art.* 91. *n.* 3.

Du Moulin §. 1. *gl.* 9. *n.* 2. observe que la main-levée donnée au vassal qui désavoue, n'est que provisionnelle. „ Non tamen intel- „ ligas, dit-il, quòd verè tollatur manus Do- „ mini. " V. Brodeau, *art.* 45. *n.* 2.

CONFERENCE.

main. Maine 199. Anjou 181.

48. Mais s'il est trouvé qu'à tort ledit désaveu ait été fait, le vassal confisquera son fief audit Seigneur : & si rendra les fruits par lui perçus pendant le procès. Montargis, *T.* 1. 83. Blois 101. (*n*)

49. Et aux autres cas sera ledit vassal tenu faire aparoir de sadite fidélité, ou offres duement faites dedans 40. jours, autrement ledit tems passé tiendra la main & saisie, & rendra les levées s'il est trouvé n'avoir fait lesdites foi ou offres dûes. Montargis, *T.* 1. 83.

50. Et peut le Seigneur féodal faire mettre audit fief, en confortant sa main, la main de Justice : & s'il y a oposition formée à la saisie faite par le Seigneur féodal, ou à l'exécution dudit conformain, sera l'oposant, par vertu d'icelle, conservé en sa possession; & en icelle demourera, jusqu'à ce qu'il soit discuté de ladite oposition : & si l'on avoit pris ou levé aucuns fruits, seront rendus audit oposant. Berry, *T.* 5. 26. *T.* 6. 17.

51. Toutefois ès fiefs tenus & mouvans du Roi qui est le souverain, s'ils sont saisis en sa main, par défaut de foi & hommage faits ou droits & devoirs non païés, bien qu'il y ait oposition, demourera la main du Roi saisie, & ne plaidera ledit Seigneur dessaisi contre son vassal; & seront les fruits dudit fief, saisi pendant l'oposition, prins & perçus, sous la main dudit Seigneur, par le receveur de son domaine, à la charge de rendre, par ledit receveur, les fruits à l'oposant, où il seroit trouvé, en fin de cause, qu'il se seroit bien & duement oposé ; & à ce faire sera ledit receveur contraint, par toutes voïes dûes & raisonnables, & comme dépositaire de Justice. Berry, *T.* 5. 27. *T.* 6. 15. 18.

52. Et où l'oposant à la saisie du seigneur féodal subalterne, qui est conservé, par le moïen de son oposition, en sa possession, & prend les fruits du fief saisi, succomberoit en fin de cause, & seroit trouvée la saisie bien & duement faite : sera tenu de rendre & restituer, à son seigneur féodal, tous les fruits par lui perçus dès & depuis la main-mise dudit seigneur féodal, ou que ledit seigneur féodal eût pu prendre & percevoir, s'il eût joüi pendant l'oposition dudit fief. Berry, *T.* 5. 28.

L'on peut demander la délivrance ou recréance de la chose saisie au seigneur du fief, ou à son Sénéchal, son Châtelain, ou son Prévôt, qui ont exercice de Justice, si lesdits Châtelain ou Prévôt ont fait, ou fait faire ladite saisie ; & s'ils ne font ladite délivrance ou recréance, l'on en peut apeller, ou aplèger du refus de plege ou deni de droit. Et semblablement le sergent peut saisir, par le commandement du seigneur, ou de ses Juges susdits, à la requête de son Procureur ; mais il ne peut délivrer ne faire recréance. Poitou 88.

L'on est tenu de faire, en tous cas, la délivrance ou recréance d'aucune chose saisie, sauf & excepté pour le droit de rachat du seigneur de ce qui lui apartient à lever par faute d'homme. Et aussi quand l'on est condamné à bailler son fief par jugement dedans tems, & l'on y a fourni. Car ès cas dessus dits, le seigneur peut prendre & faire les fruits siens dudit fief, dont il a accoûtumé avoir hommage, jusqu'à ce qu'il lui ait été fait son devoir par celui qui le doit faire, ou qu'il ne soit en demeure, & aussi jusqu'à ce qu'il ait baillé son dénombrement par écrit, s'il est condamné & soit en demeure.

53. Mais sitôt que le vassal a offert faire hommage à son seigneur féodal, il doit recevoir & lui restituer son fief. Et s'il ne le fait, deslors que ledit hommage lui a été offert, il ne peut plus tenir ledit fief, n'en faire les fruits siens : ains sont & apartiennent iceux fruits audit vassal, tout ainsi que s'il avoit été reçu audit hommage. Poitou. 91.

NOTES.

(*n*) Sur la commise pour désaveu, v. *art.* 362.

CONFERENCE.

54. Si le vassal (*o*) enfreint ladite main-mise venue à sa connoissance, il est tenu rendre les fruits & levées par lui reçues, dès & depuis ladite main-mise. Paris 29. Melun 43. Orleans 77. Rheims 104. Châteauneuf en Thimerais 33. Chartres 32. Dreux 23;

Et les rétablir, avant qu'être oüi en ses défenses & opositions; tellement que le Seigneur du fief ne plaidera dessaisi. Etampes 32. Dourdan 28. Montfort 20. Mante 37. Montargis, *T.* 1. 74.

Et y a amende. Maine 189. Anjou 170.

Il ne fortfait pourtant son fief, (*p*) & ne chet ledit fief en commise. Mais il est amendable vers ledit Seigneur féodal, & rendra audit Seigneur tous les fruits qu'il en aura reçus, depuis l'infraction de ladite main-mise, avant que le Seigneur féodal soit tenu le recevoir; (*q*) lequel Seigneur féodal ne plaidera dessaisi. Sens 184. Auxerre 47. Bourbonnois 372.

55. Le Seigneur peut & doit icelles choses faire exploiter, lever & gouverner, sous sa main, par Commissaires étant de sa Justice & commis par icelle. (*r*) Tours 18. Lodunois, *T.* 1. 14. Maine 189. Anjou 170.

Et dont le Seigneur sera responsable. Tours 18. Lodunois, *T.* 1. 14.

Le Seigneur ne laisse à faire les fruits siens, encore qu'il n'ait fait établir Commissaires. Perche 80.

56. Sans que ce qu'il en lieve vienne en déduction des droits à lui (*s*) dûs par le vassal. Montargis, *T.* 1. 69. Normandie 114. Orleans 71.

57. Bien que la saisie fût faite, les fruits étant prêts à recueillir, le Seigneur fait lesdits fruits siens, après les avoir recueillis, en pure perte du vassal. Berry, *T.* 5. 33. Peronne 27.

58. En maniere que, par le gain desdits

NOTES.

(*o*) V. Brodeau sur cet article.

(*p*) Basnage, *art.* 109. Boucheul, *art.* 83. *&* *art.* 120. *n.* 17.

(*q*) Suivant la régle, *spoliatus ante omnia est restituendus.* Auroux, *art.* 372. *n.* 19

Du Moulin §. 7. *n.* 16. aplique cette régle au Seigneur, qui a fait une saisie précipitée & injuste. Il décide que le Seigneur ne peut ensuite faire une saisie reguliere, qu'après avoir restitué au vassal les fruits indument perçus.

(*r*) Dans les Coûtumes qui n'exigent point l'établissement de Commissaires pour le gouvernement des fruits saisis, cette formalité est-elle nécessaire à peine de nullité?

Boucheul, *art.* 91. *n.* 12. *& suiv.* distingue entre la saisie, faute d'hommage, qui fait perdre les fruits au vassal, & la saisie, faute d'aveu, qui lui conserve les fruits. Il dit que, pour la premiere, l'établissement de Commissaires est inutile, le Seigneur ne devant aucun compte des fruits; au lieu qu'il est nécessaire pour la seconde, sans que néanmoins il en puisse résulter une obligation au Seigneur de mettre les biens en bail.

V. Ferriere, *art.* 1 *gl.* 4. *&* *art.* 31. *n.* 11. Brodeau, *ibid. n.* 9. *& suiv.* Coquille, *T.* 4. *art.* 51. Pallu, *art.* 22. & le dixiéme Arrêté de M. de Lamoignon.

Coquille, *quest.* 22. décide que le Commissaire établi par le Seigneur en saisie féodale, doit être volontaire, & qu'il ne peut pas être contraint de faire cette fonction. Il établit solidement le motif de différence entre la saisie féodale & les autres saisies. V. Dupineau, *art.* 436.

(*s*) Bacquet des droits de Just. *ch.* 14. *n.* 4.

Comme la saisie féodale, faute d'aveu, n'opére que le sequestre des fruits, dont le raport est dû au vassal incontinent après l'aveu rendu, on prend sur ces fruits les frais de saisie, & les autres frais qui ont été faits pour l'obliger de remplir ce devoir. Au contraire, du Moulin, §. 54. *n.* 8. décide que quand le Seigneur fait les fruits siens, c'est-à-dire, dans la saisie faute d'hommage, le raport des frais n'est pas dû par le vassal, si le Seigneur a perçu des fruits suffisans pour les païer. Ferriere, *art.* 1. *gl.* 4. *n.* 31.

fruits,

CONFERENCE.

fruits, ne pourra prétendre le vassal, le Seigneur avoir été satisfait de son droit de rachat. Berry, *T.* 5. 33. (*t*)

59. Mais le seigneur ne peut rien demander des arrérages des rentes seigneuriales ou foncieres, ni même des charges & redevances dûes à cause des héritages desquels il a joüi, de tant qu'il en seroit échu depuis & durant la saisie. Et néanmoins le vassal païera les arrérages dûs auparavant icelle saisie. Normandie 114. Châteauneuf en Thimerais 46. Chartres 44. Dreux 33.

60. Le seigneur de fief emmeublit & fait siens les bois de coupe de lui tenus en fief, étant en état & saison de couper, en les saisissant & abattant. (*u*) Orleans 75.

61. Le seigneur exploite les fruits de son fief, tels qu'ils apartenoient à son vassal, en l'état qu'il les trouve en l'instant de la saisie & notification d'icelle, sinon que le vassal eût prévenu ou commencé, comme en terre de blaïer, en pré de faucher, en vigne de vendanger, en étang de lever la bonde, en bois d'y mettre les porcs, & même en tous fruits aparens étant par terre, pourvu que ladite prévention ne soit (*x*) frauduleuse ne anticipée avant le tems de maturité raisonnable. Et quant aux redevances, si le terme est échu avant les saisie & notification susdites, les fruits apartiennent au vassal, & encontre s'ils échéent après au seigneur. Nivernois, *T.* 4. 57. (*y*) Meaux 125.

NOTES.

(*t*) La Taumassiere *ibid.* Basnage, *art.* 114. Ferriere, *art.* 1. *gl.* 4. *n.* 7.

Réunissant cette décision & celle qui suit, la régle paroît commune pour les rachats, les rentes & les autres charges féodales. La perte des fruits étant la peine du défaut d'hommage, les droits échus avant la saisie ne sont point acquittés par la perception des fruits que fait le Seigneur. Mais comme il est tenu des charges inféodées dûes pendant la saisie, il est évident qu'il confond, à plus forte raison, les devoirs féodaux qui lui sont dûs pendant sa jouissance.

Cela s'aplique également au rachat qui s'ouvre dans le cours de la saisie, & dont le Seigneur est réputé faire la perception pendant cette jouissance.

Il n'y auroit de difficulté que par raport au rachat suspendu pendant la vie de la douairiere qui meurt depuis la saisie féodale. On peut objecter que le rachat étoit échu avant la saisie, & que sa perception étant seulement suspendue par le douaire, il faut y apliquer la disposition de la Coûtume de Berry, qui est raportée en cet endroit de la Conference.

On peut dire, au contraire, qu'il est vrai que les droits, dont la perception & le païement étoit dû avant la saisie, ne se prennent point sur les fruits que la saisie produit; mais que la perception du rachat suspendu, dont il s'agit ici, doit se faire sur le revenu de l'année qui suit la mort de la doüairiere; & que la Loi aïant fait la destination de ce revenu, la saisie féodale ne peut y faire de changement.

(*u*) Grand Coûtumier, *pag.* 196. *& suiv.* Basnage, *art.* 109. Pontanus, *art.* 78.

(*x*) Boucheul, *art.* 119. Ferriere, *art.* 1. *gl.* 4. *n.* 24.

(*y*) V. Coquille *hîc.*

La régle générale, est que les meubles, les ustenciles & les bestiaux destinés pour l'exploitation, ou pour faire valoir le fonds, & les fruits recueillis avant la saisie, n'apartiennent point au Seigneur. Basnage, *art.* 109. Boucheul, *art.* 82. *n.* 14.

V. le nombre 76. Du Moulin §. 1. *gl.* 5. *& gl.* 8. *n.* 7. 8. *&* 24. Pontanus sur Blois, *art.* 76. *verb. fructus.* La Lande, *art.* 44. *n.* 10. Loüis, *art.* 416. Ferriere, *art.* 1. *gl.* 4. *n.* 5. *&* 22. Pocquet, *sect.* 5. Guyot, *sect.* 7.

Mais si le vassal n'a cueilli qu'une portion des fruits, le Seigneur est en droit de recueillir le reste. Ferriere, *n.* 22.

Il en est de même pour les fruits que le Seigneur a cueillis avant la main-levée de la saisie; & l'on ne suit point en Bretagne l'art. 118. de la Coûtume de Normandie raporté *n.* 66. V. du Moulin §. 1. *gl.* 8. *n.* 27. *& les nombres* 63. *&* 64. *ci-après*

Pour les fruits civils de l'année courante, la maxime du partage au prorata entre le Seigneur & le vassal est constante en Bretagne.

V. Pontanus, *art.* 78. Ferriere, *art.* 1. *gl.* 4. *n.* 12. *& suiv.*

CONFERENCE.

Car la bonde levée, le poisson est réputé meuble, *& è contra*, si après saisissement fait par ledit seigneur féodal, & lesdits quarante jours passés, la bonde étoit levée avant la foi & hommage à lui faits par le vassal, le seigneur fait les fruits siens, pourvu que ladite bonde fût levée en tems de pêche convenable & non autrement. Bourbonnois (z) 374. Meaux 127.

62. Si au jour du saisissement fait par ledit seigneur féodal, le terme de païer n'est échu, en ce cas tout est échu & acquis au seigneur féodal, & n'en a rien le vassal. Meaux 126.

63. Le seigneur fait les fruits siens qui (a) depuis la saisie, & auparavant que le vassal ait fait son devoir envers le seigneur de fief, auroient été coupés & abattus en leur saison & maturité, encore qu'ils ne fussent enlevés & serrés. Orleans 50.

Sinon qu'on lui fasse les foi & hommage ou offres suffisantes, avant que lesdits fruits soient ameublés. Montargis, *T.* 1. 70.

64. Et dès-lors desdites offres & devoirs dûement faits, (b) le seigneur ne peut plus abattre, ni acquerir à soi les fruits qui ne sont cueillis ni abattus: & sera seulement tenu païer les frais de la saisie. Orleans 69. Montargis, *T.* 1. 82.

65. Si le seigneur, qui a fait saisir le fief de son vassal par défaut d'homme, a commencé à faire couper les fruits dudit fief, & ledit vassal lui offre dûement de lui faire la foi & hommage, & païer les profits si aucuns lui sont dûs, avec les frais & mises de la saisie, les fruits ja coupés demoureront audit seigneur féodal; & ce qui reste à couper apartiendra audit vassal Et si audit fief y a étang qui fût en pêche, & la bonde eût été levée avant ladite offre, les fruits & pêche dudit étang apartiendront pareillement audit seigneur féodal. Blois 100. (c)

66. Les fruits ajugés au seigneur ne lui sont acquis, s'ils ne sont engrangés avant que le vassal présente son aveu ou forme de délivrance. Normandie 118. Placités de Roüen 19. Berry, *T.* 5. 14. 31. Montargis, *T.* 1. 82.

67. Le seigneur tenant le fief de son vassal saisi, & faisant les fruits siens, en doit joüir par raison (d) & comme bon pere de famille, sans couper les bois de haute futaïe, ne bois (e) taillis, ne pêcher étangs, sinon à leur saison & tems convenable; doit repeu-

NOTES.

(z) V. Auroux *ibid.*

(a) Sauvageau, *art.* 343. sur du Fail, *liv.* 1. *ch.* 142. Boucheul, *art.* 91. *n.* 11. 16. 26. *&* 28. *art.* 119. *&* 120. Bacquet *des droits de Just. ch.* 14. *n.* 4. Lhoste, *tit.* 1. *art.* 8. La Taumassiere, *tit.* 5. *art.* 14. Pontanus, *art.* 76. *verb. fructus.* La Lande, *art.* 44 *n.* 10. Auroux, *art.* 372. Le Grand, *art.* 22. *gl.* 6. Ferriere, *art.* 1. *gl* 4. *n.* 10. 11. 17. *& suiv.* Du Moulin, §. 1 *gl.* 8. *n.* 24. *& suiv.* Brodeau, *art.* 1. *n.* 9. Coquille, *quest.* 40. Guyot, *sect.* 7. Pocquet, *sect.* 5. & sur Dupineau, *art.* 103. Loüis, *art.* 116.

(b) Boucheul *art.* 91. *n.* 29. Ferriere, *art.* 1. *gl.* 4. *n.* 17. La Taumassiere, *tit.* 5. *art.* 14.

„ Le Vassal venant à la foi, & païant „ les droits après le tems, perd tous les fruits „ échus durant le cours de la saisie féodale, „ & n'aura main-levée que pour l'avenir; „ & pour les fruits pendans par les racines, „ ils demeureront au vassal, en remboursant le „ Seigneur de ce qu'il aura avancé pour les „ labours & semences. " Arrêtés de M de Lamoignon de la saisie féodale, *art.* 21. La Taumassiere, *tit.* 5. *art.* 14.

(c) V. Pontanus *ibid.*

(d) V. le nombre 75. Du Moulin, §. 1. *gl.* 7. *&* 8. *n.* 6. 25. 53. Basnage, *art.* 109. Boucheul, *art.* 119. Pontanus, *art.* 78. La Lande, *art.* 70. Coquille, *tit.* 4. *art.* 8. *&* 57. Auroux, *art.* 374. *n.* 9. *& suiv.* Le Grand, *art.* 22. *gl.* 6. *n.* 1. Ferriere, *art.* 1. *gl.* 5. Brodeau, *art.* 1. *n.* 20.

(e) V. Du Moulin, §. 1. *gl.* 8. *n.* 40. *& suiv.* sur les questions concernant la vente des bois taillis pendant la saisie féodale.

CONFERENCE.

pler les viviers, & s'y conduire, sans rien dégâter ni endommager ledit vassal : Laon 211. Calais 11. Châlons 210. S Quentin 61. Clermont en Argonne 29. Melun 80. Tours 109. Orleans 70. Montargis, T. 1. 71. 72. 73. Poitou 119. Saintonge 23. Perche 73. Blois 78. Berry, T. 5. 42. Chauny 100.

Et les doit rendre en même état qu'il les a pris Clermont en Argonne 29.

68. Sera tenu le seigneur féodal, faisant les fruits siens ès manieres que dessus, entretenir les bâtimens & autres apartenances du fief, de réparations (*f*) menues & nécessaires, comme un bon pere de famille, & outre païer les charges anciennes dudit fief. Rheims 103. 100. Melun 80.

69. Le seigneur féodal, si bon lui semble, peut prendre & avoir la moison dûe par le fermier ou laboureur, qui tient les terres ou autres héritages à moison. Clermont en Beauvoisis 102.

Le seigneur féodal, qui met en sa main, par faute d'homme, droits & devoirs non faits, le fief tenu & mouvant de lui qui, de bonne foi & sans fraude, a été baillé à loïer ou moison par son vassal, en tout ou partie, doit se contenter de la redevance dûe par le fermier ou preneur, pour ce qui est baillé à ferme; & pour le surplus le peut exploiter par ses mains, en rendant les labours, semences (*g*) & frais de ce qu'il exploite ou met en ses mains. Paris 56. Eu 39.

Si les baux sont faits par le vassal, de bonne foi & sans fraude. Chauny 100. Dourdan 21. Peronne 28. Rheims 102.

70. Les fermiers & marchands seront tenus lui païer les loïers & prix des coupes & pêches aux termes & païemens convenus entr'eux qui échoiront durant ladite saisie, encore qu'ils eussent anticipé lesdits termes, & en tout ou partie avancé audit vassal lesdits loïers & païemens. Rheims 101.

71. Ne peut en tous ces cas le laboureur fermier ou moisonnier dudit vassal perdre son droit. Blois 78. (*h*)

NOTES.

(*f*) Du Moulin §. 1. *gl.* 8. *n.* 57. *& suiv.* Boucheul, *art.* 119.

(*g*) Contre la décision de Loisel, *liv.* 4. *tit.* 3. *art.* 17. parce que le Seigneur ne doit avoir que les fruits du fief, qui ne s'entendent que de ce qui reste après la déduction des frais de culture. Boucheul, *art.* 120. La Lande, *art.* 50. *n.* 8. Auroux, *art.* 374. *n.* 5. Ferriere, *art.* 56. *gl.* 2. Du Moulin, §. 1. *gl.* 8. *n.* 13. *& suiv. & n.* 29. *&* §. 56. Arr. de M. de la Lamoignon, *art.* 2.

Du Moulin, Ferriere & Auroux disent que par la même raison, le vassal, qui obtient main-levée avant la recolte, doit rembourser les frais de labours & semences faits par le Seigneur. V. l'art. 21. des Arrêtés raporté au nombre 64.

M Guyot établit une distinction sur ces deux questions. Il dit qu'il n'est pas juste d'obliger le Seigneur de rendre les labours & semences avant la recolte; & qu'au contraire, le Seigneur aïant ensemencé, & le vassal faisant la foi avant la recolte, doit les rendre, en obtenant main-levée, parce que le Seigneur *negotia vassali gessit*, au lieu qu'au premier cas le Seigneur usoit de son droit, & il étoit incertain de percevoir, le vassal pouvant venir à la foi jusqu'au moment de la recolte.

Du Moulin, §. 56. *n.* 6. décide que les dépenses extraordinaires faites *ad perpetuam rei utilitatem* ne doivent pas être païées par le Seigneur; ce qui s'aplique aux défrichemens & aux autres dépenses de même nature faites pour rendre les terres fertiles.

(*h*) Pontanus sur cet article raporte les raisons de part & d'autre, & établit solidement les motifs de décision pour le fermier contre le Seigneur saisissant.

V. la Lande, *art.* 72. Coquille, *quest.* 23. *& tit.* 4. *art.* 57. Auroux, *art.* 374. *n.* 6. Ferriere, le Camus, Brodeau & du Moulin, *art.* 56.

M. Hevin *Consf.* 73. décide „ que la saisie n'étant que faute d'aveu, le Greffier „ du vassal ne doit pas être dessaisi; & qu'on

Bbbb 2

CONFERENCE.

Le seigneur qui leve par défaut d'homme, doit laisser la portion du laboureur & métaïer partiaire, au regard des fruits artificiels & non des naturels. Tours 113. Lodunois, *T.* 11. 11.

Et en joüira ledit seigneur, ainsi que le propriétaire & ledit laboureur avoient accoûtumé d'en user : sauf que si lesdites choses étoient baillées à ferme de deniers, grains ou autre chose, le seigneur n'est tenu d'en-

NOTES.

„ doit seulement faire arrêt entre ses mains „ du prix de sa ferme, parce que les fruits „ sont restituables par le Seigneur, lorsque „ le vassal aura rendu son aveu ; ce qui se„ roit plus difficile à faire, si le Greffier de „ la Jurisdiction supérieure avoit fait l'exer„ cice. "

Ce raisonnement de M. Hevin supose que, pendant la saisie faute d'hommage, le Seigneur pourroit faire exercer le Greffe de la Jurisdiction inférieure par son Greffier ; ce qui est constamment contre tout usage.

De plus, quoique le revenu du Greffe, comme domanial, puisse tomber dans la saisie féodale, & qu'il soit en pure perte pour le vassal, si la saisie est faute d'hommage, il est certain qu'il n'en est pas de la saisie féodale comme du rachat Les Officiers de la Jurisdiction du seigneur, ne peuvent pas exercer la Jurisdiction de la seigneurie saisie. Ainsi le Greffier, qui est un des Officiers de cette Jurisdiction, ne peut pas être dépouillé par le seigneur saisissant ; & si le Greffe a été aliéné par le seigneur inférieur, le supérieur ne peut pas obliger l'acquereur de cet office de lui païer le revenu du Greffe, comme il ne peut pas inquietter les autres Officiers pourvus par son vassal.

Ainsi je crois que, dans la saisie faute d'hommage, comme dans la saisie faute d'aveu, la décision de M. Hevin doit avoir lieu.

Basnage, *art.* 109. & Pontanus, *art.* 76. *verb. fruct.* agitent amplement la question de sçavoir, si la saisie faute d'hommage donne au seigneur le droit d'expulser le vassal de la maison de campagne qu'il occupe ; & après avoir reconnu l'équité de l'opinion contraire à la prétention du seigneur, ils décident en sa faveur. Basnage ajoute qu'il y a de la différence entre la jouissance du rachat qui n'est que d'une année, & qui n'est point acquise par la faute ou la négligence du vassal, & la saisie féodale qui a pour seule cause une faute que le vassal peut reparer.

Au contraire M. Guyot *de la saisie féodale, sect.* 7. *n.* 11. décide que le seigneur doit en user comme pour le rachat, que si le fief ne consiste qu'en une maison, le seigneur doit se contenter du loïer, si elle est louée ; que si elle ne l'est pas, il doit avoir le loïer à dire d'experts, & même qu'en ce dernier cas il faut déduire sur cette estimation ce que le vassal pourroit occuper, non pas en total, mais en une portion qui lui sera déduite. V. Pallu, *art.* 22. la Lande, *art.* 73. Coquille, *tit.* 4. *art.* 8. *&* *quest.* 24. le Grand, *art.* 22. *gl.* 3.

Quoique l'opinion de Basnage paroisse être plus exactement conforme à la rigueur du Droit, je crois que la décision de M. Guyot seroit plûtôt suivie en Bretagne. Les droits féodaux sont très favorables ; & le vassal n'est pas excusable dans sa contumace par raport à un droit tel que l'hommage. Mais la saisie féodale est une peine ; & il est de maxime que les peines ne doivent pas être étendues jusqu'à chasser le vassal de sa maison. On peut même dire, malgré la différence établie par Basnage entre le rachat & la saisie féodale, que l'esprit de la Coûtume a été de condamner cette dureté, puisqu'elle ne l'autorise pas par raport au rachat, qui n'est point un droit penal, & qui consequemment pourroit paroître plus favorable que la saisie féodale.

Si le Seigneur a affermé l'héritage depuis la saisie, le bail expire avec la saisie, & cette éviction ne produit point une action de dommages & intérêts contre le Seigneur au profit du fermier, s'il n'a pas ignoré que la jouissance du Seigneur avoit pour seul fondement la saisie féodale. Ferriere, *art.* 1. *gl.* 4. *n.* 8. *&* 9. Du Moulin §. 1. *gl.* 8. *n.* 49. *& suiv.* Basnage, *art.* 109.

CONFERENCE.

tretenir ladite ferme, si bon ne lui semble; mais ne peut expulser ou changer le métaïer ou laboureur. Tours 113.

72. En tout le seigneur joüit pleinement dudit fief, sans avoir égard aux baux à cens, rentes, & autres contrats, faits par le vassal sans son consentement. Melun 80.

73. Le seigneur doit païer les labourages, semences, cultures & autres loïaux-coûts & mises raisonnables. Orleans 71. 50. Dourdan 20.

A celui qui les aura faites autre que le vassal. Normandie 119. (*i*)

Au métaïer. Montargis, *T.* 1. 76. Clermont en Beauvoisis 101. Montfort 36.

Et pour les labours & semences, les laboureurs & fermiers ont droit de rétention. Peronne 27.

74. Et de ses autres interêts & dommages, le métaïer aura recours contre le vassal, ou autre, pour la faute duquel il souffrira lesdits interêts & dommages, si ledit laboureur & métaïer a signifié & fait à sçavoir en tems dû ledit saisissement audit vassal son maître. Montargis, *T.* 1. 76. Montfort 36. Clermont en Beauvoisis 101.

75. Le seigneur fait les fruits siens, non compris les fruits & profits du bétail, tant gros que menu. Berry, *T.* 5. 42. (*k*)

Peut prendre & lever l'effoüeil, revenu, & escroît du bétail nourri du domaine & métaïerie tenus de lui à foi & hommages, avec tous autres profits, revenus & avantures de fiefs, qui écherront en la chose tenue de lui, & apliquer à son profit, sans couper les bois marmentaux & arbres fructuaux, ni empirer la proprieté de la chose. Maine 116. Anjou 103.

76. N'est point entendu que le seigneur de fief puisse, par défaut d'homme, prendre ni apliquer à soi (*l*) meubles, ni autres choses, que ceux qui procédent du revenu des choses hommagées ainsi prises par défaut d'homme; & joüira de tout le revenu de la chose hommagée, tant de bêtes (*m*) qu'autres choses, ainsi que le sujet eût pu user, & comme un bon pere de famille pourroit, & ne prendra rien du droit des métaïers & laboureurs. Maine 117. Anjou 104.

77. Si le fief est baillé à surcens, rente, ou moison, le seigneur féodal ne prendra que le surcens, rente, ou moison, pour la premiere année: car supose que le fermier tint ledit fief à plus longues années, néanmoins le seigneur le peut (*n*) bailler à autres à son profit. Valois 43.

Et si le vassal avoit baillé son fief à rente, sans démission de foi, & le seigneur le met en sa main par faute d'homme, droits & devoirs non faits, s'il y a des terres emblavées, ledit seigneur peut, si bon lui semble, prendre les gaignages de lad. terre, en rendant les feurs, labours & semences: & n'est tenu ledit seigneur se contenter de prendre la rente pourvu qu'elle ne soit inféodée. Paris 59. Clermont en Beauvoisis 106.

78. Le Seigneur censier fait les fruits siens des héritages vacans, tenus à cens de lui & par lui mis en sa main, & les peut bailler à son profit, jusqu'à ce qu'il y ait propriétaires venus vers lui connoître lesdits droits & devoirs de cens; & en iceux reconnoissant, le pro-

NOTES.

(*i*) V. Basnage sur cet article, & la Note sur le nombre 69.

(*k*) V. la Note sur le nombre 61.

(*l*) V. la Note sur le nombre 61.

(*m*) Du Moulin §. 1. *gl.* 8. *n.* 37. & 38. & Lhoste, *T.* 1. *art.* 8. disent que le Seigneur, pendant la saisie, perçoit le profit du colombier & des garennes. C'est aussi l'opinion de plusieurs autres Auteurs.

Du Moulin ajoute une décision conforme, pour les terrains destinés à des haras.

(*n*) Secùs quand la saisie n'étant que faute d'aveu, n'emporte pas gain de fruits. Pallu, *art.* 22.

CONFERENCE.

priétaire est tenu de païer les réparations & méliorations raisonnables, qui auroient été faites par le Seigneur censier, ou celui à qui ils auroient été baillés. Châteauneuf en Thimerais 46. Chartres 44. Dreux 33.

79. Au regard des collations (o) & présentations des bénéfices, quints-deniers, lods-ventes, tiers-denier, remuement & autres droits, qui communément ne peuvent sitôt venir à la connoissance du seigneur, ils apartiendront au vassal, sçavoir collations, présentations, & semblables droits, si la vacation échet; & lesdits quints-deniers, lods-ventes, tiers-denier, remuement, & semblables droits, si le contrat est passé & arrêté le tout avant lesdites saisies & notifications. Et si lesdites vacations échéent, & contrats sont passés après lesdites saisies & notification du fief, ils apartiennent au seigneur. Nivernois, *T.* 4. 58.

80. Quelque saisie que l'on fasse par défaut d'homme, rachat ou devoir, non païés, ou aveu & dénombrement non baillé, l'on ne doit saisir la chose des hommes & sujets tenans noblement ou roturierement dudit vassal, ne les tenir en cause. Poitou 121.

Mais l'on peut bien saisir & arrêter le devoir soit noble, ou roturier, que lesdits hommes & sujets doivent à celui qui doit faire ledit hommage & à ses parageurs & part prenans. Poitou 122.

81. Si le seigneur féodal tient en sa main les terres des mineurs qui n'ont aucuns meubles, parens, gardes, ne de quoi vivre, il n'est pourtant tenu (s'il ne lui plaît) de nourrir & gouverner lesdits enfans, ne de païer la rente ou rentes à vie, à une n'a deux filles de son vassal trépassé, ausquelles lesdites rentes pourroient avoir été constituées. Sens 210. Melun 81.

Ni pensions de Religieuses. Melun 81.

82. La saisie féodale doit être renouvellée de trois ans en trois ans: autrement n'a effet que pour trois ans; & pour l'avenir demeurent les Commissaires déchargés. Paris 31. Orleans 51. (p)

Toute prise de fief est annale, & doivent être les diligences recommencées par chacun an, s'il n'y a sentence d'adjudication ou procès formé pour lesdites diligences. Normandie 111. (q) Montargis, *T.* 1. 81.

Les saisines sont annales, c'est-à-dire, que

NOTES.

(o) ,, Le Seigneur durant la saisie féodale, ,, laquelle emporte la perte des fruits, jouit ,, des droits honorifiques, institution d'Offi- ,, ciers, nominations aux bénéfices. & de tous ,, les autres droits dépendans, tant du fief ,, saisi, que des arrieres-fiefs qui se trouvent ,, ouverts durant le cours de la saisie féodale. ,, Mais durant l'année du relief, la jouissance ,, de ces mêmes droits demeure au vassal. Arrêtés de M. de Lamoignon sur la saisie féodale, *art.* 15. Basnage, *art.* 109. La Lande, *art.* 44. *n.* 11. Le Grand, *art.* 22. *gl.* 6. *n.* 2. *& art.* 45. *n.* 13. Ferriere, *art.* 1. *gl.* 4. *n.* 28. Le Camus, *art.* 1.

C'est aussi la décision de Coquille, *T.* 4. *art.* 58. pour la nomination aux bénéfices. Il dit que cet article ne parle que de la collation des offices. Il ajoute que les offices vacans pendant la saisie peuvent être pourvus par le Seigneur; mais que le vassal, après la main-levée, peut revoquer les Officiers qui ont été pourvus.

Il est certain que par la saisie, faute d'aveu, qui n'emporte pas la perte des fruits, le Seigneur ne jouit point des droits de patronage, &c. Ferriere, *art.* 1. *gl.* 4. *n.* 28. Brodeau, *art.* 31.

V. les questions sur cette matiere amplement traitées par Simon *du patronage*, *T.* 7. & Ferriere *du patronage*, *ch* 3. *sect.* 2. *n.* 39. *& suiv.*

(p) V. Hevin *cons.* 66. Lhoste, *T.* 1. *art.* 8. Arrêtés, *art.* 21.

Mais cette peremption cesse, lorsqu'il y a instance sur la saisie féodale. La Taumassiere, *T.* 5. *art.* 25. La Lande, *art.* 51. *n.* 4. Auroux, *art.* 372. *n.* 17. Le Grand, *art* 22. *gl.* 4. *n.* 1. Ferriere, *art.* 31. Le Camus, *art.* 62. Brodeau, *art.* 31. *n.* 4. Louet, *lettre S. ch.* 14. Boucheul, *art.* 87.

(q) V. Basnage, *ibid.*

CONFERENCE.

si le Seigneur Justicier, ou son Sénéchal, ou son Sergent a saisi aucune chose, la main-mise dure toujours; mais celui qui a exploité ne sera tenu de rétablir ce qu'il aura pris & levé depuis un an auparavant l'ajournement sur ce baillé contre lui. Poitou 87.

A faute de ce faire. Amiens 21. Gerberoy 22. Artois 37. Cambray, *T.* 1. 54. Thionville, *T.* 3. 8. Ville de Metz, *T.* 3. 2. Laon 184.

83. ORD. Mars 1303. *art* 4. Item concedimus quòd, pro aliquâ saisinâ, vel appositione manûs nostræ, per dictos Cancellarios, vel de mandato suo, ratione executionum sigilli in re aliquâ feodali vel censuali, non impediatur Dominus temporalis, pro Jure suo, saisire, vel capere, & assignare ad rem ipsam, & aliàs uti Jure suo, prout sibi competit de Consuetudine vel de Jure. (*r*)

15 May 1315. *art.* 7. *Item* nous voulons & ottroïons que nos Bailliz, Prévoz, ne autre Justice de quelconque seigneur, ne puissent, ou doïent saisir les fiefz de leurs hommes, lever ne exploiter, tant comme ils soient en hommages, se n'est par connoissance de cause & par enseignement de leurs hommes. Et se ils le faisoïent autrement, & ils sont requis d'ôter leur main, que ils l'ôtent sans délai; & s'il ne le vouloient faire, que il soient contraints à l'ôter, & à rendre les dommages, & ainsi des autres biens, se ce n'est en cas, ou doute que péril seroit de perdre les biens, par cas de forfaiture, auquel cas técréance soit faite, & droit sur la délivrance, se elle est requise.

84. Novembre 1563. Tous deniers dûs pour censives & rentes foncieres, & autres redevances de bail d'héritage perpétuel, seront exécutables par saisie de leurs héritages, terres & possessions sujettes ausdits devoirs; & n'auront les possesseurs, sur qui lesdites terres auront été & seront saisies, main-levée pendant le procès, si aucun se meut, sinon en consignant, ès mains du saisissant, trois années d'arrérages desdites redevances & droits pour lesquels ladite saisie aura été ou sera faite: ou en faisant dûement & promptement aparoir avoir païé les cens & rentes dont il sera question par ladite saisie, sans préjudice des droits des parties & de leurs dépens, dommages & interêts en fin de cause.

85 Février 1566. *art.* 15. La reception en foi & hommage des fiefs dépendans des terres domaniales, au cas d'aliénation d'icelles, nous demeureront (*s*) & apartiendront ou à nos successeurs: & les profits desdits fiefs, foi & hommage, & ce qui en dépend, à ceux à qui les les terres sont dûement & licitement transférées & concédées.

Art. 16 En quoi ne seront compris ceux qui tiendront lesdites terres de notre Domaine en apanage, à la charge toutefois d'envoïer par chacun an, en notre Chambre des Comptes de Paris, des doubles & copies dûement signées, des receptions en foi & hommage à eux faits, ou à leurs Officiers. (*t*)

Août 1681. *T.* 2. *art.* 1. Enjoignons à nos vassaux possédans fiefs, terres ou seigneuries, mouvans & relevans de Nous, à cause de notre Duché de Bretagne, ou autres seigneuries à Nous apartenantes dans l'étendue d'icelui, qui sont en demeure, ou qui, sous divers prétextes, refusent de nous rendre foi & hommage, d'y satisfaire incessamment, conformément à l'article 343. de la Coûtume de Bretagne.

Art. 2. Les actes de foi & hommage, faits à notre Personne, ou à notre amé &

NOTES.

(*r*) V. le nombre 5.

(*s*) Mais comme l'engagiste est propriétaire de tous les droits utiles du Domaine, à la charge du rachat perpétuel, il est autorisé à saisir, faute d'homme, pourvû que le Procureur du Roy soit joint à lui; & il a droit de percevoir les fruits pendant la saisie, après la déduction de tous les frais. V. Guyot de la saisie *sect.* 1. *n.* 5. Bacquet *des droits de Justice*, *ch.* 12. *n.* 14. Boucheul, *art.* 110. *n.* 7. Ferriere, *art.* 1. *gl.* 2. §. 2. *n.* 40.

(*t*) Guyot *ibid.* Ferriere, *art.* 1. *gl.* 1. *n.* 4. & *gl.* 2. *n.* 40. Boucheul, *art.* 110 *n.* 8.

CONFERENCE.

féal Chancelier, ou rendus à notre Chambre, seront signés du Raporteur & du Président, transcrits dans un Régistre relié, & & mis dans la table du Régistre. *(u)*

Art. 3. Enjoignons à nos Procureurs ès Jurisdictions des Barres Roïales d'envoïer, de six mois en six mois, à notre Procureur Général en notre Chambre, l'état ou mémoire des mutations survenues aux fiefs mouvans de Nous dans leur Ressort, par mort, ventes, donation, ou autrement, à peine, en cas d'omission, de radiation de leurs gages, & d'interdiction de leurs Charges.

Art. 4. Voulons que, faute par nos vassaux de nous rendre foi & hommage dans le tems de la Coûtume, les fruits & revenus des fiefs mouvans de Nous soient saisis à la Requête de notre Procureur Général, *(x)* & a iceux établis de bons & solvables Commissaires & Abieneurs.

Art. 5. Notre Procureur Général tiendra bon & fidéle Registre des saisies faites à sa Requête, & en remettra les exploits, quinzaine après la date d'iceux, au fermier de notre Domaine, pour faire la recette, à notre profit, des fruits saisis, comme fruits de mal foi à Nous apartenans, jusqu'au jour que la foi Nous sera rendue.

Art. 6. Déclarons nuls & de nul effet, tous dons que Nous pourrions avoir fait depuis l'année 1675. ou que nous ferions ci-après, des fruits de mal foi; voulons que, sans y avoir égard, ils soient perçus par le fermier de nos Domaines, nonobstant même toutes les remises & compositions que Nous en pourrions avoir fait ci-devant, ou faire ci-après.

Art. 7. Défendons à notre Chambre d'accorder aucun délai ou soufftance à nos vassaux de Nous rendre les foi & hommage, sinon en raportant sur ce nos lettres signées d'un Sécrétaire d'Etat & de nos commandemens, & scellées de notre grand sceau; qui ne pourront être accordées qu'au cas porté par la Coûtume. *(y)*

86. 12. Septembre 1552. Henry, &c. Comme par la Coûtume arrêtée en notre Païs de Bretagne, tous les sujets de notredit Païs soient tenus présenter à leurs Seigneurs, dedans trois mois après qu'ils auroient pris possession, leurs aveus & tenues, dénombremens & minus de leurs héritages, sur peine de saisie & perdition des fruits, d'autant qu'ils en auront joui, & au prix certain de deux sols tournois, arrêté pour en retirer actes & lettres: toutefois par Edit fait par feu notre trés-honoré Seigneur & Pere le Roi dernier décédé, au mois de Février 1537. fut ordonné qu'ils porteroient lesdits aveus, tenues, minus & dénombremens de tout notredit Païs de Bretagne, en la Chambre de nos Comptes à Nantes. De laquelle ils sont renvoïés, chacun en son ordinaire, pour entendre si lesdits minus & tenues sont sujets à disputer & débattre, & en ce procéder à l'ordinaire: & après derechef le raporter en notredite Chambre des Comptes. En quoi nosdits sujets sont grandement vexés & travaillés & constitués en grand frais, de tant même qu'il y a grand nombre de nosdits sujets, qui tiennent à foi & hommage si peu d'héritages, & de si peu de revenu, que la dépense qu'ils sont contraints faire, est souvent autant ou plus grande que la valeur desdits héritages.

Sur quoi nosdits sujets, manans & habitans de notredit Païs de Bretagne, Nous auroient très-humblement fait suplier & requerir leur pourvoir. Sçavoir faisons que Nous, désirant singulierement le bien & soulagement de nosdits sujets, & après avoir mis cette matiere en délibération, avec les gens de notre privé Conseil, avons, par leur avis & délibération, en interprétant & déclarant ledit Edit du mois de Février 1537. dit, déclaré & ordonné, & de nos certaine science pleine puissance & autorité Roïale, disons,

NOTES.

(u) Ferriere, *art.* 1. *gl.* 2. §. 2. *n.* 39. La Taumassiere, *tit.* 5. *art.* 22.

(x) V. Sauvageau, *liv.* 3. *ch.* 72. & 73.

(y) V. les observations de M. Hevin sur cet Edit dans la Conf. 66. *pag.* 338. *& suiv.*

déclarons

CONFERENCE

déclarons, & ordonnons par ces Présentes, que les foi & hommages pour les fiefs moindres que Comtés, Vicomtés, Baronnies & Châtelenies de la valeur de 100. liv. de rente monnoïe dudit païs, & au dessous, seront reçus par nos Juges Présidiaux, apellés nos Avocat & Procureur chacun en sa Jurisdiction: sans ce que, pour lesdits fiefs, nosdits sujets soient plus tenus aller se présenter en notredite Chambre des Comptes. Et ausdits Comtés, Vicomtés, Baronnies, & Châtelenies, & autres fiefs du revenu annuel au dessus de 100. liv. monnoïe susdite, lesdits foi & hommages seront faits en ladite Chambre, selon & ainsi qu'il est contenu audit Edit du mois de Février 1537. De la rigueur duquel, de nos grace & autorité que dessus, nous avons exempté & exemptons lesdits fiefs moindres de 100. liv. de rente; & seront les vassaux de notredit Païs de Bretagne tenus, dedans quarante jours après ce qu'ils auront été reçus à foi & hommage, présenter leurs aveus, tenues & minus, devant notre Juge Présidial, en la Jurisdiction duquel sera la maison principale dudit fief inférieur, apellés nos Avocat & Procureur audit Siége, lesquels accorderont ou debattront la reception dudit aveu devant ledit Juge, ainsi qu'ils verront être à faire par raison. Et au cas que ledit aveu présenté soit sujet à être débattu, nosdits Avocat & Procureur bailleront les causes, raisons & moïens de leurs débats & impunissement, dedans le tems que sera arbitré par ledit Juge, lequel fera droit de la reception dudit aveu. Et seront tenus chacun de nosdits Juges envoïer par chacun an, dedans le mois de Janvier, en notredite Chambre des Comptes à Nantes, tous les aveus qui par eux auront été reçus en l'année qui sera finie le mois de Décembre précédent, & ce aux dépens des vassaux. (z)

SOMMAIRE

1. 10. 14. *Droit ancien de Bretagne.*
2. *Usufruitier n'est tenu ni reçu à l'hommage.*
Si l'usufruitier ou le fermier peut saisir féodalement.
Quid *des créanciers pendant la saisie réelle.*
Si le droit de saisir peut être cedé. Aux Notes.
3. *Ouverture de fief par toutes mutations de vassal.*
Par la mort naturelle ou civile.
Exception par raport à l'homme vivant & mourant. Aux Notes.
4. *Obligation de venir par voïe d'action après l'an.*
De la régle Tant que le vassal dort le Seigneur veille; & tant que le Seigneur dort le vassal veille.
5. *La mainlevée en collaterale ne dispense pas de l'hommage.*
6. *De la régle,* le mort saisit le vif, *en matiere féodale.*
7. *Le Seigneur peut saisir, de plein droit, dans l'an & jour.*
8. Souffrance vaut foi tant qu'elle dure.
Effets de la souffrance pure & simple, & de la souffrance conditionnelle. Aux Notes.
9. *Biens roturiers ne sont sujets à l'hommage.*
10. *Explication du droit ancien & du droit nouveau. Le Seigneur ne peut faire les fruits siens avant la saisie.*
11. *Distinction entre la mutation du vassal.*

NOTES.

(z) V. Hevin, *Cons.* 66. & 73.

& du Seigneur, par raport à l'hommage. L'aveu n'est dû que par la mutation du vassal.

12. *Preuve que le rachat n'est pas ex* naturalibus *de la tenue noble.*

13. *Si le litige entre ceux qui prétendent la proprieté du fief servant excuse de l'hommage.*

15. Quid *du litige des bénéfices.*

16. *Hommage differé par la contestation entre le Seigneur & le vassal sur la proprieté du fief servant.*

COMMENTAIRE.

1. D'ARGENTRE' AIT. Il y avoit en l'Ancienne Coûtume une très-grande dispute sur ce sujet, pour les fruits qu'ils apelloient de male foi, qui étoient ceux que le vassal percevoit auparavant faire la foi : & quoique le texte fût clair, toutefois ceux qui étoient interessés en la disposition de la Loi, y aportoient des gloses de leurs sens, détruisant le texte. Ea contentio ut sedaretur, cùm adversarias rationes] proposuissem, auctor Ordinibus fui, ut quo jure eâ de re vulgatis Franciæ moribus uterentur, ipsi etiam uti vellent. Nam & Ordinatio Regis Francisci quædam in Camerâ Computorum extat, quæ homagium fieri mandat intra quadraginta dies, ex quo quis feudum inierit, ni faciat vassallus, fructus committi manûs injectione Domini. Placuit omnibus, sed sic tamen, ut sibi Ordines permiserint prolixius tempus statuere quatuor mensium, soporato Procuratore Generali cujus valde interetat, quem excitare non erat ex usu patriæ.

2. D'ARGENTRE' A. C. *Art.* 322. *Quand aucun.* C'est-à-dire, (*a*)

NOTES.

(*a*) V. la conférence *n.* 13. & 16.

L'article 2. de la Coûtume de Paris raporté dans la conférence, *n.* 4. permet à l'usufruitier de saisir, au nom du propriétaire, le fief servant, faute d'homme, droits & devoirs non faits & non païés.

Le 4. Arrêté de M de Lamoignon, sur la saisie féodale, adopte cette disposition, même au profit du fermier. Elle n'a jamais été d'usage en Bretagne. L'art. 343. & tous ceux qui concernent la saisie féodale ne donnent ce droit qu'au Seigneur. Les articles 343. & 360. qui ont décidé pour quelles causes la saisie féodale peut être faite, ne parlent point du défaut de droits & devoirs non faits & non païés Ils ne donnent point d'autres causes, que le défaut de foi & d'aveu ; & c'est au Seigneur seul, que l'hommage & l'aveu doivent être rendus. Il est le maître d'accorder la souffrance ; & il est inoui qu'un fermier ou un usufruitier se soit plaint de la souffrance accordée par le Seigneur.

V. le Commentaire sur l'art. 67. *n.* 18. & 19. Du Moulin §. 1. *n.* 1. *gl.* 1. & *suiv.* Boucheul *art.* 82. *n.* 2. Guyot *de la sais. féod. sect.* 1. Pallu, *art.* 22. Coquille, *tit.* 4. *art.* 11. Auroux, *art.* 372. *n.* 12.

Il est vrai que l'usufruitier du fief dominant est en droit de jouir des fruits de l'héritage saisi faute d'hommage, du Moulin § 1. *gl.* 1. *n.* 42. parce que c'est un casuel de la seigneurie, & que l'usufruitier a la jouissance de tous les casuels. Mais on ne doit pas conclurre que le droit de saisir féodalement, faute d'hommage, puisse apartenir à l'usufruitier. Du Moulin §. 43. *gl.* 1. *n* 202. décide également que l'usufruitier jouit de l'héritage tombé en commise par félonie, quoiqu'il soit indubitable que le propriétaire de la seigneurie a seul qualité, pour demander la commise par la félonie du vassal, & que l'usufruitier seroit évidemment non recevable, pendant que le Seigneur garderoit le silence.

Je ne crois pas même qu'il y ait, en Bretagne, aucun exemple de saisie féodale, fau-

un propriétaire : car l'usufruitier n'est tenu ni reçu à l'hommage.

3. *Vient de nouveau.* Cela s'apelle proprement ouverture de fief, & elle se fait à toute mutation de vassal, soit par succession, (*b*) soit par vente, donation, ou autrement. Cette mutation emportoit, dans l'Ancienne Coûtume, la prohibition de toucher aux fruits, avant que d'avoir fait la foi. L'effet de cette disposition est que le Seigneur peut, dans l'an, mettre en sa main le fief du vassal & faire les fruits siens.

4. Si l'an est passé, le Seigneur peut venir par voïe d'action. En France on connoît une régle coûtumiere qui porte que, *tant que le vassal dort le Seigneur veille; & tant que le Seigneur dort, le vassal veille* : (*c*) c'est à-dire que le vassal joüit, tandis que le Seigneur n'a point usé de mainmise, & qu'après qu'il l'a fait, le vassal doit se réveiller en faisant l'hommage, s'il

NOTES.

te d'hommage, aposée à requête des créanciers, pendant la saisie réelle de la seigneurie. Cependant le droit des créanciers est plus fort que celui de l'usufruitier ou du fermier. Par l'effet de la saisie réelle ils ont tout le droit de veiller à la conservation de la seigneurie comme le propriétaire même; & la prestation de l'hommage est un acte possessoire qui concerne la mouvance. Il empêche la prescription au profit des Seigneurs voisins qui auroient voulu l'usurper.

La même raison à lieu par raport à l'aveu que doit le vassal; & les créanciers sont même en droit de faire réformer les rolles rentiers, ce qui souvent n'est praticable qu'en faisant rendre aveu aux vassaux. Les aveus peuvent aussi être nécessaires pour connoître les mutations, & pour découvrir les droits recelés de lods & ventes, & rachats. Ainsi quand on priveroit les créanciers du droit de saisie féodale faute d'hommage, on ne pourroit pas les exclurre de la saisie féodale faute d'aveu. Mais pour que l'une ou l'autre saisie féodale, à requête des créanciers, ait lieu, il faut que le débiteur ait été dépossédé par un bail judiciaire.

V. l'art. 17. des Arrêtés, Guyot *de la saisie sect.* 1. *n.* 10. *&* 11. Ferriere, *art.* 1. *gl.* 1. *n.* 9.

Le Seigneur peut-il ceder le droit de saisir féodalement faute d'hommage? Ferriere, *art.* 1. *gl.* 1. *n.* 14. décide pour l'affirmative contre le sentiment de du Moulin §. 1. *gl.* 1. *n.* 14. *& suiv.* Mais du Moulin dit seulement que la saisie féodale doit être au nom du Seigneur. Cette vérité est constante, & elle ne détruit pas la faculté de ceder ce droit à un tiers, lequel en vertu de la cession peut aposer la saisie féodale au nom du Seigneur.

Par l'ancienne Jurisprudence du Parlement de Paris, la saisie aposée à la requête du Procureur Fiscal étoit jugée nulle. Cette Jurisprudence n'a plus de lieu depuis les Arrêts des 11. Mars 1681. & 7. Mars 1692. raportés dans le Journal du Palais. Ces derniers Arrêts ont fait prévaloir les vrais principes à la subtilité qui servoit de fondement à l'ancienne Jurisprudence. En effet le Procureur Fiscal est toujours reputé saisir au nom du Seigneur pour lequel il agit; ce qui doit être regardé comme un parfait équivalent de la saisie aposée au nom du Seigneur.

(*b*) Mort naturelle ou civile. Ferriere, *art.* 1. *gl.* 2. *n.* 7. Lhoste, *tit.* 1. *art.* 8. Le Grand, *art.* 22. *gl.* 1. *n.* 3.

Mais il est de maxime que la mort civile de l'homme vivant & mourant, n'opere point de mutation, parce qu'il n'est pas le propriétaire du fief, & qu'il ne le couvre que par fiction, afin que sa mort naturelle régle l'ouverture du rachat. Ainsi quand la Loi parle d'homme vivant & mourant, cela ne s'entend que de la mort naturelle. V. Ferriere, *art.* 1. *gl.* 2. *n.* 8. *& suiv.* & les notes sur l'art. 67. *pag.* 295.

(*c*) V. la conférence, *n.* 29. Boucheul, *art.* 85. *n.* 5. Loisel, *liv.* 4. *tit.* 3. *art.* 25. Desmares, *déc.* 345. Ragueau & de Lauriere au mot *Vassal.* La Lande, *art.* 85. Coquille, *tit.* 4. *art.* 11. Le Grand, *art.* 22. De Lauriere & du Moulin, *art.* 61. Brodeau *ibid. & art.* 1, *n.* 10.

veut faire cesser la saisie. Delà est venue une Ordonnance de François Premier, qui fait dire à l'Auteur, que la condition du Roi est moins avantageuse, que celle des (*d*) Seigneurs particuliers qui joüissent des fruits du moment même de l'ouverture.

5. *A saisine d'aucuns héritages.* Soit que l'on possede en vertu de la régle *en ligne directe le mort saisit le vif*, soit qu'on le fasse en vertu de mainlevée en collaterale. Car quoique la mainlevée soit accordée par la Jurisdiction du Seigneur, c'est toujours à condition de faire les devoirs aux termes de la Coûtume.

6. Le doute de Balde, si la régle, *le mort saisit le vif*, a lieu en matiere féodale, est mal fondé; puisque l'on ne connoît point de franc-aleu, & que tous les héritages étant censés féodaux, les successions sont principalement composées de choses tenues en fief. Mais la possession n'étoit pleine ni parfaite, dans l'Ancienne Coûtume, que par l'investiture qui est l'hommage & la foi.

7. *Il doit aller.* Cela prouve que la Coûtume *perpetuò interpellat*; & qu'ainsi le Seigneur n'a pas besoin de sommation, du moins dans l'an & jour.

8. *Pour faire la foi.* Ou pour l'offrir au Seigneur, & demander souffrance.

POULLAIN. Il y a la maxime Coûtumiere que, *souffrance vaut foi tant qu'elle* (*e*) *dure.*

9. Il faut remarquer ici, que toute la disposition de l'article s'entend des fiefs sujets à foi & hommage. Car il y en a qui n'y sont pas sujets, tels que les fiefs roturiers.

10. Il faut s'attacher au Droit nouveau, tel qu'il est expliqué par l'art. 343. de la Nouvelle Coûtume. L'Ancienne étoit infiniment rigoureuse.

NOTES.

(*d*) Cette observation devient sans aplication par le changement qui a été fait par la Nouvelle Coûtume.

(*e*) Ragueau au mot *souffrance.* Boucheul, *art.* 111. *n.* 7. & *suiv.* Guyot, *de la foi*, *ch.* 6. La Taumassiere, *T.* 5. *art* 39. Pontanus, *art.* 64 La Lande, *art.* 24. Le Grand *art.* 47. Du Moulin & Brodeau, *art.* 42.

,, Il y a entre les proverbes ruraux, que ,, *souffrance* à la fois *vaut des-héritance*, qui ,, semble être ce qu'on dit coûtumierement: ,, *souffrance vaut foi tant qu'elle dure.* Loisel, *liv.* 4. *T.* 3. *art.* 33.

V l'autre sens de cet axiome dans les Notes sur l'article 282. *pag.* 269.

,, La souffrance finie, l'on peut saisir à faute ,, de foi. Loisel, *liv.* 4. *T.* 3. *art.* 36.

,, Si le vassal compose des droits de son ,, fief saisi, & ne satisfait dans le tems qui ,, lui avoit esté donné, la saisie se continue: ,, qui est ce que disent quelques Coûtumes, ,, quand argent faut, finaison nulle. Loisel, *liv.* 4. *T.* 3. *art.* 41.

Du principe que *souffrance vaut foi tant qu'elle dure*, on conclut que la souffrance, accordée pour un tems, étant finie, le Seigneur est obligé de saisir de nouveau, & ne peut reprendre la premiere saisie, parce qu'elle a été levée par la souffrance.

V la Conference *n.* 33. Boucheul, *art.* 112. *n.* 10. La Taumassiere, *T.* 5. *art.* 39. Auroux, *art* 375. Ferriere, *art.* 31. *n.* 9. & *art.* 42. Du Moulin, §. 42. *n.* 5. & 6.

Mais le Seigneur a droit de n'accorder qu'une souffrance conditionnelle. Elle n'opére que la suspension de la saisie, qui réprend sa force après l'expiration du délai. Du Moulin *ibid.* Pocquet *sect.* 1.

1°. Elle ne donnoit aucun tems pour faire l'hommage. 2°. Elle défendoit au vassal de porter la main aux fruits, avant l'hommage, à peine de confiscation des mêmes fruits. C'est sur quoi d'Argentré a raisonné. La Nouvelle Coûtume, au contraire porte 1°. que, quand il y a rachat, on a 40. jours, depuis le rachat fini, pour faire l'hommage; & quand il n'y a point de rachat, on a 4. mois du jour de la nouvelle possession. Elle porte en second lieu que, faute de faire l'hommage après ces délais, le Seigneur peut saisir & faire les fruits siens, depuis la saisie exécutée & signifiée, jusqu'à ce que la foi lui soit faite. L'Auteur remarque, dans l'Aitiologie, que ce fut lui qui proposa qu'on usât en cette matiere du Droit Commun de France. On l'a expliqué ci-dessus, par cette régle, *quand le Seigneur dort le vassal veille*. Elle a été adoptée par la Coûtume de Paris, dont elle fait l'article 61. Ainsi il demeure pour certain, que le Seigneur ne fait les fruits siens que du jour de la saisie; & l'on ne connoît plus d'autre joüissance du Seigneur, à l'effet de faire les fruits siens, que depuis la saisie aposée & pendant qu'elle dure. On ne connoît plus par conséquent cette joüissance du Seigneur pour autant de tems que le vassal a été sans faire l'hommage. Ainsi comme l'Auteur raisonne par raport à l'ancien texte, il est inutile de s'arrêter à ce qu'il dit sur l'art. 323. de l'A. C. aussi-bien qu'aux raisons qu'il aporte pour prouver que cet ancien article n'étoit pas hors d'usage, comme on le prétendoit, que ce n'étoit point une disposition commmatoire, puisqu'il ne faut point d'interpellation ni de sommation, & que de quelque maniere que ce fût, le vassal devoit faire raison des fruits qu'il avoit perçus avant que d'obtenir l'investiture. Il raisonne juste & consequemment, par raport à son texte. Mais le changement rend tout cela inutile.

HEVIN. Voïez M. le Prestre, *centur.* 3. *ch.* 41. la Coût. de Paris, *art.* 30. *&* 31. §. 1. *tit.... cap. Conrad.* & art. 360. infrà.

Voïez un Arrêt dans M. du Fail, *l.* 3. *ch.* 196.

11. Par cet article, la mutation du possesseur impose l'obligation de faire hommage au Seigneur; & par l'art. 347. *infrà*, le vassal est encore obligé à l'hommage envers le nouveau Seigneur, mais sans chambellenage. Mais l'aveu & dénombrement n'est dû que par la mutation du vassal, *art.* 360. *infrà*, & non par celle du Seigneur. Voïez la Conference des Coût. *fol.* 293. *r°. in fin. & v°.* (*f*)

Quarante jours. Vid. Brodeau sur l'art. 7. de la Coût. de Paris.

12. *Et au cas qu'il n'y auroit.* Ceci prouve que le rachat n'est pas *ex naturalibus* de la tenue noble, comme l'est l'hommage.

On a omis ici le mot *dans*.

13. *Et ledit tems passé.* Quæritur (*g*) si le litige entre prétendans la pro-

NOTES.

(*f*) V. la Conference & le Commentaire sur l'art. 360.

(*g*) V. la Conference *n.* 22. Ferriere, *art.* 1. *gl.* 2. §. 2. *n.* 7. Le Grand, *art.* 22. *gl.* 2. *n.* 34.

„ Un Seigneur peut recevoir à foi & relief „ tous ceux qui se présentent à lui, sauf tous „ droits, & n'est tenu de rendre ce qui lui est, „ pour ce, volontairement offert & présenté. Loisel, *liv.* 4. *T.* 3. *art.* 40.

prieté du fief, ou l'incertitude de l'événement qui demeurera propriétaire, peut excuser le défaut de faire la foi. Je crois que non : car n'y aïant nulle terre sans Seigneur en Bretagne, tout possesseur est en faute de ne s'acquitter pas de la reconnoissance qu'il doit au Seigneur du fonds qu'il prétend. Jean de Monfort contendant sur ce Duché, contre Charles de Blois, offroit l'hommage au Roi. L'art. 363. dit que quand le vassal laisse plusieurs héritiers, chacun desquels a même droit de saisine, ils doivent convenir de l'un d'entr'eux pour porter la foi & sauver les fruits, sous l'obligation à celui auquel échoira la terre, de faire, après le partage, la foi, à peine de saisie & perte des fruits.

14. Par la Très-Anc. Coût. *art.* 223. celui qui se mettoit en possession, avant que de faire la foi, étoit privé des fruits, que le Seigneur pouvoit recueillir pendant un tems pareil à celui que le vassal avoit laissé écouler avant que de faire la foi, *pœnâ Talionis.* Le Roi François I. par sa Déclaration, ordonne le délai de 40. jours pour faire la foi, après lequel seroit procédé par saisie. Cependant lors de la réformation de la Coûtume, faite l'année suivante 1539. *art.* 323. les Réformateurs y remirent l'ancien Droit; & la derniere *art.* 343. a suivi la Déclaration du Roi, avec quelque prolongation du délai à 4. mois, lorsqu'il n'y avoit pas de rachat.

15. J'estime que ce que j'ai dit du litige s'aplique aussi aux bénéfices dont dépendent des fiefs & seigneuries.

16. Mais la contestation sur la proprieté du fief entre le Seigneur & le vassal differe la foi & hommage, jusqu'à la décision : *Lib. feud. tit.* 20. *de controversiâ inter Episcopum & vassallum, lib.* 2. *de alienatione feudi, lib.* 2. *tit.* 39. *al. lib.* 4. *tit.* 45. (*h*)

Et en fera les fruits siens. Ut sup. *art.* 336. & inf. 347.

NOTES.

(*h*) V. la Conférence *n.* 10.

ARTICLE CCCXLIV.

Si le Juveigneur est en défaut de faire la foi à son aîné, & à son Seigneur lige, ledit Seigneur lige peut saisir le fief du Juveigneur, & joüir des fruits (comme est dit ci-dessus) sans pouvoir être empêché par l'aîné: lequel ne peut exploiter pour ses droits qu'après le Seigneur lige.

CONFERENCE.

A. C. *Art.* 319. Et s'il y a Seigneur lige à qui la foi seroit dûe, il devroit joüir des fruits des terres pour ledit défaut de foi, & non pas l'aîné pour celui tems.

CONFERENCE.

T. A. C. *ch.* 223. Et si foi & ligence est dûe, le Seigneur suzerain auroit les levées & non pas l'aîné.

Ch. 226. Et s'il y avoit aucuns des Juveigneurs qui fussent en défaut de faire la foi à leur prochain, de qui le Juveigneur à qui fussent les terres ou rentes tensit de ceul aîné, & celui suzerain se vouseist saisir des terres ou rentes, pour le meffait de lui, il ne le doit pas faire de droit ne de coûtume. Car celui à qui les terres ou rentes sont, ne doit faire foi que à son aîné prochain de lui; mais icelui peut bien dire au Juveigneur qu'il fasse à sçavoir à son aîné qu'il tient en sa main ce qu'il doit tenir de lui pour défaut d'homme *vel* de foi & d'homme, & l'ajourner, tant qu'il soit départi par Droit. Et quand il aura gaigné la foi par la Coûtume, le Juveigneur la lui doit faire, & ne emportera rien de celui Juveigneur, fors la foi & l'obéissance, & ce qu'il en doit à celui Seigneur, à la tenir de lui comme il la tenoit de l'autre, & le ressort de l'obéissance des hommes, des montes, des amendes & des autres émolumens. Et aussi n'aura rien le suzerain Seigneur, ne les autres Juveigneurs, sur celui Juveigneur, au cas que celui Juveigneur auroit fait sa ligence à qui les terres & rentes seroient.

COMMENTAIRE.

D'Argentré A. C. *Art.* 319. *Et s'il y a Seigneur lige.* C'est-à-dire, supérieur de l'aîné & du Juveigneur, comme il est nécessaire qu'il y en ait un Ainsi l'on ne devoit pas exprimer la chose conditionnellement.

Il devroit jouir des fruits. La raison en est que la Juveigneurie est moins forte & a moins d'effet que la ligence. Car dans tous les autres cas, la préference est pour le plus proche Seigneur.

ARTICLE CCCXLV.

Si les choses du Juveigneur sont tenues par le Seigneur lige, par défaut d'hommage, rachat ou bail, le Juveigneur, durant que le Seigneur lige les tient en sa main, n'est tenu faire la foi à son aîné, s'il ne veut. Et ne le peut l'aîné, pour celui tems, [a] *poursuivre* de défaut de foi.

CONFERENCE.

Art 355.

A. C. *Art.* 321. [a] Achesonner.

T. A. C. *Ch.* 229. Quand terres, rentes ou autres choses chieent en main de Seigneur, pour défaut d'homme, ou pour bail ou pour rachat, tant comme le suserain Seigneur lige tiendra celles choses, le Juveigneur n'aura que fairede faire foi à son aîné, si le Juveigneur ne veut, ne ne l'en peut achesonner son aîné, ne son prochain d'aîné d'amprès, fors en tant comme il est dit ailleurs.

SOMMAIRE.

1. *Des trois dégrés de fief, établis par d'Argentré, pour la tenue en Juveigneurie.*
2. *Les vassaux du fief saisi n'obéissent qu'au supérieur pendant la saisie, & lui païent valablement.*
3. *Juveigneur quitte de l'hommage, par la prestation faite au Seigneur lige qui tient en saisie le fief de l'aîné.*

COMMENTAIRE.

1. D'ARGENTRE' A. C. *Art.* 321. L'Auteur s'étend beaucoup ici sur les trois dégrés subordonnés de fief, lorsqu'il y a tenue en Juveigneurie. Ces trois dégrés résident, 1°. dans le Seigneur lige; 2°. dans l'aîné: 3°. dans le Juveigneur. Il présupose que, comme dans la maxime générale, le Seigneur, qui n'est pas immédiat, ne peut exploiter directement l'arriere fief, (*a*) dans le cas de l'article, il n'exerce les droits sur le Juveigneur, qu'en vertu de la saisie du fief de l'aîné, qui réunit pour un tems tous les droits en sa personne. Cet exercice ne dure qu'autant de tems que dure la saisie; & si le Seigneur donne repit ou souffrance au Juveigneur, pour l'hommage qu'il doit à l'aîné, ce ne peut jamais être que pour le tems de la saisie. * C'est s'attacher assez inutilement à expliquer des choses de si peu d'usage, & à y faire des aplications de principes, lesquelles pourroient être contestées.]

Par défaut d'hommage bail, ou rachat, & pour toute autre cause, pour laquelle on peut aposer valablement la saisie.

2. *Le Juveigneur n'est tenu.* Car tous exercices de Droits féodaux & de Jurisdiction résident dans le supérieur, pendant le tems de la saisie; & les vassaux du fief saisi ne sont pas obligés, pendant ce tems-là, d'obéir à leur Seigneur, le milieu qui les sépare du supérieur étant ôté dans cet intervalle. Ils sont même quittes en païant les droits au supérieur. (*b*)

L'aîné ne peut se plaindre de son puîné, qui ne lui fait pas la foi par les raisons ci-dessus; & l'Auteur propose, pour exemple, le Comte de Penthievre, qui aïant été long tems dans la main du Duc, les vassaux étoient quittes, aïant fait pendant ce tems là les devoirs au Duc.

3. Sur la question de sçavoir si, après la saisie levée, le puîné est obligé de faire l'hommage à l'aîné, il faut distinguer. Si la saisie a été mise sur le

NOTES.

(*a*) L'aplication de cette maxime est évidemment fausse, puisque la Juveigneurie n'empêche pas que le Seigneur lige soit le Seigneur proche du Juveigneur, aussi parfaitement que s'il n'y avoit pas de Juveigneurie. Cela prouve aussi que les trois dégrés allegués par d'Argentré n'ont rien de réel, le Seigneur lige étant véritablement le Seigneur proche du puîné comme de l'aîné; & la tenue en Juveigneurie étant un titre particulier étranger au Seigneur lige auquel il ne peut nuire.

(*b*) V. la conférence de l'art. 343. *n.* 80; & l'art. 366.

puîné,

puîné, faute d'hommage lige, il doit ensuite faire l'hommage à l'aîné. Mais si elle a été mise sur le fief de l'aîné, & si le Seigneur lige usant des ouvertures a exigé l'hommage du puîné, comme Juveigneur; en ce cas le puîné est quitte envers son aîné, dont le Seigneur lige a exercé les droits.

ARTICLE CCCXLVI.

Celui qui fait la foi, doit déclarer les choses quelles il tient; la maniere comme il les tient; si les choses, pour lesquelles il fait la foi, lui viennent de succession, ou par [a] *acquêt*, ou par jugement de Cour, & déclarer la maniere [b] *de l'acquêt*, & en informer son Seigneur, s'il l'en requiert, au cas que le Seigneur s'en feroit non sçavant. Et le Seigneur recevra la foi, sauf son droit & l'autrui.

CONFERENCE.

Art. 360. A. C. *art.* 324. a Conquest, b Du conquest.

SOMMAIRE.

1. *Obligation d'exhiber les titres au Seigneur.*
Ordonnance de 1539. *contre les Notaires, qui raportent des contrats de vente d'héritages qui ne sont pas de leur ressort.*
2. *Si l'exhibition des partages peut être exigée par le Seigneur à cause des rentes & devoirs qui peuvent y être emploïés, & pour l'instruction sur les mutations par raport aux fiefs chéans & levans.*
3. *Si lorsqu'on a plusieurs titres on doit les exhiber tous.*
4. Quid *du Seigneur censier.*
5. *De la clause* sauf son droit & l'autrui.
6. *De la communication dûe par le Seigneur au vassal.*

COMMENTAIRE.

D'Argentré A. C. *Art.* 324. On répete dabord ici le pur texte de l'article, qui s'entend assez. On ajoute seulement que c'est afin que le Seigneur puisse agir sur les choses non déclarées.

La maniere comme il les tient. C'est-à-dire, si c'est à ligence ou en Juveigneurie.

La maniere du conquêt. Si c'est par achat ou donation, ou tout autre moïen d'acquerir.

1. *Et en informer son Seigneur.* Faisant exhibition des titres, s'il le demande; & delà vient que, par l'Ordonnance de François Premier de 1539. pour la Bretagne, il est défendu aux Notaires de raporter des actes de translation, pour les héritages qui ne sont pas de leur distroit. Cette exhibition convient mieux à l'occasion de l'aveu qu'à l'occasion de l'hommage : & elle est nécessaire, même des titres qui n'emportent aucuns droits, comme l'échange pour laquelle il n'étoit point dû de ventes. Car le Seigneur a toujours interêt de connoître le titre de possession de son vassal.

2. L'Auteur n'est pas du sentiment de du Moulin, qui prétend qu'on n'est pas obligé de produire les actes de partage, *(a)* parce qu'ils n'emportent point d'aliénation. Car outre qu'il prétend que c'est une espece d'aliénation, on ne manque pas d'ordinaire d'y inserer les rentes & les droits imposés sur les héritages : ce qui sert à l'instruction du Seigneur, y aïant d'ailleurs des fiefs chéans & levans, *(b)* dans lesquels les droits se multiplient par les partages.

3. Du Moulin décide que celui qui a plusieurs titres est obligé de les produire; & il en cite un Arrêt. L'Auteur n'adopte cette décision, qu'en suposant que le Seigneur ait interêt de voir tous les titres.

4. Cela n'a pas lieu à l'égard du Seigneur censier. Car notre cens de Bretagne n'emporte aucune rétention du domaine direct.

5. *Sauf son droit & l'autrui.* C'est une clause, que l'on met d'ordinaire dans les actes de réception d'hommage. Du Moulin prétend que cette clause est de nulle conséquence. L'Auteur estime le contraire. Car si le Seigneur n'aposoit pas cette clause, il pourroit recevoir pour vassal celui qui ne le seroit pas véritablement, ou faire d'une autre maniere préjudice à une tierce personne. * Du Moulin paroît avoir raison ici : & c'est le sentiment de Dupineau; mais l'un & l'autre n'explique pas assez le principal motif qui rend cette clause inutile. Par raport au Seigneur & à ses droits, c'est l'aveu qui décide, lorsqu'il n'est pas blâmé dans le tems; & pour le droit d'autrui, la clause est surabondante, le droit d'autrui étant toujours conservé.]

6. ARREST. Le vassal, prêtant la foi, est tenu déclarer la maniere de l'acquêt, & en informer son Seigneur, s'il s'en fait non sçavant. Le 20. Juin 1652. Président M. de Cucé, sur un apel des Regaires de Treguier, interjetté par le Chapitre & Chanoines dudit Treguier, contre un Gentilhomme vassal dudit Chapitre, l'apel au néant sans amende. La question étoit que les apellans disputoient au sieur de Kmadec intimé, un fief à cause duquel il les reconnoissoit comme supérieurs, & prétendoient que les sujets dudit Kmadec relevoient d'eux prochement. L'Intimé, mis en cause par le Procureur Fiscal des Regaires, soutenoit avoir droit de fief; qu'il leur en avoit rendu aveu; & qu'il n'y avoit pas moins de mauvaise foi en eux Sei-

NOTES.

(a) V. Dupineau §. 32. & sur Anjou, *art.* 4. Pallu, *art.* 22. *pag.* 27. & la réfutation de l'opinion de d'Argentré dans M. Guyot *du retr. seign. ch.* 17. *n.* 22. La Taumassiere, *tit.* 5. *art.* 30.

(b) V. art. 363. *n.* 1.

gneurs de lui vouloir soustraire ses sujets proches, & à cause desquels il les reconnoissoit, qu'il y eût eu dans un vassal qui eût tâché de se soustraire de l'obéissance dûe à son Seigneur; que ses aveus en faisoient foi: & pressé de les représenter, il en produisoit un, & alléguoit que, par l'inventaire des actes de sa maison, il en avoit été rendu un en 1596. qu'il n'avoit pas; & demandoit qu'il fût enjoint au Procureur Fiscal de le lui communiquer, qui l'apelloit avec d'autant plus de mauvaise foi, qu'il avoit en main les actes décisifs. Sentence par laquelle est ordonné que le Procureur d'Office communiquera ledit aveu, & silence lui est imposé jusques à ce qu'il l'eût fait. Apel de la part du Chapitre. Ils alléguoient pour griefs, 1°. que la sentence avoit été donnée par le Sénéchal, lequel avoit été recusé par eux en toutes causes. 2°. Qu'il n'incomboit pas au Seigneur d'instruire son vassal; mais au vassal, par cet art. 346. & que par l'art. 130. le Seigneur pouvoit pour cette raison obliger son vassal à faire montrée dont il n'y avoit que le Juveigueur qui fût excepté : de même aussi qu'entre les vassaux il n'y avoit que le Juveigneur qui pût obliger le Seigneur à reconnoître sa tenue par l'art. 340. partant qu'ils n'étoient tenus de lui communiquer ladite tenue, offroient toutefois de le faire, moïennant que l'intimé s'obligeât de prendre droit par cet acte.

L'Intimé répondoit que mal-à-propos les apellans alléguoient l'incompétence; parce qu'il étoit seulement défendeur & avoit été apellé dans leur Jurisdiction par le Procureur d'Office; qu'ainsi les récusations étoient abolies par l'élection du Juge qu'ils avoient faite: *consensus Judicem competentem facit L. . . . .* & les art. 41. & 42. même après l'apel de dénégation de Justice, *art* 35. & 167. quant au second grief qu'il étoit illusoire; parce que de cotter l'aveu qui étoit conservé dans les Archives & raporté dans un inventaire solennel, c'étoit instruire le Seigneur, qui ne pouvoit après se faire non sçavant que par une ignorance affectée, & que lui refuser la communication c'étoit être en dol manifeste. La sentence fut confirmée & les parties renvoïées pour le principal devant les Juges de Lanion. (c)

NOTES.

(c) La décision de cet Arrêt parfaitement conforme à l'équité & aux principes du droit féodal, détruit absolument la 147. Consultation de M. Hevin, sur laquelle V. la conférence de l'art. 362. *n.* 8.

ARTICLE CCCXLVII.

Celui qui fait hommage lige, doit cinq sols monnoye, pour droit de Chambellenage à son Seigneur. Et s'il advient changement en la personne du Seigneur lige, & qu'autre devienne Seigneur, le vassal est derechef tenu de faire la foi à celui qui succéde en la place & possession du précédent Seigneur, sans aucun devoir de Chambellenage. Et en ce cas le Seigneur ne pourra saisir, qu'après sommation & interpellation, faite au vassal par écrit, ou que le Seigneur eût fait à sçavoir ses hommages généraux : après laquelle sommation ou tenues d'hommages, si le vassal est en défaut de faire la foi & hommage, le Seigneur pourra saisir & fera les fruits siens, comme devant est dit.

CONFERENCE.

A. C. *Art.* 328. Lorsqu'aucun fait la foi à son Seigneur lige, il doit païer cinq sols pour droit de chambellenage; & si le Seigneur à qui il auroit fait la foi seroit changé par mort ou autrement, fût de la volonté d'icelui Seigneur, ou par exécution faite contre lui, tellement qu'il en fût désaproprié, l'homme seroit derechef tenu faire la foi à celui qui représenteroit le Seigneur, sans toutefois païer devoir de chambellenage; & pour

NOTES.

Hevin, *Conf.* 66. Salvaing, *part.* 1. *ch.* 5. Boucheul, *art.* 109. Guyot *de la foi*, *ch.* 2. *& de la saisie*, *sect.* 2. Pontanus, *article* 47. *& suivans* La Lande, 60. *&* 61. Coquille, *T.* 4 *art.* 56 Le Grand, *art.* 44 Brodeau & Ferriere, *art.* 65.

„ Quand seignourage se change de main „ en autre, si comme il avient que un hons „ muert qui a hommage, & la succession „ & li droits des houmes vient à son hoir, „ en tel cas li hoir doit fere savoir à chaus „ qui furent houme son pere, que il viegnent fere leur houmages en la maniére dessusdite : & aussint quant seignourage se change „ en autre maniére, par don ou par rachapt „ ou par eschéoite; & par che puet l'en entendre briement quant aucun sire vient à „ terre, il doit faire sçavoir à ses houmes „ que ils viengnent à son houmage ; & quant „ chil qui tiennent de seigneur viennent a terre, ils doivent présenter au seigneur leur „ houmage en la maniére qui est dite dessus „ en cel chapitre meisme. " Coût. de Beauvoisis, *ch.* 14. *pag.* 81. *& suiv.*

„ Un nouveau seigneur peut sommer & „ contraindre ses vassaux de venir à la foi, „ qui est ce qu'on dit : *à tous Seigneurs tous honneurs* " Loisel, liv 4. *tit.* 3. *art.* 37.

„ Mais l'ancien vassal ne lui doit que la „ bouche & les mains. " Loisel, *liv.* 4. *tit.* 3. *art* 38. c'est-à-dire, que le vassal ne doit aucun profit de bourse. Coquille, *tit.* 4 *art.* 56. Lauriere, le Camus, Ferriere & du Moulin, *art.* 66. Brodeau, *art.* 3. V. art. 335.

CONFERENCE.

tout avoir joui auparavant faire la foi, audit cas de changement de Seigneur, si requête ne lui avoit été faite de la faire, ou que le Seigneur eût fait assavoir ses hommages, le Seigneur ne doit joüir d'aucuns fruits par défaut de foi.

T. A. C. *Ch.* 224. Et peut le Seigneur lige avoir, pour son chambellenage, cinq sols de reconnoissance, quand l'homme vient de nouvel à sa terre. . . . . Et si le Seigneur étoit mué, par mort ou par autre voïe, l'homme doit faire son devoir de la foi, ou de la ligence, à celui qui représente la personne du Seigneur mué ou changé, ou à celui qui en aura la cause ou qu'il trouvera. . . . . Et aussi devroit faire son devoir, si exécution étoit faite contre son Seigneur, & le Seigneur en fût désaproprié, à coûtume de terre, de celui qui pouvoir y eût, pour ce qu'il lui fût commandé & pourforcé de Justice suséraine, & nonobstant le désapropriement ou le commandement, il le devroit dire à celui en qui foi ou ligence il seroit: & si celui à qui la foi ou ligence seroit ne le vouleist garantir, il devroit faire son devoir de la foi ou de la ligence, & ne devroit ne ne seroit tenu à rien poïer à celui derrain Seigneur, si ce n'est qu'il eût levé des fruits d'icelui fief, puis le commandement duquel commandement, il fût en défaut de faire la foi ou ligence, ou s'il avoit levé depuis que le nouvel Seigneur auroit fait assavoir ses hommaiges, paravant qu'il eût fait son devoir, comme dit est, desquelles levées le Seigneur pourroit faire sa volonté, comm l'en doit faire des levées ou des fruits dû par raison des hommaiges.

Cinq sols. Nota que ce devoir n'est dû, fors quand l'homme change. Car par défaut de Seigneur ne fiet point devoir de hommaige. Ut *in cap. veniens extr. de accus. & in cap. fin. de re judic.*

Pour ce qu'il lui fût commandé. Sup. *cap.* 39.

S'il avient changement. Laon 219. 221. 222. Châlons 219 221. 222. Rheims 58. 59. Saint Quentin 85. 86. 87. 89. Ribemont 19. 22. Peronne 56. Chauny 105. Senlis 253. 254. 255. Valois 39. 53. 54. Clermont en Beauvoisis 103. 104. Clermont en Argonne, *T.* 3. 7. Paris 65. 66. Etampes 38. 39. Dourdan 37. 40. Montfort 42. 43. Mante 40 41. Troyes 44. Meaux 130. Melun 44. 45. Sens 195. 196. Auxerre 65. 66. Perche 46. 47. 48. 49. Châteauneuf en Thimerais 37. Chartres 35 Orleans 60. 61. 62. 64. Montargis, *T.* 1. 18. Berry, *T.* 5. (*a*) 35. 36. Blois 48. 50. 51. 52. Nivernois, *T.* 4. 55. 56. Bourbonnois 369. 370. Eu 56. Anjou 125. Tours 114 Lodunois, *T.* 11 7. 8. Poitou 54. 55. 109. 147 Angoumois 24. Xaintonge 33. La Marche 184. 197.

ORD. 31. Août 1272.

SOMMAIRE.

1. & 5. Du Chambellenage: son origine.
2. Par quel motif le nouveau Seigneur doit interpeller le vassal, qui a fait l'hommage au prédécesseur.
3. Droit du nouveau Seigneur, quand le vassal n'a pas fait hommage au précédent Seigneur.
4. Forme de faire sçavoir les hommages.
6. Aveu n'est dû qu'une fois pendant la vie du vassal.

NOTES.

(*a*) V. la Taumassiere *ibid.*

COMMENTAIRE.

1. D'Argentre' A. C. *Art.* 328. *Il doit païer cinq sols.* C'est ce qu'on païoit autrefois aux (*b*) Chambellans des Seigneurs, mais seulement des Seigneurs liges. Car celui qui tient en Juveigneurie ne le doit point à l'aîné. Ce Droit est *ex naturâ feudi*, quoique non exprimé dans les titres.

2. *Seroit changé par mort.* Il y a une pareille disposition dans la Coûtume de Paris; & quand le vassal a fait une fois l'hommage, il faut qu'il soit interpellé par le Seigneur de la part duquel vient le changement, le fief en ce cas n'étant pas ouvert d'une ouverture formelle, puisqu'il est rempli par la personne du vassal, qui a une fois reçu l'investiture par l'hommage. Sa condition ne change point par le changement de la personne du Seigneur. Mais comme la fidélité est personnelle, il faut la renouveller quand le nouveau Seigneur le requiert.

3. Si le vassal n'a pas fait la foi au précédent Seigneur, le nouveau Seigneur peut se servir de l'ouverture précédente par defaut d'hommage à l'effet de saisir, (*c*) pourvû qu'il vienne dans l'an de la possession du vassal.

4. *Eût fait sçavoir ses hommages.* Cela se fait par bannie publique, qu'il n'est pas besoin de réitérer plusieurs fois.

5. Hevin. *Chambellenage.* Chambellenage étoit dû au Chambellan, qui introduisoit le vassal à la foi, & profitoit de l'épée, éperons & ceinture, pour le racquit desquelles choses on mit en usage de lui païer une piece d'or. Gaguin, *Hist. lib.* 10. *in Carolo VII.* « Fidelitatis sacramentum solventibus, mos » est cingulum, ensem, clypeumque deponere, quæ relicta ad primarium » cubicularium Regis pertinent. « Voïez Loisel, *Institutes Coût. liv.* 4. *tit.* 3. *art.* 9. *&* 11. Buridan sur l'art. 158. de la Coût. de Vermandois. Brodeau sur l'art. 63. de Paris *n.* 39. *&* 40.

Les Assises de Jerusalem, *liv.* 2. *ch.* 11. *de l'Office du Chamberlan in fin.* » Quand aucun veant faire hommage, le Chamberlan est tenu de déviser » l'hommage ô lui, ou celui qui sera en son lieu; & doit avoir toutes les dé» pouilles, robes de ceaux qui font l'hommage au Roi. Il avoit aussi la coupe dans laquelle il avoit servi à boire au Roi le jour du couronnement. *Ibid.*

Poullain. Lettres de 1331. pour l'hommage du Roi d'Angleterre. V. Jean Juvenal des Ursins, & les annotations touchant l'hommage du Duc de Bretagne.

V. du Tillet, *Tit. du grand Chambellan.*

Hevin. *Sans aucun devoir de Chambellenage.* Le texte de la Très-Ancienne le fait ainsi concevoir, & l'Anonyme le dit.

NOTES.

(*b*) Loisel, *liv.* 4. *tit.* 3. *art.* 11. Ragueau au mot *Chambellenage.* Brodeau, *art.* 63. *n.* 39 *&* 40.

(*c*) Boucheul, *art.* 109. *n.* 13. La Lande, *art.* 64. Ferriere, *art.* 65. *n.* 8. Le Camus *ibid. n.* 2. Du Moulin *ibid. n.* 2. *& suiv.*

Et en ce cas. Car ce cas & celui de l'art 343. non æquiparantur, dit du Moulin, sur l'art. 47. de la Coutume de Blois. Vid. Brodeau sur l'art. 65. de Paris, & sur l'art. 8. *nomb.* 4. & sur l'art. 11.

6. Loisel, *Instit. Coût. liv.* 4. *tit.* 3. *art.* 47. donne pour régle, que l'on ne peut contraindre un vassal de bailler plus d'une fois son aveu & dénombrement pendant sa vie. (*d*)

Et fera les fruits siens. Sup. *art.* 336. *&* 343.

NOTES.

(*d*) V. le commentaire sur l'art. 360. *n.* 2.

ARTICLE CCCXLVIII.

Le Seigneur ne peut départir la tenue à son homme: tellement que où l'homme, par cause de même tenue, ne seroit homme que d'un seul Seigneur, il seroit contraint d'être sujet & homme à deux.

CONFERENCE.

Art. 364.

A. C. *Art.* 329.

T. A. C. *Ch* 224. Mais qu'il ne lui déparge pas sa tenue, & qu'il ne le fasse pas par fiaude.

ORD. Etablissemens de Saint Louis, *liv.* 1. *ch.* 116. Nus ne quens, ne bers, ne autres, ne puet donner son homme de foi, se n'est à son frere ou à sa suer, mès à ceux le puet-il bien donner en partie, mès il ne les porroit pas donner à un étrange, se il ne le donnoit à toute l'obéissance que il i auroit, sans riens retenir. Car se li bers le donnoit à un de ses vavasors, ce seroit au dommage de celui: car il li conviendroit fere deux obéissances, à celui à qui il la devroit, & au Baron de qui il tendroit son fié; & ainsi feroit d'une obéissance deux. Mès se li bers le donnoit en telle maniére que cil à qui il le donroit le tenît du Roi, se li bers en tenoît ou d'un autre seigneur. Car ainsi n'en retient li bers nule obéissance: & en telle maniére porroit li vavasors donner à un autre vavasor, pourquoi cil à qui l'en le donnât tenît de celui dequi li vavasors tendroit.

NOTES.

La Lande. *art.* 1. *n.* 18.

Les divisions de tenues, que la Coûtume défend ici ont été frequentes dans les aliénations du Comté de Montfort. Comme les aliénations des différentes parties de cette grande seigneurie se faisoient par Paroisses, un vassal dont la tenue s'étendoit en deux Paroisses, devenoit vassal de deux seigneurs pour la même tenue. La question aïant été consultée, il y a quelques années, sur les demandes d'aveu formées par deux seigneurs acquereurs des fiefs de Montfort en deux différentes Paroisses, l'avis unanime fut que l'aveu du tout devoit être rendu par un seul acte, dans lequel le nom des deux seigneurs seroit emploïé, qu'il devoit être présenté dans la Jurisdiction dont le chef-lieu du fief servant relevoit; & que le vassal devoit dénoncer à l'autre seigneur cette présentation d'aveu, sauf aux deux seigneurs à s'arranger entr'eux pour le délivrement d'un extrait de l'aveu à celui qui ne demeureroit pas saisi de l'original. Il est également certain que le vassal ne pouvoit devoir qu'un seul hommage, dans l'espéce que je viens de proposer.

SOMMAIRE.

Espéce singuliére sur l'aliénation des fiefs du Comté de Montfort. Aux Notes.

1. *De la nature de la concession de fief en général. Du Domaine utile & du Domaine direct. Indivisibilité du Domaine direct, par raport à ce qui est compris sous une même investiture.*
2. *Division permise du fief dominant, sans que l'obéissance sur le vassal puisse être divisée.*
3. *Division permise du fief du vassal, à la charge de la solidité pour les rentes & devoirs féodaux. Si chaque héritier peut faire séparément l'hommage.*
4. *& 6. Quoique le Seigneur ne puisse pas diviser une mouvance: il peut diviser le fief dominant, & assigner un ou plusieurs vassaux à une portion.* Quid, *lorsque les charges sont solidaires sur tous les vassaux.*
5. *& 7. Si la seigneurie peut être séparée du chef lieu.*
6. *Si le Seigneur peut transporter son vassal à un autre fief.*
8. *Division permise des droits féodaux dûs par le vassal. De l'aliénation du droit de mouvance & de ses effets.*
9. *Explication du mot* Tenue.
10. *Si le Seigneur peut transporter à un Seigneur moindre que lui la mouvance, sans le consentement du vassal.*

COMMENTAIRE.

1. D'ARGENTRE' A. C. *Art.* 329. *Le Seigneur.* Cet article renferme une matiere difficile & controversée. Les principes de douter viennent des raisons d'individuité non assez connues au Barreau, & dont le traité est difficile dans les Ecoles. Dans toute concession de fief, il faut entendre deux extrémités corrélatives, c'est-à-dire du Seigneur & du vassal. Dans le Seigneur on considere le domaine direct; & nous apellons cela d'ordinaire la seigneurie & obéissance, & quelquefois l'obéissance seulement. Dans le vassal, on considere le domaine utile, qui est la proprieté même de la chose & la subjection du vassal que l'on regarde respectivement au domaine direct du Seigneur. Cela présuposé, le domaine direct ou l'obéissance est individu, par raport à un seul & même fief, & à la vassalité considerée en elle-même, de sorte que cela ne peut se diviser. On ne peut donc pas former plusieurs différentes obéissances, quoique pour des choses originairement divisibles & distinctes, lorsqu'elles ont été comprises sous une même investiture & concession. Car cela dépendoit de la premiere volonté qui cesse d'être libre dans la suite.

2. On peut (*a*) bien diviser le corps du fief dominant, & le partager

NOTES.

(*a*) V. Hevin, *Consf.* 107. *pag.* 545. *Quest. Feod. pag.* 135 *& suiv.* Belordeau, *lettre F. contr.* 75. la Taumassiere, *tit.* 5. *art.* 1. *n.* 4. la Lande, *art.* 1. *n.* 18. le Grand, *art.* 22. *gl.* 6. *n.* 8.

en.

en portions que prennent différentes personnes par partage ou autrement, comme on peut diviser une Baronnie en plusieurs Châtelenies dont elle est composée. Mais le droit sur le vassal est immuable; & il n'est apliquable qu'à un seul. Un Seigneur peut bien démembrer son fief; mais il ne peut, en vendant une partie, faire que le vassal lui doive en partie l'hommage & en partie à l'acquereur. Il faut qu'il aliene toute la mouvance particuliere, ou qu'il la retienne toute entiere.

3. Les vassaux peuvent diviser ce qu'ils tiennent (b) en fief; mais ils sont tenus solidairement aux charges & devoirs de fief, & un seul fera la foi & l'hommage pour tous. L'Auteur n'aprouve pas le sentiment de du Moulin, qui pense que chacun des héritiers est obligé de faire solidairement l'hommage, & qu'il ne doit pas attendre ceux qui sont en retardement. L'Auteur convient que par la facilité des Seigneurs, on admet chacun en particulier; mais il nie que le Seigneur à la rigueur soit obligé de le souffrir; & il prétend qu'il peut les assujettir collectivement à faire la foi. * Toute cette dispute est terminée par l'art. 363. de la Nouvelle Coûtume, qui porte que l'aîné des héritiers du vassal noble fera, en attendant partage, l'hommage pour tous, & qu'après le partage chacun sera obligé de le faire, en son particulier, pour la portion qui lui sera échue du fief sujet à hommage, & que les héritiers roturiers nommeront l'un d'entr'eux qui fera l'hommage pour tous jusqu'au partage, après lequel chacun sera obligé de le faire de nouveau pour sa portion. Cela rend inutiles toutes les distinctions que l'on fait ici.].

4. Le Seigneur ne peut donner en partage le fief dominant, en retenant le domaine direct, si ce n'est à tenir comme Juveigneur d'aîné, parce qu'alors ce seroit diviser la tenue du vassal. Mais il peut par la division assigner un ou plusieurs vassaux à une portion; (c) & ils n'auroient aucun motif de se plaindre, sinon dans le cas où ils seroient tenus à quelque redevance ou service en commun ou à leur tour, comme à charier les matériaux, ou à faire le devoir de sergentise. Car le démembrement que l'on feroit de l'un d'eux iroit à la surcharge des autres.

5. D'Argentré dispute ensuite contre du Moulin, auquel il impute d'avoir dit que la seigneurie directe ne peut être séparée du fief dominant & du chef lieu de la seigneurie malgré le vassal.

6. * Dupineau dit que d'Argentré n'a pas tout à fait pris le sentiment de du Moulin, que son opinion est que le Seigneur, retenant le fonds dominant, ne peut envoyer, par délégation, son vassal à un autre, ni l'obliger à le reconnoître pour Seigneur à raison d'un autre fief; qu'il n'a dit en aucun endroit que le fief dominant étant partagé, les vassaux ne pussent aussi être partagés; qu'enfin toute sa décision est qu'à cause des corrélatifs, le Seigneur ne peut transporter son vassal malgré lui à un autre Seigneur, pour l'assujettir à un autre fief. Il a dit au surplus que le Seigneur direct peut diviser les

NOTES.

(b) Art. 364.

(c) Hevin *Quest. Féod. pag.* 128.

fiefs mouvans de lui avec le lieu dominant, par parties indivises ou même divises, assignant à chaque partie certains vassaux; mais cependant que les vassaux ne peuvent être assignés malgré eux à un autre lieu que le lieu dominant & accoûtumé, s'il n'y a usage & possession au contraire.]

7. Pour prouver que le fief ne dépend pas toujours du chef lieu, l'Auteur aporte pour exemple les Baillages séparés de toute glebe, & dont le Droit est purement incorporel en soi. Il en conclut que pourvu qu'il n'arrive point d'altération dans les droits du fief du vassal ni de diminution de dignité, le Seigneur peut aliener sa mouvance.

8 Revenant au texte, l'Auteur remarque que quoiqu'on ne puisse diviser la tenue du vassal, on peut diviser la prestation des droits, de sorte que le sens est qu'on ne peut assujettir le vassal à tenir féodalement de deux Seigneurs & à être traité par deux différentes Jurisdictions. A cela près il est incontestible que le Seigneur peut aliener son droit de moute & ses rentes à une ou diverses personnes. Mais la féodalité & la Jurisdiction résidant toujours dans le premier Seigneur, celui à qui l'on a vendu les rentes ne les a que comme simples dettes ou charges sur l'héritage, & en cas de défaut de païement, ou de suite de moulin, il ne peut apeller le vassal que dans la Jurisdiction de son domicile. *(d)* En un mot l'unique objet de l'article est *ne vassallus plures Dominos habeat.*

HEVIN. *Sa tenue* Il faut remarquer que par le mot *Tenue*, la Coûtume entend précisément la consistance de la tenue, telle qu'elle a été composée originairement & par l'infeodation. C'est à ce seul objet que le mot *tenue* est rélatif en cet endroit, & non pas à l'accumulation de plusieurs tenues qu'un vassal auroit ramassées dans sa main. Car l'individuité de la tenue ne se détermine pas par l'unité de la personne du possesseur, mais par la distinction des afféagemens. Par exemple, si un Seigneur a fait dix afféagemens à dix personnes différentes, à chacun cent journaux, la tenue de chacun desdits vassaux est de cent journaux; & il est vrai que le Seigneur ne pourroit pas diviser chacune desdites tenues, ni faire qu'elle fût mouvante de deux Seigneurs, parce que cela seroit contre l'esprit & le sens des contractans, chacun desquels peut dire qu'il n'eût pas voulu devenir homme sujet du Seigneur afféageant, ni de quelqu'autre que ce fût, pour une tenue moindre de cent journaux; & qu'ainsi c'est contrevenir au contrat que de diviser sa tenue.

Mais si, par succession de tems & par divers moïens, l'un des vassaux devenoit propriétaire de ces dix tenues, & qu'il prétendît que, parce qu'il est possesseur de toutes ces tenues, & qu'il les a réunies en sa personne, le Seigneur ne pourroit transporter les mouvances de neuf desdites tenues, & qu'en le faisant ce seroit diviser sa tenue, ce seroit une vision, un vassal ne pouvant dire que le Seigneur divise sa tenue, à moins qu'il divise ce qui avoit été baillé par un seul & même affeagement.

NOTES.

(d) C'est-à-dire, dans la Jurisdiction de la seigneurie, dont releve l'étage, & dont le droit de suite de moulin a été démembré V. la fin de l'article 572.

Cette division de tenue n'est donc relative qu'à la premiere consistance de chaque tenue, & non pas à l'accumulation de plusieurs tenues en même main. La preuve de cette vérité se tire de la Coûtume même, qui disant dans cet art. 348. que le Seigneur ne peut diviser la tenue de son homme, dit aussi dans l'art. 364. que les hommes ne peuvent par leurs contrats diviser leurs tenues, ni faire que chaque tenue ne demeure affectée pour le tout des rentes dont elle étoit chargée d'origine.

Or quand un vassal joint en sa main plusieurs tenues, chacune d'elles ne devient pas sujette ni hypotéquée aux charges de l'autre. Il est donc infaillible qu'il ne s'en fait pas confusion, & que quand le Seigneur voudra aliener la mouvance de quelques-unes de ses tenues, ce ne sera pas faire division de chacune; & le vassal n'aura pas lieu de s'oposer.

A moins de cela le Seigneur seroit de pire condition que son homme de fief, puisque le Seigneur qui, par les afféagemens qu'il a faits de plusieurs tenues en particulier, avoit la faculté d'aliener l'une ou les autres comme bon lui eût semblé, demeureroit privé de son droit par les contrats d'acquisition que son vassal feroit, lequel, mettant plusieurs tenues en sa main par divers moïens, réduiroit le Seigneur à ne pouvoir en aliener quelques unes.

L'accumulation de plusieurs tenues n'est pas une unité de tenues, ni conséquemment l'aliénation que fait le Seigneur de l'une de ces tenues, distinctes *ab origine*, n'est pas une division de tenue.

9. Mais sçavoir si le Seigneur peut transporter le vassal, sans son consentement à un moindre que lui; c'est la question agitée entre les Feudistes, touchée par du Moulin sur Paris, *§. 1. gl. 3. num. 26. & seqq.* « quod » procedit, dit il, etiamsi patronus esset Francorum Rex ; & etiamsi trans» latio fieret ratione pacis obtinendæ ; « dont il aporte l'exemple de la cession du droit de France sur la Bretagne, par le mariage d'Isabelle, fille du Roi Charles le Bel avec Edoüard Roi d'Angleterre, qu'Artur II. Duc de Bretagne oposa avec les Etats de la Province; & Azo consulté décida contre ladite cession. Il en étoit arrivé autant, lors du mariage de Gille, fille de Charles le Chauve avec Raoul Duc de Normandie.

Voïez du Puy, *des droits de la Couronne sur divers Etats.*

Mais ce que dit du Moulin de la Consultation d'Azo ne peut être vrai. Car Azo étant mort dès 1200. ne peut avoir été consulté sur la question d'entre Edoüard III. gendre de Charles le Bel & Philippe VI. mue après le décès de Charles le Bel arrivé en 1328.

ARTICLE CCCXLIX.

Celui qui tient autrement que comme Juveigneur ne peut contraindre son Seigneur à lui connoître sa tenue & qu'il fût son Seigneur, si celui Seigneur ne l'avoit auparavant contraint ou voulu contraindre à lui faire plus grandes servitudes que les accoûtumées.

CONFERENCE.

Art. 340.

A C. *Art.* 316.

T. A C. *Ch.* 227. Et si le Seigneur ne la vouloit recevoir, si le pourroit l'homme faire ajourner par la cour du prochain Seigneur de celui Seigneur qui est en refus de le recevoir, & le requerre qu'il le reçût; & s'il ne trouvoit cause efficace qu'il ne le dût recevoir, & ne le vouleist recevoir, si le pourroit l'autre Seigneur recevoir, & ne seroit tenu l'homme à obéir pour celui Seigneur jusqu'à tant qu'il l'eût retrait de celui Seigneur devant qui l'ajournement auroit été fait.

Ch. 244. Et en autre tenue ne peut nul homme pourforcer son Seigneur de lui cognoître sa tenue, si le Seigneur ne le vouloit proforcer paravant de avoir plus grandes servitudes, ou poïer plus de rentes que l'homme ne auroit accoûtumé poïer ou faire à son Seigneur.

COMMENTAIRE.

D'ARGENTRE' AIT. *Autrement.* Id est *ligement*; & hic Articulus consequens est articuli 340. nec satis æqui Juris.

D'ARGENTRE' A. C. *Art.* 316. *Ne peut contraindre son Seigneur.* N'en déplaise aux anciens Rédacteurs, cette disposition est injuste. Car le vassal étant obligé de reconnoître son Seigneur, l'obligation ne doit-elle pas être réciproque? Du Moulin & plusieurs autres Auteurs sont d'un sentiment tout oposé à ce texte, qui est d'autant plus bizarre que le Seigneur n'est obligé de reconnoître ni la qualité du fief, ni même s'il y a fief & mouvance. (*a*)

POULLAIN. Il semble que d'Argentré ne devoit pas omettre, pour

NOTES.

Sur le lien de foi réciproque entre le Seigneur & le vassal. V. Chantereau le Feuvre, *liv.* 1. *ch.* 14. Salvaing, *part.* 1. *ch.* 18. Pocquet *des fiefs*, *liv.* 1. *ch* 5. Pallu, *Art.* 11. Lhoste, T. 1. *art.* 10.

„ Fidélité & félonie sont reciproques entre „ le seigneur & le vassal; & comme le fief se „ confisque par le vassal, ainsi la tenure féo„dale par le seigneur. Loisel, *liv.* 4. T. 3. *art* 98.

Le Commentaire imprimé à Nantes, donne une explication de l'article 349. qui n'est pas précisément conforme aux termes dans lesquels il est conçu. Car ils s'apliquent non-seulement aux droits & devoirs particuliers de la tenue, mais à la mouvance même que le seigneur n'est pas obligé de reconnoître, au lieu que cette explication s'aplique uniquement aux droits particuliers sans toucher à la qualité de seigneur: & elle est même bornée à la maxime incontestable, que le vassal ne peut pas obliger le seigneur d'impunir son aveu avant les 30. ans accordés par l'art. 361. mais que si les moïens ont été fournis, le vassal peut poursuivre pour faire débouter le seigneur.

(*a*) V. le Commentaire de d'Argentré sur l'art. 315. *vet.* raporté ci-dessus, *art.* 340.

preuve que l'article ne signifie rien, qu'au moment que le Seigneur a voulu exiger de plus grands droits, il n'est plus gueres question de reconnoître la tenue, puisque le Seigneur a agi en qualité de Seigneur.

ARTICLE CCCL.

Le Seigneur peut saisir [a] les terres de son homme mineur, après qu'il est pourvu de tuteur, *quatre mois après la succession échue ou possession prise, ou quarante jours du rachat fini, comme devant est dit.*

CONFERENCE.

Art. 343. 360.

A. C *Art.* 333. a Par défaut d'homme.

T. A. C. *Ch.* 227. Et s'il est sous l'âge de 14 ans, le tuteur jurera la féauté, (a) & aussi peut le Seigneur tenir la terre pour le défaut d'homme, ou cas que l'enfant est pourvu de tuteur.

Thionville, *T.* 3. 15. Laon 170. Châlons 180. Rheims 112. Clermont en Argonne, *T.* 3. 13. Lorraine, *T.* 5. 9. Duché de Bourgogne, *T.* 3. 2. Paris 41. Etampes 19. 20. Dourdan 30. Montfort 27. Chaumont 11. Meaux 151. Melun 32. 33. 34. 35. Perche 41. Chartres 41. 42. Blois 58. 59. Nivernois, *T.* 4. 3. 4. 5. Bourbonnois 379 Normandie 197. 198. Maine 112. 118. Anjou 99. 106. 107. 125. Tours 116. 343. 345. Poitou 117. Angoumois 28. Xaintonge 39. La Marche 200. Auvergne, *T.* 22. 28.

SOMMAIRE.

1. Si le Seigneur peut saisir sur le mineur impourvu.

2. Effets de la saisie féodale faite sur le mineur. Recours du mineur contre son tuteur.

3. Seigneur tenu d'admettre le tuteur à la foi.

4. Si le Seigneur mineur peut exiger la foi.

5. Si le desaveu du mineur emporte la commise.

COMMENTAIRE.

D'ARGENTRÉ A. C. *Art.* 333. *Le Seigneur.* Les Coûtumes ont des dispositions différentes à cet égard. Par le Droit des Fiefs le mineur est obligé, après qu'il a atteint l'âge de 14. ans, de demander l'investiture à peine de commise.

NOTES.

Du Fail, *liv.* 1. *ch.* 342. Loisel, *liv.* 4. *tit.* 3. *art.* 29. 30. 31. & 32. Grand Coût. *pag.* 184. Boucheul, *art.* 117. Guyot *de la foi ch.* 2. *n.* 5. & *ch.* 3. *n.* 10. Pontanus, *art.* 58. & 59. Coquille, *tit.* 4. *art.* 3. 4. 5. Dupineau, *art.* 106.

(a) Ces mots & *aussi peut le Seigneur tenir la terre* sont oubliés dans les M. S.

1. *Mineur.* Cela doit s'entendre du mineur de 20. ans. * *Nota.* L'Auteur parle ici suivant l'Ancienne Coûtume.] Car de droit on ne peut saisir sur le mineur qui est impubere. Après l'âge de 14. ans, (*b*) il faut que le mineur soit pourvu de curateur; & s'il ne l'est pas le Seigneur le peut faire pourvoir d'un curateur special *ad effectum.* Ausurplus le mineur, quoique non pourvu de curateur, peut demander souffrance; parce que c'est une chose utile pour lui, d'empêcher la perte des fruits qu'opéreroit la saisie feodale.

Il résulte ausurplus du texte, que le Seigneur ne peut pas saisir, si le mineur est impourvu, & que lorsqu'il est pourvu de curateur, on peut saisir par faute d'hommage.

2. Mais quel effet aura cette saisie? On répond qu'elle aura le même effet qu'à l'égard des majeurs, sauf le recours du mineur vers son tuteur qui n'aura pas fait la foi ou demandé souffrance.

3. Delà il résulte encore que le Seigneur est tenu d'admettre à la foi le tuteur pour le mineur.

4. Du Moulin n'estime pas que (*c*) le Seigneur mineur puisse, avant l'âge légitime, exiger la foi. * Dupineau, en avoüant que du Moulin se trompe, établit pour maxime qu'un Seigneur n'a point l'exercice des actes féodaux, (*d*) qu'il n'ait été investi par son Seigneur supérieur; & il aprouve la décision de du Moulin, qui conclut de ce principe, qu'à l'âge auquel le Seigneur mineur est tenu de faire la foi & l'hommage à son supérieur, il est capable de recevoir la foi de ses vassaux.]

5. Mais le mineur qui dénieroit la mouvance & la foi, tomberoit-il en commise? Du Moulin estime qu'elle s'ensuivroit, mais qu'il pourroit être restitué. (*e*)

NOTES.

(*b*) Cette décision est suivant l'esprit de l'article 515. dont la disposition est abrogée.

(*c*) Si le mineur est émancipé, il doit recevoir les hommages S'il est pupille, c'est à son tuteur que l'hommage doit être rendu. V. Boucheul, *art.* 117. *n.* 24. & 25. Ferriere, *art.* 1. *gl.* 2. *§.* 2. *n.* 41. La Lande, *art.* 24.

(*d*) V. la maxime contraire dans la conférence sur l'art. 343. *n.* 3. Elle est constante en Bretagne.

(*e*) Du Moulin §. 1. *gl.* 7. V. les notes sur l'art. 362.

ARTICLE CCCLI.

Après que l'homme a épousé sa femme, il doit faire la foi & hommage, pour les terres de sadite femme, *encore que la femme l'auroit faite pour les mêmes choses.*

NOTES.

V. le commentaire sur la rubrique, *n.* 1. Loisel, *liv.* 4. *tit.* 3. *art.* 31. Ferriere, *art.* 1. *gl.* 2. §. 2. *n.* 25. Boucheul, *art.* 116. & 144. Guyot, *ch.* 3. *n.* 7. la Lande, *art.* 36.

SOMMAIRE.

1. *Héritier de la femme déchargé de la sergentise lorsqu'elle a été faite par le mari.*

CONFERENCE.

Art. 71.

A. C. *Art.* 339.

T. A. C. *Ch* 232 Homme, puisqu'il a épousé femme, il doit faire la foi de la terre sa femme, & les ligences ès Seigneurs à qui ils sont dûes : & est pour ce que la femme ne pouroit rien faire sans l'autorité de son mari, excepté d'aucunes choses dont il est dit ailleurs (au 203 chap) & pour ce ne peut-elle chéoir en nul péril vers les seigneurs, pour ce qu'il n'apartient pas à la femme à aller en ost, ne en chevauchée où il auroit fait d'armes Car son pouvoir n'est rien, ne ne doit aller à plêts, ne à jugement, comme droit dit Et ainsi le Seigneur seroit deçu de la recevoir Car il auroit poi de conseil, & d'aide d'elle ; & il le peut avoir de son mari, & mêmement pour ce que les fruits de la terre à la femme sont au mari, comme il est dit ailleurs

1. Si l'homme a fait l'office de sergentie pour la terre de sa femme, l'hoir d'icelle n'est tenu la faire, fors à son tour & rang.

De son mari. Obligatur tamen dato quòd de Veliciano non sit certiorata mediante juramento, textus sing in *cap ex Rescripto ext de jurejur. Jason in L. sciendum columa.* 11. *ff. de verb. oblig.* & in authent. *Sacramenta pub. coll.* 15. *si adversus vendit*

Chauny 80. Senlis 167. Lorraine, *T.* 5. 9 Normandie 199. Tours 144. Loduhois, *T.* 14. 20. Poitou 116. 144. 145. 146. Saintonge 38.

SOMMAIRE.

1. *Si la femme peut se faire autoriser de Justice pour faire la foi sur le refus de son mari de la faire.*
2. *Hommage dû au mari par les vassaux de la femme. Il peut exiger la commise & la confiscation. Mais le fonds apartient à la femme.*
3. *Le mari ne peut nuire aux droits féodaux de sa femme.*
4. *Si le mari aïant fait la foi, elle est dûe par la femme devenue veuve.*

COMMENTAIRE.

D'ARGENTRE' A. C. *Art.* 339. *Après que l'homme.* Joannes Faber a remarqué, il y a long tems, qu'il est de la Coûtume du Roïaume, que le mari est tenu de faire la foi pour sa femme. Cela supose que la femme ne l'ait point faite auparavant. L'Auteur raisonne sur ce pied-là ; * mais ce qui a été ajouté par la Nouvelle Coûtume fait cesser la question.]

1. L'Auteur ajoute que si le mari ne vouloit pas faire la foi, la femme

pourroit se faire autoriser de Justice pour y être admise, afin d'empêcher la saisie. * Mais ne pourroit-on pas objecter que le mari étant maître des fruits & revenus, c'est lui seul qui perd, & non la femme, par la saisie féodale?]

2. Quand la femme est Dame de fief de son chef, le mari, (*a*) sans sa participation, peut exiger les hommages, droits & devoirs. Il peut même exiger la confiscation du fief, dans les cas où elle a lieu. Mais le profit en tourne aux héritiers de la femme, *soluto matrimonio.*

3. Si l'acceptation de la foi, dans la forme qu'elle seroit conçue, étoit préjudiciable aux droits de la seigneurie, elle ne nuiroit pas à la femme ou à ses héritiers; *quia in realibus præjudicare nequit uxori non consentienti*; & les questions de Droit, *an maritus sit Dominus dotis*, cessent dans notre Jurisprudence de France, où la femme est maîtresse & propriétaire de tous les fonds dotaux, & le mari n'en est qu'administrateur.

4. De-là vient que quand la femme devient veuve, (*b*) elle ne doit point de nouvelle foi & hommage: & il est inutile de dire que, le mari seul l'aïant faite, il n'y a point d'engagement personnel de la femme. Car il n'a acquitté ce devoir, que comme faisant pour la femme. Ainsi c'est elle-même qui est censée l'avoir faite. L'Auteur condamne sur cela du Moulin, * peut être un peu trop légérement: car il dit uniquement, après Boërius, la même chose que dit d'Argentré, sçavoir, que la foi ne doit pas être réitérée, quand le mari l'a faite en qualité de mari & pour la femme. Il ajoute seulement que, quoique cette raison soit bonne & évidente, il y a plus de sureté à renouveller la foi, à moins que la femme l'eût faite jointement avec son mari. Il raisonne en cela, conformément à plusieurs Coûtumes; & si notre usage est contraire, ce n'est pas un sujet pour reprendre du Moulin.] (*c*)

HEVIN. Vid. art. 71. *suprà*. Vid. Coquille *Coût. de Nivern. art. 5. tit. des fiefs*, qui veut que la fille aille en personne faire la foi; & Coquille dit qu'il seroit plus à propos que son mari la fist, suivant la Loi *maritus C. de procurat.*

Encore que la femme l'auroit faite pour les mêmes choses. Ces mots sont ajoutés en rejettant le sentiment de d'Argentré.

NOTES.

(*a*) V. la conférence de l'article 343. *tit.* 3. *art.* 32. Boucheul, *art.* 145, n. 11.

(*b*) V. Hevin, *Cons.* 67. Loisel, *liv.* 4.

(*c*) V. Dupineau, §. 39.

ARTICLE CCCLII.

ARTICLE CCCLII.

Quand le Seigneur est absent de la Seigneurie, le Vassal, qui doit faire la foi & hommage, n'est tenu de le chercher hors le fief, s'il ne veut. Mais il doit aller & se pourvoir devers le Juge dudit fief en Jugement: & lui requerir souffrance & sauf répit de faire l'hommage, jusqu'au retour dudit Seigneur: & cela fait, ne doit être jugé défaillant de faire la foi, pourvû qu'au premier retour du Seigneur au fief dont il tient, il se présente à lui faire la foi: ou sur le refus offre d'icelle.

SOMMAIRE.

1. *Le Seigneur n'est tenu de recevoir la foi du vassal que dans le fief dominant.*

CONFERENCE.

A. C. *Art.* 332. Quand le Seigneur est absent de sa seigneurie & Jurisdiction, celui qui doit la foi doit aller à celui qui a plus de pouvoir en Justice pour le Seigneur en sa Jurisdiction, & le requerir de le mettre en sauf répit jusqu'au retour du seigneur. Et s'il a fait ainsi, il ne doit plus être dit peu faisant: & doit celui homme retourner à son seigneur, à sa prochaine venue ès lieux où il pourroit être justicié par son seigneur, & lui offrir la foi.

T. A. C. *Ch.* 227. Toutefois que homme est mis en sauf répit de la foi qu'il doit à son seigneur, ou de la ligence, il doit retourner au seigneur, s'il est au païs, à faire son devoir de la foi, dedans l'an & le jour. Car l'homme n'est pas tenu d'y aller, fors en lieux où le seigneur le devroit & pourroit justicier, si n'est de sa volonté & faire son devoir de la foi. -

Et ou cas que le seigneur seroit absent du païs, celui qui doit la féauté ou ligence, doit aller à celui qui plus y a de pouvoir pour le seigneur, & requerre sauf répit; & il lui doit être fait à sçavoir sauvement, pour ce qu'il y soit mis jusqu'à la venue du seigneur, & se il a ainsi fait, le seigneur ne l'en peut mettre en poy-fait, & doit retourner au seigneur, à la prochaine venue du seigneur, & lui offrir la foi

Laon 173. 186. 187. Châlons 190. 191. Rheims 110. S Quentin 79. Peronne 30. 31 Clermont en Argonne, *T.* 3 10. Comté de Bourgogne 3 Paris 63. 64 Etampes 12. Montfort 41. Mante 18. Troyes 31. Vitry

NOTES.

Loisel, *liv.* 4. *tit.* 3. *art.* 5. & 8. Du Moulin, *art* 63. Brodeau *ibid.* & art. 64. Basnage, *art.* 108 Boucheul, *art.* 110. & 111 Guyot *de la foi*, *ch.* 4. *n.* 7. & *suiv.* La Taumassiere, *tit.* 5. *art.* 20. Pontanus, *art.* 54. La Lande, *art.* 45. 46. & 47. Coquille, *tit.* 4 *art* 1. & 2.

Pourvu qu'au premier retour. V. Boucheul, *art.* 122.

CONFERENCE.

44. Chaumont 20. Meaux 187. Melun 25. Sens 182. Auxerre 44. Orleans 47. 67. Berry, *T.* 5. 20 Blois 54. Nivernois, *T.* 4. 1. 2. 46. Normandie 108. Bourbonnois 380 Maine 120 Anjou 109. Tours 110. Lodunois, *T.* 11. 2. 3 Poitou 110. 111. 112. Xaintonge 24. Usance de Saintonge, *T.* 2. 17. Bordeaux 81. La Marche 207. 208. 209 210. Auvergne, *T.* 22. 25. 46. 47 48. 49.

V. la conférence sur l'art 343.

1. Le Seigneur féodal n'est tenu recevoir la foi de son vassal en autre lieu que celui du fief, si bon lui semble. Paris 64. Mets, *T.* 3. 4.

SOMMAIRE.

1. *De la foi dûe à plusieurs propriétaires par indivis.*
2. *De l'absence du vassal.*
3. *Nécessité de faire l'hommage en personne.* Quid *si l'impossibilité est perpétuelle.*
4. *& 10. Si l'Abbesse est obligée de sortir de son Monastere pour faire l'hommage*
5. *De l'hommage dû par le mineur.*
6. *De l'hommage dû au mineur.*
7. *S'il faut notifier le retour du Seigneur.*
8. *En quel lieu l'hommage doit être rendu.*
9. *Du refus du Seigneur de recevoir l'hommage.*

COMMENTAIRE.

C. M. *Poifaisant*, aliàs *porfaisant*.

Hevin. La pratique de baiser le verroüil, la serrure de l'huis, ou la porte du fief dominant, dont parlent Auxerre *art.* 44. Berry *tit.* 5. *art.* 20. & Sens *art.* 181. ne nous est pas connue.

1. D'Argentre' A. C. *Art.* 332. *Quand le Seigneur.* S'il y a plusieurs propriétaires de la Seigneurie, il suffit de s'être mis en devoir de faire la foi à un pour tous : à l'aîné noble s'il n'y a point de partage ; à celui qui possede seul ; & s'ils possedent par parties divises, on offre la foi pour être faite à l'un d'eux. Car on ne peut diviser le fief dominant, en multipliant les Tribunaux & les Officiers ; & un seul doit exercer les droits feodaux. (*a*)

Est absent de la Seigneurie. Plusieurs autres Coûtumes prétendent qu'il faut qu'il soit absent de la Province.

2. *Quid Juris*, si c'est le vassal qui est absent, & si l'ouverture survient depuis son absence? L'Auteur prétend que le Seigneur n'en doit pas user à la rigueur, & qu'il doit attendre le retour du vassal. (*b*)

NOTES.

(*a*) La Taumassiere, *tit.* 5. *art.* 21. Pontanus, *art* 55. La Lande, *art.* 48. V. la conférence sur l'art. 343. *n.* 28. & le commentaire sur l'art. 348.

(*b*) V. les notes au commencement de l'art. 343. *n.* 4.

3. *Doit aller.* C'est un terme de nécessité absolue ; & l'hommage se doit faire en personne, & non par Procureur, qu'on n'est pas meme obligé de recevoir en cas de maladie ou d'absence, qui ne sont que des excuses pour obtenir (*c*) un délai. Mais si la cause d'impossibilité est perpétuelle, comme lorsque le fief est possedé par une Communauté ou un College, par un prodigue ou par un furieux, on est forcé alors d'admettre l'hommage par Procureur.

4. L'Auteur n'aprouve pas, ce qui s'est pratiqué quelquefois, de faire sortir l'Abbesse de son Monastere, pour faire l'hommage contre son vœu de clôture. * Cependant il y a un Arrêt raporté *ad calcem* de Frain au profit du Seigneur de Betton contre l'Abbesse de Saint Sulpice.] (*d*)

5. Le Seigneur n'est point (*e*) obligé de recevoir l'hommage du curateur ou du tuteur du mineur. Mais il doit donner souffrance; & si l'on ne la demande pas, il est en droit de saisir les terres de son homme mineur, par la disposition de l'article 350.

6. On ne peut offrir l'hommage au Seigneur mineur s'il n'est assisté de son tuteur, sans lequel il ne peut recevoir l'hommage : & il ne peut aussi donner souffrance sans son tuteur.

7. Le délai qui résulte de l'offre est jusqu'au retour du Seigneur seulement. Mais si le Seigneur lui même avoit donné souffrance, & qu'elle fût indéfinie & sans terme marqué, il ne pourroit rien faire contre le vassal, sans interpellation préalable, soit particuliere soit générale par l'assignation des hommages.

A son prochain retour. Il y a un tempéremment à garder ici. Car il faut que le vassal ait pu avoir connoissance du retour, & qu'il ait été à lieu de se disposer à aller faire l'hommage.

8. Ausurplus le vassal doit aller à la maison principale ou à l'auditoire au choix du Seigneur. (*f*) *Quid Juris*, si c'est un fief sans maison principale & sans auditoire comme il y en a? L'Auteur dit que *ubique Dominus Jus dicit.* * Mais ce n'est pas résoudre la difficulté : & il semble qu'en ce cas le Seigneur doit assigner un lieu convenable & non suspect dans le fief.].

L'Auteur propose ensuite plusieurs questions faites par les Docteurs, mais qui sont de peu d'utilité

9. Celle par laquelle il finit est plus considerable. Elle regarde le cas auquel le Seigneur refuse la foi. (*g*) L'Auteur décide que le vassal doit s'adresser au supérieur, qui enjoint au Seigneur de recevoir la foi & de donner l'investiture; & en cas de nouveau refus, il reçoit la foi & investit le vassal par main supérieure. La chose retombe alors dans la régle, que le vassal n'est tenu d'obéir au Seigneur qui refuse la foi & l'investiture.

NOTES.

(*c*) V. art. 367.

(*d*) V le nombre 10.

(*e*) La décision de l'article 350. est contraire

(*f*) Salvaing, *part.* 1. *ch.* 6.

(*g*) V. la conférence de l'art. 343. 20. 30. & 31.

10. Arrest. On a demandé si une Abbesse pouvoit être dispensée de faire l'hommage en personne, sous prétexte que la sortie hors le Cloître semble contraire à la régle & à la bienséance. Jugé qu'elle y étoit obligée, par Arrêt du 20. Juillet 1651. entre Dame Marguerite d'Angennes Abbesse de Saint Sulpice, & Messire Hypolite d'Argentré Seigneur de Betton ; ce qui est conforme au Chapitre premier §. *verùm de statu Regularium in sexto.* (*b*) Il y est très-formel, contre ce qu'a dit d'Argentré *art.* 332. *vet. n.* 2.

NOTES.

(*b*) V. Salvaing, *part.* 1. *ch.* 7. Ferriere, *art.* 1. *gl.* 2. §. 2. *n.* 2.

ARTICLE CCCLIII.

Quand l'homme a eu la saisine, par an & par jour, des choses dont il doit faire la foi, le Seigneur, par [a] *faute* d'hommage, sans l'apeller en Jugement, ne peut l'empêcher en sa saisine. [b]

CONFERENCE.

Art. 105. 78.

A. C. *Art.* 335. [a] Défaut. [b] Fors lorsque ledit homme veut faire la foi à son Seigneur, que le Seigneur peut prendre les levées de la terre, pour défaut de la foi du tems passé, que celui homme auroit tenu sans faire la foi, si l'homme ne trouve raison & défense par quoi il n'y fût tenu.

V. la conférence sur l'art. 104.

COMMENTAIRE.

C. M. *Il y fût tenu.* Aliàs *il n'y fût tenu.*

Hevin. Congruit art. 104. sup.

Par la Coût. de Nevers *art.* 50. *des fiefs*, le vassal ne peut être saisi contre le Seigneur, (*a*) qu'il n'ait fait la foi & hommage, ou qu'il n'ait été reçu par main souveraine : de même du censier, *art.* 14. *des cens.*

D'Argentre' A. C. *Art.* 335. * La Nouvelle Coûtume a réformé l'art. 335. de l'Ancienne, & en a retranché la moitié, qui est une pure broüillerie, par raport aux fruits que le Seigneur pouvoit prétendre pour

NOTES.

Du Fail, *liv.* 1. *ch.* 116.

(*a*) V. le Grand, *art.* 41.

le tems auquel on avoit été en demeure de faire la foi, quoiqu'il n'y eût point de saisie : ce qui a été abrogé.]

Quand homme. Cela est conforme aux art. 115. 116. & 117. de l'Ancienne Coûtume.

Par an & jour. Car cela forme l'interdit possessoire ou *uti possidetis*, par lequel pour quelque cause que ce soit, on ne peut de fait être troublé dans la possession annale.

Par défaut d'hommage. On ne peut donc saisir pour cette cause, sans avoir apellé le possesseur annal en Jugement; à la différence de l'exécution pour les droits, qui peut être faite pourvu que le Seigneur en soit eu possession l'une des trois dernieres années.

ARTICLE CCCLIV.

La saisie étant aposée sur aucun héritage ou fief pour bail, rachat ou défaut d'homme, droits & devoirs non faits, n'emporte aucun effet pour autre que pour le Seigneur saisissant : & ne s'en peut servir le tiers pour lui valoir & servir d'interruption ou autre effet.

NOTES.

SOMMAIRE.

1. *Si la saisie féodale a lieu, faute de païement des rentes & devoirs féodaux.*
2. *Examen de l'Edit du mois de Novembre 1563.*
3. *Et de l'Arrêt du 11. Juillet 1744.*

1. Il est évident que la disposition de cet article a pour seul objet d'établir la maxime que la saisie féodale n'a d'effet que pour le Seigneur seul, & non pour un tiers; au lieu que les seuls articles, qui donnent positivement au Seigneur le droit d'aposer la saisie féodale sont les articles 343. faute d'hommage & 360. faute d'aveu. Hevin soutient cette proposition, *Quest. Féod. pag.* 303.

Pour les autres devoirs, la Coûtume, *art.* 78. 122. 219. & 268. a prescrit des contraintes & des saisies dont la forme n'a aucun raport avec la saisie féodale. V. Belordeau *hic.* Guyot de la saisie, *sect.* 2. Ferriere, *art* 1. *gl.* 2. *n.* 18. & *suiv.* Du Moulin, *art.* 1. *gl.* 2. *n.* 1. & 2. & *gl.* 9. *n.* 29. La Lande, *art.* 66. La Taumassiere, *tit.* 5. *art.* 38. Loisel, *liv.* 4. *tit.* 3. *art.* 52.

Pour autoriser en Bretagne la saisie féodale, faute de païement des droits féodaux, on allegue premierement l'Edit du mois de Novembre 1563. raporté dans la conférence sur l'art. 343. *n.* 84. 2°. Un Arrêt du 11. Juillet 1744. rendu au profit de M. le Marquis de Beringhen, Seigneur de Châteauneuf contre Dame Marie Sainte Boschier, veuve d'Ecuyer François de Follenay, sieur de la Herviais, & autres parties.

2. Premierement il est vrai que la saisie, faute de païement des droits féodaux, est autorisée par l'Edit de Novembre 1563. Mais cet Edit ne parle point de saisie féodale. Il autorise même également la saisie pour les

CONFERENCE.

A. C. *Art.* 336. Si terres ou autres choses chéent en main de Seigneur suserain, par bail, & rachat ou défaut d'homme, nul ne peut dire que la saisine, que le Seigneur tient pour telle cause, soit en autre nom qu'au nom dudit Seigneur.

Art. 338. Et celle saisine qu'auroit eue esdites terres ledit Seigneur, pour le défaut d'hommage, ou par cause de bail ou rachat, n'empêche qu'autres, qui y prétendent droit, ne puissent venir par voïe de plegement ou de prémesse, sans qu'on se puisse aider de la saisine qu'en auroit eue ledit Seigneur.

T. A. C. *Ch.* 231. Nul ne peut dire (si terres ou autres choses chéent en bail ou en rachat, ou en main de Seigneur par défaut de hommenaige) que celle saisine, que le Seigneur tient par celle cause, comme dessus est dit, que ce soit en autre nom que ou nom du Seigneur.

SOMMAIRE.

1. & 3. *La saisie féodale ne détruit point la possession du vassal, & n'opere point d'interruption pour un tiers.*
2. *Si l'on peut afféager des droits incorporels.*
4. *Si pendant la saisie le Seigneur est possesseur ou seulement* in possessione.
5. *La saisie féodale n'empêche pas le vassal de prescrire contre un tiers.*

NOTES.

redevances foncières qui ne peuvent jamais servir de fondement à la saisie féodale. Cela prouve que cette Loi n'a pour objet que la saisie réelle & non la saisie féodale.

3. 2°. La décision de l'Arrêt de 1744 peut avoir été déterminée par les titres particuliers de la seigneurie de Châteauneuf. Voici l'espéce de cet Arrêt.

Le Procureur Fiscal du Marquisat de Châteauneuf forma le 4. Janvier 1727. sa demande, afin de saisie féodale de la terre de la Herviais, faute de païement des arrerages de la rente féodale d'un éperon doré, ausquels les propriétaires de cette terre avoient été condamnés par Sentence du 16. Octobre 1716. en conformité d'un aveu du 27. Août 1713. portant qu'à défaut de païement des rentes, le Seigneur pouvoit exécuter & faire vendre les meubles du propriétaire de la Herviais, même saisir l'héritage & le réunir au fonds de son domaine, une voïe n'empêchant point l'autre. Après une seconde Sentence du 22 Octobre 1727. la saisie féodale fut aposée, & les debiteurs païerent une partie des arrérages & des frais; après quoi ils releverent apel des Sentences, de la saisie féodale & du bail judiciaire fait en conséquence. Le tout fut reformé au Présidial de Rennes par Sentence du 11. Août 1733. dont le Marquis de Châteauneuf releva apel au Parlement.

Il est vrai que pour prouver qu'il avoit eu droit de saisir féodalement, il cita l'Edit du mois de Novembre 1563. & l'art. 354. de la Coûtume. Mais outre ces Loix générales, il allegua l'usement de son fief, & la disposition de l'aveu du 27. Août 1713. qui portoit positivement le droit de saisir l'héritage du vassal, & de le réunir au domaine de la seigneurie, faute de païement des rentes.

Par Arrêt du 11. Juillet 1744. en Grande-Chambre, au raport de M. de la Motte Picquet, la Sentence du Présidial fut réformée, & la saisie féodale confirmée.

Il a été nécessaire d'entrer dans ce détail pour prouver que cet Arrêt n'est point rendu en pur point de Droit, puisqu'il a pu être déterminé par la disposition de l'aveu de 1713. qui autorisoit formellement la saisie féodale faute de païement des rentes.

COMMENTAIRE.

1. Hevin. *Pour autre que pour le Seigneur.* Vid. Argent. *art.* 302. *veter.* Molinæus *ad Consuet. Paris.* §. 1. *gl.* 4. *n.* 23. Manus dominica non spoliat vassallum possessione.

Charond. *lib.* 4. *resp.* 45. dit que la saisie féodale est personnelle, & ne peut se transferer à aucun successeur particulier. (*a*)

Poullain. L'Art. 336. de l'Ancienne Coûtume est un pur galimatias, qui a été corrigé & expliqué par la Nouvelle Coûtume.

2. D'Argentré A. C. *Art.* 336. *Si terre.* Il est assez peu ordinaire qu'autres choses que des fonds réels soient tenues en fief, si ce n'est qu'il arrive quelquefois que l'on peut afféager des droits incorporels, des offices, & autres choses de cette qualité. (*b*)

3. *Nul ne peut dire.* Cela signifie qu'aucune tierce personne ne peut tirer aucune utilité ni conséquence de la mainmise du Seigneur. Elle n'opere aucune interruption de la véritable possession & proprieté à d'autres égards. Car c'est un acte civil, *respectivus ad agentem propter certas & determinatas causas*, sans que cela regarde le pétitoire ni le possessoire du fief.

4. Du Moulin prétend que le Seigneur est possesseur en ce cas; & l'Auteur soutient au contraire qu'il est seulement *in possessione*; d'où il en revient à dire que cela ne peut jamais servir à un étranger.

Poullain. Dupineau soutient que du Moulin n'a point dit que le Seigneur fût véritablement possesseur, mais seulement qu'il étoit censé posseder, mais d'une possession révocable, & par raport seulement aux droits féodaux. Quoiqu'il y ait en cela plus de subtilité que de solidité, l'observation de notre Auteur n'est pas inutile. Car comme le but de la Coûtume est d'empêcher tout effet d'interruption par la saisie féodale, il faut bien poser pour principe que le vassal est toujours possesseur, nonobstant la saisie féodale qui n'a d'effet que pour l'interêt du Seigneur seulement.

5. D'Argentré *art.* 338. fait une distinction inutile, & qui est même contraire à son texte. Il dit que cet article s'entend pour une semblable cause feodale. Cependant le texte parle d'autres matieres, par raport ausquelles cet Auteur dit fort à propos que, s'il étoit question de la proprieté du fief, la saisie n'empêcheroit pas d'en connoître; que même la prescription courroit contre ceux qui n'agiroient pas; & que la régle *non valenti agere* n'a pas d'aplication ici; parce qu'on est en droit d'agir, nonobstant la saisie feodale, pour la sentence qui interviendra avoir son effet après que la saisie aura cessé. On pourroit conclurre du texte de l'art. 338. tout le con-

NOTES.

(*a*) V. les Notes sur l'article 343. *n.* 5.

(*b*) Cette question pourroit être la matiere d'une longue dissertation. Il suffit d'observer qu'il est de maxime à présent, que le seul Domaine de la seigneurie peut être afféagé, & qu'on ne peut pas afféager des offices. Il seroit même facile de prouver l'ancienneté de cette maxime; mais cette question seroit plus curieuse qu'utile.

traire, parce qu'il parle d'une saisine du Seigneur comme aïant cessé. Mais la véritable régle est celle qui vient d'être expliquée. (c)

NOTES.

(c) V. la Conference de l'art. 294. n. 2.

ARTICLE CCCLV.

Et quand le bail ou rachat sont finis, & la terre est délivrée dudit Seigneur, l'aîné à qui la foi seroit due, & qui seroit lui ou ceux dont il auroit cause en saisine d'avoir la foi, [a] *pour* raison desdites terres, peut saisir lesdites terres par défaut d'hommage, au cas que le Juveigneur à qui seroient celles choses ne lui voudroit faire la foi.

CONFERENCE

Art. 345.

A C. *art.* 337. [a] Par.

T. A. C. *ch.* 231. Et quand le bail ou le rachat sont finés ou achevés, ou la terre délivrée, que l'aîné, qui est ou doit être entre deux, ne se puisse saisir des fruits pour défaut de homme, si celui aîné, ou ceux dont il a cause, ont eu saisine d'avoir la foi, ou cas que le Juveigneur ne lui voudra faire la foi; & s'ils avoient raison ès choses qu'ils ne pussent bien venir par voïe d'aplégement ou de prémesse, sans ce que celui Juveigneur se pusse de riens joüir de la saisine, que le seigneur en ait eu ou tenu par raison de bail, de rachat, ou par défaut de hommenaige. Car nul ne doit aller contre le droit de son seigneur par Droit ne par Coûtume.

COMMENTAIRE.

D'ARGENTRE' AIT. Superiores omnes articuli descripti sunt ex veteri, sed explicatiùs concepti.

ARTICLE CCCLVI.

ARTICLE CCCLVI.

Si le Seigneur acquiert de ſon homme le fief tenu de lui roturiérement, celui Seigneur acquereur tiendra celles choſes [a] noblement, ainſi qu'il faiſoit les rentes, ſi celles rentes étoient tenues noblement : & ſeroient audit cas leſdites terres acquiſes *faites* le domaine noble dudit Seigneur acquereur, [b] *qu'il* tiendra de ſon Seigneur [c] *ſupérieur* en foi, comme il tenoit les rentes ; & ſeront celles choſes acquiſes départies entre les hoirs, ainſi que les rentes euſſent été. *Et ſi aucun étoit Seigneur des terres roturieres, & depuis il devînt Seigneur du fief dont elles étoient tenues, demeureront néanmoins leſdites terres roturieres, comme auparavant.* Et ſi l'homme acqueroit de ſon Seigneur proche les rentes & obéiſſances, il les tiendroit du Seigneur [d] *ſupérieur*, qui auroit l'obéiſſance, rachat & bail, s'il étoit dû par raiſon [e] *deſdites* choſes : & auſſi les ventes lorſque le cas y écherroit, après ledit acquêt.

NOTES.

SOMMAIRE.

1. *Effets de la conſolidation. Ancien Droit du Roiaume.*
2. *Nouvel hommage n'eſt dû pour la conſolidation.*

V. la Conférence de l'art. 306. *n.* 2. L'Arrêt du 5. Août 1734. dans mon Journal du Parlement, *Tom.* 1. *ch.* 38. Belordeau *obſ. for. lettre* R. *art.* 21. Hevin *queſt. féod. pag.* 191. Grand Coût. *p.* 201 & 202. Brodeau & Ferriere, *art.* 53. Pontanus, *art.* 67. Boucheul, *art* 132. Coquille, *T.* 4. *art.* 30 Auroux, *art.* 388. Pocquet, *liv.* 2. *ch.* 2. La Lande, *art.* 18. 19. 20. 21. Bacquet *des droits de Juſtice, ch.* 14. Guyot *des réunions*

1 „ Se li ſires achate à ſon homme che „ que il tenoit de li en fief, il revient de l'ar„ riere-fief dou ſeigneur, car li acheterres „ doit tenir par ſon achat de ſon ſeigneur nu „ à nu che que il tenoit devant en arriere „ fief, ne ja parche n'en fera plus de un hom„ mage, car auſint comme il tenoit tout à un „ houmage s'en demaine & l'houmage au ven„ deur devient nus ; & li demaine de l'acha„ teur croiſt & vient en ſon houmage." Coût. de Beauvoiſis, *pag.* 262.

2. Le ſeigneur inférieur, qui réunit à ſa ſeigneurie l'héritage mouvant de lui, ne doit point un nouvel hommage, parce que celui qu'il a rendu pour ſon fief, en renferme toutes les dépendances. Coûtume d'Orleans, *art.* 18. Guyot *de la foi, ch.* 3. *n.* 14. Loiſel, *liv.* 4. *T.* 3. *art.* 92. Ferriere, *art.* 1. *gl.* 2. §. 2. *n.* 13.

CONFERENCE.

Art. 61. 62. 63. 608.

A. C. *Art.* 340. [a] Acquises. [b] Qui le. [c] Suzerain [d] Suserain [e] D'icelles.

T. A. C. *Ch.* 260. Toutefois que Seigneur acquiert de son homme le fief que son homme tient de lui roturierement; celui Seigneur le tient aussi noblement, comme il faisoit ses rentes & ses obéissances que son homme lui en devoit. C'est assavoir de son suzerain Seigneur; & sera demaine quand il acquiert le fonds, comme tout autre demaine seroit qui est tenu en foi, pourtant que les rentes fussent gouvernées selon l'assise au Comte Geoffroy; & sera départi entre les hoirs aussi comme les rentes fussent.

Ch. 262. Comme il est dit que le Seigneur peut attraire le fief que son homme tient de lui & le ademainer, & l'homme les rentes & les obéissances pour ce qu'il le puisse faire.

Rheims 98. Clermont en Beauvoisis 95. Salle de Lille, *ch.* 1. 68 Bar 25 Paris 53. Vitry 35. Sens 205. Auxerre 72. Orleans 18. 19. 20. Blois 66. 67. Dunois 15. Bourbonnois 389. 390. Normandie 200. Placités de Rouen 30. Anjou 207. 209. Maine 222. 224. Poitou 132.

SOMMAIRE.

1. *Renvoi aux art.* 61. 62. *&* 63.
2. *Effets de la consolidation.*
3. *Nulle rente féodale roturiere. Rentes foncieres suivent la nature de l'héritage.* Aux Notes.
4. *Motifs du retour à l'ancienne qualité du fief, par l'effet de la consolidation.*
5. *&* 15. *Cessation des impositions aux foüages & autres charges roturieres par la consolidation.*
6. *&* 18. *Si la consolidation se fait de plein droit sans la volonté du seigneur.*
7. *De l'héritage abandonné par le vassal: & de la desherence.* Aux Notes.
8. *Rachat dû pour le fief consolidé comme pour le fief dominant.*
9. *Faculté d'afféager de nouveau le fief servant consolidé.*
10. *Les rentes féodales & le fief dominant sont toujours nobles.*
11. *Héritage consolidé se partage noblement.*
12. *S'il est propre ou acquêt.*
13. *S'il se fait consolidation par succession.*
14. *Du possesseur d'un bien roturier qui acquiert le fief dont il releve.*
16. *Si le Domaine congéable, réuni par le seigneur foncier, est exempt des foüages.*
17. *Bien roturier consolidé, & ensuite afféagé, ne peut l'être que roturierement, & est sujet aux foüages.*
19. *S'il se fait consolidation des biens venans de divers estocs. Arrêt du Crevy.*
20. Quid *de l'acquêt fait pendant la Communauté du fief dominant, & ensuite du fief servant.*
21. *Des biens acquis pendant la Communauté sous le fief propre d'un des conjoints.*
22. *Des biens acquis par l'un des conjoints, après la dissolution de la Communauté, sous le fief acquêt de la Communauté.*

COMMENTAIRE.

1. D'ARGENTRE' AIT. De materiâ ejus articuli disseruimus art. 61. 62. 63. nisi quod ibi statuitur de emolumentis, quæ debentur Dominis feudorum ex consolidatione feudorum dominantium & servientium, & cui

Dominorum debeantur. Hîc de consolidatione non disponit, sed de qualitate eorum, an scilicet consolidentur in eâdem qualitate nobilitatis, si nobilia sunt, an in qualitate Burgensium, aut Paganicorum, si Burgensia.

2. *Acquereur tiendra celles choses noblement.* Quia per consolidationem feudum resumit priorem naturam, quam initiò habuerat, antequam distraheretur, nec videtur falsum, quod juvatur primordio veritatis.

3. *Si celles rentes étoient tenues noblement.* (*a*) Id est si le Seigneur qui avoit féagé les terres, les tenoit noblement de son Seigneur.

Et si aucun étoit Seigneur. Hic casus conversus est prioris, in quo Jus itidem conversum statuendum erat. Sed Ordines adduci non potuerunt, ut id vellent, quanquam admoniti, alioqui non satis propensâ nobilitate in Jura Paganorum. (*b*)

Et si l'homme acqueroit. Congruit articulus 62. suprà.

4. D'Argentre' A. C. *Art.* 340. Cet article est important, puisqu'il parle de la consolidation du fief servant au fief dominant; c'est-à-dire du retour du domaine utile, autrefois aliené par l'inféodation, au domaine direct. Il faut présupposer pour cela que tout ce qui se trouve tenu en fief par un autre, a été autrefois de l'ancien domaine que nos ancêtres ont alıené par des subinféodations particulieres. Le retour & la consolidation font une unité légale, par la puissance du droit & par la nature des choses, à l'effet que le tout devienne un même corps, le fief sujet ne subsistant plus, & devenant une partie du fonds dominant pour être tenu désormais sous la même condition, comme les choses retournant à leur principe.

Il est donc permis à tout Seigneur de fief de faire de son fief son domaine, comme il lui est permis de faire de son domaine son fief : car personne ne peut tenir de soi-même. L'Auteur s'étend là-dessus en beaucoup de comparaisons; & il va chercher bien loin des dispositions du Droit Canonique touchant l'union des Eglises.

5. Il ajoute que la consolidation faisant reprendre au fief servant sa pre-

NOTES.

(*a*) L'inattention des anciens & des nouveaux Réformateurs, dans cette disposition, est grande. L'article parle du seigneur de fief, qui acquiert l'héritage roturier mouvant de lui: ainsi la rente, dont cet héritage roturier étoit chargé avant la réunion, étoit féodale. Or il est de maxime que toute rente féodale est noble, n'y aïant aucun fief dominant roturier.

Si les Réformateurs avoient eu intention de parler en cet endroit de l'acquisition d'un héritage roturier chargé d'une rente fonciere, faite par le propriétaire de la rente, il y auroit encore un défaut d'attention dans cette disposition. Car il est de maxime que la rente fonciere suit la nature de l'héritage sur lequel elle a son assiette : & conséquemment la rente fonciere assise sur un héritage roturier est nécessairement roturiere.

(*b*) C'est là le seul motif, auquel M. Guyot n'a pas fait attention, dans son Traité des réunions, *ch.* 5 *dist.* 19. Il conclut même de cette partie de l'article 356. *qu'en Bretagne les nobles seuls peuvent réunir.* Il est certain, au contraire, que l'article ne parle point de la qualité personnelle, & que cette disposition singuliere s'applique au noble comme au roturier propriétaire du fief servant roturier qui achete ensuite le fief dominant.

miere nature, quoiqu'il fût sujet, pendant la séparation, aux foüages & aux autres impositions roturieres, il cessera de l'être; (c) & comme on en faisoit quelque doute, la question aïant été jugée par sentence, il y eut Arrêt confirmatif en 1543. entre le sieur de Montbourcher d'une part & les Paroissiens d'Argentré d'autre, pour deux métairies qu'il avoit acquises en son fief & réunies à son domaine du Pinel. L'Auteur dit qu'il l'a toujours vû juger depuis, quand l'occasion s'en est présentée, soit que la réunion fût faite par achat ou par retrait. Car dans tous les cas c'est une réversion, & une réunion de droit, soit que cela dérive du principe primordial, ou d'une cause survenue par acquisition. Car quand la Coûtume dit *acquiert*, c'est un terme générique qui renferme toutes les causes d'acquisition.

6. Autre dispute entre du Moulin & d'Argentré sur cette matiere. Celui-ci prétend que la consolidation se fait de plein droit. Du Moulin prétend au contraire que le Seigneur acquereur n'est point tenu de faire la consolidation, s'il ne veut; & qu'au contraire il peut tenir & posseder séparément l'héritage qu'il a acquis de son vassal. Il aporte pour cela plusieurs raisons que d'Argentré combat dans le détail. * Dupineau observe que d'Argentré n'entre point assez dans le point de la question. Il dit qu'il ne s'agit pas de sçavoir, si la réversion opere la consolidation de plein droit, ce qui est constant entre les Docteurs, & est amplement prouvé par Pontanus sur la Coûtume de Blois, s'il n'y a point d'acte contraire. Mais le Seigneur ne peut-il faire d'acte contraire & empêchant la consolidation? D'Argentré traite cela d'impossible, & se fonde sur des dispositions de notre Coûtume. Il suffiroit pour justifier du Moulin d'aporter l'article 53. de la Coûtume de Paris. Mais Dupineau va plus loin; & il déclare que l'opinion de du Moulin a été reçue, & celle de d'Argentré rejettée. Il renvoïe pour cela à M. Loüet, *lettre F. nomb.* 5. On convient donc de part & d'autre de la consolidation de Droit, avec cette différence que le Seigneur acquereur peut l'empêcher, en déclarant autentiquement qu'il n'entend faire consolidation, & faisant tous autres actes contraires.] (d)

7. L'Auteur prétend qu'elle a lieu même dans le fief abandonné par le vassal. (e)

NOTES.

(c) V. l'Arrêt 1.

(d) V. le Commentaire sur l'art. 358. n. 26.

La déclaration dont il est ici parlé seroit inutile en Bretagne; la disposition de l'article 356. étant générale & de rigueur, elle ne peut être rendue sans effet, par une déclaration contraire à la consolidation de plein droit que cet article établit.

(e) Comme dans les deux cas de deshérence & de déguerpissement, le Seigneur est obligé d'acquiescer au déguerpissement, & ne peut pas refuser la deshérence, il semble que ce n'est pas l'espéce de la consolidation ordinaire qui se fait de plein droit, au moment que le Seigneur a consenti d'acquerir l'héritage de son Vassal.

Ainsi quand, au lieu de faire la consolidation de l'héritage déguerpi, le Seigneur, sur la déclaration d'abandon, demandera & fera ordonner qu'il soit vendu en Justice, à la charge des rentes & autres droits féodaux dont il étoit chargé, je pense qu'il n'y a pas la moindre aparence de consolidation, puisque cet héritage, en sortant de la possession du vassal, tombe dans la main de la Justice, pour être vendu aux mêmes charges. Il est évident qu'en cette occasion le

8. Il eſt de régle que ſi le fief & le domaine du Seigneur acquereur devoient rachat, l'héritage conſolidé y devient également ſujet, quoiqu'il ne le fût pas auparavant.

9. La conſolidation n'empêche pas que le Seigneur ne puiſſe réafféager l'héritage aux mêmes conditions; & c'eſt ce qu'on a vû dans la confiſcation d'Avaugour. Le Prince redonna cette Baronnie en fief. Les vaſſaux s'y opoſerent, ſous prétexte de la réunion qui avoit été faite au Duché, & laquelle avoit été ſuivie d'une recette commune avec le reſte du domaine du Duc; ce qui conſommoit la conſolidation. Mais leur opoſition fut inutile.

10. La Coûtume ſupoſe ici qu'il ſoit dû des rentes & qu'elles ſoient nobles; c'eſt-à-dire que le fief ſoit noble & que les mouvances ſoient en obéiſſance & juriſdiction. Cela détermine la nobleſſe, quand il ne ſeroit pas dû de rentes. Car il ſuffit que l'héritage roturier ait été tenu en obéiſſance & juriſdiction.

11. Delà réſultent les autres effets portés par le reſte de l'article, ſçavoir 1°. le partage noble entre les héritiers du Seigneur, qui partageront l'héritage conſolidé, comme le reſte du fief & domaine noble; 2°. La mouvance directe du ſuſerain, qui devient le Seigneur immédiat de ce qui étoit auparavant arriere-fief; & il en a les ventes & les autres droits féodaux.

12. L'Auteur dit que l'héritage conſolidé ne doit pas être mis au nombre des acquêts, & qu'il ſe partage comme l'ancien patrimoine, mais que l'héritier aux meubles peut exiger la reſtitution de la ſomme emploïée dans l'acquiſition qui a operé la conſolidation. (*f*)

13. Il propoſe enſuite une eſpece agitée de ſon tems. Il y avoit trois Seigneurs relevans par dégrés l'un de l'autre. Le ſecond avoit recueilli la ſucceſſion du troiſiéme, & enſuite avoit vendu l'héritage provenu de cette ſucceſſion. La queſtion étoit de ſçavoir à qui apartenoient les ventes. La déciſion de l'Auteur eſt qu'elles apartenoient au Seigneur premier en dégré, à cauſe de la conſolidation qui s'étoit faite du fief de l'arriere-vaſſal, par l'échoite de ſa ſucceſſion au ſecond Seigneur. (*g*)

NOTES.

Seigneur ſupérieur ne ſouffre aucun préjudice.

Il y a une raiſon particuliere pour la deſhérence, qui doit être ſolemniſée comme le bénéfice d'inventaire; de ſorte qu'en vendant judiciairement la deshérence, le Seigneur ne fait que remplir ſon devoir, de même qu'un héritier bénéficiaire.

Mais ſi dans l'un & l'autre cas, le Seigneur vendoit conventionnellement, il lui ſeroit difficile de conſerver la mouvance; parce qu'une vente conventionnelle ſupoſe que le Seigneur a accepté la réunion de l'héritage à ſa ſeigneurie, pour le vendre enſuite à ſon profit.

Je n'ai rien vu dans nos Auteurs de Bretagne ſur ces queſtions qui peuvent faire naître beaucoup de difficultés; & il ſeroit inutile de recourir aux autres Coûtumes, & à une Juriſprudence étrangere qui, en admettant la conſolidation de plein droit, excepte le cas où le Seigneur a déclaré que ſon intention n'eſt pas de conſolider; au lieu qu'en Bretagne cette déclaration de l'intention eſt abſolument inutile, & n'empêche pas la conſolidation de plein droit.

(*f*) V. la note (*m*) ſur l'art. 319. *pag.* 499. & le commentaire ſur l'art. 424.

(*g*) V. l'Arrêt 4. ci-après.

Hevin. Vid. Argent. *art.* 70. *vet.* & *art.* 608. *infrà.*

Voïez un Arrêt dans du Fail, *liv.* 2. *ch.* 459. Desiderium Heraldum *quæst. quotidian. lib.* 1. *cap.* 16. Loysel, *instit. coût. liv.* 2. *tit.* 5. *art.* 41. Brodeau sur la Coût. de Paris, *art.* 21. 22. & 53. Tronçon sur l'art. 22. de la même Coût. & particulierement Brodeau sur led. art. 53. *nomb.* 9. & suivans, où il parle de cet art. Il cite Pontanus sur la Coût de Blois, *tit.* 5. *art.* 66. du Moulin sur Paris, §. 13. *gl.* 1. *&c.* Coquille sur Nevers, *chap.* 4. *art.* 30. Bacquet *des droits de Justice ch.* 14. *n.* 7. M. le Prestre, *cent.* 2. *chap.* 40.

Seigneur supérieur en foi. Idem Clermont, *tit.* 8. *art.* 45. Vid. la Conférence des Coût. *fol.* 262.

14. *Et si aucun étoit Seigneur.* La Coût. rejette l'accession du roturier, ou fief servant moins digne, au fief dominant plus digne.

Un Gentilhomme aïant, d'un village & plusieurs autres terres roturieres, fait une espece de terre composée d'une maison & plusieurs métairies relevantes les unes & les autres d'un fief en haute, moïenne & basse Justice roturiérement; ledit Gentilhomme a acheté le fief dont il relevoit roturiérement, & a possedé ledit fief par lui & ses enfans l'espace de 40. ou 50. ans, plus ou moins, pendant lequel tems ils ont servi le Seigneur supérieur.

Depuis, ce même Gentilhomme aïant mal fait ses affaires, on a saisi & vendu sur lui ce même fief, & trois ou quatre ans après, sa maison.

On demande à qui apartiennent les ventes de ladite maison vendue postérieurement; si c'est au Seigneur supérieur ou bien au Seigneur proche, qui l'étoit auparavant l'acquêt qu'en a fait le Gentilhomme, & si nonobstant cette union les choses ne prennent pas leur premiere nature, à cet effet que ces terres roturieres, dont on ne peut pas dire qu'il se soit fait une consolidation, retournent dans la féodalité ancienne de cette haute Justice, qui s'apelle le fief du Meix.

Que pour faire une consolidation véritable, il faut que les choses unies ne soient qu'une même chose & de même nature, que de la maniere que cette union s'est faite, le fief servant achetant le fief dominant, ce fief servant n'a changé sa nature, au contraire il est demeuré roturier, comme auparavant. Ainsi on ne peut pas dire qu'il se soit fait une consolidation, mais seulement une union, qui n'empêche pas que les choses, par la séparation qui s'en est faite, ne retournent à leur premiere nature.

Le Seigneur supérieur prétend qu'il s'est fait consolidation, & a touché les ventes. Il s'agit de les faire raporter.

Le soussignant est d'avis que suivant les régles ordinaires, il y a consolidation dans le cas proposé, la consolidation se faisant par la conjonction du fief servant au fief dominant dans la main d'un même propriétaire : & M. d'Argentré, par sa note sur l'art. 356. de la Nouvelle Coûtume, le tient ainsi. Mais cependant la Coûtume, dans cet art. 356. a disposé au contraire, & décidé qu'il ne se fait pas de consolidation, lorsque le possesseur du fief servant roturier acquiert le fief dominant, mais que les choses demeurent en leur nature; & sur cette disposition la vendition du fief a remis les choses en même état qu'elles étoient avant l'acquisition qui en avoit été faite, n'y aïant point eu de consolidation; de sorte que le domaine roturier aïant été vendu depuis, il doit relever dudit fief, & les ventes sont dûes à l'acquereur du fief. Déliberé à Rennes le 22. Mars 1687. Hevin.

15. Arrest I. Le sieur du Hil Chevalier, propriétaire de la métairie du Hil roturiere, fait acheter à Pierre Chevalier son fils le fief dominant dont elle relevoit. Après ledit acquêt, il vend sa métairie. Le fils la retire par puissance de fief; en conséquence dit qu'elle est noble, aïant fait de son fief son Domaine, & par Sentence des Présidiaux de Rennes, fait faire défenses aux Paroissiens de Noyal sur Villaine, d'imposer à l'avenir ladite métairie aux foüages. Rouxeau, pour les Paroissiens apellans, dit que la prétendue réunion est frauduleuse, faite pour éluder la disposition de l'art. 356. que c'étoit le pere qui étoit acquereur, & non le fils mineur & non émancipé; que ce n'étoit qu'une couleur empruntée, & pure collusion préjudiciable aux Paroissiens contributifs, & même au Roi. Marchand, pour l'intimé, dit qu'il n'y a point de collusion, que l'acquêt du fief est véritablement fait par le fils, & semblablement le retrait féodal exercé par lui, qu'il est aux termes de l'art. 356. cite Bacquet *au Traité de Justice, ch.* 4. Du Moulin sur Paris §. 13. M. du Fail (*h*) qui raporte un Arrêt en même espéce du 15. Mars 1574. Arrêt ce 10. Octobre 1605. après avoir oüi M. l'Avocat Général Toublanc confirmatif de la Sentence. Chappel.

16. Arrest II. On a demandé si, de même que le fief réuni par le Seigneur féodal à son Domaine reprenoit sa qualité primitive de noble, & étoit dans sa main exempt de foüage & contributions roturieres, le Seigneur foncier, en matiere de convenant & Domaine congéable, qui consolidoit les superfices à son fonds & Domaine noble, dont le convenant avoit été formé, pouvoit, après la résolution dudit convenant, posséder lesdits édifices exempts de foüages & contributions roturieres. Jugé que l'imposition continue après la consolidation, par Arrêt du 7. Janvier 1677. en la Chambre des Enquêtes, contre Ecuïer Philippe Daen, sieur du Pierner. Hevin & de Montalambert écrivoient au procès. Hevin. (*i*)

17. Arrest III. Le Seigneur d'Afferac, en qualité de Seigneur d'Aubigné, retire, par puissance de fief, la métairie du Tilleul, tenue roturierement de lui, & quelques deux mois après la baille à Maître Jean Trouillot son Procureur en la Cour, à titre de féage à certaine rente, & outre à la charge de la rente ancienne, ledit féage fondé sur la considération des bons services rendus par ledit Trouillot audit Seigneur en qualité de son Procureur en la Cour. Les Paroissiens de Saint Medard imposent cette métairie au foüage de leur Paroisse. Procès au Présidial de Rennes sur l'oposition de Trouillot. Sentence par laquelle au principal les parties sont apointées, & ordonné que

NOTES.

(*h*) *Liv.* 2. *ch.* 459.

(*i*) Le motif de l'Arrêt a pu être que, la concession d'un bien noble à domaine congéable n'imprimant aucune tache de roture, l'imposition a pour seul principe la possession pendant 40. ans, qui acquiert irrevocablement le foüage sur les biens nobles; qu'ainsi l'effet de cette possession ne peut être détruit par la réunion des édifices au fonds.

Trouillot païera par provision: apel, & sous l'apel le principal évoqué, par Arrêt du 5. Juillet 1621. l'apellation au néant, & au principal la métairie déclarée affectée au païement du foüage. Frain & Cupif plaidans. C'est le Plaidoïer 133. de Frain (k)

18. ARREST IV. D'Argentré prétend que la consolidation se fait ipso momento. Du Moulin sur Paris §. 13 *gloss.* 1. Pontanus sur Blois *tit.* 5. *art.* 66. Bacquet *des droits de Justice*, *ch.* 14. *num.* 7. Brodeau sur Paris §. 21. 22. & plenè §. 52. veulent qu'elle se puisse suspendre par déclaration, per aliquod tempus quod non excedat decennium.

19. Mais elle ne se fait point radicalement, quand les biens viennent de divers estocs. Ainsi celui qui a le fief dominant du chef de son pere, & le servant du chef de sa mere, peut vendre celui-ci à être tenu de lui; parce que les biens de chaque estoc conservent leur qualité, & renaissent lorsque les estocs se divisent. C'est l'Arrêt du Crevy du 18. Mai 1648. à l'Audience, plaidant Chapel pour le sieur du Crevy contre M. le Procureur Général, prenant le fait & cause pour son Substitut à Ploërmel. (l)

20. Quid? Mœvius & Titia, conjoints par mariage, achetent une terre & seigneurie, & depuis ils acquierent encore une autre terre mouvante de la premiere acquise. *Item* ils acquierent aussi quelques piéces mouvantes d'une terre patrimoniale de l'époux, & depuis la dissolution du mariage, & avant le partage des acquêts, l'épouse veuve & donataire acquiert une métairie mouvante de la seigneurie dominante premierement acquise pendant le mariage. Après le décès de la veuve derniere mourante, leurs héritiers font partage des acquêts en 1645. par lequel le premier acquêt, seigneurie dominante, demeure à l'héritier du mari: le second acquêt, qui avoit été mouvant du premier, échoit à l'héritier de la femme, & pareillement le troisiéme acquêt, mouvant d'une seigneurie patrimoniale de l'époux, échoit à l'héritier de la femme, qui succéde aussi à l'acquêt fait par la veuve, pendant sa viduité, mouvant du premier acquêt fait par elle & son mari.

Sur quoi sont proposées trois questions, touchant la consolidation.

La premiere, si partie du second acquêt échu à l'héritier de la femme, qui étoit mouvant en partie du premier acquêt fief dominant échu à l'héritier du mari, sera encore mouvant dudit premier acquêt, comme il étoit avant ces acquisitions.

Respondi, que les époux aïant acquis le fief dominant & puis le fief servant, & les deux leur étant venus ex eâdem causâ, & par acquêt, il s'est fait consolidation pleinement & qui ne peut être revoquée, ni la mouvance éteinte ressuscitée par le partage, le fief servant & le dominant étant réunis en un seul & de même nature.

21. La seconde, touchant les biens acquis sous le fief patrimonial du mari, & échus à l'héritier de la femme.

NOTES.

(k) V. art. 329. n. 10.

(l) Chapel, *ch.* 326. Sauvageau sur du Fail, *liv.* 2. *ch.* 459. Guyot *des réunions*, *ch.* 4. *dist.* 1.

Respondi,

Respondi, qu'il ne s'étoit point fait de consolidation, d'autant que le mari, propriétaire du fief dominant, n'a point été propriétaire incommutable du fief servant, bien qu'acquis par lui & sa femme; parce que la détermination de la qualité de propriétaire des acquêts *pro diviso* & incommutablement, est suspendue jusqu'au partage des acquêts; en sorte que chacun des conjoints n'est censé avoir acquis la propriété, que de ce qui échoit en son lot. Ainsi les héritages acquis sous le fief de l'époux n'étant pas échus en son lot, il n'y a point eu de consolidation, le mari, propriétaire du fief dominant, n'aïant point été effectivement *& ex eventu* propriétaire du fonds servant acquis, qui est tombé au lot de l'héritier de la femme.

22. La troisiéme, touchant l'acquêt fait par la veuve après la dissolution de la Communauté, d'une terre mouvante du premier acquêt commun, laquelle est échûe à l'héritier du mari, sçavoir, s'il s'est fait consolidation.

Respondi, que non, *eâdem proximâ ratione*, que ce propre naissant de la femme veuve n'étant point acquêt de la communauté, & ladite veuve n'étant point demeurée propriétaire du fief dominant acquis en commmun, d'autant qu'il est tombé en la lotie de l'héritier du mari, la propriété du fief servant & du dominant n'a point été incommutablement en même main. (*m*)

NOTES.

(*m*) Sur ces questions V. Sauvageau sur du Fail, *l.* 2. *ch.* 459. Guyot *des réunions*, *ch.* 4. *dist.* 2. *&* 3.

ARTICLE CCCLVII.

Par Coûtume, anciennement homme roturier ne se pouvoit accroître en fief noble sans [a] paier rachat.

SOMMAIRE.

1. *Femme roturiere mariée au noble joüit des privileges de la noblesse.*

CONFERENCE.

A. C. *Art.* 343. [a] En.
T. A. C. *Ch.* 262. Et aussi nul roturier ne se peut accroître en fief noble, sans en poïer rachat.

NOTES.

V. du Fail, *liv.* 2. *ch.* 275. *liv.* 3. *ch.* 276 *&* 278 Les Coûtumes de Beauvoisis, *ch.* 48. Loisel aux mots *fiefs francs*, *francs fiefs*, *franc devoir & villenage*. Loisel, *liv.* 2. *tit.* 1. *art.* 10. *&* 11. Bacquet *des francs fiefs part.* 1. De Lauriere sur les Ordonnances, Préface du tome 1. *pag* XII. & du tome 2. *pag.* V. M. Brussel, *liv.* 2. *ch.* 42. Basnage, *art.* 99. La Taumassiere, *tit.* 5. *art.* 1. *n.* 8. *& suiv.*

CONFERENCE

Rachat. Roturier poïe rachat. Facie cap. 260.

ORD. du Duc Pierre de 1451. (a)

Artois 194. Clermont en Argonne, *T.* 3. 30. Saint Mihel, *T.* 3. 6. Lorraine *T.* 5. 2. Troyes 16. Vitry 46. Chaumont 10. Meaux 154. 156. Ville de Sens 1. Blois 46.

1. La femme supoſé qu'elle soit roturiere & de pote, mariée à un homme noble, joüit des privileges de nobleſſe durant ſa viduité. Meaux 155.

ORD. Touſſaint ou Noël 1275. *art.* 6. 7. 8. Touſſaint 1291. *art.* 9. Janvier 1315. 17. Mai 1315. *art.* 32. 24. Février 1316. 6. Mai 1320. Mars 1320. 1324. 18. Juillet 1326. 18. Juin 1328. 23. Novembre 1328. 10. Juillet 1331. Juin 1354. Février 1357. *art.* 9. Mai 1358. *art.* 5. 15. Août 1363. Octobre 1354. *pag.* 306. *du tom.* 4. *des Ordonnances.* 16. Février 1367. Août 1368. Avril après Pâques 1370. Juin 1370. 19. Juillet 1370. 15. Novembre 1370. Mai 1371. *art.* 11. Juin 1371. 9. Août 1371. 19 Juillet 1372. 25. Novembre 1372. 8. Janvier 1372. 24. Février 1372. 7. Avril avant Pâques 1372. 18. Mai 1373. 4. Janvier 1373. Mai 1371. *art.* 3. *au tom.* 5. *des Ordonnances*, *pag.* 709. Mai 1372. *pag.* 722. 14. Février 1375. 31. Août 1377. Septembre 1377. *art.* 8. 2. Juillet 1379. Avril après Pâques 1370. *n.* 17. *page* 505. *du tome* 6. 28. Mai 1373. *pag.* 512. Février 1510. pour la Bretagne 4. Mars 1566. Guenois, *liv* 10. *tit.* 4. Fontanon, *tom.* 2. *liv.* 2. *tit.* 11 Déclaration du 24. Juillet 1641.

SOMMAIRE.

1. *Diſtinction entre les fiefs nobles & roturiers. Affectation originaire des fiefs nobles aux nobles, & des fiefs roturiers aux roturiers.*
2. *Pourquoi on s'eſt relâché de cette rigueur. Ordonnances du Duc Pierre de 1451. & de Loüis XII. de 1510. demeurées ſans exécution. Réformation de 1539.*
3. *L'incapacité des roturiers ne concerne que le Prince, & ne peut être alléguée par les Seigneurs.*
4. *Le fief noble n'annoblit pas.*

COMMENTAIRE.

HEVIN. Vide diligenter Arg. *art.* 78. & 343. & ſur le partage des Nobles *quaſt.* 42.

1. D'ARGENTRÉ A. C. *Art.* 343. Cet article a cauſé autrefois de grands troubles. Comme en toute République il y a preſque toujours deux ordres de perſonnes, ſçavoir des nobles & des roturiers, on voit auſſi, dans les livres des fiefs, qu'il y avoit des fiefs nobles & des fiefs roturiers. Les premiers étoient deſtinés pour les nobles, qui ne devoient que le ſervice noble des armes. Les ſeconds étoient deſtinés pour ceux, dont la qualité ne ré-

NOTES.

(a) V. auſſi Dom Morice, *tome* 2. *pag.* 63.

pugnoit pas aux devoirs & obligations roturieres. Delà viennent toutes les dispositions des Feudistes à cet égard.

2. On s'est relâché de cette ancienne rigueur du Droit; & la noblesse en a tiré dabord cet avantage, que ses biens nobles étant dans le commerce, elle n'en auroit pas eu de si bonnes conditions, si la vente n'avoit pu être faite qu'à des nobles, qui ne sont pas ceux qui ont d'ordinaire le plus d'argent. Cette dispense a été accordée contre le Droit Commun par l'indulgence des Princes & le consentement de la noblesse moïennant le droit qu'il faut païer. Il y avoit eu l'Ordonnance du Duc Pierre de 1451. laquelle avoit prononcé une exclusion rigoureuse, à peine de commise & de confiscation. Elle étoit fondée, sur ce que les roturiers étoient incapables de remplir les devoirs des fiefs nobles. Mais dès l'année suivante, on se relâcha de cette rigueur, à condition cependant qu'il seroit païé un double rachat au Duc, à l'imitation du Dauphiné : de sorte que cette Constitution ne fut plus observée, & que le commerce des fiefs nobles fut libre jusqu'en 1510. que les Loix de Bretagne aïant été présentées à Loüis XII. pour en jurer l'observation, il ordonna que la Constitution du Duc Pierre seroit entiérement gardée. Avant 1535. l'Ordonnance de Loüis XII. ne fut point observée. On la tira de la poussiere en 1535. & l'on fit la recherche des contraventions à cette Ordonnance, contre les roturiers qui possedoient des fiefs nobles. Ceux qui furent mulctés par argent furent confirmés dans leurs possessions. Cela donna même lieu d'agiter l'état des personnes, une partie succomba. L'autre trouva le moïen d'empêcher les jugemens ou leur effet. Mais ils se racheterent en païant. En 1539. on demanda que la Constitution du Duc Pierre fût abolie par la Réformation. Les Commissaires ne l'oserent pas faire directement; & le tempéremment que l'on garda fut de mettre l'article, non comme une disposition, mais historiquement. L'Auteur ajoute qu'il n'y a point de véritable Loi au sujet du droit de francs fiefs; & qu'on ne trouve à la Chambre du Trésor que de simples mémoires d'annotations de Roger Barme, qui avoit été Avocat du Roi au Parlement de Paris, & de quelques autres, sans aucune souscription, où il est parlé de taxes variantes sans aucune régle.

3. Il observe, sur le texte, que cette incapacité n'étoit que par raport au Prince, & que le Seigneur n'étoit pas en droit de refuser l'investiture; qu'ainsi le droit de rachat ne se païoit qu'au Prince.

4. *En fief noble.* Car la possession des fiefs n'annoblit pas, quelques titres qu'ils aïent, à moins que le Souverain les confere de sa certaine science; & si un Marchand riche a acheté une Baronnie ou une Comté, il n'est pas annobli quoiqu'il ait été reçu à l'hommage. (*b*)

NOTES.

(*b*) V. le commentaire sur l'article 329. *n.* 8.

ARTICLE CCCLVIII.

Le Seigneur qui a domaine noble, ſoit [a] de patrimoine, ou par retrait fait de ſon homme, ou par prémeſſe, le peut bailler à féage, à prix compétent, ſans fraude, & ſans diminuer la rente ancienne, ſi celles choſes avoient été auparavant arentées. Et ſi le Seigneur avoit retiré l'héritage de ſon homme, il le peut bailler au prix de la premiere baillée, ſans diminuer la rente ancienne : & en prendre, *par rente & argent*, ce qu'il en [b] *pourra* avoir, outre & pardeſſus ladite rente ancienne, & retenir à lui la Juriſdiction. Et en celui cas le Seigneur [c] *ſupérieur* n'y prendroit aucune choſe.

NOTES.

SOMMAIRE.

1. Et ſuiv. *Reflèxions ſur les opinions de d'Argentré & d'Hevin.*

2. *Ce qu'on doit entendre par les mots* à prix compétant.

Ancien Domaine cultivé ou inculte ſujet à la Loi de l'article 359.

3. *Motifs de différence entre le Domaine de patrimoine, & le Domaine réuni à titre onéreux de retrait lignager ou féodal.*

Diſpoſition particuliere de l'article, ſur l'afféagement de l'héritage retiré féodalement.

4. Et ſuiv. *Examen de l'article* 358. *ſur l'opinion d'Hevin.*

5. *Quel pourroit être le ſens du mot* patrimoine ?

Pourquoi l'article ne parle que de l'afféagement du Domaine réuni par trois moiens ? Pourquoi il n'eſt point parlé de la réunion par acquiſition.

6. *Erreur de M. de Perchambault ſur le ſens de l'article* 63.

V. le Commentaire & les Notes ſur l'art. 63. Hevin ſur Frain, *Pl.* 133. & *Conſ.* 69. 70. 71. 72. & 75. & *queſt. féod. p.* 105. & *ſuiv.* 160. 163. 183. 193. Belordeau, *obſ. for. lettre* F. *art.* 2. Du Fail, *liv.* 3. *ch.* 399. Sauvageau, *liv.* 3. *ch.* 91. Baſnage, *art.* 204. Boucheul, *art.* 30. La Lande, *art.* 7. Coquille, *T.* 4. *art.* 30.

1. Si les reproches que M. d'Argentré fait aux Réformateurs, ſur l'art. 358. peuvent paroître outrés, je crois que M. Hevin a pouſſé trop loin la diſſertation qu'il a faite ſur le Plaidoïer 133. de Frain.

2. Il eſt certain, par le propre raiſonnement d'Hevin, que l'art. 358. eſt mal rédigé. Il veut que la faculté d'afféager, *à prix compétent*, donnée par cet article, s'applique à des deniers d'entrée plus forts que les 100. ſ. par journal que permet l'article 359. Mais il réduit, *nombre* 5. cette liberté aux ſeuls biens retirés par retrait lignager ou féodal ; & il avoue que le Domaine de patrimoine cultivé, comme l'inculte, eſt ſujet à la Loi de l'article 359. Cela prouve premierement, que dans ſes principes on a eu tort de mettre, au commencement de l'ar-

NOTES.

ticle, une disposition commune pour les biens de patrimoine, & pour les biens retirés par retrait lignager & féodal; quoique de son aveu, les biens de la premiere espéce doivent se gouverner par l'article 359. pendant qu'il dit qu'il y a une Loi différente pour les biens retirés.

2°. La faculté d'afféager le Domaine de patrimoine *à prix competent*, dont parle l'article 358. se réduisant, suivant Hevin, aux 100. s. par journal permis par l'article 359. pourquoi admettra-t'on que la même disposition, qui parle de *prix competent*, doive s'entendre d'un prix plus fort pour l'héritage retiré par prémesse? Pourquoi ne suivra-t'on pas la décision de Belordeau sur cet article, qui dit que « ces mots, *prix compétent*, se doivent entendre, & raporter à la » rente stipulée par l'afféagement, & non à » la valeur de la chose afféagée, *quia feudum pro pecuniâ dari non potest*: ce qui a été confirmé par des Arrêts que Sauvageau cite sur le même article.

3. M. Hevin donne pour motif de différence que par le retrait lignager, comme par le retrait féodal, les biens sont venus à titre onéreux. Mais on peut répondre que par la disposition suivante, l'article 358. n'a parlé que du retrait féodal, pour lequel il donne une entiere liberté de prendre des deniers d'entrée par la nouvelle concession; ce qui paroît exclure la même liberté pour l'héritage retiré par prémesse; & il semble que si l'esprit de la Loi a été de faire, par cette seconde partie de l'art. une régle particuliere pour le bien retiré féodalement, le *prix compétent*, dont parle la premiere partie, ne peut pas être arbitraire, & doit conséquemment être réduit aux cent sols par journal & à une augmentation de rente.

4. A ces réfléxions, que je ne propose que comme des doutes & des probabilités, j'en joins une derniere sur les motifs qu'on pourroit donner à l'article 358. en cas que le sentiment de M. Hevin soit adopté par la Jurisprudence, qui jusqu'à présent n'a rien décidé sur cette matiere.

5. On peut dire, dans ce sentiment, que le mot *de patrimoine* ne s'entend pas de l'ancien Domaine non afféagé, mais de celui qui l'aïant été, se trouve réuni à la Seigneurie par la voïe de la succession, & qu'en expliquant ainsi ce mot, il est facile de découvrir par quel motif les anciens & les nouveaux Réformateurs ne parlent que de trois moyens, par lesquels le Seigneur devient propriétaire du fief servant, & n'y ont point compris la réunion par la voïe de l'acquisition dont ils avoient parlé dans l'art. 356. Il n'est pas vraisemblable qu'ils n'aïent point pensé à ce moïen. Il faut donc qu'ils aïent eu quelque motif pour ne le pas emploïer dans l'article 358.

Pour justifier leur silence, on peut dire que les trois moïens, dont parle l'art. 358. n'ont pas pour objet direct la réunion volontaire du fief servant au fief dominant.

Cela est évident pour les biens qui sont recueillis par succession; & même l'Arrêt du Crevy, raporté sur l'art 356 prouve que la consolidation ne se fait pas indistinctement par cette voïe.

Quoique le retrait lignager soit purement volontaire, il est cependant vrai que, son véritable objet étant de conserver les biens dans les familles, le Seigneur, qui exerce le retrait lignager de l'héritage mouvant de lui, est réputé avoir pour seul objet, lors de l'exercice du retrait, d'empêcher que le bien de sa famille ne passe à des étrangers.

Enfin l'objet du retrait féodal est de n'avoir pas un vassal désagréable; & c'est le motif de la maxime qui a rendu ce retrait cessible.

Au contraire, quand le Seigneur acquiert l'héritage de son vassal, il ne peut avoir eu d'autre motif, que de réunir le fief servant au fief dominant: & la Loi aïant décidé cette réunion par l'art. 356. le Seigneur doit s'imputer de l'avoir faite sans nécessité. Il n'a en sa faveur aucuns des motifs qui peuvent rendre favorable la subinféodation des biens réunis en sa personne par succession, ou par la voïe du retrait lignager ou féodal.

Ainsi les Réformateurs, en favorisant les Seigneurs par l'art. 358. pour les trois cas qui y sont exprimés, peuvent avoir eu un juste motif de n'y pas comprendre l'acquisition faite du fief servant par le Seigneur:

SOMMAIRE.

1. *Ce qu'on entend par le* ferme droit
2. *affeagement permis sans le consentement du supérieur, quand on a principe de fief. Conditions requises pour sa validité.*
3. *Du démembrement, ou éclipse du fief, sans le consentement du supérieur.*
4. *Du fief servant revenu par confiscation ou autre voie.*
5. *S'il n'a été possédé par le Seigneur plus d'an & jour; auquel cas consolidation.*
6. *Ancien droit du Roiaume pour les concessions en fief.*

CONFERENCE.

A. C. *Art.* 344. ª Héritage. ᵇ Peut. ᶜ Suserain.

T. A. C. *Ch.* 262. Et puisque celui est Seigneur du demaine, il en peut féager ou héritaiger à autre ou autres, par certaines conditions, rentes, comme il verra que bon sera; mais que celui, qui prendra le féage ne fasse bonté, ne autre personne pour lui, dont il pût issir ventes à Seigneur, il en peut retenir l'obéissance à soi, pour ce que celui fief se gouvernege selon l'assise au Comte Geffroy. Et si celui teneur, ou ses hoirs, vendoient celui féage, le Seigneur, qui auroit fait celui féage, ou ses successeurs, en devroient avoir les ventes, & tout le ferme droit, comme il seroit accoûtumé ou terroüer des autres tenues. Et si le Seigneur qui auroit fait le féage, en avoit prins aucune bonté pour faire le féage, dont ventes pussent issir à Seigneur. Car pour avancer sa rente, ou pour le scelage de son scel, ne pour le vin du marché, jusqu'au prix du scellage de cinq sols. Car tant le Seigneur en peut prendre de toutes lettres d'héritaige & de vin, jusqu'au prix de cinq sols, ne n'en istroient nulles ventes à Seigneur. Mais s'il y avoit autre bonté faite, ventes en devroient issir au Seigneur, si le Seigneur ou autre de qui il eût cause, n'avoit retrait le fief de ses hommes, dont il le pût bailler au prix de la premiere baillée, & en prendre ce qu'il en pourroit avoir du surplus de la rente ancienne. Car le conquêt qu'il auroit fait de son homme ensuit en faveur de lui, & ne lui devroit porter nuisance à sa Jurisdiction. Car si autres le conqueroient, ce ne seroit que sous eux; & en auroit les ventes, selon que l'en use au terrouer: & pour ce en peut-il faire sa volonté, & en retenir toute la Jurisdiction en état, & ou point de paravant. Car s'il ne l'eût conquis le suserain Seigneur n'y eût au conquêt que prendre: & de tant comme ils auroient apeticé le fief (*a*) & la rente ancienne, par la solution qu'ils en auroient, en outre les choses déclarées, le suserain Seigneur les de-

NOTES.

& comme par l'art. 356. ils ont établi la consolidation pleine & entiere de l'héritage acquis; consolidation dont l'effet est de réunir absolument & sans retour, le Domaine anciennement affeagé avec celui qui ne l'a pas été: on ne doit pas s'étonner du silence qui est fondé sur ces motifs.

6. M. de Perchambault a été encore plus loin que M. Hevin, & sur l'art. 358. il dit que *l'art.* 63. *porte que quand le vassal achete des terres de son Seigneur sans la mouvance, elle demeure toujours au Seigneur.* Il avance la même proposition, dans son Commentaire sur l'art. 63. Mais il n'a pas fait attention au raport évident qui est entre l'art. 62. & l'art. 63. Le premier parle de la vente des rentes avec l'obéissance, & le second parle de la vente des seules rentes avec retention de l'obéissance. Il n'est point question, dans ces articles, de vente du Domaine de la Seigneurie, ni de subinféodation par la voïe de la vente. L'Aitiologie de d'Argentré sur ces articles prouve cette vérité.

(*a*) *Et la rente ancienne*, n'est point dans les M. S,

CONFERENCE.

vroit avoir du prix que le féage vandroit. Mais pour la bonté faite, il sembleroit que ce fût vente frauduleuse pour ce qu'elle fût taisible.

1. *En tout le ferme droit.* Id est rectum (*b*) dominium, non quòd dolo deceptus potest cogi ut declaret an velit stare contractui vel non : *per text. sing. in L. Julianus §. si quis colludente procuratore ff. de act. empt. & vend.* quia non cogitur implere contractum, *L. qui nondum C. de hereditate vel actione venditâ.*

Appeticé. Ad hoc facit *Lex vectigali ff. de pig. & hypot. L. fin. ff. ut in possess. legat.*

Ordonnance de Jean V. *art.* 19. Comme par Coûtume génerale, toute personne noble puisse faire de son domaine noble son fief, & de son fief son domaine, & soit ainsi que plusieurs, en aucuns endroits de notre Païs, de ainsi le faire facent difficulté, de doubte d'en perdre l'obéissance ; voulons & ordonnons que doresnavant chacun, qui aura domaine noble, quiconque il soit, le pourra bailler par héritage, & en faire son fief à le tenir de lui roturierement, & en retenir à soi l'obéissance.

Artois 118. Cambray, *T.* 1. 75. Laon 260. Châlons 259. Rheims 122. Salle de Lille, *T.* 1. 34 Tournay, *T.* 11. 38. Douay, *T.* 1. 11. 31. Paris 51. Etampes 35. Dourdan 36. Montfort 33. Mante 24. Vitry 24. 25. Meaux 157. 166. 167. Melun 101. 102. Sens 217. Orleans 7. Montargis, *T.* 1. 4. 54. 55. Blois 61. 62. Nivernois, *T.* 4. 30. Normandie 204. Maine 6 partie. Anjou 6. partie. Tours, *T.* 14. Lodunois, *T.* 12.

2. Celui qui a fief auquel y a justice & seigneurie, peut (si bon lui semble) sans le consentement de son Seigneur féodal, le bailler, tout ou partie, pour l'augmentation & mélioration d'icelui, à cens ou rente héréditale, sans rachat, à telle personne qu'il lui plaît, en retenant sur ledit fief ou partie baillé à cens ou rente, la justice & seigneurie, pourvu qu'il le baille à juste rente & prix, & autant qu'il vaut sans fraude ; pourvu aussi qu'en faisant ledit bail ou pour cause d'icelui, il ne prenne aucuns deniers, n'autres profits ; & où il en prendroit, autres que lesdits cens & rentes, sans le sçu & consentement de sondit Seigneur, il est tenu de païer les droits seigneuriaux, à raison des deniers par lui reçus, & outre l'amende de 40. liv. Parisis pour le déguisement & recelement par lui fait. Amiens 26. Châlons 194 Senlis 251. Sedan 63. Vitry 23.

Peut aussi bailler partie de son fief en arriere-fief, pour l'augmentation de sondit fief & seigneurie, sans fraude. Amiens 27.

3. Le vassal ne peut démembrer & éclipser son fief, sçavoir le vendre, aliéner & bailler à autrui, au préjudice de son Seigneur, & sans son consentement. (*c*) Saint Quentin 70. Perche 66.

4. Si ce n'étoit fief tenu de la seigneurie dudit vassal, qui par confiscation ou autrement lui seroit retourné & apartiendroit en tout droit. Saint Quentin 70. Sens 239. 244 Auxerre 95.

5. Auquel cas ledit vassal, dedans l'an & jour que ledit fief lui sera avenu, le pourra vendre, aliéner & mettre en autre main, à le tenir de lui en foi & hommage. Mais s'il en avoit joui plus d'un an & jour paisiblement, & l'eût comme sien, réuni & incorporé à son fief principal, ne pourroit plus ce faire. Saint Quentin 70.

6. Ordonn. 1. Avril 1315. *Art.* 2. Cùm de feodis & retrofeodis, pro quibus exiguntur financiæ, eo-quòd à nobilibus in innobiles ad censum, vel reditum aliquem, nullâ interveniente summâ pecuniæ transferuntur, cùm ob hoc frequenter meliorentur à tenentibus, & ob hoc feudi conditio minimè pejoretur, peterent ab hujus modi financiarum exactione cessari : concessimus

NOTES.

(*b*) V. la Dissertation d Hevin sur le *ferme Droit, Cons.* 68.

(*c*) V. Brussel, *liv.* 1. *ch.* 1. §. 2.

CONFERENCE.

quòd pro eis nullæ financiæ de cætero præstabuntur. Et si forsan pro aliquâ interveniente pecuniâ, vel aliâ ratione, eas deberi contigerit, & ob hoc easdem habere voluerimus, respectus habebitur ad tempus translationis, & ad summam indè traditam, non ad tempus præsens seu ad meliorationem rei ejusdem.

Art. 3. Item concessimus quòd de feodis & retro feodis, in emphiteosim vel acapitum per Ecclesiasticas personas datis, & translatis in personas innobiles nulla financia debeatur, nisi fuerint castra, villæ, seu loca alia cum justiciâ altâ, quæ à nobis in feodum vel homagium, seu ad servitium aliud teneantur, de quibus alienationem fieri nolumus sine nostro laudemio aut nostrâ gratiâ speciali.

May 1315. *art.* 1. Sur ce qu'ils disoient qu'ils ont usé & accoûtumé de donner à leurs serviteurs nobles ou autres, en recompensation de lor services, tant de lor terre, comme il leur plaisoit, & retenir devers eux le fié & l'hommage, sur quoi ils avoient été & étoient empêchiés, si comme ils disoient.

Nous voulons & leur avons octroïé, que il ce puissent faire, si comme dessus est dit, aux personnes nobles tant seulement, mais que le fié ne soit trop aménuisé.

Janvier 1315. Juillet 1319. *art.* 1. Avril 1371. *art.* 7.

SOMMAIRE.

1. *Critique de l'article par d'Argentré.*
2. 12. *Féage doit être gratuit.*
3. *De la subinféodation faite au préjudice du Seigneur supérieur.*
4. 10. *Le nouveau féage de ce qui avoit été précédemment afféagé ne nuit point au supérieur.*
5. *Quels biens retirés par prémesse peuvent être réafféagés.*
6. & 22. *Ce que M. d'Argentré entend par ces mots,* à prix compétent.
7. *De la fraude dans le féage.*
8. *Pourquoi l'on ne peut pas diminuer la rente ancienne. Observation de M. Hevin sur cette Note de M. d'Argentré.*
9 *Critique de M. d'Argentré sur la derniere partie de l'article.*

Réponse de M. Hevin.

10. *Des mots* par rente & argent *qui sont dans l'article.*
11. & 28. *Confusion du fief & de la Jurisdiction.*
12. *Fraude du féage fait perdre la mouvance.*
13 *Si le vice du féage se purge par 40. ans.*

De la prescription par 40. ans contre le Roi pour les deshérences, aubaines & confiscations.

14. *Du féage par échange du domaine de la seigneurie & du fief servant.*
15. *De la Constitution du Duc Jean de 1420. Du droit de subinféoder sans le consentement du seigneur supérieur & sans lui préjudicier.*
16. *Avantage du seigneur supérieur lorsque le transport se fait avec démission de foi.*
17. *Si dans l'année du rachat de la seigneurie inférieure l'arriere fief exempt de rachat s'ouvre, il est sujet au rachat vers le supérieur.* Idem *dans les autres cas de réunion.*
18. *Des rentes suseraines & de leur origine.*
19. *Qualité personnelle indifférente pour le pouvoir d'afféager. Principe de fief néceßaire. Jurisdiction sur le féage nouveau comme sur tous les anciens.* Et nombre 30. *De la Jurisdiction fonciere.*
20. *Du féage roturier.*

21. *Si*

COMMENTAIRE.

HEVIN. Coût. de Niver. *art.* 27. & ibi Coquille *des fiefs.*

Voïez la Coût. de Poitou *art.* 30. qui permet de prendre deniers. Vitry *art.* 24. *tit.* 3. permet la subinféodation aux Barons & Châtelains seulement, si ce n'est, dit l'art. 25. par mariage, auquel cas il est permis à tous. Idem Sedan, *tit.* 3. *art.* 62. Amiens, *tit* 1. *art.* 27. Perone, *tit.* 2. *art.* 71. Anjou, *art.* 201. Maine 216. Voïez Dupineau sur l'art. 201. d'Anjou, la Conférence des Coût. sur les art. 51. & 52. de la Coût. de Paris. Loyseau *des seigneuries chap.* 6. *nomb.* 12. *& suivans*, restraint cette faculté d'inféoder aux grands Seigneurs. De Salvaing, *pag.* 184.

Cet art. 358. est un des 13. blâmés par d'Argentré, *perperàm.*

1. D'ARGENTRÉ AIT. Ausculta diligenter. Hic articulus incautis subrepsit haud dubiè, arte nescio quâ, nec memini de eo relatum, quod si esset factum, promptum erat quod objiceretur; id quod magis credas, actus Reformatorum de eo nullam mentionem faciunt, quod ubique sedulo faciunt cùm aliquid in veteri immutatur, & verò faciendum erat. Is articulus descriptus est ad verbum de veteri uno verbo addito idque contra omnium sensum; & verò pugnat additio cum sequenti articulo. Sed apparet, cùm multos simul articulos Commissarii colligarent, hunc in turbâ ab incogitantibus comprehensum: & ut palam error convincatur, ponenda sunt duo veteris Consuetudinarii Juris Theoremata.

2. Primum, Jure veteri indubiè recepto, feudum dari non potuisse pro pecuniâ, quod articulus subsequens adhuc confirmat, & in veteri extabat articulus 344. expressus quod si quis aliter fecisset, *il perdoit l'obéïssance & tenure, qui étoit dévolue au Seigneur suserain: car nul ne pouvoit vendre sa terre à tenir de lui-même.* An Jure Feudistico id quoque haberetur, in Commentariis tIademus.

3. Alterum Theorema Jure Consuetudinario indubium extabat, quòd nullus vassallus poterat subinfeodare feudum suum alteri in præjudicium Domini sui, aut diminuendo jura ejus quod idem articulus cavebat.

Hoc posito, hic articulus statuit, quòd is qui habet prædia quæ retraxit ab aliquo tertio, vi retractus feudalis, potest iterùm illa reinfeodare aliis sub iisdem conditionibus, sed quibus priùs erant infeodata, & sine diminutione jurium dominicorum quæ erant imposita per priorem concessionem, itaut quandoque incidente aperturâ feudi, Dominus superior nullum damnum, nullam diminutionem pateretur in juribus suis. Sed hic error hujus articuli, cùm dicit indistinctè Dominum feudi posse feudum, sive patrimonium suum antiquum, & quod nunquam infeodatum fuit, dare & concedere in feudum in præjudicium Domini sui superioris; unde necesse esset accidere magnas diminutiones jurium dicto Domino, obveniente aperturâ feudi servientis. Nam pone aliquem vassallum subinfeodasse feudum suum tertio, dictâ Lege rachatûs aut baillii, eveniet datâ aperturâ feudi servientis, ut Dominus superior qui fortè rachatum habet, nihil reperiat in aperturâ quo fruatur, quia feudum quod olim concesserat, in manu reperitur tertii, cui Dominus servientis feudi subinfeodavit, in quo manifesta esset iniquitas, si Dominus superior non consensit tali subinfeodationi, & alterationi suæ concessionis. Hæc patent ad sensum & iniquitas istius juris, quod hîc tamen statuitur, magno errore & prioris & hujus reformationis.

4. *Ou par retrait fait de son homme ou par prémesse.* Altero scilicet retractu de duobus aut feodali, aut consanguineo. Hi casus longè differunt à superiori; & ideo juri & rationi congruunt, nec debuerunt conjungi similitudine juris per eandem clausulam. Prior casus loquitur de subinfeodatione novâ prædii servientis : hi duo casus statuunt de his quæ ante infeodata erant, sed reversa in manum directi Domini servientis per viam retractûs. Car depuis que les terres se trouvent autrefois avoir été inféodées, combien que le Seigneur les reprenne en domaine, par retrait ou prémesse, il les peut réafféager à mêmes charges qu'elles se trouvent avoir été féagées anciennement, sans diminuer les rentes, desquelles son Seigneur suserain est fondé de joüir en cas d'ouverture de fief. Car en cela il ne périt rien des droits anciens du Seigneur supérieur. Tout de même, cùm quæritur in jure, an Ecclesia fundum Ecclesiæ proprium, aut domaniale possit concedere in emphytheosim : ubi distinguitur inter novas concessiones : aut dari ante solitis in emphyteosim demum reversis ad Ecclesiam. Eodem jure subinfeodari solita habentur, nec ultrà solitum Dominis præjudicant. Hîc patet differentia ad oculum.

5. HEVIN. *Ou par prémesse.* Cette prémesse se doit entendre rélativement au fief, & de ce qui est de nature à y être consolidé.

6. D'ARGENTRE' AIT. *A prix compétent.* Cave intelligas id pretium in pecuniâ consistere, sed in reditu & Juribus: (*d*) alioqui in emptionem contractus incideret. Sed nec magna compensatio capienda est: alioqui incideret in permutationem, & incurreret directò in articulum sequentem, & in primum Theorema de quo ante diximus.

7. *Sans fraude.* Ne scilicet pecunia prætextu reinfeodationis capiatur. Alioqui fieret fraus de contractu feagii, ad venditionem aut permutationem.

8. *Et sans diminuer la rente ancienne.* Il parle donc in solitis infeodari perspicuè ; & vult quòd idem reditus retineatur, quo Dominus superior frui

NOTES.

(*d*) V. les notes au commencement de cet article.

possset in casu aperturæ feudi: itaut ei nullum præjudicium fiat: de quo Tiraquellus, §. 32. *gl.* 1. *num.* 39. *de retractu.*

HEVIN. Cette Note est contre le texte des trois Coûtumes & de la Constitution de 1420. qui est contraire à la Coûtume de Paris.

9. D'ARGENTRE' AIT. *Et si le Seigneur.* Hic apparet manifesta ταυτολογία, ex quo judicari possit de hoc articulo nunquam relatum ad ordines. Nemo enim tam hebes repertus esset, qui ad oculum non perspexisset, hic idem repeti ineptè, quòd priori clausulâ erat comprehensum, & qui non censuisset expungendam clausulam, & eût été corrigé cet erreur commis dès la réformation de l'an 1539.

HEVIN. Cette Note n'est pas suportable; & l'Auteur étoit endormi. Ces termes sont si nécessaires, qu'ils font l'exception portée dans l'article 262. de la Très-Ancienne. Elle disoit que le Seigneur pouvoit de son Domaine faire son fief, sans diminuer la rente ancienne, & sans prendre plus de dix sols; si ce n'est qu'il eût eu, par retrait, l'héritage: auquel cas il peut, outre la rente, prendre ce qu'il pourra avoir au dessus, sans que cette solution fasse tort à sa Jurisdiction. Elle en rend la raison; sçavoir, que le retrait qu'il fait à bourse déliée, & pour éviter un vassal désagréable, ne lui doit pas préjudicier; mais est introduit en sa faveur. Il peut donc bien reprendre de celui à qui il afféage les deniers qu'il a déboursés; tout ainsi que si celui-ci eût acquis du vendeur: auquel cas le Seigneur supérieur n'eût eu aucun profit; & il ne reçoit aucun préjudice, quand on remet les choses au même état. Le Seigneur afféageant de sa part, nullum etiam lucrum facit, sed tantùm vitat damnum.

10. D'ARGENTRE' AIT. *Et en prendre.* Le vassal réafféageant ce qu'il a retiré en son fief par prémesse, peut bien augmenter la rente ancienne; car en cela ne fait-il que le profit de son Seigneur, mais non diminuer.

Et argent. Infailliblement ce mot a été glissé par surprise, & aussi n'étoit nullement (a) en l'écriture de l'an 1539. duquel cet article est transmué *ad verbum*, ce seul mot ôté: & de cette adjection ne parle du tout point le procès-verbal; & en ce il contrarie directement l'Ancienne Coûtume & tout le Droit Coûtumier & Théorême qui dit feudum non posse dari pro pecuniâ, & est contraire à l'article ensuivant diamétralement & à l'ancien art. 344.

HEVIN. (a) Il étoit au commencement de l'article 344. qui étoit une continuation du 343. (e)

11. D'ARGENTRE' AIT. *Et retenir à lui la Jurisdiction.* Voici la confusion du mot de *Jurisdiction* & d'*obéissance*, dont a été parlé en l'article 61. 62. 63.

NOTES.

(e) M. Hevin ne soutient pas ici un fait qu'il avoit soutenu dans sa dissertation sur le Plaid 133 de Frain, *pag.* 811 où après avoir reconnu que dans plusieurs Editions de l'ancienne Coûtume, le mot *argent* ne se trouve pas dans l'article 343. il dit qu'il est dans plusieurs autres Editions.

Dans toutes les Editions que j'ai pu découvrir le mot *argent* n'est point dans l'article 343. elles sont de 1539. 1550. 1553. 1558. 1570. 1571. & 1574.

& s'il en eût été parlé en l'assemblée, c'est chose sure qu'il ne fût pas demeuré ainsi : il falloit écrire *& retenir à lui l'obéissance.*

HEVIN. Dans l'art. 74. *Rentiers des Jurisdictions* pour *des fiefs. Jurisdiction* pour *fief.*

En celui cas. In casu quo Dominus feudum retraxit, ut tunc possit pretium à se solutum repetere, sine diminutione antiquarum præstationum.

12. D'ARGENTRE' AIT. *En ce cas le Seigneur supérieur n'y prendroit aucunes choses.* L'article subséquent dit tout le contraire, en ce cas où il se baille argent. Car le bailleur perd l'obéissance, & sont dûes ventes du prétendu féage, qui passe en vendition.

HEVIN. L'art. subséquent ne parle pas du Domaine par retrait.

12. Lorsque l'afféagement est frauduleux pour reception de deniers non permise, l'affeageant perd l'obéissance : le Seigneur peut réunir à sa Seigneurie cette mouvance ; & il devient le Seigneur de fief proche sur cet arriere vassal.

13. Cela s'entend, s'il entre en possession. Car si l'afféageant demeure dans la possession, (*f*) & exerce le droit de féodalité sur ce vassal nouveau, le vice de l'afféagement se purge par 40. ans, le vice d'avoir pris de l'argent n'étant pas une contravention au Droit Commun des Coûtumes ; & dans la nôtre, le Seigneur supérieur le pourroit permettre ; d'où résulte que le silence du Seigneur vaut consentement, *art.* 262. *in fin de la Très-Anc. Coût.* ce que j'étens même contre le Roi, contre lequel les deshérences, aubaines, confiscations, se prescrivent par 40. ans du jour de leur échoîte ; si ce n'est que le Roi ait entré en jouissance par ses Receveurs.

14. Quid Juris ? Celui qui, à cause de sa seigneurie, a du fief & du domaine, reprend par échange, ce que possedoit son vassal, & donne à son vassal, en contr'échange, de son domaine. Les choses prennent-elles même nature, ensorte que le domaine qu'il baille, devienne son fief, de même que le fief qu'il reprend, devient son vrai domaine ? On objecte que l'on ne peut créer un fief que par afféagement, & qu'il ne met pas, à ce titre, son domaine hors de sa main. Mais cette délicatesse est plus subtile que sincere. Car par ce contrat, les choses ne prennent que les mêmes qualités & nature : il n'a point plus de fief ni de domaine qu'il en avoit ; & si ce qu'il reçoit, devient de son fief son domaine, il est naturel que le domaine qu'il baille, supposé qu'il soit de la seigneurie, devienne son fief. (*g*)

15. D'ARGENTRE' A. C. *Art.* 344. *Le Seigneur.* Les Feudistes sont en

NOTES.

(*f*) Il paroît bien difficile de concilier cette proposition avec la maxime de l'imprescriptibilité entre le Seigneur & le vassal. S'il est vrai que l'un ne peut pas prescrire les mouvances de l'autre, comment l'inférieur pourra-t'il s'attribuer, par la possession, la mouvance de son domaine qui relevoit prochement du supérieur avant l'afféagement, & qui n'a jamais cessé un seul moment d'en relever, le féage n'étant pas valable, & n'aïant que l'effet d'un simple arrentement ?

(*g*) Sans combattre cette décision de M. Hevin, je ne conseillerois pas à un Seigneur de risquer un pareil féage par échange. Car en cette matiére tout est de rigueur, & il seroit même difficile de répondre à l'objection fondée sur ce que les art. 358. & 359. n'autorisent point cette voïe d'afféagement.

doute ſi le vaſſal peut ſouſafféager le fief qu'il a reçu ou une partie de ce même fief; s'il le peut ſans le conſentement du Seigneur; ou s'il le peut de ſon conſentement, mais ſans diviſion de foi. On voit par la Conſtitution du Duc Jean de l'an 1420. que ce doute a été autrefois agité parmi nous. Il étoit fondé ſur ce que pluſieurs nioient qu'il pût y avoir plus d'un domaine utile, & qu'ainſi le vaſſal étoit cenſé le transférer tout entier en ſouſafféageant. On fut cependant d'avis d'admettre les ſubinféodations, mais parce qu'elles ne rendroient pas pire la condition des ſuperieurs : de ſorte que l'on pût bien faire différens dégrés de ſubinféodations; & cela fut admis, parce que le premier Seigneur n'en pourroit ſouffrir de préjudice, comme étant le principe & la premiere cauſe de toute inféodation, & le fait d'autrui ne pouvant lui préjudicier. C'eſt le ſentiment d'une infinité d'Auteurs cités ici; & il faut que la ſubinféodation ſe faſſe ſous les mêmes conditions & conventions auſquelles celui qui ſubinfeode a reçu le fief.

Ces principes généraux ne peuvent avoir leur effet & leur étendue dans notre Coûtume, où nous voïons en uſage de fréquentes ſubinféodations ſans le conſentement des ſupérieurs; & où on regarde les fiefs comme véritablement patrimoniaux, avec une entiere liberté aux vaſſaux de les aliener à quelque titre que ce ſoit. Les derniers mots de l'article, *ſans que le Seigneur y puiſſe rien prendre*, ſemblent retrancher tout ſon interêt; & la diſpoſition générale de la Conſtitution du Duc Jean porte expreſſément que l'on peut faire de ſon domaine ſon fief. Nonobſtant tout cela l'Auteur prétend qu'aucune ſubinféodation ne ſe peut faire ſans le conſentement du Seigneur, & que ce ſeroit une grande injuſtice, ſi cela étoit autrement; qu'ainſi quand la Loi permet les ſubinféodations, il faut l'entendre de maniere, & la raiſon le dicte, que cela ne doit point être en fraude & au préjudice du Seigneur. Pour faire voir combien il ſeroit injuſte que la choſe fût autrement, il faut raporter un exemple de cette Province même. Le Roi avoit concedé au Comte de Montfort Lamaury le fief du Comté de ce nom, à condition que le rachat lui ſeroit païé à toutes mutations & ouvertures de fief. Ce Comte a fait un grand nombre de ſubinféodations ſans la participation du Roi, & n'a point réſervé pour lui le droit de rachat. Le fief étant ouvert par la mort du Comte, le Roi trouva plus de la moitié ſouſafféagée. Or le Seigneur ne peut demander ni lods & ventes, ni rachat aux arrieres vaſſaux, qu'autant qu'ils mourroient pendant l'ouverture du rachat du vaſſal direct & immédiat. Peut-on dire avec raiſon que le Roi puiſſe être privé d'une partie ſi conſidérable de ſes droits? Il s'enſuit au contraire delà de grandes abſurdités, & une privation de ce qui a fait une dès principales conditions de la premiere conceſſion. Il faut donc tirer cette conſéquence, que le Seigneur, le cas arrivant, doit joüir de tous les mêmes droits, & que le premier vaſſal doit comprendre dans ſes aveus & dénombrement, auſſi-bien ce qu'il a retenu, que ce qu'il a ſubinféodé, puiſque le ſupérieur n'eſt pas obligé de ſouffrir ce démembrement.

16. Il n'en eſt pas de même lorſque le tranſport ſe fait à un tiers avec démiſſion de foi, c'eſt-à-dire ſans rétention d'obéiſſance. Car la tierce-perſonne entre par voïe de ſubrogation dans la place du vaſſal direct, comme

il arrive lorsqu'on vend. Alors le Seigneur n'a point d'interêt puisqu'il reçoit un autre vassal aux mêmes conditions & obligations.

17. L'Auteur s'attache ausurplus à répondre aux objections qu'il s'est faites dabord sur la Constitution du Duc Jean & sur les derniers mots du présent article. * Mais on peut dire qu'il les élude plûtôt qu'il n'y répond; & ce qu'il dit à l'occasion de l'exemple qu'il a raporté n'a pas toute l'étendue qu'il donne à sa décision. Car voici ce qui paroît uniquement en de pareils exemples. Un Seigneur (*h*) a subinféodé, avec exemption de rachat, quoiqu'il ait eu la concession du fief avec cette charge & condition. Le fief vient à s'ouvrir par sa mort, & dans l'année du rachat direct un des arrieres-vassaux vient à mourir. Les héritiers de cet arriere-vassal veulent se servir de leur inféodation portant exemption de rachat. Ils y sont mal fondés, & ils doivent le rachat, le cas arrivant. Car l'ouverture du rachat direct est une consolidation en quelque sorte, laquelle a lieu pour un an. Alors le Seigneur supérieur, qui trouve une ouverture dans l'arriere-fief, est bien fondé à exercer tous les droits primitifs; ce qui arrive également dans tous les autres cas de consolidation qui dérivent du premier principe de la concession, par exemple dans la commise.]

18. L'Auteur finit cette suite d'observations en parlant des rentes suseraines, en vertu desquelles il se trouve que les arrieres-vassaux doivent souvent autant & plus de rentes au Seigneur supérieur qu'au Seigneur proche; ce qui vient de ce que le supérieur n'a consenti aux subinféodations qu'en se retenant de pareilles rentes. (*i*)

19. *Le Seigneur.* Noble ou roturier, pourvu que ce qu'il afféage soit noble; car il n'est pas permis de changer la qualité des choses. Cela iroit contre l'interêt des Seigneurs, & même du public. Mais quand le domaine est noble, on peut retenir l'obéissance, laquelle n'emporte pas véritablement de Jurisdiction. Si cependant celui (*k*) qui fait l'afféagement a Jurisdiction par ailleurs, il peut la retenir sur ce qu'il a afféagé par une espece de prorogation. Car comme la Jurisdiction est définie *potestas de publico introducta*, il n'est nullement dans le pouvoir d'un particulier de se faire une Jurisdiction qu'il n'a pas. C'est ce que l'Auteur dit avoir répondu sur la question qui lui fut proposée à cet égard, quoique l'on connoisse en France une espece de Jurisdiction fonciere pour l'exaction des droits feodaux. * L'Auteur ne devoit-il point ajouter qu'il ne suffit pas d'avoir domaine noble, si l'on n'a par ailleurs principe de fief du chef-lieu duquel le domaine soit dépendant.

NOTES.

(*h*) V. le commentaire sur l'art. 67. *n.* 4.

(*i*) V. le commentaire sur l'art. 74. *n.* 2.

(*k*) Par l'afféagement le Seigneur a sur le nouveau vassal le même dégré de Justice qu'il a dans tout le reste de son fief. Mais il ne peut stipuler un dégré plus éminent par l'afféagement, par ce qu il ne peut pas se créer une Justice qu'il n'a pas. Frain, *Pl.* 86. Chappel, *ch.* 49. V. le nombre 30.

(*l*) Il résulteroit de ce qu'il ne parle que de la Jurisdiction, que son sentiment n'est pas pour la nécessité du principe du fief. Mais le texte de l'article qui se sert du mot de *Seigneur* & qui parle du retrait fait de son homme, suffit pour induire la nécessité du principe de fief.]

20. *Domaine noble*. Preuve que cette qualité est essentielle. Mais présuposant cette qualité, il ne s'ensuit pas qu'on ne puisse donner pour tenir de soi roturiérement, à moins que les Gens du Roi s'oposassent à cause de la diminution du service militaire. On a déja observé que le domaine roturier ne peut être concedé pour être tenu noblement. (*m*)

21. *De patrimoine*. On ne parle ici que d'un seul cas, aulieu qu'il falloit parler également du cas de réversion de ce qui avoit été auparavant sousafféagé; c'est à-dire généralement de tous les cas par lesquels il se fait réunion du fief servant au fief dominant; quoique cependant il soit plus généralement permis de réafféager que de sousafféager; ce qu'il faut considerer dans les personnes comme les Ecclésiastiques à qui il n'est pas permis d'aliener. Or ce qui n'a point été auparavant afféagé est un genre d'aliénation.

22. *A prix compétent*. Il faut bien prendre garde d'entendre par ces mots un prix effectif, qui emporteroit vente, & qui par conséquent empêcheroit la retention de l'obéissance. Mais on entend par là les droits & redevances utiles que l'on impose pour condition de l'afféagement; de sorte que les mots qui suivent, *sans fraude*, ont principalement leur aplication à la simulation d'un contrat pour un autre; c'est-à-dire, d'un afféagement lorsque c'est véritablement une vente. (*n*)

23. *Sans diminuer la rente ancienne*. « C'est-à-dire, sans diminuer la rente » qu'on païoit, & que devoit le précédent acquereur vassal duquel le retrait » a été fait & qui est aujourd'hui confuse en la main du Seigneur retraïant. « Les contractans pourroient entr'eux faire telles conditions qu'ils voudroient; mais le Seigneur supérieur y a interêt: « parce que les rentes dûes & retenues au premier vassal, par la subinféodation par lui faite du Domaine que » le Seigneur suzerain lui avoit baillé, tiennent place dudit Domaine, tellement qu'avenant qu'il se fasse ouverture du fief au Seigneur suzerain, il » doit joüir desdites rentes: & par ce a bon intérêt qu'elles ne soient plus di-

NOTES.

(*l*) Il est de maxime en général, & sans aucune exception, qu'on ne peut afféager que le domaine ancien de la seigneurie, ou le domaine qui en relevoit, & qui y a été réuni. Car le principe de fief n'est attaché qu'à ce domaine ancien, au lieu que les domaines qui y ont été annexés, ne participant point à ce principe de fief, ils ne peuvent être susceptibles d'afféagement. Cela est constant, quand même ils seroient unis par Lettres Patentes à la seigneurie, parce que l'union ne change point la nature des biens. V. Frain, *Plaid.* 139. Hevin, *Consf.* 71. Sauvageau, *liv.* 1. *ch.* 97. Devolant, *lett. A. ch.* 60.

On a fait dans tous les tems cette distinction, entre les *dépendances* primordiales des seigneuries, & les annexes, qui sont emploïées sous le nom d'*appendances* en des titres fort anciens Brussel, *ch.* 1 §. 3.

(*m*) V. le commentaire de l'article 356. *n.* 17.

(*n*) V. la note au commencement de l'article & le nombre 6. du commentaire.

» minuées par la réinfeodation. Mais aïant une fois consenti à la premiere subinféodation, comme il est à croire, il faut qu'il ait patience que son vassal » en fasse rebail à mêmes devoirs ou plus grands. C'est le sens de cet article » autrement obscur.

24. Par les mêmes principes établis jusqu'à présent, si le Seigneur inférieur affranchit son vassal de rentes & redevances, la convention sera valable entr'eux. Mais il ne le peut pas au préjudice du Seigneur supérieur qui a donné le fief à ces conditions, & qui doit jouir par conséquent des droits en cas d'ouverture de fief, à moins qu'il ait consenti à l'affranchissement; car ce ce seroit diminuer le fief. (o)

25. L'Auteur rejette le sentiment de du Moulin, qui prétend que l'inférieur peut, au préjudice du supérieur, amortir le fief relevant de lui, en renonçant à faire vuider les mains; & qu'en cas d'ouverture de fief, le supérieur ne peut prétendre que l'indemnité. * Dupineau dit avec raison que d'Argentré ne réfute du Moulin ni par principes ni par autorités. Aussi l'usage est pour la plus grande partie contraire à ses principes fondamentaux.

26. De là vient que Dupineau le condamne encore, par raport à une autre dispute qu'il fait à du Moulin, en ce qu'il prétend que la consolidation ne se fait pas nécessairement; le sentiment de du Moulin étant que le Seigneur peut déclarer ne pas vouloir consolider & posseder le fief separément, jusqu'à ce qu'il en ait autrement disposé.] (p)

27. *Si elles avoient été auparavant arrentées.* « *Id est* si elles avoient été afflieffées à condition de rentes & devoirs, il faut rebailler & refieffer à pa» reils devoirs ou plus grands.

28. *Et retenir à lui la Jurisdiction* « *Impropriè* Jurisdiction pour l'obéissance » & Seigneurie, sed Jurisdictionem & Dominium ubique confundit hæc Con» suetudo, cùm tamen longè diversa sint.

29. ARREST I. Au mois de Mai 1622. le Seigneur de Quergroadez afféagea à Guillaume de Quermeidic, Ecuïer sieur de Querilas, quelques héritages, pour en païer cinq sols de rente féodale; & par le même acte reçoit ledit de Quermeidic à lui faire la foi, & depuis reçoit la rente jusqu'en Décembre 1626. qu'il prend lettres pour casser l'afféagement, disant que les causes suposées en l'acte étoient fausses, pource que si le sieur de Querilas avoit rendu quelques services en l'éligement des rentes, il en avoit été récompensé, en aïant eu le tiers de l'éligement; que le contrat lui fut présenté tout dressé, après un festin, & qu'il le signa sans l'avoir consideré; d'ailleurs qu'il ne connoissoit la valeur des choses par lui afféagées, même suposoit qu'au tems ledit de Quermeidic étoit son Procureur Fiscal, & saisi sans inventaire de plusieurs titres. A quoi on répliquoit, que s'il eût fallu répondre à tous lesdits faits, il eût été aisé de les convaincre; mais qu'il s'agissoit d'un afféagement, fait par un Seigneur riche, de quelques terres

NOTES.

(o) V. les notes sur l'art. 63.

(p) V. le commentaire & la note sur l'article 358. n. 6.

de

de peu de conséquence, qui n'avoient jamais été affermées plus de 18. liv. par an; que le féage ne requiert point de cause; qu'il doit être purement gratuit, originem ex amicitiâ trahit; qu'il n'est fondé qu'en la libéralité & munificence de celui qui baille à féage, lequel reçoit une utilité inestimable, devenant Seigneur féodal d'un Gentilhomme, & s'acquerant la fidélité & subjection sur lui; de maniere qu'il n'y avoit apatence aux lettres prises pour casser ledit féage. Par sentence des Juges de Saint Renan, ledit sieur de Quergroadez avoit été par un hors de procès débouté de ses lettres; dequoi s'étant porté apellant la sentence fut confirmée avec dépens, par Arrêt du 24. Février 1628. plaidans Chappel & Devollant. (q)

30. Arrest II. *La Jurisdiction.* Laquelle le Seigneur de fief exerce sur son nouveau vassal selon le dégré de justice qu'il a, tout ainsi que sur ses anciens hommes de fief. Jugé le 13. Jan. 1626. pour l'exercice de la haute Justice sur le nouveau vassal, plaidant Frain pour l'apellant, contre Monsieur le Procureur Général, prenant la cause pour son Substitut à Morlaix : & la sentence des Juges de Morlaix fut réformée, qui privoit le Seigneur, afféageant son domaine suivant la Coûtume, de l'exercice de la haute Justice sur son nouveau vassal. Pareil Arrêt le 26. Août 1642. plaidant Chappel pour le sieur de Missirien Autret apellant d'expédition de Requête par le Sénéchal de Quimper, & le Bel pour François Cran, Avocat du Roi audit Siége, intimé & pris à partie. V. d'Argentré sur l'art. 49. de l'Ancienne, *not.* 2. *n.* 2. & 3. & sur l'art. 344. *gl.* 2. (r) Chappel.

NOTES.

(q) V. art. 295. n. 2. aux notes

(r) V. le nombre 19 ci-devant.

ARTICLE CCCLIX.

Les Seigneurs qui ont terres de leur domaine propre, non cultivées, pourront sans diminuer le fief du Seigneur supérieur, les afféager, & en prendre rentes avec rétention d'obéïssance, & outre quelques deniers d'entrée, qui n'excéderont cent sols par journal; & en ce cas n'y auroit ventes ni prémesse. Et s'il en prenoit davantage, y auroit ventes & prémesse; & passeroit l'obéïssance au Seigneur supérieur.

NOTES.

Sauvageau, *liv.* 1. *ch.* 63.

CONFERENCE.

A. C. *Art.* 345. Et en autre cas, ne doit celui qui fait le féage, prendre argent, ou autre recompense, pour faire ledit feage, au préjudice dudit Seigneur suserain, fors qu'il peut avoir cinq sols pour devoir de scel, & autres cinq sols pour devoir de vin : aussi prendre l'avancement de sa rente. Et si celui Seigneur, qui auroit fait le féage, auroit prins argent en le faisant, & que la rente ancienne fût diminuée, & le fief du Seigneur suserain diminué, ledit Seigneur suserain peut avoir, en outre les choses déclarées, les ventes du prix que les choses féagées vaudroient : & seroit celle recompense estimée vente fraudeuse.

T. A. C. *Ch.* 262. V. la conférence sur l'art. 358.

SOMMAIRE.

1. *Féage doit être gratuit. Critique de cet article & de l'article précédent.*
2. *Contrat nul comme féage valable comme arrentement, sans restitution après les dix ans.*
3. *Droit de prendre des bois dans le cimetiere, & dans les communs du fief, pour rebâtir une Chapelle démolie.*

COMMENTAIRE.

1. D'ARGENTRE' AIT. Il fut bien parlé de celui-ci en l'Assemblée; & y fut débattu & raisonné. Aussi en parle bien le procès-verbal & nommément. Ibi ego duo Theoremata, de quibus suprà dixi, proposui pro Jure antiquo recepto, & indubiè ante omnem memoriam usu observato; nam feudum dare pro pecuniâ verè & essentialiter esse vendere. Adduxi sententiam Joannis Fabri expressissimam, *§. adeò instit. de locat. & conduct.* Textum Feudisticum, *§. caldis tit. de prohib. feud. alien. per Freder.* neque quisquam fuit ex omnibus qui repugnaret perspicuo Juri. Sed in Concilio inerant, qui valde cuperent scisci, ut liceret quiddam pecuniarium in infeodatione titulo ingressûs, ut loquuntur, capere, sine periculo amittendæ obedientiæ, ut loquuntur. Quia optimates qui nemora paulò ante exciderant, areas, id est solum & planitiem cupiebant infeodare. Id verò dulciculum, si quid pecuniæ liceret capere, ea inescatio quibus contradicebatur, & objiciebatur fore ut dominium directum, *& l'obéissance* ad Regem devolveretur, *duquel ils tenoient lesdites forêts & les terres désertes.* Proponebatur nuper Arresto Parisiensi judicatum, pecuniam quæ titulo ingressûs capitur verè in contractum venditionis transire, ex eoque alienationem domanii Regii rectè inferri ut vetitam : nec curiam illam aliter instanti Principi assentiri voluisse, quàm indictâ Lege, ut ea pecunia in domanii redemptionem converteretur. Denique cùm nemo quidquam de ratione hiscere contrà posset, clementer demùm, & veluti grandi beneficio accepturis, concessum sitibundis pecuniæ, ut quiddam hoc titulo liceret in infeodationibus accipere, quod ad hanc summam (licet ægrè) taxatum est, indormiente Procuratore Generali, qui

si intercessisset decretum perferri non potuisset, & hoc dispensativè, & in casu duntaxat expresso *de bail de terres non cultivées*. Nam alio casu intelligi non posset; & ne souffroit pas la Coûtume Ancienne qu'on prît plus de cinq sols de vin & cinq sols de sceau : autrement on perdoit l'obéissance par l'art. 344. qui montre l'erreur & surprise en l'article précédent, quand il contient qu'on puisse prendre argent, & celui-ci dit le contraire, exceptant ce seul cas particulier : combien que les François, en leurs termes, permettent au vassal de se joüer de son fief, jusqu'à démission de foi : mais ce sont Coûtumes locales. Hoc nemo malus sciet, ut est in proverbio, paucis ante hoc tempus intellecta, verissima tamen, quæ ideò posteris testata volui, ut intelligerent quid in re esset, & casu non judicio errorem irrepsisse.

HEVIN. *Sans diminuer le fief du Seigneur supérieur.* Ce qui étoit fief proche devient arriere fief; & le Seigneur proche devient supérieur.

Deniers d'entrée; Munus, dans les vieilles Chartres, acapitum, acapito, acaptamentum, intragium, &c. V. Mesnage *in verbo acheter*.

POULLAIN. » Coûtume est en Champagne que li Châtelains & li Barons » donnent biens en fief & en homage de lor héritage aux Gentilshoms, & » les en peuent rependre à homs en récompensation de leurs services : & » ainsi en ont-ils usé à toujours. Mes se ils lor vendoient & en prenoient ar» gent, ils ne le pourroient faire. *Li Us & lis Coûtumes de Champagne.*

2. ARREST I. Pour les contrats de féage dégenerans en vendition, on a jugé que telle condition n'empêchoit pas le transport, quoique la mouvance se trouvât perdue pour l'afféageant, & que cela ne fondoit pas une restitution contre le contrat, du moins après les dix ans par Arrêts des 20. Juillet 1658. & 15. Février 1661. (a)

3. ARREST II. *Non cultivées.* Jugé que le Seigneur féodal ne pouvoit empêcher d'abattre des bois dans le cimetiere & dans les communs du fief, pour rebâtir une Chapelle démolie; par Arrêt du 29. Octobre 1645.

NOTES.

(a) V. Sauvageau, *liv.* 2. *ch*, 63.

ARTICLE CCCLX.

Tous sujets tenans fiefs & jurisdiction bailleront leurs aveus & minus, dedans l'an, à compter du jour qu'ils sont venus à nouvelle possession desdits fiefs : & les autres qui ne tiennent que terres & héritages sans fiefs, dedans six mois. A faute de quoi faire pourront les Seigneurs, de qui les choses sont tenues, procéder par saisies. Et toutefois satisfaisant par lesdits vassaux, ils seront tenus leur faire mainlevée, païant les frais & loïaux-coûts desdites saisies, & exécution d'icelles. Et pendant le tems de fournir ledit aveu, sera le sujet, en cas de rachat, tenu bailler au Seigneur déclaration sommaire dans un mois, des choses qu'il tient à ce que le Seigneur puisse joüir des droits dudit rachat.

NOTES.

V. le commentaire sur l'art. 332. Hevin, *Conf.* 74. & 75. Ragueau aux mots *aveu & dénombrement*, du Moulin, Brodeau, Auzannet, Ricard, Ferriere & le Camus, *art.* 8. 9. & 10. La Taumassiere, *tit.* 5. *art.* 24. Bacquet *des droits de Just. ch.* 5. Auroux, *art.* 381. & 382. Le Grand, *art.* 30. La Lande, *art.* 78. Boucheul, *art.* 70. 105. 135. 138. 142. 143. Pocquet, *liv.* 1 *ch.* 7.

Tous sujets. Majeurs ou mineurs pourvus de tuteurs ou émancipés.

A faute de quoi. Loisel, *liv.* 4. *tit.* 3. *art.* 44. Du Fail, *liv.* 1. *ch.* 547.

Arrêtés de M. de Lamoignon sur le dénombrement.

Art. 1. Après la reception ou offre de l'hommage, le vassal est tenu de présenter en personne, ou par un Procureur fondé de procuration speciale, le dénombrement contenant par le menu les domaines, droits & apartenances de son fief.

Art. 2. Le dénombrement sera baillé dans quarante jours, du jour de la reception ou offre de l'hommage, & si le vassal s'est fait recevoir en foi par nos mains, à cause du débat formé entre deux Seigneurs pour la mouvance, les quarante jours ne courreront que du jour de la signification de la transaction ou du jugement diffinitif qui aura terminé le procès.

Art. 3. Le dénombrement sera fait double, l'un pour le Seigneur & l'autre pour le vassal, écrit en parchemin, passé pardevant deux Notaires, ou pardevant un Notaire ou Tabellion, aïant pouvoir d'instrumenter au lieu où il est fait, & deux témoins sçachant signer, dont les noms, surnoms, qualités & domiciles seront exprimés en l'acte, & l'acte signé du vassal, Notaire, Tabellion & témoins, le tout aux frais & dépens du vassal.

Art. 4. L'offre du dénombrement doit être fait en la Justice du Seigneur, à jour & heure d'Audience ; & l'original du dénombrement laissé entre les mains du Procureur de seigneurie : & si le Seigneur n'a point de Justice, le dénombrement sera offert au manoir principal du fief dominant, & l'original laissé au Seigneur ; & en cas d'absence,

SOMMAIRE.

1. *Si la dénégation du vassal de tenir héritage tient lieu de commise.*
2. *Vassal quitte de tous arrérages de rentes, en représentant trois quittances des trois dernieres années.*
3. *Le vassal ne doit qu'un aveu, quoiqu'il y ait plusieurs Seigneurs.*
4. Idem, *quoiqu'il possede plusieurs héritages sous la même Seigneurie.*
5. 7. 9. *Si le vassal ne doit qu'un aveu pendant sa vie.*
6. 8. *Le nouveau Seigneur peut exiger un double de l'aveu rendu au prédécesseur.*
9. *Obligation d'emploier la suite de Moulin dans l'aveu.*
10. 19. *Forme de l'aveu & dénombrement. Quel détail il doit contenir.*
11. *Omission dans l'aveu n'emporte la commise, mais seulement la réformation de l'aveu & l'amende.*
12. *Main-levée de la saisie féodale par la présentation de l'aveu, quoiqu'il ne soit pas suffisant, en paiant les frais de la saisie.*
13. *Le Seigneur n'est tenu de garentir au vassal le contenu dans l'aveu. Effets de l'aveu entre le Seigneur & le vassal.*
14. *Tiers détenteur obligé de donner titre nouveau des rentes foncieres.*
15. & 17. *Formalités pour les aveus dûs au domaine du Roi par les Ecclésiastiques.*
16. *Quelles preuves de possession & de propriété ils sont obligés de donner.*
17. *Edit de 1681. sur les aveus qui se rendent au Roi. Le délai pour les rendre ne doit être prorogé.*
18. *Doivent être en parchemin sans rature ni interligne.*
19. *Forme & dénombrement de ces aveus.*
20. *De la clause* sauf à ajouter ou diminuer,
21. *Forme requise avant la reception. Renvoi aux Barres Roiales.*

Effet de la publication.

Nulle publication des aveus rendus aux Seigneurs. Aux Notes.

22. & 24. *Des moiens de blâme.*
23. 28. *De la reception à la Chambre.*
25. *Apel nécessaire, en cas de reception en la Barre Roïale, nonobstant les blâmes ou les opositions des Gens du Roi, ou des fermiers du Domaine.*
26. *Nulle reception d'aveu à la Chambre, jusqu'à Arrêt définitif du Parlement, lorsque l'aveu a été blâmé ès Barres Roiales.*
27. *Apel de M. le Procureur Général des jugemens de reception rendus aux Barres Roiales.*
29. *De la preuve des droits emploïés dans les aveus rendus au Roi.*
30. *Epices de la Chambre pour la reception des aveus.*

CONFERENCE.

Art. 67. 343. 346. 350.

A. C. *art.* 85. Tout sujet baillera son aveu, minu & tenue, dedans trois mois depuis qu'il aura eu nouvelle possession d'héritage, sur

NOTES.

à son receveur ou fermier ; & en défaut des uns & des autres, au plus prochain voisin, dont le vassal prendra acte, en présence d'un Notaire & deux témoins.

Art. 5. le vassal n'est tenu bailler dénombrement qu'une fois en sa vie, s'il n'y a titre au contraire.

Art. 6. Le Seigneur & le vassal doivent communiquer respectivement les précédens dénombremens & les autres titres qu'ils ont en leur possession, concernant la teneur & la consistance du fief servant; & se purgeront par serment de part & d'autre, s'ils en sont requis, que par dol & fraude ils n'en retiennent, & ne délaissent d'en avoir aucun ; & est tenu le vassal de satisfaire le premier.

Art. 10. L'âge requis pour faire & recevoir la foi suffit pour bailler, recevoir ou blâmer le dénombrement.

Art. 12. Le dénombrement du fief apartenant à plusieurs vassaux par indivis, étant baillé par un seul, couvre le fief entier; mais si le fief a été partagé chacun est tenu de bailler separément le denombrement de sa part.

CONFERENCE.

peine de saisie & jouissance, d'autant de tems que ledit sujet sera en demeure de fournir en ce que dessus. (*a*)

T. A. C. *Ch.* 241. Et aussi peut le Seigneur suivre son homme, par sa Cour, à lui bailler ses rentes par écrit : & est tenu l'homme à les lui bailler. Et si le Seigneur voit qu'il lui suffise, il se peut tenir à la baillée, ou le peut suivre en disant que de plus lui en doit.

1. Si l'homme nie tenir héritaige, le Seigneur peut demander à jouir, comme si l'homme l'avoit purement désavoué, & a été ainsi jugé à Rennes. (*b*)

2. Nota quòd præsumptio est tam vehemens pro subdito, auquel le Seigneur demande ses rentes, que si ledit sujet peut aparoir & montrer avoir paîé les trois ans derniers, que le Seigneur n'est à recevoir à lui faire demande du tems précédant lesdits trois ans : ut *in L. quicumque Cod. de apochis publicis quod limitat Baldus. Hoc est verum quando solutio trium annorum non fuit facta simul, & semel scilicet unicâ solutione, sed pluribus solutionibus.*

Ordonnances, *art* 680. Homme n'est tenu présenter sa menée ; mais est tenu bailler sa tenue par écrit une fois à son Seigneur. Et ce fait doit être mis hors d'ajournement, si le Seigneur ne le veut impugner, dont ledit Seigneur ou son Procureur, lors de la reception de ladite tenue, doit faire protestation ; & si depuis le sujet vient à nouvelle possession d'autres héritages, il en baillera tenue comme dessus. Ord. de Jean V. *art.* 15.

Ponthieu 71. 72. Amiens 14. 15. 16. 17. Gerberoy 23. Artois 14. Cambray 56. Metz, *T.* 3. 5. Laon 203. Châlons 204. Rheims 108. 109. S. Quentin 83. Peronne 60. 62. 63. 93. Chauny 98. Senlis 252. Clermont en Beauvoisis 78. 113. Valois 48. 49. Sedan 68. 69. 72. Clermont en Argonne, *T.* 3. 11. Salle de Lille, *T.* 1. 41. Tournay, *T.* 11. 17. Douay, *T.* 1. 27. Bar 8. S. Mihel, *T.* 3. 11. 12. Gorze, *T.* 2. 14. 15. *T.* 12. 4. Bassigny 31. Duché de Bourgogne, *T.* 3 4. Comté de Bourgogne 4. Paris 8. 9. 11. Etampes 42. Dourdan 15. 16. Montfort 5. 6. Mante 15. Troyes 30. Vitry 42. Chaumont 19. Meaux 135. Melun 39. 40. 41. 42. Sens 187. Auxerre 50. 69. Perche 42. Châteauneuf en Thimerais 34. 35. 36. Chartres 33. 34. Dreux 24. 25. Orleans 78. Montargis, *T.* 1. 64. 65. Berry, *T.* 5. 24. *T.* 6. 20. Blois 102. 103. 104. 105. 107. Dunois 20. 45. Nivernois, *T.* 4. 6. 67. Bourbonnois 381. Eu 48. 50. 51. 52. Maine 7. 152. Anjou 6. 139. Tours 2. Lodunois, *T.* 1. 2. Poitou 105. 135. 136. 142. 143 Angoumois 23. Toulouse, *T.* 44. 7. La Marche 188. Auvergne, *T.* 21 6. *T.* 22. 6. 7. 8.

3. S'il y a plusieurs Seigneurs du fief, ne sera tenu le vassal bailler qu'un dénombrement. Berry, *T.* 5. 21. (*c*)

4. Le vassal tenant plusieurs fiefs d'un Seigneur, à cause d'une même Seigneurie, est tenu bailler seulement un dénombrement de tous ses fiefs, & une seule déclaration de ses terres cottieres, & en lever, s'il lui plaît, un seul recepissé Artois 17. (*d*)

5. Si le vassal a baillé (*e*) une fois son dénombrement non défectueux à son Seigneur féodal, & qu'il y ait mutation de Seigneur, ne

NOTES.

(*a*) Du Fail, *liv.* 1. *ch.* 547. & 623.

(*b*) V les notes sur l'art. 362.

(*c*) V. la premiere note sur l'art. 348.

(*d*) Brodeau, *art.* 9. *n.* 3. Pocquet, *liv.* 1. *ch* 7.

Mais si la seigneurie est formée de différentes seigneuries annexées ensemble, ou même réunies par Lettres Patentes, le Seigneur peut exiger des aveus séparés de ce qui releve de chaque seigneurie.

(*e*) Loisel, *liv.* 4. *tit.* 3. *art.* 48. V. le commentaire sur l'art 343. *n.* 11. & sur l'art. 347. *n.* 6. le commentaire ci après *n.* 3.

CONFERENCE.

sera tenu de bailler nouvel dénombrement. Berry, *T.* 5. 56. Boulenois 51. Artois 17. Amiens 18. Cambray 60. Peronne 64. Eu 53. Tours 3.

6. Mais peut le nouveau Seigneur en demander & avoir un double à ses dépens. Peronne 64.

7. Si le sujet a une fois dûement baillé sa déclaration ou aveu non défectif, & par après son Seigneur vend ou aliéne sa terre, s'il est après apellé par icelui acquereur à lui bailler nouvel aveu ou déclaration, il sera tenu de lui bailler. Maine 8.

8. Ce ne doit être à la charge ou dépens dudit sujet: autre chose seroit s'il y avoit mutation de Seigneur par mort. Anjou 7.

9. Le Seigneur à toutes mutations, avenues d'un côté ou d'autre, peut contraindre ses sujets, tenans de lui à cens ou rentes inféodées à vie ou perpétuité, bailler par déclaration les héritages tenus de lui: & s'ils sont sujets du ban de son Moulin le doivent emploïer en leurdite déclaration. Perche 85.

10. Dénombrement (*f*) doit contenir tous les droits, prérogatives, & prééminences du fief, ensemble les châtel, maison, granges, pourpris, & domaines étant ès mains du vassal, avec leurs situations & tenans à au moins deux les plus certains. Aussi doit tenir les cens, rentes, bourdelages, & autres redevances, somme d'iceux, personnes & lieux sur qui ils se reçoivent en gros, les hommes & femmes de condition, droits qu'ils ont sur iceux, la situation de leur mex & tenement, semblablement les noms de leurs vassaux, situation de leurs fiefs en gros. Et si le vassal par dol recele quelque chose étant dudit fief, (*g*) elle est commise audit Seigneur. Nivernois, *T.* 4. 68. Cambray 59. Eu 49. 55. Bourbonnois 382.

11. Si aucun homme de foi baille son aveu à son Seigneur, & par icelui relaisse à emploïer partie des choses de son hommage, en affirmant par serment la protestation contenue en son aveu, il ne perdra ne confisquera les choses relaissées; mais sera condamné à refaire sondit aveu, & à y emploïer lesdites choses relaissées, & fera amende de soixante sols Mansois. Maine 214. (*h*)

12. *Et toutefois satisfaisant.* (*i*) Soit qu'iceux dénombremens soient suffisans ou recevables ou non. Artois 15. Nivernois, *T.* 4. 65. Normandie 120.

Doit néanmoins le vassal païer les frais de la saisie, adjudication, si aucuns y a, & de ce qui s'en est ensuivi Normandie 120. (*k*)

13. Le Seigneur de fief n'est tenu emplir ne fournir le contenu de l'aveu de son vassal quelque reception qu'il ait faite de l'aveu. Car il s'entend sans préjudice du Seigneur, sauf toutefois, quant aux prérogatives ou droits d'autorité dont est reçu comme de Justice, ponts-levis, garenne, colombier, droit de chasse, & autre telles prééminences. Car ledit Seigneur, après telle reception, ne les peut empêcher ne contredire. Mais au regard des terres ou autres entreprise sur le Domaine de son Seigneur, pour être dedans l'a-

NOTES.

(*f*) V. le nombre 17. le commentaire, n. 16. Hevin, *Conf.* 74. Basnage, *art.* 109. Du Moulin, §. 8. *gl.* 1. *n.* 1. & 2. La Taumassiere, *tit.* 5. *art.* 24. *n.* 7. & 8. Brodeau, *art.* 8. *n.* 4. Le Grand, *art.* 30. *gl.* 1. *n.* 2. & *suiv.* La Lande, *art.* 78. *n.* 16. & 17. Basnage, *art.* 120. Boucheul, *art.* 180.

(*g*) Cette peine n'a pas lieu en Bretagne. V. le nombre suivant.

(*h*) Cela est de maxime en Bretagne, même sans serment & sans distinction, contre la régle établie par Loisel, *liv.* 4. *tit.* 3. *art.* 49.

(*i*) Sauvageau, *liv.* 3. *ch.* 84 Le Grand, *art.* 30. *gl.* 4. Basnage, *art.* 120.

Mais le Seigneur n'est pas obligé de donner mainlevée de la saisie féodale pour les biens que le vassal a omis d'emploïer dans son aveu. Du Moulin §. 9. *gl.* 1. *n.* 8. 9. 10.

(*k*) Loisel, *liv.* 4. *tit.* 3. *art.* 45. Basnage, *art.* 109. 119. & 120.

CONFERENCE.

ven, ne les peut prescrire, sinon qu'il en eût joüi 30. ans. Montargis 80. (*l*)

14. Le Seigneur de rente fonciere, ou constituée sur certains héritages, peut contraindre le tiers détenteur d'iceux à lui passer nouvel titre, & soi obliger à la continuation de la rente, tant & si longuement qu'il sera détenteur. Berry, *T.* 6. 29.

ORDON. Etablissemens de S. Louis, *liv.* 1. *ch.* 46. *liv.* 2. *ch.* 29.

ORDON. 20. Novembre 1371.

15. Déclaration du 29. Décembre 1674. Louis, &c. Salut. Voulant faire cesser les plaintes qui nous ont été portées par les Ecclésiastiques & Bénéficiers de notre Roïaume, des poursuites qui leur étoient faites en différens Tribunaux à la requête de nos Procureurs Généraux & de leurs Substituts, pour raison des aveus, dénombremens, & déclarations des fiefs, terres, possessions & héritages dépendans de leurs bénéfices, qu'ils sont obligés de nous donner, soit pour les biens qu'ils tiennent dans nos censives & mouvances ou sous notre protection: Nous aurions, par Arrêt de notre Conseil d'Etat du 12. Décembre 1673. réglé les lieux où lesdits Bénéficiers doivent fournir les déclarations du temporel de leurs Bénéfices, & la maniere dans laquelle elles doivent être faites. Et étant important que lesdites déclarations soient fournies par lesdits Bénéficiers, tant pour la conservation de nos droits & confection de notre papier terrier, que pour conserver la connoissance & consistance des biens desdits Bénéfices, & en empêcher l'usurpation.

A ces causes, suivant ledit Arrêt, dont copie collationnée est ci attachée sous le contrescel de notre Chancellerie, Nous avons, par ces Présentes, signées de notre main, ordonné & ordonnons que les Archevêques, Evêques, Abbés, Prieurs, & autres Bénéficiers du Roïaume; fourniront en nos Chambres des Comptes, au ressort desquelles leurs Bénéfices sont situés, des déclarations signées de leurs mains & scellées de leurs sceaux, de tout le temporel de leurs Bénéfices, lesquelles contiendront la consistance en détail & par le menu, tenans & aboutissans des terres, fiefs & Seigneuries mouvans & relevans de Nous, unis & incorporés à leurs Bénéfices; des maisons, fermes, métairies, prés, bois, rentes, & autres héritages par eux possédés sous notre censive & Seigneurie directe, & de tous les autres biens qui leur apartiennent à cause de leurs Bénéfices, tant en fief, qu'en roture, en la mouvance & directe des Seigneurs particuliers, lesquelles déclarations serviront d'aveus & dénombremens, pour ce qui concerne les fiefs mouvans de Nous; & à cette fin seront envoïées par devant les plus prochains Juges Roïaux des lieux, pour y être lûes, publiées & vérifiées en la maniere accoûtumée.

16. Pour la justification desquelles, en cas qu'elles soient contestées par nos Procureurs Généraux esdites Chambres des Comptes, ou leurs Substituts dans nos Siéges Roïaux, lesdits Bénéficiers ne seront tenus de raporter, à l'égard des biens & droits qui ont été amortis, d'autres titres que ceux justificatifs que leurs prédécesseurs titulaires desdits bénéfices étoient en possession & jouissance desdits biens & droits, lors de l'Edit de Melun de 1581. comme baux à ferme, papiers terriers, cueilloirs, levées, reconnoissances, registres & autres choses semblables. Et à l'égard des biens non amortis par eux acquis, retirés, donnés ou échangés depuis l'année 1641. ils représenteront les contrats desdites acquisitions, retraites, donations ou échanges, sans que lesdites déclarations puissent préjudicier à l'avenir aux amortissemens généraux & particuliers accordés ausdits Bénéficiers, tant par Nous que nos Prédécesseurs, & sans préjudice des foi & hommage que lesdits Bénéficiers nous doivent faire pour raison des terres, fiefs & Seigneuries

NOTES.

(*l*) V. le commentaire *n.* 15. & 21.

CONFERENCE.

gneuries dépendans de leurs bénéfices mouvans & relevans immédiatement de Nous.

Et en cas que lesdits Bénéficiers aïent besoin de quelques délais pour dresser & mettre en état lesdites déclarations, ils se pourvoiront en nosdites Chambres des Comptes pour leur être pourvu ainsi qu'il apartiendra. Moïennant lesquelles déclarations, nous voulons que lesdits Archevêques, Evêques, Abbés, Prieurs & autres Ecclésiastiques bénéficiers soient & demeurent déchargés de toutes instances & poursuites faites à l'encontre d'eux, tant à la requête de nos Procureurs Généraux desdites Chambres des Comptes, pour raison des aveus & dénombremens de leurs fiefs, terres & Seigneuries, qu'à la requête de leurs Substituts ès Bureaux des Finances & Chambre du Trésor, Contrôleurs & Fermiers Généraux des Domaines, tous autres Commissaires & Officiers députés pour notre papier terrier, ensemble de toutes saisies & établissement de Commissaires pour raison de ce, dont nous leur accordons pleine & entiere main-levée, sans qu'ils soient tenus d'en païer aucuns frais; faisant très-expresses défenses aux Trésoriers de France, Commissaires établis pour le terrier & autres Officiers généralement, de faire à l'avenir aucunes poursuites & contraintes à l'encontre d'eux pour ce regard, à la charge toutefois que lesdits Bénéficiers passeront & fourniront par chacun d'eux par devant lesdits Commissaires du terrier, une déclaration sommaire de leursdits biens & droits mouvans & tenus en fief & censive de nous, à cause de nos Domaines contenant seulement en gros leur dénomination & situation, & dont ils diront le détail être contenu aux susdites déclarations fournies ausdites Chambres des Comptes, pour la reception desquelles déclarations sommaires, il ne sera pris par les Greffiers de la Commission dudit terrier, que cinq sols de chacune, leur faisant défenses d'en exiger davantage, à peine de concussion.

Et à l'égard de ceux desdits Bénéficiers, qui ont passé leurs déclarations par devant lesdits Commissaires du terrier auparavant ledit Arrêt de notre Conseil du 12. Décembre 1673. ils demeureront déchargés d'en fournir de nouvelles en nosdites Chambres des Comptes & Commission du terrier: lesquelles déclarations fournies auparavant ledit Arrêt, seront aportées en nos Chambres des Comptes, à la diligence des Contrôleurs Généraux de nos Domaines, pour être enliassées & mises avec les autres.

17. Août 1681. *Tit.* 2. *Art.* 8. (*m*) Le délai porté par l'art. 360. de la Coûtume pour rendre l'aveu & dénombrement, ne pourra sous aucun prétexte, être prorogé par notre Chambre, au-delà du tems porté par la Coûtume, sans avoir sur ce nos Lettres signées & scellées.

18. *Art.* 9. Les aveus qui nous seront rendus seront écrits sur (*n*) parchemin, d'une écriture nette, lisible, sans rature ni interligne; & où il s'en présenteroit d'autres, ou que l'écriture en eût été alterée, défendons à notre Chambre de les recevoir.

19. *Art.* 10. (*o*) Dans les aveus qui nous seront rendus, seront emploïés par le détail tous les fiefs, arriere-fiefs, droits, prérogatives, Jurisdictions, terres, héritages & domaines; & s'il s'y trouve de la différence avec les anciens aveus, les pièces justificatives en seront produites & communiquées à notre Procureur Général, pour y être pourvu par notre Chambre.

20. *Art.* 11. Défendons d'employer dans les aveus qui nous seront rendus la clause, *sauf à ajouter ou diminuer, s'il y échet*, nonobstant tous usages contraires.

NOTES.

(*m*) Sur cet article & sur les articles suivans, V Hevin, *Consf.* 74. & 75.

(*n*) L'obligation d'écrire les aveus sur parchemin n'a point lieu sous les Seigneurs particuliers, à moins qu'il y ait un usage assez constant & assez général pour établir l'usement de fief.

(*o*) V. le *n.* 10.

CONFERENCE.

21. *Art.* 12. Aucun aveu ne pourra être reçu en notre Chambre, qu'il n'ait été vérifié sur les anciens, & renvoïé aux Jurisdictions ou Barres Roïales, dans l'étendue desquelles les fiefs mouvans de nous seront situés, pour y être, à la requête de nos Procureurs, aux plaids généraux d'icelles, ou pendant trois Audiences ordinaires, lus & publiés, à la diligence & aux frais des parties. (*p*)

Art. 13. Les aveus ne pourront être publiés aux Barres Roïales, qu'ils n'aïent été communiqués au Fermier de notre domaine des lieux où le fief est situé, pour fournir de blâme, s'il y échet; à l'effet de quoi la partie sera tenue d'élire domicile, tant à la Ville de Nantes, que dans le lieu de la Jurisdiction, & de le faire signifier au Fermier: à faute de quoi les exploits & réponses de notre Fermier, seront affichées à la principale porte de la séance de notre Chambre des Comptes à Nantes & des Barres Roïales, qui seront valables, comme s'ils étoient faits à personne ou domicile.

22. *Art.* 14. Les blâmes ou réponses du Fermier de nos domaines seront signifiés, tant à nos Procureurs ès Barres Roïales, qu'à notre Procureur Général en notre Chambre.

23. *Art.* 15. S'il n'est formé aucune oposition à la publication de l'aveu par nos Procureurs, par le Fermier de nos domaines, ou autres particuliers, il sera remis à la partie, ensemble les conclusions de nos Procureurs & l'avis des Officiers pour être présenté à notre Chambre; & après avoir été communiqué à notre Procureur Général, être procédé à la reception, s'il y échet.

24. *Art.* 16. Nos Procureurs ès Barres Roïales, seront tenus de faire registrer au Greffe de leur Jurisdiction, les conclusions qu'ils auront prises pour le blâme ou la reception des aveus, avec l'avis des Officiers, dont l'acte sera retiré par la partie, pour demeurer joint à l'aveu & mis conjointement dans le dépôt de la Chambre.

Art. 17. les blâmes ou les consentemens de nos Procureurs sur les lieux, & Fermiers de notre domaine, seront transcrits au dos ou au bas de l'aveu, si faire se peut, sinon écrits séparément, & signés par le Greffier de notre Chambre, & attachés aux aveus avec les pièces justificatives, si aucunes y a; & le tout remis à notre Chambre, au plus tard, six mois après l'Arrêt de renvoi, à peine de saisie des fruits, ausquels sera établi Commissaires aux frais de la partie.

25. *Art.* 18. En cas que nos Juges des Barres Roïales ordonnent la reception des aveus, nonobstant les blâmes ou opositions de nos Procureurs, ou Fermiers de notre domaine: Voulons que nos Procureurs, sous peine de répondre du déperissement de nos droits, en interjettent apel, & en donnent avis à notre Procureur Général en notre Cour de Parlement de Bretagne, afin qu'il prenne leur fait & cause, & fasse lever, instruire & juger l'apel jusqu'à Arrêt définitif.

26. *Art.* 19. Défendons à notre Chambre de recevoir aucun aveu blâmé ès Barres Roïales par nos Procureurs ou Fermiers de notre domaine, que le blâme n'ait été jugé définitivement en notre Cour de Parlement.

27. *Art.* 20. Permettons à notre Procureur Général en notre Cour de Parlement, s'il le trouve à propos pour la conservation de nos droits, d'interjetter apel des jugemens rendus ès Barres Roïales, portant reception d'aveu du consentement de nos Procureurs ou Fermiers de notre domaine.

28. *Art.* 21. Le dispositif des Arrêts, rendus sur la reception des aveus, sera sur le champ transcrit sur la requête de la partie, & signé par le Raporteur & le Président, puis délivré incessamment au Greffier, pour

NOTES:

(*p*) Mais ces bannies n'ont point d'effet contre les vassaux ni les autres tierces personnes qui ne se sont pas oposées à la certification. Sauvageau, *liv.* 1. *ch.* 334.

Les aveus rendus au Seigneur sont reçus sans publication.

CONFERENCE.

en dresser la minute, la faire signer au Raporteur & au Président, la remettre ensuite par ordre & date dans un registre relié qui sera clos & arrêté à la fin de chacune séance, & l'inventaire des Arrêts mis au commencement du registre, qui contiendra la page dans laquelle les Arrêts seront transcrits.

Art. 22. Les Arrêts qui seront rendus pour la reception, modification ou rejet des aveus, seront transcrits ou au dos, ou au bas d'iceux, si faire se peut, sinon transcrits séparément & attachés à la seconde copie de l'aveu, qui sera mise au dépôt de la Chambre, & du tout délivré copie à la partie.

Art. 23. L'aveu qui aura été reçu par la Chambre sera signé du Raporteur & du Président, chacune feuille par lui cottée & paraphée, & leur nombre marqué à la marge de la premiere.

Art. 24. L'aveu signé & paraphé sera remis au garde des livres, qui s'en chargera au grand Bureau sur le registre des aveus; & sera cotté par article séparé, qui fera mention de l'aveu, & de la datte de l'Arrêt de sa reception.

29. *Art.* 25. La preuve des droits prétendus par nos vassaux ou par ceux qui relevent d'eux dans la Province de Bretagne, pour fondation d'Eglise, prééminences, Jurisdiction, & autres droits seigneuriaux & féodaux, de quelque nature qu'ils soient, se fera par titres, documens & actes écrits. Défendons à notre Chambre, d'en admettre aucune par témoins que nous déclarons nulle & contraire à nos Ordonnances des années 1566. & 1667.

30. *Art.* 26. Les Officiers de notre Chambre ne pourront prendre ni recevoir plus grands droits ou épices, que ceux qu'ils avoient accoûtumé de recevoir avant l'année 1613. pour les foi & hommages, aveus & dénombremens, rendus à notre Chambre, nonobstant l'abonnement & composition par eux faite avec les Etats de la Province à la somme de 4000. liv. par chacun an, que nous avons cassé & annullé. (q)

V. l'Edit du 12. Sept. 1552. pour la Bretagne, dans la conf. sur l'art. 343. *n.* 86.

SOMMAIRE.

1. 24 *La saisie, faute d'aveu, n'emporte pas la perte des fruits.*
2. *Motif de la différence entre l'hommage & l'aveu, qui n'est dû que par la mutation de vassal.* V. aussi n. 6.
3. *Si le Seigneur peut avoir dans sa Jurisdiction des dépens contre son vassal.*
4. 21. *L'aveu ne fait foi qu'entre le Seigneur & le vassal, & non contre un tiers.*
5. *Nécessité des aveus pour corriger les anciens débornemens.*
7. *Si le possesseur d'une rente fonciere doit un aveu.*
8. *Droit général sur l'obligation du vassal à l'aveu.*
9. *Si le vassal doit exhiber ses titres.*
10. *Droit du Seigneur, faute d'aveu, borné à la saisie.*
11. *Quand les mineurs sont tenus à l'aveu.*
12. *Possesseur tenu à tous les droits féodaux.*
13. Quid, *quand il y a plusieurs Seigneurs & plusieurs vassaux.*
14. *Si le Seigneur, qui a saisi féodalement, peut exiger l'aveu des arrieres vassaux.*

NOTES.

(q) V. les observations de M. Hevin sur cet Edit dans la Consult. 65.

15. *Si le Seigneur, qui a reçu l'aveu, est tenu du trouble fait par un autre Seigneur, ou par un tiers.*

16. *Anciens aveus sans dénombrement, leur forme & nul acte de présentation.*

Depuis quel tems le dénombrement est nécessaire. Anciennement nul aveu des prééminences d'Eglise. Aux Notes.

17. *Forme usitée du tems des actes. Régle sure sur leur validité.*

Généralité des aveus anciens fort avantageuse aux vassaux.

18. *Si un acte, qui se trouve dans les Archives du Seigneur, fait foi.*

La reception des aveus n'est point marquée sur le double qui reste au Seigneur.

19. *Explication des mots* aveu, minu & tenue.

Difficultés du Seigneur, & contumace du vassal, également condamnables.

20. *De l'effet des aveus. Distinction subtile entre la confession & la reconnoissance.*

21. *Quand la confession* pro veritate habetur. *Si elle a quelque effet contre les tiers. Inutilité de l'aveu rendu à l'un des Seigneurs qui sont en contestation sur la mouvance. De la régle* vassallus possidetur, non possidet.

22. *Si l'expression d'une rente, dans un contrat de vente, est un titre pour le Seigneur, de l'énonciation des actes en faveur d'un tiers.*

23. *Force des aveus contre ceux qui les ont rendus, & contre leurs successeurs.* Quid *de l'aveu rendu à* non vero Domino.

COMMENTAIRE.

1. D'ARGENTRE' AIT. In veteri trium mensium spatium præstitutum fuit ad professionem edendam rerum feudalium : id est ad tradendum dinumeramentum, quod ni intrà tempus fieret, manum injicere Domino licebat. Dubitatio erat an fructus suos faceret : hîc præcisè constitutum ne faciat, sed uti restituatur, vassallo debitum offerente & præstante, (r) idque ex Francorum Consuetudine & usu : additum ut intrà annum liceret.

2. HEVIN. Cet article 360. n'impose l'obligation de fournir aveu, que pour la mutation du vassal, quoique l'art. 347. exige aussi l'hommage par la mutation du Seigneur. La raison de différence est que l'aveu ou dénombrement regarde plus la seigneurie ou le réel, que la personne du Seigneur, qui ne change rien dans la possession du vassal : & au contraire l'hommage regardant le devoir envers la personne, est dû par toute mutation, soit du vassal, soit du Seigneur. Vid. la Confer. des Coût. *fol.* 293. *in fine & v°.* (s)

3. *Aveu* & *avoüer.* Ragueau *in eod. verbo & cap.* 2. *de rebus Ecclesiæ non*

NOTES.

(r) Parce que la saisie, faute d'aveu, se fait seulement pour punir la contumace du vassal, & non pour aporter profit au Seigneur. Coquille, *tit.* 4. *art.* 8. *in fin.*. V. le nombre 24.

(s) V. le nombre 6. la conférence *n.* 5. 7. & 9. le commentaire sur l'art. 343. *n.* 11. & sur l'art. 347. *n.* 6. Du Moulin, §. 8. *gl.* 1. *n.* 3. & §. 66. *n.* 1. Brodeau & M. le Camus, *art.* 8.

alienandis in 6. V. art. 343. suprà. Le Seigneur ne peut avoir adjudication de dépens par sa Cour contre son sujet. Sic judicatum.

4. L'aveu ne fait foi qu'entre le Seigneur & le vassal, non contre un tiers. Quæ quisque aliena in censum deducit, nihilò magis ejus fiunt, *L.* 64. *ff. de acquir. rer. domin. L. functiones* 4. *L. censualis* 7. *C. de donat. L. forma* 4. §. *si cùm de censib.* Vid. M. le Prestre, *cent.* 3. *ch.* 117. & sup. notam ad art. 332. Brodeau ad art. 8. Consuetud. Paris. conforme à l'art. 9. de la Coût. de Paris. Vid. Brodeau ad eum & sur l'art. 8. *nomb.* 6. & Molin, *art.* 52. *gl.* 1. *n.* 11. 12. 20. *& seqq.* (*t*)

5. Les aveus ou répétitions de professions féodales sont nécessaires pour corriger les vieux tenans & aboutissans, qui changent varietate successionum & possessionum, novis consensibus, *L. XI. ff. fin. regund. L.* 2. *C. eodem.* C'est là que se raporte ce qui est dit en la Loi 2. *de censib.* Vitia priorum censuum editis novis professionibus evanescunt. Sur laquelle Godefroy dit: » hæc lex » Dominis & vassallis scitu est admodùm necessaria.

6. La Constitution du Duc Jean de 1420. (*u*) dit que l'homme est tenu de bailler sa tenue une fois. Vid. Brodeau sur Paris *ad art.* 65. *num.* 17.

7. Le possesseur d'une rente fonciere doit-il bailler aveu? Non puto. (*x*) Nam hîc & *art.* 343. & sup. dit *héritage.* Vide *ad art.* 60. *sup.*

Minus malè *Minus* in sensu hodie noto. (*y*)

Procéder par saisies. Additum contra veteris art. 85. & 223. & 225. vetust. quidquid dicat Argentr. ad *D. art.* 85. (*z*)

Tenu bailler au Seigneur déclaration. Coût. de Paris, *art.* 50.

8. D'ARGENTRÉ A. C. *Art.* 85. C'est une Loi universelle que le vassal doit reconnoître quels biens il tient d'un Seigneur, leur qualité & leur quantité, & cela par une reconnoissance solemnelle.

9. On propose ici la question (*a*) si le vassal est tenu d'exhiber ses titres.

NOTES.

(*t*) V. le nombre 21. la conférence, *n.* 13. & le commentaire sur l'art 332. *n.* 7.

(*u*) V. l'art. 686. des Ordonnances dans la conférence.

(*x*) Cette opinion de M. Hevin n'a pas été reçue dans l'usage; & le sentiment commun est pour l'obligation de rendre aveu des rentes fonsiéres. L'objection fondée sur ce que les art. 343. & 360. ne parlent que d'héritages, n'a aucune solidité. Car la rente fonsiére étant un immeuble réel & une *délibation* de l'héritage qui en est chargé, comme je l'ai prouvé sur l'art. 60. & sa qualité noble ou roturiere étant absolument celle de l'héritage, on ne peut pas se dispenser de la comprendre sous le mot générique d'*héritage*, dont parle la Coûtume.

De plus, quand le Seigneur donne son consentement à la charge de la rente sur l'héritage mouvant de lui, cette rente, ainsi inféodée, est constamment un droit réel, dont le Seigneur est chargé dans l'année du rachat & pendant la saisie féodale. Il faut donc que le Seigneur soit servi de cette rente par un aveu, pour pouvoir exiger, à chaque mutation du possesseur de la rente, le rachat qu'il perd par l'obligation où il se trouve de la payer, lorsqu'il perçoit le rachat à la mort du possesseur de l'héritage chargé de cette rente.

(*y*) Qui ne s'aplique qu'à la déclaration pour la perception du rachat.

(*z*) L'article 85. de l'A. C. donne expressément au Seigneur le droit de saisir faute d'aveu.

(*a*) V. art. 361. *n.* 2.

Plusieurs Coûtumes l'y obligent, à moins qu'il ne jure qu'il est dans l'impuissance de le faire. * Dans notre usage, on oblige en général le vassal de communiquer au soutien de son aveu : mais il ne doit pas les titres (*b*) originaires. S'il allégue un contrat d'acquisition, il doit l'exhiber & les autres titres qu'il déclare comme fondemens de sa possession.]

10. *Tout sujet.* On n'admet pas l'opinion des Docteurs qui, faute d'aveu, présument que tous les biens du vassal sont féodaux. * L'Auteur veut dire sans doute qu'ils sont réunis au fief dominant.] Le Seigneur n'a que la voïe de la saisie.

11. Au reste la généralité des mots *tout sujet*, est limitée à ceux qui sont capables de ce devoir. C'est pourquoi les mineurs & les insensés n'y sont pas tenus, s'ils n'ont un curateur, au défaut duquel de satisfaire & à ses risques, le Seigneur peut user de ses droits.

12. Ces mots s'entendent aussi du possesseur de l'héritage. Car pendant qu'il possede, il est tenu de tous les droits féodaux.

13. On agite ici la question dans les cas où il y a plusieurs Seigneurs ou plusieurs vassaux. * Cette question, par raport aux Seigneurs, est peu d'usage en Bretagne où l'on connoît peu de Coseigneurs. Et quant aux vassaux, sans entrer pareillement dans ce qui est dit ici, il suffit d'en revenir aux articles de la Coûtume qui réglent la chose par raport aux biens indivis.] L'Auteur impute à du Moulin d'avoir dit qu'un seul pouvoit fournir aveu pour tous les autres vassaux. * Il a dit le contraire quant à l'aveu. Ce n'est que pour la foi & l'hommage; & encore il ne l'a pas dit absolument, mais seulement à l'effet d'empêcher une mainmise féodale au préjudice du vassal diligent.]

14. Quand le Seigneur tient en sa main le fief de son vassal, peut-il obliger les arrieres-vassaux de fournir aveu? Il faut distinguer les différentes causes de saisies féodales. Quand elle est faute d'hommage, & que le Seigneur est en droit de faire les fruits siens comme fruits de male foi, il joüit véritablement; & il peut par conséquent user de tous les droits du fief, à cause de l'espece de consolidation qui se fait pendant ce tems-là. Mais quand c'est une saisie, faute des autres devoirs, faite, par exemple, faute d'aveu, il n'en est pas de même. Le Seigneur ne fait pas les fruits siens, *non possidet, sed est in possessione* : ce n'est qu'une espece de séquestre, *rei servandæ causâ*; & le Seigneur ne peut rien faire que *jure administratorio* pour la conservation des droits. Mais le Seigneur proche dont le fief est en saisie peut il poursuivre les vassaux? L'Auteur décide qu'il ne le peut pendant ce tems-là.

15. On demande (*c*) si le Seigneur aïant reçu un aveu, est tenu de l'éviction ou du trouble qu'aporteroit un autre Seigneur. L'Auteur décide

NOTES.

(*b*) Du Moulin, §. 8. *gl* 1. *n.* 7.

(*c*) Le Seigneur n'est point tenu de garentir au vassal les domaines & droits contenus dans l'aveu, quoiqu'il soit à couvert de l'impunissement, lorsque ces droits sont contestés par un tiers. Du Moulin, §. 10. *n.* 23. La Lande, *art.* 79. *n.* 4. Ferriere, *art.* 8. *gl.* 1. *n.* 16. & *art.* 10. *n.* 7.

pour la négative, à moins que le Seigneur à qui l'on auroit fourni l'aveu, n'eût perçu des droits, comme ventes, rachat & rentes, qui seroient ensuite demandés par un autre, & dont la restitution seroit dûe en cas d'éviction de la mouvance. (*d*)

16. *Baillera.* Les Anciens agissoient entr'eux de bonne foi. On voit encore d'anciens aveus très-sommaires & sans détail, qui ne portoient que la maison & ses dépendances en général, (*e*) & sommairement les devoirs & obligations. On y mettoit les sceaux de plusieurs personnes de considération. Mais dans la suite, l'infame perfidie, qui s'est introduite dans le monde, a donné lieu à beaucoup de contestations sur la forme de ces actes, & sous prétexte qu'ils n'étoient pas signés des parties, & qu'on ne voïoit pas l'acte de présentation des aveus; ce qui ne faisoit naître anciennement aucun doute.

17. * L'Auteur entre là-dessus en un grand détail, dont il seroit difficile de faire l'abregé. Il vaut mieux se fixer à un point décisif en ces matieres, sauf à recourir, en cas de besoin, aux observations plus particulieres de l'Auteur.

La validité des actes doit être examinée par raport à la forme usitée dans le tems auquel ils se sont passés. On voit par exemple des Ordonnances, qui portent qu'à l'avenir les actes seront signés des parties ou de personnes à leur requête. Il s'ensuit donc qu'ils étoient valables auparavant. Je dis plus. La forme trop exacte, pour la signature dans un tems où elle n'étoit pas usitée, seroit une présomption de fausseté & de fabrication. Ausurplus ce que l'Auteur remarque, que les aveus étoient peu specifiques, a dû beaucoup servir dans les réformations. Car au moment que l'usage étoit de se renfermer dans des généralités, & de ne pas faire des dénombremens specifiques de droits, on étoit mal fondé à faire, sous ce prétexte, des contestations de plusieurs droits particuliers comme on l'a voulu faire souvent, en tirant avantage de la peu exacte specification, pour vouloir réduire sur le même pied les nouvelles déclarations qui désormais doivent être specifiques par un autre usage qui s'est établi.]

18. L'Auteur propose ici la question au sujet d'un acte qui se trouve dans les archives du Seigneur, ne paroissant pas comment il lui a été délivré & s'il l'a été: il propose les doutes de part & d'autre. (*f*) * Je dis que, si l'acte est en forme eu égard au tems de sa date, il fait preuve; & l'on en voit un exemple, en ce que l'on ne marque point, sur les aveus qui se mettent aux archives du Seigneur, l'acte de leur réception, qui ne se met que sur l'autant qui demeure au vassal.]

NOTES.

(*d*) Du Moulin *ibid.*

(*e*) V. la conférence *n.* 10. *&* 17.

C'est depuis environ deux siécles que la forme du dénombrement est devenue essentielle. Hevin, *Quest. Féod. pag.* 199. 257. 332. Sauvageau, *liv.* 1. *ch.* 333.

On n'y emploïoit point les prééminences, parce qu'elles ne dérivent point véritablement de la féodalité. On les a exprimées dans les aveus depuis le même tems que le dénombrement est nécessaire. Hevin, *Quest. Féod. pag.* 187. *&* 317.

(*f*) Les questions qui ont raport à cette matiére sont amplement traitées par du Moulin, §. 8.

19. *Aveu, minue & tenue.* L'*aveu* signifie la reconnoissance personnelle d'être sujet & vassal. Le *minu* & *dénombrement* est le détail de ce que l'on possede; & la *tenue* signifie quelque chose de différent de la simple personalité de l'aveu, puisqu'elle est par raport à la réalité des choses. * Ces petites distinctions ne servent qu'à expliquer ce qui au fond est la même chose. Car il n'y a point de petit Notaire, qui ne sçache renfermer dans un aveu, sans même y penser, l'effet de toutes ces distinctions. On y déclare être homme & sujet : c'est la personalité. On y déclare que c'est à cause de telle chose: c'est la tenue réelle. On fait le détail & les specifications : c'est le minu & dénombrement.]

L'Auteur entre ici en un grand détail sur la matiere & la forme des aveus. On vient de toucher l'un & l'autre en général; & il suffit de raporter les termes sensés de l'Auteur qui pose pour principe que, *neque rixosus Dominus, nec contumax vassallus, ferendus sit.* C'est-à-dire que le Seigneur ne doit pas être trop pointilleux, & qu'on ne doit pas aussi autoriser un vassal, qui affecte de ne pas assez expliquer les devoirs ausquels il est sujet.

20. Quant à la force & à l'effet des aveus, ils emportent confession & reconnoissance qui sont sinonimes en cette matiere. Il y a ici des distinctions subtiles entre la confession & la reconnoissance; en ce que la confession ne change pas la nature des choses, ni, par exemple, qu'un bœuf soit un cheval. Ce sont les termes de l'Auteur. Mais dans l'obscurité, & dans le doute, elle fait preuve jusqu'à ce qu'on ait prouvé le contraire; à quoi l'on est toujours reçu. La reconnoissance, au contraire, tient plus du contrat & de la convention, & a par conséquent plus d'effet; & comme les aveus portent en même tems confession & reconnoissance, * ce n'est que pour discerner ce qui est susceptible d'explication dans les aveus, que l'on peut recourir aux distinctions que fait l'Auteur, & qui, à vrai dire, paroissent bien métaphysiques.]

21. Au reste, quand on dit que la confession ou la reconnoissance *pro veritate habetur*, cela n'a lieu qu'entre les parties, entre lesquelles l'acte a été passé: car elles ne peuvent préjudicier à un tiers. (*g*) Par exemple, si, pendant la contestation de deux Seigneurs sur une mouvance, le vassal rend aveu à l'un d'eux, il ne constitue pas dans la possession le Seigneur qu'il reconnoît. C'est une suite de la maxime, *vassallus possidetur potius quàm possidet.* Il ne peut

NOTES.

(*g*) V. le nombre 4. la conférence *n.* 13. & le commentaire de l'article 332. *n.* 7.

» Dénombrement baillé sert de confession » contre celui qui le baille : mais ne pré-» judicie à autrui, ni au Seigneur qui le re-» çoit ; sinon que le vassal étant retour-» né vers lui après quarante jours, pour » le reblandir, il ne le blâme. « Loisel, *liv.* 4. *tit.* 3. *art.* 47. Le Grand, *art.* 30. *gl.* 3. *n.* 8. Boucheul, *art.* 70.

Mais si l'aveu est ancien, il peut obliger un tiers aux devoirs qu'il contient, pourvu qu'il soit soutenu & suivi d'une possession bien prouvée. Auroux, *art.* 383. Boucheul, *art.* 70. *n.* 7.

» Ubi de dominio, vel alio jure reali agi-» tur, confessio etiam à sciente facta nul-» lam inducit immutationem dominii, nec » aliam dispositionem, & nihil aliud opera-» tur, quàm simplicem probationem, donec » contra probetur. « Du Moulin §. 1. *gl.* 5. *n.* 32.

peut transférer à un autre la possession qu'il n'a pas, à moins que cette possession s'établisse par une continuation d'autres actes. (*h*)

22. Vient ensuite une question assez ordinaire, si un contrat de vente portant que le vendeur vend une telle terre tenue d'un tel à la charge de telle rente, il en naît une action & une preuve pour le Seigneur, quoique absent, au profit duquel cette reconnoissance a été faite. Les Docteurs sont partagés sur cette question. Du Moulin a parlé amplement de la force des termes énonciatifs d'un acte, & de la distinction d'une énonciation en faveur de celui qui y parle, ou de celui qui est absent. Plusieurs Docteurs prétendent qu'en ce dernier cas, l'acte ne fait aucune preuve; d'autres prétendent qu'il la fait *semiplene*. Le sentiment de l'Auteur est qu'encore que, par la raison étroite de Droit, lorsque personne ne stipule pour l'absent dans un acte, il n'a aucun droit acquis; cependant un pareil acte (*i*) peut opérer preuve. Car de quel front un homme contestera-t'il ce qu'il a reconnu? Vû d'ailleurs qu'il y a plusieurs Ordonnances qui obligent les Notaires de raporter dans les contrats de quels Seigneurs les héritages sont tenus: or ils sont censés avoir obligé les parties d'en faire une juste déclaration. On raporte ici un Arrêt du Parlement de Paris rendu en 1545. entre le Seigneur d'Espinay & Jean de Carion Mattes, lors duquel le Seigneur d'Espinay ne s'aida que d'un contrat d'acquêt fait par ledit de Carion avec un tiers, portant ces mots, *tenue du Seigneur d'Espinay à la charge de 5. s. de rentes*, quoique Papon raporte un Arrêt contraire: *sed non semper vera canit Cassandra*.

23. Au surplus les aveus font contre ceux qui les ont fournis, & contre leurs hoirs ou aïans cause, possesseurs à titre particulier. Mais ceux qui auroient été fournis *à non vero Domino*, seroient hors du cas & du péril de cet article.

24. *Sur peine de saisie & joüissance.* La question est de sçavoir, si c'est en pure perte pour le vassal. On a deja dit, & la plûpart des Coûtumes le portent, que la saisie, faute d'aveu, n'emporte pas la perte des fruits pour le vassal. Le mot de jouissance est donc ici abusif. Cependant l'Auteur ajoute que, si le vassal étoit constitué en des Contumaces trop opiniâtres, il pourroit alors être puni par la perte des fruits, & qu'on pourroit se servir d'autant plus utilement de l'expression de cet article. * Mais la Nouvelle Coûtume a décidé en général que les fruits ne sont jamais en pure perte en ce cas, & qu'il est dû mainlevée quand le vassal a obéi. (*k*)

NOTES.

(*h*) V. Hevin, *Q. Féod. pag.* 66. 67. 72. 240. 354. 365.

(*i*) Ferriere, *art.* 8. *gl.* 2. *n.* 18.

(*k*) V. le nombre 1.

ARTICLE CCCLXI.

Tout Seigneur est tenu de blâmer ou reprocher les aveus & dénombremens, qui lui seront présentés dedans trente ans, à compter du jour de la réception desdits aveus par le Seigneur ou son Procureur : & ledit tems passé demeureront pour dûement vérifiés.

NOTES.

V. du Moulin & les autres Commentateurs de la Coûtume de Paris, *art.* 10 Auroux, *art.* 383. Basnage, *art.* 120. Boucheul, *art.* 135. 137.

Dûement vérifiés. Entre le Seigneur & le Vassal seulement, & non contre les tierces personnes, ni contre le vrai Seigneur, ni contre les arrieres-vassaux. Hévin, *Quest. Féod. pag.* 265. 281. 354. 365. Du Moulin §. 8. *gl.* 1. *n.* 8. *n.* 84. *& suiv.* V. le commentaire sur l'art. 360. *n.* 4. & 21.

Le vassal peut reclamer contre les erreurs de son aveu dans les 30. ans. Hévin, *Quest. Féod. pag.* 36. & il n'est point obligé de prendre des lettres de restitution. Basnage, *art.* 122.

» Si aucun vassal tient en foi & hommage » aucuns héritages & possessions, & d'iceux » il baille son dénombrement à celui de qui » ils sont tenus & mouvans en fief; & depuis ce il vient à la connoissance d'icelui, » qu'audit fief y a plus ou moins qu'il ne » baille par son dénombrement, il lui loist » de bailler plus pleine déclaration de ce qui » est de nouvel venu à sa connoissance, au » cas toutefois que le vassal ne le feroit, ou » auroit fait frauduleusement & au préjudice » du Seigneur. » Grand Coûtumier, *p.* 108.

Du 16. Janvier 1669.

Vu par la Cour la requête de Dame Jeanne-Pelagie de Rieux, Dame Marquise d'Asserac, Comtesse de Châteauneuf, Vicomtesse de Donges, Baronne de la Hunaudaye, & autres places; par laquelle elle expose, qu'elle a plusieurs Jurisdictions dépendantes de sesdites terres & seigneuries, lesquelles s'exercent par differens Officiers, entre lesquels ses Procureurs Fiscaux, qui ont leurs parens & amis dans l'étendue des seigneuries, dont le soin & la conservation des droits leur est commis, pour favoriser les uns & les autres au préjudice de l'exposante, elle a eu avis que quelques-uns d'entr'eux, par une lâche complaisance, donnent des reçus d'aveus, quoiqu'il ne leur en soit point fourni de copies, ou dumoins ne les mettent dans les archives de ladite Dame, & pour autoriser les usurpations qui se font journellement de sesdits fiefs, il y a de sesdits Procureurs Fiscaux, lesquels ont eu assez d'infidélité, pour donner des certificats qu'ils ont vu les actes justifians les droits dont on minute l'usurpation; & par ce moïen un chacun empiette sur ses droits; & elle ne peut empêcher ces desordres, qu'en faisant défendre à sesdits Procureurs de recevoir à l'avenir en cachette aveus, & les communications des titres qui en justifient les droits, & aux vassaux de les leur fournir de la sorte. A ces causes, requeroit que défenses eussent été faites aux Procureurs Fiscaux de sesdites Jurisdictions de recevoir à l'avenir aucuns aveus & communications des titres qui en justifient les droits qu'en l'audience publique de chacune desdites Jurisdictions, dont il sera raporté acte sur le registre du Greffe, & aux vassaux de les leur fournir & communiquer leurs actes hors lesdites audiences publiques, à peine de nullité desdites receptions, & de privation des charges desdits Procureurs Fiscaux, & à ce qu'aucuns desdits Officiers & Vassaux n'en prétendent cause

CONFERENCE.

Art. 664.

Amiens 19. Artois 15. Cambray, *T.* 1. 58. Metz, *T.* 3. 6. Laon 204 205. Châlons 204. 205. 206. Ribemont 33. Sedan 70. Salle de Lille, *T.* 1. 42. Douay, *T.* 1. 15. Paris 10. Etampes 44. Dourdan 17. Mortfort 7. Perche 44. Orleans 82. Montargis, *T.* 1. 66. Blois 106. Bourbonnois 383. Normandie 122. Eu 54. Tours 3.

SOMMAIRE.

1. *Si le vaßal est obligé de communiquer la premiere concession exprimée dans la seconde.*
2. *Reception par le Seigneur même suffit, quoiqu'elle ne soit pas faite à l'audience.*
3. *Si le Seigneur peut demander l'exhibition après* 30. *ans, pour faire païer les profits de fief.*
4. *Il suffit de blâmer; & c'est au vassal à faire juger.*

Quid? *Lorsqu'il y a possession de* 40. *ans depuis la dénégation portée par l'aveu.* Aux Notes.

5. *Impunißement réel suffit.*
6. *Vassal tenu vers ses consorts à la libération d'une redevance solidaire, quoiqu'il ne l'ait pas emploïée dans un aveu non impuni.*

COMMENTAIRE.

D'ARGENTRE' AIT. Jure veteri de hoc nil erat constitutum; censebantque omnes, intra tempora legitimarum præscriptionum, id est 40. annos, refelli dinumeramentum posse. Consulti ordines triginta annos constituerunt, post quos non liceret; & mirum est non solùm singulos, sed & Provincias totas tantùm judicio dissidere. Parisienses, qui hoc ipso anno Consuetudinem suam reformabant, non ampliùs de eo quàm quadraginta dies statuêre *art.* 10.

NOTES.

d'ignorance, que le présent Arrêt sera lu & publié aux Prônes des Grandes-Messes des Paroisses, & registré au Greffe de chacune desdites Jurisdictions : & tout consideré.

La Cour a fait inhibitions & défenses aux Procureurs Fiscaux desdites Jurisdictions de recevoir à l'avenir aucuns aveus & communication des titres justificatifs des droits portés par iceux, & aux vassaux de les fournir & communiquer lesdits titres qu'en l'audience publique, dont il sera raporté acte sur le registre du Greffe de chacune desdites Jurisdictions, à peine de nullité desdites receptions, & d'interdiction des charges desdits Procureurs Fiscaux : & à ce qu'aucun n'en prétende cause d'ignorance, ordonne ladite Cour que le présent Arrêt sera lu & publié aux Prônes des Grandes-Messes des Paroisses, & registré au Greffe de chacune desdites Jurisdictions.

La disposition qui oblige de raporter acte sur le registre du Greffe n'a pas été suivie à la rigueur; & il suffit que le vassal soit saisi du double de l'aveu au pied duquel est la reception, signée du Juge, du Procureur Fiscal & du Greffier.

Hevin. Vid. infrà 664.

1. Novi Juris. V. Brodeau sur Paris, *art.* 71. *nomb.* 2. *&* 3. ad validitatem secundæ concessionis non tenetur vassallus ostendere primam concessionem suis prædecessoribus factam in hâc secundâ narratam; quia etiamsi prima facta non fuisset, hæc secunda valeret, postquam in seipsâ concedendo disponit. Benedicti *in cap. Raynutius in verb. & uxorem decis.* 2. *num.* 22. *in primâ parte.* (*a*)

Reception. Meliùs *de la présentation*; car la reception est dans les Coûtumes une aprobation entiere.

2. Poullain. Si le Seigneur lui-même avoit reçu l'aveu, il ne pourroit alléguer le défaut de représentation & réception à l'audience, parce que les inconvéniens qui ont fait le motif de l'Arrêt de 1669. cesseroient en ce cas.

3. Hevin. Si le Seigneur après 30. ans peut demander aux vassaux l'exhibition des titres, (*b*) pour leur faire païer les profits de fief, v. Brodeau sur l'art. 12. de la Coût. de Paris, *num.* 11. *& seq.* & sur l'art. 73.

De l'exhibition des titres entre le Seigneur & le vassal; idem sur l'art. 44. & sur le 68. Argentr. *ad art.* 140. *gl.* 1. *&* 3. 316. 324. *vet. Consuet. & ad art.* 277. où il semble contraire à du Moulin.

Du titre primitif & de ce qui le suplée, le même Brodeau sur l'art. 71. de la Coût. de Paris & sur M. Loüet, *lett.* D. *num.* 9. *art.* 8. Adde M. le Prestre & son Scholiaste, *cent.* 1. *chap.* 58.

4. Poullain. Quand le Seigneur a impuni specifiquement un aveu en Justice, il n'est pas besoin que l'instance d'impunissement ait été jugée; & le vassal n'est pas recevable à alléguer la peremption. Car l'impunissement une fois formé, est directement oposé à l'aprobation tacite résultante du silence pendant 30. ans; & l'on est toujours à lieu par conséquent d'alléguer les mêmes moïens d'impunissement. Mais on ne peut, après 30. ans de l'aveu dûëment reçu, alléguer de nouveaux moïens; & l'on ne peut plus faire valoir que ceux qui ont été specifiquement proposés.

Hevin. Arrest I. *Tout Seigneur est tenu de blâmer.* Il suffit donc de blâmer; & le Seigneur n'est pas obligé d'obtenir un jugement. C'est au vassal à prouver, instruire, & faire juger à son profit, si bon lui semble. Jugé ce lundi 12. Novembre 1691. au raport de M. Hubert de Lasse, au profit du Baron du Rouhet ou de Lisle Roüet Berraudiere, pour qui j'écrivois, contre Laurent Briand & Magdelaine Ktanguy sa femme, & François la Forest & femme.

NOTES.

(*a*) V. art. 360. *n.* 9.

(*b*) V. la conférence sur l'art. 343. *n.* 25. La possession du vassal pendant 40. ans est nécessaire pour le dispenser de cette exhibition, les lods & ventes ne pouvant se prescrire que par 40. ans faute d'exhibition; & d'ailleurs le possesseur pouvant avoir usurpé un bien qui devoit revenir à la seigneurie par deshérence ou par quelqu'autre voïe. V. Coquille, *tit.* 4. *art.* 56. Auroux, *art* 393

4. Quelques-uns (c) des vassaux avoient rendu en 1633. un aveu, par lequel ils portoient la mouvance de leur portion d'héritage franche de rentes, contre la teneur des précédens aveus & contre la possession. D'autres consorts rendirent en 1637. un pareil aveu infidéle. Le Procureur Fiscal fit signifier, dans les 30. ans, ses moïens de blâme, en ce qu'il étoit dû solidairement & consortement une altelée de froment & vingt deniers monnoïe.

En 1664. quelques autres consorts rendirent aveu, par lequel ils avoüerent la rente par grains & par deniers, mais ils la voulurent diviser & se dispenser de la solidité.

En 1681. 1685. & 1688 Laurent Briand & ses consorts donnerent encore des aveus infidéles, lesquels le Seigneur soutint être défectueux, & leur fit signifier des moïens de blâme, même contre les aveus antérieurs, sur lesquels fut rendue sentence en la Jurisdiction de Coëtmeal, à son profit, confirmée par sentence des Juges de Brest, dont les vassaux releverent apel; soutenant que faute d'avoir obtenu sentence définitive sur l'instance de blâme de 1662. ou conservé l'action par une interruption continuelle, lesdits aveus étoient demeurés confirmés, & qu'ainsi les derniers se trouvant conformes aux précédens, il ne restoit plus de réformation d'aveus à ordonner.

Le Seigneur répondoit que, par toutes les Coûtumes, soit la nôtre, ou les autres du Roïaume, qui ont fait des dispositions du blâme d'aveu & dé-

NOTES.

(c) Cette exposition de l'espéce du procès sur lequel l'Arrêt du 12. Novembre 1691. fut rendu, est tirée des écrits que M. Hevin fournit pour le sieur de la Beraudiere de Lisle Rouhet; & elle fournit quelques observations interressantes.

La premiere, que la possession étoit contraire à l'exemption de rentes portée par les aveus contre lesquels les moïens de blâme avoient été fournis; & cette possession établissoit l'impunissement réel, dont M. Hevin parle au nombre suivant, & qui suffisoit sans l'impunissement formel.

La seconde, que la rente étoit solidaire; & qu'aïant été reconnue par une partie des vassaux qui l'avoient même païée, un des apellans aïant de plus rendu, quelques jours avant la Sentence, un aveu portant que les biens qu'il possédoit étoient le gage & l'hypotéque des chef-rentes, ces circonstances pouvoient suffire pour rendre sans effet l'exemption portée par les anciens aveus.

Après ces observations sur l'Arrêt de 1691. je crois qu'il y a une distinction à faire sur la maxime générale. Il est vrai que l'impunissement de l'aveu suffit, sans que le Seigneur soit assujetti à faire rendre un jugement sur les moïens de blâme qu'il a proposés contre l'aveu. Mais il est également vrai que la dénégation du droit féodal, suivie de la possession de 40. ans, opere la prescription en faveur du vassal. Ainsi quand le vassal a rendu un aveu portant l'exemption de rentes, la présentation de cet aveu, & sa reception à l'audience, a le même effet que la dénégation des rentes dont l'exemption est portée dans son aveu. Il est vrai que si le Seigneur impunit l'aveu dans les 30. ans, quoiqu'il ne soit pas rendu de jugement, l'aveu n'aura pas la force de titre, parce qu'il est impuni. Mais la dénégation du droit subsiste; & si le Seigneur laisse écouler plus de 40. ans, depuis la dénégation portée dans l'aveu, il peut se faire un concours de la peremption & de la prescription de 40. ans: après quoi la rente est éteinte, de même que si le vassal, sans rendre aveu, avoit contesté le devoir féodal, & avoit eu depuis la liberté pendant 40. ans.

nombrement, le blâme se fait & s'accomplit par la seule déclaration du Seigneur; que le texte de l'art. 361. n'impose pas au Seigneur de fief d'obtenir un jugement, mais seulement de blâmer ou reprocher; ce qui est une simple déclaration du Seigneur de n'aprouver pas l'aveu que le vassal lui a présenté.

Que, dans l'espece particuliere, une partie des vassaux possesseurs, à charge de rentes solidaires & consortement, n'avoient jamais fait de contestation, & le Seigneur avoit toujours été païé de ses rentes, plusieurs n'aïant pas la témérité de contester leur obligation prouvée par les anciens aveus, que le Seigneur avoit la faculté de s'adresser à qui bon lui sembloit des teneurs; & qu'il est de maxime que, lorsqu'un devoir ou rente est dû solidairement par plusieurs, l'interruption faite contre l'un vaut contre tous les autres, comme dit M. d'Argentré sur l'art. 277. de l'Ancienne *in verb. en sa Seigneurie num.* 4. Exercitium juris in parte conservat in toto.

Qu'enfin six jours avant la sentence dont étoit apel, un des apellans rendit aveu le 3. Août 1691. par lequel il reconnut que la portion qu'il possedoit étoit le gage & hypotéque des chefrentes.

5. Le blâme se fait, non tantùm scripto, sed & facto contrario. (*d*)

6. Arrest II. Par Arrêt du 21. Janv. 1681. au raport de M. de Tremereuc, jugé entre Jean & Julien Primaut, apellans de sentence rendue au Présidial de Rennes, & Demoiselle Jeanne Baudet intimée; qu'encore que ladite Baudet eût prescrit, contre le Seigneur, exemption ou diminution de la rente dont ses héritages étoient chargés, néanmoins le tout de la rente étant solidairement dû sur les héritages d'une tenue consorte, au paiement de laquelle lesdits Primaut étoient demeurés sujets, elle étoit tenue de les libérer de la portion de ladite rente à laquelle ses héritages étoient affectés.

De sorte qu'en ce cas l'aveu ne produit aucun effet, quoique hors le tems de blâme. La raison peut être que le Seigneur aïant conservé contre les autres, il n'y avoit pas d'aparence de lui faire perdre cette partie (*e*) de sa rente solidaire; mais plûtôt d'éluder l'affranchissement qu'elle s'étoit acquis par la seule prescription. Car si elle eût fait voir un contrat d'affranchissement, ou qu'il eût été réferé dans son aveu de la portion de rente qui lui incomboit; en ce cas le Seigneur ne se fût pas dispensé de décharger les autres hommes d'autant, & de la laisser en liberté. Ergo la prescription n'a pas même force que le contrat ou la convention; cependant elle vaut pour le moins *pactum de non petendo*.

Cet Arrêt semble choquant.

NOTES.

(*d*) C'est-à-dire par l'impunissement formel, & par l'impunissement réel qui est la possession contraire à l'aveu. Sauvageau, *liv.* 1. *ch.* 285.

(*e*) V. l'Arrêt 1. & Poequet *des fiefs*, *liv.* 6. *ch.* 1. *n.* 12. & 17.

ARTICLE CCCLXII.

Le vassal apellé à reconnoître son Seigneur le doit avoüer: & s'il le désavoüe, & en soit par jugement vaincu, il perd ce qu'il tient dudit Seigneur en la tenue désavoüée. Et si le vassal dit qu'il ignore ladite tenue, & qu'il ait quelque juste cause d'ignorance, comme s'il a nouvellement succedé à autre, ou qu'il soit venu, par contrat particulier, à nouvelle possession, en ce cas délai compétent lui doit être baillé de s'en enquerir, & en venir répondre par aveu ou désaveu, au terme qui lui sera préfix. Et si, audit terme, il désavoüe, & par sentence est vaincu, il perdra ce qu'il tient en la tenue déniée, comme devant est dit.

NOTES.

SOMMAIRE.

1. *Si le désaveu d'une partie emporte la commise pour le tout.*
2. *Désaveu*, ratione rei & personæ simul, *nécessaire pour opérer la commise.*
3. *Main-levée provisoire en cas de désaveu*, rei tantùm, vel personæ tantùm.
4. *Si le désaveu peut être retracté avant le jugement.*
5. *Action afin de commise éteinte, si elle n'est pas formée avant la mort du Seigneur ou du vassal.*
6. *Le seul propriétaire peut désavouer.*
7. *Du désaveu des gens de main-morte, & du bénéficier.*
8. *Du désaveu des mineurs & de leurs tuteurs & curateurs.*
9. *Prescription de l'action de commise pour désaveu.*

V. Feud. *L.* 2. *T.* 26. §§. *Vassallus si feudum, & vassallus feudum.* Le conseil de P. de Fontaines, *ch.* 13. *n.* 8. 12. & 15. Coût. de Beauvoisis, *ch.* 46. Loisel, *L.* 4. *T.* 3. *art.* 94. 96. 97. Ragueau aux mots *qui fief nie.* La Taumassiere, *T.* 5. *art.* 29. Du Moulin §. 43. & 45. Ferriere *ibid.* Pallu, *art.* 117. Boucheul, *art.* 137. La Lande, *art.* 80. & 81. Pocquet, *liv.* 2. *ch.* 2. *sect.* 4. Guyot, *tome* 4. *de la commise, sect.* 3. Brodeau, *art.* 43. 44. & 45. Auroux, *art.* 377. & 386. Basnage, *art.* 125 Le Grand, *art.* 39. Coquille, *T.* 4. *art.* 66. Pontanus, *art.* 101. *verb. nisi purè.*

1. *Perd ce qu'il tient en la tenue déniée.* L'Anonime, sur le chapitre 240. de la T. A. C. raporté sur l'article 133. décide que le vassal, qui désavoue son Seigneur pour une piéce de terre, & l'avoue pour une autre, perd tout ce qu'il tient de lui, suivant le proverbe, *pour le petit, perd-on le grand!*

Cela est constamment faux, si l'héritage avoué & l'héritage désavoué ne sont pas de la même tenue féodale, puisque l'art. 362. porte seulement que le vassal *perd ce qu'il tient dans la tenue déniée*, ce qui est encore répété à la fin du même article.

Mais quelle doit être la décision, si l'héritage avoué & l'héritage désavoué composent la même tenue? Il paroît certain que la Coûtume

NOTES.

n'a point prévu cette espéce, & qu'elle supose un désaveu de toute la tenue. La commise est une peine qui ne doit s'étendre ni au-delà des termes de la Loi, ni plus loin que son objet & son motif, qui est le désaveu. Ainsi le vassal aïant reconnu la seigneurie pour une partie de la tenue, la commise ne peut s'étendre qu'à la partie désavouée. C'est aussi le sentiment général des Auteurs François. Guyot, *sect.* 3. *n.* 3. Du Moulin §. 43. *gl.* 1. *n.* 6.

2. Le motif de la commise est l'ingratitude du vassal pour son Seigneur, à la mouvance duquel il veut se sonstraire. Ainsi quand ce motif cesse, c'est-a-dire, lorsqu'en désavouant la seigneurie dont il releve, le vassal reconnoît relever d'une autre seigneurie appartenante au même Seigneur, il n'y a point de commise; & le vassal est seulement condamné aux dépens de son injuste contestation. Car alors il ne désavoue point le Seigneur dont il releve, & il ne rompt pas le lien de foi qui est entr'eux.

Le même principe a lieu, si en reconnoissant relever du fief dont il releve véritablement, le vassal soutient seulement que ce fief n'apartient pas au Seigneur qu'il désavoue. Car il suffit qu'il reconnoisse la mouvance, pour se mettre à couvert de la commise. Ainsi elle ne peut être acquise que par le concours du désaveu du fief & de la personne. Du Moulin §. 43. *gl.* 1. *n.* 9. *& suiv.* & §. 45. *n.* 5. *& s.* Guyot, *n.* 5. *& s.* 17. *&* 18.

3. Quoique les deux differens désaveus, dont je viens de parler, n'emportent pas la commise, ils opérent cependant la main-levée provisoire de la saisie féodale, en faveur du vassal; parce qu'il se fait une suspension de la qualité & des droits de la seigneurie au premier cas; & au second, des droits & de la qualité du Seigneur. » Suspenditur fundamentum patroni, qualitas & virtus in quâ » fundatur vigor & potestas prehensionis feu-» dalis. Du Moulin §. 45. *n.* 6.

4. Les Auteurs sont partagés sur la question de sçavoir, si, avant le jugement, le vassal peut se mettre à couvert de la commise en retractant son désaveu. Du Moulin §. 43. *gl.* 1. *n.* 28. décide que le désaveu fait en jugement, ne peut plus être retracté, après que le Seigneur a conclu à la commise.

Quand même, en général, on décideroit pour l'inutilité de la retractation, je crois qu'il y auroit une exception à faire. Quoiqu'un vassal reclamé par deux Seigneurs, ou qui aïant rendu aveu à un Seigneur, est reclamé par une autre, ne doive pas avouer ni désavouer; cependant s'il fait cette faute, & si avant qu'il y ait un jugement entre les deux Seigneurs, il offre de rendre aveu à qui de Justice il sera ordonné; il semble que la commise ne doit pas être jugée, parce que le désaveu peut être regardé, moins comme l'effet de l'ingratitude du vassal pour son vrai Seigneur, que comme étant causé par l'erreur ou l'ignorance où il étoit sur les droits des deux Seigneurs.

Mais dans les principes de l'équité, il semble qu'en général le vassal peut se retracter & reconnoître son Seigneur, pourvû que le Jugement ne soit pas rendu. Puisque la Coûtume, par les mots, *& s'il le désavoue & en soit par Jugement vaincu*, exige un Jugement, pourquoi n'admettra-t'on pas, jusqu'à ce Jugement, le vassal à réparer l'insulte qu'il a faite à son Seigneur, laquelle peut même avoir eu plutôt pour principe l'ignorance que la mauvaise foi? V. Guyot, *n.* 35.

5. Comme il est de maxime que la commise n'a pas lieu de plein droit, & qu'il faut une action de la part du Seigneur & un jugement, les Auteurs François pensent que si, depuis le désaveu, l'action de commise n'a pas été formée par le Seigneur avant sa mort, ses héritiers ne peuvent pas la former, parce qu'on présume qu'il a remis l'injure qui lui avoit été faite par le vassal; & la même présomption a lieu, si le vassal meurt avant que l'action de commise soit intentée. Du Moulin §. 43. *n.* 52. *&* 57. *&* 126. *& suiv.* Guyot *n.* 28. *& suiv.*

Il faut pour cela que le vassal ou ses héritiers ne persistent pas dans le désaveu.

6. » Comme nous avons dit que vilenage » ne se puet avouer ne désavouer, aussint ne » pueent pas toutes manieres de gens fere » aveu ne désaveu; car chil qui tiennent au-» trui fiefen bail, ou en garde, ou par raison » de douaire, ou par engaigement ou à fer-» me, ne pueent avouer ne désavouer, quant la

SOMMAIRE.

1. *Desaveu pour relever du Roi n'emporte la commise.*
2. *De la forme du desaveu.*
Doit être fait judiciairement.
Doit être formel.
L'omission des terres & le desaveu des rentes n'operent pas la commise. Aux Notes.
3. *Vassal tenu d'avouer ou desavouer. Exception quand il est reclamé par deux Seigneurs.*
4. *Le Seigneur n'est tenu d'instruire le vassal, avant d'être avoué ou desavoüé.*
5. *Provision en faveur du vassal qui désavoue.*
6. *Du desaveu du mari pour le propre de sa femme.*
Du desaveu fait par la femme.
Le desaveu du propriétaire ne nuit point à l'usufruitier. Aux Notes.
7. *Si le Seigneur doit instruire le vassal qui l'aveue & qui affirme n'avoir aucuns titres.*
8. *De l'exhibition reciproque entre le Seigneur & le vassal.*
9. *Seigneur en droit d'exiger l'exhibition des titres du nouveau vassal, acquereur ou donataire.*
10. *Idem du Seigneur foncier ou censier.*

CONFERENCE.

Art. 133.
T. A. C. *Ch.* 223. Et si l'homme étoit si foul qu'il se vouseist dessaisir de la foi, sans cause, *vel* sans le Seigneur, le Seigneur pourroit

NOTES.

» la propriété de l'hiretage n'est pas de perdre, car chil qui désaveue & puet désavouer, pour che que il est drois hoirs de le chose peit tout che que il désavoua se il est ataint de faux aveu, si comme nous avons dit ailleurs en che Chapitre meisme.

» 7. Pour désaveu que gens de religion facent soit de leurs hiretages amortis, ou de le garde d'aus, il ne pueent perdre le trefond de l'hiretage qui leur furent donné & amorti pour Dieu servir par les Seigneurs qui le pourent fere, ne pueent revenir en main laïe pour le meffet de Chaux qui sont Gouverneurs des Eglises; car se eles porent revenir en main laïe pour le fortfait de chaux qui pour les Eglises les tiennent, les Eglises perdroient souvent par quoi elles seroient détruites & empiriées, & pour che de tous meffes quel que il soient li meinburnisseur des Eglises si se passent par amandes d'argent selonc le meffet, & selonc che que il est dit ou chapitre des meffets. Coûtume de Beauvoisis, *ch.* 45. *pag.* 259.

Ainsi les Communautés Séculiéres ou Réguliéres ne peuvent valablement désavouer, sans y être autorisées par leur Supérieur Général, de même que pour une aliénation d'immeubles. Du Moulin § 43. *n.* 71. *& suiv.* Bacquet *de l'amortissement*, *ch.* 58. Pallu, *art.* 22.

Par le même principe, le Bénéficier ne donne lieu par son désaveu qu'à la perte des fruits pendant qu'il posséde le bénéfice, & même si tout le revenu du bénéfice consiste dans ce qui fait l'objet du désaveu, il doit avoir une pension sur ce revenu. Du Moulin §. 43. *n.* 72. *& suiv.* Guyot, *n.* 21.

8. Les mineurs, interdits & furieux, qui peuvent être restitués contre l'aliénation de leurs immeubles, le sont également contre le désaveu. Les tuteurs ou curateurs ne peuvent valablement désavouer, qu'en observant les formalités prescrites par la Coûtume pour l'aliénation d'immeubles. V. le Commentaire sur l'art. 350. *n.* 5. Guyot, *n.* 20. & 21. Du Moulin §. 43. *n.* 70. & 71.

9. Dans le Droit Coûtumier en général, l'action de commise pour désaveu, ne se prescrit que par 30. ans. Du Moulin, §. 43. *n.* 51.

Sur les effets de la commise. V. Guyot, *sect.* 5.

De la commise pour félonie. V. art. 661.

CONFERENCE.

prendre la terre en sa main. Et s'il est trouvé que l'homme l'eût fait par fraude, il auroit perdu les levées & fruits durant sa vie, sauf à la femme à avoir sa pourveance & ès hoirs la propriété.

Artois 21. Cambray, *T*. 1. 61. 62. Verdun, *T*. 1. 12. Laon 196. 198. 199. 200. 201. Châlons 199. 200. 201. 203. Rheims 126. 127. 128 Saint Quentin 80, 81. Ribemont 28. 29. Peronne 66. 67. Chauny 97. Valois 36. 37. Sedan 67. Clermont en Argonne, *T*. 3. 26. 27. Bar 20. 26. Saint Mihel, *T*. 3. 17. Paris 43. Etampes 34. Doudan 34. Montfort 28. 29. Mante 25. Vitry 40. Melun 86. 87. Sens 199. Auxerre 81. Châteauneuf en Thimerais 45. Chartres 43. Dreux 32. Orleans 81. Montargis, *T*. 1. 83. Bourbonnois 386. Eu 44 72. Tours 117. Lodunois, *T*. 13 Bragerac seconde partie 61. La Marche 158. 187. 198. Auvergne, *T*. 22. 9. 13. 18.

1. Qui desavoue à tenir d'aucun Seigneur, il perd son fief & le confisque, s'il est qu'il soit trouvé que celui qu'il a désavoué soit Seigneur féodal dudit fief, si ce n'est qu'il avoue (*a*) le Roi à Seigneur & sans fraude. Meaux 185.

2. Le vassal si en soutenant son oposition, ou autrement, dénie judiciairement (*b*) tenir le fief du Seigneur qui aura saisi ou le désavoue, perd sondit fief; & est dès l'instant de ladite dénégation formelle (*c*) ou désaveu censé & reputé acquis au Seigneur, pourvu que lesdites dénégations formelles de fief ou désaveu soient faites par le vassal en personne, ou par (*d*) Procureur suffisamment fondé de lettres de procuration spéciale; & pourra le Seigneur, s'il y a procès sur la main-mise féodale, requerir que le vassal avoue ou désavoue. Berry. *T*. 5. 29.

3. Le vassal est tenu d'avouer ou désavouer formellement celui qui se prétend son Seigneur de fief; sinon au cas que deux se prétendissent être (*e*) ses Seigneurs de fief, auquel cas, pendant le débat d'entr'eux, n'est tenu d'avouer, ou désavouer l'un ne l'autre; ains suffit qu'il offre à faire la foi & hommage à celui qui obtiendra en fin de cause; & se doit en ce cas faire recevoir par main souveraine, en consignant en Justice les profits seigneuriaux, qu'il peut devoir. Perche 52.

4. Et n'est tenu ledit Seigneur féodal instruire son vassal aux fins d'être par lui avoué ou désavoué. Perche 53. (*f*)

5. Le désaveu fait, le vassal, sans autre main-levée, se peut de son autorité, remettre en son fief, sauf toutefois au Seigneur son exploit & action pour la commise & pour les fruits depuis le désaveu, s'il est trouvé ladite chose être tenue de lui. Nivernois, *T*. 4. 65. (*g*)

6. Le mari ne fortfait la seigneurie ou

NOTES.

(*a*) V. le commentaire, *n*. 2.

(*b*) Notre Coûtume aïant dit que le vassal *apellé* à reconnoître son Seigneur le doit avouer, ces termes annoncent qu'un désaveu extrajudiciaire n'opereroit pas la commise. Guyot, *n*. 2. & 29 dit que c'est une maxime du Droit François. V. du Moulin §. 43. *n*. 25.

(*c*) Comme il est de maxime que le désaveu doit être formel, l'omission de quelques biens dans un aveu n'auroit pas le même effet, & produiroit seulement soit l'impunissement, soit la saisie féodale. Guyot *n*. 4.

La contestation sur la qualité noble ou roturiere de la tenue, ou sur les devoirs féodaux prétendus par le Seigneur, n'est point un désaveu; parce que cette contestation même emporte implicitement la reconnoissance de la féodalité. Belordeau, *cont. lettre F. ch.* 67.

(*d*) Coût. de Beauvoisis, *ch*. 45. *pag*. 259.

(*e*) L'aveu rendu à un autre Seigneur que le véritable n'est point un desaveu du vrai Seigneur, lequel agissant pour être avoué, le vassal ne doit l'avouer ni le désavouer, il doit suivre la forme prescrite pat l'art. 109. V. Guyot, *n*. 7. & *suiv*.

(*f*) V. la note sur le commentaire *n* 1.

(*g*) V. le commentaire, *n*. 5. la conférence de l'art. 343. *n*. 46. Guyot, *n*. 14 & 15.

CONFERENCE.

le fief de sa femme, que le mariage durant. Maine 106. Anjou 187. (*h*)

7. Si le vassal aïant avoüé le Seigneur, affirme, par serment, n'avoir par devers lui aucuns titres & enseignemens de ce qu'il tient & doit racheter dudit Seigneur, & que par dol & fraude n'a délaissé à les avoir, en déclarant qu'il est prêt de prendre droit par les titres & enseignemens de sondit Seigneur; en ce cas sera icelui Seigneur tenu d'exhiber tous & chacuns lesdits titres & enseignemens, si aucuns en a, lequel aussi s'en purgera par serment. Perche 53.

8. Après que le vassal aura avoüé le Seigneur féodal, ledit Seigneur & vassal communiqueront l'un à l'autre leurs aveus, dénombremens & titres de la tenure dudit fief qu'ils ont par devers eux, & s'en purgeront par serment, s'ils en sont requis, & est tenu le vassal satisfaire le premier. (*i*) Paris 44. Orleans 79.

Aux dépens du requerant. Etampes 43.

9. Le vassal quand il a aucun fief par don, cession, transport, achat, ou autre acquisition, doit montrer & exhiber à son Seigneur féodal les lettres sur ce faites, lui en bailler le double à ses dépens, & affirmer le contenu par serment, pour cause des fraudes qui pourroient avoir été faites au préjudice des droits féodaux. Vitry 45.

10. Il est loisible à un Seigneur foncier ou censier, de poursuivre l'acquêteur, nouvel détenteur d'aucun héritage étant en sa censive ou seigneurie fonciére, afin d'aporter & exhiber les lettres d'acquisition d'icelui héritage, s'aucuns en y a, pour être païé des droits de vente, saisines & amendes. Paris 73. Dourdan 43. Montfort 48. Mante 45. Melun 110. Etampes 45.

ORD. Etablissemens de Saint Loüis, *liv.* 2. *ch.* 29. 42.

SOMMAIRE.

1. Droit général du Roïaume sur l'obligation d'avouer ou désavouer.

Vassal tenu à l'aveu dénombrement, avant que le Seigneur soit tenu de l'instruire.

NOTES.

(*h*) Le desaveu du mari seul pour le propre de la femme opere seulement la perte des fruits pendant que sa communauté subsiste. Du Moulin, § 43. *n.* 83. *& suiv.* Mais si la femme fait juger la séparation, la joüissance du Seigneur cesse, pourvu que la séparation ne soit pas frauduleuse, parce que tout le droit qu'avoit le mari dans l'administration & la joüissance des biens de sa femme s'éteint par la séparation.

Mais comme le droit du mari renaît, lorsque sa femme se remet avec lui en communauté, le droit du Seigneur doit revivre. Guyot, *n.* 23.

Si la femme désavoue pour son propre, sans l'autorité de son mari, & sans être autorisée de Justice, le desaveu est nul. Si le mari l'autorise, la commise a lieu, & il ne peut prétendre les fruits. Mais si la femme est autorisée de Justice sur le refus du mari, il ne perd pas les fruits; & le Seigneur ne peut en joüir qu'après la dissolution de la communauté. Guyot, *n.* 27. Du Moulin. §. 43. *n.* 90. *& suiv.*

Si le desaveu du mari commet tout l'acquêt de la communauté V. art. 446.

De même que le desaveu de la femme, sans l'autorité du mari, ne cause pas la perte des fruits dont il a droit de joüir pendant sa communauté, le desaveu du propriétaire ne peut nuire à l'usufruitier. Du Moulin §. 43. *n.* 96.

(*i*) V. l'Arrêt sur l'art 346. Loisel, *liv.* 4. *tit.* 3. *art.* 42. Du Moulin §. 8. *gl.* 1. *n.* 5. La Lande, *art.* 79.

Arrêt pour M. de Cornulier. Aux Notes.
2. *Du vassal qui dit relever du Roi.*
3. *Du désaveu du supérieur par l'arriere vaßal.*
4. *Dureté de l'obligation d'avouer ou désavouer.*
Quelle doit être la dénégation pour opérer la commise. Aux Notes.
5. *Provision en faveur du vassal qui desavoue.*

COMMENTAIRE.

1. D'ARGENTRE' AIT. Ubique perspicitur majoribus nostris quiddam Consilii defuisse ad res quasque momentosissimas constituendas : nam de hujus articuli materiâ, usu frequentissimâ, nil erat constitutum. Franci certo axiomate utuntur. *C'est qu'il faut au vaßal avoüer ou désavoüer* (*k*) *s'il est apellé*: de quo Molinæus *§. 1. gl. 1. in fine* & §. 31. Jus Feudisticum non tam præcisè statuit : nam dubitanti dubitanter respondere permittit. *Cap. 1. §. vaßallus tit. si de feud. fuer. controv. int. Dom. & agnat. vaßal. & cap. 1. in fin. tit. de Leg. Conrad.* ex quâ sententiâ humaniùs hic articulus est constitutus. Sed tamen huic dubitationi aliquem oportet esse finem, & dilatione denique terminari, ut vassallus respondeat certum periculo commissi.

HEVIN. Vid. l'art. 46. des Etabliss. de S. Loüis, *liv.* 1. & la note de du Cange, M. le Prestre, *cent.* 3. *ch.* 50.

2. Excipe si le vassal dit tenir du Roi. (*l*)

3. *Le vassal.* Scilicet proche. *Quid* de l'arriere-vassal qui doit des rentes & services au Seigneur suserain? Son desaveu audit Souverain l'exposera-t'il à la commise? *Non puto*, mais à des amendes. (*m*)

NOTES.

(*k*) L'explication de ces mots de notre article 362. & de la disposition suivante, qui porte: *& si le vaßal dit qu'il ignore ladite tenue*, a été fixée par l'Arrêt du 10. Février 1736. rendu au profit de M. le Président de Cornullier contre Jean Riquel. Cet Arrêt a décidé, en point de droit, que le vassal, quoique acquereur judiciaire, est obligé de rendre aveu & dénombrement, sans pouvoir exiger que le Seigneur lui communique les titres de la seigneurie pour le mettre en état de fournir l'aveu & dénombrement. Il seroit inutile de raporter ici les moïens qui furent emploïés de part & d'autre lors de cet Arrêt. Ils sont amplement détaillés au second Tome de mon Journal du Parlement, *ch.* 6. V. du Fail, *liv.* 1. *ch.* 68.

(*l*) V. la Conference *n.* 1. Grand Coûtumier, *p.* 191. Guyot, *n.* 10. Cela s'aplique même au Domaine donné en apanage, qui conserve toujours sa qualité de Domaine de la Couronne, par le droit de reversion, en cas que la ligne masculine manque.

Mais la commise peut avoir lieu du jour que, malgré l'abandon de M. le Procureur Général ou du Procureur du Roi, le vassal devient inexcusable en persistant dans son desaveu. Salvaing, *part.* 1. *ch.* 9. Pocquet, *liv.* 2. *ch.* 2. *sect.* 4. *n.* 5. La Taumassiere, *T.* 5. *art.* 29. *n.* 16.

(*m*) V. les Notes sur l'art. 366.

Dans l'espèce que M. Hevin propose, il ne peut être question que de la dénégation des rentes ou des autres devoirs suserains ; & il est de maxime que cette dénégation, faite même contre le Seigneur proche, n'opére point la commise.

4. *Il perd ce qu'il tient dudit Seigneur en la tenue désavoüée.* Cette disposition est dure, & ressent l'ancienne tyrannie des fiefs. V. Brodeau sur l'art. 43. *n.* 12. 13. *&* 18. & sur l'art. 44. *nom.* 2. *& suivans.* Coquille dans son instit. au Droit François, *tit.* 6. *des fiefs pag.* 89. dit qu'il est contre raison d'obliger précisément le vassal d'avoüer ou désavoüer. (*n*)

5. POULLAIN. Si en li noye, il le doit recroire & cil qui a fait le noy le pert. *Li Us & lis Coûtumes de Champagne.* De ce mot *Recroire* vient *Récréance.* On voit par-là qu'il a toujours été de maxime en beaucoup de lieux que le vassal joüissoit pendant l'instance. (*o*)

NOTES.

(*n*) L'Anonime, sur le chapitre 241. de la T. A. C. raporté sur l'art. 360. décide que *si l'homme nie tenir héritage, le Seigneur peut demander à jouir, comme si l'homme l'avoit purement désavoué.* Cette disposition prise en général, est trop rigoureuse; parce que la simple déclaration du vassal de ne tenir rien sous le Seigneur, peut avoir pour cause la seule ignorance, qui ne peut jamais être regardée comme l'équivalent du désaveu. Il faut donc, outre cette dénégation générale, que le désaveu soit caractérisé dans la déclaration que le vassal fait de ne rien posseder sous le Seigneur, sans quoi la commise ne pourroit pas avoir lieu. » Requiritur denegatio specifica, formalis & absoluta. Alioquin per negationem non cathegoricam & » minùs sufficientem ad commissum, non fieret » locus dispositioni. Du Moulin, §. 43. *gl.* 1. *n.* 8. V. aussi *n.* 29.

(*o*) V. la Conférence *n.* 5.

ARTICLE CCCLXIII.

S'il y a plusieurs héritiers d'un vassal, auparavant que le partage soit fait, l'aîné du noble, faisant l'hommage, acquittera pour tous. Et après ledit partage, s'il y a terre ou fief baillé par héritage, celui à qui il aura été baillé en doit faire l'hommage. Et si lesdits héritiers sont roturiers, ils doivent tous (attendant le partage) faire la foi, & à cet effet convenir de l'un d'eux pour la porter au nom de tous. Et néanmoins, après le partage fait, chacun d'eux sera tenu faire la foi pour la portion qui lui sera échue; autrement, & à faute de ce faire, dans le tems ci-dessus ordonné, le Seigneur peut saisir.

NOTES.

Boucheul, *article* 115. 116. 118. Guyot *de la foi, ch.* 3. *n.* 5. La Lande, *art.* 35. Le Grand, *art.* 22. *gl.* 6. *n.* 4. *& suiv.* » Si l'aîné de la souche ou branche est refusant ou délaïant faire la foi, le plus âgé » d'après, & les autres successivement, la » peuvent porter; & en ce faisant couvrir le » fief. Loisel, *liv.* 4. *T.* 3. *art.* 78. V. Ferriere, *art.* 1. *gl.* 2. §. 2. *n.* 20. *&* 21

CONFERENCE.

Art. 341.

Thionville, *T.* 3. 14. Châlons 167. 168. 169 Rheims 114. Lorraine, T. 5. 8. Paris 35. 36 Etampes 3. 4. Meaux 140 141. 144. Melun 37. Perche 59 60. Orleans 35. Montargis, *T.* 1. 32. Blois, *T.* 6. Dunois 12. Maine 113. 249. 282. 283. 284. Anjou 100. Tours 264. 265. Lodunois, *T.* 27. 11 12. 17. Poitou 115. 125. Angoumois 25. Saintonge 107. 108. Usances de Saintonge 59. Auvergne, *T.* 22. 40.

SOMMAIRE.

1. *Si pendant l'indivis de la succession, il est dû plusieurs devoirs chéans & levans.*

COMMENTAIRE.

D'ARGENTRE' AIT. Ne de hoc quidem antiquis lex scripta ulla. Quare hîc constitui placuit, ad tollendas difficultates de *§. omnes Tit. si de feud fuer controv. inter dom. & agnat. vassal.* Molinæus *§.* 2. *Tit. de feud. quæst.* 3. Hoc Jure & Germani utuntur.

Ils doivent tous. Présupposant qu'ils doivent hommage pour leur terre.

1. HEVIN. J'estime que cette disposition a lieu non seulement pour la foi, mais pour les devoirs apellés cheans & levans. Ainsi tant que la succession est indivise, on ne doit qu'un devoir pour la succession, *& nomine communi.* (*a*)

NOTES.

(*a*) V. art. 346. *n.* 2.

Il n'est pas possible de donner une décision générale sur un droit de cette nature, qui n'a point véritablement de régles certaines, & qui dépend absolument des titres entre le Seigneur & les vassaux, & de l'usement du fief.

ARTICLE CCCLIV.

Les hommes & vassaux ne peuvent, au préjudice de leur Seigneur, soit par contrats, partages, ou autrement, partir & diviser les rentes par eux dûes : & nonobstant lesdits contrats & partages tous les héritages, & chacune portion d'iceux, demeureront chargés du tout desdites rentes, comme auparavant ils étoient.

CONFERENCE.

Art. 348.

Cambray, *T.* 1. 31. Thionville, *T.* 3. 7. Ev. de Metz, *T.* 13. 5. Verdun, *T.* 1. 10. Laon 118. Châlons 171. Valois 50. Clermont en Argonne, *T.* 3. 21. Bar 21. 57. Saint Mihel, *T.* 3. 16. *T.* 11. 1. Gorze, *T.* 12. 8. 9. Espinal, *T.* 7. 1. 2. Duché de Bourgogne, *T.* 3. 6. 7. Paris 51. Sens 189. Auxerre 52. Montargis, *T.* 2. 36. 37. Nivernois, *T.* 4. 19. Bourbonnois 409. Eu 47. Maine 198. 473. 476. Anjou 180. 470. 473. 474. Lodunois, *T.* 22. 8. Poitou 102. 103. Angoumois 22. La Marche 202. Auvergne, *T.* 21. 19. *T.* 22. 35.

COMMENTAIRE.

D'Argentre' Ait. Et si eo Jure utebamur ante, propter individuitatem hypotecarum, tamen Ordines probavére de eo articulum expressè condi. De quo Molinæus *d.* §. 2. & §. 1. *gl.* 9. *num.* 44.

Hevin. Id videtur deductum ex L. 1. 2. & 3. C. *sine censu vel reliquis fundum comp.* Sed licet quòd agitur inter contrahentes sit inutile respectu Domini; non est tamen inutile inter ipsos : Arg. L. *inter* 42. & L. *Epistola* 52. §. *pactum ff. de pactis.*

NOTES.

Hevin, *Quest. Feod. pag.* 129. Belordeau, *obs. for. lettre V. art.* 3. & *contr. lettre F. ch.* 76. & 77 Coût. notoir. *art.* 162. & 165. Desmarcs, *déc.* 274. & 276. Grand Coût. *pag.* 149. Du Moulin §. 3. *gl.* 4. *n.* 31. & *suiv.* Boucheul, *art.* 102. & 103. Lhoste, *tit.* 2. *art.* 36. & 37. Coquille, *tit.* 4. *art.* 19. Auroux, *art.* 366. & 409.

ARTICLE CCCLXV.

Le Seigneur tenant aucune chose en saisie, n'est tenu, durant icelle, païer aucune rente ou hypotéque constitués sur icelle sans son consentement.

NOTES.

V. art. 67. la Note sur l'Arrêt 3. & les Citations qui y sont raportées. Ragueau aux mots, *rentes constituées*, & *nantissement*. Coût. not. *art.* 162. Desmares, *dec.* 274. Basnage, *art.* 114. Le Grand, *art.* 39. Du Moulin, Brodeau & Ferriere, *art.* 28. Brodeau, *art.* 8. *n.* 15. La Lande, *art.* 5. *&* 6. Coquille, *T.* 4. *art.* 39. Auroux, *art.* 374. *n.* 11. *&* 12. Boucheul, *art.* 103. *&* 164.

» *Quæritur.* Un homme qui tient un fief » vend à un autre 10. liv. de rente à perpé- » tuité, sans le congé ou consentement du » Seigneur féodataire, icelui achepteur peut- » il acquerre saisine sans foi? *Réponse*, oüi, » au regard de lui & du vendeur & de ses suc- » cesseurs; & non pas du Seigneur féodataire. Grand Coûtumier, *pag.* 209.

» Le Chevalier & la Dame sont morts, & » ont laissé un enfant, ou plusieurs soubs aage. » Ils n'ont aucuns amis ne parens qui veulent » entrer au bail ne rachepter leur fief. Le Sei- » gneur met le fief en sa main par défaut » d'homme: & toutefois le Chevalier & la » Dame s'obligerent, avant qu'ils mourussent, » à une leur fille qu'ils avoïent faict Non- » nain, & lui donnerent 20 liv. de rente, » & l'assignerent sur leur fief; à sçavoir, si » le Seigneur, qui tient le fief en sa main, » par défaulte d'homme, sera tenu de païer » ladite rente à la Nonnain? *Réponse*, certes » non: car le Seigneur n'est tenu de rien ré- » pondre à nully dud't fief, jusqu'à ce qu'il » en ait l'homme. Grand Coûtumier, *p.* 196.

Quid juris dans l'espéce suivante?

Titius a vendu son héritage, & par le contrat il a obligé l'acquereur à des rentes créées sur l'héritage sans le consentement du Seigneur; ce Seigneur céde le retrait féodal à un tiers, qui l'exerce, & qui, en conséquence, est obligé à toutes les charges portées par le contrat.

L'héritage est ensuite saisi féodalement par le Seigneur, où il tombe en rachat par la mort du cessionnaire ou de ses héritiers. Le créancier de la rente, dont l'héritage avoit été chargé par le contrat de vente, veut être païé de sa rente dans l'an du rachat ou pendant la saisie féodale. Le Seigneur excepte, sur le fondement de l'article 365. le créancier de la rente; répond que de droit commun, & suivant la décision de du Moulin §. 20. *gl.* 5. *n.* 26. *& suiv.* qui est une maxime du Droit François, le Seigneur, qui exerce le retrait féodal ou censuel, est tenu de reconnoître toutes les charges & servitudes imposées par le vendeur sur l'héritage retiré; que le retrait, exercé en vertu de la cession du Seigneur, a le même effet, en cette occasion, que si le Seigneur avoit retiré lui-même; qu'ainsi, de droit, toutes les charges portées par le contrat de vente, doivent être païées par le Seigneur pendant le rachat ou la saisie, de même que s'il avoit donné le consentement le plus formel à leur création.

Je n'ai point vu d'Arrêt rendu sur cette question. Bacquet *des francs fiefs*, *part.* 2. *ch.* 2. cite un Arrêt de 1580. qui peut y avoir raport. Mais comme il ne décide pas l'espéce même que je propose ici, il suffit de l'indiquer, sans raporter l'espéce qu'il a jugée.

On peut dire pour le Seigneur, qu'en cédant le retrait féodal, il a exercé un droit légitime & favorable que la Coûtume lui donnoit, pour n'avoir pas un vassal désagréable; qu'il n'est entré par là en aucune des obligations portées par le contrat, au lieu qu'il se seroit soumis à toutes ces obligations, s'il avoit retiré lui-même; qu'ainsi la comparaison du retrait féodal, exercé par le Seigneur, est fausse; & que le cessionnaire du retrait étant directement subrogé aux droits de l'acquereur, le Seigneur saisissant ou qui jouit du rachat, n'est pas plus obligé à la rente, que si l'acquereur n'avoit point été évincé par le cessionnaire du retrait féodal.

SOMMAIRE

SOMMAIRE.

Si le Seigneur, qui a cedé le retrait féodal d'un contrat chargé de rente, est ensuite obligé à la rente pendant la saisie féodale ou le rachat. Aux Notes.

1. 4. 7. *Seigneur préférable à toutes hypotéques, créées par le vassal, & dispensé de les païer pendant la saisie féodale.*

2. *Vassal peut constituer rentes sur son héritage sans le consentement du Seigneur, lequel n'est point tenu de recevoir en foi l'acquereur desdites rentes.*

3. *L'acquereur n'est point aussi obligé de lui faire hommage de la rente.*

4. 9. *Seigneur qui exploite le fief, n'est tenu qu'aux charges inféodées.*

5. *De l'aliénation faite par le vassal à la charge d'une rente qui n'est pas inféodée.*

6. *Créanciers & rentiers en droit de saisir & faire vendre, sans le consentement du Seigneur, l'héritage hypotéqué aux charges non inféodées.*

7. *Si la commise a lieu sans la charge des rentes & hypotéques créées par le vassal.*

8. *Seigneur obligé d'acquitter les charges féodales, le ban & arriere ban, & les autres charges imposées par la Loi.*

10. *Le possesseur de la rente inféodée est vassal du Seigneur de l'héritage, & tenu aux devoirs féodaux.*

CONFERENCE.

Art. 181.

Boulogne Ancienne 81. Gerberoy 42. 44. 84. Artois 41. 42. 45. Amiens 42. Senlis 203. Valois 50. Bar 23. Paris 28. Melun 81. Dourdan 27. Montfort 19. Berry, *T.* 6. 31. Blois 68. Nivernois, *T.* 4. 39. Lodunois, *T.* 14. 16. La Marche 180. Auvergne, *T.* 22. 14. 15.

1. Les obligations & hypotéques, constituées par le vassal sur aucun héritage tenu en fief, ne pourroient & ne peuvent empêcher que le Seigneur de fief ne leve & exploite en sa main l'héritage tenu de lui avec les fruits d'icelui pendant le tems qu'il n'a point d'homme, & jusqu'à ce qu'il ait été païé & satisfait des profits & redevances de fief qui lui sont dûs à cause d'icelui héritage. Chartres 38. 37. Dreux. 28. 27. Châteauneuf en Thimerais 40. 39.

Et ne sera le Seigneur de fief aucunement tenu païer lesdites hypotéques. Châteauneuf en Thimerais 40.

2. Un vassal peut vendre ou constituer rente sur son fief, sans le consentement de son Seigneur de fief. Mais ledit Seigneur de fief n'est tenu de recevoir en foi & hommage l'acquereur de ladite rente, si bon ne lui semble. Orleans 5. Meaux 168. Chartres 36 Dreux 26. Châteauneuf en Thimerais 38. Montargis, *T.* 1 2.

3. Et aussi ledit Seigneur de fief ne peut contraindre ledit acquereur de lui faire la foi & hommage d'icelle rente. Orleans 5. Montargis, *T.* 1. 2.

4. Et néanmoins s'il y a ouverture dudit fief, le Seigneur peut exploiter tout ledit fief, tant pour ce qui est retenu qu'aliéné, sinon que le Seigneur féodal eût inféodé le droit domanial retenu en faisant ladite aliénation, ou bien qu'il l'eût reçu par aveu. Paris 52.

Quand le Seigneur de fief exploitera le fief sur lequel a été vendue rente, ledit Seigneur exploitera son fief franchement & quittement, sans païer ladite rente, sinon qu'elle eût été auparavant inféodée, auquel cas en exploitant la païera. Montargis, *T.* 1. 3. Sens 190. Auxerre 60. Orleans 6. Tours 139.

5. Si le vassal avoit baillé son fief à rente sans démission de foi, & le Seigneur le met en sa main, par faute d'homme, droits & devoirs non faits, n'est tenu ledit Seigneur se contenter de prendre la rente, pourvû qu'elle ne soit inféodée. Paris 59. Sens 59. 224 Auxerre 82. Montfort 45. Etampes 36. Blois 62.

6. Néanmoins les crédireurs & rentiers peuvent faire subhaster les héritages par criées, pour être vendus au plus offrant & dernier enchérisseur acheteur, qui sera & doit être reçu à homme par ledit Seigneur féodal, en

CONFERENCE.

lui païant ses droits & devoirs, si ledit Seineur féodal ne veut prendre ledit fief pour le prix de la vendition, & rendre à l'acheteur ses deniers: & faut que l'acheteur soit capable de tenir fief. Meaux 168.

7. S'il avenoit (*a*) que ledit vassal commît sondit fief par félonie, ou que ledit Seigneur féodal y assist sa main par défaut de droits & devoirs féodaux non faits avant ladite rente inféodée, ledit Seigneur de fief, ou autre qui feroit ladite commise, le prendroit & en jouiroit sans charge de ladite rente. Chaumont 24. Laon 194 Châlons 196. Peronne 72. Chauny 96 Senlis 205. Clermont en Argonne, *T.* 5. 18. Perche 70.

8 Quant aux charges dûes à cause de fief, les acquittera, & semblablement le ban & arriere ban & loïaux-aides de ladite année. Tours 139. (*b*)

9. Quand le Seigneur féodal fait les fruits siens, il doit païer les charges anciennes & inféodées & non autres Mante 11.

10 Quand la rente est inféodée, le Seigneur duquel les héritages arrentés sont tenus, à deux hommes tenans de lui pour un, assavoir le bailleur pour la rente qu'il retient & le preneur pour le fonds desdits héritages arrentis, & devra l'homme de la rente & surcens pareil relief & droit que l'homme du fonds. Artois 46 (*c*)

SOMMAIRE.

La réunion par commise ne se fait qu'à la charge des hypotéques. Aux Notes.

COMMENTAIRE.

D'ARGENTRE' AIT. Ne de hoc quidem vetus Consuetudo quidquam statuebat, & additum est ad præcidendas controversias, de quibus loci apud Tiraquellum *L. si unquam verbo revertatur Cod. de revocand. donationibus*, & Molinæum *in feud.* §. 30. *quæst.* 20. quibus locis quæritur etiam quid Juris (*d*)

NOTES.

(*a*) V. la Note (*d*) ci-après.

(*b*) Le Grand, *art.* 28. *n.* 8.

» Ubi vero hujusmodi onera essent feudo » imposita non vasalli facto, sed à lege ipsâ, » dubium non est quin ea sustinere teneatur » Dominus, qui sentit percipitque emolumen- » tum & reditus. Pontanus, *art.* 76. *verb. fructus in fine.*

(*c*) V. la Note (*x*) sur l'art. 360.

(*d*) Pocquet, *liv.* 2. *ch.* 2. *sect.* 5 décide que la commise pour felonie, n'a lieu au profit du Seigneur, qu'à la charge des hypotéques créées par le vassal avant le delit; ce qui a lieu, à plus forte raison, en cas de désaveu. Il traite amplement cette question sur l'art. 187. de la Coûtume d'Anjou, où il raporte les raisons, les autorités & les Arrêts sur lesquels les prétentions du Seigneur & celles des créanciers sont fondées. La décision, en faveur des créanciers hypotéquaires antérieurs au delit, est certaine en Bretagne depuis l'Arrêt prononcé en robes rouges, le 31. Octobre 1573. qui est le cinquiéme des Arrêts raporté par M. de Lesrat. Guyot *de la commise, sect.* 5. *n.* 6. Boucheul, *art.* 61. *n.* 18. & 19.

La raison de douter étoit que les droits féodaux, & tous les droits résultans de la féodalité, sont préférables à tous créanciers suivant l'article 181. de la Coûtume; que par l'art. 365. le Seigneur, qui a saisi l'héritage de son vassal, n'est tenu à aucunes

sit confiscato feudo.

NOTES.

rentes ni hypotéques créées sans son consentement; que la réversion par commise est l'effet de la condition primordiale de toute concession en fief, par laquelle le vassal doit la fidélité à son Seigneur; qu'ainsi la félonie du vassal est la contravention à cette Loi fondamentale de l'inféodation: de sorte que la réversion se fait *ex causâ primævâ & antiquâ*, & par l'inéxécution de la clause la plus essentielle de l'inféodation. V. Loisel, *liv.* 4. *T.* 3. *art.* 99.

La raison de décider est que les fiefs sont patrimoniaux, qu'ils sont concédés aux vassaux, avec la faculté de les aliéner & de les hypotéquer; que la réunion, par commise, ne se fait point *ex causâ primævâ & antiquâ*; que c'est au contraire pour un événement survenu par le fait du vassal, qui jusques-là a pu hypotéquer, & qui par son fait n'a pas pu préjudicier aux droits qui étoient acquis à ses créanciers; que cette réversion n'a pas même lieu de plein droit; qu'il faut qu'elle soit jugée; & qu'ainsi le Seigneur n'est pas aussi favorable que dans la réversion par deshérence, qui a lieu de plein droit & sans le fait de l'homme, & qui cependant ne se fait qu'à la charge des dettes.

M. Guyot, en établissant comme maxime constante ce que notre Arrêt de 1573. a décidé, observe qu'en général, si la Coûtume ne s'y opose, le Seigneur peut obliger les créanciers de discuter les autres biens du débiteur.

V. du Moulin §. 43. *n.* 98. & 99. Louet & Brodeau, *lettre C. ch.* 53.

ARTICLE CCCLXVI.

Le Seigneur aïant mis en sa main par faute d'homme, le fief de son prochain vassal, peut en conséquence y mettre tous les arrieres fiefs, dont il se fera ouverture pendant icelle saisie, & user des mêmes droits que feroit le Seigneur du fief saisi. Et si c'étoit par faute de rachat, peut prendre & avoir les soûrachats, & autres émolumens profitables dûs à l'arriere fief, & avenus durant l'an du rachat.

NOTES.

SOMMAIRE.

1. *Réversion de l'arrierefief pendant la saisie de la seigneurie inferieure apartient au Seigneur inferieur.*

2. Quid *de la commise de l'arriere-fief pour desaveu ou felonie.*

Pontanus, *art.* 77. La Lande, *art.* 76. & 83. Boucheul, *art.* 22. *n.* 15. *art.* 96. & 97. *art.* 121. & 122. Le Grand, *art.* 22. *gl.* 2. *n.* 32. & *art.* 45. Brodeau, *art.* 8. *n.* 15. *art.* 54. & 55. Du Moulin §. 1. *gl.* 6. §. 54. & 55. Ferriere & M. le Camus *art.* 54. & 55. Ferriere, *art.* 1. *gl.* 2. §. 2. *n.* 35. Auroux, *art.* 373. Guyot *de la saisie sect.* 1. *n.* 7.

1. Du Moulin §. 55. *gl.* 10. *quest.* 10. déci-

SOMMAIRE.

1. *Arrieres-Vassaux font hommage au supérieur, & lui paient les devoirs féodaux pendant la saisie féodale du fief proche.*
2. *Saisie féodale du fief proche nécessaire avant la saisie des arrieres-fiefs.*
3. & 5. *Fruits du fief servant saisi par le Seigneur proche lui apartiennent, jusqu'à la saisie féodale du fief dominant faite & notifiée, après laquelle le supérieur peut se servir contre les arrieres-vassaux de la saisie faite par le Seigneur proche.*
4. *Idem en cas de commise, réversion, &c.*

CONFERENCE.

Peronne 29. Rheims 131. Senlis 259. Sedan 71. Paris 54. Etampes 33. Dourdan 19. Montfort 34. Mante 38. Vitry 43. Chaumont 32. Melun 82. Sens 197. Auxerre 67. Orleans 76. 83. Montargis, *T.* 1. 67. 68. Blois 77. Dunois 21. Nivernois, *T.* 4. 59. Bourbonnois 373. Poitou 96. 97. 121. 122.

1. En ce cas les propriétaires ou Seigneurs desdits arrieres-fiefs, & chacun d'eux peuvent faire la foi & hommage au Seigneur dont ils tiennent en arriere-fief; lequel est tenu de les recevoir, & leur bailler mainlevée, en lui païant les droits & devoirs, si aucuns en sont dûs à cause de l'arriere-fief qui leur apartient. Paris 55. Rheims 131. Sedan 73. Montfort 35. Mante 39. Vitry 43. Chaumont 32. Melun 82. Sens 197. Orleans 76.

2. Le Seigneur féodal ne peut empêcher les arrieres-fiefs, sans avoir premierement empêché ledit plein-fief. Et si les arrieres-vassaux avoient auparavant fait les devoirs envers leurs Seigneurs féodaux & immédiats, le Seigneur du plein-fief ne leur peut demander, sinon tel devoir qu'avoit le Seigneur féodal immediat. Bar 24. Troyes 45.

3. Si le vassal a saisi son fief, il fait les fruits siens jusqu'à l'instant de la saisie de son fief & notification d'icelle. Et depuis icelle notification, (*a*) les fruits dudit arriere-fief saisi sont & apartiennent audit Seigneur de fief-médiat; subrogé aulieu de son vassal & se peut aider de la saisie de sondit vassal, ou faire de nouvel saisir ledit arriere-fief, si bon lui semble, auquel cas toutefois les frais de la seconde saisie ne seront comptés audit arriere-vassal par ledit Seigneur médiat. Nivernois, *T.* 4. 60.

NOTES.

de que s'il se fait une réversion *ipso Jure* de l'arriere fief pendant la saisie féodale de la seigneurie inférieure (ce qui s'aplique à la deshérence) le Seigneur inférieur profite de cette réversion après qu'il a eu main-levée de la saisie féodale

2. Du Moulin *ibid.* décide que, si l'arriere-vassal désavoue, ou commet félonie contre le supérieur pendant la saisie féodale, faute d'hommage, la commise, pour le désaveu, comme pour la félonie, apartient au supérieur, & ne retourne pas au Seigneur proche après la main-levée de la saisie, parce que c'est au supérieur que l'offense a été faite.

Ce motif de décider, qui est adopté pour le désaveu par M Guyot *de la commise, sect.* 3. *n.* 20. paroît ne pouvoir s'apliquer qu'à la commise pour l'insulte personnelle, dont parle l'article 661. Au contraire par le désaveu l'insulte est faite à celui des Seigneurs qui est véritablement désavoué : & il est certain que le désaveu n'est fait que contre le Seigneur proche, quoiqu'il soit signifié au Seigneur supérieur. En désavouant d'être vassal de telle seigneurie, le désaveu est nécessairement contre le propriétaire de cette seigneurie; & si elle est alors saisie féodalement, comme la saisie n'en donne pas la propriété au supérieur, peut-on dire que le désaveu soit fait contre lui ?

V. à la fin du titre le commentaire sur l'art. 311. *vet. n.* 2.

(*a*) Guyot *de la foi & hommage, ch.* 4. *n.* 1. Ferriere, *art.* 1. *gl.* 1. *n.* 10.

CONFERENCE.

4. Et seront observés les articles susdits, si la chose féodale échet au Seigneur de fief, par commise, retour, & tenue ou autrement *Jure feudi*. Nivernois, *T.* 4. 61.

5. Si pendant la saisie du Seigneur féodal, l'arriere-vassal décede & échet aucun profit d'arriere-fief, tout le profit dudit arriere-fief, apartient audit Seigneur féodal, sans qu'il soit tenu faire autre saisie, que celle qui aura été faite par le vassal sur ledit arriere-fief. Et n'aïant ledit vassal fait saisir, peut ledit Seigneur, si bon lui semble, le faire saisir, pour en avoir le profit. Et sont acquis audit Seigneur féodal les fruits de l'arriere-fief, échus depuis la saisie par lui faite sur son vassal, & non ceux qui sont échus au précédent. Perche 45.

COMMENTAIRE.

D'ARGENTRÉ Ait. De hoc Consuetudo Parisiensis, §. 36. T. *de feudis*. Molinæus, *ibidem verbo mouvant de lui. Gl.* 4. *quæst.* 2. & §. 36. & 37. (b)

NOTES.

(b) 54. & 55. *Nova.*

ARTICLE CCCLXVII.

Le Seigneur n'est tenu recevoir son vassal à l'hommage par Procureur, s'il n'y a cause légitime & nécessaire, auquel cas le Seigneur sera tenu le recevoir par Procureur, ou lui bailler sauf-répit jusqu'à autre tems. Et si celui auquel seroit dûe la foi & hommage, étoit notoirement roturier, l'homme noble ne sera contraint lui faire lesdites foi & hommage en personne: ains les pourra faire par Procureur.

NOTES.

Cout. notoir. *art.* 134. Loisel, *liv.* 4. *T.* 3. *art.* 7. & 35. Guyot *de la foi*, *ch.* 3. *n.* 9. Salvaing, *part.* 1. *ch.* 7. Basnage, *art.* 105. Boucheul, *art.* 114. La Taumassiere, *T.* 5. *art.* 39. Pontanus, *art.* 54. 57. & 91. Le Grand, *art.* 40. La Lande, *art.* 65. Coquille, *T.* 4. *art.* 44. Auroux, *art.* 378. Du Moulin, Brodeau, Ferriere, le Camus & Auzannet, *art.* 67.

Le recevoir par Procureur. Fondé de procuration spéciale. Guyot, *ch.* 3. *n.* 15.

SOMMAIRE.

1. & 3. *En cas d'excuse légitime, Seigneur tenu de recevoir à l'hommage par Procureur, ou de donner souffrance.*
2. 3 & 4. *Excuses légitimes. Maladie, vieillesse mettent hors d'état d'aller faire l'hommage, démence. Curateur ou Procureur spécial doit y être reçu.*
3. *Absence pour la chose publique.*
4. *Prison, inimitié capitale.*
5. Quid *du Seigneur qui fait tenir ses hommages par Procureur.*

CONFERENCE.

Cambray, *T.* 1. 29. Laon 217. Châlons 217. 220. Rheims 111. S Quentin 78. Peronne 53. Clermont en Beauvoisis 105. Clermont en Argonne, *T.* 3. 12. Bar 14. S Mihel, *T.* 3 10. Bassigny 32. Châteauneuf en Thimerais 17. Chartres 14. Normandie 105. Tours 115. Poitou 114. La Marche 194. Auvergne, *T* 22. 26.

1. Sinon en cas d'exoine & excuse légitime. Etampes 40. Dourdan 41. Montfort 44. Mante 17. Melun 26 Sens 181. Auxerre 43.

Auquel cas d'excuse suffisante, est tenu le recevoir par Procureur, si mieux n'aime ledit Seigneur bailler souffrance, & attendre que l'excuse cesse. Paris 67. Orleans 65.

2. Homme de foi doit faire sa foi & hommage en personne, s'il n'est furieux, insensé ou surpris de telle maladie, vieillesse ou impotence, qu'il ne puisse aller ne venir au lieu où il doit ledit hommage: auquel cas son curateur ou Procureur, ô puissance spéciale, quant à ce, sera reçu à faire ladite foi & hommage. Maine 134. Anjou 124. Lodunois, *T.* 14. 10.

3. Si le vassal est vieil, valétudinaire, ou absent, (*a*) pour la chose publique, au moïen de quoi ne puisse convenablement aller devers sondit Seigneur lui faire ladite foi & hommage, esdits cas pourra constituer Procureur spécial, pour faire ladite foi & hommage ou offres telles que dessus, qui vaudront tout ainsi que si ledit vassal étoit en personne, ou sera tenu ledit Seigneur lui bailler souffrance, si par Procureur ne le veut recevoir. Blois 57. Perche 40. Nivernois, *T.* 4. 44. Auvergne, *T.* 22. 29.

4. Sauf l'excuse de prison griéve, maladie, inimitié (*b*) capitale ou autre cause raisonnable. Montargis, *T.* 1 79.

5. Toutefois où ledit Seigneur fait tenir ses hommages par Procureur, & il n'y est en personne, le vassal n'est tenu d'y aller en personne, & suffit d'y envoïer Procureur spécialement fondé, encore qu'il fût sur le lieu où se reçoivent lesdits hommages Dourdan 42. Laon 220. Châlons 217. 220. Rheims 111. Bourbonnois 378. (*c*)

COMMENTAIRE.

D'ARGENTRE' AIT. Consuetudo Parisiensis, *art.* 49. *in vet.* & 67. *in nova.*

NOTES.

(*a*) Ce qui s'aplique à un Conseiller au Parlement, & à un Officier de la Maison du Roi ou de ses armées, pendant qu'il est à son service. Basnage, *art.* 105. Boucheul, *art.* 114. *n.* 8. Pontanus *hic* La Lande, *art.* 65. Le Grand, *art.* 40. *n.* 7. & 9. Guyot, *ch.* 3. *n.* 9.

(*b*) Boucheul, *art.* 110. *n.* 9. observe que s'il y a inimitié capitale, le vassal peut faire ordonner par le Juge un lieu non suspect, aulieu de la maison du Seigneur, pour rendre son hommage.

Ce lieu non suspect doit être le lieu d'exercice de la Jurisdiction.

(*c*) V. Ferriere, *art.* 1. *gl.* 2. §. 2. *n.* 33. La Lande, *art.* 47. Coquille, *T.* 4. *art.* 44. dont la décision est contraire, & la Conférence de l'art. 343. *n.* 27.

Etoit roturier. (*d*) Piguit Nobilitatem homagium exhibere Paganis : inde lites de ftatu.

POULLAIN. Amaury de Meun exempté de faire hommage à un roturier acquereur du fief dominant, par un ancien Arrêt de l'an 1265.

NOTES.

(*d*) Bafnage, *art.* 105. Ragueau aux mots, *villain ne fçait qu'éperons vaillent.*

Il en eft de même du Prince du Sang, qui acquiert dans la mouvance d'un Seigneur particulier. Guyot, *ch.* 3. *n.* 9. Boucheul, *art.* 114.

ARTICLE CCCLXVIII.

Gens d'Eglife *&* *autres de main morte*, ne fe peuvent accroître en fiefs qui fe gouvernent féculiérement, pour les amortir, fans la volonté de ceux de qui ils font tenus & l'autorité du Prince, lequel & non autre, les peut amortir. *Et où ils ne feroient amortis, feront tenus, (le Seigneur le requerant) dedans trente ans en vuider leurs mains, ou bailler homme vivant, mourant & confifquant: & après lefdits trente ans, ne pourront être contraints qu'à l'indemnité par le Seigneur autre que le Roi.*

NOTES.

V. Hevin fils, *Conf.* 76. Hevin fur Frain, *Plaid.* 68. & troifiéme addition du premier tome. Du Fail, *liv.* 1. *ch.* 241. *liv.* 2. *ch.* 424. *liv.* 3. *ch.* 247. Chapel, *ch.* 309. Acte de notoriété 181. à la fin de Devolant. Belordeau, *obf. foren. lettre I. ch.* 8. Hevin, Q. *Féod. pag.* 98. *& fuiv. p.* 300.

Bouteiller, *liv.* 1. *tit.* 84. Ragueau & de Lauriere aux mots *admortis*, *admortiffement*, *homme vivant & mourant*, *& indemnité.* De Lauriere *traité de l'amortiffement*, & Préface des Ordonnances imprimées au Louvre, *tomes* 1. 2. 3. 4. La Taumaffiere *tit.* 5. *art.* 53. 54. *&* 55. Pontanus, *art.* 41. Auroux, *art.* 390. Boucheul, *art.* 32. 33. *&* 52. *n.* 38. *& fuiv.* Coquille, *tit.* 5. *art.* 8. La Lande, *art.* 41. 42. 118. 119. *&* 120. Bafnage, *art.* 139. 140. 141. Bacquet *des droits de Juft. ch.* 24. & fes Traités *des nouveaux acquêts & de l'amortiffement.* Salvaing, *ch* 24. *&* 59. Le Grand, *art.* 22. *gl.* 2. Du Moulin §. 20. *gl.* 1. *n.* 1. *& fuiv. &* §. 52. *n.* 54. *& fuiv.* Ferriere, *tit.* 1. §. 4. *&* 5. Pocquet *des fiefs*, *liv.* 1. *ch.* 4. Dupineau & Pocquet, *art.* 37. 38.

Le Seigneur qui a afféagé à la mainmorte ne peut prétendre l'indemnité. Mais fi le rachat eft ftipulé, l'homme vivant & mourant eft dû. V. Ferriere *rub. des fiefs* §. 5. *n.* 36.

SOMMAIRE.

1. Si la reception des lods & ventes, & autres droits féodaux, païés par les gens de main-morte, met le Seigneur hors d'état de faire vuider les mains, & d'exiger l'homme vivant & mourant.

2. De la quotité de l'indemnité outre l'homme vivant & mourant.

3. & 5. Hommage & rachat dû par le Bénéficier pour quelque vacance que ce soit.

4. 5. 7. Rachat dû par la seule mort naturelle de l'homme vivant & mourant, & non par sa mort civile.

6. Comment se fait la mutation, quand on n'a pas donné d'homme vivant & mourant.

8. De la prescription de l'indemnité.

9. Par qui doit être rendu l'hommage dû par les Communautés de main-morte; & à qui se rend l'hommage qui leur est dû.

10. Reception de lods & ventes, & de l'hommage par les gens de main-morte, ou par les tuteurs, curateurs, &c. n'est aliénation.

11. Ancien droit du Roïaume sur la faculté de faire vuider les mains par la main-morte.

12. Des acquisitions & autres biens venus au Roi sous le fief d'un Seigneur.

13. Fixation de l'indemnité dûe pour ces acquisitions.

14. Edit de 1666. sur les nouveaux établissemens de gens de main-morte.

15. Déclaration de 1724. Quotité du droit d'amortissement.

16. De l'indemnité dûe au Roi outre l'amortissement.

17. Indemnité de la haute-justice fixée au 10e. de celle qui est dûe pour la mouvance.

18. Indemnité & homme vivant & mourant dûs, quoique l'amortissement ait été païé.

19. Comment se paie l'indemnité dûe au Roi. Lettres Patentes de 1731.

CONFERENCE.

A. C. *Art.* 346.

T. A. C. *Ch.* 262. Comme il soit établi du Roi, du Duc & des autres Princes, que nuls gens de Sainte Eglise ne se puissent accroître en fief, qui soit gouverné séculierement, pour l'amortir, sans la volonté de ceux, & des Seigneurs de qui les fiefs sont tenus, ne nul autre en plus ne les peut amortir.

Boulenois 54. Abbeville 51. Cambray, *T.* 1. 55. *T.* 2. 9. Verdun, *T.* 1. 16 Laon 208. 209. 210. Châlons 208. 209. Rheims 83. Saint Quentin 84. Ribemont 25. 26. 27. Peronne 75. 76. 77. Chauny 99. Senlis 220. Clermont en Beauvoisis 111. Valois 24. Clermont en Argonne, *T.* 3. 31. Salle de Lille, *T.* 1. 39. Douay, *T.* 1. 14. Bar 10. 11. 12. 13. S. Mihel, *T.* 3. 7. Lorraine, *T.* 5. 3. Bassigny 17. Comté de Bourgogne 108. Montfort 47. Mante 43. Vitry 4. Melun 29. Sens 5. 6. 23. 185. Auxerre 6. 7 48. Perche 67. Orleans 40. 41. 118. 119. 120. Montargis, *T.* 1. 86. 87. Berry, *T.* 5. 53. 54. 55. Blois 41. 42. 43. 44. Normandie 139. 140. 141. Maine 41. Anjou 37. Tours 103. 104. 105. 107. 108. 142. Lodunois, *T.* 10. *T.* 14. 19. Xaintonge 35. Bragerac 2. *partie* 59 Toulouse *rubric. de feud.* 3. Auvergne, *T.* 21. 12. 13. 14. *T.* 22. 16.

1. Et n'empêche (*a*) en rien le païement

NOTES.

(*a*) Pocquet, *liv.* 1. *ch.* 4. dit, conformément à l'avis de du Moulin, que dans les Coûtumes qui n'en disposent point, le Seigneur n'est pas recevable à faire vuider les mains, après qu'il a touché les lods & ventes, ou investi, même gratuitement, les gens de main-morte, parce que c'est les avoir tacitement aprouvés pour vassaux; mais que la reception des cens & autres devoirs n'a pas le même effet. Cette derniere proposition

du

CONFERENCE.

du devoir féodal, fait au Seigneur par les gens d'Eglise, desdites choses de leursdits acquêts, dons ou legs depuis ledit tems, que ledit Seigneur ne leur fasse faire injonction & qu'il n'ait ladite indemnité. Tours 106. Lodunois, T. 10. 3.

Si le Seigneur de fief, son Receveur, ou autre Officier aïant pouvoir espécial de recevoir d'iceux les ventes ou rachats de tels dons, laiz ou acquêts, les recevoit ledit Seigneur féodal, après ce ne sera recevable à faire telles injonctions; & pourra demander son indemnité. Maine 42. Anjou 38. Blois 45.

Mais les pourra contraindre de bailler vicariat. Blois 45.

Mais si le Seigneur ou son Receveur recevoit les deniers & devoirs ordinaires, telles receptions de devoirs ou rentes de tels acquêts n'empêchent ladite injonction, ne l'effet d'icelle, ne le droit d'icelle indemnité, si ledit Seigneur féodal en veut prendre sadite indemnité. Maine 42. Anjou 38.

2. Gens de main-morte doivent non-seulement bailler au Seigneur homme vivant, mourant & confisquant, à cause de l'héritage non-amorti, mais aussi païer pour l'indemnité le tiers-denier du fief noble tombé en main morte, & le quart denier de la roture. Placités de Roüen 21. (*b*)

L'indemnité est le cinquiéme-denier de la valeur & estimation de la chose. Melun 30.

L'indemnité se monte à la valeur des fruits de trois années desdites choses acquises, si autrement n'en est composé. Maine 41. Anjou 37.

L'indemnité du Seigneur est estimée monter le revenu de trois années de la chose acquise, ou le sixiéme denier de la valeur & prix de ladite acquisition (au choix des acquêteurs) & outre icelui revenu, ou sixiéme denier, bailler par lesdits gens d'Eglise, ou autres de main morte, audit Seigneur, homme vivant & mourant, par le trépas duquel ledit Seigneur prendra le revenu d'une année desdits héritages, rentes ou autres droits acquis. Sens 7. Auxerre 8.

3. Si aucun d'Eglise, à cause de son Bénéfice, a terre hommagée, & le bénéfice vacque en quelque maniere que ce soit, celui qui sera pourvu dudit bénéfice, fera foi & hommage, & païera rachat pour ladite terre au Seigneur de qui elle est tenue. Maine 123. Anjou 112.

4. Au regard des choses hommagées, des fabriques & autres Colléges qui n'ont point de chef principal, ledit rachat sera dû par la (*c*) mort naturelle de celui qui a fait l'hommage & non plutôt, suposé qu'ils eussent paravant laissé leur bénéfice, charge ou administration. Maine 122. Anjou 111.

5. Si gens d'Eglise, tenans à cause de leurs bénéfices, aucuns fiefs, vont de vie à trépas, ou résignent (*d*) leursdits bénéfices, est dû rachat avec nouvelle foi par le successeur au bénéfice. Toutefois si lesdits gens d'Eglise avoient baillé homme vivant & mourant, qui eût été reçu en foi & hommage par le Seigneur de fief, le rachat seroit dû par la mort dudit homme baillé, & non par la mort ou résignation du Bénéficier. Perche 71.

6. S'il n'y a Vicaire baillé, ils païeront lesdits profits par la mort ou mutation du chef desdites Eglises ou main morte, s'il y

NOTES.

est une maxime constante en Bretagne, comme dans les autres Coûtumes. Sur la premiere nous n'avons point de Jurisprudence. Mais il est certain que la reception des lods & ventes par le fermier, ni même par un Receveur, s'il n'est fondé en procuration spéciale pour telle acquisition faite par les gens de main-morte, ne pourroit pas nuire au droit du Seigneur.

(*b*) V. le commentaire, *n. 5.*

(*c*) V. les Notes sur l'article 67. *pag.* 295.

(*d*) V. l'Arrêt 8. sur l'art. 67.

CONFERENCE.

en a, ou de celui qui tiendra le bénéfice en titre ou commende. Blois 44. (e)

7. Si gens d'Eglise ou de main morte, pour l'héritage tenu en fief, nomment & baillent Vicaire, qui comme tel soit reçu en foi; & après icelui Vicaire fait vœu & profession en Religion, delà en avant s'il y a mutation du côté du Seigneur féodal avant le trépas dudit Vicaire, qui s'est rendu Religieux profez; en ce cas, après sommation ou empêchement fait de la part d'icelui Seigneur, ledit fief est ouvert, & le peut icelui Seigneur féodal exploiter en pure perte, jusqu'à ce qu'il ait nouvel Vicaire, sauf que lesdits gens d'Eglise & de main morte ont 40. jours de délai après ledit empêchement ou sommation pour bailler nouvel Vicaire, & ledit nouvel Vicaire étant baillé dedans lesdits 40. jours, n'y a aucun profit. Orleans 42. Montargis, *T.* 1. 88.

8. Le profit de l'indemnité, pour héritages amortis tenus par gens d'Eglise ou de main morte, se peut prescrire par 30. ans. Auxerre 189. (*f*)

9. Quand gens d'Eglises Cathédrales, ou Collégiales, Abbaïes, Prieurés Conventuels, Maison-Dieu ou Fabrique d'Eglise, ou autres Communautés, doivent hommages, ou qu'ils leur sont dûs, les Doïen ou Chevecier desdites Eglises, l'Abbé ou Prieur, ou Maître de la Maison-Dieu, ou Procureur de la Fabrique, les doivent faire & recevoir; lesquels Doïen, Chevecier, Abbé & Prieur, ou Maître de la Maison-Dieu, ou autre chef d'Eglise qui est pourvu du bénéfice ou administration, dont nouvellement entrent ès hommages dûs pour raison des apartenances de leurs bénéfices ou administrations, en font rachat; & en l'absence ou légitime empêchement desdits Chefs, celui qui par le Corps ou Communauté sera commis, pourra faire & recevoir lesdits hommages, & couvrir le fief, pourvû qu'il ait pouvoir spécial quant à ce. Maine 121. Anjou 110.

10. Les gens d'Eglise, Réguliers ou Séculiers, aïant administration de temporalité, peuvent des choses acquises en leurs fiefs, à cause de leurs bénéfices, prendre les ventes & honneurs; & si lesdites choses vendues sont hommagées, peuvent recevoir l'hommage, & tout ce qui en apartient en tel cas, & valent telles choses, sans que ceux qui les ont faites, ne leurs successeurs, puissent venir au contraire; attendu que ce n'est proprement aliénation de biens d'Eglise. Le pareil est des tuteurs, curateurs, ou autres administrateurs, usufruitiers & douairiers. Poitou 32.

ORDON. Toussaint ou Noël 1275. Epiphanie 1277. Toussaint 1291. 17. Mai 1315. *art.* 32. 24. Février 1316. 6. Mai 1320. Mars 1320. 1324. 18. Juillet 1326. 18. Juin 1328. 23. Novembre 1328. 10. Juillet 1331. Février 1357. *art.* 2. Décembre 1350. *art.* 2. au tom. 4. des Ordonn. 15. Août 1363. Août 1368. 28. Janvier 1368. *art.* 27 15. Novembre 1370. *art.* 9. 9. Juillet 1372. 25. Novembre 1372. 24. Février 1372. Mars 1372. Autres *art.* 26. 7. Avril avant Pâques 1372. 18. Mai 1373. Juillet 1373. 4. Janvier 1373. Mai 1372. *pag.* 722. du Tom. 5. des Ordonn. 14. Février 1375. Guenois, *liv.* 10. *tit.* 4. *liv.* 1. *tit.* 2. *part.* 1. §. 2. & *tit.* 3. *part.* 1. §. 4. Fontanon, *Tom.* 2. *liv.* 2. *T.* 11. Déclarat. des 19. Avril 1639. & 7. Janvier 1640.

11. Etablissemens de S. Louis, *l.* 1. *ch.* 125. Se aucuns avoit donné à aucune Religion ou à aucune Abbaïe, une piéce de terre, li Sires en qui fié ce seroit ne le soufferroit pas par droit, se il ne voloit, ains le pourroit bien prendre en sa main. Mais cil à qui l'aumône aura été donnée, si doit venir au Seigneur, & li doit dire en telle maniere. » Sires, ce » nous a été donné en aumône, se il vous » plest nous le tenions, & se il vous plest » nous l'ôterons de notre main dedans terme

NOTES.

(*e*) V. le Commentaire *n.* 2.

(*f*) V. le Commentaire *n.* 6.

CONFERENCE.

» avenant » Si leur doit li Sires esgarder qu'ils la doivent ôter dedans l'an & li jour de leur main, & se ils ne l'ôtoient, li Sires la porroit prendre comme en son domaine; & si ne l'en répondroit ja par droit.

12. 23 Mars 1302. *art.* 8. Item in eorum feudis nihil de cætero acquiremus, nisi de eorum procedat assensu, nisi in casu pertinente ad Jus nostrum Regium: nec accipiamus novas advocationes vassallorum seu hominum Ecclesiarum, nec non & nostris Baronibus subjectorum, & eas quas recepimus revocamus, nisi eas tanto tempore tenuerimus pacificè, quòd de Consuetudine Patriæ nobis fuerint acquisitæ.

Art. 9. Si verò contingat quòd in terris ipsorum, aut aliorum subditorum nostrorum aliquæ fore facturæ nobis obveniant, Jure nostro Regio, infrà annum & diem extra manum nostram ponemus, & ponemus in manu sufficientis hominis ad desserviendum feudis, vel Dominis feudorum recompensationes sufficientes & rationabiles faciemus.

Avril 1315. *art.* 4. Le quart article qui est tiels, que le Roi n'acquiere ne ne s'accroisse ès Baronnies & Châtelainies, ès fiés & riere fiés desdits Nobles & Religieus, se n'est de leur volonté: nous leur octroïons, sauf notre Droit, en ce qui nous pourroit venir pour forfaiture, ou par échoite de lignage, esquex cas nous baillierons au Seineur dou fié desserveur souffisant, qui gouverneroit cette chose qui avenue nous seroit en la maniere que cilx de qui elle nous seroit avenue la gouvèrneroit. (g)

17. Mai 1315. *art* 34 Mai 1315. *art.* 3.

Mai 1356. Eisdem ac Ecclesiæ suæ, duximus concedendum, quòd ipsi conquesta omnia ab eis suæ nomine Ecclesiæ, facta à tempore retroacto, usque ad tempus concessionis hujusmodi, in feodis, retrofeodis, & & allodiis nostris aut subditorum nostrorum, in quantum ad nos spectat, tenere possint perpetuò, absque coactione vendendi, vel extra manum suam ponendi, aut præstandi aliquam nobis financiam pro eisdem.

4 Mars 1566.

13. Edit d'Avril 1667. Louis, &c. Salut. Les acquisitions que nous faisons tous les jours pour l'agrandissement & décoration des Maisons Roïales, même pour servir aux manufactures; & les instances qui nous sont faites par les Seigneurs, dont les héritages par nous acquis sont mouvans en fief ou censive, de leur païer le droit d'indemnité, tel qu'il est réglé par quelques Coûtumes de notre Roïaume, nous aïant obligé de faire examiner en notre Conseil les anciennes Ordonnances faites par les Rois nos prédécesseurs, & les Arrêts de nos Cours de Parlement intervenus sur ce sujet: Nous avons résolu de pourvoir, par un Réglement, aux droits que les Seigneurs pourroient prétendre pour raison des acquisitions.

A ces causes, de l'avis de notredit Conseil, & de notre certaine science, pleine puissance & autorité Roïale, nous avons dit & déclaré, & par ces Présentes signées de notre main, disons & déclarons, qu'encore que nous pussions prétendre ne devoir aucun droit d'indemnité pour tous les héritages; & néanmoins désirant favorablement traiter les Seigneurs, voulons qu'outre le droit de lods & ventes, pour les acquisitions qui seront par nous faites en leur censive, il leur soit constitué une rente annuelle sur notre Domaine, telle que les arrérages d'icelle puissent

NOTES.

(g) Depuis le Regne de François Premier, il est établi comme régle inviolable, que le Roi acquerant sous le fief d'un Seigneur, ne doit point d'hommage par Procureur. Il donne seulement une indemnité au Seigneur, pour la mouvance qui se réunit au Domaine. V. Guyot *de la foi*, *ch.* 3. *n.* 3. Hevin, *Q. F. pag.* 87. Brussel, *liv.* 2. *ch.* 5. *pag.* 150. *& suiv.* Galland *du Franc-Alleu*, *ch.* 2. Le Grand, *art.* 40. *n.* 18. Basnage, *art.* 105. Ferriere, *art.* 1. *gl.* 2. §. 2. *n.* 28.

CONFERENCE.

en soixante années égaler la somme à laquelle les lods & ventes desdits héritages se trouveroient monter à raison du prix porté par les contrats d'acquisition : ensorte que dans le cours de soixante années, lesdits Seigneurs censiers reçoivent le profit d'une mutation.

Et à l'égard des héritages en fief, sera ladite rente réglée à raison & sur le pied du cinquiéme denier de l'acquisition, ou autre, tel qu'il est dû par la Coûtume en cas de vente : moïennant lequel dédommagement, demeureront lesdits héritages déchargés de tous droits & devoirs féodaux de quelque nature & qualité qu'ils puissent être. Et à l'égard des maisons & héritages, qui seront par nous acquis pour être démolis & servir à quelqu'un de nos bâtimens, attendu que les Seigneurs, dans la Justice desquels ils se trouvent, seront privés tant de l'exercice de leur Justice, que de tous les droits qui en dépendent : voulons qu'audit cas, outre le dédommagement ci-dessus par nous accordé aux Seigneurs féodaux & censiers, il soit païé aux Seigneurs Hauts Justiciers une rente annuelle sur notre Domaine, qui sera réglée ; ensorte qu'en soixante années ils reçoivent le vingt-quatriéme du prix sur le pied des contrats qui ont été ou seront par nous faits, & seront lesdites rentes païées sans aucune diminution, comme les fiefs & aumônes.

Et si les héritages par nous acquis, étant en la mouvance ou censive d'aucuns Seigneurs, étoient dans la Justice de nos Prévôtés ou Baillages, ou que les fiefs, qui seront par nous acquis, eussent droit de haute Justice, ne sera donné aucun dédommagement pour raison de la Justice, soit sous prétexte de ressort ou autrement. Et pour les héritages, qui ne seront démolis ni enfermés dans l'enclos de quelques-unes de nos maisons, il ne sera païé aucun dédommagement pour raison de la haute Justice : & pourront les Seigneurs hauts Justiciers jouir de leurs droits de Justices, ainsi qu'ils auroient pu faire avant les acquisitions par nous faites.

14. Edit de Décembre 1666. Voulons & nous plaît qu'à l'avenir il ne pourra être fait aucun établissement de Colléges, Monasteres, Communautés Religieuses ou Séculieres, même sous prétexte d'hospices, en aucune Ville & lieu de notre Roïaume, païs, terres & seigneuries de notre obéissance, sans permission expresse de nous, par Lettres Patentes bien & dûement enrégistrées en nos Cours de Parlement, & sans que nosdites Lettres, ensemble lesdits Arrêts d'enrégistrement d'icelle aïent été enrégistrés dans les Baillages, Sénéchaussées & Siéges Roïaux dans le ressort desquels ils seront situés, & ce par Ordonnance des Lieutenans Généraux des Siéges, rendue sur les Conclusions des Substituts de nos Procureurs Généraux en iceux : & en cas que lesdits Monasteres, Colléges ou Communautés soient établies dans l'enceinte, fauxbourgs & proche de nos Villes, voulons que nosdites Lettres, Arrêts de nos Cours, & Ordonnances desd. Lieut Gén. rendues en conséquence, soient enrégistrées dans les Hôtels communs desd. Villes de l'Ordon. des Magistrats d'icelles : que si néanmoins il étoit formé quelque oposition à l'exécution desd. Lettres Patentes enregistrées en la forme ci-dessus, Nous ordonnons ausdits Lieutenans Généraux, & aux Maires & Echevins, Jurats & Capitouls desdites Villes, d'en donner incontinent avis à nos Procureurs Généraux, pour nous en être par eux rendu compte : & cependant leur défendons de souffrir qu'il soit passé outre ausdits établissemens, jusqu'à ce que les opositions aïent été levées. Et afin que nosdites Lettres Patentes, portant permission de faire ledit établissement, soient accordées avec connoissance de cause ; nous voulons & entendons que l'aprobation de l'Archevêque, ou Evêque Diocésain, ou des Vicaires Généraux, ensemble le procès-verbal du Juge du lieu où devra être fait ledit établissement, contenant les avis des Maires, Echevins, Consuls, Jurats, Capitouls, Curés des Paroïsses & Supérieurs des Maisons Religieuses établies esdits lieux, assemblés séparément, en présence du Substitut de notre Procureur Général, soient attachées sous le contrescel de nosdites Lettres, sans néanmoins que lesdits Maires & Echevins, Consuls, Capitouls, Jurats, Curés ou Supérieurs desdites Maisons Religieuses, puissent s'assembler pour donner leurs avis, qu'il ne

CONFERENCE.

soit auparavant aparu de nos ordres, soit par lettres signées de nous, & contresignées par l'un de nos Sécrétaires d'Etat & de nos commandemens, ou par Arrêt de notre Conseil, donné, Nous y étant, par lequel la Requête à Nous présentée pour avoir nos Let. Pat. tendantes à l'établissement de Communauté dans leur Ville, nous soient envoïés pour nous donner avis sur icelui. Et en cas que ci-après il s'y fasse aucun établissement de Communauté Séculiére ou Réguliére, sans avoir été satisfait à toutes les conditions ci-dessus énoncées, sans exception d'aucunes, nous déclarons dès-à présent, comme pour lors, l'assemblée qui se fera, sous ce prétexte, être illicite, faite sans pouvoir & au prejudice de notre autorité, & des Loix du Roïaume. Déclarons lesdites prétendues Communautés incapables d'ester en jugement, de recevoir aucun don & legs de meubles ou immeubles & de tous autres effets civils, comme aussi toutes dispositions tacites ou expresses faites en leur faveur, nulles & de nul effet, & les choses par elles acquises ou données, confisquées aux Hôpitaux généraux des lieux... & d'autant que certaines Congrégations, Monasteres & Communautés ont ci-devant obtenu de nous des permissions générales d'établir des maisons ou hospices dans toutes les Villes de notre Roïaume, où ils seront apellés du consentement de l'Evêque & des habitans, sans avoir besoin de nouvelles Lettres, comme aussi l'amortissement de tous les biens qu'ils pourroient acquerir pour la dotation desdits Monasteres : Nous avons par ces Présentes revoqué & revoquons lesdites permissions, pour quelques causes & en quelques termes qu'elles aïent été accordées, les déclarant nulles & de nul effet... N'entendons comprendre en la présente Déclaration les établissemens de Séminaires des Diocèses, lesquels nous admonestons, & néanmoins enjoignons aux Archevêques & Evêques de dresser & instituer en leurs Diocèses.

21. Novembre 1724. Louis, &c. L'attention qu'exige de Nous la conservation des droits de notre Domaine, Nous aïant porté à faire examiner quelques abus qui s'étoient introduits touchant le droit d'indemnité qui Nous est dû par les Ecclésiastiques & Gens de mainmorte, pour les acquisitions qu'ils font dans l'étendue de nos Seigneuries ou de nos Justices; nous avons reconnu que ces abus consistoient principalement en ce que, confondant le droit d'indemnité avec celui d'Amortissement, les Ecclésiastiques & Gens de mainmorte, qui, pour les acquisitions par eux faites dans les mouvances & censives des Seigneurs particuliers, leur païent le droit d'indemnité en entier (outre le païement qu'ils nous font de notre droit d'amortissement, à raison du cinquiéme du prix des biens tenus en fief, & du sixiéme de ceux tenus en roture) ne nous païoient lorsque les biens qu'ils acqueroient étoient tenus de Nous, que le tiers de la valeur des biens en fief, & le cinquiéme de ceux en roture, tant pour notre droit d'amortissement, que pour celui d'indemnité; ensorte que pour une somme en argent, souvent assez modique, nous nous trouvions privés des droits seigneuriaux qui nous auroient apartenu lors des mutations, si les héritages acquis par les Gens de mainmorte dans l'étendue de nos Seigneuries ou de nos Justices, étoient restés dans le commerce: que même quelques acquereurs, Gens de mainmorte, prétendoient que le paiement qu'ils nous avoient fait en la maniere ci-dessus expliquée, emportoit la décharge des droits seigneuriaux & ordinaires, dûs pour leurs acquisitions, & des censives & autres charges annuelles dont les héritages étoient tenus; qu'enfin lorsque les acquisitions des Gens de mainmorte se faisoient dans l'étendue des apanages ou de nos domaines engagés, ceux qui possedoient lesdits domaines à titre d'apanage ou d'engagement, prétendoient qu'au moïen du païement qui Nous étoit fait des droits fixés par la Déclaration du 5. Juillet 1689. nous devions pour leur tenir lieu des droits seigneuriaux dont ils se trouvent privés, leur accorder des rentes annuelles sur nos domaines, proportionnées au revenu que pourroit produire le capital de l'indemnité, suivant qu'elle est dûe par les Coûtumes & Usages des lieux. Surquoi voulant établir un meilleur ordre à

CONFERENCE.

l'avenir, il nous a paru nécessaire de distinguer le droit d'amortissement, de celui d'indemnité; de réduire les droits d'amortissement pour les acquisitions faites dans l'étendue de nos Justices & Seigneuries, sur le même pied qu'il est réglé pour les acquisitions faites dans les mouvances des Seigneurs particuliers; & à l'égard du droit d'indemnité, pour conserver l'intégrité des revenus de nos domaines, dont le païement de ce droit est une véritable aliénation: nous convertirons le païement dudit droit, en une rente fonciere & perpétuelle, proportionnée au denier trente du capital de l'indemnité qui nous seroit dûe, dont nous laisserons aux Apanagistes & aux Engagistes la joüissance, tant que les apanages & les engagemens dureront; & nous expliquerons en même tems nos intentions sur toutes les autres difficultés qui pourroient se présenter à l'occasion du païement de ces droits, pour qu'il n'y reste plus d'incertitude à l'avenir. Par ces dispositions nous établirons une loi égale entre Nous & nos Sujets, & les Ecclésiastiques & Gens de mainmorte y trouveront encore un avantage, en ce qu'en ne païant le droit d'indemnité que sur le même pied qu'il est réglé pour les Seigneurs particuliers, ils auront encore la commodité de s'acquitter de ce droit envers Nous, par une prestation annuelle moins onéreuse que ne le seroit une somme à païer comptant en même tems que le droit d'amortissement. A ces causes, & autres à ce nous mouvans, de l'avis de notre Conseil, & de notre certaine science, pleine puissance & autorité Roïale, nous avons par ces présentes signées de notre main, dit, déclaré & ordonné, disons, déclarons, ordonnons, voulons & nous plaît ce qui suit.

15. *Art.* I. Les Ecclésiastiques & Gens de mainmorte, qui acquereront à l'avenir, par ventes, dons ou autrement, soit dans notre mouvance ou dans celle des Seigneurs particuliers, des biens en fief ou en roture, ne seront tenus de nous païer pour le droit d'amortissement, que le cinquiéme de la valeur des biens tenus en fiefs, & le sixiéme de ceux tenus en roture.

16. II. Lorsque les biens seront dans notre mouvance ou censive, il nous sera païé par lesdits Ecclésiastiques & Gens de mainmorte, outre l'amortissement, le droit d'indemnité sur le pied fixé par les Coûtumes ou Usages des lieux.

17. III. Si les biens acquis sont seulement dans l'étendue de nos hautes Justices, l'indemnité nous sera païée au dixiéme de la somme qui nous seroit dûe si lesdits biens étoient aussi dans notre mouvance.

18. IV. Le païement de l'amortissement & de l'indemnité, ne dispensera point lesdits Ecclesiastiques & Gens de mainmorte, du païement des droits seigneuriaux de leurs acquisitions, & des cens ou autres redevances annuelles, dont les héritages acquis peuvent être chargés, non plus que de nous fournir homme vivant & mourant, aux effets qu'il apartiendra.

19. V. Comme le païement du droit d'indemnité est une véritable aliénation (*h*) de la portion la plus précieuse de notre domaine, puisqu'il nous prive des droits seigneuriaux que nous produiroient les mutations, si les biens acquis par les Ecclésiastiques & Gens de mainmorte étoient demeurés dans le commmerce; voulons que, pour nous tenir lieu dudit droit, il soit païé annuellement & à perpétuité à notre domaine, des rentes foncieres & non rachetables, sur le pied du denier trente, de la somme à laquelle se trouvera monter ledit droit d'indemnité, suivant lesdites Coûtumes & Usages des lieux. Défendons ausdits Ecclésiastiques & Gens de mainmorte, d'en faire à l'avenir le païement en argent, à peine de nullité,

NOTES.

(*h*) Par le même motif, l'indemnité se païe en rentes fonciéres, lorsque le fief dominant apartient à l'Eglise ou à une communauté qui ne peut pas aliéner.

CONFERENCE.

& sans qu'ils en puissent acquerir aucune prescription par quelque tems que ce soit. Défendons pareillement aux Fermiers ou Régisseurs de nos domaines, de recevoir ledit droit en argent, à peine de mille livres d'amende envers Nous, outre la restitution de ce qu'ils auront reçu.

VI. Seront lesdits Ecclésiastiques, & Gens de mainmorte, tenus de représenter aux Receveurs généraux de nos domaines, en exercice, chacun dans leur département, les contrats des acquisitions qu'ils auront faites dans l'étendue de nos mouvances, censives & Justices, & de leur en laisser copie dans trois mois, à compter du jour de leurs dates, à peine de cent livres d'amende, qui ne pourra être remise ni modérée, & sera partagée entre nosdits Receveurs generaux, & les Fermiers ou Régisseurs de nos domaines, chacun par moitié.

VII. Lesdits Receveurs généraux donneront ausdits Ecclésiastiques & Gens de mainmorte, leur reconnoissance de la représentation qui leur sera faite desdits contrats, dont ils tiendront régistre, & en envoïeront copie au sieur Controlleur général des Finances, avec leur avis, pour être à son raport, procedé en notre Conseil à la liquidation des rentes qui devront nous être païées pour le droit d'indemnité.

VIII. Les Arrêts de liquidation seront envoïés aux Bureaux des Finances de chaque Généralité, pour y être régistrés sans frais; & il en sera délivré des copies aux Fermiers ou Régisseurs de nos domaines, pour leur servir à faire le recouvrement desdits rentes, dont les arrérages leur seront païés, à compter du jour des acquisitions, en quelque tems que les Arrêts de liquidation aïent été rendus.

IX. Si les indemnités sont dûes à cause de quelques-uns de nos domaines tenus à titre d'apanage ou d'engagement, les Apanagistes ou Engagistes joüiront desdites rentes pendant la durée de leurs apanages ou engagemens.

Le 18. Décembre 1731. Louis, &c. Nous étant fait représenter en notre Conseil d'Etat notre Déclaration du 21. Novembre 1724. contenant réglement au sujet du droit d'indemnité qui nous est dû par les Ecclesiastiques & Gens de mainmorte, pour les acquisitions qu'ils font dans l'étendue des seigneuries ou Justices Roïales, soit par contrats d'acquisition à prix d'argent, baux à rentes & contrats d'échange, ou par dons & legs; par laquelle Déclaration nous avons entr'autres choses ordonné, *Article* 5. que pour nous tenir lieu du droit d'indemnité, il sera païé annuellement & à perpétuité à notre Domaine des rentes foncières & non rachetables, sur le pied du denier trente de la somme à laquelle se trouvera monter ledit droit d'indemnité, suivant les Coûtumes & Usages des lieux où les biens sont situés, avec défenses aux Ecclésiastiques & Gens de mainmorte d'en faire à l'avenir le païement en argent, à peine de nullité, & sans qu'ils en puissent acquerir aucune prescription par quelque tems que ce soit, & aussi avec défenses aux Fermiers ou Regisseurs de nos Domaines de recevoir le droit d'indemnité en argent, à peine de mille livres d'amende, outre la restitution de ce qu'ils auront reçu: & étant informé qu'il se fait des acquisitions par les Eglises & Gens de mainmorte, sur-tout à titre de dons & legs d'une valeur si modique, qu'il n'est presque pas possible de former des rentes du capital du droit d'indemnité qui nous en revient, ni de conserver lesdites rentes & en faire la perception par leur peu d'objet; ensorte que depuis notre Déclaration du 21. Novembre 1724. nous avons été privé du droit d'indemnité de ces sortes d'acquisitions, quoiqu'elles n'y soient pas moins sujettes que les acquisitions dont le prix est considerable; nous y avons pourvu par l'Arrêt rendu en notre Conseil d'Etat le 4. du présent mois, pour l'exécution duquel nous avons ordonné que toutes Lettres seroient expédiées A ces Causes, de l'avis de notre Conseil qui a vu ledit Arrêt, dont extrait est ci-attaché, sous le contre-scel de notre Chancellerie, nous avons ordonné, & par ces Présentes, signées de notre main, ordonnons que les Eglises & Gens de mainmorte qui ont fait des acquisition d'héritages dans notre directe ou dans l'étendue de nos hautes-justices, soit par contrats à prix d'argent, échanges & baux à rentes, ou par dons & legs, depuis notre Déclaration du 21. Novembre 1724. pour

CONFERENCE.

raison desquelles acquisitions, le droit d'indemnité, par eux dû, suivant les Coûtumes ou Usages des lieux, ne montera point à la somme de 60. liv. & qui n'auront point fait liquider jusqu'à ce jour les rentes par eux dûes, pour tenir lieu de ladite indemnité, suivant les articles 6. & 7. de notredite Déclaration: ensemble ceux qui acqueteront à l'avenir par l'une desdites voïes des héritages, pour raison desquels le droit d'indemnité qui sera dû ne montera point à ladite somme de 60. liv. seront tenus de païer en espéces, à notre profit, entre les mains de qui il sera par nous ordonné, le droit d'indemnité qui se trouvera dû pour raison desdites acquisitions. Voulons au surplus que notredite Déclation du 21. Novembre 1724. soit exécutée selon sa forme & teneur, & que; conformément à icelle, il soit créé des rentes au profit de notre domaine pour toutes les acquisitions, dont le prix ou la valeur produira un droit d'indemnité, montant au moins à ladite somme de 60. liv. qui puisse former des rentes de 2. l. par an & au-dessus, desquelles rentes la jouissance apartiendra aux Apanagistes & Engagistes, conformément à l'Article 9. de ladite Déclaration.

SOMMAIRE.

1. 17. *& 21. Droit de faire vuider les mains malgré l'offre de l'homme vivant & mourant.*

Le Seigneur n'est point dédommagé par là des casuels de lods & ventes.

Si le délit de l'homme vivant & mourant peut opérer la confiscation. Et n. 17.

Si l amortißement prive le Seigneur du droit de faire vuider les mains. V. aussi n. 18. & 21.

2. *De la quotité de l'indemnité.* Et n. 9.

3. *Le Titulaire du Bénéfice tient lieu d'homme vivant & mourant.*

4. *& 6. Du droit d'amortissement.*

5. *Si l'indemnité & l'homme vivant & mouraut sont dûs concurremment.*

7. *Privilege accordé aux Hôpitaux.*

8. *Si l'homme vivant & mourant est dû pour les rotures.*

9. *De l'indemnité & de sa quotité.*

Homme vivant & mourant doit être âgé de 25. ans. Aux Notes.

10. *Indemnité dûe par l'héritier pour les dons testamentaires, & non pour les dons entrevifs.*

11. *L'indemnité n'est que pour les casuels avenir. Si le Seigneur la perd en recevant les gens de mainmorte à la foi.*

12. *Si elle est prescriptible.*

Quid *du droit d'exiger l'homme vivant & mourant.* Aux notes.

13. *Indemnité & amortißement dûs quand l'héritage paße de mainmorte en mainmorte.*

14. *Si l'amortissement est dû pour le retrait féodal exercé par la mainmorte des biens mouvans de la seigneurie.*

Quid *de l'indemnité.*

15. *Ce qui est compris sous le nom de Gens de mainmorte.*

Motifs de l'article.

De l'amortißement & de l'indemnité.

Serment de fidélité aulieu de l'hommage pour les biens que les gens de mainmorte tiennent sous le fief du Roi.

Ils doivent l'hommage aux Seigneurs particuliers.

16. *De l'incapacité d'acquerir.*

17. *Indemnité doit se régler suivant la qualité des droits.*

18. *S'il est dû indemnité au Supérieur.*

L'amortissement ne nuit point aux droits du Seigneur, & il peut faire vuider les mains. V. aussi n. 1. & 21.

Exception de l'acquêt fait pour l'utilité publique. Aux Notes sur le n. 21.

19. *Amortißement, Droit Roïal.*

20. *Si l'amortissement d'une Eglise Paroissiale fait perdre la mouvance au Seigneur.*

COMMENTAIRE.

COMMENTAIRE.

1. D'ARGENTRE' AIT. *Ou baillera homme vivant, mourant.* Nequaquam judicaverim hanc alternativam in potestate esse acquirentis, sed præcisè compelli posse eum manu emittere feudum cujus incapax sit conditione. Nec enim hæc datio hominis sive vicarii satisfacit Juribus, & τῷ interesse Dominorum, quia talis alienare non potest voluntariis alienationibus, unde aut nulla, aut rariora Dominis laudimia provenire necesse est. Sed nec talis Vicarius committere (*i*) potest feudum ex delicto vel feloniâ ultrà vitam suam ; & ideo longè abest ut æquipolleat talis vicarii datio regulari commercio & utilitatibus vassallorum commercialium : etsi scio Magistrum Præsidem Parisiensem aliquid ex hâc sententiâ tradidisse ; nec æquum videtur Dominum cogi posse pati amortisationem feudi pro quâcumque compensatione. Parisienses Jurisconsulti de eo litigant & adversaria Arresta proferunt Molinæus §. 41. Chopinus *in Consuetud. Andegav.* Tamdiu vivitur & adhuc illis res in incerto est. Non libet hic pluribus respondere hæc Commentaria expectant.

2. *Qu'à l'indemnité.* Quàm æstimare solent ad tertiam reditûs ordinarii.

HEVIN. La fin de l'art. 368. est tirée d'un Arrêt dans du Fail, *l.* 3. *ch.* 248.

V. la Coût. de Melun, *tit.* 4. *art.* 29. Statuta Civium Bellævillæ, *tom.* 9. *Spicilegii pag.* 181. *&* 182. les Etablissemens de S. Loüis *art.* 123.

3. *Gens d'Eglise & autres de mainmorte.* Hæc verba intelligenda sunt de Collegiis seu Corporibus. Car lorsque les biens sont possedés par un seul Titulaire, is vice fungitur d'homme vivant, mourant & confisquant; & plusieurs Seigneurs levent des rachats sur des biens d'Eglise, à la mutation des Titulaires. (*k*)

Séculiérement. Que veut dire, (*l*) *séculiérement?* C'est l'art. 262. de la Très-Ancienne.

4. *Amortir.* Amortisandi jus magnates Regii olim sibi arrogavere. Choppin *de doman. lib.* 1°. *tit.* 13. *num.* 8.

5. M. Galland *chap.* 16. *pag* 235. dit que notre Coûtume donne concurremment l'indemnité & l'homme mourant. Non est verum. (*m*)

La Coûtume de Berri *art.* 53. *des fiefs*, veut qu'outre l'homme vivant, il y ait indemnité. De même Normandie *art.* 140. Voïez d'Olive *l.* 2. *ch.* 12. *& suiv.*

NOTES.

(*i*) Quoique la Coûtume se serve des mots, homme vivant, mourant & *confisquant*, il est certain que le délit de l'homme vivant & mourant n'opere point de confiscation, parce qu'il n'est point propriétaire du fief servant. Du Moulin §. 52. *n.* 63. Ferriere *rub des fiefs* §. 5. *n.* 11. Boucheul, *art.* 32. *n.* 4.

(*k*) Du Fail, *liv.* 2. *ch.* 424.

(*l*) V. le nombre 13.

(*m*) M. Hevin parle ici contre la maxime constante, qui est conforme à ce que dit Galland, & à la décision de la Coûtume de Berry, lorsque les héritages sont sujets au rachat. V. le 56. acte de notoriété à la fin des Quest. Féod. d'Hevin.

6. POULLAIN. Si l'on n'a fait équivoque des mots d'amortissement & d'indemnité, il paroît par d'anciens actes que les Seigneurs amortissoient autrefois dans leur fief.

Otho Comes Matisconensis rogatus à Roberto Priore Cluniacensi venit in Capitulum, & ibi amortisavit omnia quæ eis data vel comparata hactenus habebant in Comitatu Matisconensi. Extrait du Cartulaire de Cluny sur l'an 1031. mis dans les preuves de l'Histoire de Tournus.

Mais on voit assez ailleurs que les Seigneurs particuliers s'attribuoient ce droit. Ainsi cette piéce peut passer pour une des plus positives sur ce fait.

7. HEVIN. *Sans la volonté.* L'érection de l'Hôpital général déroge à ces dispositions à l'égard du Roi.

Vid. Arg. *ad art.* 277. *in verb. & en sa seigneurie n.* 4.

Ou bailler, &c. Novi Juris. Vid. Argentræum *ad art.* 56. *not.* 1. *num.* 25.

Homme vivant. V. le Journal des Audiences, *l.* 3. *ch.* 51. Galland *du franc-aleu ch.* 16.

8. Choppin tient *liv.* 1. *tit.* 13. *n.* 12. qu'il n'est dû homme vivant, que pour ce que l'Eglise tient en fief; & non ce qu'elle a en censive. (*n*)

9. *Indemnité.* V. Bacquet *du droit d'amortissement, chap.* 53. *nomb.* 7. *& seqq.* Maître Gilles Bry, dans l'Hist. d'Alençon, raporte un titre de Charles de Valois, Comte d'Alençon, frere du Roi Philippe de Valois de l'an 1315. où il se fait païer d'une indemnité à raison de 4. années du revenu, *pag.* 278. L'indemnité en Normandie se paie en fief au denier 3. & en roture au denier 4. outre les lods & ventes. Basnage, sur l'art. 140. de la Coûtume de Normandie, dit que c'est le cinquiéme denier. V. le Journal d'Audience, *liv.* 3. *chap.* 36. L'indemnité est d'ordinaire le cinquiéme de la valeur. V. Ragueau in Indice; cependant d'Argentré la met ici au tiers. (*o*)

10. L'indemnité est dûe par les héritiers en donation testamentaire, non en donation entre-vifs. (*p*)

11. L'indemnité n'extenue que les casuels, (*q*) mais non les rentes & charges réelles qui ont des termes certains & fixes. Basnage *art.* 140. de la Coûtume de Normandie. Elle ne peut être demandée, quand le Seigneur a

NOTES.

(*n*) Pour la censive de Bretagne, qui n'est qu'un droit foncier sans féodalité, l'homme vivant & mourant, comme l'indemnité, n'apartient qu'au Seigneur de fief. Mais pour le fief servant roturier, l'homme vivant & mourant est dû, si la loi de l'inféodation porte la charge du rachat.

(*o*) V. Hevin sur Frain, *Pl.* 68.

Par l'Arrêt du 19. Juillet 1736. dont il est parlé ci-après, l'indemnité a été réglée au cinquiéme, sans considération du rachat, & au tiers, si elle est donnée sans homme vivant & mourant pour les biens sujets au rachat.

Le même Arrêt a décidé que l'homme vivant & mourant doit être âgé de 25. ans.

(*p*) Sur cette maxime, qui est également constante pour le droit d'amortissement, V. Louet & Brodeau, *lettre A. ch.* 12.

(*q*) Et seulement le casuel à venir. Ainsi l'indemnité ne dispense pas des lods & ventes du contrat d'acquêt.

reçu les gens de mainmorte à faire la foi. Du Moulin sur Paris, *art.* 51. *n.* 71. (*r*)

12. *Après 30. ans ne pourront être contraints qu'à l'indemnité.* Sed intra quod tempus? Intra 40. annos à die acquisitionis; est enim ultima præscriptio apud nos. Argentr. *ad art.* 277. *in verb. & en sa seigneurie num* 3. Par quelques Coûtumes, comme celle d'Auxerre, T. 8. *art.* 189. elle se prescrit par 30. ans. (*s*)

13. L'indemnité est dûe, quand l'héritage passe de mainmorte en mainmorte. Journal des Audiences, *tom.* 2. *liv.* 5. *ch.* 27. & M. le Prestre *cent.* 1. *ch.* 87. encore même que ce soient communautés de même Ordre. Bacquet *du droit d'amortissement chap.* 46. *n.* 4. & 12. Basnage *ad art.* 140. *de la Coût. de Normandie.* (*t*)

14. La Dame Abbesse de Saint Georges, pour son Abbaïe, retira féoda-

NOTES.

(*r*) Du Moulin ne donne point la décision que M. Hevin lui attribue ici, & qui est fausse, étant au contraire de maxime, suivant notre art. 368. que le Seigneur peut exiger l'indemnité, après que la prescription de 30. ans, ou l'aprobation du contrat des gens de mainmorte, l'a exclus du droit de faire vuider les mains.

Du Moulin, à l'endroit cité & aux nombres suivans, traite seulement la question dont il est parlé au nombre 1. de la conférence.

(*s*) La question sur la prescriptibilité ou l'imprescriptibilité de l'indemnité a été sçavamment discutée, dans les deux instances qui ont été suivies en même tems au Parlement, & qui ont été décidées par deux Arrêts : le premier du 22. Juin 1736. entre M. Dernothon, Baron de Pont & l'Abbesse de Klot : le second du 19. Juillet 1736. entre la Prieure du grand Locmaria, & le Général de la Paroisse de Plouaré. Je ne rapporterai point ici les moïens respectifs, qu'on peut voir dans mon Journal du Parlement, *tom.* 2. *ch.* 13. avec les réflexions que j'ai faites sur ces Arrêts. J'observe seulement ici, que dans l'espéce de ces Arrêts, qui jugerent que la prescription de 40. ans ne suffisoit pas pour exclurre le droit d'indemnité, les gens de mainmorte n'avoient point rendu aveu, ni fait l'exhibition que le vassal doit à son Seigneur.

Par un dernier Arrêt du 30. Juin 1745. entre M. Boux de Bougon, & Missire Olivier le Bigot, Chapelain de Beausoleil, il a été jugé que la prescription n'avoit pas couru contre le droit d'indemnité, quoiqu'il se fût écoulé 123. ans depuis le premier titre de propriété, & 88. ans depuis le second titre. Il y avoit près de 80. ans que le titre du Chapelain avoit été produit dans un procès contre le Seigneur sur la question de propriété d'une des piéces de terre qui faisoit l'objet de l'indemnité ajugée par l'Arrêt de 1745. Mais l'Arrêt a décidé que cette production de titre ne tenoit point lieu d'exhibition, & je sçai de quelques-uns des Juges que l'intention de la Cour n'a point été de décider que, malgré l'exhibition faite en régle, l'indemnité soit imprescriptible.

Il est de maxime constante que le droit d'exiger l'homme vivant & mourant, pour les biens sujets à rachat, est imprescriptible.

(*t*) Cette maxime a pour motif que l'indemnité est donnée seulement pour le tems que le bien sera possedé par les gens de mainmorte acquereurs. Ainsi lorsqu'ils revendent, après avoir païé l'indemnité, les choses reviennent dans leur ancien état : & si l'héritage étoit revendu à une autre mainmorte, le Seigneur pourroit demander les lods & ventes avec une nouvelle indemnité; & même lui faire vuider les mains.

L'amortissement est aussi dû de nouveau, quoique les biens passent d'une mainmorte à l'autre; parce que ce droit est dû pour lever l'incapacité de la mainmorte; & cette incapacité n'est pas levée par la possession antérieure d'une autre mainmorte.

lement quelques héritages mouvans de l'Abbaïe. Les Partisans du droit d'amortissement ont prétendu qu'il étoit dû pour ce retrait; *Consultus respondi* qu'il n'en étoit point dû, cette réunion du fief au domaine n'étant pas une nouvelle acquisition, & se faisant *ex antiquâ causâ feudi*; que la directité étant *ab initio* amortie, la consolidation au domaine ne pouvoit produire de taxe d'amortissement, comme elle ne produit point de lods & ventes ni la faculté de faire vuider les mains; ce qui fait la raison de décider. (*u*)

D'ARGENTRE' A. C. *Art.* 346. On cite dabord ici un très-grand nombre d'Auteurs qui ont parlé du droit d'amortissement.

15. *Gens d'Eglise.* Il faut comprendre également les Chapitres, les Confrairies, les Colleges & les Communautés Séculieres ou Ecclesiastiques, tout étant compris sous le nom de gens de mainmorte, lesquels ne peuvent acquerir sous le fief d'un Seigneur sans son consentement. Car les choses devenant hors de commerce, & n'arrivant point de mutation par mort, les Seigneurs sont privés des ventes, des rachats & des autres droits de mutation. Outre cela il arriveroit que les gens de mainmorte se rendroient maîtres de tous les héritages sans retour, puisqu'il leur est défendu d'aliener ce qu'ils ont une fois acquis. On les a donc obligés de vuider leurs mains & de remettre les choses dans le commerce. Le privilege pour les en exempter a été apellé droit d'*amortissement* qui ne peut être que du Roi. (*x*) A l'égard des Seigneurs particuliers, comme ils en souffrent également du préjudice, le droit qui leur est païé s'apelle *indemnité*. On voit à la Chambre des Comptes de Paris, qu'après les 30. ans le Roi ne pouvoit obliger de vuider les mains. Mais il n'est pas exclus de la Finance. Cependant comme on contestoit le droit de posseder nonobstant le laps de tems, le Clergé, à l'Assemblée de Poissy, & ensuite à celle d'Angers, obtint d'être confirmé dans la possession des biens acquis jusqu'alors, mais en païant une forte finance.

Ce que les gens de mainmorte possedent sous le Roi est quitte de l'hommage; & ils ne font que le serment de fidélité. Mais cette régle ne s'aplique pas à ce qui est tenu des Seigneurs particuliers, & les conditions de l'inféodation doivent être suivies.

16. *Ne se peuvent accroître.* Ce sont les termes dont la Coûtume se sert pour marquer l'incapacité d'acquerir, laquelle emporte la nullité de l'acte

NOTES.

(*u*) Il est vrai que dans cette espéce le supérieur ne peut pas exiger l'indemnité, ni faire vuider les mains, parce qu'il ne peut jamais perdre aucuns profits féodaux par la consolidation de l'arrierefief faite par les gens de mainmorte Seigneurs proches. Cette consolidation lui procure même un avantage certain, par l'augmentation du droit de rachat.

Mais ces raisons ne s'apliquent point au droit d'amortissement. L'interêt public est le même contre la consolidation, comme contre toute autre acquisition faite par les gens de mainmorte : & l'article 368. leur aïant défendu de *s'accroître* sans l'autorité du Prince, peut-on dire que la généralité de ce mot ne s'aplique pas à la consolidation, qui opere un accroissement de domaine utile ?

(*x*) Grand Coût. *pag.* 16. & *liv.* 2. *ch.* 23.

par la résistance de la Loi. L'Auteur prétend que cette prohibition de la Loi est perpétuelle. * Mais la Nouvelle Coutume a décidé autrement en ne donnant que 30. ans aux Seigneurs pour faire vuider les mains.]

L'Auteur fait voir ici amplement, contre le sentiment des Auteurs François, que le Seigneur n'est pas obligé d'accepter l'homme vivant, mourant & confisquant. Car cela ne regarde que des redevances ordinaires, & ne met pas la chose dans le commerce qui procure des lods & ventes. D'ailleurs la confiscation ne pourroit avoir lieu que pour la vie de l'homme vivant & mourant. (y)

Qui se gouvernent séculièrement. On ne sçait ce que le texte veut dire ici, puisque tout fief se gouverne séculièrement.

17. Au surplus chaque Seigneur a une différence d'interêts, & doit être différemment dédommagé par raport à la qualité de ses droits.

18. *De qui ils sont tenus.* « *Soit prochainement ou en arriere fief,* (z) *chacun pour son interêt.* Atque ita probatur Molinæi sententia quòd amortizatio, » quantumcumque plena, non (a) eximit rem à jure Dominorum, & quòd » non propterea tenentur consentire aut indemnitatem accipere, nisi velint, » ut quidam putant.

19. *Du Prince duquel seul.* Car le droit d'amortissement est un droit Roïal. (b)

20. ARREST I. Le sieur de la Haye de Besné, propriétaire du fief de Coëslin en Princqueau, fournissant son aveu au Roi, emploïe entre autres choses le droit de soule sur ses sujets & dit outre que l'Eglise, Cimetiere & Presbitere dudit Princqueau sont situés dans le fief de Coëslin. A la publication de l'aveu, le Recteur & un Gentilhomme s'oposent, disent que l'Eglise, Cimetiere & Presbitere étant amortis, sont au fief du Roi, ledit de Besné n'étant Patron ni Fondateur, & que d'ailleurs toutes les Eglises Paroissiales sont immédiatement en la protection du Roi. Sentence par les Présidiaux de Nantes, qui ordonne que ledit article sera raïé, comme lesd. choses relevant prochement du Roi, avec défenses aux Officiers dudit de

NOTES.

(y) V. la note (i)

(z) Dans les autres Coûtumes où le fief & la justice n'ont rien de commun les hauts-justiciers ont le dixiéme de l'indemnité, par Arrêt de réglement du Parlement de Paris du 28. Mars 1692. pour les dédommager de la perte des casuels de confiscations, deshérences & bâtardises, contre l'avis de du Moulin §. 51. *gl.* 2. *n.* 64. qui prétend qu'il ne leur est rien dû. C'est aussi la décision de la Déclaration du Roi de 1724.

Mais en Bretagne la deshérence dépend du fief & non de la justice. La confiscation d'immeuble n'a lieu que dans le cas de l'art. 660. dont l'espéce est si rare qu'on ne peut la faire entrer en considération. Celle de la bâtardise ne peut aussi faire d'objet; & le moïen-justicier ne pourroit pas prétendre de part à l'indemnité, sous prétexte qu'il est possible que des héritages fussent acquis par un bâtard, & que ce bâtard mourût sans enfans. Aussi il est inoui que le droit d'indemnité ait été païé en Bretagne à d'autres qu'au Seigneur de fief proche, sans considération du dégré de justice.

(a) V. l'Arrêt qui suit & la conférence n. 16.

(b) V. Brussel, *liv.* 2. *ch.* 42.

Besné de faire aucun exercice de jurisdiction dans lesdits lieux. Il releve apel, & dit qu'il y a différence entre fief & jurisdiction; qu'il ne s'est point qualifié Seigneur féodal desd. Eglise, Cimetiere & Presbitere, mais bien qu'ils étoient dans son fief, c'est-à-dire dans l'étendue de son territoire, & que bien que lesdites choses fussent amorties, qu'elles ne laissoient pas d'être dans sa Jurisdiction : que l'amortissement exemptoit bien des profits féodaux, tels que les lods & ventes, le rachat & autres, mais non pas du territoire; & que pour ce sujet les Docteurs disoient que le consentement de celui qui n'avoit simplement que la Jurisdiction sans fief, n'étoit pas nécessaire à l'amortissement, parce qu'on ne lui faisoit point de préjudice; qu'ainsi les Juges dont étoit apel s'étoient doublement trompés. Primò d'avoir pris pour fondement que les choses relevoient prochement du Roi, vû qu'au contraire ce qui est amorti ne releve de personne en nature de fief. 2°. De lui avoir fait défenses d'exercer sa Jurisdiction esdits lieux, ne considérant pas que si elles ne relevoient pas de lui en fief, elles ne laissoient pas d'être dans son territoire; & que ce que l'on disoit que les Eglises étoient en la protection du Roi, cela étoit bon pour attribuer aux Juges Roïaux privativement aux autres la connoissance des droits d'Eglise, comme prééminences, fondations, matieres bénéficiales, trouble directement fait au service divin, & autres semblables, mais non pas pour priver les Juges inférieurs des lieux de la connoissance des autres cas arrivés ausd. Eglise, Cimétiere & Presbitere. Sur cet apel Arrêt au raport de M. de la Boüexiere Hay, le 4. Avril 1626. Chappel aïant écrit pour l'apellant & Paul Devollant pour les intimés, par lequel l'apellation & ce, corrigeant, ordonné que le droit de soule sera extrait, & aufurplus les oposans déboutés, sans que ledit de Besné puisse prétendre la mouvance féodale de ladite Eglise, Cimetiere & Presbitere, ni s'attribuer autres & plus grands droits que ceux qui lui apartiennent de tout tems : ledit Gentilhomme oposant condamné aux dépens des causes principales & d'apel, sans dépens à l'égard du Recteur. V. Loyseau *Traité des Seigneuries ch.* 11. *n* 17. Chassanée sur Bourgogne, *Tit. des mainmortes ch.* 11. CHAPPEL. (*c*)

NOTES.

(*c*) *Ch.* 97.

La disposition de cet Arrêt n'est pas assez claire : & dans le détail des moïens du sieur de Besné, on voit que, contre son propre interêt, il donnoit trop d'étendue à l'effet de l'amortissement, qui levant seulement l'incapacité de posseder des biens temporels, que la Coûtume & les Loix du Roïaume prononcent contre les gens de mainmorte, ne prive point les Seigneurs de la féodalité qu'ils conservent toujours avec la Jurisdiction & les redevances féodales sur les biens amortis, même après avoir reçu l'indemnité. Cette question est bien traitée par M. Hevin, *Quest. Féod. pag.* 67. *& suiv.* où il raporte un autre Arrêt rendu pour la Baronie de Vitré. On peut y joindre ceux qui sont raportés par Sauvageau, *liv.* 1. *ch.* 246. *& liv.* 3. *ch.* 60. V. aussi Hevin, *Quest. Féod. pag.* 227.

Outre ces Arrêts celui du 15. Décembre 1693. rendu au profit de M. l'Evêque de Quimper sur l'apel de la Sentence de la Réformation du domaine, le maintint dans la mouvance des Eglises & des biens ecclésiastiques quoiqu'amortis. Il y a un grand nombre d'autres Arrêts conformes à cette maxime.

Adde du Moulin sur Paris, §. 51. *gl.* 2. *n.* 65.

21. ARREST II. Jugé en l'Audience le premier Juillet 1658. suivant le sentiment de d'Argentré dans sa note, que l'alternative de vuider les mains ou bailler homme vivant n'étoit pas in potestate acquirentis sed Domini, pour la Dame Abbesse de Saint Georges contre les Religieuses de Sainte Catherine; nonobstant qu'elles dissent que c'étoit pour l'emplacement de leurs bâtimens & enclos, qu'elles offrissent fief pour fief, & qu'elles eussent des lettres du Roi pour amortir. Plaidans Rabeau pour l'Abbesse & Denoüal pour les Religieuses de Sainte Catherine. (*d*)

NOTES.

(*d*) V. le nombre 18. & Sauvageau *liv.* 1. *ch.* 29. & sur du Fail, *liv.* 1. *ch.* 241. quira porte cet Arrêt.

Depuis cet Arrêt, il y a deux autres Arrêts conformes.

Le premier du 17. Juillet 1719. entre M. le Duc de Rohan, & l'Abbesse de Montcassin, qui jugea en point de Droit que les lettres d'amortissement ne privent point le Seigneur du droit de faire vuider les mains.

Le second du 29. Avril 1735. pour Messire François de Tremereuc, contre l'Hôtel-Dieu de Saint Malo, qui fut condamné de vuider ses mains, quoiqu'il eût des Lettres Patentes portant un amortissement général.

Ces deux Arrêts sont raportés au Journal du Parlement, *tom.* 1. *ch.* 53. Le dernier est actuellement attaqué au Conseil par l'Hôtel-Dieu de Saint Malo; & les Etats sont intervenus pour soutenir les droits des Seigneurs, & la Jurisprudence de la Province, conforme au sentiment de d'Argentré & de du Moulin, que la Taumassiere sur Berry, *T.* 5. *art.* 55. adopte par la raison décisive, que *le Roi accorde toutes les graces, sauf son droit en autre chose, & l'autrui en toutes.*

Il n'y a que l'interêt public qui puisse prévaloir à ces motifs; & le Seigneur ne peut pas faire vuider les mains des biens achetés pour l'utilité publique; il ne peut exiger que l'indemnité. *Frain*, *Pl.* 68. Chapel, *ch.* 148.

ARTICLE CCCLXIX.

Et ne sont lesdits Gens d'Eglise, ou de Religion, fondés à avoir ferme droit, bans, [a] ventes ne autre Justice, s'ils n'ont titre ou saisine suffisante pour servir de titre: autrement demeurent lesdits droits de Justice aux fondateurs & à leurs hoirs.

NOTES.

V. la Consult. 67. d'Hevin.

» Tout soit-il ainsint que les Eglises tiegnent » toutes leurs choses en morte-main, ne demeure pas pour che que le Justiche temporel & le garde temporel ne soit dou ressort » au Baron lai. Coûtumes de Beauvoisis *ch.* » 46. *pag.* 261.

CONFERENCE.

A. C. *Art.* 347. a Et.

T. A. C. *Ch.* 149. Gens d'Eglise ou de Religion, qui ont tout leur ferme droit, comme d'avoir tous leurs bans & leurs ventes, & saisine de toute Justice : car s'ils n'avoient saisine ou titre, la haute-justice devroit demourer à l'hoir du fondeur.

ORD. 3. Mai 1302. *art.* 15.

SOMMAIRE.

1. & 7. Du ferme droit.

2. & 9. Si la possession acquiert le droit de Jurisdiction.

3. & 5. Le fondateur n'est pas présumé avoir donné la Jurisdiction.

4. Si la féodalité est perdue pendant que le bien est en mainmorte.

5. Explication de l'article. La Jurisdiction n'est pas comprise sous la simple dénomination de la maison.

6. Distinction entre les concessions lucratives & les concessions onéreuses.

8. Lods & ventes dûs à cause de la seule féodalité, indépendemment du dégré de Justice.

COMMENTAIRE.

1. HEVIN. *Ferme droit*; id est *moïenne* (*a*) *justice*: hîc tamen significat *haute-justice*. Vide Arg. *ad art.* 473. *infrà*.

L'Art. 262. de la Très-Anc. le prend pour simple directité, & l'Anonime *ibid.* dit que *ferme droit est rectum dominium*.

2. *Saisine suffisante.* Ergò possessione acquiritur Jurisdictio, quod pauci advertunt; non quidem reverà creatur, sed præsumitur translata & acquisita. Bacquet est de cet avis, & qu'elle se prescrit même contre le Roi, *Traité des droits de Justice*, *ch.* 5. Loyseau *Traité des seigneuries*, *ch.* 4. *n.* 64. (*b*)

3. *Autrement demeurent lesd. droits de Justice aux fondateurs.* C'est l'art. 149. de la Très-Ancienne qui n'excepte que la haute-justice. Vide Argentr. *ad articul.* 347. cùm igitur Baro certas terras intrà ditionis suæ metas priori concedit, sine jurisdictione concedere intelligitur quæ eadem manet in toto apud concedentem : contre l'ancien Coûtumier de Normandie, *art.* 115.

4. V. dans l'art. 108. de la Coût. de Poitou, *franche aumône.* L'héritage tenu en aumône ne releve d'aucun Seigneur, & est comme un franc-aleu, (*c*) *art.* 141. de la Coût. de Normandie; mais retournant en main laïque il reprend sa premiere roture. Terrien sur l'anc. Coût. de Normandie, *chap. de teneure.* Bacquet *du droit d'amortiss. chap.* 46. *n.* 4. & 12. Basnage *ad art.*

NOTES.

(*a*) V. la dissertation de M. Hevin sur le fermedroit, *Consf.* 78.

(*b*) Boucheul, *art.* 1. *n.* 6. & *art.* 14. *n.* 4. & *suiv.*

(*c*) V. l'Arrêt 15 sur l'art. 368.

140. *de la Coût. de Normandie.* Galland *du francaleu, chap.* 16. Chop. *de dom. liv.* 1. *tit.* 13. *n.* 12.

5. D'ARGENTRE' A. C. *Art.* 347. *Et ne sont les Gens d'Eglise.* Il ne faut pas prendre cette disposition absolument, pour en induire que les Prélats & les Eglises ne puissent prétendre de Jurisdiction, le contraire paroissant à nos yeux. Mais cela s'entend par raport aux Fondateurs, qui aïant donné aux Eglises des biens ausquels il y a Jurisdiction attachée, elle ne passe pas, sous la simple dénomination de telle maison.

6. Cela est vrai, dit l'Auteur, dans les concessions purement lucratives, qui ne sont pas susceptibles d'extension au delà de ce qui est exprimé. Mais dans les concessions onéreuses, les gens d'Eglise & de mainmorte ne sont pas de pire condition que les particuliers acquereurs.

7. *Ferme droit.* N'est pas, comme aucuns pensent, haute-justice, mais moïenne seulement, à laquelle apartient de jouir des successions de bâtards, ce qui est exprès dans le ch. 264. de la T. A. C. repeté dans l'art. 446. de l'Ancienne. (*d*)

8. *Bans ni ventes.* C'est une grande erreur des Rédacteurs de l'article, d'avoir regardé les ventes comme un droit de Jurisdiction; car elles sont dûes seulement en vertu de la rétention du domaine direct. * Cependant cela a été repeté dans la Nouvelle Coûtume.]

9. *Ou saisine suffisante.* C'est à-dire, par possession très-longue qui est équivalente à un titre. (*e*)

Autrement demeureront aux Fondateurs. Cela confirme que la disposition n'est que respective, & par raport au droit & à l'interêt des Fondateurs. A l'égard de tous autres le droit commun a lieu.

NOTES.

(*d*) V. le nombre 1.

(*e*) V. le nombre 2.

ARTICLES
DE L'ANCIENNE COÛTUME,
Abrogés dans le Titre 17. à la Réformation de 1580.

ARTICLE CCCXXVII.

Et celui qui n'est Juveigneur, & tient comme de Seigneur lige, doit faire serment de pareille forme, comme au cas prochain précédent.

ARTICLE CCCXXX.

Et s'il y a en une terre plusieurs Seigneurs, dont les uns tiennent des autres comme Juveigneur d'aîné, le Juveigneur, à qui les terres seroient, fera la foi au prochain; & celui la fera à l'autre plus prochain de lui; & ainsi de prochain en prochain chacun doit faire la foi, jusques au Seigneur lige : & puis le susetain Seigneur lige doit avoir la ligence de tous & de chacun.

ARTICLE CCCXXXI.

Et s'il y a aucun Juveigneur qui soit en défaut de faire la foi à son prochain aîné de qui il tient, celui aîné, par le défaut de son prochain Juveigneur, ne peut saisir les terres que le Juveigneur auroit baillées à un autre qui tiendroit en Juveigneurie : mais doit ledit premier aîné intimer au second Juveigneur, qu'il fasse assavoir à son aîné prochain, qui est le Juveigneur prochain dudit premier aîné, qu'il tient en sa main ce que celui second Juveigneur tient de son premier aîné. Et après celui premier aîné fera ajourner son prochain Juveigneur, tant qu'il soit départi de la foi que ledit second Juveigneur devoit au premier Juveigneur. Et quand il aura gagné, ledit second Juveigneur fera audit premier aîné la foi & obéissance qu'il devoit audit premier Juveigneur : & fera partant ledit second Juveigneur, audit premier aîné, la foi & obéissance qu'il devoit à son prochain aîné, & tiendra comme il tenoit de son prochain aisné.

SOMMAIRE.

1. Ce que c'est que la sous-juveigneurie. Si le Seigneur supérieur peut agir directement contre l'arrierevassal.

2. Si la commise a lieu par l'offense faite au supérieur par l'arrierevassal.

COMMENTAIRE.

1. D'ARGENTRÉ. L'Auteur explique ici ce que c'est que la tenue en sous-juveigneurie. C'est quand le Juveigneur laisse deux ou plusieurs enfans, dont l'aîné donne partage à ses puînés; pour tenir pareillement de lui comme Juveigneur d'aîné. C'est ce qui fait les différens dégrés dont il est parlé ici : & sur cela on demande si le Seigneur peut agir directement contre le vassal de son vassal. Si le vassal du vassal ne tient de celui-ci qu'en juveigneurie, le Seigneur lige peut agir directement, parce qu'il est également Seigneur proche de l'un & de l'autre par la ligence. Mais si c'est une subinféodation effective, qui ait été reportée au Seigneur supérieur, en ce cas pour qu'il pût agir contre les vassaux de son vassal, lequel est un milieu entre le Seigneur & l'arrierevassal, il faut qu'il y ait une consolidation ou une saisie féodale

de la seigneurie inférieure, qui donne au supérieur le droit d'agir contre l'arrierevassal, *veluti medio sublato*. (*a*)

2. On demande si, l'arrierevassal aïant offensé le Seigneur supérieur, le fief tombe en commise. L'Auteur décide qu'il s'ensuivra qu'il n'y tomberoit que par circuit, & par l'obligation où seroit le Seigneur proche de contraindre par la commise son vassal à satisfaire au supérieur. Il raporte sur cette question plusieurs vers latins de Gunterus, qui expliquent la matiére en conformité de l'ancien usage des fiefs. (*b*)

NOTES.

(*a*) V. art. 366.

(*b*) V. les notes sur l'art. 366.

ARTICLE CCCXXXIV.

Quand le Seigneur reproche ou accuse son homme de défaut de foi, si l'homme jure avoir fait ladite foi, il sera cru & demourera quitte vers son Seigneur d'iceluì reproche.

COMMENTAIRE.

POULLAIN. Cet article a été retranché à la Réformation, & avec d'autant plus de raison que les hommages doivent être raportés par écrit. Ainsi il est inutile d'entrer dans les observations que fait l'Auteur sur cette disposition abrogée.

TITRE DIX-HUITIÉME.

Des Moulins, Colombiers, Garennes & autres Edifices.

NOTES.

Le titre 18. a cinq objets principaux.

1° Des moulins.

2°. Des fuïes, colombiers & retraites à pigeons, *art.* 389. & 390.

3°. Des garennes, de la chasse aux garennes & de la pêche aux étangs, *art.* 390. & 391.

4°. De l'édifice fait au préjudice d'autrui, *art.* 392.

5°. Du droit de clorre les terres décloses, *art.* 393. & 394.

La premiere partie se subdivise en onze différentes parties.

1°. De ceux qui sont obligés à la suite de moulin, en général, *art.* 376. 377. & 387.

2°. Des droits du Seigneur proche & du Seigneur supérieur, *art.* 375. 376. 379. 382. & 384.

3°. Du droit de donner le moulin & les moutaux en partage & du droit de celui qui a eu le moulin dans sa lotie, ou qui est présumé l'avoir eu en partage, *art.* 370. 371. 376. & 378.

4°. Du moulin bâti par le cohéritier, *art.* 372. & 373.

5°. De l'obligation au moulin par contrat, *art.* 376.

6°. Des vassaux qui sont ou prétendent être hors la banlieue : & de la mesure de la banlieue, *art.* 380. 381. 382. 383.

7°. En quel rang les moulans doivent moudre, & combien de tems ils doivent attendre l'eau ou le vent, *art.* 386.

8°. De l'action des moulans contre le meûnier, pour perte ou dommage du bled, *art.* 385.

9°. De l'action du Seigneur ou du meûnier contre ceux qui n'ont pas suivi le moulin, & de la quotité du droit de moute, *art.* 387.

10°. Du moulin à fouler, de son distroit, & du droit qui est dû, *art.* 388.

11°. De la réédification du moulin commun ruiné, faite par l'un des consorts sur le refus des autres, *art.* 374.

V. Loisel, *liv.* 2. *tit.* 2. *art.* 13. Bouteiller *p. derniere*, Guyot, *tome* 1. *Traité des bannalités*. Poecquet, *liv.* 6. *ch.* 6. La Taumassiere, *tit.* 16. Basnage, *art.* 160. 210. Coquille, *tit.* 18. Boucheul, *art.* 34. Brodeau & Ferriere, *art.* 71. & 72. Dupineau, *art.* 14. & *tome* 2. *pag.* 98. & *suiv.* Auroux, *tit.* 33. Bacquet *des droits de Just. ch.* 29. Le Grand, *art.* 64. Lhoste, *tit.* 6. Dunod *des prescr. part.* 3. *ch.* 11. *p.* 398. & *suiv.* Raviot, *ch.* 298. Louet, *let. M. ch.* 17.

Il est nécessaire de faire sur la matiére des moulins une observation importante. Il est de maxime en Bretagne que le droit de suite de moulin est féodal & *ex naturalibus feudi*, qu'il ne cesse pas même d'être féodal, quoique par aliénation ou par partage il ait été séparé de la seigneurie. Acte de notoriété du 9. Août 1709. à la fin du second tom. du Journal du Parlement. Ainsi ce droit, odieux dans les autres Provinces, est très-fovorable en Bretagne. Il a le privilege de l'imprescriptibilité & tous les autres avantages des devoirs féodaux.

Au contraire les droits de four & de pressoir bannal, n'aïant point le caractere de droits naturels du fief, sont regardés comme des servitudes odieuses qui n'ont eu pour principe que l'autorité ou peut-être la tirannie des Seigneurs. Ainsi ce que les Commentateurs des autres Coûtumes disent sur les droits de four & de pressoir peut s'apliquer à nos usages, puisque nous n'avons point de principes differens; aulieu qu'on ne doit les lire qu'avec précaution sur la matiere des moulins, à laquelle on ne doit pas apliquer ce qu'ils ont raison de dire dans leurs Coûtumes sur ce droit qui y est aussi odieux que ceux de four & de pressoir.

SOMMAIRE.

1. *Droit de moulin, four & pressoir attaché au fief, indépendemment du dégré de Justice.*
2. *Pour faire de nouveau pêcheries ou moulin à eau, il faut que les deux rives soient dans le fief.*
3. *Si l'on peut faire un moulin nuisible au moulin d'autrui.*
Quid *du four?*
4. *Si l'on peut lever bonde d'étang ou faire saut de moulin.*
5. *Si l'on peut empêcher le cours de l'eau pour les moulins.*
On ne peut arrêter l'eau pour les moulins jusqu'à innonder les terres d'autrui, ou nuire à la navigation.
6. *Formalité pour lever le fust gravier.*
7. *Du Droit de four bannal.*
8. *Si les Boulangers y sont sujets.*
9. *Obligation du fournier.*
10. *Peines contre ceux qui cuisent ailleurs.*
11. & 12. *Quand on peut faire étang.*
12. *Dédommagement dû par le Seigneur, qui inonde les terres de ses vassaux.*
13. *Quand le Seigneur peut détourner l'eau.*
14. *Si l'on peut retenir l'eau.*
15. *Du Roteur, & comment on doit le faire.*
16. & 18. *Droit de suite du poisson d'un étang.*
17. 19. 21. *De l'écoulement des étangs.*
20. *De l'écoulement & pêche des étangs qui se vuident sur des prairies dont le foin n'est pas coupé.*
22. *Seigneur peut prendre de son vassal par échange le terrain nécessaire pour se loger, & faire étang & moulin.*
23. *Ce qui est nécessaire pour établir le droit de four & de pressoir bannal.*
Peines contre l'usurpation.

CONFERENCE.

1. Le Seigneur haut Justicier, moïen ou bas, peut faire moulins à eau & à vent, fours & pressoirs en sa seigneurie sur fonds & eau à lui apartenant. S. Mihel, *T.* 2. 29. Poitou 34. (*a*)

2. Nul ne peut faire construire de nouveau pêcherie ou moulin, si les deux rives de la riviere ne sont assises en fief. Normandie a 10. (*b*)

Chacun peut, en son héritage, par lequel passe aucun fleuve ou riviere non navigable ne publique, faire édifier moulin, pourvû que ce ne soit dedans les fins & limites d'aucune terre & seigneurie d'aucun Seigneur aïant moulin bannier, & que le lieu soit disposé pour ce faire, assavoir qu'il y ait sault & entryon. Berry, *T.* 16. 2.

Tout homi pot far pachera & barra en sa terra, perque laigua no la fassa mau probedir no tregua laigua de son cours: sins y habê establiment, ô costuma au contrar y & que lo bestia agossa abeurade, ô labade. Bearn *de molins.* 1.

3. Auprès d'un molin degun no en pot far autre, si engorgabalo de dessuus ny si estremabe laigua de son cours, ô que lo molin de dessuus la pergossa. Bearn *de molins.* 2.

Es fins & metes de la bannie du four ou moulin, aucun ne peut faire ou construire four ou moulin, sans le consentement du Seigneur bannier, lequel, où il n'y aura consenti, peut faire abattre, de son autorité, lesdits four ou moulin, hormis qu'on pourra avoir un four, jusqu'à un boisseau mesure de Nevers, auquel on ne pourra cuire pain, sinon goüeres, pâtés & autres fricauderies. Nivernois, *T.* 18. 5.

4. On ne peut lever bondes d'étang en son héritage ou autre part, ne faire saut de moulin sans le congé du Seigneur. Menetou 14. Ferté Imbault 9. 10.

5. On ne peut empêcher, ès rivieres cou-

NOTES.

(*a*) V. Boucheul *ibid.* & *art.* 40.
(*b*) V. le commentaire, *n.* 1. Boucheul, *art.* 40.

CONFERENCE.

rans perpétuellement, que les moulins, ne meulent, ou qu'ils n'aïent une allée ouverte pour donner cours à l'eau, sauf ès rivieres & moulins qui ne peuvent moudre sans retenue d'eau & sans écluses, & qui en ont ainsi joui le tems passé. Toutefois ne pourra-t'on retenir l'eau, en maniere que l'eau submergeât ou noïe les terres d'autrui, & ne pourront empêcher la navigation publique. Blois 237. (c)

6. On ne pourra lever lesviez & fuz gravier du moulin, sans apeller Justice & prendre échantillon, pour le remettre au lieu où il étoit auparavant. Blois 238.

7. La contrainte de fournoïer à aucuns fours dépend des droits de basse Jurisdiction ; mais aucun ne peut contraindre ses sujets roturiers de fournoïer à son four, si lesdits sujets ne sont hommes roturiers d'homme & de lieu, comme dit est, couchans & levans roturierement, & ledit four soit en lieu où ledit Seigneur ait Ville, Bourg, ou chef de Bourg, auquel soient levans & couchans lesdits hommes, & ne les peut faire venir des villages ne de loin. Poitou 46. (d)

8. Les Boulangers qui cuiront pain, pour l'exposer en vente, & débiter aux étrangers sans fraude, ne sont tenus aller au four à ban. Poitou 47. (e)

9. Le fournier est tenu de cuire si souvent que les sujets à ce ban puissent cuire leurs pains & pâtes ; & s'il ne le fait, il est tenu aux intérêts desdits sujets dont ils seront crûs, & feront comme ci-dessous, sera dit en cas semblable. Nivernois, *T.* 18. 10.

10. Si aucun a four bandier, & aucuns d'iceux qui sont sujets de la bandie cuisent ailleurs qu'audit four, le Seigneur du four ou ses gens peuvent prendre ou faire prendre par Justice le pain cuit ailleurs qu'en son four, & lui sera ajugé le pain, & l'amende à la Justice. La Marche 314.

11. Il est loisible à un chacun de son autorité privée faire en son héritage étangs, asseoir bondes, grilles & chaussées, pourvû qu'il n'entreprenne sur le chemin & droit d'autrui. Orleans 170. Montargis, *T.* 6. 2. Nivernois, *T.* 16. 4. Tremblevi 9. (f)

Pourvû que ce soit sans préjudice du droit de son Seigneur & d'autrui. Berry, *T.* 16. 3.

12. Le Seigneur de fief peut faire étang en son fief & nuesse, pourvû que la chaussée en soit nouée par les deux bouts en son domaine ; & si ledit Seigneur de fief noïe les prés ou terres de ses sujets par ledit étang, il les peut contenter par échange advenant : & ne le peuvent empêcher lesdits sujets, pourvû que le dédommagement soit fait ausdits sujets, paravant que les héritages desdits sujets soient submergés, n'autrement empêchés ; & lequel dédommagement doit être fait préalablement ausdits sujets, en autres héritages & de telle valeur comme ceux desdits sujets qui seront empêchés par ledit étang. Maine 34. Anjou 29. La Marche 310.

Le haut Justicier. Nivernois, *T.* 16. 4. Troyes 180. (g)

N'eût-il que basse Justice, sinon qu'il y eût maison ou fief au dedans desdits domaines. Tours 37.

13. Le Seigneur peut détourner l'eau courante en sa terre, pourvû que les deux rives soient assises en son fief, & qu'au sortir d'icelui il la remette en son cours ordinaire, & que le tout se fasse sans dommage d'autrui. Normandie 206. (h)

14. Ceux qui ont nouveaux étangs, fossés ou écluses, ne peuvent détenir les eaux des fleuves & rivieres, qu'ils ne courent conti-

NOTES.

(c) V. le commentaire, *n.* 3. Ferriere, *art.* 71. *gl.* 1. *n.* 17. Brodeau, *art.* 71. le Grand, *art.* 180. Du Fail, *liv.* 1. *ch.* 508. & *liv.* 2. *ch.* 474.

(d) V. Boucheul *hic* & *art.* 47.

(e) V. les notes sur l'art. 382. *n.* 1.

(f) Sur ce nombre & sur les suivans V. Boucheul, *art.* 40. & Salvaing, *ch.* 62.

(g) V. le Grand *hic*.

(h) V. Basnage sur ces articles.

CONFERENCE.

nuellement pour la commodité de ceux qui sont au dessous, à peine de répondre de tous dommages & intérêts. Normandie 207.

Et ceux qui ont d'ancienneté fossés, ou écluses, ne peuvent retenir l'eau, sinon depuis le soleil levant jusqu'au soleil couchant. Normandie 208.

15. Roteurs ne peuvent être faits en eau courante: & si aucun veut détourner eau pour en faire, il doit vuider l'eau dudit roteur, afin que l'eau de celui roteur ne puisse retourner au cours de la riviere. Normandie 209.

16. Un Seigneur d'étang peut suivre son poisson qui seroit monté par crue ou débordement d'eau, en tout tems, jusques & dans la fosse & auge de l'étang prochain, & qui est au-dessus de son étang, jusqu'à faire vuider & épuiser l'eau de ladite fosse pour y prendre sondit poisson, huit jours après les eaux retirées, apellé ou dûement sommé le Seigneur ou fermier dudit étang & fosse. Orleans 171.

Et où il ne se trouveroit étang au-dessus du lieu, lui sera permis suivre le poisson de sondit étang, jusques & en l'héritage d'autrui qui lui sera voisin; & en icelui le prendre & pêcher, comme dessus. Et se fait ladite suite en montant & non en descendant. Toutefois ne se peut faire ladite suite à vivier ou fosse à poisson peuplée en héritage d'autrui. Orleans 172.

17. Ne peuvent les Seigneurs d'étangs faire vuider l'eau d'iceux, par ouvertures faites à l'endroit des grilles, chaussées & rechaussées, par lesquelles elles puissent endommager l'héritage d'autrui, ains par les bondes, guaydes, brêches, ou endroits par lesquels elle tombe dans les ruisseaux desdites bondes d'iceux étangs. Orleans 173.

18. Celui qui pêche son étang peut suivre son poisson, & le pêcher au prochain étang d'embas vuide d'eau & pêché auparavant le sien. Orleans 174.

19. Tout Seigneur qui aura étang si plein d'eau, que, pour l'abondance d'icelle, l'eau de l'étang proche & au dessus ne se peut vuider pour être pêché, est tenu, étant sommé, lever dans trois jours la bonde du sien, pour faire baisser & évacuer l'eau d'icelui, jusqu'à ce qu'il n'en reçoive perte ne dommage, si à ce il n'est sujet par droit de servitude ou autrement: & ne peut aucun être contraint lever la bonde de son étang, sinon que depuis le premier jour d'Octobre jusqu'au 15. Mars Orleans 175.

20. Qui a étangs voisins & qui se vuident ès prairies esquelles l'herbe n'est fauchée ne levée, ne peut iceux pêcher, tirer, ne faire vuider, sans huit jours auparavant, & à jour de Dimanche, l'avoir fait à sçavoir par le Curé, au Prône de la Grande-Messe de Paroisse dont lesdits étangs & prairies seront, à peine de dommages & interêts des Seigneurs d'icelles. Orleans 176.

21. Quand étangs sont assis en même ruisseau & cours d'eau, si l'un d'iceux est prêt à pêcher, ne pourra celui de dessus lever la bonde du sien, pendant que celui de dessous est en pêche, laquelle il sera tenu faire en toute diligence. Orleans 177.

22. Ord. Etablissemens de Saint Louis, *liv.* 1. *ch.* 94. Se Gentishons se voloit herbergier, & ses hons Coûtumiers eût une pièce de terre, ou deux, que il tienne de lui, li Sires la prendra, se il veut, à lui herbergier, ou en fera son estanc, ou son moulin, ou autre herbergement, en lui faisant échange avenant. (*i*)

23. 1629. *Art.* 207. Défendons aux Seigneurs & Gentilshommes d'assujettir leursdits vassaux & tenanciers à leurs moulins, fours & pressouers, s'ils ne sont fondés en

NOTES.

(*i*) » Le Seigneur de fief faisant construi» re étang ou garenne, y peut enclorre les » terres de ses sujets, en les recompensant » préalablement. Loisel, *liv.* 2. *tit.* 2. *art.* 27.

V. Pocquet sur Dupineau, *art.* 29.

CONFERENCE.

titres, (k) à peine de confiscation desdits fours & moulins, & la perte de tous autres droits qu'ils pourroient prétendre sur eux. Et enjoignons ausdits Seigneurs & Gentilshommes de bailler quittance, pardevant Notaires, à leurs tenanciers, s'ils la requerent de ce qu'ils auront paÿé en deniers ou grains pour les rentes seigneuriales ou surcens à eux dûs, aux frais toutefois desdits tenanciers.

SOMMAIRE.

1. *Pour bâtir moulin à eau il faut être propriétaire des deux rives.*
2. *La Jurisdiction sur une des rives donne la moitié du fleuve.*
3. *Régle Coûtumiere sur les moulins : qui peut faire moulin.*
Quel dommage peut causer l'oposition.
4. *Ce qu'on entend par* avoir *ou* n'avoir moulin.
5. *Si l'aliénation du moulin emporte le transport du distroit.*
Les moulins ne sont considerés que par raport au distroit.
6. *Le transport des moutaux n'emporte pas le démembrement de la tenue.*
7. *En quelle Jurisdiction le cessionnaire du moulin doit se pourvoir contre les vassaux.*

COMMENTAIRE.

HEVIN. Les articles de ce titre sont tirés de l'art. 248. & suivans de la Très-Anc. Coût.

La plûpart de ces dispositions sont conformes aux Coût. voisines du Maine & d'Anjou.

Notre Coût. n'a en aucun article parlé du four bannal de quo vid. (l) Brodeau sur l'art. 71. de la Coût. de Paris; ni du pressoir bannal, & celui-là nous est inconnu : de quo Brodeau *ibid.* L'Ordonn. de 1629. *art.* 207. en prohibe l'établissement aux Seigneurs, s'ils ne sont en possession.

De l'origine & antiquité des moulins, vid. Brodeau sur l'art. 72. de la Coût. de Paris. En Bretagne les moulins sont bannaux. V. Loüet & Brodeau, *lett. M. n.* 17.

NOTES.

(k) V. Frain, *Pl.* 134.

Sur la qualité de ces titres, V. Guyot, *ch.* 4. Ferriere, le Camus, Brodeau, Auzanet & Lauriere, *art.* 71. Bacquet *des droits de Just. ch.* 29. le Grand, *art* 64 Boucheul, *art* 34 *n.* 29. *& suiv.* M Guyot, *ch.* 7. traite la question de sçavoir comment la bannalité peut se perdre

Ce que disent ces Auteurs ne s'aplique pas au droit de suite de moulin, la féodalité seule donnant ce droit en Bretagne, comme il a été observé ci-dessus.

(l) Frain, *Pl.* 134. Devolant au mot *bannalité.* Hevin, *Cons.* 71. Sauv. *liv.* 1. *ch.* 219. sur du Fail, *liv.* 1. *ch.* 194. *& liv.* 3. *ch.* 390. Belordeau, *lettre E. contr.* 47 Perchambault §. 10. Journal du Parl. *tom.* 1. *ch.* 26.

Les

Les moulins soit à eau ou à vent, comme dit la Coût. de Poitou, *art.* 43. Vid. infrà *art.* 386.

Des Meûniers on peut dire ce que Cujas dit *de publicanis*.

1. Pour pouvoir bâtir moulin sur riviere ou ruisseau, il faut être propriétaire des deux rives, *art.* 210. de la Coût. de Normandie. Vid. les Arrêts d'Henris, *tom.* 2. *liv.* 3. *quest.* 6.

Des garennes & étangs, voïez de Salvaing, *de l'usage des fiefs*, *ch.* 62. & Dupineau sur l'art. 32. de la Coût. d'Anjou.

Poullain. Le mot *bannal* vient de *bannùm*. V. inf. *art.* 379.

Nostris hominibus novam angariam indixit banniendo scilicet ut irent ad Molendinum Sancti Audoeni quinque leucis, ut fertur, ab eorum hospitiis remotum. Fulbertus Carnot. *Epist.* 13.

2. Qui habet Jurisdictionem in ripa habet eam usque ad medium fluminis, nisi de contrario constet. Bart. *L.* 1. *Cod. de Class.*

D'Argentre' Ancienne Coustume.

Regles coustumieres en matiere de moulins.

3. » Tout homme, soit noble ou roturier, peut, en sa terre noble, faire » moulin, (*m*) pourvû qu'il n'endommage autrui en sa terre, ni ne préju» dicie à autre qui en ait auparavant lui, par regorgement d'eau ou autre» ment.

» Ce n'est pas pour former interêt ni juste cause d'oposition, de dire que » la construction de nouveau moulin fera qu'il viendra moins de moutaux » à l'oposant.

4. » Avoir moulin, ou n'avoir moulin, s'entend selon le bled pour lequel » il peut moudre de seigle ou de froment; & s'il est autre il n'oblige le » sujet. (*n*).

5. On demande si la vente, donation ou transport du moulin emporte le transport du distroit. Il pourroit y avoir des raisons de douter à cause de l'art. 329. de l'A. C. & de ce qui a été dit sur cet article. Cependant il est plus naturel de croire que les sujets du moulin passent dans la vente qui en est (*o*) faite, la simple dénomination de la chose, sans autre expression, emportant les apartenances & dépendances accessoires. Cette régle doit d'autant plus avoir lieu, que les moulins ne sont rien qu'en vertu de l'usage, puisqu'ils ne peuvent être compris *inter ædificia urbana aut rustica*, ni considerés comme habitation. Ils sont faits pour moudre, & non simplement pour le propriétaire, mais pour les sujets qui sont obligés de les suivre. Le droit de suite est leur fruit & leur revenu, (*p*) sans quoi ils seroient inutiles.

Notes.

(*m*) V. le commentaire sur l'art. 601. & la conférence, *n.* 3.

(*n*) Boucheul, *art.* 34. *n.* 20. *& art.* 38. *n.* 2.

(*o*) Guyot, *ch.* 6. *n.* 14. *& suiv.*

(*p*) V. le commentaire sur les art. 370. & 607.

6. Ce n'est pas démembrer la tenue que de transporter le moulin avec les moutaux. Car la suite du moulin est un droit utile qui peut être (q) détaché de l'obéissance.

7. Mais comme l'obéissance est retenue, la différence qui se trouve est que l'acquereur ou cessionnaire du moulin doit recourir à la Jurisdiction d'où releve le vassal (r) & n'en a point à cet égard.

NOTES.

(q) V. art. 382. n. 3. & 6.

(r) D'Argentré ne dit pas qu'on doive assigner le vassal dans la Jurisdiction dont il releve. Mais il ne dit rien de contraire & cela est incontestable, suivant l'art. 372.

ARTICLE CCCLXX.

Les moulins, & les moulans, sujets ausdits moulins, qui sont raportés au partage entre les freres & sœurs, peuvent être assis par l'aîné aux Juveigneurs, au prix qu'ils ont été estimés.

CONFERENCE.

Art. 607.

A. C. *Art.* 348.

T. A. C. *Ch.* 248. Il est de coûtume entre freres & sœurs, quand ils viennent au partaige d'entr'eux, que ils peuvent aporter les moulins & les moulans d'entr'eux, & de leurs prédecesseurs, de ceux qui chéent en partaige ; & selon le prisaige que les Juveigneurs & les sœurs font, l'aîné le leur peut asséoir : & ceux qui auront les moulins ou le moulin ; auront la moulte des hommes.

SOMMAIRE.

Du prisage des moulins.

COMMENTAIRE.

D'ARGENTRE' A. C. *Art.* 348. *Les moulins.* L'édifice des moulins est de peu d'estimation ; & l'on ne les estime véritablement, que par raport au revenu qu'ils produisent. Ainsi l'on estime les moulans, ce qui s'entend des sujets par distroit & que l'on peut contraindre à la suite. (a) Car les mou-

NOTES.

(a) V. le commentaire sur l'art. 607.

taux volontaires & d'avanture n'entrent point en estimation; mais seulement les édifices. Cependant si ce moulin étoit si commode & si frequenté qu'il y eût une utilité aparente, un des consorts pourroit déclarer le faire valoir sur un certain pied : mais il n'y pourroit être obligé.

Entre freres & sœurs. Et tous autres consorts de succession.

Peuvent être assis aux Juveigneurs au prix qu'ils ont été estimés. Par le prisage que les priseurs ont fait de la succession. C'est un prix que l'on donne de ce que chacun peut produire de moute; ce prisage est outre l'obéissance.

ARTICLE CCCLXXI.

Et si partage faisant d'une succession entre freres & sœurs, & autres cohéritiers, seroit échu un moulin avec ses moulans à l'un d'eux, les autres cohéritiers ne pourront faire moulin pour y tirer les sujets, desquels le distroit auroit été baillé à celui qui auroit eu ledit moulin. Et si aucun lignager, *descendu dudit cohéritier ainsi partagé,* [a] *se trouvoit en longue possession desdits* moulans, [b] & le lignage fût éloigné, tellement que les hommes & les femmes [c] *descendans tant du l'aîné que du puîné, se pussent marier ensemble, encore* qu'on ne pût faire preuve [d] *que ledit moulin eût été baillé en partage, il suffira de prouver le lignage, & la possession du distroit sur les moulans. Et* ne pourroit *le cohéritier ou descendant, ou aïant cause de lui, faisant* moulin de nouveau, retirer à soi lesdits moulans, sinon en cas de ressort; *qui est,* quand le moulin [e] *échu en partage* seroit chommant ou occupé. [f] *Auquel* cas celui qui voudroit avoir [g] ressort *des moulans,* [h] *bailleroit* sureté & obligation de ne préjudicier à l'autre partie au tems à venir que les [i] moulans ne lui retournent lorsque son moulin sera en dû état; si autre convention n'étoit entr'eux.

NOTES.

Boucheul, *art.* 49.

CONFERENCE

Art. 372. 373. 376.

A. C. *Art.* 349. [a] Etoit longuement en saisine de. [b] Tant lui que ses prédecesseurs, combien que. [c] D'icelui ramage pussent eux marier les uns avec les autres &. [d] Du partage fait entre lesdits cohéritiers, pourvu qu'on prouve la saisine sur les moulans & le lignage, celui qui voudroit faire. [e] De l'autre partie. [f] Et en celui cas conviendroit. que. [g] Ledit. [h] Baillant. [i] dits.

T. A. C. *Ch.* 248. Et ne peut nul des autres faire moulin, en préjudice de ceux ou de celui qui a les moulins ou le moulin pour attraire les moulans à eux & à leurs moulins ou moulin, & s'il est ainsi qu'il ait eu longuement moulin, dont il ait eu longuement saisine des moulans que lui *vel* celui, que ses prédecesseurs, tant fût le lignage éloigné, que ils pussent faire mariage entre les hommes & les femmes d'entr'eux, & que l'en ne pût rien trouver du partaige fors tant comme de la saisine, si ceul vouloit de nouvel faire moulin qui ne l'auroit pas eu, & delà où l'autre partie l'auroit eu que lui que ses prédecesseurs saisine des moulans, il ne devroit pas les avoir, si ce n'ert en cas de ressort, quand le moulin ou les moulins à l'autre partie fussent occupés, dont il conviendroit qu'il donnât assignement à celle partie de ne lui porter préjudice au tems advenir. Si celui li vouloit *vel* ne vouloit lesser le ressort de la moulte, ou s'il ne le montroit par lettres, ou par autres raisons de fait, par quoi, *vel* de quoi ce ne dût être.

Poitou 49.

SOMMAIRE.

Stipulation présumée des servitudes entre consorts, lorsqu'elles sont nécessaires

COMMENTAIRE.

D'ARGENTRE' A. C. *Art.* 349. *Et si le lignager.* Il faut présuposer que si, partage faisant, on donne à l'un des consorts un moulin avec ses moutaux, les autres consorts ne pourront faire moulin dans le distroit de l'autre, pour y attirer les sujets; car ce seroit anéantir le revenu qui a fait considération dans la lotie. Cela présuposé comme il le faut pour supléer à l'omission de l'article; * ce que la Nouvelle Coûtume a fait,] quand on n'a pas de preuve du partage, à cause du grand éloignement de parenté, il suffit que l'on prouve la parenté, & en meme tems la possession de joüir des moutaux, pour former une présomption en faveur de celui qui les possede, & pour donner lieu à l'oposition résultante de la premiere proposition.

Tellement que les hommes & femmes dudit ramage se puissent marier. Autrefois c'étoit le septiéme dégré. Mais depuis on a réduit la prohibition au quatriéme dégré. Tout le reste du Commentaire n'est qu'une paraphrase du texte. (*a*)

NOTES.

(*a*) Mais l'Auteur décide une question importante par l'esprit de cet article. Il dit qu'il en est de même par raport aux servitudes que les cohéritiers se doivent respectivement, au moins endommageant, lorsqu'il n'y a pas de chemin. Et il ajoute que *probatâ consanguinitate res de consortio præsumitur, & servitutem debere ex divisionis lege.*

ARTICLE CCCLXXII.

Et si le frere aîné ne ses Juveigneurs n'avoient moulin au tems du partage d'entr'eux, & l'un d'eux, aîné ou Juveigneur, fist moulin de nouveau, tous les hommes d'iceux aîné & Juveigneurs, tombés audit partage, iront audit moulin, s'ils ne sont sujets à autres : sans toutefois que lesdits moulans soient justiciables par la Cour de celui qui auroit édifié ledit moulin : ains seront justiciés pardevant le Seigneur prochain ou [a] *supérieur*, qui auront tous [b] émolumens, fera ledit devoir de moute.

CONFERENCE.

Art. 376.

A. C. *Art.* 352. [a] Suserain. [b] Autres.

T. A. C. *Ch.* 250. Et s'il étoit ainsi que le frere aîné ne les Juveigneurs n'eussent point de moulin au tems du partaige d'entr'eux, & il y en eût un d'iceux aîné ou Juveigneurs qui feist moulin de nouvel, les hommes de la ligne dont ils partiroient devroient aller à ceul moulin, pource qu'ils ne fussent desttraints d'aller à autre moulin; ainsi *vel* aussi que les hommes ne seroient justicés, que devant leur Seigneur prochain ou suserain qui en devroit avoir tous lés èmolumens, fors que la moulte.

COMMENTAIRE.

D'Argentré' A. C. *Art.* 352. C'est ici un cas converse de l'art. 371. dans lequel il est parlé du moulin donné lors du partage, & ici du moulin bâti depuis auquel on peut assujettir les vassaux des autres consorts qui n'ont point de moulin.

Tous hommes d'iceux aisné & Juveigneurs. Il sembleroit dabord étrange qu'un puîné retirât ainsi les moutaux de son aîné. Mais les autres consorts, n'aïant point de moulin, n'ont pas d'interêt d'empêcher que l'autre en profite : & ils ont toujours droit de bâtir un moulin quand ils voudront.

Sans que les moulans soient justiciables. Car la jurisdiction & le droit de contraindre à la suite du moulin ne sont pas inséparables. L'Auteur conclut delà qu'il faudroit les apeller à leur domicile, faute d'avoir moulu au nouveau moulin, & non devant le Seigneur qui auroit le distroit. (a)

NOTES.

(a) V. le commentaire sur la rubrique *in fine*.

ARTICLE CCCLXXIII.

Et audit cas, celui qui voudroit avoir ladite moute, sera tenu bailler lettres de non préjudice, avec caution, à ses autres consorts, au cas qu'ils voudroient faire édifier moulin.

CONFERENCE.

A. C. *Art.* 353.

T. A. C. *Ch.* 250. Et aussi devroit donner assignement celui qui voudroit avoir la moute & les moulans, qu'il ne porteroit point préjudice à leur Seigneur ou aux parsonniers, ou cas qu'ils voudroient faire faire le moulin. Car l'en ne doit pas aporter au partaige d'entre freres & sœurs le profit de la moulte, (a) ou cas qu'il n'y a moulin où les moulans dussent aller par destroit.

COMMENTAIRE.

D'ARGENTRE' A. C. *Art.* 353. *Et audit cas.* « C'est-à dire que toutefois » & quantes qu'un consort fait moulin de nouveau, & que par cette occa- » sion, il contraint les moutaux sujets de ses consorts qui n'ont moulin, il » ne peut empêcher que les autres n'en fassent à leur commodité quand ils » voudront & pourront, & qu'ils ne retirent leurs hommes. Et pour ce » doit-il bailler caution de non préjudicier, qui est le cas divers de l'article » 348. Car ledit article parle quand le moulin & son distroit ont été baillés » en partage à l'un des consorts. En ce cas les consorts ne sçauroient bâtir : » car cela lui tient lieu d'assiette en sa lotie, sinon en cas de ressort, comme » dit l'article, dont il se baille caution. Cet article parle quand lors du par- » tage il se trouve qu'il n'y a point moulin. Mais s'il s'en fait un depuis par » l'un des consorts, lequel en ce cas emporte les hommes de ses consorts : » mais cela est plus de bonté de loi, que de droit fondé en la personne du » bâtisseur. Car cela ne lui est point baillé en partage, ains gratis. Telle- » ment qu'il n'emporte privation aux autres consorts, qu'ils n'en puissent » bâtir s'ils ont moïen. En quoi faisant il retirera ses hommes. Voilà l'in- » telligence de ces deux articles connexes, obscurs, & mal entendus & pra- » tiqués.

NOTES.

(a) V. l'art. 409 de la Coûtume.

ARTICLE CCCLXXIV.

Quand moulin, qui eſt en communité & ſociété entre pluſieurs, eſt ruineux, & aucun d'eux le veut refaire, il doit requerir les autres conſorts d'aider à le refaire, à l'équipolent de ce que chacun y doit prendre. Et la Requête faite dûement, à faute auſdits conſorts d'y contribuer, celui qui les a ainſi requis, peut faire les édifices dudit moulin; & ne prendront leſdits conſorts aucune choſe au profit dudit moulin, juſqu'à ce qu'ils aïent païé & rendu leur contingente portion deſdits édifices. Et néanmoins demeureront les moulans audit moulin du diſtroit d'icelui, comme ils avoient accoûtumé, ſans qu'aucun deſdits conſorts puiſſe faire autre moulin pour les y attraire; nonobſtant le défaut deſdits conſorts d'avoir contribué, comme deſſus, & rendant & païant par eux ce qu'il apartiendra pour leurdite portion contingente, ils prendront audit moulin réédifié, au tems avenir depuis [a] *ledit rembourſement*, & non de tems précédant. Et ne ſeront tenus rendre, fors le prix que les édifices vaudront au tems [b] *d'icelui rembourſement: & le ſemblable ſera obſervé en tous autres édifices, qui ſeront en communité.*

CONFERENCE.

Uſement de Rennes, *art.* 3.

Uſement de Nantes, *art.* 15.

A. C. *art.* 35c. [a] Ladite ſolution. [b] D'icelle ſolution,

T. A. C. *ch.* 249. Puiſqu'un moulin, qui eſt en parçonnerie, déchiet, & il y a aucunes des parties qui le veulent refaire, ils doivent requerre ceux ou celles qui y prennent, à aider à le faire, à l'afferant qu'ils prennent au moulin: & la Requête faire par Cour, (car nulle Requête, ne contrat, ne nulle promeſſe *vel* prémeſſe, n'eſt reſponſable *vel* raiſonnable, ſi elle n'eſt faite par Cour, ou vêtue, ou jurée, ou fiancée.) Celui qui au-

NOTES.

Dupineau, *art.* 20. Boucheul, *art.* 45.

CONFERENCE.

roit requis, pourroit les édifices du moulin faire, & ceux qui auroient été requis, & seroient en refus, (a) n'y *vel* ne prendroient rien au profit du moulin, jusqu'à tant qu'ils eussent païé ou rendu leur part des édifices: & ne demourra pourtant qu'ils n'aïent les moulans, comme ils avoient accoûtumé, & ne peut celui qui aura été requis, faire autre moulin pour attraire les moulans ne la moute à celui nouvel moulin que il fasse faire. Et toutefois que ceux ou celles qui n'auroient rien mis au moulin, voudroient rendre les manœuvres, & païer entant comme il leur en apartiendroit, ils prendroient au moulin, au tems avenir, depuis que la solution auroit été faite; & tout ainsi comme ils n'y prendroient rien, en ce que le moulin a gaigné, ne rendront-ils que le prix que les édifices vaudront, ou seront prisés au tems du retrait, & de la solution à l'afferant qu'ils devroient prendre au moulin.

Maine 20. Anjou 20. Bayonne, *T.* 23. 4. 5. 6. 7.

Ordonn. Etablissemens de St. Louis, *liv.* 1. *ch.* 108. Se aucuns avoient moulin parçonnier, & il fausist muebles en ce moulin, ou autre chose, par quoi il ne peust moudre, il doit venir à celui qui i a part, & li doit dire. Il faut en vostre moulin mouille, metez i votre part, & se il dit, je ni mettré rien, que je ne puis: & après il li doit autresi montrer par devant la Justice, & se il dit; je n'i vuel plus mettre, cil puet bien fere affetier le moulin, & en aura toute la mouture & l'une partie & l'autre, jusqu'à tant que il aura rendue sa part des coûts & des dépens: ainsi recevra toute la mouture sans conter. Et se il le fesoit affetier, sans l'autre semondre, cil ne feroit que rendre l'argent, tant comme il auroit coûté par parties, & diroit par son serement combien, & compteroit ce qu'il en auroit reçu en païement de la mouture, & se il en avoit plus eu que li coustement ne vaudroient, il rendroit le surplus.

SOMMAIRE.

1. *De quelle société l'article parle?*
2. & 5. *De quelles réparations?*
3. Quid. *Si l'on n'a pas fait de sommation.*
4. *Formalités qu'on doit observer.*
6. *Remboursement préalable nécessaire.*
Quid. *Si la liquidation est retardée.*
7. *Pourquoi le remboursement n'est dû que suivant la valeur actuelle.*
Quid. *Du cas fortuit.*
8. *Du remboursement d'un pignon commun.*

COMMENTAIRE.

Hevin. Etablissem. de St. Louis, *chap.* 106.

Qui seront en communité. Idem dans notre usement de Rennes, *art.* 3.

1. D'Argentre' A. C. *Art.* 350. *Société.* Soit incidente ou convenue, *sive à communione rei, sive contractu.*

2. *Est ruineux.* Ou plutôt ruiné. Car les mots suivans parlent de refaire; de sorte qu'il faut que, par indigence, le moulin ne soit point en état de moudre.

3. *Il doit requerir.* Par sommation. Cependant quoiqu'on n'eût pas fait som-

NOTES.

(a) *Et seroient en refus* n'est point dans les M. S.

mation,

mation, on pourroit avoir action; mais elle ne feroit que pour demander les réparations qu'on auroit faites, *veluti negotio communi gesto.*

4. *Peut faire les édifices dudit moulin.* La forme est d'en faire un devis par artisans, & de le faire bannir à qui pour moins; après quoi on procéde à l'adjudication, le consort apellé.

5. *Ne prendront les consorts.* Cette privation totale du revenu supose un rétablissement total. Car d'avoir simplement fait réparer, couvrir, changer une rouë, ce ne seroit pas une cause suffisante pour la privation totale.

6. *Rendant & païant.* Préalablement. Car on n'est pas reçu autrement à rentrer dans la jouissance.

Depuis ladite solution. Pourvû que la dépense utile & nécessaire soit liquidée. Car si après le délai pour le faire, la liquidation ne se trouvoit pas exécutée, le consort seroit reçu à jouir, donnant caution.

7. *Et ne seront tenus à rendre fors le prix.* Cela est juste. Car pendant l'intervalle, celui qui a réparé a profité de la jouissance: & si la valeur des réparations a diminué par le long usage, il n'est pas juste que l'estimation se fasse que dans l'état où les choses sont. Mais cela doit s'entendre de la diminution naturelle qui survient *ex usu*. Car si le moulin, qui a été rétabli, est détruit par une inondation, la perte doit être commune, l'un & l'autre consort étant propriétaire; & celui qui a bâti l'aïant fait par la permission de la Loi, l'autre consort doit lui faire raison de cette dépense, sur le pied que les choses valoient, lorsque l'inondation est survenue.

8. Arrest. Sur ces mots, *& ne seront tenus rendre, fors le prix que les édifices vaudront au tems d'icelui remboursement.* Ceci fut jugé par Arrêt du 20. Novembre 1624. plaidans Chappel, Frain & Ybert, pour la réédification d'un pignon commun, qui d'une part servoit à la maison des intimés, & d'autre part à la clôture du jardin des apellans. Charlotte Tremaudan l'une des parties. (*a*)

NOTES.

(*a*) Usement de Rennes, *art.* 3.

ARTICLE CCCLXXV.

Il apartient au prochain Seigneur avoir & [a] *retirer* les moutes des hommes [b] *de* ses vassaux, au cas qu'iceux vassaux n'auroient moulin pour moudre.

CONFERENCE.

Art. 376. 378. 379. 384.

A. C. *art.* 351. a Retraire. b A.

T. A. C. *ch.* 250. Il apartient au prochain Seigneur avoir & retraire la moute des hommes à ses hommes *vel* à ceux qui sont ses hommes, ou cas que ceux ou ceules n'ont moulin ou ceux moulans moulissent.

V. la Conférence sur l'art. 379.

NOTES.

Boucheul, *art.* 38. & 40.

SOMMAIRE.

1. *Droits utiles apartiennent au Seigneur proche.*
2. *Obligation au moulin, soit dans le fief, soit hors du fief, pourvû qu'il soit dans la banlieue.*
3. *Quid si le chemin est interrompu par une riviere?*
4. *Mansionnier tenu au moulin de son Seigneur, quoiqu'il tienne à ferme un autre moulin où il ne demeure pas.* V. aussi n. 7.
5. *Quid, du Boulanger domicilié sous une seigneurie qui achete du grain sous une autre seigneurie, le fait moudre où il veut, & débite son pain dans la seigneurie, dans laquelle il a acheté le grain, & ne l'y a pas fait moudre.*
6. *Si l'on peut avoir des meules à bras.*
7. *Du domicilié dans une terre roturiere, lequel a une terre noble avec droit de moulin.*

COMMENTAIRE.

HEVIN Idem art. 40. de la Coût. de Poitou.

1. D'ARGENTRE' A. C. *Art.* 351. *Il apartient.* Tous les droits féodaux utiles regardent le Seigneur prochain & immédiat, s'il n'y en a exception ou réservation au profit des supérieurs. Ainsi ce droit apartient au Seigneur proche, s'il a moulin en état; & s'il n'en a pas, le Seigneur supérieur exerce alors son droit.

2. *Au cas que ses vassaux n'auroient moulin.* Soit dans le même fief ou dehors, nouveau ou ancien dans la banlieue: & il n'y a point de distinction des moulins à vent ou à eau, pourvû que les sujets y puissent être servis.

3. ARREST I. Si la voïe du moulin est interrompue *objectu fluminis*, les sujets ne sont tenus d'y aller, sinon que le Seigneur mette un bateau, ou fasse faire un pont. Jugé par Arrêt du 19. Octobre 1620. plaidans Berthou & Frain, contre le fermier du moulin de Guillac apartenant au Seigneur de Porhoët. C'est le plaidoïer 72. de Frain.

4. ARREST II. Quid si le vassal mansionnier tient quelque moulin à ferme, sera-t'il néanmoins obligé de suivre le moulin de son Seigneur? Oui, sinon qu'il fût résident & demeurant avec sa famille au moulin qu'il tient à ferme. Jugé par Arrêt du 27. Novembre 1623. plaidans Frain, Patier & le Fevre, sur un apel de Moncontour.

5. ARREST III. Titius (*a*) domiciliaire de Moncontour, va aux marchés & foires de Lamballe, où il fait achat de grains qu'il fait moudre où bon lui semble; puis porte le pain audit Lamballe où il le débite. Le fermier des moulins de Lamballe l'apelle pour païer le devoir de moute: il excepte de procéder à Lamballe, étant domiciliaire de la Jurisdiction de Moncontour, & contestant le devoir. Il est ordonné qu'il procedera. Apel,

NOTES.

(*a*) V. le commentaire & les notes sur l'art. 382.

sous lequel il présente Requête pour évoquer le principal. Arrêt du 21. Août 1624. par lequel la sentence est reformée; & au principal l'intimé débouté, condamné aux dépens moderés à 30. liv. plaidans Doüillet & Ybert.

V. un autre Arrêt sur l'art. 382. ci-après.

6. ARREST IV. Les sujets ne peuvent avoir meules à bras non pas même pour moudre menues blateries. Jugé le 19. Juillet 1629. au profit de la Dame de la Roche Giffart contre ses vassaux, plaidans Trochet pour elle, & Chappel contre. (b)

NOTES:

(b) Brodeau, *art.* 71.

Vu par la Cour la requête d'Ecuïer Guillaume Moulin sieur de la Raciniere, Fermier général de la terre & seigneurie, & vicomté d'Artois près Rennes, tendante, &c.

La Cour a déclaré l'arrêt du 14. Avril 1687. commun avec le supliant: ce faisant, enjoint & fait commandement à tous les vassaux & arriere vassaux de lad. terre & vicomté d'Artois, sujets aux moulins d'icelle, de démolir leurs moulins à bras, si mieux ils n'aiment convenir pour leurs moutes de bleds noirs avec le supliant, *même en la disette d'eau*, à peine de 10. liv. d'amende contre chacun des contrevenans; & à défaut de le faire dans ledit tems; enjoint aux Juges, Procureur Fiscal & Greffier de ladite Jurisdiction, de descendre sur les lieux, pour faire rupture desdits moulins à bras des refusans & contrevenans, & à leurs frais, chacun desquels procès-verbaux ne pourra exceder 3. liv. 4. s. sauf ausdits Officiers à en faire plusieurs par jour, & attribue ausdits Juges toute Jurisdiction sur les arriere vassaux de lad. vicomté d'Artois, soit pour la démolition de leurs moulins à bras, ou pour le réglement des droits de leurs moûtes de bled noir, & autrement ainsi qu'il sera vu apartenir. Ordonne que le présent Arrêt sera lu & publié en l'audience de ladite Jurisdiction, & aux Prônes des Grandes-Messes, où elle s'étend, même enregistré au Greffe de ladite Jurisdiction, à ce que personne n'en prétende cause d'ignorance. Fait en Parlement à Rennes le 5. de Mai 1733.

Du 9 Février 1735.

Entre Ecuïer Guillaume Moulin sieur de la Raciniere, &c défendeur d'une part; & Jean Gourlen Duval & Raoul Aubin, faisant tant pour eux, que pour Marie le Moine, demandeurs en requête du 2. Août 1734. afin de raport d'Arrêt du 5. Mai 1733. & en autre requête du 30. Décembre 1734. afin de restitution contre l'Arrêt sur défaut du 18. du même mois, d'autre part.

La Cour, après avoir oui Querard Avocat pour Berthelot le jeune Procureur, & Cotelle aussi Avocat pour Rigadou autre Procureur, ensemble Bertin Substitut du Procureur Général du Roi, a restitué dans la forme les parties de Cotelle contre l'Arrêt sur défaut du 18. Décembre 1734. & au principal, aïant aucunement égard à la requête des parties dudit Cotelle du 2. Août 1734. a raporté ledit Arrêt, *en ce que par icelui il auroit été ordonné que l'abonnement y porté auroit lieu en cas de disette d'eau*, le surplus dudit Arrêt sortant son plein & entier effet. Et faisant droit sur les conclusions du Procureur Général du Roi, enjoint aux meûniers de ladite terre & seigneurie d'Artois d'avoir des poids & balances dans leurs moulins, pour peser les grains qui leur seront portés à moudre. Ordonne pareillement que *lesdits moulins seront mis en état, pour moudre toutes sortes de grains, s'ils ne le sont.* Le tout conformément aux Arrêts & Réglemens de la Coûr des 15. Mars 1631. & 30. Décembre 1705. dépens compensés entre les parties

Il faut joindre à l'obligation d'avoir des poids & balances, la défense faite par plusieurs Réglemens aux meûniers de mettre les farines en des lieux humides. V. Sauvageau sur du Fail, *liv* 1. *ch.* 474.

L'Arrêt du 9. Février 1735. est intéressant en deux dispositions. La premiere que le prix de l'abonnement pour les meules à

7. ARREST V. Un vassal demeurant dans une terre roturiere, & à raison de ce sujet au distroit du moulin de son Seigneur, ne s'en peut exempter, tant & si long-tems qu'il y est demeurant, sous prétexte qu'à lui apartient un moulin dependant d'une sienne terre noble, de la commodité duquel il se veut servir. Jugé par Arrêt du 22. Novembre 1633. au profit des Religieux de Prieres apellans, contre Quinio intimé, plaidans le Fevre & Frain.

NOTES.

bras est suspendu pendant le chommage des moulins du Seigneur, parce qu'alors l'obligation du vassal à la suite du moulin est suspendue.

La seconde, qu'en ordonnant l'exécution de l'Arrêt de 1733. pour la démolition des moulins à bras faute d'abonnement, l'Arrêt de 1735. ordonne que les moulins de la seigneurie seront mis en état pour moudre toutes sortes de grains. Le motif de cette disposition est le même que de la premiere. L'étager qui est libre pendant le chommage du moulin, l'est également pour les grains qui ne peuvent pas être moulus à ce moulin. Ainsi le Seigneur, qui n'est pas recevable à faire détruire les meules à bras pendant le chommage de son moulin, ne peut pas aussi l'exiger, lorsque son moulin n'est point propre à toutes sortes de grains; & il ne peut empêcher ses vassaux d'avoir des meules à bras pour les grains que son moulin ne peut pas moudre.

ARTICLE CCCLXXVI.

Nul est sujet d'aller moudre au moulin d'autrui, s'il n'est son mansionnier en proche fief ou arrierefief, ou à moulin commun en societé, ou du partage d'entre aîné & Juveigneur, comme dit est, ou s'il ne s'y est obligé par contrat *non préjudiciable au Seigneur*.

SOMMAIRE.

1. *Nulle prescription sur les non destreignables qui ont été volontairement à moulin, four ou pressoir.*
2. *Prescription, lorsqu'on y a été comme sujet.*
3. *Quelle prescription peut avoir lieu au profit des sujets au moulin & au four.*
4. 7. *Sur quoi s'étendent les bannalités de moulin & de four.*
5. 7. *Du bled acheté hors le fief.*
6. *Du bled transporté hors du fief.*

Limitation au grain que le vassal doit manger. Quid *de celui qui est destiné pour les bestiaux.* Aux Notes.

8. *Si les propriétaires de terres nobles, les Ecclésiastiques & les personnes nobles sont sujets à four & à moulin.*

Quand le vassal peut faire suivre son moulin par ses métaiers. Aux Notes.

NOTES.

Belordeau, *lettre M. contr.* 95.

CONFERENCE.

Art. 371. 372. 375. 377. 378. 379. 380. 382. 384. 388.

A. C. *art.* 355.

T. A. C. *Ch.* 251. Nul, s'il n'est mansionnier à celui à qui est le moulin, ou en fief ou en arrierefief, ou de ceux, dont nous avons dit, qui sont moulans des moulins de commune, ou hommes ès aînés, ou ès Juveigneurs, ou s'il n'y a contrat, ou cause certaine, ne doit être pourforcé de aller moudre.

Maine 14. 21. Anjou 14. 21. Tours 7. Lodunois, *T.* 1. 3. Poitou 34. 42. 45. Angoumois 29 Xaintonge 7. La Marche 311 Bearn *de molins* 4.

1. La possession faite d'aller au moulin, four, ou pressoir, par ceux qui ne sont tenus ne sujets, mais y sont allés de leur volonté, sans contrainte & par forme d'aisance, courtoisie ou voisinage, ne leur peut préjudicier, par quelque tems que ce soit, & n'acquiert droit aux Seigneurs desdits moulins, four bannier, ou pressoir, de les y contraindre pour l'avenir. Bourbonnois 544. Nivernois, *T.* 18. 1. Maine 32 Anjou 28.

2. Mais la possession faite par ceux qui y sont contraints, & par les contraignables, leur nuit. Maine & Anjou *ibid.*

3. Les sujets de la bannie ne se peuvent exempter d'aller cuire ou moudre au moulin ou four bannaux, par possession d'avoir moulu & cuit autre part, si ladite possession n'étoit continuée & paisible par 30. ans, (*a*) après la contradiction contre gens laiz, & 40. ans contre l'Eglise Nivernois, *T.* 18. 2.

4. Sujets à bannie de four sont sujets de venir cuire tout leur pain: & sujets à bannie de moulin sont tenus d'y venir moudre tout leur bled destiné à manger. Nivernois, *T.* 18. 3.

5. Le sujet, qui sans fraude a acheté blé en autrui pouvoir hors le fief de son Seigneur, en l'amenant à son étage, le peut faire moudre à autrui moulin, sans méprendre. Maine 19. Anjou 19. Tours 11. Lodunois 7.

6. Et s'entend ce que dit est, quant au pain & bled, que le sujet à la bannie mange ou veut manger ès fins de ladite bannie. Car ledit sujet peut faire emporter de son bled hors lesdites limites pour sa dépense en autres lieux, ou pour vendre autre part, soit en pain, farine, ou en bled. (*b*) Nivernois, *T.* 18. 4.

Si le sujet enleve bled du bancquage, il le peut faire moudre où bon lui semble, pour en vendre la farine ou pain hors dudit bancquage. Tours 12. Lodunois 8.

7. Peuvent contraindre leurs sujets étagers demeurans en la banlieue, d'y aller faire moudre leur bled étant cru en leur fief, ou s'il n'y étoit cru, y aïant reposé 24. heures. Perche 25.

Qui achete bled hors des limites du moulin ou four bannal, & le porte dedans icelles limites pour manger ou faire manger, il est tenu de moudre & cuire esdits four ou moulin, s'il n'y a titre ou prescription au contraire. Nivernois, *T.* 18. 15. Bourbonnois 545.

8. Celui qui tient à foi & hommage le herbergement où il demeure, soit noble ou coûtumier, ne païe à son Seigneur aucunes petites Coûtumes ne levages, & n'est sujet ne contraignable à aller au four & moulin de son Seigneur; mais peut aller à tel four & moulin que bon lui semble: & si autre que lui y demeuroit, comme un metaïer ou autre, ou qu'il l'eût baillé à ferme ou à rente, il sera contraint à aller au four & moulin de celui de qui ledit herbergement est tenu à foi & hommage. Maine 35. Anjou 30. Poitou 42.

Gens d'Eglise, ne nobles, ne sont con-

NOTES.

(*a*) En Bretagne par 40 ans.

(*b*) Coquille *ibid.* dit que la bannalité ne s'étend qu'au grain que le sujet doit manger, & non à celui qui est destiné à nourrir des bestiaux ou à d'autres usages. Basnage, *art.* 210. adopte cette décision.

V. les Notes sur l'art. 382.

CONFERENCE.

traignables à aller au four ne au moulin : & outre ne doivent pressoirage ne corvées, s'ils ne tiennent choses qui les doivent, combien qu'ils ne peuvent faire four ne moulin au préjudice des Seigneurs : & iront leurs metaïers & gens roturiers demeurans ès lieux & féages nobles audit four, moulin & pressoir. Car le privilége de non y aller, descend des personnes & non des lieux : & ne pourront aucuns dorénavant user des vertes moultes. Maine 36. Anjou 31. Poitou 42. (c)

SOMMAIRE.

NOTES.

(c) Guyot, *ch.* 8.

Les Ecclésiastiques, les Maisons religieuses, les nobles & les roturiers, sont sujets à la suite de moulin, s'ils n'ont eux-mêmes droit de moulin, soit à cause du fief attaché à leur domaine (étant de maxime que tout fief donne ce droit) soit par concession du Seigneur dont ils relevent.

Par l'ancienne Jurisprudence le propriétaire d'un moulin n'avoit le droit de le faire suivre que pour sa maison principale & sa metairie de la Porte : les autres metairies étoient sujettes au moulin du Seigneur, dont elles relevoient. Mais par Arrêt du 12. Juillet 1734. en Grande-Chambre, au raport de M. de Khos, rendu au profit de Dame Etiennette le Termelier, veuve & donataire de N. H Jean Gabriël Thebaut sieur de Coëtcouraval, apellante de Sentence rendue en la Jurisdiction Roïale de Carhaix le 13 Octobre 1731. contre Dame Florimonde de Lantivy, Marquise du Plessis Belliere, il a été jugé, en point de Droit, que celui qui est inféodé du droit de Moulin vers son Seigneur, peut le faire suivre par tous les fermiers des biens qui font partie du domaine auquel le droit de moulin a été attaché. Cette décision a pour motif qu'en concedant le droit de moulin avec le domaine, le Seigneur est présumé l'avoir concedé pour l'utilité de tout ce domaine, & avoir consequemment rénoncé à la suite de moulin sur la terre à laquelle il a attaché ce droit.

Mais aussi ce droit est limité au seul domaine pour lequel il a été concedé ; & si le vassal a annexé d'autres domaines à la terre qui a le droit de moulin, il ne peut pas le faire suivre par ces annexes au préjudice du Seigneur, dont ils relevent. C'est l'esprit des Arrêts des 31. Octobre 1668. 10. Juin 1731. & 26. Juin 1737. raportés au Journal du Parlement, *tom.* 2. *ch.* 39. dont il sera parlé plus amplement sur les Usemens à domaine congéable dans le troisiéme volume.

De même si le domaine noble ou roturier releve d'une seigneurie, & si le moulin est sous la mouvance d'une autre seigneurie, le propriétaire ne peut pas se dispenser de suivre le moulin de son Seigneur parce que le moulin dont il est propriétaire, étant sous une autre seigneurie, cette propriété accidentelle ne peut pas préjudicier au droit du Seigneur, dont releve le domaine, & qui n'a pas concedé le moulin, puisqu'il releve d'un autre Seigneur.

Je prouverai sur l'art. 607. que sa décision n'est point contraire à cette maxime pour le domaine noble.

COMMENTAIRE.

1. POULLAIN. *Mansionnier.* Dans les anciens Auteurs, ce mot n'étoit pris que pour celui qui habebat *mansum* (*d*) nommé *Mansuarius* dans le Capitulaire de Charlemagne *de villis cap.* 39.

HEVIN. La Coût. de Poitou désire trois choses, *art* 42. & *ibid.* Rat.

2. *Par contrat non préjudiciable au Seigneur. Veluti* si le mansionnier s'obligeoit d'aller moudre au moulin d'autre Seigneur, & que son Seigneur eût moulin dans la banlieue : *item* si le Seigneur proche vendoit ses moutaux à un autre qui ne relevât pas du même Seigneur. (*e*)

3. D'ARGENTRÉ A. C. *Art.* 355. Cet article est posé pour régle du Droit Coûtumier en cette matiere : & il supose les exceptions résultantes de son texte même. On pouvoit ajouter le cas de la prescription, mais elle ne seroit pas suivant les régles ordinaires des autres prescriptions. Car quand un vassal auroit été 1000. ans à suivre un autre moulin dont il ne seroit pas sujet, on n'en pourroit pas induire de droit ni de possession de contraindre, cela étant toujours censé de pure volonté & de pure commodité, ce qui ne supose jamais de véritable possession. Il faut donc que la possession suive la contrainte, (*f*) par laquelle on a assujetti à la suite du moulin, après quoi il y ait une possession de 40. ans sans trouble ni oposition. C'est alors que la possession commence ; & sa continuation pendant le tems légitime opere la prescription contre le sujet, & même contre le véritable Seigneur lorsqu'il en a eu connoissance.

4. On fait ici la comparaison du droit de chasse. Le simple défaut d'aller chasser pendant quelque tems que ce soit ne prescrit pas le droit. Mais si l'on a contesté & oposé le droit de chasse, l'acquiescement à la contestation & oposition pendant 40. ans ôte entiérement le droit.

5. *S'il n'est son mansonnier* Domiciliaire & habitant.

Ou arrierefief. Dans le cas où le Seigneur proche n'a point de moulin ou que son moulin est chommant.

NOTES.

(*d*) V. Ragueau au mot *mansionnier*.

(*e*) Par cette note M. Hevin paroît donner au seigneur supérieur le droit de reclamer les moutaux, vendus à un autre qu'à un de ses vassaux Il est au contraire de maxime constante que les étagers étant obligés par l'art. 382. de suivre le moulin de leur Seigneur, quoiqu'il soit hors de la seigneurie, il peut également les assujettir par vente à un moulin non mouvant de la seigneurie dont ils sont arriere vassaux. V. le nombre 6. & art 382. *n* 3. & 6. Le Seigneur supérieur ne cesse pas pour cela d'être le Seigneur proche de ce droit de moute, dont les lods & ventes & le rachat lui sont dûs ; & si le moulin non mouvant de lui, auquel ces moutaux sont attachés, étoit chommant ou ruiné, ce seroit à lui que la suite de moulin apartiendroit, suivant le droit attribué par la Coûtume au Seigneur supérieur.

V. la note (*k*) au commencement du Traité des lods & ventes & la Coûtume imprimée à Nantes, *art.* 373. *in fine* avec l'Arrêt du 10. Septembre 1693. qui y est raporté sur l'art. 377.

(*f*) V. la conférence. Basnage, *art.* 210.

6. *Ou s'il ne s'y est obligé.* Car il peut y avoir convention à cet égard, quoique le Seigneur puisse (*g*) toujours reclamer son vassal, à moins qu'il l'ait lui-même aliené. Il le peut faire & vendre son distroit; & cela est séparable, de sorte qu'on ne peut pas dire que ce soit séparer la tenue.

NOTES.

(*g*) Cette maxime a été bien expliquée par un Arrêt du 29. Juillet 1745. rendu au profit de Dame Catherine Olivier, Dame de Fayet, contre François Allain, meunier du moulin de Mernaouen, & Jean Pencreach, étager du village de Cornanquear.

La Dame de Fayet, afféagiste en 1739. du droit de moute de M. le Duc de Rohan, Prince de Leon, sur le village de Cornanquear mouvant prochement de cette seigneurie, assigna Pencreach pour suivre son moulin. Pencreach fut reclamé par le meunier de Mernaouen, qui se servoit de la possession immémoriale, d'un contrat de 1647. portant le féage ou l'arrentement du moulin de Mernaouen, avec expression du droit de suite sur le lieu de Cornanquear, & de l'appropriement de ce contrat fait en la Jurisdiction de la Principauté de Leon. Il prétendoit que sa possession n'étoit pas de simple tolérance, puisqu'elle étoit fondée sur un titre qui remontoit à près d'un siécle; que le Seigneur de Leon ne pouvoit être présumé avoir ignoré ce titre, puisque l'appropriement s'étoit fait dans sa Jurisdiction; & que ce concours du titre & de la possession immémoriale *pro suo* devoit opérer la prescription, & même faire présumer que ce droit de suite de moulin sur Cornanquear, avoit été anciennement concédé par le Seigneur de Leon.

La Dame de Fayet répondoit que les étagers de Cornanquear avoient pu anciennement se soumettre au moulin de Mernaouen, par un contrat non préjudiciable au Seigneur, que la possession depuis le contrat de 1647. ne pouvoit être que de simple tolérance, & que le Seigneur de Leon n'auroit pas même eu droit de s'y oposer, puisqu'il n'avoit point de moulin dans la banlieue: mais que la cession de 1739. donnant à la Dame de Fayet tous les droits du Seigneur de Leon, elle étoit autorisée par la Coûtume à faire condamner Pencreach de suivre le moulin qu'elle avoit dans la banlieue.

Sur ces motifs, le meunier de Mernaonen fut débouté, & Pencreach fut condamné de suivre le moulin de la Dame de Fayet.

ARTICLE CCCLXXVII.

Et nonobstant qu'aucun auroit au fief d'un Seigneur, maison en la banlieue de ses moulins, il seroit néanmoins tenu suivre & obéir aux moulins du Seigneur, duquel il est étager *mansionnier*.

CONFERENCE.

Art. 376.

A C. *Art.* 355.

T A C *Ch.* 251. Et posé qu'il y ait maison en au cun destrait d'aucun, ou que son fief la dût, si obéiroit-il à celui à qui il est mansionnier & de moute & d'autres choses, si n'est des cas dont il est dit par avant & par après.

COMMENTAIRE.

COMMENTAIRE.

Hevin. Nil magis æquivocum hoc articulo.

1. *Et nonobstant qu'aucun.* Id eſt le vaſſal, pour avoir maiſon dans la banlieue des moulins d'un Seigneur, ne peut ſe diſpenſer d'aller moudre au moulin du Séigneur dont il eſt manſionnier, & ſous lequel il demeure actuellement. Sic arguimus. *Finge* : Mœvius poſſede un manoir ſous un Seigneur, & un autre manoir ſous un autre : il doit ſuivre le moulin du Seigneur ſous le fief duquel il habite *de facto.*

D'Argentre' A. C. *Art.* 355. L'étage ne ſuffit pas : il faut le domicile actuel. (*a*)

NOTES.

(*a*) Boucheul, *art.* 34. *n.* 7. *& ſuiv.*

ARTICLE CCCLXXVIII.

[a] *Les* hommes de ceux qui ont [b] *partagé* en parage, doivent aller au moulin de leur prochain Seigneur, s'il n'y a autre condition au contrat : & puis au prochain après de dégré en dégré.

CONFERENCE.

Art. 375. 376. 379. 384.

A. C. *Art.* 356. [a] Ceux qui ſont. [b] Parti.

T. A. C. *Ch.* 251. Mais tous ceux qui ſont hommes, ou en paraige ou autrement, doivent aller aux moulins à leur Seigneur, ou au prochain, plus qu'à nuls autres, s'il n'y a autres conditions ou contrats, comme dit eſt, & puis au prochain d'emprès, comme ils ſont de dégré en dégré, pour ce qu'il apartient mieux de raiſon que chacun Seigneur ait le profit de ſes hommes que plus étranges, ou cas que l'homme ne le pourroit retenir à ſoi : & auſſi le doivent mieux les hommes vouloir.

COMMENTAIRE.

Hevin. *Les hommes.* Les hommes de fief, *art.* 294.

Prochain Seigneur. Ergo non au moulin de l'aîné.

D'Argentre' A. C. *Art.* 356. *Prochain Seigneur.* « *Id eſt* du Juveigneur » s'il a moulin, de l'aîné ſi le Juveigneur n'en a & delà va au Seigneur » lige. (*a*)

NOTES.

(*a*) Ici le ſentiment d'Hevin eſt entiérement contraire à celui de d'Argentré, qui me paroît le véritable. Il eſt fondé ſur l'art. 372, de la Coûtume. Car puiſque cet article autoriſe l'aîné ou le Juveigneur à faire ſuivre ſon moulin par les hommes de ſon cohéritier qui n'a point de moulin, il eſt évident que l'aîné eſt préférable au Seigneur lige de ſes Juveigneurs, dans l'eſpéce de l'article 378.

ARTICLE CCCLXXIX.

Si le Seigneur [a] *supérieur* a moulin dedans la banlieue, & soit en possession de contraindre les hommes de son vassal noble d'y aller moudre, & celui vassal fait moulin de nouveau, il doit aller à son Seigneur lige, & lui requerir le retrait de sesdits hommes que ledit Seigneur lige lui doit octroïer néanmoins longue tenue, si les hommes ne le débattent : auquel cas ledit Seigneur feroit droit entr'eux. Et si, néanmoins ladite Requête, ledit Seigneur [b] *supérieur* s'efforçoit tenir lesdits hommes à son moulin, il n'en seroit Juge si le vassal le vouloit débattre.

CONFERENCE.

Art 294. 375. 376. 378. 384.

A. C. *Art.* 357. [a] Suserain. [b] Suserain.

T. A. C. *Ch.* 252. Et si le suserain Seigneur avoit moulin à eau dedans la banlieue, car moulin à eau a plus ancien détroit, que moulin à vent, & il eût eu saisine anciennement des hommes à son gentilhomme, & le gentilhomme fist moulin autre tel comme son Seigneur lige auroit, & le Seigneur lige eût saisine des moulans à son gentilhomme, celui son gentilhomme doit aller à son Seigneur, & lui dire. » Monseigneur, j'ai fait » moulin & il plaît à mes hommes à y ve» nir. « Car ou cas que les hommes ne s'en débattroient, le Seigneur ne s'en devroit point débattre ; & s'il le faisoit, il ne porteroit pas bonne garde *vel* foi à ses hommes de foi. Et les devroit avoir le prochain Seigneur ès hommes, nonobstant longue tenue. Car en ce cas, ne nuit point longue tenue entre Seigneur lige & son homme de foi : & si les hommes le débattoient, il seroit tenu à leur faire droit entre eux & leur Seigneur ; & ou cas qu'il s'efforceroit de les tenir à soi, il n'en devroit pas être juge, pour ce que partie s'en vouleist débattre, comme il est dit en semblable manière ailleurs au 238. ch.

Maine 16. 17. Anjou 16. 17. Tours 9. Lodunois, T. 1. 5. T. 4. 2. Poitou 38. 40. La Marche 315.

ORD. Etablissemens de Saint Louis, *liv.* 1. *ch.* 110. Se aucuns Bers est, qui ait son vavasor, en sa châtelerie, & le vavasor n'ait point de moulin, tuit si homme coûtumiers moudront au moulin au Baron, pourquoi il soit dedans la banlieue ; & se il en étoit hors, il n'i moudroient pas, se eus ne vouloient & li Bers leur feroit amender leurs dommages à leurs prueves, si comme il est dessus dit ; & se aucuns des vavasors fesoit moulin en sa châtelerie, tot n'en eût-il onceques point eu, tuit si homme moudroient à son moulin, més se eus étoient hors de sa châtelerie, ils ni moudroient pas, tout fussent-ils dans la banlieue, ne li Bers n'en perdroit par sa droiture.

Etablissemens de Saint Louis, *liv.* 1. *ch.* 107. Se aucuns hons avoit moulin, qui eût voïere en sa terre, il doivent moudre à son moulin tuit cil qui sont dedans la banlieue. Et se aucuns en défailloit, puisqu'il en seroit semons, li sires li puêt bien esgarder que il ne moule à autre moulin. Et se li sires, ou ses sergens le trueve aportans farine d'autre moulin que du sien., la farine si est au Seigneur, & li hons n'en doit autre a-

CONFERENCE.

mende. Et se il avenoit que li mousniers feist dommage à aucun de ses mouléeurs, & cil venist au Seigneur, & li dist. » Sire, votre » mousnier ma fet dommage de mon blé, » fetes le moi amender ? « Li sires doit mander le mousnier, & li doit dire. » Cest homme se » plaint de toi, & dit que tu li as fet dommage » de son blé. « Et se li mousniers dit. » Je m'en » défends «, & li autres die, » je le prou- » veré, si comme je devré «, si li en doit fere amender, se il i a plus de 12. deniers, par son serement : & se il y a moins, par sa foi, & ainsi puet on entendre que nus mousniers n'a point de défense seur son moulin : més cil doit jurer ou fiancier, que il y a bien eu tant de domage en la garde au mousnier, & ainsi auront li moulans leur dommage, comme nous avons dit dessus. Et se li sires ne leur vouloit fere rendre leurs dommages, ils ne seroient pas tenus de moudre à son moulin, jusques à tant que il leur eût fait amender, ne li sires ne les en poroit pas forcier par droit.

SOMMAIRE.

1. *Quand le Seigneur supérieur peut prescrire les moutaux de l'inférieur.*

COMMENTAIRE.

HEVIN. Vid. art. 294.

D'ARGENTRÉ A. C. *Art.* 357. *Dans la banlieue.* Infrà *art.* 383.

Et soit en possession. Ce qui est de la régle quand le vassal n'a moulin.

Et celui vassal fait moulin de nouveau. Ce qu'il peut par la Coûtume.

1. *Longue tenue.* (*a*) Même de 100. ans, à moins que le Seigneur fût dans une possession négative, c'est-à-dire qu'après que le vassal l'auroit requis de renvoïer les moutaux & qu'il l'auroit refusé autentiquement, il eût possedé paisiblement pendant 40. ans en continuant d'assujettir les arrierevassaux.

Si les hommes ne le débattent. Pour cause légitime, par exemple s'ils faisoient voir n'être pas dans la banlieue.

Il n'en seroit Juge. Car ce seroit juger en sa propre cause; & après le réquisitoire on peut demander le renvoi.

NOTES.

(*a*) Boucheul, *art.* 41.

ARTICLE CCCLXXX.

Nonobstant longue tenue ni saisine, que le Seigneur ait eue sur ses hommes de les faire moudre à son moulin, aù cas que les sujets diroient n'être dans la banlieue, la lieue sera mesurée aux dépens des hommes. Et [a] *si* le Seigneur fait moulin de nouveau, & n'en soit en saisine & possession; & *il* veuille contraindre ses hommes [b], s'ils le débattent [c] sera la lieue mesurée à ses dépens : sauf droit [d] & l'amende & des dépens au cas qu'il obtiendroit.

CONFERENCE.

Art. 381. 382. 383. 384. 388.

A. C. *Art.* 358. & 360. [a] Quand [b] A y aller & ils. [c] Par dire qu'ils ne sont dedans la banlieue, le Seigneur est tenu faire mesurer. [d] De.

T. A. C. *Ch.* 253. Mais si le Seigneur faisoit moulin de nouvel, & il commandât & deist à ses hommes, venez à mon moulin. Et ils deissent qu'ils ne fussent pas tenus à y aller, en disant qu'ils ne fussent pas demeurans dedans la banlieue, adonc seroit tenu le Seigneur à leur faire mesurer à ses dépens la lieue, tout paravant qu'ils fussent à aller à son moulin, sauf l'amende & les dépens de la vaincuë.

COMMENTAIRE.

HEVIN. *Nonobstant longue tenue.* Eadem verba in artic. 294. *sup.* hic & in artic. 393. infrà.

D'ARGENTRE' A. C. *Art.* 358. *Nonobstant longue tenue.* Quelle qu'elle soit. Car on ne peut pas prescrire contre la liberté de ceux qui sont hors de la banlieue.

Aux dépens des hommes. (*a*) Si le Seigneur est en possession de contraindre. Car cette possession releve *ab onere probandi.*

A ses dépens. Quant à l'avance, sauf à répeter en définitive.

NOTES.

(*a*) Sauf la reprise en définitive vers le Seigneur, s'il est prouvé par le mesurage qu'ils ne sont pas dans la banlieue.

ARTICLE CCCLXXXI.

Et si le Seigneur avoit moulin d'ancienneté, & fût en possession sur ses hommes de les y faire aller, en celui cas il feroit mesurer la lieue aux dépens desdits hommes, & pendant le débat [a] *seroient* lesdits hommes tenus de continuer ladite possession si ledit Seigneur n'étoit en défaut de leur faire justice touchant ce fait.

CONFERENCE.

Art. 380.

A. C. *Art.* 361. a Sont.

T. A. C. *Ch.* 253. Et nonobstant longue tenue & saisine que Seigneur ait eue de ses hommes, ou cas que les hommes s'en douldroient & diroient qu'ils ne fussent pas dedans la banlieue, le Seigneur peut faire mesurer à leurs dépens la lieue, & toujours doivent poursuivre la saisine, tant qu'il soit trouvé qu'ils soient hors de la banlieue, s'il n'y a défaut de Justice.

COMMENTAIRE.

D'ARGENTRÉ A. C. *Art.* 361. Cela a été dit ci-dessus.

Et pendant le débat. Ex regulâ nil novari lite pendente.

ARTICLE CCCLXXXII.

Les hommes sont tenus aller au moulin de leur Seigneur, qui est dedans la banlieue, ores que le moulin fût hors la seigneurie, ou la Baronnie & Châtelainie, s'il n'y avoit conditions au contraire, ou qu'il y eût autre moulin, auquel ils fussent tenus [a] d'aller. Et ne sont lesdits hommes sujets d'aller audit moulin, s'il n'est dedans la banlieue, si ce n'est de leur bonne volonté.

CONFERENCE.

Art. 371. 372. 375. 376. 378. 384.

A. C. *Art.* 359. a D'y.

T. A. C. *Ch.* 251. Car ou cas que le Seigneur n'a moulin dedans la banlieue, les hommes ne sont pas tenus à y aller, s'ils n'y vont de leur bonne volonté.

CONFERENCE.

Chap. 253. Les hommes qui sont dedans la banlieue ne se peuvent débattre, en maniére qu'il leur vaille, qu'ils n'augent au moulin leur Seigneur, s'ils n'ont autre moulin où ils doigent aller, ou conditions certaines, tout soit le moulin hors de la seigneurie, ou de la baronnie, ou de la Châtelenie. . . . . Et quand le Seigneur a moulin d'eau ou moulin de vent, il peut destraindre ses hommes de y aller moudre, sans aller à autre moulin; & aussi ès lieux où il a *vel* n'a moulin d'eau; & ceux qui ne devroient avoir moulin, ne doivent avoir que une meule à moudre leurs avaines en un villaige; & doivent moudre au moulin à leur Seigneur prochain, tant que les moulins ou moulin qui sont dedans la banlieue soient en état.

Perche 25. Châtelet en Berry 20. Châteauneuf en Berry, *T.* 1. 8. Maine 14. Anjou 14. Poitou 43. 50. Xaintonge 7.

SOMMAIRE.

1. Quid *des Boulangers pour leur commerce. S'ils sont sujets au four bannal. Des grains dont on fait commerce. De la liberté d'acheter des farines & des bleds qu'on fait moudre à un autre moulin.* Aux notes.

2. *&* 4. *Du mot* Châtellenie.

3. *Pourquoi le vassal doit suivre le moulin quoique hors de la seigneurie.*

5. *Liberté pour les grains dont on fait commerce.*

6. *Droit d'aliener les moutaux.* Et n. 3.

COMMENTAIRE.

HEVIN. Coût. de Poitou, *art.* 36.

1. *Les hommes sont tenus.* Autre chose est pour les boulangers. (*a*) V. M.

NOTES.

(*a*) Cette décision de M. Hevin, pour les Boulangers, est générale. Mais elle ne doit s'entendre que des grains destinés pour leur commerce, & non de ceux qui sont pour leur subsistance & pour celle de leur maison, parce qu'à cet égard, le motif de la faveur du commerce cesse absolument: c'est aussi le sentiment de Sauvageau sur l'article 382. Il est vrai que sur cette matiere la Jurisprudence a beaucoup varié. Mais par un dernier Arrêt du 17. Mai 1741. en Grand'Chambre, au raport de M. de la Motte Picquet, la question a été jugée, en point de droit, contre Jacques Cheminant & Etienne Lorgias, meûniers des moulins de Sautron, qui, par Sentence des Reguaires de Nantes du 5. Septembre 1739. avoient fait condamner Isaac Portais & Françoise Davy sa femme, boulangers de Sautron, de faire moudre aux moulins de Sautron tous leurs grains, tant pour leur subsistance, que pour leur commerce. La Sentence fut réformée: les meûniers furent déboutés de toutes leurs demandes, & condamnés aux dépens des causes principale & d'apel.

Cet Arrêt est plus décisif que celui qui fut rendu en Grand'Chambre, au raport de M. de Guer, le 12. Août 1740. pour Pierre Floch & Marie Coat sa femme, contre Monsieur & Madame de Muzillac. Il est vrai que, dans l'espéce de celui-ci, Floch & femme soutenoient, en point de droit, que les boulangers n'étoient point tenus pour leur commerce à la suite de moulin. Mais ils faisoient

le Prestre, *cent.* 3. *ch.* 45. *al.* 53. & nous en avons des Arrêts de ce Parlement, Coût. du Maine *art.* 18. d'Anjou *art.* 18. Vid. Brodeau sur l'art. 71.

NOTES.

valoir en même tems la circonstance qu'ils n'avoient aucunes terres dont ils eussent pu recueillir des bleds, qu'ils achetoient leurs grains aux Villes & marchés voisins, & qu'ils les portoient aux moulins les plus commodes, sans faire entrer le grain chez eux.

Dans l'espéce de l'Arrêt de 1741. la distinction entre les grains qui étoient entrés dans la maison du boulanger, & ceux qui avoient été achetés & convertis en farine hors du fief, fut agitée par les écritures. Mais Portais & femme soutinrent que, sans admettre cette distinction, la faveur de leur commerce devoit opérer une entiere décharge. Cela fut jugé par la disposition indéfinie de l'Arrêt.

Cette derniere Jurisprudence paroît plus conforme à l'équité & au bien public, que les Arrêts qui y sont contraires. Le bien public exige que le commerce de pain, qui de tous les commerces est le plus nécessaire, ne soit pas gêné par l'obligation de suivre un moulin. Si la Coûtume a établi le droit de suite de moulin, ce n'est que sur le bled que l'étager fait moudre pour sa subsistance. C'est la décision de l'Arrêt I. raporté ci-après; & puisque celui qui fait le commerce de farine, est déchargé par cet Arrêt de la suite de moulin, pourquoi le boulanger y sera-t'il sujet pour son commerce? Il est vrai que les droits des Seigneurs sont favorables; mais ils ne doivent pas prévaloir au bien public: & par cette raison on ne suit plus depuis long-tems un Arrêt, qui avoit défendu aux boulangers forains d'aporter leur pain dans l'étendue d'une seigneurie à d'autres jours que ceux de marché. La liberté indéfinie de ce commerce, sans le limiter aux jours de marché, est établie par un Arrêt du 8. Juillet 1664. raporté par Sauvageau, *liv.* 2. *ch.* 50. & il y a d'autres Arrêts conformes. C'est même l'esprit de l'Arrêt du 21. Août 1624. raporté sur l'art. 375.

L'usage constant de la Ville de Rennes peut fournir une nouvelle raison en faveur du commerce des boulangers.

Ils ne sont point sujets dans cette Ville à la suite d'aucun moulin, & cette liberté n'a pu avoir pour fondement que la faveur de leur commerce. C'est aussi le motif de la liberté accordée aux boulangers de Dinan, par leurs Statuts que Sauvageau raporte sur du Fail, *liv.* 2. *ch.* 383.

Enfin, si par les circonstances l'intérêt particulier d'un Seigneur peut lui faire desirer que le commerce des boulangers soit gêné par l'obligation à la suite de son moulin, on peut dire qu'en général les Seigneurs n'y perdent rien.

1°. Le boulanger domicilier sous la Seigneurie se trouvant souvent obligé, pour sa propre commodité, de porter ses grains au moulin du Seigneur, une seule mouture peut produire au meûnier un profit considérable pour du pain destiné cependant à être vendu hors de la Seigneurie.

2°. Un Seigneur, qui gênera le commerce d'un boulanger, pourra le déterminer à prendre son domicile sous un autre fief, sans être privé du droit de vendre du pain dans la seigneurie qu'il aura quittée.

3°. Dans ce commerce, comme dans tous les autres, il se fait une circulation par laquelle un meûnier, qui perd d'un côté, regagne de l'autre. Si le boulanger étager ne porte pas ses grains au moulin de son Seigneur, un boulanger étranger peut porter les siens à ce moulin.

Au reste, la distinction faite par des Arrêts du Parlement de Paris, entre les grains destinés pour fournir du pain aux vassaux & ceux qui sont destinés pour les étrangers, est impraticable dans l'usage.

Ces observations ont une aplication encore plus forte au droit de four, qui n'a pas la même faveur, & qui est au contraire une servitude fort odieuse. M. de Perchambault, *T.* 18. §. 10. décide que les boulangers n'y sont pas sujets pour leur commerce; ce qui est conforme à des Arrêts raportés par Belordeau, *obs. for. lettre B. art.* 6. *& lettre F. art.* 22. *& controv. lettre B. ch.* 36. & Devolant, *lettre B. ch.* 3. Il est vrai qu'ils y ont été assujettis par d'autres Arrêts, dont le plus grand nombre est sur simples Requêtes.

de Paris, Coquille dans ses Institut. Coût. *tit. de plusieurs droits seigneuriaux pag.* 52.

2. *Châtellenie.* D'Argentré *ad art.* 359. *vet. & question* 14. & 42. *du partage des nobles*, hoc verbum *Châtelenie* arguit novitatis, sed malè. Il est emploïé dans les art. 9. 253. & 302. de la Très-Anc. & ailleurs dans un aveu de l'Abbaïe de Begare au Duc de 1414. dans le Traité de Guerande, dans le partage de Richard de 1422. & de Pierre de 1431. que d'Argentré raporte dans son Histoire. Aussi se contredit-il dans le même Traité des Nobles, *quest.* 14. *le marché de la Châtelenie* dans les Constit. du Duc Jean III. J'ai vû un aveu fourni à la seigneurie de Melesse en 1419. qui parle de la Châtelenie de Vesin. Dans l'ancien inventaire des titres du Duché, *fol.* 202. R°. on voit une érection en Châtelenie.

L'érection de la Prévôté de 1458. parle de la Châtelenie de Rennes.

Vide Coquille sur Nivernois, *titre des feurs & moulins art.* 4.

3. D'ARGENTRE' A. C. *Art.* 359. L'Auteur trouve quelque chose d'irrégulier en cette disposition; parce que le vassal n'est tenu que par raport à la seigneurie, & que dans le cas proposé le moulin n'en est pas. * Mais il y a plusieurs motifs. Car 1°. le Seigneur peut aliener ses moutaux : à plus forte raison il peut les assujettir à son moulin hors de la seigneurie. 2°. Les moulins demandant une certaine situation, l'on se trouveroit souvent dans l'impossibilité d'exercer ce droit naturel. 3°. Les vassaux étant sujets sous la lieue, il leur est indifférent que le moulin soit dans le fief.] (*b*)

4. *Ou Châtelenie.* C'est la seule fois qu'il en soit fait mention dans la Coûtume, qui ne fait aucune description de ce titre ni de ses droits. Ainsi il est difficile de juger par quelle raison tant de personnes ont ambitionné ce titre, si ce n'est *quia inanes vesicas flatus solet implere.*

5. ARREST I. Cela s'entend pour ce qui est des bleds qui se dépensent en la maison & famille. Car au regard des bleds dont on fait trafic, il est loisible de les moudre où l'on veut. Jugé par Arrêt donné aux Enquêtes, au raport de M. de l'Escu en la séance de Février 1618.

NOTES.

Avant que de finir cette note, je crois devoir faire une observation sur l'Arrêt I qui suit.

Cet Arrêt dispense de la suite du moulin pour les grains dont on fait commerce. Le même principe a lieu pour les farines que l'étager achete, & à plus forte raison pour le pain.

La liberté d'acheter des farines, sans païer le droit de moute au Seigneur dont on est étager, fournit une autre conséquence en faveur de celui qui achete du grain hors de la seigneurie, & qui le fait moudre avant que de l'avoir fait porter dans sa maison. C'est précisément de même que si l'étager avoit acheté des farines moulues. D'ailleurs le Seigneur ne peut avoir aucun droit sur ce grain, jusqu'à ce qu'il soit entré dans l'étage du vassal.

V. sur ces questions la Conférence de l'art. 376. Sauvageau, *liv.* 1. *ch.* 181. 217. 218. 220. 221. 222. *liv.* 2. *ch.* 50. & sur du Fail, *liv.* 1. *ch.* 194. *liv.* 2. *ch.* 383. Belordeau, *contr. lettre B. ch.* 34. & 35. Devolant, *lettre B. ch.* 31. Guyot, *ch.* 9. Basnage, *art.* 210. Boucheul, *art.* 34. & 38. Ricard, Ferriere, Brodeau & Auzannet, *art.* 71. Dupineau, *art.* 18. Le Grand, *art.* 64. *n.* 53.

(*b*) Boucheul, *art.* 43. *n.* 14. & *suiv.* & *art.* 50. & 51. V. le nombre 6. & art. 376. *n.* 2. & 6.

ARREST II.

6. ARREST II. Le sieur de Launay Botloy, aïant un fief dont les hommes étoient hors de la banlieue de son moulin, passe contrat avec le sieur de Kerzo Quellen, par lequel il lui permet de contraindre lesdits hommes qui sont hors la banlieue de suivre un moulin apartenant audit de Quellen. Par sentence des Juges de Botloy, lesdits hommes sont absous de la demande dudit sieur de Quelen. Par sentence des Juges supérieurs, il est dit mal jugé, corrigeant, lesdits hommes condamnés de suivre le moulin. Apel en la Cour: Arrêt le 8. Mars 1627. qui met l'apellation au néant.

On alléguoit un Arrêt semblable. Le motif fut que le Seigneur de fief avoit droit de contraindre ses hommes en toute l'étendue de son fief, que le droit n'étant empêché, que parce qu'il n'avoit pas de moulin, il en pouvoit bâtir ou acquerir un dans la banlieue, & que ce moulin, ainsi bâti ou acquis, pouvoit être cedé ou transporté, & par identité de raison ceder à un tiers ce droit qui est *in fructu* : les sujets étant sans interêt à quel moulin ils aillent, pourvu que ce soit dans la banlieue. (c) CHAPPEL.

NOTES.

(c) V. le commentaire sur la rubrique, *n.* 5. *& suiv.* Boucheul, *art.* 48.

M. Guyot, *ch.* 6. *n.* 8. *& suiv.* combat cette maxime qui est constante en Bretagne, où il est indubitable que l'aliénation du droit de suite de moulin à prix d'argent est permise, comme la cession à rente ou à fief qu'il aprouve. Acte de notor. 8. à la fin des Quest. Féod. d'Hevin. V. le nombre 3. & l'art. 376. *n.* 2. *&* 6.

ARTICLE CCCLXXXIII.

La banlieue contient six vingt cordes, chacune corde de six vingt pieds assise par six vingt fois. Et doit être mesurée des lieux où la somme de bled est levée, jusqu'au lieu où elle doit choir: par les voïes que le Seigneur pourra garantir à ses hommes, sans empêchement.

CONFERENCE.

Art. 388.

A. C. *Art.* 362.

T. A. C. *Ch.* 253. Et la banlieue a trois cens soixante-neuf perches de terre, & chacune perche de vingt-quatre pieds, & la doit l'en mesurer dès les lieux où la somme est levée, jusqu'aux lieux où la somme doit cheoir, par les voïes que le Seigneur leur pourra garentir, sans qu'ils puissent être appellés à torfaisans de nulli, pour y aller ne pour y venir.

Maine 23. Anjou 22. Tours 13. Lodunois, *T.* 1. 9. Poitou 39.

A prendre depuis la maison du sujet, jusqu'à la maison du moulin. Maine 23. Anjou 22. Tours 13. Lodunois, *T.* 1. 9. Poitou 39.

NOTES.

Loisel, *liv.* 2. *T.* 2. *art.* 34. Boucheul, *art.* 39.

Sur l'étendue de la bannalité du four, V. le Journal du Parlement, *Tome* 1. *ch.* 26. Perchambault, *T.* 18. §. 10.

SOMMAIRE.

1. *Mesure de la banlieue.*
2. *Etimologie de ce mot.*
3. *De quel lieu on mesure la banlieue.*
4. *Du chemin convenable.*

COMMENTAIRE.

1. HEVIN. *La banlieue.* C'est donc 14400. pieds, qui font 2880. pas géométriques de cinq pieds chacun. Ainsi notre lieue contient près de trois milles d'Italie. La banlieue d'Anjou est de 600. cordes de 25. pieds chacune, qui font 15000. pieds. Vid. Chop. *de Monbus And. lib.* 1°. *cap.* 14. *pag.* 206. L'ancienne lieue étoit beaucoup plus petite. Car par l'art. 253. de la Très-Anc. Coût. elle ne contenoit que 369. perches, chacune de 24. pieds; ce qui ne produisoit que 8856. pieds. Ce fut Pierre de l'Hopital Président de Bretagne qui la détermina telle qu'elle est aujourd'hui à 120. cordes chacune de 120. pieds; & sa détermination fut autorisée par la Constitution du Duc Pierre de l'an 1451.

De la banlieue, v. Brodeau sur l'art. 85. de la Coût. de Paris, *nomb.* 22. *& suivans.* Il y a de Très-Anc. Coût. qui disent 360. perches, d'autres 900. perches. Les Coûtumes d'Anjou & du Maine, *art.* 23. disent qu'elle doit contenir mille tours de roüe, aïant ladite roüe 15. pieds de tour par le dehors, ce qui fait 15000. pieds ou trois mille pas géométriques : c'est de 600. pieds plus que notre Coût.

Poitou *art.* 39. Doit contenir deux mille pas, &c.

2. D'ARGENTRE' A. C. *Art.* 362. *La banlieue.* Quasi bina leuca, duo milliaria. * Cela marque que l'Auteur, ainsi que presque tous ceux de son tems, n'avoit pas étudié la basse & la moïenne latinité. D'ailleurs cela est fondé sur une fausse suposition. Car quoique la circonference, dont les lieues font autant de raïons, supose deux lieues de diametre, il n'est nullement question de les considérer, puisqu'il s'agit de ce qui aboutit de l'étage du vassal au moulin qui est le centre. Le mot de *banlieue* est assez ancien : c'est *banleuca* ou *bannum leuca* On voit *Castelli banleuga*, dans Geffroy de Vendôme, *Epitre* 16. *liv.* 2. *bannum leuga* dans Yves de Chartres, *Epitre* 38. & dans l'Epitre 261. *item justum non est ut quòd ab omnibus molendis Belvacensis leva ou leuga committitur totum in molendinum Beati Quintini reflectatur.* Le Pere Sirmond en raporte plusieurs autres exemples. *Bannum* est le droit de poursuite & de contraindre : & delà vient le mot de *bannalité.* (*a*)

3. Ce qui est dit du lieu où la somme est levée, s'entend en cas que ce soit le domicile du vassal. Car il ne pourroit se défendre sous prétexte qu'il iroit chercher le bied plus loin.]

4. *Par les voïes que le Seigneur pourra garentir.* Cela s'entend d'un chemin propre à voiture à cheval.

NOTES.

(*a*) Guyot, *ch.* 2. Boucheul, *art.* 39. *n.* 3. Ragueau *aux mots Banlieue, banlieue de moulin, dex. lieue, quintes d'Angiers.* Menage *au mot Banlieue.* Du Cange *aux mots bannum leuga, banni leuca & banleuca.*

ARTICLE CCCLXXXIV.

Celui qui ne va au moulin de son Seigneur proche, est tenu aller à celui de son Seigneur prochain après. Et s'il alloit de sa volonté au moulin de son a Seigneur proche qui ne fût dedans la banlieue, il ne pourroit être contraint d'aller à autre moulin en la banlieue, s'il n'y avoit autre condition ou obligation.

CONFERENCE.

Art. 375. 376. 378. 379.

A. C. *Art.* 363. a Dit.

T. A. C. *Ch.* 253. Et au cas qu'ils ne sont en état, ils doivent aller au moulin au Seigneur prochain ensus, s'ils n'alloient au moulin à leur Seigneur. Car l'en ne les peut pas destraindre d'aller à autre moulin, s'ils n'étoient tenus par condition, pource qu'ils augent au moulin leur Seigneur prochain, combien que le moulin soit loin de la banlieue.

V. la Conférence sur l'article 379.

ARTICLE CCCLXXXV.

Celui qui se plaint de la perte ou dommage de son bled au moulin, en doit être crû par serment, si le meûnier ne l'avoit auparavant requis de mesurer son bled; & par le moïen dudit serment ne doit le meûnier être réputé infame.

CONFERENCE.

A. C. *Art.* 364.

T. A. C. *ch* 253. Et aussi s'ils ont domaige en leur bled ou en leurs farines, par leurs sermens ils en seront crus d'une certaine somme, au regard de Justice, & d'autres sommes tant que le moûnier ait dit envers la partie, qu'ils mesuraigent leur bled devant lui: & il en rendra ce qui sera regardé qu'il en devra rendre Et la Requête ainsi faite, l'en ne les doit plus oüir à leur serment, fors entant comme ils auront mesuré. Et n'est pas entendu que le moûnier soit infâme pour ceux sermens; car l'en ne sçait s'ils l'ont bien fait ou mal. Car la Coûtume fut faite en ces cas pour attraire les moulans à venir au moulin.

Nivernois, *T.* 18. 7 13. Bourbonnois. 536. 541. Maine 25. Anjou 24 Tours 15. Bayonne, *T.* 23 1. 8. 12. Labour, *T.* 2. 1. Sole, *T.* 11. 5.

V. le ch. 107. des Etabl. de St. Louis sur l'art. 379.

NOTES.

Boucheul, *art.* 36.

COMMENTAIRE.

HEVIN. La Coûtume de Niver. *art.* 13. *des fours & moulins*, veut qu'on s'en plaigne dans le jour après le dommage fait; & Bartole *in L. unic. C. de glande legendâ*, dit que, pour droits de peu de durée, les actions doivent aussi être de peu de durée.

D'ARGENTRE' A. C. *Art.* 364. C'est une suite de la garde qui est donnée au meûnier, comme dans le Droit *Nautis, Cauponibus & Stabulariis*, à moins que celui à qui apartient le bled n'eût mis lui-même quelqu'un pour le garder, ou qu'on l'eût averti d'en faire la garde.

Mesurer. Car le refus de le faire rejette le péril sur celui à qui le bled apartient.

Ne doit être réputé infame. La raison est que ce qui n'est fondé que sur le serment de la partie ne fait jamais de preuve, pour établir une peine criminelle.

ARTICLE CCCLXXXVI.

Les moulans doivent moudre leurs bleds au moulin de leur Seigneur, en leur rang comme ils y arrivent. Et si le meûnier le fait autrement, il est tenu l'amender & dédommager; sinon que ce fût le bled du Seigneur, ou de celui qui a *la* seigneurie sur le moulin qui doit être préferé en la mouture. Et est l'homme tenu attendre l'eau trois jours & trois nuits, & au moulin à vent un jour & une nuit.

SOMMAIRE.

1. *Motif de l'article.*
2. *Liberté du vassal pendant le chommage.*
3. *Formalité que le Seigneur doit observer quand le moulin est retabli.*
4. *Boulanger exempt de la suite, quand le moulin ne peut pas faire farine à pain blanc.*

NOTES.

Boucheul, *art.* 44. Ferriere, Brodeau, *Art.* 71. De Cormis, *Tome* 1. *cent.* 4. *ch.* 39.

« En moulins bannaux, qui premier vient, » premier engraine., Loisel, *liv.* 2. *T.* 2. *art.* 32.

« Mais après avoir attendu vingt & quatre » heures, qui ne peut à l'un s'en aille à l'autre. Loisel, *liv.* 2. *T.* 2. *art.* 33.

CONFERENCE.

A. C. *Art.* 365.

T. A. C. *Ch.* 253. Et doit chacun moudre en son moulin, comme ils viennent au moulin, si le bled au Seigneur, ou à qui a seigneurie (a) sur le moulin, ne y venoit. Et si le monnier le fait autrement, il le leur doit amender & dédommaiger. - - - - - - - - - - - - - - - - - - & doivent les hommes attendre l'eau trois nuits & trois jours, pource que l'eau vienge au moulin pour moudre les bleds aux gens. Et ne sont tenus attendre le vent que une nuit & ung jour par la Coûtume.

Ponthieu 97 Peronne 14. Perche 25. Nivernois, *T.* 18. 8. Bourbonnois 538. Maine 27. Anjou 26. Lodunois, *T.* 1. 9. Poitou 44. Angoumois 30. La Marche 317. Sole, *T.* 12. 3

1. Le meûnier doit moudre les grains des manouvriers des villages sitôt qu'ils arrivent & sans attendre leur tour; afin que lesdits manouvriers ne soient contraints de sejourner & perdre leurs journées, & que les femmes qui laissent des enfans de lait, s'en puissent retourner pour les alaiter. Marsal 25.

2. Et si les moulin ou four banniers sont rompus, ou n'étoient en état de cuire ou moudre, par quelque moïen que ce soit, par quoi fût notoire que le bled ne pourroit être moulu, & le pain cuit dedans le tems susdit, le sujet peut porter son pain à cuire, ou prendre son bled & le faire moudre où bon lui semblera, sans péril d'amende. Nivernois, *T.* 18. 11. Bourbonnois 539. La Marche 316.

3. Lesdits moulins ou four mis en état dû, le Seigneur bannier est tenu de le faire denoncer au prône de la Messe Parochiale, ou à cri public, au lieu où les proclamations de la Justice ont accoûtumé d'être faites. Après laquelle denonciation les sujets au ban sont tenus de venir moudre ou cuire esdits moulin & four, & sur peine comme dessus. Nivernois, *T.* 18. 12. Bourbonnois 540. La Marche 316.

4. Si le moulin bannal n'est propre à faire farine à pain blanc, déclaration préalablement faite par la Justice du lieu, le boulanger public (b) pourra aller moudre ailleurs. Car le bien public, qui est préféré au particulier, l'excuse. Nivernois, *T.* 18. 14. Bourbonnois 542. Perche 28. Maine 18. Anjou 18. Tours 10. Lodunois 6.

SOMMAIRE.

1. *Preuve du droit que le Seigneur a de moudre à son moulin.*
2. *De la préference du Seigneur.*

COMMENTAIRE.

Hevin. Coût. de Poitou *art.* 43. A ce qu'un Seigneur puisse avoir contrainte à moulin, il suffit qu'il ait en la banlieue un moulin; & par l'art. 44. on est tenu attendre seulement 24. heures en quelque moulin que ce soit.

1. *Sinon que ce fût le bled du Seigneur.* Nota ergo que le Seigneur qui a moulin mout son bled à son propre moulin.

D'Argentré A. C. *Art.* 365. *En leur rang comme ils arrivent. Quid si*

NOTES.

(a) *Sur le moulin*, n'est point dans les M. S.

(b) Boucheul, *art.* 34. *n.* 19.

duo concurrunt? Il y auroit lieu au ſort. L'Auteur fait ici de magnifiques comparaiſons pour un objet qui ne l'eſt guéres.

2. *Le bled du Seigneur.* Il ne faut pas ôter pour cela celui qui eſt demi moulu. Quid ſi le moulin eſt affermé ſans rétention de ce droit. *Ego deberi non exiſtimo niſi cautum ſit.* Mais en ce cas le Seigneur devra-t'il le droit de moute? L'Auteur penſe qu'il le doit; & il fait la comparaiſon des lods & ventes pour l'acquêt fait par le Seigneur pendant que la Seigneurie avec les caſuels eſt affermée. (c)

Trois jours. De momento ad momentum; & les jours feriés y ſont compris parce que le moulin va toujours.

NOTES.

(c) V. la Note (b) à la fin du traité des lods & ventes.

ARTICLE CCCLXXXVII.

Le Seigneur, ou celui qui le repréſente, peut une fois en chacun an ſuivre ſes hommes & ſujets à ſon moulin, par juſtice, & avoir leurs ſermens du fait, dedans l'an ſeulement, qu'ils ont bien ſuivi le moulin dudit Seigneur : ou prouver par autre moïen qu'ils aïent été moudre ailleurs. Et s'il le prouve, ils doivent l'amende & rendre le devoir de moute : & peut le meûnier s'attacher à la farine, s'il la trouve venant d'autre moulin, pour avoir ſon devoir de mouture, qui eſt la ſeiziéme partie du bled qui aura été moulu.

CONFERENCE

Art. 292. 388.

A. C. *Art.* 366.

T. A. C. *Ch.* 253. Et ſi les hommes vont moudre à autre moulin que à celuiou ils doivent moudre, ils le doivent amender, chacun de telle condition comme il ſera, s'il n'ont excuſement raiſonnable. Et auſſi ou cas qu'ils n'ont pourſeu le moulin, ou que l'en voudra dire, chacun an une fois, qu'ils ne l'ont pas pourſeu, peut avoir le Seigneur, ou qui a cauſe de lui, des hommes qui ne ſont feaux le ferment qu'ils ont bien pourſeu le moulin, ou cas que le Seigneur, ou ſon Procureur, ne voudroient prouver qu'ils euſſent été & moulu à autre moulin. Et ou cas qu'ils ſeroient reprins, ils rendroient l'amende & la mouture à qui auroit la cauſe du moulin, ſi ce n'eſt, comme dit eſt ailleurs, ou s'il n'y a autres conditions. Car conditions ſont plus fortes que Droit ne que Coûtume, s'ils ne ſont contre bonnes meurs. Et eſt la cauſe par quoi il doit avoir l'amende, pource que

CONFERENCE.

le forfait n'est fait que à celui qui a la cause du moulin. La mouture est la seizième par la Coûtume de ce que l'on a moulu : & se peut le monnier ou autre pour lui, qui a la cause du moulin, attacher à la farine, s'il la trouve venant ou aportant d'autre moulin.

Boulenois 55. Ponthieu 95. 96. Amiens 240. Artois 61. Peronne 14. 15. 16. Perche 26. 27. Châteaumeillan 49. 50. Châtelet en Berry 21. 22 Nivernois, *T.* 18. 3. Eu 63. Maine 14. 15. 22. Anjou 14. 15. 21. Tours 8. Lodunois, *T.* 1. 4. Poitou 38. Xaintonge 8. Bayonne, *T.* 23. 2. 3. Labour, *T.* 2. 2. La Marche 312. Sole, *T.* 12. 3. 4.

Quand on baille aux meûniers le bled nétoïé, ils doivent rendre du boisseau de bled rez (*a*) un comble de farine bien & convenablement moulue, outre le droit de mouture. Bourbonnois 535. Nivernois, *T.* 18. 6. La Marche 313.

Lesdits meûniers, outre leur païement & droit de mouture, sont tenus rendre de douze boisseaux rez de bon bled sec & net quatorze boisseaux de farine combles & pelles à boisseau, qui aura de profond le tiers de son large. Et pourront, si bon leur semble, lesdits meûniers faire mesurer, en leur présence, les bleds qui leur seront portés & baillés à moudre ; autrement ils seront tenus en rendre tel nombre de bled que celui ou ceux qui l'auront porté, oseront jurer, s'ils sont gens dignes de foi, ou la farine à la raison dessusdite. Maine 26. Anjou 25.

Au cas que le meûnier ait reçu & amené le bled, il ne sera plus reçu à dire qu'il n'étoit curé & nettoïé. Et à ladite mesure le boisseau doit avoir de profond le tiers de son large. Tours 14. Lodunois, *T.* 1. 10.

Quand on baille aux meûniers le bled pour moudre, nettoïé & curé, ils doivent rendre du boisseau de bled rez le boisseau de farine comble, bien & convenablement moulue, & rendre treize pour douze, & l'outre plus doit revenir au meûnier & non plus. Blois 240. Tours 14. Lodunois, *T.* 1. 10.

Autrement seront detenues & arrêtées leurs bêtes & poches, jusqu'à ce qu'ils aïent satisfait à ce que dessus Blois 240.

Quand on a baillé bled net & curé, les Seigneurs, ou leurs meûniers, ou fermiers, doivent rendre pour boisseau ras, boisseau comble de farine, & s'il a été baillé plus que d'un boisseau de bled net & curé de deux boisseaux, l'un des boisseaux de farine peut une fois être caché avec les deux mains mises en croix, & derechef être comblé : & le demourant qui reste de la farine apartient au Seigneur, ou au meûnier, pour son droit. Xaintonge 9. Poitou 36.

Et pour faire lesdites mesures, le boisseau doit avoir de profond le tiers de son large, & l'outre plus doit seulement retenir le meûnier. Poitou 36.

ORD. Juin 1366. *art.* 32.

Décembre 1350. *art.* 36. Item quod in molendinis dictæ villæ teneant pensum ; & Bladum tradatur & recipiatur ad pensum, & farina reddatur ad pensum : & recipiatur tantùm sexta-decima pars Bladi, pro moldura.

19. Septembre 1439. *art.* 4. Tous meûniers feront moudre diligemment, tant pour les Bourgeois, ménagers & autres, comme pour les boulangers, & ne pourront prendre salaire excessif, outre ni au dessus du prix à eux autrefois ordonné. C'est à sçavoir de ceux qui leur porteront, meneront, feront porter & mener bleds, ou autres grains à leurs moulins, & eux-mêmes emporteront ou feront emporter leurs farines, & non pas les meûniers, seize deniers parisis pour septier : & du bled ou grain qu'iceux meûniers iront ou envoïeront querir pour moudre, & quand il sera moulu, raporteront la farine ès hôtels de ceux à qui seront les bleds moulus, deux sols parisis pour septier, & au dessous audit prix, selon ce qu'il y aura de bled : & sur peine d'être mis au pillory, ou autrement être punis à la volonté de Justice.

V. le ch. 107. des Etabl. de St. Louis sur l'art. 379.

NOTES.

(*a*) Loisel, *liv.* 2. *tit.* 2. *art.* 35.

SOMMAIRE.

De l'action contre le meûnier qui chasse sur le moulin d'autrui. Aux notes.

COMMENTAIRE.

HEVIN. *La seiziéme partie.* L'Ordonnance de Charles VII. dit un boisseau ras pour chaque septier qui est le douziéme; car par l'Ordonnance de 1557. il y a trois boisseaux au minot & quatre minots au septier. (*b*)

En Italie on donne le bled au poids; & on l'y reçoit. Coquille, *Coût. de Niver. art. 6. des fours & moulins.* Et aux Etats de Blois, le Tiers-Etat fit instance que cette régle fût établie par toute la France. Coquill. *ibid.*

D'ARGENTRE' A. C. *Art.* 366. *Dans l'an.* Car ce droit est purement annal (*c*) du jour qu'on est en défaut. L'amende est arbitraire n'étant point taxée par la Loi.

Et peut le meûnier s'attacher à la farine. (*d*) Au-dedans du fief suivant la Coûtume, ou le trouvant passant de droit chemin. Quand il est dit *venant*, il faut présupposer que s'il étoit déja (*e*) rendu à la maison, le meûnier n'a pas ce droit. Il n'a que l'action.

NOTES.

(*b*) Ragneau *au mot moulage.*

(*c*) *Art.* 292.

(*d*) Boucheul, *art.* 38. *n.* 8. *& suiv.* La Coûtume ne parle point de l'action du Seigneur ou du meunier contre les meuniers étrangers complices de la fraude qui vont chercher les grains dans l'étendue de la seigneurie. Boucheul, *art.* 34. *n.* 22. dit que, de droit commun, le Seigneur peut les empêcher de venir quêter dans sa banlieue les grains de ses sujets banniers, ce qu'on apelle *chasser sur le moulin d'autrui.* V. Ferriere, *art.* 71. *gl.* 1. *n.* 13. *& art.* 72. Brodeau, *art.* 71. *&* 72.

(*e*) Cela prouve qu'on ne peut pas entrer dans les maisons, pour y faire perquisition des farines. Guyot, *ch.* 9. *n.* 7.

ARTICLE CCCLXXXVIII.

Le distroit du moulin à fouler draps s'étend jusqu'à cinq lieues de la mesure susdite. Et s'il n'y a autre usement au Païs, peut le Seigneur suivre pour ledit moulin, ainsi que pour les autres, afin d'avoir le devoir qui est pour chacune [a] *aulne de drap, trois deniers tournois.*

CONFERENCE

CONFERENCE.

Art. 383. 387.

A. C. *Art.* 367. a Piéce de drap entiére contenant vingt aunes 16. deniers, & de piéce non entiére un denier pour chacune aune, & non plus, s'il n'y a autre argent baillé volontairement.

T. A. C. *Ch.* 253. Et aussi bien à moulin qui foule les draps destrait, comme autre moulin, s'il n'y a au terroir autre usement. Et en doit durer le destroit cinq lieues d'icelle mesure, comme dit est ailleurs; & on peut l'en suivre & contraindre les hommes, comme des autres moulins: ainsi que le drap entier de vingt aunes ne doit poïer que 6. (*a*) deniers, qui ne voudra faire autre bonté: & s'il n'est entier, chacune aune doit 1. denier par Usement.

COMMENTAIRE.

HEVIN. *Trois deniers tournois.* La Très-Anc. dit seize deniers pour un drap de 20. aunes; & s'il n'est entier, un denier par aune.

D'ARGENTRÉ A. C. *Art.* 367. L'Auteur remarque que c'est-là un droit du vieux tems, lequel augmente, le prix de chaque chose aïant augmenté. * La Nouvelle Coûtume met, sans distinction, trois deniers par aune.]

NOTES.

(*a*) Les Imprimés portent seize.

ARTICLE CCCLXXXIX.

Il n'est permis à aucun de faire *fuye ou* colombier, s'il n'*en* avoit eu anciennement [a] *par pied, ou sur piliers aïant fondemens enclavés sur terre, ou s'il n'a trois cens journaux de terre, pour le moins, en fief ou domaine noble, aux environs de la maison en laquelle il veut faire ladite fuye ou colombier. Et ores qu'aucun auroit ladite étendue, n'en pourra toutefois faire bâtir de nouveau, s'il n'est noble. Et ne sera loisible à aucunes personnes, de quelque qualité qu'elles soient, d'avoir ni faire faire tries, trapes, ou autres refuges, pour retirer, tenir, ou nourrir pigeons aux maisons des champs, sur peine d'être démolies par la Justice du Seigneur du fief ou Supérieur, & d'amende arbitraire.*

NOTES.

Du Fail, *liv.* 1. *ch.* 588. *liv.* 3. *chap.* 187. Chappel, *ch.* 121. 353. & 354. Ragueau *au mot coulombier.* Loisel, *liv.* 2. *tit.* 2. *art.* 13. Basnage, *art* 137. & 160. Coquille, *tit.* 19. Salvaing, *ch.* 43. Pocquet, *liv.* 6. *ch.* 8. §. 2.

Enclavés. L'édition de 1581. & le Procès-Verbal de la Réformation porte *enlevés*.

CONFERENCE.

Art. 392.

A. C. *Art.* 368. a Coulombier, ou s'il n'a si grande étendue de terres au païs, que les coulombs se puissent pourvoir sur lui ou sur ses hommes.

T. A. C. *Ch.* 290. Nul ne nulle ne doit faire coulombier, se il n'avoit eu anciennement coulombier, ou s'il n'est si grand Seigneur ou païs, que ses coulombs se puissent pourvoir sur li ou sur ses hommes; car les voisins qui ne tiennent riens de li, n'ont que faire de li pourvoir ses coulombs. Car l'en ne les pout emparchier comme autres bêtes. Et pour ce cil à qui il porteroit préjudice, quand l'en fait le coulombier (*a*) ou autres édifices, s'y pourroit appléger & opponser à l'encontre que ils ne les pouroient faire.

Calais 19. Clermont en Argonne. *T.* 19. 20. Paris 69. 70. Etampes 192. Melun 341. Châteauneuf en Thimerais 132. Orleans 168. Blois 239. Vastan 19. Nivernois, *T.* 19.

Ord. 29. Août 1368. *Tom.* 6. *des Ordonn. pag.* 497.

SOMMAIRE.

1. & 4. *De l'édifice du colombier.*
2. *De l'étendue de* 300. *journaux : si elle doit être sans intervalle.*
3. *Motifs pour donner le même droit au roturier.*
4. *Différence entre la trie & le colombier. Nulle prescription pour la possession de la trie. Prescription par les vestiges du colombier.*

Idem *pour les moulins & prééminences d'Eglise.*

Interruption naturelle par la démolition.

Droit acquis se conserve, quoique l'édifice soit ruiné.

5. *Droit de colombier & de chasse ne peut être concedé par le Seigneur.*
6. *Droit de transporter le colombier dans un autre lieu.*

COMMENTAIRE.

Hevin. Vid. Argent. *art.* 368. *vet.* cujus sententiam probat Mornac *ad L. unus ff. de servitut. præd. rust.* scilicet possessionem retineri, si molis adhuc extent vestigia.

S'il n'a trois cens journaux. La Coût. de Paris, *art.* 70. ne demande que 50. arpens; & les Arrêts l'ont étendu à tous propriétaires de 50. arpens; quoiqu'ils n'aïent ni fief ni censive, raportés par Brodeau dans son Commentaire sur ledit article. Vide Chop. *de dom. franc. lib.* 3. *tit.* 22. *num.* 4. *& seqq.*

1. D'Argentre' Ait. Certatum est inter ordines de hujus articuli materiâ : nam antiquis diversâ significatione voces quædam usurpabantur, quæ receptacula columbarum significarent; comme de colombiers, fuïe, trie, pigeonnier, quæ non uno modo describebantur, sed sine lege. Visum est itaque columbarium non esse, nisi à solo staret, aut columnis aut macerie

NOTES.

(*a*) *Ou autres édifices.* N'est point dans les M. S.

sustineretur : nam tabulatis super structum pro columbario non habent.

2. *Trois cens journaux pour le moins.* Hæc verba addita ad determinationem Veteris Consuetudinis, qui disoit, *s'il n'étoit si grand Seigneur qu'il pût nourrir ses pigeons sur lui & sur ses hommes.* Itaque ea mensura terminata est modo trecentorum jugerum, sed inde alia dubitatio, an continentia esse oporteret, an dissita, an proxima, an interrupta. Ego quidem ista non summo jure exigenda censuerim, & judicantium arbitrio permittenda pro locorum situ, sic ut quàm minimùm officiatur vicinis, qui non subsint ædificanti, sed nec sit, ut qui habet contingnum solum ædibus aut horto vicini ferre cogantur perpetuum, & tam vicinum damnum, nec enim talis respectu habet, quod hîc Consuetudo statuit.

3. *S'il n'est noble.* Hîc exertè pugnatum est inter nobilitatem & tertium ordinem, cùm tertius ordo diceret jus columbarii esse rei affixum, & ratione rei competere; ideoque non spectandum à quo solùm, siquidem nobile esset, possideretur, & æquissima quæque ingenia probabant, sed nobiles acriter coorti sunt ut articulus perferretur : Ordo Ecclesiasticus nobilitati, ut fere semper, obsecutus est. De moletrinis, & stagnis ne scriberetur jus idem ab incogitantibus omissum, cùm in concessu multùm de eo esset litigatum.

4. D'ARGENTRE' A. C. *Art.* 368. C'est ici la seconde partie du titre. A prendre en général les retraites à pigeons, on comprend sous ce mot la fuïe, colombier ou trie. *Fuïe* & *colombier* c'est la même chose. C'est un édifice bâti exprès & dans une certaine forme. La trie est un endroit de la maison où l'on met des pigeons. Mais cela n'emporte point de droit : ce n'est (*b*) qu'une simple tolérance des voisins. On ne peut avoir de colombier que par le droit ancien d'en avoir eu, ou par l'étendue suffisante de terre. L'antiquité du droit se prouve par 40. ans de possession. Il n'est pas besoin que le colombier soit subsistant : il suffit d'en avoir les vestiges & les ruines suffisantes pour prouver que c'étoit un colombier. Car le droit se conserve par les intersignes, comme on le voit pour les moulins dont les ruines font preuve, & pour les prééminences d'Eglise dont la possession est marquée par les bancs, sépulchres & armoiries. C'est ce qu'on apelle intersignes : *Per signum enim retinetur signatum.* L'entiere démolition, dans le cas dont il s'agit, interrompt naturellement le droit, & le fait perdre : mais si le droit est une fois acquis, la ruine de l'édifice ne le fait pas perdre, *nisi quis prohibuerit uti volentem; & is paruerit prohibitioni, quia ex die prohibitionis libertatis possessio quæritur.*

5. L'Auteur propose la question si le Seigneur peut accorder le droit de fuïe à un vassal. Les vassaux nobles s'y oposent. L'Auteur décide que tous les autres ont le même droit, & qu'il en est de même que du droit de chasser lequel n'est point cessible.

6. ARREST. Jugé sur produits le 9. Mai 1619. au profit du sieur Langlois Premorvan apellant, contre le sieur de l'Issaval intimé, que ledit sieur

NOTES.

(*b*) Chappel, *ch.* 553.

de Premorvan pouvoit transporter son colombier d'un emplacement en un autre, & n'étoit obligé de réédifier précisement sur le même fondement. *Nota* que c'étoit toujours dans les apartenances de la même maison qui avoit droit de colombier. (*c*)

NOTES.

(*c*) Chappel, *ch.* 121.
Le même Auteur, *ch.* 353. raporte un Arrêt contraire, qui paroît avoir été déterminé par la qualité roturiere du propriétaire.

ARTICLE CCCXC.

On ne doit *tirer ni* tendre aux [a] *pigeons* de colombier avec [b] *filets*, gluz, cordes, laçons ni autrement, ni pareillement [c] *tendre ni tirer aux garennes, ni pêcher étang, si on n'a droit de ce faire sur peine de punition corporelle.*

CONFERENCE.

Art. 391.
A. C. *Art.* 369. a Coulombs. b Fils. c A autres oiseaux en empêchant le droit d'autrui s'il n'a droit de ce faire.

T. A. C. *Ch.* 291. Nul ne nulle ne doit tendre à coulombs de coulombier, ô fille, ne ô glû, ne ô cordes, ne ô laczons; & non doit l'en a autres oisiaux ne bêtes, en empêchant le droit d'autrui, si ne sont ceux ou ceulles qui le doivent faire.

Ad hoc facit *L. Pomponius ff. familiæ erciscundæ*, secundùm & *L. Divus ff. de serv. Rusticorum prædiorum.*

Etampes 193. Dourdan 147. Orleans 167. 169. Ferté Imbault 8. Trembleuy 8. Nivernois, *T.* 16. 3. *T.* 17. 16 Montargis, *T.* 6. 1. Maine 39. Anjou 35. Poitou 198. Bordeaux 112. Auvergne, *T.* 28. 22.

V. la Conférence sur l'art. 391.

Ord. Fév. 1350. au Tom. 4. des Ord.

Ordonnance des Eaux & Forêts 1669. *tit.* 30 *art.* 10. Voulons que ceux qui seront convaincus d'avoir ouvert & ruiné les halots ou rabouliers qui sont dans nos garennes, ou en celles de nos sujets, soient punis comme voleurs.

COMMENTAIRE.

D'Argentre' A. C. *Art.* 369. Les mêmes défenses sont dans le Droit Romain, L. *Pomponius ff. famil. ercisc.*

L'article s'entend assez. Quant à ce qui est dit d'autres oiseaux dans l'An-

NOTES.

Ragueau & de Lauriere *aux mots garenne jurée.* Boucheul, *art.* 198. De Cormis, *tom.* 1. *cent.* 4. *ch.* 88. & 89.

cienne; il s'entend des nids & aires d'oiseaux de proïe, comme autours, tiercelets, & autres de pareille qualité qu'on destine pour la chasse. Il y a aussi des retraites d'oiseaux sauvages de leur nature, & qu'on éleve comme domestiques. Il n'est pas permis aussi de tirer dessus & de les prendre.

D'Argentré avoit prévu dans son Commentaire le cas de la pêche d'étang & de la chasse sur les garennes comme également défendues.

ARREST. Par Arrêt donné en la Tournelle le 7 Mai 1614. au profit du sieur de Trans, plaidans Devollant & Doüillet, sur un apel du Juge Criminel de Rennes : quelques particuliers accusés d'avoir de nuit pêché en l'étang du sieur Apellant, furent condamnés, pour toute réparation & dépens, en la somme de 80. liv. avec défenses de tomber en pareille faute, sur peine de punition corporelle. Ils avoient été par sentence condamnés en 15. liv. pour avoir pêché, & en 8. liv. pour les dépens : & par Arrêt du 9. Décembre 1615. l'apellation d'un décret de prise de corps ordonné par le même Juge au profit de la Dame de la Maignanne contre un nommé Aribart, fut de grace mise au néant : ordonné que ce dont avoit été apellé sortiroit son effet; plaidans Bertrand & Martin.

ARTICLE CCCXCI.

Noble homme peut faire, en sa terre ou fief noble, faux à Connils, au cas qu'il n'y auroit garenne à autre Seigneur ès lieux prochains; & ne doit aucun y aller chasser, ne ès clos [a] *adjacens*, apartenans audit noble homme.

CONFERENCE.

Art. 390.

A. C. *Art.* 370. a Adjoignans.

T. A. C. *Chap.* 289. Tout gentilhomme, ou gentilefemme peuvent faire faux à connils en leur herbregement: & ne doit nul les y empêcher, ne y aller, ne y chasser contre leur volonté, ou cas qu'il n'y auroit garennes à autres Seignours, & aussi ès clos adjoignans à ceux herbregemens, pour ce que ceux clos soient à ceul gentilhomme ou gentilefemme, & que le fief soit noble; & qui feroit du contraire contre les choses défendues en cette matere, selon le cas & l'état des personnes, le devroit amender & dédommagier sans cognoissance de cause, ou être pugni selon qu'il est établi de droit ou de coûtume, & pour les raisons & causes qui sont dites en cette matière, ou y peuvent être entendues.

Sans cognoissance. Quoad capturam, ut ducat eum ad judicem ad puniendum : generaliter *L.* 54. *Cod. de Decu-*

NOTES.

Hevin, *Quest. Féod. pag.* 174. Ragueau *au mot coulombier*. Basnage, *art.* 160. Pocquet, *liv.* 6. *ch.* 8. §. 1. Boucheul, *art.* 198.

» La garenne est de défense tant pour la » chasse, que pour la pêche & le pascage. « Loisel, *liv.* 2. *tit.* 2. *art.* 11.

CONFERENCE.

rionibus, *L. ait Prætor* §. *si debitorem ff. de his quæ in fraudem creditorum*. Nec debet eum retinere ultrà viginti horas; aliàs incidit in pœnam carceris privati : textu singulari *in L. Capite quinto ff. de adulteriis*.

Meaux, *T.* 28. Vastan 19. Maine 37. 38. 39. Anjou 32. 33. 34.

V. la conférence sur l'art. 390.

Ord. 15. Mai 1315. *art.* 26. 30. Mars 1350. *art.* 11. Mars 1356. *art.* 25. Août 1352. *art.* 11. Août 1353. *art.* 10. 28. Decembre 1355. *art.* 10. Guenois, *liv.* 11. *tit.* 14.

Ordonnance des Eaux & Forêts 1669. *tit.* 30. *art.* 19. Nul ne pourra établir garenne à l'avenir, s'il n'en a le droit par ses aveux & dénombremens, possession ou autres titres suffisans, à peine de cinq cens livres d'amende, & en outre d'être la garenne détruite & ruinée à ses dépens.

COMMENTAIRE.

Hevin. Vide de Salvaing *ch.* 62.

D'Argentré A. C. *Art.* 370. *Noble homme.* L'Auteur prétend que le roturier qui a terre ou fief noble peut faire la même chose. * La raison de douter est que la Nouvelle Coûtume n'a point changé la disposition. Mais cette disposition n'étant pas prohibitive, comme celle qui concerne le colombier, on en peut revenir au principe que les droits réels se réglent par la qualité réelle.]

Au cas qu'il n'y auroit garenne. La raison est que ce grand voisinage attireroit les lapins du voisin par la communication des trous. La défense de tirer ou de prendre les lapins est pareille à celle du précédent article, parce que c'est une espece de vol.

ARTICLE CCCXCII.

Quand aucun fait édifice en ſa terre au préjudice d'autrui ; ſi celui édifice eſt fait publiquement, & au vu & ſçu de ceux à qui il pourroit porter préjudice, ils doivent s'opoſer auparavant la perfection dudit édifice : & par après n'y pourroient venir par opoſition. Mais pourront dedans l'an & le jour, après celui édifice parfait, demander, par action, démolition dudit édifice, païant les miſes & coûtages dudit édifice. Et après ledit an & jour, ſi ledit édifice leur portoit préjudice, peuvent demander ſeulement être dédommagés, dedans ſix ans à compter depuis la perfection dudit édifice : *qui ne ſera entendu des colombiers, retraite à pigeons, & moulins, deſquels on pourra demander la démolition dedans quinze ans.*

CONFERENCE.

Art. 175.

A. C. *Art.* 371.

T. A. C. *Ch.* 220. (*a*) Quand aucuns tiennent certains héritaiges, & ils édifient en icelui héritaige, ceux qui y auront à eux opoſant, s'y devroient opoſer, & ſçavoir pour quelle cauſe ils le feroient. Car qui auroit édifié, ou *vel* & tenu patientement, & uſé comme de ſon droit par dix ou huit ans, devroit être cru de ſon titre, tel comme il auroit fait, pource que les choſes fuſſent ainſi prouvées ou confeſſées de l'uſement & de la ſaiſine, comme de couper bois anciens & fruitiers, planter, maiſonner, & enterriner, édifier, & en uſer, en devroit être cru par ſon ſerment, qui ne le voudroit chalonger (comme il eſt dit ailleurs au 134. *ch.*) Car l'uſement qu'il uſeroit à veu & ſçavance de partie, il lui abregeroit la déſenſe de ſon titre, & le devroit faire de Droit & de Coûtume.

Car qui auroit édifié. Adde quòd ſi aliquis emit domum, vel rem alteri obligatam, & eam ſumptibus ſuis melioravit, quòd liberabitur præſtando primo emptori, vel proprio emptori primam æſtimationem, ſi ab eo evincetur. Et talis eſt textus, & ibi Bart. *in L. in iis quæ navicularii C. de prædiis & omnibus rebus naviculariorum.*

Quinze ans. Au texte il y a dix ou huit ans, mais c'eſt erreur, & il doit y avoir quinze ans.

Et par la Conſtitution 189.

Pource que les choſes. Limitation, *ch.* 134.

Ch. 290. Car puiſque le colombier leur a

NOTES.

V. Chapel, *ch.* 353. Du Fail, *liv.* 1. *ch.* 286. 592. & 648. Devolant, *lettre P. ch.* 29.

(*a*) Ce qui ſuit n'eſt point dans les M. S.

CONFERENCE.

été souffert par an & par jour, (*b*) à vue & sçavance patientement, nul ne nulle ne s'en pout débattre, en maniere que il li daye valoir. Car quant l'en voit édifier, qui a à se opouser se doit opouser. Car se ils laissoient édifier sans se y opouser à l'encontre, & se y oposassent depuis, quand les édifices seroient faites, & ils voulissent faire abattre les édifices, il sembleroit qu'ils procédassent de malice. Et pour ce qui s'oposeroit depuis qu'il auroit vu & souffert à faire les édifices, devroit dédommager, entant comme il auroit vu & laissié faire les édifices paravant oposition, (*c*) Et aussi devroit être de tous autres édifices, si les édifices étoient ôtées & abattues.

Ponthieu 144. Sedan 298. 299. Toulouse *de novi operis nunciatione*.

Démolition de muraille & autres œuvres faite clandestinement par l'un des voisins au desçû de l'autre, n'attribue, par quelque laps de tems, droit de possession à celui qui aura fait lesdites entreprises. Bar 182.

SOMMAIRE.

1. *Distinction entre l'incommodité que cause l'édifice du moulin ou du colombier, & la contestation sur le fond du droit.* Aux notes.
2. *Pourquoi la prescription est plus longue par raport aux colombiers.*
3. *L'article ne s'aplique point aux édifices faits dans le fonds d'autrui.*
4. *Pourquoi il ne parle que des édifices faits publiquement.*
5. *Nulle prescription pour ce qui est fait dans le chemin public.*

COMMENTAIRE.

1. HEVIN. Cet art. ajoute beaucoup de mots à l'article 371. de l'Anc. & cependant le procès verbal ne parle que des derniers. *Puta*. Un moulin à eau trop proche de l'autre; (*d*) ou des bâtimens près d'un moulin à vent; aut si quid debeat servitutem altiùs non tollendi. Vid. *L. ult.* §. *cùm autem* C. *de servitut. & aquâ.*

NOTES.

(*b*) *A vue & sçavance patientement* n'est point dans les M. S

(*c*) Cette fin n'est que dans le plus ancien Manuscrit.

(*d*) Mais si l'on n'a pas le droit de moulin, ce droit ne seroit pas acquis, faute d'oposition, dans les quinze ans : ce qui s'aplique également au colombier. Cette prescription de quinze ans n'a lieu que contre ceux qui pourroient se plaindre du préjudice que la situation du nouvel édifice de moulin ou de colombier leur cause, sans attaquer le fond du droit.

Mais le Seigneur peut attaquer, au moins pendant 40. ans, la construction d'un moulin fait par son vassal sans aucun droit; & même, après les 40. ans de possession, si le vassal n'étoit pas inféodé du droit de moulin, la régle de l'imprescriptibilité, contre les droits féodaux, rendroit inutile l'allégation qu'il feroit de sa possession pour se dispenser de suivre les moulins du Seigneur.

L'usurpation du droit de colombier ne peut aussi avoir d'effet, que par la prescription de 40. ans; parce que c'est une servitude très-onéreuse au public, & qui conséquemment ne peut s'acquerir par moins de tems que les autres servitudes.

2. D'ARGENTRE' AIT.

2. D'ARGENTRE' AIT. *Demander la démolition.* Addendum censui quia hoc casu non nocetur à re rei, sed à columbis potiùs; quod in ædificiis aliter habet, quæ nocent à corpore suo immediatè. Probarunt ordines, & longius tempus præscriptioni statuerunt, & actionibus de molitoriis.

D'ARGENTRE' A. C. *Art.* 371. C'est la troisiéme partie de la Rubrique qui dit, *& autres édifices.*

3. *En sa terre.* Car quand c'est dans le fonds d'autrui, il est perpétuellement recevable à démolir, à moins qu'on eût prescrit le fonds contre lui.

4. *Est fait publiquement.* Car il faut qu'on ait pu sçavoir l'innovation, le fondement de la disposition étant qu'après le tems prescrit ex scientiâ præsumitur consensus.

5. De itinere (*a*) publico semper interdici potest, quodcumque operæ in eo factum sit sine ullâ temporis præscriptione.

Païant les mises d'icelui édifice. C'est parce que *seriùs veniens alteri notet.*

Dedans six ans. Prescription purement arbitraire & sans régle.

NOTES.

(*a*) V. la Conférence sur l'art. 393.

ARTICLE CCCXCIII.

Si aucun veut clorre ses terres, prés, landes, ou autres terres décloses, où plusieurs aïent accoûtumé d'aller & venir, & faire pâturer, Justice doit voir borner & diviser les chemins par le conseil des sages, au mieux que faire se pourra pour l'utilité publique; & laisser au parsus clorre lesdites terres, nonobstant longue tenue, d'y aller & venir, & faire pâturer durant qu'elles étoient décloses.

SOMMAIRE.

1. 5. *Nulle prescription par la possession de passer ou pâturer dans l'héritage declos, s'il n'y a titre ou contradiction.*
2. Idem. *Du passage par les terres situées auprès des mauvais chemins.*
3. *Des entreprises sur les héritages qui se joignent & qui ne sont bornés ni séparés.*
4. *De la servitude d'égout, de vûe ou de passage sur un terrain non clos ni cultivé.*
6. *Du droit de pacage & usage dans les bois d'autrui, s'il s'acquiert par la prescription.*
7. *Si les rues & chemins publics peuvent être changés.*

NOTES.

Dunod *des prescr. part.* 1. *ch.* 12. *pag.* 80. *& suiv.* Du Fail, *liv.* 2. *ch.* 324. *&* 433.

CONFERENCE.

Art. 49. 282.

A. C. *Art.* 372.

T. A. C. *Ch.* 254. Et aussi des terres, prés, landes, qui sont declos, où plusieurs ont accoûtumé à y aller, & à y venir, & à y faire plusieurs chemins, & à y pâturer au tems de guerb, pource que les terres ne furent oncques closes, s'il y a aucun à qui les chouses soient qui les voulist clorre, & il les peut clorre & y édifier, il le pourroit faire; (*a*) & pour ce doit Justice entendre au profit commun, pource que chacun vit du labour de la terre. Et doit voir Justice les chemins, & apprendre les voïes comment ils sont, & où ils vont, & ceux qui seront départis, & se rendront ensemble; Justice doit adviser ô le conseil des sages, lequel sera plus proufitable au commun, (*b*) & les bonner & diviser, & les autres lessier clorre, afin de laissier procurer, & faire le proufit commun. Et ne doit nul les y empêcher à clorre, ne à édifier, nonobstant longue tenue ne saisine, que ils ne puissent faire des chouses comme chascun de ses autres voisins auroient accoûtumé à faire des leurs & à en user.

Espinal, *T.* 10. 26. Thevé 32 Normandie 83. Ats, *T.* 17. 2. S. Sever, *T.* 17. 20. Sole, *T.* 28. 2. La Marche 329. Limoges 47.

1. Aucuns, pour aller, venir, passer & repasser, ou mener son bestial, vain pâturer en l'héritage d'autrui lorsqu'il n'est en garde ou défense, n'acquiert droit ni possession de servitude de passage ou vain pâturage, & n'empêche que leur Seigneur, ce nonobstant, n'en puisse faire profit, si ce n'est qu'il conste de titre, ou que depuis la contradiction du Seigneur, il y eût prescription de 30. ans. Lorraine, *T.* 14. 23. Espinal. *T.* 10. 25. Blois 214 Orleans 155. Auxerre 114. Romorantin 11. Ferté Imbault 6. Ferté Auray 5. Nivernois, *T.* 10. 26.

Ni abrever bêtes. Romorantin 11.

2. Si par les héritages, qui sont situés sur & à l'endroit des chemins empirés & mauvais, on passe & repasse; cela n'attribue droit de chemin & voïe publique par lesdits héritages par quelque tems que ce soit. Orleans 251.

3. Pour emprinses d'héritages circonvoisins & joindans l'une l'autre, prescription n'a lieu, pour quelque longue jouissance que l'on en ait eu, n'est qu'entre lesdits héritages y ait bornes, asiens ou séparations notables. Salle de Lille, *T.* 17. 7. Ville de Lille, *T.* 6. 8.

4. En place vuide & héritages non clos, ne se peut acquerir droit de servitude sans titre par quelque laps de tems que ce soit; & partant si les (*c*) égoûts & eaux d'une maison avoient cheu par 30. ou 40. ans, ou autre plus long-tems, en place vuide joignant ladite maison, ou que l'on ait pris jour sur icelle, ou que l'on ait passé & repassé par un héritage non clos ni cultivé; pour cela l'on n'auroit sur ladite place champ ou héritage acquis droit de servitude. S Mihel, *T.* 10. 4. Gorze, *T.* 14. 38. 39.

5. Habitans, communités, n'autres gens particuliers ne peuvent prétendre, n'avoir droit d'usage ne pâturage, en Seigneurie & haute-Justice d'autrui, sans titre & en poïer redevance au Seigneur, son Procureur ou Receveur. Troyes 168. Chaumont 102.

Ou qu'ils en aïent joui par tems suffisant pour acquerir présomption. Troyes 168.

Sans en avoir titre d'iceux Seigneurs, ou leur en avoir païé redevance pour 30. ans, si ce n'est que lesdits habitans en aïent joui de tel & si long-tems qu'il n'est mémoire du

NOTES.

(*a*) *Il le pourroit faire*, n'est point dans le plus ancien M S, ni dans les anciennes Editions.

(*b*) *Au commun*, n'est que dans le M. S. moins ancien.

(*c*) Cette décision n'est pas reçue en Bretagne lorsqu'il y a un intersigne de servitude. Car en ce cas la possession ne peut être reputée précaire, & la servitude s'acquiert par la prescription de 40. ans.

CONFERENCE.

commencement ne du contraire. Chaumont 102.

6. Pour venir ou aller, mener ou envoïer bêtes, couper, prendre bois, n'autrement exploiter en bois & buissons d'autrui, aucun n'acquiert esdites choses droit pétitoire ou possessoire de servitude, ou usage, s'il n'y a titre ou possession, avec païement de redevance au profit du Seigneur propriétaire, laquelle possession, avec ledit païement, servira au possessoire : mais quant au pétitoire, avec ledit païement, est requise prescription suffisante. Nivernois. T. 17. 9.

Toutefois jouissance dudit droit de servitude ou usage par tems immémorial, *etiam* sans titre ou païement de redevance, équipolle à titre, & vaut au pétitoire & possessoire. Nivernois, T. 17. 10.

7. Rues & chemins dédiés à l'usage & utiles au public, ne peuvent changer, sans la permission du Seigneur, suivie du consentement des habitans des lieux. Gorze, T. 16. 16.

SOMMAIRE.

1. *Possession présumée précaire dans l'espece de l'article.*

Quid *s'il n'y a point de passage par ailleurs.* Aux notes.

2. *Terres vacantes & landes présumées dépendre de la seigneurie où elles sont enclavées.*

3. *A qui apartient le fossé.*

COMMENTAIRE.

Hevin. La Coût. de Nivernois, *tit. des bois & forêts*, a une semblable disposition *art.* 9.

D'Argentré A.C. *Art.* 372. Il faut présupposer la proprieté prouvée. Car s'il y avoit contestation, il faudroit qu'elle fût jugée auparavant.

Accoûtumé d'aller & venir. Non jure suo, sed jure familiaritatis aut commodi.

Justice doit voir. En cas que la terre déclose soit voisine d'un chemin public.

1. *Nonobstant longue tenue.* Diuturnus enim usus non jure suo nihil acquirit, nec mille quidem annis. (*d*)

2. Hevin. *Landes ou autres terres décloses.* Les terres vacantes & landes sont censées apartenir au Seigneur proche, dans le fief ou domaine duquel elles sont enclavées, par Déclaration du Roi François I. du 18. Décembre 1538. *pag.* 381. de l'Anc. Coût. *in* 4°. & par autre de Charles IX. du 10. Janvier 1567. *p.* 100. *& suivantes.* Des terres vaines & vagues, vid. Argentr. *ad art.* 277. *vet. in verb. entre les metes num.* 4. & 5. Choppin *de domanio lib.* 3. *tit* 18. *n.* 3.

NOTES.

(*d*) *Quid juris*, s'il n'y a point de passage par ailleurs que par le terrain declos ? Alors le passage ne peut pas être réputé de simple tolérance, puisqu'il est de nécessité absolue. Ainsi après 40. ans de possession, il ne peut pas être contesté. Poecquet sur Dupineau, *art.* 449. *obs.* 2. décide même que, dans cette espéce, la longue possession *fait présumer la convention & le dédommagement de celui qui souffre la servitude.*

Nonobstant longue tenue. Sic in art. 380. 290. 294. *sup.* & 336. 51. 379. 394. 105.

3. Quæritur à qui apartient le fossé. Du Moulin sur l'art. 212. de la Coût. d'Orleans, & Coquille *question* 298. disent que le fosse ou creux apartient à celui qui a le jet de son côté, c'est à-dire la terre qui en a été tirée. Car si l'espace creusé ne lui eût pas apartenu, il n'en eût pu prendre & retenir la terre, ni un autre l'en charger; que s'il n'y a point de jet, aut si æqualiter, præsumitur æqualitas dominii, Du moulin, *ibidem.*

ARTICLE CCCXCIV.

Et si la Justice prochaine étoit en défaut de ce faire, le Seigneur [a] *supérieur* le feroit, & pourroit aussi [b] *pourvoir & connoître des* bornes [c] ôtées *& remuées,* & punir ceux qui [d] *en seroient coupables.*

CONFERENCE.

Art. 635.

A. C. *Art.* 373. [a] Suserain. [b] Lever les [c] Qui seroient. [d] Les auroient ôtées. V. la Conférence sur l'art. 635.

NOTES.

Loisel, *liv.* 2. *T.* 2. *art.* 28.

TITRE DIX-NEUVIÉME.

Des assises, amendes & dédommages dûs par cause de bétail.

CONFERENCE

Ponthieu, *T.* 7. Rheims 401. *& suiv.* Berry, *T.* 10. Blois, *T.* 19. Linieres 20, Rezay, *T.* 3. Thevé 27. *& suiv.* Nançay. *T.* 7. Dunois, *T.* 5. Rue d'Indre, *T.* 6. St. Aignan, *T.* 1. Menetou, *T.* 3. Selles en Berry, *T.* 1. Vallançay, *T.* 4. Vastan, *T.* 8. Ferté Imbaut 7. Soesmes 4. Lepvroux 1. Ferté Auray, *T.* 1. Tremblevy, *T.* 2. Chabris, *T.* 1. Molins 2. 3. Autroche 2. 3. 4. Nivernois, *Titres* 14. 15 *&* 17. Bourbonnois, *T.* 32. Maine 200. Anjou 182. 183. Normandie *de Banon & defends.* Tours, *T.* 18. Lodunois, *T.* 19. Poitou 75. 76. 77. 78. 80. 81. 193. 194. 195. 196. 197. Angoumois 34. La Rochelle 11. Xaintonge 10. 11. 12. 13. 14. 15. 16. 17. Usance de Saintonges, *T.* 2. 26. 27. 28 29. Bordeaux, *T.* 11. Marsan *des herb. seign.* 3. 4. Acs, *T.* 11. S. Sever, *T.* 3. S. Sever locale, *T.* 2. Bayonne, *T.* 2. Labour, *T.* 3. Soles, *Titres* 2. 13. 14. 15. 16. Bragerac, *seconde partie* 101. Bearn *de herbages.* La Marche, *T.* 29. Auvergne, *T.* 28.

Les prez non clos sont défensables, depuis la mi-Mars jusqu'à ce qu'ils soient fauchés & l'herbe emmenée: sauf ceux qui se fauchent à deux herbes, lesquels sont défensables jusqu'à ce que l'herbe soit levée, au moins jusqu'à la Toussaint. Blois 224.

En quelque tems que ce soit, nul ne pourra mener ne faire mener bêtes en ses vignes, environnées d'autres vignes circonvoisines apartenantes à autrui Mais s'il a vignes séparées d'autres vignes, il y pourra mettre & mener ce que bon lui semblera. Et en taillis où il y a usage, n'est loisible à usagiers y mettre bêtes jusqu'à quatre ans après la coupe: & où il n'y a usage, il est défendu en quelque tems que ce soit. Toutefois celui auquel apartient bois taillis séparé d'autres taillis apartenans à autrui, y pourra mettre & mener ce que bon lui semblera Blois 225.

En nul tems on ne peut mener les porcs ès prairies ne ès vignes. Blois 226.

Sont tenus ceux qui ont leurs héritages, près & contigus les villages, pâtureaux & abreuvoirs communs, tenir leursdits héritages bouchés: ou autrement, si par échapée les bêtes y entroient, ne seroient amendables les personnes à qui seroient lesdites bêtes. Vastan 20.

Le Seigneur peut saisir toutes bêtes faisant dommage sur son fief, encore qu'elles ne soient apartenantes à ses vassaux. Normandie 68.

Les bas-Justiciers ont connoissance des demandes de dommage de bêtes, lesquelles bêtes leur Sergent peut prendre en présent méfait, & les emprisonner jusqu'à satisfaction du dommage, ou qu'autrement par Justice en soit ordonné: toutefois le Sergent doit faire délivrance à celui à qui sont lesdites bêtes, s'il le requiert, en baillant plége suffisant du païs. Maine 12. Anjou 11. Poitou 75.

SOMMAIRE

1. *Distinction entre l'assise & l'amende. Ce que c'est que l'assise. Elle est abrogée par le non usage.*
2. *Objet de ce titre. Distinction entre les actions noxales & les actions pour dommage.*
3. *Explication des mots* assise *&* dédommage,
4. *De l'amende.*

COMMENTAIRE.

HEVIN. Cùm hoc tit. conf. *LL. Colonarias*. Vide Covarruviam, *cap.* 37. *pract. quæst. de pascuis & jure pascendi*, & les titres de la Coût. de Normandie *de délivrance de namps* & *de banon & deffends*.

1. *Assise* n'est pas l'amende, comme dit impertinemment Belordeau sur cette rubrique ; mais est une estimation du dommage faite anciennement par Ordonnance sur ce sujet, quæ usu obsolevit aucto rerum pretio, ut rectè Argentr. *ad rubric. hanc veter. consuet.*

2. D'ARGENTRE' A. C. La matiere de ce titre est la source principale des différens entre les païsans, & comme cela attire souvent des suites funestes, plusieurs Coûtumes y ont pourvu. Le mal que les bêtes font à l'homme est dans le cas des titres du droit *de noxalibus actionibus*. Mais le dommage que les bêtes aportent aux champs & aux fruits de la terre fait la matiere de ce titre.

3. Il y a trois mots qu'il faut entendre pour empêcher la confusion. On croit d'ordinaire les entendre parfaitement; & delà vient que pour marquer l'ignorance d'un Praticien, on dit qu'il n'est pas même capable de libeller l'action d'un dommage de bétail. Cependant il y en a peu qui entendent ces termes pour en faire la différence. *Assise* & *dédommage* ne different point dans leur substance & dans leur effet, mais dans leurs qualités. Tout le monde entend ce que c'est que *dédommage*. Car c'est la restitution de la perte qu'on a causée dans le bien d'autrui. L'*assise* est la même chose. Mais dans son cas particulier, c'est une taxation que la Coûtume fait du dédommage, suivant la différente qualité du bétail & du tems auquel on ne peut faire une estimation juste & précise du dommage ; aulieu que le dédommage est une estimation arbitraire que la Coûtume n'a point réglée, & qu'elle laisse au jugement des experts. Les Docteurs doutent si, lorsque les bleds sont encore seulement en herbe, l'estimation se doit faire par raport au tems présent ou au tems futur en ce que la moisson pourroit produire. En ce cas la Coûtume ordonne l'assise qui est une taxation certaine, comme on l'a déja dit, suivant la différente qualité du bétail. Cette assise a lieu jusqu'au 24. Juin. Car après cela on voit à l'œil ce que les moissons ou le foin peuvent produire. On a la liberté de demander l'assise ou le dédommage. Mais on ne peut pas demander les deux. Aujourd'hui comme la taxation de la Coûtume ne va presque à rien, c'est le dédommage qu'on demande.

4. Quant à l'amende, elle est purement pénale; & elle peut concourir avec l'assise & le dédommage.

ARTICLE CCCXCV.

Le domaine du Seigneur, où y a ſi grande étendue qu'autre n'a que querir environ, combien qu'il ſoit déclos, eſt toujours deffenſable. Et peut le Seigneur pour le bétail qui y ſeroit trouvé, demander l'aſſiſe ou dédommage à ſon choix.

CONFERENCE.

A. C. *Art.* 378.

T. A. C. *Ch.* 272. Et auſſi peut le domaine noble où il a ſi grant étendue de terre où nul autre na que querre environ ceulx lieux, tout fût le demaine declos ; il peut & doit bien être en défenſe, s'il n'y a autre uſement ou terrouer. Les avoirs qui ſeroient trouvés eſdits demaines autrement, doivent faire l'aſſiſe ou poïer le deſdommaige, lequel que le Seigneur ou ſon Lieutenant verra que bon leur ſera, ſi ce ſont bêtes qui doigent païer aſſiſe.

COMMENTAIRE.

HEVIN *Le domaine du Seigneur*. Ce que cette Nouvelle Coûtume apelle domaines en défenſe & terres défenſables, la Très-Anc. Coût. aux art. 272. 273. 283. 286. & les anciens titres & aveus l'apellent *deffais*.

Défenſables. Ce terme eſt pris ici & ſuivans pour *prohibé* ou *deffendu*; ainſi dans la Coût. de Poitou *art.* 296. *prés Gaignaux* ſont lieux défenſables depuis la fête de la Purification, &c.

D'ARGENTRÉ A. C. *Art.* 378. De quelque étendue que ſoit le domaine du Seigneur, il eſt impoſſible qu'il n'ait pas des bornes; mais on doit clorre les champs voiſins des extrémités.

L'aſſiſe ou dédommage à ſon choix. L'Auteur prétend que c'eſt mal à propos qu'on a mis l'un & l'autre indiſtinctement. Car il y a des cas auſquels on ne peut demander l'aſſiſe, aulieu que l'on peut toujours demander le dédommage.

ARTICLE CCCXCVI.

Les domaines [a] *nobles* ſont en défenſe toute l'année, s'ils ſont clos pour les défendre d'un cheval enheudé. Et ceux qui y mettroient bêtes ſont amendables, ſelon la qualité [b] *du fait*.

CONFERENCE.

A. C. *Art.* 376. a Qui se gouvernent noblement. b De leurs personnes.

T. A. C. *Ch.* 272. Les demaines qui se gouvernent noblement selon l'assise au Comte Geffroy, pour ce qu'ils soient clos à se défendre d'un cheval enheudé, le Seigneur, à qui ils sont, les peut défendre, tous les jours de l'an, à la fin que ceux qui y mettroient leurs avoirs ou autres avoirs, ou qui les y garderoient, ou ceux qui les gouverneroient, li feront l'amende, ou la lui doivent faire, de telle condition comme les gens sont.

Ch. 274. Amendes, assises, & dédommaiges, courent tous les jours de l'an, ès demaines des gentils-hommes, comme dit est, des bêtes qui courent en assise, comme nous dirons, & ou tems qu'ils y doivent courre, excepté bêtes de cherrue, comme dit est : c'est assavoir les amendes, assises, & dédommaiges, en terres closes, haïes, bois, génestais, & landes, selon les cas, & selon qu'ils ont accoûtumé à en user ou païs & ou terrouer. Car en plusieurs païs & terrouers a plusieurs usemens qui ne sont pas par toute Bretaigne généralement : & pour ce les doit l'en garder, si ce ne sont contre bonnes mœurs, comme il est dit ailleurs.

COMMENTAIRE.

D'ARGENTRE' A. C. *Art.* 376. *Qui se gouvernent noblement sont en défense.* C'est-à-dire l'entrée en est défendue. Il n'en est pas de même des héritages roturiers, qui ne sont défensables, que quand il y a des bleds ou d'autres fruits.

D'un cheval enheudé. C'est pour l'empêcher de sauter & de franchir les fossés ou les haïes.

Et ceux qui y mettroient bêtes. Il y a alors du dol : & l'on est sujet à la peine *ex delicto.* Ce seroit à peu près la même chose d'avoir souffert lorsque l'on pouvoit empêcher. Mais la simple inattention assujettit au dédommage.

ARTICLE CCCXCVII.

Le Seigneur peut se tenir à sa prise, jusqu'à [a] *avoir gage mort*, & assigner terme pour procéder [b] *à* la Cour : & sera cru de l'assignation sans serment ; & si son serviteur a fait la prise, & assigné terme, il en sera cru par serment.

CONFERENCE.

A. C. *Art.* 377. a Plége de droit. b. En.

T. A. C. *Ch.* 272. Et se peut le Seigneur, ou son Lieutenant, à qui le demaine sera, se tenir à la prinse, tant qu'il soit assigné de fournir droit ; & sur l'assignement leur peut mettre terme, devant lui ou son Lieutenant ; & en auront la cognoissance ; & seront crus de l'assignement du terme, le Seigneur comme le Seigneur, & le varlet par son serment.

COMMENTAIRE.

COMMENTAIRE.

D'ARGENTRE' A. C. *Art.* 377. Par le Droit Romain, on devoit simplement chasser la bête du lieu où elle étoit entrée. Mais par le Droit Coûtumier on l'arrête, jusqu'à ce qu'il ait été donné caution ou assurance du dommage.

Et assigner terme. Cela est permis à tout particulier qui peut arrêter lui-même, en tous cas requerant célérité.

HEVIN. *A la Cour.* Mais quelle Cour? Celle du Seigneur même qui a pris les bêtes, & qui a jurisdiction? Ita censeo; même celui qui a basse-justice. Arg. de l'art. 38. & de la différence avec laquelle s'explique l'art. 416. *inf.* (*a*)

NOTES.

(*a*) V. la fin de la Conférence sur la rubrique de ce titre.

ARTICLE CCCXCVIII.

Es demandes de l'assise & dédommage, le Seigneur, ou son serviteur, qui ont pris les bêtes en leurs terres défensables, seront crus par leur serment du lieu où le bétail a été pris. Et ne sera partie adverse reçue à prouver le contraire, pourvu que ledit Seigneur, ou son serviteur soient personnes qui puissent faire serment.

CONFERENCE.

A. C. *Art.* 379.

T. A. C. *Ch.* 272. Et quant à l'assise ou au dédommaige, celui qui fera la prinse en ses défais *vel* défens, ou en ceux à son maître, ou les en vit issir à sa vûe, en doit être cru par son serment.

Vid. Masuerium *in titul. de expensis* §. 1 Combien de tems il les peut garder *ibid. idem* 281.

Quand allégance est pure & sans condition, & le répons par confession qualifié & autrement par n'y, l'acteur est relevé, s'il accepte la confession ou défaut du défenseur de mettre en fait ladite qualification; & est requis le sommer de ce faire, & ne voit son enloier. Car après le serment négatif, la confession ne peut être acceptée. De istâ confes-

CONFERENCE.

sione qualificatâ, V. cautelam quintam incipientem *accidit quotidie*.

Ch. 281. Le prenours doit être cru par son serment par la Coûtume, ou cas qu'il ne voudroit traire la prinse à amende du méfait qui seroit fait, & que il la treroit à la fin de l'assise ou dédommaige. - Et ne doit pas être oy le coulpable, à prouver que le prenours ait fait la prinse en autres lieux que en ceulx lieux que le prenours voudra jurer qu'il les prît ou qu'il les vît issir à sa vûe, pource qu'il soit homme ou femme qui dayent fere serment, & que les lieux où la prinse fut faite dussent être en défense.

COMMENTAIRE.

HEVIN. Coût. de Niver. *art.* 3. *des prises des bêtes* : Le sergent est cru par serment des prises.

D'ARGENTRE' A. C. *Art.* 379. *Seront crus du lieu & ne sera partie adverse reçue.* Cela est contraire au Droit Commun, par lequel le serment ne doit pas être admis, quand la partie offre de prouver le contraire.

Soient personnes qui puissent faire serment. Regulare est cujus sacramento stetur integræ existimationis esse debere. Mais quoique l'on soit cru au serment, ce n'est que pour le fait, & non pour la quantité du dommage.

ARTICLE CCCXCIX.

Et si on demandoit l'amende, faudroit faire la preuve du tortfait, autrement que par serment; & la preuve faite, on auroit l'amende, les dommages & les dépens.

CONFERENCE.

A. C. *Art.* 380.

T. A. C *Ch* 272. Et quand ceul qui aura fait la prinse la trera à amende, si la partie adverse dédit le tortfait, il devroit être prouvé par la Loi en raune ou par prouve, comme prouve de garentie doit être faite (*a*) contre partie. Et si prouve est faite du tortfait, ceul contre qui la prouve seroit faite, doit faire l'amende & poïer les dépens & les dédommaiges à ceul à qui le tort seroit fait. Et peut celui à qui sont les avoirs cognoître du dommaige ce qu'il voira que bon sera, & dédire l'outre plus; & celui à qui est fait le dommaige ou son Lieutenant, se peut prendre à la cognoissance *vel* si peut prendre la cognoissance & prouver l'outre plus, s'il voit que bien soit, comme prouve doit être faite par *vel* à la Coûtume, (*b*) ou se tenir à la cognoissance *vel* recognoissance.

Ch. 281. Et si le prenours peut prouver l'escousse ou le parc pécéié, il doit avoir l'amende de ceul qui aura fait la male façon, en outre l'assise ou le dédommaige,

NOTES.

(*a*) *Contre partie.* N'est point dans les M. S.

(*b*) Cette fin n'est point dans les M. S.

COMMENTAIRE.

D'Argentré A. C. *Art.* 380. Le motif de l'article est que l'amende est pénale. On n'est pas recevable à prouver par serment qu'il y a eu du dol.

ARTICLE CCCC.

[a] Depuis la mi-Septembre jusqu'à la premiere semaine de Décembre, pour les bêtes de charrue, on ne doit païer amende. assise ni dédommage, si elles n'étoient prises en lieux si clos qu'ils fussent défensables de toutes bêtes, ou qu'elles y fussent mises scientement & apensement. Et en autre tems, nul ne doit laisser ses bêtes aller la nuit hors, sans les faire garder; & des bêtes égarées ne sont les Seigneurs tenus fors à dédommager.

CONFERENCE.

A. C. *Art.* 381. a Au tems d'hyvernage qui est.

T. A C. *Ch.* 273. Au tems d'hyvernage, avoir de charrue, qui vait à guerb la nuit, ne doit païer amende, assise, ne dédommaige pour deffais où ils soient prins la nuit, si celui qui les trouveroit en ses deffais ne pouvoit trouver que ceux deffais (*a*) où ils fussent trouvés & prins fussent si fortement clos, qu'ils se pussent défendre de toutes bêtes, ou qu'ils y eussent été mises *vel* amenées apensément, & qu'il aparût y avoir été mises d'apensement; adonc devroit être faite l'amende s'il ert ainsi trouvé, car en ce que les avoirs y entreroient, sans qu'ils y fussent mis apensement, ne devroient-ils riens poïer ne autre pour eux; & est de raison. Car il échet faire les gaigneries en iceul tems pour le profit commun; car qui ne gaigneroit les terres, le monde ne pourroit ne n'auroit de quoi vivre, & les terres ne peuvent être labourées sans l'aide des bêtes; & chacun ne les peut pas tenir du sien, ains échet qu'il les laissegent aller au guerb quand ils ont fait leur journée, & qui les voudroit destraindre, le proufit de la terre demoureroit à être fait; & pour ce ne doit nul ne nulle les y empêcher, fors s'il les trouvoit en ses deffais, pource qu'ils n'y eussent été mis apensément, l'en les devroit chasser sans les virer ou tourner mallement; & qui autrement le feroit, le devroit amender, à Justice & à partie, & dédommaiger de quelconque condition que la personne soit. Le tems d'hyvernage dure & commence dès mi-Septembre, jusqu'à la premiere sepmaine de (*b*) Décembre, & pour ce que à mi-Septembre l'on commence à faire les atrais & les gaigneries, & fait l'en les hyvernages en ceul

NOTES.

(*a*) *Où ils fussent trouvés & prins*, n'est point dans les M. S.

(*b*) L'un des M. S. porte *de delair*, & l'autre *de delai*, ce qui n'a aucun sens.

CONFERENCE.

tems, & en ceul tems ne peuvent faire les avoirs grant dommaiges; car les gaigneries, les feins & les autres biens doivent être en sauf,& ô ce mêmes si les avoirs ne dépendoient les herbes qui sont hors, le tems de l'hyver les dépenderoit; & il est de raison que les choses qui ne peuvent point porter de profit à ceul à qui les choses sont, & qui pourroient porter & faire profit à autre ou autres, & le profit ne leur nuiroit en riens, nul ne nulle ne le devroit détourber ceul profit à être fait, ne Justice les y soutenir. Car ce seroit péchié.

Et il est de raison. Facit *L. in summa* §. *Labeo ff. de aquâ pluv. arcen.*

Ch 277. Nul ne nulle ne doit laisser aller ses avoirs à jou, ne mettre hors la nuit sans pâtours, espéciaument ès autres tems que ou tems d'hyvernage, ceux avoirs qui sont divisiés: & qui le feroit à escient & de certain propous, le devroit amender par amende & dédommaiger.

Et s'il avoit ses avoirs adirés, (*c*) ceux qui les auroient adirés, ne feroient *vel* feroit que dédommaiger, en quelque tems que ce fût, dont ils devroient *vel* devroit être crus par leur *vel* son serment, pour ce que l'en ne vouseist riens prouver contre lui *vel* eux des autres choses.

COMMENTAIRE.

HEVIN. Droit de pascage dans la Coût. de Niver. est apellé *blairie art.* 7. V. Coquille *question* 263. & Mesnage in verb. *blairie.*

D'ARGENTRE' A. C. *Art.* 381. *Bêtes de charrue.* On apelloit ce tems tems de *Guerp*, comme y aïant une espece d'abandon pour les bestiaux qui cherchent la pâture.

Prises en lieu clos. Car la clôture emporte prohibition.

Nul ne doit. C'est une faute de l'avoir fait, au moment que la Loi le défend.

NOTES.

(*c*) *Ceux qui les auroient adirés*, n'est point dans un des M. S.

ARTICLE CCCCI.

Pour les gaigneries & vignes qui sont faites, jusqu'au tems que sont en grain & bourgeon, on peut demander l'assise, amende ou dédommage; c'est à sçavoir pour le tort fait, l'amende : & de la prise, sans tort fait, l'assise ou dédommage, au choix du preneur.

CONFERENCE.

A. C. *Art.* 382.

T. A. C. *Ch.* 275. Et aussi courent en amende, en assise, ou en dédommaige, les gaigneries, dès le tems qu'ils sont faites jusqu'au tems qu'ils sont en grain; c'est assavoir du tortfait l'amende, & la prinse sans torfait l'assise ou le dédommaige, lequel que celui qui aura fait la prinse voudra, ou autre pour lui.

COMMENTAIRE.

D'ARGENTRÉ A. C. *Art.* 382. *Gagneries.* Sata omnia.

En grain. La Très-Ancienne Coût. régloit ce tems à la S. Jean, quoique ce soit à la mi-Mai.

On peut demander l'assise, amende ou dédommage. Réguliérement ce ne doit être que le dédommage, parce que l'assise n'est que pour le tems auquel on ne peut faire de juste estimation.

ARTICLE CCCCII.

Le forestier du Seigneur, pour la prise qu'il fait des bêtes ès domaines défensables, ne doit avoir aucune chose, fors sur l'amende qui seroit due au Seigneur.

CONFERENCE.

A. C. *Art.* 383.

T. A. C. *Ch.* 276. Combien que plusieurs & aucuns nobles mettent forestiers en leurs demaines ou en leurs bois, le forestier ne doit avoir, fors que sur l'amende qui est dûe au Seigneur, ou assise, ou dédommaige.

ARTICLE CCCCIII.

Celui qui a fait la prise en ses domaines nobles, doit délivrer le bétail à toute personne qui le requerra, baillant [a] *gage mort.* Et se peut le Seigneur prendre à celui auquel il a fait la délivrance, combien qu'il ne soit Seigneur du bétail, & lui assigner terme comme dit est.

CONFERENCE.

A. C. *Art.* 384. a Plege de droit.

T. A. C. *Ch.* 276. Et ne doit nul ne nulle deveïer les avoirs que l'en a prins pour raison de parc ô assignement suffisant d'ester à droit à ceul à qui les avoirs sont ou à sa gent ; car le menour le pout faire & mettre l'assignement.

NOTES.

V. Raguean *au mot gage mort.*

COMMENTAIRE.

D'ARGENTRE' A. C. *Art.* 384. *A toute personne*, aïant charge, ou étant serviteur du propriétaire auquel le bétail pris apartient.

ARTICLE CCCCIV.

Et celui [a] *à qui a été faite* la délivrance se peut prendre aux bêtes, si celui à qui sont lesdites bêtes ne le vouloit garentir.

CONFERENCE.

Art. 640.

A. C. *Art.* 385. a Qui a fait.

T. A. C. *Ch* 276. Et ceul qui les delivre, si le Seigneur à qui les avoirs sont lui défaut du garantaige, il se pout prendre ès avoirs qu'il auroit délivrés, & les rétablir à ceul qui les tenoit par parchaige; & pour ce est la Coûtume en faveur de ceux à qui sont les avoirs. Car ils ne peuvent pas toujours être à leur hôtel, & les avoirs pourroient trop empirier entre deux qui ne les délivreroit.

ARTICLE CCCCV.

Puisque les terres sont en défense, ou vignes, soit la terre noble ou non noble, on peut avoir l'assise ou dédommage : si n'est depuis que les bleds, prés & vignes seroient en état qu'on peut estimer le dédommage, auquel cas n'y aura assise, mais pourra-t'on demander dédommage. Et peut chacun mettre sa terre en défense, & la haïer; & si elle n'étoit haïée auparavant la mi-Avril & que ne fût domaine noble, (dont a été parlé ci-devant) on ne pourroit demander assise ou dédommage : si ce n'étoit vigne, bois taillis, prés ou terres où il y eût gaigneries.

CONFERENCE.

A. C. *Art.* 386.

T. A. C. *Ch.* 278. Chacun & chacune peuvent mettre leurs terres en défens & les brandonner dès mi-Février. Pré est tout bran-

CONFERENCE.

donné de sa nature, dès le tems d'illec, jusqu'au tems de guerb advenir, & le tems de guerb de paravant ne peut par raison nul défendre, si ne sont ceux que nous avons dit & divisié. Et les terres qui sont en main de Seigneur, p'us n'y a le Seigneur de droiture quel le homme sur ses autres voisins, si ceux n'y avoient pâturé ou tems de défens ou prins ou levé des levées, ou que les terres fussent saisies des levées du tems de paravant qu'ils eussent été bannies ou brandonnées. & puisque le tems du défens est chaist: chacun & chacune peut élire de l'assise ou du dedommaige; celui qui aura fait la prinse des avoirs, ou autre pour lui, en quelque lieu que la prinse ait été faite jusqu'au tems de la Saint Jehan, ou cas que amende n'y auroit, & en outre des bleds, des prés, ne court point d'assise, fors dedommaige; & est la cause pourquoi l'assise fut établie, pource que l'en ne sçût pas bien prisagier les dédommaiges en iceul tems, & non sçût l'en des autres défais qui ne pourroient pas b'en aparoître que ceux dommaiges pussent valoir. Et pour ce chieent les dommaiges sur les gaigneries & sur les prés, entre le tems de Saint Jehan & le tems de la cueillette qui peuvent aparoître bien qu'ils doivent valoir

Ch. 179. Et aussi ne courent pas, ne ne chieent en amende, en assise, ne en dedommaige, terres coultivables qui ne sont brandonnées, tant que mi-Avril soit passé, pour ce que l'en scet si cil à qui les terres sont les voudra mettre en labouraige, ou en guerez d'Eté. Car s'il les mettoit en guerez, le profit que les avoirs y auroient fait ne lui nuiroit riens, ains lui feroient les avoirs profit; car en ce que les avoirs vont par les terres & les hantent, les terres, & les labouraiges, qui y sont depuis faits, en valent mieux.

COMMENTAIRE.

D'Argentré A. C. *Art.* 386. C'est une répétition continuelle de ce que l'Auteur a dit sur les autres articles au sujet du dédommage, de l'assise & de l'amende, suivant les cas. Il agite encore ici la question de sçavoir, si pour estimer le dédommage, lorsque le bled est encore en herbe, on doit considerer le produit qui est à esperer à la moisson, ou si l'estimation doit être faite eu égard au tems du dommage. Son sentiment est qu'il n'est pas juste que l'on perde *alieno facto sata ad fructus rectè ordinata*. Mais il faut en même tems déduire sur l'estimation les frais qu'il auroit coûté pour la récolte.

ARTICLE CCCCVI.

Amende ou assise ne peuvent être demandées, si le bétail n'a été pris & rendu avec [a] *gage mort*, ou qu'ils aïent été forcés après la prise. Mais on peut demander dédommage des bêtes qui auroient été ès domaines & terres d'autrui, le prouvant; combien qu'elles n'auroient été prises, si on ne désavoüoit les bêtes, auquel cas on pourroit s'attacher esdites bêtes.

CONFERENCE.

Art. 640.

A. C. *Art.* 387. a Plege.

T. A. C *Ch.* 280. Nul ne nulle ne peut ne ne doit avoir amende ne assise par Coutume, s'il ne se peut vanter qu'il ait eu ou prins, ou autre pour lui, les avoirs ou les bêtes dont il ait eu plaige ou gaige, ou qu'ils aïent été forcés; mais ils peuvent bien avoir le dédommaige. Car l'en ne peut faire à autre dommage, que l'en ne soit tenu à dedommaiger ou désavouer les bêtes, ou autres choses qui auroient fait le dommaige: & le endommaigé se peut attacher esdites choses.

COMMENTAIRE.

D'ARGENTRE' A. C. *Art.* 387. Il y a lieu d'être supris de cette décision, puisque la peine est due pour le fait, & qu'il n'y a de différence qu'en ce que les bêtes n'étant pas prises on n'a que la voïe d'action.

POULLAIN. On peut observer que cela n'est dit ici que pour faire une note. Car la suite de l'article fait connoître que l'on peut demander le dédommage qui doit être prouvé & estimé, aulieu que la premiere disposition parle de l'assise, qui peut être demandée sans preuve de dommage & par la seule entrée des bêtes en tems & lieux defendus.

ARTICLE CCCCVII.

Puisque les bêtes sont prises pour être mises en parc, qui les écourroit, le devroit amender, selon la qualité des personnes & du méfait.

CONFERENCE.

A. C. *Art.* 388.

T. A. C. *Ch.* 281. Nul ne nulle ne doivent escourre leurs avoirs, ne autres choses, *vel* bêtes, à autre personne, puisqu'il les a prins par parchaige, ne forcer le parc, sans mettre plege ou gaige du prix de fournir droit en cas que le méfait seroit trouvé: car puisqu'il les a prins par raison de parchaige, il ne les peut pas tenir par autre cause. Et s'il le faisoit, il seroit tenu à faire l'amende & dedomaiger en outre: & pour ce ne doit nul ne nulle forcer le parc ne escourre: & s'il le fait, il doit amender de telle condition comme il est.

Bourbonnois 163. Tours 204. Lodunois *T.* 19. 3. La Marche 353.

ARTICLE CCCCVIII.

ARTICLE CCCCVIII.

Gens de basse condition, s'ils ont clos leurs terres & icelles mises en défense, ne doivent avoir guerb, c'est-à-dire avoir faculté de laisser leurs bêtes pâturer ès terres des autres voisins sans païer amende, dédommage ou assise ès tems de guerb : auquel tems qui est depuis la mi-Septembre jusqu'à la mi-Février si lesdites terres ne sont ensemencées, on ne peut demander amende, assise ou dédommage ès terres de gens roturiers & de basse condition.

CONFERENCE.

A. C. *Art.* 389.

T. A. C. *Ch.* 281. Homme ou femme de basse condition ou cas que leurs terres seroient closes, & les voudroient toutes mettre en défense, ils ne doivent pas avoir guerb sur les autres voisins, mais ils peuvent bien clorre une piéce ou deux pour leurs menus avoirs pâturer & pour leurs bêtes de charuë, laissant terre suffisant à guerb, ou les avoirs ès autres voisins puissent pâturer, comme ils voudroient avoir *vel* faire ès terres à leurs voisins, car en cest cas nul ne doit avoir autre avantaige.

COMMENTAIRE.

D'ARGENTRE' A. C. *Art.* 389. C'est une répétition de ce qui est dit sur l'art. 381. de l'A. C. sinon que le tems est un peu allongé.

NOTES.

Ragueau *au mot guerb.*

ARTICLE CCCCIX.

Bêtes d'aumaille & Chevres, quand elles ſont priſes en nouvelle coupe [a] de taillis, ou [b] nouvelle plante de bois, & celui qui a fait la priſe, ou ſon maître, qui les auroit trouvées, les trait à la fin d'en avoir l'aſſiſe, chacune bête doit païer douze deniers pour l'aſſiſe de la premiere année pour chacune fois: & pour la ſeconde ſix deniers: & de la tierce trois deniers. Et au ſurplus des autres années bête d'aumaille un denier; [c] *&* la Chevre ou le Bouc deux deniers. Et auſſi doit la bête d'aumaille, en quelconque [d] *défaux* où elle ſoit trouvée, un denier; & ſi elle eſt en lande ou genetai ou en haïe, elle doit deux deniers pour chacune fois, pourvû que le genetai ni lande n'aïent paſſé plus de deux ans.

CONFERENCE.

A. C. *Art.* 390. a Et ciſion. b En. c Ou. d Défais

T. A. C. *Chap.* 283. Bêtes d'Aumaille & chievres, quand elles ſont prinſes en nouvel cion de tailleis ou en nouvel planteis (*a*) de bois, & celui qui a fait la prinſe ou ſon maître les trait à la fin d'en avoir l'aſſiſe, chacune doit païer 12. deniers pour l'aſſiſe de la premiere année pour chacune fois, de la ſeconde ſix deniers, & de la tierce trois deniers, & du ſourplus des autres années bête d'aumaille un denier, & la chievre ou le bouc deux deniers. Et auſſi doit bête d'aumaille, en quelque défais qu'elle ſoit trouvée, un denier; & ſi elle eſt priſe en lande ou en genetai, (*b*) haïes, elle doit deux deniers, pour ce que le genetai ne la lande n'aïent paſſé plus de deux ans pour chacune fois.

Aumaille. Idem de *hautemaille.* Habent defenſionem in capite, comme bœufs & vaches.

COMMENTAIRE.

HEVIN. *Beſtes aumaille.* Sunt dicta à voce (*c*) *manualis*, animalia *manualia*, ſeu manſueta, vel quæ ad manus accedere conſueverunt; ut loquitur Varro *de re ruſt. lib.* 2. *cap.* 7. Vid. hanc vocem apud du Cange.

NOTES.

(*a*) *De bois* n'eſt point dans les M. S.

(*b*) *Haïes.* n'eſt point dans les M. S.

(*c*) Ragueau *au mot aumaille.*

Poullain. On voit par cet article, ce que d'Argentré n'explique pas, que la bête d'*aumaille* s'entend des bœufs & des vaches. Car la chevre & le bouc, qui causent plus de dommage, doivent une double assise. Dans la Coûtume de Sens *art.* 147. il est parlé des bêtes d'*aumaille*, & comme cet article parle en même tems specifiquement des chevaux & des chevres, il s'ensuit que les chevaux ne sont pas compris sous le nom de bêtes d'*aumaille*, quoique celui qui a traduit l'art. de l'A. C. ait mis pour bêtes d'aumaille *boves & jumenta.*

ARTICLE CCCCX.

Et si lesdites bêtes sont prises en vigne qui n'est en bourgeon, & est dépouillée de fruit, on doit païer pour le dédommage, comme de bois taillis de la premiere année, à la raison que dessus.

CONFERENCE.

A. C. *Art.* 391.

ARTICLE CCCCXI.

Chevres ou Boucs s'ils sont trouvés en lande ou genestai, en haïes ou en buissons, ou [a] autres bois, chacun doit deux deniers.

CONFERENCE.

A. C. *Art.* 392. a En.

T. A. C. *Ch.* 283. Les bêtes, chievres ou bouc, s'ils sont trouvés & prins en la lande ou en genetai, en haïes, (*a*) ou en buissons ou en autres bois, chacune doit deux deniers.

NOTES.

(*a*) *Ou en buissons*, n'est point dans les M. S.

ARTICLE CCCCXII.

Les Brebis ou [a] *Moutons*, les quatre autant comme une bête d'aumaille pour chacune fois.

CONFERENCE.

A. C. *Art.* 393. Châtriz.
T. A. C. *Ch.* 283. Les brebis ou châtriz les quatre autretant comme une bête d'aumaille pour chacune fois.

ARTICLE CCCCXIII.

Faon de l'année, Porc ni Truïe, ne doivent assise, fors dédommage.

CONFERENCE.

A. C. *Art.* 394.
T. A. C. *Ch.* 283. Nul faon de l'année, (*a*) ne porc, ne truïe, ne doit point d'assise, fors dedommage.

NOTES.

(*a*) *Ne porc, ne truie* n'est point dans les M. S.

ARTICLE CCCCXIV.

La bête chevaline doit deux deniers, en quelque lieu qu'elle soit prise. Et si elle est enheudée, & prise en taillis, elle doit quatre deniers.

CONFERENCE

A. C. *Art.* 395.
T. A. C. *Ch.* 282. La bête chevaline doit deux deniers, en quelque lieu qu'elle soit prinse; & si elle est enheudée & prise en taillis, elle doit quatre deniers, pour ce que ils dépecent plus ô leurs pieds que ils ne font ô autres chouses.

ARTICLE CCCCXV.

Sur autre bête ne court point assise, mais dédommage ou amende.

CONFERENCE.

A. C. *Art.* 396.
T. A. C. *Ch.* 283. Sur autres bêtes ne court assise, fors dedommaige ou amende.

ARTICLE CCCCXVI.

Quand bestail est pris en [a] *terres* roturieres, celui qui le prend peut (comme dit est) assigner terme à la Cour du Seigneur de qui les terres sont tenues, pour avoir dédommage ou assise, ainsi qu'il sera jugé par le Juge de ladite Cour; & si [b] *partie adverse* défaut, le preneur du bestail sera cru du premier ajournement, comme dit est [c]

CONFERENCE.

Art. 8. 9.

A. C. *Art.* 397. a Fiefs. b Son adversaire. Et se pourra prendre aux plégés & les faire convenir devant leurs Juges.

T. A. C. *Ch.* 284 Quand avoirs sont prins en fief rotuier par raison de parchaige, & le preneur en veut avoir amende ou assise, quand les parties ne sont d'ung gré, ou aussi celui qui a fait la prinse, il peut mettre terme par la Court au Seigneur de qui les terres sont tenues, sur les pléges ou sur le gaige qu'il en aura eu, & en oüir jugement de ce que en devra être; car il n'en peut être juge, si les parties n'en sont d'ung gré. Et au cas que son adversaire défaudra, il sera cru du premier ajournement par son serment, & en outre se peut & doit attacher à ses pléges ou plége, & le faire convenir devant leur Juge, tant qu'il ait atteint sa querelle.

ARTICLE CCCCXVII.

Quand bêtes sont prises par parchage, & mises en l'hôtel de celui qui les aura prises, ou autre maison; on ne doit clorre l'huis à fermures sur les bêtes, sans laisser gens qui les puissent délivrer. *Et seront tenus ceux à qui lesdites bêtes apartiennent (vingt-quatre heures après la denonciation à eux faite) venir retirer leurs bêtes: autrement paieront l'amende, outre les dépens & dommages.*

CONFERENCE.

A. C. *Art.* 398.

T. A. C. *Ch.* 286. Et ne doit nul ne nulle clorre son huys ô fermure sur les bêtes de parc, ne soy absenter sans laisser gens ô qui l'en en puisse faire la délivrance.

ARTICLE CCCCXVIII.

Et ſi on ne pouvoit trouver le maître ou celui qui les auroit emparchées, on pourroit bailler [a] *gage mort* à celui ou celle qui ſeroit demeuré à l'hôtel, & mener les bêtes ſans tortfait. Et ſi on ne trouvoit perſonne, on doit aller au Seigneur des lieux, ſon Juge ou Sergent, qui prendront [b] *le gage mort*, aſſigneront terme [c] *aux* parties, & délivreront les bêtes.

CONFERENCE.

A C. *Art.* 399. a Plége. b Lés pléges. c Es.

T. A. C. *Ch.* 286. Si aucun ou aucune trouvo t avoirs en ſes deffais, & il les mége en parc, ou autre pour lui en ſon hôtel, ou en l'hôtel à celui pour qui il a fait la prinſe, ou chez un des autres voiſins, & ceul ou celle qui viendroient pour les délivrer ne treiſſe le maître ou ceul qui les lui auroit empaichées, il peut mettre plége, ou gaige ſuffiſant, à ceul ou ceule qui ſera demourant en l'hôtel, & en pourra mener les bêtes ſans tortfair; & ſi l'en les eſcouoit, nul ne s'en doit méler, ains doit aller ceul qui les voudroit délivrer au Seigneur des lieux, ou à ſon alloué, ou à ſon ſergent, & mettre le plége ou le gaige; & le Seigneur ou ſon ſergent ſont tenus à prendre l'aſſignement, & à aſſigner terme ès parties, & mettre les bêtes au delivre.

ARTICLE CCCCXIX.

Quand on prend bête chevaline, on ne la doit mettre ſous fermure, ou la lier, ſans faire à ſçavoir à celui à qui elle eſt; fors la nuit, pour la garder. Et néanmoins les bêtes priſes ſont en la garde de [a] *ceux* qui les [b] *prennent:* [c] *leſquels* ne les doivent mener loin des lieux où ont été priſes: mais les doivent mettre en leurs demeurances, s'ils en ont près, ou s'ils n'en ont, au voiſiné & au fief, s'il y a maiſons en celui fief, & s'il n'y en a, au prochain voiſiné. Et celui qui les prend, eſt tenu prendre les [d] *gages morts* de celui qui les voudroit délivrer.

CONFERENCE.

A. C. *Art.* 400. a Celui b Prend. c Et d Cautions.

T. A. C. *Ch.* 287. Et aussi ne doit l'en mettre bête chevaline sous point de fermure, que l'en treisse *vel* trueve, ou la lier, ou sans faire assavoir à ceul à qui elle est (*a*) que l'en les tient en parc, & la nuit les mettre en sauf. Car ils sont en la garde à celui qui les a prinses & qui les tient en parc, tant qu'ils soient délivrées, si celui à qui sont les bêtes, ou autres en son nom, ne les forcent. Et ce que est en garde d'autrui, celui qui en a la garde le doit rendre, & ne doit nul ne nulle mener en parc autrui bêtes, plus loing que des lieux où ils maneuvrent les terres gaignables, ou d'illec environ. Mais au cas qu'ils n'auroient resseantise *vel* residence propre en iceux lieux, ils les pourroient mettre chez un des voisins en la seigneurie, s'il y en avoit, & s'il n'y avoit tenours en la seigneurie, chez ung des autres voisins. Et celui chez qui elles seroient mises seroit tenu à prendre l'assignement.

NOTES.

(*a*) *Que l'en les tient en parc* n'est point dans les M. S.

ARTICLE CCCCXX.

En trois villages peut avoir un Taureau qui ne peut être empêché d'aller à jeu : & pour icelui quelque part qu'il soit trouvé, ne doit être païé amende, dédommage ou assise.

CONFERENCE.

A. C. *Art.* 401.

T. A. C. *Ch.* 288. Et entre trois villaiges peut avoir & aller un loaïl à jeu & à guerb, pourtant qu'il soit suffisant à saudre les vaches; & ne le doit l'en point emparcher, ès tems que les vaches sont en amours, fors que le chasser & ruser chacun de ses défais, sans li méfaire mallement. Et le doit avoir le plus noble des lieux, & qui plus y a de seigneurie, pour ce que le louaïl soit suffisant à saudre les vaches, pour ce que le plus noble doit avoir le plus des obéissances; car si le moindre le vouloit avoir, il pourroit avoir contens; & l'en doit tous contens échiver.

COMMENTAIRE.

Hevin. *En trois villages peut avoir un taureau.* Ce n'est pas un taureau bannier que quelques Seigneurs s'arrogent. Vid. Ragueau *in voce bannier, moulin bannier*, & Bacquet *de la Justice tit.* 29.

ARTICLE CCCCXXI.

Quand avoirs, ou autres choſes ont été baillées à mi-croît, ou à metairie, nul ne peut prendre pour le fait du preneur, aucune choſe ſur iceux avoirs, fors le Seigneur, entant qu'ils auroient pâturé en ſes terres; & auſſi entant qu'iceux preneurs prendroient ſur [a] *leſdits* avoirs.

CONFERENCE.

Art. 183. 236. A. C. *Art.* 402. [a] Ceux.

COMMENTAIRE.

HEVIN. Confer art. 236. & 648.

Fin du ſecond Volume.

TABLE DES MATIERES.

A

TABLE

TABLE

B

C

TABLE

Si

D

F

G

H

TABLE

I

Par

TABLE

Par

Q

R

TABLE

n'en

Si

¶

Fin de la Table des Matieres du second Volume.

APPROBATION.

J'AI examiné, par l'ordre de Monseigneur le Chancelier, un Manuscrit contenant la seconde partie d'un Ouvrage intitulé, *Coûtumes Générales du Païs & Duché de Bretagne*, &c. *avec les Notes de M. Pierre Hevin*, &c. *l'Aitiologie de Messire Bertrand d'Argentré, Sénéchal de Rennes, la Traduction abregée de son Commentaire sur l'Ancienne Coûtume de Bretagne par M. Poullain de Belair, Doien des Avocats du même Parlement*, &c. Et cette seconde partie m'a paru continuer de rassembler tout ce qui contribue à la parfaite intelligence de cette Coûtume. A Paris ce 30. Avril 1745. RASSICOD.

PRIVILEGE DU ROI.

LOUIS; PAR LA GRACE DE DIEU, ROY DE FRANCE ET DE NAVARRE, A nos amés & féaux Conseillers, les Gens tenans nos Cours de Parlement, Maîtres des Requêtes ordinaires de notre Hôtel, Grand Conseil, Prévôt de Paris, Baillifs, Sénéchaux, leurs Lieutenans Civils, & autres nos Justiciers qu'il apartiendra: SALUT. Notre bien amé le sieur DUPARC POULLAIN Nous a fait exposer qu'il desireroit faire imprimer & donner au Public un Manuscrit, qui a pour titre, *Coûtumes Générales du Païs & Duché de Bretagne, avec un Commentaire par M. Duparc Poullain*, s'il Nous plaisoit de lui accorder nos Lettres de Privilége pour ce nécessaires; A ces Causes: Voulant favorablement traiter l'Exposant, Nous lui avons permis & permettons par ces Présentes, de faire imprimer l'Ouvrage ci-dessus, en un ou plusieurs Volumes, & autant de fois que bon lui semblera, & de les faire vendre & débiter par tout notre Roïaume pendant le tems de neuf années consécutives, à compter du jour de la date desdites Présentes; Faisons défenses à toutes sortes de personnes, de quelque qualité & condition qu'elles soient, d'en introduire d'impression étrangere dans aucun lieu de notre obéissance, comme aussi à tous Libraires, Imprimeurs, & autres d'imprimer, faire imprimer, vendre, faire vendre ni contrefaire ledit Ouvrage, d'en faire aucun extrait, sous quelque prétexte que ce soit d'augmentation, correction, changement, ou autres, sans la permission expresse & par écrit dudit Exposant ou de ceux qui auront droit de lui, à peine de confiscation des Exemplaires contrefaits, & de trois mille livres d'amende contre chacun des Contrevenans, dont un tiers à Nous, un tiers à l'Hôtel-Dieu de Paris, & l'autre tiers audit Exposant, ou à celui qui aura droit de lui, & de tous dépens, dommages & intérêts; à la charge que ces Présentes seront entégistrées tout au long sur le registre de la Communauté des Libraires & Imprimeurs de Paris dans trois mois de la date d'icelles, que l'impression dudit Ouvrage sera faite dans notre Roïaume, & non ailleurs, en bon papier & beaux caracteres, conformément à la feüille imprimée, attachée pour modèle sous le contre-scel desd. Présentes, que l'Impétrant se conformera en tout aux réglemens de la Librairie, & notamment à celui du 10. Avril 1725. & qu'avant que les exposer en vente, le Manuscrit qui aura servi de copie à l'impression dudit Ouvrage sera remis dans le même état où l'Aprobation y aura été donnée ès mains de notre très-cher & feal Chvalier le Sieur Daguesseau, Chancelier de France, Commandeur de nos Ordres, & qu'il en sera remis ensuite deux Exemplaires dans notre Biblioteque publique, un dans notre Château du Louvre, & un dans celle de notredit cher & féal Chevalier le Sieur Daguesseau, Chancelier de France; le tout à peine de nullité des Présentes, du contenu desquelles vous mandons & enjoignons de faire joüir ledit Exposant & ses Aïans-causes, pleinement & paisiblement, sans souffrir qu'il leur soit fait aucun trouble ou empêchement. Voulons que la Copie desdites Présentes, qui sera imprimée tout au long au commencement ou à la fin dudit Ouvrage, soit tenue pour dûement signifiée, & qu'aux Copies collationées par l'un de nos amés & féaux Conseillers & Sécretaires, foi soit ajoûtée comme à l'Original; Commandons au premier notre Huissier ou Sergent sur ce requis de faire, pour l'exécution d'icelles, tous Actes requis & nécessaires, sans autre permission, & nonobstant Clameur de Haro, Charte Normande & Lettres à ce contraires: Car tel est notre plaisir. Donné à Paris le trentiéme jour du mois d'Août, l'an de grace mil sept cens quarante-trois, & de notre Regne le vingt-huitiéme. Par le Roi en son Conseil. SAINSON.

Regîstré sur le Regîstre XI. de la Chambre Roïale & Sindicale des Libraires & Imprimeurs de Paris N°. 225. F°. 186. conformément au Reglement de 1723. qui fait défense, Art. 4. à toutes Personnes de quelque qualité qu'elles soient, autres que les Libraires & Imprimeurs de vendre, débiter & faire afficher aucuns livres, pour les vendre en leurs noms, soit qu'ils s'en disent les Auteurs ou autrement, & à la charge de fournir à ladite Chambre Roïale & Sindicale des Libraires & Imprimeurs de Paris huit Exemplaires prescrits par l'article 108. du même Reglement. A Paris le 3. Septembre 1743. SAUGRAIN, Sindic.

J'ai cedé le Privilege ci-dessus au sieur Vatar, Imprimeur du Roi, du Parlement & du Droit, pour en joüir suivant l'accord fait entre nous. A Rennes ce premier Octobre 1743. *Signé*, DU PARC POULLAIN.

www.ingramcontent.com/pod-product-compliance
Lightning Source LLC
Chambersburg PA
CBHW061941220326
41599CB00014BA/1746

* 9 7 8 2 0 1 2 6 4 5 9 9 8 *